La protection de l'enfance

Coordination éditoriale
Francis Batifoulier

La protection de l'enfance

Francis ALFÖLDI, Inès ANGELINO, Maurice BERGER,
Alain BOUREGBA, Jean CARTRY, Myriam DAVID,
Jacqueline IGUENANE, Pierre NAVES, Fabienne NOÉ,
Chantal PARRET, Noël TOUYA, Pierre VERDIER *et coll*.

DUNOD

ISBN 978-2-10-052302-3

Sommaire

Livre 2

Radioscopie d'un dispositif

Partie 1
Concept et organisation

Partie 2
Protection des mineurs en danger et recueil d'informations

Partie 3
L'affirmation du droit des usagers

Partie 4
Lecture critique

Livre 3

Les publics de la protection de l'enfance

Partie 1
Du côté des enfants et adolescents

Partie 2
Du côté des familles

Livre 4

Les modalités d'accueil et d'accompagnement

Partie 1
L'accueil et le placement familial

Partie 2
Les maisons d'enfants à caractère social

Livre 5

Une demarche qui se structure : l'aide et le soutien à la parentalité

Livre 6

L'évaluation en protection de l'enfance

Liste des contributions

Francis ALFÖLDI, *Évaluer en protection de l'enfance, Théorie et méthode*, 2e édition, chapitres 1, 2, 3, 6, 10 et 11, Paris, Dunod, 2005.

Inès ANGELINO, *L'Enfant, la Famille, la Maltraitance*, 2e édition, chapitre 9, Paris, Dunod, 2004 (2002).

Francis BATIFOULIER, Noël TOUYA (dir.), avec la collaboration de F. ANDRÉ-FUSTIER, S. BENTO-ROSSIGNOL, J.-F. COSTES, F. DESMARTIS, D. FABLET, É. GRANGE-SÉGÉRAL, J.-F. LARRALDE et B. OTEIZA, *Refonder les internats spécialisés, Pratiques innovantes en protection de l'enfance,* chapitres 1, 2, 4, 6, 7, 8, 9 et 10, Paris, Dunod, 2008.

Maurice BERGER, *L'Échec de la protection de l'enfance*, 2e édition, chapitres 1, 2, 3, 6, 7 et 8, Paris, Dunod, 2004.

Alain BOUREGBA, *Les Troubles de la parentalité, Approches clinique et socio-éducative,* chapitres 1, 2, 3, 9 et 10, Paris, Dunod, 2004 (2002).

Jean CARTRY, *Les Parents symboliques*, chapitres 2, 3, 5 et 6, Paris, Dunod, 2004 (1998).

Myriam DAVID, *Le Placement familial, De la pratique à la théorie*, 5e édition, chapitres 1, 4, 7, 8, 17 et 18, Paris, Dunod, 2004.

Pierre NAVES, avec la coll. de G. RABIN-COSTY, C. BRIAND, F. LIANOS, L. NELIAZ et A. OUI, *La Réforme de la protection de l'enfance, Une politique publique en mouvement,* chapitres 2, 3, 4, 8, 9 et 10, Paris, Dunod, 2007.

Chantale PARRET, Jacqueline IGUENANE, *Accompagner l'enfant maltraité et sa famille,* 2e édition, chapitres 5, 6, 9 et 10, Paris, Dunod, 2006.

Pierre VERDIER, Fabienne NOÉ, *Guide de l'Aide sociale à l'enfance*, 6e édition, chapitres 1, 2, 3, 4, 5, 6, 7, 8, 10, 11, 16, 17, 18, 21, Paris, Dunod, 2008.

Liste des auteurs

Francis Alföldi intervient en méthodologie de l'évaluation dans les établissements et services de l'action sociale et médico-sociale. Il a également publié chez Dunod *Savoir évaluer en action sociale et médico-sociale* et *18 cas pratiques d'évaluation en action sociale et médico-sociale* (collectif).

Francine André-Fustier est psychologue, docteur en psychologie, thérapeute familiale psychanalytique (ADSPF, SFTFP).

Inès Angelino a longtemps travaillé au sein des services de protection de l'enfance. Elle est co-auteur au Seuil de l'ouvrage de François Dolto *Quand les parents se séparent, Françoise Dolto questionnée par Inès Angelino.*

Francis Batifoulier est directeur de maison d'enfants. Il intervient dans la formation des cadres du secteur social. Il est co-auteur chez Dunod avec François Noble de *Gouvernance et fonction de direction dans les associations d'action sociale.*

Sofia Bento-Rossignol a tout d'abord été juge des enfants à Bourges puis à Bayonne où elle est en poste depuis février 2004.

Maurice Berger est chef de service en psychiatrie de l'enfant au CHU de Saint-Étienne, ex-professeur associé de psychologie à l'Université Lyon 2, et psychanalyste. Il a également publié chez Dunod *Voulons-nous des enfants barbares ?* ; *Ces enfants qu'on sacrifie... Réponse à la loi réformant la protection de l'enfance* et de nombreux autres ouvrages.

Catherine Briand, attachée principale, adjointe au chef du bureau Enfance et famille de la Direction générale de l'action sociale.

Jean Cartry est éducateur spécialisé et anime une famille d'accueil spécialisée. Chroniqueur au *Lien social*, notamment sous le pseudonyme de Jean-Marie Servin, il a également publié chez Dunod *Petite chronique d'une famille d'accueil* et *Cahier du soir d'un éducateur.*

Jean-François Costes est éducateur spécialisé et permanent d'un lieu de vie à Mauguio (Hérault) qu'il a fondé avec son épouse en 1983.

Myriam David, décédée en 2004, pédopsychiatre, médecin consultant du Centre Alfred-Binet (Paris), fut la fondatrice du Centre familial d'action thérapeutique de l'Association pour la santé mentale (Paris) et de l'unité de soins spécialisée pour les jeunes enfants de la Fondation Rothschild. Elle a également publié chez Dunod *L'Enfant de 0 à 2 ans* et *L'Enfant de 2 à 6 ans*.

FRANÇOIS DESMARTIS est psychiatre et intervient dans plusieurs institutions du champ social, médico-social et sanitaire, dont le Centre départemental de l'enfance, maison d'enfants.

ÉVELYNE GRANGE-SÉGÉRAL est psychologue, thérapeute familiale psychanalytique (ADSPF, SFTFP). Elle est également Maître de conférence en psychopathologie (laboratoire de recherche CRPPC) à l'Université Lyon II.

JACQUELINE IGUENANE, docteur en sciences de l'éducation, est chargée de mission et de recherche aux départements des sciences de la santé, université Paris XIII.

FLORENCE LIANOS, ancienne élève de l'ENA, est sous-directrice des Âges de la vie de la Direction générale de l'action sociale.

PIERRE NAVES est inspecteur général des affaires sociales et professeur associé à l'université de Marne-la-Vallée. Il est également co-auteur chez Dunod de l'*Économie politique de l'action sociale*.

LAURE NELIAZ est attachée à la Direction générale de l'action sociale, bureau Enfance et famille.

FABIENNE NOÉ est docteur en droit, consultante auprès des établissements et services publics et privés et formatrice.

BRUNO OTEIZA est éducateur spécialisé et chef de service dans une maison d'enfants à caractère social.

ANNE OUI est attachée principale, chargée de mission auprès de l'ONED (Observatoire national de l'enfance en danger). Elle est également l'auteur chez Dunod du *Guide de l'assistant familial*.

CHANTALE PARRET, psychanalyste et thérapeute familiale, dirige le Centre de recherche et d'innovation dans le champ social (CRICS) à Paris.

GUILLEMETTE RABIN-COSTY est attachée principale, ex-adjointe au chef du bureau Enfance et famille de la Direction générale de l'action sociale.

NOËL TOUYA est éducateur spécialisé et chef de service dans une maison d'enfants à caractère social. Il intervient dans la formation de professionnels du secteur social.

PIERRE VERDIER, docteur en droit, avocat au Barreau de Paris, ancien directeur de DDASS. Il a publié chez Dunod, *L'enfant en miettes*.

Présentation

La protection de l'enfance : lectures plurielles

F. BATIFOULIER

LA PROTECTION DE L'ENFANCE est un secteur dont on ne peut approcher la complexité qu'en faisant droit à une pluralité d'approches, politique, juridique, éducative, psychologique... Parce qu'il y est question d'humain, et plus précisément de sujets en souffrance, c'est un champ d'action qui génère des positionnements pluriels, contrastés et même opposés. Cet ouvrage prend en compte la diversité de ces prises de position. Le lecteur doit pouvoir construire sa propre représentation d'une question sociale porteuse d'enjeux majeurs en priorité pour les bénéficiaires, mais également pour le devenir de notre société ; car il s'agit principalement de prendre soin d'enfants, de les protéger, de les éduquer, c'est-à-dire de les préparer à partager un monde commun, présent et à venir.

C'est à partir d'un choix d'ouvrages fait par l'éditeur que nous proposons une sélection de chapitres constitutifs d'un livre, qui a la double ambition d'aborder l'ensemble des questions qui relèvent du champ de la protection de l'enfance, et de les traiter de manière approfondie, notamment en faisant droit, nous le rappelons car c'est l'originalité de ce texte, à la pluralité des lectures. La présentation des principaux axes de cet ouvrage en atteste.

1. UNE POLITIQUE PUBLIQUE EN MOUVEMENT

Pierre Naves, convaincu que le vote de la loi du 5 mars 2007[1] constitue une étape importante dans les progrès de la protection de l'enfance en France, présente les principes fondateurs de cette loi.

La loi constitue une avancée significative car elle fixe les règles mais aussi l'expression d'un état d'esprit : mieux prendre en compte l'intérêt de l'enfant, le rôle de ses parents et les conditions d'intervention des professionnels comme le montre l'auteur.

Elle permet non seulement de porter un regard renouvelé sur l'importance sociale des difficultés rencontrées par des centaines de milliers d'enfants, mais précise aussi un nouveau cadre d'intervention et de nouvelles modalités d'action auprès des enfants et de leurs familles. Il en est ainsi, par exemple, de la répartition des rôles entre magistrats et services du conseil général ou du nouvel élan donné à la protection maternelle et infantile.

2. RADIOSCOPIE D'UN DISPOSITIF

La responsabilité de l'Aide sociale à l'enfance étant confiée depuis la décentralisation aux départements qui l'exercent librement, Pierre Verdier et Fabienne Noé se demandent, dans l'introduction de leur ouvrage, s'il est opportun de rappeler des règles au moment où elles perdraient de leur valeur, le pouvoir d'appréciation des acteurs locaux étant accru. Mais la nouvelle loi sur la protection de l'enfance semble vouloir insuffler à nouveau une forme d'uniformisation en imposant des règles communes à l'ensemble des départements notamment en matière des signalements de l'enfance en danger. Leur propos se veut donc pratique et complet sur le droit de l'Aide sociale à l'enfance. Ils ne traitent que de l'Aide sociale à l'enfance et que du droit. Se bornant à exposer les bases législatives et réglementaires, les auteurs considèrent donc que cette centration n'est pas inutile car la loi est complexe et qu'il est nécessaire d'aider aussi bien les usagers, les familles, les enfants, que les professionnels, les assistants familiaux, les associations à entrer dans l'intelligence du nouveau cadre légal et réglementaire. Ils sont convaincus que la possibilité d'une prise de parole de tous ceux qui sont concernés ne peut apporter qu'un progrès et un mieux-être.

Quant à Maurice Berger, le dispositif sur lequel il exerce une lecture critique est celui qui, tout en ayant été mis en place avant la loi du 5 mars 2007, fonctionne encore aujourd'hui. Il constate que dans notre pays, des dysfonctionnements institutionnels sont fréquemment responsables de troubles chez les enfants pris en charge dans le cadre de la protection de l'enfance. Beaucoup de

1. Loi n° 2007-293 du 5 mars 2007 réformant la protection de l'enfance (J.O. 06/03/07).

ces enfants vont mal : il présente des difficultés scolaires massives avec souvent une perte d'une partie de leur capacité intellectuelle ; ils peuvent être très violents, ils sont incapables de nouer un lien à peu près satisfaisant avec autrui. Ces troubles n'ont pas été et ne sont pas écoutés par beaucoup d'adultes impliqués dans ces situations.

Le dispositif français de protection de l'enfance, que l'auteur juge inefficace et même souvent très nuisible, repose depuis des décennies sur deux règles implicites : ne pas évaluer les résultats, c'est-à-dire l'état des enfants dont il est supposé favoriser le bien ou le mieux-être, ne pas prendre connaissance des nombreux travaux qui montrent qu'on peut mieux faire.

Le regard porté par Maurice Berger sur ce dispositif de protection de l'enfance français se veut un appel à une prise de conscience par tous les acteurs concernés pour réformer en profondeur les pratiques mises en place depuis des décennies et dont les effets négatifs pénalisent le devenir de milliers d'enfants.

3. LES PUBLICS DE LA PROTECTION DE L'ENFANCE

La loi du 5 mars 2007 remet la question de la prise en compte des enfants et des jeunes en difficulté au cœur de l'actualité du secteur social. C'est l'occasion pour les acteurs de la protection de l'enfance de poursuivre la réinterrogation du système dans lequel ils interviennent même si cette démarche se heurte à un certain nombre de difficultés. Il en est ainsi du déficit de connaissances sur les populations prises en compte. Les connaissances, tant en ce qui concerne les enfants pris en compte que leurs familles, demeurent approximatives.

Se limitant ici à la dimension clinique, nous proposons de croiser les regards, de confronter les approches afin de progresser dans la connaissance tout d'abord des enfants et adolescents mais aussi de leurs familles. Pour ce faire, nous présentons successivement les contributions d'un psychiatre, Maurice Berger, d'éducateurs spécialisés, Jean Cartry et Jean-François Costes, d'un psychanalyste, Alain Bouregba.

4. LES MODALITÉS D'ACCUEIL ET D'ACCOMPAGNEMENT

Dans cette partie de l'ouvrage, sont répertoriées l'ensemble des modalités d'accueil et d'accompagnement mises en œuvre dans le champ de la protection de l'enfance.

Sont prises en compte aussi bien les actions collectives que les actions individuelles, les formes d'accompagnement à partir du milieu de vie et du domicile que les diverses formes d'accueil incluant la prise en charge physique totale ou partielle de l'usager.

Le lecteur constatera pourtant une inégalité de traitement de ces modes d'intervention. Cette dernière ne correspond pas à un positionnement partisan mais tient au fait que certains modes d'intervention sont peu développés dans l'éventail des ouvrages retenus. Il en est ainsi par exemple de l'AEMO qui est toutefois présente grâce au texte d'Inès Angelino.

Le placement familial à travers la contribution de Myriam David et de Jean Cartry et les maisons d'enfants à caractère social présentées par Sofia Bento-Rossignol, Francine André-Fustier, Évelyne Grange-Segeral, Noël Touya, Jean-François Costes, Francis Batifoulier, donnent lieu à de larges développements qui permettent de rentrer dans le fonctionnement quotidien de ces modes d'accueil et de prendre la mesure des enjeux liés à des formes de séparation qui encore font débat.

5. UNE DÉMARCHE QUI SE STRUCTURE : L'AIDE ET LE SOUTIEN À LA PARENTALITÉ

Il nous a semblé important, en complément de ce qui a été précédemment abordé concernant les troubles présentés par certains parents, de traiter avec une attention toute particulière une démarche dont la structuration progresse de manière significative, l'aide et le soutien à la parentalité.

Assister l'enfance en danger est l'axe majeur de la protection de l'enfance. Cette protection doit être centrée sur l'enfant mais pas seulement. On sait que les troubles présentés par les parents peuvent avoir des effets dévastateurs sur la construction de l'enfant.

Se multiplient donc les initiatives ayant un objet commun, celui d'apporter un soutien, voire un traitement de la parentalité et non plus d'assurer la seule protection de l'enfant exposé aux carences parentales.

Deux praticiens, Alain Bouregba, fin connaisseur des pratiques développées dans le cadre des relais parents-enfants et Noël Touya, intervenant en maison d'enfants à caractère social rendent compte de leurs pratiques d'accompagnement parental.

Soucieux pour chaque question traitée de faire droit à des approches complémentaires voire contradictoires, il nous a semblé utile de présenter ici l'approche de Maurice Berger sur les visites médiatisées.

6. L'ÉVALUATION EN PROTECTION DE L'ENFANCE

La loi de rénovation du 2 janvier 2002 confronte la Protection de l'enfance à l'évaluation. Francis Alföldi note que l'évitement n'est plus possible pour un secteur qui trop longtemps a négligé cette dimension des pratiques professionnelles. Il est convaincu que développer l'évaluation dans l'action sociale et médico-sociale est une nécessité, à condition que l'évaluation mène les personnes, usagers et professionnels, vers plus de responsabilité. Pour ce faire, il met à la disposition des professionnels du secteur un modèle opérationnel qu'il juge adapté à la protection de l'enfance : une évaluation médico-psycho-sociale fondée par la théorie de l'évaluation.

Le déficit d'évaluation dans le champ de la protection de l'enfance, Maurice Berger le dénonce depuis longtemps. Afin de diminuer l'influence des facteurs émotionnels présents chez les intervenants, il propose des jalons pour une évaluation clinique des situations de difficulté éducative parentale telles qu'elles nécessitent une séparation et pour une évaluation du développement de l'enfant, qu'il soit séparé ou non, afin d'apprécier son évolution.

Chantal Parret et Jacqueline Iguenane, traitant de l'évaluation dans l'accompagnement des enfants maltraités mettent l'accent sur la nécessité de former les professionnels. Quant à Noël Touya, il présente le projet d'un service expérimental dans la formalisation duquel la dimension de l'évaluation a été prise en compte.

Livre 1

La protection de l'enfance

Une politique publique en mouvement

P. Naves, G. Rabin-Costy, C. Briand,
F. Lianos, L. Neliaz, A. Oui

PLAN DU LIVRE

Chapitre 1

Les principes fondateurs de la loi du 5 mars 2007

PLAN DU CHAPITRE

LA LOI N° 2007-293 DU 5 MARS 2007 est intitulée « réformant la protection de l'enfance », avec juste raison. Ce qui peut sembler d'évidence ne l'est cependant pas toujours, si sont regardés avec attention d'autres intitulés placés comme des drapeaux masquant la réalité des dispositions législatives. Cette indication est aussi utile, car vingt autres lois sont datées de ce même 5 mars 2007.

1. LES PRINCIPES FONDATEURS EXPLICITES

Les déclarations des acteurs de la réforme, celles des parlementaires ayant contribué au vote de la loi et, notamment, celles des rapporteurs, aussi bien que les avis des « experts » et les prises de position des professionnels ont globalement approuvé l'articulation du projet de loi et son contenu.

L'attente d'une réforme appelée de leurs vœux par ces acteurs, l'effet repoussoir, pour certains, du projet de loi relatif à la prévention de la délinquance, discuté en parallèle, la méthode concertée choisie par le ministre ont pu contribuer à cet état d'esprit. Mais l'explication est peut-être plus simple, plus directe et tient à la construction de ce texte et à son contenu.

Les cinq titres de la loi formulent un programme d'action

Si le projet de loi comportait seize articles répartis en trois titres, la loi regroupe au total quarante articles dans cinq titres. Les deux derniers titres, ajoutés lors des débats parlementaires, ne rassemblent que huit nouveaux articles et la plupart des autres articles qui ont été introduits lors de ces débats sont relativement brefs et ciblés. Au total, l'articulation générale du projet de loi, issue d'une volonté de clarté, demeure.

Les trois premiers titres autour desquels s'articulait le projet de loi

Lors de sa première présentation du projet de loi au Sénat, le 20 juin 2006, le ministre Philippe Bas, après un rappel du contexte, expose un raisonnement logique pour fonder les trois axes de la réforme. Son raisonnement s'articule autour des quatre phrases suivantes :

> « Notre dispositif de protection de l'enfance est construit sur des bases saines et solides : il repose sur le principe de la primauté de l'enfant et de son intérêt.
>
> Malgré tout, nous déplorons toujours des failles, des dysfonctionnements et des défauts dans l'organisation de ce dispositif, lesquels empêchent les professionnels d'aider comme ils le voudraient les enfants qui souffrent ou qui risquent de souffrir.
>
> Il faut remédier à cette situation, pour protéger les enfants et leurs familles.
>
> Nous devons agir dans trois directions : renforcer la prévention, pour venir en aide aux enfants et à leurs parents avant qu'il ne soit trop tard ; organiser le signalement, pour détecter plus tôt et traiter plus efficacement les situations de danger ; diversifier les modes de prise en charge, afin de les adapter aux besoins de chaque enfant. »

Dans la suite de son discours liminaire le ministre pourra ainsi reprendre, en détaillant leur contenu, les trois « titres » présentés dans l'exposé des motifs du projet de loi :

- développer la prévention et clarifier les missions de la protection de l'enfance (titre Ier) ;
- renforcer le dispositif d'alerte et d'évaluation des risques de danger pour l'enfant et mieux articuler la protection sociale et la protection judiciaire de l'enfance (titre II) ;
- améliorer et diversifier les modes d'intervention auprès des enfants pour mieux répondre à leurs besoins (titre III).

Ce cadre de présentation possède plusieurs mérites. D'abord cette présentation est simple, il n'y a que trois titres et leur énonciation successive est cohérente avec l'action publique menée à l'égard d'un enfant et de ses parents. Ensuite, comme indiqué dans l'exposé des motifs : « Le projet de loi confirme [...] trois objectifs prioritaires » ; or la formulation même des trois titres exprime les objectifs prioritaires de la loi.

Dans chacun de ses titres le nombre d'articles est volontairement réduit. Un texte court répondait à la volonté de concentrer la réforme sur des aspects essentiels et de montrer le respect du Premier ministre pour les parlementaires qui devaient examiner encore beaucoup de textes avant la fin de la législature. D'ailleurs, si certains articles figurant dans le projet de loi auraient pu être scindés, la conduite du débat parlementaire ne démontre pas que cette opération était indispensable.

Ainsi, la limitation du nombre d'articles n'a pas conduit à des choix rédactionnels contestables (aucun article ne mêle des objets hétérogènes) ou à des rejets de questions importantes. Si la loi n'a pas abordé certaines de ces questions, c'est délibérément, comme la partie de ce chapitre sur les principes implicites le montre ci-après.

Certains articles se sont glissés dans l'architecture de ces trois titres lors de la discussion parlementaire. Ainsi, s'y sont insérés par le résultat de la volonté exprimée par des parlementaires, notamment l'article 6 (relatif à l'interdiction d'installer près d'un établissement d'enseignement un lieu de ventes d'objets à caractère pornographique), l'article 26 (relatif à la présentation par le Gouvernement du rapport d'application de la CIDE au Parlement), l'article 29 (relatif à la lutte contre la pornographie enfantine sur internet), l'article 30 (sur l'autorisation pour les femmes enceintes de reporter après l'accouchement une partie de leur congé maternité) ainsi que les articles 32 à 38 (figurant dans les titres IV et V et visant à protéger les enfants des dérives sectaires). D'autres articles nouveaux sont le produit d'amendements gouvernementaux, tels l'article 24 (relatif aux salariés des lieux de vie) ou l'article 27 (créant le fonds de financement de la protection de l'enfance).

Ces articles ajoutés, de même que de nombreux amendements enrichissant les articles du projet du Gouvernement, complètent utilement le projet de loi et permettent à la loi du 5 mars 2007 d'être un texte dont le contenu correspond bien à son intitulé : une loi *réformant la protection de l'enfance.*

L'ajout des titres IV et V, illustration d'une approche ministérielle pragmatique

Les problèmes des enfants qui peuvent souffrir des choix de leurs parents, guidés par les règles d'une secte, étaient évoqués ou traités[1], mais n'avaient pas été l'objet d'une attention spécifique

1. Voir notamment les rapports de la mission interministérielle de vigilance et de lutte contre les dérives sectaires (MILUVIDES) et son site **www.miluvides.gouv.fr**.

du législateur dans le cadre de la protection de l'enfance. Quand s'élabore le projet de loi, entre les mois de décembre 2005 et mars 2006, la seule réponse ministérielle possible est de ne rien inscrire dans ce projet, car ce thème est particulièrement complexe à traiter et l'idée de création d'une commission d'enquête est déjà en germe.

D'ailleurs le 28 juin, quelques semaines après une première tentative infructueuse pour des raisons purement formelles, l'Assemblée nationale vote la résolution tendant à créer une commission d'enquête « relative à l'influence des mouvements à caractère sectaire et aux conséquences de leurs pratiques sur la santé physique et mentale des mineurs » ; le Sénat a alors déjà achevé ses travaux sur le projet de loi réformant la protection de l'enfance.

Cette commission d'enquête commence à peine son travail quand le texte, voté au Sénat, est examiné par la commission des affaires culturelles et sociales de l'Assemblée nationale. Aucun amendement relatif à la lutte contre les effets de pratiques sectaires n'est présenté. Il en sera de même jusqu'à quelques jours avant l'examen en première lecture par l'Assemblée nationale. L'avancée des travaux de la commission d'enquête est telle qu'il paraît très probable que les députés à l'initiative de la création de la commission d'enquête, Philippe Vuilque et Georges Fenech vont déposer des amendements, mais rien n'est encore sûr. De fait, les vingt-deux amendements relatifs à la prévention des dérives sectaires ne peuvent être examinés par la commission des affaires sociales et par les services ministériels que dans les trois jours qui précèdent la séance du mercredi 10 janvier au soir.

Alors que la discussion du projet de loi touche à sa fin et que minuit approche, le député Georges Fenech, président de cette commission d'enquête et donc très au fait de ces problèmes, sachant être persuasif dans l'hémicycle, trouve face à lui la rapporteur Valérie Pécresse et le ministre Philippe Bas. Même dans ces conditions, les amendements sont discutés âprement sur la base d'argumentaires préparés dans l'urgence.

S'immiscent ainsi dans la réforme de la protection de l'enfance les deux titres IV et V qui, si les services ministériels ou de l'Assemblée nationale et du Sénat avaient disposé de plus de temps, auraient pu être organisés différemment. Les quatre articles qui composent le titre IV dénommé « Dispositions relatives à l'éducation » pouvaient très bien figurer dans le titre V, « Protections des enfants contre les dérives sectaires » ; alors qu'au contraire les deux derniers articles de ce titre relèvent de « dispositions diverses ».

Mais ces évidentes critiques de forme n'en font que mieux ressortir la qualité d'un débat parlementaire qui voit des opinions s'exprimer pour défendre des principes tels que la liberté individuelle face au rôle des pouvoirs publics, mis en jeu dans les questions techniques posées pour lutter efficacement contre les dérives sectaires.

Introduites dans ces conditions hâtives alors qu'elles posent à la fois des questions de fond et des problèmes pratiques, ces dispositions législatives bénéficieront des deux autres lectures, au Sénat puis à l'Assemblée, pour trouver l'équilibre qui est actuellement le leur, certes imparfait, mais qui constitue une avancée.

Ainsi la loi du 5 mars 2007 organise un dispositif diversifié visant à améliorer de façon pragmatique la protection de l'enfance.

La recherche d'un nécessaire consensus dans un domaine complexe marqué par les idéologies

Tout domaine d'intervention de l'État est marqué par un certain niveau de complexité. L'existence de cette complexité est compréhensible par les citoyens pour des domaines dans lesquels des questions technologiques ou internationales sont en jeu. Mais, pour eux, ces raisons, qui peuvent freiner l'action, ne sont pas acceptables dans le domaine de la protection de l'enfance. Les drames humains qui rentrent fréquemment dans les « faits divers » paraissent évitables.

Or, au-delà de ces drames humains qui soulèvent des questions individuelles souvent très compliquées, doit aussi être dessiné le cadre d'un système qui fait intervenir certes les textes législatifs et réglementaires mais aussi des pratiques institutionnelles et personnelles.

Le périmètre et les axes d'une réforme de la protection de l'enfance sont donc loin d'être simples à tracer. En insistant sur les nombreuses consultations qu'il avait conduites avant de se lancer dans un projet de réforme, le ministre énonçait donc un rappel de faits, présentait une posture d'écoute mais signalait aussi la difficulté de la tâche à laquelle il s'était attelé.

La complexité du domaine de la protection de l'enfance

Le domaine de la protection de l'enfance présente six particularités :

- l'importance considérable du nombre de personnes concernées ;
- le rôle de l'action publique, au travers de divers champs d'intervention ;
- les questions de principe liées à ces interventions dans la sphère privée qui relève des libertés individuelles ;
- les questions techniques relatives aux modalités d'intervention ;
- les effets à moyen et long terme d'une bonne qualité de l'intervention publique ;
- la relative faiblesse des sommes dépensées par les collectivités publiques dans ce but spécifique comparativement à d'autres dépenses publiques[1] et même si les dépenses des départements pour l'aide sociale à l'enfance s'élèvent à 5 milliards d'euros.

La conjonction de ces particularités en fait un domaine où le législateur se risque avec prudence. Les questions posées par l'adoption d'enfants, français ou étrangers, certes émotionnellement aussi fortes que les questions de la protection de l'enfance, concernent trente fois moins de personnes mais sont l'objet d'une attention régulière du législateur. L'éducation nationale, objet quasi permanent de débat, met en jeu des dépenses publiques plus de vingt fois supérieures et reste dominée par le rôle d'un ministère dont le statut, en France, est quasi régalien. Or, si ses échecs sont régulièrement dénoncés, des pistes de réforme sont aussi régulièrement tracées, avec plus ou moins de bonheur, par des lois d'orientation.

Relever les défis de la protection de l'enfance commence donc par relever le défi de faire remonter au niveau d'une grande cause nationale, un problème complexe dans lequel les acteurs

1. Voir notamment, à ce sujet, Naves P., Defalvard H., Julienne K., Petour P., *Économie politique de l'action sociale*, Paris, Dunod, 2006, chapitre 8 ; et, plus récemment, Frechon I., « Les enjeux financiers de gestion », *Informations sociales*, n° 140, 2007, *L'enfant dans le système administratif et judiciaire*, p. 90-95.

sont multiples, les émotions omniprésentes et de natures contradictoires et pour lesquelles les améliorations doivent être subtilement pesées. Il faut en effet que ces améliorations rencontrent les volontés des acteurs, que les évolutions induites soient suffisamment significatives pour les mobiliser mais restent pragmatiques étant donné l'extrême décentralisation de ce domaine :

- décentralisation au sens donné à ce terme par la dévolution de compétences aux départements et à leurs conseils généraux ;
- décentralisation liée à la légitime revendication d'associations participant à ce service public de ne pas être de simples opérateurs appliquant les directives données par des financeurs ;
- de plus, l'indépendance des magistrats, dont le rôle est décisif dans près de trois quarts des situations les plus complexes, implique une grande hétérogénéité des décisions judiciaires adoptées.

Face à une telle situation, aucune expertise, serait-elle même totalement pertinente, ne peut s'imposer si elle rencontre des oppositions. Elle se heurterait aux pressions des acteurs, aux mécanismes d'une démocratie représentative où les parlementaires se doivent de rester des hommes et des femmes de terrain. Le choix du consensus, adopté par Philippe Bas, s'imposait donc d'autant plus.

La recherche du consensus

Le terme de consensus provoque chez de nombreux Français une irritation. Un consensus ne pourrait être que le résultat d'une série de compromissions aboutissant à une position sans grande logique. Alors que la recherche d'une position largement acceptable, produit d'une réflexion collective est prônée dans les milieux scientifiques et permet à des pays voisins d'évoluer efficacement en évitant les crises, en France, la recherche du consensus est suspecte, tout de suite critiquée.

Or la loi du 5 mars est le résultat d'un consensus : le produit de quatre votes, deux au Sénat et deux à l'Assemblée nationale, sans qu'un seul député ou un seul sénateur ait voté contre ce texte. Comment faut-il donc entendre certaines déclarations lors de la dernière lecture à l'Assemblée nationale ? Par exemple celle du député communiste Patrick Braouezec affirmant :

> « Un texte sur la protection de l'enfance ne pouvait faire l'économie des problèmes de logement, de santé, d'exclusion, la maltraitance sociale étant un facteur aggravant du danger. Je regrette également l'absence d'avancée sur la question des mineurs demandeurs d'asile. »

L'explication est certainement à trouver dans ces mots, prononcés quelques minutes plus tard par le député de la majorité Pierre-Louis Fagniez :

> « Alors que les travaux de notre Assemblée touchent à leur fin, il importe que cette réforme puisse être définitivement adoptée. Le groupe UMP votera donc ce texte sans modification. »

D'autant plus que celui-ci ajoute :

> « J'espère qu'au-delà de nos bancs, nous saurons nous retrouver plus largement autour d'un projet permettant de renforcer, de moderniser et de rationaliser notre dispositif de la protection de l'enfance. »

Puis conclut par ces mots :

> « Monsieur le ministre, nous vous renouvelons notre confiance pour mobiliser les acteurs de terrain autour de cette réforme, afin que des drames comme ceux que nous avons connus ne se produisent plus jamais. »

La loi du 5 mars n'a pas été pensée pour provoquer une « rupture » mais de multiples évolutions répondant aux attentes des acteurs, eux-mêmes très divers. Son projet a été élaboré sous le poids de la contrainte budgétaire et donc aucune disposition de ce texte ne prévoit mécaniquement d'accroissement de charges, mais de nombreux changements seront inévitables[1]. Il ne bouleverse pas les places respectives des notions de danger et d'intérêt de l'enfant figurant dans le droit actuel, mais il les réaménage et les conforte parallèlement (voir chap. 2). Dès lors, que celles et ceux qui, focalisés sur les droits de l'enfant étaient prêts à remettre en chantier le droit de la famille, en soient désappointés ne surprendra pas. Mais une telle évolution était-elle possible[2], au-delà même de la question du souhaitable et alors que la jurisprudence est en train d'évoluer rapidement en prenant appui sur la notion d'intérêt de l'enfant.

Dans la limite des mois dont il disposait, Philippe Bas a donc fait le choix du pragmatisme, à partir des convictions qu'il s'était forgées, mais aussi conforté par la méthode qu'il avait validée pour que le consensus espéré puisse tout de même viser des changements significatifs.

Le recours à des personnalités pour le conseiller, l'animation par son cabinet, avec l'appui des services de la direction générale de l'action sociale (DGAS) et en relation avec le cabinet du Garde des sceaux soutenu par les services de la direction de la protection judiciaire de la jeunesse (DPJJ[3]), de nombreux groupes de travail ont permis que soient testées les avancées déjà proposées dans des rapports antérieurs.

Autour des axes principaux de la réforme, le ministre a su accepter des articles très ciblés, répondant ainsi à telle ou telle préoccupation portée par des parlementaires. Ainsi par exemple, l'article 6 de la loi du 5 mars qui modifie l'article 99 de la loi n° 87-588 du 30 juillet 1987 portant diverses mesures d'ordre social qui commence ainsi :

> « Est interdite l'installation, à moins de deux cents mètres d'un établissement d'enseignement, d'un établissement dont l'activité est la vente ou la mise à disposition du public d'objets à caractère pornographique. [...] »

Ainsi aussi l'article 23 qui répond à la volonté de mieux protéger les mineurs victimes, et adopte une formulation judicieusement simplifiée, proposée par les parlementaires, d'un nouvel alinéa à l'article L. 312-1 du CASF :

> « Les établissements et services mentionnés au 1° du même I s'organisent de manière à garantir la sécurité de chacun des mineurs ou des majeurs de moins de vingt et un ans qui y sont accueillis. »

Au total, le consensus est certainement fondé à la fois sur la qualité globale du projet, puis de sa présentation et sur l'évitement de positions qui auraient cristallisé des controverses. Il tient à ce

1. Le Fonds national de financement de la protection de l'enfance créé par l'article 27, introduit par amendement gouvernemental, doit contribuer à aider les départements à concrétiser les progrès que cette loi leur demande de réaliser. Cependant, le décret nécessaire à sa mise en place n'était pas encore publié en septermbre 2008.

2. La réponse est bien évidemment négative pour au moins deux raisons : l'opposition qu'elle aurait suscitée chez de nombreux magistrats et l'absence de débat public de fond sur les avantages et les inconvénients d'un tel renversement majeur dans notre droit actuel, quelques années à peine après la loi n° 2002-305 du 4 mars 2002 relative à l'autorité parentale qui avait été précédée, elle aussi, de concertations et d'études approfondies (notamment les rapports d'Irène Théry et de Françoise Dekeuver-Defossez).

3. La DGAS, elle-même en relation avec des directions telles que la direction générale de la santé ou la direction de l'hospitalisation et de l'offre de soins et la direction de l'enseignement scolaire (du ministère de l'Éducation nationale) ; la DPJJ, elle-même en relation avec la direction des affaires civiles et du Sceau et la direction des affaires criminelles et des grâces ; avec, en plus, la mobilisation des compétences de l'ONED et de deux chargées de mission à la délégation interministérielle à la famille (une magistrate et une spécialiste de l'ASE).

que les idéologies n'ont pas trouvé de prise pour développer une mise en perspective biaisée du texte aux divers moments de son élaboration. Après son vote, les commentateurs sont d'ailleurs, jusqu'à ce jour, en peine pour trouver un autre angle d'attaque que des craintes éventuelles ou ce reproche d'un consensus qualifié, comme par automatisme, de « consensus mou ».

Certainement les principes implicites qui ont guidé les auteurs de la réforme sont-ils aussi très importants pour comprendre la nature des commentaires suscités par ce texte. Ce sont ces principes implicites qu'il convient donc de mettre au jour.

2. LES PRINCIPES IMPLICITES

Trois types de principes implicites peuvent être dégagés. D'abord de nombreuses modifications sont fondées sur des études préalables et des expériences ayant démontré leur intérêt. Ensuite, une grande discrétion a prévalu vis-à-vis de différences notoires, voire de contradictions, par rapport à des positions ou projets portés par d'autres membres du Gouvernement. Enfin, des difficultés susceptibles de radicaliser des oppositions ont été évitées.

La volonté de produire des propositions réalistes

La loi du 5 mars 2007 vise des changements de fond et non d'apparence. L'applicabilité sans décret et la traduction dans un code sont deux très bons tests de la capacité d'une loi à faire évoluer les pratiques. La loi du 5 mars 2007 réussit très bien ces deux tests.

Les articles de faible portée sont rares, comme par exemple l'article 7, qui rappelle cependant utilement le rôle que pourrait jouer l'institution du défenseur des enfants, dès lors que celui (ou celle) qui occupe ces fonctions n'est pas *de facto* absent(e) des débats relatifs à un texte qui devrait susciter des prises de position de sa part.

Les évolutions désormais inscrites dans le Code civil ou le Code de l'action sociale et des familles, sont souvent le produit d'expériences de terrain reconnues au plan national, discutées entre leurs initiateurs et les responsables des administrations centrales de l'État.

Les formulations du texte se ressentent de cette volonté d'applicabilité et donc de précision. Là où la simple formule « les parents » pourrait sembler suffire, se retrouve la longue formulation « le père, la mère, tout autre personne exerçant l'autorité parentale ou le tuteur ».

Par ailleurs la loi a visé à proposer aux professionnels une alternative constructive. Le risque d'une démotivation ou d'une « mobilisation réactive » des professionnels face au projet de loi relatif à la prévention de la délinquance apparue dès 2003, n'a pas cessé. Il reste d'ailleurs toujours présent après le vote de la loi et demeure un enjeu. Or tout professionnel a besoin de sentir que son action est reconnue pour agir efficacement au quotidien et se projeter positivement dans l'avenir.

Le rôle des pouvoirs publics, notamment de l'État, est de veiller au maintien d'une dynamique de progrès. C'est une mission qu'un ministre doit remplir et afficher adroitement, car elle est une condition nécessaire à la qualité du travail[1], tout particulièrement dans le domaine social.

1. À la « performance » pour utiliser un terme clef des politiques publiques actuelles.

L'usure psychologique y est en effet forte, en raison du contact avec des personnes en détresse, de l'empathie nécessaire pour accompagner ces personnes, tout en gardant une distanciation indispensable pour pouvoir apprécier aussi objectivement que possible leur situation et en rendre compte.

La discrétion face à des options retenues par ailleurs

Celles et ceux qui ont porté le projet de loi sur la protection de l'enfance ont fait avancer celui-ci en évitant, autant que possible, les interférences avec l'avancée, en parallèle du projet de loi relatif à la prévention de la délinquance, dont plusieurs dispositions étaient dénoncées vigoureusement par des personnalités reconnues, animant un mouvement d'opposition[1].

Ce pragmatisme est particulièrement manifeste dans deux domaines : d'une part, dans la réponse publique à apporter aux risques de délinquance des mineurs, d'autre part, dans le domaine du partage des informations.

La réponse publique à apporter aux risques de délinquance des mineurs

L'adolescence est un moment où la construction de la personnalité se réalise dans l'opposition à l'ordre établi. Toutes les institutions fournissent des occasions de confrontation : la famille, l'école (à cet âge-là, le collège ou le lycée) mais aussi, plus largement, toutes les personnes ou les lieux physiques qui représentent ce monde dans lequel l'adolescent doit s'intégrer, mais ne peut le faire sans difficultés.

Face à cette réalité, la société adopte des positions qui évoluent selon les périodes. La détermination des choix publics est le produit de plusieurs influences : les stratégies issues des partis politiques, l'influence des « experts », le rôle des acteurs directement sur le terrain et dans leur pouvoir de lobbying, l'impact des médias.

Schématiquement, soit l'accent est mis sur quelques milliers de jeunes qui ont évolué jusqu'à ne plus respecter la loi et sur les méthodes qui peuvent réprimer ces dérives, soit l'accent est mis sur le nombre beaucoup plus important, il faut alors compter en centaines de milliers, de jeunes en difficultés. La première approche se présente comme visant « la délinquance des mineurs », la seconde, comme recherchant « la protection de l'enfance ».

Cette divergence est fondamentale. Elle aurait pu ne pas se cristalliser si, à la fin des années 1990, la délinquance n'était pas devenue un enjeu électoral[2]. Les études réalisées par les experts en relation avec les professionnels de terrain, sur la délinquance des mineurs[3], convergeaient déjà sur plusieurs constats et les recommandations qui en découlaient directement :

1. Voir Belorgey J.-M., Chauvière M., Ladsous J., *Reconstruire l'action sociale*, Paris, Dunod, 2006.
2. Enjeu électoral étendu à la définition même de ce qu'est la délinquance et aux statistiques qui peuvent rendre compte de la sécurité et de l'insécurité.
3. Voir notamment le remarquable rapport issu de la mission interministérielle confiée par le Premier ministre à Christine Lazergue et Philippe Balduyck sur la prévention et le traitement de la délinquance des mineurs : *Réponses à la délinquance des mineurs* (1998) ; rapporteur général Chaillou Ph. ; accessible sur www.ladocumentationfrancaise.fr.

- plus de 90 % des mineurs délinquants étaient déjà connus au titre de la protection de l'enfance et donc, une amélioration du dispositif de protection de l'enfance peut produire très rapidement des effets de prévention de la délinquance ;
- les réponses éducatives doivent être adaptées à la personnalité de chacun de ces jeunes, à sa situation familiale et sociale, mais dans tous les cas, il faut aider ces jeunes à trouver une figure d'autorité sans pour autant dévaloriser les parents ;
- le nombre d'adultes qui sont en contact avec ces jeunes est très important. Si un jeune perçoit des différences trop sensibles, il va les vivre comme des incohérences qui le dérouteront encore un peu plus.

Mais, au regard de l'opinion publique qui attend des réponses visibles à un problème qu'elle perçoit, les années 2002 à 2005 ont connu une radicalisation. Les difficultés de fond vécues par les jeunes n'ont pas disparu : échecs causés par un système scolaire relativement rigide, fort taux de chômage lié autant à la situation économique générale qu'à un faible niveau de qualification de beaucoup d'entre eux à la fin de la scolarité obligatoire, accroissement de la précarité des familles. Face à ce qui constitue la vie de nombreux jeunes, la médiatisation de la réponse répressive illustrée par des déploiements de forces de police et les déclarations gouvernementales a accentué la coupure. Les émeutes de novembre 2005 sont la concrétisation d'une désespérance, traduite en une révolte de dizaines de milliers de jeunes très largement au-delà des mineurs délinquants[1].

Le type de réponse qui a eu la préférence du Gouvernement, à cette époque, a été le recours à la force, comme par exemple l'instauration de l'état d'urgence, en novembre 2005. Alors que les grandes lignes du projet de loi de protection de l'enfance sont esquissées, que l'accent est mis sur la recherche d'une responsabilisation des parents en dehors de la contrainte car celle-ci ne suscite pas de réelle adhésion, une autre approche est au contraire affichée par les principales figures du Gouvernement. Le contrat de responsabilité parentale est donc voté, intégré dans le CASF[2] mais limité à des cas de comportement qui donnent à penser qu'il peut y avoir un risque pour l'ordre public. Les dispositions qui figurent dans le projet de loi réformant la protection de l'enfance peuvent donc continuer de progresser.

Le partage des informations

Le partage des informations entre professionnels est une question particulièrement sensible. Le chapitre 6 développe ce qui figure dans la loi du 5 mars 2007 réformant la protection de l'enfance et les différences qui existent avec les dispositions de cette autre loi du 5 mars 2007 qu'est la loi relative à la prévention de la délinquance.

Une lecture superficielle peut montrer des similitudes sur les objectifs et sur les moyens. D'une lecture plus détaillée des différences sensibles apparaissent : quant aux objectifs de ce partage

1. Contrairement aux premières affirmations fournies « à chaud » ; cette analyse est d'ailleurs confirmée par les études de terrain réalisées depuis lors, notamment par l'Institut national des hautes études de sécurité (voir *Cahiers de la sécurité* (juillet-septembre 2007) n° 1 et **www.inhes.interieur.gouv.fr**) ou Muchielli L., Le Goaziou V., *Quand les banlieues brûlent...* nouvelle édition, Paris, La Découverte, 2007.
2. Articles L. 222-4-1 du CASF et L. 552-3 et suivants du Code de la sécurité sociale (issus des articles 48 et 49 de la loi n° 2006-396 du 31 mars 2006 pour l'égalité des chances) et R. 222-4-1 à R. 222-4-6 du CASF (issus du décret n° 2006-1104 du 1er septembre 2006 relatif au contrat de responsabilité parentale).

d'information, quant aux critères qui permettent que cette dérogation au Code pénal (qui protège la vie privée) puisse être invoquée, quant à l'organisation mise en place et enfin, quant à l'information des personnes concernées par la levée du secret.

Ces différences n'ont bien sûr pas échappé aux services ministériels, ni d'ailleurs aux députés et sénateurs[1]. Conduit à défendre, au nom du Gouvernement, l'article du projet de loi relatif à la prévention de la délinquance, Philippe Bas s'attache à montrer, le 27 novembre, face aux arguments développés méthodiquement par les députés de l'opposition, qu'il n'y a pas de contradiction entre les deux textes, seulement deux types différents de situations ; il répond donc ainsi :

> « Bref, je le répète, ce texte est équilibré : le secret professionnel demeure, mais les informations qui en relèvent doivent pouvoir être partagées entre les professionnels qui y sont assujettis, et cela dans l'intérêt des familles ; quant au maire, il doit veiller à ce que le travail social s'effectue dans de bonnes conditions, et par ailleurs avoir communication des informations qui sont nécessaires à l'exercice de ses compétences — et seulement de celles-là.

Mais, à la suite de cette intervention, Patricia Adam, députée socialiste, demande immédiatement une suspension de séance ; puis à la reprise de la séance, Noël Mamère insiste. L'objectif de l'opposition est de supprimer cet article et il expose, pour justifier cette position, des contradictions :

> « Ce texte confère au maire un pouvoir exorbitant, [...] contribuant, surtout, à municipaliser les politiques publiques. Le maire, qui est déjà le dernier interlocuteur social, ne peut être également shérif, substitut du procureur, travailleur social et éducateur. M. le ministre délégué prétend que le secret professionnel est respecté, mais ce n'est pas le cas puisque les travailleurs sociaux devront lui rendre compte d'informations confidentielles sur des personnes privées, ce qui dépasse largement le secret partagé entre des professionnels — auquel nous ne sommes d'ailleurs pas défavorables. Comme coordinateur des politiques sociales, le maire est jusqu'à présent informé d'un contexte général, non d'informations précises concernant telle ou telle personne. »

Les perspectives pratiques auxquelles pensent les opposants à la disposition inscrite dans un texte relatif à la prévention de la délinquance qui voient en parallèle l'avancée de deux articles sur un même sujet, le partage d'information, sont la possibilité d'une censure du Conseil constitutionnel (elle n'arrivera pas), une jurisprudence rendant inapplicable cette disposition (elle pourrait arriver) et surtout les difficultés rencontrées sur le terrain par un article de loi (le nouvel article L. 121-6-2 du CASF) voté sans que les conditions effectives de sa mise en œuvre par les professionnels aient été attentivement étudiées.

Le principe implicite est, pour ceux qui soutiennent la loi réformant la protection de l'enfance, d'avancer posément, confiants dans la qualité du texte élaboré après de longues concertations, le nouvel article L. 226-2-2 du CASF.

Les limites du champ de la réforme, des questions qui auraient pu être abordées

Certaines questions sont essentielles pour une meilleure protection de l'enfance, d'autres plus spécifiques touchent profondément l'activité des services de l'ASE ou posent des problèmes très

1. Dont des membres de l'opposition parlementaire qui, après s'être opposés en vain au vote de cet article au cours des débats parlementaires, ont déposé un recours devant le Conseil constitutionnel portant sur l'article 8 de la loi relative à la prévention de la délinquance.

généraux. Mentionnées lors de rapports antérieurs, rappelées par les intervenants ou dans les consultations des conseils généraux ou par les experts, ces questions ont été évacuées tacitement dans le projet de loi ou repoussées quand elles sont apparues dans les débats parlementaires.

Des questions évoquées mais repoussées

Première question évoquée mais repoussée, celle de revenir à la conclusion de « schémas conjoints de protection de l'enfance » comme ceux réalisés avant la loi du 13 août 2004. L'intérêt d'une mobilisation coordonnée des services de l'État et du département se concluant par un engagement solennel conjoint, un « schéma départemental » co-signé par le préfet et le président du conseil général, demeure vif. Mais le retour à la situation antérieure à celle de la loi de décentralisation de 2004 est vite apparu impossible. Ouvrir une porte dans la logique du schéma des établissements et services sociaux, placé globalement sous la responsabilité du président du conseil général, aurait signifié mettre en péril tout l'édifice.

Quand la question est évoquée au Sénat ou à l'Assemblée nationale, elle rencontre l'attention mais ne se traduit pas en modification législative.

Deuxième question, celle des moyens que l'État consacre effectivement à la protection de l'enfance, tout particulièrement la faiblesse du nombre de juges des enfants et les pénuries de personnels dans les greffes, a aussi été considérée comme hors champ de la loi. La poser comme condition de réussite aurait condamné toute avancée du projet de loi. À la volonté ministérielle de ne pas s'engager dans un combat plus qu'incertain répondait aussi l'espoir que la nouvelle articulation entre services des départements et autorité judiciaire allait alléger la charge de travail des juges des enfants. Eux-mêmes étaient en outre réticents, par peur d'ouvrir la voie à une suppression de leur possibilité de « placements directs » qui tout en étant une réponse adaptée dans certaines situations, voit son principe contesté par certains parlementaires.

Autre question évoquée, tant dans la préparation de la loi que dans les débats parlementaires, mais bien vite mise « hors champ », celle des mineurs étrangers isolés. Leur nombre est loin d'être négligeable[1] : ils sont environ trois mille qui ont besoin d'une protection vis-à-vis des dangers qu'ils peuvent encourir du fait de leur isolement et de leur minorité. Les raisons qui conduisent ces mineurs à se trouver ainsi sur le territoire national, leur origine, leur trajectoire migratoire sont diverses[2]. Légiférer sur ce domaine était délicat : plusieurs rapports[3] ont montré la nécessité de réfléchir à un partage de compétence entre conseils généraux et État, dans le cadre de plate-forme d'accueil, d'évaluation et d'orientation de ces mineurs. Quand l'idée d'un projet de réforme de la protection

1. Le rapport de l'IGAS de janvier 2005 relatif aux conditions d'accueil des mineurs étrangers isolés en France montre qu'ils étaient près de 2 500 accueillis dans les services de l'aide sociale à l'enfance au 30 septembre 2004. En 2003, trois mille cent mineurs étrangers isolés auraient été admis à l'aide sociale à l'enfance.

2. Une enquête menée en 2001 par A. Étiemble à la demande de la direction des populations et des migrations « Les mineurs étrangers isolés en France : évaluation quantitative de la population accueillie à l'aide sociale à l'enfance : les termes de l'accueil et de la prise en charge » a dressé une typologie de ces mineurs : les exilés provenant de situation de guerre et de conflit ethnique, les mandatés envoyés par leurs parents pour échapper à la misère, les exploités aux mains de trafiquants, avec ou sans la complicité parentale, les fugueurs quittant une famille maltraitante ou un orphelinat, les errants qui vivaient déjà dans la rue dans leur pays d'origine.

3. Les rapports du préfet M. Landrieu et du député M. Rolland respectivement de juin 2003 et novembre 2004, le rapport de l'IGAS de 2005.

de l'enfance progresse à l'automne 2005, certes de nombreuses études sont disponibles, mais ouvrir le débat apparaît risqué aussi bien aux responsables gouvernementaux qu'aux défenseurs des droits de ces mineurs ainsi qu'aux responsables départementaux qui supportent la charge financière de l'accueil de ces jeunes.

Cette question sera néanmoins abordée lors des débats parlementaires au travers notamment des amendements visant à ce que ces mineurs ne soient pas placés en zone d'attente mais pris en charge rapidement par l'aide sociale à l'enfance. Si ces amendements ont été repoussés, au motif que la concertation sur ce sujet n'était pas encore aboutie, le nouvel article L. 112-3 du CASF (introduit par l'article 1er de la loi) précise néanmoins que « la protection de l'enfance a également pour but de prévenir les difficultés que peuvent rencontrer les mineurs privés temporairement ou définitivement de la protection de leur famille et d'assurer leur prise en charge ». Il pourrait donc servir de fondement nouveau pour trouver des solutions adaptées à cette très sensible question ; c'est d'ailleurs le sens de l'appel, lancé à l'initiative de l'UNICEF, en juillet 2008[1].

Des questions restées en marge des débats

D'abord la vaste question de la pauvreté des conditions de vie d'enfants. Cette véritable problématique est au carrefour des politiques de lutte contre les exclusions et de la protection de l'enfance. Vouloir la traiter au titre de la protection de l'enfance ne pouvait conduire qu'à se retrouver face aux multiples facettes des politiques visant la cohésion sociale, voire aussi le vaste domaine de la politique de la ville, elle-même étroitement imbriquée avec la politique de cohésion sociale. Évoquée dans les débats parlementaires, objet d'un groupe de travail réuni entre juin 2006 et mars 2007 dans le cadre de la réforme, cette question ne laisse aucune trace dans la loi, ne serait-ce que pour lutter contre un véritable danger touchant les enfants, le saturnisme. En effet, ce danger sanitaire pourtant bien identifié, qui porte atteinte à la santé de milliers d'enfants et à leur développement, soulève de multiples problèmes techniques. Certes il relève bien de la protection de l'enfance, mais les acteurs de la réforme se sont concentrés sur le cœur de celle-ci.

Même type de réponse pour les dizaines de milliers d'enfants dont la qualité de l'éducation est mise en danger par des conditions précaires de logement. Plus de dix mille enfants sont hébergés dans des établissements dits « d'accueil d'urgence », plusieurs centaines de milliers ne bénéficient pas de conditions de logement qui leur permettent de s'épanouir aisément. Il sera indispensable de voir quelles réponses réelles seront apportées par la loi n° 2007-290, elle aussi du 5 mars 2007, instituant le droit au logement opposable et portant diverses mesures en faveur de la cohésion sociale.

La même position a été adoptée vis-à-vis des violences dont sont victimes des femmes, au sein de leur couple, et qui produisent des conséquences pour leurs enfants. La question existe, elle ne représente pas un phénomène marginal[2], mais elle relève d'abord d'une autre politique publique.

À côté de ces vastes questions sous-jacentes, largement connues mais laissées de côté pour se concentrer sur des questions pour lesquelles des réponses étaient attendues, deux autres types de question ont été occultés.

1. Voir **www.unicef.fr**.
2. Mais resté, jusqu'à son étude en cours par l'ONED, relativement peu approfondi en France.

D'abord, des questions connexes, relevant bien d'un traitement législatif, mais encore insuffisamment élaborées pour pouvoir être débattues efficacement par les parlementaires. D'une part, sont restés hors champ du débat les risques de la garde alternée pour de très jeunes enfants, alors même que ces risques se concrétisent, comme l'avaient annoncé plusieurs psychiatres. Mais légiférer quelques années après l'introduction d'une disposition législative, alors que les juges aux affaires familiales ont connaissance de ces risques et que les passions sont exacerbées n'apparaissait pas opportun. D'autre part, mettre en lumière les dangers réels que courent certains enfants, pré-adolescents ou adolescents, dans des « écoles » de compétitions sportives (ou des « écoles artistiques ») poussait vers un champ d'investigation encore mal défriché et qui allait voir se lever des groupes de pression, sûrs de leur bonne foi, capables de détourner l'attention sur leurs besoins spécifiques au détriment de la mission générale de la protection de l'enfance.

Enfin, cette même volonté d'éviter des questions délicates pouvant mettre en péril la voie étroite menant à un vote en temps utile de la loi a fondé l'absence dans le projet de loi de modifications apparemment seulement techniques, mais qui en fait sont particulièrement importantes pour les conditions d'exercice par les départements de leurs compétences. Le statut des foyers de l'enfance et celui de leur directeur font partie de ces « questions oubliées » ; la reformulation des articles régissant les services de l'ASE et de la PMI[1] aussi.

3. CONCLUSION

D'autres questions, apparues au cours de la discussion parlementaire, telles que celle relative à la *kafala*[2] ou à la constitution, par le Sénat, d'une délégation parlementaire seront enfin mentionnées. Chacune de ces questions a en effet suscité de longs et souvent passionnés débats. Elles représentaient, l'une comme l'autre des problèmes complexes. Mais comme l'ont rappelé les rapporteurs du projet de loi, André Lardeux et Valérie Pécresse, la fin de la législature imposait le principe de réalité face à ces questions.

Objet d'un concert de volontés partant des professionnels et de leurs représentants, repris par des personnalités et des « experts », mis en forme par plusieurs rapports administratifs ou parlementaires, traduit dans un projet de loi ayant été voté après des débats faisant honneur au rôle du Parlement, le texte qui allait devenir la loi du 5 mars 2007 pouvait souffrir de quelques imperfections et ne pas inclure en son sein une réponse à « toutes les questions ». D'ailleurs, était-ce possible ? Cette loi allait-elle être la dernière relative à la protection de l'enfance ? Ou ne fallait-il pas la considérer dans son importance non seulement pratique mais aussi symbolique et donc politique, rappelant que la protection de l'enfance doit être une priorité nationale, au même titre que l'accès au droit et à la citoyenneté des personnes handicapées.

1. Voir au chapitre 9, les subtils changements introduits dans les articles L. 2112-1 et L. 2112-2 du Code de la santé publique au cours des débats parlementaires.
2. Pratique organisée, en droit islamique, en vue de la prise en charge d'un mineur par des membres d'une famille qui n'est pas la sienne par le sang mais qui s'engage à l'élever comme le sien (voir notamment les débats à l'Assemblée nationale le 10 janvier, à l'occasion des amendements n° 217, 218 et 274).

PLAN DU CHAPITRE

2 • Le danger et l'intérêt de l'enfant : des notions clefs

LES TRAVAUX QUI ONT PRÉCÉDÉ la loi du 5 mars 2007 ont alimenté la réflexion sur les principes fondateurs de la protection de l'enfance. La notion de danger qui légitime l'intervention du juge en assistance éducative (art. 375 du Code civil[1]) a particulièrement été interrogée : d'une part du point de vue de sa non-adéquation avec la notion de maltraitance et de sa définition, d'autre part au regard des catégories descriptives utilisées par les professionnels de la protection de l'enfance. Le caractère opératoire de la notion de danger pour fonder l'assistance éducative, l'alternative que pouvait représenter la notion « d'intérêt de l'enfant », l'opportunité de définir plus précisément ces notions pour tenir compte des progrès des connaissances sur le développement de l'enfant, sont autant de questions qui ont traversé les débats.

Tout en s'attachant à mettre en cohérence les différents critères d'une intervention de protection sociale ou judiciaire, la loi du 5 mars 2007 consacre des notions clefs : le « danger » qui fonde la légitimité de l'intervention de la puissance publique dans la sphère privée, le « développement de l'enfant » comme un des critères d'appréciation du danger enfin « l'intérêt de l'enfant », principe premier qui doit guider toutes les décisions et interventions le concernant.

1. LE DANGER : UNE NOTION COMMUNE POUR FONDER LA PROTECTION SOCIALE ET JUDICIAIRE QUI INTÈGRE LE CONCEPT DE « MAUVAIS TRAITEMENTS »

L'abandon d'une notion trop limitée : la maltraitance

La volonté d'élargir les actions de prévention et les procédures de repérage, d'alerte et de signalement à tous les enfants en danger ou en risque de danger a présidé, avec la nécessité de mettre en cohérence les différents concepts, à la consécration de la notion de danger dans la loi du 5 mars 2007 et à l'abandon de celle de maltraitance. Ce faisant le législateur a poursuivi le chemin qu'il avait ouvert en janvier 2004 avec la création de l'Observatoire national de l'enfance « en danger » (ONED), préférant la notion d'enfance en danger à celle d'enfance maltraitée, trop limitée et harmonisant ainsi les concepts au profit de celui figurant dans le Code civil.

Pendant longtemps les concepts légitimant l'intervention du service de l'Aide sociale à l'enfance dans le Code de la famille sont en adéquation avec les dispositions correspondantes du Code civil. Ainsi le décret du 7 janvier 1959 relatif à la protection sociale de l'enfance en danger définit celle-ci comme une action sociale préventive auprès des familles dont « les conditions d'existence *risquent de mettre en danger* la santé, la sécurité, la moralité ou l'éducation de leurs enfants », rédaction reprenant en miroir l'article 375 du Code civil, issue de l'ordonnance du 23 décembre 1958 relative à la protection de l'enfance en danger. Les textes relatifs à la protection de l'enfance sont alors en cohérence : à la protection sociale, la prévention des risques de danger, à la protection judiciaire, le danger.

1. L'article 375 du Code civil était, jusqu'à la loi du 5 mars 2007, ainsi rédigé : « Si la santé, la sécurité ou la moralité d'un mineur [...] sont en danger ou si les conditions de son éducation sont gravement compromises... »

La loi du 6 janvier 1986 adaptant la législation sanitaire et sociale aux transferts de compétence en matière d'aide sociale et de santé qui a précisé les nouvelles compétences des conseils généraux en matière d'action sociale mais surtout la loi du 10 juillet 1989 relative à la prévention des mauvais traitements à l'égard des mineurs et à la protection de l'enfance, sont venues modifier cette articulation.

La loi de 1986 donne en effet trois missions au service de l'aide sociale à l'enfance (art. 40 du Code de la famille et de l'aide sociale devenu l'article L. 221-1 du CASF) : un soutien au bénéfice des mineurs et de leur famille lorsqu'ils sont confrontés à des difficultés susceptibles de compromettre gravement leur équilibre, une prévention de nature collective, une réponse aux besoins des mineurs confiés à l'aide sociale à l'enfance ; elle ne prévoit, par contre, aucune mission de détection, de signalement des dangers. Aussi ces missions sont-elles complétées par les dispositions de la loi de 1989 qui se réfère à la notion de « mineur maltraité », créant en quelque sorte une sous-catégorie des enfants en danger. Cette loi a d'ailleurs pour objectif fondamental d'organiser la prévention des mauvais traitements à enfants, le recueil des informations relatives aux mineurs maltraités et la protection de ces mineurs. La formulation du décret de 1959, devenu en 2004 l'article R. 221-1 du CASF, est restée quant à elle inchangée, continuant à se référer au risque de danger.

Ce manque de cohérence des concepts (« danger » dans le Code civil, « mauvais traitements » dans le CASF) a contribué à entretenir des interprétations divergentes sur les champs respectifs de l'autorité administrative et de l'autorité judiciaire. Ces distorsions de compréhension ont pu être accentuées par le fait que l'expression « enfant en danger » revêt des sens différents selon qu'elle est comprise dans son acception juridique au sens de l'article 375 du Code civil, ou selon qu'elle se réfère aux catégories utilisées par de nombreux professionnels. En effet depuis le milieu des années 1990 la catégorie des « enfants en danger » regroupe selon la classification de l'observatoire national de l'action sociale décentralisée (ODAS) à la fois les « enfants maltraités » et « les enfants en risque ».

Par ailleurs, ce manque de cohérence a pu rendre aussi plus difficile l'articulation entre les services départementaux placés sous l'autorité du président du conseil général et l'autorité judiciaire : procureur et juge des enfants (voir chap. 3). En effet la loi de 1989 ne réglait cette question essentielle que dans le domaine de l'enfance maltraitée : les critères de l'intervention judiciaire n'étaient donc posés que pour une petite partie seulement de l'ensemble des situations relevant de l'enfance en danger[1].

Enfin le dispositif de recueil, d'alerte et de signalement, tant au plan local qu'au plan national avec le service national d'accueil téléphonique de l'enfance maltraitée (SNATEM-Allo 119) ne concernait, selon les textes, que les enfants maltraités.

Il convenait donc d'étendre ce dispositif, d'autant que la majorité des situations rencontrées en protection de l'enfance et qui justifient des prises en charge sont les conséquences de carences ou de négligences éducatives et non de maltraitances intentionnelles.

1. Il s'agissait en application de l'article L. 226-4 du CASF, d'une part, de l'impossibilité pour les services sociaux d'évaluer la situation du mineur et, d'autre part, du refus manifeste de la famille d'accepter l'intervention de l'aide sociale à l'enfance.

L'harmonisation au profit de la notion de danger

La loi du 5 mars 2007, en substituant dans le CASF la notion de danger à celle de maltraitance, met en concordance les concepts qui fondent une intervention dans le cadre de la protection sociale et judiciaire : le danger intégrant le concept de mauvais traitements est désormais l'unique critère retenu dans le CASF et dans le Code civil pour justifier la mise en œuvre d'une intervention de protection sociale ou judiciaire.

En opérant ces substitutions dans de nombreux articles, tant ceux relatifs aux missions de la protection maternelle et infantile[1], que ceux relatifs à l'aide sociale à l'enfance[2], le législateur demande au conseil général d'intervenir dans des situations beaucoup plus variées que par le passé et laisse davantage de place à la prévention. Si l'on en croit la lecture des travaux des commissions parlementaires qui se reprennent en écho, ce sont des missions très larges qui sont données à l'aide sociale à l'enfance à l'article L. 221-1 du CASF « la notion de "mineur en danger" permet de tenir compte de toute la palette des situations pouvant, physiquement ou moralement, mettre en danger l'enfant : elle ouvre ainsi des possibilités d'intervention dans des situations [...] telles que la grande précarité économique et sociale, lorsqu'elle conduit les parents à ne plus pouvoir faire face à leurs responsabilités, l'instrumentalisation de l'enfant dans le cadre d'une séparation parentale très conflictuelle, la maladie grave d'un parent, l'empêchant d'assurer pleinement ses tâches éducatives ou encore les difficultés importantes de la relation entre parents et enfants[3]... »

On peut s'interroger, comme l'ont déjà fait remarquer quelques auteurs, sur la pertinence d'une mission dessinée si largement, sur les moyens dont disposent les conseils généraux pour répondre à de tels objectifs[4], d'autant que la loi propose également une définition très large de la protection de l'enfance à l'article L. 112-3 du CASF qui va de la prévention des difficultés parentales jusqu'à la substitution familiale.

Dans la même logique, le dispositif d'alerte et de signalement est étendu à l'ensemble des mineurs en danger ou susceptibles de l'être, tant au niveau départemental que national, le chapitre VI du titre II du livre II du CASF s'intitulant désormais « Protection des mineurs en

1. Article L. 2112-2 du Code de la santé publique : « En outre, le conseil général doit participer aux actions de prévention et de prise en charge des mineurs en danger ou qui risquent de l'être dans les conditions prévues au sixième alinéa (5°) de l'article L. 221-1 et aux articles L. 226-1 à L. 226-11... »

2. Article L. 221-1 du CASF : « Le service de l'aide sociale à l'enfance est [...] chargé des missions suivantes :
1° Apporter un soutien matériel, éducatif et psychologique tant aux mineurs et à leur famille ou à tout détenteur de l'autorité parentale, confrontés à des difficultés risquant de mettre en danger la santé, la sécurité, la moralité de ces mineurs ou de compromettre gravement leur éducation ou leur développement physique, affectif, intellectuel et social [...].
5° Mener, notamment à l'occasion de l'ensemble de ces interventions, des actions de prévention des situations de danger à l'égard des mineurs et, sans préjudice des compétences de l'autorité judiciaire, organiser le recueil et la transmission, dans les conditions prévues à l'article L. 226-3, des informations préoccupantes relatives aux mineurs dont la santé, la sécurité, la moralité sont en danger ou risquent de l'être ou dont l'éducation ou le développement sont compromis ou risquent de l'être, et participer à leur protection. »

3. Travaux de la commission des affaires sociales du Sénat, p. 44, et Travaux de la commission des affaires culturelles, familiales et sociales de l'Assemblée nationale, p. 53, préalablement au premier examen du projet de loi par chacune de ces assemblées.

4. Voir *Réforme de la protection de l'enfance : du droit aux pratiques*, Éditions législatives, 2007, M. Créoff, « La prise en charge en matière de protection de l'enfance est-elle améliorée ? », p. 135.

danger et recueil des informations préoccupantes ». Quant au SNATEM (service national d'accueil téléphonique de l'enfance maltraitée), il se transforme en SNATED service national d'accueil téléphonique de l'enfance en danger, une telle transformation mettant en cohérence, d'une part, son nom avec la réalité de son activité et, d'autre part, avec le nom de l'ONED (Observatoire national de l'enfance en danger), ces deux organisations étant placées sous la responsabilité du même groupement d'intérêt public[1].

Cependant la mise en cohérence des fondements des interventions publiques, dans un cadre administratif ou dans un cadre judiciaire, autour de la notion de danger ne permet pas de régler, *ipso facto*, toutes les questions.

D'abord, elle ne règle pas l'articulation entre protection sociale et protection judiciaire comme le relevait déjà le rapport Bianco-Lamy en 1980. Dès 1989 d'autres critères que la nature du danger ont été jugés plus opératoires pour déterminer les cas de saisine de l'autorité judiciaire : la collaboration ou non-collaboration de la famille, la possibilité d'évaluer la situation[2]. Ces critères ont été revisités par la loi du 5 mars 2007 sans que celui de la nature du danger ait été retenu : ainsi l'option consistant à faire reposer, d'une part, la protection sociale sur le risque et le danger simple et, d'autre part, la protection judiciaire sur le danger grave et manifeste, après avoir été évoquée à l'Assemblée nationale, n'a pas été finalement retenue (voir chap. 3).

Ensuite, si la définition de la maltraitance est à peu près aisée, le danger et, *a fortiori*, le risque de danger sont des notions plus difficiles à définir, le caractère flou de ces concepts a pu être dénoncé. En faisant prévaloir la notion de danger dans son acceptation juridique, les phénomènes de maltraitance ne vont-ils pas perdre de leur visibilité ? C'est une crainte émise par l'ONED dans son deuxième rapport annuel (diffusé en décembre 2006), d'autant que la notion d'enfant maltraité est reconnue au niveau international et fonde nombre de dispositifs de systèmes étrangers.

Le danger : une notion que la loi n'a pas voulu définir

Un certain nombre de voix se sont élevées lors de la préparation de la loi pour demander que la notion de danger, fondement des interventions, fasse l'objet d'une définition légale. Les interventions éducatives décidées par le juge reposent sur l'appréciation que celui-ci fait du danger pesant sur la santé, la sécurité, la moralité et, depuis la loi du 5 mars 2007, le développement physique, affectif, intellectuel et social de l'enfant. Le juge a en outre, en application de l'article 13 de la loi 2004-1 du 2 janvier 2004 (qui a modifié l'article 375-1 du Code civil) l'obligation de « se prononcer en stricte considération de l'intérêt de l'enfant ».

Or, comme le rappelle le rapport de Broissia, la notion de danger reste particulièrement difficile à cerner et la jurisprudence n'a guère apporté de précision quant à son contenu, la cour de cassation estimant qu'il s'agit d'un élément relevant de l'appréciation souveraine des juges du fond[3].

Les cinq départements d'Île-de-France qui ont, dans le cadre des travaux préparatoires à la loi, organisé une réflexion sur le projet de réforme ont proposé que la loi définisse clairement le danger en établissant des référentiels servant de base aux évaluations et aux décisions afin de permettre

1. Pour plus d'information sur ce GIP, voir sur www.oned.fr.
2. Voir l'article L. 226-6 du CASF tel qu'il était rédigé avant la loi du 5 mars 2007.
3. Rapport de la commission présidée par Broissia L. de, *L'Amélioration de la prise en charge des mineurs protégés*, Ministère de la famille et de l'enfance, www.ladocumentationfrancaise.fr, 2005, p. 11.

un diagnostic partagé des situations individuelles et des prises de décisions, administratives et judiciaires, cohérentes, comprises par les parents, les enfants, les professionnels (proposition 10). Cette proposition était sensiblement la même que celle qui figurait dans la « fiche action n° A.3 » du rapport remis en juin 2003 au ministre délégué à la Famille[1]. Elle rejoint également la remarque exprimée avec force par le docteur Maurice Berger qui regrette que le Code civil ne définisse pas les situations de danger, contrairement à la loi québécoise.

Telle n'a pas été l'option retenue. La notion de danger a été interrogée lors des débats du point de vue de sa nature, de son degré mais non du point de vue de son contenu et de sa définition. Sans doute une définition du danger était-elle malaisée, la loi ne pouvant décliner toutes les situations de danger sans prendre le risque d'en oublier certaines et de rigidifier le système, mais peut-être aurait-elle pu renvoyer à un référentiel des indices de danger. Le guide d'accompagnement de la réforme intitulé « la cellule départementale de recueil, de traitement et d'évaluation » n'apporte pas une véritable réponse, puisque certes il pose les principes et les étapes d'une démarche d'évaluation d'une situation individuelle mais ne s'attache pas à caractériser et à définir le danger.

Cependant les critiques qui pouvaient être faites sur le caractère vague de la notion de danger doivent maintenant être tempérées par le fait que la loi du 5 mars a complété les critères d'appréciation du danger en introduisant à côté des mots qui figuraient déjà dans l'article 375 du Code civil (la santé, la sécurité, la moralité, l'éducation) l'expression « développement physique, affectif, intellectuel et social[2] ».

2. LE DÉVELOPPEMENT PHYSIQUE, AFFECTIF, INTELLECTUEL ET SOCIAL : UN CRITÈRE D'APPRÉCIATION DU DANGER, UNE DES COMPOSANTES DE L'INTÉRÊT DE L'ENFANT

Des définitions communes pour les interventions en protection sociale et judiciaire

Le Gouvernement dans son projet de loi a voulu, en s'appuyant sur la préconisation du rapport de Broissia et du rapport de la mission d'information parlementaire[3], mieux ajuster l'intervention

1. *Pour et avec les enfants, leurs parents et les professionnels... op. cit.* ; cette « fiche action » est intitulée : *Réaliser des conférences de consensus sur le diagnostic (l'évaluation des situations) et la méthodologie devant conduire à préconiser (ou ne pas préconiser) des décisions dans le champ de la protection de l'enfance.*

2. Le premier alinéa de l'article 375 du Code civil, modifié par la loi du 5 mars 2007, devient ainsi : « Si la santé, la sécurité ou la moralité d'un mineur non émancipé sont en danger, ou si les conditions de son éducation ou de son *développement physique, affectif, intellectuel et social* sont gravement compromises, des mesures d'assistance éducative peuvent être ordonnées par justice à la requête des père et mère conjointement, ou de l'un d'eux, de la personne ou du service à qui l'enfant a été confié ou du tuteur, du mineur lui-même ou du ministère public. »

3. Proposition 1 du rapport de Broissia et proposition 79 de la mission d'information parlementaire « L'enfant d'abord ».

de la protection sociale et de la protection judiciaire par rapport au contenu de l'autorité parentale telle que définie dans le Code civil à l'article 371-1[1] après la loi n° 2002-305 du 4 mars 2002.

Il a donc ajouté un nouveau critère d'appréciation de la situation de l'enfant, directement emprunté à la CIDE[2], celui de son développement, inscrivant ainsi parmi les situations justifiant une intervention des services du conseil général ou de l'autorité judiciaire, celles comportant un risque de danger ou un danger pour le développement de l'enfant.

Ainsi, du côté de la protection sociale, les grands domaines d'intervention sur lesquels porte la mission d'aide sociale à l'enfance sont précisés, en référence au risque de danger *pour la santé, la sécurité, la moralité, l'éducation, le développement du mineur*, rédaction qui reprend en miroir l'article 371-1. L'aide sociale à l'enfance qui avait pour mission d'« apporter un soutien matériel, éducatif et psychologique aux mineurs, à leur famille, [...] confrontés à des difficultés sociales susceptibles de compromettre gravement leur équilibre » est maintenant chargée d'« apporter un soutien matériel, éducatif et psychologique tant aux mineurs et à leur famille ou à tout détenteur de l'autorité parentale, confrontés à des difficultés risquant de mettre en danger la santé, la sécurité, la moralité de ces mineurs ou de compromettre gravement leur éducation ou leur développement physique, affectif, intellectuel et social ».

Les parlementaires sont venus expliciter dès la première lecture au Sénat la notion de développement, ajoutant au développement physique et intellectuel proposé par le Gouvernement, le développement affectif et social, dans le souci de bien prendre en compte toutes ses composantes pour permettre des évaluations fines des situations individuelles.

Du côté de la protection judiciaire, les atteintes au développement physique, affectif, intellectuel et social ouvrent désormais la possibilité pour le juge d'ordonner des mesures d'assistance éducative, le premier alinéa de l'article 375 du Code civil ayant été complété en ce sens.

Cette harmonisation des définitions dans le CASF et le Code civil autour du contenu de l'autorité parentale permet de rappeler le sens des interventions en protection de l'enfance : les premiers responsables de l'éducation d'un enfant sont ses parents qui ont, de droit, l'autorité parentale. L'intervention de la puissance publique n'est légitime pour aider les parents à exercer cette responsabilité ou les suppléer que quand ils ne sont plus en capacité de protéger l'enfant, d'assurer son éducation, de permettre son développement dans le respect dû à sa personne.

Le développement : un concept mesurable

La loi pose donc la nécessité pour les décideurs (magistrats, président de conseil général) d'apprécier le développement de l'enfant sur les plans physique, intellectuel, affectif et social. Le concept de développement avec sa déclinaison dans ses différentes composantes, présente l'avantage d'être mesurable. Mesurer le développement de l'enfant au regard de ses besoins

1. Article 371-1 du Code civil : « L'autorité parentale est un ensemble de droits et de devoirs ayant pour finalité l'intérêt de l'enfant. Elle appartient aux père et mère jusqu'à la majorité ou l'émancipation de l'enfant pour le protéger dans sa sécurité, sa santé et sa moralité, pour assurer son éducation et permettre son développement, dans le respect dû à sa personne. »

2. Voir notamment l'article 6 de la CIDE : « Les États parties assurent [...] le développement de l'enfant » et son article 18 : « Les États parties s'emploient de leur mieux à assurer la reconnaissance du principe selon lequel les deux parents ont *une responsabilité commune pour ce qui est d'élever l'enfant et d'assurer son développement...* »

fondamentaux, physiques, intellectuels, sociaux et affectifs dont la loi nous rappelle la nécessaire prise en compte pour toute décision le concernant[1], impose de s'appuyer sur des évaluations conduites dans ces quatre domaines. Or de nombreux travaux ont montré l'insuffisance actuelle, en pratique en France, de cette évaluation ; la loi en fait, désormais, le préalable à toute attribution d'une prestation d'aide sociale à l'enfance (art. L. 223-1 du CASF, modifié par l'article 19 de la loi du 5 mars 2007).

Il n'existe pas en effet à ce jour d'outils, validés au niveau national, permettant de mesurer le développement dans les champs définis et servant de référence à tous les acteurs de la protection, même si certains professionnels, par exemple dans le champ de la PMI, disposent dans leur pratique de repères partagés d'observations sur le développement du nourrisson et même si une étude est en cours visant à recenser, en protection de l'enfance, les outils en langue française validés en psychologie du développement[2].

Un travail est donc à mener dans ce sens : déterminer à partir des connaissances actuelles disponibles sur le développement de l'enfant (connaissances médicales, psychologiques, sociologiques...) ce dont un enfant a besoin pour grandir et se développer harmonieusement. Puis des outils permettant d'évaluer le développement de l'enfant devront être validés afin de disposer de référentiels nationaux, de guides d'évaluation officiels.

3. L'INTÉRÊT DE L'ENFANT AU CŒUR DE LA PROTECTION DE L'ENFANCE

Si la loi du 5 mars 2007 est selon son appellation, une loi réformant la protection de l'enfance et non une loi consacrée aux droits de l'enfant, si elle ne fait pas expressément référence à la CIDE dans le nouvel article L. 112-4 du CASF (introduit par l'article 1er de la loi du 5 mars 2007) malgré les vœux formés par quelques parlementaires[3], elle s'appuie néanmoins bien sur cette convention et nombre de ses dispositions visent à renforcer les droits de l'enfant, à prendre en compte ses besoins. Aussi la notion d'intérêt de l'enfant, principe fondateur de la CIDE, est une notion clef utilisée de nombreuses fois tout au long de la loi.

1. Comme le précise le nouvel article L. 112-4 du CASF : « L'intérêt de l'enfant, la prise en compte de ses besoins et le respect de ses droits doivent guider toute décision le concernant... »
2. Ce travail mené par Chantal Zaouche-Gaudron a fait l'objet d'une première présentation lors de la journée thématique de l'ONED « De l'évaluation des situations à la sortie des dispositifs », le 4 juin 2007.
3. Cependant, à la suite d'un amendement, l'article 26 de cette loi complète l'article L. 112-1 du CASF par une référence explicite à la CIDE, en ajoutant l'alinéa suivant « le Gouvernement présente tous les trois ans au Parlement le rapport prévu à l'article 44 (*b*) de la convention relative aux droits de l'enfant signée à New-York le 26 janvier 1990 ».

L'intérêt de l'enfant : une notion qui complète celle de danger

Prenant appui sur l'article 3 de la CIDE qui fait primer l'intérêt supérieur de l'enfant[1], la loi crée un nouvel article L. 112-4 du CASF qui affirme que « l'intérêt de l'enfant, la prise en compte de ses besoins fondamentaux, physiques, intellectuels, sociaux et affectifs ainsi que le respect de ses droits doivent guider toutes décisions ».

L'intérêt de l'enfant est décrit par la CIDE de façon élaborée, sous diverses facettes, avec un contenu concret qui précise les conditions d'un développement harmonieux de l'enfant. Parmi ces conditions figurent le droit de vivre avec ses parents ainsi que celui d'être protégé des dangers que ceux-ci peuvent représenter pour lui. Cette notion a été consacrée dans le Code civil comme critère d'intervention du juge aux affaires familiales aux termes des dispositions de l'article 373-2-6 [2] puis comme un des éléments d'appréciation du juge des enfants[3]. Le Conseil d'État et à sa suite la Cour de cassation ont estimé que l'article 3-1 qui consacre l'intérêt supérieur de l'enfant était directement applicable devant les juridictions françaises (Conseil d'État, M. Torres, 29 janvier 1997 et Cass. 1re civ, 18 mai 2005 et 14 juin 2005).

Considérant que la législation française ne tenait pas suffisamment compte de l'intérêt supérieur de l'enfant, certaines personnalités engagées dans la réforme ont proposé de modifier le fondement juridique de l'assistance éducative en substituant la notion d'intérêt de l'enfant à celle de danger. Ainsi dès fin 2004, une proposition de loi, inspirée des travaux du docteur Maurice Berger, était déposée par Henriette Martinez à l'Assemblée nationale. Elle visait à définir l'intérêt de l'enfant et à en faire, à la place du danger, le critère de compétence de l'intervention judiciaire. Pour l'auteur de cette proposition, l'ordonnance du 23 décembre 1958 sur l'assistance éducative modifiée en 1970 se révèle inadaptée et insuffisamment protectrice pour les enfants. D'après l'exposé des motifs de cette proposition de loi, la loi française qui met au cœur de sa logique « l'aide et le conseil à la famille » et privilégie le maintien de l'enfant dans sa famille, ne s'appuie pas sur les connaissances psychologiques et médicales actuelles et ne prend pas en compte les besoins des enfants comme le besoin d'attachement par exemple. Enfin, elle ne permet d'organiser que des mesures courtes, provisoires.

Cette proposition, comme d'autres préconisations semblables[4], pose la préséance de l'intérêt de l'enfant sur tous les autres principes, l'intérêt étant défini comme la protection de la sécurité et

---

1. Article 3 de la CIDE : « 1. Dans toutes les décisions qui concernent les enfants, qu'elles soient le fait des institutions publiques ou privées de protection sociale, des tribunaux, des autorités administratives ou des organes législatifs, l'intérêt supérieur de l'enfant doit être une considération primordiale. »

2. « Le juge du tribunal de grande instance délégué aux affaires familiales règle les questions qui lui sont soumises dans le cadre du présent chapitre en veillant spécialement à la sauvegarde des intérêts des enfants mineurs », loi n° 2002-305 du 4 mars 2002 relative à l'autorité parentale.

3. Article 375-1 du Code civil issu de la loi du 2 janvier 2004 relatif à l'accueil et à la protection de l'enfance : « Le juge des enfants est compétent, à charge d'appel, pour tout ce qui concerne l'assistance éducative. Il doit toujours s'efforcer de recueillir l'adhésion de la famille à la mesure envisagée et se prononcer en stricte considération de l'intérêt de l'enfant. »

4. Voir M. Créoff (2002), « Proposition de réforme législative de l'assistance éducative », cité in M. Berger, *L'Échec de la protection de l'enfance,* 2e édition, 2004, Paris, Dunod.

du développement en particulier intellectuel et affectif de l'enfant, la satisfaction de ses besoins fondamentaux.

Si la loi du 5 mars 2007 n'a pas modifié le critère de compétence de l'intervention judiciaire, qui reste le danger, elle a néanmoins consacré la notion d'intérêt de l'enfant en plaçant celui-ci au cœur des décisions et des interventions de protection de l'enfance. Le nouvel article L. 112-4 du CASF ne figurait pas dans le texte du Gouvernement mais l'exposé des motifs de la loi énonçait déjà que « l'intérêt de l'enfant, la prise en compte de ses besoins et le respect de ses droits doivent guider toute décision le concernant ». La disposition a été intégrée dans le corps même du texte de la loi par les députés en première lecture, après qu'un débat très riche et parfois vif s'est engagé autour de l'opportunité de citer la convention internationale et de définir l'intérêt de l'enfant dans la loi. Bien que la rapporteure et le ministre aient donné un avis défavorable aux amendements proposés visant à mentionner et définir l'intérêt de l'enfant, la disposition, explicitant les divers types de besoins de l'enfant sera finalement adoptée :

> « L'intérêt de l'enfant, la prise en compte de ses besoins fondamentaux, physiques, intellectuels, sociaux et affectifs ainsi que le respect de ses droits doivent guider toutes décisions le concernant. »

La mise en exergue de ces principes fondateurs de la protection de l'enfance ne s'est cependant pas accompagnée d'une définition de l'intérêt de l'enfant comme cela a été demandé de nouveau au Sénat en deuxième lecture, la proposition formulée par Henriette Martinez d'introduire les mots « défini comme » après « l'intérêt de l'enfant » ayant été rejetée.

Certains le regrettent qui pensent que la loi française devrait, à l'instar de ce qui existe dans d'autres pays, définir l'intérêt de l'enfant ou poser l'obligation de conférences de consensus, de référentiels régulièrement révisés pour faire émerger une définition partagée de la notion. D'autres s'en réjouissent estimant que la loi ne doit pas enfermer l'intérêt de l'enfant dans une définition juridique alors même que notre société connaît une évolution accélérée de ses modèles familiaux, de ses principes éducatifs et qu'il appartient, selon eux, à la jurisprudence de préciser la notion.

Quoi qu'il en soit, cet article sur lequel s'ouvre, avec la définition de la protection de l'enfance, la loi du 5 mars 2007, a une valeur forte qui n'est pas que symbolique : la nature de l'intérêt de l'enfant est ainsi définie par l'article lui-même et la CIDE apparaît comme référence sans qu'elle soit citée.

La prise en compte de l'intérêt de l'enfant dans la loi

L'intérêt de l'enfant apparaît comme une notion clef de la loi d'une part parce qu'il est réaffirmé de nombreuses fois dans des dispositions qui trouvent leur place soit dans le CASF soit dans le Code civil[1] et, d'autre part, parce que la loi pose des principes d'action, des objectifs de prise en charge pour la protection de l'enfance qui se fondent sur l'intérêt de l'enfant, sur ses besoins et notamment son besoin d'attachement, de stabilité affective.

1. Voir les articles L. 221-1, L. 226-2-1, L. 226-2-2 du CASF et les articles 371-4, 375-7, 388-1 du Code civil.

Les multiples références à l'intérêt de l'enfant

Il ne sera pas fait ici un recensement exhaustif des dispositions de la loi qui invoquent l'intérêt de l'enfant : le lecteur pourra se référer au chapitre 4 « Une attention renforcée à l'égard des réalités vécues par les enfants et leurs parents » et notamment à ses parties « L'intérêt de l'enfant dans les procédures le concernant » et « Les intérêts convergents des enfants et des parents traduits dans plusieurs domaines concrets de leurs vies » qui présentent l'essentiel de ces dispositions.

La loi fait, à maintes reprises, référence à cette notion d'intérêt de l'enfant pour affirmer sa primauté. Le concept d'intérêt de l'enfant doit en effet être articulé avec d'autres concepts comme le droit des parents. L'intérêt de l'enfant ne s'oppose pas à celui des parents mais quand cela est nécessaire pour protéger l'enfant, il lui est supérieur. Le respect de ses principes correspond à la prise en considération de l'intérêt supérieur de l'enfant, tel que le demande la CIDE.

Ainsi la primauté de l'intérêt de l'enfant apparaît par exemple dans l'article 375-7 du Code civil[1] qui donne la possibilité au juge, de cacher le lieu d'accueil de l'enfant aux parents, pour protéger si nécessaire l'enfant. De même, l'article 371-4 du Code civil prévoit qu'il n'est fait obstacle au droit de l'enfant d'entretenir des relations personnelles avec ses grands-parents que dans le cas où celles-ci seraient contraires à son intérêt. Dans cet article le législateur a remplacé la notion de « motifs graves » qui pouvait laisser penser qu'il s'agissait de motifs graves du point de vue des parents par celle « d'intérêt de l'enfant » afin de préciser que ces motifs graves doivent résulter d'une atteinte à l'intérêt de l'enfant lui-même.

Stabilité affective, continuité des interventions : des objectifs de prise en charge, des principes d'action dans l'intérêt de l'enfant

La prise en compte des besoins de l'enfant, notamment d'attachement et de stabilité affective, a présidé à l'adoption d'un certain nombre de dispositions introduites pour la plupart d'entre elles au cours du débat, par voie d'amendements parlementaires. Ces dispositions fixent à la protection de l'enfance des objectifs de prise en charge, des principes d'action qui traduisent le souci de garantir à l'enfant continuité, projet de vie stable, mettant ainsi son intérêt au cœur du dispositif.

Ainsi l'Assemblée nationale a adopté en première lecture un amendement déposé par Patricia Adam et soutenu par Henriette Martinez (l'une, députée de l'opposition, l'autre de la majorité) qui inscrit parmi les missions de l'aide sociale à l'enfance, la préservation des liens d'attachement développées par l'enfant avec d'autres personnes que ses parents. En application du 6° de l'article L. 221-1 du CASF, le service de l'aide sociale à l'enfance est désormais chargé de veiller à ce que les liens d'attachement noués par l'enfant avec d'autres personnes que ses parents soient maintenus, voire développés, dans son intérêt supérieur. Il s'agit d'éviter à l'enfant des ruptures affectives intempestives, avec la famille d'accueil, mais aussi avec toute personne (parrain par exemple) avec laquelle il a noué des liens : « Dans un contexte familial chaotique, les enfants ont un besoin

1. Article 375-7 du Code civil : « [...] Le lieu d'accueil de l'enfant doit être recherché dans l'intérêt de celui-ci et afin de faciliter l'exercice du droit de visite et d'hébergement par le ou les parents et le maintien de ses liens avec ses frères et sœurs en application de l'article 371-5 [...]. Le juge peut décider des modalités de l'accueil de l'enfant en considération de l'intérêt de celui-ci. Si l'intérêt de l'enfant le nécessite ou en cas de danger, le juge décide de l'anonymat du lieu d'accueil.

d'autant plus grand de stabilité affective. Il est donc indispensable que le service de l'ASE tienne compte de cette donnée dans toutes les décisions qu'il prend au sujet de l'enfant. »

Dans le souci de favoriser la stabilité affective de l'enfant, le législateur a également prévu que le recours à des formules d'accueil modulables reposant sur des temps d'alternance entre domicile familial et dispositif de suppléance familiale (famille d'accueil ou établissement) devait prendre en compte les besoins de l'enfant en termes de stabilité affective[1]. Il s'agit d'éviter à l'enfant de multiples allers et retours qui peuvent lui être préjudiciables sur le plan affectif.

Mais la disposition la plus importante est sans nul doute celle qui prévoit un aménagement des règles de l'assistance éducative de telle sorte que la durée de l'accueil peut maintenant excéder deux ans. Le législateur a voulu faire la différence entre difficultés passagères des parents qui permettent d'envisager un retour de l'enfant dans sa famille à court terme et difficultés parentales graves ne permettant pas d'envisager ce retour.

Patricia Adam, à l'origine de l'amendement, précise que la possibilité de déroger à la règle des deux ans qu'elle propose, concerne des situations d'enfants « placés » parce que leurs parents souffrent d'une altération importante des capacités de discernement du fait d'une psychose chronique ou d'une déficience intellectuelle, c'est-à-dire de pathologies spécifiques sans perspective de guérison. Dans ces situations, les parents conservent très souvent l'autorité parentale et les professionnels, notamment le juge, ont l'obligation de réexaminer la situation tous les deux ans et d'auditionner la famille et l'enfant. L'amendement, dit-elle, vise à lever cette épée de Damoclès constamment suspendue au-dessus de la tête des enfants et qui leur interdit d'envisager un avenir stable au sein de la famille qui les accueille. Plongés dans une insécurité profonde, ils sont dans l'impossibilité de se projeter dans l'avenir du fait de l'absence d'une image parentale stable.

Henriette Martinez, après avoir souligné l'importance pour l'enfant de se construire un projet de vie, proposera de laisser au juge le soin d'estimer au cas par cas quelle est la durée pertinente de la prise en charge en fonction du rapport qui lui sera remis, et de supprimer la mention « éventuellement jusqu'à la majorité de l'enfant » au vu des craintes émises par le ministre de retrouver comme jadis des prises en charge jusqu'à la majorité sans que la situation de l'enfant ne soit effectivement réexaminée. La disposition sera ainsi adoptée et devient le dernier alinéa de l'article 375 du Code civil :

> « Lorsque les parents présentent des difficultés relationnelles et éducatives graves, sévères et chroniques, évaluées comme telles dans l'état actuel des connaissances, affectant durablement leurs compétences dans l'exercice de leur responsabilité parentale, une mesure d'accueil exercée par un service ou une institution peut être ordonnée pour une durée supérieure, afin de permettre à l'enfant de bénéficier d'une continuité relationnelle, affective et géographique dans son lieu de vie dès lors qu'il est adapté à ses besoins immédiats et à venir. »

Elle permet à l'enfant de construire des liens dans un environnement affectif sécurisant, de le faire bénéficier d'un projet de vie stable. Elle permet aussi aux services de mettre en place un projet éducatif pour l'enfant sur le long terme, d'organiser les conditions de vie de l'enfant nécessaires à son développement, de lui assurer une protection pérenne.

1. Article L. 222-5 du CASF : « Sont pris en charge par le service de l'aide sociale à l'enfance sur décision du président du conseil général : 1° Les mineurs qui ne peuvent demeurer provisoirement dans leur milieu de vie habituel et dont la situation requiert un accueil à temps complet ou partiel, modulable selon leurs besoins, en particulier de stabilité affective... »

Cette disposition suscite néanmoins chez certains de vives réserves, voire une franche opposition. Ceux-ci craignent de voir ressurgir les situations du passé, le « placement jusqu'à autrement décidé » tel qu'il existait avant la loi du 6 janvier 1986 avec une prise en charge jusqu'à la majorité sans que la situation juridique de l'enfant soit clarifiée[1]. Rappelons néanmoins que l'obligation d'un rapport annuel transmis au juge lui permettra de vérifier le bien-fondé du maintien de cette séparation.

On peut cependant se demander si dans les situations de défaillances parentales graves telles que décrites par le législateur, le dispositif d'assistance éducative est bien adéquat et s'il ne conviendrait pas plutôt de recourir à d'autres dispositifs tels la tutelle pour organiser la vie des enfants sur le long terme ; mais le recours à ces dispositifs est peu utilisé[2]. Quoi qu'il en soit cette disposition est cohérente avec l'intérêt de l'enfant pris dans une double perspective : celle de sa vie présente et celle de la construction de sa vie future.

À côté du principe de stabilité affective posé comme un objectif de la prise en charge, le législateur a posé un principe d'action qui vise la réalisation de cet objectif : la continuité et la cohérence des interventions. Ainsi l'article L. 223-1 du CASF énonce :

> « Sur la base des informations dont il dispose, le président du conseil général veille à assurer le suivi et, dans la mesure du possible, la continuité des interventions mises en œuvre pour un enfant et sa famille au titre de la protection de l'enfance. »

Il est également précisé à l'article L. 221-4 du CASF que dans le cas où l'enfant bénéficie d'une mesure d'assistance éducative, le président du conseil général organise les modalités de coordination en amont, en cours et en fin de mesure, aux fins de garantir la continuité et la cohérence des actions menées.

Ces principes fondateurs de la protection de l'enfance placent réellement l'intérêt de l'enfant au cœur des préoccupations et se traduisent dans des modalités concrètes d'organisation du dispositif, dessinant ainsi un cadre respectueux des droits de chacun.

Trouver un équilibre entre la protection qui est due à l'enfant et le respect de l'autorité parentale est la principale difficulté de la protection de l'enfance : à la fois tout faire pour qu'un enfant puisse grandir harmonieusement avec ses parents, mais aussi ne pas hésiter à intervenir chaque fois que c'est indispensable, même si cette intervention est difficile, quand il existe un danger de nature à compromettre le développement de cet enfant ou, plus généralement dans l'intérêt de l'enfant. La loi du 5 mars 2007 a choisi la voie de cet équilibre.

---

1. Voir par exemple Verdier P., « La loi réformant la protection de l'enfance : une avancée de la protection, un recul des droits », *Journal du droit des jeunes – Revue d'action juridique et sociale (JDJ-RAJS)*, n° 265, mai 2007, p. 22-31.
2. Voir annexe E « Autorité parentale et aide sociale » du rapport (déjà cité) *Pour et avec les enfants, leurs parents et les professionnels...*

Chapitre 3

Répartition des rôles entre magistrats et services du conseil général

PLAN DU CHAPITRE

LA PROTECTION DE L'ENFANCE relève d'une mission de service public, dont les acteurs institutionnels principaux sont l'État, les services des conseils généraux et les associations gestionnaires de services ou d'établissements. La loi du 5 mars 2007 prend acte du rôle prééminent de l'État dans les domaines européen et international[1], elle introduit surtout des réaménagements dans les interventions judiciaires et le rôle du département.

Sur la question des *interventions judiciaires*, de nombreux acteurs de la protection de l'enfance avaient estimé qu'elles devaient être mieux articulées entre elles : le rapport 2005 de la défenseure des enfants Claire Brisset pointait ainsi l'intervention sans véritable cohérence de l'autorité judiciaire dans le champ de la protection de l'enfance : outre le parquet, peuvent intervenir les juridictions civiles (juge des enfants, juge des affaires familiales, juge d'instance, tribunal de grande instance) et pénales (juge d'instruction, tribunal correctionnel et cour d'assises), chacune ayant sa légitimité propre. Le juge Jean-Pierre Rosenczveig, grand nom de la protection de l'enfance, s'interrogeait également sur l'institution, au sein de chaque tribunal de grande instance (TGI), d'une cellule enfance-famille.

Pour ce qui est du *département*, depuis les lois de décentralisation de 1982 et 1984, on est passé à l'ère du « département providence », pour reprendre le terme de Robert Lafore, professeur de droit public à Bordeaux. Depuis lors, le président du conseil général est investi de l'essentiel des missions dans les domaines de l'aide sociale à l'enfance et de la protection maternelle et infantile. La loi du 13 août 2004 ne touche pas directement aux compétences du département dans les domaines de l'aide sociale à l'enfance et de la protection maternelle et infantile mais confirme le président du conseil général comme chef de file de l'action sociale[2].

Les départements consacrent une part importante de leur budget à la protection de l'enfance : environ 5 milliards d'euros par an. L'importance du rôle du conseil général a été, de fait, une thématique reprise dans tous les rapports du début des annés 2000 : les rapports de la défenseure des enfants, notamment celui de 2004[3], le rapport de Marie-Thérèse Hermange, *L'Enfant d'abord : cent propositions pour placer l'enfant au cœur du droit de la famille* (2002), le rapport de la mission parlementaire Bloche-Pécresse d'information sur la famille et les droits des enfants (2005) ; le rapport du groupe de travail présidé par le sénateur Louis de Broissia (2006).

La loi du 5 mars 2007 prend donc acte de ce rôle majeur du département par rapport aux autres acteurs intervenant dans le champ de la protection de l'enfance, notamment la justice, mais aussi plus largement à l'égard de toutes les personnes qui mettent en œuvre la politique de protection de l'enfance et de celles qui lui apportent leur concours.

1. Doivent être aussi mentionnées les fonctions de l'État :
– dans l'édification de normes – lois, décrets, mais aussi guides d'application et dans le pilotage et le suivi des réformes : recensement des difficultés et des bonnes pratiques, organisation d'échanges entre les acteurs ;
– dans ses missions opérationnelles : justice (tribunaux et protection judiciaire de la jeunesse), police et gendarmerie, service social scolaire, services de santé scolaire, ou encore services de psychiatrie infantile, placés directement sous sa responsabilité. Dans cette optique, une instruction interministérielle du 10 janvier 2001 avait prévu une coordination départementale des administrations de l'État, animée par le préfet.

2. L'article L. 121-1 du CASF dispose que « le département définit et met en œuvre la politique d'action sociale, en tenant compte des compétences confiées par la loi à l'État, aux autres collectivités territoriales [...] il coordonne les actions menées sur son territoire qui y concourent ».

3. Rapport qui critique aussi l'inégalité des modes de prise en charge et des dépenses consacrées par les différents départements à l'aide sociale à l'enfance.

1. L'AFFIRMATION DU RÔLE DU CONSEIL GÉNÉRAL DANS LE RECUEIL, LE TRAITEMENT ET L'ÉVALUATION DES SITUATIONS PRÉOCCUPANTES

Au plan institutionnel, le dispositif français de protection de l'enfance se caractérise par la possibilité de recourir à deux types de protection : l'une sociale (dite aussi « administrative »), l'autre judiciaire. Mais cette richesse est aussi une source potentielle de complexité, car ce dispositif repose sur une co-responsabilité de deux institutions décisionnaires, les services placés sous l'autorité du président du conseil général (notamment le service de l'ASE) et l'autorité judiciaire (notamment les juges des enfants).

Les difficultés liées à cette structuration ont été relevées dans l'ensemble des rapports préalables à la réforme :

- difficultés pour assurer la continuité de la mission et de l'action compte tenu des modalités de fonctionnement propre à chaque institution (politique définie par un conseil général et mise en œuvre par ses services d'un côté, par des magistrats indépendants de l'autre) ;
- absence de lisibilité du système, d'une part du côté des intervenants susceptibles de signaler une situation et qui ne sont pas des spécialistes de la protection de l'enfance (enseignants, médecins, animateurs auprès de jeunes... et encore plus pour les personnes faisant partie du « grand public »), d'autre part pour les familles qui se trouvent en situation d'être accompagnées au titre de leurs difficultés ;
- problème de la formulation juridique des critères du passage de la protection sociale à la protection judiciaire, qui n'existaient juridiquement de manière relativement claire que pour les situations d'enfants maltraités, c'est-à-dire une partie de l'enfance en danger ;
- difficultés de régulation du dispositif, avec des risques d'engorgement à différents niveaux (les Parquets débordés par des signalements non évalués, mais aussi les listes d'attente pour que se mettent en places une AEMO, ou pour trouver un lieu d'accueil pour un enfant qui doit être temporairement séparé de ses parents, etc.).

Ces rapports, ainsi que de nombreux acteurs, déplorent la « judiciarisation » croissante d'ailleurs déjà constatée à la fin des années 1990[1]. Trop de dossiers sont transmis à la justice, trop de décisions sont prises par les procureurs ou les juges des enfants alors que certaines de ces situations pourraient très bien être traitées par une intervention sociale des professionnels du conseil général, sans recours à l'autorité judiciaire.

Le Gouvernement, dans son projet de loi, puis les parlementaires, ont voulu donner sa pleine mesure au rôle de chef de file confié au département en matière de protection de l'enfance. D'abord ils ont voulu que le président du conseil général (en fait, ses services) soit assuré d'avoir

1. Voir le rapport IGAS-IGSJ-IPJJ, de P. Naves, B. Cathala et J.-M. Deparis, *Accueils provisoires et placements d'enfants et d'adolescents : des décisions qui mettent à l'épreuve le système français de protection de l'enfance et de la famille*, juin 2000 ; et notamment son annexe qui décrit d'une part les causes de l'accroissement des transmissions de dossiers à l'autorité judiciaire (« judiciarisation des saisines ») et, d'autre part les causes de l'accroissement des décisions judiciaires (« judiciarisation des mesures »).

toutes les informations relatives à des « signalements[1] » d'enfants en danger. Ensuite ils ont décidé que l'autorité judiciaire devrait informer les services placés sous l'autorité du président du conseil général d'une part en cas de « signalement direct » au procureur, d'autre part sur les suites données à ces signalements.

Ces deux points constituent une avancée majeure. Ainsi désormais l'article L. 226-2-1 du CASF (art. 12 de la loi du 5 mars 2007) prévoit que « les personnes qui mettent en œuvre la politique de protection de l'enfance [...] ainsi que celles qui lui apportent leur concours transmettent sans délai au président du conseil général ou au responsable désigné par lui [...] toute information préoccupante sur un mineur en danger ou risquant de l'être [...]. Cette transmission a pour but de permettre d'évaluer la situation du mineur et de déterminer les actions de protection et d'aide dont ce mineur et sa famille peuvent bénéficier ».

Ce même article 12 modifie également l'article L. 226-3 du CASF qui devient :

> « Le président du conseil général est chargé du recueil, du traitement et de l'évaluation, à tout moment et quelle qu'en soit l'origine, des informations préoccupantes relatives aux mineurs en danger ou qui risquent de l'être. Le représentant de l'État et l'autorité judiciaire lui apportent leur concours.
>
> Des protocoles sont établis à cette fin entre le président du conseil général, le représentant de l'État dans le département, les partenaires institutionnels concernés et l'autorité judiciaire en vue de centraliser le recueil des informations préoccupantes au sein d'une cellule de recueil, de traitement et d'évaluation de ces informations.
>
> Après évaluation, les informations individuelles font, si nécessaire, l'objet d'un signalement à l'autorité judiciaire.
>
> Les services publics, ainsi que les établissements publics et privés susceptibles de connaître des situations de mineurs en danger ou qui risquent de l'être, participent au dispositif départemental. Le président du conseil général peut requérir la collaboration d'associations concourant à la protection de l'enfance. »

Toutefois, pour que cette nouvelle organisation fonctionne de façon efficace, plusieurs conditions doivent être réunies. D'abord tous les acteurs institutionnels doivent travailler mieux ensemble : c'est l'objet des protocoles explicitement mentionnés au 2e alinéa. Ensuite, les pratiques en matière de signalement ne doivent concerner que les informations vraiment préoccupantes, ce qui requiert en amont un travail avec les principales instances signalantes, notamment l'Éducation nationale. Enfin, il faut que l'action sociale soit légitime aux yeux des familles. Cette exigence renvoie à l'obligation qu'ont les conseils généraux de repenser la mission de leurs travailleurs sociaux vers plus de continuité entre la prévention et les autres formes d'actions, réflexion qu'ils ont déjà largement conduite pour la plupart d'entre eux.

Les préconisations du rapport de l'IGAS sur les signalements

Le ministre de la Famille avait demandé à l'IGAS de réaliser une étude sur les bonnes pratiques en matière de signalement[2]. Ce travail a été conduit à l'automne 2005, et le rapport rendu en

1. Le terme de « signalement » a été souvent utilisé de façon extensive, pour désigner non seulement des transmissions d'informations (concernant des enfants en danger) à l'autorité judiciaire, mais aussi des transmissions d'informations aux services placés sous l'autorité du président du conseil général. Cette extension de l'acception d'un terme qui a une valeur juridique et donc pratique, a été un facteur de confusion.
2. On notera ici à nouveau que la loi réserve le terme de « signalement » à la saisine du procureur de la République : le signalement est un acte professionnel écrit présentant, après évaluation, la situation d'un enfant en danger.

janvier 2006[1]. La mission a recensé et analysé les meilleures pratiques de recueil et de traitement des informations préoccupantes ainsi que de signalements mises en œuvre dans quatre départements ainsi qu'au Canada et en Belgique.

Sur la question de la répartition des rôles entre les acteurs autour des signalements, la mission a pu constater que plusieurs départements avaient déjà retenu des critères d'orientation opérationnels, précisés dans des protocoles conclus entre les principaux partenaires. Ces protocoles établissent une distinction entre d'une part, des « enfants en danger », au sens de danger avéré et immédiat lié à une maltraitance, ou faute de collaboration possible avec la famille, nécessitant un signalement direct au parquet pour une mise à l'abri sans délai de l'enfant et, d'autre part, des « enfants en risque », faisant l'objet d'une « information signalante » adressée aux services du conseil général.

La mission a surtout établi le constat d'une forte hétérogénéité des conceptions et pratiques de toutes les institutions partenaires, à cause du manque d'un cadre national de référence adéquat. L'IGAS a ainsi constaté l'absence d'harmonisation de la politique des parquets, des transmissions quasi exclusives aux parquets des informations recueillies par les forces de l'ordre, la confusion introduite pour les responsables d'établissements scolaires et les inspections d'académie par des directives successives, contradictoires depuis l'une d'entre elles, diffusée en 1997 et qui avait été peu respectueuse des compétences des conseils généraux. Enfin, les derniers constats portent sur l'insuffisante implication des professionnels de santé libéraux et sur le besoin de coordination avec l'activité des professionnels de santé exerçant dans les établissements hospitaliers.

Ayant noté que les protocoles sont source d'efficience, la mission, de même que plusieurs rapports récents, a donc proposé de recourir à la loi pour poser clairement le principe d'une obligation de transmission de toutes les « informations signalantes » au conseil général, responsable et garant de l'évaluation de la situation. En parallèle, l'IGAS proposait trois critères alternatifs de transmission des « signalements » au parquet : la nécessité d'une protection immédiate, l'impossibilité d'évaluer une information du fait du comportement de la famille, enfin l'impossibilité de travailler avec la famille après évaluation de l'information.

Ces principes ont été retenus[2] par le législateur, conforté dans son vote par un consensus des acteurs sur ces propositions. La plupart des conseils généraux, sollicités lors de la consultation nationale organisée par le ministre sous forme de débats locaux, les membres du groupe national de pilotage présidé par le ministre et les experts réunis dans l'un des groupes de travail pilotés par son cabinet, se sont en effet exprimés en faveur d'une telle obligation législative, afin d'assurer une égalité de traitement des usagers.

Le principe d'une disposition législative était donc acquis. Toutefois, comme on le verra ci-dessous, les termes et le choix des critères régissant l'envoi direct au parquet ont fait l'objet de vives discussions entre les acteurs et au sein des assemblées parlementaires : quels critères, cumulatifs ou alternatifs ? quelle expression utiliser, celle « d'information préoccupante » ou celle « d'information signalante » ?

1. Boutereau-Tichet S., Giorgi D., Jourdain-Menninger D., Moyen H., IGAS, *Recensement et analyse des bonnes pratiques en matière de signalement dans le cadre de la protection de l'enfance,* www.ladocumentationfrancaise.fr, 2006.
2. À une exception près portant sur le critère de « danger grave et manifeste » (voir ci-après).

La mise en place d'une cellule départementale de recueil, de traitement et d'évaluation des informations préoccupantes

Sur la question du lieu de recueil de ces informations préoccupantes, la mission IGAS a vu à l'œuvre deux modèles différents d'organisation des services du conseil général et du circuit de signalement : une centralisation des informations dans le cadre d'un circuit unique aboutissant à une « cellule de signalement » ou des points d'entrée multiples des informations dans les unités territoriales d'action sociale, responsables du processus d'évaluation préalable à la décision.

Les membres de l'IGAS ont estimé que le principe de libre administration des collectivités territoriales ne permettait pas de choisir entre ces deux modèles, chacun présentant des avantages et des inconvénients et renvoyant à des contextes différents de mise en œuvre. Le législateur a, quant à lui, décidé d'aller plus loin, non sans s'être posé de nombreuses questions. À ses yeux l'application du principe d'égalité de traitement entre les usagers et la gravité des risques inhérents à des défauts d'organisation peuvent en effet primer sur le principe de libre administration des collectivités territoriales.

Parmi les nombreuses questions relatives à l'organisation de la cellule ou des cellules, l'IGAS avait mis particulièrement en exergue trois d'entre elles, qui ont été prises en compte par la loi et le guide pratique « La cellule départementale de recueil, de traitement et d'évaluation »[1] :

- tous les services sociaux du département (protection maternelle et infantile, services sociaux polyvalents, aide sociale à l'enfance) doivent être sensibilisés et impliqués dans les phases de repérage et d'évaluation des situations, préalables à leur traitement ;
- un point d'information unique doit être mis en place à l'attention des professionnels pour répondre aux situations d'urgence, sous la forme d'un numéro vert, d'une cellule de signalement (ou simplement d'orientation), d'une permanence ou d'une personne référente identifiée ;
- un travail de connaissance et de reconnaissance entre professionnels appartenant aux institutions partenaires de la protection de l'enfance doit être entrepris et constamment entretenu.

Le nouvel article L. 226-3 du CASF confirme le rôle clef du président du conseil général dans l'organisation et l'animation de cette cellule. Il conforte aussi son rôle afin de clarifier et de fiabiliser les procédures, depuis l'arrivée d'une information préoccupante jusqu'à la décision.

Cette cellule constitue une interface, en premier lieu entre les divers services du département : protection maternelle et infantile, action sociale et aide sociale à l'enfance et, en second lieu, avec le parquet dont elle est l'interlocuteur privilégié. Elle travaille avec l'ensemble des professionnels et notamment ceux de l'Éducation nationale, des divers services sociaux, des hôpitaux, médecins et spécialistes libéraux, notamment pédopsychiatres, associations, services de police et de gendarmerie, élus locaux, centres communaux et intercommunaux d'action sociale, direction départementale de la jeunesse et des sports... qui lui transmettent des informations ou auxquels elle peut faire appel en tant que de besoin.

Elle doit également être en liaison avec le service national d'accueil téléphonique de l'enfance en danger (SNATEM et son numéro de téléphone d'urgence, le 119) qui doit informer chaque

1. *Guides pratiques – Protection de l'enfance*, sur le site **www.famille.gouv.fr** et publiés par la Documentation française, Paris, 2008.

département des appels reçus, émanant la plupart du temps de particuliers, concernant des mineurs en danger ou susceptibles de l'être.

Le « Guide pratique » destiné aux acteurs publics et privés et tout particulièrement aux professionnels des départements, de la justice, de l'Éducation nationale, des services de soin, de la sécurité publique et du secteur associatif habilité, explique ainsi en introduction que « ces modifications doivent apporter plus de lisibilité, de cohérence et de fiabilité dans le dispositif départemental de protection de l'enfance. Il s'agit de clarifier le cadre et les procédures de traitement des informations concernant des mineurs en danger ou en risque de l'être, de garantir les conditions de transmission et d'échange des informations dans le respect du secret professionnel, du secret médical et des droits des usagers, et de favoriser une meilleure articulation entre les acteurs institutionnels qui mettent en œuvre la politique de protection de l'enfance ou qui y apportent leur concours, et notamment d'améliorer l'articulation entre protection administrative et protection judiciaire ».

Le premier élément de cadrage porte sur ce qui doit être transmis à la cellule, c'est-à-dire ce que l'on entend par « information préoccupante concernant les enfants en danger ou en risque de danger ». Forgée par l'ONED, dans son rapport annuel de 2005, l'expression « information préoccupante » présente un double intérêt : son sens est clair et sans connotation malencontreuse (il ne préjuge pas de ce qui va advenir de la transmission de cette information) ; par ailleurs la nouveauté de cette expression va permettre de préciser son contenu qui est cependant déjà largement délimité :

> « tout élément d'information, susceptible de laisser craindre qu'un enfant puisse avoir besoin d'aide. Cette information peut émaner de sources multiples. Dans certains cas, c'est le regroupement d'informations partielles et hypothétiques qui conduit à déclencher une investigations plus approfondie de la part des services sociaux ou de PMI. »[1]

Le deuxième élément de cadrage est la constitution de cette cellule chargée de favoriser une analyse conjointe et une prise de décision collective entre professionnels. Cette cellule est opérationnelle, composée d'une équipe pluridisciplinaire (voire pluri-institutionnelle) ayant des compétences techniques dans le domaine social, éducatif et médical. Son fonctionnement est défini au sein d'un protocole, il s'agit notamment des procédures de recueil et de traitement des informations, du mode opératoire concernant chaque acteur, des modalités de retour d'information vers ceux qui ont alerté cette cellule. Elle peut faire appel à toute collaboration utile des services et institutions mentionnés ci-dessus, mais aussi d'autres catégories de professionnels, tels des juristes, des avocats... Réciproquement, toutes les personnes qui participent au dispositif de protection de l'enfance doivent pouvoir s'adresser à elle pour avis et conseil sur une situation particulière.

Cette cellule doit être organisée pour fonctionner sur une plage horaire la plus large possible, être clairement identifiée par les acteurs, ce qui nécessite une campagne de communication, et prévoir les relais nécessaires pour assurer en permanence un lien avec les institutions concernées. S'il semble préférable que cette cellule soit unique dans le département, ce n'est pas une obligation, même si la loi parle d'« une cellule ». Un conseil général pourra ainsi estimer préférable, du fait de caractéristiques particulières, une organisation coordonnant plusieurs « cellules », par exemple si celles-ci existaient déjà et étaient bien connues du public. Par contre, il convient de mettre en place

1. Définition citée page 18 du rapport n° 3256 fait au nom de la commission des affaires culturelles, familiales et sociales sur le projet de loi (n° 3184) réformant la protection de l'enfance, par Valérie Pécresse.

en tout état de cause un numéro d'appel unique pour les urgences à l'attention des professionnels, comme le préconise le rapport de l'IGAS évoqué ci-dessus.

Pour les professionnels d'un même département, voire de départements différents, cette cellule doit aussi favoriser des échanges de bonnes pratiques, notamment celles qui seront analysées et diffusées par les observatoires départementaux de la protection de l'enfance créés par l'article 16 de la loi, puis l'Observatoire national de l'enfance en danger.

Comme l'article 13 de la loi prévoit que « dans les deux ans suivant la promulgation de la présente loi, le Parlement est saisi par le Gouvernement d'un bilan de la mise en œuvre de la cellule opérationnelle départementale, qui devra établir l'impact du nouveau dispositif, son évaluation quantitative et qualitative [...] », il sera assez rapidement possible de mesurer les progrès induits par cette avancée, d'éventuelles difficultés et donc aussi des améliorations à apporter.

Le débat sur les critères de saisine du procureur de la République par le président du conseil général

La question des cas de saisine sans délai du procureur de la République par le président du conseil général a fait l'objet de très nombreux écrits et alimenté les débats tant au Sénat qu'à l'Assemblée nationale. Finalement, l'article L. 226-4 du CASF, modifié par l'article 12 de la loi, précise :

> Le président du conseil général avise sans délai le procureur de la République lorsqu'un mineur est en danger au sens de l'article 375 du Code civil et :
>
> 1°) qu'il a déjà fait l'objet d'une ou plusieurs actions mentionnées aux articles L. 222-3 et L. 222-4-2 et au 1° de l'article L. 222-5, et que celles-ci n'ont pas permis de remédier à la situation ;
>
> 2°) que, bien que n'ayant fait l'objet d'aucune des actions mentionnées au 1°, celles-ci ne peuvent être mises en place en raison du refus de la famille d'accepter l'intervention du service de l'aide sociale à l'enfance ou de l'impossibilité dans laquelle elle se trouve de collaborer avec ce service.
>
> Il avise également sans délai le procureur de la République lorsqu'un mineur est présumé être en danger au sens de l'article 375 du Code civil mais qu'il est impossible d'évaluer cette situation.

Lors de la première lecture du projet de texte, le Sénat avait été saisi d'un amendement prévoyant un troisième cas de saisine automatique du juge, à côté de la saisine en cas d'échec des interventions sociales (dans le cadre de l'action des services du conseil général ou de professionnels mandatés par lui) et de la saisine en cas de refus manifeste des parents de collaborer avec le service de l'aide sociale à l'enfance, à savoir celui du « danger grave et manifeste pour l'enfant ». Il avait refusé cet amendement, source selon lui de confusion, alors que l'Assemblée nationale saisie du même sujet en première lecture après le Sénat l'a accepté.

Le Sénat avait en effet estimé d'une part, que la notion était particulièrement difficile à définir, ce que tous les professionnels s'accordent à reconnaître, d'autre part, que même en cas de danger grave et manifeste, le recours au juge n'est pas systématiquement « la » solution. Bien sûr, on comprend ce que cette saisine peut avoir de sécurisant pour les professionnels confrontés à ces cas douloureux. Beaucoup d'espoir est donc mis dans le fonctionnement pluri-partenarial de la cellule départementale, chaque professionnel apportant son expérience et son analyse afin que la décision de saisir ou pas le juge soit prise à partir d'une évaluation raisonnée de la situation.

Lors de la seconde lecture du projet de texte devant le Sénat, la commission des affaires sociales, présidée par le sénateur André Lardeux, a estimé que l'assertion selon laquelle « en cas de danger grave et manifeste, l'intervention du juge est systématiquement nécessaire » repose sur un « malentendu » quant à l'étendue des pouvoirs respectifs du président du conseil général et du juge. Ceux-ci disposent tous les deux des mêmes outils de protection que sont d'abord une gamme étendue d'interventions dite « de milieu ouvert » et, peuvent ensuite en arriver à décider la séparation physique entre un enfant et les adultes (les parents en général) qui le gardent, par l'accueil de cet enfant par un établissement ou par un assistant familial. En outre, le président du conseil général, depuis le vote du 3° de l'article 22 de la loi du 5 mars 2007 (intégré dans le CASF aux 2e, 3e, 4e et 5e alinéas de l'article L. 223-2), dispose d'une capacité élargie d'agir en cas d'urgence.

La commission a considéré que la seule véritable différence entre ces modes de protection réside dans le fait que le juge peut obliger des parents à accepter le choix qui apparaît le meilleur pour l'enfant, là où le président du conseil général a besoin de leur accord pour mettre en place une protection durable. Elle a estimé que la première distinction opérante est celle d'enfant connu ou inconnu du service de l'aide sociale à l'enfance : dans le cas des enfants déjà suivis par ce service, le recours au juge ne se justifie que si les interventions mises en œuvre se révèlent effectivement insuffisantes ; dans les autres cas, le recours au juge ne doit être envisagé que si une intervention efficace des services sociaux s'avère impossible, faute d'accord des parents.

La commission conclut de la sorte :

> « En réalité, ce débat illustre une tentation fréquente de la loi de vouloir identifier chacune des situations humaines possibles, en général sans grand succès. Votre commission a donc voulu envisager ce dispositif du point de vue des membres de la cellule de signalement, qui au quotidien devra décider des saisines du juge des enfants. »

Bien sûr, la tentation a été très forte pour l'Assemblée nationale, examinant ensuite elle aussi le projet en seconde lecture, de revenir à sa première rédaction. Cette fois-ci, la volonté de mener les travaux parlementaires à leur terme l'a emporté, car la session devait se terminer à la fin du mois de février, imposant un examen rapide du texte.

Pour éviter que ces principes ne soient contournés, l'article 14 de la loi a inséré un troisième alinéa dans l'article 375 du Code civil :

> « Dans les cas où le ministère public a été avisé par le président du conseil général, il s'assure que la situation du mineur entre dans le champ d'application de l'article L. 226-4 du Code de l'action sociale et des familles. »

Autrement dit, la nécessité de saisir la justice doit être prouvée. Le fait pour le ministère public d'apprécier la recevabilité du signalement ne signifie pas qu'il contrôle l'action du département, mais qu'il s'assure qu'il est effectivement compétent, la primauté étant donnée à l'action sociale. Cette notion de « secondarité[1] » de l'action judiciaire, au sens où la protection judiciaire ne doit être envisagée que « dans un second temps », apparaît ainsi comme un acquis majeur de la loi. Désormais la notion seule de danger, très difficile à définir (comme indiqué au chapitre 2), ne suffit plus à fonder la compétence judiciaire. La protection sociale a légalement vocation à être mise en œuvre de façon prioritaire, avec l'accord des parents, y compris lorsque le mineur est en danger.

1. Néologisme qui évite le terme de « subsidiarité » car celui-ci pourrait laisser penser qu'il y aurait une hiérarchie juridique.

Trois autres modifications apportées par l'article 12 de la loi du 5 mars 2007 à l'article L. 226-4 du CASF confortent cette réorganisation en profondeur des rôles respectifs des services placés sous l'autorité du président du conseil général et de l'autorité judiciaire :

> « Toute personne travaillant au sein des organismes mentionnés au quatrième alinéa de l'article L. 226-3[1] qui avise directement, du fait de la gravité de la situation, le procureur de la République de la situation d'un mineur en danger adresse une copie de cette transmission au président du conseil général.
>
> Le procureur de la République informe dans les meilleurs délais le président du conseil général des suites qui ont été données à sa saisine.
>
> Lorsque le procureur a été avisé par une autre personne, il transmet au président du conseil général les informations qui sont nécessaires à l'accomplissement de la mission de protection de l'enfance confiée à ce dernier[2]. »

Certaines de ces nouveautés figuraient dans le projet de loi, d'autres ont été introduites par voie d'amendements parlementaires. Toujours est-il que ces précisions donnent tout son sens à l'action de la cellule départementale décrite ci-dessus. En effet, celle-ci doit pouvoir analyser toutes les situations et donc être toujours saisie d'emblée ou en parallèle à l'information de l'autorité judiciaire.

La loi a ainsi clairement positionné les services placés sous l'autorité du président du conseil général au centre du dispositif de recueil et de traitement des informations sur les enfants en danger. Ces services voient aussi leur rôle central renforcé dans le cas de séparation d'un enfant de ses parents, c'est la raison des modifications apportées à l'article 375-3 du Code civil.

2. LES MODIFICATIONS SIGNIFICATIVES DE L'ARTICLE 375-3 DU CODE CIVIL

L'article 375-3 du Code civil précise les modalités d'exercice d'un pouvoir extraordinaire du juge des enfants : séparer un enfant de ses parents[3], ce qui était jusqu'à cette loi appelé « retirer un enfant de son milieu actuel ». Pour tous les professionnels de la protection de l'enfance[4] et pas seulement certains intervenants qui luttent par principe contre ces séparations, ainsi que pour la quasi-totalité des parents auxquels la garde de leurs enfants est retirée, cette décision entraîne la plus extrême des interventions[5]. La qualification judiciaire de cette « mesure d'assistance

1. C'est-à-dire travaillant au sein des organismes participant à la mise en œuvre de la protection de l'enfance.
2. La loi précise aussi, à la suite d'un amendement parlementaire et comme pour les « retours d'information » vers les services départementaux que, dans ce cas également : « Le procureur [...] informe cette personne des suites réservées à son signalement, dans les conditions prévues aux articles 40-1 et 40-2 du Code de procédure pénale. »
3. Parents, ou plus généralement, comme ceci est explicitement indiqué dans plusieurs articles (par exemple l'article 12, modifiant l'article L. 226-2 ou l'article 18, modifiant l'article L. 221-4 du CASF) de cette loi : « le père, la mère, toute autre personne exerçant l'autorité parentale ou le tuteur ».
4. Voir par exemple, le livre de cette intervenante de terrain et docteur en droit, Bongrain M., *Le Placement de l'enfant victime, une mesure irrespectueuse...*, Paris, L'Harmattan, 2004.
5. Ce qui d'ailleurs est à compléter, car il ne faut oublier ni le retrait d'autorité parentale, décidé par le tribunal de grande instance (TGI), ni la délégation d'autorité parentale qui est de la compétence du juge aux affaires familiales (voir l'annexe E du rapport de 2003 *Pour et avec les enfants, leurs parents et les professionnels...*, déjà citée).

éducative », un « placement[1] », ne fait que renforcer leur rejet de cette décision. Leur aversion pour ce type d'intervention conduit ces personnes à utiliser des mots ou des expressions qui traduisent leur exaspération : « pouvoir d'éloignement abusif », voire même « incarcération ».

Sur la base des chiffres publiés par l'ONED dans son rapport 2006[2], plus de 110 000 enfants de 0 à 18 ans étaient séparés de leurs parents au 31 décembre 2004, à la suite d'une décision judiciaire. Ce pouvoir des juges des enfants est donc extrêmement grand, tant par la portée de la décision que par l'importance du nombre de personnes concernées.

Il est légitimement encadré par des règles. Mais celles-ci sont plus ou moins précises. De façon ici schématique, il faut se reporter, dans le Code civil, en ce qui concerne les motifs de la décision, à l'article 375 (voir chap. 2), en ce qui concerne les principes généraux de mise en œuvre de ce pouvoir, aux articles 375-1 et 375-2 (voir ci-dessus et chap. 4) et, en ce qui concerne des points spécifiques de procédure, aux articles 375-4 et 375-5, etc.

L'article 375-3 est donc le quatrième des dix articles du Code civil relatifs à l'assistance éducative[3], ce qui montre l'importance accordée à ce type de décision. La loi du 5 mars 2007 remanie significativement cet article :

- l'énoncé de son premier alinéa est nouveau ;
- l'ordre de présentation des personnes ou organismes à qui le juge peut confier l'enfant est modifié ;
- les changements, très techniques, qui figurent dans le dernier alinéa visent à adapter les procédures judiciaires aux séparations de plus en plus nombreuses de couples de parents.

La nouvelle formulation du premier alinéa de l'article 375-3

Le changement de formulation du premier alinéa ne semble modifier que peu de chose. La précédente rédaction était : « S'il est nécessaire de retirer l'enfant de son milieu actuel, le juge peut décider de le confier. » Elle est remplacée par « si la protection de l'enfant l'exige... » (le reste sans changement). Cette modification, d'apparence seulement rédactionnelle, pourrait avoir une portée supérieure si certains juges font usage de la nouvelle formulation. Celle-ci prendrait alors une pleine valeur juridique, au-delà de sa valeur symbolique.

---

1. Les termes de « mesure » et de « placement » n'ont pas pu être remplacés dans les articles de la loi du 5 mars 2007 qui concernent le Code civil en raison de la position prise par la commission de terminologie organisée par le ministère de la justice et qui privilégie la stabilité des termes à leur compréhension sans ambiguïté par les citoyens. Le terme « mesure » a deux significations principales : celle qui entre dans le champ sémantique de l'action de mesurer, d'évaluer, d'apprécier ; celle qui signifie la tempérance, la modération. Les deux significations techniques connexes sont d'une part dans le champ de la musique, d'autre part dans celui de l'administration et de la justice. Le terme « placement » est utilisé pour un objet, sauf dans le vocabulaire judiciaire. Comme le répète, de façon pédagogique, le juge Jean-Pierre Rosenczveig : « Quand je serai vieux, je veux bien être accueilli dans une maison de retraite, mais pas y être placé. » D'ailleurs, le CASF utilise le terme « accueil ».
2. Page 43 du rapport 2006 de l'ONED, disponible sur **www.oned.fr**.
3. Ces dix articles constituent la section II du chapitre I (« de l'autorité parentale relativement à la personne de l'enfant » ; le chapitre II étant « de l'autorité parentale relativement aux biens de l'enfant ») du titre IX (« de l'autorité parentale ») du livre Ier du Code civil (« des personnes »).

La nouvelle rédaction du premier alinéa de cet article 375-3 fait référence à la « protection de l'enfance », expression désormais introduite dans la loi (art. L. 112-3 ; art. 1er ; voir chap. 4). Ainsi la loi n'a plus besoin d'utiliser l'expression « milieu actuel » qui avait été l'objet d'une abondante jurisprudence.

Par ailleurs, cette séparation d'un enfant d'avec ses parents, ou de ceux qui le gardaient, se fonde désormais sur un principe : « la protection de l'enfance » et non sur la description d'un besoin : « (la nécessité de) retirer de son milieu actuel » qui n'était pas décrit par ailleurs, sauf de façon générale à l'article 375[1]. Il y a donc abandon d'une formulation proche du pléonasme qui ne tenait sa logique que de l'article 375, d'ailleurs suivi par l'article 375-1. Or le deuxième alinéa de celui-ci a été complété, voir ci-après les mots soulignés, par la loi (déjà citée) du 2 janvier 2004 :

> « [Le juge des enfants] doit toujours s'efforcer de recueillir l'adhésion de la famille à la mesure envisagée et se prononcer en stricte considération de l'intérêt de l'enfant. »

Cette grave décision de séparation, confier un enfant à une autre personne ou à une institution, est donc désormais inscrite dans une logique renouvelée.

L'énumération des personnes physiques ou organismes à qui un enfant peut être confié, en application de l'article 75 du Code civil, connaît deux changements : d'une part le rajout d'un nouveau type d'organisme « un service ou (à) un établissement habilité pour l'accueil de mineurs à la journée ou suivant toute autre modalité de prise en charge » ; d'autre part un changement dans l'ordre de l'énumération.

La modification introduite dans l'énumération, par l'article 375-3, des personnes physiques ou des établissements, à qui peut être confié un enfant retiré à ses parents peut apparaître de faible portée, voire « dérisoire ». D'ailleurs, l'énoncé de l'article 17 de la loi du 5 mars 2007 ne permet pas de comprendre, au premier regard, la nature du changement. Les premiers alinéas de cet article 17 sont en effet rédigés dans les termes suivants :

> « I. Le Code civil est ainsi modifié :
>
> 1° Les cinq premiers alinéas de l'article 375-3 sont remplacés par six alinéas ainsi rédigés :
>
> Si la protection de l'enfant l'exige, le juge des enfants peut décider de le confier :
>
> 1° à l'autre parent,
>
> 2° à un autre membre de la famille ou à un tiers digne de confiance,
>
> 3° à un service départemental de l'aide sociale à l'enfance,
>
> 4° à un service ou à un établissement habilité pour l'accueil de mineurs à la journée ou suivant toute autre modalité de prise en charge,
>
> 5° à un service ou à un établissement sanitaire ou d'éducation, ordinaire ou spécialisé. »

Quant aux trois derniers alinéas de cet article 17[2], ils permettent de déduire qu'il y a bien eu un changement d'ordre d'énonciation, mais plus difficilement de comprendre ce qui est réellement en jeu.

---

1. D'ailleurs substantiellement complété aussi par la loi de réforme de la protection de l'enfance (voir chapitre 3).
2. 2° Dans le premier alinéa de l'article 375-4, les références : « 2° et 3° » sont remplacées par les références : « 2°, 4° et 5° ».
3° Dans le premier alinéa de l'article 375-9, la référence : « 3° » est remplacée par la référence : « 5° ».
II. - Dans le 3° de l'article L. 222-5 et dans l'article L. 223-3 du Code de l'action sociale et des familles, la référence : « 4° de l'article 375-3 » est remplacée par la référence : « 3° de l'article 375-3 ».

Le premier changement vise à établir une cohérence avec les nouvelles modalités de prise en charge décrites par ailleurs dans le CASF qui sont donc expressément citées dans le Code civil.

Le changement dans l'ordre d'énumération est, en droit et en fait, beaucoup plus important. Le sénateur Michel Mercier, président du conseil général du Rhône, ancien président de la commission sociale de l'Assemblée des départements de France (ADF), exprime d'ailleurs clairement l'importance de l'enjeu, et va même au-delà, quand il intervient en séance au Sénat le 21 juin :

> « Cet article me semble particulièrement important pour la gestion des questions ayant trait aux enfants placés. Monsieur le ministre, j'ai cru comprendre que ce projet de loi avait pour objet, notamment, de bien recadrer les fonctions du juge et celles des administrateurs. Les juges — c'est le propre de leur fonction —, doivent prendre, avec une autorité particulière, des décisions concernant les enfants, notamment au sujet du placement et des signalements. Les collectivités locales, quant à elles, particulièrement les départements, ont une fonction de gestionnaire de service. Or, en donnant au juge cinq possibilités, en plus de la faculté de choisir entre le placement en milieu ouvert ou en milieu fermé, on fait de lui un véritable administrateur et un gestionnaire de service ! »

Les questions soulevées par Michel Mercier sont, en fait, de plusieurs ordres, ce qui nécessite pour bien les comprendre d'aborder successivement d'abord les rôles respectifs du juge des enfants et des services du conseil général dans le choix des modalités d'accueil d'un enfant retiré à ses parents, puis l'ordre d'énumération de l'article 375-3 du Code civil, modifié par la loi réformant la protection de l'enfance et, enfin, ce qui est couramment appelé « placement direct » par un juge des enfants.

Les rôles respectifs du juge des enfants et des services du conseil général dans le cas d'une décision judiciaire de séparation

Il est tout d'abord nécessaire de rappeler que les textes législatifs et réglementaires confient cinq fonctions à tout juge des enfants :

- dans le processus de décision relatif à des situations qui lui sont présentées, il est « juge d'instruction » (c'est lui qui organise le rassemblement des informations qu'il considère nécessaires pour prendre une décision éclairée) ; il est « juge du siège » (qui décide par exemple une « mesure d'assistance éducative en milieu ouvert », une « mesure judiciaire d'aide au budget familial » — voir chap. 4 — ou une séparation) ; enfin il est « juge d'application des peines », puisque, à tout moment, il peut statuer à nouveau sur la situation ;
- en plus de ces trois fonctions judiciaires, le juge des enfants doit « normalement[1] » d'une part se rendre dans les établissements ou services ou sont accueillis des enfants qu'il a décidé de séparer temporairement de leurs parents et en contrôler le fonctionnement et, d'autre part, participer à des réunions générales d'organisation (sur le dispositif d'organisation de la protection de l'enfance, etc.).

Dès lors, la possibilité que le juge des enfants décide lui-même de l'orientation d'un enfant vers telle ou telle structure devrait rester une exception. Pour certains, tel Michel Mercier, cette

1. En fait, la plupart des juges des enfants ne remplissent pas complètement ces missions qu'ils devraient assurer.

exception devrait même ne plus exister. C'était d'ailleurs, dans cette logique que la loi du 13 août 2004 avait ouvert un droit d'expérimentation. Or, si plusieurs départements avaient fait valoir, en 2004, leur intérêt pour l'exercice de ce droit à l'expérimentation, seul le département du Rhône (dont Michel Mercier est président du conseil général) avait, au moment où était élaboré le projet de loi, donné suite à leur intention.

Tirant la leçon de ce faible engouement, le projet de loi propose une modification beaucoup plus « légère », mais qui n'est pas sans importance.

L'ordre d'énumération et ses conséquences pour les décisions des juges des enfants

L'ordre d'énumération de l'article 375-3 possède une signification qui est, depuis la loi réformant la protection de l'enfance, en cohérence avec la logique générale de la loi. Ainsi cette énumération commençait déjà (la formulation avait été modifiée par la loi du 4 mars 2002) et commence toujours par « à l'autre parent ». En effet, dans le cas où la garde d'un enfant est assurée, après la séparation de ses parents (par exemple, à la suite d'un divorce) par un de ses parents, si ultérieurement cet enfant se trouve « en danger » chez ce parent, la première des solutions que le juge doit étudier est de confier cet enfant à son autre parent.

Le même principe d'orientation[1] s'applique pour la solution suivante que le juge doit étudier. Si l'accueil par l'autre parent n'est pas « dans l'intérêt de l'enfant » (art. 375-1), cet enfant doit être confié « à un autre membre de la famille ou à un tiers digne de confiance », puisque cette solution est énoncée, précédée du chiffre 2°, même si ce choix doit être étudié avec précaution[2].

Ce n'est qu'à défaut, « en stricte considération de l'intérêt de l'enfant » que la solution d'une autre modalité de garde de l'enfant doit être examinée. En pratique, cette autre modalité de garde est, à grands traits :

- une « famille d'accueil », comprenant un(e) « assistant(e) familial(e) agréé(e) » ;
- un établissement dédié à l'accueil d'enfants concernés par la « protection de l'enfance » ;
- un autre type d'établissement, par exemple sanitaire ou médico-éducatif.

Cette description peut être complétée, en quelques lignes[3], en indiquant que :

- pour l'accueil par une assistante familiale : celle-ci peut être salariée d'un conseil général ou d'une association (voir à ce sujet les changements introduits par la loi du 27 juin 2005) ;

1. Ce terme « d'orientation » est couramment utilisé dans le cadre de la prise en charge des enfants atteints de déficiences (considérés comme handicapés), il l'est moins dans le cadre de la protection de l'enfance.
2. En effet l'enfant peut ne pas se trouver réellement protégé de son (ou ses) parent(s) danger(eux) pour lui, car cet autre membre de la famille ou ce tiers digne de confiance peut se trouver dans l'impossibilité de s'interposer efficacement.
3. Pour plus d'informations se reporter au « Guide Pratique – Protection de l'enfance » intitulé *Accueil de l'enfant et de l'adolescent protégé* disponible sur le site www.famille.gouv.fr.

- peuvent être classés dans les établissements dédiés à l'accueil d'enfants concernés par la protection de l'enfance notamment les établissements décrits au 1° de l'art. L. 312-1 CASF[1]; ces établissements sont appelés couramment par exemple « maisons d'enfants à caractère social », « pouponnières »... ainsi que « villages d'enfants »[2] ;
- dans chaque département est normalement identifié un « foyer de l'enfance », qui peut être un établissement public ou un service non personnalisé du département (voir notamment l'article 315-8 du CASF et plus généralement le chapitre V du titre Ier du livre III du CASF)[3] ;
- une partie des mineurs et jeunes adultes accueillis dans les « lieux de vie » relèvent de la protection de l'enfance (voir le III de l'art. L. 312-1 CASF, cité ci-dessus) ;
- les « centres maternels » qui concrétisent la responsabilité confiée au département par le 4° de l'article L. 222-5 du CASF.

Pour en revenir au choix auquel est confronté le juge des enfants, s'il considère qu'il n'est pas dans l'intérêt de l'enfant d'être confié, ni à son autre parent, ni à un membre de sa famille ou à un tiers digne de confiance ; ce juge se trouve alors devant une alternative : soit il applique le 3° de l'article 375-3,.soit il a recours au 4° ou au 5° de cet article.

Si le juge applique le 3°, c'est-à-dire s'il décide de « confier (l'enfant) à un service départemental de l'aide sociale à l'enfance », il est alors confronté à une nouvelle alternative :

- il peut entièrement déléguer le choix des modalités d'accueil aux professionnels de ce service départemental (sous réserve de ce que précise notamment l'article 375-7 du Code civil que la loi du 5 mars 2007 a substantiellement modifié, voir chap. 4) ;
- il peut, dans sa décision, tracer plus ou moins précisément les principes que devront suivre les services de l'ASE : par exemple, l'accueil par une assistante maternelle, ou bien dans une institution.

Sinon, le juge effectue ce qui est couramment appelé, un « placement direct » : il applique le 4° ou le 5° de l'article 375-3 et décide de confier l'enfant :

> « 4° À un service ou à un établissement habilité pour l'accueil de mineurs à la journée ou suivant tout autre modalité de prise en charge ;
>
> 5° À un service ou à un établissement sanitaire ou d'éducation, ordinaire ou spécialisé[4]. »

Ainsi le juge des enfants désigne lui-même, sans passer par les services du conseil général, l'institution d'accueil d'un enfant.

Cependant, il convient de le rappeler, les mineurs ainsi confiés à des particuliers ou à des établissements en application des articles 375-3 et 375-5 du code civil sont placés « sous la protection conjointe du président du conseil général et du juge des enfants » selon l'article L. 227-2 du CASF.

1. « 1° Les établissements ou services prenant en charge habituellement, y compris au titre de la prévention, des mineurs et des majeurs de moins de vingt et un ans relevant des articles L. 221-1, L. 222-3 et L. 222-5. »
2. Voir sur **www.ladocumentationfrancaise.fr** les rapports des contrôles réalisés par l'IGAS en 2003 sur deux associations « SOS Villages d'enfants » et « Mouvement pour les villages d'enfants » et qui montrent les similitudes d'approche mais aussi les grandes différences dans les qualités de ces deux associations.
3. Pour des informations complémentaires voir sur **www.gepso.com** qui est le site du groupement national des établissements et services publics sociaux et médico-sociaux.
4. Avant la loi du 5 mars 2007, seul figurait l'alinéa devenu le 5° : « à un service ou à un établissement sanitaire ou d'éducation, ordinaire ou spécialisé ».

Le cadre juridique étant posé, les constats réalisés légitimaient l'évolution décrite ci-dessus : que le juge des enfants conserve ce pouvoir de « placement direct », mais qu'il ne l'utilise que comme dernière possibilité, comme ultime recours.

Le « placement direct » : un des pouvoirs extraordinaires des juges des enfants

Les « placements directs » concernaient, selon l'ONED (dans son rapport 2006, déjà cité) environ vingt-trois mille enfants sur les cent vingt-neuf mille « enfants placés en protection de l'enfance », au 31 décembre 2004, soit environ 18 % de ces mineurs. Ce pourcentage est une moyenne nationale, qui masque des pratiques très différentes qui restent mal recensées. Les données actuellement disponibles ne permettent pas d'aller au-delà de l'affirmation suivante : dans 10 % des cabinets[1] des juges des enfants, les « placements directs » représentaient plus de 30 % des décisions de séparation ; dans 10 % des cabinets des juges des enfants, les « placements directs » représentaient moins de 5 % des décisions de séparation.

Ce pouvoir de « placement direct » n'est pas sans intérêt, mais il n'est pas sans risques d'effets pervers. À grands traits, d'abord, les avantages sont les suivants : permettre au juge d'avoir un suivi « direct », sans intermédiation des services du conseil général, des enfants qu'il a retirés à leurs parents ; donner au juge le pouvoir de quasiment « imposer » son choix à l'organisme d'accueil. La possibilité de « placement direct » ouvre ainsi un espace légal pour traiter des situations compliquées à cause de multiples raisons.

Mais cette solution comporte des inconvénients pratiques qui s'ajoutent à l'objection de principe sur laquelle insiste Michel Mercier dans son intervention citée ci-dessus. Cette mission supplémentaire que le juge décide de remplir représente une charge de travail qui risque, de surcroît, de créer des tensions avec les services du conseil général. Or un juge des enfants ne peut agir efficacement et la protection de l'enfance ne peut être bien organisée, avec ses multiples décisions au quotidien, dans une ambiance presque toujours soumise à de multiples facteurs de tensions, que si un climat de bonne coopération existe entre les juges et les services du conseil général[2].

Ces inconvénients peuvent donc être décrits, à grands traits, comme étant de deux ordres :

- la charge de travail supplémentaire issue de la mission que le juge décide d'exercer lui-même, là où, quand il *confie un enfant à un service de l'aide sociale à l'enfance,* il la délègue à ce service ;
- les situations de « concurrence » qui peuvent alors se faire jour entre ce juge et l'ASE, vis-à-vis de l'accueil d'un mineur dans un établissement dont la capacité réglementaire est atteinte. Cet établissement doit refuser l'accueil d'un mineur qui le conduirait à dépasser sa capacité d'accueil autorisée, mais le responsable de cet établissement est aussi en droit de dépasser cette capacité de 10 %, soit très souvent de l'ordre de deux à quatre enfants.

1. C'est-à-dire pour les dossiers dont est responsable un juge des enfants, sur la base du ressort territorial qui est de sa compétence.

2. Ces services du conseil général sont, de surcroît, eux-mêmes divers : il peut ainsi exister, dans certains départements, des cloisonnements entre le service chargé de l'ASE et les services financiers qui contrôlent les budgets des établissements et services.

Pour autant, la loi du 5 mars 2007 laisse ouverte cette possibilité, là où la loi du 13 août 2004 semblait avoir, par la voie d'expérimentation, condamné à terme cette modalité d'intervention du juge des enfants. La loi réformant la protection de l'enfance se montre donc, dans ce domaine également, comme un texte pragmatique.

3. CONCLUSION

Tant dans les modalités de recueil et de traitement des informations préoccupantes et, partant, les rôles respectifs des magistrats et des services placés sous l'autorité du président du conseil général que dans les conditions d'orientation des enfants séparés de leurs parents par décision judiciaire, la loi du 5 mars 2007 concrétise des évolutions significatives. Certes, l'autorité judiciaire est confirmée dans son pouvoir fondamental qui résulte de ses missions de défenseur des libertés publiques et de garante de la loi, mais les services des conseils généraux connaissent aussi un renforcement de leur compétence dans la protection de l'enfance.

Il est possible d'affirmer qu'il y a ainsi une clarification des missions qui devrait rendre plus efficace l'intervention publique au service des personnes concernées : notamment les enfants, leurs parents et les multiples professionnels qui participent ou concourent à la protection de l'enfance.

Chapitre 4

Une attention renforcée à l'égard des réalités vécues par les enfants et leurs parents

PLAN DU CHAPITRE

LA PROTECTION DE L'ENFANCE soulève des questions sociales et culturelles. Elle est aussi confrontée aux problèmes posés à toute intervention publique : pour que le droit soit appliqué, il faut qu'il soit clair dans ses principes, explicite dans ses dispositions et que les moyens techniques[1] que requiert sa mise en œuvre soient disponibles. Les enjeux individuels pour les personnes directement concernées par la protection de l'enfance, enfants et parents, sont cruciaux, voire même vitaux. Face à de tels enjeux, le droit qui fixe les règles d'intervention est mal à l'aise et peut donc être mis à mal.

Alors que les constats sur les difficultés vécues par les parents et les enfants sont largement partagés, alors que les professionnels décrivent pertinemment les difficultés d'exercice de leurs métiers, alors que les politiques sont informés de ces difficultés, un consensus s'est imposé dans la rédaction du projet de loi (voir chap. 1). Pour renforcer les conditions d'exercice de leurs droits par les enfants et les parents, mieux valait que le projet de loi, dont les lignes directrices avaient été approuvées par le Conseil des ministres du 23 novembre 2005, s'en tienne à quelques modifications significatives, par leur portée générale ou leur intérêt pratique.

Mais si la loi du 5 mars 2007 reprend l'essentiel du projet de loi, elle a été heureusement enrichie dans le cours des débats parlementaires. Ces ajouts constituent des changements qui pourraient avoir une très grande portée.

Au total, même si l'attention portée aux enfants et à leurs parents est partout présente dans la loi, la mise en exergue de cette dimension de la loi n'a pas été recherchée dans les présentations ministérielles en 2005 et 2006 et se trouve ainsi largement occultée. Or si l'article 14 (devenu le 3° de l'article 375 du Code civil ; voir chap. 2) a beaucoup attiré l'attention, de nombreuses avancées moins visibles sont pourtant très importantes.

Ce chapitre sera donc consacré à décrire une réalité, présente effectivement dans tant d'articles de la loi que cette réalité mérite une « découverte » qui traverse la structure des cinq titres de la loi et, notamment, les trois premiers titres[2] consacrés à la prévention (titre I de la loi), à l'articulation des interventions des services sociaux et de l'autorité judiciaire (titre II de la loi) et aux modalités d'intervention (titre III de la loi).

Ainsi, après le repérage de la traduction dans plusieurs articles de cette loi, du principe fondateur de la protection de l'enfance selon lequel un enfant est d'abord l'enfant de ses parents, seront présentées les modifications des articles du CASF et du Code civil qui renforcent les droits des parents et ceux des enfants dans les procédures administratives et judiciaires qui les concernent.

1. Moyens humains (en quantité et compétence), moyens financiers, moyens organisationnels ; les « audits de modernisation » engagés depuis 2005 (voir **www.performance-publique.gouv.fr**) et les rapports d'audits des programmes des lois de finances confirment, à leur manière, les multiples rapports administratifs et études de chercheurs ou d'universitaires : la France souffre d'un énorme écart entre ce qui est affirmé par les responsables politico-administratifs et la réalité des interventions publiques.

2. La plupart des articles des titres IV et V visent à prévenir les risques issus de dérives sectaires.

1. L'ARTICULATION D'UN PRINCIPE FONDATEUR : TOUT ENFANT EST D'ABORD L'ENFANT DE SES PARENTS

La politique publique de protection de l'enfance est compliquée par la multiplicité des institutions et des professionnels qui y participent ou y concourent. Elle est, de surcroît, rendue particulièrement complexe par le jeu d'idéologies et d'émotions personnelles. Quelques rappels simples[1] permettront d'illustrer cette situation très particulière.

Certes les services placés sous l'autorité du président du conseil général et les magistrats de la jeunesse ont un pouvoir légitimé par le droit. Mais les responsables et intervenants des services et établissements qui participent à la protection de l'enfance possèdent un important pouvoir de fait. À côté d'eux, les enseignants, les médecins, de même que les gendarmes et policiers ont un rôle souvent décisif. L'action des CAF, des caisses de MSA, des communes et de leur CCAS ne peut être oubliée ; pas moins que celle de personnes telles que les voisins, les amis des parents... et des camarades des enfants et adolescents.

En se déplaçant sur le champ des difficultés auxquelles un enfant peut être confronté pour se construire comme adulte, il y a certes l'énoncé de l'article 375 du Code civil (voir chap. 2), il y a aussi, schématiquement, une sorte d'affrontement entre deux camps. D'un côté ceux qui accordent une telle importance aux conditions de vie des familles qu'ils en oublient que certains parents sont atteints d'une maladie psychique si grave qu'elle est invalidante. De l'autre côté, ceux qui feraient l'impasse sur l'importance des conditions de vie des parents pour apprécier leurs capacités éducatives, *in abstracto*, sans prise en compte des ressources, du logement, de leurs qualités et/ou de leur précarité.

Enfin, il y a ce que certains appellent « l'opposition entre les droits des parents et les droits des enfants[2] ». Il est incontestable que la mise en présence de personnes différentes, titulaires de droits spécifiques, génère des conflits d'intérêt. Par souci de clarté, mieux vaut exposer la réalité d'une telle opposition potentielle plutôt que la nier ; mais si, par construction, il y a des différences, il n'y a pas, nécessairement, une « opposition ». Or, partant d'une lecture tronquée de la Convention internationale relative aux droits de l'enfant (CIDE), certains érigent en dogme « l'intérêt de l'enfant » et, transformant cet enfant en un « idéal », aboutissent à une lecture à contresens du texte qu'ils mettent en avant.

Face à ces trois types de difficultés, la loi du 5 mars 2007 adopte une posture qui combine des affirmations générales et des précisions dans l'organisation générale du dispositif de protection de l'enfance.

Tout enfant est d'abord l'enfant de ses parents

Le législateur a, au cours des soixante dernières années, considérablement enrichi la traduction dans la loi de la vision de l'enfant par la société. L'ordonnance du 2 février 1945 est souvent citée

1. Pour plus de précisions voir les chapitres 4, 6, 7 et 10 de Naves P., Defalvard H., Julienne K., Petour P., *Économie politique de l'action sociale*, *op. cit.*

2. La formulation de cette « opposition » peut aussi être exprimée en mettant au singulier les mots « droit » et « enfant ».

en oubliant son fondement incontestable, scientifique : un enfant, un adolescent est certes un individu, une personne, mais c'est aussi un adulte en devenir. La perception de cette réalité a été troublée par l'abaissement de l'âge de la majorité à 18 ans, par la loi du 5 juillet 1974. Cette évolution judicieuse, ouvrant le droit de vote à des jeunes qui en étaient exclus alors qu'ils avaient déjà une autonomie de raisonnement et souvent de vie, a permis de mettre en adéquation le droit avec la réalité de nombreux jeunes adultes. Elle a contribué à leur entrée dans le monde des adultes alors que les repères traditionnels étaient bouleversés par des réalités sociales et économiques[1]. Elle a marqué une rupture cohérente avec l'évolution concomitante du cadre juridique, au moment où le droit civil tourne la page de la « puissance paternelle » et reconnaît enfin pleinement les droits des femmes.

Mais, dans le domaine de la protection de l'enfance, la situation est beaucoup plus complexe. Cette complexité est accentuée, depuis quelques années, par l'abaissement des seuils qui encadrent les décisions pénales qui peuvent sanctionner des délits ou des crimes commis par des mineurs.

L'enfant, l'adolescent n'est pas un objet qui peut être déplacé et placé, même si les risques qu'il peut encourir dans sa famille sont réels ou que lui-même peut être « dangereux » pour autrui et/ou pour lui-même. Le cadre parental est essentiel pour l'imaginaire de l'enfant, pour la construction de son identité ; mais, dans la réalité pratique, dans les actes quotidiens qui éveillent l'enfant au monde et construisent sa relation avec lui, les parents peuvent aussi jouer un rôle catastrophique, consciemment ou malgré eux. D'autres adultes que ses parents peuvent remplir les figures de la parentalité. Les travaux de spécialistes de l'éducation et de pédopsychiatres en expliquent les raisons et en précisent les modalités[2].

La loi du 5 mars 2007 ne bouleverse pas le cadre juridique existant, comme par exemple le docteur Maurice Berger le proposait. Pour autant, elle précise significativement ce cadre et renforce la cohérence des références légales, comme cela apparaît à partir d'une lecture méthodique des textes. Le Code civil d'abord, dans son article 371-1, affirme que « l'autorité parentale est un ensemble de droits et de devoirs ayant pour finalité l'intérêt de l'enfant » et définit implicitement cet « intérêt de l'enfant » en précisant la finalité de l'autorité parentale : « protéger (l'enfant) dans sa sécurité, sa santé et sa moralité, [...] assurer son éducation et permettre son développement, dans le respect dû à sa personne ».

Dès lors, par déduction, l'intervention du juge est légitime (c'est l'article 375 du Code civil) quand les moyens qui visent cette finalité ne sont plus assurés par les parents (voir chap. 2).

Mais cette loi ne se focalise pas sur des parents « isolés » ; son objet est la protection de l'enfance, désormais définie dans le nouvel article L. 112-3 du CASF (introduit dès le premier article de la loi du 5 mars 2007) :

> « La protection de l'enfance a pour but de prévenir les difficultés auxquelles les parents peuvent être confrontés dans l'exercice de leurs responsabilités éducatives, d'accompagner les familles et d'assurer, le cas échéant, selon des modalités adaptées à leurs besoins, une prise en charge partielle ou totale des mineurs. Elle comporte à cet effet un ensemble d'interventions en faveur de ceux-ci et de leurs parents. »

1. Charvet D., Andrieu P.-J., Labadie F., *Jeunesse, le devoir d'avenir,* Paris, Commissariat général du plan, **www. ladocumentationfrancaise.fr**, 2001.

2. Par exemple : Durning P., *Éducation familiale : acteurs, processus et enjeux*, Paris, L'Harmattan, 2006 ; David M., *Le Placement familial*, 5e édition, Paris, Dunod, 2004 ; Houzel D., *Les Enjeux de la parentalité*, Paris, Érès, 1999.

Cette énonciation est claire : l'aide doit être d'abord apportée aux parents ; mais il peut être nécessaire d'organiser « une prise en charge partielle ou totale des mineurs », ceci étant à considérer « le cas échéant ».

Cette énonciation est cohérente avec la présentation ministérielle de la loi autour du triptyque « mieux prévenir ; mieux articuler interventions sociales et judiciaires ; améliorer les dispositifs d'action » ainsi qu'avec le retrait de la focalisation sur la « maltraitance » introduite par la loi de juillet 1989 (voir également chap. 2).

Cette énonciation est en outre renforcée par l'article suivant du CASF, le nouvel article L. 112-4, également issu de l'article 1er de la loi du 5 mars 2007 qui précise que « l'intérêt de l'enfant, la prise en compte de ses besoins fondamentaux, physiques, intellectuels, sociaux et affectifs ainsi que le respect de ses droits doivent guider toutes décisions le concernant ».

En fait, la nature de cet « intérêt de l'enfant » est ainsi décrite et, par là même la CIDE apparaît comme référence, mais sans la citer explicitement[1].

La traduction pratique de ce principe fondateur

Ce principe fondateur est traduit dans de nombreux changements introduits par des articles de la loi du 5 mars 2007 présentés dans plusieurs chapitres de cet ouvrage ; d'autres évolutions concrètes sont décrites dans ce chapitre. Ici, sera d'abord exposé le renforcement du devoir d'information des parents et des enfants ; ensuite, sera discuté l'impact de la limitation de cette information dès lors que l'intérêt de l'enfant pourrait en souffrir ; enfin, comme cette possible « opposition d'intérêts » ne doit pas être survalorisée, seront décrits plusieurs domaines concrets de la vie des enfants et de leurs parents où la loi a renforcé la prise en considération de leurs intérêts convergents.

L'information des parents et des enfants

La loi du 5 mars 2007 fait évoluer plusieurs articles du Code de l'action sociale afin d'éviter des risques d'incompréhensions pouvant compliquer davantage des situations déjà humainement difficiles. Par exemple, l'article L. 226-2-1 CASF (art. 12 de la loi du 5 mars 2007) précise désormais que « sauf intérêt contraire de l'enfant, le père, la mère, [...] sont préalablement informés de cette transmission (d'une information préoccupante au président du conseil général) ».

1. Et bien que cela fût demandé par les sénateurs ayant introduit ce nouvel article par amendement. En effet, comme l'ont précisé en séance, aussi bien le sénateur André Lardeux, rapporteur du texte, que le ministre Philippe Bas, cette mention de la CIDE n'aurait eu qu'un effet d'affichage mais pas d'effet normatif. Une telle mention n'aurait apporté juridiquement rien de plus car la CIDE a déjà été ratifiée par la France La CIDE n'est ainsi mentionnée dans la loi du 5 mars 2007, qu'à son article 26 (art. L. 112-1 du CASF) : « Le Gouvernement présente tous les trois ans au Parlement le rapport prévu à l'article 44 (*b*) de la convention relative aux droits de l'enfant signée à New York le 26 janvier 1990. » En outre, et pour information complémentaire car cette information n'est pas apparue dans la présentation ou dans la discussion du projet de loi réformant la protection de l'enfance, un projet de loi de ratification de la Convention européenne sur l'exercice des droits des enfants va être soumis au Parlement à l'automne 2007.

Ainsi est affirmé un principe qui, pour des raisons de commodité ou d'habitude plus que pour des raisons de fond, est souvent négligé. En effet, dans la protection de l'enfance, la primauté du secret a longtemps prévalu, au détriment des parents et souvent de la compréhension des réalités par les intervenants professionnels. Entre, d'un côté, la crainte que restent cachées des situations de maltraitance subie par des enfants et, de l'autre côté, la nécessité que les personnes concernées et au premier rang d'entre elles, les parents, soient informées de l'existence d'informations préoccupantes pour leur enfant, le choix avait été fait.

Cette position de principe partait de la description d'un risque réel mais qui n'est effectif que dans certains cas : l'intervention de parents nuisant à une juste appréciation de faits graves concernant leurs enfants. Au contraire, la loi du 5 mars 2007 considère comme prioritaire la qualité des relations entre les enfants et leurs parents, elle est conforme aux besoins du travail social qui passe par la confiance. Ce renversement part des besoins réels et les plus fréquents des professionnels[1], non sur des cas exceptionnels ou des risques essentiellement construits dans leur imaginaire professionnel.

C'est le même renversement de logique qu'avait opéré le décret du 15 mars 2002[2]. À la suite de l'excellent rapport en 2001 produit par le juge Jean-Pierre Deschamps, ce décret avait permis que l'accès au dossier judiciaire sorte de l'exception dans laquelle il était confiné jusque-là, pour des raisons semblables : des craintes fondées sur des risques imaginés alors qu'au contraire l'accès au dossier contribue à la confiance nécessaire pour le travail social.

Pour des parents, l'information selon laquelle il y aurait une suspicion de danger pour leur enfant, est une annonce traumatisante. Si les faits sont exacts, c'est la révélation d'un problème dont les parents savent déjà la gravité ou, s'ils ne l'ont pas mesuré, une découverte terrible. Mais, si les suspicions sont infondées, l'information n'en est pas moins violente pour eux qui sont confrontés alors à une découverte, doublée d'une crainte et d'un sentiment d'injustice.

Or, quel que soit le cas, les enfants sont liés à la situation vécue par les parents comme inquiétante, voire angoissante. Ils en sont même, en quelque sorte, la « cause ». Dès lors, les sentiments des parents à l'égard de leurs enfants ne peuvent qu'en être affectés. Permettre aux parents de comprendre ce qu'il en est, d'arrêter d'échafauder des hypothèses inquiétantes, ne peut passer que par l'accès à l'information. En ce sens, les modifications introduites dans le CASF, à l'article déjà cité, et aussi aux articles L. 221-4 et L. 226-2-2 (modifiés par les articles 18 et 15 de la loi du 5 mars 2007) sont un progrès très important. Elles permettent que les relations avec les travailleurs sociaux ne s'engagent pas dans des conditions compliquées par l'incertitude ou ne soient pas compliquées encore un peu plus, dans le cas où ces relations existent déjà, par des incompréhensions causées par l'absence de communication.

De même, l'ajout, à l'article L. 223-1 de l'alinéa suivant : « Le deuxième alinéa s'applique en outre aux démarches du père, de la mère, de toute autre personne exerçant l'autorité parentale ou du tuteur, auprès des services et établissements accueillant les mineurs mentionnés aux 1° et 3° de l'article L. 222-5 », a, en fait, une très grande portée pratique. Il permet aux parents de mieux pouvoir comprendre ce qu'il en est de la situation de leur enfant, qu'ils aient des

1. Voir par exemple Tichoux C., *Relations avec les familles : quelles compétences, quelle formation ? : la formation des travailleurs sociaux et le travail avec les familles,* Paris, Délégation interministérielle à la ville, **www.ladocumentationfrancaise.fr**, 2000.

2. Décret n° 2002-361 du 15 mars 2002 modifiant le nouveau Code de procédure civile et relatif à l'assistance éducative.

difficultés à bien réaliser ce qui leur est dit ou expliqué ou qu'ils se heurtent à une forme d'abus de pouvoir de certains responsables d'établissements ou de services qui continuent de considérer que les demandes d'information des parents constituent pour eux une « perte de temps », voire une « interférence inacceptable[1] ». L'ajout de cet alinéa était nécessaire car la modification introduite par la loi du 6 juin 1984 — « toute personne qui demande une prestation [...] ou qui en bénéficie [...] peut être accompagnée de la personne de son choix, représentant ou non une association, dans ses démarches auprès du service. Néanmoins, celui-ci a la possibilité de proposer également un entretien individuel dans l'intérêt du demandeur » — était souvent interprétée de façon restrictive par les responsables d'établissements ou de services.

L'intérêt de l'enfant dans les procédures le concernant

Sans revenir ici sur la notion d'intérêt de l'enfant (voir chap. 2), la référence à cette notion est fréquente, dans le texte de la loi. Ainsi, par exemple, quand celle-ci modifie l'article L. 226-2-1 du CASF où la mention « sauf intérêt contraire de l'enfant » est utilisée pour restreindre l'information des parents dans le cas où une information préoccupante est transmise aux services du président du conseil général. Certains[2] s'inquiètent du fait que cet « intérêt de l'enfant » pourrait être invoqué par commodité, sans fondement réel. Ce risque existe en effet. Pour autant, fallait-il ne prévoir aucune exception, les intérêts des enfants sont-ils automatiquement les mêmes que ceux de leurs parents ? Il n'est pas besoin d'argumenter contre cette position manifestement simpliste. Il existe en effet une identité de l'enfant dans sa relation avec ses parents.

S'il est fondamental que soit reconnu aux parents leur droit de connaître des informations concernant leur enfant, l'autonomie de celui-ci, son identité dans sa relation avec ses parents doit bien être prise en considération. Cela vaut aussi bien dans les procédures devant le juge des enfants que pour celles qui relèvent du juge aux affaires familiales[3]. Il y a d'ailleurs souvent une intrication entre les deux : les déchirements des couples génèrent des dizaines de milliers de fois chaque année[4] des violences dont les enfants sont directement victimes.

1. L'expression « interférence inacceptable » est directement recopiée du rapport d'un service d'AEMO, rédigé en mai 2007, pour qualifier la demande exprimée par un père que son fils consulte plutôt tel psychiatre que tel autre, ayant très mauvaise réputation et vers lequel ce service orientait le fils de cet homme.

2. Voir par exemple Verdier P., « La loi réformant la protection de l'enfance : une avancée de la protection, un recul des droits », *Journal du droit des jeunes – Revue d'action juridique et sociale (JDJ-RAJS)*, n° 265, mai 2007, p. 22-31.

3. Les modifications incluses dans la loi du 5 mars 2007 et portant sur l'article 388-1 du Code civil pour que les mineurs puissent être mieux entendus dans le cours des procédures devant le juge aux affaires familiales sont présentées ci-après.

4. Cette estimation reste vague ; des études en cours à l'initiative de l'observatoire de l'enfance en danger (ONED) devraient permettre de disposer, dès 2008, de données plus fiables.

Les intérêts convergents des enfants et des parents traduits dans plusieurs domaines concrets de leurs vies

L'article L. 223-5 CASF (art. 18 de la loi du 5 mars 2007) présente cette convergence d'intérêt où enfant et parents doivent être, le plus possible, associés à la compréhension des interventions décidées :

> « [...] le contenu et les conclusions de ce rapport (sur la situation de l'enfant) sont portés à la connaissance du père, de la mère, [...] et du mineur, en fonction de son âge et de sa maturité. »

Cette nécessaire participation des principales personnes concernées par l'intervention publique n'est pas nouvelle. Pierre Verdier[1] rappelle avec juste raison qu'elle était déjà au cœur de la loi du 6 juin 1984 relative aux droits des familles dans leurs rapports avec les services chargés de la protection de la famille et de l'enfance. Il précise que ce mouvement s'est développé depuis lors et cite avec beaucoup de pertinence la loi 2002-2 du 2 janvier 2002, rénovant l'action sociale et médico-sociale qui a ajouté dans le CASF l'article L. 116-1 :

> « L'action sociale et médico-sociale tend à promouvoir, [...] l'autonomie et la protection des personnes, [...] l'exercice de la citoyenneté, à prévenir les exclusions et à en corriger les effets. Elle repose sur une évaluation continue des besoins et des attentes des membres de tous les groupes sociaux, en particulier [...] des personnes et des familles vulnérables, en situation de précarité ou de pauvreté [...]. »

Cette « évaluation continue des besoins et des attentes [...] des personnes et des familles » rend nécessaire des dispositifs d'échanges d'informations entre professionnels et personnes concernées par les interventions décidées pour la protection de l'enfance. La loi du 5 mars 2007 s'inscrit dans cette perspective, également traduite dans la réalité quotidienne quand l'article L. 222-4 CASF (art. 22 de la loi du 5 mars 2007) précise :

> « Sur décision du président du conseil général, le service de l'aide à l'enfance et les services habilités accueillent tout mineur, pendant tout ou partie de la journée, *dans un lieu situé, si possible, à proximité de son domicile*, afin de lui apporter un soutien éducatif, *ainsi qu'un accompagnement à sa famille dans l'exercice de sa fonction parentale.* »

L'affirmation de principe de l'article 1er de la loi du 5 mars 2007 est ainsi concrétisée, de même qu'est renforcée la cohérence entre les codes. En effet, le même article 22 de cette loi modifie aussi l'article 375-7 du Code civil qui énonce désormais : « Le lieu d'accueil de l'enfant doit être recherché dans l'intérêt de celui-ci et afin de faciliter l'exercice du droit de visite et d'hébergement par le ou les parents et le maintien de ses liens avec ses frères et sœurs en application de l'article 371-5 », ce qui représente plusieurs avancées avec ce qui figurait précédemment dans le Code civil.

Pour autant cette affirmation de principe est suivie par une autre innovation dans ce même article 375-7 du Code civil qui se finit désormais par la phrase suivante : « Si l'intérêt de l'enfant le nécessite ou en cas de danger, le juge décide de l'anonymat du lieu d'accueil. »

Par ces mots, le législateur donne une base explicite à une pratique fondée à la fois sur l'intérêt de l'enfant et la protection des personnes chargées de la garde de l'enfant. En effet, un enfant, s'il a été gravement maltraité, peut être terrorisé par la simple idée que ses parents puissent savoir où il

1. Article du JDJ-RAJS déjà cité.

est[1]. Quant aux personnels de l'établissement d'accueil ou aux membres de la famille d'accueil, ils pourraient légitimement avoir des craintes à l'égard de certains parents qui souffrent de pathologies psychiques qui peuvent les rendre dangereux.

Après l'énoncé successivement du principe fondateur formulé dans l'article 1er de la loi du 5 mars 2007 réformant la protection de l'enfance puis la présentation de quelques traductions pratiques de celui-ci, c'est à une description plus systématique de la façon dont sont mis en place d'autres outils au service des parents et de leurs enfants qu'il convient de procéder.

2. DE NOMBREUSES PRÉCISIONS APPORTÉES PAR LA LOI FOURNISSENT DES OUTILS PRÉCIEUX POUR LES PARENTS ET LEURS ENFANTS

La protection de l'enfance comporte un domaine central, composé selon l'expression du Code civil de « l'assistance éducative[2] » et, selon l'expression du CASF, de « l'aide sociale à l'enfance ». Le périmètre même de ce domaine où l'intervention publique est une obligation, peut fournir matière à interprétation, notamment en ce qui concerne l'action des conseils généraux[3]. Ceci renforce l'exigence de clarté dans la formulation de la loi, aussi bien des principes qu'elle énonce que des règles qu'elle détermine, car la qualité de cette formulation conditionne sa mise en œuvre, que cela soit par des responsables administratifs ou des juges. Dans le domaine de la protection de l'enfance, où d'une part la formulation de procédures est souvent très restreinte ou récente et où, d'autre part, la mise en œuvre de ces procédures reste très fragile[4], la loi du 5 mars 2007 opère plusieurs autres avancées ou en consolide certaines, réalisées dans des lois antérieures.

Avant de présenter ces avancées juridiques il est nécessaire de rappeler certains défauts constatés, l'importance de leur portée pratique pour les enfants et leurs parents et comment la loi du 5 mars 2007 vise à y porter remède.

1. Cette angoisse serait aggravée si elle émane non seulement de la remémoration mais est nourrie par la réalité, dans le cas où ses parents, sachant où il est hébergé, venaient « voir où il est » ne serait-ce que pour leur simple information.

2. Article 375 à 375-9 du Code civil regroupé dans la section II (*De l'assistance éducative*) du titre IX (*De l'autorité parentale*) du livre premier (*Des personnes*).

3. Les conseils généraux ne disposent d'une liberté (et encore placée sous le contrôle du juge) qu'en ce qui concerne la façon dont ils s'organisent pour appliquer la loi.

4. Pour s'en convaincre voir les rapports annuels, notamment celui de 2005, que Claire Brisset avait présentés quand elle était Défenseure des enfants ; voir aussi les rapports de contrôle établis par l'inspection générale des affaires sociales (IGAS) et voir ce que décrivent des associations comme « Le Fil d'Ariane » ou « ATD-Quart Monde » à partir de leurs expériences d'accompagnement de personnes confrontées, notamment, à des séparations d'enfants de leurs parents.

Les conséquences douloureuses pour les enfants et leurs parents de défauts dans l'application de dispositions législatives et réglementaires

Les décisions administratives ou judiciaires prises au nom de la protection de l'enfance affectent, chaque année, la vie de centaines de milliers d'enfants et de parents. Certes il est possible, et même nécessaire, d'établir quelques grands types de problématiques mais, fondamentalement, chaque situation reste unique, particulière parce qu'elle touche des personnes, avec leurs histoires de vie, leurs conditions de vie, leur psychologie, leur environnement.

Une des principales difficultés auxquelles est confronté le droit de la protection de l'enfance est de déterminer des règles générales, compréhensibles par tous, affichées et donc permettant que des décisions soient contestées, mais en même temps, de faire en sorte que ces décisions (administratives ou judiciaires) soient fondées effectivement sur des données humaines et sociales dont la singularité a été évoquée ci-dessus en quelques mots. Le chapitre 2 a d'ailleurs bien montré la difficulté de formuler une définition à la fois précise mais aussi générale de la notion de « danger ».

Une des qualités de la loi réformant la protection de l'enfance, qui n'apparaît pas de façon éclatante et sur laquelle le ministre lui-même n'a pas axé la présentation puis la défense du projet de loi, est l'introduction de quelques précisions, apparemment de « bon sens ». Ces précisions qui n'auraient pas pu figurer dans la loi si l'article 34 de la Constitution du 4 octobre 1958 avait été appliqué de façon stricte[1], sont en réalité très importantes. Elles acquièrent de ce fait une réelle valeur normative.

Le besoin de compréhension par les enfants et les parents des écrits qui les concernent

L'importance du changement apporté à l'article L. 226-2-1 (par le 1° de l'art. 12 de la loi du 5 mars 2007) a déjà été présenté dans ses grandes lignes (« le père, la mère, [...] sont préalablement informés... ») ; mais la précision qui figure désormais dans la loi (« selon des modalités adaptées ») n'en est pas moins grande. Beaucoup de parents ont un rapport à l'écrit très spécifique. Certains parents peuvent parfaitement comprendre le sens d'un courrier, mais ne pas vouloir l'ouvrir[2]. Le législateur a su prendre en considération d'autres personnes, notamment celles qui sont illettrées (c'est le cas d'environ 10 % de la population française), voire analphabètes[3]. Que la loi mentionne explicitement que les modalités de compréhension par les parents de la situation à laquelle ils sont

1. Cela dit, la loi du 5 mars 2007 réformant la protection de l'enfance ne s'inscrit pas, à la différence de nombreuses lois dont le Conseil d'État déplore la prolifération, dans la catégorie des « lois bavardes », dont la portée normative est limitée et en outre très faible parce que leurs décrets d'application ne sont jamais publiés.

2. Plus généralement sur les relations des personnes avec les travailleurs sociaux, voir le rapport Hautchamp M., Naves P. et Tricard D., *Quelle Intervention sociale pour ceux qui ne demandent rien ?* IGAS, Paris, 2005.

3. L'illettrisme consiste à ne pas comprendre le sens d'un texte : une personne illettrée peut tout à fait lire, c'est-à-dire déchiffrer un texte, mais ne pas mesurer toutes les conséquences que ce qu'elle a lu peut avoir pour elle. L'analphabétisme (incapacité de déchiffrer) est bien différent de l'illettrisme ; mais face à des décisions à prendre, les conséquences peuvent être semblables.

médiatisées, d'une part dans les cas où l'enfant est exposé à un réel risque psychique[1] étant donné les troubles psychiatriques dont souffrent ses parents, d'autre part dans les cas où il n'y a pas de tels risques et où la présence d'un tiers est, en réalité, inutile.

En fait, les critiques qui portent sur l'organisation de visites en présence de tiers, dans des cas où la présence d'un tiers ne s'imposerait pas, rejoignent les critiques qui dénoncent les conditions d'organisation de visites dans les cas où il y a un réel risque psychique pour l'enfant. Elles rentrent dans le cadre plus général de la mauvaise prise en compte des parents dans un nombre important de « placement d'enfants ». En 2000, le rapport IGAS-IGSJ-IPJJ[2] dénonçait des lieux de visites précaires, voire sordides, que certains établissements d'accueil avaient affectés pour que les enfants puissent rencontrer leurs parents venus spécialement, à une heure donnée, pour les voir dans cet établissement. Certes, des progrès ont été faits depuis, mais, en l'absence d'évaluations internes et externes prévues par la loi du 2 janvier 2002, des exemples montrent qu'il reste encore beaucoup de chemin à parcourir pour que tous les lieux d'accueil en établissement soient chaleureux.

Les visites sont aussi souvent organisées dans des « points rencontres » ; certains sont installés dans les locaux des services du conseil général, d'autres gérés par des associations actives dans les divers champs de la médiation familiale[3]. Mais, là aussi, des constats montrent qu'il existe des écarts très grands : souvent des pratiques respectueuses de l'objectif de ces visites, avec la présence discrète d'un professionnel qui rédige, après avoir assisté à plusieurs rencontres, un rapport qu'il présente aux parents et que ceux-ci considèrent comme reflétant fidèlement la réalité mais aussi, au contraire, des dysfonctionnements manifestes (présence intrusive, rapports biaisés, etc.).

Les plus simples à décrire tiennent à l'impossibilité d'organiser de telles rencontres, par manque de personnel. Ainsi des enfants peuvent, pendant plusieurs mois, ne pas rencontrer leurs parents parce que « le planning est complet ». C'est alors une source de souffrance mais aussi la non-exécution d'une décision de justice.

Sont surtout sujets à discussion des documents écrits par un professionnel ayant assisté à ces rencontres en présence d'un tiers. Certains de ces écrits donnent à penser qu'il y a une distorsion flagrante entre la réalité de la rencontre et la description qui en est faite[4]. Or cette description figurant dans le dossier transmis au juge des enfants peut infléchir la position de celui-ci vis-à-vis de la prolongation de la séparation, de modifications de l'exercice des droits de visite et d'hébergement, voire de la fin de cette séparation.

Quant aux remarques formulées par le docteur Maurice Berger notamment dans le chapitre 6 de *L'échec de la protection de l'enfance*[5], elles tiennent essentiellement et à juste titre, aux conditions très strictes d'organisation des rencontres au cours desquelles un enfant (ou une fratrie) voit, en

1. Voire un risque physique pour les enfants... et aussi pour les professionnels qui « médiatisent » la rencontre et peuvent être pris à partie par des parents violents.

2. Le même type de remarque était formulé en 2001 dans le rapport de Roméo Cl., *L'Évolution des relations enfants-parents-professionnels dans le cadre de la protection de l'enfance*, Paris, Ministère délégué à la Famille, **www.ladocumentationfrancaise.fr**, 2001.

3. Voir le rapport de Gal Ch., Vilchien D., Salzberg L., *Le Statut des conseillères conjugales et familiales,* IGAS, **www.ladocumentationfrancaise**, 2006 ; et Sassier M., *Construire la médiation familiale*, Paris, Dunod, 2001.

4. Plus généralement les conditions d'intervention des professionnels et donc de leur formation à cette forme « nouvelle » d'intervention, sont un domaine où des progrès doivent être accomplis.

5. Chapitre 50 de cet ouvrage.

présence de professionnels, ses parents pathogènes et, accessoirement, sur l'usage extensif de l'appellation de « visites médiatisées » pour décrire des rencontres en présence d'un tiers.

Au-delà de la protection de l'enfance, telle que définie par la loi, ces visites « en lieu neutre », ces besoins de médiation, se sont fortement développés au cours des dernières années. Les déchirements entre parents conduisent à des situations dont les enfants souffrent. Certes, il n'y a pas de danger au point de justifier l'intervention du juge des enfants, néanmoins, les modifications apportées au Code civil par la loi du 5 mars 2007, dans un domaine où le juge aux affaires familiales est compétent, s'inscrivent bien dans la logique de prévention qui anime cette loi. Ainsi, ont été complétés les articles 373-2-1 et 373-2-9 :

> « *Article 373-2-1.* — Lorsque la continuité et l'effectivité des liens de l'enfant avec ce parent l'exigent, le juge aux affaires familiales peut organiser le droit de visite dans un espace de rencontre désigné à cet effet. »
>
> « *Article 373-2-9.* — Lorsque la résidence de l'enfant est fixée au domicile de l'un des parents, le juge aux affaires familiales statue sur les modalités du droit de visite de l'autre parent. Ce droit de visite, lorsque l'intérêt de l'enfant le commande, peut être exercé dans un espace de rencontre désigné par le juge. »

Dans ces cas, l'expression « espace de rencontre » est utilisée, ce qui devrait permettre de mieux distinguer les cadres d'intervention qui souvent sont exercés par une même organisation chargée de maintenir les relations entre parents et enfants[1].

3. D'AUTRES PRÉCISIONS VISENT À RENFORCER L'APPLICATION EFFECTIVE DE L'ESPRIT DE LA LOI

Bien préciser les cadres d'intervention des différents acteurs de la protection de l'enfance est bien sûr une garantie juridique pour les enfants et pour leurs parents mais aussi une référence utile pour ses acteurs. Ce besoin de précisions a fondé des évolutions notables déjà présentées ci-dessus. Il a aussi justifié la rédaction de nombreux autres alinéas du projet de loi. Aux changements contenus dans le projet de loi, se sont ajoutés ceux à l'initiative des sénateurs ou des députés. Les débats parlementaires, à la différence de la perception qu'en ont eue certains[2], ont ainsi permis un enrichissement du projet présenté par Philippe Bas, après les nombreuses concertations interministérielles et les réunions des groupes de travail nationaux.

Décrire le chemin par lequel le projet de loi a été discuté en commission puis débattu en séance, tant au Sénat qu'à l'Assemblée nationale, serait ici[3] fastidieux. Mieux vaut aller droit au résultat : des avancées nombreuses, insérées dans plusieurs articles du Code civil et du CASF et qui, mises bout à bout, constituent un grand pas en avant.

1. Question posée de longue date à partir des cas de parents emprisonnés ; la prise en compte de ces situations a fondé le développement des « relais enfants-parents » dont la fédération est dirigée par Alain Bouregba, par ailleurs auteur d'un remarquable ouvrage fondé sur sa pratique de psychologue, psychanalyste : *Les Troubles de la parentalité*, Paris, Dunod, 2004.
2. Voir la postface de la deuxième édition du livre du docteur Berger M., *Ces enfants qu'on sacrifie... Réponse à la loi réformant la protection de l'enfance* Paris, Dunod, 2007, qui est, au demeurant, un livre remarquable de pertinence.
3. Pour une présentation détaillée se reporter aux rapports d'André Lardeux et Valérie Pécresse (et notamment à leurs annexes), ainsi qu'aux débats accessibles sur les sites www.senat.fr et www.assemblee-nationale.fr.

Le « projet pour l'enfant »

Tout d'abord l'article L. 223-1 CASF a été très nettement enrichi (art. 19 de la loi du 5 mars 2007) ; il est désormais rédigé ainsi :

> « Les services départementaux et les titulaires de l'autorité parentale établissent un document intitulé "projet pour l'enfant" qui précise les actions qui seront menées auprès de l'enfant, des parents et de son environnement, le rôle des parents, les objectifs visés et les délais de leur mise en œuvre. Il mentionne l'institution et la personne chargées d'assurer la cohérence et la continuité des interventions. Ce document est cosigné par le président du conseil général et les représentants légaux du mineur ainsi que par un responsable de chacun des organismes chargés de mettre en œuvre les interventions. Il est porté à la connaissance du mineur et, pour l'application de l'article L. 223-3-1, transmis au juge. »

Figure explicitement dans la rédaction de ce qui est devenu le troisième alinéa de cet article L. 223-1, la formule « intitulé "projet pour l'enfant" ». Elle y a été introduite, à l'initiative des députés, d'une façon qui éclaire le processus législatif. D'un point de vue strictement juridique, préciser l'intitulé d'un document que devront produire les conseils généraux est en effet anormal. À l'occasion de l'examen du projet de loi par le Conseil d'État[1], celui-ci avait préconisé, s'agissant d'une compétence décentralisée, le retrait de cet intitulé au motif que cette précision était superflue, l'objet et la nature de ce document étant également décrits dans cet alinéa. Les sénateurs n'ont pas souhaité introduire cette précision en première lecture, fin juin 2006. Ils ont pu être relayés par les députés. L'amendement a été présenté à la commission des affaires culturelles, familiales et sociales de l'Assemblée nationale et les membres de cette commission l'ont adopté. En séance publique, quand Valérie Pécresse, rapporteure du projet de loi, présente cet amendement visant à introduire l'expression « projet pour l'enfant », les débats sont particulièrement courts, aucun parlementaire ne demande à prendre la parole et le ministre Philippe Bas, auquel le président de séance doit demander son avis, au nom du Gouvernement, peut limiter ses propos à quelques mots d'usage : « Je suis tout à fait d'accord. »

Pour les professionnels, la présence de cette formulation dans la loi semble aller de soi. Mieux vaut une expression simple, qui exprime clairement ce que doit être ce document et qui sera utilisée partout en France plutôt qu'une multitude d'intitulés, choisis par chaque département. Non pas que cet intitulé soit parfait, incontestable ou que les initiatives départementales doivent être réduites, y compris dans le domaine sémantique. Mais, ainsi, d'une part les professionnels de plusieurs départements pourront discuter plus facilement entre eux et, d'autre part, pourront être plus simplement mis en synergie des dispositifs convergents votés au cours des années récentes :

- le « contrat de séjour » ou « document individuel de prise en charge », mentionné à l'article L. 311-4 du Code de l'action sociale et des familles (en application de l'article 8 de la loi du 2 janvier 2002) qui, selon cet article « est élaboré avec la participation de la personne accueillie

1. Tout projet de loi, préalablement à son examen par le conseil des ministres puis sa transmission au bureau de l'Assemblée nationale ou du Sénat, est examiné par le Conseil d'État qui formule un avis. Cette étape préalable est indispensable et l'avis du Conseil d'État n'est pas rendu public. Cette institution, plus connue pour ses compétences juridictionnelles (ses arrêts constituent une base importante de la jurisprudence administrative), joue, dans ce cas, le rôle de « conseil juridique » du Gouvernement. Cette étape obligatoire constitue donc une épreuve pour tout projet de loi qui peut en sortir modifié, plus ou moins profondément. Or le Conseil d'État est particulièrement sensible à tout risque juridique, notamment tout élément qui pourrait fonder une décision de censure partielle du Conseil constitutionnel.

ou de son représentant légal. Ce contrat ou document définit les objectifs et la nature de la prise en charge ou de l'accompagnement dans le respect des principes déontologiques et éthiques, des recommandations de bonnes pratiques professionnelles et du projet d'établissement. Il détaille la liste et la nature des prestations offertes ainsi que leur coût prévisionnel. »
« Le contenu minimal du contrat de séjour ou du document individuel de prise en charge est fixé par voie réglementaire selon les catégories d'établissements et de personnes accueillies[1]. »

- le « projet personnalisé de scolarisation » mentionné explicitement dans l'article L. 112-2 du Code de l'éducation (depuis le vote de la loi du 11 février 2005) : « En fonction des résultats de l'évaluation, il est proposé à chaque enfant, adolescent ou adulte handicapé, ainsi qu'à sa famille, un parcours de formation qui fait l'objet d'un projet personnalisé de scolarisation assorti des ajustements nécessaires en favorisant, chaque fois que possible, la formation en milieu scolaire ordinaire. Le projet personnalisé de scolarisation constitue un élément du plan de compensation[2]... »

Il convient d'espérer que les « projets pour l'enfant » qui seront établis auront une véritable portée prospective, qu'ils seront réalistes, qu'ils seront concertés et, enfin, qu'ils seront évalués et reformulés régulièrement, si nécessaire. Ces quatre conditions ne sont pas utopiques. Elles peuvent paraître, à l'aune des pratiques actuelles, comme très ambitieuses. Mais cette ambition est une nécessité pour les « parcours de vie » des enfants et adolescents pris en charge dans le cadre de la protection de l'enfance car celle-ci ne doit-elle pas les conduire vers l'âge adulte pour s'y épanouir ?

Des progrès sur la voie d'une meilleure évaluation des situations personnelles

L'avancée que constitue ce nouveau cinquième alinéa de l'article L. 223-1 du Code de l'action sociale et des familles, consacré au « projet pour l'enfant » et qui en précise les objectifs, le contenu et même la dénomination, est en outre précédé et suivi de deux alinéas qui sont aussi particulièrement importants.

Ainsi le quatrième alinéa de l'article L. 223-1 : « L'attribution d'une ou plusieurs prestations [...] est précédée d'une évaluation de la situation prenant en compte l'état du mineur, la situation de la famille et les aides auxquelles elle peut faire appel dans son environnement », où l'on notera que la loi précise que l'évaluation de la situation doit prendre en compte « les aides auxquelles (la famille) peut faire appel dans son environnement ».

1. Voir le décret n° 2004-1274 du 26 novembre 2004 relatif au contrat de séjour ou document individuel de prise en charge.
2. Cet article L. 112-2 introduit par l'article 19 de la loi n° 2005-102 du 11 février 2005 pour l'égalité des droits et des chances, la participation et la citoyenneté des personnes handicapées, est particulièrement intéressant car il montre à la fois les similitudes entre les interventions publiques pour les personnes handicapées et pour celles concernées par la protection de l'enfance. Ainsi l'article L. 112-2 du Code de l'éducation précise : « Afin que lui soit assuré un parcours de formation adapté, chaque enfant, adolescent ou adulte handicapé a droit à une évaluation de ses compétences, de ses besoins et des mesures mises en œuvre dans le cadre de ce parcours, selon une périodicité adaptée à sa situation. Cette évaluation est réalisée par l'équipe pluridisciplinaire mentionnée à l'article L. 146-8 du Code de l'action sociale et des familles. Les parents ou le représentant légal de l'enfant sont obligatoirement invités à s'exprimer à cette occasion. »

Quant au sixième et dernier alinéa de cet article L. 223-1 du CASF (lui aussi modifié par l'article 19 de la loi du 5 mars 2007) : « Sur la base des informations dont il dispose, le président du conseil général veille à assurer le suivi et, dans la mesure du possible, la continuité des interventions mises en œuvre pour un enfant et sa famille au titre de la protection de l'enfance », certains pourront affirmer qu'il était inutile d'apporter semblable précision étant donné la conjonction d'autres articles de ce code et de « bonnes pratiques professionnelles ». Pourtant, même rudimentaires en France, les études des parcours de vie d'enfants, qui devraient bénéficier de stabilité dans le cadre d'intervention publique au nom de la protection de l'enfance et de leur « intérêt », montrent le chemin à parcourir. Cet alinéa supplémentaire est donc apparu comme une nécessité. Les premiers éléments qui ont conduit à la rédaction finale figuraient dans le projet de loi présenté par Philippe Bas, mais ce sont les sénateurs qui ont fait franchir l'étape qui a permis d'arriver à la rédaction définitive du texte.

La sénatrice Claire-Lise Campion[1] commence ainsi son intervention en séance le 21 juin :

> « L'article 10[2] clarifie les relations entre les partenaires [...] afin de garantir une plus grande continuité et une cohérence des actions éducatives... »

Dans la suite de cette intervention elle démontre son excellente connaissance des mécanismes du système de protection de l'enfance et, faisant référence au rapport du sénateur Louis De Broissia, elle propose un amendement qu'elle justifie en ces termes : « Ces discontinuités peuvent s'avérer très préjudiciables aussi bien pour le travail des professionnels que pour les enfants eux-mêmes... » L'avis du rapporteur, le sénateur André Lardeux qui a été président d'un conseil général, démontre aussi sa très bonne connaissance du système de protection de l'enfance et, dès lors, prenant en compte ces argumentations, le ministre Philippe Bas émet un avis favorable à cet amendement qui est donc adopté.

Nous ne rentrerons pas ici dans le détail des réflexions et discussions en commission et en séance, au Sénat et à l'Assemblée nationale ; celles-ci représentent environ vingt-cinq pages de comptes rendus et de rapports, accessibles à tous. Ces documents apportent un démenti vigoureux à ceux qui affirment que la loi a été bâclée, tant dans son élaboration que dans sa rédaction. En effet, il est possible de lire dans ces pages, si l'on veut s'en donner la peine, ce qui peut être résumé ici de façon synthétique :

- une prise en compte des réalités auxquelles sont confrontés les services des conseils généraux et l'autorité judiciaire (voir par exemple l'intervention en séance, le 21 juin, du sénateur Roland Muzeau ou le rapport du sénateur André Lardeux, au nom de la commission des affaires sociales du Sénat) ;
- une prise en considération, non moins clairement exprimée, des besoins des enfants ainsi que de ceux de leurs parents (voir par exemple le rapport de Valérie Pécresse au nom de la commission des affaires culturelles, familiales et sociales de l'Assemblée nationale) ;

1. Qui est une élue du parti socialiste, par ailleurs vice-présidente du conseil général de l'Essonne et qui s'est forgée une réelle expertise dans les questions de protection de l'enfance qu'elle suit de très près, depuis des années, aussi bien au niveau national (comme sénatrice) qu'au niveau départemental dans un département innovant (voir le rapport de contrôle IGAS de 2000).
2. Qui est devenu l'article 19 de la loi, après renumérotation des articles, comme c'est la règle, une fois que la loi a été définitivement adoptée.

- une utilisation intelligente des travaux produits dans les multiples rapports et consultations qui ont précédé la présentation du projet de loi.

Cette cohérence de la loi, à partir du projet de loi, se retrouve dans la volonté de ne pas laisser de place à une « fenêtre légale » par laquelle un conseil général pourrait chercher à échapper à l'application des dispositions de l'article L. 223-1, commenté longuement ci-dessus. Ainsi l'article L. 223-5 du CASF, lui aussi modifié (par l'article 18 de la loi du 5 mars 2007) précise :

> « Le service élabore au moins une fois par an un rapport, établi après une évaluation pluridisciplinaire, sur la situation de tout enfant accueilli ou faisant l'objet d'une mesure éducative. »

Les compléments apportés à cet montrent la volonté des rédacteurs du projet de loi et des parlementaires de bien envisager les différents types de situations (non seulement les « enfants accueillis » mais aussi tous ceux qui « font l'objet d'une mesure éducative ») et de préciser dans le texte de la loi (ce qui dès lors fixe une obligation aux départements) la nature de l'évaluation. En effet, malgré la précédente rédaction de ce 2e alinéa de l'article L. 223-5 des différences sensibles pouvaient être encore constatées, en 2006, selon les lieux d'implantation des établissements d'accueil. Le projet de loi allait d'ailleurs plus loin que la rédaction finalement votée puisque l'évaluation était non seulement décrite comme « pluridisciplinaire », mais le projet précisait que cette évaluation pluridisciplinaire de l'enfant « porte notamment sur sa santé physique et psychique, son développement, sa scolarité, sa vie sociale, ses relations avec sa famille »

Une clarification utile pour les enfants séparés de leurs parents, ainsi que pour ces parents et ceux qui gardent leurs enfants

Une des modifications apportées à l'article 375-7 du Code civil (par l'article 22 de la loi du 5 mars 2007) mérite des explications spécifiques pour bien en comprendre le sens, qui n'a apparemment pas été perçu par certains commentaires, outrés par ce qui est considéré comme une porte ouverte à l'arbitraire. Or c'est le contraire que cette modification promeut. Figurent en effet désormais les alinéas suivants :

> « Les père et mère de l'enfant bénéficiant d'une mesure d'assistance éducative continuent à exercer tous les attributs de l'autorité parentale qui ne sont pas inconciliables avec cette mesure. [...]
>
> Sans préjudice de l'article 373-4 et des dispositions particulières autorisant un tiers à accomplir un acte non usuel sans l'accord des détenteurs de l'autorité parentale, *le juge des enfants peut exceptionnellement, dans tous les cas où l'intérêt de l'enfant le justifie*, autoriser la personne, le service ou l'établissement à qui est confié l'enfant à exercer un acte relevant de l'autorité parentale en cas de refus abusif ou injustifié ou en cas de négligence des détenteurs de l'autorité parentale, *à charge pour le demandeur de rapporter la preuve de la nécessité* de cette mesure. »

Sauf à vouloir nier de multiples preuves, certains responsables d'établissements ou de services, ne respectent pas le droit applicable. Celui-ci leur confie la garde de l'enfant, mais maintient l'autorité parentale à ses parents. Néanmoins ces responsables d'établissement doivent aussi tenir compte de l'extrême diversité des situations familiales et personnelles. Certains parents, auxquels la garde de leur(s) enfant(s) (dans la suite du paragraphe, le singulier sera utilisé par commodité) a été retirée, sont très attentifs à l'égard de leur enfant, d'autres beaucoup moins. Il est facile de contacter certains parents (par téléphone ou par courriel) et certains parents peuvent aisément se déplacer en voiture ; au contraire, d'autres parents sont très difficiles à contacter ou, pour des raisons économiques, ne peuvent aller[1] facilement dans l'établissement où leur enfant est accueilli. En outre, il est facile d'avoir une discussion sereine et constructive avec certains parents, alors que d'autres présentent des pathologies psychiatriques sévères qui rendent tout échange très malaisé, voire improductif. Pour autant, ce n'est pas parce que des difficultés existent dans certains cas, que les responsables d'établissements peuvent éviter l'application générale de la loi ; ou pour le dire de façon schématique, prendre prétexte des difficultés rencontrées avec certains parents pour adopter une position générale à l'égard de tous les parents avec les conséquences dont peuvent souffrir certains enfants.

En effet, pour ces enfants, les difficultés à mobiliser leurs parents peuvent avoir des effets réellement handicapants pour leur vie quotidienne, par exemple lorsqu'il n'est pas possible d'obtenir une autorisation pour des soins non vitaux mais importants, ou bien de participer à des activités périscolaires ou de loisir.

Une position commode est de nier cet état de fait, de se réfugier derrière les textes de loi... et d'attendre une amélioration venue de la mise en œuvre effective de la loi du 2 janvier 2002 qui prévoit des évaluations internes et externes des établissements et services. Malheureusement la belle construction que représente cette loi est, près de six ans après son vote, encore largement « en plan ». La récente création de l'Agence nationale de l'évaluation et de la qualité des établissements et services sociaux et médico-sociaux n'apporte qu'une réponse bien tardive aux sombres constats déjà effectués[2].

La loi du 5 mars 2007, au contraire, réaffirme les principes et propose une solution pratique pour que les responsables d'établissement puissent agir efficacement, grâce à un cadre clairement posé par la loi, dans les cas difficiles qu'ils rencontrent fréquemment. Cette solution a également le mérite de clarifier le texte et d'unifier les pratiques des juges des enfants, certains s'étant déjà arrogé cette prérogative sur le fondement de l'ancien texte et d'autres refusant d'intervenir sur ce champ en renvoyant cette question au juge aux affaires familiales. Cependant, face à la situation de fait « inégalitaire » à leur détriment les parents ne seront pas sans possibilité de recours contre des responsables qui abuseraient de la position qui est la leur. En effet la loi précise :

> « Le demandeur (c'est-à-dire le responsable de l'établissement doit) rapporter la preuve de la nécessité de cette mesure. »

1. « Aller » ou « aller... et revenir à leur domicile », en fonction des horaires de train ou de bus.

2. Voir respectivement : pour la présentation de la loi, Bauduret J.-F., Jaeger M., *Rénover l'action sociale et médico-sociale*, 2e éd., Paris, Dunod, 2005 ; pour la création de l'Agence, le décret n° 2007-324 du 8 mars 2007 portant diverses dispositions relatives à l'Agence nationale de l'évaluation et de la qualité des établissements et services sociaux et médico-sociaux et modifiant le Code de l'action sociale et des familles ; pour les sombres constats, le chapitre (n° 10) consacré à l'évaluation dans Naves P., Defalvard H., Julienne K., Petour P., *Économie politique de l'action sociale*, *op. cit.*

Pour les enfants accueillis dans les « centres maternels », la reconnaissance officielle de l'importance de leur père

C'est avec une semblable volonté de fonder sur des bases claires des pratiques développées par des centres maternels qu'a été complété l'article L. 222-5 du CASF :

> « Sont pris en charge par le service de l'aide sociale à l'enfance sur décision du président du conseil général : »

dans son 4° :

> « 4° Les femmes enceintes et les mères isolées avec leurs enfants de moins de trois ans qui ont besoin d'un soutien matériel et psychologique. »

par la phrase :

> « Ces dispositions ne font pas obstacle à ce que les établissements ou services qui accueillent ces femmes organisent des dispositifs visant à préserver ou à restaurer des relations avec le père de l'enfant, lorsque celles-ci sont conformes à l'intérêt de celui-ci. »

L'objectif de ces établissements est en effet d'aider ces femmes et leur(s) enfant(s) qui, sans lieu d'accueil, se trouveraient sans hébergement, en raison de leur isolement. Cette condition d'isolement est la raison d'agir dans un but de protection de l'enfance. En partant de cette finalité, en cherchant à accompagner ces femmes pour qu'elles puissent construire, ou reconstruire, pour leur(s) enfant(s) des conditions matérielles et affectives adéquates, cet alinéa de la loi du 5 mars 2007 s'inscrit bien dans la logique générale du texte : prévenir les difficultés, innover dans les modalités d'action, prendre en compte l'intérêt de l'enfant[1].

Les précisions apportées aux procédures devant les juges aux affaires familiales

L'article 388-1 du Code civil (2° de l'article 9 de la loi du 5 mars 2007), qui n'avait pas été modifié depuis 1993, organise désormais de façon détaillée et pragmatique divers droits reconnus aux mineurs :

> « Dans toute procédure le concernant, le mineur capable de discernement peut, sans préjudice des dispositions prévoyant son intervention ou son consentement, être entendu par le juge ou, lorsque son intérêt le commande, par la personne désignée par le juge à cet effet.
>
> Cette audition est de droit lorsque le mineur en fait la demande. Lorsque le mineur refuse d'être entendu, le juge apprécie le bien-fondé de ce refus. Il peut être entendu seul, avec un avocat ou une personne de son choix. Si ce choix n'apparaît pas conforme à l'intérêt du mineur, le juge peut procéder à la désignation d'une autre personne.
>
> [...]
>
> Le juge s'assure que le mineur a été informé de son droit à être entendu et à être assisté par un avocat. »

1. Peut-être qu'une formulation plus ambitieuse aurait pu être trouvée, à la place de « père de l'enfant ». Mais celle qui figure est à la fois cohérente avec la logique sociale et suffisamment ouverte en termes juridiques : le père de l'enfant étant, en droit, l'homme déclaré père dans l'état civil, ce qui ouvre la porte à une reconnaissance de paternité par un autre homme que le père biologique.

Deux commentaires de ces alinéas, seront présentés ci-dessous ; mais seulement après avoir rappelé le *rôle des avocats pour enfants*. En effet cette nouvelle rédaction de l'article 388-1 du Code civil met en lumière, de façon indirecte, trois grandes faiblesses du système français de protection de l'enfance dans l'organisation d'une véritable défense des droits des enfants :

- la faiblesse, dans la plupart des tribunaux de grande instance (TGI), du nombre d'avocats compétents dans la défense des droits des enfants. Là où il en existe, à Évry ou à Lyon ou à Bordeaux[1] par exemple, le droit est mieux appliqué non seulement parce qu'il y a une effectivité des dispositions législatives, mais aussi parce que les magistrats de la jeunesse ou de la famille peuvent accomplir plus sereinement leur mission ;
- la faiblesse du montant de l'aide juridictionnelle qui contraint fortement les moyens que ces avocats peuvent consacrer effectivement pour exercer la défense de leurs clients ; rappelons ici, que cette faiblesse de l'aide juridictionnelle s'est aggravée au cours des quatre derniers exercices budgétaires[2];
- les défaillances très sérieuses dans les désignations des administrateurs ad hoc[3], personnes dont le rôle est déterminant pour que la défense des mineurs soit bien assurée. Malgré les annonces ministérielles que ce grave problème serait traité, tout particulièrement après le rapport 2005 de la défenseure des enfants, Claire Brisset, rien de tangible n'a encore été effectué.

Le premier commentaire porte sur la question, depuis longtemps débattue et qui l'a encore été au Sénat et à l'Assemblée nationale, de l'utilisation de l'expression « mineur capable de discernement » ou de la fixation d'un âge. Le maintien de la référence au « discernement », disent certains, est une porte ouverte à l'arbitraire. Certes, mais face à ce point de vue, quel âge fixer pour une automaticité de l'audition : sept ans, dix ans... ou cinq ans ? Le maintien de la référence au « discernement » accorde au juge un pouvoir d'appréciation. Ceux que désespèrent, avec juste raison, des procédures bâclées[4] pourront même aller jusqu'à utiliser l'expression de « bon-vouloir » du juge qui disposerait ainsi d'une astuce pour contourner la loi. Cependant, si la loi maintient une simple possibilité (« le mineur capable de discernement *peut* [...] être entendu par le juge »), elle précise aussi que « le juge s'assure que le mineur a été informé de son droit à être entendu et à être assisté par un avocat » après avoir indiqué que « cette audition est de droit lorsque le mineur en fait la demande[5] ».

1. Cette liste n'est ni exhaustive, ni priorisée : l'action remarquable depuis plusieurs dizaines d'année de Me Stéphane Ambry du barreau de Bordeaux doit être spécialement citée.

2. Voir le programme 101 (accès au droit et à la justice) du budget de l'État présenté selon les prescriptions de la loi d'orientation pour les finances publiques du 1er août 2001 (pour plus de détails voir **www.performance-publique.gouv.fr**).

3. Les administrateurs ad hoc sont désignés pour représenter le mineur de façon « indépendante », ce qui ne peut être réalisé, fréquemment, ni par ses parents, ni par les services du conseil général.

4. Ainsi par exemple, dans une audience d'appel tenue en 2006, où la Cour avait « oublié » d'entendre une enfant de 10 ans, alors même que cette audition était primordiale pour bien comprendre la situation. Il a fallu l'intervention de l'avocate de l'enfant pour que celle-ci puisse être entendue !

5. Cette modification de l'article 388-1 du Code civil était nécessaire afin de permettre à la France de ratifier la convention européenne pour l'exercice des droits de l'enfant (CEEDE), convention signée en 1996 mais non encore ratifiée du fait des anciennes dispositions de cet article qui permettaient au juge de ne pas entendre l'enfant, même si ce dernier en faisait la demande. Grâce à la loi du 5 mars 2007, le projet de loi de ratification de la CEEDE a pu être présenté à nouveau au Conseil d'État puis au Conseil des ministres du 30 mai 2007. La loi de

Le deuxième commentaire concerne l'audition du mineur qui peut être effectuée « par le juge ou, lorsque son intérêt le commande, par la personne désignée par le juge à cet effet ». Certains craignent que les juges se déchargent de cette audition sur d'autres et que ces autres, des professionnels de l'écoute des enfants, soient partiaux. Cet argument n'est pas sans force et pourrait trouver écho notamment chez certains juges qui peuvent rêver de conditions idéales de travail. Au contraire, cette précision doit être considérée comme un renforcement du droit des mineurs, y compris dès leur plus jeune âge. Il est nécessaire de partir d'un constat, certes regrettable mais qui ne peut pas être caché : de très nombreux juges des enfants ne disposent pas, en plus des connaissances juridiques qui leur ont permis de devenir juge ainsi que d'autres compétences acquises durant leur formation et par expérience, à la fois du temps et de toutes les informations nécessaires pour démêler les écheveaux complexes des situations personnelles sur lesquelles ils prennent des décisions. Plus de la moitié des juges des enfants n'ont acquis que des rudiments de psychologie et de sociologie, alors que des savoirs développés dans ces domaines sont indispensables[1] pour qu'ils remplissent la mission fondamentale qui leur est confiée.

Dans ces conditions, l'écoute attentive, notamment, par un psychologue formé à l'écoute des enfants, peut surpasser ce qu'un juge pourra effectivement entendre et comprendre. De plus, cette audition sera consignée dans un document. Les constats cliniques devront y être décrits, des hypothèses énoncées, une argumentation sera formalisée. Ceux qui s'offusquent de ce que la loi précise : « lorsque son intérêt le commande, par la personne désignée par le juge à cet effet », devraient s'interroger sur l'hypothèse que leur opposition pourrait partir du postulat que les psychologues ou psychiatres ne savent pas faire le métier pour lequel ils ont été formés. Pour de jeunes enfants, même des bébés, les professionnels bien formés arrivent à discerner des affects, parfois sans ambiguïté. Depuis plusieurs dizaines d'années, les puéricultrices arrivent très bien à distinguer, dans des cas pathologiques, ce qu'il en est de l'attitude de la mère à l'égard de son nourrisson et aussi de l'attitude de ce nourrisson à l'égard de sa mère. Ce nourrisson va s'exprimer et, c'est évident, autrement qu'avec des mots ; il va le faire avec des regards, des gestes, voire des pleurs. Peut-on dire que cet enfant ne possède pas de « discernement » ? Bien sûr le raisonnement est poussé, ici, très loin. En tout cas, il ne le sera pas au point d'affirmer que l'éventuelle angoisse manifestée par ce nourrisson correspond à ce qui figure à l'alinéa 2 de l'article 388-1 du Code civil : « Cette audition est de droit lorsque le mineur en fait la demande. » Mais, au moins, ceux qui

ratification a été publiée au JO du 2 août 2007 (loi n° 2007-1155 du 1er août 2007 autorisant l'approbation de la convention européenne sur l'exercice du droit des enfants).

1. Les connaissances acquises dans les domaines de la psychologie et de la sociologie durant la formation des juges à l'École nationale de la magistrature (ENM) sont très sommaires : pour celles et ceux qui deviennent juges des enfants directement après leur formation à l'ENM à l'issue d'un concours qu'ils ont réussi après leurs études universitaires, ces défauts de connaissance ne sont pas compensés par une expérience suffisante. Un stage de six mois auprès d'un juge des enfants n'est qu'un stage de six mois ! Pour les autres magistrats, nommés juges des enfants après quelques années d'expérience « de terrain », les connaissances dans les domaines de la psychologie et de la sociologie sont le plus souvent lointaines et approximatives. Elles ne sont pas complétées avant leur prise de fonction par des enseignements adéquats : un juge ayant exercé plusieurs années comme magistrat peut devenir juge des enfants sans formation spécifique ou, s'il accepte de suivre celle organisée par l'ENM, celle-ci ne dure qu'une semaine. Ce viatique est composé principalement d'une actualisation des bases juridiques nécessaires à l'exercice de cette fonction, nouvelle pour eux, hormis les éventuels souvenirs d'un stage en cours de scolarité à l'ENM, auprès d'un juge des enfants et/ou l'expérience acquise, par exemple, comme juge aux affaires familiales ou comme procureur adjoint en charge des mineurs.

pourfendent le maintien de la référence à la notion de « discernement » pourront avoir matière à réflexion.

4. CONCLUSION

Peut-on espérer des changements législatifs décrits dans les pages précédentes qu'ils se traduiront par des évolutions réelles des pratiques ? En effet, la faiblesse des évolutions induites par certaines évolutions législatives passées incite à la prudence. De nombreux progrès sont restés inappliqués, que cela soit par « habitude » (par défaut de formation ou par « confort » d'intervenants professionnels) ou à cause de « simples » défauts de moyens.

Mais la loi est nécessaire et celle du 5 mars 2007 présente plusieurs atouts, au-delà de son vote consensuel après une longue concertation. À la fois elle affirme des principes et les traduit dans des modalités concrètes, souvent d'ailleurs déjà mises en œuvre, expérimentées. Qui plus est, ces traductions pratiques sont nombreuses et convergentes. Au total, la loi réalise donc plus qu'une consolidation d'avancées diverses, elle constitue une véritable réforme.

Cette loi reste suffisamment générale pour s'adapter à la diversité des situations et apporte aussi des précisions pour éviter que ses dispositions ne soient détournées. Si chacun fait l'effort de bien comprendre cette logique d'ensemble, il est possible de penser que de nombreux enfants et leurs parents devraient bénéficier des dispositions de cette loi présentées dans ce chapitre.

Chapitre 5

Le nouvel élan donné à la PMI et au suivi sanitaire des enfants

PLAN DU CHAPITRE

La loi du 5 mars 2007 comprend de nombreuses dispositions permettant de mieux prendre en charge les enfants et d'aider les parents en difficulté, et ainsi de prévenir l'apparition des difficultés et toutes autres situations dans lesquelles des enfants se trouveraient être en danger, voire maltraités. L'essor du parrainage et des réseaux d'écoute, d'appui et d'aide à la parentalité montre que l'importance de la prévention dans la politique publique de protection de l'enfance est bien identifiée depuis plusieurs années avant la loi du 5 mars 2007. Il en va de même pour les actions de prévention spécialisée.

La prévention est le premier pilier sur lequel s'est construite la réforme de la protection de l'enfance. Néanmoins, les débats, parfois houleux, qui ont animé l'avancée parallèle des projets de loi de prévention de la délinquance et de protection de l'enfance ont aussi démontré que la limite est ténue entre prédiction et prévention, que l'acception sanitaire de la prévention (selon les trois niveaux de prévention définis par l'Organisation mondiale de la santé — OMS)[1] n'est pas aisément transposable dans le champ social et médico-social.

Il ne s'agit pas ici de faire l'analyse des choix politiques et philosophiques qui sous-tendent ces deux textes et leur perméabilité[2], mais de montrer que la réforme de la protection maternelle et infantile (PMI) et la réforme du suivi sanitaire des enfants scolarisés sont deux moyens pertinents d'asseoir la dimension préventive de la protection de l'enfance. Néanmoins, ces dispositions peuvent apparaître insuffisantes ou bien se heurter à un manque de moyens tel que, sans réel soutien politique fort, elles n'auront jamais l'impact attendu.

1. LA NÉCESSITÉ POUR LA PROTECTION MATERNELLE ET INFANTILE DE RÉINVESTIR LA PROTECTION DE L'ENFANCE

La place de la protection maternelle et infantile dans la réforme de la protection de l'enfance

En février 2006, Marie-Thérèse Hermange, sénateur de Paris, a remis au ministre délégué à la Sécurité sociale, aux Personnes âgées, aux Personnes handicapées et à la Famille, un rapport[3] qui rappelle que le temps de la naissance est fondamental pour l'apprentissage de la parentalité et

1. Prévention primaire ; prévention secondaire ; prévention tertiaire : voir par exemple, le rapport annuel de l'IGAS, *Santé, pour une politique de prévention durable*, Paris, La Documentation française ; rapport aussi consultable sur le site **www.ladocumentationfrancaise.fr**, 2003, et Métayer K., « Prévention : promouvoir l'éducation et l'accompagnement des familles », in *La Réforme de la protection de l'enfance*, Paris, Éditions législatives, 2007. Dans ce chapitre Karine Métayer fait une très bonne analyse de l'approche de la prévention dans le champ social et démontre l'aspect artificiel voire dangereux d'une transposition simpliste de cette définition en trois niveaux dans ce champ.

2. Des dispositions du projet de loi relatif à la prévention de la délinquance ont été intégrées par voie d'amendement au projet de loi réformant la protection de l'enfance.

3. M.-T. Hermange, *Périnatalité et parentalité*, février 2006 ; Marie-Thèrèse Hermange reprend largement des thèmes qu'elle avait exposés dans le rapport qu'elle avait produit dans le cadre de la préparation du sommet mondial de l'enfance du mois de mai 2002 : *Les Enfants d'abord : 100 propositions pour une nouvelle politique de l'enfance*,

Les évolutions apportées par la loi du 5 mars 2007

Plusieurs dispositions de l'article 1er de la loi du 5 mars 2007 concernent directement les services de PMI

Le guide pratique mis en ligne par le ministère chargé de la Famille en mai 2007[1] rappelle que la prévention est un axe fort de la réforme et qu'elle « implique l'ensemble des acteurs médicaux sociaux et éducatifs intervenant sur un même territoire géographique ». Cette affirmation est concrétisée dès l'article 1er de la loi du 5 mars 2007 qui est un article clé pour la dimension préventive de la réforme et, tout spécialement, dans le domaine de la PMI et de la santé scolaire.

Cet article tout d'abord modifie l'article L. 123-1 du CASF pour mentionner explicitement le service de PMI parmi les services départementaux concourant à la protection de l'enfance. Cette disposition a donc pris acte de ce que les missions des services de PMI ont une dimension sociale, renforçant leur légitimité à intervenir dans le champ de la protection de l'enfance et pas uniquement dans celui de la santé publique, dans lequel s'étaient laissés progressivement enfermer les services de PMI de certains départements.

Cet article 1er de la loi modifie ensuite plusieurs articles du Code de la santé publique, dans sa partie consacrée aux missions des services de PMI. Ainsi, désormais, l'article L. 2112-2 du Code de la santé publique renforce le rôle des services de la PMI en matière de prévention précoce et d'aide à la parentalité. Il impose aux services de PMI de mener des actions de prévention en période prénatale et postnatale.

Ce même article permet à ces services d'accompagner les parents dans le suivi qui apparaît nécessaire à l'issue de l'entretien psychosocial rendu obligatoire, au cours du quatrième mois de grossesse.

Enfin, la loi conforte le rôle de la PMI en matière de suivi sanitaire des enfants de moins de 6 ans ; il permet désormais aux professionnels des services de PMI d'intervenir dans les écoles, aux côtés des services de médecine scolaire[2], notamment pour l'établissement du bilan de santé pour les enfants âgés de 3-4 ans.

Par ailleurs, les modifications apportées aux deux premiers alinéas de l'article L. 2112-1 et au premier alinéa de l'article L. 2112-2 clarifient, au risque de paraître redondantes, les rôles et responsabilités du président du conseil général et du responsable du service départemental de PMI. Pour éviter la multiplication des contentieux administratifs relatifs au profil du chef du service de PMI, ces deux articles du Code de la santé publique précisent désormais d'une part, que le service de PMI est placé sous l'autorité et la responsabilité du président du conseil général, qui a donc pour mission d'organiser les actions de ces services de PMI et, d'autre part, que ce service

1. *Guide pratique – Protection de l'enfance*, ministère de la santé et des solidarités, « Prévention en faveur de l'enfant et de l'adolescent ».

2. Rappelons ici que cette innovation n'est pas sans importance alors que la loi du 13 août 2004 relative aux libertés et responsabilités locales n'a pas prévu le transfert des services de médecine scolaire aux conseils généraux, alors que ce transfert avait été sérieusement envisagé dans le cadre de la préparation de ce projet de loi, de même que dans le rapport remis en 2001 par Pierre Mauroy au précédent Premier ministre issu d'une majorité politique différente.

est dirigé par un médecin et comprend des personnels qualifiés notamment dans les domaines médical, paramédical, social et psychologique.

Cette rédaction confirme donc que seul un médecin peut être désigné pour diriger un service de PMI mais place également ce médecin sous l'autorité hiérarchique du président du conseil général (ce qui faisait l'objet de contestations[1]).

D'autres articles ont un effet indirect sur les missions de la PMI

Au-delà de son article 1er, la loi du 5 mars 2007 comporte de nombreuses autres dispositions qui ont un impact sur les missions des services de PMI ou les concernent en les intégrant à des dispositifs généraux de protection de l'enfance. Ainsi, le rapport sur la situation des enfants pris en charge au titre de la protection de l'enfance (art. L. 223-5 du CASF) doit également comporter un bilan de l'état de santé de ces enfants. Les services de PMI contribuent dans ce cadre au suivi sanitaire des enfants confiés à l'aide sociale à l'enfance.

Les services de PMI participeront aussi au dispositif d'évaluation des informations préoccupantes qui seront centralisées par les cellules départementales (voir chap. 3).

Il en est de même pour la participation de représentants des services de PMI aux travaux des observatoires départementaux de la protection de l'enfance. Les professionnels des services de PMI sont en effet une précieuse source d'informations pour évaluer l'adéquation des actions publiques mises en œuvre aux besoins réels des citoyens. Ils sont non seulement des acteurs contribuant à l'état de bien-être des habitants d'un quartier mais aussi des observateurs de celui-ci.

Les ambitions de la loi confrontées aux dures réalités de terrain

L'intérêt de l'entretien du quatrième mois de grossesse

Le Code de la santé publique dans sa partie consacrée à la protection maternelle et infantile prévoit sept examens médicaux obligatoires pour la femme enceinte[2].

En sus de ces examens et suite aux recommandations des experts et des rapports rédigés dans le champ de la périnatalité, un entretien dit « du quatrième mois » s'est progressivement développé. Il s'agit d'un entretien individuel ou en couple qui est proposé à partir de la fin du premier trimestre de grossesse, aux environs du quatrième mois. Cette rencontre avec un professionnel de santé est un temps privilégié d'accueil et d'écoute. Le plus souvent mené par une sage-femme, il offre l'opportunité d'aborder les sujets liés à la natalité : la naissance, la préparation, la grossesse, l'accouchement, l'allaitement et aussi les nombreuses questions posées par l'arrivée d'un enfant.

1. Voir l'arrêt du tribunal administratif de Rennes, du 9 février 2000, rappelé par Patricia Adam au cours de la troisième séance de l'Assemblée nationale du 9 janvier 2007.

2. Article R. 2122-1 du Code de la santé publique : « Les examens médicaux obligatoires des femmes enceintes prévus à l'article L. 2122-1 sont au nombre de sept pour une grossesse évoluant jusqu'à son terme. Le premier examen médical prénatal doit avoir lieu avant la fin du troisième mois de grossesse. Les autres examens doivent avoir une périodicité mensuelle à partir du premier jour du quatrième mois et jusqu'à l'accouchement. »

L'entretien du quatrième mois s'ajoute désormais aux huit séances de préparation à la naissance et à la parentalité et aux sept examens médicaux prénataux obligatoires. Il est remboursé à 100 % par les caisses d'assurance-maladie.

Néanmoins, reste posée la question des futures mères qui ne sont pas suivies du tout durant leur grossesse. Ce sont pourtant celles pour lesquelles cet entretien serait sans doute le plus utile : les très jeunes mères, les femmes isolées ou en situation de précarité.

C'est la raison pour laquelle la loi du 5 mars 2007 a rendu obligatoire cet entretien afin d'obliger les institutions à trouver des dispositifs pour aller au-devant de ces femmes[1]. Cette consécration législative se situe en effet dans le prolongement d'avancées qui, cependant, ont peiné pour devenir pleinement effectives.

Les limites du plan périnatalité 2005-2007

Dans le plan périnatalité 2005-2007, qui fait suite au premier plan 1994-1998 et vise à renforcer davantage la sécurité de la mère et de l'enfant, une des réformes présentée comme « mesure phare du plan[2] » consistait à proposer systématiquement un entretien individuel ou en couple, pour être l'occasion d'évoquer les questions mal ou peu abordées avec la future mère lors des examens médicaux prénataux. Cet entretien, qui devait être réalisé par les sages-femmes, est conçu comme un moyen d'accompagner plus efficacement les parents ; le ministre de l'époque, en janvier 2005, annonce donc l'engagement de 26 millions d'euros pour sa mise en œuvre.

Quelques voix[3] se sont alors élevées pour dénoncer ce qui pouvait paraître comme un effet d'annonce, pressentant que les moyens ne seraient pas à la hauteur des sommes annoncées. Cette action était en outre jugée inutile parce que s'ajoutant à un suivi de la femme enceinte déjà très complet et que les questions relatives à l'environnement de la femme enceinte et aux changements de son corps pourraient être abordées au cours des examens obligatoires déjà prévus ou au cours des séances de préparation à la naissance.

Pour financer ce plan présenté comme « ambitieux », le ministre de la Santé d'alors, Philippe Douste-Blazy, avait annoncé que 274 millions d'euros lui seraient alloués sur trois ans, avec une croissance progressive des financements (43 millions d'euros en 2005 ; 61 millions d'euros en 2006 et 170 millions d'euros en 2007).

Or, dès 2005, sur les 43 millions d'euros prévus, seulement 30 millions d'euros ont été effectivement rendus disponibles, suite à des gels et « coupes » budgétaires. En 2006, la somme allouée au plan a certes fortement augmenté, de 30 millions d'euros à 50 millions d'euros, mais ces 50 millions d'euros, déjà inférieurs à la somme prévue pour la seule année 2006, devaient

1. Rapport IGAS : Hautchamp M., Naves P. et Tricard D. (2005), *Quelle intervention sociale pour ceux qui ne demandent rien ? op. cit.*

2. Discours de présentation du « plan Périnatalité : Humanité, proximité, sécurité, qualité – 2005-2007 » prononcé par le ministre de la Santé et de la Protection sociale, P. Douste-Blazy, le 10 novembre 2004, à la maternité de l'hôpital Tenon à Paris, voir www.sante.gouv.fr/htm/actu/33_041110pdb.htm.

3. Salomé Viviana, « Comment les femmes accoucheront-elles demain ? les graves insuffisances du "plan périnatalité" 2005-2007 », voir : http://martinwinckler.com/IMG/pdf/SalomeViviana_Le_plan_perinatalite.pdf.

également couvrir le financement des actions engagées mais non assumées en 2005, soit 13 millions d'euros. On était donc loin des chiffres annoncés à peine un an plus tôt[1].

Viviana Salomé dénonce également, dans son article déjà cité, l'annonce de ces sommes « ambitieuses » qui en réalité ne permettent que de rattraper les importantes faiblesses constatées en France en matière de démographie des sages-femmes et des médecins obstétricaux et de répondre aux normes minimales définies par les pouvoirs publics pour améliorer la qualité et la sécurité du suivi des grossesses... en 1998 !

Début 2006, tandis que se prépare le projet de loi réformant la protection de l'enfance et alors que Philippe Bas souhaite renforcer la prévention[2], notamment dans le domaine sanitaire, les crédits budgétaires pour mettre en œuvre le plan périnatalité et répondre simplement aux besoins exprimés sont notoirement insuffisants.

La construction du dispositif législatif

Les décideurs gouvernementaux se trouvent alors devant une situation périlleuse : affirmer le nécessaire développement des actions de prévention et particulièrement dans le champ de la périnatalité, dans la logique exposée dans le projet de loi réformant la protection de l'enfance, avec si possible l'annonce de nouvelles actions... tout en étant dans l'impossibilité d'honorer des engagements antérieurs, à peine vieux d'un an et demi, dans ce même domaine.

Face à ce péril, la solution retenue à l'article 27 de la loi du 5 mars est astucieuse : un fonds de financement de la protection de l'enfance, abondé par un versement de la CNAF. Ceci devrait permettre le financement des actions mises en œuvre en application de la réforme de la protection de l'enfance sous la haute surveillance de l'Assemblée nationale et du Sénat, comme le montrent les déclarations de Valérie Pécresse[3] ainsi que celle de la CNAF.

Ces avancées peuvent apporter une certaine assurance et être considérées comme un « premier pas ». En effet, le cadre de la réforme de la protection de l'enfance pouvait difficilement traiter aussi les changements absolument nécessaires du secteur de la périnatalité pour assurer la pleine efficacité de ces entretiens psycho-sociaux du quatrième mois[4] qui touchent aussi le secteur hospitalier et les praticiens libéraux.

Dès lors, peut-on estimer à la lumière du rapport de l'IGAS que la réforme de la protection de l'enfance n'a progressé que jusqu'« au milieu du gué » ? Ce rapport préconise en effet une réforme en profondeur des services de PMI, avec la réécriture des textes obsolètes encadrant le fonctionnement de ces services, l'inscription de leurs missions dans une démarche de performance

1. Ces retards pourraient être compensés si l'on se fie aux chiffres annoncés lors de la conférence nationale de la naissance du 29 juin 2007 et qui indiquent que la totalité du budget prévu pour la mise en œuvre du plan sera soldée en 2008.

2. Ceci se retrouve également alors dans le rapport du député Alain Bénisti et les versions préliminaires du projet de loi relatif à la prévention de la délinquance, mais sous la forme d'actions de dépistage chez les (très) jeunes enfants dans un but sécuritaire.

3. Rapport d'André Lardeux précité, p. 14.

4. D'autres réformes dans des champs très proches auraient pu aussi être menées dans ce cadre, comme celle du statut des médecins de PMI pour lutter contre la pénurie de ces médecins ou celle de la médecine scolaire (voir ci-après).

et notamment l'implication plus importante de l'assurance-maladie pour soutenir leurs actions qui visent à éviter l'apparition de « risques ».

La rédaction pondérée des dispositions de l'article 1er de la loi du 5 mars 2007 montre la nécessité de trouver un « bon équilibre » entre d'une part le principe fixé par la loi de rencontres systématiques et, d'autre part, l'efficacité « d'actions ciblées » nécessitant une focalisation de moyens humains. Elle rappelle aussi judicieusement que les actions des services de PMI ne sont pleinement efficaces que si elles sont bien coordonnées avec les actions des autres professionnels : notamment les médecins généralistes, les pédiatres, les infirmiers exerçant en libéral ainsi que leurs collègues exerçant au sein de services hospitaliers et, surtout, les professionnels de la « médecine scolaire ».

2. LE SUIVI SANITAIRE ET SOCIAL DES ENFANTS DURANT LEUR SCOLARITÉ : LA PRÉVENTION DANS UN BUT ÉDUCATIF ET NON SÉCURITAIRE

Les objectifs fixés par l'article 1er sont l'expression d'une ambition en net décalage avec ceux, portés pendant plusieurs mois, par le projet de loi relatif à la prévention de la délinquance.

Comme déjà indiqué, l'article 1er de la loi rassemble la plupart des dispositions qui contribuent au volet préventif de la réforme. C'est donc logiquement au sein de cet article qu'intervient la réécriture de l'article L. 541-1 du Code de l'éducation, qui impose désormais une visite médicale obligatoire tous les trois ans pour les enfants à compter de leur scolarisation en école primaire :

> « *1er alinéa.* — Au cours de leur sixième, neuvième, douzième et quinzième années, tous les enfants sont obligatoirement soumis à une visite médicale au cours de laquelle un bilan de leur état de santé physique et psychologique est réalisé. Ces visites ne donnent pas lieu à contribution pécuniaire de la part des familles. »

Cet article est le résultat d'un choix gouvernemental permettant au ministère de l'Intérieur de retirer, sans se déjuger, du projet de loi relatif à la prévention de la délinquance, un article qui était très critiqué par les associations et les professionnels. En effet, l'article 11 du projet de loi relatif à la prévention de la délinquance souffrait déjà de sa filiation avec le rapport Bénisti[1] et se heurtait en outre aux controverses qui ont suivi la publication d'un rapport de l'Institut national de la santé et de la recherche médicale (INSERM) [2] à l'origine d'un large mouvement de protestations[3].

La première version de cet alinéa, tel qu'il figurait dans le projet de loi relatif à la prévention de la délinquance, imposait une visite annuelle obligatoire pour tous les enfants dans le but de

1. Rapport préliminaire de la commission Prévention du groupe d'études parlementaire sur la sécurité intérieure, présidée par Jacques-Alain Bénisti, député du Val-de-Marne, sur la prévention de la délinquance, octobre 2004 ; le « rapport définitif » est daté d'octobre 2005.

2. Le trouble des conduites chez l'enfant et l'adolescent, expertise collective de l'INSERM, septembre 2006.

3. Pétition du collectif « Pas de 0 de conduite pour les enfants de 3 ans ». À noter que le Comité consultatif national d'éthique pour les sciences de la vie et de la santé (CCNE) a rendu le 6 février 2007 un avis (n° 95) suite à sa saisine par ce collectif, qui conforte très largement le vaste mouvement d'opinion qui a accompagné, avec près de deux cent mille signataires, l'appel éponyme (*cf.* www.pasde0deconduite.ras.eu.org).

dépister les troubles psychiatriques et du comportement du nourrisson, ou du jeune enfant. Il était ainsi rédigé[1] :

L'article L. 541-1 du Code de l'éducation est ainsi modifié :

« 1° À la deuxième phrase du second alinéa, après le mot "organisé", sont ajoutés les mots « ainsi que le repérage des troubles psychologiques graves de nature à mettre en cause le développement personnel de l'enfant ».

2° [...]

3° Le second alinéa est ainsi rédigé :

« Pendant tout le cours de la scolarité obligatoire, ces contrôles seront annuels et proposés si nécessaire, au-delà.

« Ils seront effectués dans les mêmes conditions que prévu à l'alinéa précédent lorsque les parents ou tuteur ne pourront fournir chaque année, à la demande du service de santé scolaire, un document probant établissant que leur enfant fait l'objet d'un suivi médical, assuré par un professionnel de santé de leur choix sur les mêmes contrôles que ceux définis au premier alinéa.

[...] »

Cette vision sécuritaire et contestée par les experts pédopsychiatres ne correspondait pas à l'approche préventive et sociale de la réforme de la protection de l'enfance. Il est donc très rapidement apparu intenable pour le Gouvernement de tenir un double discours, l'un sécuritaire et controversé (car il risquait d'enfermer les enfants, dès leur plus jeune âge, dans un « diagnostic médical » de délinquants en puissance, en niant l'évidence selon laquelle tout enfant a fondamentalement besoin d'aides pour se construire comme un adulte responsable), l'autre pragmatique et conforme aux engagements internationaux pris par la France en ratifiant la CIDE. C'est pourquoi, cette disposition a été retirée du projet de loi relatif à la prévention de la délinquance, quelques jours avant sa présentation au Conseil d'État.

Le discours prononcé par Xavier Bertrand, alors ministre de la Santé, au colloque sur les troubles des conduites organisé par l'INSERM[2] illustre bien ce changement décidé au niveau interministériel. Il rappelle que les conclusions de la méta-analyse menée par l'INSERM et à l'origine de la polémique :

« prouvent surtout qu'il existe un manque de connaissances précises sur un phénomène qu'il ne faut pas nier, mais dont la très grande complexité et la diversité des causes doivent être prises en compte, afin notamment d'éviter des amalgames définitifs ».

Il souligne ensuite qu'il s'agit de :

« dépister pour soigner, aider, accompagner et qu'un tel dépistage, qui doit être médical, médico-social et social, n'a pas sa place dans un projet de loi de prévention de la délinquance, mais qu'il a toute sa place dans le Projet de loi de protection de l'enfance. Toute association systématique entre troubles du comportement et délinquance est non seulement infondée, mais elle amène forcément à des réponses qui ne sont pas bonnes. Quelles qu'en soient les causes, ce trouble de l'enfant est surtout une souffrance qui peut conduire à des manifestations très graves. C'est donc cette souffrance qu'il faut s'attacher à traiter. Et elle le sera d'autant mieux que son dépistage aura été précoce ».

Tous les acteurs ont leur rôle à jouer : PMI, médecine scolaire, assistants sociaux, pédopsychiatres. Le dépistage précoce doit permettre d'orienter les enfants et leurs familles vers une prise en charge multiple. Le ministre affirme ainsi :

1. Avant-projet de loi relatif à la prévention de la délinquance, version provisoire datée du 16 mai 2006.
2. Colloque INSERM, « troubles des conduites, des pratiques à la recherche », Paris, 14 novembre 2006.

« Le dépistage précoce, inclus dans le projet de loi de protection de l'enfance, se fera à l'occasion de consultations régulières de prévention médico-sociale, prévues dès l'école maternelle, puis à 6 et 12 ans dans le cadre de visites médicales gratuites.

L'importance de la pédopsychiatrie dans la prise en charge doit être soulignée. Les équipes de liaison, de secteurs et mobiles de pédopsychiatrie seront renforcées. Il est prévu de développer la pédopsychiatrie dans les zones où elle est peu présente [...].

Le débat de société actuel est important et doit pouvoir contribuer à lever les cloisonnements, notamment avec la médecine scolaire qui relève de l'Éducation nationale. Il doit aller au-delà du champ de la communauté scientifique, qui doit être représentée dans sa diversité, et prendre en compte les associations de familles et les patients eux-mêmes. »

Fin juin 2006, après le retrait de cette disposition modifiant le Code de l'éducation du projet de loi de prévention de la délinquance, deux étapes se sont succédé : d'abord une reformulation très substantielle de la modification projetée de l'article L. 541-1 du Code de l'éducation, puis son introduction, sous forme d'amendement proposé par la commission des affaires sociales du Sénat, dans le projet de loi réformant la protection de l'enfance.

Cette nouvelle formulation prévoit une visite gratuite tous les trois ans et, au choix des parents, soit chez leur médecin traitant soit dans le cadre de la médecine scolaire. L'objectif est bien, comme le note le sénateur André Lardeux, « de prévenir le plus tôt possible les difficultés scolaires des enfants qui pourraient conduire à leur marginalisation[1] » ce qui est particulièrement net en ce qui concerne la visite de la sixième année :

« À l'occasion de la visite de la sixième année, un dépistage des troubles spécifiques du langage et de l'apprentissage est organisé. Les médecins de l'éducation nationale travaillent en lien avec l'équipe éducative, les professionnels de santé et les parents, afin que, pour chaque enfant, une prise en charge et un suivi adaptés soient réalisés suite à ces visites. »

La loi prévoit par ailleurs que « le ministre de la Santé détermine par voie réglementaire, pour chacune des visites obligatoires, le contenu de l'examen médical de prévention et de dépistage des visites ». La consultation de comités d'experts, préalable indispensable à la signature d'un tel arrêté du ministre chargé de la Santé devrait éviter les risques de dérives de type sécuritaire.

Enfin, la nouvelle rédaction de l'article L. 541-1 du Code de l'éducation réaffirme le rôle des services chargés, selon la terminologie du ministère de l'Éducation nationale, du dispositif médico-social en direction des élèves en rappelant :

« Des examens médicaux périodiques sont également effectués pendant tout le cours de la scolarité et le suivi sanitaire des élèves est exercé avec le concours d'un service social et, dans les établissements du second degré, de l'infirmière qui leur est affectée. »

Cette formulation ambitieuse est suivie d'un alinéa qui a le mérite du pragmatisme : l'entrée en vigueur de ces nouvelles visites obligatoires sera très progressive :

« Les visites obligatoires des neuvième, douzième et quinzième années sont assurées pour la moitié au moins de la classe d'âge concernée dans un délai de trois ans et, pour toute la classe d'âge concernée, dans un délai de six ans à compter de la publication de la loi n° 2007-293 du 5 mars 2007 réformant la protection de l'enfance. »

1. Rapport n° 205 d'André Lardeux, au nom de la commission des affaires sociales du Sénat sur le projet de loi modifié par l'Assemblée nationale, réformant la protection de l'enfance, p. 17.

Il était en effet nécessaire d'afficher dans la loi un tel pragmatisme, tant les écarts sont actuellement grands entre les objectifs et les moyens disponibles.

Enfin, depuis ces débats, l'expression « dépistage précoce des troubles du comportement » est quasiment devenue taboue. Pourtant, en prenant des précautions autant oratoires (éviter les termes « troubles de la conduite » qui inscrivent la démarche dans le champ de la lutte contre la délinquance et exhument les expressions « graines de voyou » et autres « enfants caractériels » utilisées à la fin du siècle dernier) que philosophiques (tout trouble du comportement évoque une souffrance qu'il faut prendre en charge le plus rapidement possible et donc dépister au plus vite), il est nécessaire de repérer le plus rapidement possible ces troubles psychologiques ou du comportement. Ils sont souvent des signaux permettant de percevoir les dangers encourus, de ne pas laisser des enfants sans aide... et mieux encore, d'anticiper et d'éviter l'apparition de leur souffrance.

3. DES INTENTIONS LOUABLES MAIS DIFFICILEMENT RÉALISABLES MALGRÉ L'ENTRÉE EN VIGUEUR PROGRESSIVE DES DISPOSITIONS

Tous les constats convergent : il est urgent de rénover la médecine scolaire, de développer les moyens de la protection maternelle et infantile et de renforcer les structures de pédopsychiatrie.

Au-delà du débat passionné autour de la question du dépistage précoce des souffrances psychiques et des troubles du développement chez l'enfant, il est nécessaire de s'interroger sur les véritables freins à la réalisation d'actions efficaces de prévention.

L'évaluation des actions de prévention est un exercice qui demande beaucoup de rigueur méthodologique et de pédagogie[1], au point que l'on ne mesure bien souvent la pertinence d'actions de prévention qu'après l'arrêt de ces actions quand, dans les mois ou les années qui suivent, une dégradation de la situation est observée.

Cela conduit de nombreuses critiques à estimer que les choix opérés dans le cadre de la réforme de la protection de l'enfance représentent un coût important pour la collectivité, notamment les visites médicales scolaires dont l'estimation du coût n'a pas véritablement été faite[2].

Certes, l'Assemblée nationale a veillé à prévoir une montée en charge sur six ans, en mentionnant le fait « que 50 % des classes d'âge concernées devront avoir accès à ces visites d'ici trois ans et la totalité d'ici six ans ». Le rapporteur du Sénat a bien rappelé en seconde lecture, que la commission des affaires sociales du Sénat veillera à ce que soient rapidement prévus les moyens humains nécessaires pour étoffer les services de médecine scolaire, dans le cadre de l'examen des lois de finances des années à venir.

Plus généralement, l'estimation des moyens humains nécessaires à cette réforme est souvent considérée comme insuffisante, que ce soit pour permettre à la PMI d'assurer réellement son rôle en matière de protection de l'enfance, pour rénover non seulement la « médecine scolaire » mais l'ensemble du dispositif médico-social en direction des élèves et, enfin, pour renforcer les structures

1. Ce qui explique les difficultés auxquelles se heurtent les personnes qui promeuvent ces actions devant les autorités budgétaires et politiques.
2. Rapport de Valérie Pécresse précité, p. 15.

de la pédopsychiatrie. La mise en œuvre du « fonds national de financement de la protection de l'enfance » fournira une bonne indication de la volonté gouvernementale en direction des jeunes qui pourraient être confrontés à des difficultés[1].

L'avenir de la PMI au cœur du débat

Les services de PMI sont marqués par des difficultés de recrutement et de fonctionnement, et connaissent des situations de sous-effectif chroniques alors même que certaines de leurs missions ont été renforcées récemment[2].

Malgré la vocation universelle des services de PMI, le manque de moyens humains les a amenés, bien souvent à leur corps défendant[3], à privilégier des actions estimées urgentes ou étant plus spécifiquement identifiées comme obligatoires du fait de leur mention et de leur encadrement par le Code de la santé publique (c'est le cas notamment des consultations prénatales). Mais de tels choix ne se posent pas de la même façon dans tous les départements. L'ampleur des actions réalisées par chaque service départemental de PMI dépend des moyens que chaque conseil général lui accorde[4]. De même que pour les services de l'ASE[5], la très grande disparité des ressources des services de PMI est flagrante.

Le SNPMI estime ainsi que près de la moitié des départements ne respecte pas les normes d'encadrement en termes de personnel ni de compétences obligatoires[6]. Le rapport de l'IGAS (déjà cité) dénonce certes l'obsolescence de ces normes de fonctionnement, mais surtout le fait que de nombreux départements enfreignent les dispositions réglementaires qui pourtant s'imposent à eux.

À ces problèmes d'origine budgétaire s'ajoute un problème statutaire. Une évolution du statut des médecins de PMI a été envisagée à la suite des conclusions du Conseil supérieur de la fonction

1. Difficultés qui conduisent certains d'entre eux, de détection tardive de leurs difficultés en prises en charge successives et inadéquates, sur la voie de la délinquance... ou de l'usage de stupéfiant... ou de la marginalisation (voir Firdion J.-M., « Influence des événements de jeunesse et héritage social au sein de la population des utilisateurs des services d'aide aux sans-domicile », *Économie et Statistiques*, n° 391-392, 2006, p. 85-114.

2. Renforcement de leur rôle dans l'agrément, le suivi et le contrôle de l'activité des assistantes maternelles, ainsi que dans l'agrément des assistants familiaux, prévu par la loi n° 2005-706 du 27 juin 2005 relative aux assistants maternels et aux assistants familiaux.

3. Valérie Pécresse, dans son rapport, explique que les médecins de PMI défendent la spécificité de leur travail, qui grâce à la confiance qui s'établit entre les personnels du service et les familles, permet une approche globale et non stigmatisante de l'enfant.

4. Selon les données 2005 de l'annuaire de l'Association nationale des directeurs d'action sociale et de santé des conseils généraux (ANDASS), ces dépenses par habitant de moins de quatre ans varient de 3 euros en Haute-Marne à 331 euros dans les Hauts-de-Seine. La même disparité territoriale peut s'observer pour le personnel de santé des services de PMI – médecins, psychologues, sages-femmes, infirmières ou puéricultrices ; ces chiffres sont repris dans le rapport de Valérie Pécresse (déjà cité).

5. Cette disparité entraîne une inégalité de traitement sur le territoire qui a été dénoncée dans de nombreux rapports et notamment ceux de la défenseure des enfants.

6. Art. R. 2112-1 à R. 2112-21 du Code de la santé publique.

publique territoriale (CSFPT)[1] qui alertait sur le fait que 50 % des médecins en fonction ont plus de 55 ans et vont donc prochainement partir en retraite.

Pourtant, cette réforme du statut des médecins de PMI que tout le monde considère comme indispensable et sur laquelle les services du ministère de la Santé travaillent depuis des années, a été jugée trop délicate, voire trop onéreuse, pour être menée dans le cadre de la réforme de la protection de l'enfance. En effet, elle s'accompagnerait inévitablement d'un rattrapage des rémunérations pour atteindre celles des médecins inspecteurs de santé publique, qui ont légitimement bénéficié d'une importante revalorisation en 2000[2].

Les services de PMI recourent alors massivement à des vacations ou passent des conventions avec des médecins libéraux[3]. Cette pratique présente l'inconvénient majeur de confier à un médecin libéral, qui n'est parfois présent qu'une ou deux demi-journées par semaine, des missions déléguées par le président du conseil général et exercées en lien avec d'autres services du département, notamment pour la protection de l'enfance. Elle questionne aussi sur la possibilité pour les familles d'établir une relation de confiance avec des médecins qui sont peu présents ou changent trop fréquemment.

L'indispensable réforme de la médecine scolaire reste à mener

Dans son rapport, Valérie Pécresse indique que « le suivi sanitaire est théoriquement organisé à différents stades de la scolarité par la médecine scolaire qui prend le relais des services de PMI. En réalité une seule visite obligatoire est pratiquée à l'heure actuelle [...], pour tous les élèves entre 5 et 6 ans[4]. Elle est effectuée par les médecins de l'Éducation nationale avec le concours d'un service social. Son objectif principal est la détection précoce des difficultés des élèves, notamment le repérage des signes pouvant entraîner des problèmes d'apprentissage ».

Elle ajoute que « la médecine scolaire est une spécificité française dont la société pourrait s'enorgueillir si les moyens humains dont elle dispose étaient à la hauteur des besoins, lesquels augmentent à très grande vitesse notamment en rapport avec le durcissement des problèmes de violence à l'intérieur des établissements. L'intérêt de ce système est qu'il est constitué de médecins intégrés à l'équipe éducative, connaissant bien l'institution et les problèmes des jeunes ».

1. Le CSFPT a préconisé l'évolution du statut des médecins de PMI lors de sa séance du 19 octobre 2005 consacrée au cadre d'emploi des médecins territoriaux (catégorie plus large que les médecins de PMI).
2. Le statut des médecins inspecteurs de santé publique est défini par le décret n° 91-1025 du 7 octobre 1991, modifié par le décret n° 2000-956 du 29 septembre 2000. Ce décret et sa modification font suite à des mouvements de revendications soutenus (1989-90 et 1998-2000).
3. Environ 1 300 médecins libéraux travaillent donc en PMI, pour un volume d'environ 400 000 heures de travail annuelles (soit environ 250 ETP – équivalents temps plein), alors que les médecins territoriaux de PMI représentent 1 854 ETP et 263 médecins supplémentaires employés dans le cadre de conventions passées avec le service de PMI pour environ 65 000 heures de travail annuelles (soit environ 40 ETP).
4. Les représentantes du ministère de l'Éducation nationale auditionnées par la rapporteure ont précisé que le bilan de santé obligatoire de la sixième année ne bénéficie à l'heure actuelle qu'à 77 % des élèves et que les examens médicaux périodiques qui devraient être effectués tout au long de la scolarité ne sont pas pratiqués.

Le suivi vigilant de la mise en œuvre de l'accompagnement financier de la réforme prévu par la loi

Le ministre de la Famille a souhaité « compenser » les coûts que supporteront les conseils généraux pour la mise en œuvre de la réforme qu'il portait au nom du Gouvernement, alors même que le ministère du Budget, le ministère de l'Intérieur et le Conseil d'État lui ont rappelé que la Constitution n'imposait pas au Gouvernement cette prise en charge[1].

L'article 27 de la loi du 5 mars 2007, portant création d'un Fonds national de financement de la protection de l'enfance est issu d'un amendement gouvernemental, déposé en première lecture au Sénat, afin de concrétiser un engagement politique. Les ressources de ce fonds proviendront pour moitié d'un versement annuel de l'État dont le montant sera voté en loi de finances et pour moitié d'une contribution de la caisse nationale des allocations familiales (CNAF) qui sera déterminée en loi de financement de la Sécurité sociale.

Cet appel à la CNAF, d'autant que la branche famille souffre depuis quelques années d'un déficit, a été dénoncé. Bernard Cazeau, sénateur et président de la commission « famille » de l'association des départements de France (ADF), a signalé le risque que la CNAF ne se trouve en position d'arbitrage, tandis que Valérie Pécresse a rappelé que « les dépenses liées à la protection de l'enfance n'ont jamais relevé d'une prise en charge par la Sécurité sociale ».

Le décret prévu pour la mise en œuvre de cette disposition (fixant les règles de fonctionnement du fonds et les critères de répartition des sommes gérées par le fonds) devrait en partie rassurer les conseils généraux, les sénateurs et députés qui ont affirmé, comme déjà mentionné ci-dessus, qu'ils resteraient très attentifs à la mise en œuvre effective de cette « compensation ». Quant à la part versée par l'État, il serait anormal que des contraintes budgétaires viennent amputer les engagements pris dans un cadre législatif et soient ainsi à l'origine de contestations et de désillusions.

4. CONCLUSION

Le développement de nombreuses actions de prévention médico-psycho-sociale est jugé par tous comme indispensable pour donner un nouveau souffle à la protection de l'enfance en offrant les moyens d'éviter l'apparition de situations de danger. Se conjuguant aux aides apportées aux parents dans le cadre de dispositifs tels que le parrainage ou les REAAP, ces efforts d'anticipation des difficultés rencontrées par les parents dans leurs relations avec leurs enfants font quasiment

1. La section sociale du Conseil d'État a, en effet, à l'occasion de son examen du projet de loi réformant la protection de l'enfance, confirmé son interprétation de l'article 72-2 de la Constitution : par charges nouvelles, il faut entendre des charges afférentes à une compétence que le texte de loi crée ou transfère à une collectivité qui n'en était pas responsable auparavant. Dans le cadre de la réforme de la protection de l'enfance, il s'agit en revanche d'une compétence déjà transférée, la loi visant l'amélioration de la qualité du service rendu, sans qu'il y ait nécessairement une augmentation des charges. Il est même possible d'envisager sérieusement que la mise en œuvre de la loi induise une baisse des dépenses à la charge des départements qui auront su améliorer l'efficacité de leur système de protection de l'enfance.

l'unanimité. Reste cependant la question des moyens, à laquelle des réponses pourraient être apportées par diverses préconisations récentes.

En effet, l'IGAS, tout d'abord, recommande[1] que soit élaboré et doté de moyens suffisants, un plan national de la santé des enfants. Un tel plan, s'appuyant sur une approche globale de la situation des enfants, devrait comporter sans aucun doute un volet psychiatrie, donnant ainsi l'occasion d'ouvrir le grand débat attendu sur l'insuffisance de la pédopsychiatrie en France. Il pourrait également aborder les questions des relations parents-enfants, du développement de l'enfant mais aussi des violences faites aux enfants.

De même, le rapport remis par le professeur Danièle Sommelet au ministre chargé de la Santé en mai 2007, relatif à la santé de l'enfant et de l'adolescent[2], souligne que des progrès peuvent être accomplis, notamment en matière de coordination des différents acteurs et de prévention. Elle préconise la mise en place d'un groupe de travail réunissant des pédiatres, des généralistes, des pédopsychiatres, des médecins de PMI, des médecins scolaires... ainsi que des représentants de la Haute Autorité de santé et de la Caisse nationale d'assurance-maladie. Le professeur Sommelet insiste aussi sur le rôle que devrait jouer l'Observatoire de la démographie des professions de santé, qui devrait réaliser une évaluation des besoins pour assurer une bonne prise en charge des enfants et adolescents dans toutes les disciplines médicales nécessaires.

Les acteurs de la protection de l'enfance pourraient utiliser ces références, complémentaires au vote de la loi, pour ne pas laisser passer cette chance de voir les questions des moyens des services de PMI, de la réforme de la médecine scolaire et du développement de la pédopsychiatrie être enfin effectivement traitées.

1. Rapport IGAS 2006, précité.

2. Sommelet D., *L'Enfant et l'adolescent : un enjeu de société, une priorité du système de santé*, Paris, Ministère de la Santé, **www.ladocumentationfrancaise.fr**, 2007.

Chapitre 6

Le partage des informations

Un nouveau cadre légal perturbé par un autre texte législatif

Plan du chapitre

La loi réformant la protection de l'enfance vient compléter, grâce à son article 15, les dispositions applicables en matière de secret professionnel en permettant à certains professionnels de partager entre eux des informations à caractère secret. Cette disposition législative s'inscrit dans un mouvement plus général tendant à affirmer clairement l'importance d'échanger des informations afin d'améliorer la prise en charge de la personne, de l'enfant ou de sa famille en difficulté. Mais l'élaboration concomitante d'un autre article de loi avec un objectif similaire sur cette question sensible, la prévention de la délinquance, vient bouleverser l'équilibre du dispositif imaginé en matière de protection de l'enfance.

1. POURQUOI LÉGIFÉRER EN MATIÈRE DE SECRET PROFESSIONNEL : LE CONTEXTE DE LA RÉFORME

Le partage d'information est un sujet sensible car il concerne les libertés publiques, le respect de la vie privée des personnes. En matière de travail social, le secret des informations, au-delà des questions de droit, constitue le socle de la confiance entre le professionnel et la personne bénéficiaire de l'intervention. La nécessité de rendre plus efficiente l'action sociale a amené le législateur à se prononcer sur les conditions du partage d'un secret fournissant ainsi un cadre légal que complète la déontologie des professionnels.

Le secret professionnel : la maturation d'une réforme ?

Quelle réalité avant la réforme

La référence en matière de secret professionnel est l'article 226-13 du Code pénal qui dispose que :

> « la révélation d'une information à caractère secret par une personne qui en est dépositaire soit par état ou par profession, soit en raison d'une fonction ou d'une mission temporaire, est punie d'un an d'emprisonnement et de 15 000 euros d'amende ».

Cet article positionne donc le secret professionnel sous l'angle de la protection des libertés publiques et de la vie privée des personnes. Toutefois des exceptions à ce principe ont été progressivement autorisées, et ce de manière très rapprochée ces dernières années[1].

1. Article 226-14 du Code pénal modifié par les lois suivantes :
– loi n° 98-468 du 17 juin 1998 relative à la prévention et à la répression des infractions sexuelles ainsi qu'à la protection des mineurs ;
– loi n° 2002-73 du 17 janvier 2002 de modernisation sociale ;
– loi n° 2003-239 du 18 mars 2003, pour la sécurité intérieure ;
– loi n° 2004-1 du 2 janvier 2004, relative à l'accueil et à la protection de l'enfance ;
– loi n° 2006-399 du 4 avril 2006 renforçant la prévention et la répression des violences au sein du couple ou commises contre les mineurs ;
– et, enfin, loi n° 2007-297 du 5 mars 2007 relative à la prévention de la délinquance, pour ce qui concerne la détention d'armes à feu.

Qu'en était-il dans le champ de l'action sociale et de la protection de l'enfance avant la loi du 5 mars 2007 réformant la protection de l'enfance ? Les dispositions du Code de l'action sociale et des familles rendant applicables celles du Code pénal sont relativement disparates. Certaines s'attachent aux missions telles que l'aide sociale à l'enfance[1], la protection maternelle et infantile ou encore le revenu minimum d'insertion. D'autres trouvent leur raison dans les procédures (les aides sociales) ou dans une réglementation spécifique comme pour la profession d'assistant de service social ou les établissements sociaux et médico-sociaux.

L'assujettissement au secret professionnel s'avère relativement complexe car il n'est pas forcément aisé de déterminer quelle mission ou fonction est soumise à ce principe de protection des personnes. En effet, tout professionnel dans sa relation avec la personne dont il assure l'accompagnement est dépositaire, sous une forme ou une autre, d'informations d'ordre privé. Cette qualité de « confident nécessaire » n'implique pas pour autant une application du secret professionnel. La chambre criminelle de la Cour de cassation l'avait d'ailleurs rappelé dans son arrêt du 4 novembre 1971, laissant aux juges le soin d'encadrer cette obligation.

En matière de protection de l'enfance, cette obligation de confidentialité concernait l'ensemble des personnes appelées à contribuer aux missions d'aide sociale à l'enfance. De la sorte, sont également inclus les professionnels n'exerçant pas directement de telles missions. Cette règle comportait déjà une exception afin de garantir la prise en charge de mineur en danger ou en risque de l'être. Avant sa modification par la loi du 5 mars 2007, l'article L. 221-6 du CASF rendait non applicable l'article 226-13 du Code pénal aux personnes participant aux missions de protection de l'enfance lorsqu'elles transmettaient au président du conseil général des informations sur des enfants en danger en vue de la mise en œuvre de prestations en faveur d'enfants et de leur famille. Cette exception était d'une part, limitée à un champ de professionnels bien précis — les personnes exerçant directement des missions de protection de l'enfance — et, d'autre part, à un destinataire spécifiquement désigné, le président du conseil général. La finalité de cette autorisation était d'enclencher le dispositif d'aide sociale à l'enfance.

Mais que recouvre la notion « d'information à caractère secret » ? Il n'en existe pas de définition législative. Toutefois un très ancien arrêt de la Cour de cassation[2] en donne le sens suivant : cette notion recouvre « ce que le professionnel aura appris, compris ou deviné à l'occasion de son exercice professionnel ». La notion d'exercice professionnel va constituer la pierre angulaire de la caractérisation de l'information protégée. Ainsi une information devient confidentielle par nature dès lors que le professionnel en aura eu connaissance dans l'exercice de sa profession[3].

Qu'emporte la notion de secret professionnel ? En cas de divulgation à des tiers non soumis au secret professionnel et lorsque la loi n'a pas autorisé un tel échange d'informations, l'infraction pénale est susceptible d'être caractérisée si l'information a été divulguée intentionnellement — toute infraction pénale repose sur un acte intentionnel — même sans intention de nuire. Dans la pratique, les professionnels ont été confrontés alors à la difficulté de bien cerner le cadre dans

1. L'article L. 221-6 du Code de l'action sociale et des familles assujettit les personnes participant aux missions du service de l'aide sociale à l'enfance au secret professionnel.

2. Arrêt Cour de cassation, Crim., 19 décembre 1885.

3. La note d'information du 21 juin 1996 des ministères du Travail et des Affaires sociales (Directions de l'action sociale et de la santé) et de la justice (Directions de la protection judiciaire de la jeunesse et des affaires criminelles et des grâces) rappelle les dispositions du secret professionnel suite à la publication du nouveau Code pénal et vient notamment préciser la notion « d'information protégée ».

lequel une information peut être partagée afin d'assurer dans les meilleures conditions une prise en charge de la personne en difficulté.

De la pratique au droit

Le cadre légal pose donc une obligation de non-divulgation à des tiers d'informations dites secrètes, mais la réalité de la prise en charge des personnes en difficulté ou de situations d'enfance en danger nécessite d'échanger des informations, afin d'articuler de manière pleinement efficiente l'intervention sociale ou de mettre en place dans les meilleurs délais une prise en charge[1]. Cet objectif se heurtait cependant dans la pratique, comme le notaient Valérie Pécresse et André Lardeux dans leurs rapports respectifs, aux réticences et craintes des professionnels de voir leur responsabilité engagée en application de l'article 226-13 du Code pénal.

Cependant, afin d'améliorer la coordination des intervenants sociaux au profit d'une même personne ou d'une même famille, des expériences de « chartes de confidentialité » avaient été initiées dans un cadre municipal ou départemental. Toutefois, l'absence d'un véritable cadre légal venant sécuriser les professionnels dans le partage d'informations, n'avait pas permis à ces chartes de prendre toute l'ampleur qu'elles méritaient.

Déjà en 1992, lors des débats sur le nouveau Code pénal, s'est posée la question de consacrer législativement la notion de secret partagé. Le Parlement n'a pas, à cette époque, suivi le Gouvernement estimant que cette notion présentait encore un caractère trop imprécis pour faire l'objet d'une définition législative. Au contraire, plus de dix ans après, différents textes législatifs sont venus ouvrir des brèches dans le principe du secret professionnel. L'article 226-14 du Code pénal a ainsi vu fleurir sa liste d'exceptions expresses alors que la loi relative aux droits des malades du 4 mars 2002 instituait dans le champ médical un dispositif propre de partage d'informations[2]. Cette loi pose le principe du respect à la vie privée de la personne et au secret des informations la concernant, mais elle autorise aussi plusieurs professionnels de santé à échanger des informations « en vue d'assurer la continuité des soins ou de déterminer la meilleure prise en charge sanitaire possible ». Cette autorisation est conditionnée par l'information préalable du patient et l'absence d'opposition expresse de sa part.

On retrouve dans cette disposition deux grands principes qui fondent le secret partagé dans le projet de loi réformant la protection de l'enfance : la finalité de ce partage et l'information préalable de la personne concernée. C'est bien autour du respect de ces principes que se cristalliseront les débats sur le secret professionnel, pas tellement lors des discussions au Parlement du projet de loi réformant la protection de l'enfance mais, très vivement au contraire, lors de l'examen du projet de loi relatif à la prévention de la délinquance.

1. C'est ce qui explique, au-delà de sa qualité intrinsèque, le succès du livre de Verdier P. et Rosenczveig J.-P., *Le Secret professionnel en travail social et médico-social*, 4e édition, Paris, Dunod, 2008.

2. Article 3 de la loi n° 2002-303 du 4 mars 2002 relative aux droits des malades et à la qualité du système de santé. Disposition sur le partage d'information codifiée à l'article L. 1110-4 du Code de la santé publique.

L'élaboration de deux dispositifs de partage d'informations, entre craintes et tentatives de conciliation

L'article L. 226-2-2 du CASF instituant un partage d'informations à caractère secret en matière de protection de l'enfance[1] est issu, tout comme l'ensemble du texte de loi, d'une large concertation réalisée en amont des débats parlementaires[2]. La rédaction alors présentée par le Gouvernement n'a pas appelé d'observations particulières lors de son examen par les commissions parlementaires saisies, si ce n'est une confirmation du besoin de croiser les informations pour mieux repérer les enfants en danger ou en risque et mieux déterminer l'aide à apporter au mineur et à sa famille. Il n'en reste pas moins que la commission des affaires sociales du Sénat a estimé nécessaire que le Parlement se saisisse d'une réflexion globale sur le secret professionnel, compte tenu de l'inflation législative venant autoriser un partage de ce secret.

Si consensuel fût-il sur le principe du secret partagé en vue d'assurer une meilleure prise en charge de l'enfance en danger ou en risque, le débat parlementaire n'en fut pas pour autant paisible. Le projet de loi relatif à la prévention de la délinquance est venu interférer, faisant resurgir les craintes que l'autorisation du secret partagé ne soit un jour un outil de contrôle social.

L'interférence du projet de loi relatif à la prévention de la délinquance

Le projet de loi relatif à la prévention de la délinquance a eu une vie mouvementée. Bien qu'initié dès 2003, il ne fut débattu au Parlement qu'à la fin de la douzième législature sans qu'une réelle concertation ait été mise en œuvre pour définir, de manière partenariale, une politique publique sensible[3].

Dans le cadre d'un volet action sociale et éducative, le Gouvernement a souhaité instituer un dispositif de partage d'informations à caractère secret sous l'égide initialement du maire. Plusieurs raisons étaient invoquées pour justifier une telle disposition. D'une part, les élus, plus particulièrement les maires, disposaient de peu de retour d'informations sur l'existence d'une intervention réalisée auprès d'une personne ou d'une famille en difficulté ou sur l'action mise en œuvre après qu'ils ont signalé la situation. D'autre part, la capacité d'intervention et de coordination du maire constituerait une attente de ses administrés du fait de son positionnement d'élu de proximité. Or ceci ne serait pas possible sans son information préalable des situations susceptibles de nécessiter son intervention et une coordination des différents acteurs concernés.

1. Article 15 de la loi du 5 mars 2007 réformant la protection de l'enfance.
2. en plus des auditions ayant fondé les rapports (déjà cités) qui ont précédé la réforme, il est ici fait référence aux débats dans les départements organisés par les présidents des conseils généraux, à la demande de Philippe Bas et aux « journées thématiques » coordonnées par les cabinets du ministre de la Famille et du Garde des Sceaux avec l'aide des services ministériels correspondants.
3. Le secteur associatif, notamment l'union nationale des associations familiales (UNAF), l'Union nationale interfédérale des œuvres et organismes privés sanitaires et sociaux (UNIOPSS) et le Comité national de liaison des associations de prévention spécialisée (CNLAPS), a fortement regretté que ce projet de loi n'ait donné lieu à une large concertation en amont tel que cela a été fait pour la réforme de la protection de l'enfance.

Ces projets ont suscité auprès des professionnels des inquiétudes et réserves qui se sont, entre autres, manifestées au travers de deux avis rendus par le Conseil supérieur du travail social (CSTS)[1]. Regrettant une conception répressive de la prévention de la délinquance ainsi qu'une confusion entre difficultés sociales et délinquance, le CSTS a tenu à réaffirmer que l'action sociale et éducative dans sa dimension préventive et curative ne peut se concevoir sans confidence, celle-ci impliquant la confiance et imposant, dès lors, la confidentialité. Dans son avis en date du 17 mai 2006, le Conseil supérieur met en perspective le projet de loi relatif à la prévention de la délinquance avec celui réformant la protection de l'enfance. Seul ce dernier recueille, alors, un avis favorable car le secret y est partagé pour rechercher une meilleure coordination des organisations et professionnels en ayant, pour finalité, la protection de l'enfance en danger. Au contraire dans le projet de loi relatif à la prévention de la délinquance, de vives réserves venaient de l'assimilation entre difficultés sociales et délinquance ainsi que des risques de confusion liés au rôle central de l'élu.

Le caractère sensible des dispositions de ce texte concernant le secret professionnel transparaît dans l'auto-saisine de la Commission nationale informatique et libertés (CNIL) sur les articles 5 à 9 du projet de loi (ces articles concernent respectivement l'information du maire et le secret partagé, le conseil des droits et devoirs des familles et l'accompagnement parental sous la responsabilité du maire). S'agissant de l'article 5, la CNIL notait dans son avis[2] du 13 juin 2006 que le projet du Gouvernement conférait à la transmission d'informations au maire un caractère trop général apparaissant, par là même, disproportionnée par rapport aux objectifs poursuivis. Rappelant que le travail social trouve son fondement sur la relation de confiance entre la personne en difficulté et le professionnel, la commission indique que le partage d'informations entre travailleurs sociaux ne peut être légitime que sous deux conditions cumulatives : être strictement nécessaire à la prise en charge et à l'intérêt de la personne concernée et, en plus, s'effectuer dans des conditions garantissant la confidentialité des données. Tout en émettant des réserves sur cette disposition, la Commission réaffirme l'obligation, en cas de traitement automatisé, d'obtenir préalablement une autorisation conformément aux dispositions de la loi n° 78-17 du 6 janvier 1978.

Prévention de la délinquance, protection de l'enfance et secret professionnel : quel équilibre ?

Comme indiqué précédemment, les sénateurs et députés ont peu critiqué et souhaité amender le texte de l'article 15 de la loi réformant la protection de l'enfance[3]. Mais certains d'entre eux n'ont pas hésité à interpeller le Gouvernement sur les risques éventuels si de telles informations étaient divulguées au titre de la prévention de la délinquance.

1. Le Conseil supérieur du travail social (CSTS) est une instance placée auprès du ministre chargé des Affaires sociales qui, selon l'arrêté du 11 septembre 2002 relatif aux missions, à la composition et aux modalités de fonctionnement du Conseil supérieur du travail social « [...] apporte son expertise [...] sur les problématiques du travail social et des formations sociales assure une veille sur les nécessaires évolutions du travail social, des formations sociales et des pratiques professionnelles liées à la mise en œuvre des politiques publiques ». Prenant appui sur sa commission éthique et déontologie, le CSTS a formulé deux avis sur le projet de loi relatif à la prévention de la délinquance, l'un en date du 5 mars 2004 l'autre en date du 17 mai 2006.
2. Délibération n° 2006-167 de la CNIL en date du 13 juin 2006 portant avis sur le projet de la loi relatif à la prévention de la délinquance.
3. Qui était numéroté comme article 7 dans le projet de loi réformant la protection de l'enfance.

La question de l'articulation et de la cohérence entre les deux textes ne s'est réellement posée que lors du débat sur le projet de loi relatif à la prévention de la délinquance. Dès l'examen de ce texte au Sénat, la transmission au président du conseil général des informations nécessaires à l'exercice de ses compétences d'action sociale a fait l'objet de discussions en commission des lois. C'est en ce sens notamment que Jean-René Lecerf a déposé un amendement modifiant le texte initial. Mais la place du président du conseil général dans l'équilibre de l'article 8 de cette loi[1], positionnant le maire au centre de l'échange d'information et de leur coordination, a vigoureusement été défendue par Nicolas About, président de la commission des affaires sociales. Néanmoins l'équilibre général de cette disposition n'est intervenu qu'après suspension des séances et négociation entre les responsables politiques concernés.

Bien que le président du conseil général ait été réintroduit dans le dispositif d'informations en vue de la désignation d'un coordonnateur, la disposition du projet de loi relatif à la prévention de la délinquance n'instituait cependant pas un lien direct avec le champ de la protection de l'enfance. Dès lors la question de l'articulation entre l'application de l'un ou l'autre des textes en était plus que brouillé par le 1er alinéa de l'article 8 de la loi relatif à la prévention de la délinquance devenue le nouvel article L. 121-6-2 du CASF, qui pose le principe de l'information du maire et du président du conseil général :

> « Lorsqu'un professionnel de l'action sociale, [...] constate que l'aggravation des difficultés sociales, éducatives et matérielles d'une personne ou d'une même famille appelle l'intervention de plusieurs professionnels. »

L'Assemblée nationale fut plus sensible à cette problématique, plus particulièrement d'ailleurs, la Commission des affaires culturelles, familiales et sociales. Saisie pour avis, cette commission estima nécessaire de rapprocher les deux dispositifs afin d'éviter que, faute de certitude sur la disposition à appliquer, les travailleurs sociaux ne s'abstiennent d'y recourir. C'est ainsi que Jean-Michel Dubernard, président de cette commission, fut amené à défendre un amendement prévoyant que « en cas d'enfance en danger au sens de l'article 375, le coordonnateur en informe sans délai le président du conseil général ». Cet amendement fut également adopté par la Commission des lois saisie sur le fond. Celle-ci n'en a pas moins estimé que l'article 7 du projet de loi réformant la protection de l'enfance instituant l'article L. 226-2-2 du CASF n'était pas pour autant contradictoire avec le dispositif envisagé dans le projet de loi relatif à la prévention de la délinquance.

Une telle analyse rejoignait, pour s'y confondre, l'argumentation défendue par le Gouvernement prenant appui sur le principe que la loi spéciale déroge à la loi générale. Ainsi, il était jugé que le dispositif de la protection de l'enfance et celui prévu dans le projet de loi relatif à la prévention de la délinquance étaient complémentaires et présentaient la caractéristique commune de couvrir dans leurs champs respectifs les professionnels concernés. Chacun des deux dispositifs poursuivrait un même objectif : sécuriser le partage d'informations à caractère secret en vue d'améliorer la prise en charge respectivement, de l'enfant et de sa famille, et de la personne bénéficiaire de l'intervention sociale.

Lors de son examen en deuxième lecture du texte à l'Assemblée nationale, des correctifs furent encore apportés pour aboutir au texte final. Une mise en cohérence avec la loi réformant la protection de l'enfance instituant la notion d'enfant en danger ou en risque de l'être fut réalisée. En outre était introduite la saisine du président du conseil général par le professionnel intervenant

1. Qui était numéroté comme article 5 dans le projet de loi relatif à la prévention de la délinquance.

seul auprès d'une famille en vue d'harmoniser l'article 8[1] de la loi relative à la prévention de la délinquance.

2. LES NOUVELLES DISPOSITIONS DU CASF SUR LE PARTAGE D'INFORMATION : QUELLES COHÉRENCES ENTRE DEUX LOIS DU 5 MARS 2007 ?

Ainsi deux textes de loi datés du même jour (l'un relatif à la prévention de la délinquance, l'autre réformant la protection de l'enfance) légalisent chacun en ce qui le concerne dans le champ de l'action sociale, un cadre de partage d'informations à caractère secret. Ces dispositifs prennent appui sur les deux articles, nouveaux l'un et l'autre, L. 121-6-2 et L. 226-2-2 du CASF. Le premier définit un cadre global de secret partagé susceptible de concerner une personne seule ou une famille tandis que le second est centré sur l'enfant en danger ou en risque de l'être.

Si certains des principes qui les animent sont communs, d'autres diffèrent, mais leur mise en œuvre réelle repose, en tout état de cause, sur les principes d'éthique du travail social et de responsabilisation des professionnels.

Des dispositifs de secret partagé animés par des principes communs

Le sénateur Louis de Broissia n'a pas hésité à dire de l'article L. 226-2-2 du CASF, issu de la loi réformant la protection de l'enfance, que le Gouvernement avait trouvé une « voie étroite, intelligente, de la mise en commun de secret partagé », une solution donc équilibrée « sur un terrain extrêmement difficile ». Au contraire, l'article L. 121-6-2 du CASF sera probablement longtemps marqué par la crainte des professionnels d'une instrumentalisation en vue d'un contrôle social[2] liée à son adoption dans le cadre d'une loi relative à la prévention de la délinquance. Il n'en ressort pas moins de l'examen attentif de ces deux articles de loi figurant dans le CASF[3], une certaine continuité avec les principes qui guident l'intervention sociale.

Cette continuité permet de définir le socle de base du secret partagé ou de la possibilité pour les professionnels d'échanger entre eux des informations à caractère secret. La liste peut paraître courte, certes, mais elle est bien réelle : une autorisation et non une obligation, la finalité, le caractère strictement nécessaire des informations ainsi transmises pour l'exercice des compétences

1. Ancien article 5 du projet de loi relatif à la prévention de la délinquance. En effet, avant l'examen en deuxième lecture à l'Assemblée nationale du texte, le professionnel intervenant seul avait compétence uniquement pour transmettre aux maire et président du conseil général les informations nécessaires à l'exercice de leurs compétences respectives. Mais il n'était pas fait référence à ce professionnel dans le dernier alinéa relatif à la saisine du président du conseil général en cas d'enfance en danger ou en risque de l'être.

2. Voir les avis du CSTS déjà cités.

3. Mais situés loin d'un de l'autre : l'article L. 121-6-2 figure dans le livre I du CASF intitulé « Dispositions générales » ; l'article L. 226-2-2, dans le livre II du CASF intitulé « Différentes formes d'aide et d'actions sociales ».

des intervenants et l'assujettissement à l'article 226-13 du Code pénal en cas de divulgation à des tiers d'informations dont ils n'auraient pas dû avoir connaissance.

À l'exception notable de l'information préalable des personnes bénéficiaires de l'intervention sociale, se retrouvent les grands principes développés dans la note des ministères des Affaires sociales et de la Justice du 21 juin 1996 tendant à encadrer la marge d'appréciation sur l'application de l'obligation de secret professionnel.

Qu'en est-il précisément dans la rédaction des articles L. 121-6-2 et L. 226-2-2 du CASF ?

> « *Art. L. 121-6-2.* – Lorsqu'un professionnel de l'action sociale [...] constate que l'aggravation des difficultés sociales, éducatives ou matérielles d'une personne ou d'une famille appelle l'intervention de plusieurs professionnels, il en informe le maire de la commune de résidence et le président du conseil général. L'article 226-13 du Code pénal n'est pas applicable aux personnes qui transmettent des informations confidentielles dans les conditions et aux fins prévues au présent alinéa.
>
> [...]
>
> Le coordonnateur est soumis au secret professionnel dans les conditions prévues aux articles 226-13 et 226-14 du Code pénal.
>
> Par exception à l'article 226-13 du même code, les professionnels qui interviennent auprès d'une même personne ou d'une même famille sont autorisés à partager entre eux des informations à caractère secret, afin d'évaluer leur situation, de déterminer les mesures d'action sociale nécessaires et de les mettre en œuvre. Le coordonnateur a connaissance des informations ainsi transmises. Le partage de ces informations est limité à ce qui est strictement nécessaire à l'accomplissement de la mission d'action sociale.
>
> Le professionnel intervenant seul dans les conditions prévues au premier alinéa ou le coordonnateur sont autorisés à révéler au maire et au président du conseil général, ou à leur représentant au sens des articles L. 2122-18 et L. 3221-3 du Code général des collectivités territoriales, les informations confidentielles qui sont strictement nécessaires à l'exercice de leurs compétences. Les informations ainsi transmises ne peuvent être communiquées à des tiers sous peine des sanctions prévues à l'article 226-13 du Code pénal.
>
> Lorsqu'il apparaît qu'un mineur est susceptible d'être en danger [...] ; le maire est informé de cette transmission. »
>
> « *Art. L. 226-2-2.* – Par exception à l'article 226-13 du Code pénal, les personnes soumises au secret professionnel qui mettent en œuvre la politique de protection de l'enfance définie à l'article L. 112-3 ou qui lui apportent leur concours sont autorisées à partager entre elles des informations à caractère secret afin d'évaluer une situation individuelle, de déterminer et de mettre en œuvre les actions de protection et d'aide dont les mineurs et leur famille peuvent bénéficier. Le partage des informations relatives à une situation individuelle est strictement limité à ce qui est nécessaire à l'accomplissement de la mission de protection de l'enfance. Le père, la mère, toute autre personne exerçant l'autorité parentale, le tuteur, l'enfant en fonction de son âge et de sa maturité sont préalablement informés, selon des modalités adaptées, sauf si cette information est contraire à l'intérêt de l'enfant. »

Les deux lois ne fixent aucune obligation en matière de partage d'informations à caractère secret : elles autorisent les professionnels à partager sans qu'il puisse leur être opposé l'article 226-13 précité. La conséquence de ces rédactions législatives n'est pas négligeable : les deux dispositifs reposent de ce fait et par principe, sur la responsabilisation et la déontologie des professionnels concernés. C'est à eux qu'il revient d'apprécier la décision de partager, ou non, avec les autres intervenants des informations à caractère secret.

Les finalités de ces deux dispositifs s'avèrent similaires : leur objectif est de pouvoir évaluer la situation et de déterminer les aides nécessaires à mettre en œuvre au profit de la personne ou du mineur et de sa famille. Est sous-entendu, derrière cet objectif, celui de renforcer l'efficacité ou la continuité de l'action sociale dont bénéficient les personnes ou familles concernées. Pour mémoire, la loi du 4 mars 2002 relative aux droits des malades et à la qualité de l'organisation des soins, pose comme finalité au secret partagé la continuité des soins ou la définition d'une meilleure prise en charge sanitaire possible.

Les deux articles précisent que le partage d'information est réservé à ce qui est strictement nécessaire à l'accomplissement, dans le premier cas, de la mission d'action sociale et, dans le second cas, de celle relative à la protection de l'enfance. Toute information n'a donc pas vocation à être automatiquement ou systématiquement partagée entre professionnels. C'est à nouveau à ces derniers d'apprécier quelles sont les informations qui doivent donner lieu à échange en vue d'assurer l'efficacité de l'action dont bénéficie ou doit bénéficier la personne ou la famille concernée.

Enfin, chacun des textes rappelle clairement que le secret professionnel est le principe de l'intervention sociale et que l'autorisation est bien l'exception. En cela on ne déroge pas, quel que soit le texte, aux principes présentés par Philippe Bas lors de l'examen du projet loi réformant la protection de l'enfance : les professionnels doivent pouvoir partager des informations à caractère secret lorsque cela est utile ; ils doivent même y être encouragés si c'est dans l'intérêt de la personne ou de l'enfant et de sa famille, mais « dans les cas où, au contraire, la garantie du secret professionnel est nécessaire, celui-ci doit être maintenu ».

Des dispositifs n'en gardant pas moins leurs spécificités

Ces spécificités sont de trois ordres qui ont tous leur importance dans la perception que l'on peut avoir du respect, ou non, des principes du secret partagé. Qu'il s'agisse de l'information préalable, du champ des professionnels concernés ou de la place des élus dans le dispositif, ces différents éléments du débat sur le partage d'informations à caractère secret ont pu susciter des réserves parfois vives.

L'information préalable

L'information préalable est un principe fondamental de l'action sociale. Elle s'inscrit pleinement dans la déontologie des professionnels, dans cette relation de confiance et de confidence qui permet aux personnes et aux familles de s'engager dans un processus d'autonomisation et de résolution de leurs difficultés.

Ainsi, son absence dans la loi relative à la prévention de la délinquance apparaît contradictoire avec la volonté affichée d'apporter une aide aux familles ou aux personnes dont les difficultés, qu'elles soient d'ordre social, éducatif ou matériel, s'aggravent et dont il faut prévenir tout risque de marginalisation.

Au contraire, la loi réformant la protection de l'enfance est protectrice des droits des personnes car elle prévoit expressément l'obligation d'informer, préalablement au partage d'informations à caractère secret, les parents ou le titulaire de l'autorité parentale ainsi que, suite à un amendement de Claire-Lise Campion, l'enfant en fonction de son âge et de sa maturité. Le Gouvernement n'a souhaité apporter qu'une seule exception à cette obligation : c'est celle de l'intérêt de l'enfant. Cette exception trouve sa justification dans l'objectif même de ce qui fonde le secret partagé, la protection de l'enfance. Il aurait été effectivement illogique de rendre obligatoire l'information des parents lorsque la sécurité de l'enfant est en jeu du fait de ses parents eux-mêmes.

L'accord préalable des parents au partage d'informations à caractère secret a également été défendu à l'Assemblée nationale par Claude Leteurtre[1]. Son amendement était justifié par la volonté que les parents soient entièrement associés au dispositif. La crainte que la recherche d'un tel accord soit source de blocage dans la mise en œuvre des interventions a motivé l'avis négatif tant de la rapporteure que du ministre. Cet amendement n'a pas donc pas été adopté.

S'agissant de la loi relative à la prévention de la délinquance, l'information en amont du secret partagé a été largement débattue tant au Sénat qu'à l'Assemblée nationale. Prenant appui sur le texte réformant la protection de l'enfance, des parlementaires, soutenus par Messieurs About et Dubernard, respectivement présidents des commissions des affaires sociales du Sénat et de l'Assemblée nationale, ont estimé qu'il n'y avait pas lieu de faire une distinction entre l'enfant et l'adulte quand il s'agit du respect de la vie privée des personnes. Reprenant les principes mêmes de l'article L. 226-2-2 du CASF les amendements[2] proposaient d'inscrire expressément ce principe dans la loi en l'assortissant d'une exception, celle de l'intérêt des personnes.

La défense de ce principe s'est inscrite en dehors de toute question de courant politique mais les rapporteurs et le Gouvernement n'ont pas souhaité suivre cette voie, plus sécurisante pour les professionnels qui partagent des informartion. Ils ont préféré renvoyer aux professionnels la décision ou non d'informer préalablement les personnes en cas de partage d'informations à caractère secret. Toutefois, cette question va bien au-delà du seul secret partagé entre les professionnels qui interviennent auprès d'une même famille. Elle concerne également l'information des élus, d'abord lorsque l'aggravation de la situation appelle l'intervention de plusieurs professionnels, ensuite dans l'autorisation de leur transmettre des informations qui sont strictement nécessaires à l'exercice de leurs compétences.

Une circulaire interministérielle d'application vient rappeler ce principe[3]. Elle met pleinement en avant la compétence du professionnel et son pouvoir d'appréciation pour juger ou non de l'intérêt à partager une information ou à la transmettre ainsi que pour déterminer quelle information est susceptible d'être concernée.

En tout état de cause, la loi relative à la prévention de la délinquance n'interdit pas l'information préalable à tous les stades d'application de l'article L. 121-6-2 du CASF. Les professionnels ont donc toute latitude en la matière, dans le respect de la pratique professionnelle et de leur déontologie.

Le champ des professionnels concernés

Le champ des professionnels concernés qui diffère selon la loi relative à la prévention de la délinquance et celle réformant la protection de l'enfance est, de fait, fonction de l'objectif et du cadre voulu, dans chacune de ces deux lois, pour le secret partagé.

L'article L. 121-6-2 du CASF issu de la loi relative à la prévention de la délinquance a pour finalités plus d'efficacité et de continuité dans l'action sociale menée auprès d'une personne ou d'une famille en difficulté. Partant de cet objectif, le dispositif d'informations et de partage

1. Amendement n° 195.

2. Amendements n° 183, 252 et sous amendement n° 326 – Sénat 1re lecture ; amendements n° 703 et 498 – Assemblée nationale première lecture.

3. Circulaire n° NOR INT/K/07/00061/C du 9 mai 2007 d'application des articles 8 à 9 de la loi n° 2007-297 du 5 mars 2007 relative à la prévention de la délinquance.

d'informations à caractère secret a été centré sur les professionnels de l'action sociale, définie à l'article L. 116-1 du CASF[1]. Il est fait ainsi directement référence aux fondements de l'action sociale. Cette disposition concerne donc tout professionnel qui a pour mission de promouvoir l'autonomie des personnes et leur protection, la cohésion sociale, l'exercice de la citoyenneté et qui a pour mission de prévenir l'exclusion.

L'autorisation donnée aux professionnels ne se limite donc pas aux personnes habilitées, de par leur statut, à détenir un secret. Elle se réfère plus largement aux missions d'action sociale et permet d'intégrer des acteurs sociaux variés. La circulaire interministérielle du 9 mai 2007 s'essaie à définir le champ de ces professionnels. D'abord les travailleurs sociaux qui accompagnent ou suivent des personnes ou familles en difficulté : assistants de service social, conseiller en économie sociale familiale, techniciens de l'intervention sociale et familiale, aides à domicile et assistants familiaux. Ensuite les professionnels des « nouveaux métiers du social » aux contours esquissés par leurs fonctions de « médiateurs sociaux » : « agents de médiation sociale et culturelle », « femmes relais » ou « correspondants de nuit ». Enfin, la circulaire inclut dans ce champ tous les autres professionnels du social qui peuvent être amenés à connaître des situations difficiles dans le cadre de leur intervention au service des familles. Cette dernière catégorie pour laquelle la circulaire ne cite comme exemple que les assistants maternels, apparaît extrêmement large et surtout non définie.

A contrario, l'article L. 226-2-2 du CASF relatif au secret partagé dans le champ de la protection de l'enfance constitue une novation par rapport aux dispositions antérieures en la matière et est plus circonscrit dans son champ d'application.

Précédemment, seuls les professionnels relevant du service d'aide sociale à l'enfance pouvaient partager des informations à caractère secret. Le champ des professionnels concernés découle de la politique publique de protection de l'enfance dont la mise en œuvre ne saurait se limiter aux seuls professionnels de l'aide sociale à l'enfance ni de l'action sociale. Ainsi, sont autorisés à partager de l'information à caractère secret tous les professionnels soumis au secret professionnel qui mettent en œuvre directement la politique de protection de l'enfance ou qui y concourent. Ceci est susceptible de concerner les professionnels des différents services du conseil général (service social polyvalent, protection maternelle et infantile) ainsi que ceux d'autres institutions (service social scolaire ou municipal, professionnels de santé libéraux ou hospitaliers par exemple). La loi apporte une restriction, forte et protectrice, à cette autorisation : les professionnels doivent être soumis au secret professionnel pour être autorisés à partager des informations elles-mêmes à caractère secret. Il apparaît donc d'autant plus important que ces professionnels se saisissent de cette autorisation pour permettre une évaluation efficiente de la situation et au final une intervention plus efficace.

1. L'article L. 116-1 du Code de l'action sociale et des familles dispose que « l'action sociale et médico-sociale tend à promouvoir, dans un cadre interministériel, l'autonomie et la protection des personnes, la cohésion sociale, l'exercice de la citoyenneté, à prévenir les exclusions et à en corriger les effets. Elle repose sur une évaluation continue des besoins et des attentes des membres de tous les groupes sociaux, en particulier des personnes handicapées et des personnes âgées, des personnes et des familles vulnérables, en situation de précarité ou de pauvreté, et sur la mise à leur disposition de prestations en espèces ou en nature. Elle est mise en œuvre par l'État, les collectivités territoriales et leurs établissements publics, les organismes de Sécurité sociale, les associations ainsi que par les institutions sociales et médico-sociales au sens de l'article L. 311-1 ».

La place des élus (maire et président du conseil général)

L'article L. 226-2-2 du CASF n'inclut pas dans son dispositif l'élu, plus précisément le président du conseil général en tant que responsable de la protection de l'enfance. Celui-ci est destinataire, en application des articles L. 221-6 et L. 226-2-1 du CASF, des informations préoccupantes sur un mineur ou sa famille. Le positionnement du président du conseil général est référé à une situation où l'enfant est en danger ou en risque de l'être et que la mise en œuvre d'une intervention sociale apparaît nécessaire.

S'agissant de l'article L. 121-6-2 du CASF, l'autorisation donnée aux professionnels de l'action sociale de partager entre eux des informations à caractère secret n'est pas aussi ouverte directement aux élus, maire et président du conseil général. Toutefois le dispositif issu de cet article repose sur un positionnement particulier de ces derniers qui se retrouvent au cœur d'échanges d'informations susceptibles de concerner un nombre considérable de situations personnelles et familiales[1]. Au-delà de la finalité d'une meilleure continuité et efficacité de l'action sociale, cet article répond à la volonté du Gouvernement de prévoir dans la loi un dispositif permettant plus particulièrement au maire — qui était le seul concerné dans le texte initial — de connaître les situations d'une gravité telle qu'elle le fonde à disposer d'informations nécessaires à l'exercice de ses compétences dans le domaine social[2].

La navette législative a permis de réintégrer dans ce dispositif le président du conseil général dont la position de chef de file de l'action sociale a été renforcée par la loi du 13 août 2004. Ainsi lui et le maire ont tous deux à connaître des situations dont la gravité appelle l'intervention de plusieurs professionnels. Le maire a par ailleurs la responsabilité de désigner après consultation du président du conseil général un coordonnateur qui devra assurer le partage d'informations à caractère secret entre les professionnels qui interviennent auprès d'une même famille ou d'une même personne et qui sera leur interlocuteur pour la transmission des informations strictement nécessaires à l'exercice de leurs compétences respectives.

L'assujettissement du maire et du président du conseil général aux dispositions de l'article 226-13 du Code pénal vient apporter une garantie importante dans un dispositif où la transmission d'informations à caractère secret devrait être une règle méthodologique dans la plus grande partie des situations. Cet assujettissement vient conforter les principes déontologiques du travail social en matière de secret professionnel reposant sur l'information préalable et la transmission de ce qui est strictement nécessaire pour une efficacité de l'action sociale menée au profit d'une personne ou d'une famille en difficulté. Les règles générales sur le secret partagé rappelées par le Conseil constitutionnel dans sa décision n° 2007-553 DC du 3 mars 2007[3] devront par ailleurs être scrupuleusement respectées afin de garantir la vie privée des personnes et des familles.

1. La formulation de l'article L. 121-6-2 est infinie puisqu'il s'agit de situations où « l'aggravation des difficultés sociales, éducatives et matérielles d'une personne ou d'une famille appelle l'intervention de plusieurs professionnels ». Or une séparation conjugale, la perte d'un emploi ou une maladie grave peuvent, par exemple, aggraver les conditions de vie d'une personne ou d'une famille, et donc impliquer l'intervention de plusieurs professionnels.

2. Celles-ci sont, il convient de le rappeler, très largement des compétences facultatives, sauf à inclure dans le domaine social, par exemple ce qui relève de la salubrité des logements.

3. Considérant que le législateur « [...] n'a autorisé les professionnels qui agissent auprès d'une personne ou d'une même famille, ainsi que le coordonnateur éventuellement désigné parmi eux par le maire, « à partager entre eux des informations à caractère secret » qu'« afin d'évaluer leur situation, de déterminer les mesures d'action sociale

3. CONCLUSION

L'application combinée des articles L. 121-6-2 et L. 226-2-2 du CASF risque d'être bien difficile sur le terrain. Il aurait été probablement préférable que le dispositif issu de la loi réformant la protection de l'enfance soit le seul applicable à la famille et à l'enfance. Certes, la règle de la loi spéciale dérogeant à la loi générale peut emporter primauté de l'application de l'article L. 226-2-2 mais la lisibilité attendue de tout texte législatif n'est pas au rendez-vous sur un sujet aussi sensible que le secret partagé.

Un autre défi souligné par le professeur Paul Durning[1], lors de son audition sur le projet de loi réformant la protection de l'enfance par la commission des affaires sociales du Sénat, est celui de l'appréciation, par chacun des professionnels, de la notion de secret professionnel. En fonction d'une lecture plus ou moins ouverte, l'objectif poursuivi par cette autorisation pourra être atteint effectivement ou restera lettre morte.

Enfin, la lisibilité même des différentes situations où est autorisé le partage d'information à caractère secret (par exception au principe de l'article 226-13 du code pénal) tend à devenir de plus en plus difficile du fait de l'éparpillement des dispositions dans un même code, en l'espèce celui de l'action sociale et des familles, ou d'autres codes, comme celui de la santé publique.

En tout état de cause, les professionnels restent les acteurs de l'application de ces dispositions par la responsabilité qui est la leur d'apprécier quelles informations doivent être partagées et transmises au maire ou au président du conseil général en vue de l'exercice de leurs compétences respectives.

nécessaires et de les mettre en œuvre » et seulement dans la mesure « strictement nécessaire à l'accomplissement de la mission d'action sociale ».

1. Directeur de l'ONED et scientifique internationalement reconnu pour ses travaux sur les interventions sociales auprès des familles en difficulté.

Livre 2

Radioscopie d'un dispositif

Présentation juridique

PLAN DU LIVRE

Partie 1
Concept et organisation

Partie 2
Protection des mineurs en danger et recueil d'informations

Partie 3
L'affirmation du droit des usagers

Partie 4
Lecture critique

Partie 1

Concept et organisation

PLAN DU CHAPITRE

1. LE CADRE GÉNÉRAL DE L'AIDE SOCIALE À L'ENFANCE

Tout le monde a entendu parler de l'Assistance publique. Avec ce mot surgissent dans les esprits les images de toute une armée d'enfants pauvres, abandonnés, maltraités, volés, où se mêlent et s'entremêlent les souvenirs de scènes de Victor Hugo, d'images d'Hector Malot ou de récits de Jean Genet. Et des vieilles peurs de l'ogre et des images d'enlèvement. Mais l'Assistance publique n'est plus. Les Directions de la population l'ont remplacée, puis ont cédé la place de 1964 à 1985 aux Directions départementales des affaires sanitaires et sociales (DDASS). Et depuis 1985, l'Aide sociale à l'enfance est une compétence du président du conseil général.

Alors qu'est-ce que l'Aide sociale à l'enfance, quelles évolutions sociales, historiques et politiques a-t-elle suivi, qui sont ses bénéficiaires, quels sont les principes qui régissent son action, avec qui travaille-t-elle, sur qui s'appuie-t-elle, quelles autres actions mènent le département ? Autant de questions préalables auxquelles il faut répondre avant d'aborder les actions au sens strict de l'ASE.

La loi du 5 mars 2007 définit la protection de l'enfance à l'article L. 122-3 CASF :

> « La protection de l'enfance a pour but de prévenir les difficultés auxquelles les parents peuvent être confrontés dans l'exercice de leurs responsabilités éducatives, d'accompagner les familles et d'assurer, le cas échéant, selon des modalités adaptées à leurs besoins, une prise en charge partielle ou totale des mineurs. Elle comporte à cet effet un ensemble d'interventions en faveur de ceux-ci et de leurs parents. Ces interventions peuvent également être destinées à des majeurs de moins de vingt et un ans connaissant des difficultés susceptibles de compromettre gravement leur équilibre. La protection de l'enfance a également pour but de prévenir les difficultés que peuvent rencontrer les mineurs privés temporairement ou définitivement de la protection de leur famille et d'assurer leur prise en charge. »

2. DES MISSIONS

L'Aide sociale à l'enfance est une mission donnée par la loi au président du conseil général. Selon l'article L. 221-1 nouveau du Code de l'action sociale et des familles (CASF), le service de l'Aide sociale à l'enfance est un service non personnalisé du département chargé des missions suivantes :

- apporter un soutien matériel, éducatif et psychologique tant aux mineurs et à leur famille ou à tout détenteur de l'autorité parentale, confrontés à des difficultés risquant de mettre en danger la santé, la sécurité, la moralité de ces mineurs ou de compromettre gravement leur éducation ou leur développement affectif, intellectuel et social, qu'aux mineurs émancipés et majeurs de moins de vingt et un ans confrontés à des difficultés familiales, sociales et éducatives susceptibles de compromettre gravement leur équilibre et ayant fait l'objet précédemment d'un suivi au titre de l'*Aide sociale à l'enfance* ;
- organiser, dans les lieux où se manifestent des risques d'inadaptation sociale, des actions collectives visant à prévenir la marginalisation et à faciliter l'insertion ou la promotion sociale des jeunes et des familles ;
- mener en urgence des actions de protection en faveur des mineurs ;
- pourvoir à l'ensemble des besoins des mineurs confiés au service et à veiller à leur orientation, en collaboration avec leur famille ou leur représentant légal ;

- mener des actions de prévention des situations de danger à l'égard des mineurs et organiser le recueil des informations préoccupantes ;
- veiller au maintien des liens que l'enfant a pu nouer avec d'autres personnes que ses parents.

C'est à cet égard un dispositif légal puisqu'il repose sur le Code de l'action sociale et des familles (lois du 6 juin 1984, du 6 janvier 1986 5 mars 2007) et qu'il est visé expressément dans plusieurs articles du Code civil (art. 375-3, 350, 377-1, 380...). C'est par conséquent une obligation pour les départements de l'organiser.

3. UN SERVICE DÉPARTEMENTAL

L'Aide sociale à l'enfance est un service départemental. L'article 37 de la loi n° 83-663 du 22 juillet 1983 en a confié la responsabilité au département. Cette responsabilité est confirmée par l'article L. 221.2 du CASF. Le conseil général doit définir l'organisation de ce service dans le cadre des dispositions législatives et réglementaires, le président du conseil général ayant pour compétence de prononcer l'admission au bénéfice de l'Aide sociale à l'enfance. La liberté du département est entière dans cette organisation et dans la fixation du montant des prestations. Par ailleurs le département peut faire appel, pour exercer cette mission, à des organismes publics ou privés avec lesquels il passe convention.

4. DES MOYENS DIVERSIFIÉS

L'Aide sociale à l'enfance dispose d'un ensemble de moyens diversifiés qui peuvent être distingués en actions collectives et prestations individuelles. Les actions collectives ont pour objectif de faciliter l'insertion et la promotion sociale des jeunes et des familles. Elles sont exercées par environ 300 clubs et équipes de prévention conventionnés et financés par l'ASE[1].

Les prestations individuelles sont soit des aides à domicile (aides financières, éducatives, matérielles), soit l'accueil de l'enfant à la demande des parents ou sur décision judiciaire. Au 31 décembre 1999, cinq cent mille enfants bénéficiaient d'une prestation individuelle dont cent soixante mille environ pris en charge physiquement[2].

5. UNE FORME D'AIDE SOCIALE

L'Aide sociale à l'enfance est une forme d'aide sociale. Deux formes de protection en effet coexistent dans le droit français : les systèmes de prévoyance et les systèmes de solidarité. La

1. *La prévention spécialisée enjeux actuels et stratégies d'action*, Rapport du groupe de travail interinstitutionnel sur la prévention spécialisée, janvier 2004.
2. Ruault M., « L'Aide sociale à l'enfance : quelle organisation dans les départements ? », *DREES*, n° 144, novembre 2001.

Sécurité sociale, les mutuelles, les assurances sont des systèmes de prévoyance : ils sont financés par des cotisations et ne sont ouverts qu'aux assujettis. L'aide sociale, pour sa part, se fonde sur la notion de solidarité : elle est versée à des personnes qui n'ont pas cotisé, elle est financée par l'impôt. Mais, elle est une aide subsidiaire, c'est-à-dire qu'elle n'intervient que si la famille est déficiente ou défaillante. En effet, c'est la famille qui est la première responsable de l'éducation et de l'entretien de l'enfant. Le Code civil est très clair à cet égard lorsqu'il précise que « l'autorité parentale est un ensemble de droits et de devoirs ayant pour finalité l'intérêt de l'enfant. Elle appartient aux père et mère jusqu'à la majorité ou l'émancipation de l'enfant pour le protéger dans sa sécurité, sa santé et sa moralité, pour assurer son éducation et permettre son développement, dans le respect dû à sa personne »[1].

Cependant, le devenir de l'enfant est à la fois trop fragile et trop important pour que la société s'en désintéresse. C'est pourquoi, elle a mis en place divers systèmes d'aides financières ou matérielles : prestations familiales, équipements... Mais il arrive que ces moyens d'aide et de protection proposés à l'ensemble de la population ne suffisent pas : c'est alors qu'intervient l'Aide sociale à l'enfance pour pallier ces insuffisances.

6. UN DROIT

L'Aide sociale à l'enfance est un droit. Ce n'est pas une forme de charité ou de bienfaisance comme cela existait sous l'Ancien Régime. Ce droit est fondé sur la Constitution du 4 octobre 1958 qui garantit « à tous, notamment à l'enfant, à la mère et aux vieux travailleurs la protection de la santé, la sécurité matérielle, le repos et les besoins ».

Cela implique deux conséquences. D'une part, si l'aide sociale est un droit pour ceux qui sont dans le besoin, il en découle qu'elle est une obligation pour la collectivité qui doit la prévoir dans son budget (on parle de dépense obligatoire). D'autre part, le bénéficiaire ne vient pas demander la « charité », ni mendier un secours, mais il est un usager d'un service public, il a le droit d'être reçu, de voir sa demande étudiée, d'obtenir ce qui correspond à son besoin, que toutes décisions soient motivées. En cas de refus ou d'insatisfaction, des voies de recours gracieuses ou contentieuses (devant les tribunaux administratifs) lui sont ouvertes.

Mais, si l'aide sociale est un droit, ce n'est pas un droit objectif, simple objet de constatation, mais un droit subjectif. Il tient à la situation du sujet et fait ainsi l'objet d'une appréciation. C'est

1. Art. 371-1 Code civil.

pourquoi les critères objectifs y sont moins rigoureux (pas de critère de nationalité[1], de résidence, de ressources précises...). En revanche, l'accent doit être mis sur les objectifs et sur les missions.

7. UN INSTRUMENT D'ACTION SOCIALE

L'Aide sociale à l'enfance est un instrument d'action sociale. L'Aide sociale à l'enfance n'est pas un simple système de prestations venant pallier un manque de ressources ou l'absence des parents. La loi du 6 janvier 1986 qui en a défini les missions les a élargies en une mission plus globale de protection de l'enfance en difficulté. Cette mission s'exerce globalement sur les lieux où se manifestent des risques d'inadaptation sociale : il est de la responsabilité du département d'y promouvoir des actions d'animation et de prévention. Elle s'exerce aussi spécifiquement sur les mineurs et les familles en difficulté : l'aide sociale doit non pas les déposséder de leurs responsabilités, mais leur donner les moyens d'accéder à l'autonomie.

1. Article L. 111-2 CASF : « Les personnes de nationalité étrangère bénéficient dans les conditions propres à chacune de ces prestations :
1° Des prestations d'Aide sociale à l'enfance ;
2° De l'aide sociale en cas d'admission dans un centre d'hébergement et de réinsertion sociale ou dans un centre d'accueil pour demandeurs d'asile ;
3° De l'aide médicale de l'État ;
4° Des allocations aux personnes âgées prévues à l'article L. 231-1 à condition qu'elles justifient d'une résidence ininterrompue en France métropolitaine depuis au moins quinze ans avant soixante-dix ans.
Elles bénéficient des autres formes d'aide sociale, à condition qu'elles justifient d'un titre exigé des personnes de nationalité étrangère pour séjourner régulièrement en France.

Chapitre 8

L'évolution des conceptions et des pratiques

P. Verdier, F. Noé

PLAN DU CHAPITRE

L'Aide sociale à l'enfance est née en 1953. Elle est le résultat d'une très longue histoire, histoire des conceptions de la parentalité et de la filiation, du bien et du mal, du toléré et de l'inacceptable, histoire des relations de la société et de l'enfant, et des réponses à des questions toujours d'actualité telles que : qui parle pour l'enfant ? qui dit son intérêt ? Cela marque encore très largement les textes, l'organisation, les pratiques des services et aussi l'opinion du public envers cette institution, dont la connaissance seule permet de les comprendre. Les débats d'hier sont aussi les débats d'aujourd'hui et les solutions proposées restent étrangement semblables.

Il est possible de regrouper les diverses étapes de la construction de l'édifice actuel autour de cinq moments :

- l'organisation de la charité ;
- l'assistance publique ;
- l'aide à l'enfance ;
- la prévention sociale ;
- le droit de l'enfant.

1. LE SOUCI ANCESTRAL DE PROTECTION DES ORPHELINS

L'organisation de la charité

Pendant longtemps, comme encore aujourd'hui dans nombre de civilisations, il n'y a pas eu d'Assistance publique. L'enfant orphelin, handicapé, non désiré, était pris en charge par sa famille élargie ou voué à la mort.

La république athénienne introduisit la possibilité d'abandonner l'enfant, de l'exposer, au lieu de l'occire. Sophocle n'approuvait pas ce relâchement des mœurs et c'est ainsi qu'il fait dire à l'oracle de Delphes à propos d'Œdipe : « Si vous ne tuez pas cet enfant, c'est lui qui vous tuera. » On sait ce qu'il en advint. Et, depuis, cette phrase est répétée inlassablement pour justifier le secret de l'abandon : « Si vous ne tuez pas — socialement, symboliquement —, l'enfant, s'il n'est pas secret, anonyme, c'est lui qui vous tuera. »

Cependant, avec le christianisme et la prise de conscience de la valeur de tout être humain, le recueil de l'enfant va peu à peu être organisé.

L'hospice

L'Église jouera un rôle essentiel à cet égard. Trois raisons y contribuent. La chrétienté connaît au Moyen Âge un essor démographique important et l'Église constitue le seul pouvoir structurant à la fois spirituel et temporel. C'est l'époque des grands pèlerinages dont les chemins, notamment celui de Compostelle, sont jalonnés d'hospices et d'hôtels-dieu. C'est enfin l'époque des grandes épidémies, ce qui va induire un certain type de prise en charge basé sur l'enfermement.

> « La lèpre disparue, écrit Michel Foucault[1], le lépreux effacé ou presque des mémoires, ces structures resteront. Dans les mêmes lieux souvent, les jeux de l'exclusion se retrouveront, étrangement semblables deux ou trois siècles plus tard. »

Et cela nous interroge encore aujourd'hui lorsque nous voyons certains foyers de l'enfance avoir pris la place d'un hospice, lui-même héritier d'autres institutions et devenu tour à tour maladrerie, hôpital, prison pendant la Révolution, caserne sous l'Empire, asile d'aliénés, puis foyer de l'enfance ou structure pour handicapés.

Le premier souci était de vaincre la mort et d'assurer la survie des enfants abandonnés. Ainsi les conciles de Vaison et d'Arles en 442 et 452 précisent les mesures à prendre en faveur des enfants exposés :

> « Celui qui recueillera un enfant abandonné le portera à l'église où le fait sera certifié. Le dimanche suivant, le prêtre annoncera aux fidèles qu'un nouveau né a été trouvé, et dix jours seront accordés aux parents pour reconnaître et réclamer leur enfant[2] ».

S'il n'était pas réclamé, on s'adressait aux fidèles, et celui qui le recueillait devait payer en le recevant[3].

On cite aussi, vers 1150, l'importance de l'Ordre du Saint-Esprit fondé à Montpellier par Maître Guy. Celui-ci créa un établissement qui pouvait accueillir jusqu'à 600 enfants. Après Montpellier, des maisons seront créées par ce même ordre en Italie, en Sicile, en Allemagne, en Espagne... En France, 100 ans après, on en dénombre, selon une bulle du pape Nicolas IV, 11 en Bourgogne, 3 en Lorraine, 2 dans la Narbonnaise, 2 en Languedoc, 4 en Guyenne, 3 dans la province d'Arles...

Les registres conservés dans les hôpitaux de Marseille prouvent que, dès le début du XIVe siècle, il existait dans cette ville une organisation poussée de la protection de l'enfant abandonné.

Ces textes révèlent un ordre strict des registres d'admission, une comptabilité impeccable des placements[4]. La surveillance de ces placements devait être organisée puisqu'en certains cas on retirait l'enfant à la nourrice qui le soignait mal. Un règlement du 15 juillet 1399 fixait à vingt-deux mois la durée de l'allaitement. On ne sait pas ce que ces enfants devenaient à cet âge, mais on les retrouve plus tard hébergés dans la maison. Les filles étaient dotées, les garçons apprenaient un métier manuel. Quelques-uns étaient admis à faire des études spéciales...

À Paris, le 7 février 1362, plusieurs bonnes personnes allèrent voir l'évêque pour « lui faire entendre la nécessité et misère de ces pauvres enfants qui périssaient de famine et froidure, plusieurs d'eux gâtés de gale et taigne dont ils mourraient misérablement, et les pauvres filles violées de nuit. Ce qui causerait de grands malheurs à la ville s'il n'y était pourvu ».

C'est à la suite de cela que fut fondé l'hôpital des pauvres du Saint-Esprit. Plus tard, un arrêt précisera que ces enfants seront habillés de robes et vêtements de drap rouge, ce qui fait qu'on appela vite ces enfants, les « enfants rouges ». Un peu plus loin on créera l'hôpital des « enfants bleus ». On sait qu'à cette époque le vêtement indique le rang, la fonction, l'appartenance sociale. Ces enfants sont dès lors « désignés ». Et cela va durer longtemps...

1. Foucault M., *Histoire de la folie à l'âge classique*, Paris, Gallimard, 1976.
2. Dupoux A., *Sur les pas de Monsieur Vincent,* p. 7.
3. Comme on le voit, le servage, sinon l'esclavage, était encore admis.
4. Dupoux A., *Sur les pas de Monsieur Vincent, op. cit.* p. 12.

La mortalité était effrayante. Elle accrut au cours du XVIIe. La mortalité des enfants trouvés avant un an passa de 58 % à 95 % à Rouen, de 54 % à 72 % à Caen et de 60 % à 84 % au cours du siècle[1].

Mais, si certaines institutions charitables accueillent des orphelins, il n'en va pas de même de l'enfant trouvé. À Paris, l'hôpital du Saint-Esprit-en-Grève, créé en 1363, ne pouvait recevoir que des orphelins nés de légitimes mariages ; de même l'hôpital des Enfants-Rouges, créé par François Ier en 1531. C'est que l'orphelin est un enfant qui a un nom, le nom du père, qui peut se recommander de quelqu'un. L'enfant trouvé, c'est l'enfant sans aveu, c'est l'enfant d'une filiation inférieure[2]. Pour lui, pas d'institutions spécialisées, il était mis à la charge de la paroisse où il était trouvé. Bâtard et abandonné, c'était l'enfant d'une double transgression, et cela aussi nous le retrouvons encore à travers les sentiments ambivalents portés aux pupilles de l'Assistance publique : sacralisé et maudit.

L'abandon apparaît vite comme le moyen le plus commode de se débarrasser d'un enfant gênant socialement ou qu'on ne peut économiquement assumer. Les registres d'admission de la Maison de couches ou des hôtels-Dieu de province montrent un parallèle entre le nombre d'abandons et les crises de subsistance : ainsi le nombre d'abandons est-il passé à Paris de 1 759 en 1700 à 2 525 au cours de l'hiver terrible de 1709, et redescendu à 1 698 en 1710. De même, à Lyon, 454 abandons en 1700, 1 884 en 1709, et 589 en 1710. Ce billet d'une mère de Rouen en août 1785 est significatif :

> « Je vous la laisse en bon état et vous prie d'en avoir grand soin jusqu'à ce que j'aie gagné un lit pour me coucher, car je couche par terre depuis que je suis sortie de l'hôpital et suis devenue toute enflée de fièvre[3]. »

Jusqu'au milieu du XIXe siècle, la pratique la plus courante pour abandonner son enfant est l'« exposition ». L'enfant est déposé par ses parents dans un lieu public. D'Alembert est un exemple caractéristique de cette façon de faire : fils illégitime de Mme de Tenein et du chevalier Le Camus Destouches, il sera trouvé sous le porche de l'église Saint-Jean-le-Rond et baptisé Jean le Rond.

Dans d'autres cas, c'est une sage-femme complaisante qui, contre rétribution, se charge de déposer l'enfant à l'hospice des Enfants-Trouvés. Ainsi Jean-Jacques Rousseau raconte dans ses *Confessions* comment il abandonna son premier enfant chez une sage-femme prudente et sûre, appelée Mlle Gouin « chez qui Thérèse Levasseur accoucha et qui conduisit l'enfant à l'hospice des Enfants-Trouvés ».

C'est pour faciliter le recueil de l'enfant que l'usage s'est répandu au cours du Moyen Âge de placer des « coquilles » ou des berceaux à l'entrée de certaines églises. C'est ainsi qu'un texte de 1600 nous dit :

> « Dedans l'église Notre-Dame, à main gauche, il y a un bois de lit qui tient au pavé, sur lequel, pendant les jours solennels, on met lesdits enfants trouvés afin d'exciter le peuple à leur faire charité... Lesdits enfants trouvés sont quelquefois demandés et pris par des bonnes personnes qui n'ont point d'enfants en s'obligeant de les nourrir et élever comme leurs propres enfants. »

1. Bardet J.-P., Faron O., « Des enfants sans enfance : sur les abandonnés de l'époque moderne », in *Histoire de l'enfance en Occident, du xviiie à nos jours*, t. II, Paris, Le Seuil, 1998, p. 137.
2. Et cela jusqu'à la réforme de la filiation de 1972.
3. Cité par Sandrin J., « Les abandons d'enfants sous l'Ancien Régime », in *Le Peuple français* et dans *Enfants trouvés, enfants ouvriers*, Paris, Aubier, 1982.

> « Que faites-vous par le déplacement et l'échange forcé des enfants trouvés ? Vous endurcissez l'âme de l'enfant que vous promenez d'une famille à l'autre pour lui apprendre bien qu'il n'en avait aucune [...]. Vous ravalez sa nature en lui montrant qu'il n'est pour vous qu'un rebut de l'humanité, à qui on ne tient compte ni de ses affections, ni de ses larmes, qu'on déporte d'un sol à un autre comme un vil bétail ! [...] Vous lui enseignez à ne s'attacher à rien, à ne rien aimer. »

Les administrateurs des hospices de la Seine rétorquèrent stoïquement que « les déplacements opérés avec prudence et précaution sont sans inconvénients notables pour la santé d'enfants transplantés et qu'il y a lieu de les continuer[1] ». C'est à cette époque aussi que l'on développa les secours préventifs d'abandon développés à partir de 1840[2] qui deviendront les allocations mensuelles.

C'est dans cet esprit que le Code de la famille et de l'aide sociale édictait que le lieu du placement des pupilles et assimilés devait être tenu secret. Et cela ne fut supprimé que par la loi de 1986[3]. Jugés coûteux et trop permissifs, les tours furent fermés les uns après les autres. Celui de Paris, institué en 1827 ferma en 1861.

Parmi les facteurs ayant favorisé l'accroissement du nombre des abandons, il est possible d'en retenir quatre :

- l'aggravation de la misère : n'avait-on pas enregistré jusqu'à des cas de cannibalisme sur des enfants, notamment en Lorraine pendant la terrible guerre de Trente Ans ? On a pu mettre en évidence un parallélisme entre le cours du seigle et le nombre des abandons ;
- l'augmentation des naissances illégitimes, qui atteignaient un tiers des naissances à certains moments ;
- le sous-investissement dont l'enfant était l'objet. Longtemps on a dit que les parents ne pouvaient pas s'attacher à un être aussi fragile (25 % de mortalité infantile encore au début du XIXe siècle). Certains auteurs[4] affirment aujourd'hui que c'est l'inverse, et que l'enfant mourait parce qu'on ne s'y était pas attaché ;
- enfin, peut-être, la qualité présumée de l'organisation de recueil ; on est aujourd'hui étonné de la phrase de Rousseau qui, ayant abandonné ses cinq enfants, écrira dans *Les Confessions* :

> « Tout pesé, je choisis pour eux le mieux ou ce que je crus l'être. J'aurais voulu, je voudrais encore avoir été élevé et nourri comme ils l'ont été. »

Le tour sera remplacé par le bureau ouvert. Dans des dossiers était indiqué « abandon à bureau ouvert », ou simplement « abandon à BO », parce que la loi de 1904 disposait : « Il y aura un bureau ouvert de jour et de nuit. »

En 1869, Maxime Du Camp témoigne d'un abandon :

> « Pendant que j'étais là, compulsant des registres, une femme entra. Elle était fort jeune, dix-neuf ans à peine. Elle sanglotait et tenait dans ses bras un enfant âgé d'une dizaine de jours environ, embéguiné d'un joli bonnet de dentelles à faveurs roses. Elle s'assit, ou plutôt se laissa tomber sur une chaise, et dit : « Voilà ma petite fille, je ne puis pas la garder, je vous l'apporte ». Par une sorte de geste machinal de la main, elle essuyait violemment ses yeux inondés de larmes.

1. *Journal de la Société de la morale chrétienne,* 1840.
2. Dupoux A., *Sur les pas de Monsieur Vincent,* p. 197.
3. Et rétabli sous certaines conditions par la loi du 5 mars 2007.
4. Badinter É., *L'Amour en plus*, Paris, Flammarion, 1980.

On la questionna : « Pourquoi abandonnez-vous votre enfant ?

— Je ne gagne que vingt sous par jour, je n'ai pas de quoi la nourrir ».

Pendant ce temps, la petite fille s'étant mise à crier, elle la retourna et lui tapota le dos. Le commis remarqua la netteté, l'adresse de ce geste, qui dénote des habitudes maternelles acquises, et aussitôt il lui dit : « Vous avez plusieurs enfants ?

— Oui, monsieur, j'en ai un autre, un garçon, à la maison.

— Quel est le père ? ». Elle hésita un peu et répondit : « un soldat ». L'interrogatoire réglementaire et formulé d'avance sur une feuille imprimée commença. [...] À la question :

« Vous a-t-on dit que vous ne pourriez avoir de ses nouvelles que tous les trois mois, et que jamais vous ne sauriez où il est ? », elle courba les épaules, inclina la tête, se tassa sur elle-même comme si un poids trop lourd l'avait accablée, et ses sanglots redoublèrent. Quand toutes les réponses eurent été inscrites, on lui passa la plume pour signer le procès-verbal, elle déclara qu'elle ne savait pas écrire.

Le commis tira un cordon de sonnette, et bientôt une fille de service apparut ; elle prit l'enfant, l'étendit sur le lit de camp, vérifia le sexe et dit : « Une petite fille ». À ce moment, la mère se jeta à genoux, saisit son enfant, l'embrassa avec transport, et resta penchée, collée sur sa fille comme si elle eût voulu ne jamais s'en séparer.

Le commis se leva, vint à la femme, et lui dit avec ce flegme que donne l'habitude du même spectacle souvent répété : « Si cela vous fait tant de peine d'abandonner cette enfant, pourquoi ne la gardez-vous pas ? ».

Elle se redressa d'un bond, passa sa manche sur son visage tuméfié, ne se retourna même pas, poussa la porte et s'enfuit. Je demeurais stupéfait ; le commis me regarda et me dit : « C'est toujours comme ça[1] ! »

Mais, dans ces orphelinats, on recevait des orphelins mais pas les enfants trouvés, car sinon « il faudrait en recevoir beaucoup trop, car moult gens feraient moins de difficultés à abandonner quand ils verraient de tels enfants bastards nourris davantage et qu'ils n'auraient pas leur charge première ni sollicitude ». Le grand problème était d'assurer leur survie. La mortalité était en effet effroyable. Il y avait beaucoup de débats autour de la question de l'allaitement artificiel et d'essais malheureux de lait animal. Le 30 novembre 1780, le bureau des Enfants-Trouvés déplorant la mortalité qui atteignait les nouveau-nés de la Couche, surtout dans les périodes où se faisait sentir la disette de nourrices, et convaincu qui cette mortalité résulte de la « réunion d'un trop grand nombre d'enfants dans un même lieu », se persuada que le seul remède était de faire élever le plus d'enfants possible « au lait d'animaux ». Or il fut informé qu'il y avait, « dans la province de Gâtinais, un canton où il existe un très grand nombre d'habitants des deux sexes qui sont sains et robustes, et qui n'y ont été élevés qu'avec du lait de vaches ou de chèvres. La ville de Montargis en est le centre. Comme cette ville est entourée d'une vaste prairie, il y a lieu de croire qui c'est l'abondance des pâturages qui est la cause de cet usage qui y est pratiqué de tout temps. M. d'Outremont[2], qui a été sur les lieux, a lui-même vérifié les faits. Il a vu un grand nombre de femmes mariées ou veuves qui ont élevé ainsi leurs enfants ou ceux des autres avec autant de succès que celles qui ont donné le sein aux leurs. Et il y a à Chateaurenard un hôpital qui est administré par un prieur-curé, des officiers municipaux, et trois dames de charité ».

Pour les administrateurs, toutes ces conditions réunies semblaient permettre un préjugé favorable à la constitution de ce que nous appellerions aujourd'hui un parfait « centre nourricier ». D'autant plus qu'au premier bruit qui s'en était répandu, il s'était présenté plus de cinquante femmes, qui toutes élevaient des enfants sans nourrice. On s'enquiert d'un meneur consciencieux, on fait

1. Extrait de *Sans famille à Paris*, Danielle Laplaige, p. 21-22.
2. Un des directeurs du bureau des Enfants-Trouvés.

construire une voiture confortable par un charron du pays, et on s'entend avec les administrateurs de l'hôpital de Chateaurenard pour y recevoir les enfants à l'arrivée, et en faire la distribution aux nourrices.

Quelques mois après, le 30 mai 1781, le bureau constata les premiers résultats de cet essai. Il fut obligé de reconnaître qu'ils n'étaient pas heureux. « Trois envois ont été faits, dont deux de seize enfants et un de douze. » Sur ces quarante-quatre nouveau-nés, « il ne reste jusqu'à présent que neuf enfants vivants[1] ». Le 25 juin 1781, onze enfants étaient envoyés, dix moururent dans les trois mois et le onzième deux mois après. Le 20 août 1781, un autre convoi de douze nouveau-nés : tous, sauf un étaient morts au bout d'un mois. Le 14 novembre 1781, un dernier essai était tenté : sur dix enfants, il n'en restait qu'un au bout d'un an, qui mourut d'ailleurs deux ans après[2].

En 1880, le conseil de Paris décida de la construction d'une *nourricerie* modèle de l'hôpital des Enfants assistés placée sous la direction du docteur Parrot. Celle-ci comportait notamment des ânesses dont le lait était le mieux supporté, pour allaiter les enfants syphilitiques qui risquaient de contaminer leurs nourrices s'ils étaient nourris au sein. Mais la mortalité resta le grand fléau. Ainsi en 1800, elle a pu atteindre 98 % à l'hôpital des Enfants-Trouvés (1 275 admissions, 1 361 décès en 6 mois).

D'un point de vue institutionnel, il faut bien sûr souligner la place de saint Vincent de Paul. Celui-ci découvrit en 1638 la situation des enfants trouvés, dont il se faisait parfois un commerce scandaleux. C'est pourquoi il organisa l'hôpital des Enfants-Trouvés. Les principes actuels du service seront posés dès 1639 : un dossier pour chaque enfant, une réglementation prévoyant le logement, la nourriture, le trousseau, le recrutement des nourrices, le placement des enfants à la campagne, leur surveillance, leur instruction. Trois siècles plus tard, les pratiques et le vocabulaire n'avaient pas changé.

Par la suite, l'œuvre des Enfants-Trouvés fut rattachée à l'hôpital général. Et nous savons bien que l'hôpital de l'époque ne s'apparentait à aucune idée médicale, mais qu'il était une instance de l'ordre. C'est là que furent enfermés tous les déviants, pauvres, débauchés, homosexuels, furieux, dilapideurs. Nous savons aussi que l'hôpital général était un lieu d'infra-droit où les directeurs nommés à vie avaient tout pouvoir de police, de juridiction, de correction et de châtiment[3] marquant longtemps l'Assistance publique, où les règles de l'état de droit étaient ignorées : pas d'accès au dossier, pas de notification ni de motivations des décisions, pas d'assistance d'avocat, pas de voies de recours.

L'Assistance publique

La Révolution marqua une étape importante en proclamant le droit à l'assistance. L'assistance n'était plus une question de charité ou de bienveillance, mais de justice. Tout individu a droit à la vie, à l'instruction. La société devint « solidaire » au sens juridique du terme. Une loi de 1793 fit

1. À la vérité, nous ne trouvons trace sur les registres d'inscription que de deux envois, l'un de 16 enfants, le 29 janvier, l'autre de 12, le 21 mars. Tous les enfants du premier convoi, sauf deux, qui huit ans après furent placés dans des familles du pays, moururent. Sur les 12 du deuxième convoi, aucun ne survécut.
2. Extrait de *Sur les pas de Monsieur,* Vincent, Albert Dupoux, p. 118-119.
3. Voir Foucault M., *Histoire de la folie à l'âge classique*, Paris, Gallimard, 1976.

obligation pour la nation de s'occuper des enfants abandonnés, qui prendront le nom d'orphelin, d'où le nom d'orphelinat pour les établissements les accueillant.

Le décret impérial du 19 janvier 1811 organisa le service et officialisa le « tour » dont l'usage s'était répandu dans plusieurs hôpitaux de province, en indiquant que : « Dans chaque hospice destiné à recevoir des enfants trouvés, il y aura un tour où ils devront être déposés[1]. »

À Paris, il fonctionna de 1817 à 1865 et le nombre d'abandons resta important. Pourtant, il ne se faisait pas sans déchirement : bien des parents gardaient l'espoir de reprendre un jour leur enfant. Ils déposaient un signe de reconnaissance (ruban, lettre, médaille[2]). Puis, les tours disparurent peu à peu et furent remplacés par le bureau d'abandon, d'abord à Rouen, puis à Paris à l'hospice dépositaire de la rue Denfert-Rochereau. La loi du 27 juin 1904 sur l'assistance à l'enfance supprima définitivement le tour et rendit obligatoire le bureau d'abandon dans chaque département. Elle garda néanmoins le principe du secret.

Tout au long du XIXe siècle, se développèrent d'autres formes d'aides, notamment financières : le secours. Cette citation de 1830 pose clairement le problème :

> « La débauche peuple sans doute les hospices d'enfants trouvés, mais la misère est aussi l'une des causes les plus fréquentes d'abandons. Si la mère pouvait nourrir son enfant [...] elle se déterminerait difficilement à l'abandonner [...]. Il s'agirait donc de remplacer, par un bon système de secours à domicile de la mère, les secours que l'on donne aujourd'hui à l'enfant dans l'hospice, il s'agirait de payer à la mère les mois de nourrice qu'on paye actuellement à une nourrice étrangère. »

Mais déjà apparaissaient les reproches encore opposés aujourd'hui à l'aide. Tout d'abord, son coût élevé pour un résultat incertain. Ainsi Clémenceau en 1875, au conseil général de la Seine : « Vous secourez par an dix mille enfants ; il n'y aurait certainement pas, si les allocations étaient supprimées, dix mille abandons de plus. » Ensuite, le fait qu'elle encouragait la paresse, sinon le vice. À partir de cette époque, on note alors une régression considérable du nombre d'abandons précoces. Une partie des structures se trouva disponible et put accueillir de nouveaux clients. Après les orphelins et les enfants trouvés, l'Assistance publique découvrit les enfants « en dépôt » (terme qui sera utilisé jusqu'en 1943). Il s'agissait d'enfants dont les parents étaient incarcérés ou hospitalisés. Et nous savons bien que ce n'est pas l'institution qui s'adapte aux besoins des enfants, mais que c'est elle qui les modèle.

La loi du 24 juillet 1889 sur la protection judiciaire de l'enfance maltraitée est une étape essentielle qui voit apparaître une nouvelle catégorie : les enfants moralement abandonnés. Cette loi donnait la possibilité au tribunal de grande instance de prononcer une déchéance de puissance paternelle, parfois même sur les enfants à naître. Pour la première fois, le législateur protégeait l'enfant contre ses parents. Ainsi que le rappelle Maurice Gontard[3], le cheminement de la loi fut long, puisqu'il dura neuf ans. Il fut inauguré par une grande enquête qui porta sur quarante-trois départements. Lorsque les débats s'engagèrent devant le Sénat, en 1883, le projet se heurta à l'opposition vigoureuse de la droite, qui redoutait le renforcement des pouvoirs d'une puissance

1. Ce texte important — car il pose les fondements de l'Aide sociale à l'enfance actuelle — est reproduit *in extenso* dans *L'Enfant en miettes*, Paris, Dunod, 1999.

2. Le musée de l'Assistance publique à Paris en fournit de nombreux spécimens, dont cette lettre : « On prie de remettre la petite Joséphine à la personne qui présentera la partie qui manque à cette lettre ou la moitié de la médaille qui est dans la lettre. »

3. « Familles et pouvoirs », *Informations sociales*, 4-5/80.

étatique déjà laïque. Le sénateur de Gavardie dénonçait un projet qui semblait « ressusciter cette doctrine païenne et jacobine que les enfants appartiennent à l'État avant d'appartenir à la famille ».

> « Pour la droite traditionnelle, la conclusion est simple : suspecter un père, c'est les suspecter tous ; suspecter une famille, c'est les suspecter toutes ; cela risque d'aboutir à la mort d'une famille, à la mort de toutes les familles ; bref, à la mort de la Famille. »

Les républicains répondirent qu'« il n'y a plus de *patria potestas* ». Les devoirs du père sont la condition de ses droits et son premier devoir consiste « à élever l'enfant, à lui donner des sentiments de probité et d'honneur dans quelque condition que le sort l'ait placé ». Au reste, les tribunaux étaient là pour garantir les familles contre l'arbitraire. Au-delà des considérations théoriques, c'était surtout le sort fait à l'enfant qui inquiétait l'opposition. Elle craignait que le gouvernement ne veuille organiser une tutelle générale de l'État sur les enfants, devenant alors un Père universel, et confisque les enfants au profit de l'État laïque et républicain.

Après son adoption par la majorité républicaine du Sénat, le projet attendit six ans pour être définitivement voté par les Chambres. Dans l'intervalle, le texte fut remanié, restreint ; les causes de déchéance furent limitées, les établissements privés de charité introduits dans la tutelle ; l'État cessa d'être le « Père universel dont avaient si peur les sénateurs de 1883. Il se contentera de la surveillance des placements, par l'intermédiaire de ses préfets, qui pourront toujours en référer au juge ».

L'Assistance publique était accoutumée à recevoir des enfants jeunes et avait développé tout un dispositif de prise en charge matérielle et alimentaire. Avec cette catégorie d'enfants, elle découvrit des problèmes nouveaux : ils étaient plus âgés, plus perturbés, ils avaient vécu des situations difficiles et ils vinrent perturber le fonctionnement des services. Le dispositif d'accueil de l'Assistance à l'enfance prévu pour de très jeunes enfants placés dès que possible à la campagne allait se montrer inadapté. C'est pour eux que l'Assistance à l'enfance créa les écoles professionnelles, mais aussi les premiers dispositifs d'observation. Après quinze jours d'observation, on décidait du renvoi pour les « incorrigibles » et de l'admission pour les autres. Pour ces derniers, se posait alors immédiatement le problème de la mise en apprentissage ; placements industriels ou agricoles étaient choisis en fonction des caractéristiques des enfants. L'administration de l'Assistance publique à Paris devait, dès 1882, créer ses propres écoles professionnelles dans deux ou trois spécialités ; cela permettait aux yeux des responsables de cette administration de mieux surveiller les enfants du service. C'est ainsi que furent créées l'école d'horticulture de Villepreux (1882), l'école d'ébénisterie et de typographie de Montévrain (1885), l'école de typographie d'Alençon (1887), les écoles de réforme pour les enfants devant bénéficier d'une discipline stricte (Yzeuré, Belle-Île, etc.).

Des jeunes délinquants pouvaient aussi être admis, dans certains cas, dans les asiles temporaires pour y être observés.

Après avoir opéré un premier partage consistant à exclure les enfants considérés « vicieux et incorrigibles », l'administration de l'Assistance à l'enfance était confrontée à une multitude de problèmes, du fait de l'hétérogénéité des enfants accueillis. Aussi mit-elle en œuvre de nouvelles séparations, pensant de la sorte trouver à chaque cas sa solution. Pour les enfants non justiciables d'une maison de correction, mais relevant, selon les responsables de l'administration, d'établissements ou de services à discipline stricte, pourvus d'un bon encadrement, furent créés à partir de 1885-1886 deux types de structures ; d'une part, des services de « séparés », véritable système carcéral à l'intérieur de l'hospice dépositaire, et d'autre part, des écoles de réforme (Yzeuré, Belle-Île-en-Mer). C'est aussi dans cette lignée qu'il faut situer les tentatives de colonisation, notamment en Algérie à Bouffarik et à Ben Chicao près de Médéah. Les institutions privées, tel le Bon Pasteur, ne cédaient en rien pour la rigueur du règlement.

Il faut lire à ce propos l'extraordinaire livre d'Henri Gaillac, *Les Maisons de correction*[1] ainsi que *Les Enfants du bagne* de Marie Rouanet[2].

Longtemps assimilées à des problèmes de discipline et donc traitées sur le mode du redressement, de la répression et de l'amendement personnel, les inadaptations manifestes posées par ces grands enfants de l'Assistance à l'enfance ne pouvaient indéfiniment être méconnues en tant que symptômes sociaux et collectifs. Dès lors, la réponse assistantielle individualisée devenait du même coup inappropriée par le fait que les causes du mal qu'elle invoquait n'étaient pas les bonnes.

Les tentatives de colonisation à l'aide des pupilles sont nombreuses et s'inscrivent dans cette politique. Déjà en 1719, Law avait obtenu pour la Compagnie d'Occident l'autorisation de prendre dans les maisons de l'Hôpital général et des enfants trouvés des jeunes gens de l'un et l'autre sexe et de les transporter dans les concessions françaises d'Amérique. En une seule fois, on en dirigea cinq cents sur La Rochelle où ils furent embraqués. En 1750, on renouvela le procédé, avec moins d'égard, puisqu'on alla, paraît-il, jusqu'à enlever des jeunes gens dans la rue. Cent ans après, en 1850, le placement en Algérie va concerner non seulement les sans-famille de la Seine, mais également les enfants trouvés d'autres villes.

Citons ici des extraits du livre de Danielle Laplaige :

> « L'expérience du Père Brumault ouvre le feu. Le Père Brumault, un jésuite, achète 100 hectares de terre à Ben-Aknoum, près d'Alger, et y ouvre un premier établissement destiné aux orphelins. Le maréchal Bugeaud le fait bénéficier de quelques cadeaux de l'armée, vieux pantalons et gamelles de fer. Mais beaucoup de ces orphelins mourant de la malaria, le Père s'adresse au département de la Seine pour demander l'envoi de jeunes assistés.
>
> L'affaire est rondement menée par le Ministère de la Guerre, responsable des affaires algériennes et l'hospice Saint-Vincent-de-Paul. 100 garçons de l'hospice et 100 autres secourus par les bureaux de bienfaisance de Paris partiront immédiatement. Ils sont choisis pour leur robuste santé et leur sagesse, cette expédition ayant pour but principal, selon les Annales de la charité (!) "l'intérêt de la colonisation de cette terre française"[3]. »

Le départ a lieu le 15 juillet 1853. Après messe et bénédictions, ils embarquent dans des wagons spéciaux vers Marseille.

Quelques mois plus tard, l'enthousiasme n'a pas faibli. Ainsi Édouard de Tocqueville, le frère d'Alexis de Tocqueville, écrira :

> « L'État pourrait envoyer en Algérie tous les enfants sur lesquels il exerce des droits de tutelle, patronage et surveillance, comme les orphelins indigents, les jeunes vagabonds et les enfants condamnés correctionnellement... La France se verrait ainsi purgée de ces générations ignorantes et perverses qui s'élèvent dans son sein pour le crime et l'insurrection...[4] »

Un autre membre de la très conservatrice Société des établissements charitables, Raymond Thommassy, ajoutait :

1. Gaillac H., *Les Maisons de correction*, Éditions Cujas, 1971.
2. Rouanet M., *Les enfants de bagne,* éd. Pocket.
3. Laplaige D., *Sans famille à Paris, op. cit.*
4. Tocqueville É. de, *Des enfants trouvés et des orphelins pauvres comme moyen de colonisation de l'Algérie*, 1860.

« Ainsi pourrait être supprimé cet immense appareil d'hospices et de prisons, qui n'est pas seulement improductif en France et ruineux sous le rapport financier, mais est encore plus inefficace sur le plan moral[1]. »

Malheureusement, cinq ans après, l'expérience finit mal. Les enfants furent terrassés par les fièvres et évacuer au plus vite. Par ailleurs, le père Brumaud avoua la fugue de cinquante-huit garçons sur deux cent cinquante, témoignage indirect mais probable du refus opposé à un régime trop dur. L'expérience fut interrompue par le département de la Seine et des rapatriements organisés.

En 1863, c'est la même démarche vers la Nouvelle-Calédonie où la population féminine était insuffisante.

Citons, cette fois, Albert Dupoux :

« Deux convois furent organisés : 10 pupilles partirent en avril 1863, 30 autres au mois d'août de la même année. Cette colonisation d'un genre un peu particulier sembla réussir pleinement : le 30 novembre 1863, sur les 10 filles du premier convoi, 9 étaient déjà mariées[2]. »

Bagnes d'enfants et colonies agricoles furent supprimés en 1946, mais les pesanteurs institutionnelles eurent plus de longévité que les dénominations. Le passage de l'interventionnisme autoritaire à un contrôle social négocié se fit par l'ouverture, puis la fermeture, de centres fermés et autres centres d'observation qui avaient pour nom Savigny, Juvisy, Épernay. Tout au long de la fin du XIXe siècle, se développèrent, à propos de ces questions, des polémiques et des prises de position, ainsi que des cris d'alarme devant l'ampleur et la persistance du phénomène. On doit à ce propos citer l'action exemplaire du journaliste Alexis Danan.

Les modes de traitement des problèmes vont, au début du XXe siècle, se transformer, mais surtout se différencier. À une conception plus moralisante de l'action à l'égard des enfants, va peu à peu s'associer un ensemble de pratiques empiriques souvent d'origine bénévole, souvent initiées ou suscitées par des personnalités directement ou indirectement en contact avec la justice pour enfants. C'est ainsi que la psychiatrie infantile n'est pas née, selon Georges Heuyer, du contact avec les malades mentaux, mais bien avec les délinquants infantiles reçus dans le Patronage de l'enfance d'Henri Rollet. C'est ainsi que l'Œuvre de secours aux enfants (OSE), née en 1933, qui plaça en famille plus de deux mille enfants juifs pendant la guerre, marqua les conceptions et les usages en cours dans d'autres secteurs de l'Aide à l'enfance, notamment pour ce qui est du souci de maintenir un lien familial, maintien pourtant difficile et périlleux.

Étaient posés les jalons pour une reconnaissance de la spécificité des besoins de l'enfant, qui sera développée surtout après la guerre.

1. *Annales de la charité*, 1853.

2. Arch. Hosp. E.A. Une note du 30 novembre 1863 indique la profession des colons qui les ont épousées : le restaurateur le mieux posé du chef-lieu (*sic*) ; un employé typographe ; un artisan aisé, ancien ouvrier d'artillerie ; un pâtissier charcutier ; un commerçant ; un gendarme démissionnaire s'occupant de culture ; un maréchal des logis de gendarmerie ; un artisan jouissant de salaires élevés ; un caboteur aisé, patron d'une embarcation. Extrait de *Sur les pas de Monsieur Vincent*, Albert Dupoux, p. 258.

L'aide à l'enfance

La loi du 27 juin 1904 est texte fondateur de l'organisation du service des enfants assistés. Il imprégnera le Code de la famille jusqu'en 1984, en :

- définissant les catégories d'enfants pris en charge (secourus, surveillés, en dépôt, en garde, pupilles). Ces termes, dont seul celui de pupille subsiste, traîneront longtemps dans les services ;
- règlant les modalités d'admission : dans chaque département est créé le bureau ouvert destiné au dépôt anonyme des enfants de moins de 7 mois, au-delà de cet âge, une enquête est effectuée avant que le préfet ne prononce l'admission. Pour que ce recueil puisse cependant rester secret, la personne qui le dépose peut demander le secret du lieu de la naissance ; on établit alors pour ces enfants un certificat d'origine qui suppléera l'acte de naissance chaque fois qu'il en est besoin ;
- organisant la tutelle confiée au préfet et à un conseil de famille ;
- préconisant le placement familial rural.

Peu à peu émerge l'idée que l'enfant a des besoins spécifiques et qu'il ne s'agit pas seulement de réprimer ou de suppléer, mais d'aider.

Plusieurs réformes iront dans ce sens, notamment la mise en place par la loi du 22 juillet 1912 de tribunaux pour enfants qui fut, comme le rappelle l'exposé des motifs de l'ordonnance du 2 février 1945, l'« étape la plus importante qu'ait jamais franchie le législateur pour se dégager des cadres traditionnels de notre droit ». Cette loi prévoyait :

- la création d'une juridiction spéciale pour juger les enfants délinquants ;
- l'institution d'une législation pénale pour les mineurs, substituant aux mesures répressives des mesures d'éducation et de redressement.

Elle fut complétée par la loi du 26 mars 1921 sur le vagabondage des mineurs de dix-huit ans. Les lois sur la déchéance de puissance paternelle furent assouplies en 1921 (déchéance partielle), puis en 1935 (assistance éducative).

Le progrès décisif viendra des réformes entamées à la Libération avec l'ordonnance de 1945 et le décret du 24 février 1956.

- *L'ordonnance du 2 février 1945 relative à l'enfance délinquante* : selon ce texte[1], les mineurs de dix-huit ans auxquels est imputée une infraction ne sont justiciables que des tribunaux pour enfants. Ce tribunal prononcera, selon les cas, des mesures de protection, d'assistance, de surveillance, d'éducation ou de réforme qui sembleront appropriées. Cette ordonnance crée le juge des enfants, magistrat spécialisé. C'était là la reconnaissance d'une spécificité de l'enfant et de la nécessité d'une action plus globale : le juge des enfants est en même temps juge d'instruction, juge de fond et juge de l'application des peines[2]. L'ordonnance du 28 décembre 1958 sur la protection judiciaire de l'enfance en danger étend encore ses compétences et en fait le partenaire principal du directeur de la Population dans la protection de l'enfance.
- Le décret du 24 février 1956, promulguant le Code de la famille et de l'aide sociale, consacre le chapitre II de son titre III au « service de l'Aide sociale à l'enfance ». Ce texte reprend, en les

1. Article 2 toujours en vigueur.
2. Compétence renforcée par la loi du 9 mars 2004, dite loi Perben-II.

ordonnant, un certain nombre de réformes de 1943 et 1953, et institue un service centré sur l'enfant.

2. LE SOUCI MODERNE DE PRÉVENTION SOCIALE

La professionnalisation du secteur social

Très vite on s'aperçoit que le « placement » à l'Aide sociale à l'enfance, s'il est parfois nécessaire, est souvent évitable et constitue toujours un risque, d'où le souci grandissant de développer ce qu'on a appelé la prévention (sans bien dire ce que l'on prévenait) par une aide plus précoce, financière, éducative, psychologique, à la famille.

Relevons plusieurs événements significatifs qui vont dans le même sens.

- La mise en place et le développement de la consultation médico-psychologique du docteur Michel Soulé à l'hospice dépositaire de Denfert-Rochereau à Paris à partir de 1953 : l'action sur le terrain et l'action infatigable de vulgarisation à travers les écrits et les cours (notamment au COPES) de ce praticien et de son équipe contribueront à faire prendre conscience de la nécessité d'une action globale, concertée et précoce pour aider l'établissement de relations positives entre l'enfant et l'adulte.
- L'ordonnance du 23 décembre 1958 sur la protection judiciaire de l'enfance en danger permettra au juge des enfants d'intervenir précocement sur une situation de danger.
- Le décret du 7 janvier 1959 instituera des services de prévention au sein des directions de la Population.
- La mise en place en 1964 des directions départementales de l'action sanitaire et sociale (devenues, en 1977, directions départementales des affaires sanitaires et sociales) devait permettre une meilleure coordination entre les services s'occupant d'enfants : protection maternelle et infantile, Aide sociale à l'enfance, santé scolaire, hygiène mentale infantile en les regroupant dans une même direction. Plusieurs textes, en 1969, puis en 1972, proposèrent des modes d'action concertée au sein des services unifiés de l'enfance.
- La loi du 4 juin 1970 sur l'autorité parentale modifia quant à elle les conditions de mise en place de l'assistance éducative, ainsi que celles de la déchéance d'autorité parentale. La famille reprenait un peu sa place et ses droits, le maintien dans le milieu naturel fut privilégié, les possibilités de révision après une déchéance furent assouplies.

On assiste dans les années 1970 à un intense moment de réflexion sur l'Aide sociale à l'enfance et sur la nécessité d'une meilleure adaptation du service. L'ensemble du travail social était mis en cause par le mouvement de 1968 : critiques sociopolitiques (à quoi sert l'éducateur, sinon à maintenir l'ordre capitaliste ?) et critiques psychanalytiques d'inspiration essentiellement lacanienne. On doit citer à ce propos un numéro de la revue *Esprit* qui fit date, celui de mai 1972, intitulé « Pourquoi le travail social », où étaient exposés, en termes très précis, les fonctions de normalisation et de contrôle social, et aussi le malaise des travailleurs sociaux (avec la participation de Jean-Marie Domenach, Michel Foucault, Gilbert Mury, Dominique Charvet, etc.).

Un texte de Michel Soulé et Jeanine Noël[1], « Le grand renfermement des enfants dits cas sociaux ou malaise dans la bienfaisance », qui reste d'une étrange actualité, analyse avec une grande profondeur l'inadaptation des services et montre comment « les modes selon lesquels on cherche à pallier la défaillance des familles aggravent généralement leur pénalité initiale [...] le fait même de devenir l'objet de la sollicitude d'une administration ou d'un organisme d'aide sociale marque et accentue cette première différence ». Le rapport Dupont-Fauville, qui marqua un tournant dans les pratiques du service, en proposant des aménagements autour de trois mots clefs : continuité, prévention, action globale déconcentrée[2]. Il s'agissait donc d'une réponse en termes d'organisation par la mise en place recommandée d'équipes pluridisciplinaires (le terme sera à la mode de 1970 à 1980).

Deux circulaires, en 1969 et en 1972, recommandaient la mise en place du service unifié de l'enfance dont on attendait beaucoup. Les services d'Aide sociale à l'enfance virent alors l'irruption de nouveaux techniciens. Pendant longtemps, la tutelle de l'enfant avait été confiée à des administratifs ; désormais, assistantes sociales, éducateurs spécialisés, psychologues, pédopsychiatres font leur apparition et vont modifier les pratiques. Les inspecteurs eux-mêmes, formés à l'École nationale de la santé publique depuis 1965, deviennent plus nombreux. Dans le même temps, la formation supérieure des travailleurs sociaux s'accentue avec l'intervention de l'Université, avec ses mythes de délivrance : maîtrise des sciences sociales appliquées au travail, réseau universitaire de formation de formateurs.

Un effort d'amélioration des placements familiaux est recherché à travers la mise en place d'un statut des assistantes maternelles (17 mai 1977), qui instaure un agrément et une obligation de formation des familles d'accueil. Le ministère anime et soutient cet effort de professionnalisation de l'Aide sociale à l'enfance à travers l'action du bureau FE 3 dont l'existence apparaît tout à coup avec des hommes comme Claude Ameline, Marc Grabarsky, et avec le travail de la « Mission-enfance », qui se déplacera dans nombre de départements.

Il faut aussi mentionner comme facteur d'évolution le travail de réflexion de l'Anpase[3], qui sut créer un constant lieu d'échange et de parole largement ouvert à tous les personnels administratifs et techniques de l'Aide sociale à l'enfance. Créée en 1962, elle s'ouvrit en 1971 aux autres services éducatifs, puis à tous les personnels, et enfin à l'ensemble de l'action sociale. Depuis sa création, cette association contribua largement à la réflexion, à la remise en question, et à l'évolution du service. Ses journées d'études annuelles et ses publications marqueront beaucoup de personnels.

En 1970, l'action et les publications du GELPFS (Groupe d'étude et de liaison des placements familiaux spécialisés), devenu ensuite le GRAPE (Groupe de réflexion et d'action pour la petite enfance), qui éditera *L'Enfant d'abord*, sera un élément d'évolution entièrement positif, tant auprès des professionnels que des familles d'accueil. L'École des parents et des éducateurs et ses publications (*L'École des parents* et *Le Groupe familial*) soutiendront ces initiatives.

Le résultat de cette évolution fut double : une diminution des effectifs et une professionnalisation de l'aide à l'enfance. La diminution des effectifs est un effet heureux de ces efforts ; grâce à une prise en charge de situations difficiles plus précoce, mieux coordonnée, l'Aide sociale à l'enfance

1. Paru dans *Psychiatrie de l'enfant*, vol. XIV, fascicule 2-1971, et reproduit en annexe de *Pour une réforme de l'Aide sociale à l'enfance*, ESF, 1973.

2. Édité par ESF, Paris, 1973, sous le titre *Pour une réforme de l'Aide sociale à l'enfance*.

3. Association nationale des personnels et acteurs de l'aide sociale en faveur de l'enfance et de la famille, CDE, BP n° 4, 76380 Canteleu.

est passée d'un service de protection de l'enfance (souvent contre les parents) à un service d'aide à la famille. Ainsi le nombre de mineurs définitivement recueillis (pupilles) baissa au profit de formes d'intervention plus souples et moins ségrégatives **(Tableau 8.1)**.

Tableau 8.1. Évolution chiffrée des effectifs de l'Aide sociale à l'enfance.

	1910	1950	1960	1970	1980	1990	2000	2005
Pupilles	150 000	100 000	64 000	46 000	20 000	6 000	3 500	2 504[a]
En garde	1 800	10 000	30 800	107 000	80 000	66 000	103 000	
Recueillis	3 500	20 000	36 000	75 000	58 000	38 000	30 000	
Aide financière à domicile	68 500	78 000	193 000	250 000	164 000		450 000[b]	
Aide éducative à domicile			38 000	173 000	144 000	130 000	138 000	

a. Étude de l'ONED, *Situation des pupilles de l'état au 31.12.2005,* GIP Enfance Maltraité.

b. Chiffres 1998 et en nombre de familles.

En 1998, l'Aide sociale à l'enfance regroupait plus de 270 000 bénéficiaires d'une mesure de placement ou d'une prise en charge en action éducative, nombre en augmentation de 5 % depuis 1992 alors qu'entre 1992 et 1998, le nombre d'enfants et d'adolescents âgés de 21 ans et moins a baissé de plus de 3 %[1].

La professionnalisation résulte de divers facteurs idéologiques et économiques : de nombreux professionnels sociaux sont arrivés sur le marché[2], les besoins d'évolution pluridisciplinaire se sont accrus. Dans tous les domaines du champ social apparaît le même souci de mise en ordre, notamment pour les institutions sociales et médico-sociales, à partir des lois du 30 juin 1975, et dans le domaine de la PMI avec les certificats de santé et leur gestion informatisée.

Cependant, une attitude critique à l'égard de ce service se fait entendre. La presse, la radio, la télévision n'en parlent que pour en dénoncer les pratiques, à propos notamment des retraits jugés abusifs. Dans de nombreux conflits, le langage des techniciens ne rejoint plus le langage du cœur soutenu par les médias et repris souvent par les ministres. Les études se multiplient. Dans le prologue de l'une d'elles, réalisée par le CERFI sur l'implication des personnels de l'Aide sociale à l'enfance, on peut lire :

> « Au commencement de notre recherche serait la violence. La violence faite aux familles et aux enfants qui rencontrent l'Aide sociale à l'enfance sur le chemin de leur vie et qui ressort comme un cri de révolte d'une foule de témoignages, de récits, souvent difficiles à supporter. Pour eux, la réalité n'a guère évolué. C'est toujours la vieille Assistance publique avec ses démons qui fonctionne, l'Assistance qui prend les enfants et son personnage public, son incarnation, l'assistance sociale qui les retire. »

Cette même violence parcourt bien des ouvrages, et déjà leurs titres :

- Claude Liscia, *Familles hors la loi* (Maspero, 1978) ;

1. Marie Ruault, « Aide sociale à l'enfance : quelle organisation dans les départements ? », DRESS, n° 144, novembre 2001.

2. Entre 1968 et 1975, l'évolution par catégorie socioprofessionnelle note une augmentation de 69 % de la catégorie services médico-sociaux (selon l'INSEE).

- Philippe Meyer, *L'Enfant et la raison d'État* (Le Seuil, 1977) ;
- Mireille Debard, *L'Enfant au tribunal* (Éditions Libres Halliers, 1979) ;
- Pierre Leuliette, *Les Enfants martyrs* (Le Seuil, 1978) ;
- Jacques Donzelot, *La Police des familles* (Minuit, 1977) ;
- Claude Reboul, *L'Enfant de la fugue* (Stock 2, 1979) ;
- Aisha, *Décharge publique* (Maspero, 1980) ;
- Françoise Dolto, Danièle Rapoport et Bernard This, *Enfants en souffrance* (Stock, 1981) dans lequel Marc Grabarsky propose quelques indications « pour une politique non violente de l'Aide sociale à l'enfance » ;
- ou encore mon ouvrage, *L'Enfant en miettes* (Privat-Dunod, 1982, 1986, 1992 et 1999).

Ce malaise fut analysé dans un rapport officiel, effectué à la demande du ministère par Jean-Louis Bianco et Pascal Lamy, et publié sous le titre *L'Aide à l'enfance demain*[1]. On peut y relever qu'il y a deux grands absents dans le service de l'Aide sociale à l'enfance : l'enfant et sa famille.

C'est à leur rendre la parole que s'attachent les mesures intervenues depuis lors.

La prise en compte des droits de l'enfant

Pour bien situer le changement de perspective qu'implique la reconnaissance d'un droit de l'enfant à la parole, il n'est pas inutile de se poser deux questions pour chacune des périodes : qui parle pour l'enfant et quel résultat est attendu ?

Pendant la grande période de l'Assistance publique, c'est le juge ou l'administration qui ont pris les mesures d'assistance à l'enfant abandonné ou en danger moral. Ils étaient les détenteurs substitutifs de la puissance paternelle. Cela a abouti à une augmentation des effectifs, à une diversification des cas d'intervention, mais à des résultats incertains.

Aussi l'aide à l'enfance (1945-1970) leur a-t-elle substitué le juge spécialisé et l'inspecteur de l'Aide sociale à l'enfance, qui ont reçu des moyens d'action plus précoces et plus souples, surtout après les textes de 1958-1959. Il s'en est suivi une croissance des effectifs et des coûts qui inquiétera M. Dupont-Fauville[2], et un certain « malaise dans la bienfaisance » devant « l'organisation protéiforme de l'aide à l'enfance » (selon les termes du docteur Soulé). D'où le rapport Dupont-Fauville et sa proposition d'équipes pluridisciplinaires et de déconcentration des décisions.

Vint alors une troisième période dans laquelle ce sont des techniciens qui parlent au nom de « l'intérêt de l'enfant ». Se développent alors l'élaboration d'indicateurs, la pratique de synthèses, la recherche de méthodes de prévention médico-sociale précoce. C'est la volonté de gestion technique du social qui culminera dans la loi de 1975 conduisant à une meilleure efficacité du service, mais aussi à une coupure du service vis-à-vis de l'opinion publique qui ne reconnaît plus et n'assume plus son service public. Cela sera constant dans les années 1970-1985, où la DDASS est systématiquement critiquée par la presse et ses décisions sujettes de scandales.

1. Ministère de la Santé et des Affaires sociales, 1980.
2. Dupont-Fauville A., *Pour une réforme de l'Aide sociale à l'enfance*, Paris, ESF 1973.

Ainsi transparaît une quatrième période qui vise à restaurer la parole de l'usager. Le rapport Bianco-Lamy montra que l'usager était le grand absent du service. Un texte fondamental de Nicole Questiaux[1], ministre de la Solidarité nationale, est significatif de cette rupture :

> « Qui contrôle le dispositif d'action sociale ? Qui en définit les objectifs ? Qui en apprécie les efforts et les résultats ? Dans une perspective de développement de la démocratie, la réponse est collective... Une action sociale inscrite dans une démarche de solidarité et de démocratie doit donc être recentrée sur ses bénéficiaires. Et ce, de trois points de vue : prendre en compte que ces bénéficiaires ont des droits à exercer, permettre aux individus concernés de devenir acteurs du changement de leurs conditions et de leur cadre de vie, inventer des outils souples et pertinents, plus orientés à prendre en compte les besoins des populations qu'à se développer selon une logique propre. »

Il s'agissait là de la formalisation d'une demande déjà ancienne, mais non encore totalement prise en compte, de redonner des droits au citoyen en face de l'administration. Quelques textes fondamentaux jalonnent cette tendance : la loi du 6 janvier 1978 relative à l'informatique, aux fichiers et aux libertés, donne à toute personne le droit de connaître et de contester les informations personnelles détenues sur elle dans un document informatisé, et la loi du 11 juillet 1979 impose enfin la motivation des décisions administratives, lorsque l'administration refuse l'accès à un droit, elle doit dire pourquoi ; cela paraît évident, mais cela ne se fait pas sans difficulté et souvent même cela ne se fait pas du tout[2].

Cet arsenal législatif avait été précédé de l'action de plusieurs mouvements suscités par des non-professionnels du social, tels que l'abbé Pierre qui, à partir de 1954, a fondé les Compagnons d'Emmaüs, ou le père Joseph Wrésinski, qui fonde le mouvement ATD Quart-Monde, ou encore la FNARS (Fédération nationale des associations d'accueil et de réadaptation sociale), qui regroupe depuis 1956 des institutions d'inspirations très différentes. Lors d'un congrès de la FNARS, le professeur Antoine Lazarus, alors conseiller technique au ministère des Affaires sociales et de la Solidarité nationale, avait posé un problème d'actualité du travail social, à propos « des solidarités perdues ».

> « Il y a, disait-il, l'aide amicale, communautaire, conviviale. Il y a l'aide bénévole. Il y a le professionnalisme social. Celui-ci coûte cher. Quelle doit être sa place ? Ne contribue-t-il pas à durcir l'idée de normalité ? N'y a-t-il pas inflation d'une réponse de type technique et professionnel à des anomalies de plus en plus normales des vies quotidiennes... Le plus gros de l'argent qui est versé dans le social est un argent qui va payer des salaires à des professionnels du social. Est-ce que cet argent va à fonds perdus pour les populations ciblées, ou bien cet argent pourrait-il, même moins important, être employé avec des points de vue différents ? »

Pour ce qui est précisément de l'enfance, le rapport Bianco-Lamy avait montré comment s'exerçait « la compétition des pouvoirs » à l'aide à l'enfance (entre institutions, justice, associations, établissements, bureaux, services...) et l'importance des absents, c'est-à-dire de l'enfant et de la famille.

Plusieurs textes vont donc marquer la réintroduction de l'enfant et de ses parents comme partenaires de leur prise en charge.

D'une part, les circulaires des 18 et 21 mars 1983 relatives à la protection de l'enfance en danger, victime de sévices ou de délaissement, proposent, à côté des démarches techniques ou répressives

1. « Orientations principales sur le travail social », daté du 28 mai 1982.

2. Sur l'évolution du secret de l'activité de l'administration se reporter aux actes du colloque IFSA/CADA, « Transparence et secret », La Documentation française, 2003.

classiques, la mise en place de lieux de rencontre, d'écoute de la parole des parents en difficulté. Le texte fondamental fut la loi du 6 juin 1984 et son complément du 6 janvier 1986. La première loi, votée à l'unanimité par le Parlement, proclamait les droits des familles dans leur relation avec les services chargés de la protection de l'enfance. Il s'agit précisément, dit l'exposé, des motifs « de sortir d'une logique d'assistance et d'exclusion, en créant des conditions de nature à favoriser de nouveaux rapports entre les institutions et les usagers, considérés comme responsables par-delà la dépendance dans laquelle ils peuvent se trouver ». Ainsi sont reconnus :

- le droit d'être informé sur les conditions et les conséquences d'une intervention sociale ;
- le droit d'être accompagné dans ses demandes par une personne de son choix (voisin, association, avocat, syndicat...) ;
- le droit pour les parents de participer aux décisions essentielles concernant leur enfant ;
- le droit pour l'enfant d'être associé aux mesures qui le concernent ;
- le droit de faire appel contre les décisions du conseil de famille des pupilles de l'État, droit qui jusque-là n'existait pas ou était discuté, et contre les décisions d'admission à l'Aide sociale à l'enfance.

Ce texte entraîne un changement de fond : le passage de la protection de l'enfance à l'aide à la famille. Un texte du docteur Thierry Azéma et de Jean-Pierre Thomasset pose justement l'enjeu :

> « L'aspect strictement formel de la loi commande à l'Aide sociale à l'enfance d'offrir ces possibilités. Mais il appartient aux parents et aux enfants d'en user ou non.
>
> Ainsi se dessine mieux la perspective de cette loi qui, parce qu'elle ne définit que des droits, lesquels ne sont porteurs en tant que tels, d'aucune affectivité, ouvre le champ de la parole. Au connu des limites qu'elle définit correspond l'imprévu de la parole possible.
>
> Nous sommes loin dorénavant des spéculations pluridisciplinaires sur "l'intérêt de l'enfant". Son intérêt, c'est qu'on le lui demande ainsi qu'à ses père et mère. Et ce sont ces paroles échangées qui sont son intérêt.
>
> Ainsi cette loi, si elle s'inscrit bien dans une continuité de textes, en marque en même temps la fin par le renversement qu'elle opère. Jusqu'à présent l'approche se révélait essentiellement psychologique, c'est-à-dire en réalité trop souvent subjective, axée sur la mise en évidence de "bonnes" ou de "mauvaises" relations entre parents et enfants. De cette approche s'ensuivaient des pratiques illusoirement réparatrices. Désormais, c'est par le respect des usagers dans leurs droits et le dialogue rendu ainsi possible que s'atténuera le processus de leur exclusion par le dévoilement de l'apparence de la contradiction citée plus haut.
>
> Ajoutons que, selon nous, c'est précisément des effets de cette possible prise de parole, chacun pour ce qui le concerne, que doit être attendu un mieux-être psychologique, en premier lieu pour les enfants.
>
> La loi du 6 juin 1984, il suffit de la lire, donne sa place à chacun. La respecter et dans la forme et dans le fond et que les pratiques soient le témoin de ce respect, voilà par où débute la protection de l'enfance et peut-être la prévention en santé mentale infantile comme il est dit. Il en va de l'avenir psychologique et donc social de 560 000 mineurs[1]. »

D'autre part, le fonctionnement du service, mais le fonctionnement n'est pas sans incidence sur le fond des décisions, fut marqué par la décentralisation annoncée par la loi du 2 mars 1982. L'Aide sociale à l'enfance, jusque-là animée par l'État, est alors transférée au département par la loi du 22 juillet 1983 entrée en application au 1er janvier 1984. C'est alors le président du conseil général qui :

1. *Droit de l'enfance et de la famille*, Centre de formation de l'Éducation surveillée, 1985, 1.

- définit la politique départementale ;
- crée et autorise les établissements sociaux et arrête leur tarification ;
- prononce l'admission à toute forme d'Aide sociale à l'enfance : attribution d'une allocation mensuelle, recueil temporaire de l'enfant, admission comme pupille de l'État.

Il est apparu en effet au législateur que le département était le bon niveau de décentralisation pour l'aide sociale : ni trop près de l'usager comme l'aurait été la commune, avec les risques de clientélisme électoral, ni trop loin comme la région ou l'État. Cela s'inscrit aussi dans l'évolution souhaitée de rapprocher le lieu de décision du citoyen et de « déprofessionnaliser » l'aide sociale. Il était cependant important que, pour équilibrer ce pouvoir des élus locaux, la loi ait affermi le pouvoir des usagers et ainsi celui des gestionnaires. C'est ce difficile équilibre qu'aménage la loi du 6 janvier 1986. En outre, il élargit la mission du département en matière d'Aide sociale à l'enfance : la mission des élus n'est pas seulement d'accorder des prestations, mais est une mission générale de soutien au développement de chaque enfant en difficulté, en animant des actions de prévention spécialisée sur tout un milieu en difficulté.

À partir des années 1980, on constate une plus grande sensibilisation parallèlement aux violences familiales. Des faits divers sont largement commentés, des travaux scientifiques mieux connus (Neiman, Strauss, Deschamps). Cela aboutira à la loi du 10 juillet 1989, qui définit clairement la responsabilité du président du conseil général et aussi les liaisons avec la justice. Elle opère une synthèse de l'évolution antérieure sur le droit des usagers. Ces travaux seront poursuivis par les recherches de Tomkievicz et Vivet sur les violences institutionnelles — sujet longtemps tabou —, qui ont permis d'éclairer d'une nouvelle manière la place des personnes au sein de l'institution qui les prend en charge, la question de la maltraitance institutionnelle apparaît alors et peu de temps après le besoin d'institutionnaliser des bonnes pratiques et de poser des règles de « bientraitance[1] ».

Mais l'événement important de cette fin du XXe siècle est la promulgation par l'ONU, le 20 novembre 1989, de la Convention des droits de l'enfant. Sans doute y avait-il eu, en 1959, une Déclaration des droits de l'enfant. Mais par rapport à cette dernière, la convention est un document contraignant, qui engage ceux qui l'ont signé et qui a une force supérieure aux lois nationales. La Convention est promulguée à Paris le 20 novembre 1989, signée à New York le 26 janvier 1990, ratifiée par la France le 7 août 1990. Elle est entrée en vigueur le 6 septembre de la même année. Les principaux droits reconnus à l'enfant sont :

- le droit à une identité (c'est-à-dire, selon l'article 8, un nom, une nationalité, des relations familiales) ;
- le droit de connaître ses parents et d'être élevé par eux ;
- un droit d'expression sur toute affaire le concernant (expression individuelle, expression collective, par la liberté de réunion et d'association, expression assistée par le droit à l'avocat) ;
- le droit à une protection adaptée à sa condition de minorité dans le travail, l'information...

Il y a dans ce texte davantage de droits-protection que de droits liberté. La seule liberté nouvelle reconnue à l'enfant est le droit d'être consulté sur ce qui le concerne, jamais de décider. Cette reconnaissance nouvelle oblige les services d'Aide sociale à l'enfance à travailler différemment en étant plus attentifs à sa parole et à respecter mieux la place des parents. Pour ce qui est de

1. *Prévenir, repérer et traiter les violences à l'encontre des enfants et des jeunes dans les institutions sociales et médico-sociales*, Rennes, ENSP, 2000.

la défense militante des droits de l'enfant et de l'action visant à faire évoluer la législation et les pratiques, il faut mentionner tout spécialement l'efficace travail de Jean-Pierre Rosenczveig, directeur de l'Institut de l'enfance et de la famille, qui développa des actions de recherche, réflexion, information qui ont marqué de façon décisive ce domaine. Un certain nombre d'avancées ont lieu dans les années 1990-2000. La mise en place, par le décret du 31 décembre 1991, des conseils d'établissement amorce une période dans laquelle les usagers deviennent des acteurs là où il n'y avait naguère que des assistés. La loi du 12 juillet 1992 relative aux assistants maternels et assistantes maternelles reconnaît à tous les partenaires un droit à la parole. La loi du 8 janvier 1993 renforce de son côté l'égalité père-mère dans l'éducation de l'enfant et améliore le droit du mineur capable de discernement à être entendu dans toute procédure le concernant. Cet article a vocation à s'appliquer non seulement en matière de séparation des parents mais dans toute procédure judiciaire concernant l'enfant : changement de nom, quand bien même l'enfant aurait moins de treize ans, action relative à la filiation, retrait d'autorité parentale. Ce droit d'être entendu a été renforcé par la loi du 5 mars 2007.

L'ordonnance n° 2000-1249 du 21 décembre 2000 a abrogé le Code de la famille et de l'aide sociale et lui a substitué un Code de l'action sociale et des familles (CASF).

La création dans les années 2000 des premières associations de parents d'enfants placés à l'Aide sociale à l'enfance[1] et l'organisation le 12 mai 2001 à Bobigny des « Premières rencontres nationales des parents d'enfants placés à l'Aide sociale à l'enfance » inaugure une nouvelle période où l'on sera passé du père absent au père déchu, puis de l'usager au citoyen.

La modernisation de l'action sociale

L'année 2002 : le renforcement des droits des usagers

L'année 2002 voit la promulgation de plusieurs textes essentiels dans le renforcement des droits des personnes. Tous à des degrés divers ont un impact dans l'évolution des pratiques dans le champ de la protection de l'enfance.

La principale est la loi 2002-2 du 2 janvier 2002 *rénovant l'action sociale et médico-sociale.* Si on a souvent parlé à son propos d'une réforme de la loi de 1975 sur les institutions sociales et médico-sociales, le texte va en réalité beaucoup plus loin et opère une véritable refondation de l'action sociale. Elle vise trois objectifs : la réaffirmation des droits des personnes accueillies, la garantie de l'effectivité de ces droits par des outils ou dispositifs nouveaux et l'amplification des contrôles des pouvoirs publics sur les institutions.

La loi 2002-93 du 22 du janvier 2002 relative à l'accès aux origines des personnes adoptées et pupilles de l'État, soutenue par Ségolène Royal, alors ministre déléguée à la Famille, aménage les possibilités d'accès des pupilles de l'État et des personnes adoptées à la connaissance de leur origine et crée un organisme de médiation, le CNAOP (conseil national pour l'accès aux origines personnelles).

Le 4 mars 2002 ce sont trois lois qui sont promulguées et qui ont toutes trois vocation à renforcer les droits des personnes. La loi 2002-305 relative à l'autorité parentale consacre le

1. Le Fil d'Ariane France, 3, allée des Aubépines, 93600 Aulnay-sous-Bois.

principe de l'exercice conjoint de l'autorité parentale quel que soit le statut familial, condamne pour la première fois les utilisateurs de la prostitution des mineurs. La loi 2002-304 relative au nom de famille supprime la notion de nom patronymique et modifie par là même le système d'attribution du nom à l'enfant en ouvrant, sous condition, un droit d'option pour les parents. La loi 2002-303 relative aux droits des malades et à la qualité du système de santé légalise pour la première fois la possibilité de partage de l'information et inscrit dans le Code de la santé publique un certain nombre de droits que les patients peuvent désormais faire valoir et opposer aux professionnels de santé (droit à l'information, droit d'accès au dossier médical...).

Le décret 2002-361 du 15 mars 2002 modifie le nouveau Code de procédure civile en matière d'assistance éducative et permet l'accès des familles et des mineurs capables de discernement à la consultation de leur dossier judiciaire qu'ils soient ou non assistés d'un avocat.

L'année 2007 : la réforme de la protection de l'enfance

Dans les années 2005-2006, plusieurs drames ont ému l'opinion. Certains, fortement médiatisés (Angers, Drancy), ont laissé apparaître des failles dans le système de protection : mauvaise identification des circuits de signalement ; insuffisante coordination des acteurs. C'est dans ces conditions que le ministre chargé de la Famille, Philippe Bas, a présenté un projet de loi affichant trois objectifs, avec pour ligne directrice de donner au conseil général le rôle de chef de file de la protection de l'enfance dans chaque département :

- renforcer la prévention, afin d'anticiper des difficultés futures et agir avant qu'il ne soit trop tard ;
- organiser le signalement, afin de détecter plus tôt et à bon escient les situations de danger, en posant la subsidiarité de l'intervention judiciaire par rapport à la protection sociale ;
- diversifier les modes de prise en charge des enfants, parce qu'il faut pouvoir répondre à chaque situation individuelle : accompagnement budgétaire, accueil de jour, accueil séquentiel.

Ce projet de loi a paru, sur plusieurs points, être en contradiction avec le projet relatif à la prévention de la délinquance présenté par le ministre de l'Intérieur, Nicolas Sarkozy. Pour autant ces deux textes fondés sur des principes et des objectifs différents ne doivent pas être confondus[1].

La genèse de la loi ♦ À partir des années 2000, les critiques de l'Aide sociale à l'enfance se multiplient. Certains lui reprochent son caractère trop familialiste, d'autres son manque d'efficacité à éviter les drames familiaux notamment dans des affaires très médiatisées[2]. Dans tous les cas, le manque d'efficacité des services est imputé à une trop grande place donnée aux droits des parents et à une absence de communication d'informations entre professionnels. Ce discours avait déjà

1. Pour une étude en parallèle des deux textes voir Rosenczveig J.-P., « Deux lois contre, en attendant une loi pour le bien-être des enfants », *JDJ/RAJS*, n° 264, avril 2007, p. 18 ; voir aussi Verdier P., « La loi n° 2007.293 du 5 mars 2007 relative à la protection de l'enfance : une avancée de la protection, un recul des droits », *JDJ/RAJS*, n° 265, mai 2007.

2. On cite les « affaires » de Drancy, d'Outrau, d'Angers...

été entendu[1] et la loi du 10 juillet 1989 d'Hélène Dorlhac devait y répondre. Les critiques les plus construites émanent de Maurice Berger, pédopsychiatre[2].

De nombreux rapports officiels, qui s'ajoutant aux rapports plus anciens Roméo, Naves, etc., font des propositions, souvent convergentes. On citera :

- le rapport Hermange-Rudolf sur la sécurité des mineurs ;
- le rapport Nogrix sur l'amélioration de la procédure de signalement de l'enfance en danger ;
- le rapport Hirsch intitulé « Familles, pauvreté, vulnérabilité » ;
- le rapport Broissia sur l'amélioration de la prise en charge des mineurs protégés ;
- les rapports de l'Observatoire national de l'enfance en danger[3], celui de la défenseure des enfants[4], celui de l'Observatoire national de l'action sociale décentralisée[5], celui de l'Inspection générale des services sur les bonnes pratiques en matière de signalements ;
- le rapport parlementaire Bloche-Pécresse au nom de la « mission d'information sur la famille et les droits des enfants[6] ».

En avril 2005, Jean-Pierre Rosenczveig et Claude Roméo lancent « l'Appel des cent » pour « le renouveau de la protection de l'enfance ». Reprenant cette idée, le ministre délégué à la Famille, Philippe Bas, lance fin 2005, un large débat décentralisé avec les conseils généraux et les associations. Ces débats interféraient avec un autre projet de loi soutenu par le ministre de l'Intérieur, Nicolas Sarkozy, sur la prévention de la délinquance. Plusieurs dispositions étaient divergentes : la loi Sarkozy entendait renforcer les compétences du maire au détriment du président du conseil général, les conceptions sur le secret partagé inquiétaient les travailleurs sociaux. Après bien des débats, les deux lois arriveront à terme et seront promulguées le même jour.

Les objectifs et les dispositifs ♦ La loi n° 2007-293 du 5 mars 2007 ne modifie pas moins de huit codes et plusieurs lois non codifiées. Pour ne reprendre que les principales dispositions, soulignons qu'elle entend :

- clarifier missions et compétences,
- développer la prévention,
- renforcer le dispositif d'alerte et d'évaluation des risques de danger,
- améliorer et diversifier les modes d'intervention,
- développer le droit des enfants et des familles.

À cela seront ajoutées quelques dispositions diverses.

1. « Au milieu des années 1980, la presse se fait l'écho des critiques les plus courantes et dénonce systématiquement le manque de coordination des institutions de protection de l'enfance... Ils font remarquer que de nombreuses déficiences interviennent à chaque étape du dispostif de signalement... » Anne Daguerre, *La Protection de l'enfance et France et en Angleterre 1980-1989*, L'Harmattan 1999, p. 151.
2. Berger M., *L'Échec de la protection de l'enfance*, Paris, Dunod, 2003 ; *Ces enfants qu'on sacrifie... : au nom de la protection de l'enfance*, Paris, Dunod, 2005.
3. ONED, Premier rapport annuel, 2005.
4. *L'Enfant au cœur des nouvelles parentalités*, 2006.
5. ODAS, *Protection de l'enfance : observer, évaluer pour mieux adapter nos réponses,* novembre 2005.
6. Rapport n° 2832 Assemblée nationale du 25 janvier 2006.

Le renforcement du dispositif d'alerte et d'évaluation des risques de danger

La préexistence de l'obligation de signalement ♦ Il faut rappeler les obligations générales qui se trouvent dans le Code pénal. L'article 223-6 du Code pénal impose à tout citoyen de porter assistance à personne en péril, soit directement, soit en provoquant des secours. L'article 434-1 du même code impose quant à lui d'informer les autorités administratives ou judiciaires des crimes dont il est encore possible de limiter les effets ou dont les auteurs sont susceptibles de commettre de nouveaux crimes. S'agissant plus précisément des mineurs, l'article 434-3 du Code pénal prévoit la même obligation concernant les privations, mauvais traitements ou atteintes sexuelles infligés à un mineur de quinze ans ou à une personne qui n'est pas en mesure de se protéger en raison de son âge, d'une maladie, d'une infirmité, d'une déficience physique ou psychique ou d'un état de grossesse. Toutefois, les personnes astreintes au secret professionnel sont dispensées de cette obligation, à condition bien sûr, qu'elles aient fait en sorte que secours soit porté.

En matière de protection de l'enfant, l'article L. 226-2-1. CASF dispose :

> « Sans préjudice des dispositions du II de l'article L. 226-4, les personnes qui mettent en œuvre la politique de protection de l'enfance définie à l'article L. 112-3 ainsi que celles qui lui apportent leur concours transmettent sans délai au président du conseil général ou au responsable désigné par lui, conformément à l'article L. 226-3, toute information préoccupante sur un mineur en danger ou risquant de l'être, au sens de l'article 375 du Code civil. »

La clarification et l'encadrement des conditions de partage de l'information entre personnes soumises au secret professionnel ♦ Jusqu'ici le Code pénal interdisait le partage d'informations à caractère secret. Pourtant, les nécessités du travail et de son efficacité l'imposaient, et la pratique le consacrait. S'inspirant du dispositif créé en matière de partage des informations à caractère médical par la loi sur le droit des malades[1], la loi apporte une clarification salutaire :

> « Par exception à l'article 226-13 du Code pénal, les personnes soumises au secret professionnel qui mettent en œuvre la politique de protection de l'enfance définie à l'article L. 112-3 ou qui lui apportent leur concours sont autorisées à partager entre elles des informations à caractère secret afin d'évaluer une situation individuelle, de déterminer et de mettre en œuvre les actions de protection et d'aide dont les mineurs et leur famille peuvent bénéficier. Le partage des informations relatives à une situation individuelle est strictement limité à ce qui est nécessaire à l'accomplissement de la mission de protection de l'enfance. Le père, la mère, toute autre personne exerçant l'autorité parentale, le tuteur, l'enfant en fonction de son âge et de sa maturité sont préalablement informés, selon des modalités adaptées, sauf si cette information est contraire à l'intérêt de l'enfant[2]. »

Ce texte n'est pas une autorisation générale, le partage implique le respect de certaines obligations, qui, à défaut d'être respectées, pourraient entraîner des poursuites pour violation du secret professionnel sur le fondement de l'article 226-13 du Code pénal. Les conditions sont les suivantes : le partage est une possibilité, pas une obligation (« sont autorisés »), limitée aux personnes participant à la protection de l'enfance, uniquement dans un objectif précis (« évaluer et déterminer les actions à mettre en œuvre ») et à ce qui est « strictement nécessaire », et après avoir informé les personnes concernées (sauf exceptions).

1. Art. L. 1110-4 du Code de la santé publique.
2. Art. L. 226-2-2. CASF.

Certains se sont déjà engouffrés dans la porte entrouverte pour parler de « secret partagé », autrement dit et si les mots ont un sens, la fin du secret. La loi n'emploie pas ce terme. Non, il n'y a pas de secret partagé, sinon, il n'y a plus de secret. Il peut y avoir partage d'informations, dans certaines conditions et entre personnes soumises au secret professionnel. On ne peut oublier que le fondement du secret professionnel est de maintenir la crédibilité de certaines professions qui ont une fonction sociale : médecins, avocats, travailleurs sociaux, etc. La suppression du secret supprime la confiance que l'usager est en droit d'avoir envers ces professionnels, et qui doit être totale.

À cette fin, l'information préalable des personnes concernées est un progrès. On comprend qu'il puisse y avoir des exceptions qui, comme le notait Jean-Luc Rongé[1], pourraient être une entorse aux principes de transparence instaurées par la loi du 2 janvier 2002, le président du conseil général devient juge de l'intérêt de l'enfant et de la capacité des parents à recevoir l'information ».

L'identification d'un lieu d'évaluation collégiale ♦ L'article L. 226-3 CASF demande la mise en place dans chaque département, et après concertation et établissement de protocoles d'une cellule de recueil, de traitement et d'évaluation de ces informations en vue de centraliser le recueil d'informations préoccupantes. Il sera plus facile pour les enseignants, les médecins, le grand public, de savoir à qui s'adresser, et on peut en espérer une meilleure technicité.

Cette organisation s'appuie également sur la mise en place d'un Observatoire départemental de l'enfance en danger[2] qui doit contribuer à une plus grande cohérence des politiques départementales et une meilleure maîtrise des informations, sur le plan local, comme sur le plan national.

L'uniformisation des circuits des signalements ♦ L'article L. 226-4 consacre la subsidiarité de l'intervention judiciaire. Subsidiaire n'équivaut pas à place secondaire car de moindre valeur, cela signifie qu'elle intervient après échec ou impossibilité de la mise en œuvre de la protection sociale. On a un temps tenté de fonder la protection sociale sur le risque de danger et la protection judiciaire sur le danger. Le critère de la collaboration ou non-collaboration des parents est plus pertinent et plus conforme à notre droit : le juge intervient en cas de conflit et lui seul peut porter atteinte à l'autorité parentale.

Désormais, pour les enfants en danger ou présumés l'être[3], il y a, selon l'article L. 226-4 CASF, des hypothèses de signalement à l'autorité administrative via la cellule départementale qui se distingue, du moins d'un point de vue théorique, des situations justifiant un signalement judiciaire[4].

Les modalités de coordination renforcées[5] ♦ Dans l'hypothèse où un professionnel, travaillant dans une structure susceptible de connaître des situations d'enfant en danger ou risquant de l'être (école, crèche, centre de loisirs...), avise directement, du fait de la gravité de la situation, le

1. Rongé J.-L., « Le département, la commune et la prévention », *JDJ-RASJ*, n° 263, mars 2007, p. 31.
2. Art. L. 226-3-1 CASF.
3. La notion de danger est tout d'abord attachée à celle de protection de la santé, sécurité et moralité des enfants qui définit les contours de l'autorité parentale. Les conditions d'éducation, auxquelles ont été ajoutées les notions de développement physique, affectif, intellectuel et social, doivent quant à elle être gravement compromises (art. 375 Code civil).
4. Voir chapitre 13.
5. L. 226-4, II, CASF.

procureur de la République de la situation d'un mineur en danger, il adresse une copie de cette transmission au président du conseil général.

Lorsque le procureur a été avisé par une autre personne, il transmet au président du conseil général les informations qui sont nécessaires à l'accomplissement de la mission de protection de l'enfance confiée à ce dernier et il informe cette personne des suites réservées à son signalement.

L'amélioration et la diversification des modes d'intervention

On reprochait au système d'être trop binaire : milieu ouvert ou placement. La nouvelle loi propose des mesures nouvelles et des possibilités d'assouplissement dans le fonctionnement des dispositifs existants.

Les mesures nouvelles ♦ En premier lieu, la loi reprend une proposition du rapport Naves qui préconisait en 2003 de créer une prestation d'accompagnement budgétaire personnalisé. Cet accompagnement peut être décidé administrativement ou judiciairement. Ainsi, l'aide sociale à domicile comprend, en plus de ses formes habituelles (intervention d'un technicien de l'intervention sociale et familiale, action éducative à domicile, aide financière), un quatrième type d'action appelé « accompagnement en économie sociale et familiale[1] ». En cas d'échec de cette dernière, ce sera une mesure judiciaire d'aide à la gestion du budget familial qui reprend sous un nouveau vocabulaire et dans un autre code[2], la tutelle aux prestations sociales enfants. Cette mesure judiciaire intègre le Code civil.

En deuxième lieu, la loi légalise certaines pratiques, jusque-là sans fondement légal, tels que l'accueil séquentiel « accueil à temps complet ou partiel, modulable selon leurs besoins[3] », « tout ou partie de la journée[4] ».

En troisième lieu, est créé un dispositif d'AEMO renforcée. Lorsque le juge confie un enfant à un service d'action éducative en milieu ouvert, « il peut autoriser ce dernier à lui assurer un hébergement exceptionnel ou périodique à condition que ce service soit spécifiquement habilité à cet effet. Chaque fois qu'il héberge le mineur en vertu de cette autorisation, le service en informe sans délai ses parents ou ses représentants légaux ainsi que le juge des enfants et le président du conseil général. Le juge est saisi de tout désaccord concernant cet hébergement[5] ».

En quatrième lieu, notons la possibilité donnée aux services de l'Aide sociale à l'enfance, en cas de danger immédiat ou de suspicion de danger immédiat, d'accueillir « un mineur ayant abandonné le domicile familial, pendant une durée maximale de soixante-douze heures, (sans décision judiciaire et sans l'accord des parents), sous réserve d'en informer sans délai les parents, toute autre personne exerçant l'autorité parentale ou le tuteur, ainsi que le procureur de la République[6] ». Ceci peut éviter le recours précipité à une ordonnance de placement provisoire

1. Art 222-3 CASF.
2. On passe du Code de la Sécurité sociale au Code civil art 375-9-1.
3. L. 222-5, 1° CASF.
4. L. 222-4-2 CASF.
5. Art. 375- 2 nouveau Code civil.
6. Art. L. 223-2 CASF.

(OPP, transmission au juge, convocation des parents...)[1]. Cela également va dans le sens de la déjudiciarisation du dispositif de protection.

Des assouplissements dans le fonctionnement de l'assistance éducative ♦ Le juge des enfants peut décider que les conditions matérielles d'exercice du droit de visite et d'hébergement seront déterminées conjointement entre les titulaires de l'autorité parentale et la personne, le service ou l'établissement à qui l'enfant est confié. Bien que se pratiquant, la Cour de cassation eut à plusieurs reprises l'occasion de censurer cette délégation. Mais des arrêts récents avaient déjà entamé cette impossibilité [2]. Désormais légale, elle doit néanmoins respecter certaines conditions[3].

Le juge peut également :

- imposer l'anonymat du lieu d'accueil mais uniquement à titre exceptionnel[4]; ce qui implicitement interdit d'imposer l'anonymat dans le cadre d'accueil provisoire ;
- placer le mineur sans limitation de durée (par opposition à la durée maximum de principe qui est de deux ans), mais les conditions posées par le nouvel article 375 sont strictes : « Cependant, lorsque les parents présentent des difficultés relationnelles et éducatives graves, sévères et chroniques, évaluées comme telles dans l'état actuel des connaissances, affectant durablement leurs compétences dans l'exercice de leur responsabilité parentale, une mesure d'accueil exercée par un service ou une institution peut être ordonnée pour une durée supérieure, afin de permettre à l'enfant de bénéficier d'une continuité relationnelle, affective et géographique dans son lieu de vie dès lors qu'il est adapté à ses besoins immédiats et à venir » ;
- transférer à l'établissement le pouvoir de décisions pour certains actes non usuels, « en cas de refus abusif ou injustifié ou en cas de négligence des détenteurs de l'autorité parentale, à charge pour le demandeur de rapporter la preuve de la nécessité de cette mesure[5] ». C'est là encore une exception qui permet de manière conditionnée de ménager l'exercice de l'autorité parentale et les besoins de l'enfant ;
- imposer la présence d'un tiers pour les visites des parents. C'est l'institutionnalisation des visites dites médiatisées[6].

1. En ce sens Louis de Brossia, in *Droit de la famille* n° 2/2007, février 2007.
2. 1re civ. 27 mai 2003 : « S'il a été nécessaire de placer l'enfant hors de chez ses parents, ceux-ci conservent un droit de visite dont le juge fixe les modalités. Ne délègue pas ses pouvoirs le juge qui octroie aux parents un droit de visite et d'hébergement minimal dont il a déterminé la périodicité, tout en laissant aux parties la possibilité de convenir d'une extension de ce droit et en disant qu'il lui en sera référé en cas de difficulté. »
3. Art. 375-7 alinéa 4 Code civil : « S'il a été nécessaire de confier l'enfant à une personne ou un établissement, ses parents conservent un droit de correspondance ainsi qu'un droit de visite et d'hébergement. Le juge en fixe les modalités et peut, si l'intérêt de l'enfant l'exige, décider que l'exercice de ces droits, ou de l'un d'eux, est provisoirement suspendu. Il peut également décider que le droit de visite du ou des parents ne peut être exercé qu'en présence d'un tiers désigné par l'établissement ou le service à qui l'enfant est confié. »
4. Art. 375-7 al. ; 6 *in fine* Code civil : « Si l'intérêt de l'enfant le nécessite ou en cas de danger, le juge décide de l'anonymat du lieu d'accueil. »
5. L. 221-1 CASF.
6. Art. 375-7, alinéa 4 *in fine* Code civil : « Il peut également décider que le droit de visite du ou des parents ne peut être exercé qu'en présence d'un tiers désigné par l'établissement ou le service à qui l'enfant est confié. »

La consolidation des droits des enfants et des familles

Le droit pour l'enfant qui le demande à être entendu dans toute procédure le concernant[1] ♦ :

> « Dans toute procédure le concernant, le mineur capable de discernement peut, sans préjudice des dispositions prévoyant son intervention ou son consentement, être entendu par le juge ou, lorsque son intérêt le commande, par la personne désignée par le juge à cet effet.
>
> Cette audition est de droit lorsque le mineur en fait la demande. Lorsque le mineur refuse d'être entendu, le juge apprécie le bien-fondé de ce refus. Il peut être entendu seul, avec un avocat ou une personne de son choix. Si ce choix n'apparaît pas conforme à l'intérêt du mineur, le juge peut procéder à la désignation d'une autre personne. »

Jusqu'ici, le mineur n'avait pas un droit à être entendu, il avait seulement le droit de demander à être entendu, le juge pouvant écarter cette demande, par une décision spécialement motivée. Toutefois, le législateur a introduit la possibilité pour le juge de désigner quelqu'un d'autre pour cette audition « lorsque son intérêt le commande [le mineur peut être entendu] par la personne désignée par le juge à cet effet ».

Le droit au maintien des liens d'affection du mineur ♦ C'est tout d'abord les liens familiaux avec les parents mais la loi ajoute les liens fraternels, qui existaient déjà dans le Code civil mais de manière périphérique. Désormais, l'article 375-7 du Code civil affirme que « le lieu d'accueil de l'enfant doit être recherché dans l'intérêt de celui-ci et afin de faciliter l'exercice du droit de visite et d'hébergement par le ou les parents et le maintien de ses liens avec ses frères et sœurs en application de l'article 371-5 ». Cette référence est opportune quand on connaît la volonté farouche de certains services de séparer les frères et sœurs, soit par commodité administrative (la famille n'a pas l'agrément suffisant, les services sont organisés par âge ou par sexe...), soit en raison de théories éducatives mal assimilées (la nécessaire différenciation des jumeaux !).

L'Aide sociale à l'enfance doit ensuite veiller à ce que « les liens d'attachement noués par l'enfant avec d'autres personnes que ses parents soient maintenus, voire développés, dans son intérêt supérieur[2] ». C'est même désormais une des missions du service.

Dans le cadre de l'accueil des femmes enceintes ou des mères isolées, les établissements et services doivent organiser des dispositifs « visant à préserver ou à restaurer des relations avec le père de l'enfant, lorsque celles-ci sont conformes à l'intérêt de celui-ci[3] ».

L'établissement d'un document intitulé « projet pour l'enfant » ♦ Ce document précise les actions qui seront menées auprès de l'enfant, des parents et de son environnement, le rôle des parents, les objectifs visés et les délais de leur mise en œuvre. Il mentionne « l'institution et la personne chargées d'assurer la cohérence et la continuité des interventions ». Ce document est cosigné par le président du conseil général et les représentants légaux du mineur ainsi que par un responsable de chacun des organismes chargés de mettre en œuvre les interventions. Il est porté à la connaissance du mineur[4] ».

La communication d'un bilan annuel ♦ L. 223-5 prévoit :

1. Art. 388-1 Code civil.
2. Art. L. 221-1 /6° CASF.
3. Art. L. 222-5, /4° CASF.
4. Art. L. 223-1 /5° CASF.

> « Le service élabore au moins une fois par an un rapport, établi après une évaluation pluridisciplinaire, sur la situation de tout enfant accueilli ou faisant l'objet d'une mesure éducative.
>
> Lorsque l'enfant est confié au service de l'Aide sociale à l'enfance en application du 3° de l'article L. 222-5 du présent code et du 3° de l'article 375-3 du Code civil, ce rapport est transmis à l'autorité judiciaire.
>
> Sans préjudice des dispositions relatives à la procédure d'assistance éducative, le contenu et les conclusions de ce rapport sont portés à la connaissance du père, de la mère, de toute autre personne exerçant l'autorité parentale, du tuteur et du mineur, en fonction de son âge et de sa maturité. »

C'est un progrès évident vers la transparence et le partenariat.

Des mesures diverses

La loi n° 2007-393 du 5 mars 2007 introduit encore toute une série de dispositions que nous aurions tendance à considérer comme mineures mais qui sont essentielles pour les personnes concernées et souvent demandées depuis longtemps :

- la nécessité « d'une évaluation de la situation prenant en compte l'état du mineur, la situation de la famille et les aides auxquelles elle peut faire appel dans son environnement »[1] avant d'accorder une aide sociale. L'intervention sociale doit rester subsidiaire à l'aide familiale. Dans notre dispositif de protection, interviennent : l'intéressé, ses parents, sa famille élargie, l'aide sociale, puis le recours au judiciaire ;
- la loi exonère de l'obligation alimentaire les enfants qui ont été retirés de leur milieu familial par décision judiciaire durant une période d'au moins trente-six mois cumulés au cours des douze premières années de leur vie, sous réserve d'une décision contraire du juge aux affaires familiales[2]. Pour certaines, c'est une victoire des idéologues anti-famille ;
- elle aménage le congé de maternité, pour reporter après la naissance une partie du congé prénatal, pour trois semaines au plus[3] ;
- elle introduit trois séries de dispositions de protection des enfants contre les dérives sectaires : la pénalisation de la non déclaration de naissance[4], celle du refus de vacciner[5]; et prévoit un meilleur encadrement de l'instruction à domicile[6] ;
- elle introduit un nécessaire aménagement du temps de travail des permanents des lieux de vie (258 jours par an)[7] ;
- elle élargit les conditions de saisine du défenseur des enfants[8] ;
- elle ouvre la saisine du CNAOP aux mineurs ;

1. Art L. 223-1 /4° CASF.
2. Art. L. 132-6 CASF.
3. Art. L. 122-26 du Code du travail.
4. Art. 433-18-1 du Code pénal.
5. Art. L. 3116-4 du Code de la santé publique.
6. Art. L. 131-10 du Code de l'éducation.
7. Art. L. 774-3 du Code du travail.
8. Modification de l'art. de la loi du 6 mars 2000.

- il est créé un Fonds national de financement de la protection de l'enfance au sein de la Caisse nationale des allocations familiales. Son objet est de compenser les charges résultant pour les départements de la mise en œuvre de la présente loi[1] ».

Un bilan provisoire

Cette loi est une avancée dans certains domaines et a permis d'échapper à des propositions réellement négatives. Elle a créé une dynamique au niveau national. Toutefois, des sources d'inquiétudes demeurent. Cette loi peut permettre le meilleur et le pire. Ainsi peut-on s'inquiéter de l'utilisation récurrente de la notion d'intérêt de l'enfant pour éviter de faire droit à ses droits[2], du renforcement de contrôles indirects sur des classes pauvres. Le dépistage semble l'emporter sur la vraie prévention. Or le dépistage est précisément l'échec de la prévention. Cette crainte est renforcée par l'obligation faite à tous les services participant à la protection de l'enfance de « transmettre les informations préoccupantes », au mépris de tout secret professionnel. Est-il possible en même temps d'aider et de contrôler ?

Le professeur Claire Neirinck, relevant la confusion des nouvelles notions écrit :

> « La nouvelle notion d'enfants en danger ou risquant de l'être est certes simplificatrice, mais à l'excès. Non seulement elle conforte la désignation des parents comme principaux responsables de la situation de l'enfant, mais encore elle induit une confusion totale entre l'aide sociale qui est un droit reconnu aux familles en difficulté et leur contrôle[3]. »

Enfin, cette loi contient de nombreuses dispositions anti-familles[4]. Il en va ainsi de la possibilité de transférer à l'établissement d'accueil certains attributs de l'autorité parentale, de ne pas limiter leur durée, ce qui avait été une avancée considérable de la loi du 6 juin 1984, la possibilité d'anonymat du lieu d'accueil, la légalisation de visites en présence de tiers, tout cela peu être des moyens d'écarter et de déresponsabiliser les parents. Plus que jamais, ces dispositions, utiles voire nécessaires dans quelques cas exceptionnels, devront être utilisées avec un souci éthique de respect de l'autre[5].

1. Art. 122-1 CASF.
2. Ainsi le service social peut se dispenser de l'obligation d'informer les parents et l'enfant que l'on va partager des informations le concernant « si cette information est contraire à l'intérêt de l'enfant » ; Le président du conseil général doit informer les parents lorsqu'il transmet à l'autorité judiciaire une information préoccupante les concernant, « sauf intérêt contraire de l'enfant » ; Il est possible de se dispenser de maintenir les frères et sœurs ensemble comme l'exige l'article 371-5 Code civil « si son intérêt commande une autre solution » ; pour l'empêcher de s'exprimer devant le juge et l'adresser à une autre personne « lorsque son intérêt le commande ». Pour le priver de son droit, pourtant reconnu, d'entretenir des relations personnelles avec ses ascendants ; l'ancien texte le restreignait aux situations de « motifs graves »; le nouveau permet de s'y opposer en invoquant l'intérêt de l'enfant ; ainsi pour privilégier les liens d'attachement sur les liens familiaux « dans son intérêt supérieur ».
3. Neirinck C., « L'enfant, être vulnérable », in *Revue de droit sanitaire et social* n° 1 janv.-fév. 2007 p. 10.
4. Claire Neirinck parle de « disqualification des familles ».
5. Pour une analyse critique de cette loi Pierre Verdier, Neirinck C., « La loi n° 2007-293 du 5 mars 2007 relative à la protection de l'enfance : Une avancée de la protection, un recul des droits », *RAJS-JDJ*, n° 265, mai 2007, *op. cit.*

Plutôt que d'avoir recours à des décrets d'application ou à des circulaires explicatives, le gouvernement a choisi d'élaborer cinq guides pratiques[1] :

1. la prévention en faveur de l'enfant et de l'adolescent ;
2. la cellule départementale de recueil, de traitement et d'évaluation ;
3. l'intervention à domicile ;
4. les nouveaux dispositifs d'accueil du mineur et du jeune majeur ;
5. l'Observatoire départemental de protection de l'enfance.

Encadré 8.1 ▪ Repères historiques sur l'Aide sociale à l'enfance

- 1363 : hôpital du Saint-Esprit-en-Grève (pour orphelins).
- 1531 : hôpital des Enfants-Rouges.
- 1545 : hôpital de La Trinité.
- 1638 : création par saint Vincent de Paul de l'Œuvre des Enfants-Trouvés.
- 1746 : reconstruction de la Maison de la couche.
- 1793 : obligation pour la nation de se charger de l'éducation des enfants abandonnés.
- 1804 : Code civil.
- 1810 : Code pénal (minorité pénale — vagabondage de mineurs).
- 1811 : décret impérial sur le service des enfants assistés.
- 1835 : la Petite Roquette, établissement public d'éducation correctionnelle.
- 1838-1839 : colonie agricole de Rethay.
- 22 mars 1841 : loi réglementant l'emploi des enfants dans les fabriques.
- 1865 : les enfants en dépôt.
- 1872 : colonie pénitentiaire (Belle-Île-en-Mer).
- Loi du 28 mars 1882 : instruction obligatoire de 6 à 13 ans.
- Loi du 15 juillet 1889 : création des bataillons d'Afrique pour le service militaire des jeunes délinquants.
- Loi du 24 juillet 1889 : protection judiciaire des enfants maltraités et moralement abandonnés (modifiée en 1970).
- Loi du 19 avril 1898 sur la répression des violences, voies de faits, actes de cruauté et attentats commis envers des enfants.
- Loi du 27 juin 1904 : service des enfants assistés.
- Loi du 28 juin 1904 relative à l'éducation des pupilles difficiles ou vicieux de l'Assistance publique.
- Loi du 12 avril 1904 fixant la majorité pénale à 21 ans.
- Loi du 22 juillet 1912 : création des tribunaux pour enfants et adolescents et la liberté surveillée.
- Loi du 15 novembre 1921 : déchéance partielle de la puissance paternelle.
- Décret-loi du 30 octobre 1935 sur la correction paternelle et sur l'assistance éducative.
- Ordonnance du 2 février 1945 sur l'enfance délinquante. Création du juge des enfants.
- Ordonnance du 2 novembre 1945 : Protection maternelle et infantile.
- 1946 : tutelle aux allocations familiales (modifiée en 1966).
- Décret du 24 janvier 1956 : Code de la famille et de l'aide sociale.

☞

1. Accessibles sur **www.famille.gouv.fr**. Seuls cinq décrets sont prévus, la grande majorité des dispositions étant d'application immédiate.

☞

- Ordonnance du 23 décembre 1958 : protection judiciaire de l'enfance en danger.
- Décret du 7 janvier 1959 : protection sociale de l'enfance en danger.
- 31 juillet 1964 : création des DDASS.
- Loi du 11 juillet 1966 : réforme de l'adoption.
- Loi du 18 octobre 1966 : tutelle aux prestations sociales.
- Loi du 28 décembre 1967 : régulation des naissances.
- Loi du 4 juin 1970 : autorité parentale.
- 1972 : rapport Dupont-Fauville.
- Loi du 3 janvier 1972 : réforme de la filiation.
- Arrêté du 4 juillet 1972 : clubs et équipes de prévention.
- Instruction du 21 mars 1974 : service unifié de l'enfance.
- Loi du 5 juillet 1974 : majorité à 18 ans.
- Loi du 17 janvier 1975 : interruption volontaire de grossesse.
- Loi du 30 juin 1975 en faveur des personnes handicapées.
- Loi du 30 juin 1975 : institutions sociales et médico-sociales.
- Loi du 11 juillet 1975 : réforme du divorce.
- Décret du 2 décembre 1975 : aide sociale aux jeunes majeurs.
- Loi du 17 mai 1977 : statut des assistantes maternelles.
- Loi du 6 janvier 1978 : informatique, fichiers et liberté.
- Loi du 17 juillet 1979 sur la motivation des actes administratifs.
- 1980 : rapport Bianco-Lamy.
- Circulaire du 23 janvier 1981 : nouvelle politique de l'Aide sociale à l'enfance.
- Loi du 2 mars 1982 : droits et libertés des communes, des départements et des régions (décentralisation).
- Loi du 22 juillet 1983 : répartition des compétences. État — Région — Département.
- Loi du 6 juin 1984 relative aux droits des familles dans leurs rapports avec les services chargés de la protection de la famille et de l'enfance et au statut des pupilles de l'État.
- Loi du 6 janvier 1986 adaptant la législation sanitaire et sociale aux transferts de compétences en matière d'aide sociale et de santé.
- Loi du 22 juillet 1987 sur l'exercice de l'autorité parentale.
- Loi du 30 décembre 1987 portant réforme de la détention provisoire et du contrôle.
- Loi du 10 juillet 1989 relative à la prévention des mauvais traitements à l'égard des mineurs à la protection de l'enfance.
- 20 novembre 1989 : proclamation par l'ONU de la Convention internationale des droits de l'enfant (entrée en vigueur le 6 septembre 1990).
- Loi du 18 décembre 1989 : protection et promotion de la santé de la famille et de l'enfance (modification de la PMI).
- Décret du 31 décembre 1991 : création des conseils d'établissements.
- Loi du 12 juillet 1992 sur le statut des assistants maternels et assistantes maternelles.
- Loi du 8 janvier 1993 modifiant le Code civil relative à l'état avis, à la famille et aux droits de l'enfant et instituant le juge aux affaires familiales.
- 1er mars 1994 : entrée en vigueur du nouveau Code pénal (loi du 22 juillet 1992).
- Loi du 29 juillet 1994 relative à la bioéthique.
- Loi du 5 juillet 1996 relative à l'adoption (dite loi Mattei).
- Loi du 30 décembre 1996 non-séparation des frères et sœurs.
- Loi du 17 janvier 1998 relative à la prévention et à la répression des atteintes sexuelles ainsi qu'à la prévention de leur récidive.
- Loi du 29 juillet 1998 relative à la lutte contre les exclusions.

☞

☞

- Loi du 7 mars 2000 créant un défenseur des enfants.
- Loi du 12 avril 2000 relative aux droits des citoyens dans leurs relations avec les administrations.
- Ordonnance du 21 décembre 2000 créant le Code de l'action sociale et des familles et abrogeant le Code de la famille et de l'aide sociale.
- Loi 2002-2 du 2 janvier 2002 réformant les institutions sociales et médico-sociales.
- Loi du 2004-1 du 2 janvier 2004 relative à l'accueil et à la protection de l'enfance.
- Loi n° 2004-809 du 13 août 2004 relative aux libertés et responsabilités locales[1].
- Loi du 11 février 2005 pour l'égalité des droits et des chances, la participation et la citoyenneté des personnes handicapées.
- Loi du 27 juin 2005 relative aux assistants maternels et assistants familiaux.
- Loi du 4 juillet 2005 relative à réforme de l'adoption.
- Ordonnance du 4 juillet 2005 réforme de la filiation.
- Loi du 31 mars 2006 relative à l'égalité des chances (contrat de responsabilité parentale).
- LOI n° 2007-293 du 5 mars 2007 réformant la protection de l'enfance.
- LOI n° 2007-291 du 5 mars 2007 tendant à renforcer l'équilibre de la procédure pénale.
- LOI n° 2007-308 du 5 mars 2007 portant réforme de la protection juridique des majeurs.
- LOI organique n° 2007-287 du 5 mars 2007 relative au recrutement, à la formation et à la responsabilité des magistrats.
- LOI n° 2007-290 du 5 mars 2007 instituant le droit au logement opposable et portant diverses mesures en faveur de la cohésion sociale.
- LOI n° 2007-297 du 5 mars 2007 relative à la prévention de la délinquance.

1. Cette loi prévoit l'expérimentation de l'extension des compétences des départements en matière de protection judiciaire de la jeunesse.

Tableau 8.2. Grille de lecture de l'histoire de l'ASE.

Période	Grands événements législatifs	Qui parle pour l'enfant ? Qui apprécie son intérêt ?	Effets de cette politique
Ancien régime		Droit quasi absolu du père	Dépendance familiale, Initiatives privées isolées pour suppléer la famille
L'assistance publique	1789 : Assistance obligatoire 1804 : Code civil 1889 : Protection des enfants maltraités	Le tribunal de grande instance L'administration « substitut des puissances paternelles »	Augmentation des effectifs Diversification des cas reçus
L'aide à l'enfance	1945 : PMI, éducation surveillée 1958/1959 : Protection sociale et judiciaire 1964 : DDASS 1970 : Autorité parentale	Le juge des enfants L'inspecteur spécialisé	« Croissance protéiforme » du nombre d'enfants pris en charge « Malaise (des techniciens) dans la bienfaisance »
La prévention sociale	1970 : Rapport Dupont-Fauville 1972 : Clubs de prévention 1972 : Service unifié de l'enfance 1975 : Institutions sociales et loi sur les handicapés 1977 : Assistantes maternelles	Des techniciens. C'est la période des équipes pluri-disciplinaires, des indicateurs de risques, des réunions de synthèse, de la prévention médico-sociale.	Baisse des effectifs Mais coupure du service par rapport à l'opinion publique
Les droits de l'enfant	1978-1979 : Information et motivation des actes administratifs, accès aux dossiers 1980 : Rapport Bianco-Lamy 1984-1986 : Droit des familles 1989 : Convention droit de l'enfant 2002 : réformes des institutions et du droit de la famille	L'enfant et ses représentants légaux	Effets recherchés : déprofessionnalisation, restauration de la famille, développement des solidarités, banalisation de l'ASE, valorisaton du partenariat
La protection	2005 : Réforme de l'adoption 2007 : Protection de l'enfance 2007 : Prévention de la délinquance	La société	Contrôle social renforcé, Meilleure coordination des interventions

Chapitre 9

L'organisation de l'Aide sociale à l'enfance

P. VERDIER, F. NOÉ

Pour ces missions et actions, le département peut faire appel à des organismes publics ou privés habilités[1] comme le rappellent les articles L. 221-1, alinéa 8 CASF[2].

1. LA DÉCENTRALISATION

Après avoir été mise en œuvre par l'Assistance publique puis par les directions de la Population, l'Aide sociale à l'enfance a été, de 1964 à 1977, une attribution des directions départementales de l'Action sanitaire et sociale, puis de 1977 à 1985 des directions départementales des Affaires sanitaires et sociales, service d'État (DDASS). Beaucoup assimilent encore l'Aide sociale à l'enfance à la DDASS, alors que ces deux services sont séparés depuis 1985.

Le système existant avant la décentralisation était un système très complexe puisque :

- le service était organisé par le département (art. 91 et 187 ancien CFAS) selon des directives nationales ;
- les dépenses étaient inscrites au budget du département (ancien art. 85 CFAS) mais remboursées ensuite par l'État selon un taux variant de 78 % pour la Meurthe-et-Moselle et le Calvados à 97 % pour la Corse-du-Sud et la Haute-Corse (avec une moyenne de 81 %) ;
- le personnel était composé de fonctionnaires de l'État et d'agents de statut départemental ;
- le préfet était en même temps représentant de l'État et exécutif du département. Cela permettait à la fois une cohérence nationale et des adaptations locales.

Peu à peu, cependant, ce système trop centralisé a été critiqué : on a parlé de « société bloquée », on a enregistré des revendications d'autonomie régionaliste. Aussi, le général de Gaulle a-t-il amorcé après 1968 une réflexion sur la régionalisation. L'idée fut reprise quelques années plus tard dans un projet de loi tendant à développer les responsabilités des collectivités locales, discuté en 1980. Mais, c'est le premier gouvernement socialiste qui a mis en place une importante décentralisation administrative, politique et sociale, amorcée par la loi du 2 mars 1982. La décentralisation n'est pas un simple déplacement d'activité, tel qu'implanter une grande école, une entreprise ou un ministère en province. Ce système se nomme la délocalisation. Elle n'est pas non plus un simple déplacement du pouvoir consistant à désigner des représentants de l'État, comme les préfets, pour la gestion des problèmes locaux. Ce système est désigné sous le vocable de déconcentration. La décentralisation est un partage et un transfert de pouvoirs, de responsabilités et de moyens de l'État central vers des collectivités territoriales élues. Le problème qui se pose pour toute délégation de pouvoir est celui du choix du bon niveau de décentralisation ; certaines questions relèvent d'une appréciation locale et le pouvoir pourrait en être transféré à la commune[3]. Ainsi en est-il de

---

1. Les institutions sociales doivent être 1) autorisées, 2) éventuellement habilitées (acte unilatéral de la puissance publique pour œuvrer dans le cadre de l'aide sociale) 3) éventuellement conventionnées. L'agrément est un terme de Sécurité sociale.

2. « Pour l'accomplissement de ses missions, et sans préjudice de ses responsabilités vis-à-vis des enfants qui lui sont confiés, le service de l'Aide sociale à l'enfance peut faire appel à des organismes publics ou privés habilités dans les conditions prévues aux articles L. 313-8, L. 313-8-1 et L. 313-9 ou à des personnes physiques. »

3. La loi sur la prévention de la délinquance du 5 mars 2007 a réalisé en matière de prévention de la délinquance cet échelon de décentralisation : Art. L. 2211-1 et 2211-4 CGCT.

la maîtrise du sol et des permis de construire. D'autres, comme la Défense nationale, la diplomatie, relèvent à l'évidence d'un échelon national, parce qu'elles relèvent du pouvoir régalien de l'État. Entre les deux, il est apparu que la mise en œuvre de la solidarité pouvait s'exercer au niveau départemental, à la fois pas trop proche des problèmes locaux et pas trop éloigné.

Cette évolution vers la décentralisation s'est effectuée en trois temps :

- un transfert de liberté opéré par la loi n° 82-213 du 2 mars 1982 par laquelle le président du conseil général est devenu l'exécutif départemental ;
- un transfert des pouvoirs précisé par les lois n° 83-8 du 7 janvier 1983 et 83-663 du 22 juillet 1983 qui ont réparti les compétences ;
- un transfert de moyens, moyens financiers et moyens institutionnels pour le partage des services.

En ce qui concerne l'Aide sociale à l'enfance, le département en a reçu compétence par la loi du 22 juillet 1983 et l'applique effectivement depuis le 1er janvier 1984. Le service qui l'exerçait (partie de la DDASS), lui, a été transféré dans le courant de l'année 1985 à la date d'entrée en vigueur d'une convention passée dans chaque département entre le préfet et le président du conseil général.

Depuis l'entrée en vigueur de ces conventions, courant 1985 (à des dates variant dans chaque département), il y a dans chaque département :

- une DDASS (direction départementale des affaires sanitaires et sociales), service extérieur de l'État dont les missions sont précisées par le décret n° 86-565 du 14 mars 1986 ;
- un service départemental qui a, entre autres, la responsabilité de l'Aide sociale à l'enfance et dont la dénomination varie selon les départements : Direction de la vie sociale, Direction de la solidarité, Direction des actions sociales, Direction des interventions sociales...

2. LE FINANCEMENT DE L'AIDE SOCIALE À L'ENFANCE

Avant la décentralisation, les dépenses d'Aide sociale à l'enfance étaient votées par le conseil général, engagées par le département, puis remboursées par l'État au titre du groupe 1 des dépenses d'aide sociale. À ce titre, l'État remboursait suivant les départements de 76 % à 97 % selon un barème édicté par le décret n° 55-687 du 21 mai 1955.

L'article 37 de la loi n° 83-663 du 22 juillet 1983 en a transféré la responsabilité et le financement au département, le principe général restant que tout transfert de compétence était accompagné du transfert concomitant des ressources correspondantes (art. 102 de la loi n° 82-213 du 20-03-1982 et 5 de la loi n° 83-8 du 7-01-1983). Le département a donc reçu la responsabilité et les moyens de l'Aide sociale à l'enfance.

Les dépenses

Les dépenses relatives à l'action sociale, à la santé et à l'insertion mises à la charge du département sont obligatoires pour le département[1]. Ceci a comme conséquence qu'à défaut de son vote par l'assemblée départementale, le préfet pourrait provoquer une inscription d'office.

Leurs diversités

Les dépenses directes de l'Aide sociale à l'enfance, inscrites au sous-chapitre 954-11 du budget départemental, comportent :

- les aides à domicile (allocations mensuelles, technicien de l'intervention sociale et familiale, accompagnement en économie sociale et familiale, service d'AEMO) prévues aux articles L. 222-2 et L. 222-3 CASF ;
- les frais d'entretien et d'éducation des mineurs pris en charge par le service au titre de l'art. L. 222-5 CASF (mineurs confiés par les parents, pupilles de l'État, mineurs confiés par le juge, femmes enceintes et mères isolées, jeunes majeurs). Ce qui comprend notamment :
  - les frais de séjour dans les établissements ;
  - les frais de placement familial ;
  - les frais d'habillement ;
  - les frais de scolarité ;
  - les frais médicaux et d'inhumation ;
  - les frais de déplacement des mineurs et des personnes désignées pour les accompagner ;
  - les frais d'actes, de contentieux et de recouvrement ;
  - les frais d'assurances relatifs aux mineurs ;
  - les gratifications diverses aux enfants ;
- à l'exception des dépenses résultant de placements dans des établissements et services publics de la protection judiciaire de la jeunesse les dépenses d'entretien, d'éducation et de conduite de chaque mineur[2] :
  - confié par l'autorité judiciaire en application des articles 375-3, 375-5 et 433[3] du Code civil à des personnes physiques, établissements ou services publics ou privés, appelé placement direct ;
  - confié au service de l'Aide sociale à l'enfance dans les cas prévus au 3° de l'article L. 222-5 CASF par mesure d'assistance éducative ;
  - ou pour lequel est intervenue une délégation d'autorité parentale, en application des articles 377 et 377-1 du Code civil, à un particulier ou à un établissement habilité dans les conditions fixées par décret en Conseil d'État.

1. Art. L. 3321-1 CGCT.
2. Art. L. 228-3 CASF alinéa 1.
3. Art. 411 Code civil à partir du 1er janvier 2009 : « Si la tutelle reste vacante, le juge des tutelles la défère à la collectivité publique compétente en matière d'Aide sociale à l'enfance. »

Il prend également en charge les dépenses afférentes aux mesures d'action éducative en milieu ouvert exercées sur le mineur et sa famille en application des articles 375-2, 375-4 et 375-5 du Code civil et confiées soit à des personnes physiques, établissements et services publics ou privés, soit au service de l'Aide sociale à l'enfance (art. L. 228-3 CASF) ;

- les subventions aux associations, et notamment à l'Association d'entraide des pupilles et anciens pupilles de l'État.

Les dépenses indirectes concernent les frais de personnel, de fonctionnement et d'équipement du service.

La compétence territoriale

Trois cas doivent être distingués :

- *pour les prestations accordées par le président du conseil général* au sens de l'article L. 222-2 CASF (prestations à domicile, entretien et hébergement des mineurs et des mères isolées avec leur enfant) : c'est le département qui a prononcé l'admission, c'est-à-dire normalement le département de résidence au moment de la demande (art. L. 228-4 al. 1 CASF) ;
- *pour les dépenses d'entretien, d'éducation et de conduite des mineurs confiés par l'autorité judiciaire* au service de l'Aide sociale à l'enfance, directement à un établissement public ou privé, ou bien directement à une personne physique (au titre de l'assistance éducative, de la tutelle d'État ou de la délégation d'autorité parentale) : c'est le département du siège de la juridiction qui a prononcé la mesure en première instance, nonobstant tout recours éventuel contre cette décision (art. L. 228-4 al. 2 CASF). Toutefois, lorsque, pendant l'exécution de la mesure, la juridiction décide de se dessaisir du dossier au profit d'une autre juridiction, elle porte cette décision à la connaissance des présidents des conseils généraux concernés. Le département siège de la juridiction désormais saisie prend en charge les frais afférents à l'exécution de la mesure. Cela ne manque pas de poser des problèmes, non seulement aux services départementaux, mais aussi à certaines familles d'accueil qui changent d'employeurs à chaque changement de département des parents, tout en gardant le même enfant ;
- *pour les mineurs accueillis sur le territoire national* à la suite d'une décision gouvernementale prise pour tenir compte de situations exceptionnelles : c'est l'État. Dans ce cas, elles sont engagées par le département d'accueil puis remboursées intégralement. Une convention signée entre le représentant de l'État dans le département et le président du conseil général en fixe les conditions (art. L. 228-5 CFAS).

Les recettes

En premier lieu, elles sont essentiellement les recettes du département : impôts, transfert de fiscalité, dotation générale de décentralisation.

En deuxième lieu, la participation des familles est sollicitée. En effet, le père, la mère et les ascendants d'un mineur confié au service de l'Aide sociale à l'enfance restent tenus à l'obligation alimentaire[1].

Sans préjudice des décisions judiciaires prises sur le fondement de l'article 40 de l'ordonnance n° 45-174 du 2 février 1945 précitée et de l'article 375-8 du Code civil, une contribution peut être demandée à toute personne prise en charge par le service de l'Aide sociale à l'enfance ou, si elle est mineure, à ses débiteurs d'aliments. À noter qu'aucun texte législatif ni réglementaire n'autorise le juge des enfants ni le département à fixer une participation au mineur lui-même (voir art. L. 228-2 CASF). Cette contribution est fixée par le président du conseil général dans les conditions prévues par le règlement départemental d'aide sociale dans la limite d'un plafond fixé par décret en Conseil d'État, notamment lorsque ce plafond est déterminé par référence aux règles prévues pour une autre prestation (art. L. 228-2 CASF).

En troisième lieu, les revenus des biens et capitaux appartenant aux pupilles sont perçus au profit du département jusqu'à leur majorité, à titre d'indemnité d'entretien et dans la limite des prestations qui leur ont été allouées. Lors de la reddition des comptes, le tuteur, à son initiative ou à la demande du conseil de famille, peut proposer, avec l'accord de ce dernier, au président du conseil général, toute remise jugée équitable à cet égard. Notons qu'il s'agit là d'une mesure dérogatoire au droit commun. Les héritiers, autres que les frères et sœurs élevés eux-mêmes par le service, qui se présentent pour recueillir la succession d'un pupille, doivent rembourser au département les frais d'entretien de celui-ci, déduction faite des revenus que le département avait perçus. Lorsqu'aucun héritier ne se présente, les biens des pupilles de l'État décédés sont recueillis par le département et utilisés pour l'attribution de dons ou de prêts aux pupilles et anciens pupilles de l'État.

En quatrième lieu, il faut noter le reversement de la part des prestations familiales dues par les caisses au profit de l'enfant. En effet, selon l'article L. 521-2 du Code de la Sécurité sociale, les allocations sont versées à la personne qui assume, dans quelques conditions que ce soit, la charge effective et permanente de l'enfant. Lorsqu'un enfant est confié au service de l'Aide sociale à l'enfance, les allocations familiales continuent d'être évaluées en tenant compte à la fois des enfants présents au foyer et du ou des enfants confiés au service de l'Aide sociale à l'enfance. La part des allocations familiales due à la famille pour cet enfant est versée à ce service. Toutefois, l'organisme débiteur peut décider, à la demande du président du conseil général du siège de la juridiction, à la suite d'une mesure prise en application des articles 375-3 et 375-5 du Code civil ou des articles 15, 16, 16 *bis* et 28 de l'ordonnance n° 45-174 du 2 février 1945 relative à l'enfance délinquante, de maintenir le versement des allocations à la famille, lorsque celle-ci participe à la prise en charge morale ou matérielle de l'enfant ou en vue de faciliter le retour de l'enfant dans son foyer.

Un décret en Conseil d'État, à paraître, fixera les conditions d'application des dispositions ci-dessus, notamment dans les cas énumérés ci-dessous :

- retrait de l'autorité parentale des parents ou de l'un des deux ;
- indignité des parents ou de l'un des deux ;
- divorce, séparation de corps ou de fait des parents ;
- enfants confiés à un service public, à une institution privée, à un particulier.

---

1. Art. L. 228-1 CASF. Voir Verdier P., Noé F., *Guide de l'aide sociale à l'enfance*, 6e éd., Paris, Dunod, 2008, chapitre 14.

Chapitre 10

Les autres attributions du département en matière d'enfance

P. Verdier, F. Noé

PLAN DU CHAPITRE

PROGRESSIVEMENT, LE DÉPARTEMENT est devenu un des pivots centraux de l'action sociale, les lois de décentralisation étendant presque inexorablement ses champs de compétence[1]. À ses missions traditionnelles dans le champ de la protection de l'enfance, s'en ajoutent d'autres qui tantôt intégrées à l'Aide sociale à l'enfance, et ce très récemment (telle la PMI ou la prévention de la délinquance) tantôt à la périphérie (le président du conseil général étant président de la MDPH) sont autant de nouveaux défis pour le département.

1. LA MAISON DÉPARTEMENTALE DES PERSONNES HANDICAPÉES (MDPH)

La CDES (commission départementale de l'éducation spéciale) avait été créée par la loi du 30 juin 1975 pour statuer sur toutes les attributions d'aide et sur toutes les orientations de mineurs handicapés physiques, sensoriels ou mentaux qui nécessitaient une éducation spéciale[2]. Il s'agissait d'un organe collégial comprenant des représentants de la DDASS (dont au moins un médecin), de l'Éducation nationale, de la Sécurité sociale, de parents d'enfant handicapé et des établissements. Elle était présidée alternativement par la DDASS et par l'inspecteur d'académie.

En principe, les domaines de compétence entre protection sociale, protection judiciaire et protection sanitaire sont distincts : l'ASE accorde des mesures d'aide, le juge prononce des mesures éducatives pour des enfants délinquants (ordonnance du 2 février 1945) ou en danger (art. 375 Code civil), la CDES proposait des mesures de soins ou d'éducation spéciale à des mineurs handicapés. En réalité, les choses ont toujours été moins claires et les compétences souvent enchevêtrées dans la mesure où les enfants peuvent avoir des problèmes difficilement étiquetables (par exemple, pour les « caractériels ») ou souvent surajoutées (débile, délinquant, retard scolaire...). C'est pourquoi une part non négligeable d'établissements avait ce qu'ils appelaient le triple agrément (Sécurité sociale, Justice, Aide sociale à l'enfance), notamment la plupart des instituts de rééducation[3] et des services de placements familiaux spécialisés. Ajoutons que le juge des enfants a toujours pu être saisi lorsqu'une décision de la CDES ne pouvait pas être mise en œuvre en raison du refus sans motif valable de la part de la famille mettant ainsi la santé de l'enfant en danger. Il pouvait le confier soit un établissement, soit à l'Aide sociale à l'enfance. Il y avait donc interdépendance et complémentarité de ces trois institutions.

D'un point de vue des institutions collectives, la loi du 11 février 2005 « pour l'égalité des droits et des chances, la participation et la citoyenneté des personnes handicapées » a abrogé l'ancien système fondé sur une barrière d'âge (la CDES pour les moins de 21 ans, la COTOREP pour les autres), une vision hachée de la problématique de handicap (les aides d'un côté, les orientations de l'autre) et surtout une compétence placée sous l'autorité de l'État. En 2005, c'est la création des maisons départementales des personnes handicapées. Guichet unique, elle « exerce une mission d'accueil, d'information, d'accompagnement et de conseil des personnes handicapées et de leur

1. Acte II de la décentralisation du 13/08/2004. Voir Lafore R., « La décentralisation de l'action sociale, l'irresistible ascension du département "providence" », RFAS, 4-2004.
2. Voir Verdier P., *Les Droits des personnes handicapées,* Paris, ESF, 2e éd., 1981.
3. IR, devenus ITEP (Instituts thérapeutiques éducatifs et pédagogiques).

Dans le cadre de la réforme du 5 mars 2007, la PMI est également sollicitée pour participer au signalement des « informations préoccupantes », celles-ci pouvant être de nature médicale.

L'annonce du diagnostic de handicap

C'est enfin une participation à l'annonce du diagnostic du handicap et à la prise en charge des enfants handicapés en ambulatoire dans les centres d'actions médico-sociale précoce, plus communément connus sous le terme de CAMSP[1].

1. Ils font partie de des établissements et services dits de la petite enfance.

Chapitre 11

Les partenaires de l'Aide sociale à l'enfance

P. Verdier, F. Noé

PLAN DU CHAPITRE

Si l'Aide sociale à l'enfance est une responsabilité du conseil général, d'autres services collaborent directement à la protection de l'enfance : DDASS, Justice, associations, maires...

1. LA DDASS

La DDASS est un service extérieur du ou des ministères chargés de la Santé, de l'Action sociale et de la Sécurité sociale, organisé par le décret n° 86-565 du 14 mars 1986. Le directeur départemental des Affaires sanitaires et sociales met en œuvre au niveau départemental, sous l'autorité du préfet du département, la politique sanitaire et sociale définie par les pouvoirs publics.

La DDASS ne gère plus l'Aide sociale à l'enfance mais elle y intervient à trois niveaux :

- contrôle de légalité ;
- tuteur des pupilles de l'État ;
- partenaire de l'action sociale départementale.

Le contrôle de légalité

La France est un État de droit, aussi les décisions des collectivités territoriales et notamment celles du président du conseil général doivent-elles être conformes à la loi. L'État garde la mission de veiller à cette légalité. Pour ce faire, les délibérations, arrêtés et actes importants des autorités départementales ainsi que les conventions qu'elles passent sont transmis dans la quinzaine au représentant de l'État dans le département. Celui-ci « défère au tribunal administratif les délibérations, arrêtés, actes et conventions qu'il estime contraires à la légalité dans les deux mois suivant leur transmission » (art. 45 et 46 de la loi du 2 mars 1982 modifiée par la loi du 22 juillet 1982). En application de ces textes, le contrôle s'exerce exclusivement *a posteriori* et ne porte que sur la légalité des actes (à l'exclusion de l'opportunité).

Seuls les actes importants dont la loi précitée et la circulaire du 22 juillet 1982[1] donnent la liste sont soumis à l'obligation de transmission. Il s'agit essentiellement des délibérations du conseil général, des décisions réglementaires ou individuelles : autorisation d'établissement ou service, convention, nomination de personnel. En revanche, les actes de gestion courante ne sont pas soumis à l'obligation de transmission : tel est le cas des décisions d'attribution des prestations d'Aide sociale à l'enfance. Dans ce cas, le contrôle peut s'effectuer, soit parce que l'autorité départementale a quand même transmis l'acte en question, soit parce que le représentant de l'État est saisi par une personne lésée, soit parce qu'il en a connaissance de quelque manière que ce soit. Il appartient alors au représentant de l'État d'apprécier la légalité de l'acte dont il n'a pas eu en principe à connaître. Pour ce faire, il dispose d'un délai de deux mois à compter de la saisine. Dans tous les cas, seul le juge administratif peut se prononcer sur l'illégalité et le cas échéant annuler tout ou partie de l'acte.

1. JO du 23 juillet 1982.

À noter que les décisions financières sont soumises à un contrôle budgétaire de la Chambre régionale des comptes créée par la loi du 2 mars 1982 (art. 84) et organisée par la loi du 10 juillet 1982. Par ailleurs, le contrôle de légalité ne s'applique pas aux situations pour lesquelles un contentieux particulier est institué (par exemple, commission départementale d'aide sociale, Conseil supérieur de l'aide sociale...).

En application de l'article 12 du décret du 14 mars 1986 relatif aux missions et attributions des DRASS et DDASS, la DDASS concourt à l'exercice de ce contrôle de légalité.

Le tuteur des pupilles de l'État

« La DDASS exerce les fonctions de tuteur des pupilles de l'État qui lui sont déléguées par le commissaire de la République » (art. 19 du décret du 14 mars 1986). Depuis ce texte, le commissaire de la République a repris l'appellation de préfet. Les pupilles de l'État sont pris en charge par le service de l'Aide sociale à l'enfance (art. L. 222-5 CASF) qui assure à ce titre leur entretien, leur éducation. Toutefois leur tutelle est exercée par le préfet (qui la délègue à la DDASS) pour les fonctions de tuteur et par un conseil de famille.

Il revient donc à la DDASS par délégation de :

- fixer les conditions de l'éducation du pupille ;
- fixer les relations familiales ;
- donner son accord sur les lieux et modes de placement ;
- définir le projet d'adoption ;
- nommer le conseil de famille et y participer.

Ces diverses responsabilités ne peuvent s'exercer qu'en liaison avec le département.

Un acteur du développement social

La politique sociale n'est pas de la seule responsabilité du département. Elle est mise en œuvre conjointement par d'autres collectivités, par les centres communaux d'action sociale, par les organismes de Sécurité sociale, par divers organismes publics ou privés. L'État, pour sa part, ne peut s'en désintéresser. Il intervient comme partenaire ou comme promoteur de développement social dans diverses actions : RMI, lutte contre la pauvreté, lutte contre l'illettrisme, insertion sociale, habitat, développement social des quartiers, contrats d'agglomération, prévention de la délinquance « opérations été ».

Au titre du développement social, la DDASS se trouve comme partenaire de l'Aide sociale à l'enfance.

Parmi les instances collégiales de concertation citons de façon non limitative :

- *le conseil départemental de protection de l'enfance*, créé par le décret n° 59-100 du 7 janvier 1959 et organisé par l'arrêté du 4 novembre 1959, il n'a pas été modifié par la décentralisation. Ce conseil comprend quinze membres permanents et donne des avis sur les problèmes relatifs à la protection de l'enfance (création des clubs de prévention, interdiction d'accès des mineurs à certains établissements, emploi des enfants dans le spectacle...) ;

- *la commission départementale de coordination en matière de jeunesse*, créée par le décret n° 86-279 du 24 février 1986 *et modifiée par le décret du 3 août 1999*, est chargée de donner des avis et de formuler toutes propositions sur les loisirs des jeunes ainsi que sur la mise en œuvre de tout programme initié par le gouvernement dans ces domaines. Cette commission a pris la suite du conseil départemental de protection de l'enfance pour ce qui est du contrôle des centres de vacances et de loisirs ;
- *le conseil départemental de prévention de la délinquance* et ses conseils locaux (décret n° 2002-999 du 17 juillet 2002 modifié par le décret n° 2006-665 du 7 juin 2006 et circulaire du 17 juillet 2002) ;
- *les conseils départementaux de l'habitat* ont été remplacés par les comités régionaux de l'habitat par décret du 23 mars 2005 : JO du 24 mars 2005 ;
- *les commissions régionales pour l'insertion des populations immigrées* qui avaient pour objet d'attribuer à un niveau décentralisé les aides du Fonds d'action sociale en faveur des migrants au mouvement associatif ; elles ont été remplacées par les commissions régionales pour l'intégration et la lutte contre les discriminations (CRILD) par la circulaire DPM/ACI n° 2002-470 du 28 août 2002 ;
- *le conseil départemental d'insertion* créé par la loi n° 88-1088 du 1er décembre 1988 sur le revenu minimum d'insertion (et modifié par la loi n° 92-311 du 29 juillet 1992) ; ce comité, coprésidé par le préfet et le président du conseil général, élabore chaque année un programme départemental d'insertion.

2. LE MAIRE

La loi du 5 mars 2007 relative à la prévention de la délinquance s'inscrit dans la continuité de la politique de lutte contre la délinquance des mineurs. La loi poursuit deux axes d'action : revoir l'organisation des actions publiques sur le terrain en donnant au maire un rôle pivot pour la prévention de la délinquance mais aussi pour la coordination des travailleurs sociaux et adapter les dispositifs de l'ordonnance du 2 février 1945.

Cette loi transformerait « les maires en ordonnateurs de la vie des familles[1] » ce qui ne manquera pas de modifier, à condition de l'étudier, le rôle des maires et la perception qu'en a la population.

Son rôle central en matière de prévention de la délinquance

Le maire se voit en premier lieu conféré un rôle central de prévention de la délinquance[2] qui s'articule entre différents niveaux de responsabilité : « L'État est responsable de la lutte contre

1. Rihal H., ' L'appel au maire ª, *RDSS*, 1/2007, p. 47.
2. Art. L. 2211-1 CGCT « Le maire concourt par son pouvoir de police à l'exercice des missions de sécurité publique et de prévention de la délinquance, sauf application des dispositions des articles 17 à 22 de la loi n° 2004-811 du 13 août 2004 de modernisation de la sécurité civile. »

l'insécurité, le maire anime et coordonne la prévention de la délinquance, le conseil général concourt à cette politique... sous-entendu, il la finance[1]. »

D'une part, les conseils locaux de sécurité et de prévention de la déliquance (CLSPD) deviennent obligatoires dans les communes de plus de dix mille habitants, et dans celles comprenant une zone urbaine sensible (sauf mise en place d'un conseil intercommunal de sécurité et de prévention de la délinquance). Ils sont présidés par le maire ou son représentant[2].

D'autre part, les maires auront une connaissance élargie de la nature de la délinquance sur la commune. Ils seront informés par les forces de l'ordre des infractions causant un trouble à l'ordre public commises sur le territoire de leur commune et, à leur demande, par le procureur de la République, des classements sans suite, des mesures alternatives aux poursuites ou des poursuites s'agissant de ces mêmes infractions.

Enfin, la loi fait de la prévention de la délinquance un des aspects de l'action sociale dont le département est le principal maître d'œuvre. Elle oblige désormais le département à conclure avec chaque commune ou chaque établissement public de coopération intercommunale intéressé, une convention déterminant les territoires prioritaires, les moyens communaux et départementaux engagés et leur mode de coordination, ainsi que l'organisation du suivi et de l'évaluation des actions mises en œuvre.

Le nouvel article L. 3214-1 du CGCT dispose en son alinéa 2 :

> « Le conseil général concourt aux actions de prévention de la délinquance dans le cadre de l'exercice de ses compétences d'action sociale. Il statue sur l'organisation et le financement des services et des actions sanitaires et sociaux qui relèvent de sa compétence, notamment des actions qui concourent à la politique de prévention de la délinquance. Pour la mise en œuvre des actions de prévention de la délinquance dans les communes définies au deuxième alinéa de l'article L. 2211-4 ou les établissements publics de coopération intercommunale définis à l'article L. 5211-59, une convention entre la commune ou l'établissement public de coopération intercommunale intéressé et le département détermine les territoires prioritaires, les moyens communaux et départementaux engagés et leur mode de coordination, l'organisation du suivi et de l'évaluation des actions mises en œuvre. »

Cela signifie que si un département souhaite mener des actions de prévention de la délinquance sur le territoire d'une commune, il doit se coordonner avec celle-ci « afin que les éducateurs spécialisés employés par le département ou des délégataires soient placés dans les quartiers sensibles autrement dit pour établir un lien entre social et délinquance ». En outre, a été ajouté à la typologie d'actions auxquelles participent le département pour "prévenir la marginalisation et à faciliter l'insertion ou la promotion sociale des jeunes et des familles" des "actions de prévention de la délinquance"[3]. »

Le maire au cœur de la coordination des acteurs sociaux

La loi relative à la prévention de la délinquance légalise elle aussi une nouvelle forme de partage d'information dont la définition est différente de celle posée dans la loi du 5 mars 2007 réformant la protection de l'enfance. Il crée deux niveaux de partage, un partage que l'on pourrait qualifier

1. Rosenczveig J.-P., *op. cit.*, *RAJS*, n° 264.
2. Art. L. 2211-4/2° et D. 2211-1 CGCT.
3. Art. L. 121-2/4ᵉ CASF.

de « vertical », c'est-à-dire des professionnels en direction du maire et du président du conseil général, qui ne doit pas être oublié ici, et un partage de type « horizontal », entre professionnels. Le texte qui encadre ce nouveau dispositif se trouve à l'article L. 121-6-2 CASF.

Il comporte quatre volets[1] :

- l'information par tout professionnel de l'action sociale intervenant auprès d'une personne ou d'une famille, du maire de la commune de résidence et du président du conseil général sur l'aggravation des difficultés sociales, éducatives ou matérielles afin de permettre au maire, s'il le juge nécessaire, de désigner un coordonnateur parmi les intervenants sociaux concernés ;
- parmi les professionnels concernés, la désignation d'un coordonnateur par le maire après consultation du président du conseil général et accord de l'autorité dont relève le coordonnateur pressenti ;
- l'exercice d'un « secret partagé » entre les professionnels concernés, autorisés à échanger entre eux des informations à caractère secret, aux seules fins d'accomplissement de la mission d'action sociale (évaluer la situation, déterminer les mesures d'action sociale nécessaires et les mettre en œuvre) ;
- la communication par le coordonnateur ou, en l'absence de désignation de celui-ci, par le professionnel intervenant seul, au maire et au président du conseil général des informations confidentielles strictement nécessaires à l'exercice de leurs compétences.

Les professionnels concernés sont ceux visés par l'article L. 116-1 du CASF, soit tous ceux concourant à l'action sociale et médico-sociale au sens de la loi de 2002. Cela englobe les travailleurs sociaux chargés de l'accompagnement ou du suivi des personnes ou familles en difficulté (en particulier, les assistants de service social, les éducateurs spécialisés, les conseillers en économie sociale familiale, les techniciens de l'intervention sociale et familiale, les aides à domicile et les assistants familiaux) les médiateurs sociaux en contact direct avec les personnes jusqu'aux assistants maternels.

C'est tout d'abord une obligation pour ces professionnels mais certaines conditions sont posées par le texte : constat d'aggravation des difficultés sociales, éducatives ou matérielles sociales et nécessité de l'intervention de plusieurs professionnels.

> « L'information du maire et du président du conseil général ne revêt pas un caractère systématique : elle n'intervient que dans les cas d'aggravation des difficultés qui appellent l'intervention de plusieurs professionnels, afin de faciliter l'exercice de leurs compétences respectives[2]. »

Elle implique nécessairement des fondements méthodologiques et déontolongiques[3].

Ensuite, le maire désigne un coordonnateur parmi ces professionnels après consultation ou sur proposition du président du conseil général. Ce coordonnateur est soumis au secret professionnel. À partir de cette désignation, la loi prévoit le partage d'informations à deux niveaux :

- *entre les professionnels de l'action sociale* qui interviennent auprès d'une même personne ou famille « afin d'évaluer leur situation, de déterminer les mesures d'action sociale nécessaires et

1. Circulaire n° NOR INT/K/07/00061/C du 9 mai 2007 « Application des articles 8 à 10 de la loi n° 2007-297 du 5 mars 2007 relative à la prévention de la délinquance.
2. Circulaire précitée.
3. Voir sur ces notions le communiqué de l'ANAS in *RAJS*, n° 264, avril 2007, p. 16.

de les mettre en œuvre ». Le coordonnateur en a connaissance et « le partage de ces informations est limite à ce qui est strictement nécessaire à l'accomplissement de la mission d'action sociale » ;

- *au maire et au président du conseil général* : le professionnel ou le coordonnateur est autorisé à révéler au maire et au président du conseil général, ou à leur représentant, les informations confidentielles qui sont strictement nécessaires à l'exercice de leurs compétences. Ceux-ci sont tenus au secret professionnel pour les informations ainsi reçues.

Ce dispositif respecte les compétences confiées par la loi aux différents niveaux de collectivités territoriales, notamment au département : il s'applique sans préjudice de l'obligation de transmettre toute information préoccupante sur un mineur susceptible d'être en danger au sens de l'article 375 du Code civil et la désignation d'un coordonnateur par le maire s'effectue dans le respect des attributions du président du conseil général : celui-ci est systématiquement consulté et son accord est requis lorsque le coordonnateur pressenti relève de son autorité ; lorsque tous les professionnels concernés relèvent de l'autorité du président du conseil général, le coordonnateur est désigné par le maire sur proposition de celui-ci.

La mise en place d'un conseil des droits et devoirs des familles

Ce conseil[1] est présidé par le maire et créé par délibération du conseil municipal. Il peut comprendre des représentants de l'État désignés par le préfet[2], des représentants des collectivités territoriales ainsi que des personnes œuvrant dans les domaines de l'action sociale, sanitaire et éducative, de l'insertion et de la prévention de la délinquance. Il a pour mission « d'entendre une famille, de l'informer de ses droits et devoirs envers l'enfant et de lui adresser des recommandations destinées à prévenir des comportements susceptibles de mettre l'enfant en danger ou de causer des troubles pour autrui ; d'examiner avec elle les mesures d'aide à l'exercice de la fonction parentale susceptibles de lui être proposées et l'opportunité d'informer les professionnels de l'action sociale et les tiers intéressés des recommandations qui lui sont faites et, le cas échéant, des engagements qu'elle a pris dans le cadre d'un contrat de responsabilité parentale prévu à l'article L. 222-4-1 ».

Le maire peut tout d'abord proposer un accompagnement parental[3] « lorsque l'ordre, la sécurité ou la tranquillité publics sont menacés à raison du défaut de surveillance ou d'assiduité scolaire d'un mineur ». Cet accompagnement consiste en un « suivi individualisé au travers d'actions de conseil et de soutien à la fonction éducative » : il s'agit d'une mesure de premier niveau. Lorsqu'un accompagnement parental est mis en place, le maire sollicite l'avis du président du conseil général, et il en informe l'inspecteur d'académie, le chef d'établissement d'enseignement, le directeur de l'organisme débiteur des prestations familiales et le préfet. « Le moins que l'on puisse dire est

1. Art. L. 141-1 CASF.
2. Art. D. 141-1 CASF issu décret n° 2007-667 du 2 mai 2007 : le préfet ou son représentant ; le directeur départemental des affaires sanitaires et sociales ou son représentant ; l'inspecteur d'académie, directeur des services départementaux de l'éducation nationale, ou son représentant ; le directeur départemental de la jeunesse et des sports ou son représentant.
3. L. 141-2 CASF.

que cette mesure n'est pas prise dans la plus grande discrétion[1]. » La loi ouvre également au maire la possibilité de délivrer à la famille une attestation comportant son engagement solennel à se conformer aux obligations liées à l'exercice de l'autorité parentale. Il peut aussi envisager la saisine du président du conseil général en vue de la proposition par celui-ci d'une mesure d'accompagnement en économie sociale familiale (dispositif rénové par la loi du 5 mars 2007 réformant la protection de l'enfance).

En cas de refus de l'accompagnement parental ou de non-respect de ses engagements par la famille (défaut d'assiduité scolaire, carence éducative avérée), il appartient au maire de saisir le président du conseil général en vue de la conclusion éventuelle d'un contrat de responsabilité parentale. Il peut également saisir le juge des enfants[2] pour qu'il prononce une mesure judiciaire d'aide à la gestion du budget familial.

Il faut souligner également que le maire peut procéder verbalement au rappel à l'ordre[3] d'une personne qui commettrait des faits susceptibles de porter atteinte au bon ordre, à la sûreté, à la sécurité ou à la salubrité publiques. Lorsqu'elle concerne un mineur, cette mesure doit avoir lieu, sauf impossibilité, en présence de ses parents ou d'une personne exerçant une responsabilité éducative à son égard, notion qu'il faudra surveiller. Ce rappel à l'ordre ne se confond ni avec un rappel à la loi, de la compétence du procureur de la République avant jugement, ni avec l'admonestation (mesure éducative dans le cadre de l'ordonnance 1945 et de la compétence du juge des enfants), ni enfin avec l'avertissement solennel, nouvelle sanction éducative (créée par la loi du 5 mars 2007 relative à la prévention de la délinquance) de la compétence du tribunal pour enfants.

3. L'AUTORITÉ JUDICIAIRE

Pour des raisons qui tiennent à l'histoire, la France connaît deux ordres de juridiction : les juridictions administratives créées en l'an VIII avec la mission de conseiller le titulaire du droit de juger (préfet, ministre, chef de l'État). Elles sont devenues de véritables juridictions en 1872 pour le Conseil d'État et en 1953 pour les tribunaux administratifs.

Les juridictions judiciaires dont les grandes lignes ont été posées par les lois des 16-24 avril 1790 mais dont l'organisation actuelle doit beaucoup à la Constitution de 1958. Elles ont alternativement ou cumulativement des fonctions civiles et pénales.

Les juridictions de l'ordre administratif

Les tribunaux administratifs sont au nombre de trente-six dont vingt-huit en France métropolitaine et jugent au premier degré les litiges relatifs aux actes administratifs : décision du préfet, du président du conseil général, du président du conseil régional, du maire.

1. Rihal H., « L'appel au maire », *op. cit.*, p. 58.
2. Dernier alinéa art. L. 141-1 CASF.
3. Art. L. 2212-2-1 CGCT.

La décentralisation, en institutionnalisant l'Aide sociale à l'enfance, a renforcé l'importance des tribunaux administratifs : c'est l'instance que saisit le préfet dans le cadre du contrôle de légalité, ou tout citoyen auquel la décision fait grief dans le cadre de recours en excès de pouvoir. Le tribunal administratif (comme le Conseil d'État) peut exercer des fonctions de conseils auprès du préfet.

Les appels contre les décisions du tribunal administratif sont soumis aux cours administratives d'appel, au nombre de huit (Bordeaux, Lyon, Marseille, Nancy, Nantes, Paris, Douai et Versailles), puis au Conseil d'État. Le Conseil d'État est la juridiction la plus élevée de l'ordre administratif : il est à la fois conseil du gouvernement, juge du premier degré dans certaines affaires, juge d'appel et juge de cassation.

Les juridictions de l'ordre judiciaire

Les juridictions ordinaires — qui nous intéressent seules ici — sont les suivantes :

- *Le tribunal d'instance,* en principe un par arrondissement, a une place essentielle dans le système de protection de l'enfance car, outre le fait qu'il est compétent en matière de litiges entre particuliers (ne dépassant pas 10 000 euros, les juridictions de proximité le sont pour les litiges inférieurs à 4 000 euros), il est juge des tutelles. Ce dernier statue sur les demandes d'ouverture d'un régime de protection : des mineurs (gestion et administration des biens d'un mineur, représentation du mineur pour un acte de la vie civile) ; de certains majeurs, qui ont besoin d'être assistés ou représentés pour accomplir des actes de la vie courante, et sur les demandes d'émancipation des mineurs âgés de plus de 16 ans[1].
- *Le tribunal de grande instance*, au moins un par département, est une juridiction de droit commun statuant tant en matière civile que pénale. Au civil, il est compétent pour les litiges entre particuliers (supérieurs à 10 000 euros) et, principalement pour le contentieux familial (filiation, adoption, nom). Au pénal, c'est une de ses chambres, le tribunal correctionnel, qui juge les délits. Le tribunal de grande instance statue en formation « collégiale », composé de trois magistrats du siège, juges professionnels, assistés d'un greffier. Pour certaines affaires, le tribunal de grande instance statue à juge unique : juge aux affaires familiales (divorce, autorité parentale, obligation alimentaire...), le juge de la mise en état veille au bon déroulement de la procédure et fait en sorte que les affaires soient en état d'être jugées dans un délai raisonnable, le juge de l'exécution tranche les difficultés nées de l'exécution des décisions de justice, le juge des enfants intervient pour protéger les mineurs en danger et les jeunes majeurs. Pour les délits commis par les mineurs, c'est le tribunal pour enfant (formation collégiale) ou le juge pour enfant (juge unique) qui statue.
- *Les cours d'appel* sont au nombre de trente-cinq sur le territoire français, elles réexaminent les affaires déjà jugées en premier degré (1er ressort ou 1re instance) en matière civile, commerciale, sociale ou pénale, exception faite des décisions de cour d'assises.
- *La cour d'assises* juge les infractions les plus graves, les crimes, comme le meurtre, le viol, les crimes contre l'humanité, le terrorisme, le vol à main armée. Pour les crimes commis par les mineurs, seuls ceux de plus de 16 ans sont jugés par une cour d'assises spécialisée (la cour

1. L'organisation de la justice en France, www.justice.gouv.fr.

d'assises des mineurs). Pour les crimes commis par des mineurs de moins de 16 ans, le tribunal pour enfant reste compétent.

- *La Cour de cassation*, quant à elle, est unique, il n'y en a qu'une en France, à Paris. Sa fonction est de vérifier la conformité des décisions des tribunaux et des cours aux règles de droit. Par principe, elle ne rejuge pas les faits, elle n'est donc pas un troisième degré de juridiction.

Bien que l'Aide sociale à l'enfance soit un service administratif, elle intervient dans le domaine du droit des personnes et chacune des instances juridictionnelles énoncées ci-dessus peut être en relation avec ce service :

- le juge des tutelles pour déférer des tutelles à l'État (art. 433 Code civil) ;
- le tribunal de grande instance à l'occasion de retrait d'autorité parentale, de délégation (juge aux affaires familiales), de déclaration d'abandon, d'adoption ;
- le juge des enfants en tant que service à qui il confie le mineur (art. 375-3 Code civil).

Ceci n'exclut pas la compétence des tribunaux administratifs pour juger de la validité des décisions d'attribution des prestations.

Le juge des enfants

Le juge des enfants est un magistrat qui est « choisi compte tenu de l'intérêt qu'il porte aux questions de l'enfance et de ses aptitudes, parmi les juges du tribunal de grande instance dans le ressort duquel le tribunal a son siège ; il est nommé pour une durée de trois ans renouvelable » (art. 1 de la loi n° 67-555 du 12 juillet 1967). Il est formé à l'École nationale de la magistrature à Bordeaux. Le juge des enfants a des attributions civiles et des attributions pénales.

Les attributions civiles en assistance éducative

Il est un interlocuteur privilégié du service de l'Aide sociale à l'enfance. Ce sont ses attributions civiles qui seront le plus sollicitées ici. En effet, protection sociale et protection judiciaire sont étroitement complémentaires et impliquent des relations quotidiennes entre les deux instances qui en sont responsables. La nouvelle loi sur la protection de l'enfance réorganise la place de chacune de ces deux institutions. L'assistance éducative devient non pas accessoire mais tout simplement subsidiaire[1] par rapport à la protection administrative. Procédant à une clarification des champs d'intervention de chacun, elle implique également un contrôle sur ces différents champs (voir *infra* sur la compétence du parquet en termes de filtrage) et nécessairement une nouvelle forme de partenariat.

La communication autour des situations d'enfant en danger

Le juge des enfants ne peut intervenir sans informer l'Aide sociale à l'enfance qui doit lui fournir les renseignements qu'elle a collectés (art. 221-4 al. 1 CASF).

1. Jean-Pierre Rosencveig, *op. cit.*, *JDJ-RAJS*, n° 264, avril 2007, p. 18.

Le président du conseil général doit quant à lui, signaler à l'autorité judiciaire, certaines situations d'enfants en danger dont il a connaissance. L'article L. 226-4 CASF ancien[1] a été à ce titre considérablement remanié par la réforme du 5 mars 2007. En effet, il y a désormais plusieurs hypothèses qui chacune doive répondre à des conditions légalement énumérées. Cependant, ce n'est pas le juge des enfants qui est destinataire de ces signalements sauf à supposer qu'ils concernent des enfants déjà confiés à l'Aide sociale à l'enfance par ce dernier. L'article 375 précise en effet, les personnes investies du droit de saisine du juge pour enfant[2].

Lorsque le juge pour enfant a décidé d'une AEMO, de confier le mineur à l'autre parent, à un autre membre de la famille ou un tiers digne de confiance, a un établissement habilité ou un établissement sanitaire ou d'éducation spéciale, le président du conseil général doit assurer la coordination des actions pour garantir leur continuité et leur cohérence.

La prise en charge des mineurs confiés par le juge des enfants

Le juge peut confier un mineur à l'Aide sociale à l'enfance. L'ancien article 375-3 du Code civil prévoyait déjà que le juge pouvait le faire. Cependant, le nouvel article modifie l'ordre de ses partenaires éventuels. L'Aide sociale à l'enfance prend désormais le troisième rang en lieu et place des services et établissements habilités, cela correspondant au renforcement de la place du conseil général dans le dispositif de l'enfance en danger. En outre, le service lui rend compte de la mission au moins une fois par an par la transmission d'un rapport « établi après une évaluation pluridisciplinaire[3] ».

Au-delà de ces compétences en matière d'assistance éducative, le juge pour enfant était également compétent pour prononcer une tutelle aux prestations sociales (loi du 18 octobre 1966, décret du 25 avril 1969), lorsque les prestations familiales n'étaient pas employées dans l'intérêt des enfants, ou que ceux-ci étaient élevés dans des conditions défectueuses au point de vue alimentaire ou hygiénique. Concernant cette mesure, la loi sur la protection de l'enfance opère des modifications substantielles. L'institution juridique change de dénomination, elle est désormais intitulée « mesure judiciaire d'aide à la gestion du budget familial » ; elle quitte le Code de la Sécurité sociale pour intégrer le Code civil[4] et par là même s'inscrire dans le champ de la protection de l'enfance (avec pour corollaire les droits et garanties attachées aux mesures d'assistance éducative,

1. « Lorsqu'un mineur est victime de mauvais traitements ou lorsqu'il est présumé l'être, et qu'il est impossible d'évaluer la situation ou que la famille refuse manifestement d'accepter l'intervention du service de l'Aide sociale à l'enfance, le président du conseil général avise sans délai l'autorité judiciaire et, le cas échéant, lui fait connaître les actions déjà menées auprès du mineur et de la famille concernés. »

2. « Si la santé, la sécurité ou la moralité d'un mineur non émancipé sont en danger, ou si les conditions de son éducation ou de son développement physique, affectif, intellectuel et social sont gravement compromises, des mesures d'assistance éducative peuvent être ordonnées par justice à la requête des père et mère conjointement, ou de l'un d'eux, de la personne ou du service à qui l'enfant a été confié ou du tuteur, du mineur lui-même ou du ministère public. »

3. a. L. 223-5 nouveau al. 2 et 3 CASF.

4. Art. 375-9-1. Code civil « Lorsque les prestations familiales ne sont pas employées pour les besoins liés au logement, à l'entretien, à la santé et à l'éducation des enfants et que l'accompagnement en économie sociale et familiale prévu à l'article L. 222-3 du Code de l'action sociale et des familles n'apparaît pas suffisant, le juge des enfants peut ordonner qu'elles soient, en tout ou partie, versées à une personne physique ou morale qualifiée, dite « délégué aux prestations familiales. »

notamment leur limitation dans le temps et leur renouvellement par décision judiciaire spécialement motivée).

Il reste également la question de la protection judiciaire des majeurs, concurrente des contrats jeunes majeurs signés par ces derniers avec le conseil général.

Les attributions pénales

Le juge des enfants est saisi des délits et des contraventions de 5e classe commis par les mineurs. Il est alors juge d'instruction, juge de jugement et juge d'application des peines. Les contraventions des quatre premières classes sont, quant à elles, jugées par des juges de proximité spécialement habilités pouvant prononcer à l'adresse des mineurs des mesures simples comme des admonestations ou la remise à parents.

Il doit s'efforcer de comprendre la personnalité du mineur par tous moyens utiles (enquêtes sociales, examens psychologiques, consultations d'orientation éducative). Il peut ordonner pendant la phase d'instruction des mesures de liberté surveillée à titre provisoire, une mesure d'aide et de réparation.

À l'issue de l'instruction, il rend une ordonnance soit de non-lieu, soit de renvoi devant le tribunal pour enfants ou encore peut décider de juger le mineur en chambre du conseil, c'est-à-dire seul avec son greffier. Il ne peut alors prononcer de peine, au sens strict, mais seulement une décision de non-condamnation (relaxe) ou une mesure éducative[1] comme l'admonestation, la mise sous protection judiciaire, le placement et la remise à personne physique (parents, tuteur...) avec ou sans mesure de liberté surveillée, et la mesure d'activité de jour issue de la loi du 5 mars 2007 relative à la prévention de la délinquance.

Le tribunal pour enfants, présidé par le juge des enfants assisté de deux assesseurs non professionnels[2], doit également privilégier l'option éducative sur la voie répressive et décider prioritairement de mesures éducatives qui varient en fonction de l'âge du mineur[3]. Depuis la loi du 9 septembre 2002, le tribunal pour enfants peut également prononcer pour les mineurs de plus de dix ans des sanctions éducatives[4], dont la palette s'est enrichie par la loi du 5 mars 2007 précitée, de l'avertissement solennel (une admonestation collégiale en quelque sorte !), une nouvelle forme de placement éducatif, l'exécution de travaux scolaires et le placement en internat scolaire. Exceptionnellement, il peut prononcer une peine (emprisonnement avec ou sans sursis, sursis avec mise à l'épreuve, amende, travail d'intérêt général) mais uniquement pour les mineurs de 13 ans.

La cour d'assises des mineurs a le même choix de réponse pénale que le tribunal pour enfants.

Le juge des enfants est également juge de l'application des peines. Antérieurement à la loi Perben-II du 9 mars 2004, il partageait sa compétence avec le juge d'application des peines (JAP) : il n'était compétent que dans le cadre des sanctions s'exécutant en milieu ouvert. L'article 20-9 de

1. Art. 8, alinéa 10, 1° et suivants.
2. www.justice.gouv.fr
Tableau extrait de *La Protection judiciaire des mineurs*, publié par l'ANPASE en 1985 (CDE-BP 4-76380 Canteleu), auquel ont participé M. Millerand, M. Penaud, M. Bruel et Mlle Marion.
3. Art. 15 Ordonnance 1945.
4. Art. 15-1 Ordonnance 1945.

l'ordonnance de 1945, issu de la loi du 9 mars 2004, pose désormais le principe suivant pour les condamnations prononcées à compter du 1er janvier 2005 :

> « En cas de condamnation prononcée par une juridiction spécialisée pour mineurs, le juge des enfants exerce les fonctions dévolues au juge de l'application des peines par le Code pénal et le Code de procédure pénale, jusqu'à ce que la personne condamnée ait atteint l'âge de 21 ans. »

Dans tous les cas, le point de vue éducatif devrait l'emporter sur le coercitif ; véritable « magistrat de la relation humaine », le juge des enfants cherche, en essayant toujours d'obtenir l'accord de la famille, à favoriser l'épanouissement et la socialisation des jeunes dont il a à connaître.

Le procureur de la République

Le procureur de la République, dénommé également ministère public ou parquet (c'est alors l'institution qui est visée) ou substitut (ce sont alors les magistrats qui composent le parquet), a une place centrale dans l'organisation judiciaire. Ses compétences sont extrêmement vastes.

Le statut du procureur de la République

Les magistrats du siège (dont le juge des enfants) ne sont pas soumis à l'autorité hiérarchique, sont indépendants et inamovibles. Ils ne peuvent recevoir, sans leur consentement, une affectation nouvelle, même en avancement[1]. Ils sont chargés de juger les auteurs des infractions. Ils sont chargés de trancher les litiges qui leur sont soumis en rendant des jugements ou des ordonnances. Ils se prononcent sur les poursuites pénales. Ils rendent la justice « au nom du peuple français ». Certains juges sont spécialisés : juge aux affaires familiales, juge d'instruction, juge des enfants, juge d'application des peines. Ils jugent soit en collégialité, c'est-à-dire à trois, soit seuls, c'est-à-dire à « juge unique ».

Les magistrats du parquet « sont placés sous la direction et le contrôle de leurs chefs hiérarchiques et sous l'autorité du garde des sceaux, ministre de la justice. À l'audience, leur parole est libre[2] ».

Le **tableau 11.1** résume la situation de chacun de ces magistrats.

Les fonctions du procureur de la République

La plus visible des fonctions exercées par le procureur de la République est la poursuite des infractions pénales commises par des majeurs ou des mineurs[3].

Les parquets remplissent également un rôle institutionnel dans les dispositifs relevant des politiques locales de sécurité et de prévention, dont le maire devient un partenaire et un acteur incontournable[4], que ce soit la conférence départementale de sécurité (CDS), qui revêt une importance particulière puisqu'elle permet d'affirmer devant les élus l'unité d'action de la police et

1. Art. 4 Ordonnance n° 58-1270 du 22 décembre 1958.
2. Art. 5 Ordonnance n° 58-1270 du 22 décembre 1958.
3. Art. 31 CPP.
4. Voir *infra*.

Tableau 11.1. Organisation hiérarchique et dénomination des magistrats.

	Ministre de la Justice, garde des Sceaux	
	Parquet (ministère public ou magistrature debout)	**Siège** (magistrature assise)
	SOUMIS À L'AUTORITÉ HIÉRARCHIQUE	NON SOUMIS À L'AUTORITÉ HIÉRARCHIQUE
Cour de cassation	Procureur général près la Cour de cassation. Avocats généraux à la Cour de cassation.	Premier président à la Cour de cassation. Président de chambre. Conseillers à la Cour de cassation.
Cours d'appel (cour d'assises)	Procureur général de la cour d'appel. Avocats généraux et substituts généraux.	Premier président de la cour d'appel. Président de la chambre. Conseiller à la cour d'appel.
Tribunal de grande instance (tribunal correctionnel)	Procureur de la République. Substituts du procureur de la République.	Président du tribunal. Vice-président. Juge (du siège, d'instruction, des enfants, des affaires familiales, etc.).
Tribunal d'instance (tribunal de police)	Idem	Juge d'instance, juge des tutelles

de la gendarmerie sous le contrôle du procureur de la République, le conseil départemental de la prévention (CDP), les conseils locaux de sécurité et de prévention de la délinquance (CLSPD), la participation à l'élaboration du plan départemental de sécurité routière (PDSR), les contrats locaux de sécurité (CLS) et les contrats de ville.

Le ministère public est en outre sollicité pour donner son avis sur l'application de la loi dans les affaires de contentieux familial, c'est-à-dire les affaires relatives à la filiation, l'organisation de la tutelle des mineurs et l'ouverture ou la modification de la tutelle des majeurs[1].

Dans le cadre du dispositif de protection de l'enfance, la loi du 5 mars 2007 a modifié son rôle en rendant subsidiaire l'assistance éducative. Il y intervient à un double titre. Le premier est celui de la saisine éventuelle du juge pour enfants suite à un signalement d'enfant en danger. Et l'on voit poindre ici la distinction entre ces deux concepts : le signalement au procureur ne saisit pas le juge des enfants ! Destinataire des signalements d'enfants en danger, quelle qu'en soit l'origine (simples citoyens, professionnels et institutions : les services de police ou de gendarmerie, les services sociaux du conseil général, les hôpitaux ou des médecins exerçant en libéral, l'Éducation nationale, etc.), le procureur de la République est confronté à une grande diversité de situations. Il faut admettre que la clarification des rôles en la matière opérée par la réforme de 2007 était nécessaire pour filtrer les situations relevant juridiquement de l'assistance éducative, autrement dit en cas de défaut d'accord des père et mère sur la mise en place d'une protection. Le procureur de

1. Art. 425 NCPC.

- *Les services éducatifs auprès des tribunaux* (SEAT)[1] créé par un arrêté du 30 juillet 1987, ce service est implanté au sein de chaque tribunal pour enfants. La circulaire PJJ du 15 mai 2001 a redéfini le contenu des missions des services éducatifs en milieu ouvert de la PJJ ainsi que leur organisation, et a créé des UEAT rattachées à un centre d'action éducative. Ces services travaillent avec les magistrats chargés des affaires de mineurs : juges des enfants, substituts des mineurs, juges d'instruction chargés des affaires de mineurs. Sa mission : faire des propositions d'orientation éducative pour les mineurs déférés au parquet après qu'ils ont commis une infraction. La consultation de ce service est obligatoire avant toute mise en détention. Ils assurent le suivi des condamnations en milieu carcéral (préparation de la sortie) et en milieu ouvert (mise en œuvre de mesures de contrôle judiciaire, de liberté surveillée, sursis avec mise à l'épreuve et travail d'intérêt général). Par ailleurs, il assure l'accueil des mineurs et l'information de leur famille au tribunal.
- Les *centres d'actions éducatives en milieu ouvert* (CAE)[2]. Ils sont désormais responsables des mesures d'investigation et éducatives de milieu ouvert relevant de la compétence du secteur public de la PJJ, mais aussi du suivi du contrôle judiciaire et des peines concernant les mineurs : recueils de renseignement socio-éducatifs, enquêtes sociales, investigations et orientations éducatives (IOE), action éducative en milieu ouvert (AEMO), liberté surveillée préjudicielle (LSP), liberté surveillée (LS), contrôle judiciaire (CJ), sursis avec mise à l'épreuve (SME), réparation, mise sous protection judiciaire, préparation de l'exécution, mise en œuvre et suivi des condamnations, soit, outre les TIG, SME, et sursis-TIG, stage de citoyenneté, de formation civique, toute mesure d'aménagement de peine d'emprisonnement ferme.
- Les *foyers d'action éducative* (FAE) assurent l'hébergement d'adolescents et jeunes adultes, censés suivre une scolarité ou une formation professionnelle à l'extérieur. Un projet éducatif individualisé est mis en place par les équipes éducatives avec chaque jeune, devant normalement aboutir à une orientation dans un délai de quelques mois : retour en famille, prise en charge à plus long terme en établissement éducatif. Ils ont remplacé les institutions spéciales d'éducation surveillée (ISES), qui avaient elles-mêmes remplacé les IPES, et qui avaient une vocation polyvalente et doivent assurer l'observation, l'orientation, l'hébergement, la formation et l'insertion sociale et professionnelle.
- Les *centres d'action éducative et d'insertion* (CAEI) accueillent des jeunes dans la journée aux fins de scolarisation et d'insertion en relation avec les CAE ou les FAE dont dépendent ces mineurs. Ils seront plus particulièrement chargés de la mise en œuvre de la mesure d'activité de jour[3].
- Les *centres éducatifs renforcés* (CER) ont été créés à la suite au conseil de sécurité intérieure du 8 juin 1998. Ils ont pour but, sur une période de deux mois à trois mois, de prendre en charge des jeunes les plus en difficulté, avec un suivi permanent d'éducateurs : six jeunes pour six éducateurs, pour leur permettre de reprendre contact avec la vie sociale par des activités diverses et d'élaborer un projet de resocialisation.

1. 239 centres d'action éducative en milieu ouvert.
2. Article 121-2, alinéa CASF : « Pour la mise en œuvre des actions mentionnées au 2° ci-dessus, le président du conseil général habilite des organismes publics ou privés dans les conditions prévues aux articles L. 313-8, L. 313-8-1 et L. 313-9. »
3. Art. 16 *ter* ordonnance de 1945.

- Les *centres de placement immédiat* (CPI) peuvent accueillir à tout moment des mineurs en grande difficulté, délinquants en priorité, à la demande des magistrats pour enfants. Le placement d'une durée de trois ou quatre mois a pour objectif l'orientation du mineur et son inscription dans un projet de socialisation à long terme.
- Les *centres éducatifs fermés* (CEF) ont été créés par la loi du 9 septembre 2002. Ils sont réservés à l'accueil des mineurs de treize à dix-huit ans placés au titre de l'ordonnance de 1945 à la suite d'une décision de contrôle judiciaire ou d'un sursis avec mise à l'épreuve ou dans le cadre d'une libération conditionnelle. Leur particularité est que le non-respect des conditions de placement entraîne l'emprisonnement. Ils sont destinés à la resocialisation par des enseignements, formation professionnelle, apprentissage des règles sociales, et une prise en charge sanitaire.
- Les *établissements pénitentiaires pour mineurs* (EPM) cogérés par l'administration pénitentiaire (surveillance) et la protection judiciaire de la jeunesse (action éducative), ils remplaceront progressivement les quartiers pour mineurs des maisons d'arrêt.

L'habilitation justice

C'est l'article 49 de la loi du 6 janvier 1986 qui introduit pour la première fois dans le domaine législatif des dispositions nouvelles relatives à l'habilitation des établissements et services qui concourent à la protection judiciaire. Ces dispositions furent précisées par le décret n° 88-949 du 6 octobre 1988. Toutefois, les règles en matière de création, d'évaluation, d'habilitation, de tarification et de contrôle des établissements sociaux et médico-sociaux ont été totalement refondues par la loi n° 2002-2 du 2 janvier 2002 « rénovant l'action sociale et médico-sociale ». Aux termes de l'article L. 313-1 : « La création, la transformation ou l'extension des établissements ou services mentionnés à l'article L. 312-1 sont soumis à autorisation. » Les procédures relatives à la création, évaluation, habilitation ou contrôle des structures ne concernent pas que le secteur associatif : le secteur public (PJJ notamment) y est également soumis désormais.

Avant la loi du 2 janvier 2002, les établissements gérés par des personnes physiques ou des personnes morales de droit privé devaient faire l'objet d'une habilitation, soit délivrée par le président du conseil général seul, soit délivrée conjointement par le président du conseil général et le représentant de l'État dans le département. Désormais, l'article L. 313-10 du CASF précise que « l'habilitation à recevoir des mineurs confiés habituellement par l'autorité judiciaire, soit au titre de la législation relative à l'enfance délinquante, soit au titre de celle relative à l'assistance éducative, est délivrée par le représentant de l'État dans le département après avis du président du conseil général, pour tout ou partie de service ou de l'Établissement ». On retrouve ici une procédure d'habilitation distincte de la délivrance de l'autorisation, laquelle s'applique notamment aux services d'enquête et d'investigation, services d'AEMO, de réparation pénale, ainsi qu'à tous les établissements auxquels le magistrat peut confier directement un mineur au titre de l'assistance éducative ou de l'enfance délinquante. En revanche, l'habilitation ne concerne pas les lieux de vie.

L'organisme gestionnaire doit adresser sa demande, en trois exemplaires, par pli recommandé avec AR, au préfet du département où se trouve l'établissement ou service. Le préfet informe le président du conseil général et transmet pour étude au directeur régional de la Protection judiciaire de la jeunesse. Celui-ci recueille l'avis du juge des enfants (sur le projet pédagogique, mais aussi sur tout le personnel). Si l'établissement reçoit des mineurs d'âge scolaire ou dispense un enseignement général, l'avis de l'inspecteur d'académie est également requis. Dans les deux mois, le directeur régional de la Protection judiciaire de la jeunesse transmet son dossier et un projet de décision au préfet qui prend un arrêté. L'habilitation est valable cinq ans. Elle précise le nombre, l'âge, les catégories juridiques des mineurs accueillis, les conditions de séjour et l'éducation, ainsi que les obligations particulières. Six mois avant son expiration une demande de renouvellement peut être adressée au préfet.

Le schéma départemental de Protection judiciaire de la jeunesse

La circulaire Justice du 22 juin 1990 demande la mise en place, le suivi et l'évaluation de schémas départementaux de protection judiciaire de la jeunesse. Bien que ce texte emploie de manière récurrente le mot de « concertation », il était laissé à la libre appréciation des différents acteurs l'élaboration de schémas communs.

La loi du 2 janvier 2002 a clarifié les différents niveaux d'organisation dans le champ de la protection de l'enfance. À ce titre, « les schémas d'organisation sociale et médico-sociale sont élaborés [...] Au niveau départemental, lorsqu'ils portent sur les établissements et services mentionnés aux 1° à 4°, *a* du 5° et 6° à 11° du I de l'article L. 312-1[1] ». Dans le droit fil de cette réforme, la loi du 13 août 2004 relative aux responsabilités locales a ajouté un principe de concertation. « Le schéma départemental est adopté par le conseil général après concertation avec le représentant de l'État dans le département et avis du comité régional de l'organisation sociale et médico-sociale. »

5. LES ÉTABLISSEMENTS ET SERVICES PUBLICS ET PRIVÉS

De nombreux établissements publics et privés participent à la mise en œuvre de l'Aide sociale à l'enfance, sous ses différentes formes, intervention à domicile ou accueil. Pendant longtemps, on a assisté à une confusion du secteur sanitaire et du secteur social. Ainsi, les hospices recevaient les enfants trouvés ou abandonnés, mais aussi les vieillards, infirmes, aveugles et incurables (loi de 1904). Dans les années 1970, l'hôpital gérait encore nombre d'hospices pour personnes âgées, pour invalides et de foyers de l'enfance. D'ailleurs, aujourd'hui encore, les personnels de direction des foyers départementaux de l'enfance, qui sont départementaux, relèvent du statut de la fonction publique hospitalière.

C'est la loi du 31 décembre 1970 qui va recentrer l'hôpital sur sa fonction centrale : le soin, la recherche et l'enseignement en matière de santé, et initier un clivage entre le sanitaire et le social, clarification nécessaire, même si un rapprochement s'opère aujourd'hui[2].

Le 30 juin 1975 furent promulguées deux importantes lois : la loi n° 75-534 d'orientation en faveur des personnes handicapées et la loi n° 75-535 relative aux institutions sociales et médico-sociales. Le point commun de ces deux lois est qu'il s'agissait d'une part d'améliorer

1. Art. L. 312-5 CASF.
2. Notamment par l'ordonnance du 24 avril 1996 qui permet de nouveau aux hôpitaux de créer et de gérer des établissements et services sociaux et médico-sociaux sans obligation de constituer une personne morale distincte.

la situation des personnes fragilisées en créant de nouveaux droits (prestations, établissements, dispositifs) et d'autre part de mettre de l'ordre dans ce secteur. Toutes les orientations et toutes les attributions de prestations pour les personnes handicapées relèveraient de deux commissions dont les décisions s'imposaient aux établissements, aux organismes payeurs et, avec une certaine possibilité (théorique) de choix, aux familles : la CDES (commission départementale de l'éducation spéciale) pour les enfants et adolescents, et la COTOREP (commission technique d'orientation et de reclassement professionnel) pour les adultes. Les créations d'établissements furent soumises à autorisation, après avis d'une commission régionale, la CRISMS (commission régionale des institutions sociales et médico-sociales) qui devait veiller à leur qualité, à leur adaptation aux besoins et à une planification souple.

À partir de ces textes, les secteurs sociaux et sanitaires ont été nettement différenciés : le sanitaire relevant de la loi hospitalière et des CRH (commission régionale hospitalière), le social de la loi sociale et de la CRISMS (commission régionale des institutions sociales et médico-sociales). Les deux lois de 1975 permirent un développement du secteur social et médico-social concernant toutes les personnes ayant besoin d'une protection particulière, et dont la satisfaction ne pouvait être laissée à la seule économie de marché : les enfants, les personnes handicapées, les personnes âgées, les personnes en difficulté d'insertion sociale.

Pour autant, les individus ne sont ni « sanitaires » ni des cas « sociaux », ce sont des personnes qui peuvent rencontrer des problèmes de santé et des difficultés. La prise en charge « sociale » fait partie du soin, par exemple lorsqu'on s'occupe de malades du sida, de personnes dépendantes (alcool, toxicomanie), ou même de personnes âgées. Plusieurs lois (22 lois entre 1975 et 2002) ont peu à peu modifié et adapté ce dispositif. La loi hospitalière de 1991 unifiera les CRH et les CRISMS au sein des CROS (comité de l'organisation sanitaire et sociale), devenus en 2002 CROSMS, l'ordonnance du 24 avril 1996 autorisa les établissements de santé publics et privés à créer et gérer des services et des établissements sociaux et médico-sociaux, à condition de respecter la législation du secteur social, notamment pour la qualification des personnels.

La loi de 1975 était une loi sur les institutions, c'est-à-dire sur « les murs », plus qu'en faveur des personnes. D'ailleurs c'est ce qui ressortira des premiers constats de la Direction générale de l'action sociale dès 1995, comme des orientations de Jacques Barrot lançant en 1996 le chantier de réforme : il faut « remettre l'usager au centre du dispositif ». C'est ce dispositif complexe issu de la loi n° 75-535 relative aux institutions sociales et médico-sociales qui a été modifié par la loi n° 2002-2 du 2 janvier 2002[1].

La loi 2002-2 *rénove* l'action sociale et médico-sociale et *révolutionne* ce secteur en tant qu'il s'agit de fonder une nouvelle culture professionnelle dans l'accompagnement des personnes. Les auteurs de la loi soulignaient qu'il fallait passer plus résolument d'une logique d'institutions à une logique fondée sur les besoins de la personne et apporter les garanties que « l'usager » est en droit d'attendre de la structure qu'il fréquente.

L'exposé des motifs énonçait :

> « Les établissements à vocation sociale ou éducative doivent s'adapter à de nombreux changements, voire amorcer de rapides conversions, couvrir de nouveaux besoins et diversifier leurs services, s'ouvrir sur l'environnement

1. La loi n° 75-534 d'orientation en faveur des personnes handicapées sera pour sa part réformée par la loi n° 2005-102 du 11 février 2005 pour l'égalité des droits et des chances, la participation et la citoyenneté des personnes handicapées.

et travailler davantage en partenariat et en réseau, évaluer leur action et personnaliser leur projet, s'engager dans une démarche qualité... enfin, se doter d'un management plus conséquent. Dans le même temps, les outils de gestion de contrôle se font plus serrés, et il est souvent demandé aux opérateurs de faire plus avec moins de moyens, de rendre davantage compte de leur action. »

Parmi les objectifs assignés à cette réforme figurent notamment la volonté de créer des règles communes aux établissements et services publics et privés notamment en accentuant les pouvoirs de contrôle et les moyens de pilotage de l'administration sur tous les établissements et services.

Aujourd'hui, les deux tiers des capacités d'hébergement offertes dans le cadre de l'Aide sociale à l'enfance relèvent du secteur privé, le plus souvent associatif. Les structures associatives peuvent accueillir des mineurs ou des jeunes majeurs confiés par l'ASE (en accueil provisoire, en placement judiciaire ou sous tutelle du conseil général), directement par les magistrats (en assistance éducative ou au titre de l'ordonnance du 2 février 1945) ou sur orientation des maisons départementales des personnes handicapées. Ainsi, le secteur associatif participe non seulement à la protection de l'enfance mais également à la gestion d'un service public, il a par conséquent une mission d'intérêt général : par exemple la fonction d'accueil effectuée par des foyers, la fonction de soutien de service d'action éducative en milieu ouvert, la fonction de prévention effectuée par les clubs et équipes de prévention. Dans ce cas, ils bénéficient d'une autorisation (acte unilatéral de la puissance publique qui les autorise à recevoir des bénéficiaires de l'aide sociale), précédée d'un avis de la section sociale du comité régional de l'organisation sociale ou médico-sociale, et d'une convention (acte bilatéral et contractuel qui définit les missions confiées).

Les procédures d'attribution, de renouvellement et de retrait de l'autorisation ont été entièrement rénovées par la loi du 2 janvier 2002. Les principes essentiels qui gouvernement cette matière sont les suivants :

- l'adéquation avec les différents schémas et par conséquent avec les besoins identifiés sur un territoire ;
- une durée limitée à quinze ans dont le renouvellement est soumis au résultat de l'évaluation externe et d'une visite de conformité ;
- une procédure devant le CROSMS réformée avec un système dit à fenêtre et commune à tous les établissements.

Ces missions sont effectuées sous la responsabilité de l'autorité délégataire qui assure un contrôle.

En outre, il est important de noter que tout mineur hébergé collectivement ou isolément hors du domicile de ses parents jusqu'au quatrième degré ou de son tuteur est placé sous la protection de l'autorité publique. La surveillance de ces mineurs, lorsqu'elle ne relève pas d'une réglementation propre, est confiée au président du conseil général (art. L. 227-1 et L. 227-7 CASF). Elle s'exerce tant sur les conditions morales que matérielles. Pour permettre cette protection, les établissements ou services sont soumis à autorisation ou, au minimum, à déclaration.

Les dispositions communes aux établissements publics et privés

Pour s'assurer de l'effectivité des prestations quelle que soit la nature juridique de la structure, trois moyens sont utilisés : le renforcement des instruments de planification et de leur portée : ainsi le schéma devient contraignant et opposable ; l'encadrement plus strict des procédures d'autorisation et d'habilitation ; le renforcement des moyens de contrôle et de leur efficacité.

Les établissements et services concernés

Dans le cadre de la loi de 1975, les institutions sociales s'organisaient librement. Il existait toutefois des procédures de création, de transformation ou d'extension importante. Chacune d'elles était soumise à un avis motivé du comité régional de l'organisation sanitaire et sociale (CROSS). Le gestionnaire de la personne morale pouvait solliciter cette autorisation n'importe quand dans l'année, le CROSS était amené à donner un avis motivé sur le projet avant que l'administration ne se prononce et l'absence de réponse valait au bout de six mois acceptation de la demande. L'autorisation n'avait pas de durée prédéterminée et était accordée si le projet répondait aux besoins quantitatifs et qualitatifs de la population et était conforme aux normes.

La loi du 2 janvier 2002 a, quant à elle, étendu le champ d'application de l'autorisation. Puis d'autres lois sont venues régulièrement enrichir cette nomenclature. L'article L. 312-1 fixe la liste des établissements et services :

- établissements et services prenant en charge habituellement des mineurs et des majeurs de moins de 21 ans ;
- établissements et services d'enseignement à destination des mineurs et jeunes adultes handicapés (CMPP, IR, IME, IMP, IMPRO, SESSAD)[1] ;
- centres d'action médico-sociale précoce ;
- établissements et services relevant de la PJJ[2] ;
- établissements et service d'aide par le travail, de réadaptation, de pré-orientation et de rééducation professionnelle ;
- établissements et services pour personnes âgées (SSIAD, SSAD...) ;
- établissements et services pour adultes handicapés (foyer d'accueil médicalisé, maison d'accueil spécialisé, foyer d'hébergement, SAVS, SAMSAH) ;
- établissements et services pour personnes en difficulté (accueil, soutien, accompagnement social) ;
- établissements et services pour les personnes confrontées à des difficultés spécifiques (centre de soins en addictologie, lits halte soins santé) ;
- foyers de jeunes travailleurs ;
- centres de ressources et autres ;

1. Depuis la loi du 11 février 2005, on ne parle plus d'éducation spéciale.
2. Ont été ajoutées les mesures les services mettant en œuvre les mesures d'investigation préalable à l'assistance éducative : IOE, RRSE.

- établissements et services à caractère expérimental ;
- centres d'accueil pour demandeurs d'asile mentionnés à l'article L. 348-1[1] ;
- services mettant en œuvre les mesures de protection des majeurs ordonnées par l'autorité judiciaire au titre du mandat spécial auquel il peut être recouru dans le cadre de la sauvegarde de justice ou au titre de la curatelle, de la tutelle ou de la mesure d'accompagnement judiciaire[2] ;
- services mettant en œuvre les mesures judiciaires d'aide à la gestion du budget familial[3] ;
- lieux de vie[4].

La planification des besoins

Un des principes fondamentaux rappelés par la loi du 2 janvier 2002 est celui d'une réponse adaptée aux besoins de chacun[5] et l'un des moyens mis à disposition des acteurs est le schéma d'organisation sociale et médico-sociale. Il devient un outil d'évaluation et de référence dans le cadre de l'avis que donne le CROSMS pour la création, l'extension ou la transformation d'un établissement ou service. En effet, le schéma départemental est opposable, l'autorisation n'étant accordée qu'en cas de compatibilité et donc d'adéquation de l'offre aux besoins.

Le schéma d'organisation sociale et médico-sociale est élaboré au niveau départemental pour les établissements qui prennent en charge des mineurs[6]. Il existe d'autres niveaux de schéma : le niveau national pour des établissements et services qui prennent en charge certaines affections[7], le niveau régional reprend notamment les éléments des schémas départementaux pour les établissements relevant de la compétence de l'État.

La loi n° 75-535 du 30 juin 1975 prévoyait déjà qu'un schéma précise, dans chaque département :

- la nature des besoins sociaux et notamment ceux nécessitant des interventions sous forme de création d'établissements ou de services sociaux et médico-sociaux ou par une autre voie ;
- les critères d'évaluation des actions conduites ;
- les modalités de la collaboration ou de la coordination susceptibles d'être établies ou recherchées avec d'autres collectivités afin de satisfaire tout ou partie des besoins recensés.

1. Les CADA ont été intégrés à cette nomenclature par la loi du 26 juillet 2006 relative à l'immigration et à l'intégration.
2. Les services dits de « Tutelle » intégreront les dispositifs de la loi du 2 janvier 2002 à partir du 1er janvier 2009 en application des dispositions transitoires issues de la loi n° 2007-308 du 5 mars 2007.
3. Cette dénomination remplace celle de service de tutelle lorsqu'ils exerçaient des mesures de tutelles aux prestations sociales enfant décidées par le juge des enfants.
4. L. 312-1, III CASF.
5. L. 116-2 CASF.
6. 1° à 4° de l'article L. 312-1, I.
7. Décret n° 2003-1217 du 18 décembre 2003 : association d'une déficience auditive grave et d'une déficience visuelle grave ; association d'une déficience visuelle grave et d'une ou plusieurs autres déficiences graves ; association d'une déficience auditive grave et d'une ou plusieurs autres déficiences graves ; dysphasie grave associée ou non à une autre déficience ; association d'une ou plusieurs déficiences graves et d'une affection chronique, grave ou évolutive (affection mitochondriale ; affection du métabolisme ; affection évolutive du système nerveux ; épilepsie sévère).

Le schéma était arrêté par le conseil général. Toutefois, en tant qu'il concernait des établissements et services sociaux ou médico-sociaux fournissant des prestations prises en charge concurremment, d'une part par le département, d'autre part par l'État, un organisme d'assurance-maladie ou d'allocations familiales ou d'assurance vieillesse, le schéma était arrêté conjointement par le président du conseil général et le représentant de l'État dans le département. Il en allait de même en ce qui concerne les établissements et les services accueillant des adultes handicapés, quelles que soient leurs modalités de financement.

La loi du 2 janvier assigne aux schémas des objectifs précis :

1° apprécier la nature, le niveau et l'évolution des besoins sociaux et médico-sociaux de la population ;
2° dresser le bilan quantitatif et qualitatif de l'offre sociale et médico-sociale existante ;
3° déterminer les perspectives et les objectifs de développement de l'offre sociale et médico-sociale et, notamment, ceux nécessitant des interventions sous forme de création, transformation ou suppression d'établissements et services et, le cas échéant, d'accueils familiaux relevant du titre IV du livre IV ;
4° préciser le cadre de la coopération et de la coordination entre les établissements et services mentionnés à l'article L. 312-1, à l'exception des structures expérimentales prévues au 12° du I de cet article, ainsi qu'avec les établissements de santé définis aux articles L. 6111-1 et L. 6111-2 du Code de la santé publique ou tout autre organisme public ou privé, afin de satisfaire tout ou partie des besoins mentionnés au 1° ;
5° définir les critères d'évaluation des actions mises en œuvre dans le cadre de ces schémas.

En outre, la loi du 13 août 2004 sur les responsabilités locales a modifié ce double pilotage. Désormais, le schéma départemental est adopté par le conseil général après concertation « avec le représentant de l'État dans le département et avis du comité régional de l'organisation sociale et médico-sociale. Le représentant de l'État fait connaître au président du conseil général, au plus tard six mois avant l'expiration du précédent schéma, les orientations que le schéma doit prendre en compte pour les établissements et services mentionnés aux 2°, 4°, a du 5°, 8° et 10° du I de l'article L. 312-1 ainsi que pour ceux mentionnés à l'article L. 162-24-1 du Code de la Sécurité sociale pour les prestations prises en charge par l'assurance-maladie[1] ».

En cas de désaccord, il est prévu des schémas disjoints, arrêtés par le préfet au président du conseil général, suivant le domaine principal de compétence (art. L. 312-5 CASF). Si deux ans après la publication de cette loi (c'est-à-dire le 4 janvier 2004) les schémas départementaux n'ont pas été arrêtés, il revient au préfet de les arrêter dans les trois mois.

Les sections sociales du Comité national et des comités régionaux de l'organisation sanitaire et sociale se réunissent alors au moins une fois par an, en vue d'évaluer les besoins, d'analyser leur évolution et de proposer des priorités. Tous les ans, ces sections élaborent un rapport qui est transmis, selon le cas, au ministre ou aux autorités locales concernées.

1. L. 312-5, alinéas 5 et 6 CASF.

La procédure de création, transformation ou d'extension

L'économie générale est la suivante : avis préalable de la section sociale du comité régional ou national, en fonction de la nature de la nature de l'établissement ou du service, de l'organisation sociale et médico-sociale et autorisation par l'autorité compétente. Cette logique n'a pas été modifiée par la loi du 2 janvier 2002 mais certaines contraintes techniques et procédurales ont été ajoutées voire inversées afin de rationaliser et sécuriser la création, la transformation ou l'extension des structures.

L'avis préalable du CROSMS ♦ Dans le cadre de la loi du 30 juin 1975, tout projet de création devait être soumis à l'avis d'un Comité national de l'organisation sanitaire et sociale (CNOSS) ou régional (CROSS). Ces comités étaient présidés par un magistrat de l'ordre administratif ou judiciaire et comprenaient des représentants de l'État, des collectivités territoriales et des organismes de Sécurité sociale, des institutions sanitaires et sociales publiques et privées et des professions de santé, des personnels des institutions sanitaires et sociales et des usagers de ces institutions sociales. Ils comportaient des sections spécialisées. Ils se prononçaient après avoir entendu le représentant désigné par la personne morale intéressée, qui pouvait être assisté par un conseiller technique. Le comité national ou les comités régionaux donnaient un avis motivé sur l'opportunité de la création ou de l'extension des établissements en fonction des besoins, quantitatifs ou qualitatifs, de la population et compte tenu des équipements existants ou prévus. Ils examinaient l'opportunité de création et la qualité du projet présenté.

C'est la loi du 4 mars 2002 relative aux droits des malades et à la qualité du système de santé qui a mis en place des CROSMS en remplacement des sections sociales des comités régionaux de l'organisation sanitaire et sociale. En revanche, leurs missions ont été fixées par la loi du 2 janvier 2002 : évaluation des besoins et proposition sur des priorités (annuellement), avis sur les schémas et sur les projets de création, transformation et extension[1]. En revanche, le CROSMS n'a plus à motiver ses avis. Sa composition est fixée d'un point de vue général par l'article L. 312-3, II. Le comité est présidé par un membre des tribunaux administratifs ou des cours administratives d'appel soit par un conseiller à la chambre régionale des comptes. La composition précise figure à l'article R. 312-181 CASF. Le comité fonctionne en sections spécialisées : personnes âgées, personnes handicapées, personnes en difficultés sociales, enfants relevant d'une protection administrative ou judiciaire[2]. Quant au fondement des avis des CROSMS, ils sont les suivants :

- compatibilité avec les objectifs et répondre aux besoins sociaux et médico-sociaux fixés par le schéma (on dit que le schéma devient opposable) ;
- satisfaction des règles d'organisation et de fonctionnement, prévision des démarches d'évaluation et les systèmes d'information ;
- caractère raisonnable du coût de fonctionnement ;
- qualité de l'avant-projet ;
- garanties techniques et déontologiques ;
- pertinence du dossier financier.

1. Il faut noter que certaines extensions peuvent bénéficier d'une procédure rapide lorsqu'elles sont inférieures à 30 % de la capacité initiale et en à moins de 15 lits ou places.
2. Pour aller plus loin : art. R. 312-181 et suivants CASF.

L'autorisation ♦ La procédure d'autorisation initiale développée précédemment[1] est désormais commune à l'ensemble de ces institutions. Il faut simplement ajouter que le régime procédural a lui aussi été modifié. Ainsi, si l'autorité qui doit délivrer l'autorisation[2] garde le silence dans les six mois qui suive la demande, celui-ci vaut désormais rejet de la demande. Le demandeur a alors deux mois pour solliciter les motifs de ce rejet. Après notification des motivations par cette autorité, le demandeur a deux mois de délai pour engager une procédure contentieuse. À défaut de notification des motifs justifiant le rejet, l'autorisation est acquise.

Concernant le renouvellement de l'autorisation, il peut être total ou partiel, il est en effet tributaire du résultat de l'évaluation effectuée par un organisme extérieur. Le renouvellement par tacite reconduction est de principe. L'autorisation ou son renouvellement sont en outre soumis au résultat d'une visite de conformité aux conditions techniques minimales d'organisation et de fonctionnement des établissements dans l'année qui précède la fin de l'autorisation.

Pour conclure sur cette question, des dispositions pénales ont été posées par la loi du 2 janvier 2002.

> « Art. L. 313-22. — Est puni d'un emprisonnement de trois mois et d'une amende de 3 750 euros :
>
> 1° La création, la transformation et l'extension des établissements et services énumérés à l'article L. 312-1, sans avoir obtenu l'autorisation prévue à l'article L. 313-1 ;
>
> 2° La cession de l'autorisation prévue à l'article L. 313-1 sans l'accord préalable de l'autorité administrative qui l'a délivrée ;
>
> 3° Le fait d'apporter un changement important dans l'activité, l'installation, l'organisation, la direction ou le fonctionnement d'un établissement ou service soumis à autorisation sans la porter à la connaissance de l'autorité.
>
> Les personnes physiques coupables des infractions au présent article encourent également la peine complémentaire d'interdiction, suivant les modalités de l'article L. 131-27 du Code pénal, d'exploiter ou de diriger tout établissement ou service soumis aux dispositions du présent titre.
>
> En cas de licenciement, le juge peut prononcer la réintégration du salarié concerné si celui-ci le demande.

L'autorisation vaut :

- autorisation de fonctionner, sous réserve des résultats d'une visite de conformité aux conditions techniques minimales d'organisation et de fonctionnement spécifique à chaque catégorie d'établissement ou service ;
- sauf mention contraire, habilitation à recevoir des bénéficiaires de l'aide sociale ;
- sauf mention contraire, autorisation de dispenser des soins remboursables aux assurés sociaux par application de l'article L. 272 du Code de la Sécurité sociale, lorsque l'autorisation est accordée par le représentant de l'État, seul ou conjointement avec le président du conseil général.

L'habilitation et la convention

L'attribution ♦ L'habilitation est un acte unilatéral de la puissance publique. Elle peut être assortie d'une convention qui est nécessairement contractuelle. L'habilitation précise obligatoirement[3] :

1. Section III du présent chapitre relative à la PJJ.
2. L. 313-3 CASF.
3. L. 313-8-1 CASF.

« 1° Les catégories de bénéficiaires et la capacité d'accueil de l'établissement ou du service ;

2° Les objectifs poursuivis et les moyens mis en œuvre ;

3° La nature et la forme des documents administratifs, financiers et comptables, ainsi que les renseignements statistiques qui doivent être communiqués à la collectivité publique.

Lorsqu'elles ne figurent pas dans l'habilitation, doivent figurer obligatoirement dans la convention les dispositions suivantes :

1° Les critères d'évaluation des actions conduites ;

2° La nature des liens de la coordination avec les autres organismes à caractère social, médico-social et sanitaire ;

3° Les conditions dans lesquelles des avances sont accordées par la collectivité publique à l'établissement ou au service ;

4° Les conditions, les délais et les formes dans lesquels la convention peut être renouvelée ou dénoncée ;

5° Les modalités de conciliation en cas de divergence sur l'interprétation des dispositions conventionnelles.

La convention est publiée dans un délai de deux mois à compter de sa signature.

La convention est publiée dans un délai de deux mois à compter de sa signature.

L'établissement ou le service habilité est tenu, dans la limite de sa spécialité et de sa capacité autorisée, d'accueillir toute personne qui s'adresse à lui. »

Le retrait de l'habilitation ♦ L'habilitation à recevoir des bénéficiaires de l'aide sociale peut être retirée[1] pour des motifs fondés sur :

- l'évolution des besoins ;
- la méconnaissance d'une disposition substantielle de l'habilitation ou de la convention ;
- la disproportion entre le coût de fonctionnement et les services rendus ;
- la charge excessive qu'elle représente pour la collectivité publique ou les organismes assurant le financement.

Dans le premier cas, l'autorité qui a délivré l'habilitation doit, préalablement à toute décision, demander à l'établissement ou au service de modifier sa capacité en fonction de l'évolution des besoins. La demande, notifiée à l'intéressé, est motivée. Elle précise le délai dans lequel l'établissement ou le service est tenu de prendre les dispositions requises. Ce délai ne peut être inférieur à six mois. À l'expiration du délai, l'habilitation peut être retirée à l'établissement ou au service en tout ou partie. Cette décision prend effet au terme d'un délai de six mois » (l'avis de la commission régionale ou nationale et supprimé).

La tarification

La tarification des établissements et services accueillant des mineurs pris en charge par l'aide sociale est arrêtée annuellement :

- par le président du conseil général pour les établissements et services de seule compétence départementale ;

1. L. 313-9 CASF.

- par décision conjointe du président du conseil général et du représentant de l'État dans le département (préfet sur proposition du DRPJJ) pour les établissements auxquels l'autorité judiciaire confie directement et habituellement des mineurs ;
- Par le préfet, seul, pour les services d'enquêtes sociales et les services d'investigation et d'orientation éducative.

Les conventions collectives de travail, conventions d'entreprise ou d'établissement et accords de retraite applicables aux salariés des établissements ou service à caractère social ou sanitaire à but non lucratif dont les dépenses de fonctionnement sont, en vertu de dispositions législatives ou réglementaires, supportées, en tout ou partie, directement ou indirectement, soit par des personnes morales de droit public, soit par des organismes de Sécurité sociale, ne prennent effet qu'après agrément donné par le ministre compétent après avis d'une commission où sont représentés des élus locaux et dans les conditions fixées par voie réglementaire. Ces conventions ou accords s'imposent aux autorités compétentes pour fixer la tarification.

Les dépenses liées à l'activité des établissements et services prenant en charge habituellement, y compris au titre de la prévention des mineurs et des majeurs de moins de 21 ans sont prises en charge soit sous la forme de tarifs horaires (services d'aide à domicile[1]) soit sous la forme d'un prix de journée. Pour les établissements et services accueillant des mineurs ou des majeurs de moins de 21 ans confiés par l'autorité judiciaire, les prestations font l'objet d'un prix de journée ou d'un tarif forfaitaire par mesure[2].

Les cas de fermeture

Le premier cas est celui où un établissement ou un service s'est créé, transformé ou a fait l'objet d'une extension sans autorisation. Il peut être fermé par l'autorité compétente pour en autoriser la création, la transformation ou l'extension. Dans le cas où l'autorisation a été conjointe, la décision de fermeture est prise conjointement. L'avis de la commission nationale ou régionale des équipements sanitaires et sociaux a été supprimé. En outre, la décision de fermeture est impérative même si elle doit être motivée[3].

Le deuxième cas est celui de la fermeture, totale ou partielle, provisoire ou définitive d'un établissement ou d'un service déjà autorisé prononcée par l'autorité qui a délivré l'autorisation. Les différentes hypothèses sont prévues aux articles L. 313-16 et suivants :

- lorsque les conditions techniques minimales d'organisation et de fonctionnement prévues au II de l'article L. 312-1 ne sont pas respectées ;
- lorsque sont constatées dans l'établissement ou le service et du fait de celui-ci des infractions aux lois et règlements susceptibles d'entraîner la mise en cause de la responsabilité civile de l'établissement ou du service ou de la responsabilité pénale de ses dirigeants ou de la personne morale gestionnaire.

1. R. 314-130 CASF.
2. « Les modalités de financement des établissements », *ASH,* juin 2007 in *Le Contentieux de la tarification sanitaire et sociale ;* « Le financement des établissements », *TSA*, n° 946, 7 novembre 2003, p. 9.
3. L'article L. 313-15 CASF dispose en effet : « L'autorité compétente met fin... », Sur cette question voir J.-M. Lhuillier, « La fermeture administrative des établissements sociaux et médico-sociaux : de nouveaux textes pour un nouveau contexte », *RDSS*, 07/2006, n° 4, p. 710-721.

La troisième hypothèse, liée à la santé, la sécurité ou le bien-être physique ou moral des usagers, a été renvoyée aux articles L. 331-5. Seul est désormais compétent le représentant de l'État. Il faut cependant que les usagers soient ici directement menacés.

Le régime de la fermeture est complexe et ses conséquences multiples. En premier lieu, le principe est que la fermeture soit précédée d'une injonction sauf urgence. En cas d'infractions aux lois et règlement ou de dysfonctionnement, l'article L. 313-14 prévoit un délai raisonnable de mise en en conformité, éventuellement avec nomination d'un administrateur provisoire. L'établissement n'est pas fermé, l'administrateur établit alors pour le compte de l'autorité compétente les actes d'administration urgents et nécessaires.

En cas de fermeture pour menace à la santé ou sécurité des personnes, l'article L. 331-6 prévoit également des délais afin que les responsables remédient à ce trouble subit par les usagers. À défaut, c'est une décision de fermeture qui est prise. Ici, l'accueil des personnes doit alors être assuré sous la responsabilité du représentant de l'état L'administrateur a comme rôle d'accomplir les actes d'administration nécessaires et de faire procéder aux travaux urgents.

En second lieu, si la fermeture entraîne en principe le retrait de l'autorisation[1], il est également possible, au nom du principe de continuité et de récupération des biens financés par la collectivité, que l'autorisation soit transférée avec information du CROSMS. En outre, et avant la loi du 2 janvier 2002, certains avaient tenté des expériences consistant à transférer les fonds d'un gestionnaire à un autre. L'article L. 313-19 CASF régit désormais cette question.

Les dispositions relatives aux établissements publics

Les établissements et services relevant de personnes morales de droit public sont largement minoritaires dans le domaine médico-social à l'exception des foyers de l'enfance qui sont nécessairement publics, même si la mission qui leur est impartie est parfois déléguée à des établissements privés.

Les établissements publics, les foyers de l'enfance notamment, peuvent être départementaux, interdépartementaux ou communaux (art. L. 315-9 CASF). Ils peuvent aussi être non personnalisés (art. L. 315-1 CASF). La loi du 2 janvier 2002 a clarifié leur statut et les a expressément soumis à la procédure d'autorisation. Jusque-là, en effet, au nom du principe issu de la décentralisation de la libre administration des collectivités territoriales qui veut qu'aucune collectivité, État, région, département, commune, n'exerce de tutelle sur une autre, leur création n'était conditionnée que par une autorisation. La loi du 2 janvier 2002 a clarifié cette question : chaque collectivité est libre, mais dans le cadre de ses compétences. Les établissements publics[2] sont donc soumis à autorisation de l'autorité compétente, État ou département selon le cas.

Ils sont créés par délibération de la collectivité territoriale compétente, mais soumis à l'autorisation et à toutes les obligations prévues par la loi, sur le plan du droit des personnes accueillies, comme sur le plan budgétaire.

1. L. 313-18 CASF.
2. Art. 313-2 CASF.

Partie 2

Protection des mineurs en danger et recueil d'informations

Chapitre 12

L'organisation de la protection de l'enfant en danger

P. VERDIER, F. NOÉ

Cette loi, en organisant le signalement, développe trois axes forts : la mise en place obligatoire d'un lieu identifié d'évaluation collégiale (cellule départementale), la légalisation du partage de l'information entre professionnels tenus au secret, tout en réaffirmant la règle du secret professionnel, et la clarification de l'articulation entre protection sociale et protection judiciaire.

1. L'IDENTIFICATION DES RESPONSABILITÉS

La loi du 10 juillet 1989 donnait très clairement mission au président du conseil général :

- de mener des actions de prévention des mauvais traitements, carences ou négligences graves à l'égard des mineurs, au moyen d'actions d'information et de sensibilisation de la population et des personnels concernés ;
- d'organiser le recueil des informations relatives aux mineurs maltraités ou supposés l'être ;
- si les éléments recueillis se révèlent exacts, assurer la protection des enfants, en liaison avec les autorités judiciaires qui conservent toute leur compétence en la matière ;
- tenir informées les personnes auteurs des signalements de la suite qui leur a été donnée.

Le président du conseil général devient alors l'interlocuteur unique dans le département qui a pour mission essentielle de coordonner les actions des divers intervenants.

La loi du 5 mars 2007 réaffirme cette compétence au plan territorial, ce qui ne signifie pas que l'État n'ait plus rien à faire : à travers le service social scolaire, la santé scolaire, la psychiatrie infantile, la police ou la justice, etc. l'État a des compétences réelles et importantes.

L'État pilote au plan national, mais avec l'appui du représentant des conseils généraux et les grandes associations. Il fait la loi, le statut des personnels, il impulse des politiques et des expériences mais il rend aussi des comptes à la communauté internationale.

2. L'OBLIGATION DE PRÉVENTION

La prévention des difficultés auxquelles les parents peuvent être confrontés est affirmée comme le premier but de la protection de l'enfance[1].

Mener des actions de prévention des situations de danger à l'égard des mineurs est une mission expressément donnée au service de l'Aide sociale à l'enfance par la loi du 10 juillet 1989, modifiée en 2007[2]. Cette action est menée dans le cadre de l'action globale : aide à domicile, action des clubs de prévention, recueil, mais aussi au moyen d'actions d'information et de sensibilisation de la population et des personnes concernées par les situations de mineurs en danger ou risquant de l'être, ainsi que par la publicité du dispositif de recueil des signalements et informations.

Plusieurs actions plus spécifiques sont prévues par la loi du 5 mars 2007.

1. Art L. 112-3 CASF.
2. Art. L. 221-1, 4e CASF.

Pendant la grossesse, l'entretien au quatrième mois de grossesse [1] est systématisé. Cet entretien sera proposé à toutes les femmes enceintes ; il sera assuré par des sages-femmes, formées à cet effet. C'est un dialogue permettant de détecter d'éventuelles difficultés d'ordre psychologique ou social. Lorsque l'entretien a fait apparaître la nécessité d'un suivi, celui-ci doit être proposé et assuré par les services de la Protection maternelle et infantile.

À la maternité, est organisée la mise en contact des parents avec les services de la Protection maternelle et infantile (PMI). Il s'agit de faire savoir à la mère et au père, dès la naissance de leur enfant, qu'ils peuvent toujours appeler s'ils ont quelque problème, de participer à des actions précoces sur la parentalité.

Au domicile, la visite de la PMI est systématiquement proposée à la jeune mère. Cette visite s'effectuera à son retour de la maternité, dans les jours qui suivent la naissance, afin d'apporter une aide aux parents. Ces visites comportent un dépistage des troubles de l'enfant (L. 2112-2 al. 11 nouv. du CSP) et un bilan de santé pour les enfants âgés de 3 à 4 ans (L. 2112-2, 2° CSP).

À l'école, sera assuré un bilan de 100 % des enfants de 3-4 ans. Ce bilan s'effectue à l'école maternelle. L'école est le lieu propice pour détecter des difficultés ou des déficiences. Ce bilan, qui devra concerner désormais tous les enfants, sera réalisé par la PMI.

Dans leurs sixième, neuvième, douzième et quinzième années, tous les enfants sont obligatoirement soumis à une visite médicale au cours de laquelle un bilan de leur état de santé physique et psychologique est réalisé. Ces visites ne donnent pas lieu à contribution pécuniaire de la part des familles :

> « Les parents ou tuteurs sont tenus, sur convocation administrative, de présenter les enfants à ces visites, sauf s'ils sont en mesure de fournir un certificat médical attestant que le bilan mentionné au premier alinéa a été assuré par un professionnel de santé de leur choix.
> À l'occasion de la visite de la sixième année, un dépistage des troubles spécifiques du langage et de l'apprentissage est organisé. Les médecins de l'éducation nationale travaillent en lien avec l'équipe éducative, les professionnels de santé et les parents, afin que, pour chaque enfant, une prise en charge et un suivi adaptés soient réalisés suite à ces visites[2]. »

Concernant les adolescents, existent des lieux d'écoute et les lieux de médiation familiale : accueils de jour, les maisons d'adolescents. Le parrainage doit aussi être encouragé.

Pour être efficace, la prévention suppose la confiance des enfants, adolescents et des familles. Cela suppose que la confidentialité leur soit assurée et qu'ils puissent exprimer leurs réelles difficultés sans crainte de signalement et d'intervention coercitive, sauf cas de danger manifeste, évidemment. Peut aider et contrôler en même, il semble que ce soit deux attitudes antinomiques[3].

3. LA COORDINATION DES SERVICES

D'une part, l'article L. 226-1 CASF précise que si la responsabilité première de la prévention des situations de danger incombe au service de l'Aide sociale à l'enfance, celle-ci doit être menée

1. Art. L. 2112-2 CSP.
2. Art. L. 541-1 du Code de l'éducation.
3. Verdier P., « La loi n° 2007-293 du 5 mars 2007 relative à la protection de l'enfance : Une avancée de la protection, un recul des droits », *RAJS-JDJ*, n° 265, mai 2007.

en liaison avec le service départemental de Protection maternelle et infantile (modifié par la loi du 18 décembre 1989), le service social départemental, et les autres services publics compétents : DDASS, hôpitaux, Éducation nationale, Justice, police, gendarmerie...

D'autre part, le président du conseil général peut faire appel aux associations concourant à la protection de l'enfance pour participer aux actions d'information et de sensibilisation prévues par la loi.

4. LA FORMATION DES PERSONNELS

La loi prévoit que les médecins, l'ensemble des personnels médicaux et paramédicaux, les travailleurs sociaux, les magistrats, les enseignants et les personnels de la police nationale et de la gendarmerie doivent recevoir une formation initiale et une formation continue dans le domaine de la protection de l'enfance. Cette obligation s'impose aussi aux cadres territoriaux qui, par délégation du président du conseil général, prennent des décisions relatives à la protection de l'enfance et fixent les modalités de leur mise en œuvre[1], ainsi qu'aux personnels d'animation sportive, culturelle et de loisirs.

5. ÉVALUATION DE LA POLITIQUE

Le ministre chargé de la Famille doit présenter tous les trois ans un rapport rendant compte des résultats des recherches menées sur l'enfance maltraitée et proposant toutes mesures propres à en diminuer la fréquence et la gravité.

Dans les deux ans suivant la promulgation de la présente loi, le Parlement est saisi par le gouvernement d'un bilan de la mise en œuvre de la cellule opérationnelle départementale qui devra établir l'impact du nouveau dispositif, son évaluation qualitative et quantitative, ainsi que les coûts de sa mise en œuvre par les départements et les compensations versées par l'État[2].

1. Art. L. 226-12-1 CASF.
2. Art. 13 loi 5 mars 2007.

Chapitre 13

Le circuit de recueil des signalements

P. VERDIER, F. NOÉ

PLAN DU CHAPITRE

RAPPELONS TOUT D'ABORD l'obligation faite à tout citoyen par l'article 223-6 du Code pénal de porter assistance à personne en péril, soit directement, soit en provoquant des secours. Les articles 434-1 et 434-3 du même code sanctionnent les non-dénonciations et, subséquemment, imposent une obligation de dénoncer aux autorités administratives ou judiciaires, dans le premier cas, les crimes dont il est encore possible de limiter les effets ou dont les auteurs sont susceptibles de commettre de nouveaux crimes, et dans le second les privations, de mauvais traitements ou d'atteintes sexuelles infligés à un mineur de quinze ans ou à une personne qui n'est pas en mesure de se protéger en raison de son âge, d'une maladie, d'une infirmité, d'une déficience physique ou psychique ou d'un état de grossesse. Toutefois, les personnes astreintes au secret professionnel sont dispensées de cette obligation, à condition bien sûr, qu'elles aient fait en sorte que secours soit porté et sauf pour les enfants de moins de 15 ans.

De son côté, l'article. L. 226-2-1 du CFAS dispose :

> « Sans préjudice des dispositions du II de l'article L. 226-4, les personnes qui mettent en œuvre la politique de protection de l'enfance définie à l'article L. 112-3 ainsi que celles qui lui apportent leur concours transmettent sans délai au président du conseil général ou au responsable désigné par lui, conformément à l'article L. 226-3, toute information préoccupante sur un mineur en danger ou risquant de l'être, au sens de l'article 375 du Code civil. »

1. LE RECUEIL DES INFORMATIONS RELATIVES AUX MINEURS EN DANGER

La mise en place d'une cellule spéciale

La responsabilité du dispositif de recueil est à la charge du président du conseil général. En effet, lorsqu'éclate un incident mettant en évidence des mauvais traitements ou des situations de danger avérées, souvent anciens et répétés, on constate que la situation était connue des voisins, du milieu enseignant, de la PMI, mais qu'une insuffisante évaluation de la situation ou une mauvaise transmission des informations n'avait pas permis une prise en charge efficace. C'est pourquoi l'article L. 226-3 CASF charge le président du conseil général de mettre en place, après concertation avec le représentant de l'État dans le département, et les partenaires institutionnels une cellule de recueil, de traitement et d'évaluation des informations préoccupantes.

En effet, l'article L. 226-3 du Code de l'action sociale et des familles précise que « le représentant de l'État et l'autorité judiciaire lui apportent leur concours ». Ce concours implique une collaboration des représentants de l'État et de l'autorité judiciaire à la mise en œuvre de la cellule et à son bon fonctionnement (élaboration du protocole, respect des procédures de recueil et de traitement des informations, éventuellement lien avec la mise en œuvre d'un protocole d'accueil d'urgence...). Il importe que la protection judiciaire de la jeunesse et l'Éducation nationale soient étroitement associées au fonctionnement de la cellule. La cellule doit pouvoir, en outre, faire appel en tant que de besoin à la collaboration d'autres personnes ressources : médecins spécialistes, pédopsychiatres, personnels hospitaliers, juristes, etc. L'ensemble des services et établissements publics et privés susceptibles de connaître des situations de mineurs en danger participent à cette coordination, ainsi que, éventuellement, les professionnels et associations concourant à la protection de l'enfance.

Les informations recueillies ne peuvent être utilisées à d'autres fins que la protection de l'enfance[1]. C'est là une garantie du respect des usagers. Elles sont transmises de façon anonyme à l'observatoire départemental de protection de l'enfance (ODPE) et à l'observatoire national de l'enfance en danger (ONED).

Le processus de traitement

La cellule départementale procède à une analyse de premier niveau. À réception de toute information préoccupante, la cellule départementale recherche si la situation du mineur est déjà connue par les services de protection de l'enfance. Elle procède, en outre, à une analyse rapide de la situation du mineur afin de déterminer si elle exige, au vu des éléments, un signalement sans délai au procureur de la République du fait de son extrême gravité.

Si la situation laisse présager que l'enfant est en danger, au sens de l'article 375 du Code civil, mais que les éléments évoqués ne sont pas suffisants pour effectuer un signalement, la cellule départementale doit veiller à ce qu'une évaluation soit effectuée par les services départementaux ou, le cas échéant, par ou en liaison avec d'autres acteurs de la protection de l'enfance.

> « Les services publics, ainsi que les établissements publics et privés susceptibles de connaître des situations de mineurs en danger ou qui risquent de l'être, participent au dispositif départemental. Le président du conseil général peut requérir la collaboration d'associations concourant à la protection de l'enfance. »

Par la transmission à la cellule de leur évaluation de situations d'élèves en danger ou qui risquent de l'être, le service social en faveur des élèves et les médecins de l'Éducation nationale, de par leurs missions, participent au dispositif départemental.

Si la situation nécessite un recueil de données complémentaires et une évaluation approfondie de la situation du mineur, les services médico-sociaux du département assurent ce travail, ou bien le cas échéant, avec les services de l'Éducation nationale.

La cellule procède alors à une évaluation de la situation avant de donner des suites. Ce processus d'évaluation peut se diviser en plusieurs étapes[2] : la rencontre avec la famille, l'approfondissement de la situation de l'enfant (recueillie auprès de l'enfant, de son environnement familial, scolaire, des professionnels de l'action sociale qui interviennent déjà), le rapport d'évaluation, une synthèse pluridisciplinaire sur la base de ce rapport.

Les suites données

L'article L. 226-4 consacre la subsidiarité de l'intervention judiciaire en imposant un circuit identifié et déjudiciarisé. Désormais, pour les enfants en danger ou présumés l'être[3], il y a, selon l'article L. 226-4 CASF, quatre situations. Dans la première, il n'y a pas de signalement à l'autorité

1. Art. L. 226-3 CASF.
2. Voir *Guide pratique. Cellule départementale de recueil, de traitement et d'évaluation,* 2007, p. 21.
3. Les enfants en danger comprennent des enfants maltraités (notion disparue du code) et des enfants dont les conditions d'éducation ou de développement physique, affectif, intellectuel et social sont gravement compromises (art. 375 Code civil).

judiciaire. Pour les trois autres, il y a un signalement judiciaire par l'intermédiaire du président du conseil général via la cellule départementale de recueil, traitement et évaluation :

- le mineur est en danger, mais les parents acceptent l'intervention du service et les mesures proposées « notamment une mesure de placement ou d'action éducative[1] », la protection sociale suffit ;
- le mineur est en danger et est déjà pris en charge au titre de la protection sociale, mais les actions déjà menées[2] n'ont pas permis de remédier à la situation : le président du conseil général avise alors sans délai le procureur de la République ;
- le mineur est en danger, mais les mesures de protection sociale ne peuvent être mises en place en raison du refus de la famille d'accepter l'intervention du service de l'Aide sociale à l'enfance ou de l'impossibilité dans laquelle elle se trouve de collaborer avec ce service : le président du conseil général avise sans délai le procureur de la République ;
- le mineur est en risque de danger, il y a des inquiétudes sérieuses, mais il est impossible d'évaluer cette situation : le président du conseil général avise sans délai le procureur de la République.

Dans ces trois derniers cas, « le président du conseil général fait connaître au procureur de la République les actions déjà menées, le cas échéant, auprès du mineur et de la famille intéressés ». « Le procureur de la République informe dans les meilleurs délais le président du conseil général des suites qui ont été données à sa saisine. » Certains pourraient y voir, au-delà d'un bénéfice pour le fonctionnement des services, le risque d'un renforcement de la « police des familles[3] ».

De plus, la loi renforce le caractère subsidiaire de l'intervention judiciaire et son pouvoir d'opportunité en posant à l'article 375 du Code civil alinéa, l'obligation pour le procureur de la République, informé par le président du conseil général, de s'assurer que la situation du mineur entre dans le champ d'application de l'article L. 226-4 du Code de l'action sociale et des familles, c'est-à-dire qu'il vérifie que tout a été tenté sur le plan social.

La possibilité de signalement direct au procureur de la République est maintenue[4]; lorsqu'elle est le fait d'un professionnel de la protection de l'enfance, elle est conditionnée à la gravité de la situation[5]. Et dans ce cas-là celui-ci adresse une copie de cette transmission au président du conseil général. Lorsque le procureur a été avisé par une autre personne, il transmet au président du conseil général les informations qui sont nécessaires à l'accomplissement de la mission de protection de l'enfance confiée à ce dernier et il informe cette personne des suites réservées à son signalement.

Très souvent, le constat a été fait que les personnes qui avaient signalé une situation au service de l'Aide sociale à l'enfance étaient tenues dans l'ignorance de la suite donnée. Cela est très démobilisateur, laissant croire que les services ne font rien. Aussi la loi a-t-elle prévu que le

1. Art R. 221-1 CASF.
2. Aide à domicile : financière, éducative, matérielle, accompagnant en économie sociale et familiale ; accueil temporaire sur un moment de la journée ; accueil provisoire.
3. Donzelot J., *La Police des familles*, Paris, Minuit, 1977.
4. Art. L. 226-4 CASF.
5. Il s'agit notamment des situations faisant apparaître que l'enfant est en péril, qu'il est gravement atteint dans son intégrité physique ou psychique, ou qu'il est peut-être victime de faits qualifiables pénalement. C'est dans le cadre du protocole défini plus haut que devront être précisés les cas de saisine directe.

président du conseil général informe les personnes qui lui ont communiqué des informations dont elles ont eu connaissance à l'occasion de leur activité professionnelle ou en raison d'un mandat électif (maire, député, conseiller général) des suites qui leur ont été données. À leur demande, il fait savoir aux autres personnes l'ayant informé si une suite a été donnée.

Il y a là dans ce système trois garanties essentielles pour le droit des usagers : la non-utilisation des informations recueillies à d'autres fins qu'à celles pour lesquelles elles sont fournies, l'information des familles sur les signalements qui les concernent (sauf intérêt contraire de l'enfant), le retour de l'information à ceux qui en sont à l'origine.

2. LE SERVICE NATIONAL D'ACCUEIL TÉLÉPHONIQUE (SNATEM)

L'article L. 226-6 CASF crée, à l'échelon national, un service d'accueil téléphonique gratuit ainsi qu'un observatoire de l'enfance en danger.

Missions

Le service d'accueil téléphonique a pour mission :

- d'offrir une écoute permanente et de répondre à tout moment aux demandes d'information et de conseil provenant tant de professionnels que du public ou des personnes elles-mêmes concernées (enfants, parents demandant de l'aide...) ;
- de recueillir les informations sur les situations d'urgence signalées sur les enfants maltraités ou présumés l'être. Dans ce cas, il transmet immédiatement le signalement au président du conseil général du département concerné, avec son appréciation sur la situation ;
- d'établir une étude épidémiologique annuelle.

Gestion et fonctionnement

Le numéro gratuit (numéro vert) est le 119. L'affichage de ce numéro est obligatoire dans tous les établissements et services recevant habituellement des mineurs.

Pour le gérer, l'État et les départements constituent un groupement d'intérêt public (GIP) dont le siège social est 11, boulevard Brune 75014 Paris. La structure réunit trois instances directement concernées par la prévention et la protection des mineurs : l'État, les départements et des associations. Allô Enfance maltraitée est dans le champ de la téléphonie sociale l'unique service émanant d'une décision législative, ce qui lui confère des obligations légales.

Y participent en outre :

- l'Association française d'information et de recherche sur l'enfance maltraitée (AFIREM) ;
- la Fédération de comités Alexis-Danan pour la protection de l'enfance ;
- la Fédération nationale des écoles de parents et des éducateurs ;
- la Fondation pour l'enfance ;
- la Ligue française d'hygiène mentale ;

- l'Union nationale des associations familiales.

La prise en charge financière est assurée à part égale par l'État et les départements (au prorata du nombre d'habitants)[1]. L'adhésion des départements est facultative, mais la participation financière est obligatoire (à l'exception des départements d'outre-mer qui sont dotés d'un système spécial).

Le service est assisté d'un comité technique composé des représentants du conseil d'administration du groupement d'intérêt public, des associations ainsi que des experts et des personnes qualifiées.

Après quelques années de fonctionnement de ce service, on peut constater que sa double mission opposée d'écoute bienveillante et de recueil des signalements crée un brouillage des messages peu favorable à une bonne utilisation de cette institution. Sans supprimer ce type de service national, il conviendrait de le développer dans tous les départements, qui sont les véritables lieux d'exercice de cette compétence de protection de l'enfance.

Les appels traités (appels avec échanges effectifs et appels non explicites) pour l'année 2002, avaient augmenté de 5 % par rapport à l'année précédente (736 535 en 2002 et 701 183 en 2001). L'année 2004 a enregistré une augmentation du nombre de transmissions aux départements. Ainsi l'année 2004 affiche-t-elle une augmentation de 5 % du nombre de transmissions, passant de 8 000 en 2003 à 8 405 en 2004[2].

3. PROTECTION DES PERSONNES FAISANT L'OBJET D'UN SIGNALEMENT

Plusieurs séries de mesures de protection des usagers ont été expressément mentionnées dans cette loi, qui, à cet égard, est réellement un texte de synthèse des dispositifs antérieurs.

D'une part, le secret professionnel est applicable aux agents du service d'accueil téléphonique. Le secret n'est pas une possibilité de ne pas divulguer une information, ou de ne pas témoigner (on entend souvent dire, à tort, « je suis protégé par le secret professionnel »), mais, comme toutes les dispositions du Code pénal, une obligation de taire les informations confiées dans le cadre professionnel. Ainsi, seule une information aux autorités administratives (président du conseil général) ou judiciaires (police, gendarmerie ou procureur de la République) est possible, donc sans risque, et uniquement lorsqu'il y a sévices, privations, mauvais traitements à enfant.

D'autre part, les informations recueillies ne peuvent être utilisées à d'autres fins que celle de la protection des enfants (on ne peut les utiliser à propos d'une demande de secours, ou signaler qu'il s'agit d'un étranger en situation irrégulière...).

Enfin, concernant les droits des familles proprement dits, la loi garantit expressément leurs droits tels qu'ils avaient été édictés par la loi du 6 juin 1984 et intégrés dans le Code de l'action sociale et des familles[3] :

- droit d'être informés ;

1. Sur le montant de la contribution financière du département au fonctionnement du GIP pour l'enfance en danger voir l'arrêté du 17 octobre 2007, JO du 27 octobre 2007.
2. Pour de plus amples précisions sur les chiffres du SNATEM, se reporter au rapport du SNATEM, Chiffres 2004 *Évaluer, écouter, apporter des réponses*.
3. Art L. 223-1 à L. 223-8 et R. 223-1 à R. 223-11 CASF.

- droit de se faire accompagner dans ses démarches ;
- droit de consulter son dossier ;
- droit de connaître les décisions ;
- motivations de celles-ci ;
- Possibilité de recours.

4. LA PROTECTION DES PROFESSIONNELS EFFECTUANT DES SIGNALEMENTS

Informer les autorités administratives ou judiciaires des situations d'enfants en danger est un acte citoyen. Toutefois, cet acte n'est pas sans risque et peut entraîner des désagréments, professionnels, voire personnels. Aussi, plusieurs dispositions législatives ou réglementaires ont concouru à la protection des salariés ou agents.

Protection vis-à-vis de l'auteur de la maltraitance

Le décret du 15 mars 2002 a modifié le nouveau Code de procédure civile et a permis un accès des familles et des enfants au dossier judiciaire d'assistance éducative. Ils peuvent ainsi connaître l'auteur du signalement initial qui peut être un proche : grands parents, beaux-parents, voisins. Aussi l'article 1187 du NCPC prévoit :

> « Par décision motivée, le juge peut, en l'absence d'avocat, exclure tout ou partie des pièces de la consultation par l'un ou l'autre des parents, le tuteur, la personne ou le représentant du service à qui l'enfant a été confié ou le mineur lorsque cette consultation ferait courir un danger physique ou moral grave au mineur, à une partie ou à un tiers. »

Protection vis-à-vis de l'institution

À partir des années 1980, les violences produites en institution, appelées couramment maltraitance institutionnelle, se sont révélé être plus courantes qu'on ne le pensait. Un certain nombre de travailleurs sociaux ont pu se trouver inquiétés pour avoir révélé ce type de violence. Plusieurs lois ont créé des moyens juridiques de protection.

La loi du 16 novembre 2001 relative à la lutte contre les discriminations a, tout d'abord, introduit un art L. 315-14-1 dans le CASF :

> « Dans les établissements et services mentionnés à l'article L. 312-1, le fait qu'un salarié ou un agent a témoigné de mauvais traitements ou privations infligés à une personne accueillie ou relaté de tels agissements ne peut être pris en considération pour décider de mesures défavorables le concernant en matière d'embauche, de rémunération, de formation, d'affectation, de qualification, de classification, de promotion professionnelle, de mutation ou de renouvellement du contrat de travail, ou pour décider la résiliation du contrat de travail ou une sanction disciplinaire. En cas de licenciement, le juge peut prononcer la réintégration du salarié concerné si celui-ci le demande. »

La loi du 2 janvier 2002 a, ensuite, abrogé l'article L. 315-14-1 et a inséré l'article L. 313-24 :

> « Dans les établissements et services mentionnés à l'article L. 312-1, le fait qu'un salarié ou un agent a témoigné de mauvais traitements ou privations infligés à une personne accueillie ou relaté de tels agissements ne peut être pris en considération pour décider de mesures défavorables le concernant en matière d'embauche, de rémunération, de formation, d'affectation, de qualification, de classification, de promotion professionnelle, de mutation ou de renouvellement du contrat de travail, ou pour décider la résiliation du contrat de travail ou une sanction disciplinaire. En cas de licenciement, le juge peut prononcer la réintégration du salarié concerné si celui-ci le demande. »

La loi du 17 janvier 2004 a enfin ajouté à l'article 226-14 du Code pénal, qui concerne les cas de dérogation, ou de levée, au secret professionnel pour les personnes qui y sont tenues[1], un dernier alinéa :

> « Le signalement aux autorités compétentes effectué dans les conditions prévues au présent article ne peut faire l'objet d'aucune sanction disciplinaire. »

Le contrôle du juge administratif[2]

Les juges examinent minutieusement les motifs des sanctions professionnelles prises à la suite d'une accusation de maltraitance.

Le 13 mars 2003, le tribunal administratif de Cergy-Pontoise a ainsi annulé les décisions par lesquelles le président du conseil général de la Seine-Saint-Denis avait licencié Mme X en qualité d'assistante maternelle, avant de lui retirer son agrément. Le service départemental de l'Aide sociale à l'enfance avait en effet transmis au parquet un signalement d'enfant en danger après qu'une jeune fille accueillie par Mme X avait confié à une assistante sociale scolaire des propos faisant état de « sévices sexuels subis dans sa famille d'accueil ». Toutefois, le rapport de police diligenté avait abouti à un classement sans suite, la jeune fille s'étant rétractée. La cour administrative d'appel de Versailles a donné raison au juge de première instance en estimant, le 26 mai 2006 (n° 03VE02087), que le département n'apportait pas le moindre élément de nature à établir que Mme X aurait eu connaissance des sévices dont la jeune fille s'est plainte ultérieurement.

La même cour administrative d'appel a confirmé, le 26 mai 2005 (n° 03VE01387), l'annulation de la décision du président du conseil général du Val-d'Oise en date du 26 décembre 2000 prononçant le retrait de l'agrément accordé à Mme Y en qualité d'assistante maternelle. En l'espèce, le conseil général reprochait à celle-ci de ne pas lui avoir signalé un mineur en danger qui lui avait été confié dès l'âge de 2 ans et demi. Cet enfant présentait en effet régulièrement des ecchymoses qui ont conduit les services du département à soupçonner de maltraitance Mme Y puis le père de l'enfant. La cour relève toutefois que ces faits étaient connus de l'équipe d'encadrement de la crèche familiale, employeur de la requérante, et qu'ils n'avaient donné lieu à aucune enquête pénale. Elle a donc conclu que le département n'était pas fondé à soutenir qu'en ne dénonçant

1. La loi du 2 janvier 2004 avait, quant à elle, supprimé la condition liée à l'âge de 15 ans pour autoriser les personnes tenues au secret à révéler des privations, sévices, atteintes sexuelles. Il faut aussi mentionner que les mutilations sexuelles font, depuis la loi du 4 avril 2006 sur les violences au sein du couple, partie de la liste des comportements délictueux qui peuvent être signalés.
2. Delmotte H., « Signaler la maltraitance, une obligation », *Santé-social Gazette,* n° 25, 1er déc. 2006, p. 54.

pas des faits dont il avait lui-même connaissance, l'assistante maternelle aurait commis une faute de nature à autoriser le retrait de son agrément.

La cour administrative d'appel de Nantes a également annulé, le 16 février 2006 (n° 05NT00738), une décision de retrait d'agrément pour l'accueil de mineurs à titre permanent en raison de preuves insuffisantes. « Les faits supposés de maltraitance physique et morale qui avaient conduit l'administration départementale à engager une procédure de retrait ne sont pas établis », ont estimé les juges, qui ont condamné le conseil général d'Eure-et-Loir à verser à Mme Z une somme de 1 500 euros au titre de l'article L. 761-1 du Code de justice administrative.

Les juges de la cour administrative d'appel de Nantes ont également rejeté, le 27 octobre 2005 (n° 04NT01490), la requête de l'association gérant la maison de retraite du château d'Abondant, qui reprochait à Mme A., aide médico-psychologique, des faits de maltraitance à l'égard d'une personne âgée pensionnaire. Si le directeur de l'établissement avait produit un certificat médical et une attestation d'un psychologue-psychothérapeute, les témoignages recueillis laissaient planer un doute sur la réalité des faits de maltraitance reprochés à Mme A. Les juges ont estimé que rien n'établissait que la personne âgée « a été véritablement victime d'un fait de maltraitance et non qu'elle s'est blessée seule au cours de soins prodigués alors qu'elle avait une attitude d'opposition [lors du déshabillage avant le coucher] »[1].

Le contrôle du juge judiciaire

Une décision de la cour d'appel de Paris du 18 novembre 2005 a jugé que la référence expresse dans la lettre de licenciement à la dénonciation de maltraitance indique sans équivoque qu'elle a été prise en considération pour sanctionner le salarié. Or l'article L. 313-24 du CASF protège les salariés contre les sanctions dues à cette dénonciation. La cour édicte « il n'est pas nécessaire que ce motif ait été l'élément déterminant de la décision de licencier [...] dès lors qu'est établie la prise en considération de cette référence prohibée à des actes de maltraitance ». La preuve de la véracité des faits dénoncés n'a pas à être rapportée. La cour élève cette protection au rang de liberté fondamentale.

La Cour de cassation, dans un arrêt du 26 septembre 2007, confirme ce principe par la formule suivante :

> « Selon l'article L. 313-24 Code de l'action sociale et des familles, l'employeur ne peut pour décider d'un licenciement prendre en considération le fait pour un salarié de témoigner de mauvais traitements ou privation infligés à une personne accueillie ».

1. Il ne s'agit pas ici d'Aide sociale à l'enfance, mais nous citons cette décision car c'est le même texte qui est invoqué.

Partie 3

L'affirmation du droit des usagers

Chapitre 14

Le renforcement des droits des bénéficiaires

P. VERDIER, F. NOÉ

PLAN DU CHAPITRE

En ce qui concerne spécifiquement l'Aide sociale à l'enfance, on doit faire remonter une réelle prise en compte du droit des bénéficiaires au rapport Bianco-Lamy et à la loi du 6 juin 1984 qui a opéré une véritable révolution idéologique et pratique et en ce sens était prémonitoire de la Convention des droits de l'enfant. On l'a dit[1], héritière de saint Vincent de Paul puis de l'assistance publique, l'Aide sociale à l'enfance s'était constituée de façon très tutélaire pour des enfants jugés « sans parents ». Ce rapport va marquer un véritable tournant.

Dès ses premières pages, il relève le poids du passé, la compétition des pouvoirs entre DDASS et juges des enfants, administration et établissements, administratifs et travailleurs médico-sociaux et l'importance des absents. Et les grands absents de l'Aide sociale à l'enfance, ce sont, nous dit ce rapport, les enfants, les parents et les familles d'accueil ; non physiquement, bien sûr, mais en capacité de parole. C'est de ce rapport qu'est issue, après une importante circulaire en 1983, et un changement de gouvernement, la loi du 6 juin 1984 relative aux droits des familles dans leurs rapports avec les services chargés de la protection de la famille et de l'enfance et au statut des pupilles de l'État[2]. Cette loi a été présentée et soutenue par Georgina Dufoix et votée à l'unanimité par le Parlement. Son titre est déjà une révolution : jusqu'ici, on parlait des services d'assistance publique, d'aide à l'enfance, de protection de la jeunesse, avec un présupposé de commisération : ici on affirme les droits de ses personnes prises en charge.

L'idée centrale est la suivante : il y a certes des familles en difficulté et des familles défaillantes. Toutefois, ce n'est pas en les écartant, en les remplaçant, en les dénigrant aux yeux de leurs enfants que sera résolue durablement leur situation et celle de leurs enfants. C'est au contraire en leur reconnaissant des droits et en leur donnant les moyens de les exercer qu'ils pourront sortir de leur difficulté. Il s'agit, dit l'exposé des motifs, « de sortir d'une logique d'assistance et d'exclusion, en créant des conditions de nature à favoriser de nouveaux rapports entre les institutions et les usagers, considérés comme responsables par-delà la dépendance dans laquelle ils peuvent se trouver ».

À cette fin, la loi va instaurer des rapports de droit, là où il y avait des rapports d'assistance voire de force. Ces rapports de droit nouveaux s'exprimeront dans les procédures d'admission (I) et dans la conduite de la prise en charge (II).

1. L'ADMISSION À L'AIDE SOCIALE À L'ENFANCE

Les procédures d'admission à l'Aide sociale à l'enfance doivent concilier divers droits qui peuvent paraître en opposition :

- le droit de l'enfant à être protégé, aidé, assisté dans sa famille ou éventuellement contre sa famille ;
- les droits des parents, en tant que détenteurs de l'autorité parentale et à ce titre possédant des droits sur l'enfant et en tant qu'usagers du service public ;

1. Voir chapitre 8.
2. Cette loi a été insérée au Code de l'action sociale et des familles dont elle constitue le chapitre III du livre II du livre premier. Le titre en rétrécit cependant le champ puisqu'il s'agit désormais du *Droits des familles dans leurs rapports avec les services de l'Aide sociale à l'enfance*.

Certains ont objecté, pour refuser à l'usager d'être accompagné, le respect du secret professionnel. L'objection n'est pas recevable : le secret professionnel appartient à l'intéressé et il le partage avec qui il veut. L'article 226-14 du Code pénal dit expressément que l'obligation de secret n'est pas applicable lorsque la loi autorise la révélation du secret, ce qui est précisément le cas. Toutefois un entretien individuel peut être proposé dans l'intérêt du demandeur.

Ce droit est applicable dans toutes les démarches auprès des services et établissements accueillant les mineurs[1].

La primauté de l'aide familiale ♦ La loi du 5 mars 2007 a jouté à l'article L. 223-1 CASF le principe selon lequel « l'attribution d'une ou plusieurs prestations prévues au présent titre est précédée d'une évaluation de la situation prenant en compte l'état du mineur, la situation de la famille et les aides auxquelles elle peut faire appel dans son environnement ».

Ainsi, le principe est celui de la solidarité familiale avant la protection sociale. Cette même logique préside au choix du juge des enfants dans la recherche d'un lieu d'accueil : d'abord recourir à l'autre parent, à défaut à un membre de la famille, ce n'est qu'ensuite qu'on envisage de le confier à un tiers digne de confiance ou à un service d'ASE ou encore à un service ou établissement.

Le droit d'être associé aux décisions ♦ L. 223-2 CASF rappelle un des principes fondamentaux de la protection sociale selon laquelle elle ne peut se mettre en place qu'avec l'accord des représentants légaux, voire du mineur dans le cas où il serait émancipé. À défaut de cet accord, l'intervention judiciaire est prévue. Ce principe se retrouve, avec des aménagements, pour les différentes modalités d'accueil qui peuvent être mis en place :

- pour l'aide à domicile ;
- pour l'accueil en situation normale ;
- pour l'accueil immédiat en situation d'urgence, qui, dès lors que l'accord des représentants légaux n'est pas recueilli doit soit cesser soit, en cas de danger, faire l'objet dans un délai de 5 jours d'une saisine du procureur de la république [2] ;
- pour l'accueil des mineurs en fugue[3], au-delà d'un délai de 72 heures, l'admission doit être validée par les représentants légaux à défaut de quoi, l'autorité judiciaire sera saisie.

Ce principe est renforcé par le rappel de la règle du maintien des prérogatives de l'autorité parentale « sous réserve des pouvoirs reconnus à l'autorité judiciaire [4] ».

Cet accord est formalisé dans un formulaire de recueil régi par l'article R. 223-5 CASF qui doit mentionner :

- le mode de placement et, selon le cas, les nom et adresse de l'assistant maternel, ou l'indication de l'établissement, ainsi que le nom du responsable de cet établissement ;
- la durée du placement ;
- les modalités suivant lesquelles est assuré le maintien des liens entre l'enfant et ses parents, et notamment les conditions dans lesquelles ils exerceront leurs droits de visite et d'hébergement,

1. Art. L. 223-1 alinéa 3 CASF.
2. Art. L. 223-2 alinéa 2, 3 et 4 CASF.
3. Art. L. 223-2 alinéa 5 CASF.
4. Art. L. 223-2 alinéa 7 CASF.

compte tenu, selon le mode de placement, des conditions normales de la vie familiale ou du règlement intérieur de l'établissement ;
- l'identité des personnes qu'ils autorisent à entretenir des relations avec l'enfant et les conditions d'exercice de celles-ci ;
- les conditions de la participation financière des parents ou du représentant légal à la prise en charge de l'enfant ;
- les nom et qualité des personnes chargées d'assurer le suivi du placement et les conditions dans lesquelles elles l'exercent ;
- les conditions de révision de la mesure.

Après quoi les parents reçoivent un document qui leur indique :
- que le service de l'Aide sociale à l'enfance ne pourra pas assurer la garde de l'enfant au-delà de la date fixée par la décision de placement ;
- que les parents sont tenus d'accueillir à nouveau leur enfant à cette date, à moins qu'ils ne demandent le renouvellement du placement ;
- que le service est tenu de saisir les autorités judiciaires si les conditions fixées au 2° ne sont pas remplies ;
- le contenu des diverses décisions que les autorités judiciaires pourront prendre pour déterminer la situation de l'enfant.

Pour les nouvelles prises en charge, les demandes d'accord préalable et d'avis concernant le lieu et le mode de placement doivent être formulées par lettre recommandée avec avis de réception. Cette formalité est prévue à l'article R. 223-8 CASF.

La décision d'admission

C'est le président du conseil général du département où la demande est présentée qui prononce toute admission à quelque forme d'aide sociale à l'enfance (art. L. 222-1 CASF) que ce soit. Toutefois, il a dans certains cas une compétence liée, notamment lorsque l'enfant est confié au service par décision judiciaire.

D'une part, cette décision n'est pas un « contrat d'admission » comme on le dit parfois, mais une décision administrative unilatérale qui doit être :
- motivée conformément à l'article 3 de la loi du 11 juillet 1979[1] ;
- notifiée au demandeur. La notification doit toujours mentionner les délais et modalités de mise en œuvre des voies de recours ; à noter que l'absence de notification proroge les délais de recours jusqu'à ce que l'intéressé en ait eu connaissance. Ceci est particulièrement important pour l'admission en qualité de pupille de l'État.

Elle est en outre susceptible de recours administratifs.

D'autre part, toute décision d'attribution d'une prestation en espèces mentionne :
- la durée de la mesure, son montant et sa périodicité ;

1. Art R. 223-2 CASF.

- les nom et qualité des personnes chargées du suivi de la mesure et les conditions dans lesquelles elles l'exercent ;
- les conditions de révision de la mesure[1].

Pour l'attribution d'une prestation autre qu'une prestation en espèces, permettant le maintien de l'enfant dans sa famille, le formulaire sur lequel est recueilli l'accord des parents ou du représentant légal prévu au premier alinéa de l'article 223-2 du Code de l'action sociale et des familles (CASF) mentionne :

- la nature et la durée de la mesure ;
- les nom et qualité des personnes chargées du suivi de la mesure et les conditions dans lesquelles elles l'exercent ;
- les conditions de révision de la mesure.

Attention, le silence gardé par l'autorité administrative pendant plus de deux mois vaut décision de rejet (art. 21 de la loi n° 2000-321 du 12 avril 2000) et ouvre donc les possibilités de recours.

La durée de l'admission

La décision fixe la durée de la mesure. Sauf dans le cas où un enfant est confié au service par décision judiciaire, aucune mesure ne peut être prise pour une durée supérieure à un an. Le législateur a voulu éviter que certaines situations restent longtemps sans examen. Elle est renouvelable dans les mêmes conditions. Dans le cas où il s'agirait d'une mesure d'assistance éducative prononcée par le juge des enfants, celle-ci ne peut en principe excéder deux ans. Le juge en fixe la durée. Elle peut être renouvelée par décision motivée. Toutefois, la loi du 5 mars 2007 relative à la protection de l'enfance a ajouté à l'article 375 Code civil :

> « Cependant, lorsque les parents présentent des difficultés relationnelles et éducatives graves, sévères et chroniques, évaluées comme telles dans l'état actuel des connaissances, affectant durablement leurs compétences dans l'exercice de leur responsabilité parentale, une mesure d'accueil exercée par un service ou une institution peut être ordonnée pour une durée supérieure, afin de permettre à l'enfant de bénéficier d'une continuité relationnelle, affective et géographique dans son lieu de vie dès lors qu'il est adapté à ses besoins immédiats et à venir. »

Il ne s'agit que des décisions judiciaires d'assistance éducative. Ce texte constitue cependant une régression par rapport à une action sociale moderne.

Les voies de recours

Trois voies de recours ♦ Elles sont ouvertes au bénéficiaire contre les décisions d'admission (ou de refus d'admission) :

- un recours gracieux devant l'autorité qui a pris la décision. Les recours gracieux ou hiérarchique permettent un réexamen au fond, c'est-à-dire en opportunité de la décision, et celle-ci peut être

1. Art. R. 223-3 CASF.

confirmée, modifiée ou annulée, éventuellement après une réinstruction de la demande (par exemple, une nouvelle enquête sociale) ;
- un recours hiérarchique auprès de l'autorité supérieure, c'est-à-dire le président du conseil général s'il a délégué sa signature ;
- un recours contentieux devant le tribunal administratif. Le recours contentieux ne permet qu'un contrôle de légalité de la décision, mais qui portera précisément sur le respect des procédures d'attribution des prestations telles qu'elles sont fixées par le CFAS. Sur le fond, toutefois, il n'est pas exclu que le tribunal relève une erreur manifeste d'appréciation.

La voie de fait ♦ Si la décision administrative est manifestement insusceptible de se rattacher au moindre texte législatif ou réglementaire ou, plus généralement à un pouvoir appartenant à l'administration, l'usager pourra invoquer une voie de fait. Dans ce cas l'administration perd son privilège de juridiction. La voie de fait est un fait de l'administration qui porte matériellement et illégalement une atteinte grave à une liberté ou à un droit de propriété, et qui n'entre pas dans ses pouvoirs. Lorsque l'administration se voit imputer des irrégularités particulièrement graves et qu'elle a porté atteinte à des droits individuels, on dit que l'administration a commis une voie de fait, que les actes ainsi accomplis ont perdu leur qualité d'actes administratifs et on en déduit que la compétence contentieuse appartient au juge judiciaire.

2. LE SUIVI DES PRISES EN CHARGE

La négociation des modalités des droits de visite et d'hébergement

La loi du 5 mars 2007 introduit une nouveauté, à l'article L. 223-3-1 CASF, pour légaliser une pratique. Elle consiste à ce que le juge des enfants en matière d'assistance éducative donne au service de l'Aide sociale à l'enfance le droit de déterminer en accord avec les parents, les conditions d'exercice des droits de visite et d'hébergement. Permettant une élaboration commune d'un accord qui doit être transmis au juge, ce dispositif participe à la fois du renforcement des droits des bénéficiaires mais également d'une meilleure adaptabilité de la prise en charge et par là même de son suivi. Cependant le juge des enfants reste le maître de la nature (visite ou hébergement), de la fréquence de la prise en charge et de la décision d'en laisser l'organisation concrète au service.

Le recueil de l'avis du mineur

L'article L. 223-4 CASF prévoit l'association de l'enfant à sa prise en charge. En effet, « le service examine avec le mineur toute décision le concernant et recueille son avis ». Il faut noter que c'est l'article le plus court du CASF, mais chaque mot est lourd de conséquences et de sens. Bien qu'il n'indique pas que le mineur donne son avis ; ni même qu'on lui demande son avis, le service doit néanmoins examiner avec lui toute décision, ce qui implique discussion, écoute et un dialogue. Il n'y a un pas d'âge minimum et concerne bien « toute décision », ce qui signifie qu'il ne faut en excepter aucune ! L'enfant, quant à lui, n'est pas obligé de donner un avis. C'est le service qui a obligation de le recueillir. Enfin, il ne s'agit que d'un avis. Un avis, c'est un sentiment à un moment donné qui peut à tout moment changer.

L'article R. 223-9 CASF précise que cet avis et les conditions de son recueil font l'objet d'un rapport écrit. C'est par conséquent une obligation, en son absence toute décision prise serait nulle : le payeur départemental devrait refuser de prendre en charge, si la décision n'indique pas « vu l'avis du mineur recueillie le... »

La rédaction d'un projet pour l'enfant

La nouvelle loi (2007) introduit un nouveau dispositif ayant pour finalité de sceller le partenariat entre le service de l'Aide sociale à l'enfance, les parents et le service et l'établissement prenant en charge le mineur. Est inséré un nouvel alinéa (5) à l'article L. 223-1 CASF :

> « Les services départementaux et les titulaires de l'autorité parentale établissent un document intitulé "projet pour l'enfant" qui précise les actions qui seront menées auprès de l'enfant, des parents et de son environnement, le rôle des parents, les objectifs visés et les délais de leur mise en œuvre. Il mentionne l'institution et la personne chargées d'assurer la cohérence et la continuité des interventions. Ce document est cosigné par le président du conseil général et les représentants légaux du mineur ainsi que par un responsable de chacun des organismes chargés de mettre en œuvre les interventions. Il est porté à la connaissance du mineur et, pour l'application de l'article L. 223-3-1, transmis au juge.
>
> Sur la base des informations dont il dispose, le président du conseil général veille à assurer le suivi et, dans la mesure du possible, la continuité des interventions mises en œuvre pour un enfant et sa famille au titre de la protection de l'enfance. »

Ce document est à distinguer du contrat de séjour[1] signé avec l'établissement ou service d'accueil et le « contrat d'accueil » signé avec le service de l'Aide sociale à l'enfance pour l'accueil en famille[2].

Le respect de l'autorité parentale.

L'autorité parentale est une institution juridique sur laquelle les titulaires eux-mêmes n'ont pas de prise puisqu'ils ne peuvent ni y renoncer ni la céder en dehors d'une décision judiciaire précise l'article 377 du Code civil. Ainsi, seule une juridiction (le TGI dans le cadre d'un retrait d'autorité parentale) ou un magistrat (le juge aux affaires familiales dans le cadre d'une délégation ou le juge des enfants pour la mise en œuvre d'une assistance éducative) peuvent y porter atteinte et encore sous des conditions strictes.

Le principe posé par l'article L. 223-2 alinéa 7 du Code de l'action sociale met en œuvre ce principe dans un domaine sensible, en imposant le respect des droits de ceux qui, bénéficiant d'une aide qu'ils sollicitent plus ou moins, sont en position de faiblesse. Ainsi, dans le cadre de la protection sociale les parents conservent l'intégralité de leurs prérogatives sur l'enfant : le service ne peut intervenir qu'avec leur accord qui doit obligatoirement être concrétisé dans un

1. CASF, art. L. 311-4.
2. CASF au L. 421-16.

écrit[1]. Seule l'urgence au sens strict du terme permet au service d'intervenir auprès de l'enfant sans l'autorisation expresse et écrite de ses parents, mais il doit, dans ce cas, provoquer le contrôle du procureur de la République[2]. Il ne faut pas méconnaître que l'exigence du respect de l'autorité parentale est certainement un gage d'efficacité de l'intervention mais qu'elle ne facilite pas la tâche du service, l'obligeant à expliquer et débattre avec la famille tout projet relatif à l'enfant. C'est pourquoi, peut-être, le décret d'application du 23 août 1985[3] qui précise concrètement comment mettre en œuvre le principe posé par la loi, insiste non sur la manière de respecter l'autorité parentale mais sur « les modalités suivant lesquelles est assuré le maintien des liens entre l'enfant et ses parents et notamment les conditions dans lesquelles ils exerceront leurs droits de visite et d'hébergement ». Les informations qui sont détaillées dans le document signé par les parents doivent porter sur ces points.

Le suivi annuel

La loi du 5 mars 2007 impose, dans l'article L. 223-5 CASF, l'élaboration annuelle, au minimum d'un rapport pluridisciplinaire sur la situation de l'enfant quel que soit le fondement juridique de sa prise en charge. Dans l'hypothèse d'une assistance éducative, ce rapport est transmis au juge des enfants. Implicitement cela signifie qu'il y a légalement l'obligation d'un rapport intermédiaire avant la fin programmée d'une prise en charge judiciaire. Ce rapport est de plus porté à la connaissance, sauf contre-indication du juge, de toute personne exerçant l'autorité parentale et du mineur, en fonction de son âge et de sa maturité.

1. CASF, art. L. 223-2 al. 1.
2. CASF, art. L. 223-2 al. 2.
3. Décret n° 85-936 du 23 août 1985 relatif aux droits des familles dans leurs rapports avec les services chargés de la protection de la famille et de l'enfance.

Chapitre 15

La proclamation des droits des usagers

P. Verdier, F. Noé

PLAN DU CHAPITRE

NOUS EMPLOYONS le mot « usagers » ici pour faciliter la lecture. En fait, ce terme a tendance à vieillir, car un usager est passif. La loi du 2 janvier 2002 utilise l'expression « personnes accueillies ou prises en charge ». Déjà présents dans la loi de 1984, les « droits des familles dans leurs rapports avec les services de l'Aide sociale à l'enfance[1] » font aujourd'hui figure de précurseurs face à ce que l'on appelle les « droits des usagers » issus de la loi n° 2002-2 du 2 janvier 2002.

Une des premières avancées concernant la participation des usagers à la vie collective de l'institution fut la mise en place, par le décret du 31 décembre 1991, des conseils d'établissement. Mais c'est surtout la loi du 2 janvier 2002 qui impose aux établissements et services sociaux et médico-sociaux prenant en charge des mineurs (ou toute autre catégorie d'usagers), ce qui inclut nécessairement l'Aide sociale à l'enfance, de se soumettre à des principes d'association des familles et des enfants à leur prise en charge non seulement d'un point de vue collectif par le biais des conseils de la vie sociale et des règlements de fonctionnement mais également d'un point de vue individuel par la participation au projet d'accueil et, tantôt par la conclusion d'un contrat de séjour tantôt par la remise d'un document individuel de prise en charge.

Construite comme un véritable mode d'emploi — notamment par le biais de décrets d'application précis[2] quant au fond et à la forme de ces outils —, la loi du 2 janvier 2002, et les principes fondamentaux qui en sont issus, ont vocation à interroger les pratiques.

L'ensemble des droits des usagers est affiché dans l'article L. 311-3 CASF. Ce texte ne crée pas de droits nouveaux, il rappelle, affiche et proclame, des droits déjà acquis par des textes antérieurs :

> « L'exercice des droits et libertés individuels est garanti à toute personne prise en charge par des établissements et services sociaux et médico-sociaux. Dans le respect des dispositions législatives et réglementaires en vigueur, lui sont assurés :
>
> 1° Le respect de sa dignité, de son intégrité, de sa vie privée, de son intimité et de sa sécurité ;
>
> 2° Sous réserve des pouvoirs reconnus à l'autorité judiciaire et des nécessités liées à la protection des mineurs en danger, le libre choix entre les prestations adaptées qui lui sont offertes soit dans le cadre d'un service à son domicile, soit dans le cadre d'une admission au sein d'un établissement spécialisé ;
>
> 3° Une prise en charge et un accompagnement individualisé de qualité favorisant son développement, son autonomie et son insertion, adaptés à son âge et à ses besoins, respectant son consentement éclairé qui doit systématiquement être recherché lorsque la personne est apte à exprimer sa volonté et à participer à la décision. À défaut, le consentement de son représentant légal doit être recherché ;
>
> 4° La confidentialité des informations la concernant ;
>
> 5° L'accès à toute information ou document relatif à sa prise en charge, sauf dispositions législatives contraires ;
>
> 6° Une information sur ses droits fondamentaux et les protections particulières légales et contractuelles dont elle bénéficie, ainsi que sur les voies de recours à sa disposition ;
>
> 7° La participation directe ou avec l'aide de son représentant légal à la conception et à la mise en œuvre du projet d'accueil et d'accompagnement qui la concerne. Les modalités de mise en œuvre du droit à communication prévu au 5° sont fixées par voie réglementaire. »

Il est possible de dégager deux catégories de droits. La première catégorie est celle qui rassemble les droits fondamentaux ou droits-liberté réunis dans le 1° de cet article. Ce sont *les droits de la*

1. Art. L. 223-1 à L. 223-7 et R. 223 et à R. 223-11 CASD.
2. Actuellement intégrés avec quelques modifications rédactionnelles, à la partie réglementaire du CASF. Il importe donc de ne plus se reporter au décret désormais aboli et pas toujours repris mot à mot.

personne humaine attachés à cette qualité et dont les bénéficiaires ne peuvent être distingués en fonction de leur situation socio-économique sans distinction de la nationalité ou du handicap et qui sont donc *nécessaires à son plein épanouissement et développement*. Ces droits sont :

- la sauvegarde de la dignité de la personne humaine contre toute forme d'asservissement ou de dégradation ;
- les libertés individuelles (art. 66 C°58) dont la principale expression est le droit de n'être ni arrêté ni détenu en dehors des cas limitativement énumérés par la loi. Elles incluent le droit à la sûreté, la liberté d'aller et venir, le droit au respect de la vie privée, le droit à l'inviolabilité du domicile, le droit à l'inviolabilité de la correspondance, la liberté de mariage ou encore le droit de mener une vie familiale normale.

La seconde catégorie de droits réunit des droits spécifiques. Ce sont ceux que l'on retrouve du 2° au 7° de l'article L. 311-3. Extension des premiers, ils vont s'exprimer dans les institutions d'une certaine manière et ce en fonction de plusieurs éléments : la typologie de l'institution (publique ou privée), des usagers (mineurs, majeurs, majeurs protégés, personnes vulnérables), le fondement de la prise en charge (judiciaire ou non). Certains sont garantis et organisés par la loi du 2 janvier 2002 à travers les outils qu'elle a imposés, c'est le cas du droit au libre choix (2°), du droit à une prise en charge individualisée de qualité (3°) et du droit à la participation (7°) que l'on retrouvera dans le contrat de séjour ou le document individuel de prise en charge. D'autres sont régis par d'autres textes comme le droit à la confidentialité qui peut se traduire du côté des professionnels par l'obligation de discrétion ou le respect du secret professionnel, le droit d'accès à toute information ou document plus communément appelé droit d'accès au dossier (chapitre 17).

Que cela soit au moment de l'écriture des nouveaux projets d'établissement, des règlements de fonctionnement ou des contrats de séjour — ou document individuel de prise en charge — ou à celui de l'évaluation, les droits des personnes prises en charge doivent nécessairement être au centre des préoccupations et des questionnements des professionnels. Cependant, de l'association des familles aux prises en charge (imposée dans le cadre d'une décision judiciaire ou demandée), à celle d'une vision purement consumériste de l'usager, il n'y a qu'un pas que les professionnels franchissent trop vite. Or l'esprit de la loi du 2 janvier 2002, dans cette partie tout au moins, est bien de restaurer l'individu comme sujet de droit, à la fois acteur et responsable des actions menées pour lui et de laisser des plages de liberté et d'innovation pour les institutions.

Le système s'appuie sur la mise en œuvre de moyens, qualifiés d'outils, qui ont pour vocation de formaliser les relations entre l'institution et les usagers. Ils sont de plusieurs natures : les premiers sont des écrits qui doivent être réalisés par les institutions et les services, ce sont le livret d'accueil, le règlement de fonctionnement, le contrat de séjour ou document individuel de prise en charge et le projet d'établissement, les deuxièmes sont des outils communs à toutes les institutions, c'est la Charte des droits et libertés de la personne accueillie et la personne qualifiée, le troisième est une instance collective de participation des usagers au fonctionnement de l'établissement, c'est en principe, car il y a des exceptions, le conseil de la vie sociale.

Il faut rappeler que ces outils sont obligatoires et ainsi soumis à sanctions. Les sanctions administratives peuvent aller du refus d'autorisation ou de son renouvellement, retrait de l'habilitation, à une injonction de mise en conformité. Les sanctions pénales sont prévues à l'article L. 313-21 : « Les infractions aux dispositions des articles L. 311-4 à L. 311-9 du présent code sont constatées et poursuivies dans les conditions fixées par les premier et troisième alinéas de l'article L. 450-1[1] et les articles L. 450-2[2], L. 450-3[3], L. 450-7[4], L. 450-8[5] et L. 470-5[6] du Code de commerce. »

En outre, et pour compléter ce système, le principe de l'évaluation des actions et des prestations a été posé à partir de deux modalités, l'évaluation dite interne et l'évaluation dite externe. L'article L. 312-8 dispose :

> « Les établissements et services mentionnés à l'article L. 312-1 procèdent à l'évaluation de leurs activités et de la qualité des prestations qu'ils délivrent, au regard notamment de procédures, de références et de recommandations de bonnes pratiques professionnelles validées ou, en cas de carence, élaborées, selon les catégories d'établissements ou de services, par un Conseil national de l'évaluation sociale et médico-sociale, placé auprès du ministre chargé de l'action sociale. Les résultats de l'évaluation sont communiqués tous les cinq ans à l'autorité ayant délivré l'autorisation. »

Les établissements et services font procéder à l'évaluation de leurs activités et de la qualité des prestations qu'ils délivrent par un organisme extérieur. Les organismes habilités à y procéder doivent respecter un cahier des charges fixé par décret. La liste de ces organismes est établie par arrêté du ministre chargé de l'action sociale, après avis du Conseil national de l'évaluation sociale et médico-sociale. Les résultats de cette évaluation sont également communiqués à l'autorité ayant délivré l'autorisation. Elle doit être effectuée au cours des sept années suivant l'autorisation ou son renouvellement et au moins deux ans avant la date de celui-ci.

1. « Des fonctionnaires habilités à cet effet par le ministre chargé de l'économie peuvent procéder aux enquêtes nécessaires à l'application des dispositions du présent livre.
Des fonctionnaires de catégorie A du ministère chargé de l'économie, spécialement habilités à cet effet par le garde des sceaux, ministre de la justice, sur la proposition du ministre chargé de l'économie, peuvent recevoir des juges d'instruction des commissions. »

2. « Les enquêtes donnent lieu à l'établissement de procès-verbaux et, le cas échéant, de rapports. »
« Les procès-verbaux sont transmis à l'autorité compétente. Un double en est laissé aux parties intéressées. Ils font foi jusqu'à preuve contraire. »

3. « Les enquêteurs peuvent accéder à tous locaux, terrains ou moyens de transport à usage professionnel, demander la communication des livres, factures et tous autres documents professionnels et en obtenir ou prendre copie par tous moyens et sur tous supports, recueillir sur convocation ou sur place les renseignements et justifications.
Ils peuvent demander à l'autorité dont ils dépendent de désigner un expert pour procéder à toute expertise contradictoire nécessaire.

4. « Les enquêteurs peuvent, sans se voir opposer le secret professionnel, accéder à tout document ou élément d'information détenu par les services et établissements de l'État et des autres collectivités publiques. »

5. « Est puni d'un emprisonnement de six mois et d'une amende de 7 500 euros le fait pour quiconque de s'opposer, de quelque façon que ce soit, à l'exercice des fonctions dont les agents désignés à l'article L. 450-1 et les rapporteurs du Conseil de la concurrence sont chargés en application du présent livre.

6. « Pour l'application des dispositions du présent livre, le ministre chargé de l'économie ou son représentant peut, devant les juridictions civiles ou pénales, déposer des conclusions et les développer oralement à l'audience. Il peut également produire les procès-verbaux et les rapports d'enquête. »

Ainsi, tout établissement ou service social ou médico-social[1] public ou privé visé à l'article L. 312-1 doit avoir rédigé certains de ces outils, organisé certaines instances et procédé à l'évaluation de leurs actions et prestations.

1. LES ÉCRITS FORMALISANT LA MISE EN ŒUVRE DES DROITS DES PERSONNES

Soumis à des textes d'origines différentes, tout établissement et service public ou privé, excepté les services de prévention spécialisés et ceux qui procèdent aux enquêtes d'investigation et d'orientation, doit posséder, en vue de les remettre à la personne accueillie : un livret d'accueil, la charte des droits et libertés de la personne accueillie, un règlement de fonctionnement et un contrat de séjour ou un document individuel de prise en charge.

Le livret d'accueil, la lisibilité des prestations

Le livret d'accueil est prévu à l'article L. 311-4. al. 1er CASF :

> « Afin de garantir l'exercice effectif des droits mentionnés à l'article L. 311-3 et notamment de prévenir tout risque de maltraitance, lors de son accueil dans un établissement ou dans un service social ou médico-social, il est remis à la personne ou à son représentant légal un livret d'accueil auquel sont annexés :
>
> 1° Une charte des droits et libertés de la personne accueillie, arrêtée par les ministres compétents après consultation de la section sociale du Comité national de l'organisation sanitaire et sociale mentionné à l'article L. 6121-9 du Code de la santé publique ;
>
> 1° Le règlement de fonctionnement défini à l'article L. 311-7.
>
> Sa finalité est « d'établir l'usager comme un "sujet de droits", protégé dans son intégrité et sa dignité par des principes et des normes d'actions définies dès le début de sa prise en charge[2] ».

Dans le secteur social, le livret d'accueil a un objectif légal déterminé : « prévenir tout risque de maltraitance ». En effet, plus l'usager est informé de ses droits et sur la structure qui le prend en charge, plus il est en capacité d'évaluer ce qui est anormal dans le fonctionnement ou le comportement des uns et des autres, et de connaître à qui s'adresser en cas de difficulté. Le livret d'accueil doit offrir une lisibilité des prestations et du fonctionnement de l'établissement.

L'élaboration du livret d'accueil, dans les établissements et services sociaux et médico-sociaux dont la liste figure à l'article L. 312-1 CASF, devait être réalisée dans le courant de l'année 2004. C'est le choix d'une circulaire qui a été fait[3]. En effet, contrairement aux autres outils, il n'était

1. Art. L. 312-1, IV Code de l'action sociale et des familles : « Les équipes de prévention spécialisée relevant du 1° du I ne sont pas soumises aux dispositions des articles L. 311-4 à L. 311-7. Ces dispositions ne s'appliquent pas non plus aux mesures d'investigation préalables aux mesures d'assistance éducative prévues au nouveau Code de procédure civile et par l'ordonnance n° 45-174 du 2 février 1945 relative à l'enfance délinquante. »

2. Borgetto M. et Lafore R. , *Droit de l'aide et de l'action sociales*, n° 186-6, Paris, Montchrestien, 2002.

3. Circulaire n° 138 DGAS du 24 mars 2004 relative à la mise en place du livret d'accueil prévu à l'article L. 311-4 du Code de l'action sociale et des familles.

pas prévu dans la loi du décret d'application. La circulaire du 24 mars 2004 est un texte qui n'a vocation qu'à donner des indications. Si le livret d'accueil doit obligatoirement, parce que s'est précisé dans le texte de loi, être remis à la personne accueillie ou à son représentant légal, son contenu, sa forme et ses modalités de communication sont laissés à la discrétion des établissements qui doivent avoir pour guide des principes d'adaptabilité et d'accessibilité au regard de la catégorie d'usagers pris en charge.

Les rubriques sont classées en deux catégories :

- des éléments d'information concernant l'établissement, le service ou le lieu de vie et d'accueil notamment sur la situation géographique et les différents sites qui le composent, leurs voies et moyens d'accès, les noms du directeur ou de son représentant, l'organisation générale de l'établissement, les garanties souscrites en matière d'assurance, la liste des personnes qualifiées remplissant la mission mentionnée à l'article L. 311-5 ;
- des éléments d'information concernant les personnes prises en charge et leurs représentants légaux notamment sur les principales formalités administratives d'admission et de sortie, les possibilités et conditions d'accueil et d'hébergement, éventuellement proposées par l'institution aux proches ou aux représentants légaux, les formes de participation des personnes accueillies et de leurs familles ou représentants légaux.

Le livret d'accueil peut également contenir des règles sur le traitement automatisé, le secret professionnel. Il est obligatoirement remis à la personne prise en charge et, le cas échéant à ses représentants légaux. Il est différent de la plaquette de présentation de l'établissement ou service qui existe parfois.

Les documents annexés au livret d'accueil

Légalement le livret d'accueil doit contenir deux autres documents. Si le premier est commun à tous les établissements, le second est éminemment particulier à chaque structure.

La charte des droits et libertés

Cette charte[1] a été élaborée en concertation entre le ministre compétent et le Comité national de l'organisation sanitaire et social (CNOSS), alors qu'elle n'émane que du ministre dans le secteur sanitaire. Elle a été publiée par un arrêté du 8 septembre 2003 qui précise, d'une part, les conditions de délivrance de la charte et d'autre part de la charte elle-même. L'objectif est de faciliter la compréhension de l'usager et d'éviter tout contentieux sur l'interprétation des droits et devoirs. Le non-respect de la délivrance de la charte et de l'absence d'affichage sont eux aussi est sanctionnables.

Elle donne une liste de droits ou principes qui ne sont que des ramifications de droits préexistants et par ailleurs protégés tantôt par le Code civil, la Constitution ou les différentes déclarations des droits de l'homme, nationale ou internationale.

1. Elle ne doit pas être confondue avec d'autres chartes y compris celle que les associations, par exemple, peuvent élaborer. D'origine réglementaire, elle prime sur ces dernières.

☞

Article 11 — Droit à la pratique religieuse

Les conditions de la pratique religieuse, y compris la visite de représentants des différentes confessions, doivent être facilitées, sans que celles-ci puissent faire obstacle aux missions des établissements ou services. Les personnels et les bénéficiaires s'obligent à un respect mutuel des croyances, convictions et opinions. Ce droit à la pratique religieuse s'exerce dans le respect de la liberté d'autrui et sous réserve que son exercice ne trouble pas le fonctionnement normal des établissements et services.

Article 12 — Respect de la dignité de la personne et de son intimité

Le respect de la dignité et de l'intégrité de la personne est garanti.

Hors la nécessité exclusive et objective de la réalisation de la prise en charge ou de l'accompagnement, le droit à l'intimité doit être préservé.

Le règlement de fonctionnement, la codification des pratiques de l'établissement ou du service

C'est l'article L. 311-7 du Code de l'action sociale et des familles qui fixe l'obligation pour les établissements sociaux et médico-sociaux d'élaborer un règlement de fonctionnement[1]. Le décret n° 2003-1095 du 14 novembre 2003 relatif au règlement de fonctionnement institué par l'article L. 311-7 du Code de l'action sociale et des familles définit quant à lui les modalités d'élaboration, de validité et le contenu. Ces règles sont codifiées aux articles R. 311-33 à R. 311-37 du Code de l'action sociale et des familles.

Orienté vers l'organisation des établissements et services aux fins d'information des usagers sur les règles à respecter, le règlement de fonctionnement devient incontournable pour l'émergence de l'usager au rang de sujet de droits. Le législateur met ainsi fin à une longue confusion avec le règlement intérieur. Le règlement de fonctionnement a pour objet de préciser le statut de l'usager dans l'établissement, en précisant notamment ses droits et obligations, le second les règles disciplinaires de la relation salariale[2].

Les modalités d'élaboration et de diffusion du règlement de fonctionnement

La responsabilité de son élaboration[3] et de sa mise en œuvre appartient à l'organisme gestionnaire. Les établissements publics sociaux et médico-sociaux dotés de la personnalité juridique sont soumis à une règle particulière : il est soumis au conseil d'administration en tant qu'il définit la politique générale de l'établissement[4]. Pour les établissements publics non dotés de la personnalité juridique, il n'y a pas de référence particulière au règlement de fonctionnement, mais

1. Art. 311-7 CASF : « Dans chaque établissement et service social ou médico-social, il est élaboré un règlement de fonctionnement qui définit les droits de la personne accueillie et les obligations et les devoirs nécessaires au respect des règles de vie collective au sein de l'établissement. Le règlement de fonctionnement est établi après consultation du conseil de la vie sociale ou, le cas échéant, après mise en œuvre d'une autre forme de participation...» À distinguer du « règlement intérieur » qui concerne les salariés (art. L. 122-33 du Code du travail).

2. Art. L. 122-34 Code du travail.

3. R. 311-33 CASF.

4. Art. L. 315-12, 11°.

uniquement pour le projet d'établissement[1]. Cela suppose donc que le règlement de fonctionnement est alors arrêté directement par la collectivité territoriale qui le gère. Pour les établissements privés, c'est l'instance compétente de l'organisme gestionnaire.

En outre, quelle que soit la catégorie d'établissements, public ou privé, il n'est pas fait référence à une obligation de transmission *a priori* aux autorités de contrôle, mais pour toute demande d'autorisation, de création, transformation ou extension, il doit être remis[2]. Ainsi, le règlement de fonctionnement doit faire partie du dossier.

De plus, le règlement de fonctionnement est obligatoirement soumis aux instances représentatives du personnel et aux usagers dans le cadre du conseil de la vie sociale ou à par le biais des autres formes de participation à la vie collective.

Le règlement de fonctionnement

Il est valable 5 ans maximum. Il doit être remis à tout usager (et au représentant légal si nécessaire), à chaque personne qui intervient sur l'établissement ou le service quel que soit le cadre juridique de son activité[3]. Il doit être affiché dans les locaux. Un défaut d'affichage constituerait une faute au regard du respect des droits des usagers.

Le contenu minimal du règlement de fonctionnement

Le règlement de fonctionnement détermine les « conditions générales » d'exécution des actions et prestations. Applicables à tous, sans négociation possible (sauf dans le cadre du conseil de la vie sociale par exemple), ses conditions générales pourront néanmoins être adaptées dans le cadre du contrat de séjour ou du document individuel de prise en charge. C'est une des conséquences du principe de personnalisation issu de la loi du 2 janvier 2002.

Sans entrer dans le détail du contenu du règlement de fonctionnement, il faut néanmoins souligner deux éléments importants.

Tout d'abord, le règlement de fonctionnement doit être adapté et accessible à la population à laquelle il a vocation à s'appliquer. Ces principes doivent se retrouver non seulement au moment de la rédaction mais également au moment de sa remise dans le cadre de la procédure d'admission. Ainsi, le fait qu'il s'adresse à de très jeunes enfants, à des adolescents, à de jeunes mères doit influer non seulement sur la forme[4] mais également sur la nature des obligations qu'il contient et l'éventuelle échelle des sanctions qui y sont assorties.

Ensuite, il ne contient plus seulement une liste d'interdits ou d'obligations, appelées souvent « règles de vie collective ». Il s'est enrichi, alourdi pour certains, car il reprend l'idée de l'équilibre

1. Art. 315-3 Code de l'action sociale et des familles.

2. Art. 3 Décret n° 2003-1135 du 26 novembre 2003 relatif aux modalités d'autorisation de création, de transformation ou d'extension d'établissements et services sociaux et médico-sociaux 3 : « L'énoncé des dispositions propres à garantir les droits des usagers en application des articles L. 311-3 à L. 311-8 du Code de l'action sociale et des familles ainsi que, le cas échéant, les solutions envisagées en application de l'article L. 311-9 pour garantir le droit à une vie familiale des personnes accueillies ».

3. R. 311-34 CASF.

4. Sur le style que peut utiliser ce document suivant l'âge et les caractéristiques de la population (emploi du Je, du Tu, du Vous, de la troisième personne ; utilisation de la bande dessinée, etc.) on peut se référer à l'article « Voyage à travers les règlements de quelques institutions éducatives », Verdier P. et Bobillot B., *Journal du droit des jeunes*, n° 186, juin 1999.

entre les usagers et les établissements et services, chère au législateur en 2002. Pour cette raison, il doit contenir deux parties principales, voire trois si l'on compte la partie sur les conditions générales (élaboration, publicité, révision, validation).

Une première partie pourrait contenir toutes les dispositions qui sont à la charge de l'établissement ou du service pour que la prise en charge soit « bientraitante », certains diront, sécurisante. Ces dispositions sont contenues dans les articles R. 311-35 et R. 311-36. Les plus importantes sont celles qui doivent préciser la manière dont l'établissement ou le service met en œuvre les droits des personnes accueillies (dignité, vie privée, intimité, intégrité, sécurité, droit à une vie familiale...). Il y a ensuite des règles relatives à l'organisation paisible de la structure : accès continu aux prestations, gestion de l'espace (espace privatif et collectif), organisation des déplacements, gestion des situations d'urgence et toutes les mesures de prévention ou de gestion des risques (sanitaire, hygiène, incendie, protocole de signalement éventuellement).

La seconde partie devrait être consacrée aux règles de vie collective, autrement dit celles que l'usager ou ses représentants légaux doivent respecter pour que la prise en charge se déroule conformément aux impératifs liés à la vie en collectivité pour un établissement faisant de l'hébergement ou aux règles en société, pour les services en milieu ouvert. Ainsi, l'article R. 311-37 prévoit en un seul article ces règles de vie. Le législateur y a mis une certaine dose de prudence et de détails qui devrait permettre de cerner l'essentiel de ce que l'on devrait trouver dans cette partie. Cet article dispose :

> « Dans le respect des dispositions de la charte arrêtée en application des dispositions de l'article L. 311-4 du Code de l'action sociale et des familles, le règlement de fonctionnement énumère les règles essentielles de vie collective. À cet effet, il fixe les obligations faites aux personnes accueillies ou prises en charge pour permettre la réalisation des prestations qui leur sont nécessaires, y compris lorsqu'elles sont délivrées hors de l'établissement. Ces obligations concernent, notamment, le respect des décisions de prise en charge, des termes du contrat ou du document individuel de prise en charge, le respect des rythmes de vie collectifs, le comportement civil à l'égard des autres personnes accueillies ou prises en charge, comme des membres du personnel, le respect des biens et équipements collectifs. Elles concernent également les prescriptions d'hygiène de vie nécessaires. »

Le texte vise bien la notion d'obligations. La finalité de leur respect est la « réalisation des prestations nécessaires à la prise en charge ». À ce titre, le texte utilise des vocables intéressants qui sont autant de guides pour déterminer les contours du règlement de fonctionnement. Ce sont des règles « essentielles » qui sont attendues ici et non superflues. Il faut déterminer ce qu'est une « règle de vie collective », c'est-à-dire une norme juridique interne, penser les conséquences de la non-exécution de ces obligations, c'est-à-dire les sanctions qui y sont attachées. Sur cette question, une réflexion sur l'adaptabilité et des obligations et des éventuelles sanctions à la catégorie d'usager est fondamentale.

Le règlement de fonctionnement doit également contenir des rappels d'ordre général :

> « Il rappelle que les faits de violence sur autrui sont susceptibles d'entraîner des procédures administratives et judiciaires.
> Il rappelle également, et, en tant que de besoin, précise les obligations de l'organisme gestionnaire de l'établissement ou du service ou du lieu de vie et d'accueil en matière de protection des mineurs, les temps de sorties autorisées, ainsi que les procédures de signalement déclenchées en cas de sortie non autorisée.[1] »

1. R. 311-37 *in fine*.

Le règlement de fonctionnement est un outil complexe et souvent assez long. Trop souvent rédigé en termes généraux, il exige une réflexion d'ensemble sur la spécificité de la structure, notamment à travers sa capacité à clarifier les règles et à les imposer. Pour illustrer ce propos il suffit de remarquer que le législateur ne semble pas souhaiter trouver dans les règlements de fonctionnement une recopie de la charte ou du Code civil quant aux droits des usagers mais bien plutôt la manière dont chaque structure les envisage, les met en œuvre concrètement d'un point de vue matériel, humain et éthique. C'est à ce prix que le règlement de fonctionnement sera un outil pédagogique et donc de communication et de qualité !

Le contrat de séjour ou le document individuel de prise en charge, la personnalisation des actions et prestations

Rendu obligatoire par la loi du 24 janvier 1997 instituant la prestation spécifique dépendance, mais uniquement pour les établissements pour personnes âgées, le principe de la contractualisation a été généralisé, sauf exception, par la loi du 2 janvier 2002. L'article L. 311-4 alinéa 4 Code de l'action sociale et des familles et suivants dispose :

> « Un contrat de séjour est conclu ou un document individuel de prise en charge est élaboré avec la participation de la personne accueillie ou de son représentant légal. Ce contrat ou document définit les objectifs et la nature de la prise en charge ou de l'accompagnement dans le respect des principes déontologiques et éthiques, des recommandations de bonnes pratiques professionnelles et du projet d'établissement ou de service. Il détaille la liste et la nature des prestations offertes ainsi que leur coût prévisionnel.
>
> Le contenu minimal du contrat de séjour ou du document individuel de prise en charge est fixé par voie réglementaire selon les catégories d'établissements, de services et de personnes accueillies.[1] »
>
> « Lorsque la notion de séjour est inadaptée au type de prise en charge, l'instrument est dénommé document individuel de prise en charge. On attend donc sur fond de rééquilibre des rapports entre l'usager et le service en faveur du premier, que ce contrat constitue un véritable engagement de la structure à l'égard du bénéficiaire en ce qui concerne le contenu même de sa prise en charge, ce qui coïnciderait à l'instituer en véritable « client » de l'action sociale et médico-sociale[2]. »

Deux précisions préalables doivent être faites. D'une part, le contrat de séjour et le document individuel de prise en charge ne se confondent pas avec le projet personnalisé, outil de travail élaboré par les professionnels et obligatoire uniquement pour certaines catégories d'établissement tels que les ITEP [3] qui contient notamment les actions concrètes, les étapes de la prise en charge. D'autre part, il se distingue du « projet pour l'enfant[4] » créé par la loi du 5 mars 2007. Tripartite

1. Art. L. 311-4 dernier alinéa CASF : « Lorsqu'il est conclu dans les établissements et services d'aide par le travail mentionnés au *a)* du 5° du I de l'article L. 312-1, le contrat de séjour prévu à l'alinéa précédent est dénommé contrat de soutien et d'aide par le travail ». Ce contrat doit être conforme à un modèle de contrat établi par décret. » Cet alinéa a été ajouté par la loi du 11 février 2005 relative à la citoyenneté des personnes handicapées et donne une forme et un contenu spécifiques au contrat lorsqu'il est conclu par un établissement d'aide par le travail et un travailleur handicapé. De la même manière, le contrat de séjour conclu dans les établissements pour personnes âgées doit contenir des dispositions spécifiques prévues à l'article L. 342-2 CASF.
2. Borgetto M. et Lafore R. , *Droit de l'aide et de l'action sociale*, n° 186-7, Montchrestien, 2002.
3. Art. D. 312-59, II, 2° CASF.
4. L. 223-1 CASF.

(ASE, établissement ou service et représentants légaux), le législateur lui a assigné un triple objectif : recensement des actions à mener et leurs modalités, désignation d'un référent chargé de garantir la continuité et la coordination des actions, détermination des relations familiales. Ce document comme le document individuel de prise en charge exige signature et recueil de l'avis du mineur.

Les champs d'application respectifs du contrat de séjour et du document individuel de prise en charge

Le Code de l'action sociale et des familles prévoit qu'un contrat de séjour est conclu dans presque tous les établissements et services sauf exception. Lorsque ce n'est pas un contrat de séjour, un document individuel de prise en charge doit être remis à l'usager ou à son représentant légal : l'article D. 311 du Code de l'action sociale et des familles détermine le champ d'application du contrat de séjour et du document individuel de prise en charge. Il n'y a pas de conclusion de contrat de séjour :

- dans les établissements et services mentionnés aux 3°, 4° et 11° du I de l'article L. 312-1[1] ;
- dans les établissements et services ou lieux de vie et d'accueil mentionnés au I du présent article, dans le cas d'un séjour inférieur à deux mois ou lorsque la prise en charge ou l'accompagnement ne nécessitent aucun séjour ou lorsqu'il s'effectue à domicile ou en milieu ordinaire de vie ;
- dans les établissements, services et lieux de vie et d'accueil mentionnés au I du présent article, pour le cas des mineurs pris en charge au titre d'une mesure éducative ordonnée par l'autorité judiciaire en application des législations relatives à l'enfance délinquante ou à l'assistance éducative.

Parmi les mineurs pris en charge par les établissements et services de l'ASE, deux écrits vont se côtoyer et ce, non pas en fonction du choix de la structure, mais en application du cadre réglementaire :

- pour les mineurs confiés à l'ASE par les représentants légaux ou par une décision judiciaire hors assistance éducative et Ordonnance 1945, plusieurs hypothèses peuvent se rencontrer :
  – dans le cadre d'un séjour en établissement deux hypothèses : si la durée prévisible du séjour est estimée à moins de deux mois, la rédaction d'un document individuel de prise en charge est la forme qu'il convient d'adopter que le séjour soit continu ou discontinu, on pense alors aux nouvelles modalités d'accueil réglementé dans le cadre de la loi du 5 mars 2007 ;

1. 3° : Centre d'accueil médico-social précoce (CAMSP) ; 4° : Les établissements ou services mettant en œuvre les mesures éducatives ordonnées par l'autorité judiciaire en application de l'ordonnance n° 45-174 du 2 février 1945 relative à l'enfance délinquante ou des articles 375 à 375-8 du Code civil ou concernant des majeurs de moins de vingt et un ans ou les mesures d'investigation préalables aux mesures d'assistance éducative prévues au nouveau Code de procédure civile et par l'ordonnance n° 45-174 du 2 février 1945 relative à l'enfance délinquante ; 11° : Les établissements ou services, dénommés selon les cas centres de ressources, centres d'information et de coordination ou centres prestataires de services de proximité, mettant en œuvre des actions de dépistage, d'aide, de soutien, de formation ou d'information, de conseil, d'expertise ou de coordination au bénéfice d'usagers, ou d'autres établissements et services.

– si la durée est prévue pour plus de deux mois, le document prend alors la forme d'un contrat de séjour ;
– dans le cadre d'une aide à domicile, la forme requise est le document individuel de prise en charge ;

- pour les mineurs confiés à l'ASE dans le cadre d'une assistance éducative ou de l'ordonnance 1945, seul le document individuel de prise en charge est légalement possible.

Les conditions de fond et de forme des contrats de séjour et document individuel de prise en charge

La PJJ a publié récemment une note[1] détaillant chacun de ses outils et concernant le document individuel de prise en charge. Voici ce qu'il en est dit :

> « Il vise notamment à élaborer autant que possible *avec* l'usager et à l'informer des objectifs et prestations adaptés à sa situation qui seront mis en œuvre par le service ou l'établissement qui le prend en charge. C'est pourquoi, les textes rendent obligatoire la remise du DIPC (dans sa version originale) à chaque personne prise en charge, et le cas échéant, à son représentant légal... En application de ces dispositions, il appartient aux services ou établissements de la PJJ :
>
> • d'élaborer un DIPC signé par le directeur, informant le mineur des objectifs et prestations adaptés à sa situation qui seront mis en œuvre par le service ou l'établissement ;
>
> • de le remettre au mineur concerné ainsi qu'à ses représentants légaux (les parents en tant que titulaires de l'autorité parentale ou le ou les tuteurs du mineur), ou au jeune majeur seul. »

Les contenus respectifs du contrat de séjour et du document individuel de prise en charge sont assez proches dans la mesure où ce qui est obligatoire pour le premier peut ou doit se retrouver dans le second :

- énoncé des objectifs initiaux de la prise en charge ;
- mention des prestations mises en œuvre : « Il ne s'agit pas de lister la totalité des prestations susceptibles d'être fournies par le service, et déclinées dans le projet de service mais de mettre en exergue les prestations particulièrement adaptées à chaque prise en charge individuelle[2] » ;
- description des conditions de séjour et d'accueil (facultatif pour le document individuel de prise en charge) ;
- conditions de participation financière (facultatif pour le document individuel de prise en charge) ;
- quant aux conditions de forme (délai de remise, de réflexion, de durée, modification), elles sont communes aux deux documents : remise dans les quinze jours, restitution dans le mois qui suit, valable un an reconductible tacitement, révisions soumises à des conditions identiques que lors de l'élaboration. Quant aux conditions de fond, quel que soit l'écrit, le décret exige la participation de l'usager, de sa famille ou de son représentant légal, tout comme l'avis du mineur

1. Note DPJJ, 16 mars 2007 relative à la « Mise en œuvre des dispositions de la loi n° 2002-02 du 2 janvier 2002, rénovant l'action sociale et médico-sociale, dans les services et établissements de la protection judiciaire de la jeunesse.
2. Note PJJ, *ibid.*

qui doit être recueilli. L'on devrait par conséquent retrouver dans ces écrits une référence au moment de l'élaboration commune.

La portée du contrat

L'idée de rapports contractuels entre administrés et administration est apparue dans les années 1980 avec notamment la loi sur le droit des familles dans leurs relations avec les services chargés de la protection de l'enfance[1]. Mais le mot contrat n'y figure pas et l'admission à l'Aide sociale à l'enfance est toujours une décision unilatérale du président du conseil général susceptible de recours, y compris pour la prise en charge des majeurs de moins de 21 ans (appelée indûment contrat jeunes majeurs). La loi sur le RMI en 1988 introduit clairement la notion de contrat. La loi du 2 janvier 2002 a multiplié les démarches de type contractuel : information, remise obligatoire de documents, signature de contrat de séjour... Ce sont des contraintes, mais la forme est protectrice des libertés. Si la forme n'est pas respectée, ce sont les libertés qui en pâtissent. Depuis longtemps dans le secteur social, on parle déjà de « contrat », notamment pour justifier des sanctions ou des exclusions : « Tu n'as pas respecté le contrat. » Or ce contrat était rarement écrit, c'était un contrat moral. Contrat et règlement de fonctionnement sont des documents qui permettent d'anticiper ; c'est préventif de l'arbitraire. Le contrat, c'est un engagement réciproque.

Le contrat de séjour est un vrai contrat : on dit ce qu'on va faire et on fait ce qu'on a dit[2].

Qu'ils soient de nature contractuelle ou non (la signature du document individuel de prise en charge ne lui donne pas valeur contractuelle pour autant), le contrat de séjour et le document individuel de prise en charge constituent un rouage essentiel du système de communication imposé par la loi du 2 janvier 2002. Il faut en outre rappeler que chaque partie (établissement, service ou lieu de vie et usager ou représentant légal) doit posséder un exemplaire de ces documents dont un devrait être versé au dossier[3].

Le projet d'établissement, la cohérence des actions menées et des prestations offertes

L'article L. 311-8 dispose :

> « Pour chaque établissement ou service social ou médico-social, il est élaboré un projet d'établissement ou de service, qui définit ses objectifs, notamment en matière de coordination, de coopération et d'évaluation des activités et de la qualité des prestations, ainsi que ses modalités d'organisation et de fonctionnement. Ce projet est établi pour une durée maximale de cinq ans après consultation du conseil de la vie sociale ou, le cas échéant, après mise en œuvre d'une autre forme de participation ».

Le projet d'établissement ou de service expose les objectifs notamment en matière de coordination et coopération, les prestations proposées, les moyens mis en œuvre, les modalités d'organisation et de fonctionnement, les procédures d'évaluation.

1. Loi du 6 juin 1984.
2. Verdier P., « Le contrat de séjour est-il un vrai contrat ? », *Revue d'action juridique et sociale,* n° 236 — juin 2004.
3. Art. D. 311, IX CASF.

Non soumis à dispositions réglementaires, le projet d'établissement est désormais un outil de communication externe, nécessaire à tout dossier de création ou d'extension, dont la durée de validité est posée par la loi. Ainsi, c'est un outil qui doit être en cohérence avec l'évolution des structures que ce soit au regard de leurs usagers, des besoins du territoire. C'est aussi un acte de management interne, management que l'on peut définir comme « l'art de mobiliser les hommes en vue d'atteindre un objectif commun ».

2. LES INSTANCES COLLECTIVES D'EXPRESSION DES DROITS DES USAGERS

Le recours à une personne qualifiée

> « *Article L. 311-5.* — Toute personne prise en charge par un établissement ou un service social ou médico-social ou son représentant légal peut faire appel, en vue de l'aider à faire valoir ses droits, à une personne qualifiée qu'elle choisit sur une liste établie conjointement par le représentant de l'État dans le département et le président du conseil général[1]. La personne qualifiée rend compte de ses interventions aux autorités chargées du contrôle des établissements ou services concernés, à l'intéressé ou à son représentant légal dans des conditions fixées par décret en Conseil d'État. »

Le décret n° 2003-1094 du 14 novembre 2003 a été codifé aux articles R. 311-1 et R. 311-2 du Code de l'action sociale et des familles. Certains ont pu utiliser le vocable de médiateur ou de conciliateur. Toutefois, le législateur, si telle était son intention, n'a pas repris cette notion ce qui est confirmé par la finalité même de la mission confiée à ces personnes : elles doivent aider l'usager à faire valoir ses droits. Dans cet objectif, elles l'informent de ses actions tout comme elles en rendent compte aux autorités de contrôle, mais elles ne sont pas soumises à une obligation d'information à l'égard des responsables d'établissement ou service. Ce décret a cependant été une déception pour beaucoup car il avait été précédé d'un avant-projet qui précisait les qualités que devaient remplir les personnes susceptibles d'être nommées à ce poste (garanties de moralité, de neutralité et d'indépendance ; œuvrer ou avoir œuvré dans le domaine de l'action sociale, ne pas avoir d'intérêts directs ou indirects dans les associations, établissements, services ou lieux de vie intéressés par la demande).

Nommée pour trois ans, la personne qualifiée est bénévole ; ses frais (déplacement, timbres, téléphone) peuvent être remboursés. Elle n'est pas astreinte au secret professionnel, mais a, bien évidemment une obligation de discrétion et de respect de la vie privée.

Très peu de départements se sont dotés de personnes qualifiées dans ce cadre[2].

1. L'avis de la commission départementale consultative mentionnée à l'article L. 312-5 a été supprimé par l'ordonnance du 4 septembre 2003.
2. Elles ne doivent pas être confondues avec les personnes qualifiées pour participer à l'évaluation dans le cadre de la MDPH !

Le conseil de la vie sociale ou autre forme de participation

La loi du 3 janvier 1985 avait introduit, dans la loi du 30 juin 1975, un article 8 *bis* disposant :

> « Les usagers, les familles et les personnels sont obligatoirement associés au fonctionnement de l'établissement par la création, notamment, d'un conseil d'établissement. »

Le décret du 31 décembre 1991 en avait précisé la composition, les conditions de fonctionnement et leur avait attribué la mission de *donner un avis et faire des propositions sur toute question intéressant le fonctionnement de l'établissement*[1]. Le nouvel article L. 311-6 CASF ne mentionne plus « les usagers » ni les familles, mais recentre sur les personnes directement concernées. Il dispose :

> « Afin d'associer les personnes bénéficiaires des prestations au fonctionnement de l'établissement ou du service, il est institué soit un conseil de la vie sociale, soit d'autres formes de participation. »

On a là la reconnaissance d'une autre perception de la personne prise en charge, non plus comme un simple usager, mais comme un « partenaire », inscrit dans ces instances internes aux structures, participant à la définition des activités et des modalités de leur fonctionnement... Une fois encore, ce n'est pas la rigidité que le législateur a voulue, toutes les institutions ne sont pas soumises à la forme la plus lourde que constitue le conseil de la vie sociale.

Les catégories d'établissements ou de services qui doivent mettre en œuvre obligatoirement le conseil de la vie sociale sont définies par décret. Ce décret précise également, d'une part, la composition et les compétences de ce conseil et, d'autre part, les autres formes de participation possibles.

Le décret du 25 mars 2003 prévoit les règles d'organisation, de fonctionnement et les compétences du conseil de la vie sociale. Ce texte a fait l'objet de modifications par le décret du 2 novembre 2005. Ces dispositions réglementaires sont codifiées aux articles D. 311-3 et suivants du Code de l'action sociale et des familles.

Une remarque préalable peut être faite. Souvent leur mise en place répond à l'obligation légale et certaines institutions n'ont pas su s'emparer de cet outil de communication collective et non pas individuelle pour intéresser les mineurs et leurs représentants légaux à des questions d'ordre plus général. Or la participation au fonctionnement, quelle qu'en soit la forme, permet d'aborder des sujets qu'il est difficile de traiter dans la relation de proximité. L'intérêt de cette instance se situe principalement à ce niveau de retour et de réflexion. L'association de professionnels de l'institution et, pourquoi pas et en fonction des thèmes abordés, de personnes ressources, a pour finalité de faire évoluer les relations collectives. Même s'il paraît utopique de croire que ces instances intéresseront et mobiliseront la totalité des mineurs et des parents, il faut à tout le moins œuvrer à cette mobilisation.

L'Aide sociale à l'enfance est également soumise à cette obligation d'organiser la participation. Certes il paraît peut-être difficile *a priori* que ces instances puissent fonctionner dans des structures de type pouponnière ou d'accueil d'urgence. Il faut alors réfléchir non pas au contournement de l'obligation mais au choix de la forme la plus appropriée à la catégorie de personnes. D'ailleurs, le décret de novembre 2005 a corrigé certaines erreurs du premier texte. Il faut, à l'instar du contrat de séjour et du document individuel de prise en charge, opérer des distinctions en fonction de la catégorie de mineurs accueillis.

1. Art. 2 D. 31 décembre 1991.

Le champ d'application des différentes formes de participation

Le champ d'application des différentes formes de participation est prévu à l'article D. 311-3 Code de l'action sociale et des familles :

> « Les différentes formes de participation prévues à l'article L. 311-6 du Code de l'action sociale et des familles sont instituées dans les conditions suivantes :
>
> Le conseil de la vie sociale est obligatoire lorsque l'établissement ou le service assure un hébergement ou un accueil de jour continu ou une activité d'aide par le travail au sens du premier alinéa de l'article L. 344-2. Il n'est pas obligatoire lorsque l'établissement ou service accueille majoritairement des mineurs de moins de onze ans, des personnes relevant majoritairement (modifié en 2005) du dernier alinéa de l'article D. 311-9 ainsi que dans les lieux de vie et d'accueil relevant du III (ajouté en 2005) de l'article L. 312-1 du Code de l'action sociale et des familles.
>
> Lorsque le conseil de la vie sociale n'est pas mis en place, il est institué un groupe d'expression ou toute autre forme de participation.
>
> Lorsque la personne publique ou privée gère plusieurs établissements ou services sociaux ou médico-sociaux, il peut être institué pour une même catégorie d'établissements ou services, au sens de l'article L. 312-1 du même code, une instance commune de participation.
>
> Dans les établissements et services relevant des 8° et 9° de l'article L. 312-1, lorsque les durées de la prise en charge sont inférieures à la durée minimum du mandat telle que prévue à l'article D. 311-8[1], il peut être procédé à la mise en œuvre de l'une des autres formes de participation prévues aux articles D. 311-21 et suivants. Il peut également être procédé à la mise en œuvre de ces autres formes de participation lorsque ces établissements et services accueillent majoritairement des personnes pouvant recourir à l'organisme mentionné à l'article D. 311-32 (ajouté en 2005) ».

On doit relever que la mise en place d'un conseil de la vie sociale sous sa forme la plus complète n'est obligatoire que pour un nombre d'établissements réduit compte tenu des exceptions qui y ont été adjointes. Cela concerne les établissements qui offrent un hébergement ou un accueil de jour continu, qui n'accueillent pas majoritairement des mineurs de moins de 11 ans ou des mineurs pris en charge dans le cadre de l'assistance éducative ou l'ordonnance 1945. Pour les autres, non soumis au conseil de la vie sociale, ce sont d'autres formes de participation qui doivent être organisées : groupe d'expression, ou toute autre forme de participation, enquête de satisfaction. Ces dernières sont toutefois obligatoires pour les services à domicile, on pense alors aux services d'aide à domicile[2].

Leur composition

Le décret de novembre 2005 a apporté des précisions attendues. En outre, et comparativement au décret de 1991, le représentant de la commune ne siège plus et le directeur de la structure ne siège qu'avec une voie consultative ou délibérative dans les établissements accueillant des mineurs en assistance éducative ou en application de l'ordonnance du 2 février 1945[3].

L'article D. 311-5 donne la composition du conseil de la vie sociale qui doit comprendre au moins :

1. C'est-à-dire 1 an.
2. Art. D. 311-18 CASF.
3. D. 311-9 CASF.

- deux représentants des personnes accueillies ou prises en charge ;
- s'il y a lieu, un représentant des familles ou des représentants légaux ;
- un représentant du personnel ;
- un représentant de l'organisme gestionnaire.

Le nombre des représentants des personnes accueillies, d'une part, et de leur famille ou de leurs représentants légaux, d'autre part, doit être supérieur à la moitié du nombre total des membres du conseil.

Certaines précisions doivent être faites[1] :

- du côté des mineurs, ne sont éligibles au conseil de la vie sociale que les mineurs de plus de 11 ans. Mais quelle que soit la forme choisie, si le très jeune âge des mineurs peut rendre impossible leur représentation directe (pouponnière ou établissement accueillant de jeunes mineurs), il n'y a qu'un collège de représentants des familles. À l'inverse, lorsque le collège des familles ou des représentants légaux n'est pas opportun, les sièges sont attribués aux personnes accueillies. Si aucun de ces deux collèges ne peut être composé, un constat de carence est possible... sur lequel les structures pourraient être interrogées !
- du côté du collège des familles et des représentants légaux, l'article D. 311-11, 2° en donne les limites : tout parent, ascendant, allié ou collatéral (jusqu'au 4e degré, c'est-à-dire cousin germain et grand-oncle ou grande tante), toute personne disposant de l'autorité parentale (délégataire par exemple) tout représentant légal (père, mère ou tuteur) ;
- du côté des professionnels, il est important de rappeler que le conseil de la vie sociale est au comité d'entreprise ce que le règlement de fonctionnement est au règlement intérieur, c'est-à-dire entièrement différent car il n'est pas le lieu d'évoquer les questions qui ont trait au droit syndical même si les représentants des salariés (hors l'hypothèse des tout petits établissements) sont élus, dans le privé, désigné, dans le public, par les comités d'entreprises ou organisation syndicales[2].

Pour ce qui est des modalités de représentation, les membres du conseil de la vie sociale sont élus. Pour les groupes d'expression et autres consultations, ces modalités sont déterminées par l'organisme gestionnaire ou la personne physique.

Leurs compétences

Le décret de 2003 a donné un socle de compétence commun à toutes les formes de participation[3]. Elles sont obligatoirement consultées sur l'élaboration et la modification du règlement de fonctionnement et du projet d'établissement ou de service. L'enquête de satisfaction questionne les personnes accueillies sur ces mêmes règlements et projet d'établissement ou de service.

Le conseil de la vie sociale a un champ de compétence plus étendu[4] ce qui n'exclut pas que le groupe d'expression, les différentes consultations ou enquêtes puissent solliciter les usagers et les représentants des familles sur ces questions :

1. D. 311-7 CASF.
2. Art. D. 311-12 et 13 CASF.
3. Art. D. 311-26 CASF.
4. Art. D. 311-25 CASF.

> « Le conseil de la vie sociale donne son avis et peut faire des propositions sur toute question intéressant le fonctionnement de l'établissement ou du service, notamment sur l'organisation intérieure et la vie quotidienne, les activités, l'animation socioculturelle et les services thérapeutiques, les projets de travaux et d'équipements, la nature et le prix des services rendus, l'affectation des locaux collectifs, l'entretien des locaux, les relogements prévus en cas de travaux ou de fermeture, l'animation de la vie institutionnelle et les mesures prises pour favoriser les relations entre ces participants ainsi que les modifications substantielles touchant aux conditions de prises en charge. »

Les avis et les propositions font l'objet de relevé de conclusions, pour l'établissement desquelles les professionnels de la structure peuvent être sollicités. Ces relevés sont transmis à l'instance compétente de l'organisme gestionnaire, et les instances de participation sont informées des suites données. Tout usager, famille ou représentant légal peut consulter ces conclusions.

Chacun de ces outils à un rôle à jouer dans la relation qui s'instaure entre un usager, sa famille ou son représentant légal et l'établissement ou le service qui le prend en charge. Plus ou moins contraignant en fonction de la catégorie d'usagers ou le type de prestations offert, il n'en reste pas moins, que chacun doit être pensé comme un reflet de la spécificité de la structure, qui va de son histoire à ses projets en passant ses différences avec d'autres. Cette spécificité et cette richesse se retrouveront alors nécessairement au moment de la mise en œuvre de la démarche d'évaluation de la qualité, interne ou externe.

3. L'ÉVALUATION ET LA DÉMARCHE D'AMÉLIORATION CONTINUE DE LA QUALITÉ[1]

Le contexte réglementaire

L'article L. 312-8 du Code de l'action sociale et des familles crée l'obligation pour les établissements et services de « procéder à l'évaluation de leurs activités et de la qualité des prestations qu'ils délivrent, notamment au regard de recommandations de bonnes pratiques validées par le Conseil national de l'évaluation sociale et médico-sociale ».

Les résultats de cette évaluation interne, ainsi que ceux de l'évaluation externe qui la complète, doivent être communiqués tous les cinq ans à l'autorité ayant délivré l'autorisation, ainsi qu'à l'observatoire départemental de l'enfance en danger (loi du 5 mars 2007, art. L. 226-3-1 Code de l'action sociale et des familles) dans le cas d'établissements ou services intervenant dans le domaine de la protection de l'enfance.

1. Nous remercions Philippe Ducalet, auteur avec M. Laforcade de *Penser la qualité dans les institutions sanitaires et sociales*, Paris, Seli Arslan, 2004, d'avoir rédigé cette partie relative à l'évaluation.

L'évaluation en définitions

Dans un contexte de promotion des droits fondamentaux des personnes accueillies et de valorisation de leur participation, l'évaluation sociale et médico-sociale a pour objet, comme le souligne le CNESMS dans son guide[1] paru en septembre 2006, l'appréciation, à intervalles réguliers :

- de la cohérence : les finalités de l'action sont-elles en cohérence avec les orientations prioritaires ?
- de la pertinence : l'action constitue-t-elle une réponse adaptée aux problèmes identifiés ?
- de l'efficacité : les résultats atteints sont-ils conformes aux objectifs retenus ?
- de l'efficience : les résultats sont-ils à la mesure de l'ensemble des moyens mobilisés ?
- de l'impact : quels sont les effets des actions conduites, attendus ou inattendus, souhaités ou non ?

L'évaluation vise ainsi l'amélioration continue des pratiques au service de la qualité des prestations délivrées.

Le décret 2007-975 du 15 mai 2007 fixe le contenu du cahier des charges pour l'évaluation des activités et de la qualité des prestations des établissements et services sociaux et médico-sociaux.

Dans son chapitre premier, il rappelle les fondements de l'évaluation.

L'évaluation doit viser, en premier lieu, à la production de connaissance et d'analyse. Cette évaluation doit permettre de porter une appréciation qui l'inscrit dans une logique d'intervention et d'aide à la décision. Elle a pour but de mieux connaître et comprendre les processus, d'apprécier les impacts produits au regard des objectifs tels que précisés ci-après, en référence aux finalités prioritairement définies pour l'action publique.

L'évaluation est, en deuxième lieu, distincte du contrôle des normes en vigueur. Elle se distingue également de la certification. L'évaluation tient compte des résultats des démarches d'amélioration continue de la qualité que peuvent réaliser les établissements et services.

En troisième lieu, elle interroge la mise en œuvre d'une action, sa pertinence, les effets prévus et imprévus, son efficience, en considération du contexte observé. Elle implique un diagnostic partagé, la construction d'un cadre de référence spécifique d'évaluation, le choix d'outils de mesure et d'appréciation adaptés. Elle repose sur la mobilisation des partenaires concernés aux différentes étapes de la démarche évaluative.

L'évaluation contribue, en quatrième lieu, à la coopération entre les usagers, les professionnels, les gestionnaires des établissements et services sociaux et médico-sociaux et les autorités publiques.

Évaluer, c'est, à partir d'un système de référence, attribuer une valeur à une activité ou un dispositif (de santé ou d'intervention sociale) avec l'objectif d'aider à la prise de décision. Il faut insister sur deux aspects : ce n'est pas un jugement moral, mais une comparaison à une référence, il s'agit bien d'aide à la décision, dans un but de changement (adaptation d'une prestation, réorganisation ou création d'un service) et pas seulement pour produire des connaissances nouvelles. Mais dans le même temps où l'évaluation révèle un écart à une référence, exogène, adaptée ou co-construite en interne, elle révèle également la valeur de l'objet sur lequel porte son attention. Ainsi, évaluer est tout à la fois un processus de compréhension d'un écart et un processus de valorisation.

1. CNESMS, *Guide de l'évaluation interne*, septembre 2006.

L'évaluation peut porter sur trois domaines : les structures et les systèmes de gestion, les pratiques professionnelles, les résultats pour les personnes elles-mêmes.

Une démarche évaluative comporte généralement quatre phases : une phase descriptive où l'on décrit ce qui s'est passé, une phase analytique où l'on décrit ce qui devrait se passer (c'est l'étape de construction du référentiel), une phase interprétative où l'on mesure et interprète la différence entre ce qui se passe et ce qui devrait se réaliser, enfin l'étape d'aide à la décision.

S'inscrivant dans ce processus, l'établissement ou le service entre dans une démarche qualité pour mettre en cohérence ce qu'il doit faire, ce qu'il veut faire et ce qu'il fait en vue de mieux répondre aux besoins et aux attentes de l'usager et de son environnement ; il sera nécessaire de revenir à la première étape pour vérifier les effets du changement. C'est le « cercle vertueux » de l'évaluation et de la démarche qualité.

Domaines d'application de l'évaluation

Le Conseil national, transformé par la suite en Agence nationale de l'évaluation sociale et médico-sociale (ANESM)[1], avait proposé quatre domaines d'application pour l'évaluation qui restent, malgré ce changement de dénomination, essentiels :

- le droit et la participation des usagers, la personnalisation des prestations :
  - le respect des droits ;
  - la participation des usagers et de leurs représentants ;
  - la personnalisation de l'intervention ;
  - la sécurité et la gestion des risques ;
- l'établissement (ou le service) dans son environnement :
  - l'insertion de l'établissement dans son contexte territorial ;
  - l'ouverture de l'établissement sur son environnement ;
  - l'accessibilité de l'établissement ;
- le projet d'établissement et ses modalités de mise en œuvre :
  - le projet au regard des besoins identifiés ;
  - la cohérence à l'égard des missions confiées ;
  - la place de l'établissement dans son organisation institutionnelle ;
- l'organisation de l'établissement :
  - les ressources humaines ;
  - l'organisation du travail ;
  - le cadre de vie ;
  - les ressources financières ;
  - le système d'information.

1. Le titre complet introduit par la loi du 21 décembre 2006 est « Agence nationale de l'évaluation et de la qualité des établissements et services sociaux et médico-sociaux ». Ses conditions de fonctionnement sont fixées par le décret n° 2007.321 du 8 mars 2007.

Enfin, le conseil précise que le référentiel produit par l'établissement ou le service sera attentif à distinguer pour chaque thème des références (exigences, objectifs à atteindre), des critères (énoncés d'un moyen permettant de satisfaire la référence) et des indicateurs (données quantitatives permettant d'apprécier la réalité d'expression d'un critère).

Dans le domaine spécifique de la protection de l'enfance, l'évaluation pourrait porter notamment sur les domaines suivants :

- au niveau de l'établissement et du service :
  - la pertinence de l'évaluation pluridisciplinaire des besoins et des attentes du jeune ;
  - l'évaluation et la mobilisation des ressources naturelles de l'enfant et de sa famille ;
  - la participation des familles à la conception du projet de l'enfant ;
  - l'accueil et la personnalisation des prestations et des parcours ;
  - la pertinence, la cohérence, la cohésion et la continuité des interventions ;
  - la tenue des dossiers ;
- dans le domaine plus large des dispositifs :
  - la clarification des dispositifs et des compétences des acteurs (qui fait quoi ? quelles compétences ? avec quelles limites) ;
  - l'articulation de social, du médico-social, du sanitaire et du judiciaire ;
  - l'efficacité du dispositif de signalement ;
  - l'efficacité des dispositifs de prévention.

La méthodologie

Toutes les méthodes ne se valent pas...

À l'origine, les méthodes utilisées dans les démarches qualité proviennent du secteur industriel ; or elles ne peuvent être transposées telles quelles au secteur social, au risque sinon de mépriser les spécificités de l'intervention sociale. Certes les prestations sanitaires et sociales entrent bien dans le vaste champ des services, mais celui-ci n'est pas suffisamment précis pour appréhender la spécificité de l'activité sociale et médico-sociale. Il ne rend pas compte de ce qui en tisse les singularités et la complexité.

L'ANACT[1] identifie au sein des services le champ de « la relation de service » spécifique du champ de la santé, du social et de l'enseignement et définie comme « un acte immatériel, non stockable, comme acte visant une transformation d'état. Il se fait en faveur de quelqu'un et les effets qu'il aura sur celui-ci sont incertains. La qualité du service est toujours une qualité espérée, anticipée. La réalisation de la prestation est le résultat d'un compromis entre plusieurs visions. »

Il est possible de tirer plusieurs enseignements de cette définition.

Tout d'abord, la relation de service est une interaction, voire une transaction, c'est-à-dire que sans la participation de l'usager, le service n'existe pas, il n'est que potentiel, latent, en devenir. La

1. ANACT : Agence nationale pour l'amélioration des conditions de travail.

relation de service va s'exprimer dans l'espace d'un construit social qui va engager au moins deux personnes en co-présence :

- d'une part, l'usager, dont nous devons vouloir et savoir identifier l'originalité des demandes et des besoins ;
- d'autre part, le professionnel, l'équipe, dont la compétence est sollicitée de manière originale pour chaque prestation.

Le professionnel est alors conduit à considérer chaque temps de la relation de service comme un événement à part entière. Non pas une simple répétition, mais bien un événement qui est une invitation à ajuster, à adapter, à réinventer en permanence les éléments de cette relation tout en restant dans l'intention du projet.

Enfin, il est possible de percevoir rapidement que la relation de service contient un risque d'imprévisibilité et d'inattendu. La maîtrise *a priori* complète et programmée de la relation de service n'est donc qu'illusoire.

Il faut aussi revenir sur une idée toujours présente selon laquelle la réalité peut se réduire à ce que l'on en décrit. Il y a là un désir de maîtrise et une illusion gestionnaire particulièrement dangereuse dans cette conception qu'il faut relativiser. Le réel est toujours plus complexe que ce que l'on peut en saisir.

De fait, penser que des procédures et des modes opératoires suffiraient à eux seuls à maîtriser la relation de service ou la qualité de la relation de service nous paraît être un non-sens. Dans un tel domaine, être compétent c'est plus être en capacité de faire face à l'événement que de reproduire mécaniquement un schème.

De plus, la prestation sociale est bien souvent intrusive, elle touche le domaine de la vie privée et l'intimité de l'usager, et nécessite donc une posture particulière étayée par une réflexion éthique.

Le champ de la qualité n'échappe pas à la fascination pour la technique, qui aboutit parfois à la création de gadgets méthodologiques, en faisant l'impasse sur le sens de la méthode, le sens de la démarche, les questions éthiques et cliniques et la valeur ajoutée pour les usagers. Nous devons donc en permanence être attentifs à mettre la logique des fins avant la logique des moyens et non pas l'inverse.

Une démarche co-construite associant les professionnels et l'usager

Face au besoin de formalisation par des référentiels, étape essentielle à l'évaluation, il convient d'associer d'emblée les professionnels ; à la fois pour que leur participation à l'élaboration produise des outils adéquats et pour que ces outils ainsi légitimés contribuent à leur appropriation et leur capacité à développer une re-médiation des pratiques professionnelles, individuelles et collectives.

La parole des usagers (et de leurs représentants légaux), l'expression de leurs attentes, l'analyse de leurs perceptions et de leurs appréciations du service rendu sont autant d'éléments concourants à une politique d'amélioration des activités et des prestations permettant d'opérer une inscription concrète de l'usager au centre du dispositif selon l'assertion consacrée.

La démarche évaluative ne saurait donc se résumer à la simple juxtaposition de normes et de procédures. Fondamentalement étayée par une réflexion sur le sens des activités institutionnelles, elle doit au contraire s'attacher à révéler la singularité et la valeur des pratiques et contribuer au développement co-construit des prestations. La reconquête du sens de la mission, l'implication de chaque professionnel et la participation des bénéficiaires sont essentielles au succès de la démarche d'évaluation et d'amélioration continue de la qualité. Sa préoccupation centrale doit donc rester celle de l'éthique et de la clinique de la relation de soin et d'accompagnement de la personne accueillie.

Chapitre 16

Le respect des règles relatives à l'autorité parentale

P. Verdier, F. Noé

l'exercice des droits d'autorité parentale, selon que l'enfant est confié par ses parents ou par décision judiciaire, est pupille de l'État ou jeune majeur. En effet, la répartition des pouvoirs variera entre :

- les parents ;
- l'autorité judiciaire ;
- le service de l'Aide sociale à l'enfance ;
- le préfet, tuteur ;
- le conseil de famille ;
- les personnes ou service à qui l'enfant est confié, familles d'accueil, établissements.

Pour simplifier, et avant d'entrer dans le détail, voici quelques grands principes à retenir :

- Pour les enfants confiés par leurs parents (art. L. 222-5, 1° CASF) et pour les enfants confiés par le juge (art. L. 222-5, 3°) sauf pour la tutelle sociale, les parents conservent l'autorité parentale[1]. La décision judiciaire n'a pas pour effet de leur supprimer cette autorité, mais de l'aménager, d'en contrôler l'exercice.
- Le juge ne détient jamais l'autorité parentale, mais il peut en régler les modalités : désigner la personne qui l'exerce, résidence habituelle...
- On disait autrefois, et encore souvent aujourd'hui, que le l'ASE était « gardien. Le terme est impropre. Le service d'Aide sociale à l'enfance n'est jamais gardien des enfants qui lui sont confiés, et le juge des enfants ne confie jamais la garde. D'ailleurs, les textes relatifs à l'assistance éducative ne font plus référence à cette notion de « gardien », mais utilisent la formule « personne ou service à qui l'enfant a été confié » (art. 375, 375-4, 375-6...), le juge ne confie pas la garde, mais le mineur. Les notions de « garde » et de « gardien » ont été modifiées par plusieurs textes, notamment :
  - la loi n° 86-17 du 6 janvier 1986 qui a supprimé la terminologie « enfants en garde » ;
  - la loi n° 87-570 du 22 juillet 1987 sur l'exercice de l'autorité parentale (dite loi Malhuret) qui a supprimé le mot « gardien » dans de nombreux textes, notamment ceux sur le divorce et ceux relatifs à l'assistance éducative ;
  - le décret n° 87-578 du 22 juillet 1987 qui a modifié le Code de procédure civile.

  Le Code de la famille et de l'aide sociale avait quant à lui déjà remplacé le terme « enfants en garde » par « mineurs confiés au service » (ancien art. 40, 4° et 46, 3° CFAS). Le Code de l'action sociale et des familles confirme la modification de ces vocables (L. 221-1 et L. 222-5 Code de l'action sociale et des familles).

  Le Code civil, depuis la réforme du 4 mars 2002 relative à l'autorité parentale, a lui aussi subi de nombreuses modifications. Ainsi, un certain nombre de principes ont été renforcés, d'autres créés avec des incidences importantes sur la prise en charge des mineurs par l'ASE. Les principaux sont les suivants :

1. Principe rappelé dans le nouvel article 375-7 Code civil.

- le service de l'ASE n'est jamais titulaire de l'autorité parentale, il en exerce les attributs en totalité ou partiellement en fonction du cadre de la prise en charge. Seuls ceux à l'égard de qui la filiation est établie, c'est-à-dire les père et mère, sont titulaires de l'autorité parentale[1] ;
- la séparation des parents est sans incidence sur les règles d'exercice de l'autorité parentale[2]. Que les parents aient été mariés ou non, et sauf si une décision du juge aux affaires familiales a fixé de nouvelles modalités, tout continue de fonctionner comme lorsque les parents vivaient ensemble ;
- l'exercice conjoint de l'autorité parentale est le principe, l'exercice unilatéral de l'autorité parentale est devenu l'exception. Cependant, même dans cette dernière hypothèse, le parent qui n'exerce pas l'autorité parentale n'en conserve pas moins certains attributs précisés dans l'article 373-2-1 du Code civil : exercice du droit de visite et d'hébergement sauf motifs graves, droit et devoir de surveiller l'entretien et l'éducation de l'enfant, droit d'être informé des choix importants relatifs à la vie de l'enfant.

- L'article 1384 alinéa 4 Code civil a lui aussi était modifié par la loi du 4 mars 2002 pour répercuter les modifications relatives à l'autorité parentale. Il dispose désormais : « Le père et la mère, en tant qu'ils exercent l'autorité parentale[3], sont solidairement responsables du dommage causé par leurs enfants mineurs habitant avec eux[4]. »
- Pour les pupilles de l'État, la tutelle est exercée par un tuteur (le préfet, qui la délègue au DDASS et le conseil de famille) à qui est dévolu l'exercice de l'autorité parentale mais jamais la titularité[5].
- Les assistants familiaux ou les responsables d'établissement sont des salariés de l'administration[6] ou des agents (titulaires, contractuels, voire occasionnels) du service public. Ils agissent par délégation. La prise en charge physique de l'enfant les concerne puisqu'ils peuvent être amenés à exercer certains attributs de l'autorité parentale. Il faut alors se référer aux attributs de l'autorité parentale qui touchent :
  - la personne du mineur : consentement à l'adoption ; consentement au mariage ; consentement à l'émancipation ; choix de la nationalité ;
  - la vie quotidienne : l'entretien ; le placement ; la santé ; l'éducation ; la scolarité et les contrats de travail ; l'armée ; les relations avec des tiers ;
  - les revenus et aux biens : gestion des revenus, administration et jouissance des biens du mineur.

1. Principe rappelé dans le nouvel article 371-2 : « Elle appartient aux père et mère jusqu'à la majorité ou l'émancipation de l'enfant pour le protéger dans sa sécurité, sa santé et sa moralité, pour assurer son éducation et permettre son développement, dans le respect dû à sa personne. »
2. Nouvel article 373-2 Code civil.
3. Et non plus la garde.
4. Sur cette question, se reporter à Verdier P., Noé F., *Guide de l'aide sociale à l'enfance*, 6e éd., Paris, Dunod, 2008, chapitre 20 sur la responsabilité civile.
5. L'État n'exerce pas l'autorité parentale, mais une tutelle administrative.
6. Directement ou indirectement : il s'agit de prestations de service.

Dans toutes ces hypothèses, il faudra déterminer au cas par cas ce qui relève des actes de la vie quotidienne de ce qui relève des actes graves. En effet, les pouvoirs des tiers ne sont alors pas de même intensité.

Le fait de prendre en charge des mineurs implique nécessairement une bonne connaissance des règles relatives à l'autorité parentale afin de respecter au mieux les places de chacun : parents, mineurs, professionnels et autorité judiciaire. De plus, il faut admettre que les enfants confiés à l'Aide sociale à l'enfance sont souvent dans des situations particulières relativement à l'autorité parentale, les parents n'ont parfois plus la plénitude de l'autorité parentale, soit qu'ils aient été sanctionnés par une juridiction civile ou pénale (dans le cas d'un retrait), soit qu'ils aient demandé à en être déchargés ou qu'ils ne puissent plus l'exercer. Ainsi, nous présenterons en premier lieu le contenu de l'autorité parentale et en second lieu les contrôles et transferts de l'autorité parentale.

1. LE CONTENU DE L'AUTORITÉ PARENTALE

Les droits fondamentaux sur l'enfant attachés à l'autorité parentale

Cette première catégorie de droits constitue des prérogatives fondamentales de l'autorité parentale car elles sont attachées à la titularité et donc à la filiation.

Le consentement à l'adoption

Le principe selon lequel les père et mère peuvent consentir à l'adoption de leur propre enfant peut paraître surprenant. Le Code civil dispose que sont adoptables des enfants pour lesquels les père et mère ou le conseil de famille ont valablement consenti à l'adoption[1]. En fonction de la situation juridique des père et mère, le consentement à l'adoption doit être donné tantôt par les deux (double lien de filiation), tantôt par un seul (un seul lien de filiation), tantôt par un conseil de famille (père et mère décédé, hors d'état de manifester leur volonté, perte des droits d'autorité parentale)[2].

Trois situations peuvent se présenter.

- *Pour les enfants confiés par les parents à l'ASE* (art. L. 222-5, 1° CASF) ou *pour les enfants confiés par décision judiciaire* (art. L. 222-5, 2 ° CASF), et à l'exception de la tutelle sociale prévue à l'article 411 du Code civil, les parents titulaires de l'autorité parentale peuvent consentir à l'adoption.
  Le consentement doit être donné devant le greffier en chef du tribunal d'instance du domicile ou de la résidence, devant notaire ou au service de l'Aide sociale à l'enfance si l'enfant lui a été remis[3]. Ces enfants seront donc adoptés sans jamais avoir été pupilles de l'État (même lorsqu'il s'agit d'enfants confiés au service). Cette procédure permet de régulariser certaines situations

1. Art. 247 Code civil.
2. Art. 348 et s. Code civil.
3. Art. 348-3 Code civil.

où les parents acceptent une adoption — notamment par une famille d'accueil où ils savent leur enfant intégré — sans avoir le sentiment de « l'abandonner ». C'est alors un acte positif, qui en outre ne comporte pas de secret.
Lorsque les père et mère ou le conseil de famille consentent à l'adoption de l'enfant en le remettant au service de l'Aide sociale à l'enfance ou à un organisme autorisé pour l'adoption, le choix de l'adoptant est laissé au tuteur avec l'accord du conseil de famille[1]. Toutefois, le consentement à l'adoption des enfants de moins de deux ans n'est valable que si l'enfant a été effectivement remis au service de l'ASE (ou à un organisme d'adoption autorisée), sauf dans le cas où il existe un lien de parenté jusqu'au sixième degré entre l'adoptant et l'adopté. Dans ce cas, l'adoption « directe » est possible.
D'autre part, le tribunal peut prononcer l'adoption s'il estime abusif le refus de consentement opposé par les parents (ou par l'un d'eux seulement) lorsqu'ils se sont désintéressés de l'enfant au risque d'en compromettre la santé ou la moralité[2].
Il y a là toute une série de dispositions qui permettent, plus souvent qu'on ne l'imagine couramment dans les services de l'ASE, l'adoption d'enfants confiés par les parents ou par les autorités judiciaires.

- *Pour les enfants sous tutelle sociale* : ces enfants peuvent être adoptés après consentement d'un conseil de famille réuni spécialement par le juge des tutelles. Il s'agit d'un conseil de famille particulier à cet enfant, composé dans les conditions des articles 407, 408 et 409 du Code civil (quatre à six membres choisis parmi les parents ou alliés des père et mère).
  Bien que d'une manière générale la tutelle d'État ne comporte pas de conseil de famille, cette institution doit être spécialement constituée et réunie chaque fois que le Code civil le prévoit expressément.
- *Pour les pupilles de l'État* : lorsque le consentement à l'adoption n'a pas été donné par les parents au moment de la remise de l'enfant, il est donné par le conseil de famille des pupilles de l'État[3].
  Ces enfants sont adoptés soit par les personnes à qui le service en avait confié la garde, lorsque les liens affectifs qui se sont établis justifient cette mesure, soit par des personnes agréées à cet effet[4].

Le consentement au mariage

Le mariage est par définition un acte volontaire. Ce principe est repris dans l'article 146 du Code civil, « il n'y a pas de mariage lorsqu'il n'y a point de consentement ». Cependant, concernant les mineurs, ce consentement bien que nécessaire n'est pas suffisant. Il doit être assorti de certaines autorisations.

La question des mariages de mineur a longtemps été soumise à des distinctions liées au sexe des futurs époux. Il fallait en effet distinguer la mineure de 18 ans du mineur de 18 ans. L'article 144 disposait : « L'homme avant 18 ans révolus, la femme avant 15 ans révolus, ne peuvent

1. Art. 348-4 Code civil.
2. Art. 348-6 Code civil.
3. Art. 349 Code civil.
4. Art. L. 225-2 CASF.

contracter mariage. » Les règles étaient les suivantes[1]. Pour l'homme mineur, deux autorisations étaient requises : celles des titulaires de l'autorité parentale[2] et une « dispense d'âge » pour motifs graves donnée par le procureur de la République. Pour la mineure, il fallait distinguer selon qu'elle avait moins de 15 ans, et l'on appliquait la même règle que celle relative aux hommes mineurs, ou entre 15 et 18 ans, et seule l'autorisation des parents était requise.

Cet article a été récemment modifié [3] pour pallier la multiplication des mariages forcés des mineures entre 15 et 18 ans pour lesquelles l'autorisation des père et mère était seule requise. Désormais l'article 144 dispose : « L'homme et la femme ne peuvent contracter mariage avant dix-huit ans révolus. » Avant cet âge, une double autorisation est exigée : la dispense d'âge du procureur de la République fondée comme auparavant sur des motifs graves ainsi que le consentement des père et mère.

Le Code civil pose ensuite les conditions de fond en fonction de la situation familiale du mineur :

1. Lorsque le mineur a ses deux parents, l'accord des deux est requis, mais le dissentiment vaut accord [4].
2. Si l'un des parents est mort ou dans l'impossibilité de manifester sa volonté (aliénation, absence, déchéance), le consentement de l'autre suffit[5].
3. Si les père et mère sont morts, ou s'ils sont dans l'impossibilité de manifester leur volonté, les aïeuls et aïeules les remplacent. Le dissentiment vaut accord[6].
4. Si le mineur n'a plus d'ascendant ou si ceux-ci sont dans l'impossibilité de manifester leur volonté, le consentement est donné par le conseil de famille (article 159 du Code civil)[7].
5. Pour les pupilles de l'État, le consentement est donné par le conseil de famille de ces pupilles.
6. Si l'enfant a été adopté, le consentement est donné par les parents adoptifs, qu'il s'agisse d'une adoption plénière (article 358 du Code civil), ou simple (article 365, alinéa 1, du Code civil).
7. Si l'enfant a fait l'objet d'une délégation d'autorité parentale, c'est le délégataire qui autorisera le mariage, puisqu'il a l'exercice de tous les attributs de l'autorité parentale, sauf le droit de consentir à l'adoption.
8. Dans le cadre d'une mesure d'assistance éducative, l'accord du juge des enfants n'est pas requis. S'il y a pu avoir un doute précédemment[8] à la loi du 4 avril 2006 uniformisant les conditions du mariage des mineurs, il ne peut plus y en avoir puisque l'accord du procureur de la République est requis dans tous les cas.

1. Art. 145 Code civil.
2. Art. 148 Code civil.
3. Loi n° 2006-399 du 4 avril 2006 renforçant la prévention et la répression des violences au sein du couple ou commises contre les mineurs.
4. Art. 148 Code civil *in fine*.
5. Art. 149 Code civil.
6. Art. 150 Code civil.
7. Art. 159 Code civil.
8. En raison du fait que le mariage entraîne émancipation et donc fin de la mesure d'assistance éducative.

Le consentement à l'émancipation

Jusqu'à la loi du 5 juillet 1974 qui a abaissé l'âge de la majorité à dix-huit ans, l'émancipation résultait d'une déclaration des parents devant le juge des tutelles. Depuis cette loi, elle résulte d'une décision du juge des tutelles s'il y a « de justes motifs »[1]. La loi du 8 janvier 1993 a rendu l'audition du mineur obligatoire. La loi du 5 mars 2007 a réorganisé le titre X du Code civil. Les règles relatives à l'émancipation se trouvent désormais aux articles 413-1 à 413-8.

L'émancipation doit être demandée :

- pour les enfants confiés au service de l'Aide sociale à l'enfance par les parents ou par décision judiciaire (à l'exception de la tutelle d'État et de l'assistance éducative), par le père et la mère ou l'un d'eux seulement. Dans ce cas, le juge doit entendre l'autre parent, à moins qu'il ne soit dans l'impossibilité de manifester sa volonté[2] ;
- pour les enfants en assistance éducative, il en est de même. Toutefois les parents ne peuvent demander l'émancipation sans autorisation du juge des enfants, tant que la mesure d'assistance éducative reçoit application[3] ;
- pour les enfants ayant fait l'objet d'une délégation d'autorité parentale, elle pourra être demandée par le service de l'ASE délégataire ;
- pour les enfants sous tutelle sociale, elle pourra être demandée par le conseil de famille[4]. Normalement la convocation du conseil pour délibérer à ce sujet est requise par le tuteur. Mais le législateur a craint que certains tuteurs ne prennent pas cette initiative. Aussi, la convocation du conseil peut également être requise par un membre du conseil ou par le mineur lui-même[5] ;
- pour les pupilles de l'État, la demande doit être autorisée par le conseil de famille. Elle est ensuite présentée par le tuteur.

Il est important de rappeler que le mineur n'a pas le droit de demander lui-même son émancipation. En tant que mineur, seule la saisine du juge des enfants s'il s'estime être en danger, lui est ouverte.

Le choix de la nationalité

Le placement à l'Aide sociale à l'enfance est normalement sans influence sur la nationalité. Même le fait d'être pupille de l'État ne donne pas la nationalité française : être pupille de l'État est un régime de tutelle, mais n'affecte pas la filiation ni l'appartenance à une famille. Toutefois, l'enfant né en France de parents inconnus est Français[6].

Les règles relatives à la nationalité sont regroupées dans le Code civil. Concernant les mineurs, plusieurs hypothèses sont importantes :

1. Art. 413-2 Code civil.
2. Nouvel article 413-2 alinéa 3 Code civil.
3. Art. 375-7 Code civil.
4. Nouvel article 413-3 Code civil.
5. Nouvel article 413-4 Code civil.
6. Art. 19 Code civil.

cette catégorie n'étant pas définie légalement, elle implique une appréciation spécifique à l'enfant concerné, à la nature des activités et à la durée du séjour. En effet, si compte tenu par exemple de l'âge du mineur, de la dangerosité des activités proposées, du nombre de nuitées, l'autorisation peut risquer d'être requalifiée en actes graves. La prudence exige d'informer *a minima* les parents.

Les déplacements hors du territoire national ♦ Pour ce qui est de la seconde catégorie, les sorties du territoire relèvent naturellement des actes graves spécifiquement soumis à autorisation. Ainsi, lorsqu'un mineur voyage à l'étranger sans être accompagné par une personne investie de l'autorité parentale, il doit lors du franchissement de la frontière présenter une autorisation de sortie du territoire. En effet, avant 15 ans un mineur de nationalité française n'est pas tenu de posséder un passeport personnel et pour tout voyage à l'étranger, il peut être inscrit sur le passeport de l'adulte qui l'accompagne, détenteur ou non de l'autorité parentale. Cette autorisation donnée par les titulaires de l'autorité parentale est remise par le maire de la commune du lieu de résidence ou les services préfectoraux qui délivrent alors une attestation d'autorisation. L'attestation d'autorisation de sortie du territoire[1] français constitue un complément de la carte nationale d'identité ou du passeport périmé depuis moins de cinq ans.

La carte nationale d'identité française permet l'entrée dans un certain nombre de pays étrangers pour de courts séjours au même titre que le passeport. Elle ne peut cependant, en ce qui concerne la sortie d'un mineur du territoire français, être assimilée purement et simplement au passeport. En effet, la carte d'identité a pour finalité d'attester l'identité et la nationalité, elle ne constitue pas par elle-même une autorisation pour le mineur de sortir du territoire français.

En conséquence, si le mineur est accompagné d'une personne exerçant l'autorité parentale, il peut quitter la France sous le seul couvert de sa propre carte d'identité. Sinon il devra produire, en complément de sa carte d'identité, une attestation d'autorisation de sortie du territoire français. Cette attestation est délivrée par la mairie ou les services préfectoraux du lieu de résidence.

Seul le parent ou les parents titulaires de l'autorité parentale peut obtenir une attestation d'autorisation de sortie du territoire. Il devra certifier sur l'honneur être titulaire de l'autorité parentale et présenter un document à l'appui de sa déclaration. Les conséquences pour les services établissements sont les suivantes :

- *pour les enfants confiés par leurs parents,* l'autorisation est donnée par le père ou la mère lorsqu'il exerce conjointement l'autorité parentale, chacun étant, lorsqu'il agit seul, réputé agir avec le consentement de l'autre[2] Cette règle invalide les pratiques des mairies qui délivrent des autorisations à des responsables de services ou d'établissement directement. Il faut également rappeler que la loi du 4 mars 2002 relative à l'autorité parentale a introduit la possibilité pour le juge aux affaires familiales d'ordonner l'inscription, sur le passeport des parents, de l'interdiction de sortie de l'enfant du territoire français sans l'autorisation des deux parents[3]. En outre il existe des procédures d'opposition à sortie du territoire[4] ;

1. Pour plus d'informations voir le site www.diplomatie.gour.fr, rubrique « Conseils aux familles, enlèvements internationaux ».
2. Art. 372-2 Code civil : « À l'égard des tiers de bonne foi, chacun des parents est réputé agir avec l'accord de l'autre, quand il fait seul un acte usuel de l'autorité parentale relativement à la personne de l'enfant. »
3. Art. 373-2-6 Code civil.
4. Pour plus d'informations voir le site www.diplomatie.gour.fr, Rubrique Conseils aux familles, enlèvements internationaux.

- *pour les enfants confiés par décision judiciaire*, les autorisations restent de la compétence des père et mère. Il existe toutefois des exceptions qui ont été renforcées dans le cadre de la loi du 5 mars 2007. Ainsi, le juge des enfants pouvait déjà retirer certains attributs de l'autorité parentale estimant qu'ils étaient inconciliables avec la mesure[1]. Le nouvel alinéa 2 de l'article 375-7 dispose désormais : « Sans préjudice de l'article 373-4 et des dispositions particulières autorisant un tiers à accomplir un acte non usuel sans l'accord des détenteurs de l'autorité parentale, le juge des enfants peut exceptionnellement, dans tous les cas où l'intérêt de l'enfant le justifie, autoriser la personne, le service ou l'établissement à qui est confié l'enfant à exercer un acte relevant de l'autorité parentale en cas de refus abusif ou injustifié ou en cas de négligence des détenteurs de l'autorité parentale, à charge pour le demandeur de rapporter la preuve de la nécessité de cette mesure. »
  Sur demande spécialement motivée et après appréciation par le magistrat, le service pourra être autorisé, ponctuellement, à suppléer les parents pour des actes graves. Ce texte n'est pas anodin. De deux choses l'une, soit il est interprété comme une nouvelle restriction aux droits des parents, au même titre que l'anonymat ou les placements supérieurs à deux ans, soit il va permettre de sécuriser magistrats et professionnels qui, lorsque ces cas se présentaient, prenaient des décisions qui risquaient la censure de la Cour de cassation ;
- *pour les pupilles de l'État*, le système suit le même schéma : les autorisations de sortie du territoire pour de brefs séjours sont accordées par le service de l'Aide sociale à l'enfance ; les déplacements plus durables à l'étranger sont soumis à l'accord du tuteur et du conseil de famille conformément à l'article L. 224-1 CASF.

Les décisions en matière de santé

La santé[2] est un droit personnel et toute atteinte à l'intégrité du corps implique un cadre légal que ce soit du côté des personnes aptes à y consentir que du côté des obligations de ceux qui pratiquent la médecine. L'article R. 4127-36 du Code de la santé publique[3] dispose : « Le consentement de la personne examinée ou soignée doit être recherché dans tous les cas. » Si le patient est un mineur, qui peut décider des soins et choisir la thérapeutique adaptée ? Il y a eu là encore une évolution importante en 2002, la loi sur les droits des malades ayant octroyé aux mineurs un droit au secret que les professionnels de l'action sociale et médico-sociale doivent intégrer dans leurs pratiques tout comme les professionnels de santé.

Lorsque l'enfant est dans sa famille, toute décision en matière de santé est de la compétence des représentants légaux en application de l'article 371-2 Code civil. Certains auteurs ont soutenu que la double autorisation (père et mère) était nécessaire. En effet, le pouvoir de consentir à une intervention médicale concernant un mineur est juridiquement un des attributs de l'autorité parentale. Il faut une fois de plus relier cette question avec les notions d'actes usuels et d'actes graves. Si pour la première catégorie, comme un rendez-vous chez le médecin pour un suivi de routine, apprécié comme un acte usuel, l'accord de l'un suffit dans le cadre d'une autorité parentale conjointe, il n'en va pas de même si, de cet examen, découlent des décisions sur une thérapeutique lourde. On bascule sur un acte grave impliquant l'accord des deux titulaires de l'autorité parentale.

1. Art. 375-7 alinéa 1er Code civil.
2. Il existe des règles spécifiques en matière de stérilisation, de dons d'organes.
3. Codifiant le Code de déontologie médicale.

Le tiers ou le service assurant la garde de l'enfant est seulement en droit de lui faire donner des soins en l'amenant en consultation et en suivant des prescriptions médicamenteuses en cas d'affection sans gravité.

Qu'en est-il pour l'enfant pris en charge par l'Aide sociale à l'enfance ? Il faut distinguer :

- les soins courants ;
- les autorisations d'opérer ;
- l'hospitalisation ;
- la contraception ;
- l'interruption volontaire de grossesse.

Les soins courants ♦ Les soins normaux, qui ne nécessitent pas d'intervention chirurgicale, seront organisés et délivrés par le service de l'Aide sociale à l'enfance. Toutefois, les parents devront donner les indications qu'ils souhaitent voir appliquer sur les modalités de ces soins (choix du médecin...) dans le cadre de l'accord donné au moment du placement. Pour les enfants nécessitant des traitements spécifiques, il est possible de signer un plan d'accompagnement individualisé (PAI) qui permettra non seulement la concertation, la coordination et la sécurisation de la santé de l'enfant.

Pour les pupilles, l'organisation des soins courants relève également du service de l'Aide sociale à l'enfance.

Le juge des enfants, sollicité pour trancher des oppositions entre parents et institution sur des choix de thérapeutique ou tout simplement sur le choix du médecin, ne peut intervenir pour imposer tel ou tel traitement qui lui paraîtrait mieux approprié. Son seul critère est celui du danger : la décision des parents met-elle la santé du mineur en danger ? Si la décision des parents, qui s'oppose à celle de l'institution, ne met pas en danger physique ou psychologique le mineur, elle s'impose.

Les hospitalisations et autorisations d'opérer ♦ C'est bien sûr la thérapeutique qui, parce qu'elle est « violente », comporte le plus de risques immédiats ou à long terme. Elle ne peut être pratiquée sur un mineur qu'avec l'autorisation des parents. Ses modalités étaient régies par le décret du 14 janvier 1974 « relatif aux règles de fonctionnement des centres hospitaliers et des hôpitaux locaux », qui réglementaient notamment les modalités d'admission dans ces établissements. Elles sont codifiées aux articles R. 1112-35 et suivants du Code de la santé publique.

Il faut en effet distinguer deux temps : l'admission et l'opération[1]. Pour ce qui concerne l'hospitalisation d'un mineur, elle est effectuée à la demande des père et mère, du tuteur légal ou des tiers (personne physique, établissement) auxquels l'enfant a été confié par l'autorité judiciaire. L'article R. 1112-34 et suffisamment explicite et dispose :

> « L'admission d'un mineur est prononcée, sauf nécessité, à la demande d'une personne exerçant l'autorité parentale ou de l'autorité judiciaire.
>
> L'admission d'un mineur, que l'autorité judiciaire, statuant en matière d'assistance éducative ou en application des textes qui régissent l'enfance délinquante, a placé dans un établissement d'éducation ou confié à un particulier, est prononcée à la demande du directeur de l'établissement ou à celle du gardien.
>
> Lorsqu'il s'agit d'un mineur relevant du service de l'Aide sociale à l'enfance, l'admission est prononcée à la demande de ce service sauf si le mineur lui a été confié par une personne exerçant l'autorité parentale.

1. Voir Verdier P., « Autorisations de soins après la loi sur les droits des malades », *JDJ*, n° 232, février 2004, p. 30.

> Toutefois, lorsqu'aucune personne exerçant l'autorité parentale ne peut être jointe en temps utile, l'admission est demandée par le service d'Aide sociale à l'enfance. »

Concernant les autorisations d'opérer, l'article R. 1112-35 dispose :

> « Sous réserve des dispositions de l'article L. 1111-5, si lors de l'admission d'un mineur, il apparaît que l'autorisation écrite d'opérer celui-ci et de pratiquer les actes liés à l'opération, ne peut en cas de besoin être obtenue à bref délai de ses père, mère ou tuteur légal en raison de leur éloignement, ou pour toute autre cause, ceux-ci doivent, dès l'admission du mineur, signer une autorisation d'opérer et de pratiquer les actes liés à l'opération.
>
> Dans le cas où les père, mère ou tuteur légal sont en mesure de donner une autorisation écrite à bref délai, celle-ci leur est demandée aussitôt qu'une intervention chirurgicale se révèle nécessaire.
>
> En cas de refus de signer cette autorisation ou si le consentement du représentant légal du mineur ne peut être recueilli, il ne peut être procédé à aucune intervention chirurgicale hors les cas d'urgence.
>
> Toutefois, lorsque la santé ou l'intégrité corporelle du mineur risquent d'être compromises par le refus du représentant légal du mineur ou l'impossibilité de recueillir le consentement de celui-ci, le médecin responsable du service peut saisir le ministère public afin de provoquer les mesures d'assistance éducative lui permettant de donner les soins qui s'imposent. »

D'une manière plus spécifique, il faut distinguer selon le cadre de l'accueil du mineur par l'Aide sociale à l'enfance :

- pour les enfants confiés par les parents, le service de l'Aide sociale à l'enfance peut faire admettre un mineur pour lequel il n'est pas possible de joindre les parents[1]. En revanche, il ne peut donner l'autorisation d'opérer à la place des titulaires de l'autorité parentale ;
- cette règle est quasi identique pour les enfants confiés par décision judiciaire en assistance éducative ou relative à l'enfance délinquante, elles relèvent de la seule compétence des parents[2].

En cas de refus de donner l'autorisation et si ce refus risque de mettre en danger la santé ou la vie de l'enfant, le médecin devrait prendre deux décisions successives : délivrer les soins indispensables en application de l'article L. 1111-4 alinéa 6 CSP[3] et informer le procureur de la République afin qu'il ouvre en urgence une procédure d'assistance éducative (en application de l'article R. 1112-35 CSP).

L'on pourrait alors évoquer l'article 375-7 nouveau du Code civil qui légalise la pratique de substitution en matière d'actes non usuels (ce que sont les opérations chirurgicales) à condition qu'elle soit justifiée.

Une des conséquences de ces règles est l'absence de légalité de toutes les autorisations dites « d'opérer » requises au moment de l'admission. Elles sont contraires à plusieurs principes généraux. D'un côté, les droits des patients consistent à être informés de manière claire et précise[4] sur les

1. Art. R. 1112-34.
2. *Ibid.*
3. « Le consentement du mineur ou du majeur sous tutelle doit être systématiquement recherché s'il est apte à exprimer sa volonté et à participer à la décision. Dans le cas où le refus d'un traitement par la personne titulaire de l'autorité parentale ou par le tuteur risque d'entraîner des conséquences graves pour la santé du mineur ou du majeur sous tutelle, le médecin délivre les soins indispensables. »
4. Art. L. 1111-2 CSP.

conséquences de l'acte et ainsi afin qu'ils puissent consentir librement[1]. On ne peut consentir à ce que l'on ignore ! D'un autre côté, l'autorité parentale ne peut se déléguer même partiellement en dehors d'une décision de justice[2] :

- pour les enfants faisant l'objet d'une délégation au profit du président du conseil général (art. 377 Code civil), d'un retrait partiel de droits (art. 379-1 Code civil) ou sous tutelle sociale (art. 411 Code civil), c'est le président du conseil général qui donne l'autorisation ;
- pour les pupilles de l'État, l'autorisation d'opérer doit être donnée :
  - par le tuteur pour les traitements nécessaires et urgents ;
  - par le conseil de famille pour les traitements soit non nécessaires médicalement (chirurgie réparative, par exemple), soit comportant un risque exceptionnel.

Le tuteur ne peut donner une autorisation générale au service de l'Aide sociale à l'enfance. Il faut appliquer les règles précédemment définies.

La contraception ♦ La loi n° 74-1026 du 4 décembre 1974 prévoyait que les centres de planification ou d'éducation familiale agréés étaient autorisés à délivrer à titre gratuit des médicaments, produits ou objets contraceptifs sur prescription médicale, aux mineurs désirant garder le secret. Aucune autorisation n'était requise dans ce cas. La loi du 4 juillet 2001 a modifié le dispositif en supprimant l'exigence d'une prescription médicale[3].

L'article L. 5134-1 du Code de la santé publique dispose quant à lui :

> « Le consentement des titulaires de l'autorité parentale, ou le cas échéant du représentant légal n'est pas requis pour la prescription, la délivrance ou l'administration de contraceptifs aux personnes mineures. »

Concernant la contraception d'urgence, le décret du 9 janvier 2002 aménage leur délivrance gratuite en pharmacie. Le décret du 27 mars 2001 précise quant à lui les conditions dans lesquelles les infirmiers scolaires (de second degré) pourront administrer aux élèves (majeures ou mineures) une contraception d'urgence. Les contraceptifs intra-utérins, les diaphragmes et les capes ne peuvent être délivrés que sur prescription médicale.

L'interruption volontaire de grossesse (IVG) ♦ L'article 1er de la loi du 17 janvier 1975 relative à l'IVG posait le principe suivant :

> « La loi garantit le respect de tout être humain dès le commencement de la vie. Il ne saurait être porté atteinte à ce principe qu'en cas de nécessité et selon les conditions définies par la présente loi. »

En ce qui concerne les mineures célibataires, le consentement de l'une des personnes qui exerce l'autorité parentale ou du représentant légal était requis (art. L. 162-7 Code santé publique). Et la loi du 31 décembre 1979 a par la suite ajouté à cet article :

> « Le consentement devra être donné accompagné de celui de la mineure célibataire enceinte, ce dernier étant donné en dehors de la présence des parents et du représentant légal. »

Progressivement, la question qui s'est posée, notamment en jurisprudence, était celle du refus de la personne qui exerce l'autorité parentale. Dans le silence des textes, les solutions retenues par la doctrine et la jurisprudence étaient diverses : certains soutenaient qu'on ne pouvait pas passer

1. Art. L. 1111-4 CSP.
2. Art. 376 Code civil.
3. Art. L. 2311-4 CSP.

outre à ce refus de consentement, d'autres estimaient que la mineure pouvait saisir elle-même le juge des enfants.

La loi du 4 juillet 2001 tend alors à clarifier les règles et surtout à faciliter l'accès des femmes enceintes à l'interruption volontaire de grossesse tout en tenant compte de la situation particulière lorsque cette femme est une mineure non émancipée. Le nouvel article L. 2212-7 CSP dispose :

> « Si la femme est mineure non émancipée, le consentement de l'un des titulaires de l'autorité parentale ou, le cas échéant, du représentant légal est recueilli. Ce consentement est joint à la demande qu'elle présente au médecin en dehors de la présence de tout autre personne.
>
> Si la femme mineure non émancipée désire garder le secret, le médecin doit s'efforcer, dans l'intérêt de celle-ci, d'obtenir son consentement pour que le ou les titulaires de l'autorité parentale ou, le cas échéant, le représentant légal soient consultés ou doit vérifier que cette démarche a été faite lors de l'entretien mentionné à l'article L. 2212-4.
>
> Si la mineure ne veut pas effectuer cette démarche ou si le consentement n'est pas obtenu, l'interruption volontaire de grossesse ainsi que les actes médicaux et les soins qui lui sont liés peuvent être pratiqués à la demande de l'intéressée, présentée dans les conditions prévues au premier alinéa. Dans ce cas, la mineure se fait accompagner dans sa démarche par la personne majeure de son choix.
>
> Après l'intervention, une deuxième consultation, ayant notamment pour but une nouvelle information sur la contraception, est obligatoirement proposée aux mineures. »

Il est alors possible qu'un travailleur social chargé d'une mineure puisse être cette personne.

Les décisions relatives à l'éducation de l'enfant

L'éducation de l'enfant est un droit et une obligation des parents (art. 371-2 Code civil). Lorsque l'enfant est pris en charge par le service de l'Aide sociale à l'enfance, l'éducation est une responsabilité du service. C'est même la principale raison d'être de l'intervention. Parmi les multiples domaines où s'applique cette mission éducative, la scolarité, la pratique sportive et la religion sont souvent des sujets de discussion et d'interrogation. Ces inquiétudes sont souvent justifiées car il existe en ces matières les mêmes principes que ceux que nous avons déjà évoqués, à savoir la distinction entre actes usuels et actes graves.

Le suivi de la scolarité

L'éducation consiste dans l'obligation d'assurer une scolarité à son enfant, tout en étant libre du choix de scolarisation. L'obligation éducative s'impose depuis la loi du 28 mars 1882 à tous les garçons et filles de nationalité française ou étrangère de l'âge de six à seize ans. Toutefois les parents peuvent l'organiser librement, notamment pour ce qui est du choix de l'établissement, public, privé ou même à domicile[1]. Sont également des actes graves de la compétence exclusive des parents (sauf délégation ou retrait d'autorité parentale, décision contraire du juge des enfants) : choix du type de scolarité, redoublement, orientation professionnelle, convocation aux réunions parents-professeurs, réception des bulletins scolaires...

1. Il faut noter ici que les carences au niveau de la scolarité font de plus l'objet de méfiance. Ainsi, on a vu l'émergence des infractions liées au défaut scolarisation et de nouvelles sanctions « sociales » par le biais soit du contrat de responsabilité parentale.

Pour ce qui est des pupilles de l'État, l'organisation revient au service de l'Aide sociale à l'enfance. Toutefois, l'accord du tuteur et du conseil de famille sera sollicité notamment lors de l'examen annuel de la situation de chaque enfant.

La pratique sportive et les loisirs

Lorsqu'un mineur sollicite une licence pour pratiquer un sport, la fédération demande une autorisation des parents ou du titulaire de l'autorité parentale. En pratique, pour les mineurs confiés au service de l'Aide sociale à l'enfance, par les parents, par décision judiciaire ou en tant que pupille, cette autorisation doit être donnée par les parents. Il en est de même pour la plupart des autres activités de loisirs. Pour le permis de chasse, le mineur doit avoir plus de seize ans et l'autorisation du père de la mère ou du tuteur est requise[1], il en va de même pour le permis de mer à partir de seize ans.

Le respect des convictions religieuses

Concernant la religion, l'article 14 de la Convention internationale des droits de l'enfant reconnaît à l'enfant « la liberté de pensée, de conscience et de religion[2] ». Deux limites existent cependant : les parents ont le droit et le devoir de guider l'enfant dans l'exercice de ce droit et la liberté de manifester sa religion ne saurait porter atteinte à l'ordre public, la sûreté, la santé et la moralité, la liberté et les droits fondamentaux d'autrui.

En pratique, pour les enfants confiés par leurs parents, comme pour ceux qui sont confiés au service par le juge, il convient de respecter la religion des parents[3].

Les décisions qui sont prises (choix d'un établissement ou d'une famille d'accueil) doivent permettre le respect des convictions religieuses du mineur et de sa famille. L'article 1200 du Nouveau Code de procédure civile le prévoit expressément pour les mineurs confiés par voie d'assistance éducative, mais cela reste valable pour tous les mineurs confiés.

Pour les pupilles de l'État, la neutralité du service veut que le choix personnel du mineur soit respecté.

La conclusion des contrats de travail et d'apprentissage

Les enfants ne peuvent être employés ni admis à aucun titre dans un établissement industriel ou commercial (sauf le cas de préapprentissage) s'ils ne sont pas libérés de l'obligation scolaire.

Il existe des exceptions pour les mineurs de moins de 16 ans qui peuvent travailler dans l'entreprise familiale, sous la responsabilité des parents ou du tuteur pour des travaux occasionnels ou de courte durée. Dès l'âge de 15 ans, le mineur peut être apprenti en sortant de la classe de 3e, dans une entreprise de spectacles, cinéma, télévision, enregistrements sonores, radio ou mannequins, après autorisation du préfet. L'emploi d'un mineur de plus de 13 ans dans ces secteurs

1. Art. R. 423-10 Code de l'environnement.

2. L'un des rares arrêts rendus en cette matière est celui de la Cour de cassation (1er civ, 11 juin 1991, D, 1991, 521, note Malaurie) refusant à une adolescente de 17 ans le droit de devenir Témoin de Jéhovah, qu'elle demandait conjointement avec son père, mais contre sa mère. Il fut décidé que la jeune pouvait attendre sa majorité pour faire ce choix.

3. Cette question doit être mise en lien avec la loi du 2 janvier 2002 et la Charte des droits et libertés de la personne accueillie qui rappelle le droit à la pratique religieuse dans l'article 11.

(spectacle, cinéma etc.) est également soumis à son avis favorable écrit (en plus de l'autorisation du préfet) Dès 14 ans, durant les vacances scolaires, le mineur peut exécuter des travaux adaptés à son âge (il ne doit s'agir ni de travail à la chaîne, ni de travaux pénibles). Dans ce cas, l'inspection du travail doit donner son autorisation. Cette demande d'autorisation doit être envoyée à l'inspecteur du travail au moins quinze jours avant l'embauche. L'accord écrit du ou des représentants légaux est requis[1].

La participation à la journée d'appel de préparation à la défense

La suppression du service militaire constitue une rupture majeure dans l'évolution du système de défense, de la conception des devoirs de la jeunesse et de la société. Répondant tout à la fois à l'attachement des Français pour la conscription et au souhait d'une inévitable évolution du service national, la loi du 28 octobre 1997 a étendu le caractère universel de ce service aux jeunes filles, maintenu le recensement, créé un appel à la préparation à la défense et suspendu l'appel sous les drapeaux. Toute personne de nationalité française doit se faire recenser dès l'âge de 16 ans, fille et garçon.

> « La journée d'appel de préparation à la défense (JAPD) est une journée qui permet de rappeler à chacun que cette liberté a un prix. C'est aussi une occasion unique de contact direct avec la communauté militaire, et de la découverte des multiples métiers et spécialités, civiles et militaires qu'offre aujourd'hui aux jeunes, la Défense. Opportunités professionnelles mais également opportunité d'aide spécifique pour les jeunes en difficulté, qui pourront — s'ils le souhaitent — lors de cette journée obtenir des conseils d'orientation vers des structures d'aide adaptée (éducation nationale, missions locales).
>
> En fin de journée, un certificat de participation est remis. Il est obligatoire pour l'inscription aux examens et concours soumis au contrôle de l'autorité publique[2]. »

Les décisions relatives aux relations de l'enfant avec des tiers

La surveillance n'est plus un attribut visé par les textes. Cependant, par souci de clarté, on continue de présenter le contrôle des relations du mineur et de ses actes dans le cadre du droit et du devoir de surveillance. Les détenteurs de l'autorité parentale ont ainsi le pouvoir de contrôler la vie quotidienne de l'enfant (allées et venues, relation avec les tiers, correspondance...).

Cette surveillance est à moduler en fonction de l'âge du mineur, et de certaines dispositions législatives.

Avec ses grands-parents ou des tiers ♦ La loi du 5 mars 2007 a modifié l'article 371-4 du Code civil qui dispose :

> « L'enfant a le droit d'entretenir des relations personnelles avec ses ascendants. Seul l'intérêt de l'enfant peut faire obstacle à l'exercice de ce droit. Si tel est l'intérêt de l'enfant, le juge aux affaires familiales fixe les modalités des relations entre l'enfant et un tiers, parent ou non. »

De longue date, le Code civil envisageait cette question. Progressivement, la loi est passée au droit de contrôle des parents au droit de l'enfant à avoir des relations personnelles. En cas de conflit, le juge aux affaires familiales est compétent. Il faut faire plusieurs remarques. D'une part,

1. Source vosdroits.service-public.fr
2. Source www.defense.gouv.fr

la notion d'incapacité a pu être entendue comme étant une incapacité juridique, c'est-à-dire la tutelle des majeurs. Ainsi, certains parents parce que sous protection juridique eux-mêmes voyaient leur enfant placé sous tutelle. Dans le cadre de la réforme de la protection des majeurs, il a été rappelé que « cet article doit être interprété comme visant une incapacité de fait à exercer l'autorité parentale, et non la simple constatation de l'incapacité juridique résultant de la mesure de protection. La perte de l'autorité parentale liée à la qualité de tutélaire, et *a fortiori* de curatélaire, n'est donc pas automatique, mais suppose une appréciation de la situation de fait. L'altération des facultés personnelles d'un majeur n'entraîne en effet pas forcément une incapacité à exprimer sa volonté. Un majeur protégé peut donc conserver l'autorité parentale, et, dans ce cas, les actes qui touchent à la personne de ses enfants relèvent de son consentement strictement personnel[1] ».

Pour ce qui est de la notion de vacance, il faut partir du principe selon lequel la tutelle est, en principe familiale, le tuteur pouvant être élu éventuellement par les parents ou à défaut sera celui des ascendants les plus proches. Elle est constituée d'un tuteur et d'un conseil de famille. Lorsqu'il n'y a personne pour l'assurer, le juge des tutelles la déclare vacante et la défère au président du conseil général (art. 411 Code civil).

La désignation du tuteur social

Le décret n° 74-930 du 6 novembre 1974 prévoyait que la tutelle pouvait être confiée :

- au préfet qui la délègue au DDASS ;
- au directeur de l'établissement public d'éducation ou de soins dans lequel se trouve l'enfant ;
- à un notaire ;
- à une personne physique ou morale choisie sur une liste arrêtée par le procureur de la République.

286 294

La décentralisation a modifié ce dispositif. Selon les textes relatifs aux transferts des compétences, la tutelle d'État des mineurs doit désormais être déférée au président du conseil général. En effet, l'article 37-2° de la loi n° 83-663 du 22 juillet 1983 a placé l'ensemble des missions et attributions du service à l'ASE sous la responsabilité des autorités départementales. L'article 54-IX de cette loi a uniquement maintenu, en ce qui concerne les compétences qui continuent de relever de l'État, la fonction de tuteur des pupilles de l'État, mais il s'agit d'une disposition tout à fait particulière et qui ne saurait recevoir une interprétation extensive. Cela a été confirmé par la loi n° 86-17 du 6 janvier 1986 adaptant la législation sanitaire et sociale aux transferts de compétences en matière d'aide sociale et de santé (dite loi particulière)[2].

L'article 433 du Code civil précise que lorsque la tutelle d'un mineur reste vacante, le juge des tutelles la défère au service de l'Aide sociale à l'enfance et non à l'État comme dit précédemment. L'article 411 nouveau[3] modifie une fois de plus la formulation : « si la tutelle reste vacante, le juge de tutelle la défère à la collectivité publique compétente en matière d'Aide sociale à l'enfance ». La formule est lourde, mais juridiquement correcte.

1. Rapport Assemblé nationale n° 3462 par M. Émile Blessig, 10 janvier 2007.
2. Voir article L. 222-5, 3° CASF.
3. Issu de la loi n° 2007-308 du 5 mars 2007 portant réforme de la protection juridique des majeurs.

Le fonctionnement de la tutelle sociale

La tutelle sociale ne comporte ni subrogé tuteur, ni conseil de famille. Prévue encore aujourd'hui par le Code de l'action sociale, cette règle sera insérée en 2009 dans le Code civil et dans l'article 411. La personne désignée pour exercer la tutelle sociale a le pouvoir d'un administrateur légal sous contrôle judiciaire.

Il s'ensuit que :

- le tuteur social (président du conseil général, directeur d'établissement, notaire, personne qualifiée) gère le quotidien de l'éducation ;
- le juge des tutelles doit autoriser les actes qui nécessitent l'autorisation du conseil de famille dans une tutelle ordinaire.

Toutefois, un conseil de famille *ad hoc* doit spécialement être réuni quand le Code le prévoit expressément (par exemple, pour le consentement à l'adoption ou au mariage).

Quelques points méritent d'être précisés.

- En ce qui concerne la personne :
  - le quotidien de l'éducation : scolarité, placement, sont autorisés dans leur principe par le juge des tutelles et dans leur pratique par le tuteur social ;
  - l'adoption : les enfants sous tutelle sociale peuvent être adoptés après consentement d'un conseil de famille de droit commun réuni spécialement, un conseil de famille *ad hoc* (art. 374 Code civil) ;
  - le mariage : il doit être autorisé par un conseil de famille *ad hoc* (art. 506 Code civil) ;
  - la reconnaissance d'un enfant naturel ou la remise volontaire à l'aide sociale à l'enfance ne requièrent aucune autorisation.
- En ce qui concerne les biens :
  - les actes usuels peuvent être effectués par le mineur seul ;
  - les actes d'administration peuvent être passés par le tuteur, qu'il s'agisse d'administration statique (actes conservatoires, hypothèques, réparation d'immeubles, contrats d'assurance), ou d'administration dynamique (baux de moins de neuf ans, exploitation de fonds agricoles...) ;
  - les actes de disposition doivent être autorisés par le juge des tutelles. Il s'agit d'actes qui tendent à diminuer la valeur du capital (vente d'immeubles et de fonds de commerce, emprunt, donation, aliénation de valeurs mobilières...) ou d'actes qui impliquent un risque sérieux de gestion (bail de plus de neuf ans, acceptation ou renonciation d'une succession, placement de capitaux, transactions...).

Concernant le nouvel article 411 à venir, il a été pointé plusieurs éléments lors des débats parlementaires [1] :

> « Il peut paraître surprenant, de prime abord, que le texte se réfère à une collectivité publique indéterminée et non au département. Il convient néanmoins de rappeler ici que la collectivité publique compétente en matière

1. Rapport AN précité.

d'action sociale n'est pas systématiquement le département, tout particulièrement dans certains départements ou collectivités d'outre-mer. C'est ainsi qu'en Guyane, par exemple, cette compétence relève de l'État.

Le présent article 411, introduit par le projet de loi, apporte deux précisions très importantes au regard des dispositions de l'article 433 du Code civil, actuellement en vigueur.

En premier lieu, la tutelle confiée au service de l'action sociale à l'enfance ne comporte ni conseil de famille, ni subrogé tuteur. Ce faisant, le département prend seul la responsabilité de la mise en œuvre de la protection juridique du mineur. Dans la réalité, il est difficile d'envisager les choses autrement, dans la mesure où le constat de vacance de la tutelle traduit le plus souvent un relatif abandon familial de l'enfant.

En second lieu, la personne désignée par le service de l'action sociale à l'enfance pour exercer la tutelle possède, sur les biens du mineur, les pouvoirs d'un administrateur légal sous contrôle judiciaire. Ainsi, par analogie avec le régime en vigueur pour l'administrateur légal, notamment aux articles 389-4 et 389-6 du Code civil que le projet de loi ne modifie pas, cette personne se trouve en mesure d'accomplir seule tous les actes que le tuteur pourrait faire seul ou avec l'accord du subrogé tuteur. Il s'agit des actes d'administration (perception des revenus, règlement des dépenses courantes, souscription des assurances, action en justice relative à un droit patrimonial, notamment) ainsi que des actes conservatoires. En revanche, elle doit obtenir une autorisation du juge des tutelles pour accomplir les actes que le tuteur ne pourrait réaliser qu'avec l'autorisation du conseil de famille. Cette catégorie recouvre les actes dits de disposition comme, par exemple, la vente ou l'achat d'immeubles, la souscription d'un emprunt, l'obtention d'une carte bancaire ou la transaction. Elle ne peut de même, et la liste n'est pas limitative, accepter une succession, placer des fonds, introduire une action extrapatrimoniale ou vendre des meubles de valeur sans cette autorisation.

La rédaction retenue pour cet article 411 met par ailleurs fin à une certaine incohérence qui figure actuellement dans l'article 433, en supprimant la référence au majeur incapable, qui n'a pas lieu d'être à cet endroit du Code civil, consacré à la minorité, la tutelle et l'émancipation. »

Tutelle sociale et tutelle sur les pupilles de l'État

Malgré la similitude regrettable des termes, les deux régimes de protection sont distincts : les enfants sous la tutelle sociale ou d'État ne sont pas pupilles de l'État. Leur prise en charge est prévue par l'article L. 222-5, 3° CASF qui régit de façon uniforme tous les enfants confiés par décision judiciaire alors que les pupilles de l'État sont visés au 2° (les pupilles de l'État remis aux services dans les conditions prévues aux articles L. 224-4, L. 224-5, L. 224-6 et L. 224-8). Le préfet n'est pas tuteur. Le conseil de famille des pupilles de l'État n'a aucune compétence à leur égard.

Il convient de souligner que, même dans le cadre du dispositif antérieur à la décentralisation, l'article 11 du décret du 6 novembre 1974, abrogé en 1988, qui prévoyait leur assimilation aux pupilles pour ce qui concerne leur surveillance, leur mode de placement, et la gestion de leurs biens, ne donnait aucune compétence au conseil de famille des pupilles de l'État à l'égard des enfants (ou des majeurs incapables) placés sous le régime de la tutelle d'État. En effet, cet article prévoit que « les dispositions du CFAS[1] concernant les pupilles de l'État sont applicables à la tutelle d'État des enfants mineurs et des incapables majeurs quand elles ne sont pas contraires aux dispositions du présent décret ». Or la tutelle d'État ne comporte pas de conseil de famille, « la personne désignée pour exercer la tutelle d'État a les pouvoirs d'un administrateur légal sous contrôle judiciaire. Enfin, les mineurs sous tutelle sociale ne sont pas admis en qualité de pupilles

1. Code de la famille et de l'aide sociale, devenu Code de l'action sociale et des familles.

de l'État selon l'art. L. 224-4 CASF. Si bien que le conseil de famille des pupilles de l'État était, à triple titre, incompétent en ce qui concerne la gestion des biens des intéressés.

Dans quel cas un enfant doit-il être pupille de l'État et dans quel cas sous tutelle sociale ? Dans la plupart des situations, les deux régimes de protection sont distincts et ne risquent d'entraîner aucune confusion : ainsi, s'il a un seul de ses parents décédé, autrement dit, s'il a une filiation certaine et durable, ou simplement privés de l'exercice de l'autorité parentale, l'enfant est sous tutelle d'État et non « pupille de l'État ».

Deux cas cependant pourraient poser problème : il s'agit des enfants dont la filiation n'est pas établie[1] et des orphelins de père et de mère. Lorsque des enfants dans cette situation sont confiés au service de l'Aide sociale de l'enfance avec PV de remise, ils doivent être admis en qualité de pupilles de l'État. En effet, l'article 390 Code civil précise dans son dernier alinéa qu'il « n'est pas dérogé aux lois particulières qui régissent le service de l'Aide sociale à l'enfance ».

1. Le terme est juridiquement inexact, bien qu'employé par le CASF ; il faudrait écrire « losqu'il n'y a pas de filiation ».

Chapitre 17

L'accès aux dossiers

P. Verdier, F. Noé

PLAN DU CHAPITRE

1. LES PRINCIPES GÉNÉRAUX

Le dossier, lieu de rencontre administration/usagers

L'accès aux dossiers, par les enfants et leurs familles, est une question d'une très grande actualité, en même temps que l'objet de crispation du public. La mission dévolue aux services de l'Aide sociale à l'enfance impose, en effet, de recueillir abondamment des informations à caractère personnel voire intime. En même temps, le travail éducatif suppose clarté et transparence vis-à-vis des usagers et implique une réflexion sur le système de communication.

On parle souvent d'accès aux dossiers. Or sa définition est éminemment complexe. Le dossier est un recueil de documents et d'informations, quel qu'en soit le support : dossiers au sens strict, registres, carnets, fichiers, enregistrements informatiques. D'une manière générale, « le dossier de la personne accueillie ou accompagnée au sein d'un établissement, d'un service ou d'un dispositif d'intervention sociale ou médico-sociale, se définit comme : le lieu de recueil et de conservation des informations utiles (administratives, socio-éducatives, médicales, paramédicales...) formalisées, organisées et actualisées. ou social de la personne. Il reflète la valeur des prestations et des activités professionnelles mobilisées au service de la personne et témoigne de la construction du projet par les professionnels[1] ».

La question est donc celle de l'accès aux informations formalisées. En effet, il n'y a pas d'administration sans information : l'administration sociale doit, pour exercer des missions, recueillir, utiliser, partager et stocker des informations sur les usagers.

Au-delà de ces principes généraux, la loi du 2 janvier 2002 impose aux établissements sociaux et médico-sociaux de garantir l'accès des personnes accueillies à « toutes informations et documents relatifs à la prise en charge »[2]. Un décret était annoncé par ce même article fin qu'il organise ce droit. Or aucun texte n'est à ce jour publié[3]. Certaines institutions bénéficient d'une réglementation spéciale les obligeant de constituer des dossiers sur les usagers. Dans le secteur médico-social, tel est le cas des SESSAD, IME, IEM, IMPRO, régis antérieurement par les annexes dites XXIV[4] et des ITEP (art. D. 312-59-6 Code de l'action sociale et des familles). Les pouponnières à caractère social sont également concernées par cette obligation[5] comme tout établissement sanitaire[6].

D'un point de vue matériel, si le support papier reste le plus commun, le support informatique a vocation à se développer ce qui en terme de contenu pose les mêmes questions mais qui, en termes de réglementation, est plus complexe[7].

La problématique tient, d'une part, à ce que le travail social étant orienté vers l'aide, l'orientation, l'accompagnement de l'usager, les règles de constitution, de conservation, d'utilisation et de

1. *Le dossier de la personne accueillie ou accompagnée, Recommandations aux professionnels pour améliorer la qualité, Guide pour les établissements sociaux et médico-sociaux,* DGAS, septembre 2007.

2. Art. L. 311-3, 5° CASF.

3. D'un point de vue pratique, le guide précité, fruit d'un travail collectif, permettra de trouver des pistes et recommandations en vue de l'amélioration de la qualité de la gestion des dossiers et des modalités d'accès.

4. Les annexes XXIV ayant été codifiées, l'article D. 312-37 CASF impose l'obligation de constituer un dossier.

5. D. 312-51 CASF.

6. Art. L. 1111-7 CSP.

7. La déclaration à la CNIL est obligatoire pour tout dossier informatisé contenant des données personnelles.

consultation devraient être appréciées et arrêtées en fonction d'abord de l'intérêt de l'usager. La valeur centrale, dans le travail social et éducatif, c'est *le respect de l'autre*, l'autre comme sujet qui a un visage (selon l'expression de Lévinas), l'autre comme sujet de droit. Et quand cet autre, objet du travail social est fragile, en difficulté, en souffrance, il a d'autant plus besoin de protection et donc de droits. Même la loi informatique et liberté, qui ne concerne pas le seul secteur social, mais aussi le domaine industriel et commercial, pose dès son premier article « l'informatique doit être au service de chaque citoyen... elle ne doit porter atteinte ni à l'identité humaine, ni aux droits de l'homme, ni à la vie privée, ni aux libertés individuelles ou publiques » (art. 1 de la loi n° 78-17 du 6 janvier 1978).

La complexité vient d'autre part de l'utilisation que l'on fait des informations recueillies sur un individu : aider l'individu, mais aussi aider, protéger son entourage, étudier un problème global (dans des objectifs divers : étude de besoins, prévention, planification des équipements), contrôler... De même, un dossier peut concerner plusieurs usagers (enfants, parents, frères et sœurs, etc.). De plus, un service social peut avoir plusieurs dossiers concernant une même personne : dossier d'agrément d'assistante familiale, dossier d'agrément en vue d'adoption, dossiers d'insertion, de demande d'aide sociale, etc. Chacun de ces dossiers devra être différencié des autres, en ce qu'il est traité par une personne distincte, qui ne pourra se servir spontanément des informations contenues dans le dossier voisin.

Il y a même des cas où l'utilisation des informations à d'autres fins est interdite. Ainsi, selon le nouvel article L. 226-3 du CASF :

> « Les informations mentionnées au premier alinéa {toutes informations préoccupantes} ne peuvent être collectées, conservées et utilisées que pour assurer les missions prévues au 5° de l'article L. 221-1. Elles sont transmises sous forme anonyme à l'observatoire départemental de la protection de l'enfance prévu à l'article L. 226-3-1 et à l'Observatoire national de l'enfance en danger prévu à l'article L. 226-6. La nature et les modalités de transmission de ces informations sont fixées par décret. »

Les informations préoccupantes transmises à la cellule départementale ne peuvent être utilisées que pour assurer la prévention des situations de danger. Pour ce qui est de cette même interdiction concernant la réutilisation d'information, l'article 1181 NCPC interdit dans la procédure d'assistance éducative, à l'avocat des parties de réutiliser, dans une autre procédure, les pièces obtenues dans le cadre d'un accès au dossier.

Il est cependant prévu que le responsable d'un service puisse se faire communiquer les informations qui lui sont absolument nécessaires à l'exercice de sa mission. Ainsi l'article L. 133-4 alinéa 2 Code de l'action sociale et des familles, issu de la loi n° 83-663 du 22 juillet 1983 précise :

> « Le président du conseil général et le représentant de l'État dans le département peuvent obtenir la communication des informations qui leur sont nécessaires pour exercer leurs pouvoirs en matière sanitaire et sociale. »

Dans le secteur de la protection de l'enfance, on conçoit généralement un dossier familial unique, qui comporte des sous-dossiers individuels. Dans la pratique, il apparaît en outre qu'il faut distinguer le dossier principal, souvent détenu au siège de l'institution, des dossiers contenus par les unités territoriales (circonscriptions) qui ne contiennent parfois qu'une partie des documents photocopiés. Mais cela n'entache pas les règles de communication relative à l'unicité des dossiers :

> « Chaque personne bénéficie d'un dossier unique, sous format papier ou informatique, dont le contenu et la forme sont identiques pour chaque usager d'un même établissement ou service. Il peut être envisagé de le compléter de dossiers tiers, antérieurs et/ou concomitants. Il ne doit cependant pas exister de doubles

> dossiers, notamment avec un dossier à destination des professionnels et un autre pour la personne accueillie ou accompagnée[1]. »

L'individu a le droit de savoir tout ce que l'administration sait sur lui, indépendamment du lieu de conservation.

Enfin, par rapport à l'usager, même unique, il peut y avoir conflit entre deux impératifs : le devoir de mémoire, la nécessité de garder des traces (par exemple pour les pupilles de l'état et pour ceux qui veulent faire valoir leurs droits) et le droit à l'oubli, sur certaines choses, sur « ses erreurs et ses douleurs ». Il y a en effet des choses qu'il faut conserver, parce que cela a un intérêt individuel ou historique ou touche à la conservation de l'identité, mais d'autres pourraient être effacés : dépressions, échecs conjugaux. Il y a aussi des documents qui n'appartiennent pas à l'administration et devraient être restitués à l'usager : certaines lettres indûment détournées, des photos, des carnets de santé ou scolaires...

L'évolution du droit et des mentalités

Parler d'évolution est un euphémisme : il faudrait parler de révolution, étant passé du secret institué au droit de savoir. Ainsi pouvait-on lire sur un imprimé de recueil de renseignements sociaux de 1950 « en aucun cas les renseignements recueillis ne seront rapportés aux personnes qu'ils concernent ». C'était en 1950. Aujourd'hui, on ne pourrait dire que l'inverse : ne doivent se trouver dans les dossiers que des pièces pour lesquelles le professionnel a envisagé qu'elles seraient lues par l'usager !

La règle du secret était devenue inacceptable dans un pays qui se veut démocratique. La Suède l'avait supprimé dès le XVIIe siècle, les États-Unis en 1969. Aussi, le décret du 11 janvier 1977 créa une commission chargée d'étudier les mesures propres à favoriser la communication au public des documents administratifs. La réforme décisive a été opérée par la loi n° 78-753 du 17 juillet 1978. Depuis, la communication des documents nominatifs à l'intéressé est la règle, le secret, l'exception. Ce droit à consultation a fait éclater l'ordonnancement administratif ancien et a posé le problème du contenu des dossiers et de leur conservation.

Le principe était posé à l'article 6*bis* de la loi de 1978 (aujourd'hui abrogé) :

> « Les personnes qui le demandent ont droit à la communication par les administrations mentionnées à l'article 2 des documents à caractère nominatif les concernant, sans que des motifs tirés du secret de la vie privée, du secret médical, ou du secret en matière commerciale ou industrielle, portant exclusivement sur des faits qui leur sont personnels, puissent leur être opposés.
>
> Toutefois, les informations à caractère médical ne peuvent être communiquées à l'intéressé que par l'intermédiaire d'un médecin qu'il désigne à cet effet. »

Cette loi s'inscrit dans une démarche visant une plus grande transparence de l'activité de l'administration en général[2] et du secteur social et médico-social en particulier :

- loi du 6 janvier 1978 relative à l'informatique, aux fichiers et aux libertés ;
- loi du 3 janvier 1979 sur les archives ;

1. *Guide pour les établissements sociaux et médico-sociaux*, DGAS, *op. cit.*, p. 25.
2. *Transparence et secret*, colloque CADA/IFSA pour le XXVe anniversaire de la loi du 17 juillet 1978, 2003.

- loi du 11 juillet 1979 sur la motivation des actes administratifs ;
- loi du 6 juin 1984 sur le droit des familles d'être informé, assisté, associé aux décisions, pouvoir exercer des recours ;
- loi du 12 avril 2000 sur les droits des citoyens face à l'administration ;
- loi du 2 janvier 2002 rénovant l'action sociale et médico-sociale ;
- loi du 4 mars 2002 sur les droits des malades et la qualité du système de santé (accès au dossier médical) ;
- décret du 15 mars 2002 réformant l'assistance éducative (accès au dossier judiciaire).

2. LES RÈGLES DE COMMUNICATION

La communication des dossiers individuels actifs

Sont des dossiers actifs, les dossiers en cours. Il peut s'agir de dossiers d'enfants admis au service sur quelque fondement que ce soit, de dossiers familiaux, de dossiers d'agrément de candidats à l'adoption, de dossiers d'agrément de familles d'accueil, des documents prévus par la loi du 2 janvier 2002 : règlement départemental, schéma départemental, projet d'établissement ou de service, livret d'accueil...

Une phrase résume le principe qui doit s'appliquer : secret à l'égard des tiers, partage limité entre professionnels, communication à l'intéressé qui le demande.

L'Aide sociale à l'enfance et les tiers

Vis-à-vis des tiers, le service, et chacune des personnes qui exerce une mission de l'Aide sociale à l'enfance, est tenu au secret professionnel, comme le pose l'article L. 221-6 du Code de la famille et de l'aide sociale. Il ne s'agit pas d'une possibilité laissée à l'administration de ne pas communiquer des renseignements, mais d'une interdiction. Cela signifie que l'accès aux dossiers personnels est interdit à toute personne étrangère au service et non directement concernée. L'article L. 133-4 alinéa 1 du Code de l'action sociale et des familles, issu de la loi n° 83-663 du 22 juillet 1983, le rappelle : « Les informations nominatives à caractère sanitaire et social détenues par les services des affaires sanitaires et sociales sont protégées par le secret professionnel. »

Le fait même qu'un enfant ou une famille ait bénéficié du service ou que des personnes aient fait une demande d'agrément en tant que famille adoptive ne peut être divulgué, hormis ce qui est nécessaire à l'accomplissement de la mission du service. Nous retombons pour le reste sur les règles relatives au secret professionnel et aux conditions de partage des informations.

Deux situations sont à considérer. Dans le premier cas, il s'agit de tiers qui sont institutionnels, par exemple une autre administration, et il faut se limiter à transmettre l'information nécessaire, utile, à l'exécution de la mission de service public de ce tiers, et non excessive. La loi prévoit d'ailleurs les hypothèses de levée du secret, notamment lorsque le président du conseil général saisit le procureur d'une situation d'enfant en danger, il lui fait connaître les actions déjà menées auprès du mineur et de la famille concernés (art. L. 226-4 alinéa 5 du Code de l'action sociale et des familles).

Dans le second cas, il s'agit de tiers étrangers au service et dans ce cas il n'y a pas d'exception à l'obligation de secret. La CADA[1] admet toutefois que, lorsque plusieurs personnes sont concernées par le dossier (par exemple un couple pour une demande d'agrément d'adoption), elles peuvent venir ensemble le consulter.

Pour la CADA, lorsqu'un document met une personne en cause, seule cette dernière, ou une personne expressément mandatée par elle et agissant en son nom (par exemple un avocat[2]), peuvent y avoir accès. Le droit d'accès ne s'étend pas, sauf exceptions, aux proches de l'intéressé ou aux personnes indirectement concernées par le document. Cela ne signifie pas que, dès qu'un document mentionne le nom d'une personne ou comporte des indications permettant de l'identifier, il ne peut être communiqué qu'à l'intéressé lui-même et non aux tiers. Cette règle ne s'applique en effet que dans un nombre limité d'hypothèses.

Tel est le cas lorsque le document sollicité porte « une appréciation ou un jugement de valeur sur une personne physique, nommément désignée ou facilement identifiable », ou fait apparaître « le comportement d'une personne dès lors que la divulgation de ce comportement pourrait lui porter préjudice » ou lorsqu'il apparaît que sa communication est de nature à porter atteinte au secret de la vie privée et au secret des dossiers personnels. Ces règles ne font pas forcément obstacle à la communication du document dans sa totalité : en effet, il suffit bien souvent d'occulter certaines mentions pour que le document devienne librement accessible à quiconque. Dans certains cas toutefois, cette solution est impraticable, soit parce que le document se présente comme un tout dont il est impossible de dissocier certains passages, soit parce que le nombre des mentions à occulter lui ferait perdre tout son sens.

Cela relève ainsi de la recherche d'un nécessaire équilibre entre le respect du secret professionnel et la nécessité de protéger les intérêts d'ordre public et les personnes les plus démunies et implique de prendre des précautions pour l'utilisation d'informations à d'autres fins que la réponse à la demande : étude de besoins, mise en place de politiques globales. Il peut aussi y avoir parfois la tentation de solliciter les professionnels de l'aide, ou en tout cas les systèmes d'aide, comme « indicateurs » pour dépister et dénoncer la fraude aux prestations, les hébergements clandestins, le travail au noir, les étrangers en situation irrégulière. Ces tentatives, si elles ne sont pas prévues par un texte de loi (art. 226-14 du Code pénal) sont contraires au secret professionnel.

L'Aide sociale à l'enfance et le pouvoir judiciaire

Il peut arriver qu'à l'occasion d'une procédure judiciaire, civile ou pénale, l'autorité judiciaire ait besoin soit d'identifier un pupille ou un ancien pupille de l'État dont l'état civil est incertain, soit obtenir d'autres renseignements. Dans ce cas, l'article L. 221-7 CASF a prévu que cette communication est possible, mais a limité la diffusion des renseignements ainsi recueillis :

> « Le procureur de la République pourra, à l'occasion d'une procédure d'adoption, prendre connaissance des dossiers concernant les enfants recueillis par le service. En toutes matières, le service de l'Aide sociale à l'enfance pourra, de sa propre initiative ou sur la demande de ce magistrat, lui fournir tous renseignements relatifs aux pupilles. Les renseignements ainsi obtenus ne pourront être révélés à l'occasion d'une procédure

1. Commission d'accès aux documents administratifs, Son site propose de nombreux conseils et autres documents pratiques à consulter www.cada.fr.
2. Selon l'art. 416 du NCPC, le mandat de l'avocat est de droit. La prudence pour l'avocat est quand même d'avoir un mandat écrit.

quelconque ni mentionnés dans une décision de justice. Ils ne pourront être communiqués qu'aux magistrats de l'ordre judiciaire. »

L'article L. 221-8 Code de l'action sociale et des familles dispose quant à lui :

« Dans tous les cas où la loi ou des règlements exigent la production de l'acte de naissance, il peut y être suppléé, s'il n'a pas été établi un acte de naissance provisoire et s'il y a lieu d'observer le secret, par un certificat d'origine dressé par l'autorité administrative.

« Toutefois, dans ce cas, le lieu où est tenu l'état civil d'un pupille ou d'un ancien pupille de l'État sera communiqué aux magistrats de l'ordre judiciaire qui en feront la demande à l'occasion d'une procédure pénale. Ce renseignement ne pourra être révélé au cours de cette procédure ou mentionné dans la décision à intervenir ; toutes mesures devront, en outre, être prises pour qu'il ne puisse être porté directement ou indirectement à la connaissance de l'intéressé ou de toute autre personne non liée, de par ses fonctions, par le secret professionnel. »

Rappelons toutefois que depuis l'ordonnance n° 58-779 du 23 août 1958 le certificat d'origine (qui indiquait tout sauf... l'origine) devrait être très exceptionnel. En effet, ce texte a permis l'établissement d'un état civil provisoire pour tous les pupilles de l'État pour lesquels il y a lieu de maintenir le secret, c'est-à-dire pour tous les pupilles nés depuis 1938-1939.

L'Aide sociale à l'enfance et les intéressés : le droit d'accès

Le principe du droit d'accès

La loi du 17 juillet 1978 (modifiée par la loi du 12 avril 2000) a posé clairement la règle : les personnes qui le demandent ont droit à la communication, par les administrations, des documents à caractère nominatif les concernant, sans que les motifs tirés du secret de la vie privée, du secret médical ou du secret en matière commerciale et industrielle, portant exclusivement sur des faits qui leur sont personnels, puissent leur être opposés.

Sont titulaires de ce droit tous les usagers du service, puisque la loi pose le principe de la communication « des documents à caractère personnel les concernant », c'est-à-dire les enfants (s'ils sont mineurs avec l'autorisation de leurs représentants légaux), les représentants légaux (parents, parents adoptifs, préfet pour les pupilles), les familles d'accueil pour ce qui les concerne, les candidats à l'agrément comme famille adoptive. Il n'y a pas à justifier d'un intérêt particulier, ni à avancer des raisons, seule l'identité du demandeur peut être vérifiée.

Les services se demandent toujours ce qui doit figurer au dossier. On peut le définir comme l'ensemble des pièces qui permettent de prendre des décisions (jugements, enquêtes, comptes rendus de réunions, examens psychologiques...). Puisque des décisions pourront être opposées à l'intéressé, il faut qu'il puisse les consulter et éventuellement les contester.

Ce n'est pas une question de support, ni de lieu de classement. Il n'y a pas à distinguer le dossier social et le dossier administratif. Est document administratif tout document *produit* ou *détenu* par l'administration, dès lors qu'il se rattache à l'exécution d'une activité de service public. Il faut retenir (avec la CADA) la notion *d'unicité* du dossier[1]. Dans un même dossier, il y a des

1. « Soit qu'ils en émanent, soit qu'ils les lui aient été adressés, ont un caractère administratif tous les documents détenus par l'administration qui, par leur nature, leur objet ou leur utilisation, se rattachent à l'exécution d'une

pièces judiciaires, des documents d'état civil, des décisions administratives, des correspondances privées... Si le dossier a un caractère administratif, l'ensemble des pièces est communicable.

Le droit à communication ne s'applique qu'à des documents achevés : le document doit avoir acquis sa version définitive. « Le droit à la communication ne s'applique qu'à des documents achevés, et non aux états partiels ou provisoires d'un document tant qu'il est en cours d'élaboration » (CE, 11 février 1983).

Il en découle que certains documents n'ont rien à faire dans les dossiers, et doivent soit être détruits (brouillons, notes, hypothèses), soit être remis à leurs auteurs (rapports), soit être remis au pupille ou à l'ancien pupille (cahiers d'écolier, bulletins scolaires, certificats médicaux, photos, lettres qui leur sont destinées).

Les autres documents (jugements, actes de naissance, correspondances, décisions) doivent être classés et numérotés, car seule une numérotation permet de vérifier l'exactitude d'une communication. En effet, la communication d'une information partielle, voire partiale, doit s'analyser comme la communication d'une fausse information et pourrait faire l'objet d'un recours. En effet, le législateur ayant posé le principe de cette communication, taire certaines informations au nom de tel ou tel motif plus ou moins fondé serait méconnaître la loi et continuer à exercer une tutelle de fait sur les intéressés en sélectionnant pour eux les informations dont ils ont besoin et en écartant celles plus difficiles à assumer.

Par ailleurs, rappelons que seules les informations personnelles à caractère nominatif sont à communiquer. Le Conseil d'État a posé dans le rapport « Statut et protection de l'enfant »[1] qu'il n'y a pas de secret de la vie privée à l'intérieur d'une famille : chacun a le droit de savoir qu'il a des frères et sœurs. En revanche, les éléments qualitatifs sur les frères et sœurs (rapport psychologique, etc.) ne sont communicables qu'à l'intéressé.

La communication du dossier se fait soit par la consultation gratuite sur place soit par la délivrance de copies ou d'un exemplaire aux frais de la personne (art. 4 de la loi du 17 juillet 1978). Les personnes peuvent se faire accompagner ; en revanche, la consultation est un droit personnel et l'administration ne peut imposer un accompagnement.

L'article 6 I de la même loi précise les limites de ce droit : ne sont pas communicables, les documents administratifs dont la consultation ou la communication porterait atteinte de façon générale aux secrets protégés par la loi. Notons bien que selon l'article 6-II de la loi du 17 juillet 1978 (modifié par la loi n° 2000 du 12 avril 2000) les renseignements portant atteinte au secret de la vie privée, des dossiers personnels et au secret médical ne sont communicables qu'à l'intéressé. Nous soutenons cependant qu'il n'y a pas de secret de la vie privée à l'intérieur de la même famille pour les données communes et que les renseignements sur la naissance d'un enfant concernent également l'enfant et sa mère.

La Commission d'accès aux documents administratifs précise, pour les données protégées par la loi, que ce renseignement doit être occulté. Mais encore faut-il que les parents aient exercé ce droit qui leur était offert, c'est-à-dire aient demandé le secret. Or tout dépend de la législation alors applicable. Le pupille (car lui seul est ici concerné) peut en effet avoir été admis au service en application de la loi de 1904, de 1943, de 1956 (ayant codifié le Code de la famille et de l'aide

activité de service public. » CADA, « Guide de l'accès aux documents administratifs », Paris, La Documentation française, p. 13.

1. Voir La Documentation française, 1991, coll. « Les études du Conseil d'État ».

que les dossiers ne sont pas communicables aux tiers, sont d'une communication restreinte aux professionnels et à la justice, et sont communicables aux intéressés dans les conditions de la loi du 17 juillet 1978. À partir de quelle loi est-ce devenu une possibilité légale.

Soulignons encore une fois que, dans ce cas, l'administration conserve une possibilité d'examiner l'opportunité de la communication, puisque l'article 6 de la loi du 17 juillet 1978 parle seulement de possibilité de refus[1]. Certaines circonstances de fait peuvent donc permettre la communication.

La période de libre consultation

L'article L. 213-1 du Code du patrimoine (art. 6 loi n° 79-18 du 3 janvier 1979 sur les archives) dispose :

> « Les documents dont la communication était libre avant leur dépôt aux archives publiques continueront d'être communiqués sans restriction d'aucune sorte à toute personne qui en fera la demande.
>
> Les documents mentionnés à l'article 1er de la loi n° 78-753 du 17 juillet 1978 portant diverses mesures d'amélioration des relations entre l'administration et le public et diverses dispositions d'ordre administratif, social et fiscal demeurent communicables dans les conditions fixées par cette loi.
>
> Tous les autres documents d'archives publiques pourront être librement consultés à l'expiration d'un délai de trente ans ou des délais spéciaux prévus à l'article L. 213-2.
>
> L'article L. 213-2 (art. 7 loi n° 79-18 du 3 janvier 1979) fixe des délais spéciaux pour certaines catégories de dossier :
>
> Le délai au-delà duquel les documents d'archives publiques peuvent être librement consultés est porté à :
>
> *a*) cent cinquante ans à compter de la date de naissance pour les documents comportant des renseignements individuels de caractère médical ;
>
> *b*) cent vingt ans à compter de la date de naissance pour les dossiers de personnel ;
>
> *c*) cent ans à compter de la date de l'acte ou de la clôture du dossier pour les documents relatifs aux affaires portées devant les juridictions, y compris les décisions de grâce, pour les minutes et répertoires des notaires ainsi que pour les registres de l'état civil et de l'enregistrement ;
>
> *d*) cent ans à compter de la date de recensement ou de l'enquête, pour les documents contenant des renseignements individuels ayant trait à la vie personnelle et familiale et, d'une manière générale, aux faits et comportements d'ordre privé, collectés dans le cadre des enquêtes statistiques des services publics ;
>
> *e*) soixante ans à compter de la date de l'acte pour les documents qui contiennent des informations mettant en cause la vie privée ou intéressant la sûreté de l'État ou la défense nationale et dont la liste est fixée par décret en Conseil d'État. »

Les dossiers de pupilles ou assimilés ne sont visés à aucun des alinéas de l'article L. 213-2. En effet, contrairement à l'interprétation du Conseil d'État[2], ils ne figurent pas sur la liste prévue par l'article 7/5° et qui a été établie par le décret n° 79-1037 du 3 décembre 1979. Aussi, seul le délai de 30 ans leur est opposable (en ce sens tribunal administratif de Paris 15 mai 1992)[3].

1. « Les administrations mentionnées à l'article 2 peuvent refuser de laisser consulter ou de communiquer... ».
2. Statut et protection de l'enfant précité.
3. Voir Verdier P., « Après quels délais les dossiers des pupilles de l'État sont-ils communicables ? note sous TA Paris, 15 mai 1992 », *Revue de droit sanitaire et social*, n° 2, mai-juin 1993.

Les délais de conservation

Les dossiers des pupilles de l'État et des enfants pris en charge sont, après leur période d'utilisation par les services, versés aux archives publiques.

En effet, les archives publiques sont :

- les documents qui procèdent de l'activité de l'État, des collectivités locales, des établissements et entreprises publiques ;
- les documents qui procèdent de l'activité des organismes de droit privé chargés de la gestion des services publics ou d'une mission de service public ;
- les minutes et répertoires des officiers publics ou ministériels.

Les archives publiques, quel qu'en soit le possesseur, sont imprescriptibles (art. 3 de la loi n° 79-18 du 3 janvier 1979 sur les archives). Cela signifie qu'elles bénéficient d'un droit qui ne peut s'éteindre : elles sont et demeurent publiques et, à ce titre, appartiennent à la Nation tout entière. Plus concrètement, où qu'elles soient conservées (dépôts des Archives nationales, bureaux des administrations), les archives publiques ne peuvent être vendues, données, transférées, détruites, abandonnées, exportées, échangées. Cela signifie qu'elles sont aussi inaliénables. C'est pourquoi les opérations de tri et de destruction (car il faut cependant savoir ne pas tout garder dans les masses administratives contemporaines) sont placées sous la responsabilité exclusive des Archives nationales.

La mission des Archives nationales[1] s'emploie à élaborer, sous visa conjoint des chefs de service et de la mission, des tableaux réglementaires de gestion d'archives permettant à chaque structure administrative de connaître la durée de vie des séries documentaires qu'elle produit et leur sort final (pilonnage ou conservation aux Archives nationales). Ainsi, les documents sans intérêt historique pourront être détruits à la source par le service en toute légalité et la Mission n'est plus sollicitée que pour les dossiers les plus précieux sélectionnés par avance.

La circulaire du 6 juillet 1998, émise conjointement par le ministre de l'Emploi et de la Solidarité (direction de l'action sociale), au ministre de l'Intérieur (Direction des collectivités locales) et au ministre de la Culture et de la Communication, fixe « Le traitement des archives produites dans le cadre de l'Aide sociale à l'enfance », « domaine [reconnaît la circulaire] pour lequel il n'existe aucune réglementation ».

Cette circulaire **(Tableau récapitulatif 17.2[2])** :

- énumère les divers types de documents produits ou reçus ;
- propose une durée d'utilité administrative (DUA) pendant laquelle les services sont tenus de les conserver ;
- fixe le sort final en quatre catégories : conservation définitive par les Archives nationales ; destruction ; conservation par échantillonnage ; tri sélectif.

En outre, le détournement et la destruction d'archives sont punis par le Code pénal :

- article 432-15 : détournement d'archives par un agent public : dix ans d'emprisonnement et 150 000 euros d'amende ;

1. 1, place de Fontenoy, 75350 Paris 07 SP.
2. Voir Verdier P. et Dourgnon L., « L'usager et le dossier social », *Journal du droit des Jeunes*, n° 103, mars 2000.

Tableau 17.1. Résumé du tableau de tri et de conservation relatif à l'action sociale en faveur des mineurs.

	DUA	Sort final
Aide à domicile	2 ans	Destruction
Aide financière	2 ans	Destruction
Enfance en danger	10 ans	Échantillon 1 sur 10
Action éducative à domicile	10 ans	Échantillon 1 sur 10
AEMO (judiciaire)	5 ans	Destruction (versé par le tribunal)
Accueil provisoire	90 ans	Conservation
Pupille de l'État	90 ans	Conservation

- article 433-4 : détournement d'archives contenues dans un dépôt public : sept ans d'emprisonnement et 100 000 euros d'amende ;
- article 434-4 : soustraction ou destruction des preuves : trois ans d'emprisonnement et 45 000 euros d'amende ;
- article 322-2 : dégradation de collections publiques : trois ans d'emprisonnement et 45 000 euros d'amende.

Secret et adoption

Le secret de l'adoption peut revêtir deux aspects :

- le secret sur le fait que l'intéressé a été adopté ;
- le secret sur l'origine familiale de l'adopté.

Si l'on en revient aux textes, il n'est question ni de l'un ni de l'autre. Il n'y a pas de secret de l'adoption.

L'adoption résulte d'un jugement prononcé en audience publique (art. 1174 du Code de procédure civile[1]). L'article 451 ancien[2] qui disposait : « Les tiers sont en droit de se faire délivrer copie des jugements prononcés publiquement » a été remplacé[3] par un principe commun de mise à disposition au greffe.

Toute personne qui le demande peut en obtenir une expédition en s'adressant au greffe (art. 451 Code civil). Ajoutons que l'expédition du jugement contient non seulement la décision mais aussi la requête. L'enfant adopté, en demandant le jugement dont il peut avoir facilement la référence (par exemple par un acte de naissance), peut donc demander ce jugement et aura par là

1. « Le jugement est prononcé en audience publique. Son dispositif précise s'il s'agit d'une adoption plénière ou d'une adoption simple et contient les mentions prescrites par l'article 1056. Il contient, en outre, lorsque l'adoption plénière est prononcée en application de l'alinéa 2 de l'article 356 du Code civil, l'indication des prénoms et du nom du conjoint à l'égard duquel subsiste la filiation d'origine de l'adopté. »
2. Art. 11-3 de la loi du 5 juillet 1972.
3. Décret n° 2004-836 du 20 août 2004.

les noms et prénoms de ceux qui ont consenti à son adoption, le jugement devant contenir « les nom, prénoms ou dénomination des parties ainsi que de leur domicile ou siège social[1] ».

L'acte de naissance intégral porte mention de l'adoption, puisqu'il est la transcription du dispositif d'un jugement d'adoption plénière. Il ne s'agit pas là d'un oubli du législateur. Au contraire, lors des débats parlementaires de 1966, le garde des Sceaux disait : « Nous avons fait nôtre la position des parents adoptifs qui croient préférable, plutôt que de vivre avec le poids d'un secret et dans la dissimulation, de révéler à l'enfant sa filiation adoptive. »

Il n'y a donc pas de secret à ce niveau-là. Parfois, il peut y avoir un secret antérieur, par exemple si l'enfant a été « abandonné avec demande de secret », mais c'est autre chose. Donc, pas de secret vis-à-vis de l'enfant. En revanche, le secret existe vis-à-vis des tiers. Il existe aussi vis-à-vis des parents de naissance (qui sont devenus des tiers puisque les liens de filiation ont été rompus), non pas sur le fait que l'enfant a été adopté, mais sur l'identité des parents adoptifs.

3. LES MODALITÉS DE LA CONSULTATION

La forme de la consultation

En vertu de l'article 4 de la loi du 17 juillet 1978, le droit d'accès s'exerce, selon le souhait de l'intéressé, soit par consultation gratuite sur place, sauf si les impératifs de conservation du document s'y opposent, soit par délivrance d'une copie sur papier ou sur un support informatique identique à celui utilisé par l'administration par consultation gratuite sur place.

Concernant la délivrance de copie, la copie doit être facilement intelligible sur un support identique à celui utilisé par l'administration ou sur papier, au choix du demandeur et dans la limite des possibilités techniques de l'administration. Quant au coût[2], le décret du 6 juin 2001, qui s'applique à l'ensemble des autorités administratives et notamment aux collectivités territoriales, définit les catégories de dépenses qui peuvent entrer en ligne de compte pour le calcul de ces tarifs. Il s'agit uniquement, outre le coût du support lui-même, des coûts liés à l'amortissement et au fonctionnement du matériel utilisé pour la reproduction. Les frais de personnel, et notamment les frais liés à la recherche des documents, ne peuvent quant à eux donner lieu à facturation.

Pour les supports les plus courants, un arrêté du Premier ministre en date du 1er octobre 2001 a d'ailleurs fixé le montant maximum des tarifs qui pourront être pratiqués : 0,18 euro par page de format A4 en impression noir et blanc, 1,83 euro pour une disquette, 2,75 euros pour un cédérom. Comme le décret du 6 juin 2001, ce texte s'applique à l'ensemble des autorités entrant dans le champ de la loi, et notamment aux collectivités territoriales et à leurs établissements publics.

Pour les autres supports, le tarif doit prendre en compte les seuls éléments prévus par le décret du 6 juin, tels qu'ils sont rappelés ci-dessus. Lorsque la copie ne peut être réalisée par le service lui-même, faute de moyens adéquats (cas des documents photographiques ou de grand format), l'administration pourra faire appel à un prestataire extérieur après accord préalable de l'intéressé sur le prix de la prestation. Dans tous les cas de figure, le paiement des frais de reproduction pourra

1. Art. 454 NCPC.
2. CADA, Fiche thématique « Les règles de tarification ».

être demandé d'avance. Mais le fait qu'un service ne soit pas en mesure de percevoir la somme correspondant à la réalisation de la copie, faute par exemple de disposer d'une régie de recettes, ne peut faire obstacle à la communication du document qui sera alors délivré gratuitement.

L'organisation de la consultation

Le principe est celui de la libre communication, ce qui signifie que l'administration ne peut imposer la présence d'un agent pour la consultation des dossiers[1]. La personne « peut être accompagnée de la personne de son choix, représentant ou non une association dans ses démarches auprès du service » prévoit l'article L. 223-1 Code de l'action sociale et des familles.

L'obligation de passer par une personne ou un service habilité serait une confiscation de ce droit.

La charte des droits et libertés de la personne accueillie, annexée au livret d'accueil et qui doit être affichée dans tous les établissements et services médico-sociaux pose en son article 3 relatif au « droit à l'information », la recommandation suivante : « La communication de ces informations ou documents par les personnes habilitées à les communiquer en vertu de la loi s'effectue avec un accompagnement adapté de nature psychologique, médicale, thérapeutique ou socio-éducative », cette règle ne pourrait pas s'imposer si la personne s'y oppose.

Les voies de recours

Selon l'article 7 de la loi du 17 juillet 1978, le refus de communication aux personnes qui le demandent d'un document administratif personnel ou général, doit être notifié à l'administré sous forme de décision écrite motivée. Le défaut de réponse pendant plus de deux mois vaut décision de refus et ouvre donc les possibilités de recours.

En cas de refus exprès ou tacite, l'administré sollicite l'avis de la Commission d'accès aux documents administratifs (CADA)[2]. Cet avis doit être donné dans le mois de la saisine de la Commission. L'autorité administrative est tenue d'informer la CADA et la suite qu'elle donne à l'affaire dans les deux mois de cet avis. Le délai de recours contentieux est prorogé jusqu'à la notification à l'administré de la réponse de l'autorité compétente. S'il n'a pas obtenu satisfaction après cette procédure amiable, l'administré peut saisir le tribunal administratif contre le refus de communication. Le juge doit statuer dans un délai maximum de six mois.

Voici la liste des divers organes de conciliation et de recours :

- *La Commission d'accès aux documents administratifs* (CADA) : instituée par la loi du 17 juillet 1978, la CADA est chargée de veiller au respect de la liberté d'accès aux documents administratifs dans les conditions prévues par cette loi, notamment en émettant des avis lorsqu'elle est saisie

1. Cette règle a été posée également dans le droit de la santé (art. 1111-7 CSP : « Elle peut accéder à ces informations directement ou par l'intermédiaire d'un médecin »). Le seul aménagement concerne les hospitalisations psychiatriques.
2. La saisine de la CADA est obligatoire avant tout recours devant le juge administratif (CE, 17 juin 1984, Bonnemaison).

par une personne qui rencontre des difficultés pour obtenir la communication d'un document administratif (adresse : 37 rue Saint-Dominique, 75700 Paris. Tél. : 01 42 75 75 99).

- *La Commission nationale de l'informatique et des libertés* (CNIL) : instituée par la loi du 6 janvier 1978, la CNIL a notamment pour rôle d'informer toutes les personnes concernées de leurs droits et obligations en ce domaine et de contrôler les applications de l'informatique aux traitements des informations nominatives. Elle veille à ce que les modalités de mise en œuvre du droit d'accès et de rectification n'entravent pas le libre exercice de ce droit (adresse : 21, rue Saint-Guillaume, 75007 Paris. Tél. : 01 45 44 40 65).
- *Le médiateur* : le médiateur a été créé par la loi du 3 janvier 1973. Toute personne peut, par l'intermédiaire d'un député ou d'un sénateur, le saisir lorsqu'elle estime qu'à l'occasion d'une affaire la concernant, une administration de l'État, une collectivité territoriale, un établissement public ou tout autre organisme investi d'une mission de service public n'a pas fonctionné conformément à sa mission. Le médiateur peut recommander à l'organisme concerné toute solution permettant de régler en équité la situation du requérant (adresse : 96, avenue de Suffren, 75015 Paris. Tél. : 01 45 67 35 19).
- *Les juridictions administratives* : les tribunaux administratifs et, en appel de leurs jugements, le Conseil d'État ont compétence pour annuler les décisions illégales prises par l'administration (adresse du Conseil d'État : place du Palais-Royal, 75100 Paris RP. Tél. : 01 42 61 52 29).

Des incidences sur les pratiques

L'accès à la consultation des dossiers entraîne quatre questions en ce qui concerne les pratiques : Que recueillir ? Comment rédiger ? Conserver ou détruire ? Comment communiquer ? Pour qui est-il construit ?

Le guide de la DGAS publié en septembre 2007 relie intimement dossier et qualité en définissant les trois logiques qu'il doit contenir parce que « le dossier de l'usager n'est pas un simple réceptacle d'information qui se réduirait à une fonction de dépôt. Tout au contraire, ce système d'information centré sur l'usager à vocation à répondre à trois logiques et attentes complémentaires :

- une logique de cohérence des activités et des prestations ;
- une logique de continuité des interventions ;
- une logique de conservation des informations.

Ces trois logiques constituent consécutivement trois domaines d'exigence pour l'institution et les praticiens :

- une exigence d'articulation et de complémentarité des interventions, de coordination des activités, de coopération et de cohésion des intervenants ;
- une exigence de mise en perspective, de permanence (au sens d'absence de rupture) et de continuité des interventions ;
- une exigence de conservation des informations, véritable mémoire de l'itinéraire de l'usager et preuve de la pertinence des activités engagées à son profit. »

4. LES STATISTIQUES

Les démocraties libérales ont tenté ces dernières années d'instaurer une certaine transparence administrative. Cette diffusion de l'information apparaît dans certains cas comme une « exigence démocratique[1] ».

L'Aide sociale à l'enfance, comme tout service public, ne produit pas seulement des dossiers individuels mais aussi des documents à portée générale : statistiques, rapports d'activité, budgets...

Le transfert de l'Aide sociale à l'enfance au département contenait le risque d'entraîner une méconnaissance de la situation sociale de la France. Aussi la loi a-t-elle prévu que certaines données devaient toujours être recueillies, et qu'elles seraient exploitées par l'État ou par des organismes spécialement habilités.

Les statistiques pour le financement des transferts de compétence

C'est l'article L. 1614-7 NCPC (issu de la loi 25 de la loi du 7 janvier 1983) qui précise :

> « Tout transfert de compétences de l'État à une collectivité territoriale entraîne pour celle-ci l'obligation de poursuivre, selon des modalités définies par décret en Conseil d'État, l'établissement des statistiques liées à l'exercice de ces compétences.
>
> Ces statistiques sont transmises à l'État.
>
> En vue de la réalisation d'enquêtes statistiques d'intérêt général, les collectivités territoriales et leurs groupements transmettent à l'État des informations individuelles destinées à la constitution d'échantillons statistiquement représentatifs. »

Le décret n° 85-891 du 14 août 1985 a précisé quelles sont les statistiques qui doivent ainsi être fournies. Ces règles sont codifiées aux articles R. 1614-28 et suivants. Il s'agit :

- des décisions de créations, de transformations ou d'extensions d'établissements ou de services sociaux, ainsi que leur fermeture ;
- de l'état statistique des personnels et des activités des services sanitaires et sociaux départementaux, des organismes habilités ou des collectivités territoriales ayant signé une convention avec le département, des services ou organismes prestataires de service à domicile relevant de la compétence du département ;
- du nombre d'admissions à chacune des formes d'aide sociale légale ainsi que le nombre de bénéficiaires par type de prestation relevant de sa compétence ;
- de l'état statistique de la situation sanitaire au titre de la protection maternelle et infantile ;
- de l'état statistique donnant la répartition par fonctions des dépenses et des recettes relatives à l'aide sociale de l'année précédente ;

Les formulaires correspondants ont été publiés par l'arrêté du 26 avril 1992 (JO du 7 mai).

1. L'expression a été lancée à ce propos en 1986 après l'explosion d'une centrale nucléaire en URSS, à Tchernobyl, devant le manque d'informations diffusées.

Les statistiques en vue de l'évaluation de l'enfance en danger

La loi du 5 mars 2007 a en créant l'observatoire de la protection de l'enfance, lui a assigné la mission d'établir des statistiques « portées à la connaissance de l'assemblée départementale et transmises aux représentants de l'État et de l'autorité judiciaire[1] » :

> « Il s'agit de permettre aux décideurs locaux d'avoir une vision synthétique de l'état de la protection de l'enfance et des politiques suivies dans le domaine. Pour cela, l'observatoire met en cohérence les données chiffrées qu'il a recueillies dans le cadre de ses missions.
>
> Cette transmission a pour intérêt :
>
> – de permettre une vue d'ensemble du dispositif de la protection l'enfance sur le territoire national et de le rendre plus visible ;
>
> – de contribuer à la décision des politiques nationales ;
>
> – d'aider à l'élaboration du rapport sur la protection de l'enfance que le Gouvernement doit désormais soumettre au Parlement tous les trois ans ainsi que le prévoit la loi du 5 mars 2007 ;
>
> – d'aider à la réalisation du rapport sur l'application des droits de l'enfant présenté tous les cinq ans par la France, au Comité des droits de l'enfant de l'Organisation des Nations Unies.
>
> Au-delà de l'établissement des statistiques, des études thématiques peuvent être réalisées pour mieux accompagner la politique départementale de la protection de l'enfance. Ces études peuvent porter sur les circuits des informations préoccupantes et des suites données, les parcours de vie des mineurs, les questions de santé ou de handicap, les dispositifs innovants, les nouvelles problématiques rencontrées, les évolutions constatées, les pratiques[2], etc. »

1. Art. L. 226-3-1 dernier alinéa CASF.
2. Guide *Observatoire départementale de la protection de l'enfance.*

Partie 4

Lecture critique

Le dispositif de protection de l'enfance en question

Chapitre 18

L'échec de la protection de l'enfance

M. BERGER

PLAN DU CHAPITRE

1. LA RÉALITÉ FRANÇAISE

Il est stupéfiant de constater qu'il n'existe aucun protocole d'*évaluation des résultats* des dispositifs de protection de l'enfance. Certes, les chiffres ne manquent pas sur le nombre d'enfants en situation de risque ou de danger, le nombre de sévices, d'abus sexuels, leur augmentation annuelle ou leur diminution, leurs auteurs, mais rien n'existe sur l'état des enfants, alors que ce devrait être l'élément prioritaire à apprécier. Il n'existe pas non plus d'indication précise des caractéristiques des familles chez lesquelles on peut espérer un changement positif. La « mode » est au soutien à la parentalité, mais aucun texte n'en définit les indications, les limites ou n'en fournit les résultats.

Les quelques évaluations existantes sont révélatrices :

- en ce qui concerne le développement intellectuel, un nombre important d'enfants nés avec des potentialités intellectuelles normales évoluent vers une déficience intellectuelle légère ou moyenne, et sont orientés dans la filière de l'éducation spécialisée. Ces enfants n'auront pas de diplôme qui leur permette une autonomie suffisante, et seront nombreux à être définitivement à la charge de la société (revenu minimum d'insertion, chômage, allocation d'adulte handicapé). À titre d'exemple, sur les cinquante-sept derniers enfants séparés judiciairement et admis à l'hôpital de jour et à l'unité d'hospitalisation temps plein, quarante-quatre présentaient un QI entre 75 et 54 (on considère comme « normal » un QI entre 80 et 100, entre 70 et 80 il s'agit d'un niveau « limite »). 77,2 % souffraient donc d'une déficience intellectuelle. Le chiffre serait probablement le même pour des enfants non orientés vers un service de psychiatrie, car beaucoup d'enfants vivant avec des parents en grande difficulté éducative « s'éteignent », ou dit autrement, étouffent leur souffrance en s'engageant sur la voie de la « débilité » psychogène sans symptôme bruyant. Il est alors fréquemment impossible de les traiter. Dans la quasi-totalité des cas, la mesure du développement intellectuel n'avait pas été réalisée auparavant et c'est notre équipe qui l'a effectuée au moment de l'admission dans notre service. Le fait que ces enfants parlent souvent d'une manière à peu près compréhensible semble dispenser beaucoup de services de protection de l'enfance d'une évaluation précise. On ne peut manquer de souligner le problème soulevé par ces chiffres. Alors que les pédiatres traquent par des tests biologiques et des bilans de plus en plus précoces (*in utero*, à la naissance) et de plus en plus perfectionnés ce qu'ils nomment les encéphalopathies évitables, c'est-à-dire les déficiences intellectuelles d'origine organique évitables, leur responsabilité étant engagée en la matière, en d'autres lieux, des quantités énormes d'enfants nés sans lésion cérébrale évoluent vers un déficit intellectuel, de nombreux intervenants considérant les redoublements[1] répétés suivis d'une orientation vers l'éducation spéciale comme une fatalité ;

1. Nous considérons comme un signe très inquiétant le fait qu'un enfant redouble plus d'une fois pendant sa scolarité primaire. À notre connaissance, aucun service judiciaire, éducatif ou social n'est capable actuellement en France de dire parmi les enfants dont il a la charge, le pourcentage de sujets qui suivent une scolarité normale, sont en retard, ou sont en classes spécialisées, et d'établir une relation entre ces bons et mauvais résultats scolaires et les modalités de prise en charge individuelle et familiale proposées.

- une recherche sur le devenir des enfants de l'Aide sociale à l'enfance devenus adultes montre que seulement 32 % d'entre eux ont un certificat d'aptitude professionnel ou un diplôme d'un niveau plus élevé (Mouhot, 2001)[1].
- un nombre important d'enfants manifeste une violence rendant impossible leur insertion dans un groupe. Plus tard, ils causeront des dommages aux biens et aux personnes. Ces sujets présentent une violence incoercible, pathologique par son intensité, sa répétition incessante, et qui peut surgir n'importe où et à n'importe quel moment (nous n'évoquons pas ici les actes de violence commis en bandes du genre violence des « banlieues sensibles »). Une étude effectuée dans notre service permet d'affirmer, dossiers en mains, que 85 % des situations de pré-adolescents âgés de dix à quatorze ans qui présentent ce type d'hyperviolence individuelle auraient pu être évitées par des mesures judiciaires précoces adéquates. Le nombre d'enfants souffrant de ce trouble est en augmentation, à tel point qu'une circulaire inter-ministérielle[2] considère qu'il s'agit d'un domaine de préoccupation prioritaire. Le devenir de ces enfants est sombre, certains

1. Dans des situations moins lourdes, Dumaret et Jardin (2001) constatent un écart de QI de dix-huit points entre des enfants de parents bien insérés socialement présentant des difficultés éducatives et capables de bénéficier d'une aide à la parentalté, et des enfants élevés dans un milieu familial très carentiel ou par des mères psychotiques, ayant peu ou pas de capacité d'évoluer. Les soins aux enfants ont été précoces, souvent avant l'âge d'un an.
À l'étranger, de nombreux travaux portent sur l'évaluation du devenir des enfants de parents *clairement identifiés comme psychotiques et soignés.* Nous ne citerons ici que deux études récentes. Manzano (2001) décrit une expérience de prévention auprès de dix-huit mères schizophrènes et de leurs enfants, sous la forme d'une relation thérapeutique à long terme d'une durée moyenne de sept ans et demi. L'évolution des situations montre que seules cinq de ces mères parviennent à se différencier de manière adéquate de leur enfant. Neuf enfants, soit 50 %, sont considérés comme sans problème, 24 % ont un retard scolaire, 33 % ont dû être séparés partiellement ou totalement. L'évolution psychique des enfants placés n'est pas précisée, mais il apparaît que dans cette expérience de prise en charge précoce, seuls deux enfants présentent des troubles graves de la personnalité. Fava Vizziello et coll. (2001) ont réalisé une étude portant sur soixante-dix-sept enfants appartenant à cinquante familles dans lesquelles un parent a été diagnostiqué comme psychotique et soigné par des services psychiatriques. Ces enfants étaient adressés à un service de pédopsychiatrie pour des difficultés psychiques de gravité variable, 21 % d'entre eux présentant des troubles psychotiques. 46 % des sujets de six à douze ans ont des troubles de l'apprentissage. Il apparaît que la qualité des interactions parents-enfant est un facteur pronostique plus important que le diagnostic psychiatrique des parents en lui-même, sauf pour les enfants ayant une mère paranoïaque qui souffre de difficultés psychiques majeures et dont l'évolution est améliorée par une séparation précoce. Treize placements ont été décidés, dont neuf se sont accompagnés d'une amélioration de l'état de l'enfant. D'une manière générale, les auteurs regrettent qu'un certain nombre d'enfants leur soient adressés tardivement. Ils soulignent par ailleurs que cinquante autres enfants appartenant à ces familles n'ont eu besoin d'aucun soin psychique.
Ces deux études peuvent être considérées comme optimistes par rapport à notre cadre de référence. En effet, il est fréquent que nous soyons confrontés en France à des situations dans lesquelles *la psychose des parents n'a pas été repérée* par les services de Protection de l'enfance, ce qui s'accompagne d'une sous-estimation de l'inadéquation des interactions familiales ; ou si le diagnostic a été fait, les parents ont refusé tout soin personnel, ce qui est un facteur aggravant. Enfin ces études n'incluent pas les autres formes d'inadéquation parentale (psychopathie, etc.). Enriquez (1986) et Richard (1997) ont souligné l'effet néfaste sur l'enfant de l'absence de reconnaissance « officielle » des troubles psychotiques parentaux, reconnaissance qui l'aide à se situer par rapport à l'origine de ces troubles dont il a déjà tendance à se sentir responsable.
En France, Duchesne et Roy (1991) indiquent que, à l'âge de dix ans, seuls 30 % des enfants de mère schizophrène ne présentent pas de pathologie psychique repérable ; 60 % souffrent de troubles psychiatriques ou comportementaux graves et 10 % d'une hyper-maturation avec un fonctionnement en faux-self.
2. Circulaire DGS/DGAS/DHOS/DPJJ 2002/282 du 3 mai 2002 sur les enfants et adolescents en grande difficulté.

deviendront des meurtriers et/ou des violeurs. Leur nombre, recensé par certains Conseils généraux, est d'environ cinquante par département, soit environ cinq mille sujets hyperviolents sur le territoire français. Ce chiffre est sous-estimé dans certains départements par la mise en place de petits « lieux de vie » qui le plus souvent ne soignent pas le sujet mais *permettent d'attendre sa majorité*, moment où il ne sera plus sous la responsabilité du dispositif de protection de l'enfance. À une période où la sécurité est une préoccupation centrale, constatons que nos propres institutions laissent se construire sous leurs yeux et sans prendre de mesures adéquates des sujets qui n'auront d'autre mode de relation possible avec autrui que la violence ;
- enfin un nombre important d'enfants, non chiffré, présente des troubles psychiatriques importants.

Voilà pourquoi il est justifié de parler de *l'échec de la protection de l'enfance en France*. Le minimum de bien-être dont un enfant a besoin n'est pas défini (et c'est volontaire) en tant qu'objectif précis. On ne comprend plus alors le terme de « protection » qu'on avance en permanence, car on ne sait plus ce qui est « protégé », le concept de famille, le narcissisme des parents[1] ? En tout cas, comme l'ont montré les exemples précédents, ce n'est pas le développement intellectuel et affectif de l'enfant qui est au centre des préoccupations, ceci est reconnu et assumé sans états d'âme particuliers par de nombreux intervenants. On comprend qu'il n'y ait pas d'évaluation : si l'on évaluait les résultats obtenus par les différentes modalités de prise en charge dans ce domaine (action éducative en milieu ouvert, placement avec séparation partielle ou complète, prises en charge thérapeutiques diverses) en établissant une comparaison avec le bilan initial, le résultat serait catastrophique. Une telle évaluation est indispensable si l'on désire réellement limiter la souffrance des enfants. Elle aurait aussi un intérêt économique : la protection de l'enfance coûte en effet très cher à la société, de même que les soins et les soutiens financiers délivrés toute leur vie à des sujets qui bien souvent ne seront jamais autonomes. Si elle était envisagée un jour, une telle étude devrait être effectuée par un organisme indépendant et extérieur car il est évident qu'on peut « orienter » les résultats, la subjectivité étant présente même quand on mesure un QI.

2. DES ITINÉRAIRES À RISQUES

Comment aboutit-on à des résultats aussi médiocres ? On retrouve presque toujours un des quatre « itinéraires à hauts risques » suivants, qui occasionnent des dégâts psychiques considérables.

Premier itinéraire à risque

Un enfant a été séparé de sa famille dès sa naissance en raison de l'inadéquation éducative de ses parents, puis il a été placé de six mois à un an en pouponnière, le temps que la situation soit évaluée, et ensuite placé en famille d'accueil. Les contacts parents-enfant sont ensuite protégés par des visites médiatisées adéquates. Dans un tel contexte, qui pourrait paraître favorable étant

1. À titre de comparaison, dans le *Children Act*, texte législatif anglais concernant la protection de l'enfance, le but précis rappelé à chaque page est la notion de bien-être (*wellfare*) de l'enfant. Il est indiqué que celui-ci doit être « *paramount* » (d'une suprême importance), fût-ce au détriment de la notion de famille biologique (ou « naturelle »).

donné la précocité de la séparation, on observe cependant que de nombreux enfants présentent des troubles du comportement importants, dus à la longueur du séjour en pouponnière : colères explosives, besoin de maîtrise permanente dans la relation, angoisse d'abandon massive, instabilité psychomotrice, troubles du schéma corporel gênant les apprentissages.

Il faut rappeler ici que malgré de louables efforts d'organisation, bon nombre de pouponnières en France ne proposent pas de temps de relation individuelle prolongé. On considère trop rapidement comme protégé un enfant placé dans une telle institution, ce qui est faux. En effet, c'est un danger pour un bébé de n'avoir aucun lien stable avec un adulte de référence stable[1]. Or il ne suffit pas de désigner une auxiliaire de puériculture référente d'un nourrisson pour qu'elle puisse accorder un temps suffisamment long de relation individuelle à cet enfant. Les soins, les échanges, les jeux se passent souvent en présence du groupe, le biberon est donné en présence d'autres adultes sans que les échanges de regards soient privilégiés, etc. Et l'on sait maintenant que les temps de relation en miroir, en écho, les moments de plaisirs réciproques dans la relation, sont indispensables pour éviter l'apparition de troubles de la personnalité. Le personnel des pouponnières ne se rend habituellement pas compte de l'importance des troubles liés aux longs séjours, car ils n'apparaissent dans toute leur ampleur que lorsque l'enfant est un peu plus âgé, vers deux ou trois ans, donc sorti de l'institution.

Deuxième itinéraire à risque

Un enfant a été retiré semi-précocement de sa famille, entre l'âge de quatre et douze mois, a séjourné ensuite éventuellement en pouponnière, puis a été placé en famille d'accueil. La conséquence de ce retrait semi-précoce (ou semi-tardif) est qu'un certain nombre d'enfants dont les parents présentaient des troubles psychiques massifs souffrent de troubles très importants du comportement, allant jusqu'à des traits autistiques. Tous les praticiens qui travaillent dans ce domaine ont constaté la rapidité avec laquelle l'enfant met en place des mécanismes de défense contre une relation ressentie comme extrêmement angoissante, mécanismes qui vont faire obstacle à l'insertion dans une éventuelle famille d'accueil.

Troisième itinéraire à risque

Un enfant a été retiré précocement puis placé en famille d'accueil avec des tentatives de retour chez un (ou les) parent(s) chaque fois que ces derniers donnent une apparence de normalité en se remettant à vivre en couple après s'être séparés, en déménageant pour un appartement plus correct, en s'inscrivant à un emploi (qui ne sera pas tenu) ou en annonçant qu'ils vont consulter un psychiatre. Les retours ont lieu tous les week-ends ou tous les quinze jours, si bien que l'enfant est dans l'attente permanente de ce moment, bien que sa relation avec ses parents soit profondément perturbée. Ce dispositif l'empêche de nouer de véritables liens affectifs avec sa famille d'accueil qu'il n'investit que comme un hôtel de luxe, cela crée ou entretient des troubles du comportement qui peuvent provoquer l'interruption de son placement familial.

1. Il n'est pas possible d'exposer ici la multitude des travaux qui démontrent cette nécessité (voir Rapoport, Bowlby, Robertson, Spitz, ou le travail synthétique de A. et N. Guedeney, 2002).

Le résultat sera le même si, sans que l'enfant aille chez ses parents, ces derniers le rencontrent dans un lieu « neutre » sans la présence d'une tierce personne, donc hors visites médiatisées, dans les cas où la pathologie des parents contamine de manière importante le psychisme de l'enfant, ce qui se manifeste par une aggravation de son état durant plusieurs jours.

Quatrième itinéraire à risque

Un enfant a été retiré tardivement, après l'âge de deux à quatre ans. Il présente alors souvent de tels troubles du comportement que tout placement en famille d'accueil ou même en institution devient aléatoire. Par ailleurs, il est à noter que ces retraits tardifs entraînent en eux-mêmes des difficultés importantes pour le recrutement des familles d'accueil. En effet, lorsqu'un juge des enfants prend une ordonnance de placement dans un tel contexte, c'est souvent dans une certaine urgence qu'il faut trouver un endroit où placer l'enfant. Les familles d'accueil disponibles sont utilisées à cette fin, si bien qu'on peine à en trouver pour raccourcir les temps de séjour des autres enfants plus petits qui séjournent en pouponnière. Bref, on aboutit de toute façon à un placement, mais il est trop tardif, les troubles de la personnalité de l'enfant vont l'empêcher d'en tirer le profit que l'on aurait pu espérer. L'enfant ne pourra plus que tordre les relations qu'on lui propose.

Dans ces quatre situations, les troubles du comportement présents chez l'enfant sont souvent *irréversibles*. On peut s'étonner de ce concept d'irréversibilité, pourtant il s'agit d'une notion fondamentale : les dégâts occasionnés par les décisions insuffisantes ou trop tardives et par les prises en charge inadéquates sont loin d'être récupérables. L'image qu'on peut donner est celle d'un enfant qui a marché sur une mine. Quelle que soit la compétence du chirurgien sollicité ensuite, il ne pourra pas redonner forme « humaine » et fonctionnelle au pied déchiqueté. Il en est de même du psychisme d'un enfant lorsqu'il a été soumis à des traumatismes massifs et répétés, sortes d'« explosions » qui ont entraîné une désorganisation durable de son fonctionnement.

3. POURQUOI L'ÉCHEC DE LA PROTECTION DE L'ENFANCE

L'idéologie du lien familial

Une idéologie cherche à éliminer la souffrance liée à la complexité d'une situation, au prix du maintien d'une illusion.

L'idéologie du lien familial est une théorie toute personnelle et une position de principe selon laquelle le maintien du lien physique réel entre l'enfant et ses parents a une valeur absolue et intouchable. Or la valeur d'un lien n'existe pas en soi. Il existe des liens positifs, qui fournissent un étayage indispensable au développement psychique de l'enfant et qui lui permettent d'organiser son monde interne. Il existe des liens négatifs traumatiques qui sont source d'excitation violente, douloureuse, brusque, prématurée, angoissante, des liens gravement désorganisateurs, qui ne permettent que l'établissement de processus pathologiques d'attachement, d'identification. Nous avons montré par ailleurs (Berger, 1992) que l'idéologie du lien familial ne repose sur aucun concept théorique solide et ne rencontre aucune confirmation dans la clinique. Ce qu'une telle idéologie tente d'éliminer en fait, c'est l'ambivalence que chacun doit gérer en soi-même, le tiraillement interne entre l'identification à l'enfant et l'identification au parent.

encore plus empathiques avec ces pères et mères, s'identifient encore plus à l'enfant en souffrance dans chaque parent. S'il est si difficile de *renoncer* à faire changer des parents, est-ce parce que nous ne renonçons jamais tout à fait à l'espoir de parvenir à faire changer nos propres parents ?

La position de notre équipe est différente : nous considérons que les liens familiaux ne sont pas bons par « essence » pour l'enfant. Une famille qui « fonctionne » bien est le milieu idéal pour un enfant, et aucun des autres « dispositifs » que l'on peut proposer ne parvient à tenir ensemble aussi bien toutes les composantes évolutives de la personnalité (construction des sentiments de l'identité, de l'estime de soi, de la capacité de contrôler ses pulsions, de partager du plaisir avec autrui, etc.). Une telle famille fournit le meilleur étayage aux individus pour accéder à l'autonomie. Une famille qui fonctionne très mal est d'autant plus désorganisatrice ou même franchement toxique que l'enfant a un lien de dépendance précoce avec ses parents : pour se construire, il doit s'adapter à des échanges inadéquats, y participer de manière active sans jamais trouver de sécurité ni d'apaisement. Son identité s'est tissée à partir de l'identification à des parents négligents, violents, abandonnants, délirants, sans vitalité. Un tel fonctionnement familial ne permet pas à l'enfant de s'autonomiser pour de nombreuses raisons. En particulier, il craint que tout mouvement d'autonomisation de sa part ne soit ressenti par ses parents comme une attaque et n'entraîne un abandon, ou des représailles, ou l'effondrement dépressif d'un parent trop vulnérable. Il échoue aussi à s'autonomiser car il n'a aucune image parentale interne rassurante lui permettant d'affronter le monde.

Enfin l'idéologie du lien familial, comme toute idéologie, amène à dénier tout savoir existant qui vient la contredire, elle est « anti-science ». Lorsqu'un juge déclare que tout parent peut évoluer, nous pouvons affirmer que cette généralisation est fausse et qu'il s'agit d'une croyance. C'est la raison pour laquelle il est inutile d'accumuler les preuves de l'importance pour un bébé d'avoir une figure parentale de référence stable, sécurisante, inutile de citer des travaux français et étrangers probants, etc. La méthode anglaise propose aux professionnels de l'enfance les publications sur les connaissances les plus récentes (« *the most up-to-date knowledge* ») issues de la recherche et de la pratique dans le *Nouveau Cadre de travail pour l'évaluation des enfants en besoin et de leur famille*. Comparons cette politique avec la démonstration d'un ministre aux états généraux de la protection de l'enfance en 2001 :

> « Comment rendre un enfant heureux ? C'est auprès de sa famille que l'enfant est le mieux. Même dans les situations les plus difficiles qui peuvent conduire à séparer un enfant de sa famille, il ne peut être totalement heureux sans elle. Il nous appartient de veiller à ce que la séparation soit exceptionnelle uniquement justifiée par le danger qu'il encourt dans sa famille. Il faut tout mettre en œuvre pour sauvegarder ce lien avec sa famille. [...] Il y a des familles en danger (pour des raisons d'inégalité économique et sociale), ce sont le plus souvent les enfants de ces familles qui sont en danger. Il nous faut empêcher que les inégalités économiques et sociales se traduisent pour les enfants par des droits bafoués. »

Quel glissement ! On passe de l'enfant en danger à la famille en danger, or il s'agit de deux entités totalement différentes. Un enfant est un être réel, en chair ; une famille, sortie de la définition donnée par l'état civil, est une unité symbolique, une représentation, une abstraction[1]. Au cours des mêmes journées, il a été affirmé que tout placement devait être transitoire sauf dans

1. Les problèmes liés à la protection de l'enfance ne sont pas politiques au sens où la manière de les traiter dépendrait de la couleur d'un gouvernement, de droite ou de gauche. Nos ouvrages précédents ainsi que l'ancienneté de notre pratique en témoignent : les choses allaient déjà très mal en France depuis longtemps, d'une manière « stable », quelles que soient les alternances et les déclarations d'intention gouvernementales. Et aucune

des cas extrêmes. Malheureusement, dans notre pratique, les extrêmes sont très larges, et le travail scientifique réalisé par Mouhot (2003) montre l'aspect irréaliste de cette proposition.

À l'origine de l'échec : la loi de 1970 sur « l'assistance éducative »[1]

Soulignons simplement ici que cette loi n'envisage le placement de l'enfant qu'en cas de danger caractérisé, dont la preuve devient plus difficile à établir dès que l'enfant est retiré de sa famille. Elle reflète une idéologie familialiste, qui fut un contrepoids nécessaire lors de sa première mouture, en 1958, à une période où l'on envisageait trop facilement des placements. Nous constaterons que d'autres états ont des lois très différentes des nôtres.

L'absence d'exigences concernant l'évaluation

Cette absence empêche les intervenants de se constituer avec du recul un « stock » d'expériences auxquelles se référer, stock d'expériences qui soit progressivement transmissible aux jeunes professionnels. Elle amène les intervenants à répéter les mêmes attitudes subjectives, à prendre indéfiniment les mêmes décisions inadéquates puisqu'ils n'en constatent pas les effets. Toute la chaîne des intervenants est concernée, depuis la travailleuse familiale jusqu'aux juges de cours d'appel des mineurs. Cette absence d'exigence permet que se maintienne une « culture de l'incertitude » qui évite de trancher (« De toutes manières, chaque cas est particulier[2], et de plus, on n'a pas de certitudes sur ce qui convient à un enfant, ni de critères suffisamment précis pour évaluer s'il faut le séparer de ses parents »). Elle amène à solliciter des experts qui sont très compétents sur certains sujets, mais qui n'ont pas fait la preuve qu'ils étaient expérimentés dans ce domaine précis. Leurs conclusions témoignent souvent de leur absence de pratique, alors que grâce à leur expérience, des équipes éducatives peuvent réunir des éléments plus valables que ceux qui sont recueillis au cours d'une expertise ponctuelle. Parfois aussi, en mettant en place une nouvelle équipe pour une nouvelle investigation, on risque de perdre un temps précieux pour certains bébés, alors qu'on a suffisamment d'arguments pour décider.

Une comparaison s'impose avec les efforts réalisés au Québec. En septembre 2003, l'institut universitaire de Montréal couplé au Centre jeunesse a débuté une formation à l'évaluation

personnalité politique n'était prête à se battre pour ce sujet électoralement sans intérêt. Mais les orientations de S. Royal, ministre de la Famille et de l'Enfance, et de E. Guigou, ministre de l'Emploi et de la Solidarité, en 2001, ont marqué le point culminant de l'idéologie du lien familial. Depuis, la protection des enfants est devenue beaucoup plus difficile à effectuer, d'une manière qui semble cette fois irréversible.

De nombreux professionnels se sont sentis délégitimés, déjugés dans leur action par ces déclarations ministérielles prônant aveuglément le « tout famille » et la diminution arbitraire de moitié du nombre de placements (pourquoi pas d'un tiers, ou de deux tiers ? aucun évaluateur n'a été cité pour justifier ce chiffre). Un juge des enfants connu pour être pondéré dans ses décisions a déclaré publiquement à cette occasion qu'au moins 99 % des placements judiciaires étaient justifiés.

1. Ce point important mérite un chapitre à lui seul (voir Berger M. *L'Échec de la protection de l'enfance*, Paris, Dunod, 2ᵉ éd. 2004, chap. 9).
2. Comme si l'on demandait à un médecin de réinventer les signes de l'appendicite pour chaque patient.

centrée sur les situations impliquant des enfants âgés de zéro à cinq ans et *concernant tous les professionnels de la protection de l'enfance.* Une psychologue et une éducatrice ayant chacune vingt ans d'expérience sur le terrain ont été détachées à temps plein pendant deux ans pour dispenser cette formation qui s'effectue, entre autres, à partir de dossiers amenés par les participants. Les professionnels se familiarisent rapidement avec le guide d'évaluation, mais ils sont alors surpris de constater qu'ils sous-estimaient jusqu'à présent l'ampleur des difficultés existantes dans certaines familles et la fréquence des situations où existe une préoccupation majeure concernant l'enfant. Il arrive que se sentant coupables par rapport aux parents, ils aient tendance à ne pas mentionner toutes les dimensions de l'évaluation dans leurs rapports ; il est alors important de leur apporter une aide individuelle. Dans l'ensemble, les professionnels indiquent être beaucoup plus à l'aise lors des audiences au tribunal après cette formation, car ils ont le sentiment d'avoir une vue d'ensemble plus précise de la situation.

L'absence d'engagement et de responsabilité

Pas d'évaluation, cela signifie pas de comptes à rendre. Pourvu qu'un enfant ne soit pas tué ou blessé chez lui, ni abusé sexuellement après la révélation de premiers abus, aucun intervenant n'a à craindre quoi que ce soit au niveau professionnel ou pénal en cas d'évolution catastrophique d'un enfant.

Chez les médecins, on constate la même absence d'engagement. Ainsi un pédopsychiatre expliquait-il qu'il ne fallait pas retirer les enfants des familles sans qualité éducative car, comme ils ne sont soumis à aucune contrainte chez eux, ils ne supportent pas celles des institutions ou des familles d'accueil qui les reçoivent et ils font tout exploser. Que ces sujets, devenus adultes, ne supportent pas les contraintes sociales, est une question totalement escamotée. Le but de nombreux professionnels est de « tenir » sans visée thérapeutique réelle, jusqu'à ce que l'enfant ait dix-huit ans, puis laisser d'autres juridictions, services sociaux, et services psychiatriques, se débrouiller avec la situation.

Cette absence d'engagement des professionnels peut amener, en une sorte de cercle vicieux, à penser que le retour d'un enfant en famille est inévitable. Ainsi peut-on entendre dire que les enfants placés en institution retournent de toute façon vivre avec leur famille lorsqu'ils quittent leurs lieux d'accueil à dix-huit ans. En conséquence, il faudrait maintenir des contacts importants entre l'enfant et ses parents. Mais est-ce parce qu'il ne peut se représenter aucun autre choix possible sur le plan affectif que l'enfant effectue ce genre de retour ? Si c'est le cas, il faut alors se demander si un engagement relationnel individuel suffisant lui a été proposé, et si le travail d'écoute, destiné à l'aider à se représenter ses parents et son histoire avec une distance adéquate, a été fait et bien fait. Nous avons constaté[1] qu'avec un accompagnement adéquat, la plupart des enfants gardent un lien avec leur famille mais ne souhaitent pas retourner y vivre.

1. Berger M. *L'Échec de la protection de l'enfance, op. cit.* chap. 4.

La peur des intervenants

Les menaces précises et répétées, en particulier de la part de certains pères, peuvent amener les intervenants à céder à certaines revendications parentales et à proposer des dispositifs qui ne protègent pas réellement l'enfant. Si les adultes ont peur dans de telles circonstances, on peut imaginer l'angoisse de l'enfant qui dépend d'un tel parent. D'une manière générale, hormis les juges qui bénéficient de la proximité de forces de police dans l'enceinte du tribunal, les intervenants sont insuffisamment protégés de la violence parentale et ils ont parfois le sentiment d'être de la chair à canon. Il n'y a pas à avoir honte de ce sentiment de peur qui peut être totalement justifié, et nous pensons que des dispositifs précis devraient être mis en place au niveau national pour les situations impliquant des parents dangereux.

L'absence d'écoute

Pour de nombreux politiques et décideurs, il est difficile de se centrer réellement sur l'enfant, sur son écoute. Il en est peu qui (se) demandent au cours des réunions consacrées à la protection de l'enfance, ce que peut ressentir ou penser un enfant négligé ou élevé par des parents psychopathes ou psychotiques, ou ce qu'il ressent à propos de son placement. Seuls les sévices et les abus sexuels qui, par leur aspect traumatique « visible » et leur implication médico-légale, sont incontournables, déclenchent un certain intérêt empathique. Hormis ces deux contextes, on peut constater la faiblesse ou l'inexistence des dispositifs d'écoute de l'enfant : ce n'est pas l'enfant qui est au centre du dispositif, contrairement à de multiples déclarations, mais la famille, c'est-à-dire en fait, les parents. Ajoutons que ce n'est pas parce que des adultes se constituent en groupes et font pression en évoquant « les droits des parents » qu'ils ont pour autant raison. L'idéologie ou la souffrance partagées n'ont pas de valeur scientifique. Nous avons un savoir confirmé par le temps et par les autres centres qui fonctionnent avec un engagement semblable au nôtre, en particulier ceux décrits par Steinhauer[1]. Nous avons le devoir de communiquer ce que nous savons, et de ne pas accepter que l'ignorance fasse force de loi. Et nous affirmons que l'enfant a le droit d'être protégé pour développer une activité de pensée adaptée au monde réel, et si leurs enfants ont un destin meilleur que le leur, les parents seront également gagnants.

En l'absence de dispositif d'écoute adéquat, on ne sait pas ce que les enfants désirent ou craignent réellement, ni ce qu'ils sont réellement capables d'affronter face au comportement de leurs parents, et on ne peut pas comprendre les variations de leurs mouvements affectifs. En conséquence, les professionnels concernés prennent souvent leurs décisions sans repères, à l'aveugle, ou suivant leurs états émotionnels. Il s'ensuit un bricolage qui peut avoir un impact irrémédiable. Ainsi tel enfant est retiré de sa famille ; quelques visites médiatisées se passent bien, parce qu'elles sont cadrées[2] ; hélas, les raisons de ce bon déroulement ne sont pas analysées et un retour dans sa famille est décidé aussitôt, qui se passe très mal. Tel autre, dans un mouvement d'idéalisation de son père et de sa mère, déclare qu'il veut retourner vivre chez ses parents ; il

1. Steinhauer P., *Le Moindre Mal. La question du placement de l'enfant*, Paris, Gaëtan Morin Éditeur, 1996, p. 311.
2. Ou parce qu'un parent, hospitalisé de manière répétée depuis dix ans pour des troubles psychotiques chroniques, va mieux depuis deux ou trois mois, amélioration dont le caractère probablement passager n'est pas pris en compte.

sabote son placement en institution ou en famille d'accueil pour obtenir ce retour. Au lieu de lui proposer un lien et une écoute, au besoin pluri-hebdomadaires, qui fassent contrepoids à l'idéalisation de ses parents et lui permettent de se représenter ce qui se passe en lui, il est rendu à ses parents chez lesquels son état s'aggrave et d'où il doit être retiré à nouveau, etc. Autre exemple, dans des circonstances où une séparation totale serait nécessaire, afin de diminuer la conflictualité entre les professionnels et les parents, on va proposer que l'enfant revienne chez ses parents une demi-journée par semaine, ou un week-end, ou un week-end sur deux, ce qui suffit souvent à l'empêcher d'investir d'autres personnes, et ceci d'autant plus que bien des parents répètent à leur enfant au moment de ces retours qu'ils vont tout faire pour le reprendre complètement. L'attention des professionnels se focalise sur la forme que va prendre la relation parents-enfants (retour partiel, visite médiatisée, etc..) alors que la principale question pourrait être de se demander si le cadre de rencontres avec les parents et le dispositif d'écoute proposés permettent ou non à l'enfant de réfléchir sur ce qu'il ressent.

La non-prise en compte de la théorie et de la clinique de l'attachement

En France, l'importance de la théorie de l'attachement est fréquemment balayée d'un revers de main ou ignorée. Pourtant elle constitue un des soubassements essentiels du dispositif de protection de l'enfance dans de nombreux pays. Décrite par Bowlby en 1969, elle n'a cessé de faire depuis l'objet de travaux cliniques de plus en plus approfondis (Ainsworth, Benoit, Fonagy, George, Gunnar, Main, Solomon, Zeanah, etc.). Et l'on considère actuellement qu'elle n'est pas contradictoire avec la théorie psychanalytique mais complémentaire[1]. On peut en résumer ainsi les grandes caractéristiques. Pour se développer normalement, un enfant a dès ses premiers mois un besoin vital, au niveau psychique, d'établir un lien sélectif avec une figure d'attachement stable, fiable, prévisible, qui lui permette de se sentir en sécurité. Une telle relation se manifeste par la recherche de proximité ; par la notion de base de sécurité, qui autorise une prise de distance sans inquiétude ; par la notion de comportement de refuge (retour vers la figure d'attachement quand le sujet perçoit une menace) ; et par des réactions marquées vis-à-vis de la séparation involontaire. Lorsque l'enfant a intériorisé, dès six mois, une image maternelle sécurisante, il développe un sentiment de confiance en lui qui lui permet de s'éloigner pour explorer le monde. On sait que les parents ont constitué bien avant la grossesse les modalités d'attachement qu'ils proposent, en fonction des images le plus souvent inconscientes qu'ils ont de leurs propres parents.

Mais les nourrissons nouent des relations d'attachement même avec les parents les plus négligents et les plus maltraitants, fut-ce au prix de mécanismes de défense fixés parfois en quelques mois. La question n'est donc pas : « Est-ce qu'il y a une relation d'attachement entre cet enfant et ce parent ? », mais : « Quelle est la qualité de la relation d'attachement entre eux ? » Et certains troubles décrits au chapitre 20 peuvent aussi être interprétés comme des signes d'attachement perturbé. Dans 82 % des groupes familiaux à risque (maltraitance, maladie mentale d'un parent, toxicomanie, etc.), l'enfant développe un attachement « insécure, désorganisé-désorienté » qui montre qu'il est effrayé, confus, incapable d'utiliser un mode de contact cohérent. Cela se manifeste par son

1. Roussillon R., « Séparation et chorégraphie de la rencontre », 2003.

refus de dépendre de l'adulte même lorsqu'il est anxieux, l'absence de réaction manifeste à la séparation, une relation superficielle à l'autre avec des manipulations centrées sur ses propres intérêts ; l'incapacité de conserver les bons moments sans les détruire par la suite ; une réaction agressive à toute limite ou exigence, sans capacité d'admettre ses torts ; un état de rage constant[1].

Enfin certains enfants auxquels aucun lien n'est proposé présentent une pathologie du non attachement. Ayant abandonné l'espoir qu'on puisse répondre à leurs besoins, ils se montrent peu disposés à aimer ou à se faire aimer, et se lient de façon superficielle aux adultes qui sont interchangeables à leurs yeux.

Le plus important est l'*aspect pronostique* : un enfant qui n'a pas développé avant deux ans une capacité d'attachement impliquant un minimum de sécurité conservera de graves séquelles affectives, sociales et cognitives. L'enfant devient alors lui-même un obstacle à l'élaboration d'un projet de vie dans un environnement plus favorable, comme un placement familial :

> « Il apparaît donc important de travailler à l'établissement d'un lien d'attachement sécure entre le jeune enfant et ses parents, mais aussi de pouvoir reconnaître rapidement les situations où ce travail s'avérera impossible, sinon les conséquences sur le développement de l'enfant, en particulier sur sa socialisation, seront rapidement irréversibles[2]. »

Même si la nature du lien qui s'établit entre un enfant et ses parents ne se résume pas aux processus d'attachement, un dispositif de protection de l'enfance qui fonctionne sans avoir cette théorie et cette clinique parmi ses fondements, n'a pas d'axe directeur, pas de boussole. Et les professionnels qui ne tiennent pas compte de cet ensemble de travaux sont comme des physiciens qui voudraient se passer d'une théorie aussi essentielle que celle de la gravité, de l'attraction universelle.

La méconnaissance des travaux biologiques

Très peu de professionnels se soucient en France des dizaines de publications scientifiques qui, depuis 1989, portent sur les conséquences cérébrales des dysfonctionnements parentaux importants et durables : si l'attitude des parents est vraiment trop désorganisatrice pour un bébé ou un enfant, ce dernier, stressé en permanence, présente souvent une élévation anormale et chronique de son taux de cortisol sanguin. Cette élévation entraîne une atrophie du système limbique, dont l'hippocampe, ce qui se traduit par 10 % à 15 % de neurones en moins. Or c'est dans cette zone que s'organisent la mémoire affective et les comportements d'attachement. De plus, l'amygdale, partie du cerveau proche de la précédente, mémorise les affects de peur, et des circuits « en boucle » s'installent entre ces deux zones, organisant des réactions automatiques de peur, et en conséquence, de collage à autrui[3] et d'attaque. Et l'on sait à quel point, même séparés de parents très angoissants, les enfants maintiennent répétitivement de tels comportements. Ces

1. Steinhauer P., *Le Moindre Mal. La question du placement de l'enfant, op. cit.*, cité par Saint-Antoine M., « Les troubles de l'attachement », *Défi jeunesse*, 1999, vol. 6, 1, p. 3-11.
2. Saint-Antoine M., « Les troubles de l'attachement », *op. cit.*
3. Ashman, Bremner, Calder, Coolbear, Benoit, De Bellis, Gunnar, Kirschbaum, Lyons-Ruth, etc.

- enfin il est des parents qui délaissent leur enfant et ne l'investiront jamais, d'autres qui se sentiront persécutés par lui depuis qu'il est bébé, sans qu'ils puissent jamais reconnaître ouvertement ce sentiment et le contrebalancer par un minimum d'affection. Gore[1] analyse ces situations comme une forme de maltraitance passive. Et Gabel[2] souligne qu'on utilise trop facilement le terme de « carence » en évitant d'utiliser le mot de « délaissement », et en sous-estimant l'effet désorganisateur des visites parentales annoncées et non faites. Au lieu de proposer à ces enfants la vaine construction d'une mère et d'un père « de toutes pièces », une autre parenté, sous la forme d'une adoption, peut être envisageable. Et le groupe social, qui est l'un des organisateurs importants du psychisme de chaque individu, doit alors leur signifier, par l'intermédiaire de la loi (article 350), qu'ils n'ont plus à se raccrocher à cette première parenté sans issue, même s'ils gardent pendant toute leur vie des pensées concernant leurs parents biologiques, comme c'est le cas de la plupart des enfants adoptés.

L'écart entre les résultats et l'argent dépensé

Nous l'avons montré, les dispositifs actuels sont des gouffres financiers en perpétuelle croissance. Nous avons entendu un administrateur compétent et engagé dire que puisque les orientations ministérielles actuelles (en 2002) obligeaient à laisser les enfants le plus longtemps possible dans des familles dont les difficultés éducatives sont importantes, il serait inévitable qu'ils présentent des troubles graves. Il serait donc nécessaire de créer pour eux de nouvelles structures d'accueil lorsque viendra le moment où ils devront être séparés. Et de préciser que leurs difficultés de comportement seront telles qu'aucune famille d'accueil ne pourra les recevoir. Nous sommes dans une situation qui consiste à construire des sanatoriums parce que nous ne faisons pas de BCG. Et la manière dont notre dispositif de protection de l'enfance néglige et endommage des psychismes d'enfants est au-dessus de ses moyens.

L'absence d'évaluation des résultats est aussi un des points faibles de la pédopsychiatrie, même s'il peut-être difficile d'apprécier l'effet des soins donnés car chaque cas est particulier. Dans le domaine de la santé, cette absence d'évaluation amène les instances administratives à créer des structures fort coûteuses et qui ne remplissent pas les conditions « techniques » nécessaires pour permettre aux enfants d'évoluer. Par ailleurs, le PMSI (programme de médicalisation et de systèmes d'information), outil d'évaluation *annuelle* de l'activité d'un service est fortement pénalisant pour le service qui s'engage dans ce type de soins longs. La durée moyenne de séjour (DMS) est considérée comme trop longue. Mais d'un point de vue financier, le calcul met en évidence que le prix de ces soins[3] lorsqu'ils aboutissent à une relance des apprentissages, de la socialisation, et à un arrêt de la violence est très rentable par rapport à des soins courts, partiels et très souvent inefficaces. Ainsi, en visant les dispositifs les moins onéreux dans l'immédiat, on gaspille énormément sur le long terme. Mais aucune évaluation financière *longitudinale* n'étant faite du parcours de ces

1. Gore C., « Que dire du délaissement et de l'abandon de fait ? », exposé fait au colloque *Devenir adoptable – être adopté*, Paris, 2003.
2. Gabel M., « L'absence d'évaluation continue des parcours d'enfants, est-elle une violence institutionnelle ? », exposé fait au colloque *Devenir adoptable – être adopté*, Paris, 2003.
3. En 2003, prix de journée hôpital de jour 266 €, prix placement familial 85 € ; prix de journée hospitalisation temps plein : 533 €.

sujets pendant leur enfance puis leur vie d'adulte, leur coût étant morcelé entre santé, Éducation nationale, affaires sociales, justice, conseils généraux, etc., il est impossible de réaliser l'ampleur du désastre. Les élus gèrent des budgets à court terme, le temps d'un mandat. Les dispositifs de santé ne sont plus prêts à payer le prix du lien sur le long terme, alors que ces enfants ont un droit à la dépendance, c'est-à-dire à bénéficier d'un environnement hospitalier protecteur et à nouer des liens avec des soignants formés à cet effet, jusqu'à ce qu'ils puissent exporter hors de l'hôpital leur capacité à nouer des relations tranquilles.

L'écart entre la loi française et les besoins d'un certain nombre d'enfants

La loi sur l'« assistance éducative » ne convient absolument pas aux situations lourdes et fréquentes que nous rencontrons dans notre pratique quotidienne. Elle entrave de manière majeure la possibilité d'offrir aux enfants un développement affectif et intellectuel à peu près harmonieux.

C'est un véritable choc de constater la politique de protection de l'enfance adoptée par certains autres États. La loi de 1970 structure notre pensée, la mutile. Ainsi, nous avons été incapable à plusieurs reprises de répondre aux questions de professionnels canadiens nous demandant si, dans telle situation précise, on pouvait envisager que l'enfant soit mis en famille mixte (famille adoptante accueillant un enfant dont le placement pourra être transformé en adoption sur décision judiciaire, si le désintérêt ou la très grande inadéquation des parents persistent) ; ou à la question répétée du responsable du Centro per il bambino maltratto à Milan nous demandant pourquoi nous gardions une législation aussi inadaptée pour les enfants (face à son incompréhension totale, nous n'avons su que dire). Notre dispositif de protection de l'enfance apparaît alors comme un royaume de beaux parleurs, fiers de discourir sur les articles de loi, d'évoquer diverses libertés sacrées, qui ont bon dos pendant que Rome brûle et que tout le monde participe à des meurtres psychiques dans un système devenu de plus en plus aléatoire. Si l'on compare la tribu France à d'autres tribus à propos du sort qu'elles réservent aux enfants dont il est question ici, nous sommes de loin une des moins civilisées.

Livre 3

Les publics de la protection de l'enfance

PLAN DU LIVRE

Partie 1
Du côté des enfants et adolescents

Partie 2
Du côté des familles

Partie 1

Du côté des enfants et adolescents

Chapitre 19

Bonjour !

M. BERGER

Situation n° 1[1]

Bonjour, mon nom est Joël, j'ai sept ans. Pendant les deux premières années de ma vie, mon père et ma mère qui étaient très violents à certains moments et qui n'avaient pas envie de s'occuper de moi, m'ont souvent laissé en pouponnière. Parfois, c'était aussi le juge des enfants qui me plaçait pour un moment. J'ai été séparé de mes parents treize fois, chaque fois le juge a décidé que je devais retourner vivre chez eux, jusqu'à ce qu'ils déménagent. Dans le nouveau département, un autre juge a arrêté cela, après avoir demandé l'avis d'une expert psychologue qui a dit qu'il fallait un placement long et des visites médiatisées[2]. Mais c'était très tard. Je suis devenu une bombe. Par moments, en classe, je ne peux pas m'empêcher de hurler comme une sirène pendant plusieurs minutes, devant l'institutrice qui ne sait que faire. Mon jeu préféré consiste à étrangler les autres enfants. Quand les éducatrices essaient de comprendre ce qui se passe en moi, ou me grondent, je suis pris d'un grand fou rire. Je vois que ça les désespère. Je leur ai expliqué que je joue au dur pour faire peur à ceux dont j'ai peur. Je leur dis aussi que ce n'est pas de ma faute, tout d'un coup, je deviens comme papa. Quand ça arrive, je demande à une éducatrice de me tenir les poignets, à une autre de me tenir les chevilles. C'est seulement comme ça que je peux réfléchir à ce qui se passe en moi.

Situation n° 2

Bonjour, je m'appelle Jean-Pierre, j'ai six ans. Lorsque récemment j'ai posé des questions au médecin, il m'a expliqué mon histoire. Ma mère n'était pas capable de s'occuper de moi lorsque je suis né[3]. Aussi m'a-t-on mis dans une pouponnière. À huit mois, j'ai été placé en famille d'accueil chez un monsieur et une dame que j'aimais beaucoup. Je rencontrais ma mère et mon père en présence d'autres personnes. J'allais bien, mais justement, comme j'allais bien, une éducatrice a pensé que je pouvais retourner vivre chez mes parents et elle a réussi à en convaincre le juge. J'avais dix-huit mois. Quitter ma famille d'accueil a été horrible pour moi. Au bout de quelques semaines chez mes parents, je suis devenu fou. On a décidé alors de me mettre dans une autre famille d'accueil et de ne me faire rencontrer à nouveau mes parents qu'en présence de l'éducatrice. Mais elle n'intervenait pas et laissait ma mère me coincer la tête sous son bras, et me gaver comme une oie. Je me retenais puis vomissais chaque fois sur le trajet qui me ramenait chez mon assistante maternelle[4]. Je me suis mis à attaquer sans cesse ma famille d'accueil ; il fallait que quelqu'un paie. Elle a mis beaucoup de temps à craquer. Je vois partout des ongles pointus de sorcières qui me traversent la peau. J'ai griffé deux fois jusqu'au sang le visage d'un autre enfant qui était plus faible que moi. Ma devise : ne plus m'attacher à qui que ce soit. On ne m'y reprendra plus.

Situation n° 3

Bonjour, moi, je m'appelle Yvette, j'ai huit ans. Je suis dans une famille d'accueil et je vais tous les week-ends chez mes parents. Je fais des cauchemars toutes les nuits avant d'aller chez eux et lorsque j'y suis. J'ai dit à l'expert que je ne veux plus y aller. J'ai trop peur. Mes parents ont un travail comme tout le monde et les autres grandes personnes ne se rendent pas compte de ce qui se passe à la maison. Par exemple, la semaine dernière, mon père a décidé de se débarrasser de mon chaton. Devant moi, il l'a tapé contre le mur pour le tuer mais n'a réussi qu'à lui casser la colonne vertébrale et à le paralyser. Pour l'achever, ma mère l'a alors noyé devant moi. Le docteur Berger a dit à mes parents qu'il allait demander au juge que je n'aille plus chez eux. Ils viendront me voir à l'Aide sociale à l'enfance[5] et l'éducatrice sera présente. Quand mon père parlait, j'étais morte de peur, je répétais

1. Toutes les situations qui suivent sont authentiques ; seuls les prénoms ont été changés.
2. Rencontres parents-enfant en institution en présence de professionnels.
3. Cette mère était totalement délirante et le père laissait son épouse s'occuper du bébé de manière extrêmement inadéquate. Une expertise psychiatrique a conclu à la nécessité d'un placement familial pour une longue durée.
4. La personne de la famille d'accueil responsable administrativement de l'enfant se nomme « assistante maternelle ».
5. L'Aide sociale à l'enfance, autrefois appelée la DASS, est chargée, entre autres, de l'accueil des enfants en danger.

© Dunod – La photocopie non autorisée est un délit

son besoin d'appartenance. Elle ajoute qu'elle veut y aller pour voir « comment c'est », mais pas pour y vivre.

Au cours d'un entretien qui a lieu en l'absence de Carine, je propose à Mme L de réaliser ce premier essai, après lequel nous nous rencontrerons pour en évaluer le déroulement et les effets. Je demande seulement que Carine ne soit en contact ni avec sa grand-mère ni avec sa tante au cours de ce rendez-vous, toutes deux me paraissant trop énervées et risquant d'inquiéter Carine (la tante avait vu Carine pendant cinq minutes au cours d'une visite médiatisée lorsqu'elle avait sept ans et avait dit d'emblée : « Est-ce que tu as un amoureux ? Non ? Tu devrais »). Mme L s'y engage en disant que pour elle, sa fille est prioritaire. Un rendez-vous est pris pour parler avec elle, Carine, et son éducatrice, du jour où cette visite se déroulera et de ses modalités. Nous sommes en novembre 2000, et enfin, nous pensons que cette rencontre hors de l'hôpital n'est pas un pari trop risqué. Carine pourra probablement ne pas se laisser envahir par la pathologie de sa mère et par les images du passé qui reviendront éventuellement à son esprit. C'est l'assistante sociale du placement familial qui l'amènera chez Mme L, y restera un moment, puis les laissera seules pendant deux heures et reviendra la chercher. Nous avons des indicateurs externes de solidité : une bonne scolarité avec une intégration scolaire réussie, une relation avec la famille d'accueil qui est bonne, et surtout, lorsque sa mère saute une visite, Carine ne se désorganise pas comme avant. Mme L va être satisfaite et le juge soulagé de ne plus maintenir une mesure aussi draconienne.

Surprise : Mme L ne vient pas au rendez-vous suivant, et ceci sans prévenir. Jointe plusieurs jours plus tard au seul endroit où nous y parvenons, c'est-à-dire sur son lieu de travail, nous réussissons à lui donner un deuxième rendez-vous, auquel elle ne vient pas non plus, pas plus qu'au troisième ou au quatrième, et chaque fois nous devons reprendre contact. Quatre mois s'écoulent ainsi. Lorsque Mme L n'est pas au rendez-vous, Carine veut que nous l'appelions tout de suite au téléphone, comme auparavant, ce que nous refusons de faire, car elle n'est plus débordée par une angoisse d'abandon massive. Elle est capable de penser à sa mère oublieuse, d'être en colère contre elle, même si elle lui cherche encore des excuses.

Les raisons de ce refus, que nous lui exposons, sont les suivantes : nous savons maintenant qu'elle va vivre avec une mère qui lui donnera toujours l'illusion qu'elle va être une mère enfin disponible, mais qui ne sera pas là au moment où elle le dit. Et Carine est maintenant capable de penser sur cette situation et sur ce qu'elle ressent, alors que lorsqu'elle était plus petite, elle ne pouvait pas supporter l'absence prolongée et avait besoin d'entendre la voix de sa mère au téléphone ou de la voir pour ne pas être trop mal. Si l'on la laisse téléphoner maintenant à sa mère, elle va effacer cette colère et ce sentiment d'être oubliée avec lesquels elle va devoir apprendre à vivre. Ce qui est désigné ici, c'est la capacité que Carine a acquise de penser sur la situation sans se situer dans le collage ou la crainte.

En janvier 2001, Carine dit à l'éducatrice qu'elle n'aurait jamais dû demander un cadeau à sa mère pour Noël parce que maintenant, elle attend.

Au bout de quatre mois d'absence, en février 2001, elle va cependant mal. Elle s'emploie à avoir des attitudes qui dégoûtent la famille d'accueil, casse la chasse d'eau des WC. À l'école, elle écrit : « Je vous le répète, je ne sais rien faire et ne cherchez pas à me faire changer d'avis. » D'un commun accord, l'équipe informe Carine qu'étant donné son comportement, elle n'aura pas tout de suite le cadeau de Noël enfin amené par sa mère au secrétariat. Nous considérons en effet qu'on n'est plus dans la nécessité d'une « réparation » immédiate pour sa survie psychique[1]. De plus, lorsqu'elle est dans cet état, Carine ne peut penser sur ce qu'elle ressent que si l'on stoppe ses agirs. Son état s'améliore alors. Mais cet épisode souligne un point de vulnérabilité persistant chez elle : elle peut avoir des moments de colère, de rage même, mais n'est pas encore capable de se déprimer, c'est-à-dire de faire face aux affects dépressifs.

Ainsi cette mère qui a crié et pleuré chez le juge, qui a été en cour d'appel pour récupérer la garde de son enfant, ne vient pas quand son souhait de passer un moment seule avec sa fille pourrait se réaliser. Elle révèle ainsi probablement sa crainte d'être incapable de s'occuper réellement de sa fille. Elle révèle surtout que sa relation à son enfant n'a pas évolué depuis dix ans, alors que Carine, elle, a changé la représentation qu'elle a de sa mère et de sa relation avec elle. Lorsque nous recevons Carine pour évoquer la situation, sans un mot, elle nous montre un bout de carton sur lequel est dessinée une mère qui dit : « J'aime ma fille, même si je ne viens pas la voir. » C'est exactement ce qu'indiquera Mme L lors du rendez-vous suivant (*cf. infra*).

2001, Carine doit adapter son fonctionnement psychique à une mère qui dit clairement l'aimer mais ne pas avoir besoin de la voir

Nous téléphonons ensuite à Mme L et prenons rendez-vous pour le lendemain ; c'est peut-être le seul moyen qu'elle ne l'oublie pas. Ainsi attrape-t-on cette mère, au vol. Nous sommes en mars 2001.

À ce rendez-vous, Mme L demande à être reçue seule. Elle veut expliquer qu'elle ne prend pas Carine chez elle parce qu'elle a peur que sa fille ne réagisse mal, ne soit déçue si elle la gronde, ce qui sera peut-être nécessaire avec une fillette aussi difficile. Ceci peut être entendu à un double niveau. D'une part, et il ne faut pas en être dupe, Mme L avance cet argument pour justifier son absence ; la réalité est qu'elle n'investit pas son enfant *réel*. Mais d'autre part, il y a sans doute un fond de vérité : elle a peut-être peur de se mettre en colère, comme ses parents se mettaient en colère contre elle d'une manière irrépressible et inarrêtable, et je lui propose cette hypothèse en faisant référence à la visite médiatisée où sa propre mère s'est emportée de manière violente. Mme L répond ne jamais avoir été soumise à la colère de ses parents, ce qui est probablement faux et dévoile son fonctionnement clivé : elle ne peut se permettre la moindre critique à l'égard de sa propre mère. Le risque est trop grand que Mme L ne disparaisse de nouveau si l'on tente de l'amener à réfléchir sur ce point, et je préfère m'abstenir par prudence. En effet, au bout de deux ans de visites médiatisées, j'avais commencé à explorer l'histoire d'enfant de Mme L, et elle avait pu parler de certains événements difficiles. Mais comme cela est fréquemment le cas avec de tels parents, elle n'avait pas supporté l'évocation des sentiments douloureux liés à son passé, avait manqué plusieurs entretiens, et avait refusé ensuite de continuer à évoquer son histoire. Nous lui avions pourtant expliqué que nous ne la questionnions à ce propos que pour tenter de comprendre ce qui, dans son histoire d'enfant, pouvait l'encombrer pour s'occuper de sa fille.

Nous avons aussi une autre hypothèse à l'esprit : tout bébé rend ses parents dépendants de lui, au sens où ils sont obligés de s'adapter à son rythme de repas, de sommeil, etc. Il est possible que

1. Par ailleurs, nous craignons les effets de ce cadeau, et comme il a été apporté la veille d'une période de vacances, nous ne voulons pas que la famille d'accueil y soit confrontée sans notre aide. Notre crainte sera fondée : la mère s'est trompée de cadeau et a offert un paquet destiné à son fils, ce dont Carine aura besoin de parler.

Mme L ait ressenti cela comme si Carine, dès sa naissance, était sa mère, c'est-à-dire quelqu'un qui essaye d'exercer une emprise sur elle, ce qui expliquerait la distance qu'elle a installée d'emblée avec sa fille. Là encore, nous savons que nous ne pourrons pas explorer cette idée avec Mme L.

Dans une deuxième étape, lorsque Mme L est reçue avec sa fille, il est dit clairement à cette dernière qu'elle va devoir apprendre à vivre avec une mère non fiable. Cette mère donne l'illusion qu'un lien régulier va pouvoir s'établir mais ce lien disparaît ensuite. Mme L est comme un oiseau qui se laisse approcher et s'envole chaque fois qu'on pense pouvoir l'attraper. Mme L trouve que cette image lui correspond tout à fait. Elle explique alors que penser à sa fille lui suffit, elle a des photos d'elle dans chaque pièce de la maison, elle n'a pas besoin de la voir pour l'aimer. Elle décrit littéralement ici une des nombreuses formes de parentalité partielle : une parentalité imaginaire (en pensée) suffit à Mme L même si elle se sent obligée de réclamer sa fille pour donner à cette dernière l'impression qu'elle ne l'abandonne pas ou pour satisfaire aux exigences de la grand-mère. On remarque qu'il a fallu cinq ans et demi pour que cette mère puisse nous dire cela.

Pendant l'entretien, nous parlons de la colère de Carine, mais cette dernière essaie d'abréger la discussion : elle préfère « profiter » du moment où sa mère est là pour jouer avec elle. Nous refusons de lui obéir et l'informons qu'à chaque entretien, il sera question du déroulement des visites chez la mère ou des absences de cette dernière. À partir de 2001, nous avons été amenés à prendre un certain nombre de positions à l'égard de cette enfant. Nous lui avons par exemple interdit de téléphoner à sa mère absente, ne lui avons pas donné tout de suite le cadeau de Noël tardif, nous lui avons expliqué que sa mère n'est pas fiable, etc. Quand nous prenons de telles positions, nous ne nous demandons pas : « Avons-nous le droit de le faire ? », mais plutôt : « Qu'est-ce qui nous autorise à prendre telle position à un moment donné ? » (Rottman, conversation personnelle). En l'occurrence, ce sont les progrès psychiques de Carine, et non ceux de sa mère, que nous prenons en compte. Cet écart est caractéristique du travail qui peut être réalisé au cours d'un placement familial quand il est accompagné d'un travail psychique avec un enfant.

Suite à ce rendez-vous, Carine dit à l'éducatrice en prise en charge : « Tu te rappelles quand je faisais des jeux où je réparais tout. Je ne veux plus faire ces jeux, je veux faire de la danse. » Elle imagine alors une scène où elle est la fille de l'éducatrice et s'enferme seule dans sa chambre pour danser. Elle est d'accord ensuite pour expliquer que dans ce jeu, la petite fille montre qu'elle « se fiche » de sa mère, ou, dit autrement, qu'elle s'occupe d'elle-même au bon sens du terme, sans se soucier de sa mère. Dans le jeu suivant, une fille a appris à voler (comme un oiseau) dans un pays imaginaire. Elle annonce à sa mère qu'elle la quitte mais fait semblant de revenir, excitant ainsi le désir de sa mère. Elle reconnaît avec l'aide de l'éducatrice qu'elle a envie de quitter sa mère et en même temps, elle voudrait que cette dernière ne la laisse pas partir.

Mai 2001, première visite de Carine chez sa mère

L'assistante sociale qui réalise l'accompagnement constate quelques jours auparavant, au moment de fixer les détails pratiques de cette visite, que ni Mme L ni Carine n'ont vraiment intégré que cette rencontre au domicile maternel allait réellement se faire.

Le déroulement de la visite est intéressant pour plusieurs raisons : il montre la grande difficulté qu'éprouve Mme L à être seule avec sa fille. Par contre, la rencontre n'a plus d'effet négatif sur Carine, ce qui met en évidence ses progrès psychiques.

Mme L avait préparé un goûter. Carine a passé un petit moment avec son frère. Sa mère, contrairement à ce qui avait été convenu avec nous, l'a emmenée ensuite chez la grand-mère, à laquelle elle devait rendre un objet. Carine explique que cette grand-mère l'a serrée dans ses bras. « Je n'aimais pas ça, je n'ai pas bougé », dit-elle de cette étreinte qui l'a inquiétée, puis la grand-mère lui a proposé de rester dormir la nuit. Carine a répondu que le juge ne voulait pas. Mme L a dit à sa mère : « On revient tout à l'heure », Carine ayant bien compris que « c'était pour qu'elle nous lâche », et elles ne sont pas revenues. Puis la mère est allée rendre visite avec son enfant à une ancienne éducatrice de l'hôpital de jour qui travaille près de chez elle, sans l'avoir prévenue. Mme L a reçu ensuite un coup de téléphone de son concubin actuel. Elle lui a passé Carine, qui ne le connaît pas, et il lui a dit : « Tu es moins bavarde que ta maman. » Enfin la sœur de Mme L est arrivée, envoyée par la grand-mère, alors qu'il était convenu qu'elle n'aurait pas de contacts avec Carine pour le moment.

Suite à cette visite où Carine a été « exposée » à un certain nombre de contacts potentiellement déstabilisants et imprévus, un nouvel entretien a lieu avec elle. Elle trouve que chez sa mère, c'était petit et joli. L'éducatrice lui demande si ça lui a donné envie d'aller y vivre. Carine répond de trois manières successives qui traduisent trois manières de penser qui coexistent en elle : « Si, heureusement », puis : « Ce n'est pas possible car vous mettez une barrière infranchissable entre ma mère et moi », puis : « J'aimerais y aller mais pas pendant mon enfance. J'irai de temps en temps lorsque je serai adulte. Je veux recommencer à aller chez ma mère mais rester dans ma famille d'accueil. » Enfin, pour indiquer qu'elle en a assez des questions de l'éducatrice : « Je crois que je vais porter plainte contre toi pour tentative d'épuisement. »

Le soir de la visite, Carine s'est bien comportée dans sa famille d'accueil. Elle s'est montrée peu arrogante le lendemain, mais sans recrudescence de ses troubles précédents. Par la suite, elle se sent mieux dans cette famille, et peut s'approprier avec plus de naturel les habits achetés par l'assistante maternelle : « Ça, ça m'irait bien » ; avec son institutrice, elle a un lien plus sincère ; comme si elle se sentait moins tiraillée entre deux attachements.

Cette visite a un autre effet : elle permet à Carine de montrer ouvertement sa curiosité à l'égard de son histoire. En effet, le lendemain, elle demande à consulter « le dossier ». À l'hôpital de jour, elle a entendu parler par un autre enfant du dossier comprenant une photocopie de documents transmis par l'Aide sociale à l'enfance. L'histoire de chaque enfant placé y est racontée. Elle connaissait depuis longtemps l'existence de son dossier, mais ne peut pas dire pourquoi elle veut le consulter maintenant, et nous ne pouvons avoir que des hypothèses à ce propos. Peut-être s'imaginait-elle que comme nous « l'empêchions de voir sa mère seule » dans une des théories qu'elle élabore, nous n'étions pas d'accord pour qu'elle ait accès à son dossier ? Peut-être que seule face à sa mère « réelle » avec le risque d'être « séduite », attirée de manière irrépressible, a-t-elle besoin d'avoir des éléments de réalité objective pour faire contrepoids ? Nous ne savons pas.

Nous passons alors plusieurs entretiens à lui lire le dossier ligne par ligne. Carine veille à ce qu'on ne saute aucun mot. Nous éprouvons de la gêne en lui disant tous les rendez-vous manqués, les négligences importantes, le fait qu'elle revenait sale de chez sa mère, que cette dernière lui a donné de l'aspirine pour de la fièvre alors qu'elle était allergique à ce médicament. Lorsque nous lui faisons part du sentiment de lui donner des coups que nous éprouvons en lisant tout cela, et que nous nous demandons comment elle le supporte, elle répond « ça va », avec son air de brave petit soldat. Lorsque nous devons lui lire le nom des nombreux travailleurs sociaux qui ont successivement signé les rapports, elle désigne ainsi leur discontinuité : « Ils m'ont connue, mais moi je ne les connais pas. »

Mme L ne vient pas au rendez-vous suivant qui a pour but de faire le bilan de la visite et de préparer la suivante. On trouve un nouveau rendez-vous au cours duquel elle nous montre des photos des quelques jours qu'elle a passés dans le Midi avec son fils et son concubin.

Juillet 2001, deuxième visite

La deuxième visite de Carine chez sa mère a lieu sans problème. Toutes deux font les soldes, revoient la grand-mère qui ôte du cou de Carine le collier que lui a donné sa famille d'accueil. Carine nous dit : « Je ne l'aime pas bien, mais ce n'est pas une raison pour ne pas la voir », ce qui est un raisonnement adapté. Le concubin de Mme L est présent. Mais à son retour, Carine nous annonce que sa mère et elles ont décidé de partir ensemble quinze jours dans le Midi au mois d'août. Carine réclame ainsi à sa mère réparation d'un préjudice subi. Elle doit la recevoir autant que son frère. Et Mme L a promis ce voyage, promesse qu'elle est incapable de tenir, comme elle le montrera en ne venant pas au rendez-vous suivant. J'exprime à Carine mon désaccord concernant cette proposition. Nous nous sommes engagés pour un certain rythme de rencontres pendant plusieurs mois, la prudence est de voir comment les relations vont se passer entre elle et sa mère, et si cela se passe bien, Carine ira un peu plus longtemps chez Mme L Quinze jours, c'est aller trop vite, nous ne prenons pas le risque qu'elle recommence à se sentir mal ou à être trop déçue, et je rappelle que c'est nous qui avons en fait « forcé » le premier retour de Carine chez sa mère. Carine est furieuse contre moi, même si elle sent l'aspect protecteur de cet interdit.

À partir de septembre 2001, Carine ne vient plus à l'hôpital de jour que le mercredi matin, la prise en charge avec son éducatrice étant toujours nécessaire. Mi-septembre 2001, lors d'un entretien avec Mme L, Carine montre une lettre qu'elle a rédigée pour sa mère pendant les vacances et dont elle lui avait déjà parlé au téléphone. Elle a écrit : « Je rêve que je reviens vivre chez toi. Je t'adore. » Les soignants ressentent cela un peu comme une menace : à peine Carine est-elle sortie du cadre de l'hôpital de jour qu'elle demande à retourner vivre chez sa mère. Mais en même temps, ils ont confiance en son évolution psychique. Elle parle là d'un rêve, d'une représentation, d'une pensée. Il lui est alors dit qu'elle montre à quel point elle aime passionnément sa mère. La reconnaissance de cet amour satisfait Carine et évite que sa mère ne prenne cette lettre au sens littéral. Nous ajoutons qu'à certains moments, elle doit se sentir tiraillée entre l'amour qu'elle porte à sa mère et l'affection qu'elle éprouve à l'égard de sa famille d'accueil. Mais Mme L, bien avant cet entretien et sans nous en informer, a demandé par courrier au nouveau juge des enfants de reprendre complètement sa fille à son domicile. Carine nous l'apprendra en expliquant, lors du moment de sa prise en charge, qu'au cours de la troisième rencontre au domicile de sa mère, cette dernière lui a parlé de sa démarche, lui demandant si elle était d'accord pour revenir vivre avec elle. Carine a répondu qu'elle ne se sentait pas prête pour le moment, et qu'elle ne voulait ni quitter sa famille d'accueil où elle se sentait bien, ni changer d'école. Mme L a alors dit qu'elle allait annuler la requête qu'elle avait faite auprès du juge. Carine ajoute, sur un ton décidé : « De toute façon, je dis ce que je pense à ma mère. » Lorsque Mme L nous rapportera à son tour cet échange, il apparaîtra qu'elle a immédiatement retiré sa proposition, sans insister, avec une rapidité telle qu'on peut se demander si elle n'a pas été soulagée par la réponse de sa fille.

La réponse de Carine a donc été claire. Mais du fait de la demande de Mme L, les deux liens d'amour que cette enfant parvenait à faire coexister dans son esprit se trouvent mis en conflit de manière intense. Elle l'exprime clairement à son éducatrice en prise en charge individuelle, en dessinant deux ronds sur deux feuilles séparées. Elle écrit « maman » dans le premier, le prénom de son assistante maternelle dans le deuxième, et entre les deux, lorsqu'elle rapproche les feuilles, elle écrit « passage bloqué à vie ». Elle ajoute que c'est bloqué comme ça dans sa tête. Prise dans le même mouvement de désespoir, l'éducatrice se sent aussi « coincée ». Elle se dit que si la prise en charge s'arrête sur ce constat, Carine restera avec cette conflictualité insoutenable en elle. Pour tenter de la faire penser autrement, l'éducatrice lui suggère qu'elle aime sa mère et son assistante maternelle de deux manières différentes. Carine répond qu'elle aime son assistante maternelle parce qu'elle l'aide à grandir, qu'elle s'occupe bien d'elle. Elle ne peut rien dire sur les raisons pour lesquelles elle aime sa mère. L'éducatrice lui suggère qu'elle n'a peut-être pas de mots pour dire comment elle l'aime, peut-être parce qu'elle aime sa mère comme on aime un dieu (l'éducatrice désigne ainsi le lien de très forte idéalisation qui lie Carine à sa mère).

Dans l'entretien individuel suivant, Carine déclare à l'éducatrice qu'elle n'a pas envie de venir la rencontrer ce jour. Cette dernière met cela en parallèle avec le fait que Carine a dit à sa mère qu'elle n'avait pas envie de vivre avec elle. Carine répond qu'elle n'a pas pensé à la comparaison. L'éducatrice ajoute : « Penses-tu que cela m'embête que tu n'aies pas envie de venir me voir ? » Carine acquiesce. « Et peut-être te demandes-tu si le fait d'avoir dit non à ta mère l'a embêtée », ajoute l'éducatrice. Dans ces deux moments de prise en charge, l'éducatrice aide Carine à se confronter à certains sentiments liés à son amour pour sa mère. Elle se sent déchirée à cause de l'affection qu'elle porte à sa famille d'accueil, mais peut-être a-t-elle aussi perçu que sa mère était soulagée de son refus. Elle va tester ce qu'un tel refus fait éprouver à l'éducatrice : colère, tristesse, indifférence ?

Lors de la consultation mère-enfant suivante, Mme L nous apprend que Carine lui a demandé comment elle ressentait le refus de revenir vivre avec elle. Mme L lui a répondu que l'essentiel était qu'elle se sente bien dans sa famille d'accueil. Carine profitera de cette consultation pour dire à sa mère qu'elle veut y rester jusqu'à sa majorité.

On constate que le fait d'avoir repris les visites chez Mme L augmente la souffrance de Carine car cette mère profite chaque fois de notre absence pour proposer à Carine une relation idéalisée qu'elle est incapable de tenir : quinze jours dans le Midi ou un retour définitif. Elle augmente ainsi de manière importante le sentiment de tiraillement qui existe chez tout enfant placé. Si Carine résiste aux propositions de sa mère dont elle perçoit l'aspect inadéquat pour elle, c'est grâce au dispositif associant visites médiatisées, constitution d'un lien protégé avec la famille d'accueil et création d'un lien d'écoute fiable avec un professionnel. Ceci constitue pour le moment un contrepoids suffisant aux processus d'idéalisation et de captation. On perçoit l'aspect essentiel de ce troisième lien avec l'éducatrice, qui, grâce à son écoute, ses questions, ses reformulations, permet à Carine de prendre conscience de ce qu'elle ressent, d'éclaircir sa pensée à propos des liens qu'elle a avec sa mère et sa famille d'accueil, d'exprimer ses craintes, et de parvenir à se formuler ce qui est le mieux pour elle. Pour que Carine puisse demander à sa mère ce qu'elle ressent lorsqu'elle lui fait part de son refus de revenir vivre avec elle, il faut que cette enfant ait d'abord expérimenté de dire à l'éducatrice qu'elle ne veut pas venir la voir. On se rend compte que ceci ne peut se faire qu'« à petits pas », sans qu'on puisse accélérer ce temps psychique.

Juin 2002, nouvel abandon

En avril 2002, Mme L réclame que Carine vienne une fois à son domicile de manière plus rapprochée que prévu pour fêter l'anniversaire de son frère. Ce dernier aurait indiqué qu'il n'acceptait de marquer cet événement que si sa sœur était présente. Nous acceptons. Mme L est absente au moment où l'assistante sociale de notre service amène Carine à son domicile, et toutes deux doivent attendre son retour pendant vingt minutes. Lorsque l'assistante sociale vient rechercher Carine, Mme L n'est pas au rendez-vous. Grâce à son téléphone portable, on parvient à la « localiser » avec sa fille et son concubin dans une grande surface où l'intervenante va récupérer l'enfant. Au retour, Carine nous indiquera que contrairement à ce qu'a dit sa mère, il n'y a aucune photo d'elle dans l'appartement, et l'anniversaire n'a pas été fêté. Puis Mme L ne donne plus signe de vie. Au bout de cinq mois d'absence, Carine se montre insultante et arrogante à l'égard de Josiane, son assistante maternelle, en disant : « Comme je n'arrive pas à commander ma mère, je le fais sur Josiane. » Au cours de la prise en charge, elle essaie d'élaborer ce nouvel abandon. « Il faut que je n'aie plus besoin de voir ma mère, comme elle n'a plus besoin de me voir. » Puis : « Je ne peux pas la faire souffrir puisqu'elle n'a pas besoin de me voir. » Dans cette phrase, la mère est représentée comme un personnage tout-puissant et inaccessible. En même temps, Carine commence à avoir le sentiment qu'elle et nous avons essayé de lui fabriquer une mère « de toutes pièces ».

Mars 2003, « la lettre de renoncement »

À cette date, Carine écrit pour elle-même une lettre à sa mère qu'elle n'a pas l'intention de lui envoyer. Elle la montre à son éducatrice :

> « Maman, je t'écris pour te rappeler que tu as une fille, au cas où tu l'aurais oublié. Ça fait maintenant dix mois que je n'ai aucune nouvelle de toi, je voudrais savoir aussi pourquoi tu n'es pas venue au rendez-vous et pourquoi tu n'as pas répondu à ma lettre. Je veux aussi te dire que même si tu ne *veux* [souligné deux fois par Carine] ou ne peux pas me voir (on ne sait jamais ce qui se passe dans la tête des gens), tu n'as pas le droit de m'empêcher de voir Jean-Pierre, qui est quand même mon frère, un être cher qui compte pour moi. Je te rappelle aussi, au cas où tu l'aurais oublié, que le 27 octobre, j'ai eu onze ans et que c'était mon anniversaire. À part ça, je te dis quand même, si ça t'intéresse, que je vais très très bien, j'ai plein de copines, des profs très sympas, et je suis dans un super collège. Je suis bien dans ma famille d'accueil, qui est dure mais juste, ce que tu n'as jamais pu être.
> Carine »

Octobre 2003

Depuis dix-sept mois, Mme L ne s'est pas manifestée. L'idée de solliciter une déclaration judiciaire d'abandon (art. 350) suivie d'une adoption est envisagée par l'équipe. Mais la famille d'accueil a renoncé à ce projet, car Carine lui paraît trop préoccupée par la relation avec sa mère pour pouvoir s'inscrire dans une autre filiation. L'assistante maternelle pense qu'il est trop tard, et la suite va lui donner raison. Lors de l'audience judiciaire d'octobre, Mme L, convoquée sans sa fille, déclare au juge que si elle n'a pas essayé de revoir Carine, c'est à cause du Dr Berger qu'elle n'aime pas et qu'elle était obligée de rencontrer lors des visites médiatisées, puis lors des consultations. Nous rappelons que c'est pourtant notre équipe qui a insisté pour que sa fille retourne chez elle. Avec une mauvaise foi stupéfiante et en criant, Mme L nie toutes ses négligences antérieures, annonce au passage qu'elle s'est mariée récemment (sans en informer sa fille), déclare n'avoir jamais reçu de lettre de son enfant — qui pourtant lui avait écrit à plusieurs reprises — et attaque fortement le médecin lorsque ce dernier évoque la relation positive qu'il a eue jusqu'à présent avec cette mère. L'histoire est totalement reconstruite par Mme L qui se présente comme une victime des événements et du Dr Berger. Seule l'arrête une intervention pertinente de la travailleuse sociale de l'Aide sociale à l'enfance, qui demande quel effet elle pense que ses absences peuvent avoir sur sa fille. Elle reste alors silencieuse un moment. Le juge reconduit le placement pour deux ans, et propose que Mme L puisse revoir son enfant, à condition qu'elle en fasse la demande à l'Aide sociale à l'enfance.

Le lendemain, Carine est reçue seule par le juge. Deux jours avant l'audience, elle avait expliqué à son éducatrice qu'elle était en colère contre sa mère et que même si cette dernière venait et voulait la voir, « ce serait trop facile, c'est moi qui ne voudrais pas ». Mais maintenant que sa mère est venue, elle n'ose plus dire ce qu'elle avait prévu de déclarer au magistrat. Elle se tait, car elle a encore l'espoir de renouer une relation avec Mme L. Dans notre rapport précédant l'audience, nous avions souligné qu'il n'était pas bon pour elle de passer son temps à attendre de revoir sa mère, à s'épuiser dans l'illusion qu'elle lui proposera une relation fiable, et expliqué au juge que le fait qu'il reprenne cette idée pourrait avoir pour la fillette une importance symbolique libératrice. Mais le magistrat ne dit rien de cela. Pendant les trois mois qui suivent, Carine pense que sa mère n'a peut-être effectivement jamais reçu ses lettres, attend à nouveau que cette dernière se manifeste, est agressive au collège et dans sa famille d'accueil qui a le sentiment d'être revenue à zéro. Puis elle « renonce » à nouveau et les choses rentrent dans l'ordre. Neuf mois plus tard, Mme L n'a pas redonné signe de vie.

2. COMMENTAIRES

Nous ne savons pas comment évoluera la relation entre Mme L et Carine. Toute l'histoire passée et notre expérience d'autres situations nous amènent à penser que Mme L est probablement incapable à jamais de reprendre complètement son enfant, et que le mieux pour Carine serait de vivre dans sa famille d'accueil où elle trouve sécurité, affection, solidité. Peut-être faudra-t-il demander au juge de revenir au cadre antérieur, celui des visites médiatisées, si la mère se manifeste de nouveau ? Peut-être Carine réglera-t-elle elle-même le rythme des visites lorsqu'elle sera adolescente, avec une certaine liberté de rencontre qui lui permettra d'évaluer qu'elle ne doit pas trop en demander à sa mère, sous peine de déception ?

Nous espérons avoir montré que les visites de Carine chez sa mère dépendent de ses progrès psychiques. Toute décision de retour imprudente car trop hâtive n'aurait fait que la fixer dans ses difficultés de fonctionnement psychique et de comportement. Cela n'aurait abouti qu'à des contacts inquiétants pour elle et insatisfaisants pour toutes les deux. On mesure la ténacité qui a été nécessaire pour tenir ce cadre, et à quel point c'est le dispositif d'écoute qui a été le meilleur guide, et non des principes généraux sur la famille et le lien parent-enfant.

L'histoire de Carine permet aussi de faire aux politiques, aux divers administrateurs qui ne sont pas sur le terrain, et à un certain nombre de professionnels, une révélation stupéfiante : les enfants placés pensent. Précisons même que comme les parents, les enfants placés pensent beaucoup au retour dans leur famille, mais absolument pas dans les mêmes termes que les adultes, et leur pensée est aussi valable que celle de ces derniers... encore faut-il l'écouter... et en tenir compte.

Après avoir lu la description de la prise en charge de Carine, Louisiane Gauthier, psychologue de la Protection de la jeunesse du Québec, nous a écrit :

> « Merci de maintenir le discours de la clinique. J'ai une remarque cependant : je suis très perplexe relativement aux contacts « maintenus » avec la mère durant toutes ces années. Je salue le courage et la ténacité des intervenants et... de l'enfant. Fallait-il que cette enfant revive à ce point, jusqu'à plus soif, l'abandon répétitif par sa mère pour aider à la réduction du clivage... peut-être entretenu aussi par l'élasticité de la rupture. Toutes ces années où « l'espoir est maintenu » ; où ce sont les humeurs de la mère qui dictent les pas de l'enfant, du thérapeute, du juge, ne portaient-elles pas en soi un effet plus délétère que cette désintoxication si lente et si douloureuse ? Aurions-nous pu penser que cette enfant aurait davantage évolué ou, plus justement, moins souffert dans une mise à distance — mise à l'écart — de cette non-mère. Ma question est : n'y a-t-il pas un rappel et un maintien des dommages par cette non-rupture définitive ? Désidéalisation salutaire ou illusion d'un lien si peu soutenant soit-il ? Tout en disant si éloquemment que le lien de sang n'est pas une condition de certitude d'établissement de lien affectif, y a-t-il sous entendue à votre approche thérapeutique la pensée que la parentalité est une fatalité incontournable à laquelle nul enfant ne peut échapper et qu'il vaut mieux qu'il y soit confronté en étant soutenu ? Je sais bien qu'il n'y a pas de position théorique valable pour tous, mais dans le cas de Carine, je vous ai trouvé bien patient. Comment vit une famille d'accueil avec une enfant mise à mal par le parent naturel et comment l'enfant investit-elle cette famille qui, en fait, est sa famille et pourrait vouloir cesser de l'être ? Je sais que vos familles sont davantage soutenues que les nôtres.
>
> L'approche thérapeutique était-elle conditionnée par la loi française et aussi le parti pris résolument parental de vos édiles... qui n'ont pas forcément de quoi à envier aux nôtres. Sauf que nous travaillons actuellement à statuer rapidement et rigoureusement sur les capacités parentales réelles et à tirer les conséquences de ce que nous savons. Nous, nous espérons des amendements à notre loi. »

Nous lui avons répondu qu'effectivement, si la loi française nous l'avait permis, nous aurions pu en grande partie éviter à Carine de vivre ces tourments.

Chapitre 21

Vivre avec des parents très inadéquats

M. Berger

PLAN DU CHAPITRE

1. L'EXPÉRIENCE CLINIQUE

Précisons brièvement sur quelle expérience reposent les affirmations qui vont suivre.

Le service de pédopsychiatrie de l'hôpital Bellevue à Saint-Étienne dans lequel ont été élaborés les jalons et dispositifs proposés ci-après, s'est spécialisé depuis 1979 dans la prise en charge des situations de défaillance parentale, parallèlement à d'autres activités de soins et de recherche. Pour moitié de ses effectifs, l'hôpital de jour reçoit des enfants qui sont séparés de leurs parents par une ordonnance judiciaire, et qui vivent par ailleurs le plus souvent dans des familles d'accueil, placements gérés par l'unité de placement familial du service.

Chaque enfant bénéficie d'un temps quotidien de prise en charge individuelle d'une demi-heure à une heure avec une éducatrice ou un éducateur ou un(e) infirmier(e) psychiatrique, et le déroulement de ces mille quatre cents heures d'écoute annuelles est supervisé en permanence. Le suivi des enfants est assuré jusqu'à l'âge de dix-huit ou vingt ans, plus longtemps si le sujet le souhaite. Une unité d'hospitalisation à temps plein de six places ne reçoit presque que des enfants placés judiciairement. Plusieurs juges des enfants du département de la Loire (restés en place pendant plusieurs années) ont suivi notre argumentation clinique à de très nombreuses reprises, prenant les mesures qui paraissaient nécessaires à l'équipe hospitalière pour protéger les soins, en décidant par exemple la mise en place de rencontres parents-enfant sous forme de visites médiatisées plus ou moins espacées en présence d'un médecin psychiatre et de l'éducateur ou de l'infirmière psychiatrique référente de l'enfant.

Plus de cent enfants séparés judiciairement ont été suivis ainsi, environ quatre cents autres enfants placés ont été reçus pour des soins en consultation, et trois mille visites médiatisées ont été effectuées. Enfin nous collaborons étroitement avec une association d'aide à la parentalité, « Naître et bien-être ». La recherche concernant les processus thérapeutiques et le fonctionnement psychique des enfants concernés a fait l'objet de plusieurs publications, et les résultats de ces soins sont constamment évalués.

Par ailleurs, les juges des enfants de plusieurs départements nous demandent régulièrement de réaliser l'expertise de situations complexes. Nous avons eu ainsi l'occasion de consulter soixante-dix dossiers décrivant l'itinéraire des enfants depuis les premières mesures prises jusqu'à la période actuelle, et d'essayer de comprendre comment on pouvait arriver à une situation d'impasse.

Enfin, les membres de l'équipe sont souvent sollicités pour effectuer des formations en divers endroits du territoire français (et à l'étranger), et nous constatons que les problèmes sont les mêmes presque partout dans notre pays.

C'est à partir de cette expérience que nous allons décrire dans quels processus de pensée sont pris les enfants soumis à une inadéquation éducative parentale importante. Le suivi de Carine a déjà montré comment, face à une situation qui ne semble pas trop dramatique, un enfant peut être confronté à des sentiments d'une grande complexité.

2. LA SUR-UTILISATION DU CONCEPT DE « CARENCE »

Le mot « carence » est trop souvent utilisé à mauvais escient dans le domaine de la protection de l'enfance. Il indique qu'un enfant manque de certains apports, affectifs, intellectuels, etc., et son utilisateur sous-entend fréquemment que ce qui a manqué pourrait être comblé et rattrapé par un apport ultérieur. Malheureusement, il n'en est rien. Tout manque est en soi à l'origine d'autres processus. Ainsi un nourrisson qui est laissé dans son berceau pendant des jours, n'étant pris dans les bras que de brefs instants au moment de l'alimentation, est un sujet qui plus tard risque de ne pas sentir son dos car cette partie de son corps n'a pas été investie dans un échange (caresse, portage) lui permettant d'en prendre conscience. Un bébé nourri avec un biberon calé par un coussin, sans échange visuel, est un sujet qui risque, plus tard, ne pas ressentir la profondeur de sa cavité buccale, ni ses lèvres, ces organes n'ayant pas été l'objet d'un investissement lié à un échange relationnel. Et ces sujets concluront toujours que si les choses vont mal, c'est de leur faute. Se contenter du terme de « carence », c'est être paresseux. Nous allons examiner maintenant les principaux processus psychiques qui coexistent avec la « carence ».

3. CHEZ LE BÉBÉ

Fraiberg, une psychanalyste mondialement connue, a insisté dès 1981 sur la précocité et la spécificité des processus de défense pathologiques mis en place par les nourrissons. Son étude très précise, comprenant des enregistrements vidéographiques, concerne douze mères gravement déprimées et une mère schizophrène, qui soumettaient leurs enfants à des « carences ». D'emblée il est apparu que si ces mères étaient « psychologiquement absentes » la plus grande partie de la journée, elles présentaient des crises de fureur imprévisibles. Les processus de défense suivants furent mis en évidence :

- *l'évitement* dès l'âge de trois mois : ces bébés évitaient sélectivement de regarder le visage de leur mère, alors qu'ils pouvaient fixer des yeux d'autres personnes, comme si l'image maternelle était associée à de la souffrance et de la peur. Ils n'envoyaient aucun signal à leur mère pour lui demander de l'aide. Là où il y aurait dû y avoir « recherche », il y avait « évitement » ;
- *une réaction de gel* à partir de cinq mois : certains bébés s'immobilisaient complètement, gelant leur mobilité et leur voix. Au bout d'un moment, cette rigidité pouvait être remplacée par un hurlement sinistre qui durait plusieurs minutes, au cours duquel la personnalité de l'enfant semblait se désintégrer ;
- *la lutte* dès l'acquisition de la marche : ces nourrissons se comportaient comme des « petits monstres », de vraies terreurs dans la journée, mais ils étaient terrifiés la nuit. Avant chacun des épisodes de lutte, une expression de peur traversait leur visage ;
- *les transformations de l'affect* entre neuf et seize mois : le nourrisson réagissait à une situation angoissante, telle un jeu de taquinerie sadique effectué par un parent, en transformant la peur en un sentiment « opposé », le rire, rire grinçant, théâtral. Même lorsqu'il avait mal, l'enfant riait. Il s'agit sans doute d'une des formes les plus précoces du déni. D'autres travaux montrent que le bébé peut se montrer calme dans une situation angoissante, mais qu'il s'est alors coupé de ses sentiments en ne gardant que la réaction physiologique du stress : respiration rapide, et/ou augmentation du cortisol salivaire ;
- *l'inversion des attitudes* à partir de treize mois : le nourrisson retournait contre lui-même l'agressivité qu'il ressentait en se tapant la tête contre le sol, etc., ce qui préservait la relation avec la mère.

Longtemps avant tous les autres auteurs, D. Winnicott avait indiqué que les psychanalystes se sont tellement centrés sur la relation mère-petit enfant, qu'ils n'imaginent pas que le fait, pour un bébé, d'avoir un père paranoïaque, alcoolique et violent, puisse avoir une influence sur lui. Quant à la violence de la mère, c'est une idée difficilement acceptable par les intervenants alors qu'elle est fréquente et peut être à l'origine de comportements agressifs ultérieurs chez l'enfant[1]. Elle est d'autant moins entendable lorsqu'elle concerne une relation mère-bébé. On rendra ainsi son enfant à une mère qui répète que le corps de son bébé lui répugne, et qui vient de le placer trois mois dans une pouponnière sans lui rendre visite. Et tant qu'une fracture osseuse claire et nette n'a pas eu lieu, l'enfant peut être laissé ou remis dans sa famille, malgré des signes de maltraitance avérée.

Parmi les conséquences de cette violence, citons-en quatre qui peuvent coexister chez le même sujet.

La terreur hallucinatoire

L'enfant vit dans un état de terreur hallucinatoire, c'est-à-dire sans être capable de distinguer la réalité des images angoissantes du passé. Et si l'on tente de lui dire qu'il n'y a actuellement plus rien qui justifie ses peurs, il répond « puisque j'y pense maintenant, c'est du présent ». Il s'agit là d'un point capital : une proportion très importante d'enfants soumis à des situations de défaillance parentale présentent des phénomènes hallucinatoires, que les intervenants méconnaissent car ils ne les explorent pas et qui ne seront mis en évidence que grâce à un dispositif d'écoute adéquat. À l'occasion d'un événement ou d'un accroc mineur dans son existence, ou en permanence, l'enfant ou l'adolescent voit comme un monstre toute personne, éducateur, enseignant, assistante maternelle, avec laquelle il a un lien. Il en est de même par rapport au parent, même si ce dernier est momentanément plus calme. Et un traitement neuroleptique anti-hallucinatoire peut être nécessaire pendant longtemps pour permettre au sujet d'établir des relations moins angoissantes avec autrui.

Amadouer le parent

Dans cette situation, l'enfant n'a pas d'autre choix que de se coller au parent effrayant. Ainsi un frère et une sœur de cinq et six ans, reçus seuls en expertise, déclarent à l'expert à quel point ils sont terrifiés par leur père, ce dernier ayant essayé de les récupérer de force en menaçant de mort un travailleur social devant eux. Pourtant tous deux s'installent immédiatement sur les genoux de ce parent lorsqu'ils sont reçus ensemble, en se collant à lui, pour l'amadouer il leur faut prendre cette attitude de soumission, et ce changement se déroule en un dixième de seconde. Citons encore un enfant battu qui, dans le bureau de l'intervenant, embrasse son père, et déclare dès qu'il est parti : « Je l'ai fait parce que j'avais peur. » Ce serait une erreur d'interpréter un tel comportement comme une relation chaleureuse marquée d'une certaine ambivalence : il s'agit d'un mécanisme de protection que l'enfant doit mettre en place pour sa survie.

1. Pommereau X., « Avoir mal, faire mal, mettre à mal », in *Souffrances et violences à l'adolescence*, Issy-les-Moulineaux, ESF, 2000, p. 105-136.

« Incorporer » le parent violent

Un enfant peut être condamné à adopter un mode de survie psychique particulièrement coûteux, qui consiste à adhérer à la violence parentale dans la mesure où s'y opposer serait suicidaire. Il n'a pas eu d'autre choix que de « mettre en lui » la personne terrifiante, dans une sorte d'identification brute, d'incorporation globale. Ce que l'on appelle alors la toute-puissance de l'enfant, c'est en fait son impuissance face au surgissement hallucinatoire du père ou de la mère violents *en lui*[1], et non pas projeté sur l'autre comme c'est le cas dans l'état de terreur hallucinatoire. Lorsque cette violence survient en lui, l'enfant n'a pas les moyens de se contenir, il ne peut que se laisser emporter en y adhérant. Ainsi un enfant peut attaquer brusquement un autre enfant en disant « c'est papa », ce qui signifie, lorsqu'on lui demande d'expliquer : « C'est papa en moi qui me fait agir ainsi. » Cette violence est de la même nature que celle qu'il a subie, impitoyable, l'objet n'est pas pris en compte, et il devient impossible de voir l'enfant terrifié qui existe derrière l'enfant violent. Il ne sert à rien de tenir à de tels sujets un discours éducatif tentant de lui faire intégrer la loi, ou de lui proposer des modèles adultes identificatoires ; c'est totalement à côté de la plaque. On constate quotidiennement qu'une telle violence n'a pas « d'âge biologique ». Elle apparaît chez des enfants de plus en plus petits, âgés de dix-huit mois à deux ans, souvent même dès la marche qui leur permet d'avoir les mains libres pour taper, et c'est alors un tour de passe-passe de parler de « jeunes » violents : leur violence était présente en eux depuis la première année de leur vie, simplement leur force croissant avec l'âge, il devient de plus en plus difficile de la sous-estimer lorsqu'ils abordent la pré-adolescence. La prise en charge spécifique de cette violence chez l'enfant ne sera pas traitée dans cet ouvrage[2]. Elle est compliquée par le fait que ces sujets indiquent clairement qu'abandonner leurs comportements violents équivaut pour eux à perdre leurs parents.

L'enfant livré à ses pulsions

La violence de l'enfant peut également avoir pour origine la négligence éducative : certains parents ne mettent absolument pas de limites éducatives à leurs enfants. Ces derniers insultent, tapent, font parfois des « choses » sexuelles dans la chambre du fond, ni père ni mère n'interviennent. Ils se représentent leur enfant comme trop fragile, ou sont trop centrés sur eux-mêmes et/ou trop déprimés pour intervenir. Un responsable éducatif expliquait ainsi que dans toutes les familles qu'il suivait à domicile, les cadeaux de Noël achetés lors de promotions au début du mois de novembre avaient été ouverts et donnés aux enfants quinze jours plus tard, les parents n'ayant pas pu résister à leur enfant, lequel demandait ensuite d'autres cadeaux pour Noël. Cette attitude n'aboutit pas à des enfants gâtés, ce qui serait un moindre mal. Mais il y a plus. Un enfant qui n'a pas été confronté à un surmoi « régulateur », c'est-à-dire à des règles interdictrices sans excès et s'accompagnant d'une explication du bien-fondé de l'interdit, est un enfant qui est livré à la toute-puissance de ses pulsions agressives et sexuelles. Il est angoissé en permanence de se sentir dominé ainsi par ses pulsions sans limites, ce qui apparaît nettement dans les jeux symboliques qu'il fait lorsqu'il y parvient. Freud indiquait que le but de l'éducation est d'aider l'enfant à « domestiquer, dompter ses pulsions »... et que l'enfer, ce serait le monde dirigé par des enfants de quatre ans.

1. Roussillon R., « Le rythme, le transitionnel, le transit et le cadre », *op. cit.*
2. *Cf.* Berger M., *Voulons-nous des enfants barbares ? Prévenir et traiter la violence extrême*, Paris, Dunod, 2008.

9. LA MAÎTRISE

Ne pas dépendre de l'autre et le rabaisser est la devise d'un certain nombre d'enfants pour lesquels l'attente permanente d'une présence et d'une réponse parentale adaptées est devenue insupportable. Leur mépris vient d'un profond sentiment de préjudice qui leur donnerait tous les droits. Lorsqu'ils sentent qu'ils sont allés trop loin, en particulier dans leur famille d'accueil, ils s'excusent, non qu'ils se sentent coupables, mais pour éviter de perdre la relation avec l'adulte. Ils écrivent alors des lettres d'amour à leur assistante maternelle pour annuler ce moment de tension. Il est important dans de telles situations d'avoir une attitude anti-effacement. Pardonner rapidement, c'est faire perdre à l'enfant une occasion de penser, c'est laisser se déplacer indéfiniment sa colère à l'égard de ses parents. L'adulte peut alors dire à l'enfant qu'on s'en tient là pour le moment, jusqu'à la fin de la journée, il n'y aura pas d'autre contact que ceux indispensables à la vie quotidienne, et qu'on le laisse réfléchir à ce qui s'est passé en lui et aux motifs de ses paroles. Ceci sera repris plus tard avec lui. Mais cette attitude éducative est loin d'être suffisante pour modifier cette position « existentielle ».

Situation n° 15

Estelle, treize ans, a grandi en présence d'une mère psychotique sauvage, farouche, ne tenant aucun compte des désirs et des rythmes de sa fille. Elle m'est adressée pour son comportement destructeur et agressif dans la maison d'enfants où elle est placée, et pour son refus d'effectuer tout travail scolaire malgré son intelligence normale. Estelle me regarde droit dans les yeux, s'attendant à ce que je détourne le regard le premier. Devant mon inquiétude concernant son devenir, elle me répond : « Je fais ce que je veux. » Puis : « J'ai décidé d'arrêter les entretiens avec M. X [psychologue-psychothérapeute]. » Face à ce qui me semble être une absence grave de point d'ancrage, de lien avec une personne de référence, je lui demande s'il y a un adulte qui est important pour elle dans sa vie à part sa mère (actuellement psychotique chronique vivant en établissement), et elle me répond par la négative. Elle ajoute : « Je n'ai besoin de personne. » Je lui fais part alors de mon souci car je pense qu'elle est incapable d'avoir une relation avec qui que ce soit, et qu'elle ne peut pas apprendre car elle ne peut pas accepter que quelqu'un lui apprenne des choses. Dans ces conditions, elle ne parviendra pas à avoir un métier plus tard, et ne pourra vivre qu'avec l'argent que la société lui donnera. Elle qui tient tellement à son indépendance ne pourra pas s'en sortir seule pour vivre. Estelle écoute ce que je dis en prenant le contre-pied et se montre d'une insouciance insolente. Aucun abord n'est envisageable, et qui plus est, cette adolescente souffre d'un asthme sévère, met sa santé en danger en refusant de prendre son traitement. Il serait facile de dire qu'il faut respecter sa liberté, mais en fait elle n'a aucune liberté interne, car elle est incapable de renoncer à ce système de défense rigide et mutilant.

En désespoir de cause, au cours de l'entretien suivant, je lui impose une injection de neuroleptique retard renouvelée tous les mois afin de diminuer l'intensité de ses manifestations agressives qui vont la faire renvoyer de son institution. Elle la subit, furieuse. Son comportement s'améliore alors considérablement, ce qui n'est peut-être pas dû qu'à l'action du médicament. Elle se met à faire ses devoirs seule, et demande de l'aide lorsqu'elle ne comprend pas, n'agresse plus les autres, sourit, et à ma surprise, demande à me rencontrer de manière fréquente et régulière. Il est probable que l'injection imposée a été ressentie à la fois comme une limite à cette toute-puissance qui la faisait se comporter d'une manière sauvage, comme sa mère, et comme une marque d'investissement important alors que sa mère la frappait mais ne posait pas de limites structurantes. Cet acte du thérapeute « qui ne laisse pas tomber » est d'autant mieux ressenti par elle que le personnel de l'institution où elle vit change souvent et travaille en roulement.

Mais le problème suivant survient alors. Lorsque Estelle accepte de dépendre des adultes et d'essayer d'apprendre en classe, l'importance de ses troubles cognitifs apparaît : difficultés de repérage dans le temps, impossibilité de lire l'heure, incapacité de tenir un raisonnement déductif en mathématiques. Elle se déprime profondément, en disant qu'elle ne saura jamais rien faire, ne peut élaborer aucun projet dans la vie, que l'existence qui l'attend est nulle. Un enseignement individuel et spécialisé lui est alors proposé sans certitude quant au résultat.

10. L'INSTABILITÉ PSYCHOMOTRICE

La fréquence et la gravité de ce trouble sont constamment sous-estimées. L'instabilité se caractérise par une hyperkinésie (enfant toujours en mouvement), des troubles importants de l'attention et de la concentration, et une impulsivité (enfant qui répond à une question en classe avant la fin de l'énoncé ou qui ne peut jamais attendre). Dans les rapports successifs des éducateurs, elle est prise à tort pour un comportement rassurant : l'enfant, dès qu'il marche, est qualifié d'« éveillé », « vif », « enjoué », etc., alors qu'il présente une agitation incessante. Cette instabilité est le signe d'une *discontinuité permanente* dans le processus de penser. Le sujet passe ainsi sans cesse d'une pensée à une autre, d'une activité à une autre, ce qui l'empêche d'être créatif comme le sont habituellement les enfants de son âge et de construire le moindre jeu élaboré et le moindre scénario. Au mieux, il produit quelques jeux extrêmement répétitifs qui peuvent faire illusion face à un observateur peu attentif. Au moins 60 % des enfants ayant subi des interactions précoces inadéquates sont très instables, et 80 % après six mois de séjour dans certaines pouponnières où ils n'ont pas bénéficié de temps de relation individuelle. Dans le contexte décrit ici (ce symptôme peut avoir d'autres origines), l'instabilité est une forme de trouble psychosomatique qui traduit un grave défaut de holding, c'est-à-dire de la part de son environnement, un défaut de continuité dans l'investissement du bébé. C'est un véritable *poison* pour l'avenir de l'enfant, car son agitation permanente et son impulsivité sont épuisantes pour la famille biologique, augmentant encore ses difficultés éducatives, de même que pour la famille d'accueil au cas où un placement familial est décidé. Les difficultés majeures de concentration empêchent l'enfant d'apprendre. Enfin, elle est régulièrement non traitée, les intervenants attendant que « ça se tasse », alors que cette forme d'instabilité psychomotrice persiste même lorsque les causes qui ont contribué à son apparition ont disparu, et elle ne peut s'améliorer qu'avec un traitement spécifique[1].

11. LES DIFFICULTÉS D'APPRENTISSAGE

Ces difficultés sont fréquentes et graves : seulement 32 % des enfants concernés ici parviennent au niveau certificat d'aptitude professionnelle à l'âge adulte. Aussi paraît-il nécessaire de décrire certains de ces troubles. On est souvent frappé par le flou des termes employés par les travailleurs sociaux et les éducateurs : « L'enfant n'entre pas dans les apprentissages » est en soi un diagnostic, alors que cette difficulté peut être liée à des facteurs très différents, qui nécessitent chacun un abord spécifique au niveau de la pédagogie, du cadre de vie, et parfois au niveau d'une aide médicamenteuse. Au lieu qu'un bilan précis soit effectué en collaboration avec l'enseignant, l'évaluation est sommaire et trop souvent ces enfants sont mis en intégration partielle dans des classes sans autre objectif que de les scolariser tant que l'école peut supporter leurs troubles du comportement.

1. Berger M., *L'Enfant instable. Approche clinique et thérapeutique*, Paris, Dunod, 1999.

De plus, les enseignants non spécialisés dans ce genre de troubles ont parfois de la difficulté à réaliser combien ce que l'enfant semble avoir appris est plaqué, et tout s'effondre dès le premier trimestre du cours préparatoire. Pire encore, ces enfants passent au bénéfice de l'âge dans des classes de plus en plus élevées et se retrouvent en cours moyen deuxième année ou en sixième alors que les notions fondamentales du cours préparatoire ne sont pas toutes intégrées, mais personne n'ose évaluer ni nommer l'ampleur de ce décalage. Il s'agit là d'un problème de fond : l'échec scolaire de ces enfants est souvent accepté comme une fatalité alors que c'est à la fois un signe d'alarme, de gravité de la situation et un facteur de mauvais pronostic concernant leur insertion sociale et leur autonomie. Ajoutons que l'aide aux devoirs est souvent insuffisante pour surmonter les troubles en question.

Dans ces circonstances, ces enfants peuvent avoir plusieurs raisons de ne pas parvenir à apprendre. Les constatations qui suivent reposent sur de très nombreux travaux que nous ne citerons pas ici[1].

Les perturbations des interactions précoces

L'apprentissage avec le corps

Nous savons maintenant qu'une des fonctions des échanges parents-bébé dès les premiers jours, est de donner à un enfant la capacité de comprendre le monde, car il apprend avec son corps, c'est-à-dire à partir de la manière dont il est touché, de la curiosité dont il est l'objet, des actes qu'on lui laisse accomplir, des rythmes qu'on lui propose, et du fond émotionnel et matériel sur lequel se déroulent ces expériences. De plus, un bébé et un enfant plus grand ne peuvent développer certaines capacités d'apprendre et de penser que lorsqu'il leur est proposé *une relation à deux*, prévisible, répétée, prolongée. Ces constatations se déclinent dans plusieurs registres.

La nécessité de la permanence de l'objet

Par « objet », nous entendons les adultes qui s'occupent d'un bébé, mais aussi, dans une certaine mesure, le cadre matériel dans lequel il vit. Il y a permanence de l'objet quand un adulte accepte de se laisser élire par un enfant comme personne centrale, de référence, et se soumet alors aux obligations que cela implique. En particulier, il est nécessaire que cet objet ait lui-même suffisamment de permanence physique et affective. Certains parents peuvent être présents, mais n'avoir aucune permanence affective, et leur enfant risque alors d'aller si mal qu'une séparation s'impose.

La permanence de l'objet est indispensable pour acquérir un sentiment de sécurité interne comme l'ont montré les travaux de Spitz et de Bowlby sur l'attachement. Elle intervient aussi de manière fondamentale dans la construction de la capacité d'apprendre, car elle constitue la matrice du sentiment d'invariance : elle permet au sujet de faire l'expérience qu'il existe dans le monde des choses qui ne changent pas, des certitudes sur lesquelles s'appuyer. L'enfant peut ainsi penser

1. *Cf.* Berger M., *Les Troubles du développement cognitif. Approche thérapeutique chez l'enfant et l'adolescent*, Paris, Dunod, 1996.

plus tard que la lettre *a* est toujours la lettre *a*, et que 1 + 1 font toujours 2. Sans acquisition de la permanence de l'objet, tout apprentissage est construit sur du sable.

La nécessité d'une relation en miroir

D'une manière générale, on évoque trop rapidement l'acquisition du sens de l'identité et de l'autonomie alors qu'une étape préalable indispensable est d'avoir pu se sentir identique à une autre personne. Ceci nécessite que le bébé puisse ressentir à sa façon, et pas encore avec des mots : « Je suis parce que je suis comme l'autre. » Ceci nécessite là encore que ce soit un objet permanent physiquement et affectivement qui se soit occupé de lui, et qui se soit comporté en miroir de ses mimiques, de ses gestes, de ses sons. Un bébé sait qu'il sourit parce qu'il lit un sourire en réponse sur le visage de sa mère. Il en est de même du reste de l'image du corps[1].

La construction du sens du temps et de l'espace

Sami Ali (1977) a montré que cette construction dépend du rythme et de l'espace internes du bébé :

- la *construction du sens de la temporalité* : la « rythmicité interne » se constitue par un accordage entre les besoins cycliques du bébé (faim, éveil, etc.) et la réponse des adultes. On ne peut pas dire qu'on respecte à 100 % le rythme d'un bébé : on soutient son rythme naturel mais on le structure aussi à partir du rythme des adultes, sinon on courrait le risque de tomber dans une certaine anarchie. L'adulte impulse une certaine temporalité, mais non intrusive. L'enfant intériorise ensuite cette rythmicité qui peut être anticipée. Si plus tard, il parvient à comprendre la temporalité, à savoir qu'il y a soixante secondes dans une minute, soixante minutes dans une heure, et que le temps est découpé en jours et semaines, c'est parce qu'il a déjà un rythme interne, et qu'il a intégré que les sensations ou les séquences de vie reviennent de manière cyclique donc prévisible. Si les soins de maternage ont été anarchiques, l'enfant n'aura aucun sens du rythme interne, ce qui donne des dégâts cognitifs considérables au niveau de l'organisation du temps et du repérage chronologique (avant, après, etc.). Certains enfants âgés de quatorze ans ne parviennent toujours pas à lire l'heure ;
- la *construction de la représentation de l'espace interne et du schéma corporel* : la manière dont nous nous représentons notre corps, c'est-à-dire dont nous nous constituons une image de notre intérieur et de notre extérieur, dépend en grande partie de la manière dont il a été manipulé. En cas de manipulations répétitivement brusques, sans cohérence, se produiront des troubles massifs de l'organisation de l'espace, et de l'évaluation de la distance entre soi et l'autre ou entre soi et le monde extérieur.

Les exemples de figure de Rey montrent à quel point la représentation de l'espace peut être perturbée chez des enfants qui ont été soumis à des interactions précoces chaotiques **(Figures 21.1 à 21.7)**. L'épreuve de la figure de Rey consiste dans un premier temps, exposé ici, à recopier un modèle. Le premier dessin **(Figures 21.1)** représente le modèle, le deuxième **(Figures 21.2)** la copie d'un enfant âgé de six ans six mois qui est en cours préparatoire et qui n'a pas d'histoire

1. Roussillon R., « Le rythme, le transitionnel, le transit et le cadre », *op. cit.*

familiale particulière (dessin témoin), les cinq suivants **(Figures 21.3 à 21.7)** concernent des enfants qui ont dû être placés (matériel recueilli par Dambo, enseignante spécialisée). Le second temps, le dessin de mémoire, n'est pas rapporté ici.

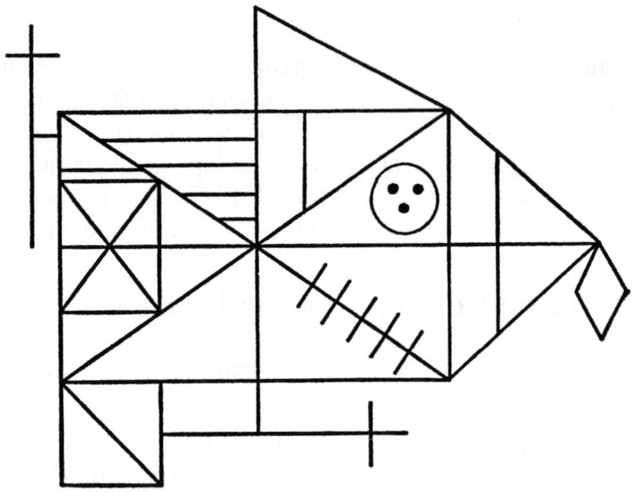

Figure 21.1. Figure de Rey : modèle.

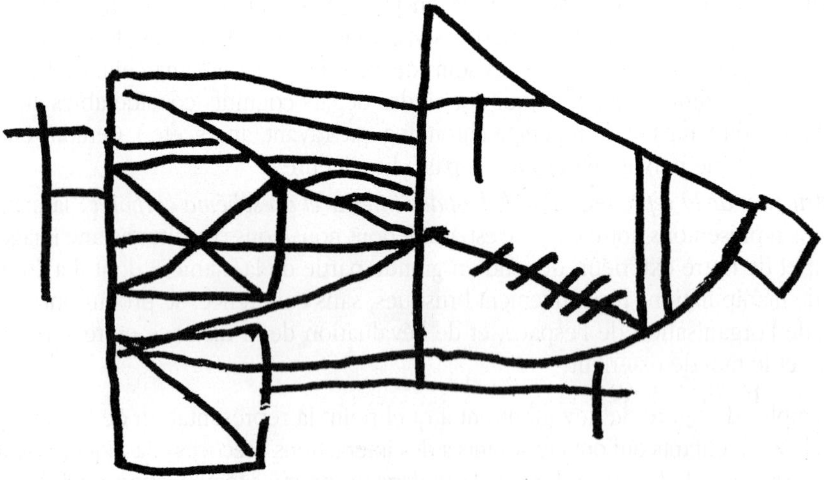

Figure 21.2. Figure de Rey : copie d'un enfant âgé de 6 ans 6 mois, en cours préparatoire.

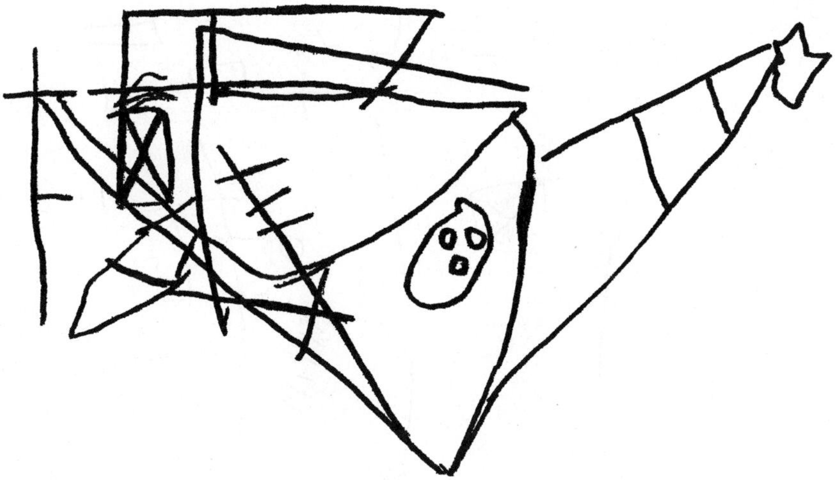

Figure 21.3. 3 — Figure de Rey : copie d'un enfant placé âgé de 6 ans 8 mois.

Figure 21.4. 4 — Figure de Rey : copie d'un enfant placé âgé de 8 ans.

La compréhension des transformations

Comment un bébé, et un enfant plus grand, parviennent-ils à comprendre qu'une chose se transforme en une autre, par exemple que l'eau peut devenir de la glace et réciproquement, ou que le beurre fond et devient une flaque ? C'est une question qui concerne fondamentalement les capacités d'apprentissage, parce que l'apprentissage consiste souvent à effectuer des transformations. Toute synthèse est une transformation. Quand 1 + 1 deviennent 2, les deux premiers chiffres se sont transformés. Beaucoup de ces transformations sont réversibles, 2 peut être décomposé en 1 + 1. Les premières transformations vont pouvoir être expérimentées par le bébé quand il constate

Figure 21.5. 5 — Figure de Rey : copie d'un enfant placé âgé de 6 ans.

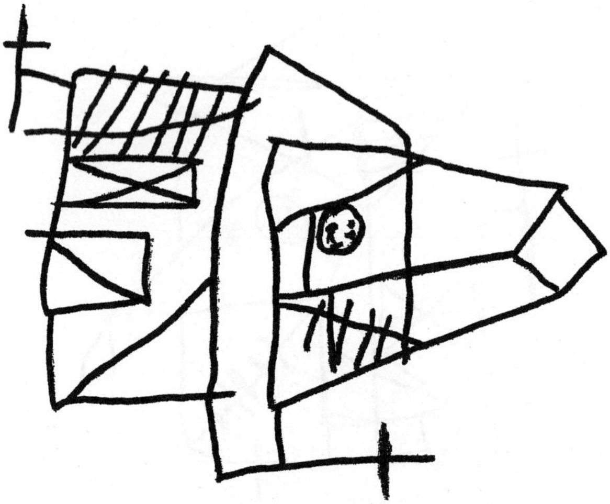

Figure 21.6. 6 — Figure de Rey : copie d'un enfant placé âgé de 9 ans 5 mois.

qu'il a à faire à un environnement malléable, c'est-à-dire qui se laisse transformer par lui, qui vient quand il crie, qui sourit quand il sourit, sinon le nourrisson est confronté à environnement figé, immuable.

Plus tard, c'est avec des objets que l'enfant va continuer à faire l'expérience de la transformation, en manipulant, tripotant, changeant les formes d'objets malléables tels que la pâte à modeler, le sable, la neige, etc.[1] Quand un enfant n'a pas pu constater les effets de ses gestes et transformer a

1. Roussillon R., « Le rythme, le transitionnel, le transit et le cadre », *op. cit.*

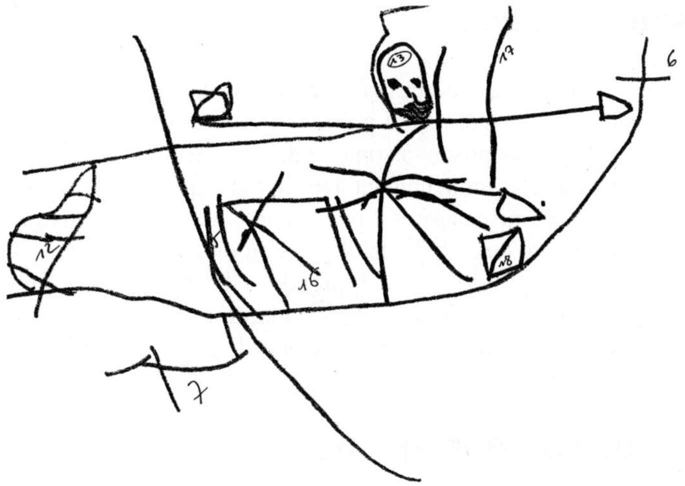

Figure 21.7. 7— Figure de Rey : copie d'un enfant placé âgé de 7 ans 4 mois.

minima son environnement, parce qu'il était dans un entourage non malléable, avec des parents trop pris dans leurs problèmes personnels, ou imprévisibles, ou parce qu'il ne pouvait qu'être passif au cours des soins, ou parce qu'il n'avait pas de jeu ou personne avec qui jouer, il n'acquiert pas les notions de transformation et même de causalité : il ne peut pas comprendre pourquoi tel geste produit tel effet, puisqu'en tant que bébé, il n'a pas pu faire cette expérience de manière suffisamment répétée.

La capacité de faire des liens

Nous considérons habituellement le fait d'établir des liens entre nos pensées et entre les personnes comme une bonne chose en soi, mais pour certains des enfants décrits ci-dessus, faire des liens est très angoissant, étant donné le genre de relations auxquelles ils ont été soumis (Rottman). Or pour apprendre, il faut faire des liens (*cf. infra*), et il faut que cette activité apporte un plaisir.

Une perturbation massive des capacités d'apprentissage

Lorsque les interactions précoces ont été chaotiques et imprévisibles, on aboutit à un trouble massif des apprentissages, nommé dysharmonie cognitive[1] avec une absence de repères dans le temps, dans l'espace, des perturbations de l'image du corps, des causalités, de l'effet des gestes, etc.

1. Gibello B., « Inadaptation et dysharmonie cognitive », *Perspectives psychiatriques*, 1970, 4, p. 27-38.

Un psychisme envahi

L'enfant peut être envahi par des pensées qui entravent toute capacité d'apprentissage. Dans ce contexte, apprendre n'est absolument pas sa préoccupation. Dès qu'il pense, ce sont des images terrifiantes ou sexualisées qui s'imposent à son esprit, ou toute son attention est tournée vers ce que fait sa mère en ce moment, éventuellement avec le bébé qu'elle a eu récemment, ou vers les raisons de son absence à la dernière visite. Il pense aussi aux disputes auxquelles il a assisté, il peut être paralysé par sa crainte concernant la dépression d'un de ses parents. On ne peut même pas dire que ces enfants n'ont pas de désir d'apprendre : il n'y a pas de place pour ce désir. On pourrait faire défiler ici toute la pathologie pédopsychiatrique classique, psychose, dysharmonie évolutive, etc., avec ses conséquences sur l'organisation de la pensée.

Les troubles du comportement

Les troubles du comportement en eux-mêmes gênent l'apprentissage : instabilité psychomotrice avec sa terrible discontinuité de pensée, besoin de maîtrise, agressivité, incapacité de vivre en groupe avec le besoin d'avoir toute l'attention sur soi et parfois une jalousie féroce. Certains enfants ne peuvent rester attentifs que s'ils sont en permanence sous le regard de l'enseignant ou que si ce dernier est proche d'eux physiquement, ce qui nécessite un enseignement fait en très petits groupes, et se situant au niveau cognitif réel de l'enfant, et non au niveau de la classe où il a abouti par « passages automatiques ». Un tel contexte nécessite une motivation et une créativité importantes de la part des pédagogues.

La déficience intellectuelle et les troubles spécifiques

Les difficultés d'apprentissage peuvent être liées à une *déficience intellectuelle*, ou comme pour d'autres enfants non soumis à de tels problèmes dans l'existence, à une dysphasie ou à une dyslexie. Ces diagnostics sont régulièrement ratés, les bilans étant effectués tardivement. Tout est trop facilement attribué à la carence, et les rééducations nécessaires sont parfois mises en place avec un retard étonnant.

Les carences de stimulation

Les carences de stimulation sont aussi l'une des causes des difficultés d'apprentissage. Elles consistent en une insuffisance d'échanges, de jeux partagés avec l'adulte, ou d'investissement du plaisir corporel et langagier dans le groupe familial. Mais cet argument quantitatif risque d'être trop facilement mis au premier plan et de servir de diagnostic « fourre-tout », ainsi que la précarité de certaines familles dont on sait qu'elle n'est pas forcément un facteur déterminant : il y a des milieux pauvres sans carences éducatives. Et quand la carence se produit, elle n'est jamais isolée, elle survient dans un climat affectif et relationnel particulier.

La nécessité d'une médiation pédagogique

Ce n'est pas le lieu d'évoquer ici dans le détail les dispositifs pédagogiques nécessaires, mais nous voudrions simplement souligner les points suivants. Lorsque la pensée de ces enfants est envahie par des images inquiétantes, l'accès au savoir ne peut pas toujours être direct, et il est souvent nécessaire que ces éléments affectifs et pulsionnels soient intégrés indirectement dans les apprentissages, tout en maintenant clairement distincts les champs pédagogiques et thérapeutiques dans cet art du détour (si un enfant exprime à l'enseignant un souci concernant sa famille, il est écouté mais renvoyé vers les personnes de référence pour y réfléchir). Il peut être nécessaire d'utiliser des dispositifs de médiation pédagogique qui ont pour but d'aider l'enfant à s'approprier la manière dont il pense, comme le montrent les deux extraits suivants du PEI (méthode Feuerstein, ou programme d'enrichissement instrumental).

La première planche représente deux ânes attachés ensemble qui tirent chacun de leur côté, ce qui les empêche de manger les épis de maïs situés à droite et à gauche. Ce qui est en jeu ici, c'est la question du lien. Le lien est là, inévitable, constitué, entre les deux animaux. Va-t-il devenir une entrave, empêchant chacun de manger, l'un va-t-il être plus fort que l'autre et l'entraîner malgré lui, ou chacun va-t-il accepter ce lien de dépendance, ce qui permettra à l'un d'aller brouter avec l'autre en alternance, à droite puis à gauche ? Les deux animaux vont-ils même trouver du plaisir à partager la nourriture ? etc. On constate comment logique et nature du lien sont travaillées ici indissociablement.

De même, dans la seconde planche, la question posée est celle de la manière dont il est nécessaire d'utiliser des détours pour arriver à ses fins. Un renard ruse pour réussir à s'emparer du morceau de viande qu'un gros chien s'apprête à manger. Or la question qui envahit l'esprit de certains enfants est : « Quelle stratégie mettre en place par rapport à mes parents pour survivre psychiquement ? » Et l'un d'eux explique même clairement qu'« il faut bien connaître l'autre pour ruser ». Il s'agit d'un enfant qui est obligé d'utiliser en permanence des stratagèmes pour mettre une certaine distance par rapport à sa mère au cours des visites médiatisées (Dambo).

La mesure du quotient de développement

Comme nous le développerons au chapitre 57, l'apparition précoce des difficultés intellectuelles peut être repérée dès les premiers mois de la vie grâce à *la mesure du quotient de développement par le test de Brunet-Lézine*. Ce test, de maniement aisé, est d'autant plus intéressant à utiliser qu'il n'évalue pas seulement la dimension cognitive du fonctionnement psychique ; il permet aussi d'apprécier l'acquisition de la permanence de l'objet, et la manière qu'a le nourrisson d'être en relation avec autrui.

12. LES TROUBLES DITS CARACTÉRIELS

Ces troubles, constamment sous-évalués, consistent en des mouvements d'opposition brusque accompagnés d'explosions de colère au cours desquelles l'enfant ne peut être calmé ni pas la parole de l'adulte, ni par des contacts physiques doux ou fermes, ni par des sanctions. L'enfant hurle, tape ou se tape, ou fugue, ou, au mieux, part s'enfermer dans sa chambre : aucune action de l'adulte ne peut modifier le cours de cette crise qui se prolonge parfois. Il s'avère que cet état est presque toujours déclenché par un événement relativement minime (interdit posé par un adulte, retard d'un adulte, report d'une activité promise, etc.) et que l'enfant réagit à cet événement d'une manière disproportionnée en étant hors de lui, c'est-à-dire dans un état hors réalité. Les moments caractériels sont donc en fait de véritables moments hallucinatoires déclenchés par un événement qui a rappelé à l'enfant un contexte particulièrement insupportable qu'il a vécu lorsqu'il était plus petit, spécialement lorsqu'il avait moins de deux ans, quand il n'avait pas le langage pour l'aider à comprendre et à maîtriser ce qui se passait. Les termes d'« intolérance à la frustration » ou de « refus de la loi et des règles » fréquemment utilisés pour décrire ces situations, sans être inexacts, sous-estiment considérablement la gravité des processus en jeu.

13. L'ASPIRATION

Idéalisation, crainte d'abandon, séduction, contamination, on comprend que les enfants développent une relation de « collage » avec leurs parents et risquent en permanence d'être captés par leurs demandes de revenir vivre avec eux, sans que les parents aient changé au niveau de leurs difficultés éducatives. Un tel retour ne ferait qu'aggraver les troubles décrits ci-dessus.

Cette « aspiration » est une menace permanente pour leur vie psychique, d'autant plus que de nombreux intervenants l'entendent au sens littéral, comme l'illustre un épisode de l'histoire d'Antoine S (situation n° 12 suite).

Situation n° 12 (suite)

Séparé à quatre ans de ses parents, Antoine a eu beaucoup de difficultés à s'extraire de la paranoïa délirante très sexualisée de sa mère, qui lui demandait de lui uriner dans la bouche, et qui, au cours des visites médiatisées, essayait de le déshabiller et était même parvenue une fois à se coucher sur lui. Très projective, elle envoyait tous les deux jours une lettre au procureur de la République m'accusant de sodomiser son enfant. Le juge des enfants avait dû intervenir avec force pour séparer cette mère de son enfant, envoyant les gendarmes et la faisant admettre en hospitalisation d'office en hôpital psychiatrique.

À son arrivée dans le service de psychiatrie pour adultes, elle déclara qu'elle se comporterait normalement et que les médecins seraient ainsi obligés de la laisser sortir. Effectivement, quinze jours plus tard, le médecin chef de ce service me téléphona, très ennuyé, en m'indiquant que Mme S ne présentait aucun comportement pathologique, et qu'en conséquence, malgré la connaissance qu'il avait du dossier, il n'avait pu proposer aucun traitement et devait la laisser partir. À peine cela fut-il fait qu'elle laissa réapparaître ses idées délirantes. Huit ans plus tard, lors d'un échange téléphonique pourtant médiatisé, sentant sa mère peinée, Antoine ne put s'empêcher de lâcher cette phrase : « Ce n'est pas normal qu'un enfant soit séparé de sa mère. » Immédiatement, Mme S s'empara de cette phrase et fit appel de la décision judiciaire de placement. Face à l'expert, elle se comporta normalement, comme elle sait le faire, et malgré des rapports précis de la part des intervenants de l'Aide sociale à l'enfance, indiquant que cet enfant ne pouvait absolument pas supporter un temps de rencontre supérieur au rythme actuel, la cour d'appel décida de rapprocher les visites médiatisées et de doubler leur durée.

Dans le même temps, Antoine exprimait en consultation son angoisse à l'idée que le cadre change, et expliquait que s'il demandait autant de cadeaux à sa mère à chaque rencontre ou échange téléphonique, c'était pour se venger de ce qu'elle lui avait fait, et le faire payer. Dans les jours qui précédèrent la décision judiciaire, il se mit à faire des cauchemars tels qu'il se réveillait en hurlant toutes les nuits : « Non, je n'ai rien dit. » Lorsqu'il apprit la décision, il se mit en colère, s'exclamant qu'il ne voulait plus voir sa mère qui le mitraille avec son appareil à photos (une trentaine par visite), refuse de jouer avec lui quand il le lui demande, cherche sans arrêt à lui faire des bisous, lui susurre qu'il va retourner chez elle, et qu'il se sent déjà très énervé au bout d'une demi-heure. Va-t-il délirer à nouveau suite à l'allongement et au rapprochement des visites ? D'un point de vue judiciaire, là n'est pas la question. Antoine risque de payer au prix fort d'avoir cédé quelques secondes à un mouvement d'aspiration. Ce qu'on observe rapidement, c'est que pour la première fois, il insulte l'assistante sociale qui gère l'échange téléphonique bimensuel avec sa mère. Lorsque cette dernière évoque la plus grande fréquence des rencontres, il imite de sa main le geste de se suicider avec un revolver posé sur sa tempe. Au cours de la visite médiatisée suivante, il se montre grossier, et surtout rit très fort sans raison apparente.

14. DES JEUX ANGOISSANTS ENTRE PARENTS ET ENFANT

Certains parents ne jouent jamais avec leurs enfants. Au cours des visites médiatisées, ils ne s'enquièrent pas de ce que leurs enfants aiment faire, de leurs jeux, de leur scolarité. Leurs phrases sont totalement prévisibles, stéréotypées, les mêmes pendant dix ans ou plus. Leur seule relation consiste souvent à donner des sucreries. Si l'intervenant essaie d'organiser un jeu à trois, avec l'enfant, les difficultés des parents sont impressionnantes. Au cours de la réalisation d'un puzzle, un père essaie de compléter la tour verticale d'une église par la flèche disposée horizontalement. Une mère est incapable d'imaginer le dessin le plus simple lors d'une partie de Pictionnary, etc. Le jeu peut aussi être persécuteur pour de tels parents car ils se sentent alors avant tout observés.

D'autres parents jouent, mais à des jeux particuliers (ou leurs enfants nous montrent comment ils y ont joué avant la séparation). En voici quelques exemples.

Le jeu de la mort

Il consiste à soumettre l'enfant à un jeu qui le met en danger.

Situation n° 1 (suite)

Le jeu préféré de Joël, sept ans, consiste à étrangler les autres enfants, « jusqu'au bout » et en riant, ce qui demande une surveillance absolument constante de la part des adultes. Dans l'hôpital de jour où il est pris en charge, il peut frapper sans raison apparente et sans retenue. Quand les soignants essaient de discuter avec lui pour comprendre ce qu'il ressent dans ces moments, ou pour le gronder, il rit ou il affiche un grand sourire « mécanique » qui évoque le visage du joker joué par Jack Nicholson dans *Batman*. Cette attitude laisse les adultes désarmés et inquiets.

Le père de Joël était un homme particulièrement violent physiquement et verbalement. Nous avons demandé à Joël si son père jouait à l'étrangler en lui serrant le cou entre ses jambes, scène que nous avions observée dans une autre famille, et il a répondu que oui. Il avait alors très peur d'étouffer car son père poussait le jeu à sa limite, mais en même temps, il riait comme son père. Dans un tel contexte, un enfant n'a que peu de choix. S'il montre son angoisse, son père risque de le serrer encore plus fort avec une jouissance sadique. L'attitude la plus adaptée est de tenter d'amadouer le « tortionnaire » *en riant avec lui*, en faisant comme si ce qui se passe n'était qu'un jeu, comme si parents et enfant étaient complices, en communauté de pensée sur le fait que tous deux jouent. *Mais il ne faut pas oublier qu'à ce moment, l'enfant ne sait pas que le jeu n'ira pas jusqu'à sa mort.* Et au cours de la prise en charge individuelle avec son éducatrice de référence, le principal jeu de Joël consiste à menacer. En même temps, il a tellement peur qu'elle ne se transforme en monstre qu'une autre éducatrice doit participer à ce moment de soins pour le rassurer.

Le jeu de la métamorphose

Certains parents, qui ont une structure psychotique, passent sans cesse en présence de leur enfant d'un sentiment à son opposé. Ainsi une mère rit, propose à sa fille âgée de huit ans de se rapprocher d'elle pour « rire ensemble » en disant alors : « Je sais que tu es comme moi, tu es transparente », puis elle se met à pleurer en évoquant un événement tragique récent, la mort d'un de ses compagnons, puis elle redevient hilare et « tente » d'entraîner à nouveau son enfant dans le rire. Cette fillette parviendra à rester cohérente au cours de la rencontre, d'une durée de vingt minutes ; puis dès la fin de la visite, elle s'effondrera en se couchant par terre, ce qui montre l'énergie qu'elle a dû mobiliser pour ne pas se laisser aspirer par la folie maternelle. De tels enfants ne parviennent à mettre en place que des jeux qui dégénèrent rapidement en crises de rage, au cours desquelles ils frappent ou se mettent en danger. Ils ont dû développer un mimétisme (une identification adhésive pathologique) par rapport aux variations émotionnelles contradictoires de ce parent[1] ; c'était le seul lien possible avec lui. Au cours des soins, le but principal du jeu, pour ces enfants, est de mettre en forme leur lutte contre l'empiétement, ce qui consiste à décider du jeu, des moments de câlins, à interdire à l'autre de parler, ou à se boucher les oreilles s'il le fait. Pour eux, se rencontrer, c'est souffrir. On ne peut donc amorcer de jeu avec eux, en particulier en psychothérapie, qu'en mettant en place un dispositif « tiers »[2].

Le jeu des guili-guili

Il consiste, de la part d'un parent, à proposer comme seul jeu des moments de chatouilles ou d'excitation corporelle. Il traduit l'incapacité du parent à passer par un objet réel, un jouet, intermédiaire entre les deux corps et entre les deux psychismes, ou à faire semblant, et il montre que cet adulte confond complètement excitation et jeu. Le rire des deux membres du couple parent-enfant n'est pas lié à la drôlerie d'une situation ou à de l'humour, c'est, en tout cas chez l'enfant, un rire réflexe, signe d'énervement. C'est le corps du parent et/ou de l'enfant qui est l'objet littéral du jeu, qui s'arrête par épuisement, ou par une « dégénérescence » agressive ou sexualisée.

Voici par exemple la relation observée entre Marjorie, quatorze mois, et son père, M. X, au cours d'une expertise demandée par un juge des enfants. Lorsque son père entre dans la pièce, Marjorie ne lui sourit pas, prend un air sérieux, inquiet, le repousse lorsqu'il essaie de l'embrasser. Pendant tout l'entretien, M. X ne tient aucun compte des signes très clairs que sa fille émet. Il est dans une excitation permanente qui ne cesse pas malgré plusieurs tentatives d'intervention de la part de son épouse et de l'expert. Ce père joue à un jeu de coucou-caché à toute vitesse, en mettant ses mains devant son visage et en les retirant, en une seconde, séquence qui se répète de nombreuses fois. Il bouge, s'excite de plus en plus pour attirer l'attention de sa fille, ce qui produit l'effet inverse. Lorsque nous lui disons que sa fille se sentirait sans doute mieux avec lui s'il était plus calme, il répond par la négative et oblige Marjorie à sourire en la chatouillant. Complètement submergée par les gestes de son père qui l'embrasse sans arrêt, elle se met à pleurer. M. X la pose à terre en l'incitant sans cesse à marcher : « Avance, avance », répète-t-il à de nombreuses reprises.

1. Bonneville E., *À la rencontre du traumatisme des liens chez l'enfant placé*, DEA, faculté de psychologie, université Lyon-II, 2003.
2. Berger M. *L'Échec de la protection de l'enfance, op. cit.* chap. 5.

On a l'impression d'assister à un dessin animé de mauvaise qualité dans lequel un personnage s'agiterait sans interruption. Cet homme, auteur d'attouchements sexuels sur son fils aîné, a déclaré à la naissance de Marjorie : « c'est bien, une fille, je vais pouvoir l'essayer. »

L'excitation peut se situer à un niveau un peu plus mentalisé, comme le montre la situation suivante.

Situation n° 16

Au cours de cette expertise, le visage de Jeanne s'illumine quand elle aperçoit sa mère, et elles se précipitent joyeusement dans les bras l'une de l'autre. On peut se demander pourquoi lorsqu'elle a été reçue seule auparavant, cette fillette de sept ans a exprimé le désir de rester dans le foyer où elle a été placée, disant qu'elle s'y sent bien, elle y est tranquille et y a moins de soucis. Jeanne s'installe sur les genoux de sa mère qui explique que sa fille n'a jamais joué à la poupée car elle préférait faire des câlins avec elle (la mère supportait-elle qu'il y ait un objet tiers entre elle et sa fille ?). Quand je propose de jouer avec une maison en Lego, le jeu dure très peu. La mère s'empare de poupées posées dans une caisse, débute des jeux agités peu compréhensibles en me tournant le dos. Puis elle prend des marionnettes, en donne une à Jeanne en parlant sans cesse, fait les questions et les réponses. Quand la fillette indique que sa marionnette est un chien qui ronge un os, la mère décide qu'en fait, c'est un loup, qui ne mange pas d'os mais seulement des êtres vivants. Son personnage nargue le loup en répétant « nananère », pour l'exciter. À de nombreuses reprises, Jeanne demande en vain à sa mère d'arrêter. Rien n'y fait. L'enfant essaie d'introduire un objet tiers, un poulet, pour calmer la faim de tous les personnages et pour que les contacts soient moins directs. La mère répond : « Pas de poulet ici » et s'excite de plus en plus. À la fin de l'entretien, Jeanne ne peut pas exprimer à sa mère son souhait de rester en internat, et dit, terme flou, qu'elle veut « retourner chez maman mais pas pour dormir », puis « si, pour dormir ». L'éducateur du foyer indique que le mode relationnel est le même lors des conversations téléphoniques : la mère fait les questions et les réponses, et pendant ce temps, Jeanne se « débranche » en parlant à l'éducateur ou en tripotant les objets du bureau.

Le jeu du plus fort

Une mère et sa fille Gabrielle, neuf ans (situation n° 20, chapitre 50), après plusieurs visites médiatisées passées à chercher en vain un jeu commun, tombent enfin d'accord : elles vont jouer aux dames. Avec jubilation, la mère domine sa fille, lui prenant tous ses pions sans lui laisser la possibilité de rectifier ses erreurs. Devant la mine déconfite de son enfant, elle propose une autre partie au cours de laquelle elle expose volontairement ses pions pour perdre, ce qui entraîne une partie complètement dévitalisée, la fillette n'étant pas dupe. Mais lorsque la mère réclame à passer un moment avec sa fille hors visite médiatisée, c'est-à-dire hors de l'hôpital, Gabrielle fait en sorte qu'aucune activité commune ne puisse être imaginée, ou plus exactement, elle propose comme seul jeu commun d'aller s'amuser à la piscine, ce que sa mère refuse car elle est obèse, et l'enfant sent parfaitement qu'elle peut coincer sa mère ainsi. Du côté parental, c'est l'envie destructrice qui sous-tend ce jeu.

L'essence du jeu

On peut considérer que *la capacité des parents à jouer avec leur enfant est un des indicateurs les plus précis de la qualité de la parentalité*[1]. Or dans tous les jeux décrits ci-dessus, quatre processus reviennent avec constance. Aucun parent n'est capable de domestiquer ses mouvements pulsionnels. Les émotions de l'enfant ne sont pas prises en compte. Les jeux n'ont aucune teneur « transitionnelle » : ils ne sont pas créatifs, mais répétitifs, ou anarchiques, ou ils reproduisent littéralement la réalité sans le « faire semblant » qui introduit un écart. Enfin ils ne sont pas partagés : jouer *avec l'autre*, c'est non seulement accepter l'alternance « à toi », « à moi », etc., sans vouloir tout diriger, mais aussi accepter que l'autre modifie le cours du jeu, qu'il y introduise de l'imprévu. Ces interactions nous montrent combien les parents sont *malades dans leur parentalité,* et donc empêchés de percevoir leur enfant comme un individu différencié d'eux, ainsi que le souligne M. Lamour.

15. CONCLUSION

Voilà ce que les responsables politiques et les professionnels de la protection de l'enfance devraient avoir à l'esprit. Voilà ce que beaucoup d'enfants vivent pendant le déroulement d'un bon nombre d'« aides à la parentalité » décidées actuellement sur des critères totalement flous, sans aucun axe théorique ou clinique solides. Et ceci n'est pas suffisamment enseigné à l'École nationale de la magistrature, dans les écoles d'éducateurs, de travailleurs sociaux, au cours des études de psychologie et de psychiatrie, aux travailleuses familiales, etc.

On comprend aussi pourquoi, si une séparation est décidée, elle ne suffira en rien à traiter la manière dont l'enfant reste capté par son passé, même si ses parents ne s'occupent plus de lui. Ces processus ne peuvent être assouplis que par des « dispositifs anticaptation ». Plusieurs dispositifs vont permettre à l'enfant de penser différemment :

- la mise en place de visites médiatisées si nécessaire (voir chapitre 50) ;
- la mise en place d'un lien fiable dans la réalité, éventuellement sous la forme d'un placement en famille d'accueil ; nous ne développerons pas ici les modalités complexes de la mise en place et de la gestion d'un tel placement et renvoyons aux deux ouvrages de référence sur cette question[2] ;
- un dispositif individuel d'écoute spécifique[3].

Qu'en est-il enfin du concept de résilience dans un tel contexte ? Il est nécessaire ici de rappeler les trois conditions dans lesquelles Cyrulnik considère qu'un enfant peut développer une résilience,

1. Certains parents ne jouent jamais parce qu'ils sont trop occupés, ou parce qu'ils préfèrent d'autres activités, ou échanger en parole. Les éventuelles conséquences de ce manque sur le psychisme infantile peuvent être en partie compensées par d'autres échanges parent-enfant assez adaptés. Et un enfant peut aussi y suppléer par des jeux solitaires ou avec d'autres enfants.

2. David M., *Le Placement familial. De la pratique à la théorie*, Paris, ESF, 1989 ; 5e éd., Paris, Dunod, 2004 ; *Enfants, parents, famille d'accueil*. Ramonville Saint-Agne, Érès, 2000.

3. Berger M., *Ces enfants qu'on sacrifie...* Paris, Dunod, 2005. *Voulons nous des enfants barbares ? op. cit.*

c'est-à-dire surmonter un traumatisme, bien que ce dernier reste inscrit dans le psychisme de l'individu :

- avoir acquis une stabilité interne dans les premiers mois de la vie, qui permette au sujet de s'être construit une confiance primitive, de pouvoir repérer la constance des objets, et de se sentir aimable (ce n'est pas le cas des bébés dont nous parlons ici)[1] ;
- avoir été soumis à une forme de traumatisme assez repérable, alors que dans les situations d'inadéquation parentale, le traumatisme est constant, insidieux, non datable ;
- avoir bénéficié de la présence d'un adulte « tuteur de résilience », qui va proposer un lien signifiant à l'enfant, et l'aider à « historiser », c'est-à-dire donner un sens à ce qui lui est arrivé.

On constate donc qu'un enfant n'est pas résilient en soi, et que dans les situations d'inadéquations parentales décrites dans cet ouvrage, il ne bénéficie qu'exceptionnellement de ces trois conditions. En fait, au-delà d'un certain degré de négligence, de violence, de perversion, tous sont emportés par la lame de fond, même si certains ont des troubles un peu moins irréversibles que d'autres.

1. Cyrulnik B., *Un merveilleux malheur*, Paris, Odile Jacob, 1999.

Chapitre 22

La carence relationnelle

J. Cartry

PLAN DU CHAPITRE

1. LA CARENCE AFFECTIVE APPELLE TROP L'AMOUR-REMEDE

La notion de carence est souvent attachée à l'affectivité seule, isolée dans la formule « carence affective » qui recouvre un vaste ensemble de difficultés adaptatives évoquées avec plus d'émotion que de rigueur diagnostique. Dire à propos d'un enfant difficile « c'est un carencé affectif », conduit à ne retenir en sa faveur que l'indication de mesures « affectives » situées dans l'ordre du maternage et de l'amour-remède : tels sont les placements nourriciers réputés « chaleureux » et « gratifiants ».

Au profit des enfants carencés affectifs, l'opinion, toujours émue, tire des chèques sur l'amour, provisionnés dans ses fantasmes de bonté et de charité magiques. Les difficultés des enfants carencés sont fréquemment réduites à un problème d'économie affective, ce qui provoque des situations gravement conflictuelles. En effet, l'amour investi sur un enfant carencé doit rétribuer celui ou celle qui l'accueille et qui prend soin de lui. Or, les nourrices et les assistantes maternelles constatent amèrement que certains enfants gèrent fort mal le capital d'amour investi sur eux pendant de nombreuses années de garde vigilante et de soins attentifs. Les traits de l'enfant difficile, estompés pendant la période de latence, au point de faire croire à une guérison, réapparaissent au moment de l'adolescence, réactualisés par la force pulsionnelle du mouvement pubertaire. Irritabilité, impulsivité, agressivité, passages à l'acte ou dépressions inexplicables marquent alors le comportement des préadolescents qui deviennent socialement insupportables. C'est le temps des ruptures soudaines et mutilantes : les jeunes sont parfois renvoyés aux services de tutelle par des nourrices amères et découragées. Le leitmotiv des nourrices scande ces épisodes tumultueux : « Quand je pense à tout ce que j'ai fait pour lui ! -et pourtant, vous savez, je l'ai aimé comme les miens - me faire ça, à moi qui l'ai aimé comme une mère !... »

Ainsi, on observe une sorte de surenchère dans l'amour par quoi les nourrices se justifient et se plaignent des enfants carencés, déconcertants, ingrats ou devenus franchement hostiles. Elles auraient tout pardonné, tout, sauf la blessure narcissique profonde que leur inflige l'enfant carencé « en crise » et qui vient de détériorer l'image de sur-mère où elles se reconnaissent complaisamment et qui leur garantit l'estime sociale. Renvoyés, promis aux aléas de nouveaux placements, certains jeunes souffrent alors d'une véritable fracture affective et vivent parfois des épisodes délinquants ou dépressifs, ou même prépsychotiques, en tout cas graves et préoccupants. Le bilan de nombreux placements familiaux d'enfants jeunes ou adolescents, qui se terminent mal, fait ressortir une dépense d'amour considérable pour un profit médiocre en faveur des enfants carencés, voire un solde relationnel catastrophique. Nous avons évoqué au chapitre de notre critique institutionnelle[1], ces enfants et ces adolescents qui n'ont jamais guéri des fractures affectives qu'ils ont ouvertes, et qui, doutant profondément d'être bons, dignes d'amour, ou convaincus d'être inexorablement mauvais ou fous, se sont quelquefois enfoncés dans une asocialité violente et glacée proprement psychopathique.

2. L'AMOUR-MÉDECIN ET SES MÉTAPHORES HYDRAULIQUES...

Ce constat d'échecs appelle un commentaire sur l'amour et l'affectivité saisis trop souvent comme des substances transfusables aux enfants carencés. Nous croyons encore au mythe de

1. Cartry J., *Les parents symboliques*, Paris, Dunod, 1998, chapitre 1.

J'ai pris volontairement des exemples anodins mais même lorsque des faits plus graves sont en cause, le fond du problème reste le même. On est alors inquiet du passage à l'âge adulte qui laisse ces jeunes très démunis tout en faisant monter l'exaspération des adultes. Ainsi, pris par l'envie d'installer son appartement — ce qui est bien légitime — Bernard, ce matin-là, ne se rend pas à son travail. Pourtant c'est un vendredi et il aura tout le week-end pour achever son installation. Il a pris possession de son appartement le jeudi soir. Le temps presse. Il vient d'être papa et veut s'installer avec sa compagne, la maman de son bébé. Le lendemain, on doit livrer l'électroménager. Le lendemain, il reste là. Bien sûr, si je donnais plus de détails, on pourrait trouver des tas de raisons pouvant expliquer et sans doute justifier cette absence au travail. Justement, il aurait suffi que Bernard avertisse son employeur, ce qu'il n'a pas fait. Pas plus qu'il ne l'a averti lorsqu'il s'est absenté de son travail l'été précédent, une semaine durant, parce que la veille, sur la plage, il avait rencontré une belle jeune fille avec laquelle il est parti une semaine en vacances. Il n'empêche que ce fonctionnement archaïque peut avoir des conséquences graves au regard de la loi.

Monsieur D., le papa de sa compagne, me téléphone pour me dire, à ma grande surprise, qu'il leur offre son ancienne voiture qu'il vient de remplacer. Monsieur D. est bien plus surpris encore lorsqu'il apprend la raison de mon étonnement : Bernard n'a pas de permis de conduire. Sa compagne est également décontenancée puisqu'il lui avait affirmé qu'il avait le permis, d'ailleurs il l'avait déjà transportée avec la voiture d'un de ses copains. Car il sait conduire et rien ne peut résister à l'image qu'il a besoin de donner de lui-même et que l'examen du code de la route a mise à mal. Pourtant il a raté son examen de très peu. Six fautes. On ne comprend pas pourquoi il n'arrive plus à retourner à l'auto-école alors qu'il est si près du but.

Tout le problème réside en fait dans la confrontation elle-même à l'examen et non dans une chance statistique de réussir ou d'échouer. Échouer de peu ou de beaucoup, pour lui, ne change rien à l'affaire. Six mois après, il n'avait toujours pas repris ses leçons. Ce fonctionnement archaïque est à mettre en lien avec, me semble-t-il, trois caractéristiques également saillantes à l'heure actuelle : un déficit d'intériorité, la prépondérance de l'instantané et l'envahissement de l'émotionnel. Trois caractéristiques qui se condensent dans un écart vertigineux entre un excès de maîtrise virtuelle et un déficit de maîtrise réelle.

5. IDENTIFIER LES DIFFICULTÉS DES JEUNES DANS LA CONSTRUCTION DE LEUR INDIVIDUALITÉ

Déficit d'intériorité et rapport à la limite

Ce que nous entendons par déficit d'intériorité est cette extrême difficulté à s'habiter soi-même. Le jeune vit sans cesse branché sur l'extérieur et tout arrêt, toute suspension de stimulus extérieur lui sont insupportables. Il ne peut pas s'endormir, il doit sombrer dans le sommeil. D'ailleurs, il va dormir avec musique et lumière allumée. Non pas une lumière tamisée pour atténuer l'appréhension du noir et une musique en sourdine comme fond sonore pour accompagner le glissement vers le sommeil et apaiser l'appréhension que l'on peut ressentir. Non, c'est la pleine lumière et le volume sonore de sa musique est identique à celui de la journée. Lorsque j'entre dans sa chambre le matin ou en cours de nuit, lorsque décidément la musique est trop forte, il dort au milieu d'une activité diurne qui se prolonge alors que le sommeil a fini par le surprendre. Cette absence de limite entre jour et nuit renvoie à une absence de limite entre lui et l'autre. Une absence de limite qui empêche de circonscrire l'espace psychique de chacun comme son espace physique. Aussi ne semble-t-il faire aucune différence entre ce qui est à lui et ce qui est à l'autre.

Pourtant ce n'est pas tout à fait ça. Charles fait très bien la différence entre ce qui est à lui et ce qui est à l'autre mais le fait de savoir qu'un vêtement ou qu'un objet ne lui appartient pas, ne fait pas limite, ne constitue pas une barrière à son envie transformée en besoin irrépressible de s'en vêtir ou de s'en servir. Lorsqu'il prend ce qui ne lui appartient pas, ce n'est pas dans une volonté de le dérober, de le « voler ». Voler ou dérober suppose un vouloir faire sien ce qui ne vous appartient pas. De jalouser le bien de l'autre que vous ne possédez pas. Ce n'est pas ça. On est en deçà de la jalousie.

D'ailleurs ce qui rend les choses difficiles, ce n'est pas qu'il s'approprie tout mais qu'il ne s'approprie rien. Cette façon d'être, de vivre, traduit concrètement la manière dont se conjuguent et se nouent déficit d'intériorité, prépondérance de l'instantané et envahissement de l'émotionnel. Car la propriété suppose précisément une inscription dans le temps, un rapport au temps qui nous extraie à la fois de l'instant, de l'émotion et de leur coïncidence. Or tout se passe comme si ces jeunes-là ne pouvaient exister que dans cette coïncidence. Je ne peux prendre que ce dont j'ai envie car j'existe dans la satisfaction du besoin que j'en ressens. À ce moment-là, il n'y a que la présence physique de l'adulte comme matérialisation de la limite qui peut contenir la pression de cette envie. Ce qui place la relation éducative dans une situation à haut risque. En effet si la présence de l'adulte n'est vécue que comme matérialisation de la limite, l'adulte incarne pour le jeune une menace d'annulation insupportable qui sera source de violence. Lorsque la relation entre le jeune et l'adulte est « suffisamment » bonne, sur fond de confiance établie, l'adulte rend présente la limite. Plus qu'il la matérialise, il l'incarne. En rendant présente la limite, il va en même temps servir au jeune de relais psychique, le soutenir dans un sentiment d'existence malgré la frustration qu'il ressent d'autant plus durement que son acte est « innocent ». L'adulte va l'extraire de cette innocence pour le rendre « coupable » de son acte en même temps qu'il l'assure que cette frustration ne va pas le faire disparaître, que son sentiment continu d'exister va pouvoir se maintenir malgré la non-réalisation de son envie.

Dans l'accompagnement de Vivien, nous avons vu, au fil du temps, se transformer la dispute extérieure (au sens de bagarre) en dispute intérieure (au sens de *disputatio*, de discussion). La confrontation à la moindre limite qu'il vivait comme une menace d'annulation le faisait exploser. Vivien n'a pas de territoire propre, il fait de tout son territoire. Toute perception d'une limite est vécue comme angoissante et tout rappel de limite comme menaçant.

Au fond, comme il a toujours besoin de l'adulte, l'adulte le menace en permanence. Il lui sert de prothèse, une prothèse indispensable, mais une prothèse dont il ne peut, évidemment, s'assurer l'entière maîtrise. Elle représente donc un danger potentiel permanent. Le danger est d'autant plus réel que son comportement est insupportable et fait monter contre ce « squattage » permanent qui vous enlève tout espace propre, une agressivité à la mesure de l'annulation ressentie. Vivien est toujours hors de lui au sens propre et figuré. Comme c'est un garçon intelligent et plein de qualités, d'aptitudes remarquables dans tous les domaines, ses aptitudes, sa curiosité se retournent contre lui. Elles le dispersent en permanence en multipliant ses envies. Le lieu de vie, inclus dans un espace vaste où sont présentes beaucoup d'activités (maraîchage, élevage, ateliers artisanaux), pourrait offrir une configuration particulièrement adaptée vu son âge — dix-huit ans — et le projet de vie qui est à construire. En fait, nous avons longtemps redouté son inadaptation de par sa richesse même.

Sous le règne de l'instantané, livré à ses émotions

Ce jeune est comme un papillon que rien n'arrête. Il évolue au gré de ses désirs. Il soumet tout et tout le monde à ce qui le sollicite, aux expériences qu'il veut entreprendre. Il vit sous le règne de l'instantané. Un instantané qui le morcelle, l'empêche de relier les moments entre eux. Le présent comme temps n'existe pas plus que le passé, ni le futur. Seul l'instant existe. Du coup pas de projet possible, simplement une envie projetée, illusoire parce que sans possibilité d'apprentissage puisque l'apprentissage suppose l'inscription dans le temps liée à la capacité de différer un résultat, à l'acquisition d'un savoir-faire ou d'une compétence. Ce rapport prédominant à l'envie rendant tout désir impossible le livre à ses émotions. Elles résonnent en lui et l'empêchent de raisonner. Ses compétences intellectuelles sont totalement parasitées et détournées. Sa finesse intellectuelle lui sert à raisonner sur l'exigence posée ou la règle énoncée pour échapper à l'insupportable qu'elle fait résonner en lui.

Peu à peu cependant, la limite s'est imposée et la menace estompée à mesure que s'est construite une relation de confiance. Le fondement de cette construction fut cette réflexion que je lui fis un matin où il se plaignait pour la énième fois que je ne le comprenne pas. La répétition de ce reproche m'avait suffisamment mis en travail pour que surgisse cette réponse qu'il a cueillie comme un fruit mûr : « Tu as raison, je ne te comprends pas et ne te comprendrai jamais, c'est là qu'est ta chance ». Au moment où je prononçais ces mots, j'entendais cet autre sens du mot comprendre qui me permettait de lui dire qu'il ne faisait pas partie de moi et faisait apparaître cette terrible angoisse d'être « compris » par l'autre. Une fois construite, avec du temps et à travers de multiples péripéties, la confiance dans cette assurance que « je ne le comprendrai jamais », un autre temps a pu voir le jour. Un autre temps dans lequel ma parole énonçant une limite venait comme relayer l'absence d'une parole intérieure qu'il ne pouvait s'adresser à lui-même mais qu'il pouvait reconnaître comme sienne et ne plus vivre dans une pure extériorité jusqu'à ce qu'il puisse se parler à lui-même mais en ma présence, n'ayant plus besoin de ma bouche mais de mes oreilles. À l'heure actuelle, Vivien a construit cette limite entre lui et l'autre, entre ce qui est à lui et ce qui est à l'autre, et la règle peut maintenant prendre sens et la signifier. Et, dans ce rapport à la règle intégrée, des projets peuvent naître avec l'acceptation du temps nécessaire à leur réalisation.

Entre excès de maîtrise virtuelle et déficit de maîtrise concrète

L'attitude de Jacques, se cachant les yeux baissés derrière l'abri bus, contraste avec son assurance devant l'ordinateur, comme sa difficulté à entrer en relation contraste avec une aisance dans la communication informatique qui lui donne accès à un nombre infini de correspondants. La puissance de l'outil est telle qu'il ne peut que rendre vertigineux ce contraste entre un niveau important de maîtrise virtuelle et une maîtrise réelle déficiente, contraste qui ne peut qu'accentuer le caractère problématique du rapport à la réalité pour l'adolescent. Parler ainsi de maîtrise virtuelle et de maîtrise réelle fait formule mais n'est pas juste, même si l'on pressent dans cette formule quelque chose de juste.

En effet, nous sommes bien en présence d'un nouveau registre de réalité dématérialisée. Le monde informatique nous fait entrer dans un domaine de réalité virtuelle qui est un domaine de réalité à part entière comme le montrent ses nombreuses applications et leur impact sur la réalité concrète. Il n'est pas question dans le cadre de cette contribution de développer les caractéristiques de cette nouvelle dimension de notre monde. Cependant, il n'est pas possible de l'ignorer ni de totalement passer sous silence les transformations qu'elle entraîne dans notre rapport au réel et ses conséquences pour le champ éducatif. L'importance de cette réalité virtuelle dans la vie des jeunes d'aujourd'hui rend d'autant plus indispensable, pour leur équilibre et leur construction, la rencontre avec la matière dans une mise en jeu du corps bien différente de celle que propose la réalité virtuelle qui estompe jusqu'à la supprimer la sensation « de ce qui vous riposte ».

Les caractéristiques de l'outil informatique, notamment sa performance, sa puissance, comme de cette réalité virtuelle dont un des caractères est l'immersion, nous obligent donc à repenser et à revoir les conditions de cette rencontre. L'adulte ne peut plus être crédible s'il ne propose pas au jeune un outil qui ait un sérieux, une densité, une opérationnalité équivalente à l'outil informatique. Sa crédibilité sera d'autant plus atteinte que le jeune aura l'impression que l'adulte veut, pour les meilleures raisons du monde, se réserver à travers la maîtrise de l'outil, les attributs de la puissance. Elle le sera aussi s'il ne peut inviter le jeune à venir partager son pouvoir dans ce monde étrange et étranger source d'expériences nouvelles.

L'urgence d'aménager un contact avec la réalité concrète

L'accueil de Claude, dix-sept ans, nous est proposé à la suite de son impossibilité récurrente à s'inscrire quelque part. Il n'a pas pu supporter l'éloignement de sa mère : il avait en effet été envoyé dans un centre de formation situé dans la Drôme parce que la formation à laquelle il aspirait y était proposée et, qu'en plus il bénéficierait de l'éloignement de sa mère. En fait, ce bel échafaudage s'écroule. Lorsqu'il arrive aux ateliers, il vit de nouveau auprès de sa mère qui loge chez le compagnon avec qui elle s'est installée depuis peu et avec lequel Claude entretient des rapports souvent difficiles. Lorsqu'il visite l'atelier, on le sent dans une insécurité importante. Il exprime même de la peur face au danger que peuvent représenter les machines. Cette peur qu'il exprime, contraste avec l'allure de fier caïd qu'il cherche à se donner, que soulignent une tenue soignée et des cheveux gominés. Ce soin apporté à sa tenue dont il peut faire un signe de provocation sociale, sera un support d'intégration dans l'atelier. Quand tant d'autres ont du mal à se changer, lui met systématiquement la combinaison pour protéger ses vêtements. Claude est attiré par le travail du fer et notamment la soudure. Il subit l'épreuve du feu. Lorsqu'il soude, une gerbe d'étincelles jaillit du contact de l'électrode avec le métal. Il arrive parfois que des particules de métal en fusion tombent dans ses chaussures ou se glissent dans le col de sa combinaison donnant des sensations de brûlure brèves mais vives. Alors que d'autres tirent fierté de ces sensations initiatiques, lui en est déstabilisé et demande à être rassuré.

Néanmoins il persiste. Il s'exerce avec application et réussit assez vite à acquérir le geste efficace et la compétence suffisante pour lui permettre de réparer, dans le cadre de l'atelier, une remorque en mauvais état qui appartient au compagnon de sa mère qu'il nomme son beau-père. Celui-ci voudrait la réparer mais n'a ni le matériel, ni les compétences pour y parvenir. Claude lui a donc proposé de réaliser cette restauration. Le ferronnier de l'atelier va donc commander le fer nécessaire que ce monsieur paiera et Claude exécutera le travail. Ce qui fut fait. Réalisation qui fit le bonheur de cet homme et la fierté de Claude. Elle instaura les conditions d'une place possible à l'atelier et ancra Claude dans une relation positive et sûre au ferronnier.

Cet épisode ne produira pas des effets magiques mais dégage de nombreuses harmoniques symboliques. Pour l'instant le miracle n'est pas dans la vie de ce jeune qui s'est retrouvé aux prises avec d'autres ruptures, des conflits psychiques non apaisés, le miracle est dans l'objet, cette remorque qui témoigne d'un assemblage possible, d'une possible coexistence entre moi et ce ferronnier, entre moi et ce compagnon passager de ma mère. Dans cette relation, s'origine une expérience de lien qui loin de me faire disparaître me fait apparaître. Elle développe des qualités qui transforment des dispositions, des aptitudes en compétences. La dépendance dans laquelle me met l'apprentissage me libère, puisque cette dépendance développe en moi une capacité qui va me permettre de m'émanciper de sa tutelle. La remorque réparée n'annule pas la ligne de fracture, les morceaux ne sont pas ressoudés. L'objet ne témoigne pas du dépassement de la fracture mais sera la trace d'une mise en présence possible, d'une coexistence possible entre l'adulte et moi, porteuse d'une promesse de réalisation de soi. C'est à partir du besoin de son beau-père et de son envie de montrer ses compétences qu'il a pu les utiliser et montrer à son beau-père et à sa mère quelque chose de lui que, sans cela, personne n'aurait vu, ni sa mère, ni son beau-père, ni lui.

Ainsi, en contrepoint de « l'immersion » dans un monde virtuel qui absorbe l'adolescent, nous devons lui proposer l'immersion dans un monde concret. Ce monde concret lui propose de vivre une expérience singulière, celle d'un rapport humanisé à la matière. La singularité de cette expérience est de confronter l'adolescent à la matière, « poids du réel » et concrétude du monde, confrontation qui ne peut se vivre en dehors d'une relation à un adulte qui en sera l'initiateur. En effet cette initiation prend obligatoirement appui sur la connaissance de la matière qu'a l'adulte, sur son savoir-faire dans le rapport à l'outil, médiation nécessaire à la transformation de la matière, et sur son savoir-être dans la relation au jeune. Tout cela éveillera le désir du jeune à entrer dans l'expérience d'un agir qui va lui procurer des sensations inconnues par une mise en jeu de son corps et l'opération de transformation-fabrication à laquelle aboutit cet agir. Ce rapport à la matière va développer chez l'adolescent une autre perception de lui-même qui lui est indispensable pour qu'il accepte d'entrer dans la réalité, d'être entamé.

6. CONSTRUIRE UN MODE D'ACCOMPAGNEMENT ET DES RÉPONSES ADAPTÉES À PARTIR DE LA NOTION DE « TRANSITION »

L'amplification de la coupure d'avec la réalité concrète tient également à l'évolution socio-économique qui a généralisé le travail salarié. Cette généralisation a introduit une coupure dans le corps social qui amplifie les enjeux propres à l'adolescence : « Non seulement l'adolescent doit affronter les transformations de son propre corps, mais en outre, tout se passe comme s'il devait aussi changer de monde, passer de l'espace familial protecteur, au monde ouvert et potentiellement illimité de l'espace social dans son entier »[1]. Cette coupure place les jeunes dans un univers clos sur lui-même, sans représentation du monde des adultes, du monde du travail. L'univers professionnel reste un trait qui continue de marquer l'entrée dans la vie adulte.

Or, ce monde du travail n'est justement pas ouvert. Il est même très fermé. Et s'il y a une ouverture sur l'espace social, elle est du côté d'un illimité, celui de la rue et de l'errance qui ne les

1. C. Heyvaerts, « Le cogito des ados » in *Ces comportements qui troublent, La lettre de l'enfance et de l'adolescence*, Revue du GRAPE, Toulouse, Erès, n° 67, mars 2007.

fait pas changer de position, qui ne fait pas passage. Ce changement de monde va donc devoir se faire en aveugle, ce qui ne peut qu'accroître l'insécurité inhérente à leur âge. Ils se retrouvent dans un isolement redoutable face à un monde qui leur est opaque contrairement au monde informatique transparent. Face à l'écran, il suffisait à Jacques d'un clic droit, puis d'un clic gauche sur « afficher la source » pour que ce monde d'images devienne transparent à ce qui le produit : un langage totalement performatif parce qu'univoque, d'où est exclue toute parole.

Témoin de cette situation, j'ai été saisi par la fascination que pouvait exercer la puissance de cet outil qui, de surcroît, donne à l'adolescent la capacité d'en lire et maîtriser l'origine. Entrer dans la vie est autrement plus complexe puisque la source qui participe à nous construire, la parole qui nous fait vivre ne peut être transparente. Nous ne pouvons entretenir avec notre origine qu'un rapport opaque par la médiation d'un langage équivoque, trace irrémédiable de cette opacité et marque de notre condition.

De plus, cette difficulté à quitter le monde de la jeunesse pour se jeter dans un monde inconnu et opaque sera largement majorée si ces jeunes ont été en butte à des échecs scolaires. Les voilà alors obligés d'affronter l'inconnu avec un sentiment de valeur propre très déprécié ce qui ne peut que générer une attitude défensive et mal augurer de leur future insertion professionnelle et sociale. Il faut donc créer, inventer, des espaces et des temps de transition qui permettent à l'adolescent de :

- découvrir le monde professionnel ;
- rendre possible l'imitation de l'adulte, imitation sans laquelle nulle identification n'est possible ;
- restaurer ou renforcer le sentiment d'estime de soi.

Ces espaces-transition doivent être intégrés au monde vers lequel on veut accompagner les adolescents, ici le monde du travail, sans en relever. Les jeunes continuent donc d'y bénéficier de la protection liée à leur âge, protection devant ici être entendue d'abord, comme protection de l'estime d'eux-mêmes.

On leur permettra donc de fabriquer, de créer à partir de ce compagnonnage d'adultes au travail, de s'associer éventuellement à leur travail, en fonction de la dynamique propre à chacun et du niveau de compétence acquise, sans risque d'échec. Mais puisqu' « à vaincre sans péril, on triomphe sans gloire », cette notion d'affrontement à des périls n'est pas évacuée puisqu'elle est essentielle à leur construction. Simplement, cet affrontement est déplacé. Ils vont s'affronter à la matière avec de vrais outils et de vraies sensations bien plus riches et diversifiées que les sensations que peut leur offrir le monde virtuel. C'est ce que « Les Ateliers de Bentenac[1] » ont mis en place. Ce dispositif est un espace-transition qui reprend, transposée, la caractéristique du monde virtuel : l'immersion mais dans le monde concret.

Cette notion de transition appliquée à l'espace professionnel que je viens d'illustrer, nous la retrouvons à l'œuvre, liée non plus à un espace mais à un temps particulier, à travers une tranche d'âge particulière, celle des 18/21 ans. On est là dans un temps spécifique reconnu comme tel à travers le contrat jeune majeur. Ce dernier jouit de l'intégralité des droits liés à la majorité légale tout en continuant de bénéficier d'une protection et d'un accompagnement en principe réservés aux mineurs. Ce contrat, mis en œuvre dans la totalité des départements par les services

1. Créés en 1997 par l'association ETAP. Pour plus de renseignements on peut consulter le site Internet de l'association : www.bentenac.fr.

de protection de l'enfance, apporte la reconnaissance d'un temps transitoire nécessaire pour que le jeune puisse assumer sa majorité et accéder au statut d'adulte.

D'ailleurs, notre expérience nous a amenés à constater que cet âge de la majorité, 18 ans, attendu plutôt comme une étape de résorption de la crise d'adolescence, paraissait bien plutôt en être le déclencheur. Sans prétendre généraliser ces observations à partir de quelques cas, nous avons remarqué à plusieurs reprises, un accroissement des problèmes relationnels liés à l'adolescence lors de cet accès à la majorité que constitue le passage des 18 ans, alors que nous les attendions plutôt vers l'âge de 16 ans. Comme si ce passage provoquait une inquiétude, une angoisse, une panique même, amenant le jeune à produire des comportements susceptibles de mettre en danger sa place sociale. Ce déplacement de la crise de l'adolescence à l'entrée de l'âge adulte va également en déplacer les conflits qui vont sortir de la scène familiale ou institutionnelle pour se porter sur la scène sociale.

L'outil que représente le contrat jeune majeur peut alors devenir très intéressant. Les premiers pas du jeune dans le monde des adultes seront accompagnés dans un cadre relationnel totalement différent. L'éducateur n'est plus lié au jeune par le même rapport de responsabilité. À une relation dissymétrique caractéristique de la situation du mineur, se substitue une relation symétrique et contractuelle.

Cette nouvelle donne relationnelle loin de précariser la place de l'adulte et son autorité, la renforce plutôt. Elle instaure une distance qui donne plus de liberté et d'aisance dans le travail. Le contrat jeune majeur inaugure un temps réellement nouveau. C'est un temps limité qui offre au jeune une durée non négligeable, jusqu'à trois ans, et des avantages économiques substantiels. C'est donc un temps « transitoire » qui lui offre un entre-deux particulier. Le jeune censé être autonome peut continuer à bénéficier d'avantages qui sont ceux de l'enfance. De plus, la société reconnaît la possibilité d'un décalage et offre un temps de mise en phase. Temps psychique et temps social peuvent ne pas être en adéquation.

Le livre d'Éric Deschavanne et Pierre-Henri Tavoillot *Philosophie des âges de la vie*[1] vient appuyer cette nouvelle dimension du travail social caractérisée par cette notion de « transition » appliquée à des espaces et des temps particuliers qui permettent au jeune d'aborder les différents âges de sa vie. « Jamais dans l'histoire l'homme n'a bénéficié d'une telle certitude de son horizon de vie, jamais pourtant il n'a paru aussi démuni sur la manière de parcourir le chemin du berceau à la tombe... C'est ainsi que les questions "comment grandir ?" et "comment vieillir ?", qui trouvaient dans les dispositifs traditionnels des réponses efficaces et des évidences quasi naturelles, se sont peu à peu ouvertes jusqu'à devenir béantes ».

Cette question du comment grandir concerne au premier chef les éducateurs que nous sommes. Elle est d'autant plus importante qu'elle touche à la question identitaire autour de laquelle va se nouer le devenir de l'individu et se jouer sa place sociale : « La crise d'identité ne se limite plus à l'adolescence. Elle est désormais la matrice d'une incertitude qui s'est répandue partout. Les questions "qui suis-je ?", "qui sommes-nous ?", ces interrogations que la philosophie classique réservait aux plus sages des sages sont désormais passées dans le domaine public ». Or, ces divers âges de la vie persistent comme « catégories fondamentales de l'identité » et comme « normes existentielles subjectives » : « les âges représentent, du point de vue de l'individu, la manière dont un individu doit se fabriquer. Ils sont comme les phases du mode d'emploi permettant de

1. E. Deschavanne et P.-H. Tavoillot, *Philosophie des âges de la vie*, Paris, Grasset, 2007.

reconstituer les éléments du kit existentiel. Confus comme statuts et comme rôles, les âges de la vie restent évidents comme tâches et comme processus : vivre son enfance, passer sa jeunesse, réussir sa vieillesse ».

Enfin, si les seuils existentiels n'ont pas la même netteté qu'auparavant, ils n'ont pas disparu pour autant. « Il se pourrait qu'ils persistent de nos jours, moins sous la forme de rites que sous celle de crises ». Le psychiatre Philippe Jeammet se posait la question dans un article de 1980 : « l'adolescence comme conflit ou les troubles psychologiques sont-ils une forme moderne des rites d'initiation ?[1] » Dès lors la question qui se pose à nous est bien celle-ci : comment accompagner la sortie de l'enfance, comment accompagner l'entrée dans la vie adulte ?

Des éléments de réponse sont sans doute contenus dans la création de ces espaces-temps transition, que nous préférerions nommer transitionnels[2] et dont nous avons donné plus haut deux exemples. Ils se réfèrent à une dimension spécifique du travail social aujourd'hui. Celui-ci doit prendre en compte les évolutions évoquées, dont on peut entrevoir une des répercussions dans cette « dysharmonie » psychique précédemment décrite. En raison de la fragilisation des seuils de l'existence et d'une figure de l'individu qui doit être perfectible en permanence, ce concept de « transitionnel » semble d'autant plus pertinent. Ainsi, la maturité propre à l'âge adulte n'est plus un état mais un processus de *maturescence*. D'ailleurs, l'entrée dans la vie adulte n'est plus un brutal changement d'état, mais « un processus étalé sur plusieurs années, 18 à 29 ans, s'accordent les sociologues soit plus de 10 ans, au cours desquels les trois indépendances (résidentielle, financière et affective) surviennent de manière désynchronisée »[3].

C'est bien cette entrée dans l'âge adulte conçue comme processus que reconnaît le *contrat jeune majeur*, un processus qui n'exclut pas des retours en arrière. En effet, « l'entrée dans la vie adulte est désormais un phénomène largement réversible, si l'on peut dire, soumis, plus que jamais, aux aléas de l'existence. Sans doute la mort n'est-elle plus la menace la plus probable, mais le chômage, la séparation du couple et, éventuellement, le retour chez les parents apparaissent comme des rechutes. Ces accidents peuvent donner le sentiment d'une régression, voire d'une exclusion déprimante du monde des adultes. »

Ainsi assistons-nous, peut-être, à l'émergence de corrélations entre cette fragilisation des seuils, la désynchronisation des indépendances et les dysharmonies psychiques constatées. Ces corrélations ne fondent-elles pas cette dimension transitionnelle du travail éducatif d'aujourd'hui, en fait déjà présente depuis longtemps, dans les établissements sociaux ? Ces analyses de Deschavanne et Tavoillot, comme ces observations de dysharmonies que nous avons largement décrites au début de cette contribution, renvoient à la perte d'une perception homogène et stable tant de l'individu que des stades de son évolution. C'est sans doute cette perte d'homogénéité qui a défait les rites de passages puisque l'accès à un stade différent, qui reste bien réel, ne peut plus se penser en termes d'état dont la stabilité était la marque de son identité, mais en termes de processus continu. Ce qui ne peut que donner une identité mobile, fluide, plus incertaine et sans doute plus fragile.

1. Cité par E. Deschavanne et P.-H. Tavoillot, *Philosophie des âges de la vie*, *op. cit.*, p. 274.
2. Du fait de la proximité avec le concept de Winnicott. En effet, ce dont je parle ici me paraît très proche du concept d'objet transitionnel. L'espace de cette contribution ne me permet pas de justifier plus avant ce rapprochement. Cependant, même utilisé dans le sens le plus banal, tel que le définit le dictionnaire, ce terme est justifié et opérant pour évoquer la dimension particulière de ces espaces-temps spécifiques.
3. E. Deschavanne et P.-H. Tavoillot, *Philosophie des âges de la vie*, *op. cit.*, p. 282.

PLAN DU CHAPITRE

1. UNE HISTOIRE DE FAMILLE

Le groupe familial s'est profondément transformé au cours des cinquante dernières années. Son organisation interne a mis aux oubliettes le modèle ancestral et opté pour des modalités de régulation démocratiques. La négociation, l'échange, l'épanouissement personnel, le partage des décisions et des tâches l'ont emporté sur les normes de soumission, d'autorité, de respectabilité et d'humilité qui caractérisaient l'univers familial dépeint, par exemple, par Marcel Pagnol. Ce passage de l'autocratie patriarcale à la démocratie constitue sans doute l'ultime étape dans le processus de mise en concordance de l'organisation familiale avec les structures politiques.

Les principes relationnels familiaux, et par conséquent l'éthique et les valeurs familiales, ont évolué plus lentement que ceux qui prévalaient dans l'ensemble de la société, notamment dans son organisation politique. Cette désynchronisation a étayé un argumentaire irréaliste relatif aux « valeurs familiales ». La famille, en effet, n'est pas une unité d'élaboration des valeurs. Elle ne les crée pas. En revanche, elle les entretient et facilite leur intégration par l'individu. Les normes de comportement, d'attitude et de mise en rapport relèvent de processus sociaux et psychosociaux complexes qui incluent l'organisation du groupe familial, mais ne s'y réduisent pas. L'apologie des valeurs familiales se ramène à celle d'un système politique obsolète et ne contribue nullement à la sérénité des familles.

Il aura fallu plus de trois siècles pour que les valeurs autocratiques cèdent le pas aux valeurs démocratiques. Si cette évolution fut conjointe à celle de l'organisation familiale, cette dernière s'est transformée à son propre rythme. Au XVIIe siècle, la société et la famille sont organisées selon un principe identique : elles ont à leur tête un autocrate légitimé par le Père céleste. Les liens de subordination qui découlent de ce système ne sont pas nécessairement – la différenciation s'impose – l'équivalent d'un despotisme. L'autocratie patriarcale assujettit l'épouse et les enfants afin de favoriser le bien-être et l'expansion de la communauté familiale. Le motif ordonnateur des interventions paternelles est l'intérêt général, et non l'égoïsme d'un seul. Quand l'autocrate exerce son pouvoir dans l'unique dessein de satisfaire ses désirs, il se mue en despote. Harpagon, Argante des *Fourberies de Scapin*, Argan le « malade imaginaire », ou encore Monsieur Jourdain[1], par exemple, sont des pères abusifs qui ne craignent pas de sacrifier à leurs passions le devenir de leurs enfants. Cette loi qu'ils imposent à leurs progénitures, eux-mêmes n'y sont pas soumis. Dans cette perspective, le despotisme est un détournement de l'autocratie. Celle-ci, en effet, reposait sur deux principes. D'une part, le souverain était guidé par l'intérêt de ses sujets, dont il connaissait le contenu véritable alors même que ses inférieurs l'ignoraient. De l'autre, il contraignait à une loi à laquelle lui-même était assujetti et aux rigueurs de laquelle il devait se plier de façon exemplaire. Or, dès lors qu'il s'identifie à la loi, l'autocrate cesse d'être légitime.

Molière a souvent dénoncé le despotisme paternel dans ses comédies. Ses parents – les pères le plus souvent, mais parfois aussi les mères, comme dans les *Femmes savantes* –, sont des gens dominés par l'envie, la cupidité, la vanité, qui forcent leurs enfants à contracter des alliances motivées par leur intérêt personnel. Molière assène à ces tyrans l'argument du ridicule, qui vaut tous les réquisitoires contre le despotisme. Pourtant, il serait erroné, ou pour le moins hasardeux,

1. « Monsieur Jourdain – Voilà bien les sentiments d'un petit esprit, de vouloir demeurer toujours dans la bassesse. Ne me répliquez pas davantage : ma fille sera marquise en dépit de tout le monde ; et si vous me mettez en colère, la ferai duchesse. » Molière, *Le Bourgeois gentilhomme*, acte III, scène XII.

© Dunod – La photocopie non autorisée est un délit

qui n'est pas dessiné comme à son habitude, une peau dont la couleur semble un passé. Alors, comme beaucoup, je suis pour quelques secondes à la recherche des modifications nécessaires pour que je me reconnaisse dans l'image réfléchie par le miroir. Ces efforts d'ajustements, je suis seul à les croire importants à mon paraître, mes proches ne les remarquent pas. Il fallait pourtant que je les fasse pour me réapproprier le reflet du miroir qui m'a frappé par l'étendue de son étrangeté. Cette réappropriation est directement la trace consciente du moi idéal. L'image de soi est toujours en partie extérieure à l'expérience de soi, voilà pourquoi le matin, à peine sorti des brumes morphiniques, je suis saisi face à elle par une incrédulité dont je me départis en sacrifiant à un rite d'appropriation.

Le sentiment continue d'exister est un état d'équilibre (dans le langage courant, il est dit des fous qu'ils sont « déséquilibrés »). Dans certaines occasions, un individu peut furtivement être saisi par l'abîme qui sépare l'image de soi intégrée au cours de son développement psychologique et l'expérience de soi. Or, à l'origine de cette représentation de soi, il y a l'identité spectrale investie par la libido de l'enfant dès lors que pour sa mère cette image représente l'objet de son désir. Le moi idéal est imprégné de ce narcissisme primaire, il représente une unicité à tout jamais perdue puisque par la suite l'enfant doit y renoncer en renonçant à être l'objet du désir de sa mère. Le moi idéal est une formation narcissique acquise lors du stade du miroir, mais il alimente pour toujours notre quête d'unité. L'expérience de soi livre à chacun des sensations dissemblables et discontinues que le moi conçu synthétise insuffisamment. C'est pourquoi l'identité est toujours à la recherche d'un élément susceptible de lui donner accès à la complétude. Le moi idéal équivaut à cette quête de complément ontologique à partir duquel l'être se réconcilie avec lui-même, l'expérience de soi avec l'idée de soi.

Ce complément ontologique est un idéal d'unité, un idéal d'autosuffisance, capable de concilier les limites du corps avec l'infinitude des désirs et de donner accès à une l'expérience de la plénitude. Nous la retrouvons dans la passion amoureuse où finalement l'autre et soi se réduisent au même, et c'est pourquoi la passion amoureuse est souvent altrucide. Dans la Bible, la conduite criminelle de David à l'égard d'Urie ne s'explique-t-elle pas par sa passion amoureuse ? Alors qu'il se promenait sur le toit du palais, il aperçut la belle figure de Bath-Schéba qui se baignait. Sous l'emprise de la passion, le roi écrit à Joab qui reçoit la missive de la main même d'Urie : « Placez Urie au plus fort du combat, et retirez-vous de lui, afin qu'il soit frappé et qu'il meurt. » Une telle conduite « déplut à l'Éternel » et pour quelques exégèses, la seule explication de ce comportement criminel est donnée par la prédestination de l'élection amoureuse. Il était écrit que Bath-Schéba deviendrait la femme de David et lui enfanterait un fils : n'étaient-ils pas unis avant même de se connaître ? La force annihile la volonté du roi ; son sens de justice et sa volonté sont assimilables à celle de la quête d'un complément ontologique. La passion amoureuse est toujours un prolongement de l'investissement narcissique, et c'est pourquoi elle fait barrage à l'altérité et soumet l'autre à son désir, ou, pour reprendre les thèmes bibliques, elle « fait péché contre l'Éternel ».[1]

L'objet investi par le moi idéal doit unifier, réparer, et protéger. L'enfant imaginaire est pour partie cet objet, il est investi par le moi idéal et représente pour chacun des parents ou des futurs parents la possibilité d'une expérience d'unification, de réparation ontologique et de protection contre les expériences fractionnantes et morcelante. L'enfant imaginaire étoffe la quête de plénitude engagée à l'époque ou le jeune enfant investissait son image comme une réalité extérieure.

1. II Samuel, chap. XI et XII.

Héritier du narcissisme primaire, l'enfant imaginaire l'est aussi d'une autre instance du narcissisme, l'idéal du moi. Cet idéal amplifie les exigences du groupe social et familial, intégrées à l'époque du complexe paternel. Il oppose les conduites acceptables à celles qui sont frappées d'interdit. L'idéal du moi affirme un impératif d'action et de comportement, si, dans le cas du moi idéal l'impératif est dressé par l'opposition entre l'image de soi et l'expérience de soi, *dans le cas de l'idéal du moi, l'impératif est dressé par l'opposition entre l'être en soi et les attentes de l'autre*, ou encore entre l'être et le devoir être en regard de l'autre, le paraître. Pris en flagrant délit de ne pas se montrer « en courage et en acte le même qu'en désir[1] » ou d'être dans le faire étranger à son dire, l'homme, au niveau conscient, est envahi par un sentiment honteux.

La honte équivaut à la révélation à un alter ego de l'écart entre le moi et l'idéal du moi. L'être, pris en flagrant délit de ne pas se conformer à l'idéal du moi, est enclin à éprouver un sentiment d'infériorité. La honte et le complexe d'infériorité sont liés. Les rapports sociaux de domination génèrent de la stigmatisation identitaire qui, comme le souligne Vincent de Gauléjac, « révèle alors les violences humiliantes qui caractérisent ces rapports sociaux[2] ». L'idéal du moi est une formation narcissique qui contribue largement au lien social : il met le comportement de l'individu en conformité avec celui de ses paires, il normalise les conduites et les attitudes. L'idéal du moi étaye les attentes du groupe et de la communauté sur un individu, ces attentes sont inconsciemment assimilées par l'individu. L'analyse de l'idéal du moi suppose que soit éclairée la force des attentes intégrées par un sujet par rapport aux attentes véritables des groupes d'appartenance et à la nature de ces attentes.

La pression exercée par ces attentes varie considérablement d'un individu à un autre. Cette variation témoigne des exigences parentales et des modes d'éducation. Dans l'hypothèse où les modes d'éducation relèvent du totalitarisme, les attentes sont trop fortes pour être intégrées de façon stable. L'enfant peut renoncer à la socialisation de ses pulsions ou se soumettre avec acharnement. Dans cette dernière situation, la vigilance de l'idéal du moi le laisse sans repos et il s'épuise à éliminer toutes les tentations. Ses attitudes s'apparentent alors, soit à une névrose de scrupules, soit au fanatisme tout aussi criminogène que peut l'être la non-intégration des nécessités de la socialisation. Le totalitarisme éducatif crée sa négation. Dans une autre hypothèse, celle de principe éducatif libéral, l'enfant réel – c'est-à-dire violent, brutal, impulsif et séducteur – peut être négligé au profit d'un idéal de perfection qu'il ne peut assimiler. Confronté à un modèle qu'il ne peut atteindre, l'enfant renonce à satisfaire aux attentes de ses parents – au risque de les désespérer – ou bien, il s'y conforme par mimétisme du contenant à défaut d'avoir accès au contenu. Ces attitudes de mise aux normes par mimétisme sont déterminantes de la perversion. Les modes éducatifs totalitaire ou libéral génèrent de la brutalité et de l'inhibition (névrose de scrupule). C'est pourquoi, comme l'écrivait M. Mannoni :

> « L'alternative est d'ailleurs toute relative : la conduite autoritaire ou libérale procède en effet d'une même violence, ouverte ou masquée[3]. »

Outre l'explication de la pression inconsciente exercée par les attentes de l'idéal du moi, l'analyse de cette formation du narcissisme suppose celle de la nature de ces attentes. Elles sont

1. « *Art thou afeard - To be the same in thine own act and valour - As thou art in desire ?* », in W. Shakespeare, *Macbeth*, acte I, scène VII, trad. fr. P. Leyris, Paris, Aubier-Montaigne, 1977.
2. Gauléjac V. de, *Les Sources de la honte*, Paris, Desclée de Brouwer, 1996.
3. Mannoni M., *Éducation impossible*, Paris, Le Seuil, 1973.

relatives aux positions que l'individu doit occuper, eu regard aux autres membres de sa famille et de sa communauté. Certains positionnements lui sont demandés, d'autre lui sont interdits (il est honteux pour un garçon de se comporter comme une fille). Dans l'hypothèse où le sujet craint d'occuper une place dans laquelle il n'est pas légitimé par le regard de l'autre, l'idéal du moi réagit et produit de la mise en difficulté psychique qui se traduit au niveau des comportements par des mises en échec systématiques, des abandons injustifiés, de l'agressivité. Ces propriétés relatives à la constitution de l'idéal du moi et à son importance dans l'économie individuelle autant que collective, suggèrent la place qu'il occupe dans l'expérience de parentalité.

L'enfant imaginaire est déjà investi par cet impératif de l'idéal du moi. Chacun intègre les attentes de ses parents, qui souhaitent un enfant de leur enfant. Chacun s'acquitte de sa dette de vie en donnant la vie à son tour. À la position d'enfant doit succéder celle de parent. Tous ces éléments sont déterminants de l'investissement de l'enfant imaginaire par l'impératif de l'idéal du moi. L'enfant est en partie l'équivalent d'un don à ceux qui nous ont engendrés, il porte par ailleurs en lui le germe d'une nouvelle position dans le groupe familial et la communauté. L'idéal du moi relie le complexe imaginaire responsable du désir d'enfant à d'autre que soi, à l'inverse du moi idéal, qui imprègne ce complexe d'un désir tourné vers une quête ontologique et de réparation, il établit une représentation idéale d'enfant que chacun relie à l'assemblée de ses ascendants. Si, dans un cas, le complexe cristallise une attente tournée vers soi et la passion de sa création comme celle de Pygmalion pour sa statue d'ivoire, dans l'autre cas, l'attente est tournée vers la reconnaissance de l'autre : « Voici l'enfant que je vous ai fait, acceptez-le, regardez comme il est conforme à votre idéal et reconnaissez que je suis un bon fils pour vous l'avoir donné. » L'idéal du moi établi un idéal de don à partir duquel s'enracine la légitimité de l'individu à occuper une place de parent dans l'assemblé de ses ascendants. L'idéal du moi imprègne le complexe imaginaire fondateur du désir d'enfant, et c'est pourquoi ce désir est directement en rapport avec l'attitude des parents vis-à-vis de l'accès de leur enfant à la parentalité. Cette attitude, transmise inconsciemment, de même que la nature libidinale du don pour la mère, détermine des altérations du désir d'enfant.

2. DÉSIRER ET VOULOIR UN ENFANT

Ces altérations du désir d'enfant se traduisent par des discontinuités entre le désir d'enfant et la volonté d'enfant. Nul n'a accès à son désir, nous n'avons accès consciemment qu'à une demande, autrement dit un vouloir. Je veux un objet déterminé, pourtant la possession de cet objet peut être en contradiction avec celui de mon désir. L'inflation de la demande traduit le plus souvent la fuite psychique en regard du désir. L'avarice est de ce point de vue, exemplaire. L'avare veut un bien qui ne lui en produit aucun, il veut de l'argent pour ne jamais s'en servir. Il est velléitaire, acharné à faire du capital et pourtant toujours insatisfait : l'objet de sa demande n'a qu'un objet, lui camoufler celui de son désir. À un niveau moindre, chez beaucoup de personnes, l'accumulation d'achats jamais utilisés témoigne de l'écart entre demande et désir. La demande n'a souvent d'autre objet que de camoufler le désir, elle met en scène l'interdit bien plutôt que le désir. Cette discontinuité entre désir et demande est analogue à celle qui existe entre besoin et désir. Le besoin s'organise à partir d'une fonction physiologique, se nourrir. Il produit dans l'organisme une tension, qui disparaît avec la satisfaction du besoin. Originellement, le désir s'est étayé sur les besoins. Au cours du stade oral et anal, il fut enclenché par cet étayage, pourtant, l'objet investi par le désir n'est en rien déterminé par le besoin. Malgré l'étayage du désir par le besoin, il est établi qu'entre eux la relation est discontinue. Le désir n'est évidemment pas le prolongement du besoin et ne s'organise pas en fonction de la série tension – satisfaction – repos. De manière comparable, les rapports de la demande et du désir ne sont pas des rapports de continuité, la demande n'est pas la transposition consciente du désir, elle imprègne le désir des impératifs de la logique, c'est-à-dire du langage, ou pour reprendre l'expression de J. Lacan de « l'inter-dire ». La demande équivaut à la transposition du désir dans le langage, la source même des interdits. Cette transposition peut, de cette manière, camoufler, promouvoir, tronquer, inverser ou valider l'objet du désir. Ces relations, entre désir et demande, sont importantes dans la compréhension des attitudes de certains adultes vis-à-vis de l'éventualité de devenir parent. La demande (précisément le vouloir) d'enfant ne s'accompagne pas obligatoirement du désir d'enfant. Inversement, la non-demande d'enfant, voire le refus d'enfant, peut-être la manifestation consciente d'un désir d'enfant important mais investi par un attachement libidinal interdit.

De cette manière, le cas d'Isabelle, 32 ans, est exemplaire. Tout semble indiquer, dans l'acharnement de cette jeune femme à plaider comme « il est irresponsable aujourd'hui d'avoir un enfant », que le désir d'enfant s'oppose chez elle à la force d'un interdit. Mais, parallèlement, comme ce désir est important, Isabelle argumente son refus de la maternité en alléguant les désordres du monde : le nucléaire, la pollution, la surpopulation, etc. L'état du monde n'est pas suffisamment satisfaisant pour accueillir l'enfant idéal dont elle parle avec passion. Dressant en parallèle « l'environnement quotidien des humains » avec les besoins *a priori* de l'enfant qu'elle aurait pu y faire naître, Isabelle enracine cet enfant idéal dans une sphère d'exigences qui témoigne de son importance libidinale. Dans ce cas, l'enfant idéal est largement investi par la libido, au point peut-être de ne pouvoir « s'incarner » dans la réalité et de faire de la sorte barrage à la demande d'enfant. Cette difficulté à incarner l'objet de son désir s'explique par la permanence des attachements œdipiens qui frappe le désir du sceau de l'interdit. Isabelle est une personnalité psychorigide, empressée d'asséner des certitudes et peu accessible au doute. Elle est la première enfant d'un homme auquel elle fut assurément très attachée et qui partage avec elle le même type de fonctionnement psychique, même si (et peut-être d'autant plus) leurs engagements sentencieux sont systématiquement opposés. Le parallélisme du fonctionnement de la fille et de son père a favorisé ce renversement de l'amour en hostilité, et de l'attachement profond de la petite fille pour son père en opposition systématique. Une opposition renforcée, comme dans de nombreux cas analogues, par le fait qu'Isabelle a pour conjoint un jeune intellectuel dépressif prompt au doute et à la disqualification. L'analyse lui révéla l'importance de ses mises à distance de l'attachement incestueux, d'abord dans l'opposition systématique à son père, ultérieurement dans son choix amoureux équivalent à un contre-investissement et finalement dans l'idéalisation de l'enfant. Arrivé à ce tournant de l'analyse, Isabelle décida « d'être irresponsable » et de garder l'enfant qui selon elle (et consciemment assurément) « est un accident de contraception ».

Le cas d'Isabelle est caractéristique de ces situations où le désir d'enfant inconscient ne peut émerger à la conscience que sous la forme du refus d'enfant étant donné la permanence des pulsions incestueuses qui le sous-tend. Dans l'écoute de l'enfant et de son parent, il faut garder à l'esprit ces feintes de l'inconscient qui inverse, dans la demande, la position initiale du désir. Ainsi, dans l'hypothèse où un parent (le plus souvent la mère) affirme ne pas avoir voulu son enfant, il est souvent important de lui montrer que si l'enfant est né, alors qu'il n'était soi-disant pas désiré, pour « un tas de bonnes raisons raisonnables », il fallait qu'il ait été quand même désiré pour être là.

Dans une situation de ce type, je me souviens d'un entretien avec une mère et son fils, Thomas, 7 ans, accusé de toutes les turpitudes et insolences. Des comportements qui, au dire de sa mère, finiraient bien par avoir raison de sa santé fragile, à elle, pauvre femme qui sacrifiait tant d'énergie à l'éducation d'un enfant « qu'elle n'avait pourtant pas désiré ». L'aveu du non-désir de l'enfant dans le cadre de l'entretien est asséné sans ménagement et provoque immédiatement une sourde colère chez l'enfant qui lance des coups de pied au bureau lui faisant face. La mère répond alors à l'agressivité de l'enfant en l'apostrophant par une étrange remarque : « Calme-toi, regarde ce que tu fais à Maman. »

La suite de l'entretien témoigne d'un acharnement appropriatif de la mère vis-à-vis de son garçon. Tout, dans son propos et ses attitudes, indique que cette mère ramène les moindres comportements de son enfant à elle-même. S'il n'est pas sage, c'est qu'il veut la faire souffrir, c'est qu'il ne l'aime pas, c'est qu'il la croit coupable : tels sont les thèmes qui organisent le propos maternel sur l'enfant. Ces interprétations agissent comme des injonctions contradictoires sur le garçon, qui est soumis au devoir de la satisfaire et à celui de ne pas la satisfaire car est sa mère. Cette contradiction entre les deux exigences de l'inconscient, comme le montrera la suite de la prise en charge, ne fait que réintégrer la nature même du désir d'enfant chez la mère. Fortement investi, ce désir d'enfant fut contrarié par la charge de passion œdipienne qu'il renfermait et par conséquent l'importance de l'interdit qu'il éveillait. C'est pourquoi il se manifesta au niveau conscient par sa figure inversée : le refus d'enfant.

Quand la mère s'adresse à Thomas pour lui dire qu'elle ne l'a pas désiré, se met en place un rite d'appropriation qui, sur le plan inconscient, pourrait se ramener à la formule suivante : « Je ne t'ai pas voulu, et c'est pourquoi tu dois me satisfaire pour qu'enfin, je puisse te désirer. » Affirmer à un enfant qu'il n'a pas été (consciemment) désiré, c'est lui interdire de se séparer et, dans ce sens, il s'agit bien d'un acte d'appropriation et d'aliénation.

Pour illustrer l'énergie de la mère de Thomas à mettre en place les déterminants de son appropriation de l'enfant, je préciserai qu'elle vivait, bien avant la naissance de son fils, avec le père de Thomas, un homme qui souhaitait des enfants. Quand le couple, devant les conséquences d'un « l'accident de préservatif[1] » décida de garder l'enfant, le père manifesta l'intention d'assumer sa fonction, aussi la mère lui devient-elle hostile. Elle chercha alors à le convaincre de « l'absurdité et l'inégalité de ces lois machistes qui imposent que les enfants portent le nom du père, pourquoi pas celui de la mère ! ». Hésitant alors et parce que le couple n'était pas marié, le père déclara l'enfant un an après sa naissance, se soumettant ainsi aux exigences de sa compagne, qui obtenait que l'enfant porte son patronyme (le nom de son propre père).

Les deux cas ci-dessus incitent à la prudence face au discours de ces mères qui assènent à leur enfant : « Je ne t'ai pas désiré. » Cette affirmation masque le plus souvent son inverse au niveau inconscient : « Je te désirais très fort, mais il m'était interdit de te vouloir. » La contradiction entre le désir et le vouloir un enfant se déplace fréquemment sur le rapport à l'enfant, auquel le parent affirme consciemment : « je ne t'ai pas désiré. » De longs entretiens sont souvent nécessaires pour ramener dans le rapport parent-enfant un espace de protection et de surprise à partir duquel l'un et l'autre puissent se représenter que l'enfant fut fortement désiré pour être là, alors qu'il n'était pas souhaité.

Il n'est pas rare, dans l'analyse de jeunes adultes, d'observer les conséquences chez l'enfant d'une longue exposition à la contradiction entre le désir inconscient de la mère et son propos : « Je ne t'ai pas désiré. »

Monsieur P. est le second fils d'une fratrie de deux garçons. Son aîné était, d'après lui, admiré par sa mère, et tout lui réussissait. À l'inverse, Monsieur P. « n'a pas été désiré ». De façon récurrente, ses parents, et principalement sa mère, le disqualifient en regard de l'excellence du comportement de son aîné. Monsieur P. est resté jusqu'à l'âge de 28 ans chez ses parents, sa dépendance à sa mère était considérable. Monsieur P. a une passion : le sport automobile. Il avoue avoir souvent eu une conduite à risque ; ces attitudes le « libéraient », dit-il, de la pression familiale.

1. La mère de Thomas, convaincue des risques terribles que la pilule entraîne sur la santé, limitait la contraception du couple au seul usage du préservatif. il est à savoir que dans un grand nombre d'entretiens avec des jeunes couples, il m'a semblé que cette limitation était appréciée du fait de la possibilité de la déchirure du préservatif. Ainsi, cela redonne une place, de façon symbolique, à l'aléatoire dans la conception de l'enfant. Un aléatoire qui permet de ne pas exiger du sujet qu'il mette en harmonie son désir et son agir, exigence qui, dans bien des cas, conduit à une négation de la part de contradiction irréductible inhérente à tous les fonctionnements humains.

Ces « épreuves existentielles » sont fréquentes à l'adolescence. Mettre sa vie en jeu a pour effet de permettre à la personne de devenir le maître de sa propre vie et donc de se libérer de l'emprise d'une mère abusive. À la différence de la jeune fille, le garçon ne peut se défaire de la dette de vie en donnant la vie aussi, braver la mort devient alors parfois un moyen de s'opposer à une mère trop excessive dans l'affirmation : « Tu me dois tout. » Dans cette perspective de mise en relation de la soumission de l'enfant à la toute-puissance maternelle et de la tentation du passage à l'acte, nous pourrions analyser les rites sacrificiels dans la culture méditerranéenne, qui avaient pour fonction de faciliter cette naissance de l'homme dégagé de la dette de vie qui l'aliénait à sa mère. Cette évocation ne doit pas laisser penser que le mécanisme est réservé à quelques vieilles cultures. De façon analogue, nous pourrions interpréter le sens du défi dans *La Fureur de vivre*. Dans cette tragédie de Nicolas Ray (1955), un adolescent, Jim, relève le défi d'une course folle et funeste à la suite de laquelle il conquiert le droit d'exprimer son rejet de la vie familiale et de l'amour excessif de sa mère. Chez l'adolescent, l'attraction pour les conduites à risque s'enracine dans le désir d'échapper aux liens de dépendance à une mère toute-puissante. De tels liens existent dans l'hypothèse des mères abusives mais aussi dans celle des mères abandonniques.

Dans l'histoire de Monsieur P., la proximité de la situation de l'enfant abusivement aimé et celle de l'enfant rejeté est évidente, mais ne forment-elles pas les deux faces d'une même pièce ? La mère de Monsieur P., en lui rappelant sans cesse « je ne t'ai pas voulu », affirme ne pas le vouloir différent de l'objet de son désir et de cette manière, maintient constante une emprise psychique incestueuse. Les conséquences de sa position psychique sont d'ailleurs en tout point comparables à celles provoquées par les mères abusives, tentation au passage à l'acte sacrificiel, relation de forte dépendance, rejet de la compagne et finalement règlement de la relation par la rupture, c'est-à-dire l'inverse d'une séparation.

> Monsieur P. a quitté sa mère à la suite d'une rencontre avec une jeune fille de dix ans sa cadette, très volontaire. Le jour où il a voulu présenter sa jeune compagne, qu'il avait l'intention d'épouser, à ses parents, sa mère se contenta de leur serrer la main dans l'entrée, puis elle leur tourna le dos afin de rejoindre « sa cuisine ».
>
> Dès que le conflit fut installé entre la mère de Monsieur P. et sa belle-fille, il prit la fuite dans le travail et inventa de multiples justifications pour ne plus avoir de relations avec ses parents. Il a accepté un travail à 800 km du domicile de ses parents, alors qu'il ne les avait jamais quittés plus de 24 heures.
>
> Ce faisant, l'éloignement et l'évitement ne règlent rien, et Monsieur P. ne se départit pas des liens de dépendance dans lesquels il a été maintenu si fortement. Aussi n'aura-t-il de cesse que de les recréer avec sa conjointe de façon inconsciente.

On retrouve chez Monsieur P., comme chez des enfants auxquels la mère a répété leur avoir tout sacrifié par amour, un parcours jalonné par : une étape de dépendance à une mère abusive dans son déni d'amour ; celle, à l'adolescence, des passages à l'acte et des épreuves existentielles qui légitiment l'existant en dehors de la mère ; ultérieurement, l'étape du choix d'une compagne à laquelle la mère est hostile ; et enfin, l'épisode de la rupture avec la mère, accompagné de la reproduction des liens de soumission et dépendance affective. Ici comme, bien souvent, l'affirmation par la mère de façon consciente du non-désir de son enfant peut, dans sa signification inconsciente, être totalement inversée. Le non-désir est verbalisé à seule fin de maintenir la dépendance de l'enfant qui est ainsi soumis à l'effrayante question de ce qu'il pourrait bien faire pour être aimé.

À l'opposé de cette position, on peut imaginer celle des enfants voulus mais non pas désirés, à l'origine de non-investissements lourds de conséquences. On notera l'importance de cette position psychique dans l'attitude de parents qui manifestent de véritables conduites abandonniques par

PLAN DU CHAPITRE

LA RESPONSABILITÉ DU DÉPARTEMENT en matière de protection de l'enfance a été étendue par la loi du 6 janvier 1986. Il n'a pas seulement pour mission la gestion des prestations d'aide sociale ou la prise en charge individuelle d'enfants dont la famille éprouve des difficultés. Il a la responsabilité légale et politique de mettre en œuvre, en collaboration avec les autres institutions publiques et privées, une politique de protection de l'enfance. Cette politique inclut nécessairement des actions de prévention générale ou spécialisée. La prévention générale est conduite par les divers organismes s'occupant de la promotion d'activités pour les jeunes : maisons de jeunes, clubs sportifs, centres sociaux. Elle n'est pas directement du domaine de l'Aide sociale à l'enfance, même si celle-ci y participe.

Les clubs et équipes de prévention sont nés d'initiatives individuelles et locales pour faire face aux bouleversements de l'après-guerre : c'était la reconstruction, avec les premiers phénomènes de « cités[1] », l'apparition de bandes de jeunes, le traumatisme des « blousons noirs ». Par ailleurs, la prise en charge purement traditionnelle des « cas » paraissait insuffisante, voire parfois aggravante. Les textes de 1958-1959 naîtront de la même mouvance et c'est souvent à partir de l'assistance éducative que les juges des enfants ont été amenés à s'intéresser aux clubs de prévention.

Aussi, divers textes, à partir de 1959, prévoient-ils leur financement par subvention[2]. Le Haut Commissariat à la jeunesse organise en 1961 un colloque sur les critères de prévention et la formation des éducateurs. Le 12 mai 1963, un arrêté institue auprès du Haut Comité de la jeunesse (nouvelle appellation du Haut Commissariat) un Comité national des clubs et équipes de prévention contre l'inadaptation sociale de la jeunesse, chargé de coordonner les activités du groupement précité, de procéder à des études, de faire toutes propositions de nature à favoriser le développement d'une action de prévention de l'inadaptation sociale.

Le décret du 9 septembre 1970 crée un comité interministériel chargé de définir une politique de prévention et de réadaptation. Les clubs et équipes de prévention sont intégrés dans ce vaste programme. C'est dans ce cadre que paraît l'arrêté du 4 juillet 1972, qui définit leur mission, les modalités d'agrément (étude sociologique préalable, instruction du directeur des Affaires sanitaires et sociales et du directeur de la Jeunesse et des Sports, avis du conseil départemental de protection de l'enfance), les modalités de collaboration avec les autres services sociaux et de financement. Le financement était assuré sur le budget de l'Aide sociale à l'enfance (chapitre 956-11 du budget départemental remboursé par l'État au titre du groupe I pour 80 % en moyenne).

Puis vint la décentralisation qui rendit nécessaire une clarification législative précisant qu'il s'agissait d'une mission du département. C'est ce qu'a fait la loi du 6 janvier 1986 codifiée à l'article 45 de l'ancien Code de la famille et de l'aide sociale devenu l'article L. 121-2. CASF. Ce texte a subi récemment plusieurs modifications notamment liées au contexte dit d'augmentation de la délinquance juvénile dans les banlieues. Il a ainsi été ajouté, en 2003, une référence aux « zones urbaines sensibles et dans les lieux où se manifestent des risques d'inadaptation sociale ». Puis la

1. Ces cités « inhumaines » généreront des problèmes d'inadaptation pendant longtemps. On leur apportera tantôt des solutions répressives, tantôt des solutions individuelles (travailleuses familiales, retraits d'enfants), tantôt des solutions sociales (clubs de prévention). Vers les années 1975-1985, on tentera de s'attaquer plus aux causes, tantôt en reprenant l'urbanisme dans le cadre d'opérations « Habitat et Vie sociale », soit en démolissant (tours des Minguettes, tours d'Hagondange, etc.). Une prise en compte plus globale sera tentée à travers la « politique de la ville » à partir de 1990.

2. Circulaires du 20 avril 1959, 3 septembre 1960, 20 octobre 1986.

loi du 5 mars 2007 relative à la prévention de la délinquance attribue une nouvelle compétence aux départements qui se concrétise par des actions de prévention de la délinquance[1].

Plus précisément, le conseil général finance des « actions dites de prévention spécialisée auprès des jeunes et des familles en difficulté ou en rupture avec leur milieu[2] ».

1. LE CADRE JURIDIQUE

Les actions dites de prévention spécialisée font partie des missions de l'Aide sociale à l'enfance. L'article 82 de la loi n° 2002-2 du 2 janvier 2002 a inséré un alinéa à l'article L. 221-1 CASF (« notamment celles [les actions de prévention] visées au 2° de l'article L. 121-2 ») qui les vise nommément. À ce titre, les personnels travaillant dans les clubs et équipes de prévention sont soumis au secret professionnel, parce que participant aux missions de l'Aide sociale à l'enfance (art. L. 221-6 CASF).

Toutefois, du point de vue de l'applicabilité de la loi du 2 janvier 2002, l'ordonnance du 1er décembre 2005 a apporté deux précisions essentielles. Il n'y a plus de doute quant à l'applicabilité de la loi du 2 janvier 2002 aux services de prévention notamment en ce qui concerne le respect des droits des usagers. À l'inverse, découle de l'ordonnance un principe de non-applicabilité de la mise en œuvre de certains outils de la loi du 2 janvier : le livret d'accueil, le règlement de fonctionnement, le recours à une personne qualifiée et la mise en place d'une forme de participation[3].

Par ailleurs, ces actions de prévention spécialisée ont été réglementées par l'arrêté du 4 juillet 1972 toujours applicable excepté en ce qui concerne l'agrément et le financement des clubs et équipes de prévention. Restent toujours d'actualité :

- la mise en place d'un conseil technique national des clubs et équipes de prévention, placé auprès des ministères concernés (Santé, Justice) ;
- la définition de la prévention spécialisée. En font partie « les organismes qui, implantés dans un milieu où les phénomènes d'inadaptation sociale sont particulièrement développés, ont pour objet de mener une action éducative tendant à faciliter une meilleure insertion sociale des jeunes par des moyens spécifiques supposant notamment leur libre adhésion ».

2. LE FINANCEMENT

La prévention spécialisée est une responsabilité du département. Les clubs et équipes de prévention qui assurent cette mission sont à ce titre financés sur le budget de l'Aide sociale à l'enfance.

L'étude du RCB réalisée en 1973 par le ministère de la Santé a calculé la rentabilité des CEP en termes de « coûts évités » : si une expérience de prévention spécialisée évite chaque année à

1. L. 121-2, 4° CASF.
2. L. 121-2, 2° CASF.
3. L. 312-1, IV CASF.

deux jeunes d'être placés en milieu fermé, elle rentabilise son action auprès des jeunes les plus difficiles. Pour des jeunes moins perturbés, cette étude démontre que si une action de prévention se substitue à une prise en charge en milieu ouvert pour vingt et un jeunes chaque année, elle rentabilise son action[1].

Important pour le département, tant pour les jeunes que pour la « paix sociale », un financement assuré — dans le cadre de convention — est aussi nécessaire pour les clubs qui ont besoin d'une certaine durée pour avoir une quelconque efficacité.

Forme de financement

Le budget global est la seule forme de financement adaptée : en effet, l'absence de mandat, le possible anonymat rendent impossible tout financement par prix de journée.

Modalités : la convention

Seule une convention département-association gestionnaire peut assurer cette collaboration. Elle précise :

- les missions assignées au club (objectifs, priorités) ;
- son secteur géographique d'activité ;
- les modalités de collaboration sur le terrain avec les autres services sociaux ;
- le personnel pris en charge, l'association conservant sa liberté de choix des personnes ;
- les modalités de financement : base de calcul (salaires, charges, loyers, activités) et date de versement (généralement en 2 ou 3 versements) ;
- les modalités d'évaluation et les comptes rendus exigés.

Ce financement est lié à la convention et son retrait unilatéral ouvrirait la voie d'un recours de plein contentieux[2]. Au financement départemental, peuvent s'ajouter d'autres participations, notamment des communes ou de la CAF. Il est préférable que ces participations figurent au budget des clubs en tant que recettes en atténuation, la mission de prévention relevant, de par la loi, du département.

3. L'OBJECTIF PROPRE DE LA PRÉVENTION SPÉCIALISÉE

L'objectif de la prévention spécialisée est de permettre une prise en charge des jeunes par eux-mêmes, de mobiliser une action de promotion et de socialisation à partir des jeunes. Cet objectif s'appuie sur un double constat :

1. *La Prévention des inadaptations sociales*, Paris, La Documentation française, 1975.
2. Tribunal administratif de Paris, 17 décembre 1986. RDSS 29 — juillet-septembre 1987.

- certaines conditions de vie génèrent l'inadaptation (désœuvrement, agressivité, drogue, violence) ;
- les réponses apportées par les institutions traditionnelles (famille, école, travail, association de loisirs) sont inadaptées.

Il s'agira donc pour les équipes de s'implanter dans un milieu, d'être acceptées, de créer des liens personnels, pour permettre de rétablir une socialisation difficile.

De cet objectif naît une pratique éducative particulière fondée sur des principes émanant du terrain et officialisés par le décret du 4 juillet 1972 :

- la libre adhésion des personnes : aucune contrainte, aucune obligation de durée ;
- le respect de l'anonymat : ce n'est pas une fin en soi mais une condition de la liberté d'adhésion et du refus d'étiquetage. Ce n'est pas non plus une obligation ;
- l'absence de mandat judiciaire ou administratif, ce qui la différencie de l'action éducative en milieu ouvert ;
- l'adaptation permanente aux besoins des jeunes et du milieu.

C'est pour cela qu'il n'y a pas d'activités spécifiques de la prévention spécialisée, mais qu'elles sont très diverses : tantôt traditionnelles, tantôt très novatrices et originales[1]. En outre, un club doit pouvoir disparaître ou changer de lieu d'action lorsque les caractéristiques sociologiques d'un quartier ont évolué.

4. L'ORGANISATION DES CLUBS ET ÉQUIPES DE PRÉVENTION

- *Une équipe* : la prévention spécialisée repose toujours sur une équipe pluridisciplinaire de personnels compétents : éducateurs spécialisés en général mais aussi assistants sociaux, psychologues. À cette équipe participaient parfais des bénévoles.
- *Une structure associative* : le cadre associatif de la loi de 1901 paraît la structure la mieux adaptée. C'est celui qui permet le mieux l'association de bénévoles, ce qui donne une meilleure insertion sociale de l'équipe. Ce n'est cependant pas une obligation, et il existe des clubs « publics[2] ».
- *Une adaptabilité* : les clubs et équipes de prévention doivent être le moins institutionnalisés possible et prêts à s'étendre ou à changer de lieu si les problèmes évoluent.
- *La collaboration* : la prévention spécialisée ne peut prétendre agir seule. Son efficacité exige une concertation avec les autres intervenants : enseignants, assistants sociaux, éducateurs d'assistance éducative en milieu ouvert ainsi qu'avec les organismes ou personnes publiques ou privées présents sur le quartier : mairie, association de locataires, club sportif, etc.

1. Le n° 266-267 de Correspondance municipale (27, rue Saint-Antoine, 75011 Paris) de mars-avril 1986, intitulé « Une réponse à l'exclusion sociale : les associations de prévention spécialisée », relate un certain nombre de ces actions : gérance d'un bar, soutien scolaire, espace-rencontre, etc.
2. Au 1er janvier 2005, il y avait 340 services relevaient du secteur associatif et 12 du service public, source Comité national de liaison des Associations de prévention spécialisée.

- *L'habilitation* : les clubs et équipes de prévention publics ou privés sont habilités par le président du conseil général (art. L. 121.2, dernier alinéa du Code de l'action sociale et des familles).

5. · LES MODES D'INTERVENTION[1]

Les pratiques des équipes éducatives sont plurielles et s'appuient sur des supports diversifiés comme :

- le *travail de rue* : il constitue la clef de voûte et la spécificité de l'action des équipes. La prévention spécialisée va au contact des jeunes, dans leurs lieux de regroupement ou de passage selon leurs rythmes de vie ;
- les *actions collectives* : leur pertinence est à réaffirmer, le groupe étant support à la socialisation et à la recherche de solidarités. La prévention spécialisée, de par sa connaissance des phénomènes de groupes, des enjeux de quartier, peut transformer en énergies positives des forces qui « agitent » les groupes et aider à la résolution de conflits ou à des médiations ;
- les *actions communautaires* : elles doivent être développées dans le cadre d'un partenariat et d'une démarche de développement social. À cette fin, il est nécessaire de s'appuyer sur les ressources locales et sur la participation des habitants et des jeunes, afin de favoriser et participer à la dynamique collective de quartier ;
- l'*accompagnement éducatif individuel* : il se réalise au travers notamment du soutien psychoaffectif, de l'aide à la réalisation de projet. L'action éducative participe également au renforcement de la fonction parentale.

1. *Source* : *Guide pratique Protection de l'enfance. Prévention en faveur de l'enfant et de l'adolescent*, 2007, p. 94 *et sq*.

Chapitre 28

L'aide à domicile

P. VERDIER, F. NOÉ

PLAN DU CHAPITRE

LA MAJORITÉ DES ENFANTS pris en charge par l'Aide sociale à l'enfance reste dans leur famille. Ils bénéficient d'une aide à domicile. Selon l'article L. 222-2 CASF : « L'aide à domicile est attribuée sur sa demande, ou avec son accord, à la mère, au père ou, à défaut, à la personne qui assume la charge effective de l'enfant, lorsque la santé de celui-ci, sa sécurité, son entretien ou son éducation l'exige et, pour les prestations en espèces, lorsque le demandeur ne dispose pas de ressources suffisantes. lle est accordée aux femmes enceintes confrontées à des difficultés médicales ou sociales et financières, lorsque leur santé ou celle de l'enfant l'exige. Elle peut concourir à prévenir une interruption volontaire de grossesse.Elle peut être accordée aux mineurs émancipés et aux majeurs âgés de moins de vingt et un ans, confrontés à des difficultés sociales. »

L'aide à domicile comporte[1], ensemble ou séparément :

- l'action d'un technicien ou d'une technicienne de l'intervention sociale et familiale ou d'une aide ménagère ;
- un accompagnement en économie sociale et familiale ;
- l'intervention d'un service d'action éducative ;
- le versement d'aides financières, effectué sous forme soit de secours exceptionnels, soit d'allocations mensuelles, à titre définitif ou sous condition de remboursement, éventuellement délivrés en espèces.

La loi du 5 mars 2007 en étendant les modalités d'action à domicile a opté pour « le retour des familles à leur autonomie dans la gestion de leur budget » liant par là même cet impératif avec les questions du logement, des conditions matérielles et subséquemment à une véritable « prospective de prévention[2] ».

1. L'ACTION D'UN TECHNICIEN DE L'INTERVENTION SOCIALE ET FAMILIALE

Le diplôme d'État de technicien de l'intervention sociale et familiale, délivré par la direction régionale des affaires sanitaires et sociales, valide des compétences dans l'intervention sociale préventive et réparatrice auprès d'enfants, de familles, de personnes en difficulté de vie et auprès de personnes âgées ou handicapées, soit à domicile, soit en établissement. Remplaçant le certificat de travailleuse familiale, le diplôme d'État de technicien de l'intervention sociale et familiale (TISF)[3] est un diplôme de niveau IV[4]. La formation a été récemment réformée et intégrée au CASF aux articles D. 451-81 et suivant. Elle repose sur un référentiel professionnel rénové **(Tableau 28.1)**.

À travers le partage des tâches ménagères passe directement la dimension éducative du rôle des TISF auprès des familles : dialogue avec parents et enfants... Ils accomplissent un soutien de

1. Art. L. 222-3 CASF, modifié en 2007.
2. Naves P. (sous la dir.), *La Réforme de la protection de l'enfance*, Paris, Dunod, 2007, p. 121.
3. En 2001, environ 30 000 travailleurs sociaux (TISF et AVS) — représentant 12 000 équivalents temps plein — sont intervenus auprès de 175 000 familles.(source *l'Essentiel*, CNAF, n° 14, juin 2003).
4. Voir Guide *Orientations pour les formations sociales*, 2007-2009.

Tableau 28.1. Référentiel fonctions/activités[a].

Élaboration, mise en œuvre et évaluation du projet individualisé	Accompagnement vers l'autonomie de la personne dans les actes de la vie quotidienne	Aide à l'insertion dans l'environnement et à l'exercice de la citoyenneté	Participation au développement de la dynamique familiale
• Contribue à l'élaboration du projet d'établissement ou de service. • Communique avec les responsables de l'établissement ou du service et les autres intervenants. • Contribue à l'évaluation de la situation et des besoins de la personne ou du groupe. • Élabore un projet individualisé • Mets en œuvre le projet individualisé. • Évalue le projet individualisé.	• Réalise en suppléance ou aide à réaliser les activités de la vie quotidienne. • Transmets des savoirs faire et favorise leur apprentissage. • Accompagne les personnes dans l'appropriation de leur cadre de vie. • Assure la sécurité des personnes. • Conseille en matière de gestion du budget quotidien.	• Informe les personnes sur leurs droits et leurs devoirs. • Oriente vers les structures compétentes. • Assure la médiation entre personnes, groupe de personnes, familles et institutions. • Accompagne les personnes dans leurs projets personnels (projets de vie, loisirs, vacances) ou professionnels. • Contribue à la mise en œuvre du projet d'insertion ou d'intégration. • Contribue à la mise en œuvre et au développement d'actions collectives.	• Accompagne et aide à l'exercice de la fonction parentale. • Aide les parents à accueillir et prendre soin du nourrisson. • Accompagne les personnes en fin de vie. • Accompagne la cellule familiale dans les situations de rupture, de modification importante de la vie ou de traumatisme familial et propose des actions adaptées. • Informe sur les mesures de protection juridique relatives aux personnes vulnérables.

a. Arrêté du 25 avril 2006 relatif au diplôme d'État de technicien de l'intervention sociale et familiale.

proximité au domicile des familles en vue de leur permettre de retrouver leur autonomie. Leurs interventions s'inscrivent dans un large éventail, depuis l'accompagnement de la famille et le soutien à la parentalité proposés par les caisses d'allocations familiales jusqu'aux interventions de prévention des risques de danger pour l'enfant assurées au titre de l'Aide sociale à l'enfance. Ces travailleurs sociaux concourent ainsi au maintien de l'enfant au domicile familial.

La réforme de la protection de l'enfance souligne l'importance d'intervenir le plus en amont possible des difficultés familiales. Les missions des TISF trouvent ainsi naturellement leur place dans le dispositif de protection de l'enfance[1].

Les objectifs des interventions

- *Accompagner les parents dans leurs fonctions parentales dans les actes de la vie quotidienne* : il s'agit de donner ou redonner des repères élémentaires vis-à-vis de l'enfant dans des domaines aussi divers que la santé, l'hygiène, l'alimentation, la sécurité, l'éducation, la scolarisation, les loisirs, tout en respectant les choix éducatifs des parents quand ils ne sont pas contraires à la sécurité de l'enfant, tout en valorisant leur rôle de parents.
  Les TISF épaulent les parents en valorisant leurs capacités : ainsi, les parents sont incités, par exemple, à s'impliquer dans le travail scolaire de leur enfant en participant aux devoirs, en le questionnant sur sa journée, en consultant les cahiers.
  Les TISF amènent les parents à aménager les meilleures conditions possibles pour les devoirs de l'enfant (lui réserver un espace, le préserver du bruit, préparer le goûter...).
- *Contribuer à l'identification des situations de risques pour l'enfant*, tout particulièrement liés à la dégradation des conditions matérielles de vie, ou aux situations de conflits, ou à la détérioration des liens parent-enfant.
- *Favoriser l'insertion sociale ou l'intégration des familles dans leur environnement* en les encourageant à fréquenter des lieux hors de leur domicile, à participer à des actions collectives dans leur quartier. Les TISF favorisent aussi le lien entre les parents et l'école en les encourageant à aller au-devant des enseignants ; ils peuvent les accompagner, si besoin dans les premiers temps, provoquer des échanges à la sortie des classes, solliciter des rendez-vous.
- *Accompagner, à la demande du service de l'ASE, et en lien avec l'éducateur référent, la visite ou le retour d'un enfant placé à son domicile familial.*

Les modalités d'intervention

L'évaluation

L'évaluation préalable de la situation familiale est effectuée : par le service d'aide à domicile lorsque la demande émane des parents directement ou qu'il s'agit d'une demande à la suite d'une prescription médicale ; par un travailleur social, ou conjointement avec le service d'aide à domicile missionné par le service de l'Aide sociale à l'enfance. Les objectifs de l'intervention sont déterminés

1. Cette partie reprend largement le Guide pratique, *Intervenir à domicile pour la protection de l'enfant*, 2007, p. 12 *et sq.*

avec les parents. Ils s'inscrivent dans le projet pour l'enfant[1]. Des évaluations sont réalisées à intervalles réguliers avec les parents, en associant tous les professionnels impliqués auprès de la famille. Elles sont transmises au prescripteur. S'il y a lieu, les objectifs sont réajustés en fonction de l'évolution de la situation.

À la différence d'autres intervenants sociaux ou médico-sociaux, les TISF interviennent pour des durées assez longues, par séquences de deux à quatre heures par jour, parfois la journée entière dans des situations spécifiques. Cependant, leurs interventions peuvent être plus courtes, par exemple pour aider à préparer l'enfant à l'école. Ces prestations peuvent toutefois se renforcer lors des vacances scolaires ou d'événements particuliers (rentrée scolaire...). Les interventions se réalisent majoritairement au domicile et en présence de la famille, dans leur cadre de vie quotidien.

Les axes de travail

- Les activités de la vie quotidienne constituent le support privilégié de l'intervention des TISF pour écouter, aider, motiver, proposer des bases et des références pour les parents et les enfants.
- Le travail avec les parents : les TISF s'appuient sur les compétences, les motivations et les acquis des parents. Ils contribuent ainsi au maintien du lien parents-enfant. Ils s'appuient sur les ressources familiales en tenant compte du contexte.
- Le travail avec l'enfant : les TISF réalisent avec l'enfant un travail pédagogique.
- L'accompagnement vers l'insertion sociale et l'intégration : cet accompagnement est assuré sous forme d'actions individuelles, pour faciliter la mise en relation avec des institutions ou pour favoriser l'insertion sociale, ou collectives : partages d'expériences (des groupes de paroles, ateliers sorties, groupes parents enfants, etc.).
- Information et accompagnement des familles sur les services les plus à même de répondre à leurs besoins et de les accompagner, s'ils le souhaitent, dans leurs premières démarches auprès de ces services.

Financement

Le financement de l'aide au foyer est assuré par trois financeurs principaux : la Caisse nationale d'assurance-maladie des travailleurs salariés (CNAMTS), les départements et les caisses d'allocations familiales (CAF). Ces dernières gèrent, cependant, plus de la moitié de l'aide au foyer par dotations des autres partenaires. La CNAMTS intervient principalement lorsqu'un parent est malade et les CAF lors d'une naissance. Les départements agissent essentiellement dans le cadre de l'Aide sociale à l'enfance (ASE) quand l'enfant est jugé en danger.

Des conventions bipartites (département, organisme de travailleuses familiales), ou pluripartites (département, CAF, CPAM, AS... et organismes de travailleuses familiales) précisent les conditions de collaboration et de financement.

1. Mentionné à l'article L. 223-1 CASF.

2. L'ACCOMPAGNEMENT EN ÉCONOMIE SOCIALE ET FAMILIALE

Cette aide à domicile est nouvelle dans le cadre de la protection de l'enfance :

> « Le conseiller en économie sociale et familiale aide les individus, les familles et groupes à résoudre leurs problèmes de vie quotidienne par l'information, le conseil technique et l'organisation de formations. Par ses actions, il contribue à la prévention de l'exclusion sociale. Ses compétences techniques et pratiques en matière d'habitat, de logement, d'alimentation et de santé, de vie sociale et culturelle, de gestion des ressources et de consommation sont autant de terrains qui lui permettent d'agir concrètement pour favoriser l'insertion sociale et être acteur du développement social en milieu urbain ou rural[1]. »

La mission des conseillers en économie sociale et familiale, majoritairement présents dans les équipes dites de polyvalence de secteur, a progressivement été centrée sur la gestion du RMI, du surendettement et des aides financières au détriment d'actions réellement préventives[2]. À ce titre, cet accompagnement est en amont de la mesure judiciaire d'aide à la gestion du budget familial et se base notamment sur des expériences menées par certaines CAF. En outre, plusieurs rapports avaient proposé la création d'une prestation sociale d'aide à la gestion du budget[3].

Toutefois, peu de choses sont dites dans la loi, il faut se référer au *Guide pratique*[4]. Cette mesure est mise en œuvre à la demande des parents ou avec leur accord, sur proposition du service de l'Aide sociale à l'enfance. Elle est exercée par un professionnel formé à l'économie sociale et familiale[5].

Les objectifs de l'accompagnement en économie sociale et familiale

L'accompagnement en économie sociale et familiale (AESF) a pour but d'aider les parents par la délivrance d'informations, de conseils pratiques et par un appui technique dans la gestion de leur budget au quotidien. À ce titre, il peut également permettre d'enrayer un dysfonctionnement dans la gestion des ressources familiales.

L'intervention du professionnel a pour objectifs :

- de comprendre, avec la famille, la nature des difficultés rencontrées au niveau budgétaire ;
- d'élaborer ensemble des priorités budgétaires et d'organiser la gestion du budget ;
- d'anticiper des dépenses imprévues lorsque la nature des revenus de la famille le permet, ou d'intégrer la diminution des ressources suite à un changement de situation.

Cet accompagnement permet aussi d'évaluer les conditions matérielles de vie des enfants et de la famille relatives au logement, à l'alimentation, à l'entretien du cadre de vie et de l'hygiène

1. Fiche « Métier », ministère de Travail, des Relations sociales et de la Solidarité.
2. *La Réforme de la protection de l'enfance,* précité p. 122.
3. Cette mesure se retrouve également dans la réforme de protection des majeurs sous la dénomination de « Mesure d'aide à la gestion du budget.
4. *Guide pratique, op. cit.*, p. 4 *et sq.*
5. Le diplôme DCESF un diplôme interministériel rectorat/DRASS.

des enfants, à la santé, à leur scolarité et loisirs. Cet accompagnement en économie sociale et familiale vise à ce que les besoins des enfants (alimentation, santé, habillement, activités sportives, de loisirs, activités culturelles) soient considérés en fonction de leur âge, de leur autonomie, de leur environnement et de l'évolution de la situation.

Les modalités d'exercice de l'accompagnement en économie sociale et familiale

Une évaluation préalable doit être effectuée au regard de la situation budgétaire de la famille, des difficultés qu'elle rencontre dans d'autres domaines, ainsi que de sa capacité à s'impliquer pour remédier à cette situation. L'accompagnement repose sur une base contractuelle et intervient avec l'accord des parents. Il est formalisé dans un document indiquant les objectifs de la prestation, ses modalités de mise en œuvre, son échéance et les coordonnées du professionnel qui intervient. Ce document doit être mis en cohérence avec le projet pour l'enfant défini par la loi du 5 mars 2007.

L'accompagnement de la famille, et tout particulièrement des parents, se déroule de façon prioritaire à leur domicile. Pour compléter les actions individuelles, des actions collectives peuvent être réalisées hors du domicile.

Le professionnel sensibilise les parents :

- sur l'origine des difficultés de gestion du budget familial ;
- sur les conséquences préjudiciables pour les enfants d'une éventuelle non-utilisation des prestations dans leur intérêt.

À échéances régulières, des évaluations sur l'évolution de la situation doivent être effectuées avec les parents. De même, une évaluation finale au terme de l'accompagnement doit être réalisée.

3. L'INTERVENTION D'UN SERVICE D'ACTION ÉDUCATIVE À DOMICILE

Couramment appelée AED, ce vocable permet de distinguer cette modalité d'aide à domicile de l'AEMO, ordonnée par le juge des enfants dans le cadre d'une mesure d'assistance éducative. Dans cette hypothèse, il faut souligner que la loi du 5 mars 2007 a légalisé des pratiques d'AEMO originales consistant à offrir un hébergement exceptionnel ou périodique. Des expériences avaient été menées dans certains départements[1]. On retrouve cette nouvelle modalité d'aide à domicile judiciaire à l'article L. 375-2 du Code civil. Elle nécessite une habilitation spécifique du service par le juge des enfants, l'information sans délai des parents, du juge des enfants et du président du conseil général. En cas de désaccord, le juge des enfants est saisi.

La loi du 5 mars 2007 ne modifie pas le dispositif de l'AED. Le principe d'une action éducative à domicile, en milieu « familial » ou « naturel », selon les vocables couramment utilisés, est une des

1. La sauvegarde du Calvados avait mis en place les « SEMO », qui disposent de lits d'accueil pour des périodes de crise, en accord entre les mineurs, les parents et le service et pour un temps déterminé. Au-delà le juge est saisi pour que le ou la mineur(e) soit confié(e) à un établissement ou à l'ASE.

orientations constantes de l'action sociale. Elle procède d'une analyse économique (le coût des placements) et d'une analyse de résultats : le placement a nécessairement des effets pervers qui souvent annulent toute possibilité de réinsertion. C'est pourquoi le maintien « à domicile » est une constante tant en ce qui concerne l'enfance que les personnes handicapées[1] ou les personnes âgées (programmes de maintien à domicile, développement de l'accueil familial).

En ce qui concerne l'enfance, c'est une volonté politique ancienne, affirmée dès l'ordonnance du 2 février 1945, renforcée dans l'ordonnance du 23 décembre 1958, reprise par la loi du 4 juin 1970, modifiant l'art. 375 Code civil qui précisait que « chaque fois qu'il est possible le mineur (en danger) doit être maintenu dans son milieu actuel ».

C'est le décret du 7 janvier 1959 qui confiait au directeur de la Population la mesure d'exercer une action sociale préventive auprès des familles dont les conditions d'existence risquent de mettre en danger la santé, la sécurité, la moralité ou l'éducation de leurs enfants. Ce texte est repris dans la partie réglementaire du CASF[2].

Les objectifs

Les objectifs donnés à l'AED par les textes sont très globaux et imprécis : « apporter aide et conseil à la famille afin de surmonter les difficultés matérielles ou morales qu'elle rencontre », dispose l'article 375-2 Code civil, qui vise spécialement l'AEMO.

L'objectif est donc fixé au cas par cas par le service de l'ASE : accompagnement des parents dans l'éducation de l'enfant, stabilisation des relations familiales, maintien ou développement d'une activité scolaire, professionnelle ou sociale. Dans certains cas, il peut s'agir de préparer le retour d'un enfant placé. Dans d'autres cas, au contraire, de faire accepter le placement d'un enfant. Dans tous les cas, il s'agit, à partir d'une situation de crise, de trouver une solution.

La décision

L'AED est décidée par le président du conseil général. Il est possible d'entendre parler d'AEMO « administrative », mais le terme est impropre. Elle est mise en œuvre avec l'accord des parents, parfois même à leur demande, elle apporte un soutien matériel et éducatif à la famille. Qu'elle soit sollicitée ou acceptée par les parents, elle s'inscrit dans le cadre d'une relation formalisée avec le service d'Aide sociale à l'enfance. Elle repose sur une démarche concertée entre les parents, le service et le professionnel qui intervient. La décision doit être notifiée aux parents, avec indication de sa durée, du travailleur social chargé de l'exercer et des voies de recours. Dans le cadre de la loi du mars 2007, elle doit bien évidemment donner lieu à la rédaction d'un projet pour l'enfant entre le président du conseil général, les parents et le service, et donné lieu à un document individuel de prise en charge. Ils peuvent par conséquent demander qu'il y soit mis fin.

1. La nouvelle prestation de compensation du handicap favorise cette modalité qui, à partir d'un projet de vie, peut financer les aides humaines, familiales ou extérieures, les travaux...
2. Art. R. 221-2 CASF.

Les effets de la mesure d'AEMO judiciaire

Le travailleur social d'AEMO doit veiller sur l'enfant, éviter les récidives, discerner à temps les aggravations de son état physique ou psychique. Il doit aussi soutenir les parents qui sont en grande détresse psychique et souvent matérielle. Comment pourra-t-il obtenir des aménagements relationnels dans des familles où tous, parfois, ont échoué avant lui ?

Le travailleur social d'AEMO se trouve aidé ou submergé par un mouvement bien particulier que les Pr Mazet et Houzel désignent comme « un véritable transfert qui étonne par son intensité, sa massivité, son caractère archaïque[1]. » En effet, très souvent, la mère et parfois le père vont s'attacher fortement au travailleur social. Cette sorte de transfert pourrait s'expliquer par le pouvoir que le parent maltraitant, dans son fantasme, attribue au travailleur social d'AEMO, pouvoir assimilé à celui du juge des enfants qui peut, lui, laisser ou « retirer » l'enfant de la famille. Il peut par ce biais imaginer le travailleur social d'AEMO plus puissant que lui-même.

Cette puissance réelle, mais parée chez le parent maltraitant d'un éclat imaginaire, favorise un mouvement de régression bien particulier pouvant amener le meilleur comme le pire. L'un des parents, et le plus souvent la mère, va tenter de se substituer à l'enfant et d'occuper à elle seule la scène, parlant d'elle en abondance. Il s'agit d'une demande massive qui risque de submerger le travailleur social, de lui faire perdre ses repères et d'oublier la réalité de l'enfant. S'il fermait les yeux, il pourrait croire que c'est l'enfant et non la mère qui accuse une souffrance et une sorte de détresse vitale.

Un travail d'élaboration psychique

Pour que l'AEMO puisse être mobilisatrice, il est important de permettre au parent maltraitant d'exprimer sa détresse et sa souffrance : « Quelle mère suis-je donc pour taper mon gosse comme cela ? » On peut entendre en filigrane : « Suis-je indigne, monstrueuse, folle ? » La fréquence avec laquelle la folie est évoquée mérite réflexion.

Une certaine approche du travail spécifique d'AEMO valorise une dynamique de type transférentiel qui réactive des mouvements de dépendance et de conflit liés à l'enfant des parents qu'elle permet, dans les meilleurs des cas, d'exprimer par le biais de l'enfant dont il convient à tout prix de ne pas oublier la réalité. Le travailleur social doit pouvoir représenter une force rassurante et contenante qui entraînera, par exemple, une femme devenue mère, à élaborer des émotions restées à l'état brut, à faire progressivement un tri entre le passé et le présent.

Une mère seule

On remarque à la crèche qu'une petite fille de vingt mois a des cheveux arrachés ; la mère se trouble devant les questions posées et évoque le fils de la voisine. Il est décidé, après évaluation, de transmettre le signalement à l'autorité judiciaire en raison de la gêne de la mère et de son refus de collaborer. L'assistante sociale d'AEMO la rencontre à son domicile, une toute petite pièce. Elle lui demande doucement : « Qu'est-ce qui se passe entre vous et Fabienne ? » La jeune femme murmure : « Cela me fait trop mal d'avoir une fille comme Fabienne. » Elle paraît oppressée et son

1. Ph. Mazet, D. Houzel, *Traité de psychiatrie de l'enfant et de l'adolescent,* t. 2, Paris, Maloine, 1981, p. 226.

regard s'embue. À partir de la reconnaissance de sa souffrance, Mme C. peut s'engager dans une réflexion sur l'image que Fabienne lui renvoie d'elle-même et dire combien elle souffre d'avoir une petite fille qui la « pousse à bout, chipote, ne tient pas en place et refuse de faire des gros câlins. » L'assistante sociale peut ensuite aborder le début des sévices. Fabienne a refusé « un bon dessert » en secouant la tête à plusieurs reprises, puis elle s'est échappée des bras de sa mère. Mme C. l'a attrapée par les cheveux et les a tirés avec une grande violence. L'enfant hurlait. À travers ce récit et d'autres, l'assistante sociale peut mettre en évidence la double difficulté que Mme C. éprouve à être mère. Elle a ressenti sa propre mère « mauvaise » puisqu'elle l'a « abandonnée » en mourant alors qu'elle avait dix-huit mois. Sa belle-mère l'a mise à l'écart sans toutefois la maltraiter. Mme C. a vécu un manque d'amour.

Il n'y eut pas de renouvellement de violences mais des moments de fortes tensions que Mme C. acceptait de raconter. Des temps de jeux et d'échanges furent proposés à l'enfant et à la mère ; ils favorisèrent d'autres types de relations.

Le Dr Rouyer cite cette phrase d'une mère, soutenue avec fermeté et sollicitude par son assistante sociale : « Maintenant, je parle doucement à mes enfants et je leur explique ce que je fais, comme vous le faites pour moi. »

Un travail avec le couple

Le suivi d'AEMO s'adresse électivement à la mère car si elle évolue, son conjoint peut y trouver un certain bénéfice, à moins qu'il ne supporte pas son changement et la quitte. La réciproque est également possible. La mère vivant en couple évoque sa vie conjugale, ses avatars, les comportements souvent violents de son partenaire. Mais il n'est pas là pour donner son point de vue. Si l'on peut rencontrer régulièrement le père et la mère ensemble, la dynamique familiale est beaucoup mieux perçue et l'enfant mieux protégé. Citons l'exemple de M. et Mme L., qui mettent leurs trois enfants en danger par de lourdes dettes risquant de les faire expulser de leur logement, un absentéisme scolaire chronique et un désaccord tumultueux. Des entretiens leur permettent de mieux cerner ce qui les unit : leur amour envers les enfants qu'ils veulent à tout prix élever eux-mêmes. Les dépenses excessives leur donnent un faux sentiment de leur valeur.

Ces parents ont pu s'appuyer davantage l'un sur l'autre, rechercher ensemble des solutions pour régler leurs dettes. Ils ont pu évoquer ce que l'école avait représenté d'angoissant pour chacun d'eux et accepter ensuite d'aménager des rapports avec l'établissement scolaire que leurs enfants fréquentent désormais régulièrement.

Il advient aussi que ces rencontres soulignent des incompatibilités tellement essentielles que les parents se séparent. Il est important que le travailleur social ne se culpabilise pas de cette rupture qui peut se présenter alors comme nécessaire à un processus d'individuation.

Le fil d'Ariane

L'intervention du travailleur social d'AEMO est souvent annoncée par les parents à leur enfant comme un danger supplémentaire dans la vie de celui-ci. Il est celui qui « le placera s'il n'est pas sage » ou « s'il continue à être méchant ». Ainsi, le travailleur social d'AEMO est utilisé pour confirmer les parents dans leur « bon droit ».

Bien que le travailleur social annonce à l'enfant les raisons de sa présence, celui-ci a presque toujours reçu l'interdiction de lui dire ce qui se passe à la maison : « Il ne faut pas le dire à la dame » ou « ça va barder si tu parles ». En revanche, ses parents lui ordonnent de rapporter tout ce leur mère qui ne répond à personne. Le travailleur social d'AEMO a lui aussi beaucoup de mal à pénétrer dans le logis. Julie est une enfant souriante qui parle déjà bien et mange goulûment son goûter. Elle possède quelques jouets simples. Son jumeau est blotti dans un coin, agrippé à sa petite voiture, son seul jouet. Tout au long de l'entretien, sa mère ne cesse de lui dire : « Je ne veux pas que tu bouges. Tu m'énerves. Je te défends de faire rouler ta voiture ! Tiens-toi tranquille ! Tu m'entends ? » Philippe temporise, faisant preuve d'une vigilance de tous les instants. Dès que sa mère détourne son regard, il tente à nouveau de faire rouler sa petite voiture.

Mme P. admet qu'elle ne peut pas « blairer » son fils ; elle lui reproche avant tout d'être un garçon. Elle crie la haine qu'elle a envers son propre père et l'on peut se demander si elle n'a pas connu un inceste réalisé. Il faut parer au plus pressé : un enfant si jeune, si seul, soumis en permanence à un tel acharnement doit lutter pour sa vie psychique. Qu'adviendra-t-il de lui si sa mère lui enlève sa seule amie, sa petite voiture ? Un placement thérapeutique est proposé en urgence et les spécialistes pensent qu'en raison de l'absence de liens avec sa sœur, une proposition d'adoption pourrait ensuite être envisagée. Philippe fut effectivement adopté car sa mère mourut peu de temps après le placement de l'enfant, tuée par son amant qu'elle avait poussé à bout.

Un « moment pervers »

Le « moment pervers » est une métamorphose qui produit une sorte d'aveuglement psychique chez celui qui y assiste.

> Deux bébés élevés par leur grand-mère sont repris, à la mort soudaine de celle-ci, par le père et la mère. Ce décès entraîne une dépression profonde chez la mère. Les deux bébés âgés de neuf mois et de deux ans végétaient, pâles, prostrés, moites et fiévreux. Vu le contexte, une hospitalisation immédiate s'imposait mais la mère ne pouvait pas prendre cette décision. Le constat de carence de soins, l'impérative nécessité de soigner en urgence les deux petits n'amena qu'un refus catégorique du père. Ils étaient très bien là où ils se trouvaient. Soudain, il changea d'expression : le faciès crispé, les yeux cruels, serrant les poings l'un contre l'autre, un sourire en forme de rictus, il se déchaîna : « Ce sont mes enfants. J'ai le droit de les tuer si je veux ! » Toute sa personne savourait déjà une sorte d'ineffable extase.

Face à ce défi, il fallut affirmer le droit des enfants à vivre et le faire avec force. Dans cette situation extrême, il ne reste plus qu'à transmettre sur l'heure au juge des enfants et/ou au Parquet les éléments de l'actualisation d'un danger vital pour ces deux bébés en vue d'un retrait immédiat, seul moyen de les mettre à l'abri et de les soigner.

L'« inquiétante étrangeté » culturelle

À deux reprises, quelques problématiques concernant des difficultés propres aux populations migrantes ont été abordées ici. Si elles ne sont pas soutenues par une communauté proche de leur culture, des réseaux sociaux et associatifs, ces populations peuvent connaître une fragilisation des rapports parents-enfants.

Il faut toujours garder à l'esprit que les migrants se trouvent dans un espace et un temps différents de ceux qu'ils ont connu au pays. Les difficultés de la mutation culturelle peuvent être profondément aggravées par la conjoncture socio-économique de la terre d'accueil et par la méconnaissance du statut juridique de l'enfant. Certaines pratiques médico-sociales telles que des hospitalisations prolongées ou des placements peuvent endommager les liens. Tous ces facteurs peuvent interférer entre eux et se cumuler pour relâcher la texture familiale et entraîner des difficultés entre les parents et les enfants. C'est alors le plus souvent le juge des enfants qui est saisi et tente d'opérer une régulation.

Abadou a six ans et il fait l'école buissonnière. Son père, originaire d'Afrique noire, l'a violemment corrigé pour qu'il « comprenne qu'il faut aller à l'école et apprendre ». Au pays, frapper un enfant est permis dans certaines situations mais cela reste très limité. Le début des apprentissages scolaires est une période de grande vulnérabilité pour l'enfant confronté une partie de la journée à un univers culturel très différent de celui de ses parents[1].

Djamel, huit ans, a lui aussi été violemment frappé par son père, originaire du Maghreb. L'enfant avait volé une paire de baskets et son père estime que cette punition est nécessaire. Il craint aussi le regard et l'intervention extérieurs que ce vol peut entraîner.

Malika, neuf ans, a reçu des coups violents de la part de sa mère, effrayée par les absences fréquentes de sa fille qui joue trop souvent à l'extérieur au lieu de rester au domicile avec ses petites sœurs.

Citons les difficultés qui peuvent se présenter à l'arrivée d'un enfant, né au pays et jusque-là élevé par une grande famille. Face à ses parents, restés pour lui des inconnus, l'enfant peut manifester sa détresse et son opposition d'une manière bruyante et incompréhensible pour eux. Pour se défendre de cette force aveugle qu'ils lui attribuent, ils arrivent parfois à le blesser.

2. QUAND LE VERSANT CARENTIEL DOMINE

Une situation familiale difficile peut advenir suite à une extrême pauvreté. L'AEMO peut parfois redonner des capacités parentales à des personnes restées jusque-là affectivement démunies.

Une dégradation rapide

L'intérieur est pauvre : de vieilles chaises, beaucoup de linge accumulé par terre, une alèze qui transpire l'urine. Les volets des deux petites fenêtres sont clos. On note aussi une canne à pêche, une télévision en couleur et un bouquet de jonquilles dans une demi-bouteille de plastique faisant office de vase.

Deux enfants, Mireille, trois ans et demi, et René, dix-huit mois, vivent ici avec leurs parents. Il règne une odeur forte et piquante qui prend à la gorge. L'échec d'un suivi exercé par l'ASE a amené une mesure de protection judiciaire pour négligences graves. M.R., le père, a été élevé par son grand-oncle à la suite du départ de sa mère. Il a rencontré sa future femme au ramassage des champignons. Celle-ci a connu un long placement à l'ASE et n'a que peu de souvenirs de ses parents. M. et Mme R. veulent « recommencer leur vie à zéro » et arrivent en auto-stop chez une tante vivant en banlieue. Une voisine accepte de leur louer un rez-de-chaussée insalubre. Puis la tante meurt subitement au moment de la naissance de Mireille. Mme R. voudrait garder des enfants, mais l'insalubrité du logement amène un refus d'agrément. Mireille a alors deux mois et demi et Mme R. affirme que c'est à partir de ce moment qu'elle a « tout laissé aller ». Mireille connaît une mère trop présente qui la garde de longs moments serrée contre elle et qui est absente à des échanges sensoriels empreints de joie et d'espoir. La petite fille, chétive, manifeste un retard des acquisitions

1. M.-R. Moro, *Parents en exil : psychopathologie et migrations,* Paris, PUF, 2003.

motrices. Elle aime se bercer et chuchote mystérieusement « dodododo ». Son petit frère naît au moment où elle commence à marcher avec un certain plaisir. Elle se recroqueville sur elle-même, son regard se ternit et son appétence à vivre diminue. Elle se cramponne à sa mère ou suce son pouce. Ses parents jugent que c'est une « gentille petite fille » et son énurésie persistante fait partie du paysage familial.

René, lui, hurle de faim et de colère. Son père est fier de lui : « Il sait ce qu'il veut, ce gosse ! » À l'étroit dans une sorte de couffin qui lui tient lieu de lit, il se calme progressivement. Il fixe la canne à pêche de son père en souriant vaguement et il aime surtout jouer avec sa « totote » qu'il fait disparaître ; il hurle ensuite pour que ses parents la cherchent et la lui redonnent. Cette famille semble s'éteindre mais il y a encore des braises : le désir de la mère de gagner un peu d'argent et de sortir de chez elle. De son côté, le père regrette que le logis soit devenu une sorte de taudis. Il est également très attaché à son fils et fait un certain nombre de projets pour lui. C'est en travaillant sur ces points que l'éducatrice peut impulser une certaine dynamique de changement. On convient que Mme R. ira travailler sur les marchés tandis que son mari bricolera des étagères sous le regard des enfants. Parallèlement, une éducatrice de jeunes enfants vient tous les jours au foyer répondre aux sollicitations timides des deux petits. Ils la touchent, puis ils s'enfuient. Des approches simples, la manipulation d'objets colorés, des jeux, des dessins leur sont progressivement proposés. Peu à peu, Mireille s'enhardit à battre des mains au rythme de la musique, à toucher puis à utiliser des gros crayons de couleur. René apprend à passer entre deux chaises, à jouer avec une petite balle en mousse et à regarder des livres d'images. Leurs parents sont fiers de ces progrès. Mireille ralentit son énurésie mais devient exigeante, coléreuse et ouvertement jalouse ; son frère aussi. Les deux enfants s'intéressent désormais à ce qui se passe à l'extérieur et jouent avec d'autres enfants. Dès lors, ils peuvent être admis à l'école maternelle.

Ce couple a repris confiance en lui et les enfants sont désormais capables de se socialiser. Ce type d'AEMO, assez fréquente, met bien en évidence une intrication de facteurs sanitaires, sociaux, professionnels, psychologiques et culturels spécifiques des populations défavorisées.

3. L'AEMO ET LES POURSUITES PÉNALES

Lorsqu'il y a des poursuites pénales, les parents ont toujours beaucoup de mal à dissocier l'action civile de l'action pénale, sur laquelle le juge des enfants n'a aucune prise. Si la condamnation concerne un seul parent, le père par exemple qui peut être en prison, la mère risque de faire l'impasse sur sa responsabilité à elle et d'associer le travailleur social d'AEMO à toutes les « misères » qui s'abattent sur sa famille. L'enfant sait que tout le monde est au courant : la famille, les voisins et l'école. Il se sent regardé avec pitié parce qu'il a été blessé par son père et perçoit la désapprobation qui touche sa famille. Il est content de sortir avec l'éducatrice, seul ou avec d'autres enfants dont les pères ne sont pas en prison, mais il a rarement envie de s'exprimer sur lui-même. En disant au plus juste ce qu'il sait, ce qu'il observe et ce qu'il ressent, le travailleur social d'AEMO pourra parfois permettre à l'enfant d'établir quelques liens par rapport à ce qu'il vit et le mobiliser pour qu'il ne soit entièrement passif face au déroulement de son histoire.

Lorsque c'est la mère qui est emprisonnée, la nature de son délit ou de son crime est généralement connue par les autres détenues. Ces dernières la traitent avec une grande dureté, allant parfois jusqu'à s'attaquer à elle. La mère condamnée pour violences sur son enfant ou pour non-assistance à personne en péril est doublement rejetée, par la société et par le monde carcéral. Elle a donc deux fois plus besoin d'être soutenue par les équipes socio-éducatives et médico-psychiatriques de la prison, et par des personnes extérieures à l'établissement pénitentiaire.

Comme le remarque A. Crivillé et des travailleurs sociaux : « Nous avons pu constater que le rôle de la justice pénale par son rappel à la loi, s'il est bien adapté, a pu être mobilisateur dans les processus de modification des relations parents-enfants qui se sont produits ultérieurement. » Mais en l'absence d'élaboration psychique et de soutiens variés, la mère et/ou le père risquent, à la sortie de prison, de se détacher encore plus de leur acte pour lequel « ils ont payé [...]. Les faits qui leur étaient reprochés, bien que reconnus, ont été tellement rationalisés et gommés que la compréhension de la problématique des mauvais traitements n'a pu évoluer, faute d'avoir pu être réellement abordée[1] ». La condamnation peut aussi avoir pour effet d'annuler le sens de la sanction.

Mme B. est condamnée à dix-huit mois de prison pour avoir « roué de coups » un de ses fils qui refusait d'obéir. Ses enfants, qui ont été placés, lui sont rendus à sa sortie de prison avec une mesure d'AEMO. Lors de sa première visite, l'assistante sociale voit les trois fils de Mme B. faire de la varappe sur les murs du pavillon vétusté et monter jusqu'au toit. Elle s'inquiète et demande aussitôt des explications. Pourquoi Mme B. met-elle ses enfants en danger et ne leur interdit-elle pas de faire de l'escalade dans ces conditions ? Mme B. répond alors : « Ah, ça, plus jamais question ! J'ai maintenant compris ! Il ne faut jamais frapper un enfant ! » Cette mère avait compris sa condamnation comme une sanction du seul mode d'interdiction qu'elle connaissait. Dès lors, pour ne pas être punie, elle ne devait plus interdire. Cette attitude figeait toute réflexion et préparait d'autres dangers pour les enfants.

4. LE PLACEMENT DE L'ENFANT OU LA SÉPARATION PHYSIQUE

Il convient de s'interroger sur les effets du placement, même s'il est souvent nécessaire d'éloigner de son milieu familial un enfant fortement maltraité. Le placement aidera-t-il à reconstruire d'autres liens entre les parents et l'enfant, dans l'optique d'un retour réussi, ou cette séparation n'aura-t-elle fait que différer un conflit resté en suspens, les éléments constitutifs du danger restant latents et ne demandant qu'à se réactiver ou à s'aggraver dans les heures du retour, même préparé ?

Le juge des enfants et les équipes d'AEMO savent d'expérience que le placement de l'enfant n'est pas une panacée. Les parents ont quelque part en eux-mêmes besoin de leur enfant qui leur est en quelque sorte « consubstantiel[2] ». En outre, les relations difficiles qu'ils entretiennent avec les autres leur fait redouter qu'ils viennent à remarquer la « disparition » de leur enfant, s'il venait à être placé. La crainte de ne plus rester le seul réfèrent pour l'enfant représente une lourde épreuve pour leur fragile toute-puissance. L'acceptation de la mesure de séparation n'est souvent qu'une adhésion de surface qui peut facilement être remise en question. Les signes de résistance au placement peuvent être variés : « Citons comme exemple dans nos cas, la réalisation d'un mariage jusque-là non envisagé, le chantage d'un suicide collectif ou encore la menace d'une agression physique contre le travailleur social[3]. »

Dans certains cas et dans certaines circonstances, le placement permet de penser et de chercher à comprendre la nature des liens qui s'étaient formés. Parmi les cas cités dans les pages précédentes, quatre ont abouti à un placement. Bien souvent, le placement de l'enfant est vécu par le travailleur

1. A. Crivillé, *Parents maltraitants, enfants meurtris, op. cit.*, p. 79.
2. Terme théologique chrétien signifiant : Qui est un par la substance.
3. A. Crivillé, *Parents maltraitants, enfants meurtris, op. cit.*, p. 43.

social comme un échec. En outre, c'est lui qui doit concrètement gérer les effets de la décision de placement, toujours prise par le juge des enfants.

5. LES TRAVAILLEURS SOCIAUX ET LEUR ÉQUIPE

Toutes ces personnalités profondément perturbées éprouvent physiquement et psychiquement le travailleur social d'AEMO. L'agressivité dont il sera à certains moments l'objet dépasse sa personne. Elle s'adresse à la société, au juge qui a eu l'audace de s'interposer entre eux et leur enfant. Dans la réalité, lequel des deux, le juge ou le parent, aura le dernier mot ?

On ne s'étonnera guère que le travailleur social d'AEMO se voit reprocher de « mettre son nez partout ». Cette agressivité qu'il sent pointer à l'égard de sa fonction et de sa personne peut devenir menaçante : « Plusieurs travailleurs sociaux nous ont fait part, au cours de cette étude, de leur peur de se faire agresser. Cette peur est ressentie différemment selon les personnes qui sont en jeu et selon les périodes de l'intervention. Son intensité peut être telle que la relation entre les parents et le travailleur social aboutit à une situation de danger pour celui-ci et pour l'enfant[1]. »

Voici quelques exemples précis. Une assistante sociale d'AEMO doit passer à côté d'une lourde panoplie de couteaux bien aiguisés, plaqués au mur, placée à hauteur des enfants. Une autre se voit apporter un revolver chargé, tendu par un garçonnet qu'elle suit en AEMO alors qu'elle discute avec sa mère. « La violence se déchaîne et on ne parle guère des agressions qu'il nous arrive de subir[2]. » La peur légitime des travailleurs sociaux face à la violence dont ils peuvent être l'objet est peu ouvertement abordée. Aller à deux dans ces familles est un soulagement, c'est aussi un enrichissement pour une meilleure compréhension de la dynamique familiale et des risques encourus par l'enfant. Des réunions périodiques permettent de faire le point avec les familles : on peut parler, s'expliquer, se questionner sans être toujours d'accord.

Chaque travailleur social pourra se trouver désigné pour suivre des enfants appartenant à des populations très diverses, d'où la difficulté d'être immergé dans une très grande variété de cultures et de groupes. Certains travailleurs sociaux ont un talent particulier pour entrer en contact en respectant cette sorte de frontière qui est le seuil du logis. Ils savent qu'en deçà, ils seront, eux, en territoire inconnu et devront se sensibiliser à des modes de pensée tout à fait différents. Il faudra à la fois créer un lien, proposer un espace de rencontre où les méthodes éducatives, les manières de penser et d'agir puissent être confrontées en ce qu'elles ont d'humanisant. Cela favorise une acceptation nécessaire des lois de l'espace culturel d'accueil.

Psychologue et/ou psychiatre rattachés à l'équipe des travailleurs sociaux aident à élaborer les réactions, les émotions, les doutes et les peurs que l'ensemble des familles suivies en AEMO leur fait vivre. Dans le cadre des mesures d'investigation demandées par le juge des enfants, les « psy. » reçoivent les enfants et les parents pour des bilans approfondis. Signalons l'approche novatrice de Y. Govindama amenant des avancées dans la clinique et le suivi des familles maltraitantes[3].

---

1. *Ibid.*
2. C. de Bechillon, « Une réponse de professionnelle », *Revue française de service social,* n° 156, p. 51.
3. Y. Gonvindama, « Maltraitance, violence et sexualité : une approche de la violence intrafamiliale à travers la clinique judiciaire », *Psychologues et psychologies,* n° 114/115, octobre 1993, pp. 12 à 17.

6. L'APPROCHE SYSTÉMIQUE

Les suivis d'AEMO peuvent être exercés par des travailleurs sociaux, des psychologues et/ou des psychanalystes pratiquant l'approche systémique. Cette approche considère la famille comme une totalité interactive, un système en soi, dont l'action de chaque membre ne peut être isolée et où des pseudo-équilibres tendent à se former aux dépens d'un sujet, ici, l'enfant maltraité, chargé ou se chargeant d'une partie des conflits parentaux actuels et transgénérationnels. Il n'y a pas de modèle unique d'intervention en AEMO. Chaque équipe développe une expérience spécifique qui peut être transmise à d'autres. Les frontières entre l'AEMO et une thérapie systémique semblent se chevaucher : il arrive en effet que des parents parlent de « leur thérapie ».

Certains juges des enfants impulsent et imposent une AEMO systémique. Ils insistent sur l'importance d'apprendre à communiquer et à développer une autre forme de relation familiale. Ils affirment que c'est possible et que les parents en sont capables. La prise en charge systémique s'adresse au couple et à l'enfant, et lorsque cela paraît nécessaire, aux grands-parents. Elle inclut les professionnels qui s'occupent de la famille. Elle leur permet d'être informés de l'évolution des problèmes afin qu'ils puissent mieux coordonner leur action. Ils continuent d'intervenir si nécessaire et peuvent être sollicités lorsqu'il y a une urgence.

Ce travail global avec et autour de la famille est facilité par l'attitude des thérapeutes qui proposent au couple de découvrir en eux des ressources inexploitées, de développer une confiance en leurs capacités et connotent positivement les changements intervenus. C'est très important pour ces familles qui ont une si mauvaise image d'elles-mêmes. Dans un autre ordre d'idées, les parents apprennent à abandonner l'idée enfantine qu'ils avaient gardée de l'inutilité de toute discussion. Des enregistrements vidéos plus ou moins fréquents permettent de conserver et de consulter, chaque fois que c'est nécessaire, cette sorte de « mémoire ». Cela peut être très important pour ces parents à la mémoire si profondément troublée. D'autres tolèrent mal l'enregistrement vidéo, qu'ils ressentent comme leur renvoyant une mauvaise image d'eux-mêmes.

En maltraitant son enfant, un parent peut adresser une sorte de message à ses propres parents : « Ces comportements carençants ont le plus souvent existé à la génération précédente et ils ont objectivement privé les jeunes parents de modèles d'apprentissage des conduites de soins protecteurs et tendres envers les enfants[1]. » Il est rare que les grands-parents puissent entendre ce message sans disqualifier leurs enfants. Dans certains cas, les grands-parents peuvent devenir les signaleurs actifs des maltraitances ou des négligences exercées sur leurs petits-enfants. Cela implique une prise en charge tenant compte de l'importance des conflits exprimés et de la place particulière occupée par l'enfant revendiqué à la fois par ses parents et par ses grands-parents, comme le montre la recherche entreprise par C. Hamelin et M.-T. Matras[2].

L'enfant peut focaliser sur sa personne des conflits qui concernent un autre, par exemple, son père biologique qui a abandonné sa mère. Le nouveau conjoint s'y associe et désigne l'enfant à la vindicte familiale. Il est assez fréquent que l'enfant ait été élevé par d'autres, notamment par ses grands-parents.

1. O. Masson, « Mauvais traitements envers les enfants et thérapies familiales », *Thérapie familiale,* Genève, vol. II, n° 4, 1991, pp. 269 à 286.

2. C. Hamelin, M.-T. Matras, « Familles enchevêtrées », *Échanger autrement,* Caen, 1991, *Revue de l'Afirem,* n° 22, janvier 1994, pp. 89 à 116.

Certains enfants peuvent activement interférer dans un conflit conjugal et l'attiser. Ils s'allient avec le parent qui leur paraît le plus faible. L'autre parent se sent alors abandonné ou agressé par son enfant, et il s'en défend en frappant. On voit tout l'intérêt du travail approfondi avec le couple, permettant de mettre en évidence les fausses solidarités, l'existence d'une coresponsabilité et d'exprimer ses attentes, ses déceptions. L'émergence d'un conflit peut témoigner d'un progrès dans l'affirmation d'une identité désormais mieux délimitée, amenant un travail de séparation-individuation qui avait fait défaut aux deux parents.

L'abord systémique permet de faire sortir la famille de son huis clos. Dans les cas les plus réussis, elle permet aux uns et aux autres de s'approprier des éléments de leur histoire et met en place des dynamismes nouveaux.

Le mode de travail avec l'enfant varie selon les circonstances et selon les équipes. Il peut être occasionnellement ou plus durablement admis aux rencontres. Ses remarques sont prises en considération, ce qui est nouveau pour les parents qui ne sont guère habitués à écouter ce qu'il dit.

L'AEMO systémique n'est cependant pas une panacée. Il existe le risque de réduire les êtres à des catégories préétablies. On peut aussi se poser des questions sur les limites de l'affiliation avec certaines familles maltraitantes.

7. PSYCHOTHÉRAPIES D'ENFANTS MALTRAITÉS ET DE PARENTS MALTRAITANTS

La psychothérapie d'enfant maltraité présente des difficultés spécifiques. Ce sont les modalités d'expression et l'intensité de la souffrance de l'enfant, son inhibition, ses peurs, son repli ou son agitation, sa provocation, le besoin qu'il a de détruire, parfois de s'automutiler, qui amènent les services à avoir recours à une consultation spécialisée. Naturellement, l'enfant doit être en sécurité physique, souvent en famille d'accueil ou en institution, mais certaines AEMO où le travailleur social est bien inséré dans la famille le permettent aussi.

Orienter un enfant ex-maltraité en vue d'une psychothérapie pose la question de l'information des parents, de leur accord ou de leur refus. S'il y a une mesure d'AEMO, l'autorisation des parents doit être sollicitée. En cas de désaccord, le juge des enfants peut trancher. Si l'enfant est confié par le juge des enfants à l'ASE, ses parents, qui devraient être consultés, gardent un droit de surveillance, incluant le droit de consentir aux traitements.

Le cadre de la consultation peut être celui d'un CMPP annexé au service d'AEMO, ou plus souvent un CMP ou un CMPP extérieur au service. L'indication d'une psychothérapie peut être posée d'emblée. Dans d'autres cas, une prise en charge en psychomotricité ou la participation à un groupe d'enfants peuvent être proposés dans un premier temps.

Je ne suis ni psychanalyste ni psychothérapeute mais j'ai souvent réfléchi avec des psychanalystes et des psychothérapeutes de formations différentes, ayant en charge des enfants ex-maltraités.

Le psychanalyste qui prend l'enfant en charge doit-il tenter de recueillir auprès des parents eux-mêmes des éclairages sur les événements qui ont marqué la vie de l'enfant et constituent la plupart du temps « des blancs » pour celui-ci, ou doit-il se contenter d'éléments retransmis par les professionnels ? Il n'y a pas de réponse unique et, selon leur formation, l'histoire familiale qui leur est retransmise, certains estiment important d'avoir au mois un long entretien téléphonique avec l'un des parents, d'autres non.

L'enfant ex-maltraité souffre d'une culpabilité d'exister renforcée par un manque cruel de sécurité intérieure. Le monde lui-même et les autres lui paraissent morcelés. Il ne peut se différencier de ses parents, en fait semblables à lui. Son mode de relation à l'autre passe par la douleur physique qui l'attache à son parent maltraitant. Cette relation est difficile à abandonner et l'enfant ex-maltraité pourra évoquer les mauvais traitements, une fois que la psychothérapie est bien entamée. L'enfant ex-maltraité est également bloqué dans ses capacités d'imaginer, de manifester ses émotions et de se représenter les choses dont on lui parle. Il est souvent frappé d'un interdit de savoir.

La présence du psychanalyste, rythmée dans le temps, son rôle contenant, sa capacité à proposer des mots à la place de la confusion engendrée soit par les coups, soit par les mots de rejet ou de dépréciation peuvent permettre à l'enfant de reconstituer lentement un miroir de lui-même et du monde, jusque-là brisé.

Dans le meilleur des cas, grâce au transfert et au cadre de la psychothérapie, l'enfant pourra regarder le psychanalyste sans avoir peur d'être anéanti, exprimer à travers les modes qui lui sont plus accessibles, gestuels, verbaux, ludiques, des émois et des souffrances anciennes qui seront perçues, entendues, mises en mots et en résonances. Il pourra se représenter lui-même comme différent de l'autre, questionner sur ses origines et son histoire.

Selon les situations, selon les moments, l'enfant ex-maltraité pourra être excité, agité, menacer ou risquer de s'attaquer au psychanalyste. La permanence d'un cadre devenu familier, l'imposition de limites à respecter (ne pas s'attaquer aux objets ni aux personnes ni à lui-même) seront autant de facteurs contenants, porteurs de limites.

Une petite fille face à des fauves

L'enfant gravement maltraité n'a jamais connu d'objet protecteur puisqu'il n'a pas été protégé dans la réalité. D. Agostini, psychologue psychanalyste cite le cas de Zora[1], âgée de dix ans.

> Zora mettait répétitivement de la pâte à modeler près de petits animaux en plastique, elle les faisait crier et criait plus fort qu'eux. Elle avait vraiment peur d'être dévorée par ces petits animaux transformés par ses cris en bêtes féroces. Zora montrait au psychothérapeute « combien ses cris n'avaient jamais été compris par sa mère [...] Tout comme Zora agissait avec les petits animaux, sa mère lui avait renvoyé ses cris en écho, sans les avoir au préalable désintoxiqués. Ils lui revenaient amplifiés, et bien souvent accompagnés de coups[2] »

Zora restait sans ressources psychiques pour affronter la réalité et elle se trouvait débordée par le moindre conflit. Peu à peu, grâce à la psychothérapie, elle a pu développer des alternatives, accepter un espace protecteur et accéder aux différences.

Les psychothérapies enfants-parents

L'enfant maltraité, dans sa psychothérapie, pose la question de savoir pourquoi sa mère et/ou son père l'ont ainsi maltraité, ce qu'il a pu leur faire. Le psychanalyste ne peut que l'aider à

1. D. Agostini, « Difficultés rencontrées dans la prise en charge psychothérapique des parents maltraitants », *Revue de l'Afirem,* n° 18, février 1992, pp. 10 à 12.
2. *Ibid.*

apporter lui-même des éléments pour chercher ensemble « ce qui dans l'histoire de ses parents, bien avant qu'il soit né, a fait qu'ils puissent commettre de tels actes[1] ».

D. Agostini prend parfois en séance une fois sur deux l'enfant seul, et à la séance suivante, l'enfant et ses parents. Ainsi l'enfant reste au cœur de la thérapie, mais la présence de ses géniteurs, s'ils acceptent de parler d'eux-mêmes et de leurs souffrances, impulse une dynamique nouvelle. Là où il y avait des actes hors circuit de pensée, il pourra y avoir une certaine circulation de la parole et d'émotions jusque-là réprimées. En outre, l'enfant perçoit mieux le lourd passé de ses parents. Il devient lui-même capable de faire des liens. Une petite fille disait à sa mère : « C'est parce que tes parents ne voulaient pas que tu bouges que tu ne me laisses rien faire[2]. » Cette enfant a pu puiser au cours des séances un matériel qu'elle a elle-même élaboré.

On peut se demander si les sentiments d'envie qu'éprouve le parent maltraitant à l'égard de ce que son enfant a, et que lui n'a pas, ne favorise pas un attachement particulier au psychanalyste de son enfant.

Les psychothérapies de parents maltraitants

D. Agostini note entre autres la difficulté de reprendre contact avec l'enfant que le parent maltraitant a été, et donc avec la réalité de son enfance, de sa détresse infantile et de la relier à ses propres parents. La relation de dépendance qu'il va connaître au cours de la psychothérapie va lui rappeler la dépendance abusive dont il a été l'objet. Il peut craindre d'être anéanti comme ce père qui restait debout pendant la séance, s'affirmant ainsi « plus grand que le psychothérapeute ». Il faut alors lui permettre d'exprimer sa rage, sa honte, son agressivité, sa tristesse dans le transfert, tout en le reliant à ses traumatismes, et donc en le restituant dans le temps et dans l'espace[3].

Il se défend contre une dépression profonde. Plus que son discours souvent faux, ce sont les affects intenses qu'il provoque chez le psychanalyste qui sont un des pivots de la thérapie et doivent être élaborés : les émotions surviennent souvent brutalement, avant les mots.

Les psychothérapies en milieu carcéral[4]

La pratique de quelques psychanalystes spécialisés dans l'écoute des mères gravement maltraitantes ou infanticides, condamnées à de longues peines, témoigne de l'extrême difficulté que ces mères ont à percevoir leur enfant comme séparé d'elles-mêmes. Elles souffrent d'une sorte de symbiose dont elles cherchent à certains moments à émerger. Le passage à l'acte a pu se présenter comme un essai de se défusionner tragiquement puisque l'irruption de cette poussée dans la réalité a abouti à meurtrir irréparablement l'enfant. Elles peuvent alors réaliser dans la douleur combien elles étaient attachées à cet enfant.

1. C. Halmos, « Alice au pays du malheur », *Le Bloc-notes du psychanalyste,* Genève, Buchet Chastel, 1989, p. 173.
2. D. Agostini, « Lorsque l'enfant disparaît », *Perspectives psychiatriques,* n° 20/V, 1989, p. 344.
3. D. Agostini, *Revue de l'Afirem, op. cit.,* pp. 15 à 20.
4. Le paragraphe qui suit a été travaillé avec A.E. Houel, psychologue et psychanalyste.

Chapitre 30

L'accueil

P. Verdier, F. Noé

PLAN DU CHAPITRE

UNE DES MISSIONS IMPORTANTES et traditionnelles de l'ASE est la prise en charge physique, totale ou partielle[1], d'enfants, de mères et jeunes enfants. L'article L. 221-2, alinéa 2 précise : « Le département organise sur une base territoriale les moyens nécessaires à l'accueil et à l'hébergement des enfants confiés au service. Un projet de service de l'Aide sociale à l'enfance est élaboré dans chaque département. Il précise notamment les possibilités d'accueil d'urgence, les modalités de recrutement par le département des assistants familiaux ainsi que l'organisation et le fonctionnement des équipes travaillant avec les assistants familiaux, qui en sont membres à part entière. Le département doit en outre disposer de structures d'accueil pour les femmes enceintes et les mères avec leurs enfants. Pour l'application de l'alinéa précédent, le département peut conclure des conventions avec d'autres collectivités territoriales ou recourir à des établissements et services habilités. » Antérieurement, les catégories de structures étaient visées : maisons maternelles, hôtel maternel, foyer départemental comportant une pouponnière.

1. L'ACCUEIL MATERNEL

Les futures mères et les jeunes mères isolées peuvent être accueillies (avec leur enfant de moins de 3 ans pour ce qui est des jeunes mères) dans des établissements spécialisés, avec une prise en charge totale ou partielle de l'Aide sociale à l'enfance. Ces établissements peuvent être regroupés sous le terme de « centres maternels ». Il peut s'agir également d'un foyer collectif ou d'un réseau d'appartements. Les mères hébergées contribuent financièrement à leur prise en charge en fonction des ressources dont elles disposent.

Les maisons maternelles

Elles sont destinées à accueillir les femmes en difficulté pendant leur grossesse et jusqu'à trois mois après l'accouchement. À l'origine, ces maisons ont été créées pour « prévenir » les abandons. Leur rôle s'étend désormais bien plus loin : la maison maternelle doit apporter à la future mère isolée une aide matérielle, médicale, éducative, psychologique.

- *Conditions d'admission* : être en difficulté.
- *Fonctionnement* : ces établissements sont publics ou privés avec convention. Les frais de séjour sont pris en charge par l'Aide sociale à l'enfance.

Les maisons maternelles doivent disposer d'un service social, chargé d'apporter des aides morale et psychologique dans la préparation de la future mère à sa maternité, matérielle (aide dans la recherche d'un logement, de travail...), et juridique (démarches diverses). Signalons que tout le personnel des maisons maternelles est tenu au secret professionnel.

1. Art. L. 112-3 CASF.

Les hôtels maternels

Il s'est créé, à côté des maisons maternelles, et pour leur faire suite, des hôtels maternels qui accueillent des mères et leurs enfants. La durée de séjour est en principe limitée à un an. Les mères participent aux frais d'hébergement. En particulier, les mères accueillies trouvent en centre maternel :

- un soutien matériel pour gérer leur quotidien : suivi médical, scolarité des enfants, halte-garderie, proposition d'activités ludiques pour le mercredi et les vacances ;
- une aide à la résolution des problèmes éducatifs : travail sur les besoins de l'enfant, le rythme de vie nécessaire à son épanouissement, les limites à poser dans son éducation ;
- un suivi médical et/ou psychologique régulier ;
- une aide pour réfléchir à leur situation matérielle et morale.

Les centres maternels

Beaucoup d'établissements ont désormais supprimé la distinction entre maisons et hôtels maternels, tous les établissements recevant des futures et des jeunes mères s'appelant « centres maternels ».

Ces établissements maternels, de compétence départementale, c'est-à-dire autorisés par le président du conseil général et financés par l'Aide sociale à l'enfance, sont à rapprocher des centres d'hébergement et de réadaptation sociale (CHRS)[1].

Ils peuvent prendre la forme d'établissement ou de structure éclatée (réseau d'appartements et studios, parfois avec des « baux glissants » pour que la famille puisse y demeurer après la fin de la prise en charge). Ces établissements remplissent plusieurs missions :

- une fonction de protection, contre la précarité de certaines situations, mais aussi contre l'entourage : beaucoup de femmes qui y sont accueillies sont victimes de violences conjugales ;
- une fonction éducative, dans l'établissement du lien mère enfant et l'apprentissage de la parentalité ;
- une mission d'insertion par l'aide à la recherche de formation, d'emploi et de logement.

Les centres maternels sont dotés de professionnels qualifiés dans les domaines éducatif, social, psychologique et de la petite enfance, ces établissements sont organisés pour apporter à l'enfant et à sa mère en difficulté le soutien dont ils peuvent avoir besoin sous diverses formes, en lien avec les services compétents : PMI, crèches, services sociaux et médico-sociaux notamment[2].

1. Ces établissements créés par la loi du 15 novembre 1974 sont de compétence d'État (autorisés par le préfet, après avis du comité régional de l'organisation sanitaire et sociale, et financés par l'aide sociale État). Ces établissements peuvent être complémentaires : aussi des places peuvent-elles être habilitées par le président du conseil général à recevoir des bénéficiaires de l'aide sociale, mais ne font pas partie intégrante des établissements de l'Aide sociale à l'enfance.
2. *Guide pratique Protection de l'enfance*, « L'accueil de l'enfant et de l'adolescent protégé », 2007, p. 25.

Pour certains, ils offrent également une prestation pour l'accueil des enfants de moins de trois ans, appelée couramment pouponnière et régie par les articles D. 312-126 et suivants Code de l'action sociale et des familles.

La place du père

La loi du 5 mars 2007 a ajouté à l'article L. 222-5 Code de l'action sociale et des familles que « ces dispositions ne font pas obstacle à ce que les établissements ou services qui accueillent ces femmes organisent des dispositifs visant à préserver ou à restaurer des relations avec le père de l'enfant, lorsque celles-ci sont conformes à l'intérêt de celui-ci ».

Cette disposition a pour objet de permettre aux femmes enceintes ou aux mères isolées avec leurs enfants accueillis en centre maternel de maintenir ou créer des liens avec le père, dans la continuité des actions menées préalablement à la naissance.

Cela suppose que le centre maternel encourage le maintien de ce lien, et facilite, lorsque cela est possible, l'accès du père dans l'établissement. Il s'agit de favoriser la présence du père auprès de l'enfant, de l'encourager et de l'accompagner, au besoin, pour qu'il trouve sa place et assure son rôle lorsque cela répond à l'intérêt de l'enfant[1].

2. L'ACCUEIL DES MINEURS ET DES JEUNES MAJEURS

L'assistance publique, puis la DDASS, ont eu un temps l'image de services rapteurs d'enfants. Plusieurs lois, essentiellement depuis 1984, ont clarifié les choses, notamment en développant un formalisme autour de l'accord des parents. Désormais, il est clair que les mineurs ne peuvent être retirés de leur milieu familial et physiquement pris en charge que de deux manières : sur demande des parents, constatée par une décision administrative ou sur décision judiciaire. L'autorité parentale est une institution juridique, et seul un jugement peut y porter atteinte[2].

L'accueil sur décision administrative

Les mineurs, majeurs de moins de 21 ans, jeunes mères en difficulté peuvent être accueillis par le service de l'Aide sociale à l'enfance.

Une mesure d'aide pour une famille en difficulté ♦ À cet égard, l'article L. 222-5 CASF dispose :

> « Sont pris en charge par le service de l'Aide sociale à l'enfance sur décision du président du conseil général :
>
> 1° Les mineurs qui ne peuvent demeurer provisoirement dans leur milieu de vie habituel et dont la situation requiert un accueil à temps complet ou partiel, modulable selon leurs besoins, en particulier de stabilité affective,

1. Certains établissements de type « hôtel maternel » offrent aujourd'hui des réseaux d'appartements pour l'accueil des jeunes pères.
2. Art. 377 Code civil.

ainsi que les mineurs rencontrant des difficultés particulières nécessitant un accueil spécialisé, familial ou dans un établissement ou dans un [établissements ou services à caractère expérimental]. »

Une mesure de protection sociale de l'enfance en danger[1] ♦

« Dans chaque département, le président du conseil général est chargé d'exercer une action sociale préventive auprès des familles dont les conditions d'existence risquent de mettre en danger la santé, la sécurité, la moralité ou l'éducation de leurs enfants » (art. R. 221-1 CASF).

« S'il y a lieu, dans les cas qui soulèvent des problèmes particuliers, le président du conseil général suscite de la part des parents toutes les mesures utiles et notamment, une mesure de placement approprié ou d'action éducative » (art. R. 221-2 CASF).

La loi du 5 mars 2007 relative à la protection de l'enfance a clarifié les compétences administratives et judiciaires : désormais, il est posé que l'intervention sociale est première, et que ce n'est qu'en cas d'impossibilité de la mettre en œuvre que l'intervention judiciaire s'impose[2]. Dans tous les cas, l'admission est prononcée par décision du président du conseil général[3]Il ne s'agit pas de contrat entre particuliers et administration, mais d'acte unilatéral de la puissance publique. L'admission est soumise à des conditions de fond, accord de la famille et situation de besoin ou de danger pour l'enfant et des conditions de forme (obligation d'information, droit à l'accompagnement, association aux décisions...)[4]. La décision d'admission en fixe la durée ne peut être prise pour une durée supérieure à un an. Elle est renouvelable dans les mêmes conditions.

Dans ce cas, les parents conservent l'entier exercice de l'autorité parentale : ils doivent donner leur accord écrit sur cet accueil[5] et décider de tous les actes de l'autorité parentale.

Le service élabore au moins une fois par an un rapport, établi après une évaluation pluridisciplinaire, sur la situation de tout enfant accueilli ou faisant l'objet d'une mesure éducative[6]. Ce rapport est transmis aux parents.

L'accueil d'urgence sans demande des parents

L'article L. 223-2 du Code de l'action sociale et des familles, issu de la loi du 5 mars 2007, a revisé les conditions liées à l'accueil d'urgence et l'on en distingue deux sortes.

L'accueil immédiat en urgence ♦ D'une durée maximum de cinq jours sous contrôle du procureur de la République, il peut entraîner la saisine de l'autorité judiciaire en cas de refus des parents ou d'impossibilité de leur remettre l'enfant en assistance éducative :

« En cas d'urgence et lorsque le représentant légal du mineur est dans l'impossibilité de donner son accord, l'enfant est recueilli provisoirement par le service qui en avise immédiatement le procureur de la République.

Si le représentant légal est en mesure de donner son accord mais le refuse, le service saisit l'autorité judiciaire en vue de l'application de l'article 375-5 du Code civil.

---

1. Intitulé de la section 1 du Titre II (enfance) du Livre II (différentes formes d'aide et d'action sociale) du CASF. Cette protection est souvent appelée abusivement « protection administrative ».
2. Art. L. 226-4 CASF. Voir la partie 3 de ce livre.
3. Art. L. 222-1 CASF.
4. Chapitre 14.
5. Art. L. 223-2 CFAS.
6. Art. L. 223-5 CASF.

> Si, dans le cas prévu au deuxième alinéa du présent article, l'enfant n'a pas pu être remis à sa famille ou le représentant légal n'a pas pu ou a refusé de donner son accord dans un délai de cinq jours, le service saisit également l'autorité judiciaire en vue de l'application de l'article 375-5 du Code civil. »

L'accueil des mineurs en fugue ♦ D'une durée maximum de 72 heures, sous contrôle du procureur de la République et information des représentants légaux. À défaut d'un retour en famille, il peut se transformer en cas d'accord en admission à l'ASE ou en cas de refus des parents en assistance éducative :

> « En cas de danger immédiat ou de suspicion de danger immédiat concernant un mineur ayant abandonné le domicile familial, le service peut, dans le cadre des actions de prévention, pendant une durée maximale de soixante-douze heures, accueillir le mineur, sous réserve d'en informer sans délai les parents, toute autre personne exerçant l'autorité parentale ou le tuteur, ainsi que le procureur de la République. Si au terme de ce délai le retour de l'enfant dans sa famille n'a pas pu être organisé, une procédure d'admission à l'Aide sociale à l'enfance ou, à défaut d'accord des parents ou du représentant légal, une saisine de l'autorité judiciaire est engagée. »

Les majeurs âgés de moins de 21 ans

Au moment de l'abaissement de l'âge de la majorité à dix-huit ans par la loi n° 74-631 du 5 juillet 1974, il est apparu indispensable de maintenir une protection pour les majeurs âgés de moins de vingt et un ans. C'est pourquoi :

- le décret du 18 février 1975 a prévu une possibilité d'extension de la protection judiciaire aux jeunes majeurs[1] ;
- le décret du 2 décembre 1975 a instauré les mêmes possibilités pour l'Aide sociale à l'enfance, aux jeunes majeurs.

L'article L. 222-5 dernier alinéa introduit cette possibilité dans le Code en précisant :

> « Peuvent être également pris en charge à titre temporaire par le service chargé de l'Aide sociale à l'enfance les mineurs émancipés et les majeurs âgés de moins de vingt et un ans qui éprouvent des difficultés d'insertion sociale faute de ressources ou d'un soutien familial suffisants. »

Cette possibilité a été réaffirmée par la loi du 5 mars 2007[2].

Cette prise en charge ne peut bien évidemment être imposée. Toutefois il s'agit toujours d'une décision du président du conseil général (art. L. 222-2 CFAS) et non d'un « contrat jeunes majeurs » comme il est souvent dit.

L'accueil sur décision judiciaire

Le 2° de l'article L. 222-5 CASF dispose que « sont pris en charge par le service de l'Aide sociale à l'enfance sur décision du président du conseil général :

1. La circulaire DPJJ du 21 mars 2005 « Orientation relative à la faveur des jeunes majeurs » a conduit à la réduction considérable des mesures judiciaires en la matière ayant entraîné pour de nombreuses associations des difficultés financières.
2. Art. L. 112-3 CASF.

3° Les mineurs confiés au service en application du 3° de l'article 375-3 du Code civil, des articles 375-5, 377, 377-1, 380, 433 du même code ou du 4° de l'article 10 et du 4° de l'article 15 de l'ordonnance n° 45-174 du 2 février 1945 relative à l'enfance délinquante ».

Il s'agit de mineurs confiés par voie d'assistance éducative décidée par le juge des enfants[1], ou, en cas d'urgence, par le procureur, de délégation ou de retrait d'autorité parentale, de tutelle sociale ou de mineurs délinquants.

Seuls seront détaillés ici les accueils dans le cadre de l'assistance éducative et de l'ordonnance 1945.

L'assistance éducative

L'assistance éducative[2] est un système de protection judiciaire des mineurs en danger, qui permet au juge des enfants de prendre diverses mesures tendant :

- à aider les parents dans leurs tâches éducatives ;
- à suppléer leur incapacité relative à assurer la direction matérielle ou morale de leur enfant.

Elle a été instituée par l'ordonnance n° 58-1300 du 23 décembre 1958 et introduite dans le Code civil aux articles 375 et suivants. Ces enfants étaient dits autrefois « en garde », terme supprimé par plusieurs lois de 1986 et 1987.

Elle répond, en écho, à la définition même de l'autorité parentale : « protéger l'enfant dans sa sécurité, sa santé et sa moralité ». Succédant immédiatement à la section relative à l'exercice de l'autorité parentale, elle est la première des procédures conçues pour intervenir dans l'exercice de l'autorité parentale lorsque justement, cette protection n'est pas assurée et que l'enfant se trouve en danger « dans sa santé, sa sécurité ou sa moralité » ou que « les conditions de son éducation ou de son développement physique, affectif, intellectuel et social [sont] gravement compromises ».

À la différence des autres procédures destinées à protéger l'enfant (délégation ou retrait de l'autorité parentale, tutelle), la procédure d'assistance éducative est conçue comme devant être ponctuelle et limitée dans le temps à la persistance du danger pour l'enfant. Il s'agit d'une assistance provisoire apportée à une autorité parentale défaillante, et non d'une procédure de substitution.

Les conditions de l'assistance éducative

> « Si la santé, la sécurité ou la moralité d'un mineur non émancipé sont en danger, ou si les conditions de son éducation ou de son développement physique, affectif, intellectuel et social sont gravement compromises, des mesures d'assistance éducative peuvent être ordonnées par justice » (art. 375 Code civil). D'autre part « des mesures de protection judiciaire peuvent être prescrites par le juge des enfants pour des jeunes majeurs de dix-huit à vingt et un ans avec l'accord de l'intéressé » (décret n° 75-96 du 18 février 1975).

Nous ne développerons pas chacun de ces critères qui forment un tout (l'emploi — grammaticalement incorrect — du pluriel « sont » par le Code civil en témoigne). Ce texte est très proche

1. Sur cette question voir chapitre 11.

2. Voir Pandele G., *La Protection des jeunes par le juge d'enfants*, Paris, ESF, 1977, et *La Protection judiciaire des mineurs*, ANPASE, 1985, Mme Gebler, Notarial Répertoire, Dr Français, Autorié parentale (articles 371 et 381 Code civil). Baudouin J.-M., *Le Juge des enfants, punir ou protéger ?*, Paris, ESF, 1990. Chaillou Ph., *Mon juge*, Paris, Pré aux Clercs, 1989. Huyette M., *Guide de la protection judiciaire de l'enfant*, Paris, Dunod, 2003.

de celui qui permettait au responsable du service de l'Aide sociale à l'enfance de prendre une mesure d'action sociale préventive[1] « auprès des familles dont les conditions d'existence risquent de mettre en danger la santé, la sécurité, la moralité ou l'éducation de leurs enfants ». La limite des compétences est que le juge n'est compétent qu'en cas de danger et de conflit. L'arrêt du tribunal de Paris du 21 juin 1962 (Dalloz, 1963-14) est toujours à ce propos valable :

> « Lorsqu'en raison de l'adhésion de la mère à toute mesure d'internement et d'hospitalisation du mineur il ne s'élève que des difficultés d'ordre administratif ou technique qui ne relèvent à aucun titre des institutions judiciaires, le juge des enfants est sans qualité pour intervenir en application des articles 375 et suivants du Code civil qui ne concernent que les cas de carence ou d'opposition des parents. »

La loi du 5 mars 2007 sur la protection de l'enfance a clarifié encore ce partage des compétences : la protection judiciaire n'intervient qu'en cas d'impossibilité ou d'inefficacité de l'action sociale.

Le juge peut intervenir : pour un mineur non émancipé se trouvant sur le territoire français[2], quelles que soient sa nationalité[3] et sa filiation[4], qui se trouve « en danger ». L'enfant doit être né : le juge ne peut prendre une mesure de protection pour un enfant à naître qui peut pourtant se trouver en danger, par exemple en raison de l'alcoolisme, la toxicomanie, les troubles mentaux de la mère.

Le danger n'est pas défini précisément :

- il peut être d'ordre matériel, physique ou psychologique ;
- il doit être bien certain, mais il peut être futur, car bien évidemment le juge doit rechercher quelles seront les conséquences du comportement des parents ou de leurs méthodes éducatives sur le développement de l'enfant et donc sur l'avenir de celui-ci.

À maintes reprises, la Cour de cassation[5] a rappelé que le danger qui justifie l'intervention du juge des enfants et qui peut motiver une séparation, devait être réel et non hypothétique, certain et non éventuel. Le critère de danger n'est cependant pas suffisant. Pour qu'il y ait assistance éducative, il faut justifier d'une défaillance parentale. En effet, l'assistance éducative est un aménagement de l'autorité parentale. L'article 375 est très clair :

> « Si la santé, la sécurité ou la moralité d'un mineur non émancipé sont *en* danger, ou si les conditions de son éducation ou de son développement physique, affectif, intellectuel et social sont gravement compromises, des mesures d'assistance éducative *peuvent* être ordonnées [...] »

Cela signifie que ce n'est pas automatique et qu'il faut d'abord mobiliser l'autorité parentale, l'entourage familial et social, l'aide sociale préventive. Ce n'est qu'en cas de carence de ces moyens qu'elle doit intervenir[6].

La loi du 5 mars 2007 renforce cette notion de subsidiarité instaurant une sorte de contrôle du procureur sur le fonctionnement des services : « Dans les cas où le ministère public a été avisé par le président du conseil général, il s'assure que la situation du mineur entre dans le champ

1. Décret n° 59-100 du 7 janvier 1959, codifié avec l'ajout « éducation » à l'art. R. 221-1 CASF.
2. Y compris en zone d'attente des aéroports (CA Paris ch. spéc. des mineurs, 7 déc. 2004, n° 04/17632).
3. CA Paris 16 mai 2000 : *RDSS* n° 36 sept 2000, note F. Monéger.
4. Y compris adoptive ou pour un pupille de l'État (CA Rennes, 28 janv. 1983) ou sous tutelle sociale (Cass. I° civ. 3 déc 1991).
5. Cass. 1re civ. 28 juin 1965 : *Bullciv.* n° 244 ; *RTD civ.* 1967 p. 136, PBS. R. Nerson.
6. Voir sur ce point Huyette M., in *Guide de la protection judiciaire de l'enfant*, Paris, Dunod, 2003.

d'application de l'article L. 226-4 du CASF », c'est-à-dire que les mesures sociales ont bien été mises en œuvre, en amont.

Le régime de l'assistance éducative

La compétence territoriale ♦ C'est le juge des enfants du domicile des père, mère, tuteur ou personne chez qui le mineur à protéger est placé ou, à défaut, le juge des enfants de la résidence du mineur (art. 375-1 Code civil et 1181 CPC).

En cas de changement de domicile, le juge doit se dessaisir au profit du juge de la nouvelle résidence, sauf ordonnance motivée.

Le droit de saisine en assistance éducative ♦ L'article 375 fixe la liste des personnes qui ont le droit de saisir le juge pour enfants par requête :

- le père, la mère (ou l'un d'eux), le tuteur ou la personne ou le service à qui l'enfant a été confié ;
- le mineur lui-même ;
- le ministère public (procureur de la République ou son substitut) ;
- le juge peut se saisir d'office, à titre exceptionnel.

Les autres personnes qui auraient connaissance d'une situation de danger nécessitant une mesure d'assistance éducative doivent le « signaler » au parquet (ou très exceptionnellement au juge des enfants, par exemple s'il est déjà saisi d'un dossier concernant cette famille). C'est le cas du service de l'enfance, qui ne peut saisir directement le juge, mais qui demande au parquet de saisir le juge.

Le signalement des enfants au juge ou au procureur est :

- une possibilité offerte à toute personne qui peut avoir connaissance d'une situation de danger pour un enfant. Cependant, il faut aujourd'hui privilégier le signalement administratif en raison application de la loi du 5 mars 2007 ;
- une obligation dans certains cas. Celui qui, « ayant connaissance de privations, de mauvais traitements ou d'atteintes sexuelles infligés à un mineur de quinze ans ou à une personne qui n'est pas en mesure de se protéger en raison de son âge, d'une maladie, d'une infirmité, d'une déficience physique ou psychique ou d'un état de grossesse, de ne pas en informer les autorités judiciaires ou administratives est puni de trois ans d'emprisonnement et de 45 000 euros d'amende[1] ».

La procédure d'assistance éducative ♦ Le juge des enfants saisi avise de l'ouverture de la procédure :

- chacun des parents en leur faisant connaître qu'ils peuvent être assistés d'un avocat de leur choix, ou d'un avocat commis d'office (qu'ils n'auront pas à payer, mais qui sera choisi par le bâtonnier, c'est-à-dire le président de l'ordre des avocats) ;
- le président du conseil général qui devra, en retour, communiquer tous les renseignements en sa possession sur le mineur et sa famille, et son avis sur les mesures à prendre ;
- le procureur de la République.

1. Art 434-4 CP.

Il procède ensuite à des enquêtes et à des auditions :

- les enquêtes sont le plus souvent confiées à un service social privé habilité. Il peut également faire appel au SEAT ou à la police et à la gendarmerie ;
- les auditions. Selon un grand principe de droit français, il ne peut être pris de décisions à l'encontre de personnes sans que celles-ci aient été entendues au préalable (principe du « contradictoire »). L'article 1184 NCPC fixe les conditions : sauf urgence spécialement motivée[1], le juge des enfants ne peut prendre des mesures d'assistance éducative sans avoir au préalable entendu le père, la mère, le tuteur, la personne ou représentant du service et le mineur capable de discernement.

En effet, toute mesure d'assistance éducative est une atteinte au droit des parents et à l'intimité de la vie privée et familiale.

Selon un autre principe de droit, les parents et les parties au procès peuvent, pendant tout le cours de la procédure, être assistés d'un avocat.

S'il y a urgence, le juge des enfants peut prendre des mesures provisoires (ordonnance de placement provisoire). La décision sur le fond doit alors intervenir dans les six mois (par jugement), faute de quoi les père, mère, tuteur ou gardien ont droit à la restitution de l'enfant (art. 1185 n. CPC). Les parents, et le cas échéant le mineur, sont convoqués à l'audience dix jours au moins avant celle-ci. Ils sont avisés, dès leur première audition, de la possibilité de choisir un conseil ou de demander qu'il leur en soit désigné un d'office. Pour les auditions préalables à une mesure d'instruction ou à une mesure provisoire, aucun délai n'est fixé par le NCPC. Sauf urgence particulière, il paraît souhaitable de respecter le même délai que celui qui est prévu pour l'audience de jugement (huit jours minimum). Les parents sont entendus à l'audience, puis leurs conseils, enfin le procureur de la République. La décision est notifiée dans les huit jours. Le juge peut ordonner l'exécution provisoire. Le juge des enfants doit s'efforcer de recueillir l'adhésion à la mesure prise.

Le décret n° 2002-361 du 15 mars 2002 issu de la Commission Deschamp, suite à la condamnation de la France par la Cour Européenne pour atteinte au contradictoire, a réformé le nouveau Code de procédure civile et renforcé les droits des parties.

Choix de l'avocat ♦ L'article 1187 NCPC dispose : « Le mineur capable de discernement, le père, la mère, le tuteur ou la personne ou le représentant du service à qui l'enfant a été confié peuvent faire choix d'un conseil ou demander au juge que le bâtonnier leur en désigne un d'office. La désignation doit intervenir dans les huit jours de la demande. Ce droit est rappelé aux intéressés lors de leur première audition. »

La présence d'un avocat pour l'enfant ou pour ses parents en assistance éducative n'est pas une obligation mais c'est désormais un droit. Pour l'enfant, c'est un droit soumis à deux conditions cumulatives : que l'enfant soit doté de la capacité de discernement, et qu'il en fasse la demande. En aucun cas, et contrairement à ce qu'on voit trop souvent, les parents, le juge de sa propre initiative, un administrateur ad hoc, ne peuvent le faire pour lui, s'il ne l'a pas demandé.

Si le mineur n'a pas d'avocat, le juge ne peut que lui faire la proposition d'en choisir un ou de s'en faire désigner un.

1. Mais dans ce cas les auditions doivent se dérouler dans les 15 jours art. 1184, NCPC.

- Si le mineur est capable de discernement, lui seul peut désigner un avocat ou demander qu'il lui en soit désigné un. L'article 389-3 écarte expressément la compétence d'un administrateur ad hoc en ce cas[1]. Ainsi le TGI de Basse-Terre a décidé que « le mineur pouvant faire lui-même le choix d'un conseil dans la procédure d'assistance éducative, il y a lieu d'annuler l'ordonnance du juge des tutelles désignant un administrateur ad hoc à cette fin[2] ».
- S'il n'est pas capable de discernement, personne ne peut exercer pour lui un droit qu'il n'a pas. « La représentation suppose que l'enfant représenté soit titulaire, lui-même, du droit que le représentant met en œuvre. Elle ne peut suppléer une absence de droit ou une incapacité de jouissance[3]. » Ce qu'a confirmé la Cour de cassation : « L'administrateur ad hoc désigné en application des articles 388-2 et 389-3, alinéa 2, du Code civil ne peut avoir plus de droits que le mineur qu'il représente[4]. » Nous rejoignons l'analyse de Michel Huyette, qui estime[5] que, « l'administrateur ad hoc n'a [...] pas de raison d'être en assistance éducative ». Selon lui, « il n'existe que deux options : soit le mineur possède un discernement suffisant pour agir et il participe pleinement à la procédure, éventuellement en se faisant accompagner mais sans avoir besoin d'un adulte pour agir à sa place, soit il est trop jeune pour posséder le discernement suffisant et il ne dispose d'aucun droit, ce qui fait qu'il ne peut pas y avoir d'adultes pour exercer à sa place une prérogative dont il ne dispose pas[6] ».

Accès au dossier ♦ La Convention européenne des droits de l'homme garantit à chacun le droit à un procès équitable, or en matière d'assistance éducative, ce n'était pas le cas, ce qui a valu la condamnation de la France[7]. Le décret du 15 mars 2002 a mis le droit français en conformité en modifiant le NCPC.

L'article 1187 dispose :

> « Dès l'avis d'ouverture de la procédure, le dossier peut être consulté au greffe, jusqu'à la veille de l'audition ou de l'audience, par l'avocat du mineur et celui de son père, de sa mère, de son tuteur, de la personne ou du service à qui l'enfant a été confié. L'avocat peut se faire délivrer copie de tout ou partie des pièces du dossier pour l'usage exclusif de la procédure d'assistance éducative. Il ne peut transmettre les copies ainsi obtenues ou la reproduction de ces pièces à son client.
>
> Le dossier peut également être consulté, sur leur demande et aux jours et heures fixés par le juge, par le père, la mère, le tuteur, la personne ou le représentant du service à qui l'enfant a été confié et par le mineur capable de discernement, jusqu'à la veille de l'audition ou de l'audience.
>
> La consultation du dossier le concernant par le mineur capable de discernement ne peut se faire qu'en présence de son père, de sa mère ou de son avocat. En cas de refus des parents et si l'intéressé n'a pas d'avocat, le juge saisit le bâtonnier d'une demande de désignation d'un avocat pour assister le mineur ou autorise le service éducatif chargé de la mesure à l'accompagner pour cette consultation.

1. « L'administrateur légal représentera le mineur dans tous les actes civils, sauf les cas dans lesquels la loi ou l'usage autorise les mineurs à agir eux-mêmes. »
2. TGI Basse Terre 30 mai 1996, Petites affiches 11 nov. 1996, note Massip.
3. Note de M. Toitot, conseiller rapporteur Arrêt n° 205 du 9 février 2001, Cass. Chambre mixte.
4. Cass. Chambre mixte, 9 fév. 2001.
5. *Guide de la protection judiciaire de l'enfant*, p. 24, 3e éd. 2003, Paris, Dunod, p. 23.
6. Voir aussi Verdier P., « Le choix de l'avocat de l'enfant dans les procédures d'assistance éducative », *JDJ-RAJS*, n° 265 — mai 2007.
7. Foucher c/France 18.03.1997, Voisine c/France 08.02.2000, Meftah c/France 26 avril 2001.

> Par décision motivée, le juge peut, en l'absence d'avocat, exclure tout ou partie des pièces de la consultation par l'un ou l'autre des parents, le tuteur, la personne ou le représentant du service à qui l'enfant a été confié ou le mineur lorsque cette consultation ferait courir un danger physique ou moral grave au mineur, à une partie ou à un tiers.
>
> Le dossier peut également être consulté, dans les mêmes conditions, par les services en charge des mesures prévues à l'article 1183 du présent code et aux articles 375-2 et 375-4 du Code civil.
>
> L'instruction terminée, le dossier est transmis au procureur de la République qui le renvoie dans les quinze jours au juge, accompagné de son avis écrit sur la suite à donner ou de l'indication qu'il entend formuler cet avis à l'audience ».

La nature des décisions ♦ Le juge doit, au terme des débats, rendre une décision. Le juge estime :

- soit qu'il n'y a pas lieu à assistance éducative ;
- soit qu'il y a lieu à ordonner un complément d'information ;
- soit qu'il y a lieu à assistance éducative : dans ce cas, il ordonne la mesure la plus appropriée.

L'assistance éducative n'est pas un retrait de l'autorité parentale, mais un aménagement de celle-ci[1]. Il ne s'agit pas de remplacer les parents, mais au contraire de les aider à remplir leurs tâches éducatives (l'autorité parentale n'est pas un droit, comme l'était la puissance paternelle, mais une fonction au service de l'enfant). C'est pourquoi, autant que possible, le mineur est maintenu dans son milieu soit avec une aide éducative (AEMO), soit avec une obligation particulière (travail, fréquentation scolaire).

Si la protection de l'enfant l'exige[2], le juge des enfants peut décider de le confier[3] :

1° à l'autre parent ;

2° à un autre membre de la famille ou à un tiers digne de confiance ;

3° à un service départemental de l'Aide sociale à l'enfance ;

4° à un service ou à un établissement habilité pour l'accueil de mineurs à la journée ou suivant toute autre modalité de prise en charge ;

5° à un service ou à un établissement sanitaire ou d'éducation, ordinaire ou spécialisé.

L'ordre des possibilités offertes au juge n'est pas fixé au hasard, et a d'ailleurs été modifié en 2007 : le juge doit privilégier les solutions familiales ; l'autre parent, un membre de la famille, un tiers digne de confiance, avant les solutions institutionnelles. Comme le suggère le remplacement, en 1989 de « au service de l'ASE » par « à un service de l'ASE », le juge peut confier à n'importe quel service départemental.

Les établissements et services doivent être habilités par le préfet pour recevoir « de manière habituelle » des mineurs par voie d'assistance éducative. À titre exceptionnel, le juge peut confier à un service non habilité.

Fin de la mesure ♦ Les mesures d'assistance éducative prennent fin :

- à la majorité de l'enfant ;

1. Voir tableau 8.1.
2. L'ancien code édictait « s'il est nécessaire de retirer l'enfant de son milieu actuel ».
3. Noter que le code ne dit pas « confier la garde », mais « confier l'enfant ».

Tableau 30.1. Les mesures d'assistance éducative.

Type	Lieu de déplacement	Autre mesure éducative
1. Maintien Art. 375-2 Code civil	Dans le milieu actuel	Possibilité d'AEMO simple ou renforcée (Art. 375-2 al. 2) Possibilité d'obligations particulières : fréquenter un établissement ou exercer une activité professionnelle
2. Retrait du milieu familial Art. 375-3 Code civil	1. L'autre parent	Possibilité d'AEMO (art. 375-4 1er alinéa)
	2. Autre membre de la famille ou tiers digne de confiance	Possibilité d'AEMO (art. 375-4 1er alinéa)
	3. À un service d'ASE	Pas de double mesure
	4. À un service ou un établissement habilité	Possibilité d'AEMO (Art.375-4 1er alinéa)
	5. À un service sanitaire ou d'éducation	Possibilité d'AEMO (Art.375-4 1er alinéa)
3. Remise Art. 375-4 2e alinéa	À ses parents ou à celui qui exerçait l'autorité parentale	Possibilité d'obligations particulières : fréquenter un établissement ou exercer une activité professionnelle + comptes rendus périodiques

- à son émancipation, par décision du juge des tutelles sur demande des parents autorisée par le juge des enfants (art. 375-5), ou par mariage (autorisé par le procureur s'agissant d'un mineur) ;
- suite à un jugement modificatif. Les mesures d'assistance éducative peuvent être à tout moment modifiées ou rapportées par le juge qui les a rendues : soit d'office, soit à la requête des père et mère ou d'un seul, soit à la requête de la personne ou du service à qui l'enfant a été confié ou du tuteur, soit à la requête du mineur lui-même, soit à la requête du ministère public (art. 375-6 Code civil).

Voies de recours ♦ L'appel. Le père, la mère, le tuteur et le ministère public peuvent interjeter appel des décisions du juge des enfants, jusqu'à expiration d'un délai de quinze jours après la notification du jugement :

- par déclaration au greffe de la cour d'appel ;
- par lettre recommandée adressée au greffier de la cour[1]. Les délais et adresse sont obligatoirement indiqués sur la décision.

Le service de l'Aide sociale à l'enfance peut donc interjeter appel d'une décision modificatrice concernant des enfants qui lui étaient confiés. C'était déjà la position de la doctrine[2] :

> « Seul le gardien de droit peut figurer comme partie au procès en assistance éducative. L'expression droit de garde ne doit pas faire illusion. Est investi au sens de l'art. 58-1401 non seulement le gardien légal (détenteur de

1. Art. 932 NCPC.
2. Robert Ph., in *Semaine juridique*, 1968 II à 15680, commentant Cass. civ. 20 mai 1968 :

puissance paternelle ou détenteur du droit de garde après le démembrement de cette puissance), mais encore le gardien judiciairement constitué telle la personne physique ou morale à qui le juge a remis un mineur. Par exemple, si lors d'une précédente instance en assistance éducative le juge des enfants a confié un mineur à une personne digne de confiance, à un établissement ou à la Direction départementale de l'action sanitaire et sociale, cette personne physique ou morale pourra intervenir à titre de gardien dans une instance ultérieure en assistance éducative intéressant le mineur. »

Confirmée par la jurisprudence[1] et, *in fine*, par la Cour de cassation :

« Le service départemental de l'Aide sociale à l'enfance est gardien des mineurs qui lui ont été confiés par le juge des enfants et à ce titre il est recevable à interjeter appel des décisions rendues par ce magistrat[2]. »

La nouvelle rédaction de l'article 1191 NCPC ne contient plus d'ambiguïté en ouvrant la possibilité d'appel à « la personne ou service à qui l'enfant est confié ».

L'appel est instruit et jugé d'urgence en chambre du conseil par la chambre de la cour d'appel chargée des affaires de mineurs[3].

Le pourvoi en cassation. En cas de pourvoi en cassation, les parties sont dispensées du ministère d'un avocat (art. 1196 nouveau CPC). S'agissant d'affaire civile, le délai pour se pourvoir est de deux mois.

Les obligations de l'ASE dans le cadre de l'assistance éducative

Vis-à-vis de l'enfant, le service de l'ASE a l'obligation d'éducation et d'entretien, de veiller au développement, de pourvoir à l'ensemble des besoins des mineurs confiés au service et veiller à leur orientation, en collaboration avec leur famille ou leur représentant légal[4] et de le consulter sur les décisions le concernant[5].

Vis-à-vis des parents, le service de l'ASE a une obligation d'information, de recueillir leur avis et de respecter les attributs de l'autorité parentale.

Vis-à-vis du juge des enfants[6], le service auquel l'enfant est confié ne peut refuser de l'accueillir. En pratique, le plus souvent, une concertation s'instaure. Le service doit informer le juge du déroulement de la mesure par l'envoi de rapports réguliers et l'aviser de tout incident, fugue, tentative de suicide, perte d'un emploi (art. L. 223-4 CASF). Le juge dispose du droit de visiter à tout moment les mineurs placés.

Le juge visite chaque année les établissements privés habilités. À cette occasion, il formule toute remarque utile sur le fonctionnement de l'établissement et adresse un rapport au ministère de la Justice.

1. CA Dijon, 27 octobre 1972, Metz, 22 février 1973.
2. Civ. I 22 mai 1974.
3. Voir Moneger F., « La compétence exclusive des tribunaux judiciaires en matière d'assistance éducative », Note sous Conseil d'État, 6 décembre 1985 et 20 décembre 1985. *Revue de Droit sanitaire et social,* octobre-novembre 1986.
4. L. 221-1 CASF, 4°.
5. Art. L. 223-4 CFAS.
6. Pour l'articulation des rôles ASE/justice, lire Verdier P., Scailles L., « Juge des enfants — Aide sociale à l'enfance : complémentarité ou confusion des rôles ? », *Revue de droit sanitaire et social*, I-1994.

Les mineurs délinquants

L'ordonnance du 2 février 1945 sur l'enfance délinquante prévoit la possibilité que le mineur soit pris en charge dans un établissement de « l'assistance à l'enfance » (*sic*)[1]. En premier lieu, le juge des enfants ou le juge d'instruction peuvent confier provisoirement le mineur, pendant l'instruction, au service de l'assistance à l'enfance[2]. En second lieu, le tribunal pour enfants, dans le cadre d'une mesure éducative, peut, pour un mineur de treize ans, le confier au service de l'assistance à l'enfance[3].

Cette ordonnance toujours d'application a subi de nombreuses réformes, qui, à une période de maintien du principe de primauté de l'éducatif, ont tendance à le restreindre.

La typologie des structures d'accueil

On peut classer les diverses formules d'accueil sous quatre catégories :

- l'accueil en établissement : les foyers de l'enfance et autres établissements du secteur public ou privé ;
- l'accueil familial ;
- les lieux de vie ;
- l'accueil au domicile de particulier.

Il appartient au département, conformément à l'article L. 221-2 CASF d'organiser les moyens nécessaires à cet accueil et à cet hébergement. Le Code demande que cette organisation soit élaborée « sur une base territoriale ». Le législateur a voulu par là indiquer la nécessaire globalité et la nécessaire continuité de la prise en charge : les enfants ne doivent pas être hébergés par âge, par sexe, par type de handicap, ni coupés de leur milieu.

La loi du 2 janvier 2002 et celle du 5 mars 2007 ont rappelé les principes de constitution des établissements à l'article L. 312-1, II Code de l'action sociale et des familles :

> « Les établissements mentionnés aux 1°, 2°, 6° et 7° du I s'organisent en unités de vie favorisant le confort et la qualité de séjour des personnes accueillies, dans des conditions et des délais fixés par décret. Les établissements et services mentionnés au 1° du même I s'organisent de manière à garantir la sécurité de chacun des mineurs ou des majeurs de moins de vingt et un ans qui y sont accueillis. »

C'est suggérer l'esprit des anciens « services unifiés de l'enfance » tout en laissant au département la liberté d'organisation que lui donne la loi. Pour cela, le département dispose de plusieurs possibilités :

- soit créer en propre ses établissements et services : ceux-ci pourront être des services non personnalisés du département ou bien des établissements publics départementaux autonomes ;
- soit conclure des conventions avec d'autres collectivités territoriales qui disposent d'équipements suffisants : département voisin, commune... ;
- soit habiliter des établissements et services de statut privé.

---

1. *Dixit* ordonnance 1945.
2. Art. 10, 4° de l'ordonnance du 2 février 1945.
3. Art. 15, 4° de l'ordonnance du 2 février 1945.

Quelles que soient les formules retenues, elles doivent permettre de satisfaire les missions confiées au service :

- accueil d'urgence, à tout moment, de tout enfant ;
- hébergement, entretien et éducation des enfants pris en charge (de la naissance à vingt et un ans) en collaboration avec leurs parents ;
- accueil des femmes enceintes et des mères isolées avec leur enfant.

L'accueil en établissement

Les établissements dans lesquels des enfants de l'Aide sociale à l'enfance peuvent être accueillis sont divers et couvrent l'ensemble des établissements, suivant la situation particulière de l'enfant : internats scolaires, instituts spécialisés, foyers de jeunes travailleurs...

Les exposer tous nous sortirait du champ de l'Aide sociale à l'enfance pour entrer dans les présentations des institutions scolaires ou des institutions pour l'enfance handicapée. Nous présenterons donc quelques établissements spécifiques.

Les foyers de l'enfance

Sous l'Ancien Régime, le recueil d'enfants trouvés ou orphelins avait été effectué par des hospices où ils vivaient souvent toute leur minorité. À tel point qu'on les désignait souvent sous le nom « d'enfants des hospices ».

La Révolution privilégia le placement familial et réduisit l'hospice à sa fonction d'accueil et de lieu de passage. D'où le nom « d'hospice dépositaire ». Ces établissements devinrent, par la loi du 15 avril 1949, des foyers. L'ancien article 66 CFAS prévoyait que chaque département devait disposer d'un ou plusieurs foyers destinés à accueillir les enfants confiés au service de l'ASE. La loi du 6 janvier 1986 n'a pas repris cette obligation, préférant définir des missions qu'imposer des moyens.

Leur rôle ♦ Traditionnellement le rôle du foyer de l'enfance est triple :

- accueil de tout enfant, à tout moment ;
- observation et orientation : le séjour en foyer permet d'effectuer un bilan de la situation de l'enfant, de ses besoins, de ses responsabilités ;
- hébergement des mineurs pour lesquels un autre placement n'est pas possible. Ce peut être aussi le point d'ancrage où reviendront certains enfants du service ou certains anciens.

Leur statut ♦ Le foyer de l'enfance peut être :

- un service non personnalisé du département ;
- un établissement public départemental ;
- un établissement privé habilité et conventionné.

L'évolution actuelle tend à en faire des établissements publics départementaux autonomes.

Leurs personnels ♦ Pour remplir sa mission, le foyer dispose de personnel d'encadrement, de personnel technique et de divers spécialistes.

Les personnels de direction des foyers de l'enfance relèvent du statut de la fonction publique hospitalière (loi n° 86.33 du 9 janvier 1986). Leur statut a été promulgué par le décret n° 94-948 du 28 octobre 1994 (JO du 4 novembre 1994).

Le directeur est un fonctionnaire de catégorie A. Il est responsable de sa bonne marche et assure la gestion administrative et financière de l'établissement. Le rôle du directeur d'un établissement public a été rénové en 2002 et codifié à l'article L. 315-17 Code de l'action sociale et des familles :

> « Le directeur représente l'établissement en justice et dans tous les actes de la vie civile.
>
> Il prépare les travaux du conseil d'administration et lui soumet le projet d'établissement mentionné à l'article L. 311-8.
>
> Il est chargé de l'exécution des décisions du conseil d'administration et met en œuvre les actions approuvées par celui-ci. Il est compétent pour régler les affaires de l'établissement autres que celles qui sont énumérées à l'article L. 315-12. Il assure la gestion et la conduite générale de l'établissement et en tient le conseil d'administration informé.
>
> Il veille à la réalisation du projet d'établissement ou de service et à son évaluation.
>
> Il nomme le personnel, à l'exception des personnels titulaires des instituts nationaux de jeunes sourds et de l'Institut national des jeunes aveugles, et exerce son autorité sur l'ensemble de celui-ci.
>
> Le directeur peut déléguer sa signature dans des conditions et sur des matières définies par décret. Pour l'exercice de certaines des attributions du conseil d'administration définies par décret, le directeur peut recevoir délégation du président du conseil d'administration. »

Le corps des personnels de direction comprend trois grades : la hors-classe, la 1re classe, la 2e classe. Les personnels de direction sont recrutés par la voie de deux concours sur épreuves ouverts par arrêté du ministre chargé de l'Action sociale (un concours externe et un concours interne). Les emplois vacants sont pourvus soit par mutation, soit par détachement, soit par nomination parmi les personnes reçues au concours.

La nomination est prononcée par le ministre chargé de l'Action sociale après avis du président de l'organe délibérant de l'établissement intéressé ou, pour les établissements qui n'ont pas la personnalité morale du président du conseil général.

Le classement indiciaire est édicté par le décret n° 94.949 du 28 octobre 1994.

Le personnel autre que le directeur est nommé par le directeur pour les établissements autonomes et par l'autorité investie du pouvoir de nomination pour les autres établissements. Il comprend du personnel administratif, du personnel de services généraux (cuisine, blanchisserie...) et du personnel technique. Tout ce personnel relève du statut de la fonction publique hospitalière.

L'effectif est très variable suivant l'importance du foyer, mais doit respecter un principe général rappelé par la loi du 2 janvier 2002 : « Les prestations délivrées par les établissements et services mentionnés aux 1° à 13° du I sont réalisées par des équipes pluridisciplinaires qualifiées[1] » :

- éducateurs spécialisés ;
- moniteurs éducateurs ;
- assistants de service social ;
- éducateurs de jeunes enfants ;
- éducateurs techniques spécialisés ;
- psychologues ;

1. L. 312-1, II alinéa 4 CASF.

- médecins ;

Pour la pouponnière, les articles D. 312-146 Code de l'action sociale et des familles fixe les catégories de personnel :

- personnel de surveillance : puéricultrice et auxiliaire de puériculture, éducateurs de jeunes enfants ;
- personnel de service ;
- psychologue si besoin et autres personnels spécialisés.

Le Code actuel ne fait plus aux départements obligation de posséder un foyer de l'enfance. En revanche, ils doivent assurer, selon des moyens dont ils sont libres, les fonctions d'accueil ou d'hébergement. L'évolution actuelle tend à proposer de petites structures d'accueil, plus polyvalentes et peut-être bases d'équipes d'action sociale globale, ou même des assistantes familiales spécialisées pour l'accueil d'urgence.

Les maisons d'enfants à caractère social

Une place à part doit cependant être faite aux maisons d'enfants à caractère social (MECS). Ainsi s'appellent officiellement aujourd'hui les anciens « orphelinats ». La dénomination « MECS » est le terme générique pour désigner les établissements du secteur privé accueillant habituellement des mineurs confiés par l'autorité judiciaire ou par l'ASE Ces structures s'intitulent elles-mêmes plus couramment « foyer » ou « centre éducatif », voire « institution ».

Originairement, les MECS étaient destinées à recueillir des enfants pour une période assez longue, après une évaluation préalable en milieu ouvert ou au foyer de l'enfance. Aujourd'hui, beaucoup d'entre elles participent de plus en plus à l'accueil d'urgence dans le département, en complément du foyer de l'enfance.

Cette évolution a été recommandée par une circulaire du ministère de la Santé et de la Sécurité sociale l'annexe 2 du 23 janvier 1981[1] relative à la politique d'aide sociale de l'enfance qui préconise de réduire le nombre de placements pour un même enfant et conduit à éviter de faire passer systématiquement les jeunes par une structure spécialisée dans l'orientation.

> « Les rôles respectifs des maisons d'enfants à caractère social et des foyers de l'enfance devraient être moins radicalement différents qu'ils le sont souvent aujourd'hui. L'ambition de réduire le nombre de placements pour un même enfant conduit, on l'a vu, à éviter de faire passer systématiquement les jeunes par une structure spécialement chargée de l'orientation. Parallèlement, en cas d'urgence, il est nécessaire de pouvoir accueillir l'enfant dans un milieu proche du domicile de ses parents.
>
> Ces deux objectifs conduisent à envisager une déspécialisation des foyers de l'enfance qui n'accueilleront plus systématiquement les enfants promis à un placement de courte durée ou ceux pour qui le choix du placement n'est pas encore fait, mais hébergeront des jeunes relevant de la zone où ils sont implantés pour des séjours de toute durée.
>
> Au total, l'accueil doit être organisé dans chaque circonscription avec le concours de l'ensemble des moyens d'accueil existants.
>
> Cet impératif devrait vous conduire à prévoir, dans les conventions que vous passerez avec les maisons d'enfants à caractère social de votre département, les modalités de l'accueil d'urgence que vous serez amené à leur demander, et de l'observation dont cet accueil peut être accompagné. »

1. Antérieure à la décentralisation.

Les MECS sont des structures d'accueil pouvant présenter des caractéristiques très différentes les unes des autres.

Les MECS ont pour mission de prendre en charge globalement les mineurs ou jeunes majeurs confiés, dans le cadre d'un projet individuel pour chacun d'entre eux, en associant les parents à leur prise en charge, dans l'optique d'un retour en famille. Certains d'entre eux proposent également un accompagnement scolaire interne à l'établissement, avec l'aide d'instituteurs détachés de l'Éducation nationale, pour les enfants en situation de rupture ou d'échec scolaire. Quelques structures proposent encore une formation professionnelle intégrée (les centres éducatifs et professionnels).

C'est l'arrêté autorisant leur création, complété par l'habilitation, qui définit l'âge et le profil des mineurs accueillis, ainsi que les normes de fonctionnement et les obligations. Certaines MECS sont exclusivement habilitées pour accueillir des mineurs confiés par le conseil général (accueil provisoire ou sous couvert d'une décision judiciaire).

Si ces définitions étaient significatives il y a quelques années, la distinction entre les foyers de l'enfance et les maisons d'enfants à caractère social tend à s'estomper aujourd'hui. En effet, les foyers de l'enfance assument de plus en plus souvent, pour une période assez longue, une fonction d'hébergement. Les maisons d'enfants à caractère social ont, quant à elles, une vocation d'observation et d'orientation pour des enfants originaires de leurs zones d'attraction, et participant de plus en plus à l'accueil d'urgence.

Les autres catégories d'établissements

On ne peut que citer succinctement les autres établissements qui ne sont pas propres à l'Aide sociale à l'enfance, mais que le service peut être amené à utiliser. Il s'agit :

- des internats scolaires ;
- des instituts médico-éducatifs et instituts médico-professionnels, établissements pour enfants handicapés (orientation prononcée par la commission des droits et de l'autonomie des personnes handicapées)[1] ;
- des centres d'observation, destinés à permettre un examen plus approfondi de l'enfant en vue de déterminer l'action à entreprendre ;
- des foyers de jeunes travailleurs, qui reçoivent des jeunes de 16 ans à 25 ans ;
- des instituts thérapeutiques, éducatifs et pédagogiques (ITEP). Ils accueillent des « enfants, adolescents ou jeunes adultes qui présentent des difficultés psychologiques dont l'expression, notamment l'intensité des troubles du comportement, perturbe gravement la socialisation et l'accès aux apprentissages. Ces enfants, adolescents et jeunes adultes se trouvent, malgré des potentialités intellectuelles et cognitives préservées, engagés dans un processus handicapant qui nécessite le recours à des actions conjugées et à un accompagnement personnalisé... » Anciennement régis par l'annexe XXIV du décret n° 56-284 du 9 mars 1956, les ITEP ont fait l'objet d'une réforme par le décret n° 2005-11 du 6 janvier 2005 codifié aux articles D. 312-59-1 Code de l'action sociale et des familles. La décision d'admission est prononcée par le directeur

1. Art. D. 312-11 et suivants CASF.

après notification d'orientation de la MDPH[1]. La prise en charge est assurée par la Sécurité sociale.

Les « lieux de vie »

Les conditions de fonctionnement des lieux de vie ont été précisées par la circulaire n° 83-3 du 27 janvier 1983. Ces modes d'accueil sont nés d'une prise de conscience des limites du travail en institution et de la conviction qu'une approche et une vie différentes pourraient être mises en œuvre dans l'intérêt de certaines des personnes accueillies.

Désignées quelquefois sous le nom de lieux de vie, lieux d'accueil, fermes thérapeutiques, lieux de rupture... ces structures tendent à répondre à un besoin manifesté, notamment pour de nombreux adolescents qui, en raison de carences graves, présentent des troubles du comportement et de la personnalité qu'il n'est pas possible de traiter dans le cadre d'institutions traditionnelles ou au travers de prise en charge dans des formules de placement familial spécialisé classiques. L'intérêt indéniable de ces formules pour les enfants souvent très perturbés, et par conséquent particulièrement vulnérables, ne saurait faire obstacle à ce que de strictes garanties soient recherchées afin de protéger les mineurs et leur famille contre des pratiques répréhensibles développées au nom de thérapies éducatives qualifiées d'innovantes.

Le corollaire de cette forme originale de prise en charge parfois marginale est une certaine souplesse par rapport aux normes imposées aux établissements éducatifs traditionnels. Par exemple, le personnel d'encadrement est plus souvent composé de personnes disposant d'une expérience personnelle et d'un savoir-faire que de titulaires d'un diplôme de travailleur social. Afin d'encadrer ces lieux, la loi du 2 janvier 2002 rénovant l'action sociale et médico-sociale les soumet désormais à une autorisation de création et à certaines formes de contrôle, tout en leur reconnaissant une souplesse dans le mode de fonctionnement (article L. 312-1 — III du CASF). Le décret n° 2004-1444 du 23 décembre 2004 fixe les conditions techniques minimales d'organisation et de fonctionnement de ces lieux. Leur fonctionnement repose sur une autorisation valable 15 ans en application de l'article L. 313-3 CASF qui doit être délivrée tantôt par le président du conseil général, tantôt par la DDASS, tantôt conjointement et ce en fonction des prestations qu'ils dispensent.

Ce décret fixe leur mission : un accompagnement continu et quotidien visant à favoriser l'insertion sociale de personnes accueillies.

Il est le lieu habituel et commun des personnes accueillies et des permanents dont l'un au moins réside sur site. Ces permanents organisent et garantissent la bonne exécution de cette mission. Dans le cadre de l'enfance en danger, de la protection des jeunes majeurs, de l'enfance délinquante et des enfants handicapés, les lieux de vie doivent être organisés autour d'une personne accueillante pour trois personnes accueillies.

Pouvant être directement utilisés par le juge pour enfant, ces lieux doivent désormais répondre à toutes les obligations qui découlent de la loi du 2 janvier 2002[2] et être habilités par le ministère de la justice.

1. Art. D. 312-59-14 qui précise également les cas où l'admission, après évaluation, n'est pas possible.
2. Excepté les dispositions financières et l'obligation de figurer au schéma départemental.

L'accueil familial[1]

L'évolution de l'accueil familial

L'accueil familial pour les enfants privés de famille est très ancien en France : c'était même pour certaines régions une activité traditionnelle. Cette activité s'est très vite organisée — depuis maître Guy, fondateur des hospitaliers du Saint-Esprit à la fin du XIIe siècle, puis saint Vincent de Paul au début du XVIIe. En 1761, de nouveaux règlements sont édictés qui fixent notamment le nombre d'enfants à confier. Ces textes seront améliorés dans le sens d'une meilleure surveillance et d'une meilleure protection de l'enfant placé.

Le statut actuel des assistants familiaux procède de plusieurs textes successifs. La loi n° 77-503 du 17 mai 1977, réglementait l'ancienne activité de « nourrice », l'accès à l'activité était alors soumis à l'agrément préalablement accordé par le président du conseil général. Les premières actions de formation étaient mises en œuvre à l'initiative des départements et la rémunération fixée à la journée.

Quinze ans plus tard, le statut des assistants maternels fut renforcé par la loi n° 92-642 du 12 juillet 1992 : formation initiale obligatoire (60 heures à réaliser sur cinq ans pour les assistants maternels accueillant de jeunes enfants à la journée, 120 heures à réaliser sur trois ans pour les assistants maternels accueillant des jeunes de manière permanente), simplification de la procédure d'agrément et mensualisation de la rémunération des assistants maternels permanents.

En 2001, à l'initiative de Ségolène Royal alors ministre déléguée à la Famille, s'amorce une série de débats qui aboutirent successivement au rapport du sénateur Jean-Pierre Fourcade, déposé le 11 mai 2004 en première lecture du projet de loi relatif aux assistants maternels et assistants familiaux, puis à la loi définitive 2005-706 du 27 juin 2005. L'analyse préalable qui prévaut à cette dernière loi souligne plusieurs éléments en faveur d'une évolution importante du cadre réglementaire et du statut des assistants maternels. Le rapport Fourcade relève que 46 800 assistants familiaux agréés sont en activité et accueillent près de 65 000 enfants à la suite d'une décision judiciaire dans neuf cas sur dix. Ce mode d'accueil représente 55 % des placements d'enfants.

Le métier d'assistant familial est alors repéré comme étant de plus en plus difficile à exercer. Au manque de reconnaissance de cette activité par les autres professionnels de l'action sociale s'ajoute le constat que les enfants et adolescents confiés présentent de plus en plus de grandes difficultés. En outre, note encore le rapport Fourcade, il apparaît que, faute de moyens suffisants et adaptés, certains assistants familiaux accueillent des enfants qui devraient bénéficier d'une prise en charge médico-sociale ou pédopsychiatrique. Paradoxe, mais réalité, les assistants familiaux se voient de plus en plus confier des enfants dont les institutions habituelles ne veulent plus...

La loi du 27 juin 2005 va donc fixer plusieurs objectifs et notamment :

- distinguer de manière formelle le métier d'assistants maternels du métier d'assistant familial ;
- améliorer le statut de l'assistant familial pour rendre la profession plus attractive ;
- améliorer la qualité de la prise en charge et valoriser le métier par la création d'un diplôme d'état ;
- reconnaître les professionnels au sein d'une équipe pluridisciplinaire.

1. Cette partie a été aimablement revue par Philippe Ducalet, directeur d'un service de placement familial.

Consécutivement, deux dénominations distinctes consacrent la séparation entre deux métiers. L'assistant maternel qui accueille de jeunes enfants confiés par leurs parents à son domicile de manière non permanente[1] et l'assistant familial qui accueille à son domicile de manière habituelle et permanente des mineurs et des jeunes majeurs de moins de 21 ans. Son activité s'inscrit dans un dispositif de protection de l'enfance ou médico-social ou d'accueil thérapeutique. Il peut être salarié d'une personne morale de droit public ou privé. Il forme, avec les personnes qui vivent à son domicile, une famille d'accueil.

Au-delà de cette distinction, la loi du 27 juin 2005 initie d'importants changements pour les assistants familiaux reconnus comme des professionnels à part entière au sein du dispositif de protection de l'enfance et des équipes pluridisciplinaires.

Les conditions d'exercice de la profession

L'agrément ♦ Il est obligatoire, en application de l'article L. 421-3 Code de l'action sociale et des familles qui dispose que l'agrément nécessaire pour exercer la profession d'assistant familial est délivré par le président du conseil général du département où le demandeur réside. L'agrément est accordé après que le service de Protection maternelle et infantile s'est assuré que les conditions d'accueil garantissent la santé, la sécurité et l'épanouissement des enfants accueillis, que le candidat à une maîtrise du français oral et des aptitudes éducatives.

Les conditions de l'agrément ♦ Les critères ont été définis par le décret 2006-1153 du 16 septembre 2006 :

- présenter les garanties nécessaires pour accueillir des mineurs dans des conditions propres à assurer leur développement physique, intellectuel et affectif ;
- passer un examen médical qui a pour objet de vérifier que son état de santé lui permet d'accueillir habituellement des mineurs et dont le contenu est fixé par arrêté des ministres chargés de la santé et de la famille ;
- disposer d'un logement dont l'état, les dimensions, les conditions d'accès et l'environnement permettent d'assurer le bien-être et la sécurité des mineurs compte tenu du nombre et, s'agissant d'un candidat à l'agrément d'assistant maternel, de l'âge de ceux pour lesquels l'agrément est demandé.

Les entretiens avec un candidat à des fonctions d'assistant familial et les visites à son domicile doivent permettre de s'assurer :

- de sa disponibilité, de sa capacité d'organisation et d'adaptation à des situations variées ;
- de son aptitude à la communication et au dialogue ;
- de ses capacités d'observation et de prise en compte des besoins particuliers de chaque enfant ;
- de sa connaissance du rôle et des responsabilités de l'assistant familial ;
- que son habitation présente des conditions de confort, d'hygiène et de sécurité permettant d'accueillir des enfants, et de garantir leur santé, leur bien-être et leur sécurité ;
- que le candidat dispose de moyens de communication lui permettant de faire face aux situations d'urgence.

1. Pour aller plus loin, Lonqueue Ch., « Les conditions d'agrément des assistants maternels », *La Gazette santé-social*, n° 34, octobre 2007, p. 48.

Chaque personne majeure (à l'exception des majeurs placés par l'ASE) vivant au domicile du candidat doit fournir un extrait du casier judiciaire n° 3. L'agrément n'est pas accordé si l'un des majeurs concernés a fait l'objet d'une condamnation pour une infraction visée aux articles 221-1 à 221-5, 222-1 à 222-18, 222-23 à 222-33, 224-1 à 224-5, 225-12-1 à 225-12-4, 227-1, 227-2 et 227-15 à 227-28 du Code pénal[1]. Pour toute autre infraction inscrite au bulletin n° 3 du casier judiciaire, il revient au service départemental de protection maternelle et infantile de juger de l'opportunité de délivrer ou non l'agrément.

Au cours de la procédure d'instruction de la demande d'agrément, le service départemental de protection maternelle et infantile peut solliciter l'avis d'un assistant familial n'exerçant plus cette profession, mais disposant d'une expérience professionnelle d'au moins dix ans, et titulaire d'un des diplômes prévus par voie réglementaire.

La procédure d'agrément ♦ Le président du conseil général peut organiser des séances d'information relatives à l'activité d'assistant familial, au cours desquelles sont évoqués notamment les modalités d'exercice de cette activité, les conditions de l'agrément, les droits et obligations qui s'attachent à cet agrément, les besoins de l'enfant et les relations avec les parents ou les personnes responsables de l'enfant. Des représentants d'associations et d'organisations représentatives d'assistants familiaux ainsi que des personnes morales employeurs peuvent être invités à participer à ces séances.

La demande doit être adressée par le candidat en lettre recommandée avec accusé de réception auprès du président du conseil général de son département de résidence.

La décision du président du conseil général est notifiée dans un délai de quatre mois à compter de cette demande. À défaut de notification d'une décision dans ce délai, l'agrément est réputé acquis, ce délai pouvant être prolongé de deux mois suite à une décision motivée du président du conseil général.

L'agrément de l'assistant familial précise le nombre des mineurs qu'il est autorisé à accueillir. Le nombre des mineurs accueillis à titre permanent et de façon continue ne peut être supérieur à trois, y compris les jeunes majeurs de moins de vingt et un ans. Tout refus d'agrément doit être motivé.

Lorsque l'agrément est réputé acquis, une attestation est délivrée sans délai par le président du conseil général à la personne intéressée. Cette attestation précise le nombre de mineurs et de jeunes majeurs pour l'accueil desquels l'agrément est demandé.

Extension de l'agrément[2] ♦ Le président du conseil général peut, si les conditions d'accueil le permettent et à titre dérogatoire, autoriser l'accueil de plus de trois enfants pour répondre à des besoins spécifiques. À titre exceptionnel, à la demande de l'employeur et avec l'accord préalable écrit de l'assistant familial et du président du conseil général, le nombre d'enfants que l'assistant familial est autorisé à accueillir peut être dépassé afin de lui permettre notamment de remplacer un autre assistant familial indisponible pour une courte durée. Dans des situations exceptionnelles et imprévisibles, le nombre d'enfants que l'assistant familial est autorisé à accueillir peut être dépassé, sous la responsabilité de l'employeur, pour assurer la continuité de l'accueil. L'employeur en informe sans délai le président du conseil général

1. Il s'agit d'atteintes à la personne humaine.
2. L. 421-5 et D. 421-17 CASF.

Durée de l'agrément ♦ L'agrément est délivré pour une période de cinq ans, toutefois le renouvellement de l'agrément sera automatique si l'assistant familial justifie de l'obtention du diplôme d'État d'assistant familial (DEAF) que celui-ci soit obtenu à l'issue des 240 heures de la formation ou par la validation des acquis. À l'évidence, les assistants familiaux expérimentés et n'étant pas encore trop à proximité de l'âge de la retraite auront tout intérêts à se présenter à la VAE s'il souhaite assurer une pérennité de leur agrément et donc de leur potentialité d'emploi.

Changement de résidence ♦ L'agrément délivré par un département demeure valable lorsque l'assistant familial change de lieu de résidence, sous réserve qu'il en informe le président du conseil général du département de sa nouvelle résidence dans les quinze jours précédant son emménagement.

En cas de changement de département de résidence, il communique dans les mêmes formes et délais, son adresse au président du conseil général du département de sa nouvelle résidence en joignant une copie de son attestation d'agrément.

Renouvellement ♦ Dans l'année qui précède la date d'échéance de l'agrément ou de son renouvellement, et au moins quatre mois avant celle-ci, le président du conseil général indique à la personne intéressée, en lui transmettant un formulaire spécifique, qu'elle doit présenter une demande de renouvellement d'agrément trois mois au moins avant cette date si elle entend continuer à bénéficier de cet agrément.

La première demande de renouvellement de l'agrément d'un assistant familial est accompagnée d'un document attestant que la personne intéressée a suivi la formation obligatoire de 240 heures et précisant si elle a obtenu le DEAF. Le renouvellement de l'agrément des assistants familiaux qui ont obtenu ce DEAF est accordé automatiquement et sans limitation de durée. Dans les autres cas, l'agrément est renouvelé pour une durée de cinq ans, après communication par l'employeur d'éléments d'appréciation des pratiques professionnelles de l'assistant familial. En cas de silence de l'employeur dans un délai de deux mois suivant la demande de ces éléments, ces derniers sont réputés avoir été donnés.

Suspension et retrait ♦ Si les conditions de l'agrément cessent d'être remplies, le président du conseil général peut, en cas d'urgence, suspendre l'agrément. Lorsque le président du conseil général envisage de retirer un agrément, d'y apporter une restriction ou de ne pas le renouveler, il saisit pour avis la commission consultative paritaire départementale (CCPD) en lui indiquant les motifs de la décision envisagée. L'assistant familial concerné doit être informé, quinze jours au moins avant la date de la réunion de la commission, par lettre recommandée avec demande d'avis de réception, des motifs de la décision envisagée à son encontre, de la possibilité de consulter son dossier administratif et de présenter devant la commission ses observations écrites ou orales. La liste des représentants élus des assistants familiaux à la commission lui est communiquée dans les mêmes délais. L'intéressé peut se faire assister ou représenter par une personne de son choix. Les représentants élus des assistants familiaux à la commission sont informés, quinze jours au moins avant la date de la réunion de la commission, des dossiers qui y seront examinés et des coordonnées complètes des assistants maternels et des assistants familiaux dont le président du conseil général envisage de retirer, restreindre ou ne pas renouveler l'agrément. Sauf opposition de ces personnes, ils ont accès à leur dossier administratif. La commission délibère hors la présence de l'intéressé et de la personne qui l'assiste.

Toute décision de retrait de l'agrément, de suspension de l'agrément ou de modification de son contenu doit être dûment motivée et transmise sans délai aux intéressés. Tant que l'agrément reste suspendu, aucun enfant ne peut être confié. Le président du conseil général informe la personne morale qui l'emploie du retrait, de la suspension ou de la modification du contenu de l'agrément d'un assistant familial.

En cas de suspension de l'agrément, l'assistant familial relevant d'un employeur de droit privé est suspendu de ses fonctions pendant une période qui ne peut excéder quatre mois. Durant cette période, il bénéficie d'une indemnité compensatrice qui ne peut être inférieure à un montant minimal fixé par décret à cinquante SMIC[1] horaire correspondant à la fonction globale d'accueil. En cas de retrait d'agrément, l'employeur est tenu de procéder au licenciement par lettre recommandée avec demande d'avis de réception. L'assistant familial suspendu de ses fonctions peu bénéficié, s'il le demande, d'un accompagnement psychologique mis à sa disposition par son employeur pendant le temps de la suspension de ses fonctions.

La commission consultative paritaire départementale (CCPD) ♦ La commission consultative paritaire départementale comprend, en nombre égal, des membres représentant le département et des membres représentant les assistants maternels et les assistants familiaux agréés résidant dans le département. Leur nombre (six, huit ou dix) est fixé par un arrêté du président du conseil général. La présidence de la commission est assurée par ce dernier ou par un représentant qu'il désigne parmi les conseillers généraux ou les agents des services du département.

Les assistants maternels et les assistants familiaux agréés résidant dans le département élisent leurs représentants titulaires, ainsi qu'un nombre égal de suppléants, au scrutin de liste à la représentation proportionnelle suivant la règle de la plus forte moyenne.

Le mandat des membres de la commission est d'une durée de six ans, renouvelable. La commission se réunit sur convocation de son président et au moins une fois par an. Elle émet ses avis à la majorité des membres présents ; en cas de partage égal des voix, la voix du président est prépondérante.

Le CCPD est consulté annuellement sur la formation et le bilan de fonctionnement du dispositif d'agrément.

Le suivi et le contrôle des pratiques professionnelles ♦ Le suivi des pratiques professionnelles des assistants familiaux incombe aux employeurs, personnes morales de droits publics ou privés. Celles-ci adressent au président du conseil général, lorsqu'une situation individuelle est susceptible de comporter des conséquences sur le maintien de l'agrément d'un de ses assistants, tout élément lui permettant d'assurer l'exercice de sa mission de contrôle.

Une fois par an, les personnes morales employeurs communiquent au président du conseil général le nom des assistants familiaux qu'elles emploient ainsi que le nom de ceux dont le contrat de travail a pris fin.

Le contrat de travail de l'assistant familial ♦ Le contrat est obligatoirement écrit. Il fixe les conditions générales, tels que le salaire, les congés... Il est établi librement sous réserve de respecter les dispositions légales. Ce contrat peut être à durée déterminée, il est soumis aux règles de droit commun des contrats à durée déterminée (CDD), ou à durée indéterminé (CDI).

L'accueil est réputé continu lorsqu'il s'exprime sur une durée supérieure à quinze jours (y compris les jours d'accueil en internat scolaire ou en institution sociale, médico-sociale, médicale

1. SMIC : salaire minimum interprofessionnel de croissance.

ou de formation professionnelle) ou sur une période supérieure à un mois lorsque l'enfant n'est pas confié les samedis et dimanches.

L'accueil est réputé intermittent lorsqu'il n'est pas continu ou à la charge principale de l'assistant familial.

La période d'essai est de trois mois à compter de l'accueil du premier enfant à son domicile. Durant cette période la séparation à lieu sans préavis, ni indemnité.

Si un assistant familial envisage l'exercice d'une autre activité, il doit adresser sa demande à son employeur par lettre recommandée avec accusé de réception. La réponse de l'employeur doit être communiquée à l'assistant familial dans un délai d'un mois à compter de la date de réception de l'accusé de réception de la demande écrite de l'assistant familial. Le refus de l'employeur doit être motivé. Il convient de ne pas confondre l'exercice d'une autre activité (activité autre que l'accueil familial) et l'exercice de cette même activité d'accueil familial auprès d'un autre employeur.

La rémunération ♦ Deux éléments sont dorénavant pris en compte pour le calcul de la rémunération de base : la fonction globale d'accueil[1], et l'accueil effectif d'un à trois enfants[2]. Ainsi selon les capacités effectives d'accueil, l'assistant familial percevra :

- 120 SMIC pour un enfant, soit 972 euros au 1er janvier 2007 ;
- 190 SMIC pour deux enfants, soit 1 539 euros au 1er janvier 2007 ;
- 260 SMIC pour trois enfants, soit 2 106 euros au 1er janvier 2007.

Lorsque l'enfant est accueilli de façon intermittente, la rémunération de l'assistant familial ne peut être inférieure, par enfant et par jour, à quatre fois le salaire minimum de croissance.

À cette rémunération peut s'adjoindre une majoration dans les cas de contraintes réelles, dues à des soins particuliers ou à l'éducation spéciale entraînée par l'état de santé de l'enfant accueillies (D. 773-13 Code du travail) Cette majoration est révisable suivant l'évolution de l'état de santé l'enfant. Elle ne peut être inférieure à 15,5 SMIC par mois en accueil continu et à 50 % du SMIC par jour pour un accueil intermittent.

Dans les faits, comme actuellement aucun outil d'analyse transversal et validé n'est utilisé par les autorités de tarification, c'est plus souvent la logique économique qui prévaut dans le calcul global des enveloppes budgétaires dédiées à la majoration que l'analyse des besoins.

L'indemnité d'attente ♦ L'indemnité d'attente est due lorsque l'employeur n'est plus en mesure de confier aucun enfant à l'assistant familial. Durant cette période qui ne peut excéder quatre mois, l'assistant familial percevra une rémunération égale à 2,8 SMIC par jour, soit 84 SMIC pour un mois de trente jours (680 euros au 1er janvier 2007). En cas accueil intermittent durant cette période, celle-ci est prolongée du nombre de jours effectués. Durant cette période l'assistant familial s'engage à accueillir dans les meilleurs délais les jeunes présentés par l'employeur dans les limites de l'agrément. Le refus peut constituer une cause réelle et sérieuse de licenciement.

À l'issue des quatre mois, l'employeur est tenu de licencier l'assistant familial, à défaut il devra recommencer à lui verser la totalité du salaire. La procédure de licenciement est soumise aux règles communes : courrier recommandé avec accusé de réception, entretien préalable et motivation du licenciement.

1. Rémunérée pour 50 heures SMIC minimum par mois.
2. Rémunéré pour 70 heures de SMIC minimum par enfant.

L'indemnité d'entretien ♦ Elle ne peut être inférieure à 3,5 fois le montant du minimum garanti et peut être modulée suivant l'âge de l'enfant.

Elle couvre : la nourriture, l'hébergement, l'hygiène corporelle, les loisirs familiaux et les déplacements de proximité liés à la vie quotidienne. Elle ne couvre pas : les frais d'habillement, d'argent de poche, d'activités culturelles et sportives spécifiques, de vacances ainsi que les fournitures scolaires, pris en charges au titre du projet d'accompagnement personnalisé de l'enfant.

En complément de cette indemnité, des *allocations particulières* sont prévues afin de rembourser l'entretien occasionné par un placement permanent. Ces allocations, revalorisées chaque année, sont en général :

- une allocation pour habillement (jadis appelée vêture) ;
- une allocation d'argent de poche (jadis appelée pécule) modulable suivant les âges,

auxquels peuvent s'adjoindre des compléments occasionnels liés aux fêtes de noël ou à l'obtention d'un examen scolaire ou professionnel.

Les congés ♦ Comme tout salarié de droit commun l'assistant familial bénéficie du droit au congé qui s'exprime sous la forme trente-cinq jours calendaires de congés annuels, ce qui équivaut à cinq semaines de congés. Sauf si la prise de congés est manifestement contraire à l'intérêt de l'enfant, l'employeur doit autoriser l'assistant familial à se séparer simultanément de tous les enfants pour une durée minimale de vingt et un jours dont au moins douze consécutifs par an.

L'assistant familial fait parvenir sa demande écrite au plus tard trois mois avant le 1er jour de congé sollicité, le refus ne peut être motivé qu'en référence à l'intérêt de l'enfant au vu de sa situation et de l'analyse qui sera faite de ses besoins.

Un report de congés est institué pour les assistants familiaux n'ayant pas utilisé la totalité de leurs droits ouverts. Ce report est limité à quatorze jours par an maximum et requiert la demande et l'accord écrit de l'assistant familial.

Le droit à congé acquis au titre du report est exercé en accord avec l'employeur et doit s'exercer au plus tard lors de la cessation définitive de la fonction ou au moment de la retraite. Bien qu'il ne soit pas dénommé, cette disposition suggère l'existence d'un compte épargne temps ou d'une instrumentation analogue.

Selon les modalités propres au statut de l'employeur, l'assistant familial peut également bénéficier des congés de formation continue, parental d'éducation, sabbatique, de bilan de compétence... En cas de maternité, l'assistante familiale a droit à un congé maternité. Durant cette période, l'assistante familiale peut décider que les enfants confiés lui soient retirés.

Sous réserve quelquefois d'une ancienneté minimale propre à chaque employeur (trois à six mois), l'assistant familial bénéficie également des congés prévus à titre personnel pour événements familiaux (mariage, enfant malade, décès, accompagnement d'une personne en fin de vie...).

Comme tous les salariés, les assistantes maternelles et familiales peuvent constituer des syndicats, pour représenter leurs intérêts auprès des seuls services employeurs et des tribunaux. Les syndicats professionnels régis par le Code du travail peuvent négocier des conventions collectives avec les organisations d'employeurs et défendre en justice les intérêts collectifs de la profession. Les syndicats professionnels représentatifs dans la fonction publique peuvent se pourvoir devant le tribunal administratif.

Le contrat d'accueil et les conditions générales de l'accueil ♦ Ce contrat doit être élaboré concomitamment au contrat de travail auquel il est annexé, pour chaque enfant accueilli. Il peut faire l'objet d'avenant ou réactualisé au vu de l'évolution de la situation de l'enfant et de son projet d'accompagnement personnalisé. Ce contrat revêt un objectif d'information et de clarification des fonctions. Le contrat d'accueil est porté à la connaissance des autres membres de la famille d'accueil.

Conformément à l'article L. 421-16 CASF, le contrat doit préciser notamment :

- le caractère continu ou intermittent du placement ;
- les conditions d'arrivée de l'enfant dans la famille d'accueil et de son départ ;
- le rôle de la famille d'accueil et du service à l'égard de l'enfant ;
- les modalités d'information de l'assistant familial sur la situation de l'enfant, et notamment sur le plan de sa santé et de son état psychologique et sur les conséquences de sa situation sur la prise en charge au quotidien ;
- les modalités selon lesquelles l'assistant familial participe à la mise en œuvre et au suivi du projet personnalisé de l'enfant ;
- les modalités de remplacement temporaire à domicile de l'assistant familial, le cas échéant par un membre de la famille.

Il est important de souligner, concernant ce dernier point, que l'accord de l'employeur est nécessaire avant tout remplacement de l'assistant familial qui ne peut confier l'enfant à un tiers qu'après accord formel du service de placement familial. Il appartient donc à l'employeur d'apprécier conjoncturellement la pertinence du maintien de l'enfant au domicile de l'assistant familial (ou à défaut de mettre en œuvre un relais), au vu de l'actualité de la situation de l'enfant et des garanties offertes par la personne désignée comme remplaçant temporaire dans le contrat d'accueil.

Le contrat d'accueil prend fin lorsque le placement de l'enfant cesse au sein de la famille d'accueil. La fin d'un contrat d'accueil n'est pas corrélée à la fin du contrat de travail qui peut se poursuivre. Dans tous les cas la responsabilité de l'accueil, du suivi et du départ de l'enfant incombe à la direction du service, éclairée par les avis et les analyses de l'équipe pluridisciplinaire.

L'assistant familial assure les meilleures conditions d'accueil, d'hébergement, de restauration et d'hygiène. Il concourt à la régularité et au suivi de la scolarité de l'enfant, au maintien de son état de santé, au sein d'un environnement familial propice à son épanouissement personnel et social. Il est attentif à respecter sa singularité culturelle contribue au maintien des relations entre l'enfant et sa famille.

L'assistant familial avise le service de tout événement ou incident concernant l'enfant accueilli, ainsi que de tout élément important survenu dans la famille d'accueil et à même de modifier transitoirement ou durablement les conditions d'accueil.

Il est de la responsabilité du service qui l'emploie de rencontrer régulièrement l'assistant familial, de le soutenir, le conseiller et l'accompagner, mais aussi de concevoir, mettre en œuvre, évaluer et actualiser régulièrement le projet de l'enfant dans toutes ses dimensions : socio-éducative, thérapeutique, pédagogique ou pré-professionnelle.

Les assistants familiaux ne sont pas tenus au secret professionnel du fait de leur profession (ce qui est le cas du médecin ou de l'assistant de service social, par exemple) mais de leur mission. En effet, l'article L. 221-6 CASF dispose que toute personne participant aux missions du service de l'Aide sociale à l'enfance est soumise au secret professionnel. Cette obligation de secret professionnel s'impose à toute la famille d'accueil (conjoint, enfants).

Formation, diplôme (DEAF) et validation des acquis de l'expérience (VAE)

La loi du 12 juillet 1992 avait rendu une formation de 120 heures obligatoires et devant être réalisée dans un délai de trois ans. L'article L. 421-14 CASF et le décret n° 2005-1772 du 30 décembre 2005 rendent obligatoire un stage préparatoire de 60 heures et une formation de 240 heures préparatoire au diplôme d'État d'assistant familial (DEAF). Les contenus et les modalités de certification sont précisés dans l'arrêté du 14 mars 2006 relatif au DEAF.

Le stage préparatoire de 60 heures doit être réalisé dans les deux mois qui précèdent le premier accueil. Il doit notamment permettre à l'assistant familial d'acquérir et de comprendre le cadre réglementaire de sa profession et de la protection de l'enfance, le fonctionnement du service, les fonctions et rôles des professionnels qui le composent, les attentes à l'égard de son métier, les relations attendues entre le service et l'assistant familial. Il peut permettre la découverte du métier en situation, auprès d'un assistant familial expérimenté. À l'issue de ce stage une attestation est délivrée. Durant le stage, la rémunération est basée sur la fonction globale d'accueil, soit 50 heures SMIC par mois.

Un référent professionnel est également désigné au début de chaque stage, en charge d'accompagner l'assistant familial dans sa démarche de professionnalisation et jusqu'à la réalisation de la formation de 240 heures dans un délai de trois ans. Ce référent professionnel ne doit pas être en position d'exercer le suivi des enfants confiés à l'assistant familial.

La formation de 240 heures préparatoire au diplôme d'État d'assistant familial doit être réalisée dans un délai de trois ans. Cette formation adaptée aux besoins spécifiques des enfants accueillis que doit suivre tout assistant familial est dispensée à partir de la pratique professionnelle. Elle est constituée de trois domaines de compétences :

- l'accueil et l'intégration de l'enfant ou de l'adolescent dans sa famille d'accueil, 140 heures ;
- l'accompagnement éducatif de l'enfant ou de l'adolescent, 60 heures ;
- la communication professionnelle, 40 heures.

Chaque domaine de compétence validé par la formation est certifié par une épreuve organisée par le représentant de l'État dans la région (DRASS).

La formation préparant au diplôme d'État d'assistant familial est dispensée par les établissements ou services de formation ayant satisfait à l'obligation de déclaration préalable. Le représentant de l'État dans la région nomme le jury du diplôme[1].

Le diplôme d'État d'assistant familial atteste les compétences professionnelles pour exercer les fonctions et activités telles que définies dans le « référentiel professionnel » annexé à l'arrêté du 14 mars 2006 relatif au DEAF.

Chacun des domaines de compétence est validé par une épreuve en centre d'examen notée sur 20. Chaque épreuve doit être validée séparément sans compensation des notes des autres épreuves. Une épreuve est validée si le candidat obtient une note au moins égale à 10 sur 20.

1. Le directeur régional des affaires sanitaires et sociales ou son représentant, président ; des formateurs issus des établissements de formation, publics ou privés, préparant au diplôme d'État d'assistant familial ; des représentants de l'État, des collectivités publiques, des personnes qualifiées dans le domaine de l'accueil familial permanent ; pour un quart au moins de ses membres, des représentants des professionnels de l'accueil familial permanent pour moitié employeurs et pour moitié salariés.

À l'issue de la formation, l'établissement ou le service de formation présente les candidats au diplôme et adresse au directeur régional des affaires sanitaires et sociales, avant la date limite fixée par celui-ci, un dossier comprenant, pour chaque candidat, le livret de formation dûment complété ainsi que le dossier support de l'épreuve d'entretien en quatre exemplaires.

Pour pouvoir obtenir le diplôme d'État d'assistant familial par validation des acquis de l'expérience, les candidats doivent justifier des compétences professionnelles acquises dans l'exercice d'une activité salariée, non salariée ou bénévole en rapport direct avec le diplôme.

La durée totale d'activité cumulée exigée est de trois ans. La période d'activité la plus récente doit avoir été exercée dans les dix ans précédant le dépôt de la demande.

Le rapport direct avec le diplôme est établi lorsque le candidat justifie avoir exercé au moins deux activités relevant d'une des quatre fonctions suivantes du référentiel professionnel figurant en annexe de l'arrêté du 14 mars 2006 :

- accueil de l'enfant ou de l'adolescent et prise en compte de ses besoins fondamentaux ;
- accompagnement éducatif de l'enfant ou de l'adolescent ;
- accompagnement de l'enfant ou de l'adolescent dans ses relations avec ses parents ;
- intégration de l'enfant ou de l'adolescent dans sa famille d'accueil.

Sur la base du livret de présentation des acquis de l'expérience et d'un entretien avec le candidat, le jury est compétent pour attribuer tout ou partie du diplôme d'État d'assistant familial.

En cas d'attribution partielle, le jury se prononce également sur les connaissances, aptitudes et compétences qui, dans un délai de cinq ans à compter de la date de notification de la décision du jury par le préfet de région, doivent faire l'objet de l'évaluation complémentaire nécessaire à l'obtention du diplôme. Le candidat peut opter pour un complément d'expérience professionnelle visant une nouvelle demande de validation des acquis de l'expérience ou pour un complément par la voie de la formation préparant au diplôme. Dans ce cas, il est dispensé des épreuves du diplôme attachées aux compétences déjà validées et bénéficie des allégements de formation correspondants.

La formation est à la charge de l'employeur qui, si besoin est, organise et finance l'accueil de l'enfant pendant les heures de formation.

Par ailleurs, les dispositions relatives à la formation professionnelle continue sont applicables aux assistants familiaux. À ce titre ils peuvent bénéficier des stages de formation professionnelle dans un but de perfectionnement des connaissances ou pour envisager une conversion professionnelle.

La participation aux décisions

Ainsi que le rappelle l'article L. 421-16 CASF, « sauf situation d'urgence mettant en cause la sécurité de l'enfant, l'assistante maternelle est consultée préalablement sur toute décision prise par la personne morale qui l'emploie concernant le mineur qu'elle accueille à titre permanent ; elle participe à l'évaluation de la situation de ce mineur ».

Le département assure l'accompagnement professionnel des assistantes maternelles qu'il emploie et l'évaluation des situations d'accueil par une équipe de professionnels qualifiés dans les domaines social, éducatif, psychologique et médical (art. L. 422-5 CASF).

Un projet de service de l'Aide sociale à l'enfance est élaboré dans chaque département. il précise notamment les possibilités d'accueil d'urgence, les modalités de recrutement des assistants familiaux, ainsi que l'organisation et le fonctionnement des équipes travaillant avec les assistants familiaux, qui en sont membres à part entière (CASF L. 221-2).

Les centres d'accueil familial spécialisés

Le décret n° 67-42 du 2 janvier 1967 prévoit l'organisation des centres de placement familial spécialisé. Ces services ont pour objectif d'offrir un milieu de vie à caractère familial, en assurant un soutien médico-psychologique et éducatif. L'admission y est décidée en principe par la MDPH (prise en charge Sécurité sociale) mais l'enfant peut y être pris en charge dans le cadre d'une décision du juge des enfants.

Ils sont intégrés aux articles D. 312-41 et suivants du CASF et s'appuient sur les établissements et services prenant en charge des enfants handicapés.

Ils se voient généralement confier les situations d'accueil familial les plus complexes, soit au regard des problèmes liés à la prise en charge de l'enfant lui-même (enfant handicapé ou présentant de sérieux troubles du comportement, enfant victime de maltraitance ou d'abus sexuels...), soit compte tenu du travail important à accomplir auprès des parents.

Les CAFS disposent d'un personnel qualifié (psychologues, éducateurs, puéricultrices...) pouvant accomplir un travail spécifique auprès des familles d'accueil, de l'enfant et de ses parents. Les familles d'accueil, sur lesquelles pèsent des contraintes importantes, perçoivent un salaire supérieur à celui d'une assistante familiale « classique » de l'ASE.

Les villages d'enfants

À mi-chemin entre le placement familial et le placement institutionnel, ces structures, gérées par des personnes morales de droit privé, répondent en général à des demandes de placement de toute une fratrie, ce qui représente une solution de choix en cas de difficultés atteignant plusieurs enfants de la même famille.

C'est une formule originale qui permet l'accueil durable d'un groupe de frères et sœurs confiés à une même « mère ». Les caractéristiques en sont :

- le regroupement de la fratrie, frères et sœurs sont accueillis ensemble dans une structure de type familial ;
- le choix de familles ;
- la notion de village, plusieurs maisons sont regroupées à proximité d'une agglomération, ce qui facilite le travail éducatif fait avec les familles et les enfants et évite à ces derniers de se sentir différents des autres et uniques dans leur cas. Le directeur vit aussi avec sa famille dans le hameau. En général, les enfants sont confiés par jugement à l'association. Ils peuvent aussi être confiés par le service de l'Aide sociale à l'enfance.

Le financement de ces villages est assuré :

- par le paiement d'un prix de journée pour les enfants confiés par le service d'Aide sociale à l'enfance ;
- par le remboursement de frais d'entretien pour les enfants confiés directement par le juge ;
- par des dons.

Il existe plusieurs associations de villages d'enfants en France :

- *Le Mouvement pour les villages d'enfants*, fondé en 1958 par Suzanne Masson, il gère huit villages[1].
- *SOS Villages d'enfants*, créé en 1954 par Gilbert Cotteau, il gère treize villages[2] en France et trente-quatre dans le monde.
- *L'œuvre des villages d'enfants* (OVE), Lyon[3].
- *Les Villages d'enfants Pierre et Paule Saury*[4].

L'accueil chez des particuliers non salariés

Les tiers dignes de confiance

Toute personne peut se voir confier directement des mineurs par le juge des enfants en tant que « tiers digne de confiance » (art. 375-3, 2° du Code civil). C'est sur cette base juridique que des magistrats peuvent être amenés à recourir à une structure d'accueil non traditionnelle dans le cadre des responsabilités qui sont les leurs.

Dans sa décision, le juge des enfants vise expressément la personne responsable du mineur et détermine les modalités de la prise en charge éducative. Le tiers digne de confiance ne bénéficie pas du statut d'assistant familial.

Conformément à l'article L. 228-3 CASF, le financement par l'Aide sociale à l'enfance de ces placements judiciaires directs, au titre de l'assistance éducative, est de droit sans autres conditions que la production de l'ordonnance ou le jugement du juge des enfants.

Le parrainage

Le parrainage[5] est une formule d'accompagnement qui n'a pas véritablement de base juridique spécifique. Il a été recommandé par plusieurs circulaires ministérielles, notamment la circulaire n° 38 du 30 juin 1978 et connaît une application assez générale dans les établissements pour enfants de l'Aide sociale à l'enfance.

Pourtant le parrainage est largement ancré dans notre culture judéo-chrétienne. Si beaucoup d'enfants ont conservé des liens et des relations avec leur famille ou bénéficient d'un accueil en famille complémentaire pour les sorties ou les vacances, d'autres, en revanche, n'ont jamais l'occasion de connaître une vie familiale. C'est le foyer de l'enfance ou une autre collectivité qui les accueille lorsqu'ils changent de placement ou lorsque leur établissement ferme temporairement ses portes. Parallèlement, beaucoup de personnes et de familles souhaitent « faire quelque chose » pour les enfants. Il y a certainement là, à travers des demandes souvent maladroitement formulées, de réelles disponibilités qu'il est regrettable de décourager. C'est dans ces conditions que certaines familles ont été amenées à parrainer des enfants.

---

1. Siège social : 28, rue de Lisbonne, 75008 Paris, www.villagedenfants.com.
2. Siège social : 6, cité Mouthiers, 75009 Paris, Association laïque.
3. www.ove.asso.fr.
4. 58110 Chatillon-en-Bazois.
5. Voir Naves P. et coll., *La Réforme de la protection de l'enfance*, Paris, Dunod, 2007 ; *Enfance & parrainage, guide du parrainage d'enfants*, Paris, La Documentation française, 2006.

Nature du parrainage ♦ C'est une aide qui peut varier dans sa forme mais qui présente les trois caractéristiques suivantes : elle est à la fois bénévole, partielle et durable :

- *bénévole* : le parrainage est toujours fondé sur un élément affectif, une attention portée à l'enfant. Aussi, même si un dédommagement peut exceptionnellement lui être accordé, le parrain n'est pas rémunéré ;
- *partielle* : contrairement aux familles d'accueil ou au tuteur, le parrain n'a pas la charge permanente ni la responsabilité de l'enfant ;
- *durable* : le parrain doit suivre l'enfant, le cas échéant, à travers divers placements institutionnels (si le changement, toujours difficile, s'impose absolument) et lui assurer ainsi une continuité de relations. La création de liens affectifs avec un enfant met en jeu des processus que l'on ne peut prévoir. Le parrainage demande alors un véritable engagement si l'on ne veut pas faire courir à l'enfance le risque de nouvelles déceptions.

Ces relations suivies mais non permanentes prennent les formes les plus diverses adaptées à la situation particulière de l'enfant. Il s'agit le plus souvent de visites, d'accueil pour les sorties et les congés, ou de correspondance.

Contrairement à l'apparence, le parrainage est une activité terriblement exigeante : il demande une disponibilité dont les parrains n'ont pas souvent conscience au départ.

Il peut arriver, en outre, que le parrainage débouche sur un accueil familial permanent ou sur une adoption alors que ces formules ne paraissaient pas envisageables à l'origine : avec le temps, la famille s'attache à l'enfant et lui-même évolue ou progresse. Il convient de garder à l'esprit au moment où l'on engage une telle relation, l'éventualité d'une modification de la situation juridique de l'enfant ou de son mode de vie.

Enfants concernés ♦ Le parrainage est particulièrement indiqué pour les enfants qui n'ont pas de liens affectifs suivis. Il s'agit donc principalement d'enfants qui sont sans famille (c'est le cas des pupilles) ou délaissés par celle-ci, mais qui n'ont pu jusqu'alors bénéficier ni d'une adoption, ni d'un placement familial : soit en raison de leur âge, soit parce qu'ils sont affectés d'un handicap sévère qui nécessite leur placement en établissement, soit en raison des difficultés antérieures de l'enfant.

Il s'agit souvent d'adolescents placés dans un internat scolaire ou dans une maison d'enfants à caractère social.

L'information et le choix des futurs parrains ♦ Il faut d'abord aider les candidats à clarifier leur demande en la dégageant, par exemple, d'éléments extérieurs comme la proximité de Noël ou une campagne de presse, qui pourraient les inciter à s'intéresser à un enfant de façon tout à fait épisodique, et non à s'engager pour un parrainage de longue durée. Il convient aussi de les informer sur les enfants pris en charge par les services de l'ASE, souvent d'un certain âge, toujours démunis affectivement mais dont les liens familiaux ne sont, souvent, pas complètement rompus.

Pour le choix des parrains, certains départements donnent la préférence à des couples ayant à leur foyer des enfants à peu près du même âge que l'enfant parrainé. Cela permet à la famille de mieux comprendre les réactions de celui-ci, de lui proposer des loisirs souvent mieux adaptés, de l'aider dans son travail scolaire plus aisément. Il y a lieu à ce propos de favoriser les relations qui auront pu naître spontanément à l'occasion d'activités scolaires ou de vacances.

D'autres départements ont réalisé des parrainages satisfaisants avec des personnes un peu plus âgées qui étaient aussi plus disponibles. En fait, tout repose sur les qualités de la personne et leur correspondance avec les besoins particuliers de tel ou tel enfant.

Les autres critères ne sont pas essentiellement différents du choix d'une famille d'accueil : affection, disponibilité, tolérance au passé de l'enfant, à ses habitudes et à ses goûts, qualité des images masculine et féminine, capacité d'accepter que l'enfant ne manifeste pas de reconnaissance, voire qu'il régresse momentanément ou se montre agressif.

Il est bien certain que des contacts doivent être organisés entre les services de l'ASE, les responsables de l'établissement où vivent l'enfant et les familles de parrainage. Ces contacts prennent le plus souvent la forme de rencontres individuelles entre les familles, les éducateurs et les travailleurs sociaux qui suivent l'enfant placé. Certains, cependant, ont pu associer les parrains à des réunions ou tables rondes pour réfléchir ensemble aux problèmes posés par ces enfants et aux solutions qu'on peut envisager localement dans le respect de la confidentialité et du secret professionnel. Ces participations sont toujours ressenties, là où elles ont lieu et après un certain temps d'adaptation, comme très enrichissantes pour les parrains qui sont souvent mal informés sur la situation des enfants et l'organisation des établissements et services, mais aussi pour les personnels de ceux-ci. En effet, les parrains apportent souvent un autre éclairage sur l'enfant, ainsi que d'autres idées sur les moyens à mettre en œuvre localement et cela en raison de leur insertion professionnelle différente.

Cadre juridique ♦ En 2001, la ministre déléguée à la Famille, Ségolène Royal a installé un groupe de travail sur le parrainage, présidé par Marie-Dominique Vergez, alors présidente du tribunal pour enfants de Créteil. Dans le prolongement des travaux de cette commission sera créé en 2003 le Comité national du parrainage[1]. Ce comité a élaboré une charte du parrainage, publiée sous forme d'arrêté interministériel en date du 11 septembre 2005, ainsi qu'un guide d'accompagnement définissant les bonnes pratiques en la matière.

La charte définit le parrainage comme la construction d'une relation privilégiée entre un enfant et un adulte ou une famille et donne des orientations pour sa réussite.

Aspect financier ♦ Le parrainage est une prise en charge bénévole. Toutefois, il n'y a pas d'inconvénient à ce que les familles qui accueillent un enfant soient très exceptionnellement dédommagées de certains de leurs frais (transport, séjour des enfants, soins spéciaux...).

Responsabilité ♦ Lorsqu'un parrain prend un enfant pour un après-midi ou une fin de semaine avec l'autorisation de l'administration, il peut être considéré, selon le droit administratif, comme le « collaborateur occasionnel d'un service public », c'est-à-dire qu'en cas de dommage dont l'enfant serait la victime ou l'auteur, c'est la responsabilité du département qui serait engagée. En cas de faute personnelle flagrante du parrain, le département pourrait toutefois engager une action récursoire contre lui.

1. Arrêté du 26 mai 2003.

4. MOTIFS À L'ORIGINE DE L'ACCUEIL DE JOUR, DE L'ADOPTION, DU PLACEMENT

Les différences qui viennent d'être évoquées entre placement familial, adoption et accueil de jour à propos des trois paramètres étudiés ci-dessus sont liées, pour la plus grande part, aux motifs à l'origine de ces trois situations.

Accueil de jour

Dans la très grande majorité des cas, la cause de l'accueil de jour est simple et précise : seuls le travail et les occupations des parents nécessitent une prise en charge de leur enfant strictement limitée dans le temps. Ceci est vrai aussi de certains placements de courte durée provoqués par une absence occasionnelle des parents pour une raison précise. Si l'on pense avec James et Joyce Robertson[1] que l'investissement mutuel entre parents et enfant est forcément différent lorsque l'enfant est confié en accueil de jour quotidien, il n'en est pas moins fort et bien enraciné. Sans doute, l'accueil de jour pose des problèmes délicats à certains âges au niveau des séparations et retrouvailles quotidiennes, et n'est pas exempt de rivalités entre parents et accueillants. Néanmoins, ces problèmes sont maîtrisables et habituellement l'enfant en accueil de jour n'est pas un enfant souffrant : il s'épanouit normalement en fonction de la qualité de l'attention et des soins qu'il reçoit. Il arrive, parfois, que l'accueil de jour soit utilisé pour mettre à l'abri des enfants en situation de risques, afin d'éviter un placement à plein temps et de réduire, sinon supprimer, les problèmes résultant d'une séparation plus radicale.

Dans ces conditions, les difficultés familiales vont interférer avec la garde de l'enfant. En exacerbant les fantasmes de « bonne » et « mauvaise » mère, elles attisent le désir d'emprise de l'assistante maternelle sur l'enfant et ses parents ainsi que les réactions anarchiques des parents qui se sentent jugés et menacés d'être dépossédés. La situation d'accueil de jour se rapproche alors de celle de placement : irrégularité du temps d'accueil, interruptions et changements de mode de garde, contestations financières, retards et cessation de paiement, échanges agressifs entre les deux familles, etc., exposent l'enfant à l'agressivité et à l'indisponibilité des uns et des autres, la situation de garde devenant à son tour plus ou moins nocive pour lui. On a pris conscience maintenant que, pour que l'accueil de jour puisse assurer la protection d'un enfant exposé à des carences, négligences ou mauvais traitements, tout comme le placement familial, il doit être assorti de la mise en place de mesures de soutien et de traitement de l'enfant et de ses parents.

Adoption

À l'origine de l'adoption, président deux motifs fondamentaux qui établissent une situation juridiquement et socialement claire pour tous : la volonté des parents adoptifs d'adopter un enfant, celle des parents d'origine d'abandonner le leur. Il s'agit le plus souvent d'enfants sains, bien que,

1. Robertson J., Robertson J. *Un Bébé dans sa famille. Aimer et être aimé,* ESF, Paris, 1985.

dans quelques cas, la décision d'abandon soit liée à la découverte d'un handicap de l'enfant au moment de la naissance.

Les parents adoptifs ne présentent pas de troubles avérés de parentalité et sont en général capables de dépasser l'insécurité première liée à leur position d'adoptants. Ils réussissent alors à engager une relation avec l'enfant qui devient pour toujours le leur, à part entière. Lorsque l'enfant est porteur d'un handicap connu au moment de l'adoption, ils en sont avertis et prennent leur décision en connaissance de cause. Pour l'enfant, la déclaration précoce d'abandon faite par ses parents et son maintien dans les délais légaux sont la seule décision qui, créant une situation nette, autorise son adoption rapide et définitive. Mais cette conjoncture est relativement rare comme en témoigne le nombre réduit « d'accouchements sous X ». En effet, des dispositions particulières sont requises de la part de la mère (et éventuellement du père) pour pouvoir renoncer définitivement à l'enfant et pour mener cette décision à terme sans la remettre en question. La difficulté pour la mère de prendre cette décision se traduit par des atermoiements, celle-ci revenant sur sa décision sans pour autant pouvoir s'occuper elle-même de son enfant, ni le reprendre, ceci oblige à recourir à une mesure de placement temporaire et retarde l'adoption de l'enfant, parfois indéfiniment, ouvrant alors pour lui le cycle infernal des placements, reprises et abandons répétés.

Placement familial

Bien différente est la situation à laquelle sont confrontés mères et pères qui présentent ce que nous appelons aujourd'hui une *psychopathologie de la parentalité*. Ces parents-là ne souhaitent jamais abandonner leur enfant, quelle que soit leur propre incapacité à en assumer la totale responsabilité. Dans notre société, ces enfants ne sont donc pas adoptables, ils devront souffrir et bénéficier le plus souvent de placements dont ils constituent la plus importante clientèle. Ce sont en effet ces troubles de la parentalité qui, à l'inverse de l'adoption et de l'accueil de jour, font du placement familial une situation aux causes et motifs complexes. Nous nous y arrêterons longuement[1], car non seulement l'étude de ces causes et de ces motifs jette une lumière sur les indications et contre-indications du placement, mais elle montre aussi qu'elles sécrètent la plupart des difficultés et sont en grande partie à l'origine de la problématique spécifique du placement familial[2].

5. POINTS COMMUNS ENTRE PLACEMENT FAMILIAL, ACCUEIL DE JOUR ET ADOPTION

S'il importe, puisqu'ils appellent des mesures distinctes, de bien repérer les différences entre ces trois modes de prise en charge des enfants : placement familial, accueil de jour, adoption, il est nécessaire également de clarifier leurs points communs.

1. Voir chapitre 32.
2. Problématique étudiée dans la troisième partie de David M., *Le Placement familial*, 5e édition, Paris, Dunod, 2004.

quand elle s'occupe d'elle à part, mais sa classe nombreuse ne lui permet pas de le faire autant que cela serait nécessaire. Elle pense qu'Aïcha n'est pas prête à affronter l'école et devrait rester à la maison. Ce qui est tout à fait impossible, ajoute Mme Chari. Avec ses huit garçons et un bébé, elle a trop à faire, elle n'a pas plus de temps à consacrer à sa fille que la maîtresse d'école ; elle s'en sort grâce à une organisation soigneusement minutée à laquelle chacun se plie obligatoirement, sauf Aïcha qui fait des histoires pour tout. Elle refuse de manger, ne sait pas se défendre, hurle puis reste inactive, terrée dans un coin, triste, le regard implorant, apeurée. Mme Chari ne peut se contrôler, Aïcha l'exaspère au point qu'elle la bat. Le renvoi de l'école constitue une réelle menace pour Mme Chari qui ne peut supporter d'avoir à faire face toute la journée à cette enfant qui soulève en elle une aussi violente colère. Ni l'école ni sa mère ne peuvent donc garder Aïcha qui est en danger d'être maltraitée. Un placement familial rapide paraît nécessaire.

Pendant la période préparatoire, qui dure plusieurs mois, en raison de l'impossibilité de trouver une famille d'accueil acceptant une enfant nord-africaine, l'équipe du placement familial peut mieux comprendre la source de cette intolérance.

Aïcha est la première fille, née après huit garçons. Mme Chari ne désirait pas ce neuvième enfant et encore moins une fille. À ses yeux, la condition féminine en culture islamique est dramatique et inacceptable ; Mme Chari considère que la naissance d'une fille est une calamité, toute fille étant vouée au malheur. Elle-même a appris à se défendre et est devenue cette femme dure, active, très bien organisée, chef incontesté de cette maisonnée de huit fils dont elle est fière et qu'elle mène militairement. M. Chari rapporte sa paye et passe son temps libre avec les hommes au café, dépensant là le peu d'argent de poche que lui laisse sa femme. Après la naissance d'Aïcha, Mme Chari est très fatiguée. De surcroît, elle se trouve à nouveau enceinte cinq mois plus tard. Selon son habitude, lors de l'accouchement, elle place les plus jeunes enfants au foyer de l'Aide à l'Enfance ; Aïcha est âgée de 14 mois lors de cette naissance d'une deuxième fille. Comme toujours, Mme Chari ne s'absente que quelques jours et reprend tous ses enfants... mais pas Aïcha. Elle obtient de la pouponnière, qui la connaît de longue date et l'apprécie, la prolongation du placement, jusqu'à ce que la fillette soit en âge d'aller à la maternelle. Aïcha revient à la maison lorsque le bébé, qui sera le dernier, a 22 mois. Cette fois, réellement dernière-née, cette fille, que Mme Chari sait rendre vigoureuse et qui lui donne satisfaction, ne connaîtra pas les difficultés d'Aïcha. Aïcha, elle, a tout juste 3 ans au moment des retrouvailles auxquelles ni elle ni sa mère ne sont préparées. Ses réactions anxieuses et dépressives, son incapacité à se défendre, ses attitudes phobiques et masochistes constituent une menace intolérable pour la carapace que Mme Chari s'est construite. Sans se l'expliquer, mais intuitivement, elle sent qu'il est impérieux pour leur bien à toutes deux de mettre une distance entre elles. Pourtant, elle affirme qu'elle ne rejette pas Aïcha, que cette séparation est pour son bien, pour éviter un malheur et pour qu'Aïcha profite de conditions qu'elle se sent incapable de lui procurer et aussi pour qu'elle prenne assez de forces pour pouvoir reprendre sa place dans la fratrie ; c'est-à-dire lorsqu'elle sera assez endurcie pour savoir se défendre et faire face comme elle à la vie de fille, puis de femme.

Ainsi peut être reconstitué l'enchaînement des faits au cours desquels s'instaure cette intolérance mutuelle : un premier placement en pouponnière de cette petite fille non désirée, à l'âge de 14 mois, âge auquel l'enfant est le plus vulnérable à la séparation ; la prolongation du séjour pendant 22 mois ; les visites rares bien que régulières de la mère ; l'absence de préparation au retour ; autant de conditions pour provoquer chez Aïcha des réactions dépressives et anxieuses. Réactions qui, à leur tour, confirment en lui donnant une extrême acuité là menace que constituait pour Mme Chari la naissance de cette première fille au sexe maudit, alors qu'elle a réussi miraculeusement jusque-là à ne produire que des fils.

Ici, comme pour Chantal Charles, et comme dans tous ces cas d'intolérance manifeste qui aboutissent à une demande de placement, on retrouve ce caractère extrême, intraitable, dangereux et inaménageable de l'intolérance, le placement étant demandé pour éviter un passage à l'acte

580

de la violence prête à éclater. Fréquemment, comme ici, bien qu'inconsciente et manifeste, cette intolérance n'est pas invoquée, ni avouée par les parents. Comme l'a fait Mme Charles et comme cela a été analysé dans la première partie de ce chapitre, Mme Blanche et Mme Chari mettent d'abord en avant un autre aspect de leur situation. Ce faisant, elles induisent les travailleurs médico-sociaux à répondre dans le sens d'une séparation et, en étant « preneurs » de cette perche tendue, ceux-ci peuvent devenir dangereusement fauteurs de placements abusifs plutôt que promoteurs d'une thérapeutique de cette intolérance qui, en l'absence de traitement approprié, risque d'être accrue par la mesure de placement.

Intolérance occulte révélée par un passage à l'acte de violence

Souvent, l'intolérance reste inconsciente et vigoureusement refoulée par les parents : c'est probablement ce qui se produit dans certains cas de mauvais traitements au cours desquels les parents eux-mêmes sont surpris par l'irruption d'un passage à l'acte. Ils peuvent aller jusqu'à ne pas ressentir leur violence et en perdre le souvenir.

Un père qui, tapant son nouveau-né, lui a fracturé le crâne, reste étonné de ce qui s'est passé. Il n'a pas eu le sentiment de frapper fort. Sa femme, comme lui, paraît sincère lorsqu'ils se disent surpris de la fragilité des bébés.

Cette violence étant occultée, il n'apparaît plus que les marques de l'attachement des parents à l'égard de leur enfant. Attachement sincère au sein duquel seul un œil averti peut percevoir cette intolérance niée et réellement dangereuse.

> Mme Pierson ne garde aucun souvenir et va jusqu'à nier la scène qui a été à l'origine du placement d'urgence de Patrick. Elle se plaint de la séparation qui leur a été imposée abusivement. Elle soutient qu'elle a toujours eu une excellente relation avec son fils. Elle a d'ailleurs réussi à en convaincre les assistantes sociales qui l'ont aidée en diverses occasions : celles-ci témoignent de son attachement à cet enfant et de son désespoir lorsqu'elle est obligée de s'en séparer, de sa hâte à le reprendre ensuite. À l'époque où survient la crise qui provoque l'intervention de police-secours, Patrick va à la crèche. Au dire de la directrice, c'est un enfant superbe et attachant. Sa mère l'adore mais cède à tous ses caprices et se laisse tyranniser. Ainsi, on la rencontre parfois tard dans la rue criant et courant éperdument après Patrick qui se sauve et traverse dangereusement la rue. Ce type de conduite, dont le personnel de la crèche donne de nombreux exemples, prête à moqueries et critiques sans que soit perçue la détresse sous-jacente provoquée par l'incapacité de cette mère à « contenir » son enfant. Il faut que les difficultés s'accumulent jusqu'à un point de rupture pour que l'intolérance entre mère et enfant, jusque-là non perçue, fasse irruption et se manifeste soudain sous la forme d'une crise délirante aiguë de la mère, qui entraîne son hospitalisation en urgence et le placement de l'enfant. C'est à ce moment, pour cette femme, la seule façon possible de mettre un terme à la relation devenue intolérable dans laquelle elle est enfermée avec son enfant. Elle n'en garde aucun souvenir et ne supporte pas d'en entendre parler.

Le diagnostic et le traitement de ces cas sont difficiles en raison de la force avec laquelle les démonstrations d'attachement font écran aux affects de haine qui eux sont refoulés, mère et enfant s'opposant à ce que le problème soit abordé et traité autrement que par des passages à l'acte dangereux. Ceux-ci surviennent quand le seuil de tolérance fait craquer soudain la barrière défensive et impose la séparation. Il convient alors de protéger la mère et l'enfant en introduisant, si nécessaire contre leur gré, une distanciation dont ils sont incapables et qui souvent peut ne prendre que la forme d'un placement d'autorité à partir duquel peut être instauré un traitement des perturbations sous-jacentes de la relation parents-enfant.

Intolérance révélée par une souffrance manifeste de l'enfant non perçue par les parents, mais qui alarme l'entourage médico-social

L'intolérance des parents à l'égard de l'enfant se manifeste par leur impossibilité à prendre en compte ses besoins les plus élémentaires et par une tendance à le délaisser sans s'en apercevoir, voire à l'abandonner momentanément sans paraître se soucier de lui. L'intolérance des enfants aux parents s'exprime par des signes de souffrance somatique, de dépression ou d'agitation, une incapacité à s'intéresser, à apprendre, etc. En revanche, les manifestations d'attachement entre parents et enfant sont intenses, bien que d'une grande pauvreté. Elles s'expriment surtout sous la forme d'un état phobique à l'égard de la séparation lorsqu'un placement vient à être conseillé ou imposé par une assistante sociale, un médecin ou un juge, témoins de la souffrance de l'enfant et de son état de négligence jugé intolérable. Ici l'intolérance mutuelle, évidente pour les personnes extérieures, est comme ignorée par les intéressés ; elle semble faire partie d'un équilibre auquel ils ne recherchent, ni ne désirent aucun remède. Toutes les propositions sont reçues comme menaçant cet équilibre réalisé aux yeux de l'environnement, au prix d'inacceptables conditions de souffrance pour l'enfant.

Le cas de la famille Gerbier, développé longuement dans les chapitres suivants, est un exemple tristement banal mais fréquent de ce type de situation.

> Dorothée Gerbier, âgée d'une trentaine d'années, a quatre enfants. Seuls les deux derniers, âgés de 3 ans et de 2 ans, sont de l'ami actuel, M. Bertrand ; l'aîné, Renaud, 9 ans, et la deuxième, Violaine, 5 ans et demi, sont de pères différents. L'école se plaint violemment de l'état de saleté des deux enfants, dont l'expulsion de l'école est demandée par les parents des autres enfants. Violaine d'ailleurs ne va guère à l'école. Elle est chétive, en proie constamment à des infections cutanées et rhino-pharyngées qui entraînent fréquemment de courtes hospitalisations et des séjours en aérium. La fréquentation de l'école par Renaud est irrégulière au point que cet enfant, pourtant intelligent, ne sait ni lire ni écrire et doit tripler son cours préparatoire. L'assistante scolaire menace l'assistante de prévention de demander elle-même au juge une mesure de retrait si elle ne décide pas les parents à placer les enfants. L'assistante de prévention est paniquée, car elle connaît bien la famille. Elle redoute, d'une part, le refus de tout placement par M. Bertrand qui est attaché aux aînés autant qu'à ses propres enfants, et sa violence si on le lui impose, d'autre part l'état dépressif de la mère et les réactions des enfants qu'elle sait très attachés à leurs parents. (Suite p. ??)

Ce genre de cas est bien connu des services sociaux : ils sont embarrassants car ils donnent fort envie aux uns de sortir les enfants de ces milieux carentiels, tandis que d'autres, émus par les manifestations d'attachement qui lient les membres de ces familles et qui paraissent être le seul bien dont ils disposent, ne peuvent s'y résoudre.

Troubles des relations préobjectales et de la constitution de l'« objet »

Quelques hypothèses peuvent être formulées au sujet de la nature de la psychopathologie, encore assez mal connue, quant à l'origine de ces manifestations d'intolérance mutuelle entre enfant et parents. Il semble bien qu'elles soient liées à des troubles précoces de l'attachement mutuel qui entraînent une fragilité des liens primordiaux. Bien que ces troubles soient mieux connus et identifiés lorsque existent un état psychotique ou des états patents de carence intrafamiliale, ils peuvent survenir aussi bien en l'absence de tels états.

Ces troubles précoces de l'attachement altèrent le processus de séparation-individuation de l'enfant.

Winnicott a bien décrit l'état initial particulier de la mère et du nourrisson pendant les premières semaines qui suivent la naissance. Semaines au cours desquelles la mère est très proche de son bébé et presque « confondue » avec lui, si bien qu'elle est apte à le sentir et à répondre, mieux que quiconque, à ses besoins et trouve en elle la capacité de le protéger quand il risque d'être envahi par des tensions qui provoquent en lui ces angoisses que Winicott a qualifiées « d'inimaginables ». Avec la pleine constitution du regard et du sourire du nourrisson, cette fusion se défait au bénéfice d'un face à face en miroir au cours duquel mère et père admirent leur création. La mère investit avec amour chaque partie du corps de son enfant, tout en prêtant à ses manifestations le sens que lui dictent ses motivations. Ainsi l'enfant « reconnu » se sent « être », commence à se connaître et à aimer, en la distinguant peu à peu de lui, cette autre qui, pendant toute cette période, fait partie de lui-même. En même temps que se développe cet amour de l'autre et cette connaissance de soi, naît en l'enfant, d'une part, un désir d'être avec et près de sa mère et une difficulté à la laisser s'éloigner, d'autre part, un désir de faire par lui-même et un vouloir d'exercer son pouvoir pour assujettir sa mère à ses désirs ; la mère, quant à elle, tout en étant comblée par ces manifestations d'amour et leur caractère exclusif, sent la nécessité de mettre des limites à cette emprise de l'enfant. Au cours de cette période pendant laquelle s'enracinent les capacités d'attachement et pendant laquelle la relation de symbiotique devient objectale, se créent les fondements sur lesquels va se développer la problématique œdipienne qui lui fait suite.

Parallèlement prend fin cette période préobjectale/préverbale au cours de laquelle le langage de l'enfant est essentiellement moteur et comportemental.

Nous décrirons dans les pages suivantes quelques-uns des syndromes pathologiques que nous avons repérés.

Liés à des troubles précoces de l'attachement, ils induisent, pensons-nous, des séparations et des placements auxquels parents comme enfant se montrent extrêmement sensibles, les redoutant et les provoquant tout à la fois. Nous montrerons, chemin faisant, qu'il est parfois possible de trouver d'autres modes de réponse que le placement pour soigner ces perturbations. Nous montrerons aussi, tout au long de cet ouvrage, que le placement peut être une nécessité, mais n'est pas en soi suffisant pour résoudre ces troubles d'attachement précoces dont les enfants restent porteurs après la séparation et qui sont responsables des difficultés qu'ils vivent ensuite dans leur relation à leur famille d'accueil et à l'équipe qui les suit.

Psychopathologie de l'état symbiotique initial

Des états d'intolérance aigus peuvent surgir au cours du temps symbiotique de la relation postnatale précoce entre mère et enfant. Le nouveau-né peut susciter chez sa mère un violent désir de « symbiose totale », la fascination exercée par le bébé étant telle que la mère se sent entraînée à le fondre en elle au point de le serrer et de l'étouffer ; à l'inverse, le nouveau-né, par ses cris, gesticulations, avidité de succion, intensité de regard, peut susciter dans le même temps chez sa mère, dans un processus d'identification « collée » au nourrisson, des angoisses du type « primaire inimaginable » de dévoration, destruction, morcellement ; ces angoisses peuvent amener la mère à attaquer, secouer, jeter le bébé ou parfois à s'enfuir dans un état confusionnel en l'emportant ou non avec elle.

Ces états ont été décrits et observés chez des mères souffrant d'une maladie psychotique aiguë ou chronique. Ils demandent l'instauration d'une assistance particulière, soit dans une tentative de maintien du nourrisson auprès de la mère lorsqu'il s'agit d'un état aigu et qu'existe le soutien du conjoint et de la famille élargie, soit dans tous les autres cas, par le placement de l'enfant et l'aménagement de contacts médiatisés entre lui et sa mère, le placement étant maintenu jusqu'au moment où la maturation de l'enfant et l'amélioration de l'état de la mère autorisent une reprise de vie en commun.

Chez des mères fragiles, mal défendues, des anomalies du nouveau-né (prématurité, trisomie, malformation, troubles divers) sont de nature à éveiller ces mêmes états d'effroi, d'horreur et de fascination qui peuvent entraîner, selon les cas, un infanticide, les mauvais traitements, un abandon ou encore des séparations brèves et répétées sous forme d'hospitalisation et de placement. On connaît aussi la difficulté pour ces femmes lorsqu'elles maternent ces enfants de trouver une juste position entre un désir conscient ou non d'abandon et le danger de se laisser absorber par ce bébé au point de délaisser le reste de la famille.

Difficulté de dénouement de la relation fusionnelle

À l'inverse des cas précédents, chez d'autres couples mère-enfant, en fonction des bénéfices mutuels que chacun en tire, la relation fusionnelle apporte à tous deux de telles satisfactions qu'elle tend à s'amplifier parfois exagérément, rendant difficile, voire périlleux, le dénouement du processus d'individuation au moment où se constitue la relation d'objet.

Signalons d'abord la situation banale, assez fréquente, de parents qui supportent mal le comportement de leur enfant à cette période.

Le « sevrage psychologique » n'est facile ni pour l'enfant ni pour ses parents ; ceux-ci, dans leur difficulté à se séparer comme à supporter le poids de l'enfant avec l'intensité de ses demandes, son accrochage à sa mère et sa volonté de toute-puissance, réagissent assez fréquemment en se séparant physiquement de lui dans un mouvement soudain de rejet. De ce fait, ils ne s'y préparent pas avec l'enfant et ne prennent pas les mesures nécessaires pour que cette séparation puisse être profitable pour tous. Faute de quoi, survenant à l'âge où l'intolérance à la séparation et l'angoisse de l'étranger sont particulièrement aiguës, cette séparation peut être réellement traumatisante pour l'enfant. Nous verrons dans le chapitre concernant les indications du placement familial (chapitre 33) l'intérêt d'un travail préventif à ce sujet auprès des parents de jeunes enfants.

Relation fusionnelle prolongée entre mère et enfant, dénouée par le rejet brutal de l'enfant lors d'une nouvelle naissance

Le problème qui vient d'être signalé, prend des proportions plus importantes chez certains couples mère-enfant, lorsque la mère, dans son besoin propre de relation fusionnelle, cherche à s'y maintenir avec son enfant. Dans ce cas, la mère retarde au maximum le sevrage, puis, lorsque du fait de la progression du processus d'individuation de l'enfant, elle se sent menacée de perte ou de dépossession, elle s'arrange pour être enceinte à nouveau ; dès la naissance du puîné, elle délaisse cet aîné qu'elle ne parvenait pas à sevrer. La détresse de l'aîné, sa jalousie à l'égard du puîné sont considérables ; elles sont vécues comme persécutoires par ces mères qui se montrent alors violemment rejetantes, parfois maltraitantes, ou trouvent des prétextes pour placer l'enfant. Tout se passe comme si, au travers d'un mécanisme de clivage, le bébé nouveau-né devenait la « bonne » partie fusionnée, et l'aîné, l'objet persécuteur qui doit être expulsé.

Habituellement mères de nombreux enfants, ces femmes « se vivent » comme des mères exceptionnelles, fières de leurs nombreuses maternités, victimes de leurs partenaires auxquels, en fait, elles ne laissent aucune place et par lesquels elles se font abandonner ou délaisser. Les bébés sont en général de beaux enfants admirés. Ils ont avec la mère une relation « collée » ; l'angoisse à l'égard de l'étranger et l'anxiété de séparation sont particulièrement intenses et prennent un caractère phobique qui s'installe de façon permanente, tout mouvement séparatif étant vécu par eux comme un risque de perte totale, risque que vient confirmer l'attitude de la mère lors de la naissance suivante. Le cas de Mme Blanche déjà évoqué en est une illustration saisissante.

Le pédiatre de PMI, qui suit cette famille depuis longtemps, admire les qualités maternelles de Mme Blanche mais remarque qu'elle a toujours beaucoup de difficulté à sevrer ses enfants qu'elle nourrit jusqu'à l'âge de 2 ans et plus... avant de tomber de nouveau enceinte. Et pendant longtemps l'équipe la considère comme une pauvre femme, victime d'hommes irresponsables et mère admirable mais sans ressources, obtenant facilement le placement de ses enfants. On se souvient que, sur les huit enfants, quatre furent placés définitivement dont deux furent victimes de mauvais traitements[1].

La résistance passive qu'oppose Mme Blanche, une fois de plus, au sevrage de Véronique (22 mois), et aux propositions de contraception, commence à irriter le pédiatre de Protection maternelle et infantile, qui continue cependant à l'accueillir et à la soutenir. Lorsque Mme Blanche accepte enfin de sevrer Véronique, elle annonce une fois de plus qu'elle est enceinte. Cette dernière grossesse indigne toute l'équipe du centre de PMI qui craint que Véronique ne soit placée et rejetée comme l'ont été ses aînés. La situation est alors présentée au pédopsychiatre consultant et une action conjointe entre les deux médecins est décidée.

Mme Blanche oppose une forte résistance aux nombreuses tentatives faites pour aborder ces problèmes. Le travail entrepris à ce sujet contribue néanmoins à changer le cours des événements pour Véronique comme pour son petit frère. Dès avant la naissance de Bernard, Mme Blanche est préparée à anticiper les réactions de jalousie de Véronique. Elle ne paraît guère réceptive. Pourtant, après la naissance de Bernard, elle se sépare encore des aînés, Patricia, Suzanne et Denise, mais pas de Véronique, qu'elle confie à Patricia pendant les deux jours où elle est à la maternité, puis qu'elle décide d'emmener avec elle en maison de repos. Là, avant la fin de la première semaine de séjour, Mme Blanche quitte l'établissement du jour au lendemain, contre avis médical, parce que ni elle ni Véronique ne supportent la discipline qui exige que les enfants soient à la crèche aux heures où les mères doivent se reposer.

À son retour chez elle, Mme Blanche demande la prolongation du séjour de Denise et de Suzanne pour toute l'année scolaire. Mais elle reste au foyer avec Véronique et Bernard, tandis que Patricia, qui était chez une amie, rentre pour l'aider.

Le pédiatre qui sent maintenant que Véronique a besoin de distancier son lien avec sa mère, mais a beaucoup de mal à le faire, insiste pour qu'elle entre à la maternelle, mais toutes deux résistent à toute injonction. Mme Blanche commence alors à se plaindre de Véronique, de sa jalousie, de ses pleurs quand elle s'occupe de Bernard. Elle accepte que Véronique voie régulièrement le pédopsychiatre « si cela peut la guérir d'une timidité dont elle-même a tant souffert lorsqu'elle était enfant. » À partir de ce moment, alors qu'elle ne va jamais voir Denise dans sa famille d'accueil, et demande peu de nouvelles, elle exige régulièrement son retour vers la fin de l'année scolaire, sous prétexte que Véronique a besoin de sa sœur pour aller à l'école. Denise est utilisée en quelque sorte comme otage, comme si, pour supporter la distanciation de la relation à Véronique, sans avoir à la perdre pour autant, Mme Blanche devait « coller » Denise à Véronique afin de conserver à cette dernière son statut de bon objet en dirigeant sur Denise la haine que provoque tout mouvement séparatif. Mais Denise, que cette exigence de sa mère terrorise, refuse de revenir, alors que, tant bien que mal, avec l'aide constante du centre de Protection maternelle et infantile et de l'antenne de psychiatrie, Mme Blanche laisse Véronique poursuivre sa psychothérapie et finalement la laisse entrer en grande section de maternelle à 5 ans en même temps que son frère âgé de 3 ans entre à

1. Voir pp. 583 et 585 à 586.

la petite section. Dans le même temps, on apprend que Mme Blanche se met en ménage avec un homme habitant le pays de sa mère. Par son entremise, elle revoit cette dernière avec qui elle se réconcilie. Elle se marie ; de cette union naît son neuvième enfant, Robert. Cette fois, ni Véronique ni Bernard ne sont placés. Pour la première fois, Mme Blanche accepte le conseil du pédiatre de ne pas allaiter le nouveau-né et de le mettre à la crèche aussitôt tandis qu'elle prend du travail. Par la suite, Mme Blanche part en province. Elle reste en relation épistolaire avec le pédiatre du dispensaire. Elle n'a pas d'autres enfants. Actuellement, Véronique, Bernard et Robert, âgés respectivement de 9, 7 et 5 ans, vivent avec elle et son mari. Elle a perdu tout contact avec les aînés ; elle continue d'écrire à Denise pour le jour de l'an et son anniversaire. Mais, pour Denise, sa mère remplit le rôle de mauvais objet et elle refuse de lui répondre, tandis que, on le verra plus loin, elle reproduit avec sa mère d'accueil « bon objet » une relation « collée » de type fusionnel qu'il est difficile de dénouer.

Ce cas, qui peut paraître exceptionnel, est en fait d'une certaine banalité dans la population des enfants placés. C'est probablement pour des raisons identiques ou voisines que des enfants assez nombreux sont confiés momentanément en recueil temporaire aux services de l'Aide sociale à l'Enfance et y sont « oubliés ». L'histoire de Véronique Blanche et de ses deux plus jeunes frères montre tout l'intérêt de savoir diagnostiquer ce genre de problèmes, dans la mesure où leur prise en compte peut, à la faveur d'un travail thérapeutique, clore, avec la cause qui la provoque, cette compulsion chez leurs parents au placement des enfants.

Troubles de la constitution de la relation d'objet : absence de limites et toute-puissance, bébé tyrannique et mère dévorante

Ici, mère et enfant poursuivent et cultivent ce type de relation fusionnelle jusqu'au moment où commence à s'instaurer la relation d'objet. Ce syndrome est observé, entre autres, au cours d'états psychotiques maternels, lorsque l'enfant est vécu par elle comme la bonne partie d'elle-même, adulée amoureusement et à qui tout est permis. La relation fusionnelle primaire est moins serrée, le plaisir de voir l'enfant « hors d'elle » permet un début de distanciation lors du développement de la relation nommée préobjectale par René Spitz. Il semble aussi que, de son côté, pendant cette phase, l'enfant contribue, par la vigilance de son regard et par des comportements autonomes, gratifiants pour la mère, à maintenir celle-ci à petite distance. Il se protège ainsi de mouvements de rapprochement trop érotisés et douloureusement surexcitants, tout en profitant et buvant comme du bon lait le plaisir qu'elle prend à le voir et l'admiration dont il est l'objet. Ces mères sont comme fascinées par le développement de l'enfant et par sa volonté naissante de toute-puissance et de domination qui va rapidement croissant. Par une permissivité excessive, elles exercent une réelle séduction sur l'enfant, l'encourageant par leurs rires à des activités et des comportements par lesquels l'un et l'autre sont vite débordés. L'incapacité de la mère à mettre des limites suscite chez tous deux une angoisse considérable qui lance l'enfant dans un état d'agitation incoercible avec des mouvements de fuite en avant comme pour échapper aux risques des étreintes maternelles dévorantes. Ces comportements en cascade de mère et enfant s'intensifient et mettent l'enfant dans un état d'angoisse diffuse, la mère dans un état d'impuissance de plus en plus alarmant, jusqu'au moment où l'intolérance mutuelle est telle que la mère décompense, et/ou que surgissent des envies meurtrières mutuelles. Simultanément, survient, le plus souvent, un événement, suscité par la mère ou par l'enfant, qui entraîne une séparation radicale faite alors en urgence, comme ce fut le cas pour Patrick Pierson[1].

1. Voir p. 589.

Défaut d'investissement du nouveau-né et de sollicitude maternelle

L'absence de développement de sollicitude maternelle peut se voir dans des circonstances bien différentes.

Cause accidentelle

Elle peut survenir de façon occasionnelle et accidentelle, chez une mère ne présentant pas de psychopathologie avérée, ni de troubles habituels de maternalité. Mais une circonstance particulière (décès d'un enfant aîné, maladie d'un des parents, abandon par le père, etc.) rencontre un point de fragilité de la mère et crée un contexte psychologique s'opposant à l'investissement normal d'un enfant né à ce moment. Tantôt ce non-investissement se manifeste dans le cadre d'un état dépressif réactionnel de la mère, tantôt il s'accompagne d'une aversion. Dans un cas comme dans l'autre, les parents font facilement appel à la séparation en utilisant en général les nombreux prétextes dont il a déjà été question. Dans ces conditions, le non-investissement de l'enfant se présente plutôt comme un rejet culpabilisé qui, associé aux placements répétés, peut entraîner des états graves de carence chez l'enfant.

Carences dans les familles à problèmes multiples

Il existe des cas nombreux, bien différents des précédents, concernant des parents, père et mère, ayant un passé de carence précoce et ayant été privés eux aussi de sollicitude maternelle. Ils font partie de ces familles étudiées aux États-Unis par le docteur E. Pavenstedt et son équipe sous le nom de familles à la dérive[1] et désignées par G. Diatkine comme « sans qualités »[2]. On les appelle parfois « à problèmes multiples, atypiques ».

L'étude que nous avons poursuivie sur ces parents et leurs jeunes enfants, suivis et traités dans le cadre de l'Unité de soins spécialisés à domicile de jeunes enfants[3], nous a renseignés sur le fonctionnement de ces familles et plus particulièrement sur les troubles observés dans les interactions entre mère et enfant. Le trouble fondamental paraît bien être la souffrance narcissique primaire de la mère — et aussi du père —, leur besoin d'une relation « collée », associée à une incapacité à voir l'enfant pour lui-même et à reconnaître ses besoins. Si bien qu'elle le laisse sale, aussi négligé que son propre corps et que le reste de son foyer, qu'elle ne le regarde ni ne le stimule, le maintenant dans une proximité vide, ou le laissant livré à lui-même. L'enfant se trouve alors exposé à la même souffrance narcissique que ses parents.

La relation entre l'enfant et ses parents est imprégnée par des frustrations et par une profonde insatisfaction entraînant chez l'enfant des demandes plaintives, mal supportées par sa mère, qui n'est elle-même comblée ni par lui, ni par son partenaire. Si bien que ces parents, à la fois possessifs et « collés », tout en redoutant d'être dépossédés de leur enfant, sont facilement abandonnants. Il existe, au sein de ces familles, un attachement réel mais d'une grande fragilité et d'une qualité particulière qui font que ces parents, de crise en crise, partent, se séparent, reviennent, demandent le

1. Pavenstedt E., Malone A., Mattick I. *et al.*, *The Drifters, Children of disorganized lower class families,* Ed. Little Brown & Co, Boston, 1967.

2. Diatkine G., « Familles sans qualités. Les troubles du langage et de la pensée dans les familles à problèmes multiples », in *Psychiatrie de l'enfant,* PUF, XXII (1), Paris, 1979, pp. 237-273.

3. David M., Harnisch D., Kreisler A., Lamour M., « Recherche sur les nourrissons de familles carencées », in *Psychiatrie de l'enfant,* Paris, PUF, XXVII (1), 1984, pp. 175-222.

placement de l'enfant puis le reprennent. Ce dernier, mal soigné, privé, exposé aux crises familiales, aux départs imprévisibles et aux abandons momentanés (fugues, hospitalisations, tentatives de suicide), présente très tôt un état de pauvreté des investissements, qui se traduit par une quête affective irrecevable et décevante pour l'adulte, jamais comblée pour l'enfant qui a toujours peur de « perdre » son « objet » et provoque le rejet. Cette pathologie, non traitée, va provoquer encore et encore des placements et leurs ruptures. Ces ruptures, à leur tour, aggravent l'état de l'enfant et l'installent à tout jamais dans son statut de mauvais objet rejeté, frustré, incapable d'apprendre, de s'intéresser, d'établir des relations. Ainsi se transmet de génération en génération ce syndrome de carence affective, illustré dans ce livre par le cas de Violaine.

Carences familiales au sein des milieux aisés

Ces carences précoces, assez facilement repérées dans les milieux sous-prolétariens visités par les travailleurs sociaux, en raison de l'état de délabrement social de la famille, peuvent survenir aussi dans les milieux nantis, sous une forme un peu différente qui n'est pas moins grave mais qui passe fréquemment inaperçue.

On retrouve, au niveau du couple, cette même fragilité de la relation donnant lieu à une union éphémère, ce même désir ou besoin d'avoir des enfants, une fierté d'être parents, mais assortis d'une incapacité à investir l'enfant autrement qu'en objet narcissique à exhiber, tout en l'ignorant lui-même et cela particulièrement tout au long de la première année. Ces enfants connaissent ces mêmes alternances de longues périodes d'abandonnement dans leur chambre, entrecoupées de courts contacts au cours desquels ils sont embrassés, manipulés et montrés pour être à nouveau abandonnés, passant de main en main, confiés, selon le milieu auquel ils appartiennent, à une succession de nurses, domestiques, assistantes maternelles ou voisines, ou encore placés en pouponnière, pendant les périodes d'indisponibilité de leurs parents, et plus tard dans une succession d'internats. Les personnes qui s'occupent de l'enfant sont souvent conscientes du vide affectif qui existe entre lui et ses parents et, tout comme les familles d'accueil, sont touchées par la quête de l'enfant. Elles sont tentées d'y répondre, d'adopter l'enfant, de prendre la place de la mère jusqu'au jour où, sous un prétexte quelconque, la situation se détériore, une nouvelle personne prenant la suite.

Ces enfants diffèrent un peu de ceux précédemment décrits dans la mesure où ils servent d'objet narcissique à leurs parents ; les soins physiques, l'alimentation, les vêtements, la chambre, les jouets peuvent alors être très investis par les parents, comme tout ce qui constitue en quelque sorte l'enveloppe extérieure, mais pas ce qui est dedans, c'est-à-dire l'enfant lui-même, dont le monde intérieur reste déshabité et ne se constitue pas. Dans ce contexte, la pathologie de l'enfant est le plus souvent invisible, car ce sont des enfants beaux, faciles, qui ne développent pas leur demande et sont bien conditionnés pour une sociabilité de surface. Mais, plus tard, se cachant derrière une meilleure apparence que leur confère leur statut social, on les retrouve avec toutes les caractéristiques du syndrome d'indifférence affective qu'ils transmettent de la même façon à leurs enfants.

Le « mal de placement »

Cet exposé sur les syndromes cliniques qui se développent à partir et autour de la problématique de l'attachement primaire, aux divers moments du processus de séparation-individuation, conduit à penser qu'au-delà de leur diversité et en fonction de points communs qui les unissent, ils peuvent être regroupés sous un même vocable que je nomme « le mal de placement ».

Dans tous ces cas, on retrouve une part de problématique similaire, à savoir : au sein du processus d'attachement primaire, une intolérance qui s'organise entre mère (et/ou père) et enfant, qui s'intensifie au point de devenir insupportable, et ne trouve aucune voie de transaction. Elle est en quelque sorte « inaménageable », et, à défaut d'une séparation-individuation psychique, impose de force une séparation physique, sous la forme d'un placement ; ce placement est demandé tantôt par l'enfant et ses parents, tantôt par un intervenant extérieur, pris par eux à témoin (voisin qui signale ou travailleur médico-social) ; celui-ci se trouve en quelque sorte poussé à demander, à leur place, une séparation qu'il doit parfois leur imposer et contre laquelle ils s'insurgent.

Notons encore deux caractères spécifiques du mal de placement :

- d'une part, le placement est une réponse « agie » à un problème de l'attachement. Celui-ci survient à un âge où, en effet, l'enfant n'a pas d'autre langage et utilise toute la force de son comportement dans le cadre du système interactif qui l'unit à ses parents, pour s'imposer à eux, les obligeant en quelque sorte à répondre sur le même mode agi ;
- d'autre part, le caractère fusionnel de la relation entraîne bien souvent le départ d'un des deux membres du couple parental (plus souvent le père, mais aussi la mère), le parent restant étant comme le vainqueur qui maintient avec l'enfant cette relation duelle dont l'autre se trouve éliminé. Il arrive aussi que le couple reste ensemble, l'enfant étant celui qui est expulsé.

Ce mal de placement, qui se constitue au cours de la première enfance, peut éclater d'emblée ou plus tard en donnant lieu à un placement demandé en urgence pouvant se prolonger de nombreuses années sans que cette durée soit prévisible sur le moment même ; soit à des aménagements partiels ne provoquant, pendant un temps, que des séparations successives de courte durée, jusqu'au jour où, à l'occasion d'une crise plus violente, une demande impérative de placement se fasse jour, celle-ci pouvant survenir à n'importe quel âge de la vie (ainsi en fût-il de Patrick à 22 mois, de Violaine et Julie à 5 ans, de Gabrielle, dont il sera question plus loin, à 16 ans).

Dans tous ces cas, la rencontre avec les intervenants médico-sociaux est un moment important. Ou ceux-ci ne seront que le bras séculier qui participe au processus de séparation sous la forme d'un placement d'urgence, non préparé, non suivi, non traité ; ou ils utiliseront la demande de placement soit pour l'éviter, soit pour l'organiser, en mettant en place aussitôt les moyens de traitement du mal de placement et de ses causes.

À défaut de traitement, le mal de placement continue à se manifester tout au long de la durée du placement de l'enfant dans une famille d'accueil et tend à en provoquer encore et encore la rupture.

4. LES INTERVENANTS MÉDICOSOCIAUX FACE AUX PLACEMENTS

Si les troubles de l'attachement, alliés à des circonstances psychosociales favorisantes, constituent les principales causes de placement, d'autres facteurs jouent également un rôle déterminant pour le provoquer ou nuire à son efficacité. Nous n'insisterons pas sur les pressions administratives concernant les excès ou insuffisances d'occupation des institutions, ni sur les préjugés politico-culturels et les courants idéologiques en faveur du placement ou contre lui, ni sur la prégnance des facteurs sociaux qui pèsent sur la gestion de l'organisation interne des établissements. Tous ces facteurs, à n'en pas douter, contribuent plus souvent qu'on ne le pense à pervertir la pratique et à la détourner de ses buts ; ils entraînent à certains moments des orientations défavorables de la politique médico-sociale, de l'utilisation des fonds sociaux et de l'organisation du travail à l'intérieur des services ; ces orientations peuvent alors perdre de vue l'intérêt de l'enfant et faire obstacle à la réalisation des programmes dont le seul but devrait être d'alléger la souffrance et de favoriser le développement du futur adulte et parent de demain qu'est l'enfant.

Nous nous arrêterons plus longuement sur les attitudes intérieures et positions affectives, plus ou moins conscientes, souvent déterminantes et fréquemment observées, de l'ensemble des intervenants médico-psycho-sociaux-éducatifs et administratifs.

Michel Soulé et Janine Noël[1] ont à ce sujet longuement insisté sur le rôle joué par la réactivation des fantasmes inconscients de mère idéale, mauvaise mère, et mauvais enfant, que suscite la confrontation avec des enfants dont les parents ne peuvent ou ne savent pas s'occuper. Chacun, selon ses tendances propres, se laisse entraîner à protéger l'un de l'autre, ici la bonne mère, là le bon enfant : bonne mère qui doit être soulagée du poids de l'enfant, mauvaise mère indigne à qui il faut retirer l'enfant ou méchant enfant destructif qu'il faut séparer de sa mère. Ce phénomène, dont personne n'est exempt, est à l'origine d'attitudes ambiguës, lourdes de conséquences.

La conviction que l'enfant est naturellement « bon » entretient l'illusion que de bons soins suffisent à bien le développer et qu'il sera forcément bien s'il est soustrait à de mauvais parents ou à un environnement insuffisant. Cette croyance, on l'a vu, a été à l'origine de la prolifération de placements, et de la résistance à rechercher d'autres moyens pour résoudre les problèmes des enfants dits en danger.

De même, le fantasme de mère idéale auquel il paraît difficile de renoncer, est à l'origine d'une autre illusion : celle qu'une « nourrice » doit et peut être cette mère idéale qui aura le pouvoir de régénérer l'enfant. Cette conviction est à l'origine de fausses attentes à l'égard des familles d'accueil et assistantes maternelles et donc de critiques sévères de leur pratique, suivies de changement de placement lorsque surgissent des difficultés dont elles sont tenues responsables.

Ces croyances masquent l'existence des troubles de l'enfant et s'opposent, de ce fait, à la recherche et à la mise en place de modes de traitement autres que le placement.

Les mouvements d'identification avec la souffrance constituent une incitation quasi irrésistible pour tous ceux qui ont la vocation d'aider, le désir de soulager, et un souci d'efficacité, qu'il s'agisse de la souffrance de l'enfant ou de celle des parents. En effet, lorsque la souffrance est dévoilée avec son caractère intolérable, il est tentant, dans un mouvement identificatoire à l'enfant, de l'enlever à ses parents pour le prendre en charge, lui, et lui seulement ; ou à l'inverse, dans un mouvement identificatoire aux parents, d'en venir à oublier l'enfant comme le fit l'assistante sociale de Mme Charles[2].

La tendance à répondre à la plainte manifeste, admise comme la cause simple et unique, prévaut parce qu'elle autorise une réponse rapide également simple et unique, satisfaisante pour tous, parce que immédiatement soulageante. Cette attitude est celle qui a prévalu au cours des premières années d'intervention auprès de Mme Blanche.

1. Soulé M., Noël J., « Le grand renfermement des enfants dits "cas sociaux" », in *Psychiatrie de l'enfant,* PUF, XIV (2), Paris, 1971, pp. 577-620.

2. Charles, pp. 581–584.

La forme de pensée manichéenne qui conduit à opposer le mauvais, le coupable à punir, au bon, victime à protéger, est toujours active. Ainsi la psychopathologie des relations parents-enfant est-elle encore fréquemment vécue comme une faute des parents, les troubles de l'enfant comme une tare. Cette façon de penser conduit à soutenir la demande manifeste et à jeter un voile sur les difficultés psychologiques sous-jacentes. On se souvient de la résistance de l'assistante sociale de Mme Charles à approfondir l'évaluation de la situation, comme si c'était faire injure à cette femme courageuse d'envisager qu'elle puisse avoir des difficultés avec sa fille ; puis lorsque celles-ci furent démasquées, la nécessité d'en rendre responsable la mauvaise nature de l'enfant, qu'il aurait fallu éloigner pour protéger sa mère.

Enfin, il faut noter que les positions profondes personnelles des intervenants à l'égard du processus de séparation-individuation, en rapport avec des expériences antérieures ou actuelles personnelles (séparation dans l'enfance, perte d'un parent, d'un enfant, stérilité, etc.), peuvent être fortement mobilisées par les situations de placement : elles poussent les intervenants de façon presque irrésistible à prendre des décisions de séparation ou de maintien déraisonnables et sont à l'origine de conflits dans les équipes.

Sans doute, les diverses attitudes décrites ci-dessus sont-elles en partie le fait et le reflet des idées et valeurs en cours dans notre culture. Mais « leur prégnance » est due à leur enracinement dans les positions affectives profondes que mobilise chez tout un chacun la confrontation avec la violence des troubles d'attachement primaire qui sont à l'origine des situations de placement et qui se manifestent tout au long de celui-ci. Cette prégnance explique l'extrême difficulté pour chacun de se dégager de l'emprise de cette problématique et de résister à l'invitation de notre inconscient à nous y engouffrer en nous laissant entraîner à notre insu par nos patients. C'est de cette façon, et pour ces raisons, que les intervenants médico-sociaux se passionnent « pour » (ou « contre ») le placement, se précipitent pour le réaliser en cavalier seul, en urgence, sans évaluation objective et en évitant ou ne supportant pas la confrontation avec les autres. Cette prégnance est si fortement incitative qu'elle peut entraîner les intervenants, quelles que soient leur expérience et appartenance professionnelles, dans des prises de position qui, à l'image de ce qui se passe dans le mal de placement, sont si solidement ancrées qu'elles sont comme « intraitables — inaménageables » ; chacun s'agrippant à la sienne, pour défendre : ici la mère, là l'enfant, ici la séparation, là le maintien... Chaque intervenant se polarise sur une composante de l'intolérance parent-enfant, ignorant l'autre, dont un autre intervenant se fait le champion : chacun fait de l'autre le mauvais, responsable de tous les maux et qu'il faut à tout prix empêcher d'agir. Ainsi se constituent des luttes de pouvoir, où le plus fort, ayant plus ou moins éliminé l'autre qui démissionne, devient seul juge et décideur du sort de l'enfant ; à moins que, et cela n'est pas rare, au milieu des discussions et des crises d'équipe ou inter-équipes, l'enfant ne soit perdu de vue jusqu'au moment où une nouvelle crise oblige cette fois à un placement d'urgence, dans les plus mauvaises conditions. C'est bien parce que ce mal de placement touche et éveille des positions affectives profondes, anciennes et enterrées, qui entrent en résonance avec celles soulevées par la situation familiale à traiter, qu'il suscite une telle excitation et une telle angoisse. C'est ainsi que s'expliquent les difficultés pour faire évoluer la pratique et nous en verrons le retentissement à propos de l'indication, de la préparation et du traitement du placement.

Chapitre 33

Indications du placement familial

M. DAVID

PLAN DU CHAPITRE

L'INDICATION DU PLACEMENT FAMILIAL est habituellement liée à la découverte d'une situation de danger pour l'enfant ou à la nécessité de soulager ses parents. Acte jusque-là banal, décidé et exécuté facilement, la décision de placement est devenue difficile depuis que sont également pris en compte les problèmes liés à l'attachement mère-enfant et aux risques d'un placement. Il est alors malaisé de trouver le moyen terme entre ces deux séries de risques. La décision résulte nécessairement d'un compromis qui entraîne à considérer le placement comme une nécessité inévitable, un moindre mal, et non comme une indication thérapeutique. C'est pourquoi le placement tend à être réservé à des situations désespérées et à être réalisé le plus tardivement possible, alors qu'il pourrait rendre de grands services dans des situations moins lourdes, prises à temps, et sous réserve, bien entendu, de respecter les précautions indispensables.

Les indications *restrictives, tardives,* aussi bien *qu'abusives,* comportent de graves inconvénients.

Avant de discuter de l'opportunité du placement familial dans les trois catégories de situations pour lesquelles il peut être demandé : « dépannage », « crise familiale », « situation chronique de carence, de danger ou de maltraitance », les bases sur lesquelles s'appuyer pour prendre la décision la mieux fondée possible seront étudiées.

1. PRINCIPES DE BASE CONCERNANT L'ÉVALUATION DE LA NÉCESSITÉ D'UN PLACEMENT

Quatre principes seront discutés successivement. Ils concernent l'*évitement du placement,* la nécessité de la *concertation,* la *démarche évaluative,* enfin l'importance que la *décision s'inscrive dans une action thérapeutique.*

Évitement du placement

La gravité des risques d'un placement, la souffrance qu'il engendre, sont des raisons suffisantes pour que soient systématiquement envisagées toutes les possibilités de l'éviter. C'est là un premier principe, mais auquel un corollaire doit être obligatoirement accolé : ne pas laisser pour autant l'enfant et ses parents sans soutien ni traitement, dans une situation de danger au cours de laquelle l'état de l'un et/ou des autres risque de se dégrader.

L'application de ce principe nécessite que soient remplies plusieurs conditions.

Existence de ressources alternatives

Il est nécessaire que les travailleurs sociaux puissent recourir facilement à d'autres moyens d'aide, tels que : aide ménagère, garde de jour, aide financière, consultation médicale pédiatrique ou psychiatrique, etc., sans avoir à passer par de multiples intermédiaires et en bénéficiant d'une

les moyens d'aide si l'on doit renoncer au placement, et, dans l'éventualité inverse, ceux à mettre en œuvre en attendant qu'il soit réalisé, les conditions dans lesquelles il peut l'être, l'intérêt ou non de recourir à une mesure d'autorité, les démarches à faire et la répartition des rôles pendant le temps de préparation, cela en fonction des positions de chacun par rapport à l'enfant et à ses parents. Cet ensemble de points étant clarifié, il est nécessaire de fixer la date de rencontre suivante pour vérifier la progression de la situation, réajuster l'évaluation en fonction des éléments nouveaux mis en évidence ou/et déclenchés par les actions préliminaires. Il va de soi que la présence d'un modérateur est indispensable pour autoriser ces échanges et les faire progresser. Son rôle est facilité lorsque les membres des équipes d'un secteur donné se connaissent, ont un certain entraînement et deviennent plus experts à apporter le matériel qui permet de clarifier les divers points d'évaluation, et lorsque chacun devient capable d'une certaine distanciation qui l'autorise à tolérer et à prendre en compte les conflits de besoins.

Objectifs, processus et méthodes d'évaluation

Objectifs de l'évaluation

L'évaluation porte donc sur plusieurs points.

- Les uns concernent *l'état de souffrance de l'enfant et de ses parents* : l'existence, la nature, l'intensité et l'étendue des zones d'intolérance mutuelle, les manifestations défensives, agressives, psychosomatiques ou/et carences et mauvais traitements auxquels elles donnent lieu, leur impact sur le développement actuel de l'enfant, sur sa sécurité et celle de ses parents. Cela pour tenter de mieux cerner la nature précise des difficultés actuelles et des risques à plus long terme encourus par l'enfant, par le couple parental et chacun de ses membres.
- Une autre série de données à clarifier est relative au *problème d'attachement et d'individuation :* au désir/crainte et capacité de l'enfant et de ses parents à se séparer, leur fonctionnement par rapport aux « rapprochés et distanciations », les divers problèmes posés par les contraintes et limites, les conditions dans lesquelles une séparation peut être acceptée, tolérable et profitable.
- *Évaluation des ressources thérapeutiques* et modes de prise en charge dont on dispose pour éviter ou réaliser un placement.
- La nécessité, voire l'intérêt ou non, de recourir à *une mesure d'autorité.*
- *Les méthodes* à utiliser, d'une part pour *aborder* les intéressés, d'autre part pour *compléter le matériel d'évaluation* : déterminer les personnes les mieux placées pour connaître tel ou tel aspect des problèmes, pour aborder les intéressés et les mettre en rapport avec les instances de traitement et de placement.

Toutes ces questions ont besoin d'être clarifiées afin de parvenir à une décision, en évitant deux écueils : décision hâtive et *arbitraire* ne tenant compte que d'un aspect de la question, *tergiversations* sans fin qui laissent la situation se pourrir.

Processus d'évaluation

L'exposé de la préparation du placement de Violaine Gerbier comme celui de Patrick Pierson illustre combien il est nécessaire de clarifier chacun de ces points pour parvenir à une décision acceptable par tous ; il montre aussi l'existence d'interférences complexes entre une multiplicité de facteurs dont il faut tenir compte et qu'il faut traiter simultanément pour parvenir à cette décision. De cela découlent plusieurs nécessités :

- d'une part, bien connaître l'enfant ;
- d'autre part, inscrire l'évaluation dans une action de soutien ;
- enfin, faire un travail d'élaboration des données ainsi obtenues.

La connaissance de l'enfant

La possibilité ou la nécessité de placer un enfant exige tout d'abord *une bonne connaissance de cet enfant* en tant que personne avec ses besoins propres, *des interrelations qui l'unissent à chacun de ses parents et au couple parental* ainsi que du système interactif dans lequel ces relations s'inscrivent et auquel elles donnent lieu.

Cette connaissance est indispensable pour dégager les critères de souffrance et le risque lié à la situation, au maintien de l'enfant à son domicile, à son placement. Il est essentiel de connaître et reconnaître les signes de souffrance de l'enfant et de ses parents ; encore faut-il faire ensuite l'estimation d'un rapport de causes à effets qui, dans la plupart des cas, est loin d'être évident. Parmi les critères de souffrance de l'enfant[1], citons l'arrêt du développement, les infections et troubles psychosomatiques à répétition, les signes de négligence physique et de malnutrition, les traces de coups, les blessures et fractures multiples ou répétées, de fréquentes hospitalisations et multiples placements. En ce qui concerne les critères de souffrance parentale, signalons : le fait d'être absorbé par sa propre souffrance au point de ne pas voir l'enfant, de ne pas en parler ; intolérance manifeste « agie » sous forme d'éloignement, d'abandon de l'enfant ou de mouvements de violence conscients ou non ; un écart important entre le désir explicite d'enfant et la capacité et le plaisir à s'en occuper, écart qui se manifeste entre ce qui est donné à entendre et à voir dans les situations concrètes quotidiennes ; conflits de couple à propos, autour de l'enfant, ou dont celui-ci est l'enjeu ; enfin pour les nourrissons et enfants de moins de deux ans, toutes les manifestations graves d'intolérance à l'égard du processus d'individuation de l'enfant.

Ces critères constituent des repères essentiels. Toutefois, il n'est pas aisé d'en avoir connaissance ; de plus ils ont une valeur relative et ne sont jamais seuls en cause pour déterminer un refus ou une demande de placement.

Un soutien thérapeutique

Pour être fructueuse, l'évaluation doit émerger de la mise en place d'une action de soutien thérapeutique auprès de l'enfant et de ses parents, de façon qu'eux-mêmes et ceux qui les entourent puissent sentir que l'intervention n'est pas une sanction dirigée contre eux, mais est destinée à alléger une souffrance, dont il est possible alors de faire état.

Ce mode a l'intérêt de permettre aux intéressés de se montrer, alors qu'une enquête provoque leur méfiance, le besoin de se cacher et, chez les professionnels, un malaise quant à l'opportunité de dénoncer des troubles ou de s'opposer à une demande des parents avec la crainte, ce faisant, de perdre leur confiance et la possibilité de les aider. L'équipe qui assure l'action de soutien doit être

1. Cette liste n'est pas exhaustive.

au fait de la nécessité de reconnaître les signes de souffrance sans se laisser entraîner à les occulter ou à les minimiser. C'est une tâche complexe qui exige que les professionnels en contact direct avec l'enfant et ses parents puissent revoir à distance régulièrement avec un tiers le contenu des observations et entretiens. Enfin et surtout, l'exercice de cette action de soutien permet d'apprécier dans quelle mesure les parents et l'enfant peuvent l'utiliser et si leurs positions paraissent ou non mobilisables.

Estimation des autres facteurs en cause

S'il importe de reconnaître les signes de souffrance et leur gravité, il faut savoir aussi qu'ils n'ont pas valeur de critère absolu. Ils sont toujours à mettre en balance entre eux et avec de multiples autres forces qui interfèrent activement, les unes liées aux circonstances (par exemple, place disponible), les autres aux personnes. Ces forces tirent en sens divers et souvent opposés ; il faut en quelque sorte en découvrir la « résultante » de façon à trouver le meilleur équilibre possible. C'est pourquoi la décision, pour être acceptable, ne peut émerger que d'une série de transactions qui prend en compte simultanément chacune et l'ensemble des forces en jeu et qui autorise une évolution des positions et une élaboration des données apportées par tous et chacun.

Ce travail d'élaboration permet alors de s'engager dans une voie de traitement qui reconnaît le caractère le plus souvent douloureux de la mesure adoptée et la réalité des risques qui y sont attachés. Les méthodes d'évaluation doivent chercher à répondre à ces trois types de nécessités.

Méthodes d'évaluation

La concertation

On l'a vu précédemment, la concertation apporte un matériel abondant sur les problèmes actuels, le fonctionnement et l'histoire de la famille. Les divers participants (assistante sociale, puéricultrice, médecin de Protection maternelle et infantile, travailleuses familiales appartenant à divers services) détiennent chacun des parcelles de connaissances qu'ils sont seuls à connaître. Des pans d'histoire, des informations complémentaires sur la situation actuelle sont évoqués, se conjuguent, permettant de proche en proche de spécifier la nature des problèmes et l'ensemble du contexte dans lequel ils se jouent.

En revanche, ces réunions font toujours apparaître un flou quant à la connaissance de l'enfant : la discussion peut se poursuivre longtemps sans qu'il soit question de lui, ou lorsqu'il en est question, c'est en fonction de la façon dont il est traité ou/et vécu par ses parents. Il n'est pas connu ou vu en tant que personne et pour lui-même.

Connaissance de l'enfant apportée par divers intervenants

II est possible de consulter les personnes qui ont une connaissance directe de l'enfant : assistante maternelle, personnel de la crèche, auxiliaire qui le soigne, puéricultrice qui le connaît plus à distance. Ces personnes le voient lorsqu'il est sans ses parents et dans des moments où il s'en sépare et les retrouve. Le maître d'école peut apprécier la qualité de l'intégration et du niveau scolaire de l'enfant. Les observations des uns et des autres sur le comportement et le caractère de l'enfant sont importantes. De même il est souhaitable de connaître par son médecin habituel son état de santé. Encore est-il essentiel de réfléchir à la façon d'entrer en relation avec ces diverses personnes, afin d'éviter que parents et enfant se sentent cernés ou évincés, et cela plus particulièrement lorsqu'ils ont des relations difficiles avec la crèche, l'école, le centre de PMI, ou craignent que leurs difficultés ne soient dévoilées. Les rapports de l'enfant et de ses parents avec ces diverses personnes ont besoin d'être ménagés et cela nécessite qu'ils soient au courant de l'échange d'informations, qu'ils puissent l'accepter et, sous certaines conditions, être *éventuellement* présents et y participer. En fait, la connaissance de l'adaptation de l'enfant dans ses divers milieux de vie est grandement facilitée si elle se fait dans le cadre du travail direct auprès de l'enfant et de ses parents, soit par l'équipe chargée de préparer le placement, si celui-ci paraît nécessaire, soit par celle d'un autre mode de prise en charge, si cela s'avère préférable.

Travail direct auprès de l'enfant

L'expérience montre que l'établissement d'une relation directe avec l'enfant est un instrument indispensable et utile tant pour l'évaluation que pour la préparation de son placement.

- Les parents sont le plus souvent rassurés et contents de voir leur interlocuteur s'adresser directement à l'enfant et entrer en relation avec lui pour « lier amitié ». Ils sont sensibles aux marques d'attention, d'intérêt, de sollicitude adressées directement à l'enfant. Être avec eux et avec leur enfant pour faire tranquillement connaissance tend à faire tomber leur inquiétude et peut aider à dédramatiser l'intervention du travailleur social.
- Dans cette situation, l'enfant est toujours sensible à l'attention qu'on lui porte. Si on le sollicite, si on le fait participer et si on se montre prêt à jouer avec lui, au lieu de disparaître, comme il le fait lorsqu'on s'entretient avec ses parents, il tend au contraire à se montrer ou tout au moins à prendre sa place. À mesure que la confiance s'établit et que l'enfant se révèle, il devient possible d'apprécier l'état de son développement, la nature et la qualité de ses investissements, sa façon de manipuler les situations de stress (selon qu'il les provoque, les évite), la qualité et la forme de ses demandes, la façon dont elles sont reçues ou ignorées, sa sensibilité, ses modes de réponse aux frustrations, aux soins qu'il reçoit ou ne reçoit pas, comment il se situe dans les interactions avec ses parents.
  La relation que l'enfant noue avec le travailleur social, selon qu'il le fuit, l'ignore, a peur de lui, ou à l'inverse cherche à le séduire, à se l'approprier, est également un indicateur de la capacité de l'enfant à nouer une relation avec d'autres adultes que ses parents et des demandes, craintes et attentes qu'il risque d'avoir à l'égard d'une famille d'accueil. Elle fait apparaître l'état d'esprit de l'enfant à l'égard d'une séparation, d'un changement de milieu qu'il peut souhaiter ou/et redouter, sa capacité à surmonter l'angoisse de séparation, sa peur de l'étranger et de l'inconnu.
- Par ailleurs, l'intérêt bienveillant manifesté par le travailleur social à l'égard de l'enfant entraîne inévitablement les parents à parler spontanément de lui. Les scènes vécues en commun suscitent des associations d'idées significatives qui éclairent leur position de parents et les projections dont l'enfant est l'objet. Au cours de ces scènes, les zones de plaisir, de difficulté, d'inquiétude, d'intolérance apparaissent et peuvent être abordées *hic et nunc* devant l'enfant et avec lui, en s'adressant tantôt à lui, tantôt à ses parents. Les interactions qui se déroulent alors deviennent plus spontanées, sont riches d'enseignement sur les sources de tension et de conflit dont il peut être parlé sur le moment ou après, tandis que se manifeste ou non la capacité des parents à s'intéresser à l'enfant, à le distinguer d'eux-mêmes, à le protéger, ou leur indisponibilité, leur besoin de s'accaparer toute l'attention du travailleur social et leur intolérance à l'égard de l'enfant et de ses besoins.

Il est possible d'aborder, avec l'enfant et avec ses parents, leurs besoins d'aide, l'opportunité éventuelle de l'accueil de l'enfant dans une famille, et de tester ainsi leur capacité à l'accepter. Cette action permet aussi d'évaluer le degré de participation dont ils sont capables et la possibilité de les mobiliser tant soit peu pour faire évoluer la situation.

Bien entendu, cette approche n'exclut pas l'utilisation d'entretiens particuliers avec les parents en dehors de la présence de l'enfant ; il est intéressant aussi, lorsque parents et enfants s'y prêtent, d'être en rapport avec l'enfant sans ses parents et de l'accompagner dans ses autres milieux de vie : crèche, école. Il devient possible alors de s'entretenir avec les personnes qui s'occupent de lui, devant lui et avec lui, puis d'en reparler avec ses parents.

Examens complémentaires

De même, dans le cadre de cette relation avec l'enfant et ses parents, peuvent apparaître des éléments permettant d'apprécier la nécessité ou non de recourir à des examens complémentaires et éventuellement à une consultation de pédopsychiatrie pour préciser la nature des troubles et les besoins de traitements.

Ce travail d'exploration dans le cadre d'un soutien thérapeutique nécessite de la part de celui qui l'exerce la possibilité de se partager entre parents et enfant, de s'intéresser conjointement à l'un et à l'autre et à supporter, tout en l'analysant, la façon dont il est éventuellement tiraillé entre les uns et les autres. Pour ce faire, il est nécessaire aussi qu'il puisse rapporter son expérience et réexaminer à distance avec un tiers l'ensemble des données.

Prise de décision

Décision de placement

Dans ces conditions, la décision de placement n'est pas prise en « bout de piste » comme c'est le cas à la suite d'une enquête, laissant les parents avec leur enfant dans l'angoisse de l'attente ; ici l'exploration, menée dans le cadre d'un soutien thérapeutique, met en marche un *processus* qui autorise un ensemble de professionnels à se frayer une voie dans laquelle ils peuvent aider les parents et l'enfant à s'engager avec eux. À la faveur de ce cheminement, des solutions partielles, qui tiennent compte de l'intérêt, de la souffrance et des angoisses des uns et des autres, des risques éventuels attachés à telle où telle solution et des moyens réels dont on dispose, peuvent être proposées et testées, au fur et à mesure. De proche en proche, il devient possible de déterminer le degré d'urgence avec lequel il convient d'intervenir et le temps d'attente probable nécessaire pour trouver une famille d'accueil, si telle est la solution envisagée, les moyens à mettre en œuvre pour soutenir l'enfant et ses parents pendant ce temps d'attente et de préparation, la nécessité ou non de recourir à un placement provisoire. *Ainsi comprise, l'évaluation constitue bien un premier temps de traitement de la situation de placement.* En dépit des apparences, cette démarche ne prend pas plus de temps qu'une enquête, elle permet plutôt d'en gagner. La lourdeur ressentie tient à celle des problèmes à traiter et à la difficulté réelle de tenir compte de cet ensemble de forces qui tirent en tous sens et à propos desquelles il est nécessaire — et cette démarche le permet — de trouver les moyens termes.

À cet égard, et dans l'immédiat, deux sortes de décisions sont également importantes : l'une concerne le choix du lieu et mode de placement, l'autre la nécessité ou non de recourir à une mesure d'autorité.

Placement familial ou en institution ?

Une décision doit être prise quant au mode et lieu de placement. Trop fréquemment, il faut bien le dire, il n'y a pas de choix : l'enfant va là où il y a de la place. Néanmoins, si le traitement d'attente est mis en place, il importe de prendre le temps de rechercher un service qui prenne en compte, pour les aborder et les traiter, l'ensemble des difficultés liées à tout placement d'enfant ; cela est aussi vrai pour un placement familial que pour un placement en internat ou en foyer. La notion de distance et d'accessibilité est, bien entendu, très importante.

- Dans l'ensemble, on a vu que dans les *situations d'urgence* au cours desquelles le placement ne peut être évité, foyer, pouponnière, centre d'observation sont nécessaires et préférables à une famille d'accueil, surtout si celle-ci est inexpérimentée. De même, lorsqu'il n'existe pas de possibilités de soins en externat, les établissements spécialisés sont d'un grand secours pour recevoir, pour des durées limitées, des enfants présentant tel ou tel *handicap,* sous réserve que les parents soient suffisamment proches et disponibles pour mener pleinement leur fonction parentale vis-à-vis de leur enfant pendant toute la durée de la séparation.
- Par contre, là où le placement est de *durée indéterminable,* et lié ou associé à des *problèmes de parentalité,* le placement familial, sous réserve d'être bien équipé, a l'avantage de mobiliser constamment la vie affective de l'enfant, de le mêler à la vie de la communauté avec tous les autres enfants. Dans ces cas, le placement familial d'un enfant handicapé reste possible sous réserve que la famille d'accueil soit intéressée et non effrayée par le handicap et qu'existent à proximité des possibilités de traitements spécifiques des problèmes qui y sont liés.
  Ou encore, l'association d'un placement familial de week-end et de vacances avec un internat spécialisé constitue une ressource de valeur lorsque les parents sont si gravement atteints qu'ils ne peuvent plus assumer leur enfant même pendant des temps courts.
- La *préférence* des parents ou celle de l'enfant pour un mode de placement n'est pas en soi un critère de choix. Bien entendu, il est nécessaire de l'entendre pour comprendre où se situent craintes et désirs des uns et des autres, soutenir les intéressés, les aider à évoluer mais en se souvenant que, de toute façon, ils retrouveront dans tous les modes de placement les mêmes difficultés et angoisses. De même, *l'âge* de l'enfant n'est pas un critère absolu. Sans doute il est difficile d'éliminer des pouponnières les facteurs de carences et il est plus aisé à une famille d'accueil de répondre aux besoins d'attention des jeunes enfants ; à cet égard les films de James et Joyce Robertson sont convaincants. Encore faut-il se souvenir que la fragilité psychosomatique des tout-petits ainsi que leurs manifestations anxieuses et dépressives peuvent provoquer de la part d'une famille d'accueil rejet et mauvais traitements. De même, bien que l'adolescence ait souvent été considérée comme un mauvais âge pour le placement familial, il existe des familles particulièrement douées pour « comprendre et contenir », « permettre et cadrer » des jeunes, pour accueillir leurs interrogations et y répondre.

Nécessité ou non de recourir à une mesure d'autorité

Lorsque le placement de l'enfant paraît indispensable et que les parents s'y opposent, si les équipes en place sont impuissantes pour les amener à l'accepter, elles ne sont ni en état, ni en droit d'imposer le placement. Seul le juge des enfants a autorité pour ce faire. Il est essentiel d'être bien au clair sur ce point et de différencier la demande évaluative et l'action de soutien nécessaire pour déterminer l'indication d'un placement, de la mesure d'autorité à laquelle il est parfois également nécessaire de recourir, mais qui relève alors exclusivement du juge des enfants. Lorsque les équipes sont capables d'énoncer fermement une indication de placement comme une nécessité thérapeutique pour l'enfant et les parents, sans pour autant l'imposer, plus souvent qu'on ne le pense, l'autorité du juge est ressentie avec soulagement par les parents, dans la mesure où elle les libère d'avoir à consentir eux-mêmes à une mesure de mise à distance dont ils ressentent confusément la nécessité sans parvenir à l'admettre. Le pouvoir du juge peut être vécu dans ces cas comme une certaine protection contre la crainte d'une emprise par les services de placement, par leurs équipes et par la famille d'accueil. Dans tous ces cas, l'articulation entre les services et le juge des enfants nécessite des mises au point toujours délicates : déterminer la personne la mieux placée pour faire appel au juge, la forme et le degré de communication nécessaires qui permettent de respecter les besoins de clivage des parents sans en être complètement le jouet, sans se laisser diviser ni opposer ; cela est particulièrement difficile dans les cas où les parents sont dominés par des idées persécutoires et des traits paranoïaques qu'il n'est pas facile de contenir.

Dans un nombre limité de cas, les plus problématiques, la décision judiciaire peut aller à l'encontre de l'évaluation clinique, que la décision soit celle d'un placement ou du maintien de l'enfant. La décision judiciaire est prévalente, mais il revient au clinicien la responsabilité de formuler au mieux les risques ainsi encourus et de réfléchir au meilleur moyen pour les atténuer. Lorsqu'en dépit des tentatives de traitement, le risque paraît trop considérable, mieux vaut se retirer et laisser la responsabilité du suivi entre les mains d'un service social attaché directement au juge des enfants, que de poursuivre une action thérapeutique qui risque de faire illusion et qui met l'équipe traitante en porte à faux aussi bien vis-à-vis du juge que des parents et de l'enfant.

2. OPPORTUNITÉ DU PLACEMENT

L'opportunité d'un placement est à discuter dans trois situations bien différentes : tantôt, il est demandé comme solution de dépannage ; souvent, il est envisagé en urgence dans des situations de crise familiale ; enfin, un grand nombre de placements sont requis dans des situations chroniques de carence et de danger.

Placement de dépannage[1]

Le besoin de dépannage est lié à une circonstance passagère, le plus souvent prévue et prévisible ; le besoin cesse dès que la situation est rétablie. Dans ces conditions, le placement

1. Le mot « dépannage » est utilisé pour désigner des placements courts, de durée déterminée, liés à une circonstance passagère.

peut toujours être préparé, sa durée est limitée et précisée, la prolongation ne se pose que si la circonstance se prolonge elle aussi. Il s'agit davantage d'un problème de garde que de placement proprement dit. Un exemple banal, illustré par les films de James et Joyce Robertson, est le placement d'un enfant pendant le séjour en maternité de sa mère. Une hospitalisation passagère et prévue de la mère, la nécessité de déplacement des deux parents, le départ en vacances d'un enfant sans ses parents sont d'autres exemples courants.

Dans de telles circonstances, un placement familial de dépannage peut être sans inconvénient pour un enfant et peut même présenter de l'intérêt, sous réserve néanmoins qu'il soit tenu compte des facteurs de vulnérabilité liés, les uns à l'état de l'enfant, les autres à la situation familiale, et que soient respectées les précautions à prendre dans tous les cas de séparation. Sinon, le placement peut être mal supporté par l'enfant ; détresse manifeste ou silencieuse pendant le temps de séparation et lors des retrouvailles peut être le point de départ de difficultés durables comme ce fut le cas, on s'en souvient, pour Aïcha[1].

Facteurs de vulnérabilité liés à l'état de l'enfant

> Les enfants sont vulnérables à la séparation pendant toute la période où s'élabore et se constitue la relation d'objet et tant que l'intériorisation des imagos parentales n'est pas assurée de façon stable. À l'intérieur de cette première étape de développement, l'intolérance de l'enfant est particulièrement visible entre la fin de la première année et le début de la deuxième, lorsqu'il est aux prises avec l'angoisse de séparation de la mère et la phobie de l'étranger, mais, bien que moins évidente, la vulnérabilité existe dès le début de la vie et demeure tout au long de cette étape.

De plus, cette vulnérabilité persiste au-delà du temps habituel, tant que prédomine chez l'enfant un mode de fonctionnement prégénital. Elle est donc plus accusée chez les enfants qui sont et ont été exposés précocement à des carences, traumatismes et failles parentales graves.

Enfin, chez tous les enfants, quel que soit leur âge, alors même que les séparations courtes et occasionnelles sont habituellement bien tolérées, une crise familiale, une situation traumatisante, toutes les sources importantes d'insécurité peuvent rendre à nouveau angoissante une épreuve de séparation.

Facteurs de risques liés à la situation familiale

Un placement de dépannage comporte également des risques lorsqu'il recouvre d'autres causes que la raison manifeste pour laquelle il est demandé ou/et lorsqu'il est associé à — sinon déterminé par — des tensions intrafamiliales, des troubles de l'enfant, des difficultés de relations entre parents et enfants, une pauvreté d'investissement de l'enfant. Répétitions et prolongations du placement sont fréquemment vues dans ces situations et constituent en soi un risque.

Il faut aussi attirer l'attention sur la situation, fréquente de nos jours, de parents qui trouvent naturel de profiter des avantages et facilités offerts par divers organismes et qui sont amenés ainsi à se débarrasser de leur enfant. Certains enfants peuvent se retrouver quasiment abandonnés dans une succession de placements sans que personne ne s'en aperçoive. Tel fut le cas par exemple pour

1. Voir chapitre 32, p. 588.

les cinq aînés de Mme Blanche. Médecins et assistantes sociales ont une responsabilité particulière dans ce domaine : il convient de vérifier qu'il s'agit bien d'un dépannage simple et non d'une situation plus complexe nécessitant une autre forme d'aide (Chantal Charles) associée ou non à un placement qui, alors, ne peut plus être considéré ni traité comme un placement de dépannage (Patrick Pierson).

Précautions à prendre dans tout placement de dépannage

Quelle que soit la durée du placement, même en l'absence de facteurs de vulnérabilité, il importe d'aider les parents à prendre conscience des besoins particuliers de leur enfant liés à la situation de séparation. Du fait des autres préoccupations des parents, ces besoins sont facilement ignorés, oubliés ou niés. Aider les parents à choisir une solution qui permette, dans la mesure du possible, de maintenir l'enfant à l'école ou dans son mode de garde habituel, les aider à préparer l'enfant, s'assurer qu'il reçoit visites et nouvelles, vérifier que le retour a lieu à terme et qu'il n'existe pas de difficultés au moment de la réunion familiale et dans les semaines qui suivent. Les services de Protection maternelle et infantile, les médecins, les assistantes sociales des services pédopsychiatries sont bien placés pour faire ce travail éducatif et préventif auprès des familles. Celles-ci sont alors en état de mener à bien par elles-mêmes le placement de leur enfant dans une famille d'accueil de leur choix.

L'existence de facteurs de risque ne constitue pas en soi une contre-indication de placement de dépannage, mais il faut que ce placement s'inscrive dans une action d'ensemble et soit suivi de près.

> Ainsi conçu, le placement de dépannage est une bonne indication de placement familial. Un séjour dans une famille d'accueil sympathique et dynamique est une expérience enrichissante et une source de maturation. C'est une occasion pour le jeune d'être exposé à d'autres modes de vie, à des situations nouvelles et d'étendre son réseau de relations amicales. Enfin, en prenant un peu de distance par rapport à ses parents, il découvre le plaisir de voler de ses propres ailes.

Situation de crise

Les crises ont pour caractéristiques d'être aiguës, soudaines et de provoquer l'angoisse. La demande de placement se présente toujours comme une urgence et la durée du placement est imprévisible. Il peut s'agir d'un accident survenant dans une situation familiale saine. En fait, souvent, une crise couve plus ou moins insidieusement et longuement avant d'éclater. Nous avons vu précédemment que tel est le cas lorsqu'il existe une forme de psychopathologie familiale qui entraîne une sorte de fonctionnement de crises à répétition.

Les placements d'enfants à l'occasion d'une crise sont très fréquents : celle-ci incite à placer un enfant que l'on savait déjà en danger, la crise servant alors de prétexte. Lorsqu'elle éclate dans une situation saine, les parents et personnes qui entourent l'enfant sont enclins à le placer pour le mettre à l'abri des stress et des angoisses, comme pour avoir les mains libres et n'être pas encombrés. C'est ainsi que le décès d'un des parents, un accident, un problème de couple, entraînent assez naturellement une proposition de mettre l'enfant ailleurs. Or, dans tous ces cas sans exception, les situations de crise sont une mauvaise indication de placement et plus particulièrement de placement familial, cela pour plusieurs raisons :

- du fait de la soudaineté et de l'intensité de la crise, le placement ne peut être préparé. Le début du placement se fait dans l'angoisse, l'idylle ne peut s'engager, le placement démarre mal, les fondements pour une action de plus longue haleine sont sapés ;
- de plus, pour l'enfant, la séparation à l'occasion d'une crise est particulièrement pénible : alors qu'il est déjà angoissé par la situation qui est à l'origine de la crise, il se trouve soudain seul, sans ses parents, les sachant en détresse, voire en danger, se sentant plus ou moins coupable d'avoir été fauteur de troubles. La séparation peut être vécue comme mise à l'écart, rejet, abandon, oubli, en même temps que l'enfant est privé de tout contrôle de la situation. À moins de danger immédiat pour l'enfant, il est donc préférable de le maintenir, sinon à domicile, au moins chez un membre de la famille ou chez des voisins familiers qui peuvent l'informer, le rassurer et le soutenir.

Précautions à prendre

Bien entendu, il n'est pas toujours possible d'éviter l'éloignement de l'enfant dans de telles situations. Néanmoins, il est important de rechercher d'abord avec les parents les mesures adéquates : mode de garde à la journée, aide à domicile, transformation temporaire d'un accueil de jour en placement diurne et nocturne... et, si cela n'est pas possible, maintenir l'accueil de jour habituel (crèche, assistante maternelle, école) et rechercher un accueil de nuit ; rechercher et préserver tous les temps où le parent disponible ou un autre familier peut s'occuper lui-même de l'enfant. Bien des personnes sont prêtes à accueillir un enfant en urgence pour un temps court seulement et cela vaut la peine d'utiliser ce temps offert pour préparer si nécessaire, à partir de là, un placement plus long.

> La grand-mère de Claudine ne pouvait s'en occuper de façon permanente mais elle aurait pu l'accueillir quelques jours au moment de l'hospitalisation de sa fille.
>
> Lorsque la mère de Sandrine est décédée, sa collègue signale le besoin urgent de placement, demandant comment faire et où amener Sandrine. Au lieu de mentionner le foyer de l'Aide sociale à l'Enfance, l'assistante sociale lui demande si elle peut s'occuper de Sandrine un temps bref, le temps de trouver une solution, ce que Mme A. accepte aussitôt mais en précisant qu'elle ne peut le faire que pour un délai de quinze jours à un mois.

Un placement d'attente en pouponnière ou en foyer

Le placement en urgence de l'enfant à distance, au foyer de l'Aide à l'Enfance ou ailleurs, ne peut être qu'un ultime recours.

Dans ce cas, il est impératif de l'y faire accompagner par une personne connue de lui. C'est une urgence pour l'enfant de voir quotidiennement, dans les jours qui suivent son placement, au moins l'un ou l'autre de ses parents, ou à défaut les proches ou les professionnels qui les et le connaissent. Cette nécessité est un impératif absolu et l'est d'autant plus que le placement a été plus dramatique et que l'enfant est plus jeune.

De plus, il serait souhaitable, chaque fois que c'est possible, que l'enfant puisse continuer à bénéficier de son mode de garde à la journée, ou à défaut y passer quelques jours par semaine, même s'il est dans un foyer de l'Aide sociale à l'Enfance, tout comme il est souhaitable qu'il puisse aller à domicile voir son père et sa *fratrie*.

> Par exemple, il aurait été bon pour Patrick de continuer à aller à la crèche qui n'était pas loin du foyer de l'Aide sociale à l'Enfance ou de recevoir la visite de son auxiliaire ou de toute autre personne connue de lui.

Quelle que soit la mesure adoptée, il importe de ne pas se leurrer sur la durée de la crise, toujours plus longue que prévue et susceptible de révéler un état chronique n'autorisant pas le retour de l'enfant. Il est prudent de ne pas considérer le premier secours comme une mesure suffisante et de s'apprêter à préparer une solution susceptible d'être durable et stable tout en s'efforçant de ne pas dépasser le temps offert par les personnes qui ont pu fournir un accueil temporaire en urgence.

Mesures préventives

La fréquence actuelle du recours au placement d'un enfant dans les situations de crise, alors que celui-ci est contre-indiqué, pose un problème de prévention qui est loin d'être résolu. Trois séries de mesures pourraient contribuer à amoindrir les risques :

- d'une part, décentraliser les foyers d'accueil départementaux et constituer de petites unités familiales d'accueil de secteur ou de circonscription, permettant d'éviter l'éloignement et de maintenir l'enfant en relation avec son environnement familier ;
- d'autre part, que médecin, personnel de Protection maternelle et infantile, travailleurs sociaux en contact avec les familles, apprennent à déceler la nécessité d'un placement et à y préparer l'enfant et ses parents « en dehors » et « en amont » des crises ;
- le service social et la Protection maternelle et infantile pourraient également avoir une action positive en aidant les familles en difficultés à trouver une solution *stable* de « délestage », un accueil régulier de leurs jeunes enfants pour un temps bref (week-end, petites vacances) par une famille susceptible à l'occasion de garder l'enfant plus longtemps. Ces accueils courts, en dehors des périodes de crises ont, en effet, l'avantage de se faire pour tous dans un climat de confiance et de plaisir qui permet à l'enfant de s'y sentir en sécurité s'il est amené par la suite à y aller dans un moment de difficultés.

Situation chronique de carence, négligence, maltraitance : « mal de placement »

Nous avons vu comment les problèmes chroniques de négligence, maltraitance, carence, quelles que soient leurs causes, — et que nous regroupons en un syndrome « mal de placement », caractérisé à la fois par de vastes zones d'intolérance mutuelle et une angoisse de séparation — sont une cause majeure de placement et se trouvent à l'origine de crises induisant des placements répétés et des ruptures de liens. Faut-il, dans ces cas, éviter le placement ou peut-on utiliser celui-ci comme moyen de traitement de ce syndrome ? La réponse n'est pas univoque et dépend du moment où se situe l'intervention. Quelques principes directeurs sont ici proposés.

Évitement de placement lors d'une crise

Nous venons de voir que, dans le « mal de placement », une crise est souvent suscitée inconsciemment par les intéressés afin d'inciter l'entourage médico-social à faire par force et en urgence un placement par ailleurs redouté. Nous avons vu l'intérêt, chaque fois que c'est possible, de résister à cette incitation et de prendre place au sein de la famille, pour disposer du temps nécessaire à la préparation du placement lorsque celui-ci s'avère indispensable, ou pour recourir à une autre mesure de traitement si cela est préférable et possible. Nous avons vu également, lorsque le placement en urgence n'a pu être évité, la nécessité d'introduire aussitôt auprès de l'enfant une instance thérapeutique qui entre en contact le plus rapidement possible avec ses parents.

Placement familial à visée thérapeutique

Si un placement familial est indiqué, il nécessite, pour n'être pas pathogène, la mise en place d'un accompagnement thérapeutique. À défaut, les troubles de l'enfant sont conduits à se répéter dans le cadre du placement familial, le « mal de placement » de l'enfant continuant à évoluer spontanément, sous des formes variées plus ou moins graves, qui sont fonction de la psychopathologie des relations fondamentales entre l'enfant et ses parents. Les principes, les objectifs et les méthodes de l'accompagnement thérapeutique sont étudiés dans le chapitre 35.

Placement familial de brève durée comme mode de traitement précoce de difficultés d'individuation pouvant engendrer un mal de placement

À l'Unité de soins spécialisés à domicile pour jeunes enfants, des placements courts et répétés ont été utilisés avec profit dans le cadre d'un traitement d'ensemble du processus d'individuation, pour aider mère et enfant (âgé de 3 à 5 ans) à parachever un mouvement de distanciation qui permette à tous deux de vivre et ressentir que, malgré leur appréhension, l'absence n'entraîne pas la perte de l'objet. Ces placements courts, répétés chez une même famille d'accueil, en dehors de toute crise familiale, ont ici un intérêt particulier : d'une part, en permettant à l'enfant de se découvrir des possibilités d'autonomie — ils sont un mode de préparation à des séparations ultérieures, rendues éventuellement nécessaires ; d'autre part, ils constituent un traitement efficace de la phobie familiale à l'égard de la séparation, toujours très vive dans ces cas. Ils permettent à l'enfant de se délivrer de cette phobie en découvrant la possibilité de garder en lui les imagos parentales et de profiter alors des bonnes conditions matérielles et psychologiques offertes par une famille d'accueil. Il semble aussi que le placement de l'enfant chez un couple ayant des enfants plus âgés présente l'intérêt d'ouvrir la porte à la problématique œdipienne dont l'enfant découvre en quelque sorte l'existence et l'attrait. La poursuite du traitement à l'Unité permet à l'enfant de prolonger son élaboration dans son cadre familial. Mais ces mesures ne sont efficaces que si elles sont accompagnées d'un travail thérapeutique.

Traitement préventif du mal de placement

Le cas d'Aïcha et celui de Denis Faure illustrent l'existence de situations à risque pouvant devenir le point de départ d'un mal de placement. Il est évident que Mme Faure et la mère d'Aïcha auraient pu bénéficier de formes d'aide épargnant à leurs enfants cette « maladie » du placement. Nous en voyons les dangers pour ces deux enfants et pour leurs mères, l'une devenant maltraitante, l'autre abandonnante et déprimée — les deux enfants présentant déjà de ce fait une souffrance du type carentiel qui s'est développée, au cours de leur placement, entre les âges de quelques mois à 3 ans. L'histoire de la famille Blanche est intéressante à cet égard et montre comment les trois derniers enfants, contrairement aux cinq aînés, ont pu être préservés en dépit de la psychopathologie de leur mère.

> Mme Blanche, si rigide et incapable d'être mobilisée dans sa relation à Denise, peut utiliser le soutien thérapeutique qui lui est apporté plus précocement dans sa relation à Véronique. À ce stade, alors que ce cas est connu depuis dix ans et que tous les aînés ont été victimes de ce problème, la nouvelle orientation thérapeutique de l'équipe de Protection maternelle et infantile, soutenue par le psychiatre consultant, permet de faire un véritable travail de prévention. Mme Blanche est aidée à prévoir les difficultés qu'elle risque de rencontrer avec Véronique lors de la naissance de Bernard et cela lui permet d'éviter de reproduire ce qui s'est passé précédemment, c'est-à-dire de passer l'enfant d'une relation « collée » à un rejet massif, lors de la naissance du nouveau bébé. Au lieu de faciliter le placement de Véronique à la naissance de Bernard, une solution lui est proposée lui permettant de garder Véronique avec elle et le bébé ; ensuite dans le cadre du service de Protection maternelle et infantile, Véronique peut bénéficier d'un travail psychothérapique qui l'aide lentement à se « décoller » un peu de sa mère ; Bernard bénéficie indirectement de cet effort puisqu'il entre en maternelle normalement à l'âge de 3 ans en même temps que Véronique, âgée elle de 5 ans. L'établissement d'une relation fusionnelle avec Robert dernier-né est évité, Mme Blanche étant capable cette fois d'entendre l'avis du pédiatre et de confier à temps partiel Robert à la crèche ; elle réussit à le sevrer vers l'âge de 6 mois, tandis qu'elle-même s'établit enfin de façon stable avec le père de ce bébé, son dernier enfant ; il y a maintenant plus de 10 ans.

C'est de la pédiatrie et de la psychiatrie du nourrisson que la prévention de ce mal de placement relève, puisqu'il résulte du dysfonctionnement précoce de la fonction parentale et du développement pathologique des premières relations d'objet. Il est donc essentiel que les pédiatres sachent identifier ces problèmes relationnels précoces à partir des nombreuses manifestations somatiques pour lesquelles ils sont consultés et que soient mises en place de réelles possibilités de traitement de cette pathologie de l'attachement. Les travaux de Selma Fraiberg[1] sont, à cet égard, particulièrement intéressants. L'expérience de l'Unité de soins spécialisés à domicile pour jeunes enfants que nous poursuivons depuis plusieurs années montre aussi l'intérêt d'un traitement précoce intensif des intolérances entre parents et nourrissons du premier âge, sans recourir au placement, en soutenant l'enfant dans ses mouvements d'individuation et en les rendant supportables aux parents. Ce travail thérapeutique permet, dans un certain nombre de cas, d'éviter hospitalisations, recueils temporaires à l'Aide sociale à l'Enfance, placements, ou, s'ils s'avèrent nécessaires, de les réaliser dans de bonnes conditions.

1. Fraiberg S., « Ghost in the Nursery. A Psychoanalytic Approach to the Problems of Impaired Infant. Mother Relationships in Clinical Studies », in *Infant Mental Health*, 1980, pp. 164-197.

Chapitre 34

Préparation et réalisation d'un placement familial

M. DAVID

PLAN DU CHAPITRE

La préparation d'un placement vise à transformer la nécessité de séparation, vécue comme un échec, dont l'issue spontanée risque d'être un passage à l'acte sous forme d'un placement réalisé en urgence, en une démarche positive qui comporte une double dimension évaluative et thérapeutique. Son principal objectif est de créer un terrain favorable pour que la réalisation du placement se fasse dans de bonnes conditions : alléger les appréhensions et les anxiétés mutuelles de l'enfant et de ses parents, favoriser un travail intérieur à l'égard de l'idée de séparation afin que celle-ci soit moins menaçante, devienne supportable, préparer l'enfant au changement de son lieu de vie. L'équipe du placement familial s'engage ainsi d'emblée auprès de l'enfant et de ses parents dans une fonction thérapeutique qui se poursuit ensuite tout au long du déroulement d'un placement, dont la préparation est en quelque sorte le premier acte.

Simultanément, le travail de préparation permet aux équipes d'affiner leur connaissance de la situation, de vérifier que le placement familial est le meilleur remède ou le seul possible et, dès qu'une famille d'accueil est trouvée, d'amorcer ou de poursuivre avec elle une relation de collaboration et de soutien qui permet à celle-ci de se préparer à l'accueil de cet enfant ; cette relation se poursuivant par la suite, pendant tout le temps où cette famille d'accueil travaillera dans le cadre du centre avec cet enfant et éventuellement les enfants suivants.

1. LE TEMPS DE LA PRÉPARATION : UN ESPACE À CRÉER

Alors que le caractère envahissant des tensions suscitées par la situation à l'origine du placement semble ne laisser aucun temps libre, ni d'autre issue qu'un acte impulsif de rupture, la préparation du placement, à la faveur des contacts établis et de la réflexion qui en résulte, fait place pour une première tentative d'élaboration de ces tensions, et, en quelque sorte, ouvre un « espace » dont la durée, le lieu et le caractère d'emblée thérapeutique seront examinés ci-dessous.

Durée de la préparation

La durée de la préparation, c'est-à-dire le temps qui s'écoule entre la demande de placement et sa réalisation, est variable. Peu importe qu'elle soit brève ou longue, l'essentiel est de disposer pendant ce temps d'une densité de prise en charge adaptée aux nécessités de la situation : brève mais intensive dans certains cas ; dans d'autres, mieux vaut laisser mûrir la situation en espaçant les interventions. Ceci en ayant toujours soin d'éviter de la laisser traîner ou, à l'inverse, de considérer que l'urgence empêche toute préparation. Ainsi, dans le cas Gerbier, il est urgent de sortir de l'indécision et de prendre position ; en revanche, les cinq mois au cours desquels s'est déroulée la préparation du placement permettent à Violaine et à ses parents de s'accoutumer à l'idée du placement, d'y consentir et d'éviter que celui-ci ne prenne la forme d'un retrait d'autorité. Cette attente ne comporte pas d'inconvénients pour la santé de Violaine. Le délai est accepté par l'école qui cesse de faire pression dès que la décision est confirmée. À l'inverse, la préparation du placement de Patrick chez Mme Brisson est écourtée : quinze jours séparent la première démarche de M. Durand de l'entrée de Patrick chez Mme Brisson. Mais, au cours de ces quinze jours, toutes les énergies disponibles du centre de placement sont mobilisées dans une action intensive pour éviter une rupture imminente, pour soutenir Patrick et Mme Durand et préparer l'entrée de Patrick chez Mme Brisson, en respectant le seuil de tolérance de la famille Durand.

Le délai pour réaliser le placement est souvent accru, contre le gré de l'équipe, par la difficulté de trouver une famille d'accueil. Dans le cas d'Aïcha[1], il faut neuf mois pour en trouver une qui accepte une petite Nord-Africaine. Ce temps est en général mal vécu par l'équipe qui se sent fautive et par le service demandeur qui critique cette lenteur. Pourtant, ce temps peut être très profitable s'il permet d'amorcer le traitement de la problématique familiale. C'est ce qui se passe pour Aïcha et sa mère. Elles sont suivies à domicile par un travailleur social du Placement familial deux fois par mois en moyenne jusqu'à la réalisation du placement. Ce travail, en apportant un premier soulagement de leurs difficultés, leur permet de supporter l'attente.

Lieu de la préparation

Il est souvent possible et avantageux de *maintenir l'enfant au domicile* de ses parents pendant la durée de la préparation du placement (Violaine, Aïcha). Cette solution permet à l'équipe du placement d'entrer en relation avec l'enfant et ses parents et de bien les connaître dans leur vie commune avant la séparation ; témoin de l'existence, de la nature des difficultés de vie et de relation, elle amorce d'emblée sa relation avec eux à ce niveau et elle peut leur faire sentir que le lien parental est respecté et pris pleinement en compte ; ce travail préparatoire ouvre les portes à la poursuite du travail auprès des parents, après la réalisation du placement.

Néanmoins, il peut être nécessaire et utile de recourir à un *placement de transition* lorsqu'un danger réel existe, que les tensions sont trop fortes ou que les troubles de l'enfant demandent un temps d'évaluation et de traitement préalable. Il faut insister alors sur l'importance de ne pas considérer ce lieu d'accueil seulement comme un abri, mais qu'il soit équipé pour assurer non seulement l'observation mais aussi le soutien de l'enfant pendant le temps utilisé à trouver une solution permanente, et aussi s'assurer activement de la progression de la mise en place de cette solution. Les centres d'observations pour les enfants de l'âge de latence et pour les adolescents sont conçus pour faire ce travail. Les foyers d'accueil départementaux de l'Aide sociale à l'Enfance, et surtout les pouponnières, ont besoin de s'adapter à ces exigences et de s'équiper en conséquence. Certains y parviennent déjà, en partie au moins, et rendent alors un service inappréciable[2].

Un espace d'emblée thérapeutique

Il est essentiel d'éviter que l'attente du placement soit un temps mort ou vide. La mise en place d'une observation et d'un accompagnement de l'enfant et de ses parents par l'équipe du placement familial est indispensable et a besoin d'être assurée avec continuité jusqu'à, la réalisation du placement, quels que soient le lieu d'attente, le domicile ou le centre d'accueil temporaire. L'équipe du placement familial doit assurer cette fonction *d'emblée* dès qu'est posée l'indication d'un placement familial, sans attendre d'avoir trouvé une famille d'accueil. À l'heure actuelle,

1. Cas cité chapitre 4, p. 588.

2. Signalons, par exemple, la pouponnière de la DDASS du Val-de-Marne à Sucy-en-Brie dirigée par Patricia Moricet avec la collaboration de Geneviève Appell.

l'application de cette mesure est entravée par l'absence de prise en charge administrative du placement familial pendant le temps qui précède l'entrée de l'enfant dans une famille d'accueil. Dans ces conditions, il est difficile pour le service d'engager une action thérapeutique dont la durée, imprévisible, risque d'être longue. Cette lacune est à l'origine de placements temporaires de transit qui pourraient être évités, tandis que simultanément le fait de savoir l'enfant à l'abri produit des effets démobilisateurs qui allongent ces temps de transition. Temps pendant lesquels l'enfant « se coupe », « se ferme », et où se créent en lui des passages à vide, sources d'une discontinuité interne qui constitue un réel danger psychique pour lui. Pour remédier à ces inconvénients, la mise en place d'une action concertée entre tous les services s'occupant directement de l'enfant et de ses parents est nécessaire.

Une action concertée

On constate communément que les services qui se sont occupés de la famille avant le placement de l'enfant se retirent dès que la décision de placement est prise, comme s'ils n'étaient plus concernés dès que l'enfant est pris en charge par le placement familial et/ou mis à l'abri. Il arrive aussi que, de son côté, l'équipe du placement familial, dans sa prise en charge de la préparation, élimine plus ou moins consciemment les équipes responsables de l'action antérieure et du signalement. Par cette pratique, les uns et les autres contribuent à faire vivre le placement aux parents et à l'enfant comme une rupture avec le passé.

Maintien de liens avec l'environnement familial

D'une part, il importe pour l'enfant que les personnes qui s'occupent de lui avant son placement, assistante maternelle qui le garde à la journée, directrice et auxiliaires de puériculture de la crèche, maîtres et directeurs d'école, soient tenus au courant de son départ, de façon à rendre possible un « au revoir » et afin que, à cette occasion, chacune de ces personnes puisse lui témoigner son affection, son amitié, son intérêt pour son avenir immédiat. Il faut bien comprendre que, ce faisant, il ne s'agit pas pour ces personnes d'intervenir dans la prise en charge, ni de vérifier que l'enfant est en bonnes mains, mais seulement de répondre à un besoin naturel de l'enfant, si souvent négligé, de garder contact avec son milieu, de *ne pas ajouter à la perte de sa famille celle de son environnement*.

> Lorsque Julie, 4 ans, doit quitter sa mère et l'école, l'infirmière de l'Unité de soins qui la suit, prévient sa maîtresse. Celle-ci informe ses camarades que Julie va aller habiter ailleurs et elle organise une petite fête. Elle invite Julie à revenir dans la classe lorsqu'elle viendra voir sa maman. Ce qui fut fait. Cette intervention, qui peut paraître un luxe à certains, n'a pris qu'un temps minime et a eu beaucoup d'importance pour la mère de Julie. Car depuis ce moment, au lieu d'éviter la maîtresse, comme elle le faisait au préalable, cette femme très perturbée aime la rencontrer pour lui donner des nouvelles de Julie. Quand Julie vient la voir, elle va lui montrer comme elle est belle. Lorsque, deux ans plus tard, Julie revient à la maison, sa mère va voir cette même maîtresse pour lui demander de reprendre l'enfant dans son école et c'est d'elle seulement qu'elle accepte le conseil d'inscrire Julie à l'école de son quartier qui n'est plus la même, puisqu'elle a déménagé.

De même, si l'enfant part en foyer d'accueil, surtout si sa mère ne peut venir le voir, il peut recevoir des visites de son auxiliaire de crèche, de l'assistante sociale qui le connaît et qui continue à suivre sa mère, d'une voisine de palier, etc.

Échange régulier de nouvelles entre les services qui ont suivi l'enfant et demandé son placement, et l'équipe du placement familial

Cet échange est nécessaire pour s'assurer mutuellement de l'état de l'enfant et de ses parents, de la progression du placement et surtout pour lutter contre les effets de clivage et être au fait des problèmes que parents et enfants montrent aux uns et non aux autres. Ce point a été longuement discuté dans le chapitre précédent.

Collaboration entre l'équipe du placement de transition et celle du placement familial

Lorsque l'enfant attend son placement familial dans un foyer d'accueil, l'équipe du placement familial doit articuler son action de préparation avec celle de l'équipe soignante du foyer. L'enfant a besoin de la présence de son auxiliaire ou éducateur privilégié lors de ces premières rencontres avec l'équipe du placement familial ; il est rassurant pour lui de les entendre parler ensemble et avec lui des projets qui le concernent. Il est indispensable pour l'équipe du foyer d'être au courant de ces projets, de l'évolution de la situation familiale et de la progression du placement, de façon à pouvoir en parler à l'enfant. Par ailleurs, il est nécessaire aussi que les deux équipes partagent leurs observations sur l'enfant à propos de ses relations avec son auxiliaire, avec les autres enfants, avec le travailleur social du placement familial et dans les diverses situations où il se trouve lors des visites de ses parents, lors des premières rencontres avec la famille d'accueil. Lorsque les parents sont indisponibles, et que c'est possible, auxiliaire du foyer (ou éducateur) et travailleur social du placement familial ont intérêt à participer ensemble à la première rencontre dans la famille d'accueil. Une collaboration étroite entre les deux équipes permet de travailler le problème de séparation de l'enfant avec l'équipe de la pouponnière ou du foyer et de réfléchir aux moyens à mettre en œuvre pour que l'enfant garde en lui des traces de son passage. Certaines pouponnières ont adopté l'usage d'un cahier relatant le séjour de l'enfant, agrémenté de photos et de commentaires des auxiliaires qui se sont occupées de lui. Ce cahier, donné à l'enfant comme cadeau de départ, est en général très apprécié par la famille d'accueil. Celle-ci peut de temps à autre le regarder avec l'enfant qui cherche à se souvenir de ce passé et des personnes avec qui il a passagèrement vécu. Lorsqu'un enfant a bénéficié d'une relation intime privilégiée dans un foyer où il est resté longtemps, il importe que l'équipe du placement familial s'en souvienne, donne à l'enfant la possibilité d'en parler et s'il le demande d'échanger du courrier ou de revoir les personnes pour qui il a de l'amitié, l'enfant faisant ainsi l'apprentissage de la valeur des liens passés et du maintien des liens à distance. Cette articulation des rôles de chacun, de l'entrée en fonction des uns, de l'effacement des autres, est toujours complexe et a à être réfléchie et travaillée.

> Christophe, 5 mois, est admis en urgence en pouponnière, tandis que sa mère entre en hôpital psychiatrique. En attendant la mise en place d'un placement familial, le Centre d'Action médico-sociale précoce, qui vient d'être consulté et a amorcé un travail avec la famille de Christophe au sujet de l'opportunité du retour à domicile ou du placement de l'enfant à la sortie de la pouponnière, poursuit ses contacts avec l'équipe traitante de la mère, avec le service de Protection maternelle et infantile et reste également en contact avec la mère hospitalisée. Elle entreprend une observation de Christophe à la pouponnière pendant les semaines qui suivent. Le psychologue du centre est chargé de l'observation « thérapeutique » de l'enfant ; il travaille en étroite collaboration avec les auxiliaires qui s'occupent de Christophe, chacun se tenant au courant de l'évolution de Christophe et de sa mère et des contacts qui ont repris entre eux, quand la mère est sortie de l'hôpital. Lorsqu'au bout de

trois mois, la décision de placement familial peut être prise et se réaliser assez rapidement par l'équipe du placement familial, les trois équipes doivent articuler leurs actions : le psychologue du Centre d'Action médico-sociale précoce poursuit son contact et son observation à la pouponnière jusqu'au départ de l'enfant, puis dans la famille d'accueil jusqu'à ce qu'il soit acclimaté ; il est seul à connaître l'enfant dans ses milieux successifs, donc à pouvoir connaître ses réactions fines d'adaptation, de défense, apprécier les éventuels mouvements régressifs. Mais la poursuite et terminaison de son action doit tenir compte aussi du travailleur social du service de placement familial qui va prendre la suite. Celui-ci doit prendre place, se faire connaître de l'enfant pendant qu'il est encore au foyer et assurer les premiers accompagnements dans la famille d'accueil. Pour Christophe et pour sa mère, cela fait certes beaucoup de monde ; mais ils connaissent déjà bien toutes ces personnes, à l'exception du travailleur social et du médecin du placement familial, qui, eux, sont des nouveaux venus, bientôt les seuls à assurer la suite de l'action thérapeutique. Il est donc important que les intervenants des deux services s'entendent sur la façon d'articuler leur action entre eux et avec l'équipe du foyer.

Pour les uns, s'introduire sans faire disparaître les autres, pour ceux-ci néanmoins se séparer progressivement en laissant la place et en permettant à chacun de fonctionner au mieux, sans trop gêner l'autre ; ceci pour *permettre à l'enfant de sentir la continuité de l'action thérapeutique, de s'engager dans une relation nouvelle et de se séparer dans un mouvement d'individuation et non de perte.*

Ce travail est d'autant plus délicat que, dans un premier temps, l'action de l'un fait intrusion dans celle de l'autre. En l'absence de réflexion en commun à ce sujet, l'enfant peut devenir le jouet de conflits entre intervenants, de disparitions subites, de morcellement d'histoire qui entrent en résonance avec son angoisse de perte ainsi réactivée.

2. PRÉPARATION DE L'ENFANT ET DE SES PARENTS, CHOIX ET PRÉPARATION DE LA FAMILLE D'ACCUEIL

Mener d'emblée le travail de préparation sur le mode qui sera adopté par la suite pendant toute la durée du placement, permet à l'équipe du placement familial de montrer concrètement à l'enfant et à ses parents la façon dont l'équipe va travailler avec eux. Au Centre familial d'Action thérapeutique, nous trouvons intéressant d'ouvrir la préparation par une consultation avec le travailleur social et le pédopsychiatre du centre qui suivront l'enfant pendant la durée du placement. La consultation est proposée à la famille par le travailleur social qui est au plus près d'elle et qui, selon les cas, peut participer ou non à cette consultation. Pour Violaine et sa mère, la consultation a lieu au siège du service qui a posé l'indication du placement ; pour Patrick, elle a lieu au foyer d'accueil, pour sa mère, à l'hôpital psychiatrique. Le but de la première consultation est moins de vérifier l'indication du placement que de commencer à faire connaissance, à faire le point avec l'enfant et ses parents sur la situation actuelle et sur ce qui nécessite le placement de l'enfant, entendre les sources d'inquiétude, d'opposition, faire surgir les questions et y répondre, expliquer le mode de fonctionnement du service, l'action d'accompagnement du travailleur social, enfin proposer et discuter les diverses interventions prévues dans les jours à venir. Ainsi est formulé un projet à court terme qui sera mené à bien par le travailleur socio-psycho-éducatif, tandis qu'à la faveur d'une meilleure connaissance de l'enfant et de ses parents, une famille d'accueil est recherchée.

Préparation de l'enfant

Le travail direct auprès de l'enfant est destiné à le connaître, à se faire connaître et à le faire sortir d'une position passive à l'égard d'une mesure qu'il ne peut que subir pour l'amener à participer, à comprendre, à réagir et à s'exprimer à ce sujet.

Quel que soit son âge, il importe que l'enfant se sente connu et accompagné dans ses expériences et ses émotions, qu'il se sente sujet interrogé et entendu et non objet dont tout un chacun dispose. Il est intéressant de le rencontrer avec ses parents, son maître d'école, les autres personnes qui s'occupent de lui, puis avec sa famille d'accueil afin de le connaître dans toutes les relations qui ont de l'importance pour lui. Il est nécessaire aussi de le voir seul, afin qu'il soit et se sente reconnu comme existant par lui-même. Même déjà grand, l'enfant se présente souvent dans un premier temps comme étant sans avis et ignorant ; ne sachant, ne pensant rien, n'ayant rien à dire. Mais, si on insiste un peu, il finit toujours par participer, à son rythme, dans son langage. Même un enfant qui ne parle pas encore, peut dire à sa façon ce qui le préoccupe à qui sait écouter et comprendre le langage non verbal des petits.

Être consulté sur ses désirs quant à la solution de placement étonne l'enfant mais lui fait plaisir et le met en situation d'anticiper l'avenir sur un mode moins angoissant. Au début, il est le plus souvent évasif, sinon méfiant, tant il a peu l'habitude d'être consulté et surtout, face à l'inquiétude d'un départ qui ne laisse guère de place au moindre désir à ce sujet. Une mémé, un couple jeune ? avec ou sans enfant ? des enfants petits ou grands ? une maison avec jardin ou un immeuble avec ascenseur ? des animaux ? la ville ou la campagne ? qu'aimerait-il emporter avec lui ou laisser à la maison ? Autant de questions qui lui permettent d'imaginer et de transformer en réalité plus concrète un projet jusque-là inimaginable et sans contour.

Souvent, les enfants nient avec vigueur toute peur, comme si reconnaître la peur allait consacrer le danger. Mais leur anxiété s'exprime de bien des façons, lorsque, accompagné par le travailleur social, il va d'une famille à l'autre. Il se plaint de la longueur du trajet, questionne à chaque instant : « On arrive ? », il a soudain mal au cœur, il désire que l'on s'arrête ou encore il fuit dans le sommeil, complètement égaré lorsqu'il se réveille. Ou encore, comme Violaine : « Tu as vu comme cette dame court, elle a peur ! », ou comme Julie qui, voyant une auto arrêtée au bord de la route, s'écrie : « Oh ! Un accident ! Il y a peut-être un enfant, il y a sûrement des morts ! » L'attention que porte l'accompagnateur à l'expression le plus souvent indirecte de l'anxiété, permet à celle-ci d'être reconnue, nommée, ramenée à sa dimension et donc contenue, moins envahissante.

La peur de l'éloignement, d'être perdu, de ne pas revenir sont des préoccupations majeures. Les aller et retour ont l'intérêt de faire vivre à l'enfant que, contrairement à ses craintes, sa propre famille ne disparaît pas du fait de la séparation, pas plus qu'il ne disparaît à ses yeux à elle. Ceci est d'autant plus nécessaire que l'enfant est plus jeune et que ses moyens « d'anticiper » et de « garder en lui » sont réduits et fragiles. Pendant le trajet, on voit souvent l'enfant observer intensément et avoir toute une action silencieuse de repérage au travers de laquelle il cherche à s'assurer de la distance et de la permanence des lieux. Il s'agit là d'un processus d'adaptation utile qu'il est bon d'encourager, en profitant de cette observation spontanée de l'enfant, pour partager avec lui l'intérêt qu'il y prend et lui fournir les informations dont il a besoin : s'assurer qu'il a l'adresse de la famille d'accueil, qu'il connaît bien celle de ses parents ; préciser la distance en temps, en kilomètres, les moyens de communication, les possibilités de s'écrire, de téléphoner, de se rencontrer, etc.

Un des problèmes de tout enfant placé est de situer la famille d'accueil par rapport à ses parents. Les visites répétées dans la famille d'accueil pendant la préparation du placement permettent de lui faire anticiper, avant que la séparation ne soit consommée, la coexistence des deux familles avec leurs modes de vie si différents. L'accompagnateur de l'enfant est témoin de ce qui se passe entre l'enfant et les autres au moment où ils se séparent et se retrouvent. Il peut entendre éventuellement, au cours du trajet, les réflexions et questions émises à la cantonade par l'enfant.

> Lorsque Violaine revient chez elle après sa deuxième visite chez M. et Mme Étienne, elle annonce à son frère : « Maintenant, ta maman c'est Dorothée, la mienne c'est Tata. » L'éducatrice est la seule parmi les personnes présentes à relever ce mot que Dorothée feint de ne pas entendre. L'éducatrice est bien placée pour reprendre ce propos *hic et nunc* et au cours des rencontres ou consultations ultérieures.

Un autre objet de préoccupation de l'enfant est de savoir si la famille sera gentille ou sévère, quels seront ses droits à le punir, pourra-t-il avoir recours s'il le souhaite, pourra-t-il la quitter ou y rester indéfiniment ? Aura-t-il son mot à dire ? Qui décide ? Nous avons vu comment Violaine cherche d'abord à séduire Mme Étienne en se pliant à tous ses désirs, puis teste sa tolérance et proteste contre sa sévérité ; comment Patrick teste aussitôt la tolérance de Mme Brisson au cours de la première visite. Tous ces points dont l'équipe est témoin, dont lui parle tantôt l'enfant, tantôt la famille d'accueil, tantôt les parents, peuvent être l'occasion de mises au point et d'informations.

Un point douloureux, à propos duquel les enfants sont toujours silencieux, concerne la cause du placement. Leurs pensées à ce sujet sont floues, imprégnées par des idées de méchanceté, la leur, celle de leurs parents, celle des services dont ils entendent leurs parents se plaindre. De ce fait, ils sont dominés par des impressions de rejet, des angoisses/désirs de séparation. Même s'il ne peut toujours entendre ce qui lui est dit, l'enfant a besoin que soient clarifiés le « pourquoi » du placement, l'impossibilité d'en fixer la durée exacte, le maintien des liens avec ses parents, les efforts qui seront faits pour améliorer les difficultés à l'origine du placement.

Il faut penser aussi à l'inquiétude que peut soulever le changement d'école, alors que ces enfants ont tant de peine à s'y adapter. La perte des amis, personnes ou animaux auxquels ils sont attachés, qui sont une source habituelle de réconfort et va leur manquer.

Il n'est pas question d'aborder tous ces points avec chaque enfant. Mais il est nécessaire d'être vigilant pour découvrir les préoccupations qui le tourmentent, pour l'encourager à s'exprimer à ce sujet, lui témoigner qu'il a été écouté, de vérifier qu'il s'est bien fait comprendre, lui faire sentir que ses fantasmes ont été pris au sérieux, qu'un sens y a été donné, de préciser les éléments de réalité sur le déroulement de sa vie pendant le temps du placement. Dans ces conditions, la plupart des enfants répondent vite et aisément au soutien qui leur est offert. Ils sont prompts à saisir cette attention dont ils ont besoin et le désir d'aller chez la famille d'accueil peut commencer à céder le pas aux appréhensions.

Préparation des parents

Les parents sont toujours bouleversés par la nécessité de placer leur enfant et ils ont besoin d'être aidés à y réfléchir plus posément. Absorbés tantôt par le besoin de se débarrasser de l'enfant, tantôt par la peur de perdre leurs droits, par celle aussi des reproches de l'enfant, du jugement de l'entourage ; horrifiés de se sentir mauvais parents ou d'avoir produit un mauvais enfant à leur propre image, ils s'opposent à toute proposition ou, à l'inverse, sont pressés d'en finir, prêts à accepter n'importe quelle solution, puis prompts à se dédire si le projet prend corps. Envahis par toutes ces pensées, craintes et appréhensions, ils ont besoin avant tout d'être aidés à s'en dégager pour pouvoir réfléchir aux divers problèmes que le placement leur pose ainsi qu'à leur enfant et pour s'y préparer en même temps que lui. Une grande partie des efforts de l'équipe, dans le premier temps de la préparation, est consacrée à surmonter la méfiance des parents, à créer un minimum de confiance, à éviter leur démission, ou/et à canaliser la violence suscitée en eux par l'impasse dans laquelle ils se sentent acculés.

Ils peuvent participer à la préparation de l'enfant, y consentir, ne pas s'y opposer, dans la mesure seulement où ils peuvent être soulagés de leur propre angoisse et se sentir reconnus en tant que parents, avec et en dépit de leurs difficultés vis-à-vis de leur enfant. Le travail de préparation est difficile, car ils sont à la fois jaloux de leurs prérogatives de parents et le plus souvent indisponibles vis-à-vis des besoins de l'enfant. La possibilité de les engager dans ce travail dépend en grande partie de leur état au moment du placement, de la capacité de l'équipe à trouver une brèche au travers de leurs désirs/craintes de placement et à concilier leur faible tolérance à l'égard de toute exigence avec la meilleure installation possible de l'enfant dans son placement. En fonction de tous ces facteurs, il est nécessaire de rechercher le degré de participation optimal, en sachant que la position prise par les parents à ce moment-là est chargée du poids de leur problématique à l'égard de l'enfant et de son placement, problématique que l'équipe a et aura à affronter et à travailler en permanence pendant toute la durée du placement.

À cet égard, une préoccupation prédominante des parents concerne leurs droits et la façon dont ils pourront les exercer. Certains, comme Mme Faure, se sentent obligés de les abandonner et se soumettent à l'excès. D'autres le refusent violemment. En fait, cette question en recouvre une autre beaucoup plus difficile à considérer, à savoir la crainte d'avoir à abandonner une partie de l'emprise mutuelle qui s'est développée entre eux et l'enfant et l'impression de perte qui s'y attache.

> Lorsque Mme C., à bout de nerfs, demande le placement de son fils Michel, âgé de 5 ans, elle paraît obsédée par l'habillement de l'enfant, elle tient à ce que Michel porte les habits qu'elle donne, interdit à la famille d'accueil d'en donner d'autres ; elle ne permet pas qu'on change sa coiffure. Or, et ceci scandalise l'école maternelle, Michel est toujours vêtu de façon ridicule, comme un bébé, et avec des vêtements de fille beaucoup trop courts. Placer Michel, n'est-ce pas le risque pour Mme C. de perdre à tout jamais ce « bébé Michel ». Chaque fois que Mme C. aborde de nouveau cette question de vêtements, il serait dangereux de la contrer, mais il est possible de pointer son insistance à ce sujet et de parler longuement de la difficulté de partager un enfant, de son angoisse de perte, des associations d'idées qui lui viennent à propos de son passé et cela lui permet de poursuivre un projet de placement temporaire dont Michel et elle ont grand besoin à ce stade pour détendre une situation où il l'a poussée dans ses derniers retranchements et où elle devient dangereusement maltraitante.

Ainsi, à la faveur de l'écoute de plaintes, désirs et craintes, il devient possible aux parents de commencer à envisager quelques points concrets concernant la réalisation et la poursuite du placement, tandis que, de proche en proche, peuvent être abordées les diverses questions concernant le fonctionnement du placement : préparation de l'enfant, première rencontre avec la famille d'accueil, façon de maintenir leur lien avec l'enfant, financement du placement, du vestiaire, des frais divers, rapports avec la famille d'accueil, délicate question de leurs droits parentaux, autorisations à leur demander, etc. En vérité, il est difficile et parfois impossible d'aborder réellement tous ces points, mais il faut y tendre et bien soupeser les obstacles qui s'y opposent, avant d'y renoncer. Les limites auxquelles on se heurte sont significatives des difficultés qui seront à traiter au cours du placement. Il faut savoir aussi que les consentements aisément donnés sont rarement durables ; ils sont remis en question à la première occasion et il est fréquemment nécessaire d'y revenir.

Lorsque l'enfant a été placé en foyer, en urgence, et que les parents sont absents, incarcérés ou hospitalisés, tout doit être fait pour tenter de les contacter, leur donner des nouvelles de l'enfant, et dans la mesure où leur état le permet, pour leur préciser les conditions dans lesquelles se trouve l'enfant, leur donner éventuellement la possibilité de communiquer avec lui, préciser leurs droits, etc.

Dès que l'équipe traitante de Mme Pierson donne son accord, l'équipe du Centre familial d'Action thérapeutique va la voir à l'hôpital sans attendre qu'elle demande elle-même des nouvelles et bien qu'elle ne parle jamais de son fils. Elle en est étonnée et soulagée, car elle se sentait traitée en criminelle ; elle croyait avoir perdu tous ses droits, et de ce fait s'enfermait dans un mutisme qui a cédé après cette première rencontre. C'est depuis l'hôpital qu'elle est préparée ensuite à reprendre contact avec lui.

Dans tous ces cas où les parents sont indisponibles et ne font pas les premiers pas, il importe d'aller au devant d'eux, ne serait-ce que pour pouvoir donner de leurs nouvelles à leur enfant.

Cela n'est pas toujours possible, par exemple lorsqu'ils disparaissent sans laisser d'adresses. Il importe alors de se préparer à les recevoir dès qu'ils réapparaîtront en sachant que ce sera à leur heure et non à celle de l'enfant, de la famille d'accueil ou de l'équipe et qu'il faudra néanmoins utiliser aussitôt ce moment pour commencer à les préparer à la réalité du placement, alors qu'ils l'ont fui et en dépit du fait qu'ils reviennent le plus souvent dans un mouvement impulsif et agressif de recaptation de l'enfant.

La mère de Jerry, à la suite de la consultation au cours de laquelle lui a été confirmée la possibilité d'admettre son fils au Centre familial d'Action thérapeutique, le dépose sans prévenir au Foyer de l'Aide sociale à l'Enfance et disparaît. Sans doute, bien qu'elle n'en ait rien dit, n'a-t-elle pas supporté le délai nécessaire pour réaliser le placement. Un an plus tard, elle écrit, s'excuse de son long silence, et demande l'adresse de son fils avec qui elle se propose de passer le week-end.

Dans ce genre de situation il est tentant de céder à la colère que suscite tant de désinvolture à la suite d'une année d'abandon. Il est essentiel d'y résister et d'utiliser cette demande pour tenter de traiter cette alternance impulsive d'abandon/réappropriation et reprendre le travail de préparation à peine amorcé auquel elle s'est soustraite il y a un an.

C'est pourquoi lorsqu'elle arrive au centre, toutes griffes dehors pour protester contre le fait qu'elle n'a pas l'adresse de son fils, il lui est proposé de s'asseoir et de se remettre d'abord de sa fatigue et de son inquiétude. L'équipe lui donne des nouvelles de Jerry et prend des siennes. Après avoir recueilli sans l'interrompre un long flot de paroles chargées de culpabilité et d'expression d'angoisse de mort, il devient possible d'aborder le problème du placement et d'utiliser ses propres mots pour l'inviter à réfléchir aux moyens de rencontrer son fils, un garçon psychotique de 4 ans, sans prendre le risque d'être confrontée avec sa violence. Elle peut alors parler avec émotion de son intolérance passée à l'égard des comportements de Jerry, de la violence qu'il a suscitée chez elle, de sa peur de le tuer, de son angoisse de l'avoir rendu fou, de ses remords, de son désir de le revoir, de sa peur du jugement des nourriciers, de son désir de les surprendre pour s'assurer que Jerry n'était pas maltraité, mais de n'y rester qu'un instant, le temps de prendre Jerry et de le ramener. Elle imagine soudain le refus de Jerry d'aller avec elle, dit ne pouvoir le supporter et est prête alors à remettre sa visite de quelques jours et à réfléchir aux conditions nécessaires pour que cette rencontre soit heureuse pour elle et pour son enfant.

Ainsi s'amorce, *a posteriori*, un travail qu'elle a à faire pour se préparer à vivre ce placement, y trouver les moyens d'aménager ses impulsions à l'égard de son envahissement par la maladie de Jerry qui entre si fortement en résonance avec son propre déséquilibre.

Choix et préparation de la famille d'accueil

La préparation d'une famille d'accueil comporte trois temps successifs : le premier se situe entre le moment où celle-ci pose sa candidature et celui où lui est proposé un enfant ; le deuxième est un temps de réflexion à propos d'un enfant précis pour qui une famille d'accueil est recherchée. Le troisième temps est celui des rencontres préalables. Trop souvent encore, en raison de la difficulté à trouver une famille d'accueil et des pressions qui s'exercent sur les équipes de service de placement, ces trois temps ne sont pas respectés et tendent à se confondre en un seul : ceci est dommageable autant pour la famille d'accueil que pour l'enfant.

Premier temps : temps probatoire de réflexion et d'information

Ce temps doit permettre à la famille d'accueil de vérifier son désir et ses possibilités d'exercer ce métier : il s'agit de lui en faire découvrir la complexité, tout en recherchant si elle peut s'y engager sans trop de risques pour elle-même, pour sa famille, pour l'enfant accueilli.

En vérité, seule l'expérience peut amener une famille d'accueil à saisir vraiment les pièges de sa fonction et à découvrir, entre autres, cette maxime de Bettelheim : « *Love is not enough* »[1], avec toutes les conséquences que cela comporte. Dans cette période probatoire, on ne peut espérer transmettre ce message. Tout au plus peut-on en faire entrevoir certains aspects et, en fonction de ceux-ci, apporter des informations sur le fonctionnement du service de placement. Les familles d'accueil candidates entendent mieux leurs collègues que l'équipe à cet égard lorsqu'à l'occasion de réunions qui regroupent, autour de l'équipe, familles d'accueil candidates et familles d'accueil en exercice, celles-ci disent que : « leur rôle est moins simple qu'elles n'avaient pensé ; les enfants sont difficiles, les mettent à l'épreuve ; on a toujours peur que l'enfant ne soit retiré et il est difficile d'envisager son départ. Il faut compter avec les parents : il est pénible de sentir cet attachement des enfants à leurs parents, difficile sinon impossible de ne pas être jaloux d'eux. Le maintien de ce lien est pénible à vivre. Il est insupportable de voir l'enfant revenir malheureux de chez lui, il est tentant d'imputer son mauvais état aux parents, alors qu'il est surtout malheureux d'avoir à revenir. Leurs propres enfants sont parfois jaloux, et l'enfant accueilli aussi. Toute la famille est impliquée par l'enfant : regard et jugement des voisins, de l'école, de l'équipe sont difficiles à supporter, etc. ».

Ces réunions offrent aussi à la famille d'accueil candidate la possibilité de découvrir la variété d'enfants susceptibles d'être confiés (âges, sexes, types de problèmes, etc.), son impossibilité d'accueillir certains enfants, sa plus grande disponibilité pour d'autres, d'entendre aussi que, hormis les premières rencontres préparatoires, il n'est pas possible de prendre un enfant à l'essai, qu'il est donc important d'évaluer avec sérieux pendant le temps de la préparation si l'enfant proposé peut vraiment trouver sa place, aussi bien sur le plan matériel que psychologique, en se souvenant qu'il devra y rester aussi longtemps que son placement s'avérera nécessaire, peut-être même pendant son adolescence ; ou à l'inverse qu'il devra retourner chez lui quand ses parents et

1. « L'amour ne suffit pas. »

lui-même seront prêts à se retrouver, éventualité qui fait cruellement souffrir toutes les familles d'accueil.

Pendant cette même période, la famille d'accueil prend connaissance aussi du règlement intérieur, dont les divers points peuvent être discutés, entre autres : collaboration régulière avec l'équipe, nécessité de se déplacer, de venir au centre, de discuter avant d'adopter les diverses décisions concernant la vie de l'enfant (son orientation scolaire, les loisirs, vacances, soins divers dont il peut avoir besoin ; l'organisation de ses rencontres avec ses parents, la place qu'il convient de réserver à ceux-ci, leurs droits à respecter, etc.). La famille d'accueil est informée de la façon dont se déroule la préparation d'un placement, de son droit de refuser un enfant, tout comme elle peut être refusée par les parents ou l'enfant lui-même ; elle doit être préparée à supporter la durée d'attente qui peut être longue ou courte et qui est imprévisible.

L'ensemble de cette démarche permet de mesurer s'il est possible ou non d'instaurer une communication entre l'équipe et la famille d'accueil, de faire expérimenter à cette dernière la façon dont l'équipe se propose de collaborer. Au travers de ces rencontres, la nature de la résistance et la possibilité de la travailler peuvent être appréciées ainsi que le genre d'enfant qui peut ou non lui être confié, les risques, les impossibilités.

Deuxième temps : un enfant est proposé

De nombreux points sont à envisager également lors des entretiens destinés à proposer un enfant à une famille d'accueil. Il est difficile et contestable de transmettre à autrui sa propre connaissance d'une personne et d'une situation. La famille d'accueil a besoin de se faire une idée personnelle de l'enfant et de ses parents, et elle ne peut le faire que lors de rencontres. Néanmoins, à propos d'une candidature d'enfant, l'équipe peut apporter des éléments de connaissance de la situation de l'enfant dans sa famille, de son état de développement, de ses habitudes, de sa scolarité, de sa santé, des problèmes qui sont à l'origine du placement, des attentes des parents, de leur désir ou de leur refus du placement... Il est important de doser l'information, d'apporter les éléments nécessaires, sans encombrer la famille d'accueil avec ceux qu'elle assimilera mieux plus tard en les découvrant par elle-même, et en respectant la discrétion professionnelle due aux parents et à l'enfant.

À partir de ces premiers éléments, la famille d'accueil peut commencer à réfléchir avec l'équipe à la place qui peut être donnée à cet enfant, à celle qu'il risque de prendre, en raison de son âge, de son sexe, de son caractère, de ses troubles et de ses habitudes ; de qui il sera le compagnon de chambre ou s'il aura une chambre pour lui, où il pourra mettre ses affaires, jouer, travailler... s'il pourra encore trouver une place lorsqu'il sera plus âgé, s'il pourra ou non passer ses vacances avec la famille d'accueil, s'il pourra participer aux fêtes de familles, ce que risque d'en penser le voisinage immédiat, la famille élargie ; quel médecin s'occupera de lui s'il est malade, la conduite à tenir en cas d'hospitalisation ou d'accident ; qui va l'inscrire à l'école. L'équipe doit aussi vérifier que la famille peut vraiment se déranger, laisser l'enfant venir au centre, participer à son accompagnement. C'est aussi le moment de revoir les points de règlement qui risquent de soulever des questions : la possibilité ou non d'accueillir un autre enfant en garde de jour, la nécessité de prévenir en cas de déplacement, la possibilité ou non et la façon de faire garder l'enfant par des voisins ou membres de la famille en cas d'absence forcée de la mère d'accueil, la possibilité ou non pour elle de faire ou de conserver un autre travail à temps partiel, etc.

Toutes ces questions contribuent à faire sentir à la famille d'accueil, d'une part l'étendue de son engagement, et, d'autre part, l'existence des parents et de l'équipe avec qui elle aura à partager la responsabilité de l'enfant. On sait combien ce partage est difficile pour la famille d'accueil. Ces rencontres permettent de le préfigurer et d'en amorcer l'apprentissage. La famille d'accueil est alors prête pour affronter la dernière étape de la préparation, celle des rencontres préalables auxquelles, de leur côté, l'enfant et les parents ont été préparés simultanément et qui constituent, en vérité, le premier temps de la réalisation du placement.

3. RENCONTRES PRÉLIMINAIRES ET RÉALISATION DU PLACEMENT

Les rencontres préalables avec l'enfant et ses parents d'une part, la famille d'accueil de l'autre, répondent à plusieurs objectifs en fonction desquels leur organisation doit être pensée. Elles sont l'antichambre du placement, servent de mode d'introduction et d'engagement de chacun dans cette aventure nécessaire et hasardeuse que constitue le placement familial.

Objectifs des rencontres

Obtenir le consentement de l'enfant et de ses parents

Les rencontres préliminaires sont destinées tout d'abord à s'assurer du consentement de l'enfant et de ses parents d'une part, et de celui de la famille d'accueil d'autre part. Il est prudent de donner à chacun la possibilité de récuser le choix de l'équipe sans être pénalisé pour autant, l'assurance étant donnée qu'il sera possible pour l'un de faire connaissance avec une autre famille, et pour l'autre de se voir proposer un autre enfant. En fait, l'expérience montre que, dès le moment où l'équipe désigne une famille d'accueil pour un enfant, son choix est, en général, entériné ; l'accueil par une famille qui s'y est bien préparée est de nature à rassurer l'enfant et ses parents, tandis que la famille d'accueil de son côté, prévenue des difficultés, est si désireuse de commencer qu'elle est agréablement rassurée par ce premier contact qu'elle réussit à établir plus facilement qu'escompté. C'est dire que le choix de la famille d'accueil et de l'enfant qui lui est attribué repose sur l'équipe et engage une responsabilité que ni la famille d'accueil, ni les parents, ni l'enfant ne sont en état de partager. Il est exceptionnel de voir les uns ou les autres reprendre leur consentement au cours des rencontres suivantes.

Il est plus habituel de constater que chacun, au cours de cette première rencontre, met tout en œuvre pour créer l'idylle et a hâte d'en finir au plus vite. Assez fréquemment une entente tacite se noue entre les trois parties pour déclarer l'inutilité de rencontres supplémentaires et demander à l'équipe que l'enfant reste dès la prochaine fois. La rapidité et la force avec lesquelles s'enclenche cette entente dès la première rencontre sont remarquables ; il n'est pas rare d'entendre la famille d'accueil déclarer, comme Mme Étienne, ne vouloir accepter aucun autre enfant s'il prenait la fantaisie à l'équipe de lui refuser celui-ci...

Diminuer l'appréhension mutuelle

Il semble donc que l'objectif des premières rencontres est moins de permettre un choix que de faire connaissance et de diminuer les appréhensions mutuelles. Il est utile néanmoins de multiplier ces premières rencontres de façon à dépasser ce qui peut paraître et être un « trompe-l'œil » de façon à ce que chacun puisse malgré tout se frotter au caractère de l'autre. En général, dans les rencontres suivantes, surgit une effraction passagère qui donne une indication sur les difficultés futures et qui permet, malgré la rapidité avec laquelle tout rentre dans l'ordre, d'en discuter d'emblée avec les intéressés comme d'un problème réel qui se reproduira sans doute plutôt que d'en nier l'existence comme ils ont tendance à le faire. On se souvient du caprice alimentaire de Violaine, de la colère de Patrick, sorte de testing, dont la violence inquiétante sur le moment retombe vite, chaque enfant paraissant rassuré de rencontrer une limite, sans avoir été pour autant attaqué ou abandonné en retour.

Amorcer le partage de l'enfant entre les deux familles

Enfin, le principal objectif de ces rencontres préliminaires est d'*amorcer* le problème fondamental du placement familial, à savoir *le partage de l'enfant entre ses deux familles* et les deux situations qui y sont attachées (séparation-prise de distance puis retrouvailles) en faisant expérimenter aux intéressés le rôle de l'équipe du placement familial à l'égard de l'enfant et de tous ses partenaires.

Organisation des premières rencontres

Organisation d'un programme de rencontres

Ce programme demande à être adapté à chaque situation particulière. Les propositions sont faites par l'équipe mais discutées avec chacune des parties (l'enfant, les parents, la famille d'accueil) et réajustées en fonction des préoccupations des uns et des autres, ceci aussi bien en ce qui concerne le nombre de rencontres et leur durée que les modalités d'accompagnement. Un programme peut alors être mis sur pied et la date d'entrée permanente de l'enfant est fixée. Lors de l'application de ce programme, l'équipe se heurte souvent à des tentatives des parents et de l'enfant pour le mettre en brèche et pour provoquer des conflits, par exemple : entente directe des parents avec la famille d'accueil pour changer le rendez-vous fixé, sans consulter l'équipe... la famille d'accueil croyant de son côté que l'équipe s'est entendue avec les parents... Ces « agis », qui peuvent soulever beaucoup d'émotions, sont à traiter comme une manifestation de résistance et donnent l'occasion à l'équipe, en intervenant dans ce sens, de faire une mise au point et de se situer d'emblée comme thérapeute de l'enfant dans son placement, et collaborateur de la famille d'accueil.

Faire expérimenter à l'enfant et à ses parents une prise de distance tolérable

Le nombre de rencontres et leur durée sont variables. Il dépend de l'âge, de la maturité de l'enfant, de la nature de ses troubles, de l'état de sa famille, de l'état d'ensemble de la situation.

Quoi qu'il en soit, faire expérimenter à l'enfant une première prise de distance avec ses parents est important ; il est bon d'en fixer une qui soit tolérable, qui lui permette de vérifier qu'il n'est ni perdu, ni abandonné, que ses parents sont là, même lorsqu'ils sont loin, que les communications restent possibles, que l'on peut se retrouver. C'est pourquoi il est important que l'enfant se trouve seul à plusieurs reprises dans la famille d'accueil, pour des durées brèves, puis plus longues, et retrouve chaque fois ses parents ; et qu'il soit soutenu dans cette première expérience par le membre de l'équipe qui va dorénavant le suivre et auprès de qui il va expérimenter cette relation, que nous appelons relation d'accompagnement, étudiée de façon approfondie dans le chapitre 35.

Les rencontres multiples, rapprochées, d'abord brèves, puis se prolongeant progressivement, sont nécessaires pour les enfants petits, de façon à les aider à ressentir la permanence de l'objet dans une situation de séparation et à éviter que ne se développe un état aigu anxieux dépressif. Pour les enfants plus grands, après les premières présentations, un ou deux séjours de vacances de plusieurs jours ont plus de sens et de poids.

À moins de circonstances imprévues, il est préférable de ne pas céder aux désirs de l'enfant, de ses parents et de la famille d'accueil, de rester chez celle-ci à l'issue de la première ou deuxième rencontre. Les intéressés cherchent là, inconsciemment, à éviter la situation douloureuse de séparation/retrouvailles ; mieux vaut les aider à la vivre tout en explicitant les affects sous-jacents aux passages à l'acte qui ne manquent pas de se manifester à ce sujet.

Accompagnement

Qui accompagne l'enfant pendant les trajets d'une famille à l'autre ? Le plus souvent, les parents et l'enfant souhaitent être ensemble pour la première rencontre, les présentations étant faites par le travailleur social qui peut ou non s'éclipser ensuite ; elles ont lieu là où les uns et les autres préfèrent se rencontrer : rarement chez les parents, en général dans la famille d'accueil, parfois au centre d'où il est possible de partir tous ensemble pour voir le domicile de la famille d'accueil. Par la suite, il est préférable de laisser le travailleur social accompagner l'enfant. Cette situation présente l'avantage de permettre à l'enfant de vivre séparation/retrouvailles avec chaque famille en dehors du regard de l'autre et d'ouvrir un espace entre les deux foyers : le temps et la distance qui séparent les deux foyers permettent à l'enfant et au travailleur social témoin et accompagnateur de communiquer à propos des idées ou émotions que cette situation suscite chez l'enfant ; par ailleurs, l'accompagnateur, témoin de ce qui se passe au moment de la séparation et des retrouvailles chez chaque famille, peut s'en entretenir parfois sur-le-champ avec parents et famille d'accueil devant et avec l'enfant ; dans l'intervalle, il peut rencontrer les parents d'une part, la famille d'accueil de l'autre pour qu'ils puissent dire comment l'enfant et eux-mêmes ont réagi à la suite de la visite, et réfléchir à celle à venir.

À partir de cette expérience vécue, partagée, les principaux points concernant l'organisation du placement permanent peuvent être abordés de nouveau à plusieurs reprises avec chacune des parties : jour où celui-ci aura lieu, qui accompagnera l'enfant, date de la prochaine rencontre entre parents et enfants et rythme des visites. Qui inscrira l'enfant à l'école ? Quelles affaires emportera-t-il avec lui ou laissera-t-il à la maison ? Toutes ces questions traitées individuellement puis ensemble avec l'enfant et ses deux familles, leur font vivre de façon concrète la manière dont seront prises, dorénavant, toutes les décisions le concernant : la nécessité de concertation et d'information, les obligations de chacun à cet égard, le rôle de l'équipe qui doit faciliter, rendre possible et aider à aménager le partage, en proposant des solutions qui concilient les besoins et tiennent compte des émotions des uns et des autres.

Pour conclure, il apparaît clairement que la préparation du placement est bien autre chose qu'une simple habituation de l'enfant à son milieu d'accueil ; elle engage la suite dont elle est le prototype et est destinée à mettre en place les assises sur lesquelles le placement va reposer.

Chapitre 35

Accompagnement thérapeutique du placement familial

M. David

PLAN DU CHAPITRE

1. PRINCIPES FONDAMENTAUX

Les réactions de l'enfant et de ses parents à la séparation et au placement, ainsi que l'intériorisation par l'enfant des troubles consécutifs aux sources de souffrance préexistantes au placement[1], viennent entraver la fonction de maintenance de l'enfant par la famille d'accueil, compromettant ainsi les effets positifs du placement et sa continuité. Il existe là une situation qui oblige à reformuler la nature du potentiel thérapeutique du placement familial et à rechercher les mesures aptes à contrôler ses risques et à favoriser ses effets bénéfiques.

Potentiel thérapeutique du placement familial

Rôle de la séparation

La séparation vise encore et toujours à mettre l'enfant et ses parents à l'abri de difficultés, dangers, souffrances mutuellement intolérables. Néanmoins, on sait aussi maintenant que la rupture des liens fondamentaux est en soi une source de troubles et que, loin de mettre l'enfant à l'abri de la pathogénie éventuelle de ce lien, elle peut la fixer, voire l'aggraver.

Il importe donc que la séparation, tout en assurant la mise à distance nécessaire et inévitable, soit utilisée non pour trancher les liens fondamentaux, mais bien au contraire pour favoriser la poursuite de leur élaboration dans une situation de distanciation, alors que cette élaboration est devenue difficile sinon impossible dans une situation de proximité.

Rôle de l'engagement affectif entre l'enfant et sa famille d'accueil

Même lorsqu'une famille d'accueil est au clair avec sa fonction vis-à-vis de l'enfant et avec la nécessité de préserver la place de ses parents, la force des motivations qui la poussent à accueillir et à soigner l'enfant d'un autre, associée au fait qu'elle exerce la plus grande partie des fonctions parentales, entraîne inévitablement le développement entre eux de liens affectifs de type filial et parental. L'enfant se sent partagé entre ses deux familles et les rapports qui se développent entre lui et sa famille d'accueil mobilisent sa relation fondamentale à l'égard de ses parents. Il y a là un risque mais aussi une possibilité de traitement.

L'engagement affectif avec la famille d'accueil et ce *partage* entre les deux familles constituent le levain qui pousse l'enfant, dans un mouvement de va-et-vient d'une famille à l'autre, à remanier au fur et à mesure ses positions affectives fondamentales et qui lui permet alors de poursuivre son développement, mais sous réserve que soient surmontés les risques multiples dont la relation entre enfant et famille d'accueil est chargée de ce fait.

1. Voir David M., *Le placement familial*, 5e éd., Paris, Dunod, 2004, troisième partie.

Reconnaissance de la nature des risques et leur traitement

Les risques sont inhérents à la situation de placement familial. Ils existent dès que celle-ci est nécessaire et se met en place, ils sont présents tout au long du placement, quelles que soient la qualité et l'expérience de la famille d'accueil.

En effet, on l'a vu à maintes reprises, l'introduction de certains éléments de la relation parentale dans la relation à la famille d'accueil, les jeux complexes défensifs de refoulement, de clivage, de répétition, de déplacement opérés par l'enfant, entraînent celui-ci à s'enfermer avec sa famille d'accueil dans des modes relationnels pathogènes dans lesquels la famille d'accueil est forcée de s'engager, qu'il s'agisse de mouvements régressifs ou sadomasochistes. De plus, la conjugaison de ces problèmes relationnels entre l'enfant et la famille d'accueil avec les mouvements affectifs mutuels d'abandon et recaptation entre parents et enfant provoque la répétition du problème fondamental qui est à l'origine du placement, à savoir la tendance à répondre au désir-angoisse de séparation par un passage à l'acte, lequel prend la forme d'une *rupture ;* celle-ci est suscitée encore et encore par les sentiments que soulève une incompatibilité mutuelle envahissante au sein d'un attachement intense persistant, mais devenu une fois de plus intolérable. Les ruptures ont des effets pathogènes qui s'aggravent considérablement à mesure qu'elles se répètent. En revanche, comme on le verra plus loin, leur évitement peut être en soi thérapeutique et constitue un des cinq principaux axes de traitement.

Le potentiel thérapeutique du placement familial réside donc dans une « mise à distance » de l'enfant et de ses parents lorsque le maintien de l'enfant dans son foyer d'origine est devenu nuisible pour l'enfant et/ou pour ses parents ; mais, afin d'éviter ou d'atténuer l'ensemble des risques inhérents à la situation de placement familial, et obtenir les effets positifs autorisant la poursuite du développement de l'enfant, le placement familial doit assurer simultanément le « holding » de la relation intérieure entre enfant et parents et de l'engagement affectif entre enfant et famille d'accueil. Tel est l'objectif de l'accompagnement thérapeutique.

L'accompagnement thérapeutique : définition et caractéristiques

Cette conception du placement familial transforme profondément la façon de le suivre. La surveillance du placement telle qu'elle a été préconisée est totalement inefficace. Elle peut même être nuisible dans la mesure où elle entraîne les partenaires de l'enfant à cacher et à nier les problèmes, de peur d'être blâmés et sanctionnés, ou à se débarrasser de l'enfant pour éviter ce risque. La pratique de la surveillance doit céder le pas à ce que nous appelons l'accompagnement thérapeutique. Celui-ci présente quatre principales caractéristiques :

- il comporte une dimension thérapeutique ;
- cette dimension n'est pas ponctuelle, elle est maintenue avec continuité tout au long du placement ;
- elle est centrée sur l'enfant et sur le lien entre l'enfant et ses parents ;
- elle s'accompagne d'une action simultanée diversifiée auprès des divers partenaires de l'enfant.

Ce travail thérapeutique ne détrône en aucune façon la fonction affective d'accueil, de soins, d'attention et d'éducation de l'enfant par sa famille d'accueil. Celle-ci reste primordiale. L'action thérapeutique est complémentaire et articulée avec elle.

Un espace thérapeutique : le centre de placement

Il est indispensable d'introduire dans la pratique du placement familial une *dimension thérapeutique* afin de prendre soin de la problématique complexe que le placement pose à l'enfant et à ses parents. Ceci est vrai *dans tous les cas,* quelle que soit la cause du placement, que l'enfant soit ou non porteur de manifestations psychopathologiques antérieures à son placement, et quelles que soient la nature, la gravité ou la bénignité de celles-ci.

Le service de placement familial est responsable de la mise en place et de la poursuite de ces soins. Nous verrons plus loin les caractères spécifiques de ces soins, partagés le plus souvent entre plusieurs intervenants travaillant toujours étroitement en équipe, ayant recours à des interventions diversifiées auprès d'une variété de personnes (enfant, parents, famille d'accueil, instituteur, travailleurs sociaux, médecin, etc.) et dans divers lieux : le domicile de la famille d'accueil, celui des parents, l'école, le centre, etc. ; toutes ces interventions ont à s'inscrire dans un projet thérapeutique global dont la cohésion doit être maintenue grâce à un travail d'élaboration du matériel clinique issu de ces diverses interventions. Le centre est donc le siège de l'équipe qui, elle, est le garant de la visée thérapeutique du placement.

C'est aussi un espace destiné à être investi directement par l'enfant : en effet, il est pour lui un instrument de jonction entre ses deux familles, l'enfant comprenant vite que l'équipe les connaît et tient compte de l'une et de l'autre et qu'elle le connaît lui dans ses relations à elles deux ; simultanément, il peut s'y trouver seul, à distance de l'une et de l'autre famille, existant par lui-même. Il s'y montre alors à sa façon à lui, avec ses problèmes et selon ses possibilités, exprime ses affects et ses fantasmes sous forme d'agi, de paroles, de jeux et d'entretiens, ceci dans le cadre d'activités thérapeutiques individuelles et de groupe. Le centre est également un lieu de rencontres entre l'enfant et ses parents, lorsque ceux-ci ne sont pas en état de le recevoir à domicile. Enfin, il est un lieu de réflexion et de rencontres pour l'équipe, pour la famille d'accueil et les services extérieurs éventuellement concernés.

Pour assurer l'ensemble de ces fonctions, sans oublier la gestion administrative, le centre a besoin d'être équipé en personnel qualifié, en locaux, espaces et matériaux adaptés à l'ensemble des activités cliniques qui s'y déroulent. Actuellement, dans bien des services, c'est là un vœu plutôt qu'une réalité.

Une action thérapeutique permanente

L'accompagnement thérapeutique est mené *avec continuité* de bout en bout par une équipe stable. Cette conception s'oppose à la pratique encore courante d'interventions ponctuelles, de fréquence variable, faites en urgence et à l'occasion de crises et/ou à la demande des uns ou des autres (parents, famille d'accueil, services) et par des intervenants appartenant à des services divers. L'accompagnement thérapeutique se fait dans la continuité, la régularité, depuis le préplacement jusqu'au départ de l'enfant et après son retour dans sa famille, ou, s'il n'y retourne pas, jusqu'à son autonomisation. Cela pour plusieurs raisons.

- D'une part, parce que la problématique de l'enfant placé et de ses deux familles est active et se répète tout au long du placement. Chaque phase, on l'a vu, comporte des problèmes qui lui sont propres et auxquels l'équipe doit être particulièrement attentive. Ainsi, au cours de la préparation, déjouer l'urgence, éviter que le placement ne prenne la forme d'une rupture brutale, faire amplement connaissance avec l'enfant, ses parents et la famille d'accueil, poursuivre la réflexion sur l'indication du placement ; ensuite affirmer sa place auprès de chacun sans se laisser évincer pendant les temps d'idylles ; ne pas rompre le traitement, ne pas accabler la famille d'accueil dans les moments de défaillance et de crise et plus particulièrement dans les temps de désillusion ; s'interroger sur les périodes silencieuses, les moments de retrait de l'un ou de l'autre des intéressés ; reconnaître les signes annonciateurs et indirects d'intolérance de la famille d'accueil ; comprendre et détecter la participation inductrice de l'enfant avant que la famille d'accueil ne s'épuise, se décompense ou ne veuille interrompre son accueil ; reconnaître les signes annonciateurs de crise ; ceux du départ de l'enfant, afin de pouvoir le préparer plutôt que de le laisser « se faire » en catastrophe. En résumé, la continuité du suivi constitue un moyen indispensable pour déjouer les risques liés aux multiples facteurs de discontinuité qui tendent constamment à prendre le pas.
- Mais surtout, la continuité du suivi est nécessaire pour accompagner et traiter les mouvements internes de l'enfant au fur et à mesure qu'ils se développent, afin de le soutenir dans sa recherche d'aménagements meilleurs, moins destructifs, qui permettront son développement et une meilleure élaboration de ses relations objectales.
- Enfin, et c'est là également un point essentiel, la continuité de ce travail pendant ce grand nombre d'années par une même équipe, permet à celle-ci d'aider l'enfant à lier entre elles ses expériences et émotions passées et présentes, celles qui prennent place dans une famille, celles qui se passent dans l'autre. La continuité du suivi est donc l'instrument qui permet à l'équipe d'aider l'enfant à maintenir ou à retrouver une continuité interne.

Assurer cette continuité exige la présence d'une équipe stable. Les membres de cette équipe ont à faire ensemble, de façon continue, un travail d'élaboration afin de parvenir à une compréhension commune, saisir les orientations des mouvements évolutifs, en ayant comme objectif d'aider l'enfant, ses parents, la famille d'accueil à gérer au mieux et à tous les moments les aspects divers de la problématique.

Un accompagnement thérapeutique centré sur l'enfant

Une autre caractéristique de l'accompagnement thérapeutique est d'être *centré sur l'enfant,* sur ses interrelations avec tous ceux qui sont impliqués avec lui dans les difficultés que lui et son placement leur posent, et ceci même en l'absence de toute psychopathologie manifeste.

- L'accompagnement thérapeutique est centré sur l'enfant parce que c'est *lui* qui est l'objet de la mesure de placement. C'est *lui* dont le développement est menacé. C'est *lui* qui est confronté à l'impuissance, à l'incapacité ou au refus de ses parents de le garder et de répondre à ses besoins. C'est *lui* qui subit une séparation qui lui est imposée. C'est *lui* qui doit établir un lien avec une famille jusque-là inconnue et qui doit vivre cette situation troublante d'enfant à deux familles, se sentant toujours en risque de les perdre. C'est *lui* qui doit assumer la confusion ou l'angoisse dans laquelle le plonge cette situation. C'est *lui* qui doit trouver en lui les possibilités de transaction qui l'autorisent à se faire aimer et à aimer, à ne pas se faire rejeter, ni rejeter l'une et l'autre familles.

- À cet effet, il a d'autant plus besoin de soutien que ses parents sont trop absorbés par leurs propres problèmes pour être disponibles à son égard. De plus, la famille d'accueil, elle aussi, est impliquée par l'enfant dans des circuits interactifs dont il lui est difficile de se dégager aussi longtemps que l'enfant, par la nature de ses demandes, provoque de sa part des contre-réactions qui sont quasi irrésistibles.
- Enfin, l'expérience montre que ni la famille d'accueil, ni les parents n'ont le pouvoir de modifier les positions affectives structurées de l'enfant ; ils ne peuvent que se laisser enfermer par celles-ci. Par contre, l'une et l'autre sont soulagées par l'évolution de l'enfant et sont capables alors de le suivre, la famille d'accueil se montrant apte à adopter des attitudes dont elle paraissait jusque-là incapable, tandis que la mère ou le couple parental encouragés par les positions de l'enfant devenues moins menaçantes pour son équilibre personnel, peuvent commencer à se rééquilibrer.

Action auprès des divers partenaires de l'enfant

Que l'accompagnement thérapeutique soit centré sur l'enfant, n'exclut nullement une action concomitante auprès des divers partenaires de l'enfant. Bien au contraire, il s'inscrit dans un travail d'ensemble auprès d'eux. Dans les pages qui suivent, seront envisagées, d'une part, l'action destinée à soutenir la « parentalité » de l'un et l'autre parents et/ou du couple parental ; d'autre part, la façon dont l'équipe peut soutenir le travail de la famille d'accueil ; enfin, la nature des contacts à établir et maintenir avec les diverses instances éducatives juridiques ou médico-sociales s'occupant également de l'enfant.

C'est l'ensemble de cette démarche, avec ses diverses composantes, que nous proposons de dénommer « accompagnement thérapeutique » du placement familial.

2. AXES DE TRAITEMENT

Pour maintenir le placement, éviter ses effets pathogènes, renforcer ses bienfaits et son caractère éventuellement thérapeutique, l'équipe de placement familial doit exercer une fonction d'étayage des relations entre l'enfant et ses deux familles et traiter les tensions qui se développent entre eux. Ce travail se poursuit simultanément dans cinq directions qui constituent des axes de traitement.

Chacun des axes de traitement a une importance égale et doit être l'objet d'une attention permanente et de soins adaptés aux nécessités du moment :

- assurer la stabilité du placement, éviter les ruptures ;
- réguler les contacts entre l'enfant et ses parents ;
- aider les parents à maintenir et développer leur parentalité, voire dans certains cas, à en faire le deuil ;
- veiller à l'insertion de l'enfant dans son environnement ;
- soutenir l'enfant dans l'aménagement de ses relations à ses deux familles et à son environnement.

Dans chaque cas, à chaque moment du placement, ce sont là des points au sujet desquels la vigilance de l'équipe doit être incessante. Il existe des interférences étroites entre ces divers points, car chacun d'entre eux est à l'origine de tensions qui se répercutent dans les autres domaines.

Au Centre familial d'Action thérapeutique, l'ensemble de ce travail est assuré dans chaque cas par un médecin-thérapeute-consultant (MTC) qui travaille en étroite connexion avec un travailleur psycho-socio-éducatif (TPSEd). Ce dernier est d'origine professionnelle variée (assistant social, infirmier psychiatrique, éducateur, psychologue...) ; l'essentiel est qu'il sache entrer en relation avec des enfants de tous âges, qu'il soit capable de réfléchir à sa propre implication dans des relations multiples et qu'il soit doté d'une tolérance suffisante à l'égard des situations conflictuelles auxquelles il sera mêlé. Le médecin-thérapeute-consultant a une formation pédopsychiatrie et psychanalytique. Enfin, médecin et travailleur psycho-socio-éducatif ne peuvent prendre cette responsabilité que s'ils sont décidés à l'assumer avec continuité pendant plusieurs années. Cette équipe de base est responsable de l'accompagnement thérapeutique de l'enfant dans ses relations avec ses deux familles, de l'orientation des décisions importantes concernant la vie de l'enfant et de toutes les actions destinées à consolider l'assise du placement familial. Le travailleur psycho-socio-éducatif est chargé plus spécialement de l'accompagnement proche de l'enfant dans ses contacts avec ses deux familles et avec le voisinage, et de l'action d'accompagnement, décrite dans le chapitre suivant ; tandis que le médecin-thérapeute-consultant est responsable du rassemblement des données, des consultations thérapeutiques, de la formulation et du maintien du projet thérapeutique. Ce projet peut exiger l'action d'autres intervenants : ceux-ci travaillent alors en étroite coordination avec l'équipe de base à qui ils rendent compte régulièrement de leur action auprès de l'enfant et de l'évolution de celui-ci. Il peut s'agir soit de groupes thérapeutiques (loisirs, pédagogiques), soit d'actions individuelles (aide pédagogique, psychothérapie ou toute autre forme d'aide).

L'action conjointe du travailleur psycho-socio-éducatif et du médecin-thérapeute-consultant s'applique en fait à tout l'ensemble du travail auprès de la communauté de vie de l'enfant, auprès des parents et de la famille d'accueil à propos des cinq axes de traitement. Cette façon de travailler implique une collaboration étroite entre eux. La différenciation de la position de chacun à l'intérieur de cette action commune, l'un étant plus proche, l'autre plus à distance, sera étudiée plus avant à propos de l'accompagnement thérapeutique proprement dit de l'enfant.

Ce chapitre est consacré à l'étude des quatre premiers grands axes du traitement. Le cinquième axe, à savoir l'accompagnement thérapeutique de l'enfant, sera l'objet d'un chapitre à part.

Assurer la stabilité du placement

Tant que demeure l'indication de séparation, la stabilité du placement est une nécessité première, puisqu'il est *la plate-forme* sur laquelle reposent les soins de l'enfant privé en plus ou moins grande partie de ses parents. De plus, éviter les ruptures de lien est indispensable pour *éviter les mouvements régressifs et les discontinuités* internes qui en résultent. Enfin l'évitement de rupture est en soi un instrument thérapeutique : en effet, en étant protégé contre sa compulsion à induire des ruptures, l'enfant est poussé à *élaborer d'autres réponses aux conflits et donc à réaménager ses positions affectives*.

Agents de rupture

Or, tout au long de son parcours, la stabilité du placement est menacée par le fléchissement du seuil de tolérance des uns ou des autres à l'égard des innombrables difficultés soulevées par cette situation. Les principaux agents de rupture sont les parents, la famille d'accueil, l'entourage de celle-ci et, au premier chef, les équipes du placement et les intervenants médico-sociaux d'autres services.

Les parents

Le risque de reprise intempestive de l'enfant par ses parents est, à juste titre, particulièrement redouté par les familles d'accueil et par les services. Il est considérablement réduit lorsque est donnée aux parents la possibilité de s'exprimer et d'être entendus au sujet de leur douloureuse alternance entre un désir d'abandon et de recaptation de leur enfant, et lorsque est procuré également à l'enfant un terrain où il peut exprimer ses désirs et craintes à l'égard de ses deux familles. Dans ces conditions, comme pour Violaine, les menaces surgissent et retombent. Certes, il n'est pas toujours possible de résister au désir mutuel de l'enfant et de ses parents de reprendre la vie en commun, alors qu'ils n'y paraissent pas prêts. Dans la plupart des cas, le retour de l'enfant chez ses parents peut être préparé ou tout au moins négocié sans que le départ prenne la forme d'une rupture des rapports avec la famille d'accueil et/ou le service de placement[1].

La famille d'accueil

Les familles d'accueil peuvent aussi « rendre l'enfant en catastrophe ». C'est même une éventualité fréquente dans les placements insuffisamment suivis, lorsque la famille d'accueil est débordée par l'enfant et ses parents et/ou se trouve menacée par les critiques malveillantes de l'entourage, ou encore par des conflits avec l'équipe qui la suit. En revanche, l'accompagnement thérapeutique de l'enfant et une concertation étroite entre famille d'accueil et équipe en réduisent considérablement l'incidence. Dans ces conditions, face aux difficultés, la famille d'accueil pense malgré tout fréquemment au départ de l'enfant, mais plutôt pour en repousser l'idée ; assez souvent, on la voit projeter l'émergence de cet éventuel désir sur les parents ou l'équipe, imaginant et craignant qu'ils ne le lui retirent, ou encore que l'enfant puisse exprimer le désir de partir. Elles imaginent ce départ plus souvent qu'il n'est dit, mais le placement peut se poursuivre.

L'entourage de la famille d'accueil

Un voisin, un membre de la famille élargie, l'école, peuvent devenir agents de rupture lorsqu'ils ne tolèrent plus les difficultés de l'enfant et en font reproche à la famille d'accueil et à l'équipe ou lorsque, à l'inverse, prenant fait et cause pour l'enfant, ils soupçonnent la famille d'accueil de le malmener ou l'accusent de le négliger et, dans un cas comme dans l'autre, sollicitent « les autorités » pour que l'enfant soit retiré.

Quoi qu'il en soit, dans tous les cas, qu'il s'agisse des parents, de la famille d'accueil ou de l'entourage, nous avons vu tout au long de la deuxième partie de ce livre, *la force du pouvoir inducteur « inconscient » de l'enfant* qui teste les uns et les autres, suscite réactions et conflits qui provoquent la répétition de la rupture.

1. Voir David M., *Le placement familial, op. cit.*, chapitre 20.

L'équipe du centre de placement

En fait, la stabilité ou l'instabilité du placement est essentiellement entre les mains de *l'équipe du placement familial,* selon qu'elle traite ce problème ou se prête à en être le jouet. Goldstein, Anna Freud et Solnit[1] ont beaucoup insisté sur le risque de rupture de lien auquel les enfants étaient exposés du fait des interventions abusives et intempestives des travailleurs médico-sociaux. L'expérience le confirme. Même pour des professionnels chevronnés, il n'est pas facile de résister à la force des pressions externes et internes qui agissent dans ce sens : garder la juste distance, ne pas céder à l'anxiété, parfois à un certain goût du pouvoir, à ses propres mouvements de rejet ou d'appropriation de l'enfant, au désir de se débarrasser d'un cas trop brûlant, de parents trop terrifiants, d'une famille d'accueil qui heurte trop, résister aux menaces de l'entourage, à la crainte de maintenir l'enfant dans une situation de danger. Un facteur de rupture auquel il est particulièrement difficile d'échapper est l'impression forte comme un mirage, fréquente, soudaine et envahissante, que la famille d'accueil, maintenant en difficulté, est mauvaise et responsable de tout ce qui ne va pas. Cette impression devient insurmontable lorsqu'une partie de l'équipe accuse plus ou moins ouvertement un autre de ses membres d'être aveugle et négligent face à une famille d'accueil qui montre des signes de décompensation, un équilibre et une situation qui chancellent et un manque de disponibilité à l'égard de l'enfant. Les impressions d'abus, de négligence, de rejet, voire de mauvais traitements, affluent irrésistiblement. L'équipe, effrayée par l'échec, se sentant à son tour en danger d'être mise en question par l'entourage de l'enfant, peut être entraînée à la première occasion à interrompre le placement, même en urgence et sans préparation. Un travailleur social isolé ne peut guère y résister ; même au sein d'une équipe, les divers professionnels peuvent être divisés à ce sujet et la décision de maintien ou non de l'enfant dans la famille d'accueil peut les jeter dans les conflits identiques à ceux posés par le maintien ou non de l'enfant chez ses parents au point d'entraver une réflexion sur les moyens de traiter la situation autrement que par un changement de placement. Ainsi se répètent les difficultés posées initialement par l'indication du placement.

Évitement de rupture de liens

La stabilité du placement est avant tout fonction de la capacité de l'équipe à traiter les tensions et les crises ; l'évitement des ruptures dépend aussi de la possibilité de prévoir l'éventualité d'un changement et de préparer la sortie de l'enfant.

Traitement des tensions et des crises

Quelles que soient leurs origines, les *crises* sont une cause majeure de rupture de placement.

Tout d'abord il est nécessaire que les divers intervenants sachent que l'existence de tensions et de crises est *« normale »* ; elles font partie de la problématique de tout placement familial et il importe de ne pas se laisser désarmer par elles. Si pénibles, fréquentes et inquiétantes soient-elles, elles ne sont pas en elles-mêmes un critère d'échec. La capacité de l'enfant à progresser à l'issue d'une crise traduit l'efficacité du placement, même si une nouvelle crise paraît démentir momentanément la permanence des progrès. À l'inverse, l'absence de crise et le silence qui l'accompagne ne sont

☞

1. Goldstein J., Freud A., Solnit A., *Dans l'intérêt de l'enfant, op. cit.*

☞
pas forcément des critères de bon placement, ils peuvent constituer un signe d'enfermement et d'aliénation de l'enfant.

La vigilance de l'équipe à l'égard des tensions qui se manifestent au cours du déroulement du placement, constitue un premier niveau de traitement contribuant à consolider ses assises. L'enfant et ses parents, d'une part, la famille d'accueil, de l'autre, peuvent être ainsi entraînés à ce que le conflit devienne une source d'échange plutôt que de passages à l'acte. Les crises n'en sont pas pour autant supprimées, mais elles peuvent être abordées à nouveau, sans se laisser entraîner dans un processus de rupture. Comme pour Violaine, la résolution des crises passe avant tout par la capacité de l'équipe à aider l'enfant à expliciter, dans le cadre des diverses instances de traitement, les émois et fantasmes qu'il tend à « agir », et à traiter les divers aspects de son ambivalence, tout en apportant un soutien aux principaux partenaires impliqués avec lui dans la crise. C'est là, il faut insister, un travail difficile et par moments « épuisant » en raison de la violence qui se manifeste dans ces occasions et de la répétition des incidents qui y donnent lieu. À moins d'être averti, de comprendre la raison profonde de cette violence et le sens de la répétition, il est bien difficile de ne pas céder finalement au désir de mettre fin à la situation[1]. L'étude de la problématique constituée et de son évolution a montré la lenteur et les oscillations de cette évolution. C'est le suivi de l'évolution, et non l'intensité et la violence des crises, ni leur fréquence, qui donne des indications sur la possibilité de poursuivre le placement ou de préparer le départ de l'enfant. En effet, l'enfant n'est pas destiné à rester indéfiniment dans sa famille d'accueil : il peut avoir besoin, au cours du placement, d'un autre mode de prise en charge ; il peut lui être nécessaire de quitter sa famille d'accueil et d'aller dans une autre famille, comme peut venir le jour où il lui est possible de regagner le foyer parental.

La stabilité n'exclut pas la possibilité d'un changement et il n'y a pas lieu de s'associer à la phobie de séparation partagée par presque tous les enfants placés et par leur famille d'accueil. Par contre, il faut à tout prix éviter que le départ prenne la forme d'une rupture.

Évitement de rupture. Préparation de la sortie

Or l'étude du temps du départ montre que la sortie de l'enfant, au lieu d'être vécue comme un événement heureux, est au contraire chargée d'appréhension. Cette période soulève les émois habituels aux situations de changement et est ressentie par tous comme un risque. Si bien que, spontanément, le départ n'évoque pas un projet d'avenir positif. La demande de départ survient toujours à propos de difficultés et se présente sous la forme d'une menace de rupture qui peut paraître inéluctable, tant les tensions sont fortes et paraissent ne laisser place à aucune autre issue. Un travail important est à faire auprès de l'enfant et de ses deux familles pour faire évoluer cette menace et faire surgir en chacun les aspects positifs du projet et la possibilité de se séparer de l'un pour aller chez un autre, ou pour retrouver les parents sans avoir ni à se détruire ni à détruire l'une ou l'autre famille, ni à se perdre[2]..

1. L'exposé du cas de Violaine montre à plusieurs reprises le questionnement de l'équipe à ce sujet.

2. Ce point fera l'objet d'un long développement dans David M., *Le placement familial, op. cit.,* chapitre 20 consacré au temps du départ.

Régulation des contacts entre l'enfant et ses parents

Intérêt et difficulté

Autrefois redouté et limité au strict minimum, sinon interdit, aujourd'hui recommandé, sinon exigé, *le maintien de contact entre parents et enfants doit être reconnu d'une part comme un « droit »* que les familles d'accueil, les services et les équipes sont tenus de respecter. Il importe de bien préciser ce point dans la mesure où l'exercice de ce droit est facilement contesté, et même violé, à propos et en raison des innombrables difficultés occasionnées par les rencontres entre parents et enfants.

D'autre part, d'un point de vue « *thérapeutique* », *le maintien de contact entre l'enfant et ses parents est en général souhaitable.* Il est tout d'abord un instrument de traitement de l'angoisse de perte et d'abandon : la possibilité de retrouvailles permet à l'enfant comme à ses parents d'éprouver que leur méchanceté, leur colère ou leur haine n'ont le pouvoir ni de détruire, ni de faire disparaître l'autre à tout jamais. De plus, les rencontres permettent de confronter l'enfant et le parent « réel » à l'image de l'enfant et du parent fantasmatique qui se développe pendant l'absence. Elles maintiennent dans sa réalité l'image de l'autre, alors que l'éloignement et l'absence la déforment et l'estompent. Elles permettent de lutter contre « l'idéalisation » ou à l'inverse la « diabolisation » et aussi contre les effets de « flou » et de confusion liés aux tendances au refoulement. Enfin, elles obligent chacun à affronter l'autre, à le et à se tester, à tenter de nouveaux efforts pour se retrouver et s'accorder un peu mieux, alors qu'à l'inverse l'absence de contacts amène chacun à se replier dans les positions inamovibles qui ont été à l'origine du placement.

Néanmoins, il faut savoir aussi que ces *rencontres provoquent toujours de violents émois et se font rarement dans la sérénité.* Elles sont le plus souvent inquiétantes pour les familles d'accueil, pesantes pour l'équipe dont les efforts d'organisation sont déjoués par les ratés, actes manqués, passages à l'acte, nécessitant de multiples interventions. De plus, face aux attentes de l'enfant et des parents, les visites sont décevantes et pénibles pour eux. La difficulté de se retrouver, les nombreuses sources de tensions au cours de la visite, la peine à se séparer au moment du départ, sont une source de frustration considérable qui laisse peu de place au plaisir. Tantôt dans un mouvement mutuel d'approche et de séduction, le désir des parents et de l'enfant de rester ensemble peut devenir si intense qu'il fait obstacle au retour de l'enfant dans sa famille d'accueil. Tantôt, les difficultés de contact peuvent être si angoissantes qu'elles suscitent des mouvements agressifs au cours desquels les parents et l'enfant sont à nouveau saisis de sentiments de haine et de violence qui les mettent mutuellement en danger. L'enfant en revient tout remué, la famille d'accueil en subit le contrecoup, elle est bouleversée et fâchée. Les visites suscitent alors l'agressivité de tous les partenaires (parents, famille d'accueil, équipe), qui se menacent l'un l'autre de prendre ou de retirer l'enfant. À l'extrême, les tensions peuvent être assez fortes pour amener les parents à disparaître ou à décompenser, l'enfant à redouter, sinon refuser, de les revoir. Les rencontres peuvent alors ne plus être souhaitées ni par l'enfant ni par ses parents.

Les rencontres sont un droit, mais non une obligation. Elles peuvent aussi être contre-indiquées alors que les intéressés souhaitent soit unilatéralement, soit bilatéralement les maintenir.

C'est bien en raison de toutes ces difficultés que le droit de visite a été si souvent violé dans le passé ; c'est en raison de la souffrance qui se manifeste à ce propos que les familles d'accueil y font si fréquemment obstacle. En effet, les rencontres constituent forcément un lieu d'élection pour les manifestations de la problématique du placement, qui y éclatent parfois avec fracas, au point de les rendre nocives et dangereuses pour tous.

Le rôle de l'équipe est donc non seulement d'aider les intéressés à naviguer au mieux au milieu de ces difficultés, mais d'aménager les rencontres, de veiller à leur organisation et à leur réalisation en fonction des besoins et des réactions des uns et des autres et de façon à les intégrer dans l'ensemble du projet thérapeutique visant à traiter la problématique. Sans ce travail, le plus souvent, les rencontres ne sont pas viables et peuvent même être dangereuses. Pour faire ce travail, l'équipe doit bien connaître les limites de son pouvoir, la spécificité de son rôle, c'est-à-dire sa *fonction essentiellement thérapeutique.*

Il est important de se souvenir que la mesure de placement est comme une médaille à deux faces de valeur égale, utilisées simultanément : un côté étant le représentant et l'outil de distanciation, l'autre celui du maintien de lien. Cette double mesure est au service du traitement de la souffrance de l'enfant et de ses parents : aussi bien de celle liée aux perturbations du système interactif qui s'est développé entre eux que de celle qui résulte des angoisses suscitées par la séparation. C'est en ce sens que doit être comprise la nécessité *d'associer éloignement et maintien de contact,* de fixer l'étendue de l'un, le degré et la forme de l'autre, de déterminer, d'une part, l'éloignement nécessaire dans le temps et dans l'espace entre l'enfant et ses parents, d'autre part les possibilités, modalités, fréquence et durée des rencontres.

Mais il est clair que ces mesures concrètes ne constituent qu'une sorte d'appareillage qui n'a d'utilité et d'efficacité que s'il est accompagné d'un travail thérapeutique auprès de l'enfant et de ses partenaires, du lien qui les unit, afin que ceux-ci en découvrent le sens d'abord, en ressentent les bienfaits ensuite. En l'absence de ce travail d'élaboration, les rencontres entre parents et enfants se terminent plus souvent mal que bien et ces échecs « naturels » donnent raison en quelque sorte à ceux qui y font obstacle. Il n'en reste pas moins vrai que l'évitement des rencontres est également létal, qu'il faut y obvier, mais que cela demande un travail dont l'enfant et ses partenaires ne peuvent se passer. Il faut savoir que lorsqu'une séparation totale définitive est nécessaire, ou inévitable, le travail de deuil est plus difficile encore à faire que celui qui doit soutenir les rencontres. Ainsi comprises et travaillées, les mesures de distanciation et de maintien de contact deviennent l'un des outils importants mis au service du travail à faire par l'enfant, ses parents et sa famille d'accueil, afin que chacun trouve sa meilleure place possible et se situe par rapport aux deux autres ; elles sont aussi pour l'enfant un des instruments, parmi d'autres, qui lui permettent de poursuivre l'élaboration de ses relations objectales.

Intégration des rencontres dans un projet thérapeutique

Il importe donc de préciser dans quelles conditions les rencontres doivent se dérouler pour être profitables, non dangereuses, et ne pas entraîner la rupture du placement.

Ces conditions peuvent facilement être vécues par l'enfant et ses parents comme une contrainte, un contrôle, une brimade, voire une limitation sinon une privation de droits. Il est donc essentiel de bien préciser que les droits, sauf mesures judiciaires, ne sont pas en cause. L'équipe n'a en effet aucun pouvoir à ce sujet, et sûrement pas celui de limiter les droits des parents.

Si la protection de l'enfant nécessite une limitation des droits des parents, seul le juge des enfants est habilité à le faire. De même, aucun service ni équipe n'est en droit de transgresser les limites

☞

imposées judiciairement, les soins devant être donnés à l'intérieur de la limitation des droits par le juge. Le médecin peut donner son avis, mais seul le juge des enfants est habilité à prendre une mesure d'autorité. C'est là un point souvent mal compris par les parents, par la famille d'accueil et par les services eux-mêmes.

Lorsque Mme Blanche veut reprendre Denise pour l'emmener en province, la famille d'accueil et Denise font pression sur le médecin pour qu'il n'en donne pas la permission à Mme B. Elles sont persuadées que cela dépend du bon vouloir du médecin. Celui-ci leur explique qu'il peut tenter de convaincre Mme B. mais ne peut en aucune façon la contraindre. Devant l'insistance de Denise, le médecin lui propose de s'adresser au juge des enfants, ce qui fut fait.

En revanche, l'équipe thérapeutique peut et doit « prescrire » les modes de rencontres. Les conditions proposées et présentées par le centre de placement familial *sont destinées exclusivement a protéger et améliorer la qualité des rapports entre enfant et parents dans la situation de distanciation* imposée par le placement. Tous les efforts doivent être faits pour que parents, enfant et famille d'accueil en comprennent le sens, la nécessité et puissent l'accepter. C'est dans cette optique, et dans cette optique seulement, que peuvent être recherchées et doivent être discutées et définies les modalités de rencontres.

Le régime de rencontre ne peut donc en aucune façon être déterminé en fonction d'un règlement préétabli par le service. Il ne peut être que le fruit d'une recherche faite dans chaque cas avec les intéressés, en connaissant leur état, leurs troubles, leurs attentes et angoisses, les difficultés qui existent entre eux, en tenant compte et en soupesant les besoins des uns et des autres de distance et de contact. À cette fin, tous les éléments des rencontres (fréquence, durée, lieu, accompagnements, etc.) sont à proposer et discuter avec les parents, l'enfant lui-même, la famille d'accueil, et donnent lieu ensuite à une réflexion en équipe, en fonction des réactions des uns et des autres et des possibilités du service. De cette concertation résulte un programme aux contours bien définis qui est proposé, rediscuté, et éventuellement remanié puis fermement adopté, l'équipe ayant la responsabilité de veiller à sa « réalisation » et à son « maintien ». Chaque enfant a donc avec ses parents un régime de rencontres qui lui est propre et différent de celui des autres.

Pourtant, en dépit de cette concertation et d'une acceptation apparente du projet, les rencontres restent forcément troublantes et, comme on vient de le dire, les difficultés qui résultent du partage de l'enfant entre ses deux familles suscitent toujours des tensions suivies de transgressions : irrégularités d'horaires provoquées par les parents ou induites par l'enfant, promesses non tenues, périodes d'abandons, évitement de visites plus ou moins incitées par la famille d'accueil sont fréquents et inévitables ; elles reflètent les mouvements internes déclenchés chez les uns et les autres, équipe comprise, par l'application du projet thérapeutique.

Ces transgressions n'ont pas à être considérées sous l'angle d'un manquement à la discipline, mais sont comprises et traitées comme un passage à l'acte dont le sens a besoin d'être décodé et les affects sous-jacents explicités par chacun. Il ne s'agit pas plus de céder que de faire la loi, ainsi que le souhaiteraient souvent les familles d'accueil. On se souvient des reproches, demandes et menaces adressés par M. et Mme Étienne à l'équipe lorsque Violaine n'est pas ramenée au jour dit par ses parents, revient dans un mauvais état, se montre déprimée et les rejette violemment[1]. Famille d'accueil et équipe sont fréquemment en conflit à ce sujet et ont fort à faire pour répondre

1. Voir David M., *Le placement familial, op. cit.*, chapitre 12.

le plus adéquatement possible à la force de l'ambivalence que ces rencontres ont le pouvoir de faire resurgir chez tous, provoquant ces mouvements agressifs, dépressifs, dévastateurs, et réactivant les attitudes de rejet des uns par les autres. Tous ces mouvements ne doivent pas entraîner la suppression des visites, mais ont besoin d'être connus et traités au fur et à mesure par l'équipe au cours de son action d'accompagnement, de consultation et de ses autres activités thérapeutiques.

En résumé, considéré sous l'angle des soins, le « régime » des rencontres résulte de transactions qui se jouent entre famille d'accueil, équipe, enfant et parents, transactions par moments acceptées puis sources de conflits, qui sont le reflet des conflits internes de l'enfant et de ses parents et donc à traiter en tant que tels.

De ce fait, le programme des rencontres a besoin d'être réajusté au fur et à mesure en fonction de l'évolution de la problématique du placement, de la situation de chacun. Lorsque l'évolution est favorable, les mesures de rapprochement l'emportent sur les mesures de distanciation. Il ne faut pas méconnaître les situations ou les moments au cours desquels les contacts entre l'enfant et ses parents sont contre-indiqués ou impossibles. Dans ce cas, le maintien de contact de l'équipe avec les parents, sous forme de rencontres, d'entretiens téléphoniques ou de courrier, voire les seuls échanges entre l'équipe qui soigne l'enfant placé et une autre équipe qui est en rapport avec les parents, constituent des modes de contact indirects utiles. Ils permettent d'éviter que les absences et les irrégularités de visites débouchent sur un abandon vague et indéfini. Ils permettent d'échanger des nouvelles, de suivre les mouvements évolutifs, de repérer le moment où une reprise de contact paraît possible, ou, à l'inverse, d'aider l'enfant et les parents à s'engager dans un processus de deuil. En fait, bien souvent[1], le régime de l'évolution des rencontres reflète le sens dans lequel se font l'évolution du placement et son mode de terminaison.

Modalités de rencontres

Pour parents et enfants, se rencontrer, c'est simplement et avant tout avoir la possibilité de se retrouver. L'intensité des affects contradictoires qu'ils éprouvent en ces occasions est considérable et les entraîne à réaliser ces rencontres de façon anarchique, en fonction des désirs et angoisses du moment, qui reproduisent malgré eux les difficultés qui ont entraîné le placement. Ils ont donc besoin d'être aidés d'emblée et tout au long du placement, à réfléchir et à découvrir les conditions dans lesquelles ces rencontres ont intérêt à se faire pour être plus profitables, moins frustrantes. Fréquence et durée des rencontres, lieu, nécessité d'accompagnement, de médiation, sont des sujets de réflexion qui permettent de constituer en quelque sorte un « contenant » aux contours bien définis, destiné à abriter la rencontre.

Fréquence et durée de rencontres

Le rythme et la durée des rencontres soulèvent en général au début l'inquiétude de tous : dans un premier temps, en effet, famille d'accueil et équipe craignent que la demande des parents ne soit irrésistible, déraisonnable et n'excède ce qui leur paraît souhaitable et possible d'accorder, tandis que parents et enfants, de leur côté, appréhendent les limites qui leur seront imposées. Or

1. Voir David M., *Le placement familial, op. cit.*, chapitre 20.

l'expérience montre que, bien souvent, poser la question aux parents et à l'enfant détend d'emblée l'atmosphère, fait tomber l'inquiétude et donne en quelque sorte réalité au temps de la rencontre. La discussion des notions concrètes de fréquence, de jour et de moments favorables, de durée, etc., amène les parents à découvrir et prendre en compte le coût des déplacements, la disponibilité exigée, et à envisager ainsi d'eux-mêmes les limites « naturelles » qui s'imposent et à propos desquelles il est plus facile de se mettre d'accord qu'on ne l'aurait imaginé. Ce sont souvent les parents qui mettent en avant des impossibilités et des obstacles sur un ton de reproche et de plainte. Il est important de comprendre que les obstacles matériels mis en avant par les parents, aussi réels qu'ils soient, leur servent de protection contre les angoisses d'envahissement qui s'expriment à ce propos et sous cette forme. Il convient de les entendre, sans se laisser culpabiliser, afin de les prendre en compte et les respecter, mais sans se laisser entraîner soit à lever les obstacles en proposant une aide matérielle, soit à pousser les parents à faire des efforts dans ce sens. L'écoute attentive et l'observation du comportement global des parents et de l'enfant permettent d'apprécier les écarts et contradictions entre ce qui est dit et fait, et de prendre en compte l'ambivalence pour déterminer les possibilités réelles des uns et des autres, l'équipe étant alors en état de faire une proposition en accord avec les positions « actuelles » de l'enfant et de ses parents.

Il arrive que la demande et l'intérêt de l'enfant et celui des parents paraissent antinomiques. En réalité, ils le sont moins qu'il ne le semble, si l'on comprend que, dans ces cas, l'un (soit l'enfant, soit le parent) est porteur explicite du désir, l'autre de l'appréhension, alors que l'ambivalence est leur lot commun. Bien que cela ne soit pas aisé, si on est convaincu de ce fait, on s'aperçoit que l'écoute des désirs ou angoisses de l'un entraîne celui-ci, pour qui s'y attend et sait attendre, à exposer de lui-même à un moment donné le revers de la médaille, comme on l'a vu avec la mère de Jerry et à maintes reprises avec Violaine.

Lieu de rencontres

Sauf exception, les visites régulières des parents à l'enfant dans la *famille d'accueil* sont à déconseiller en raison des jeux de rivalités qui tendent à s'y jouer et qui deviennent une source de malaise, de menace, de souffrance pour l'enfant et chacune des deux familles. En effet, l'enfant supporte mal d'être confronté à ses deux familles rassemblées et s'arrange assez souvent pour éviter cette confrontation en jouant à distance, sans avoir l'air de s'intéresser à ses parents, ce qui les blesse, stérilise la rencontre et met la famille d'accueil en difficulté. Aucune des deux familles ne supporte non plus d'être témoin direct, à haute dose, des marques éventuelles de préférence ou d'affection que l'enfant peut parfois donner, et chacune le lui fait payer ensuite. Enfin, lorsque les parents s'incrustent dans la famille d'accueil, ont à son égard des demandes menaçantes ou irrecevables, il est difficile, sinon impossible, pour la famille d'accueil de trouver la juste mesure de tolérance et de limites. L'expérience montre que, tôt ou tard, les conflits prennent de plus en plus de place et sont une fréquente cause d'interruption de placement. Au contraire, l'accueil occasionnel des parents par la famille d'accueil, dans certaines circonstances, au moment de la préparation du placement, lors des anniversaires et fêtes de famille, avant les départs ou après les retours de vacances, peut avoir un effet bienfaisant. Ces rencontres occasionnelles sont un bon moyen pour la famille d'accueil de témoigner sa sollicitude envers les parents ; elles permettent aux parents de se représenter la vie de l'enfant dans sa famille d'accueil et d'en garder l'image, et à l'enfant de sentir ses deux familles réunies en bonne entente autour de lui.

Les visites de l'enfant, même très jeune, *au domicile des parents,* sont à privilégier à moins de réels dangers. Elles permettent à l'enfant et à ses parents de se retrouver sur leur propre terrain, sans témoin et d'être confrontés les uns aux autres tels qu'ils sont. Pour l'enfant, ce passage d'un monde à l'autre, si douloureux soit-il, est important. Cela lui permet d'affronter leur coexistence ; mais cette pratique implique que l'équipe soit capable de mesurer l'existence d'un danger éventuel réel et de distinguer sa propre tolérance/intolérance de celle de l'enfant et de ses parents à l'égard d'une situation qui, sans être forcément dangereuse, soumet l'enfant et ses parents à des stress considérables dont il n'est pas toujours facile d'évaluer leurs effets immédiats et à plus long terme.

Les visites des parents à l'enfant *au centre,* avec ou sans la présence de la famille d'accueil selon les cas, sont aussi une possibilité intéressante. Elles sont utiles lorsque enfant et parents se sentent menacés par les rencontres ou que celles-ci sont l'occasion de passages à l'acte dangereux, ou encore lorsque les parents sont sans logement fixe ou à une grande distance kilométrique, et en l'absence de possibilités d'accompagnement de l'enfant. Il importe alors d'organiser les lieux afin qu'ils soient accueillants et favorisent une sorte de vie en commun et d'intimité dans un climat de sécurité et de sympathie qui facilite la rencontre et la communication entre l'enfant, ses parents et l'équipe.

Accompagnement

Lorsque l'enfant va voir ses parents à leur domicile ou au centre, doit-il être accompagné et par qui ? Pour répondre à cette question, il est nécessaire de prendre la mesure de l'importance de ce « temps-trajet » qui mène l'enfant d'une famille à l'autre et qui lui fait vivre chaque fois, avec chaque famille, à l'aller et au retour, les émotions de la séparation, des retrouvailles et du partage. Dans tous les temps du placement où le partage de l'enfant entre ses deux familles est hautement conflictuel, nous verrons dans le prochain chapitre que l'accompagnement de l'enfant d'une famille à l'autre est un instrument thérapeutique de valeur ; il peut même devenir le principal mode de traitement de l'enfant.

Cette pratique n'exclut pas que certains accompagnements soient faits par les parents ou par la famille d'accueil. Le choix dépend de l'état de l'enfant et de la capacité de l'adulte à ne pas « arracher » et à « restituer » l'enfant à l'autre.

Lorsque les parents sont en état de faire l'accompagnement, l'enfant en bénéficie considérablement, car il peut sentir que ses parents restent responsables de lui, ont la force de se maintenir comme parents et peuvent accepter les rapports affectueux entre l'enfant et sa famille d'accueil. Tel était le cas, par exemple, de Denis Faure que sa mère sut toujours venir chercher et ramener dans sa famille d'accueil avec régularité tout au long du placement.

Lorsque les parents ne sont pas en état d'assurer cet accompagnement dans de bonnes conditions, l'enfant peut être soulagé et rassuré d'être emmené et repris par sa famille d'accueil, mais sous réserve que séparation et retrouvailles entre l'enfant et ses parents soient devenues relativement paisibles et que la rencontre des deux familles à l'arrivée et au départ ne deviennent ni un champ de bataille ni un moment de trop grande souffrance pour l'enfant et les parents, que la famille d'accueil ne pourrait tolérer.

Distance, moyens et coût du transport sont des problèmes réels. Autant il est normal que les parents assument, s'ils le peuvent, les frais de transport, autant il est nécessaire que ceux-ci ne soient pas assumés par la famille d'accueil et que cet accompagnement, lorsqu'il est fait par elle, soit considéré comme un travail important et difficile pour les frais duquel elle doit être indemnisée.

Enfin vient le moment où son état de maturité permet à *l'enfant d'assumer seul le trajet.* Lorsque le rythme des rencontres, l'accueil par les parents, le départ ne suscitent plus de tensions, il peut être profitable pour tous que l'enfant se prenne en main lui-même.

Nécessité ou non d'une médiatisation

D'une façon générale, tout comme il importe pour l'enfant et ses parents de se retrouver sur leur propre terrain, ils ont besoin aussi de se retrouver entre eux, en dehors de la famille d'accueil et de l'équipe, sans que soit violée leur intimité. Néanmoins, la présence de l'équipe peut être nécessaire, non seulement en fonction d'un danger, mais aussi lorsque les tensions et les difficultés de communication sont prédominantes, croissantes, risquent de compromettre la poursuite des rencontres et la continuité du placement. Dans les cas extrêmes et/ou à certains moments critiques, la présence de l'équipe est absolument nécessaire à chaque rencontre et peut-être pendant toute la durée du placement. Dans ce cas, il ne s'agit pas seulement de protéger l'enfant contre ses parents, mais d'un véritable travail thérapeutique. Celui-ci peut nécessiter la présence de deux intervenants. Ainsi, lors des rencontres entre nourrissons ou jeunes enfants et parents présentant des troubles mentaux, la présence de deux co-thérapeutes peut être utile et nécessaire, l'un plus près de la mère, l'autre de l'enfant, afin de les aider à établir entre eux une communication qui, en l'absence d'aide, s'avère le plus souvent impossible, et aussi afin de les protéger de contacts angoissants qui peuvent succéder soudain à la paralysie initiale et qui ne sont pas sans danger[1]. Dès que les rapports entre parents et enfants le permettent, il est important pour eux de retrouver des temps entre eux, qui sont à distinguer des rencontres à visée thérapeutique avec l'équipe. Celles-ci peuvent devenir occasionnelles, par exemple dans le cadre d'une consultation, ou rester l'objet d'une action suivie dont le rythme, la durée, les lieux et les modalités ont à être bien définis comme dans tout travail psychothérapeutique.

En résumé, les rencontres avec les parents constituent une base de traitement des difficultés entre parents et enfant, celles qui sont à l'origine du placement, comme celles qui résultent du placement lui-même. Elles sont un mode de traitement de ces difficultés et servent de base au travail direct qui peut être fait avec les parents de l'enfant et avec l'enfant lui-même. Il est essentiel que les services et organismes de tutelle comprennent la nécessité d'une souplesse de fonctionnement et favorisent la mise en place et le financement de modes diversifiés adaptés aux besoins du moment.

Travail direct auprès des parents

Le travail direct auprès des parents est une autre pierre angulaire du travail d'ensemble indispensable pour assurer les assises du placement familial et rendre cette mesure bénéfique pour l'enfant et pour eux-mêmes.

Généralité : objectifs, intérêt, difficultés

L'objectif du travail auprès des parents de l'enfant en placement familial demande à être bien défini. Il ne s'agit pas de traiter l'ensemble des problèmes psychosociaux et/ou psychiatriques pour lesquels, on le verra plus loin, il y a lieu de recourir à d'autres services.

1. David M., Castex E., Léger E.M., Merlet A.M., « Dangers de la relation précoce entre le nourrisson et sa mère psychotique. Une tentative de réponse », in *Psychiatrie de l'enfant,* Paris, PUF, 24 (1), 1981, pp. 151-196.

Il s'agit avant tout d'aborder et de traiter les problèmes spécifiques de « parentalité », de rechercher avec les parents dans quelle mesure et dans quelles conditions ils peuvent, à travers la situation du placement, soit se maintenir comme parents en développant ou en améliorant leur capacité à exercer leur parentalité, soit à l'extrême y renoncer et accepter, dans un cas comme dans l'autre, qu'une autre famille assure à leur place provisoirement ou définitivement les soins de l'enfant.

Ce travail est nécessaire et indispensable pour l'enfant, pour ses parents, pour le maintien du placement.

Tout d'abord, en effet, l'enfant a besoin de sentir et de savoir que l'équipe prend ses parents en considération dans sa vie à lui, les connaît dans leur réalité de parents, les maintient dans leur position de parents en dépit du placement, s'occupe d'eux, ne les abandonne pas et reconnaît ainsi l'importance qu'ils ont pour lui. Ceci correspond autant aux besoins de l'enfant qui craint, rejette ou répudie ses parents, que de celui qui les idéalise, les recherche et/ou craint de les perdre.

Simultanément, que les parents aient demandé le placement, qu'il leur ait été imposé, qu'ils l'aient souhaité ou redouté, qu'ils aient vécu la séparation comme un arrachement ou comme un soulagement, qu'ils aient ou non été négligents, maltraitants, carentiels et, quelle que soit la forme de leur attachement, qu'ils paraissent aimer ou haïr leur enfant, ils ont intensément besoin d'être aidés. En effet, il faut noter à quel point il est difficile pour des parents de maintenir des rapports vivants et significatifs avec leur enfant dans cette situation de placement, alors que ces rapports ne sont plus alimentés par l'exercice habituel des fonctions parentales, dont la plupart sont maintenant déléguées à la famille d'accueil. Ces difficultés sont majorées lorsque leur situation sociale est dégradée et que les rapports préexistants avec l'enfant sont perturbés par leurs troubles de personnalité ou/et ceux de l'enfant ; en fait, elles sont également considérables, même dans les autres cas, devenant vite accablantes et démobilisantes à mesure que le placement se prolonge. Famille d'accueil et équipe sont rarement pleinement conscientes de cet effet « d'amputation » des parents dans leur fonction parentale. De plus, la souffrance, provoquée par la défaillance parentale et par le placement, entraîne souvent chez les parents des décompensations graves, un désir d'abandon de soi et de l'enfant, une accentuation des troubles psychosociaux et psychiatriques et, on l'a vu, des tentatives pour échapper à l'horreur de leur situation en mettant en route, par exemple, une nouvelle grossesse dans les plus mauvaises conditions possible. Il n'est pas exagéré de dire que les parents, lors du placement d'un enfant, sont « en état de détresse », « désarmés », « amputés » et ont un besoin urgent d'assistance. Ils ont besoin d'être apaisés dans leur désarroi, protégés de leurs mouvements destructeurs dirigés contre le placement, l'enfant et eux-mêmes, aidés à trouver d'autres réponses que les deux solutions extrêmes entre lesquelles ils oscillent : abandon de l'enfant ou reprise intempestive. Ils ont besoin d'être aidés à *maintenir, mieux établir ou rétablir leur parentalité ou parfois à y renoncer.*

Enfin, le travail auprès des parents est indispensable aussi pour assurer la poursuite du placement dans de bonnes conditions puisque l'on sait que l'ensemble de leurs réactions au placement de leur enfant compromet sérieusement la sécurité de celui-ci, sa capacité à bénéficier des soins, et met en échec l'efficacité et la continuité du placement.

Cependant, si nécessaire que soit ce travail, il se heurte à de nombreux obstacles. En effet, dès que le placement est mis en place, les parents se montrent le plus souvent fuyants. Même lorsqu'ils ont été mis en confiance pendant la préparation du placement, ils tendent ensuite à éviter les contacts plutôt qu'à les rechercher ; il est difficile de les joindre. Ils préfèrent avoir des rapports à la sauvette avec leur enfant et avec la famille d'accueil, comme ils veulent, quand ils veulent.

Ils sont craintifs, sinon méfiants, à l'égard de l'équipe lorsque celle-ci cherche à les contacter. Ils redoutent son contrôle, son pouvoir sur « leur » enfant et il faut parfois un long temps pour qu'ils perdent le sentiment que l'équipe cherche à leur « soustraire » l'enfant et leur autorité parentale. Certains en restent toujours persuadés, projetant probablement sur l'équipe leurs propres craintes à l'égard du désir qu'ils repoussent d'abandonner ou reprendre l'enfant.

De plus, lors des rencontres avec l'un ou l'autre membre de l'équipe, les échanges sont le plus souvent décevants, chargés de plaintes agressives ; les parents ne parlent pas de l'enfant spontanément, ne demandent pas de nouvelles, ne s'intéressent pas à ce que le travailleur social peut en dire, comme si, dans cette rencontre, aucun espace ne devait être réservé à l'enfant qu'ils ne sont pas prêts à partager le moins du monde, ou encore comme si, privés de l'enfant dans la vie quotidienne, ils ne veulent plus y penser, ou n'y parviennent plus, ou encore veulent toute l'attention pour eux-mêmes.

Enfin, pendant tout un temps, leur discours est essentiellement défensif et ne comporte aucune demande réelle, hormis celle d'être plaints, consolés, d'étaler des blessures sans montrer ni désir, ni possibilité d'en sortir ; ils sont fermés à toute aide, persuadés que rien ne peut être fait ni changé, parvenant à transmettre à ceux qui tentent de s'occuper d'eux le même sentiment de découragement. La situation globale est, en effet, si lourdement chargée de problèmes multiples psychosociaux et psychiatriques, les ressources des parents paraissent si faibles ou amoindries, les rencontres tentées entre parents et enfants sont si peu encourageantes que l'on est tenté d'abandonner la partie et de penser avec la famille d'accueil que ces parents-là n'ont rien à apporter à l'enfant sinon des perturbations supplémentaires nocives. Cette nocivité, souvent réelle, est insupportable et fait oublier que, pour cette même raison, il est impératif de trouver des voies d'accès auprès des parents pour remplir l'objectif défini ci-dessus.

Voies d'accès. Orientation du travail auprès des parents

Reconnaissance de la souffrance des parents

Un préalable fondamental, essentiel et particulièrement difficile à mettre en œuvre, concerne la position de base de l'équipe du placement familial à l'égard des parents et de l'enfant : *le souci à l'égard de la souffrance de l'enfant ne doit pas empêcher l'équipe de prendre en considération et de traiter celle des parents.* Or, dans la pratique, on sait combien on tend constamment à défendre l'un contre l'autre, à omettre la souffrance de l'un en l'accusant de provoquer celle de l'autre, à faire de l'un la victime, de l'autre le coupable.

Le travail auprès des parents exige de l'équipe qu'elle soit capable de renoncer à utiliser ses rapports avec les parents dans le but de protéger l'enfant contre eux et pour leur faire respecter les règlements du placement. Il nécessite qu'un membre de l'équipe puisse les voir pour eux-mêmes, pour les aider à trouver les meilleurs aménagements internes possible par rapport à leur enfant, tout en tenant compte du fait que, pendant tout un temps, ils sont trop souffrants eux-mêmes pour être ouverts à l'intérêt de l'enfant. C'est seulement en étant attentif, en se mettant à l'écoute de la souffrance que leur inflige l'enfant, des mouvements d'angoisse, de frustration et de colère qu'il soulève en eux, que l'on peut amorcer un travail à propos de leur vécu de désir et rejet à son égard.

Certes, il est indispensable pendant ce temps d'assurer la sécurité et les soins de l'enfant dans son placement, d'assumer pleinement, à la place des parents, ce « souci » de l'enfant, qu'ils sont dans l'incapacité provisoire ou permanente de ressentir ; mais ce souci ne doit pas paralyser l'équipe, il doit au contraire la pousser à recevoir et à recueillir la souffrance parentale et ceci en dépit du fait qu'elle se traduit par des attitudes de négligence, d'agression et d'abandon pénibles, voire nuisibles pour l'enfant et tous ceux qui le soignent. Les parents de l'enfant placé ont besoin de façon permanente de sentir l'empathie de l'équipe et, répétons-le, que soient compris et reconnus ces mouvements intérieurs pénibles suscités par l'enfant et par son placement. C'est pourquoi le premier besoin à respecter pour avoir accès aux parents et pour qu'ils prennent le risque de se « mobiliser » et de faire alliance avec l'équipe, est que soit pansée la blessure narcissique liée à leur défaillance parentale et au placement, qu'ils sentent que l'équipe se soucie d'eux aussi, s'intéresse à eux ; cette démarche est d'autant plus difficile qu'en général ils sont prédisposés à l'inverse, à se vivre comme rejetés et abandonnés. Il faut bien savoir que cela nécessite un travail patient et tenace, mais il semble qu'un pas est franchi lorsqu'à la faveur de cette attitude, les parents peuvent sentir vraiment que le placement est destiné non à sanctionner leur inconduite ou leur incapacité ni à leur soustraire leur enfant ni à le leur imposer, mais à alléger leur souffrance aussi bien que celle de l'enfant et à rechercher les conditions qui leur permettent de se retrouver avec un certain plaisir mutuel. C'est seulement lorsque les parents éprouvent une certaine paix à l'égard du placement et du régime de rencontres, qu'ils sont en état de découvrir que le placement autorise une prise de distance qui peut constituer pour eux un temps de « ressourcement ». Lorsque ce temps est atteint, on voit les signes de décompensation céder le pas à une amélioration de leurs conditions de vie, à une recherche d'aide et parfois de traitement pour eux-mêmes. Dans ce cas, il est alors possible de les aiguiller, à leur demande explicite ou implicite, vers les services susceptibles de le faire.

Participation des parents

Pendant longtemps, les services et la famille d'accueil se sont totalement substitués aux parents : le fait de prodiguer les soins les entraînait à prendre toutes les décisions de la vie courante sans demander leur avis aux parents, oubliant même parfois de les en informer. À partir des années 1960-1970, la prise de conscience des conséquences de cette attitude a amené les services à chercher à obtenir une participation des parents, assortie d'exigences à leur égard : en laissant certains frais à leur charge ou en leur demandant de prendre l'enfant plus fréquemment, en les chargeant de l'accompagner, ou encore en leur laissant l'initiative de démarches diverses. Mais, dans la plupart sinon la totalité des cas, les services se sont heurtés au refus passif ou actif ou tout simplement à l'indisponibilité totale des parents. Obtenir la participation des parents est sans doute un objectif à atteindre ; c'est là un travail à faire, à garder en tête sans y renoncer, et ceci en dépit de leur passivité ou opposition. Il importe de ne pas attendre l'impossible et de savoir que bien des étapes sont à franchir dans le degré et la forme de participation que les parents sont susceptibles de donner.

- La première étape pour les parents est de surmonter leur méfiance, colère et haine à l'égard de l'équipe, pour se laisser aborder. Aucun d'eux ne vient spontanément et n'a de demande explicite. La demande émane de l'équipe et cette demande provoque leur méfiance. C'est donc à l'équipe de prendre l'initiative et la responsabilité de trouver et de se donner les moyens d'engager et de poursuivre un travail avec eux en tenant compte de leur susceptibilité, de leurs oscillations à l'égard de l'enfant et de leur rythme, en se tenant prêts à les accueillir lorsqu'ils ont disparu un certain temps. Certains, comme la mère de Jerry, mettent des kilomètres entre eux et le Service, déménagent sans laisser d'adresse, ou, comme Mme Faure, s'abritent derrière des obligations professionnelles, ou encore, comme la mère de Gabrielle, s'enferment, refusant d'ouvrir la porte. Il est important alors pour l'équipe de renouveler discrètement ses tentatives et/ou d'être prête à accueillir et non pas à repousser les premiers pas que les parents pourront faire. Ceci est d'autant moins aisé que le parent utilise invariablement cette première rencontre de façon défensive et plus ou moins agressive pour se plaindre de tout et de tous et parfois redisparaître, manquer un ou plusieurs rendez-vous suivants avant de réapparaître.

- Dans ces conditions, néanmoins, après quelque temps, l'attention patiente et compréhensive de l'équipe à leurs plaintes ouvre une porte aux parents et ils exposent alors en une longue litanie l'accumulation impressionnante des difficultés passées et présentes qui ont abouti au placement de l'enfant et qui semblent les enfermer à tout jamais dans une situation sans aucune issue possible (Dorothée Gerbier). Cette absence d'issue est caractéristique. Il est parfois tentant, pour celui qui rencontre les parents à ce stade, d'y réagir en leur proposant de l'aide (matérielle ou autre) ou en les adressant à un service social spécialisé ou non. Or, pendant tout un temps, toute aide est irrecevable et le maintien de leur condition misérable est probablement le seul moyen inconscient dont ils disposent pour se maintenir à distance de leur enfant (Mme Faure). Il ne s'agit pas pour autant d'abandonner la partie ; mais de savoir qu'un travail préalable est à faire par et avec eux, à propos et autour des rencontres avec leur enfant. Jusqu'à ce que ce travail soit accompli, les parents, inconsciemment, font tout pour qu'aucun obstacle ne puisse être levé ; il y a là probablement quelque chose à respecter, à ne pas tenter de forcer, au risque de les voir disparaître tout à fait, ou de décompenser un peu plus.
- À la faveur de ces rencontres espacées et d'une écoute patiente et attentive de leurs misères présentes et passées, s'amorce une longue période au cours de laquelle ils abandonnent un peu de leur méfiance et commencent à s'engager dans une relation au lieu de la fuir, à y rechercher un réconfort pour eux-mêmes. Par exemple, la mère de Gabrielle, et Mme Faure refusent ou décommandent les rendez-vous mais retiennent l'assistante sociale de longues heures au téléphone. Continuant à parler d'eux-mêmes et de leur histoire familiale, ils apportent sans en avoir bien conscience des éléments qui lient leur passé d'enfants et leur vécu actuel de parents. Le bénéfice narcissisant de cette relation leur permet de se reconstituer un peu, d'être moins blessés par la mesure de placement, d'être moins contrariants, plus soumis, voire indifférents. Dans leur discours, l'enfant réel est comme oublié. Ils s'en remettent à l'équipe sans rien demander et se soumettent passivement à l'organisation de la vie de l'enfant par l'équipe et par la famille d'accueil. Leur adhésion est passive et de surface. Ils restent très sensibles et intolérants aux demandes qui peuvent leur être faites ou aux refus auxquels ils s'exposent quand, dans un mouvement d'appropriation de l'enfant, ils se risquent à faire une demande qui, le plus souvent, a un caractère irrecevable. Bien souvent, leur seule façon de faire valoir ici et là leur qualité de parents est, à l'image de celle que donne le père de Julie, de prendre le contre-pied de la famille d'accueil et de l'équipe. Pour ceux qui s'occupent directement de l'enfant, il est difficile d'être confronté à l'intensité de leur demande pour eux-mêmes, de leur défaillance et de leur susceptibilité, sans se laisser aller soit à s'impatienter, soit à agir de plus en plus en dehors d'eux, en les considérant comme quantité négligeable, en oubliant de les informer de décisions concernant l'enfant et de les y faire participer, qu'il s'agisse de scolarité, de vacances, de problèmes éducatifs ou thérapeutiques divers. L'équipe vit mal le non-intérêt pour l'enfant tant qu'elle ne comprend pas que dans le temps présent un travail positif est pourtant en train de s'amorcer de cette façon ; il permet aux parents de se reconstituer tant soit peu, l'enfant réel étant bien soigné mais « au-dehors » — et ne pouvant être supporté par eux « au-dehors » qu'en étant oublié — et à condition qu'ils soient eux-mêmes objet d'une attention soutenue, bienveillante.

- À la faveur des oscillations de cette relation avec l'équipe ou l'un de ses membres, se dessine une acceptation plus paisible du placement. Le parent finit par trouver une place qui lui convient à peu près et se montre satisfait d'un régime de rencontres qui se stabilise, au cours duquel le plaisir mutuel entre enfant et parents est plus apparent.

Ainsi Patrick et sa mère sont à l'aise pendant plusieurs années avec un rythme de visites mensuelles dans la famille d'accueil, visites au cours desquelles ils se côtoient sans trop s'impliquer et qui sont manquées de temps à autre. Les parents de Julie sont satisfaits pendant plusieurs mois de la voir venir coucher à la maison un soir tous les quinze jours ; la mère et la grand-mère de Violaine, que celle-ci aille chez la grand-mère maternelle une fois par mois. Dans de telles conditions, un minimum de confiance dans leur désir et leurs capacités parentales réapparaît et mobilise en eux un désir de modifier et d'améliorer leur situation personnelle. Il ne s'agit pas alors pour l'équipe du placement familial de prendre en charge les problèmes psychosociaux et personnels des parents, mais plutôt d'entendre et de soutenir leurs désirs d'aide et de soins lorsqu'ils se manifestent, de leur indiquer les services susceptibles de les aider, de les encourager à y aller, à y retourner lorsque éventuellement ils rompent les contacts. L'acquisition d'un logement, d'un travail stable, le paiement de dettes, l'apparition d'un compagnon stable, une demande de soins, un début de psychothérapie sont, on le verra plus loin, des signes qui ne trompent pas et qui précèdent en général de peu la capacité des parents à se réintéresser de façon plus authentique à l'enfant. À l'inverse, la stagnation ou l'aggravation de la situation indique à l'équipe la nécessité de se pencher sur un deuil qui se fait mal[1].

Fonction de contention de l'équipe dans le travail auprès des parents

L'intérêt porté aux parents, la tolérance intérieure qu'il est nécessaire de maintenir à leur endroit, peuvent facilement entraîner l'équipe à « céder » imprudemment à leurs exigences ou demandes. Il n'est certes pas facile de déterminer des « limites », mais *la fonction de contention* de l'équipe est ici essentielle. Les parents, comme l'enfant et la famille d'accueil, ont besoin de sentir que l'équipe a la capacité d'être une sorte *de « contenant » aux parois élastiques, souples mais solides,* qui résiste aux multiples pressions qui s'exercent sur elle de l'intérieur et de l'extérieur. La cohérence des réponses des divers membres de l'équipe est un des moyens essentiels dont celle-ci dispose pour exercer sa capacité à la fois de « maintenir » et de « réajuster », en fonction de la diversité des pressions. De la capacité de l'équipe à résister aux clivages d'abord silencieux, puis aux conflits qu'ils engendrent quand éclate l'intolérance sous-jacente, de sa capacité à communiquer et à trouver les transactions les moins mauvaises possible, dépendront la diminution des tensions et éventuellement le maintien du placement. Mais, de plus, il est indispensable, pour que les parents parviennent à se déterminer soit dans le sens d'un rapprochement, soit dans celui d'un maintien de distance ou de deuil, qu'ils se frottent aussi à la solidité d'un programme qui, en dépit d'une souplesse et de remaniements nécessaires, résiste à leur testing.

1. L'étude plus approfondie de cette étape évolutive ainsi que les problèmes thérapeutiques qu'elle pose sont traités dans David M., *Le placement familial, op. cit.,* chapitre 20 concernant le temps du départ.

Insertion sociale de l'enfant

L'un des avantages attribués au placement familial est de maintenir l'enfant inséré dans un environnement social, urbain ou semi-urbain, au sein duquel il peut bénéficier d'expériences, de relations et de ressources diversifiées comme et avec les autres enfants de son entourage. Or l'expérience montre que cette insertion ne va pas de soi et que, là aussi, la plupart des familles d'accueil sont mises en difficulté par l'enfant.

Au début du placement, elles prennent plaisir à emmener l'enfant partout, le présentent à leur entourage, souhaitent lui procurer la joie d'expériences, de loisirs auxquels il n'a pas encore goûté. Mais elles se lassent lorsqu'elles finissent par découvrir que l'enfant ne s'intéresse guère, se laisse « traîner » sans manifester ni joie ni reconnaissance, est gauche et craintif, et finalement préfère demeurer à la maison, soit seul dans sa chambre, soit plus souvent en restant ici ou là parmi les autres, mais sans rien faire ou planté devant la télévision... D'autres, comme Patrick, jouent activement, lisent ou s'intéressent à diverses choses sans rien réclamer, sans avoir de compagnons de jeux, le monde extérieur semblant avoir peu d'attrait pour eux. Dans les placements suivis de loin en loin, cette difficulté passe en général inaperçue, car la famille d'accueil ne pense pas à s'en plaindre, elle s'accommode de l'enfant, un peu déçue — comme Mme Weber l'a été par Julie — de voir l'enfant délaisser rapidement les jeux offerts, lui en faisant parfois reproche, mais ne s'en inquiétant pas outre mesure, tant qu'il n'y a pas de difficultés avec l'entourage.

En revanche, les équipes qui suivent régulièrement l'enfant peuvent percevoir l'isolement, l'inactivité de l'enfant et tendent alors à en rendre la famille d'accueil responsable, surtout si la mère d'accueil de son côté est un peu « popote », paraît ne pas aimer sortir, ou préfère ne pas emmener l'enfant. C'est pour remédier à cette défaillance apparente ou réelle que les équipes du Placement familial dit spécialisé ont presque toutes créé des groupes de loisirs.

Dans ces conditions, alors même que les enfants aiment venir au centre où ils sont « écoutés » et où règne une certaine liberté d'expression, l'équipe est confrontée à l'ampleur des difficultés de la plupart des enfants : états phobiques, intolérance des uns à l'égard des autres, besoin d'attention exclusive, difficulté à choisir une activité, à l'anticiper, à la planifier, à s'y intéresser ; dépendance à l'adulte, mouvements agressifs et violence toujours prêts à se déclencher, multiples conduites asociales ou inadaptées. L'importance des efforts à déployer pour qu'une activité puisse être menée à son terme et pour maintenir le groupe assemblé et hors de la discorde, est vraiment énorme et montre que ces attitudes sont profondément ancrées. Il est évident que les *phobies*, les *problèmes relationnels, l'inappétence cognitive* de l'enfant, constituent, dans l'immédiat et pour l'avenir proche et lointain, un sérieux handicap pour son insertion sociale. La famille d'accueil peut ne pas en être gênée, elle peut même apprécier l'isolement de l'enfant parce que, n'étant pas consciente de l'état phobique ou des inhibitions qui alimentent cette attitude, elle pense qu'il est heureux à la maison auprès d'elle. Le voyant là relativement bien adapté, elle prend parti pour l'enfant contre l'entourage qu'elle trouve agressif, malveillant et de parti pris, dès que celui-ci se plaint de l'enfant.

L'école constitue un révélateur impitoyable des troubles de l'enfant, qu'il s'agisse de difficultés d'apprentissage ou de la conduite à l'égard des maîtres ou des autres enfants. Il n'est pas rare de voir là aussi les familles d'accueil soutenir l'enfant contre les exigences de l'école, en chercher une plus tolérante, mieux adaptée à l'enfant ou encore favoriser l'absentéisme, en invoquant fatigue et problèmes de santé et rechercher auprès d'un médecin de famille des médications et des interventions diverses, susceptibles d'améliorer l'enfant.

C'est ainsi que les difficultés d'insertion et d'adaptation provoquent chez les uns et les autres des alternances de surprotection et de rejet à l'égard de l'enfant, d'agression contre la famille d'accueil, des mésententes et conflits entre tous ceux qui s'occupent de l'enfant, chacun accusant l'autre d'entretenir les difficultés par une tolérance ou une sévérité excessive alors que, bien entendu, ni l'une ni l'autre attitude n'a le pouvoir d'en venir à bout.

Dans ce domaine, l'équipe a donc un travail important à faire soit directement, soit indirectement à travers la famille d'accueil, soit avec celle-ci auprès des autres personnes et services s'occupant de l'enfant ; maîtres d'école, médecin de PMI ou de famille, moniteurs de stages professionnels, de sport, de colonie de vacances, autres partenaires sociaux (personnel de l'Aide sociale à l'Enfance, juge des enfants, services sociaux divers, etc.). Ce travail exige beaucoup de temps et d'énergie. La position de l'équipe par rapport à la famille d'accueil, l'enfant et ces autres personnes, a besoin d'être mûrement réfléchie. En effet, ni l'enfant ni la famille d'accueil n'ont le désir que l'équipe se mêle de tout... La famille d'accueil a besoin d'avoir une certaine marge d'action, de choisir son médecin, de décider des loisirs, de désigner le maître qu'elle souhaite pour l'enfant. Elle crée avec eux, et à son sens pour le bénéfice de l'enfant, des liens qui leur sont propres et qui ont à être respectés. Les rapports entre l'équipe et ces divers partenaires, y compris l'école, n'ont pas à être systématiques. L'enfant n'a pas à être désigné par avance comme « enfant placé ». Il importe de ne pas empiéter sur le domaine des autres et de ne pas se substituer à eux ; il est nécessaire de conserver une discrétion vis-à-vis de l'enfant et de ses deux familles ; il n'est pas souhaitable de se poser en protecteur de l'un et de l'autre. Le rôle de l'équipe est strictement de s'assurer que l'insertion se fait bien dans tous les domaines. Néanmoins, lorsque les tensions surgissent et se résolvent mal, il lui revient d'établir le degré de concertation nécessaire pour assurer le maintien de l'enfant dans sa famille, dans son quartier, dans son école, au centre aéré, etc. Ceci pour établir ou rétablir un certain degré d'estime et de bienveillance des uns à l'égard des autres. Il faut comprendre et respecter ce que chacun tente d'offrir à l'enfant ainsi que les limites de leur tolérance, tout en favorisant une réflexion sur l'aide spécifique que chacun est ou non à même d'apporter à l'enfant dans tel ou tel domaine de vie.

À cet égard, et afin de maintenir au mieux la scolarité, les rapports avec l'école sont des plus importants. Équipe du placement familial, école et groupe d'aide pédagogique ont à collaborer étroitement pour se tenir informés des actions entreprises, de leur poursuite, leur évolution et leur terminaison. Une réflexion commune sur l'orientation scolaire et professionnelle de l'enfant, sur l'utilisation des ressources de l'école et des autres services, est indispensable. À cet égard, l'équipe peut être capable de faciliter la communication entre enfant, famille d'accueil et école. Enfin, nous verrons plus loin que, à côté du soutien de la famille d'accueil et de la concertation avec les autres partenaires, l'équipe peut fournir également une aide directe à l'enfant, au travers d'une action d'accompagnement, ou d'activités thérapeutiques individuelles ou en groupe, organisées au centre.

C'est en ayant à l'esprit ces quatre axes de traitement que sera abordé maintenant, dans le chapitre suivant, l'accompagnement thérapeutique de l'enfant.

Chapitre 36

L'accompagnement thérapeutique de l'enfant[1]

M. David

1. Ce chapitre est inspiré par les travailleurs psycho-socio-éducatifs qui ont travaillé et travaillent encore au Centre familial d'Action thérapeutique et plus particulièrement par E.M. Léger, psychologue, et A.M. Merlet, éducatrice spécialisée, qui, depuis 1969 et 1972, partagent avec moi le fruit de leur expérience.

PLAN DU CHAPITRE

1. GÉNÉRALITÉS

Une nécessité pour tous les enfants placés

À moins d'être porteur d'une maladie physique ou mentale, l'enfant placé est un enfant « normal ». Au nom de cette normalité, il est habituellement considéré par les familles d'accueil et les services sociaux comme n'ayant pas besoin de traitement particulier, chacun étant persuadé que l'on fait tort à l'enfant en lui proposant un traitement qui laisse entendre qu'il serait « malade ». Mais ce point de vue ne tient pas compte du fait que, privée de l'étayage du Moi parental, l'énergie psychique de l'enfant est absorbée par la nécessité interne de se protéger contre les angoisses qui sont liées à sa situation affective au sein de sa propre famille, à la séparation et au partage entre deux familles. Cette nécessité détourne son activité psychique de ses autres tâches, celles d'intégration des pulsions et des acquisitions liées au développement, et celles d'adaptation au monde extérieur. De plus, les processus psychiques auxquels il a recours sont forcément précaires, en raison de son immaturité et sont limités par les possibilités plus ou moins bonnes dont ses parents l'ont doté jusque-là. L'ensemble de ces conditions constitue un handicap grave. Lorsqu'il n'est pas associé à un état psychopathologique manifeste, cet handicap est invisible, car ses manifestations échappent à l'attention ou sont minimisées, banalisées par les adultes qui entourent l'enfant. Elles finissent toujours par éclater, tôt ou tard, si violentes qu'elles peuvent entraîner le « retrait » ou le « renvoi » de l'enfant.

> Il faut le répéter, l'accompagnement thérapeutique de l'enfant placé est une nécessité avec laquelle il n'est pas permis de transiger. Tous les enfants de tous les services de placement familial, sans exception, quelles que soient la vocation et l'obédience du service : social, médico-social, socio-éducatif, judiciaire, psychiatrique ou autre, ont besoin d'une assistance psychothérapeutique. Celle-ci relève de la discipline pédopsychiatrie et demande de plus à être adaptée aux besoins particuliers des enfants en placement familial.

Objectif de l'accompagnement thérapeutique

L'objectif de l'accompagnement thérapeutique de l'enfant est en effet de lui fournir les moyens d'élaborer l'ensemble des problèmes intérieurs que lui pose son placement, de façon à lutter contre les effets de sidération et de déformation des imagos parentales que celui-ci provoque et pour permettre la poursuite de l'élaboration des relations préobjectales et objectales et des angoisses primaires qui y sont associées. Travailler les clivages qui le poussent à exclure une famille pour l'autre, l'aider à trouver son chemin dans ses relations à ses deux familles, lutter contre le rejet de l'une pour l'autre et contre les forces qui le poussent « en miroir » à se faire rejeter et qui ancrent en lui sa mauvaise image de lui-même.

Obstacles au traitement

Mais, si nécessaire que soit le traitement, sa mise en œuvre se heurte à beaucoup d'obstacles :

- tout d'abord, sa nécessité n'est pas encore reconnue par l'ensemble des services de placement familial ; les équipes socio-éducatives qui travaillent au sein de ces services peuvent n'être ni orientées ni formées dans ce sens, ni soutenues par la présence d'un pédopsychiatre au sein de l'équipe ;

- même lorsqu'une équipe pédopsychiatrique est en place, des difficultés d'ordre divers demeurent, et en premier lieu l'absence de demande de la part de l'enfant et de sa famille d'accueil. Celle-ci, on l'a vu, bien souvent ne souhaite pas partager avec d'autres les soins et l'éducation de l'enfant. Elle tend aussi à s'associer aux craintes de l'enfant, à faire alliance avec sa résistance et à le défendre contre le désir thérapeutique de l'équipe. Au début, celle-ci est seule à porter ce désir et il lui incombe la tâche difficile d'en faire découvrir l'intérêt à l'enfant et à tous ses partenaires.

Or la résistance de l'enfant est considérable. Le centre et son équipe éveillent sa peur et sa méfiance : par leur existence et leur rôle, l'un et l'autre consacrent l'existence du « mauvais » en sa famille, en lui-même, et sont porteurs de menace de séparation. Certes, les enfants carencés se laissent séduire facilement au début par l'attention qui leur est portée, comme le fit Violaine. Mais, comme elle et tous les autres, ils font vite obstacle à tout engagement plus profond, opposant aux tentatives psychothérapiques leur silence, leur agitation, leur pouvoir de dispersion, de flou, leur inertie, leur absence de pensée, de souvenirs, de désir, de projet...

Adaptation du traitement au fonctionnement prégénital et préverbal

Le mode de fonctionnement prédominant prégénital et préverbal de ces enfants pose des problèmes thérapeutiques particuliers et difficiles à résoudre, tant au niveau de la gestion du placement qu'à celui des instances thérapeutiques, entre autres des consultations. Celles-ci mettent en évidence la compulsion de l'enfant à s'exprimer de façon dominante au travers de « réponses motrices », soit dans le sens d'une inhibition, d'une atonie, d'un écrasement dans l'immobilité, soit dans une hyperactivité dispersée et étourdissante ne débouchant sur aucun jeu constitué. La parole est souvent bannie, la sienne, celle du consultant aussi, comme si elle était dangereuse.

> Denise garde un sourire figé, qui découvre deux rangées de dents fortement serrées, sourire accompagné d'un regard immuable qui tient le médecin à bonne distance. Pas un son ne sort de cette bouche.

> De même, lorsque le médecin commente les comportements moteurs que Patrick met en scène, celui-ci la fixe avec un regard d'acier, il pince ses lèvres au point de les effacer. Si le médecin insiste, il lui ferme la bouche de ses deux mains, puis quitte la pièce en claquant la porte et en accumulant des meubles devant pour l'y enfermer.

Les « agis » de l'enfant poussent l'équipe à agir en retour, à intervenir activement et à entrer dans l'arène en arbitrant les conflits et en faisant la loi. Si elle résiste à cette sollicitation, mais se situe en témoin écoutant et cherchant à comprendre le sens des agis, elle peut aider l'enfant à élaborer son vécu confus et obscur à partir des situations auxquelles il est mêlé et qu'il déclenche. Il paraît donc nécessaire que l'équipe puisse rejoindre l'enfant dans ces situations concrètes afin d'établir pour et avec lui des liens entre « l'agi » et le « ressenti » et l'aider à reconnaître, identifier, nommer et intégrer les affects qu'il tend à repousser ou par lesquels il est dépassé. C'est là un des objectifs principaux du travail d'accompagnement de l'enfant par un travailleur psycho-socio-éducatif (TPSEd). Ce travail procure à l'enfant une sécurité qui lui permet d'être partie prenante de deux autres possibilités qui lui sont données : d'une part, poursuivre l'élaboration de ces situations en consultation, à distance de l'événement ; d'autre part, avoir un lieu où il puisse laisser éclater impunément ce bouillonnement intérieur qui l'écrase ou le déborde. Ceci, sous réserve que les « agis » plus ou moins violents et anarchiques de l'enfant soient considérés par l'équipe comme un langage qui a besoin d'être décodé et qu'elle réponde par une capacité non seulement de tolérance, mais aussi de contention, qui protège l'enfant contre les effets destructeurs de passages à l'acte de ses fantasmes « primaires » de dévoration, d'anéantissement, de toute-puissance, etc. L'équipe peut ainsi entraîner l'enfant vers des modes d'expression plus diversifiés, plus évolués de cette fantasmatique, puis, dans le meilleur des cas, l'amener à voir, comprendre, s'intéresser à ce qui se passe en lui. Au début, les enfants, comme Violaine, en tirent surtout des bénéfices narcissiques, limités dans leurs effets, mais non négligeables chez les enfants carencés, et qui permettent ensuite à certains d'entre eux de s'impliquer davantage dans un processus psychothérapique.

Au Centre familial d'Action thérapeutique, diverses instances thérapeutiques (accompagnements, consultations, groupes d'activité divers) donnent à l'enfant la possibilité de jouer et d'expérimenter encore et encore, sous des formes différentes et sur diverses personnes, au travers de déchaînements comportementaux d'abord, de jeux plus élaborés et d'entretiens ensuite, les désirs angoissants vécus comme « fous », « méchants », les angoisses d'abandon et de perte, la souffrance et les frustrations imposées par les figures parentales, la violence qu'elles suscitent en retour, etc. ; tout cela peut être joué, recueilli par l'équipe, sans entraîner ni rejet ni perte. Les actions d'accompagnement, ponctuées régulièrement par des consultations, constituent l'action thérapeutique de base menée conjointement par le couple travailleur psycho-socio-éducatif médecin thérapeute consultant de façon permanente tout au long du placement. Cette action est complétée pour certains enfants, à certains moments de leur évolution, par des activités thérapeutiques ponctuelles en groupe ou individuelles, poursuivies soit au centre, soit à l'extérieur. Ces diverses activités sont étudiées dans les pages qui suivent.

2. L'ACCOMPAGNEMENT THÉRAPEUTIQUE

L'accompagnement de l'enfant d'un lieu à un autre par un travailleur social n'est pas une pratique courante en placement familial. Il est utilisé parfois de façon occasionnelle pour soulager la famille d'accueil ou les parents, ou pour les remplacer quand ils ne peuvent ou ne veulent le faire par eux-mêmes. La richesse des observations faites dans de telles circonstances, la possibilité qu'elles donnent aux enfants de communiquer avec les travailleurs psycho-socio-éducatifs ont incité à les utiliser de façon plus systématique, non pour se substituer aux familles, mais dans l'intention de *se servir de l'accompagnement comme d'un instrument d'observation et de traitement.*

Définition et caractéristique

Au cours de ce type d'intervention, le TPSEd accompagne l'enfant physiquement dans une situation concrète qui le concerne au premier chef et qu'il mène à bien et à terme avec lui, tout en s'efforçant de l'accompagner aussi au niveau de son vécu interne. Les situations qui donnent lieu à l'accompagnement sont multiples : mener l'enfant chez ses parents, le reconduire dans sa famille d'accueil ; aller avec lui sur la tombe de ses parents ou voir des membres de sa famille ; l'amener au centre pour une consultation ou une activité thérapeutique ou pour retourner chez sa famille d'accueil ; le chercher à la sortie de l'école, assister avec lui à un conseil de classe ; faire des démarches pour trouver du travail, visiter des établissements scolaires, des lieux d'apprentissage professionnel, des foyers, l'accompagner à une consultation médicale ou à des examens ou pour rencontrer des personnes de la DDASS, etc. Il s'agit toujours de situations concrètes qui concernent directement la vie de l'enfant et qui sont chargées d'émotions que l'enfant et/ou ses partenaires ont du mal à maîtriser.

L'opportunité d'un accompagnement doit être considérée comme une indication thérapeutique et examinée dans le cadre du travail de consultation ; son caractère occasionnel ou régulier, sa fréquence sont fixés en fonction de l'objectif poursuivi.

L'accompagnateur est le plus souvent le TPSEd responsable de l'accompagnement thérapeutique : ce peut être aussi un des animateurs d'une activité thérapeutique de groupe ; médecin et TPSEd peuvent également être conduits à faire un accompagnement de concert, par exemple lors de rencontres entre un jeune enfant et sa mère souffrant de troubles mentaux.

L'accompagnement peut se faire de diverses façons, à pied ou par n'importe quel moyen de transport. Un des facteurs qui paraît faciliter la capacité de communication et de fantasmatisation de l'enfant est le fait d'être en mouvement, d'aller d'un endroit à un autre. Lors d'accompagnement en voiture, il semble que la place de l'enfant par rapport à l'accompagnateur est importante : que ce dernier conduise et tourne le dos à l'enfant, tout en pouvant ou non l'apercevoir dans le rétroviseur, stimule l'activité fantasmatique de l'enfant. Parfois, l'enfant s'arrange pour ne pas être vu et se retire au tréfonds de la voiture. D'autres fois, il s'appuie sur son dos, enlace son cou, pose sa tête sur son épaule en suçant son pouce. Parfois aussi, dans l'élan du jeu, il peut feindre de l'étrangler, le taper, lui cacher les yeux ou tenter d'ouvrir la porte. Quand il est trop agité, mieux vaut être deux, le TPSEd restant alors à ses côtés[1].

Illustration

L'exemple d'un accompagnement lors de rencontres avec les parents servira à montrer divers aspects de cette fonction et de ce travail auprès de l'enfant placé. Dans cette circonstance particulière, l'accompagnement se déroule en six temps qui ont chacun leur importance et leur spécificité : *départ* de chez la famille d'accueil, *trajet aller, retrouvailles* entre parents et enfant, *séparation et départ* de chez les parents, *trajet retour, retrouvailles* entre enfant et famille d'accueil. Cet ensemble est complété par le matériel que la famille d'accueil et les parents, chacun de leur côté, vont apporter au cours de la rencontre suivante avec le TPSEd.

La rencontre de l'enfant et de ses parents est un événement clé particulièrement chargé affectivement pour l'enfant comme pour ses deux familles, puisqu'il met en scène directement le problème de séparation, de retrouvailles et de placement. D'une part, l'accompagnateur est témoin des interactions qui se produisent à ce sujet, dans un court intervalle de temps, entre l'enfant et sa famille d'accueil, entre l'enfant et ses parents. D'autre part, dans l'intervalle, l'enfant se retrouve seul avec lui. Si l'accompagnateur s'y prête, cet intervalle peut devenir un espace intermédiaire à

1. À cette époque les sièges pour enfant et le port de la ceinture de sécurité à l'arrière n'étaient pas obligatoires.

l'intérieur duquel l'enfant exprime à sa façon les émois que suscite en lui la confrontation à laquelle il est soumis et s'en décharge. Il peut les manifester par des attitudes et des mouvements divers à l'égard du TPSEd ou par des commentaires suscités par le décor qui se déroule et utiliser tout cela pour dire quelque chose de lui-même ; toute une activité fantasmatique peut se développer, exprimée au travers de jeux et pouvant ou non déboucher sur une réelle conversation. L'exemple de Julie servira d'illustration.

Julie, 6 ans, placée depuis un an environ, va chez ses parents régulièrement tous les 15 jours. Elle y passe une soirée et une nuit, et revient dans sa famille d'accueil le lendemain en fin d'après-midi. Elle est bien adaptée chez les Weber qui sont contents de ses progrès et de sa participation à la vie familiale. Elle travaille bien à l'école maintenant. Quand ses parents téléphonent, elle ne leur répond guère, paraît plutôt agacée. Spontanément, elle parle rarement d'eux, sauf pour rapporter ici et là quelques faits qui pointent l'incompétence de sa mère, sa fréquentation des cafés, les scènes de violence entre son père et sa mère.

Quitter la famille d'accueil

Lorsque le psychologue arrive, Julie est prête. Mme Weber a prévenu Julie dès le matin. Comme toujours, elle la sent réticente. Aussi Mme Weber préfère-t-elle ne la prévenir que le jour même afin qu'elle passe une bonne nuit. Mme Weber souffre pour Julie de l'exiguïté, de l'insalubrité du logement, de la personnalité de ses parents, des conditions de promiscuité auxquelles la petite est exposée. Elle sent Julie pleine d'appréhension lorsqu'elle sait que le psychologue va venir la chercher. À ce stade, le psychologue est lui aussi mal à l'aise car, lorsqu'il arrive, Julie l'ignore et lui bat froid avec ostentation. Il n'est pas agréable d'avoir à sortir Julie de cette belle maison où elle paraît à l'aise, dispose de sa chambre, de tout le confort, d'un grand jardin et de la sollicitude de sa famille d'accueil, pour la ramener dans ce taudis où elle est exposée à l'inconséquence de sa mère et aux grossièretés de son père à l'égard de celle-ci. Comme à l'accoutumée, Julie part sans regarder le psychologue et sans embrasser Mme Weber.

Trajet aller

À peine est-elle dans la voiture que son attitude change du tout au tout. Elle perd sa réserve, devient animée, impérieuse. Elle engage le psychologue dans un jeu dont elle garde l'initiative et qu'elle lui impose, montrant à la fois l'intensité de son attente et les dangers qu'elle pressent, dangers qui semblent provoquer non tant des craintes qu'une excitation plutôt joyeuse et des désirs de maîtrise. Le psychologue, dans son jeu, doit être une petite fille qui porte le nom de la fillette un peu plus jeune que Mme Weber garde à la journée ; prenant tantôt le rôle de la maîtresse d'école, tantôt celui de la mère ou d'une Tata, Julie le gronde avec férocité et sans retenue. Puis elle devient le loup qui va le dévorer. Il faut qu'il ait peur, qu'il le montre, qu'il pleure. Elle y met tant d'ardeur qu'elle lui fait mal pour de bon et qu'il doit la limiter. Simultanément, elle reste d'une vigilance dont elle ne se départit jamais : elle note où l'on passe, remarque la moindre déviation du chemin. Elle guide son accompagnateur ; à un moment, elle l'induit en erreur, comme pour le tester. Julie voit une voiture arrêtée sur le bas-côté de l'autoroute et aussitôt elle évoque l'idée d'un accident ; il y a peut-être un mort... Elle fait une observation au psychologue sur sa façon de conduire, le menace : « Tu verras ce qu'il te fera mon père... »

Retrouvailles entre mère et enfant

À l'approche de son immeuble, Julie prend plaisir à identifier les lieux, la boulangère, le kiosque à journaux ; elle fait mine de reconnaître sa mère en une inconnue aperçue sur le trottoir, puis quand celle-ci apparaît pour de bon, elle l'ignore, ne va pas vers elle. Comme toujours, elle attend que sa mère fasse les premiers gestes mais celle-ci, selon son habitude, invective le psychologue, l'accable de demandes incohérentes et de reproches, sans prêter la moindre attention à sa fille. Le psychologue lui fait remarquer qu'elle n'a même pas encore accueilli Julie. Mme S. alors la couvre de baisers attendris et véritablement affectueux ; elle la dorlote, puis veut la montrer à tous ses voisins. Julie se précipite dans les étages pour arriver au plus vite, évitant de dire bonjour, tandis que sa mère, à l'inverse, l'appelle et lui demande d'embrasser tous ces inconnus. Julie cède le moins possible et parvient à entraîner sa mère vers la minuscule chambre où elle a passé les quatre premières années de sa vie et la porte claque au nez du psychologue qui, décontenancé, reste sur le palier.

Départ

Quand il vient la rechercher, le lendemain soir, le psychologue entend les éclats de rire de Julie et de sa mère. Julie trône sur le grand lit qui occupe presque tout l'espace de la chambre. C'est la son domaine. Elle y joue, s'ébat, y prend ses repas, y dort. Dès qu'elle arrive, elle en reprend possession et elle en chasse son père qui, lorsque Julie est là, couche dans le lit pliant de celle-ci. Pour l'heure, confortablement appuyée contre sa mère, face à la télé, qui marche à tue-tête, Julie mène jeux et conversation auxquels sa mère se prête en riant. Elles forment un couple mère-fille assez attendrissant malgré le contraste entre la gracilité charmante de la fillette et la lourdeur de cette femme sans âge, rougeaude, obèse et édentée. Julie, depuis quelque temps, ne pleure plus quand elle quitte sa mère. Son père, qui supporte mal la séparation, s'arrange pour ne pas être là quand elle part. Quant à sa mère, elle paraît fatiguée et plutôt soulagée que la fillette s'en aille.

Trajet de retour et retrouvailles entre enfant et famille d'accueil

Pendant le trajet de retour, Julie ne joue plus. Elle regarde le paysage silencieusement ; par moments, elle s'assure du chemin qui reste à parcourir. À l'approche de chez Tata, elle se fait plus silencieuse. Dès la porte franchie, elle ignore à nouveau le psychologue. Elle entre dans cette maison sans dire bonjour à Mme Weber, ni à quiconque, un peu comme si elle n'était pas sortie. Elle enlève son manteau, vérifie que tout est bien en place, prompte à noter le moindre changement. Mme Weber, un peu déçue, la laisse aller à son petit train-train sans s'imposer, ni poser de questions.

Visite à Mme Weber puis aux parents

À quelques jours de là, lorsque le psychologue va la voir, Mme Weber raconte que Julie était très fatiguée. Elle a demandé à prendre un bain.

Mme Weber l'a fait dîner en vitesse et l'a mise au lit à sa demande, lui évitant de participer au dîner familial. Le matin, Julie a dormi tard et Mme Weber ne l'a pas envoyée à l'école. Julie est restée dans ses jambes pendant qu'elle préparait le déjeuner. Lorsque Mme Weber a mis le vin sur la table, Julie a dit à la cantonade : « Papa, il a cassé une bouteille sur la tête à ma mère ; ça saignait. » Mme W. hoche la tête, se demande si c'est bon pour Julie d'être exposée à de telles violences. Elle ajoute pensivement que Julie n'en paraissait guère émue, et de conclure : elle doit être habituée.

Lorsque, la semaine suivante, le psychologue va voir M. et Mme S. pour organiser la prochaine visite, il est une fois de plus accueilli par une bordée d'injures dont M. S. a toujours besoin de s'armer pour se laisser aborder. Il refuse par avance toute proposition : c'est lui le père, c'est lui qui commande, c'est lui qui décide. Il doit s'opposer par principe avant de prendre à son compte le jour, l'heure, la durée, faisant tout pour compliquer la tâche du psychologue. Mme S., elle, s'amuse de cette scène, s'alliant tantôt avec l'un, tantôt avec l'autre. Aucune nouvelle de Julie n'est demandée ; ni le père ni la mère ne supportent qu'on en donne, tant il leur est intolérable que Julie puisse exister ailleurs, en dehors d'eux.

Soulignons que ce récit risque de donner une idée un peu simplifiée de l'accompagnement tel qu'il est vécu sur le moment par l'accompagnateur et probablement par l'enfant lui-même. Des effets de « brouillage » importants, provoqués par l'agitation de l'enfant, ou à l'inverse par son inertie, par ses discontinuités de pensée et d'actions, la rapidité avec laquelle un mot significatif est lâché puis recouvert de tout un bruit destiné sans doute à l'effacer, la confusion et la pauvreté du langage qui accompagnent ses fantasmes, etc., constituent un ensemble qui, sur le moment, peut masquer la richesse sous-jacente ; tandis que domine une impression pénible, parfois d'ennui, de lassitude déprimante, plus souvent d'inquiétude, voire d'irritation ou d'impuissance, à l'égard du moment présent. *C'est la possibilité de « raconter » à distance qui fait apparaître la richesse du contenu et la signification des diverses manifestations de l'enfant. La succession des accompagnements permet aussi de prendre conscience progressivement de la valeur, du sens, de la répétition ou de l'évolution, des manifestations qui reflètent le monde intérieur de l'enfant.*

Étude de la fonction d'accompagnement

L'accompagnement est d'une grande complexité. Il tend à remplir simultanément plusieurs fonctions dont il importe de définir le contenu, les limites et de connaître les pièges.

L'accompagnateur, témoin attentif et empathique

Tout d'abord, l'accompagnateur est un *témoin attentif et empathique,* observant et écoutant tout ce qui est dit et agi au cours des interactions qui se déroulent entre l'enfant, ses partenaires et lui-même. Son témoignage apporte des éléments qui sont essentiels pour connaître et comprendre la dynamique du placement.

Ainsi, l'observation de Julie dans sa famille d'accueil montre une petite fille apparemment bien adaptée, facile et mieux portante. Elle profite de ce que la famille d'accueil lui apporte. Toutefois, dans sa famille d'accueil, à force de maintenir cachée ou réprimée cette partie d'elle-même si vivante qui existe intensément dans sa relation à ses parents, elle est en perte de dynamisme interne, ainsi qu'en témoigne son côté pauvret et inhibé dans la vie quotidienne à l'école et chez sa famille d'accueil.

Le psychologue la découvre bien différente, aussi bien pendant le trajet aller, au cours duquel Julie s'amuse à exercer sa férocité sur lui avec tant de plaisir, que lorsqu'il la retrouve rieuse et vivante avec sa mère. Mais, au cours de cet accompagnement, apparaît aussi l'énergie épuisante déployée par Julie pour s'imposer à sa mère, pour reconquérir son territoire. La pâleur, les cernes, l'état de fatigue et de saleté en témoignent ; apparaît aussi, quand elle laisse ses parents, son besoin de s'isoler dans un mouvement légèrement dépressif, de se couper de sa maison de Paris, de se débarrasser aussi de la famille d'accueil, de tout oublier et de dormir.

Face à Julie, des parents inchangés, mais qui peuvent maintenant la laisser repartir ; une famille d'accueil qui la soigne bien et qui la protège contre des parents, à leurs yeux essentiellement malfaisants. Julie ne peut communiquer avec les Weber au sujet de son désir et de sa peine vis-à-vis de ses parents qui lui manquent. Cela, les Weber ne peuvent le voir parce que Julie ne le montre pas et Julie ne le montre pas parce qu'il y a là quelque chose qu'elle ne peut partager avec ceux qui prennent la place de ses parents. Comme tous les enfants placés, elle craint de perdre sa famille d'accueil si elle montre ce désir... D'inconscient à inconscient, Julie ménage Mme Weber, elle lui fait part des scènes inquiétantes et en retour reçoit toute sa sollicitude sous la forme de soins qui plaisent à Julie. Pour le moment, Julie en est là avec sa famille d'accueil tandis que, dès qu'elle s'en sépare, le TPSEd est témoin de la montée des pulsions dévorantes et sadiques qu'elle joue sur lui, de l'excitation par laquelle elle est envahie et menacée à l'approche de sa mère, ainsi que du mouvement dépressif quand elle se retrouve sans elle.

L'accompagnateur, témoin « engagé », porte la problématique

Face à ce matériel, le travailleur psycho-socio-éducatif n'est pas un témoin indifférent ou neutre, il est au contraire fortement engagé par son désir « *d'empathie* » et par sa capacité à s'identifier dans le temps présent avec chacun de ses interlocuteurs : l'enfant, ses parents, la famille d'accueil. Ce faisant, il se charge de ce qu'il a perçu des émotions et passions qui se sont jouées en sa présence entre les uns et les autres ; celles aussi qui se sont déversées directement sur lui, les contradictions entre les différents besoins, les manifestations d'incompréhension, de maltraitance et de malveillance des uns à l'égard des autres, les moments de plaisir, de joie et de détente aussi. En se prêtant à cette fonction, il accepte de « porter en lui » momentanément le poids et la complexité de la problématique du placement.

> Par exemple, les deux Julie, celle de chez Tata et Tonton, celle de chez Papa et Maman, sont maintenant connues de l'accompagnateur ; pour lui elles coexistent toutes deux à part égale. La coexistence de ces deux Julie pose des problèmes à l'enfant mais, pour le psychologue, ces deux Julie n'en font qu'une ; et Julie qui le sent va montrer de plus en plus ces divers côtés d'elle-même et occuper de façon plus personnelle et significative l'espace qui lui est offert au cours du trajet, ce trajet qui mène de l'une à l'autre famille, qui les sépare aussi et au cours duquel elle se permet d'exister aux yeux du psychologue.

En effet, en étant récepteur et porteur des mouvements exprimés successivement par l'enfant lorsqu'il est avec lui et en contact avec l'une et l'autre famille, ou lorsqu'ils sont en tête à tête, l'accompagnateur établit le lien entre ces diverses parties de l'enfant qui habituellement s'excluent l'une l'autre. Lorsque, dans les trajets qui la mènent d'une famille à l'autre, l'enfant, comme le fait Julie, s'exprime et déverse sur son accompagnateur son excitation, ses fantasmes, son sadisme, ses mouvements dépressifs, l'accompagnateur remplit l'espace (temps et distance physique et psychologique) qui sépare ces deux milieux incompatibles. Il se prête à être le trait d'union chargé de porter tout ce que l'enfant, soutenu par son intérêt attentif, peut projeter sur lui pendant ce passage d'une famille à l'autre. À la place du vide et du clivage défensif qui s'installent si fort et si vite en l'enfant lorsqu'il est abandonné à lui-même, un espace se met à exister qui se remplit peu à peu :

- de bribes et morceaux apportés par l'enfant sous forme de gestes, de paroles à la cantonade, notés puis relevés par l'accompagnateur ;
- de fantasmes et de jeux auxquels le psychologue se prête, auxquels ils prennent plaisir tous deux, et qui prennent sens peu à peu ;
- et aussi d'explosions d'affects de colère ou d'accablement, l'accompagnateur servant de *punching ball*, exposé à la violence que l'enfant, maintenant, peut laisser éclater impunément, dans la mesure où l'accompagnateur, à la fois, la tolère et la contient. La violence est liée à cet amas confus d'appréhension, de peine, de révolte, de désespoir que provoquent les attentes déçues et les rapports angoissants avec les parents. Elle est liée à la menace lancinante de les perdre, au sentiment d'abandon, à l'ambivalence à l'égard de la famille d'accueil, au refus et au danger d'être adopté par elle, alors que le désir de lui appartenir est si fort aussi, etc.

L'accompagnateur, participant actif

Par ailleurs, le TPSEd n'est pas seulement récepteur, *il est engagé dans une action,* ne serait-ce que celle de mener à bien l'accompagnement en cours. Il est de plus constamment sollicité par l'enfant à qui il doit répondre, que celui-ci se décharge directement sur lui de ses mouvements affectifs, ou encore qu'il questionne, fasse des demandes, cherche à obtenir ce que ses parents ou/et sa famille d'accueil interdisent ou refusent, ou encore qu'il le mette en difficulté face à eux ou à l'entourage immédiat. Le TPSEd est tenu de prendre position, d'intervenir activement (soit qu'il permette, interdise, donne ou refuse, réponde aux questions, etc.), tout en tenant compte de ce que l'enfant exprime et joue sur lui, en fonction de ce qu'il représente aux yeux de l'enfant dans le partage entre ses deux familles.

Il importe avant tout que le TPSEd ne se laisse pas entraîner par l'enfant à sortir de son rôle et que ses réponses s'inscrivent à l'intérieur de ce rôle. Les modes de réponse que peut avoir le TPSEd sont très variés : qu'il propose un jeu ou accepte d'entrer dans celui que l'enfant a choisi, qu'il lui parle, lui donne des explications, réponde à ses questions, ou qu'il lui apporte des informations, donne son avis, ou lui exprime sa compréhension. Le TPSEd travaille avec sa personne entière « en action » et dans le *hic et nunc*. Ce qu'il « est » face à l'enfant, ce que l'enfant le sent « être », compte beaucoup pour celui-ci. Bien entendu, ce qu'il dit est important aussi, parce qu'il permet à ces enfants, si démunis à ce sujet, d'entendre traduits en paroles leurs agis, leurs émotions et, lorsqu'ils sont appliqués à propos, de découvrir le sens des mots, le plaisir de les entendre, de percevoir le soulagement qui en résulte, et de découvrir ainsi à leur tour l'intérêt et la possibilité de « dire ».

Le récit par le TPSEd — ici, une éducatrice — du trajet de retour de Jérôme dans sa famille d'accueil, à la suite d'une visite à son frère aîné dans un internat, illustre ce dernier point.

Jérôme est âgé de 3 ans. Séparé de sa mère au cours de sa première année, placé dans une famille d'accueil puis en pouponnière, il se trouve chez Mme D. depuis neuf mois. Jérôme a été voir son frère aîné en internat. Il est maintenant dans l'auto avec son éducatrice sur le chemin du retour. Voici le récit qu'en fait celle-ci :

« Quelques instants plus tard, je l'aperçois ayant un air réfléchi et grave.

Je l'interroge sur ses réflexions :

« Je n'suis pas content après toi, parce que tu as tué ma Tata !

— Mais pourquoi penses-tu que j'ai tué ta Tata ?

— Oui, dis-le que tu as tué ma Tata, dis pourquoi tu l'as fait ? Tu vois j'ai pris un pistolet. (De fait il a un petit jouet dans la main.)

— Pour quoi faire ?

— Pour t'attaquer !

— Pour être plus fort que moi qui t'emmène, et qui te fais penser que je peux faire disparaître tout le monde. »

Il cherche à se précipiter sur moi pour me frapper ; je l'en empêche, lui propose d'en parler, tandis que lui pourra me dire ce que je dois répliquer.

« Pourquoi tu as tué ma Tata ? dis-le, avoue.

— Peut-être que tu crois que, lorsque tu n'es plus avec ta Tata, elle a disparu, et tu as peur qu'elle soit tuée et morte ; et aujourd'hui tu peux aussi penser que j'ai tué ton papa et ta maman que tu n'as pas vus chez ton frère.

— Oui, c'est vrai, j'ai peur de ne plus les voir, mais parle encore et dis que c'est vrai que tu l'as tuée. Et il me suggère les raisons que je dois invoquer.

— Oui, je l'ai tuée parce qu'elle dit toujours que Jérôme fait des bêtises ; elle dit : « Jérôme, tiens-toi bien, donne la main, va te coucher, ne t'énerve pas, parle moins, sois gentil avec le chat... »

— Continue, c'est comme ça, dis-le encore, dis : « Jérôme, va te laver, reste tranquille, écoute Christophe et dis-le bien fort comme moi. »

— Alors je l'ai tuée et Jérôme sera bien débarrassé, il sera tranquille, il pourra faire tout ce qu'il veut...

— Dis aussi que tu veux la tuer parce qu'elle dit : « Je suis bien au calme quand il s'en va ».

Il prend ainsi beaucoup de plaisir à entendre énoncés tous les reproches que peut lui faire Mme D. et ajoute :

— Mais quand je ne suis pas avec elle et que je viens voir mon frère, est-ce qu'elle pense à moi ? Qu'est-ce qu'elle dit ?

— Elle pense à ce que tu fais chez ton frère, aux jeux que tu fais avec lui, à ce que tu manges, comme tu lui en as parlé, elle peut y repenser.

— Alors quand elle pense à moi et que je suis avec mon frère, elle n'est pas tuée.

— Oui, tu peux être avec ton frère et retrouver ta Tata qui pense à toi quand tu n'es pas là.

— Je suis content.

— Et avec tes parents, c'est la même chose ; ils peuvent penser à toi et toi à eux, même quand vous n'êtes pas ensemble. »

Nous arrivons. Il est très content d'entendre Mme D. répondre quand il frappe à la porte et de la retrouver. Il est détendu et à l'aise. Aussitôt il lui montre le petit pistolet, en la rassurant de son mieux.

« N'aie pas peur Tata (rire de Mme D.), c'est pour te défendre, c'est elle qui voulait te tuer, mais je lui ai dit que je suis plus fort ; raconte à Tata ce que tu as dit. »

J'évoque alors les craintes de Jérôme liées à la pensée que Mme D. disparaisse quand il n'est plus avec elle et au risque de la perdre, mais aussi son plaisir de savoir qu'elle pense à lui, même loin de lui, ce qu'elle confirme avec des paroles convaincantes. Jérôme écoute ce que je dis avec une extrême attention et il nous regarde toutes les deux.

Mme D. l'interroge car elle est très surprise qu'il ait pu évoquer de telles préoccupations.

« Oui, c'est vrai ce qu'elle dit, j'ai dit tout cela avec elle, et il va s'asseoir calmement avec ses jouets, tandis que je parle un peu avec Mme D. du déroulement de l'après-midi. Puis Jérôme vient me dire que maintenant je peux partir. »

Dans le couloir, il y a encore quelques provocations pour tenter de me suivre et peut-être autant pour se faire retenir par Mme D. »

Ces deux exemples montrent combien l'enfant prend le travailleur psycho-socio-éducatif comme un partenaire actif, sur lequel il déverse les affects qui l'agitent, à qui il attribue un pouvoir, cherchant, au travers de jeux au cours desquels la frontière entre le vrai et le semblant est floue, à lui « dire » et à l'impliquer, tout en le contrôlant et le neutralisant. Il cherche à lui montrer ses désirs et ses craintes, ce qu'il peut éprouver mais dont il doit en même temps se protéger : il utilise ce dernier comme un associé qui doit dire pour lui, à sa place, ou à l'inverse qui ne doit surtout pas dire, mais garder secret de l'un l'attachement ou l'hostilité qu'il a montré envers l'autre et qu'il sait que le travailleur psycho-socio-éducatif a vu, etc.

La relation d'accompagnement

L'exercice de cette fonction engage le TPSEd et l'enfant dans une relation intense et dynamisante qui se construit peu à peu. Pour que l'enfant puisse s'y engager et utiliser l'accompagnement, il faut que cette relation soit fiable, que l'enfant puisse compter dessus.

Il a besoin de sentir la présence du TPSEd, et que celui-ci ne va pas disparaître à son tour, ni le renvoyer... qu'il peut tolérer ses réactions sans le punir ni se laisser « détruire ». Il doit être assuré que ce qu'il montre ou dit est pris au sérieux, mais pas au mot, que le TPSEd ne le manipule pas et tient compte de lui, mais ne se laisse pas non plus manipuler, ni entraîner dans des interventions qui ne tiendraient pas compte de l'envers de l'image et des autres partenaires.

Lorsque le TPSEd accompagnateur parvient à peu près à se maintenir dans ce rôle, et peut s'y engager sans se laisser trop envahir, ou embarquer, l'enfant se sent en sécurité pour aller de l'avant ; il se montre davantage, livre ses fantasmes ; il peut s'aventurer à penser, à se poser des questions et à s'ouvrir aux réponses qui lui sont faites.

Expérimenter une telle relation lui *permet d'oser « être » et se sentir* « existant » en et par lui-même, en dehors de ses deux familles ; cela lui fait donc vivre la possibilité de s'individuer sans perdre pour autant, en dépit de ses provocations, ni le TPSEd, ni ses parents, ni sa famille d'accueil. L'enfant expérimente là quelque chose d'essentiel, qui lui a gravement fait défaut, et qu'il aura besoin de tester encore et encore, avant de pouvoir prendre ainsi un peu de distance et d'autonomie par rapport à ses deux familles sans les rejeter, ni se faire rejeter.

Une telle relation entraîne un profond attachement de l'enfant à son TPSEd et celui-ci doit en avoir conscience. Elle amène l'enfant immanquablement, à divers moments, et plus particulièrement lorsque est entamée ou éteinte l'idylle avec sa famille d'accueil, à vouloir *recréer une idylle avec le TPSEd*. Il rêve de se faire adopter par lui (ou elle), cherche à savoir où il habite, s'il est marié, s'il a des enfants... Dans le même temps ou à d'autres moments, la tolérance dont il est l'objet l'incite à tenter de faire du TPSEd un complice ; quelqu'un qui permet ce que les parents ou la famille d'accueil interdisent, qui lui donne davantage, qui prend son parti, qui le protège contre la méchanceté des autres. Il peut en faire un « super bon » personnage, mais alors, en fonction des processus de clivage, la famille d'accueil risque de devenir le mauvais personnage rejetant et rejeté. Il peut s'ensuivre des tensions entre famille d'accueil et TPSEd qui répètent plus ou moins celles qui existent entre parents et famille d'accueil. Ainsi voit-on le TPSEd non seulement témoin et porteur de la problématique de l'enfant, mais pris activement à partie par celui-ci ; s'il n'y est pas attentif, il peut alors facilement devenir le jouet de cette problématique. Il y a là une situation délicate à manier. L'enfant a besoin d'exprimer au TPSEd les sentiments qu'il éprouve à son égard et il est important que le TPSEd puisse les recevoir, entendre l'enfant, mais tout en restant strictement dans son rôle, l'aidant ainsi à comprendre et à accepter ce rôle avec les satisfactions et les frustrations qui en résultent, puis à en découvrir progressivement l'intérêt.

L'action d'accompagnement est donc une activité thérapeutique complexe. En étant auprès de l'enfant et avec lui, en le connaissant dans ses relations à ses deux familles et en étant proche aussi de ses parents et de sa famille d'accueil, le TPSEd découvre peu à peu, tout en y étant personnellement impliqué par les uns et par les autres, les diverses facettes de « cette » problématique du placement de « cet » enfant-là. Porter l'ensemble de cette problématique est une expérience émotionnelle qui risque d'être envahissante. Pour pouvoir répondre *hic et nunc* avec lucidité, sans se laisser entraîner par les uns ou les autres, ou par ses propres réactions contre-transférentielles, il est indispensable qu'il puisse prendre de la distance pour regarder ce « matériel » déposé en lui, y réfléchir, tenter de le comprendre. Cela, afin qu'il puisse le métaboliser, s'ajuster au mieux aux demandes qu'il reçoit et qu'il puisse ainsi être agent actif d'aménagements. Ces « ajustements » sont en effet ce qui lui permet de poursuivre sa route avec l'enfant et les deux familles, en ouvrant en quelque sorte des « voies nouvelles » dans lesquelles l'enfant et ses partenaires peuvent s'engager avec lui, en trouvant eux aussi à leur tour de meilleures possibilités « d'aménagements » de leurs positions.

Il est clair que cette action d'accompagnement ne peut être accomplie isolément par une personne seule et qu'un temps et une instance spéciale doivent être réservés pour répondre à la nécessité de prise de distance. Cette nécessité demeure, quelles que soient l'expérience, l'ancienneté et la compétence du travailleur psycho-socio-éducatif. Au Centre familial d'Action thérapeutique, le travail avec le médecin thérapeute consultant, dans le cadre des consultations, remplit cette fonction et répond à ce besoin.

3. LA CONSULTATION EN PLACEMENT FAMILIAL

Le travail d'accompagnement du TPSEd est ponctué régulièrement par les consultations. Étroitement associés l'un à l'autre, accompagnement et consultation constituent un ensemble thérapeutique dont chacune des parties est nécessaire à l'autre. L'action d'accompagnement a un effet cathartique détendant, qui soulage la méfiance de l'enfant et de ses partenaires et leurs craintes persécutoires ; elle introduit progressivement une confiance, diminue l'insécurité intérieure et, de cette façon, elle prépare le terrain de la consultation. La consultation, de son côté, introduit une prise de distance nécessaire à la mise en place et à la poursuite d'un travail d'élaboration que chacun a besoin de faire (enfant, parents, famille d'accueil, équipe) pour réaménager de façon plus constructive ses positions à l'intérieur de cette problématique.

L'objectif des consultations est d'examiner et traiter la problématique du placement, de comprendre la dynamique des forces qui l'animent, d'assurer une certaine régulation des tensions et, à cet effet, de formuler un projet thérapeutique et de veiller à son application.

L'action du MTC chargé des consultations comporte plusieurs aspects : d'une part, elle est destinée à engager l'enfant et ses parents dans un processus de traitement ; d'autre part, elle constitue un lieu et un temps d'articulation entre l'accompagnement par le travailleur psycho-socio-éducatif, l'accueil par la famille d'accueil et le travail direct de consultation. C'est en effet l'occasion pour le TPSEd d'une part, la famille d'accueil d'autre part, de pouvoir partager avec le MTC, chacun à sa façon et à petite distance de l'enfant et de ses parents, leur vécu de la problématique. Ce faisant, ils apportent les éléments indispensables à sa compréhension. L'éclairage qui en résulte arme chacun pour affronter et éventuellement réorienter son travail propre.

Tout comme l'ensemble du suivi thérapeutique, le processus de consultation se poursuit avec continuité tout au long du placement. Les consultations sont programmées à intervalles réguliers. Leur fréquence mensuelle ou bi-trimestrielle peut être accrue ou réduite en fonction de besoins particuliers. Sauf exception, elles ne sont donc pas faites à la demande. Il va de soi qu'elles ne sont pas réservées aux situations d'urgence.

La consultation se déroule en plusieurs temps. La rencontre entre le MTC et le TPSEd en est le premier ; il est suivi par la consultation de l'enfant proprement dite ; entre les deux, souvent mais pas toujours, la famille d'accueil est vue[1]. Le rythme de consultation des parents est plus variable. Il dépend de leur capacité fluctuante à accepter ces rencontres ; il faut bien s'adapter à ces fluctuations, on l'a vu précédemment.

Rencontres entre médecin thérapeute consultant et travailleur psycho-socio-éducatif

Les échanges entre MTC et TPSEd portent sur l'ensemble de la prise en charge, c'est-à-dire sur les incidents qui se sont déroulés depuis la consultation précédente, incidents qui font la

1. La consultation de la famille d'accueil sera traitée au chapitre suivant concernant l'articulation entre accueil et suivi thérapeutique.

vie du placement et qui concernent l'enfant et tous ses partenaires. À l'aide des comptes rendus inscrits dans le dossier, MTC et TPSEd revoient tout d'abord ensemble le contenu de la consultation précédente. Ceci afin de pouvoir apprécier, à l'issue de leur entretien, s'il y a eu évolution, dans quel sens, et également afin de veiller à la continuité de l'action thérapeutique et de lutter contre les nombreux facteurs de discontinuité qui tendent à morceler et envahir l'enfant et ses partenaires, à interrompre une action entreprise, voire à entraîner des interventions intempestives. Cette remémoration prépare en quelque sorte au temps qui la suit, au cours duquel le TPSEd passe en revue l'ensemble des faits dont il a eu connaissance au cours de ses diverses interventions auprès de l'enfant et de tous ses partenaires.

Il peut ainsi *se décharger* de la lourdeur des tensions auxquelles il est exposé et des émois par lesquels il ne manque pas d'être envahi ; il fait part du souci qu'il se fait au sujet de la situation présente, qu'il s'agisse d'échec scolaire, de menace de renvoi, de plaintes de l'entourage, de la disparition ou de l'agressivité des parents, des attitudes de la famille d'accueil à son égard ou à l'égard de l'enfant et de ses parents, etc. Le TPSEd peut aussi reconsidérer ses interventions et tenter d'apprécier dans quel sens il se sent entraîné par enfant et adultes.

De son côté, simultanément, le MTC est *à l'écoute* de ce matériel, par lequel il se laisse imprégner. Il est particulièrement attentif aux interactions qui se sont déroulées dans le cadre de l'accompagnement, d'une part entre l'enfant, ses deux familles, l'école et ses autres partenaires, d'autre part entre cet ensemble de personnes et le TPSEd. Au travers de cette masse de manifestations de la vie courante qui inondent l'avant-scène, il prend connaissance de la problématique du moment, telle qu'elle se joue dans la vie quotidienne de l'enfant et de tous ceux concernés.

Ensemble et à distance, TPSEd et MTC peuvent apprécier alors le *mouvement évolutif,* situer les tensions actuelles, évaluer la signification des manifestations auxquelles elles donnent lieu. Ceci aide à dépasser les mouvements anxieux, les attitudes critiques à l'égard des positions de chacun dans le système interactif, à mieux comprendre sa propre implication, à y réfléchir, et à envisager l'orientation d'interventions susceptibles d'amener un soulagement des tensions et d'éviter leur aggravation.

Bien entendu, pour être fructueux, ces échanges entre MTC et TPSEd nécessitent que le MTC soit convaincu de la nécessité d'entendre et de partager le poids du matériel apporté par le TPSEd et qu'il soit prêt à l'utiliser dans sa double fonction : traitement de l'enfant et de ses parents, soutien de l'activité de son collaborateur. Il importe aussi que, de son côté, le TPSEd consente à ne pas travailler en cavalier seul et soit capable de communiquer son expérience ; qu'il soit convaincu de l'importance de parvenir à une compréhension commune au service d'un projet thérapeutique commun, et reconnaisse la nécessité d'utiliser ce temps pour lui-même comme mode de prise de distance ; qu'il accepte aussi que la consultation soit un temps thérapeutique dont tous les enfants placés ont besoin.

Lorsque, dans le cadre du centre, l'enfant bénéficie également d'un traitement individuel ou en groupe, les membres de l'équipe qui assurent le traitement, participent à part égale à cette rencontre et à ce partage. Nous verrons plus loin que leur relation privilégiée avec l'enfant apporte, à travers un autre regard, des perceptions différentes de l'enfant, de ses problèmes, de ses partenaires ; celles-ci sont souvent la source de points de vue contradictoires, difficiles à intégrer et à vivre sur le moment, mais le plus souvent utiles, donnant l'éveil sur des phénomènes occultés, significatifs et qu'il est nécessaire de prendre en compte.

L'intérêt de ces échanges et de leur régularité est considérable. Ils permettent de sentir les tensions, de pressentir l'approche d'une crise, d'être moins pris au dépourvu, de s'y préparer, d'éviter qu'elle ne prenne le caractère d'une urgence, voire d'une menace imminente de rupture. Pour toute l'équipe du centre de placement, ces échanges sont un mode d'entraînement permanent pour mieux saisir cette problématique si complexe et multiforme et pour réfléchir aux possibilités de traitement. Ces échanges alimentent le travail de chacun en permettant de le resituer dans le projet thérapeutique d'ensemble. Il permet de prendre conscience des phénomènes de clivage qui poussent à des prises de position contradictoires dont on a vu la facilité avec laquelle ils surgissent. Enfin, dans l'immédiat, ils permettent d'examiner systématiquement les incidences de cette problématique sur les divers domaines de vie de l'enfant. Ainsi peuvent être discutées diverses situations : scolarité, loisirs et sorties, vacances, rencontres avec les parents, rapports de l'enfant avec les autres enfants, le voisinage, etc., et, à ces sujets, telle ou telle orientation ou intervention, auprès de qui, à quel moment et comment la faire.

Nous appelons communément l'ensemble de cette démarche « préparation de la consultation ». Le terme prête à discussion. Il ne s'agit sûrement pas d'utiliser ce rassemblement d'informations pour décider par avance du type d'intervention à faire ou à caser. Comme dans la démarche psychothérapique, le consultant a besoin de se vider en partie de la connaissance de la situation réelle et du vécu des autres pour bien entendre et être disponible à l'égard du vécu et de la demande de son interlocuteur. Néanmoins, en placement familial, l'objectif du MTC reste bien d'être agent de traitement de la problématique que le placement pose à son interlocuteur, quel qu'il soit. Il est donc important qu'il garde en lui cet ensemble dans un coin de sa tête, en veilleuse, afin d'y être sensible et de pouvoir apprécier la façon dont ce qui est dit et non dit dans ce cadre particulier de la consultation se rapporte à la position de cet interlocuteur à l'intérieur de cette problématique. Le MTC a besoin d'en être imprégné, de la porter en lui, afin de pouvoir y faire ou non appel selon la nécessité du moment, dans ses interventions directes auprès de l'enfant et de ses partenaires. Il en a d'autant plus besoin que, répétons-le, le matériel direct de consultation apporté par l'enfant, comme par ses deux familles, est essentiellement porteur de manifestations de résistance qui occultent les éléments de réalité connus du TPSEd. Or ceux-ci sont ici indispensables à connaître, puisqu'ils sont les principaux, sinon les seuls, vecteurs chargés des affects interactifs que l'enfant ne parvient ni à exposer ni à verbaliser.

Consultation de l'enfant

Sauf dans certains cas et à certains moments, le TPSEd accompagne l'enfant en consultation. Sa présence signifie que la consultation a pour objet ces expériences de vie, connues du TPSEd, que son placement inflige à l'enfant.

Le processus de consultation engage l'enfant et le médecin dans une relation au long cours qui se poursuit régulièrement pendant toute la durée du placement. Cette relation est fortement investie par l'enfant. Les divers éléments qui entrent dans cette relation, du fait de la position du MTC et de ses responsabilités au sein du placement familial, en font une relation très particulière ; à la faveur de celle-ci et de son évolution, l'enfant apporte ses positions profondes à l'égard de sa situation d'enfant séparé et placé et s'engage lentement, avec beaucoup de réserve, dans un processus thérapeutique.

Aux yeux de l'enfant, le médecin-thérapeute-consultant est doté d'un pouvoir sans limite. Tout le pousse à le penser et à le sentir ainsi, et ceci d'autant plus que, bien souvent, parents et famille d'accueil vivent de la même façon que lui son personnage. Il symbolise et représente la mesure de placement. En effet, que le placement ait été demandé par les parents eux-mêmes, par un service, ou par un juge, le MTC, en admettant l'enfant au centre, ratifie la nécessité de ce placement, en garantit ensuite le maintien aussi longtemps qu'il est nécessaire, et enfin voit l'enfant régulièrement à ce sujet. Aux yeux de celui-ci, il est le décideur de son sort et détient un pouvoir. Cette perception est accrue encore par le fait que le MTC discute de lui, et l'enfant le sait, avec la plupart des personnes qui s'occupent de lui, avec ses proches (parents, famille d'accueil, école), et aussi avec ceux plus à distance, dont il entend parler, sans les connaître (juge, personnel de l'Aide sociale à l'enfance, DDASS, PMI, etc.) intervenant ainsi indirectement à travers eux dans les événements importants de sa vie quotidienne. Il y a là une situation de réalité qui renforce, sinon crée, cette impression qu'il détient un pouvoir « réel » sans limite.

De son côté, même s'il est assez jeune, même s'il paraît ne pas entendre ou comprendre, l'enfant est très sensible à ce pouvoir des adultes, pouvoir terrifiant, qui intervient plus ou moins brutalement sur la partie la plus intime de sa vie, c'est-à-dire dans ses rapports si complexes avec ses parents défaillants. Il sent bien la facilité avec laquelle un tiers adulte tend à se saisir de ses mouvements émotionnels agis pour passer à l'acte avec lui ou à sa place, en intervenant dans le sens qu'il souhaite et redoute à la fois. Il est important pour l'enfant de découvrir peu à peu, au cours des consultations, l'existence, le sens et les limites de l'action du MTC et, en prolongement, celui du TPSEd et de l'équipe du centre.

Ce que l'enfant vit de la toute-puissance du médecin, sa façon d'y réagir, est bien sûr étroitement en rapport avec sa propre position primaire de toute-puissance/impuissance à l'égard des imagos parentales, telles qu'elles se sont développées au cours du processus de séparation individuation. Cette position est projetée ici sur le médecin, et ceci quelles que soient les mises au point que l'équipe peut faire à propos du rôle et des limites de l'autorité médicale. Tantôt l'enfant peut tenter de s'emparer du médecin pour se servir de lui contre ses parents, comme le fait Denise lorsque, en connivence avec sa famille d'accueil et persuadée que le médecin en a le pouvoir, elle veut pousser et même forcer celui-ci à interdire à sa mère de la reprendre ou comme Laurent contre la famille d'accueil.

> Lorsque Mme Félix le menace de ne pas l'emmener en vacances, Laurent, 7 ans, rétorque sur un ton insolent et glacial : « D'abord c'est le docteur qui commande, c'est pas toi qui décides », reprenant cette fois à son profit une menace que Mme Félix utilise volontiers pour le faire obéir : « Si tu n'es pas sage, je te ramène chez le docteur. »

L'enfant peut aussi s'abriter derrière ce pouvoir pressenti du MTC pour exprimer et donner satisfaction à un désir, qu'il tient caché de sa famille d'accueil ou de ses parents.

> Ainsi Julie s'efforce de montrer à Mme Weber que ce sont le MTC et le TPSEd qui l'obligent à aller voir ses parents contre son désir, tout comme elle doit cacher à ses parents son désir de rester chez les Weber, feignant de protester, larmes à l'appui, contre le vilain docteur qui impose le retour chez la famille d'accueil.

Souvent, l'enfant redoute ce pouvoir quand il le ressent comme une entrave à ses propres désirs et au pouvoir que lui-même essaye d'exercer sur sa famille d'accueil et ses parents.

> Viviane, 10 ans, et Sandrine, 15 ans, utilisent presque les mêmes mots : « Laissez-moi tranquille, n'intervenez pas dans ma vie, ça ne vous regarde pas ; d'abord vous ne connaissez pas ma vie ;

laissez ma mère (mère d'accueil) tranquille, elle n'a pas besoin de vos conseils, vous la contrariez. Elle sait bien mieux que vous ce qu'il faut faire. C'est une mère, elle ! »

Dans le cadre de la consultation, l'enfant montre au médecin tantôt son désir de le séduire, tantôt la crainte de son pouvoir et aussi son ingéniosité à éviter tout engagement avec lui ou à neutraliser son pouvoir par des mouvements agressifs à caractère conjuratoire. Le MTC peut trouver là la possibilité tout d'abord de laisser l'enfant jouer ce problème, puis d'en reconnaître la nature et parfois de lui interpréter les mouvements transférentiels que ses attitudes recouvrent.

Lorsque Julie entre sans mot dire et pulvérise le médecin avec une arme imaginaire, celle-ci peut lui signifier qu'elle est bien armée pour se protéger, comme elle pense que son papa le souhaite, contre ce méchant docteur qui ne la laisse pas avec ses parents. Il est possible aussi de lui dire, lorsqu'elle dévêt ses poupées, les laisse nues, ou les habille n'importe comment, en les tenant la tête en bas, que ces bébés doivent être malheureux d'avoir une mère si maladroite qui les malmène et leur fait mal. Le docteur pourrait bien avoir envie de lui retirer son bébé pour le confier à une dame ; mais qu'en penserait ce bébé !

Au cours des mois et des années, la consultation offre de fréquentes occasions d'aborder avec l'enfant ses positions de *toute-puissance/impuissance* cherchant à l'aider ainsi à évoluer *à travers la situation transférentielle qui s'établit entre lui et le MTC.*

La rencontre régulière de l'enfant tout au long de son placement avec un médecin psychiatre est certainement lourde. Nous avons vu, à plusieurs reprises, combien la famille d'accueil a besoin de défendre la normalité de l'enfant, au point de nier ou de cacher les signes de sa souffrance. Beaucoup de familles d'accueil critiquent ces contacts réguliers qu'ils vivent comme inquiétants pour l'enfant, sinon malfaisants. Écouter les enfants, s'intéresser à leur vie fantasmatique, à leur souvenir, ne pas donner les mêmes réponses éducatives que la famille d'accueil lorsqu'ils sont excités, désobéissants et agressifs, ne pas les contraindre... Tout cela apparaît au minimum étrange, et le regard psychiatrique dangereux. Les réticences des familles d'accueil entrent facilement en résonance avec le vécu spontané des enfants : tous partagent en effet, on l'a vu, une profonde impression d'anomalie attachée à leur position d'enfant séparé et placé, retirés parce qu'ils sont mauvais comme leurs parents.

Ainsi le pouvoir du médecin, son identité psychiatrique forment un ensemble susceptible d'accrocher fortement la résistance de l'enfant au traitement. Pendant tout un temps, qui peut s'étirer sur de nombreux mois, cette résistance peut réduire le médecin-consultant à l'impuissance. C'est un phénomène qu'il importe de respecter tout en poursuivant les consultations, en dépit de la tentation d'y renoncer. Les maintenir à un rythme régulier tout en tenant compte du besoin de maîtrise par l'enfant du médecin, « objet fascinant et inquiétant » témoigne de la permanence de celui-ci, met une limite au pouvoir fantasmatique destructeur de la haine, laquelle ne fait pas plus disparaître le médecin qu'elle n'entraîne le rejet et l'abandon de l'enfant.

Les angoisses liées à la fois aux imagos parentales et à la représentation que l'enfant a de sa famille d'accueil, sont projetées sur le médecin qui, à ce titre, devient porteur et responsable aux yeux de l'enfant de la problématique que lui pose son placement. Problématique qui le paralyse, le confond, et, face au médecin, tantôt le réduit au silence, à l'abattement, à l'inertie, tantôt le pousse à l'agitation, à la violence.

La situation de consultation réactive cet amas confus que les éléments de cette problématique forment en lui et que le médecin consultant allié au TPSEd l'aide peu à peu à démêler au cours des années et à élaborer, au travers de jeux psychodramatiques et d'entretiens.

4. AUTRES MODES D'ABORDS

Les thérapeutiques individuelles

Pendant tout un temps, on a pensé qu'une des caractéristiques spécifiques d'un placement familial spécialisé était de faire bénéficier l'enfant d'une psychothérapie individuelle. Dans le cadre du Centre familial d'Action thérapeutique, peu d'enfants ont été capables d'en faire usage d'emblée. Il semble que, dans cette situation de relation duelle, ils sont comme paralysés et restent sidérés par leurs réactions transférentielles massives relatives aux positions angoissantes d'attachement primaire. De même, l'introduction d'une orthophonie, ou d'une aide pédagogique individuelle, justifiée par l'importance des problèmes d'apprentissage des enfants, se heurte à des difficultés du même ordre : l'enfant se ferme et refuse l'aide dans le domaine proposé, reste également inhibé ou agité, ou encore cherche à réaliser avec son thérapeute son besoin de relation fusionnelle à une « mère toute bonne ». En revanche, en cours de placement, une vraie demande de l'enfant peut surgir et celui-ci peut alors bénéficier d'un traitement orthophonique, d'une aide pédagogique ou d'une psychothérapie, qu'il est préférable, dans certains cas, de dispenser en dehors du centre de placement.

Les activités en groupe

La constatation des difficultés multiples et diverses des enfants dans les milieux sociaux qu'ils sont amenés à fréquenter à l'extérieur du foyer d'accueil, leur incapacité à mener à bien une activité, voire à la souhaiter, leur agitation, violence et/ou leurs inhibitions dans leurs contacts avec les autres enfants à l'école ou ailleurs, nous ont amenés à mettre en place des groupes de trois à cinq enfants autour d'une activité que nous avons appelée « club ». Les clubs ont tout d'abord été animés par un TPSEd[1] dont c'était la responsabilité principale. Elle était assistée par un ou deux stagiaires (éducateur, psychologue, médecin). Ultérieurement, d'autres TPSEd ont souhaité participer à ce type d'activités.

La durée d'un club est, en général, d'une demi-journée ; il a lieu à une fréquence régulière, une ou deux fois par mois ou de façon plus occasionnelle. Un club se prolonge plusieurs années, de temps à autre, admet « un nouveau », perd un « ancien » qui est « sortant » ou un de ses membres qui ne veut plus venir.

Les animateurs vont chercher et reconduire les enfants dans leurs familles d'accueil. Chacun d'entre eux, à ce moment-là, se trouve confronté avec la situation « d'enfant placé » de l'autre, ce qui suscite des réactions, des réflexions et des échanges entre enfants, parfois des questions auxquelles il peut être répondu.

À l'arrivée au centre, un temps est réservé au choix de l'activité. Il peut s'agir ou de jeux à l'intérieur du centre ou d'activités à l'extérieur. Cette opportunité permet de découvrir la lourdeur des perturbations de l'enfant, alors que celles-ci sont assez souvent colmatées dans le cadre du foyer de la famille d'accueil : incapacité à choisir et décider, à se mettre d'accord, intolérance des uns à l'égard des autres et à l'égard de toute frustration, demande d'attention individuelle,

1. Anne-Marie Merlet, éducatrice spécialisée a créé et développé ces clubs.

incapacité à la partager, difficulté à investir une activité, devenir violent ou se retrancher, détruire, éparpiller le matériel, impossibilité bien souvent de jouer autrement que pour crier, s'agiter. Le club est parfois le révélateur d'états phobiques intenses passés jusque-là inaperçus : l'enfant est envahi par son angoisse, s'accroche à l'adulte et manifeste de toutes sortes de façons sa peur de sortir, de s'éloigner, d'être perdu, d'être exposé à des dangers.

Enfin, le club devient vite le lieu où les enfants jouent leur ambivalence à l'égard de tous les adultes qui s'occupent d'eux. En l'absence physique de parents et familles d'accueil, ils montrent souvent « l'envers » de l'image, un envers que ne perçoit pas toujours le TPSEd qui suit l'enfant. Il arrive aussi que, lors des courts moments où l'animateur se trouve chez la famille d'accueil, l'enfant, du fait de cette présence, ose se montrer davantage et mette la famille d'accueil en difficulté. Ainsi peuvent parfois éclater des conflits latents ; la communication entre animateur de club et TPSEd est essentielle. L'expérience montre qu'elle ne s'instaure pas spontanément, si elle n'est pas « prévue » et « organisée » dans le cadre des préconsultations.

Les trajets d'un lieu à l'autre sont presque toujours des temps d'échanges féconds entre enfants, destinés à être entendus par l'adulte qui, par contre, n'est pas forcément invité à s'y mêler. L'animateur entend les enfants parler entre eux à l'arrière de la voiture, de leur mère, de leur père inconnu, de leur famille d'accueil, du centre. Ce sont d'abord des commentaires lancés à la cantonade : « Tiens, c'est là que j'habitais », qui fait dire à l'autre qu'il ne se rappelle plus où il habitait et à un autre qu'il ignore même où habite sa mère, alors que jusque-là l'idée ne lui était même pas venue de s'en soucier. Peu à peu, ces moments d'échange entre les enfants deviennent des temps clés au cours desquels ils comparent leur situation, leurs réactions, celles de leurs parents et de leur famille d'accueil, leurs goûts et leurs dégoûts. Une certaine camaraderie et même une amitié les unissent. Il n'est plus aussi difficile alors de choisir une activité ; celle-ci devient plutôt qu'une fin en soi un prétexte pour se rencontrer. Les enfants s'intéressent maintenant les uns aux autres, s'expliquent, écoutent, répondent, s'inquiètent de celui qui va sortir, se questionnent sur leur peur ou désir de partir, et plus tard se demandent mutuellement des nouvelles.

Le bébé-club

La plupart des familles d'accueil souhaitent que leur soit confié un bébé, en pensant qu'elles pourront alors lui donner toutes ses chances et en faire un enfant normalement épanoui ; or l'expérience montre, que passé les premiers mois, les problèmes de contact du nourrisson deviennent sensibles, et provoquent en elles une sourde inquiétude qui peut être tenue silencieuse assez longtemps par la mère d'accueil. Celle-ci en effet se sent engagée dans des modalités particulières de contact qui lui posent question mais dont elle n'ose parler ; ou encore elle est inquiète de ne pas trouver de réponses adéquates à l'égard d'un bébé qu'elle ne parvient pas à calmer, ou à éveiller, ou à alimenter et/ou à aimer. Il s'agit là pour toute mère d'accueil d'une expérience troublante et difficilement communicable.

Les groupes de mères d'accueil-bébés sont d'un grand intérêt à cet égard. L'observation mutuelle de leurs bébés permet de parler *hic et nunc* de leurs comportements, de leurs attitudes déconcertantes et favorise peu à peu les échanges sur les difficultés dans lesquelles chacune se trouve. Ces bébés-clubs avec les mères d'accueil nous ont éclairé sur les troubles d'attachement primaire, les troubles précoces de contact, l'engouffrement fusionnel, les difficultés d'une défusion et le caractère, « irrésistible » pour l'accueillante, de la demande régressive du bébé, lequel ne peut être que maltraité ou abandonné si la mère d'accueil refuse de répondre à cette demande.

Le bébé-club du CFAT a été notre première expérience d'un groupe mère d'accueil-bébé destiné à amorcer et faciliter un processus de séparation-individuation apparemment complètement bloqué[1]. Cette activité de groupe a mis en évidence le malaise dans lequel le bébé mettait la mère d'accueil, l'exacerbation et la prolongation considérable de la durée de l'angoisse de séparation chez l'enfant, la difficulté du mouvement séparatif, aussi mal supporté par la nourrice que par l'enfant. À la faveur des discussions qui se sont engagées entre elles et avec l'animatrice, les mères d'accueil ont pu « oublier » un peu leur bébé et le laisser partir, tandis que ceux-ci osaient sortir de leur orbite un petit moment, allant à l'aventure sous le regard protecteur et incitatif de l'éducatrice, vigilante à les suivre et à commenter ce qui se passait pour eux dans leurs allées et venues « du cercle nourricier » au « monde extérieur ».

Les groupes pédagogiques

Impressionnés par les difficultés scolaires, apparemment insurmontables, des enfants dans les classes primaires, nous avons souhaité ouvrir un groupe pour les enfants de grande section de maternelle et pour ceux qui venaient d'entrer au cours préparatoire. Les enfants arrivaient avec leur cartable, leurs outils de petit écolier, leur cahier, leur premier livre. Le refus de « travailler » fut immédiat et durable, bien que tout le monde sût qu'on venait faire là son apprentissage de futur écolier. En revanche, ils ne se lassaient pas de jouer à l'école ; chacun voulait être le maître, mais chacun jouait son rôle sans s'occuper des autres, en des jeux parallèles, sans communication entre eux, tout en y prenant grand plaisir. Cela continua ainsi jusqu'au jour où, à l'initiative de l'un d'eux, ils se mirent à jouer aux petits chats perdus, miaulant et pleurant, puis aux retrouvailles dévoratrices au cours desquelles les petits chats dévoraient leur maman, à moins que ce ne fut le contraire. Ce thème obsédant montrait à quel point ces petits enfants, envahis par leur problématique d'enfant perdu et abandonné, ne pouvaient guère investir une scolarité vis-à-vis de laquelle ils se montraient phobiques ou anorexiques ou indifférents. Les enfants ont bien du mal à surmonter cette difficulté, qui, l'expérience le montre, tend à resurgir à chaque changement de situation et aux moments clés de leur développement, plus particulièrement à l'adolescence.

De nombreux autres groupes se sont formés au cours des années : entre autres, des groupes pédagogiques pour des enfants en CM1-CM2, pré-adolescents ayant des difficultés scolaires d'apprentissage et de discipline. Dans le cadre de ces groupes, les enfants ont montré comment le refus de travail scolaire et les problèmes cognitifs sous-jacents sont liés à un état d'excitation (ou d'inhibition) entretenu par le risque d'émergence de pulsions sexuelles prégénitales non élaborées. Dans les groupes pédagogiques, celles-ci ont éclaté et se sont exprimées, avec une violence et une crudité déconcertante, au travers de mouvements « agis d'attaques et de parades » à l'égard des animateurs pris à partie, de mots, de bruits, et de gestes orduriers.

Tous ces groupes sont menés par plusieurs co-animateurs avec parfois la participation d'un observateur. Il n'est pas aisé de recevoir l'agitation, les inhibitions, phobies, mouvements agressifs et régressifs des enfants, de s'utiliser mutuellement, et d'être en accord avec les réponses de chacun à l'égard des enfants. La rencontre régulière des animateurs après le groupe pour discuter de ce qui s'est passé est indispensable ; là aussi, les communications peuvent être difficiles et ne pas se faire

1. Plus tard, ce travail a été repris et développé à l'Unité de soins à domicile pour jeunes enfants de la Fondation Rothschild dans le travail auprès de bébés et de leur mère.

si un temps n'est pas réservé à cet effet et, pour être fructueuses, elles nécessitent l'intervention d'une personne extérieure.

Les activités de groupe sont appréciées par les enfants. Beaucoup d'entre eux s'y engagent avec plaisir et de façon de plus en plus approfondie. Il est clair que « l'activité » joue avant tout un rôle de support, que le groupe donne, par ailleurs, aux enfants une certaine force pour s'affirmer en face des adultes ; réciproquement, le soutien de chacun de ces enfants par les animateurs leur permet, après un premier temps de rivalité et de peur, de s'allier entre eux et de nouer des relations mutuellement profitables. Ils y sont exposés à des situations nouvelles, à des changements aussi (changement de stagiaires), mais à l'intérieur d'une continuité assurée par l'animatrice « permanente ».

Certains groupes durent plusieurs années, d'autres se remodèlent, ou encore se créent en fonction des possibilités de l'équipe et des besoins que l'on pressent chez les enfants.

5. CONCLUSION

À la faveur de cet ensemble thérapeutique, on voit, la plupart du temps, les enfants évoluer, se saisir des opportunités thérapeutiques offertes, s'y engager avec plaisir, puis avec intérêt, chacun à son rythme et à sa façon, le traitement étant ajusté au fur et à mesure en fonction de leur meilleure tolérance à l'égard de tel ou tel mode d'abord. Certains enfants, comme Patrick, n'ont guère progressé en consultation, sinon pour passer d'un non-engagement total au besoin compulsif de se défendre violemment contre la dangerosité du médecin et contre toute parole, celle du médecin comme la sienne. En revanche, il trouve grand intérêt dans le club, utilise l'animatrice, d'abord pour surmonter son état phobique à l'égard de tout ce qui est neuf et hors de l'orbite de la famille d'accueil, puis il fait d'elle son soutien, peut se confier à elle, et avoir envie de se faire adopter. Simultanément, il ose entendre les paroles des autres enfants du club à propos de leurs parents et de leur famille d'accueil, et il se hasarde à évoquer sa nourrice, sa mère avec qui il reprend alors lentement et prudemment contact.

Sandrine, quant à elle, ne pourra pas surmonter ses difficultés au sein du groupe de ses pairs, dont elle se fait rejeter ; sa progression se fait à la faveur de l'accompagnement et des consultations au cours desquelles elle montre, en les agissant d'abord, puis en les mettant en mots ensuite, des affects, jusque-là profondément refoulés, à l'égard d'images parentales qui sont comme effacées. À mesure qu'elle retrouve la continuité de son existence passée, elle fait des progrès de langage et profite avec beaucoup de succès d'un traitement orthophonique individuel dans un CMPP. Plus tard encore, lorsqu'il est question de s'autonomiser et de quitter sa famille d'accueil comme elle semble le réclamer, elle a une explosion de violente colère contre le médecin du service de placement qu'elle ne veut plus voir ; dans le même temps, elle demande au médecin directeur du CMPP, où elle poursuit son orthophonie, une psychothérapie qu'elle va suivre avec beaucoup de régularité.

Suzy, brillante élève, assez froide et autoritaire dans son milieu d'accueil, se plaint de son club qu'elle quitte l'année suivante, reprochant aux enfants de jouer à des jeux « bébés ». En fait, ces jeux mettent en scène abandon, séparation, scènes régressives primaires d'attachement, etc., que Suzy ne tolère pas. En consultation, elle se cantonne dans des jeux d'où est exclue toute relation humaine : elle joue le rôle d'un personnage autoritaire, actif, compétent. Elle refuse toute conversation et explique à sa famille d'accueil qu'elle ne veut pas parler ou penser à tout ça. Il est convenu de respecter la position si bien défendue de Suzy, mais on décide que le TPSEd qui la suit fera avec elle quelques sorties régulières individuelles en faisant alliance avec ses goûts culturels et ses intérêts. En fait, Suzy s'engage aussitôt dans cette relation individuelle pour bavarder de tout et de rien, sans montrer grand intérêt pour la sortie elle-même. Mais à la faveur de ces sorties, elle fait part progressivement de ses petits bonheurs et malheurs, puis bientôt de sentiments plus complexes vis-à-vis de sa mère, de sa « nourrice », de son amour pour les hommes de sa famille d'accueil, de son désir de rechercher un jour son père...

On se rappelle comment Violaine utilise médecin et responsable, projetant sur l'une son vécu de la mère d'accueil et sur l'autre le vécu de sa mère, et comment elle réussit à s'engager dans une relation de plus en plus significative et verbalisable à laquelle elle finit par prendre plaisir et intérêt.

Il n'y a pas un traitement type des enfants en placement familial, séparés. Il faut plutôt chercher pour chacun d'entre eux le ou les modes d'abord susceptibles de leur permettre de sortir d'une solitude dans laquelle ils s'enferment défensivement. Quoi qu'il en soit, il est clair que le traitement de l'enfant s'appuie sur les relations que l'équipe thérapeutique entretient avec les deux familles. L'enfant le sait, le sent, et c'est parce que l'équipe « porte » en elle les deux familles, s'intéresse autant à l'une qu'à l'autre, que l'enfant peut jouer sur elle sans danger « interne » ses désirs et haines à l'égard de l'une ou de l'autre. Dès que l'équipe, ou un de ses membres, rejette soit le parent, soit la famille d'accueil, comme l'enfant et ses partenaires l'y invitent fréquemment, elle risque de voir l'enfant l'utiliser dans un système clivé infructueux et culpabilisant qui met en danger le placement.

Chapitre 37

Les éclairages théoriques de la pratique quotidienne

J. Cartry

PLAN DU CHAPITRE

1. LA DISTANCE RELATIONNELLE

Immergée dans la vie quotidienne avec un ou plusieurs enfants accueillis, la famille d'accueil ne peut pas se contenter d'attendre les effets bienfaisants et réparateurs d'un simple « vivre avec ». Dans le courant libertaire de mai 68 et dans le mouvement contestataire des institutions psychiatriques et éducatives des années 1960-1970, le « vivre avec » était apparu comme le slogan fédérateur des « lieux de vie » et des petites structures alternatives aux institutions traditionnelles. Il s'agissait alors de vivre la « vraie vie » de tous les jours, en références aux valeurs communautaires et écologiques. Formé en partie dans l'utopie du « vivre avec », le placement familial permanent des enfants n'échappe pas aux dangers et aux souffrances du « vivre-avec-l'autre ». En effet, « vivre avec » appelle encore de nos jours une représentation idéale du partage de vie sur fond d'images domestiques positives qui en masquent la réalité et les enjeux. La relation quotidienne avec un enfant carence est vite usée par les répétitions, les redites et les contraintes de la promiscuité. L'intrication des affects personnels et le surmenage émotionnel provoquent inévitablement des crises d'autant plus dangereuses qu'elles se développent dans l'intimité relativement hermétique d'une famille.

Certes, la connaissance clinique de la carence précoce et la familiarité avec la pathologie du lien facilitent une certaine prise de distance avec les enfants. Il reste que, quelles que soient notre compétence et notre expérience, nous sommes tous, un jour ou l'autre, complètement submergés par les affects liés à la présence des enfants accueillis et en grand danger de passer à l'acte, de renvoyer les enfants, de nous culpabiliser gravement. C'est pourquoi maintenir entre les enfants et nous-mêmes une salutaire distance relationnelle constitue l'une des priorités de la famille d'accueil. Comme on le verra plus loin, cette distanciation prendra la forme d'un recours au tiers constitué par l'équipe d'accompagnement du placement et par l'organisation d'une supervision personnelle.

Dans cette perspective d'ouverture et de ventilation de la famille d'accueil, l'idée de distance relationnelle revêt la dimension d'un véritable concept fondateur.

2. ÉDUCATION ET THÉRAPIE

La famille, en tant qu'institution paradigmatique, est assignée à une mission éducative normative, référencée à la culture, aux lois et aux codes. Cette mission éducative engendre des frustrations, voire des refoulements au prix desquels l'enfant « paie » en quelque sorte son entrée dans la vie sociale. La socialisation de l'enfant étant la finalité de l'action éducative, cette dernière s'adresse évidemment à tous les membres d'un groupe qu'elle prépare à un fonctionnement institutionnel élargi progressivement à l'école, à l'entreprise, à la vie associative, aux solidarités sociales, etc. Par conséquent, l'action éducative peut être comportementaliste et aliénante. C'est la préoccupation « politique » de Cooper, de Donzelot ou de Laing.

Dans le système familial collectif et normatif, est-il possible d'inscrire un projet de soin individualisé et libéral ? Le projet thérapeutique de la famille d'accueil n'est-il pas foncièrement paradoxal ?

La famille comme repère interne

Cette question appelle une réflexion préalable sur la famille. On peut affirmer qu'aujourd'hui l'influence et l'autorité de la famille sont largement concurrencées par tous les « messages » que les enfants reçoivent de l'extérieur et dont les médias sont les porteurs et les amplificateurs permanents. Quant au huis clos familial, capable de favoriser les pires violences, il commence à être fracturé par une information grandissante et par le recours de plus en plus fréquent aux « numéros-verts-enfance-maltraitée », par exemple. Cependant, la famille demeure aux yeux de certains l'institution la plus antidémocratique, verticale et hiérarchique : le père est « avant » le fils, l'aîné « avant » le cadet, les enfants sont organisés autour de la royauté parentale, etc. En ce sens, la famille ne subirait pas encore l'écrasement horizontal égalitaire inspiré par cette « démocratie extrême », dont Platon dit qu'elle traite les enfants comme les hommes et les hommes comme les enfants. Bien sûr, les parents-copains sont de plus en plus nombreux, et les enfants-rois innombrables. Les enfants « surfent » sur Internet et les pères portent des pyjamas Mickey. La famille éclate, se reconstitue, éclate encore à la faveur d'une formidable scissiparité qui estompe progressivement toutes les différences. Comme le monde qu'elle habite, la famille est gagnée par la complexité. Pourtant, elle se trouve réinterpellée par les pouvoirs publics et par l'opinion, qui font appel à son autorité face à la délinquance et à l'incivilité grandissante des jeunes dans les banlieues dites « difficiles ». On peut en conclure que, malgré tous ses avatars, la famille continue à susciter des représentations de contenance, d'autorité, de moralité et que la hiérarchie des personnes qui la structure persiste à sécréter une hiérarchie de valeurs et de représentations symboliques structurantes.

En tout cas, penser « la » famille est une opération de plus en plus complexe et penser la famille d'accueil dans son projet éducatif et thérapeutique est une gageure.

Le travail de réflexion sur la famille d'accueil ou sur l'action des établissements et services du secteur de l'enfance inadaptée, intrique communément les mots *d'éducatif*, de *thérapeutique* et de *pédagogique* au point qu'ils paraissent interchangeables. Un effort de « déconstruction » peut favoriser la clarification suivante.

- L'éducatif touche l'enfant « en groupe » car il vise son inscription sociale. Référencé à la culture, aux usages et à la loi, il est forcément normatif, prescriptif, et impose à l'enfant des frustrations, des renoncements ou des attentes. L'éducatif impose à l'enfant d'intérioriser des images d'adultes porteuses de loi et, paradoxalement, dans la *réalité* de tous les jours, il exerce donc une fonction *symbolique* structurante.
- Le thérapeutique vise la souffrance singulière d'un enfant. Au mieux, il a pour objectif de le guérir, à tout le moins, de le soulager. C'est un travail de soin. Il propose à ce dernier un travail de pensée sur des émotions et des symptômes. Il permet d'actualiser sur la personne du thérapeute un vécu plus ou moins refoulé. Il peut favoriser et soutenir un travail de remaniement symbolique. Mais, au nom de la règle d'abstinence, il n'est pas prescriptif et n'intervient pas dans la réalité quotidienne de l'enfant. De plus, il favorise la réintégration de l'enfant dans la réalité.
- Enfin, le pédagogique est du côté des méthodes, des enseignements et des apprentissages. On dit qu'il y a une « psychopédagogie des débiles profonds » ou une pédagogie des mathématiques élémentaires. Le pédagogique peut être l'objet d'un marquage idéologique fort, comme il en est, par exemple, de la pédagogie comportementale ou de la pédagogie de groupe. Mais c'est

grâce à une bonne pédagogie qu'une action éducative peut être efficace et qu'elle peut avoir des effets ou des « retombées »... thérapeutiques.

Cette déconstruction opérée permet de reconnaître qu'il n'existe pas de conflit de projet entre un éducateur et un thérapeute mais une différence de place et de fonction. Elle permet aussi de reconnaître à la famille d'accueil une action éducative assortie de retombées thérapeutiques par l'effet d'une pédagogie de contenance et d'étayage propre aux enfants carences. En effet, lorsqu'elle assigne à l'enfant des limites dans le temps, dans l'espace, dans son corps, dans la relation, la famille d'accueil est contenante et contribue à soigner l'angoisse impensable du carence. Lorsqu'elle lui impose un « code » de socialisation, elle le « soigne » narcissiquement en lui permettant d'être reconnu et accepté par le groupe. Lorsqu'elle inscrit l'enfant dans une bonne distance relationnelle, elle enraye des mécanismes fusionnels répétitifs.

La famille d'accueil peut être soignante

La famille d'accueil met en jeu :

- sa permanence ;
- sa capacité à sécuriser les enfants carences ;
- sa connaissance de leur langage symptomatique ;
- son aptitude, en raison de sa très faible résonance institutionnelle, à tolérer des transgressions et à tolérer la subversion de la loi par certains symptômes ;
- sa compétence à signifier la loi et le réel en procurant à l'enfant des gratifications existentielles compensatrices ;
- son intégration non ségrégative et son ouverture « naturelle » sur l'extérieur.

Il reste que les éducateurs de la famille thérapeutique ne sont pas les « vrais » parents des enfants accueillis. Par conséquent, d'une part, ils représentent les parents de l'enfant carence et sont à cet égard l'objet d'un transfert significatif. D'autre part, ils sont également, en surimpression, les « bons » parents rêvés par l'enfant dans son roman familial. Ils se situent entre le symbolique et l'imaginaire et constituent surtout, pour l'enfant, des « images parentales significatives » qui le font accéder à la symbolisation. C'est en ce sens que les éducateurs de la famille sont probablement en deçà de l'imaginaire et de la réalité des « parents symboliques ».

Cette « distanciation » symbolique conjure les risques d'un agir excessif entre eux et les enfants, et les dangers d'une relation fusionnelle amorcée dans la régression. Le symbole est donc le lieu de la distance relationnelle évoquée plus haut et il favorise la mission thérapeutique de la famille. L'enfant est, en quelque sorte, le « témoin principal » de notre action, ce qui n'exclut pas que d'autres enfants, présents dans la famille, ou déjà partis, soient convoqués en vue d'exemplifier tel ou tel concept particulier.

Pierre, dix ans, est présenté ci-après avec tous les enfants accueillis présents à ce jour dans la famille. Voici le récit de son entrée cataclysmique.

3. LA SÉCURITÉ

À huit ans, Pierre était un garçon maigre, petit pour son âge, blond, au visage très mobile éclairé par de beaux yeux verts et un sourire charmeur, angélique. Il était conduit par une éducatrice de l'AEMO[1] à laquelle trente ans de métier n'avaient rien épargné. Il n'empêche que durant le voyage, Pierre, qui s'était beaucoup agité, avait réussi à déverrouiller les portières de la voiture, menaçant de sauter en route.

Quelques heures après le départ de notre collègue et sitôt qu'il eût exploré la maison, l'enfant, sur un prétexte futile, nous a violemment agressés : « Sales cons, pédés, paquets de merde ! » Nous avons réagi, verbalement et physiquement, refusant d'être injuriés.

Par l'injure, il nous apparaissait que l'enfant nous mettait immédiatement à l'épreuve de sa force et nous imposait un déni fondamental de valeur en tant qu'adultes. La violence de cette agression verbale nous semblait à la mesure de l'anxiété qu'il ressentait face à nos images parentales : il avait choisi de nous mordre avant même d'être menacé.

Nous étions déterminés à lui imposer l'économie de l'injure et à lui signifier notre dignité d'adultes capables de refuser des « signifiants » aussi destructeurs. Nous souhaitions préserver notre intégrité personnelle en vue de rester, face à son angoisse, des référents immédiatement sécurisants.

Nous sommes entrés en conflit physique avec lui pour faire cesser les injures et les coups. Il s'est agi d'un véritable corps à corps, d'un engagement relationnel violent dans un rapport de forces apparemment sauvages mais que nous assumions avec une relative sérénité. De plus, l'enfant semblait chercher dans cet affrontement physique la vérification de sa réalité et de la nôtre. « Quand on reçoit une gifle, il y a bien d'autres façons d'y répondre que de pleurer, on peut la rendre, et aussi tendre l'autre joue, on peut dire : frappe, mais écoute » (Jacques Lacan, *op. cit.*, p. 15).

Au bout de deux jours, Pierre a cédé, hoquetant sous la douche, pleurant, « brisé ». Il était fondamental qu'il sache que nous n'avions surtout pas peur de lui afin qu'il ait moins peur de soi. Nous avions, sans doute, entendu cette « demande » : soyez plus forts que cette violence qui est en moi !

Du bon usage des conflits

Une courte discussion peut s'ouvrir ici sur l'exploitation thérapeutique d'un conflit. Sous prétexte de préserver la paix du groupe, il est parfois tentant de choisir en pareils cas des attitudes modératrices et de prendre quelques mesures dilatoires propres à désamorcer des charges émotionnelles considérables (qui de toute façon exploseront au moindre choc relationnel).

La dramatisation délibérée d'une tension facilite son expression dans la réalité et lui retire son caractère de fatalité inéluctable. Accepter le conflit, c'est parfois choisir le drame, au sens d'une représentation dramatique des affects, en vue d'éviter la tragédie. Il reste que, toute sérénité intérieure conservée, c'est épuisant.

1. Action éducative en milieu ouvert.

Accepter le conflit, c'est aussi, l'échange verbal étant impossible, procurer à l'enfant la certitude de sa résonance sur nous ; cette certitude dépasse largement le sentiment de sécurité, c'est une réassurance existentielle. Accepter le conflit avec un enfant carence, c'est parfois préparer sa résolution dans une séquence véritablement maternante. En effet, sitôt Pierre calmé, nous l'avons baigné, frotté et séché, habillé de sec et nourri. J'attache beaucoup d'importance à cet épilogue, car il notifie très clairement à l'enfant, sans verbalisation, notre détermination à reprendre avec lui des rapports adultes-enfants favorisant la régression et l'étayage.

Heureusement, la sécurisation d'un enfant très carence ne passe pas très souvent par des épisodes aussi dramatiques. Ce sujet se prête à une explicitation ordonnée.

La sécurité passe par la permanence des adultes

La sécurité passe d'abord par la permanence des adultes dans la maison. Il est primordial que l'enfant carence, pendant des années, rencontre le même visage en s'éveillant, entende la même voix qui l'appelle pour la journée. En effet, il y pénètre comme il est entré dans la vie. Par conséquent, c'est d'abord « à cause de quelqu'un, pour quelqu'un » qu'il se lève et commence à vivre. La médiation d'un adulte familier et la répétition de gestes gratifiants lui sont indispensables. L'enfant carence est rigide, tout changement de personne lui procure de l'anxiété. Il suffit qu'une personne nouvelle, un stagiaire par exemple, « fasse le lever » pour que certains, toujours les mêmes, et généralement les nouveaux, suscitent des crises au moindre prétexte. Ainsi, Pierre, énurétique, qui ne trouvait pas, étant éveillé par le stagiaire, son linge sec au même endroit ! Gare au voisin dans la salle de bains, qui commençait sa journée sous une douche d'injures...

En fait, je crois qu'il y a de la naissance, du traumatisme et de la nudité dans le réveil d'un enfant carence. Le contenu symbolique de ce moment de la journée est considérable et se prête à une action thérapeutique si l'adulte présent est familier, précis dans l'exécution de tous les petits rites de réveil-naissance.

Par leur présence

La sécurité de l'enfant carence passe aussi par la vérification de la présence de l'adulte dans la maison. Alain, cinq ans, nous poursuivait jusqu'à la porte des toilettes et tambourinait de toutes ses forces en criant : « T'es là ? t'es là ?... » Visiblement, Alain ne savait pas jouer au Fort-Da, ce qui introduit une autre exigence de l'enfant carence : en cas d'absence de l'adulte familier, il manifeste beaucoup d'agressivité à l'égard de la personne qui les garde, il a besoin de faire de très nombreuses fois l'expérience de notre retour pour être certain que nous allons revenir, qu'il n'est pas abandonné et qu'il peut par conséquent nous représenter dans une présence-absente. Un enfant carence ne représente pas des objets qui changent et qui ne reviennent pas. La certitude du retour de « l'objet » est indispensable à l'entrée de l'enfant dans la vie symbolique.

À l'instant où j'écris ces lignes, il est seize heures trente. Janine est partie chercher les enfants et Jérôme, qui a fini sa sieste, descend de sa chambre :

« Maman, où elle est maman ?

– C'est moi, c'est papa qui est là ! »

Jérôme enchaîne :

« Oui, mais où elle est, maman ? »

C'est bien le même objet qui est réclamé par l'enfant qui, sortant du sommeil, entre dans le réel, incapable de résister au temps et à l'espace sans être amarré à un adulte familier. Il se trouve que Jérôme vient d'accepter ma médiation et, malgré l'absence de sa mère, il joue au Lego dans l'aura du... bon-père-environnement (Winnicott).

Par leur coordination

La sécurité passe également par la coordination des adultes, l'harmonisation de leurs exigences, la conformité de leurs paroles respectives. L'enfant carence perçoit les contradictions entre adultes comme une distorsion de leur désir à son sujet et comme une menace pour son intégrité.

Bien coordonnés et face à un carence, les adultes « balisent » son espace relationnel et favorisent son enracinement dans un champ limité. En quête affective tyrannique et opportuniste, l'enfant exploite immédiatement le désaccord des adultes pour obtenir de l'un d'eux ce qu'il désire. C'est dans la coordination avec l'éducateur que l'éducatrice, dont la fonction maternelle est plus sollicitée, trouve un renfort contre les tentatives d'emprises amorcées par l'enfant carence. Sachant elle-même refuser, elle oblige l'enfant à chercher en dehors de la relation triangulaire un autre objet de désir, à former un désir autonome dans le creux du manque. Confronté à un couple uni, l'enfant bute aux limites de son pouvoir. Il passe par l'épreuve de la frustration, solidement épaulé par les adultes.

En cas de mauvaise coordination des adultes, l'enfant essaiera de s'introduire entre les partenaires du couple parental, de provoquer des malentendus et des querelles, dont il espère tirer quelque bénéfice. L'enfant carence attaque les liens du couple d'accueil. Les filles notamment, si sensibles aux fluctuations du désir qui les concerne, opèrent avec une grande finesse. Inconsciemment, l'enfant carence transfère sur le couple des éducateurs la problématique du couple de ses propres parents : il tente une brisure nouvelle propre à prévenir une déception supplémentaire. Dans ce jeu, on observe la combinaison subtile des forces de la brisure et de l'œdipe. Les enfants de Bellevue sont très conscients de notre coordination et disent parfois : « C'est pas la peine que je demande à Janine, Jean veut pas... » (Et réciproquement !)

Par contre, un tel dispositif de coordination peut être rigide. L'enfant doit posséder quelques chances de négocier ses demandes. Il est fréquent que nous acceptions de réévaluer ensemble des positions contradictoires. Pour prévenir toute équivoque, l'enfant est souvent témoin de notre échange. Il fait alors l'expérience de son pouvoir, non pas dans la séduction de l'adulte, mais dans la négociation triangulaire.

Par la certitude d'être gardé

La sécurité passe par la certitude d'être gardé. La plupart des enfants carences ont vécu des ruptures relationnelles douloureuses qui justifient leur volonté de brisure. Si l'adulte est capable de manifester à l'enfant qu'il est plus fort que cette volonté de mutilation, s'il parvient à contenir en soi l'angoisse que l'enfant lui inspire, à surmonter les stress qu'il provoque, à résister à sa dévoration quotidienne, le jeune carence entrera progressivement dans une certitude de sécurité. C'est à ce propos que Michel Lemay affirme : « La vie quotidienne avec un enfant carence relationnel est un défi considérable. »

En effet, il n'est pas toujours possible de relever le défi de la brisure. Face à un enfant déterminé à briser son placement et à perdre les gratifications qu'il y trouve la volonté de l'éducateur ne suffit pas. Les jours, les mois accumulent entre l'enfant et lui une charge considérable de stress, de griefs, d'attentes déçues, de conflits sans épilogues réparateurs, de crises sans empoignades relationnelles authentiques. Il manque à cette relation toute la force du désir. Mais nous sommes dans l'indicible. Il faut avoir recours à l'exemplification.

Deux adolescents, Paul et René, nous ont quittés après un an de séjour. Très tôt, nous avons senti que nous n'étions pas attirés vers eux, sans pouvoir conceptualiser cette impression. Quelques traits de personnalité l'expliquent sans la justifier. Nous constations entre eux et nous la sape d'une interaction négative, parce que c'étaient eux, parce que c'était nous. Malgré nos efforts d'évaluation et de supervision, nous avons décidé de mettre fin à leur séjour dans les conditions les moins mauvaises possibles. Nous ne percevions pas au fond de nous-mêmes cet appel profond à s'accrocher à un enfant, appel qui resurgit après les crises les plus dures, que beaucoup d'éducateurs ont éprouvé après les pires colères, les plus amères déceptions et qui signe le désir.

4. LE DÉSIR, OU « L'ATTENTE ANTICIPATRICE »

Ce désir qui inscrit l'enfant dans la sécurité existentielle constitue l'inconnue de notre éclairage théorique. Nul ne sait pourquoi il se détermine à soigner, à garder tel ou tel enfant. L'éducateur, dans la famille thérapeutique, est en quelque sorte « obligé » au désir. S'il ne désire pas, il est condamné à l'échec. Il est sans défense devant l'échec relationnel, sans alibi. Mais qu'est-ce que le désir ?

En raison de sa polysémie, le mot « désir » n'est pas d'un usage facile en psychopédagogie et suscite des équivoques. Ici, nous n'introduisons pas ce terme dans l'acception lacanienne qui l'oppose à la jouissance. « Désir » exprime ici les liens d'attachement qui se constituent entre certains enfants et nous, comme aussi les attentes anticipatrices des adultes qui manifestent cet attachement.

Le désir signifie l'enfant

Nous devons nous interroger sur notre capacité à désirer « au sujet » des enfants qui nous sont confiés. Il signifie à l'enfant carence qu'il existe enfin « pour » quelqu'un, il lui donne prise sur le réel en lui assurant qu'il a prise sur un autre. Le désir de l'éducateur « fait signe » à l'enfant carence, littéralement, il « le signifie ». C'est en ce sens que le désir est une parole, un verbe créateur : il est le signifiant par excellence. Sans le désir, aucune méthode, aucune thérapie n'auront prise sur la détresse existentielle d'un enfant carence.

Avoir du désir sur un enfant carence, c'est lui rendre justice au nom de sa mère non désirante, car le désir est attaché fondamentalement au nom de la mère vivante ou morte. Par conséquent, c'est elle qui parle à son enfant dans notre désir. Chaque fois que j'observe Janine avec Tony, je vérifie cette conviction qu'elle représente la mère de l'enfant. Elle lui parle, le touche, le chatouille, le porte, lui sourit, le gronde, le séduit :

> « Celle-ci ne se contente pas de nourrir, elle soigne l'enfant et éveille ainsi en lui maintes autres sensations physiques agréables ou désagréables grâce aux soins qu'elle lui prodigue, elle devient sa première séductrice. Par

ces deux sortes de relations, la mère acquiert une importance unique, incomparable, inaltérable et permanente, et devient pour les deux sexes l'objet du premier et du plus puissant des amours, prototype de toutes les relations amoureuses ultérieures[1]. »

Avoir du désir au sujet d'enfants carences n'est pas « raisonnable ». Les enfants carences sont désagréables, irritants, déconcertants. Le désir qui n'est pas dans l'ordre de la raison n'est pas non plus dans l'ordre du besoin. Si l'éducateur avait besoin de l'enfant, ce dernier serait prisonnier de la problématique de l'adulte, irrésolue. (N'est-ce pas le cas des mères qui sont elles-mêmes carencées ?)

Hors de la raison et du besoin, qu'est-ce donc que le désir ?

Le désir est un appel

Gaston Bachelard (*op. cit.*) nous introduit à une certaine compréhension du désir : « L'homme est une création du désir, non pas une création du besoin. » Avant d'être sujet désirant, il importe que l'enfant carence devienne un sujet désirable et désiré, car il a besoin du désir. L'articulation du désir au besoin procure une certaine logique à un projet de soin des enfants de la carence : il faut que l'enfant existe en toute sécurité dans la vie de tous les jours, qui est le lieu du besoin, et en toute certitude dans notre projet sur lui, qui est le lieu du désir. Notre désir sur lui est, selon Serge Leclaire (*op. cit.*), « un appel à l'être sans quoi n'est jamais possible ; l'appel de l'autre ». Cet appel à l'être, signifié à l'enfant carence par le désir de l'éducateur, est probablement un désir parental sublimé.

5. LE DÉSIR ET LES « INDÉSIRABLES »

Nous n'avons jamais éprouvé ce désir au sujet de Paul et René, évoqués plus haut. Ces deux garçons se ressemblent beaucoup. On ne peut invoquer la moindre interaction directe puisqu'ils n'ont jamais vécu ensemble à la maison. Il convient toutefois de noter que le second, René, ressemblait si fort à Paul que notre accueil et notre écoute ont toujours été filtrés par le souvenir du premier.

Ils refusent l'évidence

L'un et l'autre refusaient l'évidence, mentaient en permanence, même sans intérêt apparent, fuyaient les situations de vérité et le regard de l'adulte, au point que chez René, le lapsus de dénégation précédait toutes les réponses, quel que soit le caractère licite ou illicite de son activité ou de sa situation :

« René, tu travailles ?

– Non, j'apprends ma leçon.

1. Freud, cité par M. Mannoni (1982).

– Qu'est-ce que tu fais, René ?

– Non, je fais une cabane... », etc.

L'un et l'autre semblaient barricadés dans la négation et le déni, pour se protéger de la réalité. Bien entendu, ils évitaient la relation impliquante, fuyaient le conflit, se tenant à bonne distance du transfert (dangereux, angoissant ?). Toute remise en cause de ces deux garçons était impossible, même dans les situations apparemment les moins chargées d'affects. Des épisodes significatifs de leur histoire, l'attitude de leurs parents étaient inévocables, noyés dans des réponses évasives et des explications brumeuses. Toutes leurs forces psychiques semblaient mobilisées pour éviter le réel. Tous les deux luttaient contre la dépression par un activisme permanent, hypomaniaque.

Ils gomment leur passé

Ces garçons, qui « gommaient » leur passé et niaient le présent, évoquaient leur avenir dans la même distorsion de la réalité. Ils s'y projetaient avec une grande volonté de puissance avec des attitudes mégalomaniaques. Nous disions : « Ils ne veulent pas guérir ». Ils nous infligeaient une sorte de déni de compétence à les aider qui nous blessait narcissiquement et que nous leur renvoyions de façon agressive, pris au piège de leurs dénis. Étions-nous affrontés à une grande volonté de brisure chez des préadolescents marqués par de graves fractures affectives ? Ou bien, avec une intuition salutaire, évitaient-ils un remaniement symbolique qui les aurait privés de leurs défenses maniaques et livrés à l'angoisse ?

Nous penchons vers cette interprétation parce que l'un et l'autre manifestaient une profonde culpabilité refoulée et qu'aucun des deux, en raison de sa pauvreté verbale, ne pouvait accéder à la représentation de ses difficultés. Malgré leurs efforts, il arrivait que des incidents violents ou sexuels prennent la forme de petites éruptions pulsionnelles, inquiétantes, toujours niées et repoussées à grand-peine (le plus souvent dans la tonalité sadique ou homosexuelle).

Le tableau psychopathologique présenté par ces deux garçons nous paraît dominé :

- par l'extrême rigidité des défenses ;
- par l'aspect interprétatif et persécutoire de leurs réactions à nos interventions ou à nos refus ;
- par des troubles cognitifs importants malgré la grande aisance psychomotrice que nous avons très souvent observée chez beaucoup de garçons de ce type.

Aujourd'hui, les concepts de déni et de clivage apportent à ce tableau clinique un éclairage plus intense.

Nous avons apporté à ces deux garçons une aide adaptative certaine facilitée par leur conformisme. Par contre, nous avons le sentiment d'avoir échoué au plan thérapeutique sans doute parce que nous manœuvrions des « leviers » intrapsychiques qui échappaient à leur contrôle, qui les aiguillaient vers un remaniement symbolique et un travail de deuil.

Après avoir si longuement justifié le désir, il semblait juste d'évoquer des enfants « indésirables ». Leur exemple pose-t-il le problème de l'indication des placements en famille thérapeutique ? Celui de l'âge du placement ? D'autres éducateurs auraient-ils « accroché » avec ces deux garçons ?

La carence a gagné

Telles sont nos questions et, dans ces questions, telles sont nos limites devant « cette force qui se défend par tous les moyens contre la guérison et qui veut absolument s'accrocher à la maladie et à la souffrance[1] ».

Nous avons organisé le départ de ces deux garçons dans les meilleures conditions possibles sans rompre totalement nos liens fragiles et problématiques. Malgré le soin que nous avons apporté à préparer leur départ, nous étions convaincus de leur infliger une fracture affective supplémentaire tout en les délivrant de notre oppression thérapeutique. Nous avions le sentiment d'avoir inutilement dépensé en leur faveur une énergie considérable et d'avoir poussé le fonctionnement de notre maison à la limite de la sécurité : la carence avait gagné.

Paul est entré dans un foyer pour adolescents, assez proche de notre maison. Pendant un an, il a passé toutes les fins de semaine chez nous et ses séjours se sont lentement espacés. Soutenu par nos collègues du foyer et par l'amour des chevaux qu'il avait découverts chez nous, il a fini par obtenir un CAP de palefrenier-soigneur.

René est parti chez un couple d'éducateurs amis qui, depuis quelques années, travaillent comme nous, et qui, en toute connaissance de cause, l'ont admis chez eux pour consolider le travail adaptatif que nous avions entrepris, et chez lesquels il a, hélas, reproduit le même comportement.

6. SENS ET NATURE DU DÉSIR

Pour en finir avec la problématique du désir dans la famille thérapeutique, il faut enfin la situer au cœur des enfants carences et suggérer quelques réflexions.

Une collection incohérente de désirs...

Le manque irréparable de la mère a plongé les enfants carences dans la détresse et les a privés de l'énergie psychique propre à la représenter et à la désirer. Ils ont été précocement confrontés à un objet primordial « indésirable » et, progressivement, leurs capacités de désir se sont éparpillées et dilapidées sur des « objets » instables et passagers. Ils ont fait l'apprentissage de la précarité dans des relations interhumaines sans signification. En conséquence, les enfants carences relationnels présentent « une collection incohérente de désirs », formule que Lacan attache aux psychotiques et que j'ai « détournée » au profit des carences. Elle exprime assez bien les fluctuations, les contradictions, les discordances et les étrangetés du désir chez les carences : ils veulent tout, tout de suite, et puis ils ne veulent rien. Ils montent sur les genoux d'un inconnu qui survient, ils l'embrassent, l'investissent un temps comme mère fantôme, et puis, soudain, l'injurient grossièrement. Ils saisissent un objet comme un trésor, le perdent sans s'en apercevoir et le retrouvent sans le reconnaître...

1. Freud, 1937, *Analyse finie et analyse indéfinie*. Cité par J.-B. Pontalis, *Nouvelle revue de psychanalyse*, n° 24, Paris, Gallimard.

Les enfants carences n'ont aucune chance de retrouver vivant leur objet primordial. Ils le cherchent partout alors qu'il n'est situé qu'en un seul point de leur histoire, à jamais inaccessible, entre le manque et la représentation impossible. Cette hypothèse est capable de conférer un sens à un projet thérapeutique, considérant que l'enfant carence, incapable de désir, est en état de besoin. C'est le besoin d'être soutenu dans le manque primordial par notre désir sur lui, désir qui se figure comme une sorte de relais du désir de sa mère, désir capable de l'arracher à sa dépression foncière et de le détourner de sa « quête » objectale épuisante.

L'éducatrice est un objet primordial

Par la signification de son désir à l'enfant carence, l'éducatrice est peut-être un objet primordial symbolique de l'objet réel, et en tout cas, dans sa permanence, accessible. Par la force du lien interhumain dans la famille d'accueil, elle restaure l'image dégradée de l'objet primordial et permet à l'enfant d'accéder enfin au désir. Médiatisant cette relation promise au totalitarisme du carence, l'éducateur en conjure les risques fusionnels ou incestueux. Mais il fait peut-être plus : frustrant l'enfant du plaisir fusionnel, il détourne sur lui la haine qui en résulte. Il évite à la mère, objet primordial retrouvé et, dans le même temps découvert comme objet d'amour, d'être à nouveau détruit, dégradé par la haine ou dévoré par l'amour. Dans la triangulation de l'œdipe, l'éducateur « paie » sa place auprès de la mère en assumant la haine réactionnelle à la castration des enfants. C'est ainsi que la famille thérapeutique joue une action mythique et comme telle symboligène, structurante.

Cette action mythique institue le père « protecteur » de la mère contre les enfants : elle lui assigne en quelque sorte le rôle ingrat d'un veilleur sacrifié...

Je trouve l'illustration de cette hypothèse dans l'attitude de certains enfants à mon égard. La plupart des requêtes de François sont adressées à l'éducatrice à quelque propos que ce soit. Hier, alors que j'étais présent dans la maison, il lui a même demandé la clef de « mon » atelier ! Je m'interroge sur cette attitude fréquente qui m'irrite souvent et m'attriste parfois. Certes, Janine est plus disponible, plus en écoute, plus patiente que moi... Mais, de même que Jérôme, dont je m'occupe beaucoup, réclame sa mère en s'éveillant, de même, les enfants accueillis rentrant de l'école demandent toujours Janine, d'abord Janine et se contentent de moi lorsqu'elle est absente : elle les relie au monde dans tous les détails de leur vie. Moi, je suis là, je veille. J'interviens lorsqu'ils abusent et qu'ils commencent à la dévorer. J'allume le feu, je plante les clous, je travaille au jardin. Ma revanche est d'avoir supprimé le potager. Au diable les cultures alimentaires ! À Janine les enfants, à moi les roses.

Condamné à protéger ma Jocaste contre tous ces Œdipes affamés et dévorateurs, voué à la « haine » de tous mes petits rivaux, je me bats, je résiste. Ils devraient m'être reconnaissants : ils ont la mère parce que je « garde » la femme.

7. L'ŒDIPE

Pierre, que nous avons laissé quelques pages plus haut, avait accompli vers l'éducatrice une tentative véritablement œdipienne signée par des gestes et des attitudes érotisés : caresses furtives, baisers soudains et câlins intempestifs. Consciente de la nature de ce mouvement et des promesses de maturation qu'il contenait, l'éducatrice accepta, pour un temps, cette cour infantile. Nous étions convaincus que l'enfant cherchait sa place quelque part par rapport à notre couple et que sa quête ambiguë était plus amoureuse que régressive. Nous y observions pourtant une tentative d'identification à notre fils Jérôme qui, encore bébé, avait pris le corps de sa mère. À maintes reprises, mais non verbalement, je suis intervenu pour signifier à Pierre ma priorité dans le désir de Janine. Par exemple, lorsqu'il se blottissait contre elle sur le canapé pendant une émission de télévision, je le repoussais d'une place pour réinstaller avec détermination auprès de ma femme. De même à table où, juste au commencement du repas, Pierre manœuvrait souvent pour s'asseoir près de l'éducatrice, à la place de Jérôme ou à la mienne. Souvent, je revendiquais cette place, acceptant parfois qu'il y reste pour un moment de gratification bien légitime et de... provocation nécessaire.

Sécurisé par une bonne année de vie quotidienne partagée avec nous, accédant progressivement à la médiation du langage, Pierre pouvait se permettre de me dire parfois sans risque majeur : « Tu es jaloux ! » Je n'ai jamais censuré cette remarque, considérant que nous étions, lui et moi, au cœur d'une « compétition » indispensable à la formation de son sentiment d'identité.

Cependant, il y a quelques mois, alors que nous étions tous à table et que l'enfant se serrait amoureusement contre l'éducatrice, je me suis déterminé à lui dire fermement : « Pierre, arrête, Janine n'est pas ta femme, c'est ma femme ! » Fou de colère, l'enfant à bondi du banc et s'en est allé dans la pièce voisine déchirer mon poster favori, représentant le présidial de Sarlat, c'est-à-dire, ce que l'enfant ignorait, la maison des juges et hommes de loi.

Nous ne cultivons pas la parole magique du dénouement thérapeutique, mais une parole avait surgi, capable de signifier des mois de crise et de trancher le nœud gordien de l'œdipe. Temps fort de parole économisé jusque-là et qui avait force de loi, car :

> « Tout l'œdipe se vit et se joue dans le triangle de la demande, du refus et du désir blessé ; langage informulé, langage joué, mais petit drame signifié, où se fixent les signifiants majeurs de l'existence, que l'analyse mythifie peut-être en les nommant phallus, père, mère, mort » (P. Ricœur, *op. cit.*, p. 363).

La famille thérapeutique est parfaitement consciente qu'elle peut donner l'illusion de « fonctionner » dans la doctrine freudienne et qu'elle pousse systématiquement le désir de l'enfant dans le piège de l'œdipe. Le lecteur a déjà compris que cette réflexion fait écho à *L'Anti-Œdipe* de Deleuze et Guattari (1972), ouvrage important et brillant, fascinant comme le délire qu'il préconise. Y a-t-il une alternative à l'œdipe, le désir doit-il forcément passer par ce prisme réducteur ? La question centrale est de savoir si le désir est toujours inscrit dans le triangle formé par l'objet du désir et les deux rivaux désirants, triangulation que Freud a hissée à la hauteur d'un mythe fondateur. Ou bien, le désir peut-il se manifester pleinement dans le délire, préconisé par l'anti-Œdipe qui trouve dans la schizophrénie l'antidote à toutes les contraintes socioculturelles et économiques. Autrement dit, quel rapport la famille peut-elle entretenir avec la subversion des symptômes, voire avec la psychose ?

Il nous arrive de nous révolter contre le modèle psychanalytique dont l'emprise est si forte sur la clinique des enfants carences relationnels. Le recours à des modèles systémiques, organicistes, économiques nous a déçus et laissés aux prises avec la quête objectale des carences, dans ce creux, dans ce manque, dans cette faille primordiale d'où surgit le désir. Aurions-nous renié toute paternité freudienne, que les carences nous ramènent à la maison comme des enfants prodigues ? Ils retrouvent quelquefois les mythes fondateurs de la psychanalyse et les réintroduisent de façon sauvage, hors de tout apprentissage, avec un accent de vérité stupéfiant : René, treize ans, ce garçon que nous avons confié à une famille thérapeutique amie, s'adressant à notre dernier enfant,

Jérôme, deux ans et demi, qui l'irritait particulièrement ce jour-là, lui dit (je cite mot pour mot) : « Je te crèverai les yeux et ta mère ne te verra plus ! » Je laisse au lecteur la liberté d'interpréter cette apostrophe étonnante, qui manifeste l'intuition profonde de son auteur.

8. L'EMPRISE

Dans sa quête amoureuse de l'éducatrice, Pierre s'engageait déjà dans les manœuvres du désir impossibles quelques années plus tôt faute de pouvoir se repérer et s'affronter à des adultes significatifs. Mais dans le même temps qu'il disposait les artifices de la séduction, Pierre voulait, une fois de plus, entraîner son objet maternel par procuration dans une sorte de relation d'emprise. Le champ de cette relation très particulière, et dont beaucoup d'enfants carences ont la maîtrise, est concentrique au champ de l'œdipe. L'enfant s'y adonne aux jeux du charme, de la séduction et de la cruauté destructrice. Il faut rappeler les câlins cruels qu'il infligeait à sa nourrice quand il avait trois ans, dans le cadre d'une prise de pouvoir non médiatisée par un homme clairement identifiable, et comme telle, source de plaisir pervers. Je voudrais évoquer le plus clairement possible la position fondatrice d'un couple d'éducateurs confronté à un enfant très carence. Si le désir réciproque, dans sa dimension érotique, existentielle et spirituelle, existe à l'intérieur du couple, il est toujours très exactement repéré par l'enfant. Ce dernier « sait » que la mère désire le père, et que ce désir ratifie et cautionne la parole du père, inscrivant le nom du père dans la dimension du mythe et du symbole. C'est au prix de cette caution féminine (et non maternelle !) que le couple thérapeutique épargne à l'enfant soigné les périls : « d'un investissement régressif et défensif de la mère réduite à la fonction d'objet de sauvegarde qui doit être impérieusement dominé et possédé de manière totalitaire, ainsi qu'il en est de l'objet primordial » (même si l'objet primordial était, comme celui de la plupart des carences, furtif, précaire, fragile ou franchement « mauvais »...). Cette approche du concept d'emprise a été réalisée par Roger Dorey[1].

La tentative d'emprise effectuée par un carence sur l'éducatrice semble interdire à cette dernière de re-présenter la mère à jamais perdue. La « demande fusionnelle » de l'enfant est tellement forte qu'elle refuse à l'éducatrice le droit au désir personnel. Mais sommes-nous encore dans le champ du désir dès lors qu'il y a menace de fusion, et que l'enfant se nie et nie l'éducatrice en tant que sujet ? Il y a par conséquent un goût de mort dans l'emprise, une aspiration vers le rien carentiel, un agir totalitaire massif qui appelle d'urgence la médiation du père et la signification de la loi. J.-P. et L. Charrier (1982) ont présenté un adolescent psychopathe au passé carentiel évident, pris en charge par une travailleuse sociale célibataire, déterminée à jouer à fond l'engagement existentiel avec cet adolescent qui voulait tout. Notre collègue semblait s'être livrée tout entière à l'emprise totalitaire du garçon qui, apprenant qu'elle s'éloignait de lui pour vivre ailleurs sa propre vie, connut un effondrement dépressif total et se suicida. L'emprise tentée sur l'éducatrice par un jeune enfant tel que Pierre m'apparaissait comme véritablement fascisante, en ce sens qu'elle obligeait l'éducatrice à « dire » (Roland Barthes, 1978) [« Dis-le, Janine, hein, dis-le !... »], à entrer dans son propre système pervers ou à être détruite.

C'est à ce niveau que la famille, dont le couple est le noyau résistant, se justifie le plus d'être « thérapeutique », car la résolution de la problématique d'emprise, plus ou moins claire, plus ou

1. *Cf.* un article publié par la *Nouvelle revue de psychanalyse,* n° 24, Paris, Gallimard.

moins virulente chez la plupart des carences, ne peut s'opérer que dans la triangulation œdipienne, c'est-à-dire dans le *cadre culturel* constitué par la famille.

La question de l'âge des enfants admissibles en famille thérapeutique peut être réintroduite. En effet, si l'âge de Pierre (dix ans) permet son intégration à une famille et sa confrontation à images parentales significatives, serions-nous capables de l'affronter à dix-huit ans, pour charmeur et séducteur qu'il restera probablement, dès lors que toute son énergie libidinale serait aspirée vers le plaisir pervers de la destruction de l'autre dans sa possession totale, sa négation complète comme sujet désirant ? Dans un chapitre précédent[1], nous avons situé Pierre sur la pente de la psychopathie, et nous avons relu l'étude que Roger Mises (1981) consacre à la psychopathie. L'auteur évoque l'ouverture à la problématique œdipienne, les composantes érotiques et, citant Flavigny, il évoque « une discontinuité brisante des premières relations affectives », qu'éclaire ensuite la référence à Winnicott.

R. Mises fait ensuite allusion aux mères « qui semblent capables, par instants, d'assumer une contenance, un soutien de leur enfant mais avec des phrases itératives de ruptures qui tiennent à leurs failles narcissiques ». Il évoque les pères dont « les réactions de prestance font illusion » et qui « n'offrent qu'un leurre qui se prête à la construction d'idéaux factices ».

Et quand il éclaire la personnalité de l'enfant psychopathe, R. Mises, qui semble désigner Pierre, écrit :

> « Ce qu'il vise, en définitive, c'est la Loi, elle-même, en tant qu'instance organisatrice de l'ordre œdipien. C'est cette référence centrale qu'il tente de nier en faisant que les interdictions, nées des situations conflictuelles, soient ramenées au niveau d'un affrontement à un surmoi primaire à qui le sujet emprunte sa violence et sa crudité. »

Plus loin (qu'on me pardonne cette suite de citations), l'auteur note que :

> « La rupture par l'agir coupe court à l'engagement affectif, au danger qu'il inclut du côté de la passivité ou de la menace de débordement émotionnel. Le défaut de maîtrise du langage, les carences culturelles jouent dans le même sens en privant le sujet des supports habituels d'un engagement évolué. »

Enfin, R. Mises vérifie notre intuition initiale d'un engagement existentiel avec les enfants carences par un manque et fracturés par des ruptures :

> « On n'oubliera pas cependant que subsiste en eux – aussi recouvert soit-il –, l'espoir d'une rencontre avec une personne qui serait capable, à la fois de résister à leurs attaques et de les reconnaître, alors même que l'histoire vécue inflige à cette attente un démenti répétitif. »

9. LA LOI

La loi n'est pas d'abord dans l'ordre de l'interdit mais dans celui de la séparation et de la limitation. Nous imposons parfois à un jeune enfant de jouer dans des limites précises, au jardin ou dans la maison. Nous savons qu'un enfant très carence ne joue jamais, au sens d'un investissement symbolique de ses jouets, s'il est appelé à jouer dans un espace illimité. S'il n'est pas contenu dans une aire de jeu, il se disperse et dilapide son énergie créatrice, il n'établit pas de contacts avec des objets qu'il chargerait d'affects et d'imaginaire. Il va çà et là, il traîne dans le jardin ouvert ou la

1. *Cf. supra* chapitre 22.

maison béante, privé de tout pouvoir sur le monde extérieur et sur son monde intérieur, incapable de communiquer entre le dehors et son « dedans ». En psychopédagogie du carence relationnel, imposer à un enfant une aire de jeu, c'est lui procurer un espace transitionnel, c'est lui assigner un théâtre où les représentations libèrent du représenté, activant la vie symbolique. Rappelons que certains jeunes enfants, ou préadolescents fraîchement arrivés, sont délibérément « tenus » dans les limites de la maison ou du jardin pour un temps donné. Notre projet, dans cette signification de la loi, est de les amarrer à un centre qui ait valeur de repère et de respecter un temps nécessaire d'enracinement. Il ne faut pas laisser l'enfant flotter au gré de l'incohérence de ses désirs, car nouvellement arrivé, il se trouve dans le temps du besoin, le besoin de clôture, pour se retrouver, pour se recueillir, comme une eau qui filtrerait par toutes les fêlures ou toutes les béances du moi.

La loi comme thérapie

Chaque jour, pendant des mois, nous avons signifié la loi à Pierre comme... thérapie, c'est-à-dire comme repère, comme garde-fou. La loi imposée comme contenant, comme moule dans quoi prendre forme en évoquant le « holding » (expression introduite par Winnicott), les mains de la mère qui « moulent » son enfant dans l'espace avec un infini désir pour la petite forme non finie.

Marie-Pierre, le lendemain de son arrivée, est partie seule sur la route, en pleine campagne où tombait la nuit. Elle partait, nous dit-elle plus tard, retrouver une petite camarade, « quelque part », c'est-à-dire nulle part, incapable de se représenter l'espace nouveau qui l'entourait. Elle partait, sans repères, sans attaches, en quête d'un objet incertain dans un espace flou, perdant toute sécurité et toute intégrité au fur et à mesure que son errance l'éloignait de la maison qui la contenait.

Cette même loi de la forme fut un jour fermement imposée à une fillette dont l'attitude était impudique. En deçà d'une morale sexuelle, nous voulions *qu 'elle se ferme afin qu 'elle prenne forme et soit signifiée par un contenant restauré et clos.* Autour d'une enfant tellement fissurée, la loi de la maison obturait des béances, édifiait des étais. La maison elle-même, en tant que structure fermée et close sur le vivant qu'elle contient, lui a procuré *la représentation de son corps de femme.* Ainsi est la loi dans le début de sa signification : clôture qui inscrit l'enfant dans le temps et dans l'espace et qui lui procure la forme de l'humain. C'est bien, par son effet de signification, la loi du symbole, la loi du signe, toute forme étant signe de son contenu.

La loi confondue avec la haine

Cependant, la grande difficulté fut de signifier la loi à Pierre afin qu'il ne la confonde pas avec la haine.

Il est vrai que, dans la loi de l'œdipe, Paul Ricœur nous le rappelait, sont fixés les « signifiants majeurs de l'existence », notamment le sexe et les menaces de castration contenues dans l'interdit de l'inceste et dans la culpabilité qui s'y attache. L'enfant carence croit que l'interdit menace son intégrité alors qu'il ne limite que sa jouissance (au sens lacanien du terme).

Pour construire la loi « autour » de Pierre, il a fallu d'abord lui procurer une certitude de sécurité existentielle. Il a formé sa conviction par la *force du temps qui passe* et qui favorise la répétition des expériences relationnelles positives, qu'il s'agisse de notre permanence (jour et nuit), de nos retours effectifs après de brèves absences, des soins du corps (notamment la gratification du bain après l'énurésie nocturne et l'acceptation par nous du symptôme qu'elle constitue...), qu'il s'agisse de la certitude d'être gardé, de la mise à distance des parents angoissants porteurs d'une loi haineuse, qu'il s'agisse de notre soutien dans l'épreuve de la scolarité... *La loi est dissociée de la haine lorsque l'enfant perçoit sa signification en toute sécurité existentielle.* Cette observation mérite un court commentaire théorique. Lorsque l'enfant carence refuse la loi, estimant qu'elle exprime la haine de l'adulte, il mémorise peut-être la loi de la séparation primordiale[1] d'avec sa mère, jamais compensée par un retour gratifiant de cette dernière, et par conséquent, lieu-moment d'une angoisse existentielle impensable. La première confrontation de l'enfant avec la réalité, et surtout les suites de cette confrontation, ont été douloureuses. Comme disait l'enfant carencé dans un chapitre précédent[2] : « La vie n'est pas bonne. » Donc, la loi qui prétend limiter mon désir à cause d'une réalité intrinsèquement mauvaise se confond avec cette réalité. C'est la haine.

Pour accepter de quitter la fusion symbiotique, pour entrer dans la loi du symbole, pour subir la loi de l'œdipe et pour intégrer la loi sociale, il faut que l'enfant reçoive, en compensation, des primes de plaisir. La sécurité de la famille thérapeutique, les gratifications corporelles, narcissiques, affectives que l'enfant y reçoit constituent justement ces « primes » compensant les rigueurs de la loi et pansant les blessures que l'interdit inflige à la jouissance. Plus tard, l'enfant accédera à la liberté du fantasme qui subvertit la loi et qui procure du plaisir dans l'imaginaire. Par le symbole, l'enfant appréhende le réel, par l'imaginaire, il le transforme ou le subvertit...

Nous avons reconnu que la loi prend sa source dans la séparation primordiale et dans l'interdit œdipien. L'interdit de l'inceste « prononcé » par le père possède une valeur structurante s'il est bien intériorisé par l'enfant. Il affirme la différence sexuelle « modèle et référence de toutes les autres différences » (Denis Vasse, 1969, p. 76 et 77). L'enfant n'a d'autre solution que de « devenir à son tour être de désir dans l'épreuve de sa limite... » (Françoise Dolto, 1984).

Il arrive que la médiation du père « incapable » n'étant exercée par aucun substitut significatif, l'enfant prenne possession de la mère et l'entrave dans une relation d'emprise. Dans le même mouvement totalitaire, il détourne la loi à son seul profit, non plus la loi qui médiatise les relations interhumaines, mais sa loi personnelle, celle de la jouissance illimitée : la loi du pervers. Dans ce cas, la loi n'est plus médiatrice entre lui et l'autre, elle devient entre ses mains l'arme la plus redoutable. Ainsi se prépare l'entreprise fascisante du jeune psychopathe qui nous interroge à double titre au sujet de la carence.

La loi et la carence paternelle

La carence maternelle peut-elle contribuer à l'explication de ce détournement ? Oui, dans la mesure où le manque primordial a défavorisé l'accès de l'enfant à la loi médiatisante du symbole qui filtre le désir de jouissance. L'enfant carence est maintenu dans le besoin, acculé à « prendre » son plaisir au hasard de ses désirs incohérents, de ses trouvailles ou de ses rencontres fortuites.

Mais, dans ce cas, la carence maternelle semble toujours renforcée par la démission du père ou son incapacité à prendre sa place (auprès de la mère) à faire entendre son nom et à signifier sa loi. Telles sont les trois instances de la carence paternelle où s'enracine la volonté d'emprise.

1. *Cf.* la « castration ombilicale » de Françoise Dolto.
2. *Cf. supra* chapitre 22.

Confrontés à cette volonté lorsque le sujet est encore enfant, les éducateurs en institution sont démunis. Aux prises avec un adolescent, garçon ou fille, les éducateurs de la famille thérapeutique seraient eux-mêmes en grande difficulté tellement la volonté d'emprise, privée de médiation symbolique et de médiation paternelle, court-circuite tout dialogue, nie la différence de l'autre et ne s'exprime que dans un agir destructeur-dévorateur.

C'est sur ces expériences et sur ces réflexions que nous avons fondé notre détermination : signifier la loi et former notre conviction de la valeur structurante et socialisante de l'interdit.

10. LE TRANSFERT

Le fonctionnement de la famille thérapeutique, solidement appuyé sur la signification de la loi, permet-il l'établissement d'une relation transférentielle (et contre-transférentielle) entre les éducateurs et les enfants ? Il ne s'agit probablement pas du transfert qui s'opère dans une situation proprement psychothérapique, tels l'analyse ou le psychodrame d'inspiration analytique.

Le transfert est-il possible en famille ?

En effet, les éducateurs de la famille thérapeutique « n'appellent » pas le transfert des enfants comme dans une cure classique. Ils se contentent de le ressentir, sinon de le subir, car il paraît inévitable :

> « Nous admettons qu'une relation transférentielle existe du moment où le patient exprime des sentiments ou des pensées à l'égard du psychothérapeute et que celui-ci est vécu comme une des images importantes de son passé infantile. Dans ce sens, le transfert de sentiment s'effectue selon une double circulation allant de l'enfance à la situation actuelle du traitement, et de la situation actuelle du traitement à l'enfance. Le contre-transfert désigne les sentiments du psychothérapeute ressentis à l'égard du patient et l'élaboration qu'il en fait par rapport à ses propres images parentales primitives et aux émois que cela suscite en lui, émois qu'il doit comprendre et contrôler » (P.-B. Schneider, 1976, p. 134).

Cette définition du transfert fait apparaître des analogies entre la réciprocité du patient, du psychothérapeute, et celle de l'éducateur et de l'enfant en famille thérapeutique. Que les éducateurs soient vécus par l'enfant comme « des images importantes de son passé infantile » n'est pas douteux et que l'éducateur relie les sentiments qu'il éprouve à l'égard de l'enfant à ses « propres images parentales primitives » est certain. En effet, si le transfert de l'enfant est probable, le contre-transfert de l'éducateur, effectué dans la reviviscence de ses propres parents, est bien connu, progressivement conscientisé, même si l'éducateur n'est pas analysé. Le retour de nos affects vers l'enfant est l'objet d'une supervision, il contient toute la matière d'un contrôle par un tiers compétent et distancié. Néanmoins, le concept de transfert doit être plus complètement discuté en famille thérapeutique.

Une parole d'éducatrice s'est portée sur ce sujet. Il s'agit de notre collègue Marily Ober qui s'exprime ainsi (1981, p. 113) :

> « À propos de ce type de prise en charge, on parle parfois de transfert ou de relations transférentielles. Il me semble que le terme de transfert est inexact, car, dans le transfert analytique, le psychanalyste, choisi par le patient, est investi par lui d'un rôle fantasmatique parental, alors que l'éducateur dans la prise en charge joue, dans la réalité, un rôle parental. Il est une image parentale et se présente comme telle, il ne remplace pas les

> parents mais il agit, par exemple, dans les mêmes circonstances que les parents [...]. L'enfant doit normalement recouvrir cette nouvelle catégorie de parents du rôle qu'il dévolue à ses véritables parents, mais l'éducateur répondra en gestes et en paroles au niveau de la réalité. Le psychanalyste, lui, auquel le patient s'adresse comme à son père ou à sa mère, répondra dans l'imaginaire en lui faisant prendre conscience à la fois du registre de la réalité et du symbolique. Que dans la relation de prise en charge éducateur-enfant il y ait une relation transférentielle de reviviscence imaginaire de situation infantile vécue, c'est indéniable, mais elle est épisodique. Mais, parce que l'éducateur situe son rôle et sa réponse dans l'ordre de la réalité d'une image parentale, il ne s'agit pas d'un support transférentiel à proprement parler. »

L'auteur ajoute, dans un renvoi en bas de page :

> « Par contre, on peut se demander si, tout choix stable d'un enfant, qui fait jouer à l'adulte un rôle particulier, n'est pas une relation transférentielle. »

Il serait commode de nous tenir dans une position moyenne, entre les deux thèses que nous avons citées. Mais la très grande force émotionnelle des relations établies entre nous et les enfants accueillis, le « matériel » projectif qu'elles mettent en œuvre, le fait que les enfants nous perçoivent comme des « images » parentales, notre insistance à introduire le symbole dans cette relation et à favoriser parfois un certain travail de deuil au sujet des parents réels de l'enfant, c'est-à-dire, au total, à suggérer à l'enfant un « remaniement symbolique », nous inclinent à penser que, sans être toujours immergés dans le transfert avec les enfants, nous vivons avec eux des épisodes transférentiels fréquents (que nous n'avons jamais connus, du moins avec une telle intensité, lorsque nous étions éducateurs de groupe en institution).

J'ajouterais que, loin d'éloigner le transfert, le cadre authentiquement familial de notre vie avec les enfants est capable de le déclencher et de l'activer plus évidemment que n'importe quelle rencontre institutionnelle. Par contre, il nous est impossible de vérifier le transfert qu'un enfant accomplit sur nous, tout au plus est-il possible d'en prendre conscience sachant que nous ne sommes pas « directement en cause ». Nous prenons partiellement connaissance de ce transfert parce qu'il nous apporte spontanément des informations précieuses au sujet des parents de l'enfant (ou des nourrices longtemps préposées à sa garde). À propos de ce phénomène, G. Amado, il y a trente ans, nous disait, au Centre d'observation de Vitry-sur-Seine :

> « Je connais les parents des enfants au transfert que ces derniers accomplissent sur les éducateurs et les éducatrices. »

Bien entendu, c'est dans notre contre-transfert que nous repérons le transfert des enfants sur nos personnes. Pierre, qui nous a quelquefois poussés à l'envie de le détruire, nous confirmait l'attitude de ses parents à son égard. Avec une sorte de jouissance sadique, l'enfant nous poussait à nous identifier à ses parents au point de découvrir en nous des capacités de violence inconnues jusqu'à la rencontre de cet enfant. Il parvenait pour quelques instants à nous faire penser de lui : « Il est méchant, inexorablement. .. » Nous étions culpabilisés par notre agressivité et notre condamnation et nous renvoyions à Pierre notre culpabilité sous la forme d'une agressivité non maîtrisée qui suralimentait la sienne... Nous étions parfois acculés à la « folie » des parents trouvant heureusement dans notre regard réciproque, à l'intérieur du couple, le signe d'une alerte et le signal pour prévenir un drame en le rationalisant immédiatement. Pour ma part, je me disais parfois : « Ce n'est pas après toi qu'il hurle, c'est après son père, alors calme-toi... »

Le contre-transfert s'articule au transfert

« Résignés » au transfert, il nous appartient de maîtriser le mieux possible notre contre-transfert qui peut être résolument positif ou franchement négatif. Dans cet effort tendu et constant de maîtrise (c'est l'aspect le plus professionnel de notre vie avec les enfants), nous nous aidons par notre écoute réciproque dans le couple et nous sommes soutenus par notre médecin psychothérapeute, cliniquement formé, attentif, bienveillant et distancié.

Notre contre-transfert est franchement négatif si l'enfant réussit à se faire haïr comme avant, s'il nous assigne à notre insu au rôle de ses parents destructeurs. Le plaisir qu'un enfant éprouve quelquefois à être humilié, confirmé dans le « mal » évoque la perversion de l'alliance sadomasochiste dans laquelle il semble vouloir attirer l'éducateur. En supervision, il est très important de faire état du trouble que cette demande suscite afin de nous distancier de l'enfant. Le transfert de l'enfant possède une force manipulatoire extraordinaire : il y a de l'emprise dans le transfert.

Nous conservons le souvenir mortifiant d'avoir changé complètement d'attitude à l'égard de Denis qui était parvenu à nous faire réagir à son égard comme sa nourrice rejetante. Expérience pénible, mais tellement enrichissante : nous nous étions découverts pétris de la même matière pulsionnelle que la nourrice de l'enfant, que nous avions auparavant si sévèrement jugée...

Notre contre-transfert a des chances d'être positif pour l'enfant si nous acceptons de reconnaître les affects que l'enfant réveille en nous-mêmes. Il est le lieu où se révèlent nos difficultés personnelles non résolues, où nos « défenses » sont ébranlées. Le transfert de l'enfant réactive l'angoisse infantile de l'éducateur, les peurs ou les dénis qui entourent la sexualité, les frustrations refoulées. Le transfert suscite, en retour, une identification à l'enfant lui-même qui est la trace en nous d'un enfant disparu.

Le transfert de l'enfant opère sur l'éducateur une subversion violente, par quoi l'enfant prend prise sur soi en prenant prise sur l'adulte. C'est ainsi que nous avons compris le beau livre de Searles, *Le Contre-transfert* (1981).

Cet auteur, situé très exactement dans la relation psychanalyste-patient, nous propose des réflexions transposables à la relation éducateur-enfant, notamment sur trois plans.

• Searles démontre clairement que la relation de soin procure au thérapeute les tentations de l'omnipotence où se rassemblent le pouvoir et la volonté de guérir qu'il s'attribue. Cette omnipotence est capable d'introduire entre l'enfant qui résiste à l'action thérapeutique et l'éducateur, un conflit, voire un blocage de la relation parce que l'éducateur y exprime la souffrance narcissique que l'enfant lui inflige et la culpabilité liée à son impuissance à guérir... Searles insiste sur l'extrême ambivalence des désirs du patient et sur sa résistance à identifier son conflit interne :

> « Ici, notre culpabilité nous révèle que nous nous accrochons au fantasme omnipotent que la vie peut être totalement gratifiante et dénuée de tout conflit » (*op. cit.*, p. 220).

Nous adressons le lecteur à l'exemple de notre « échec » auprès de deux adolescents qui n'ont pas guéri chez nous. Par boutade, il m'arrivait de dire que nous voulions « les guérir à mort ». Dans la thérapie des enfants carences, une sorte d'acharnement thérapeutique peut s'introduire sous la poussée de la culpabilité et de l'omnipotence des éducateurs. À ce niveau de conflit, le respect de l'enfant, la sagesse et la modestie commandent de « passer la main » et de solliciter l'intervention d'un tiers, toute réaction d'amour-propre étant écartée.

• Searles nous interpelle aussi à propos de la reviviscence des images de nos propres parents que l'enfant active en nous-mêmes. Il se demande s'il n'est pas devenu analyste par culpabilité inconsciente de n'avoir pu guérir ses parents... La rigueur théorique ne nous interdit pas cette transposition immédiate : sommes-nous éducateurs pour ne pas avoir réussi à changer nos parents ? Quelle est la part des conflits que nous avons vécus avec eux et qui activent notre contre-transfert sur l'enfant ?

L'enfant qui transfère sur nous semble convoquer en même temps ses propres parents et les nôtres pour une sorte de confrontation dramatique. J'ai quelquefois l'impression que ces « quatre parents » règlent entre eux, par-dessus nos têtes et celle de l'enfant, des comptes immémoriaux et revivent des conflits surgis du fond des temps, car : « Les parents ont mangé des raisins verts, et les dents des fils sont agacées[1]. »

• Enfin, Searles est convaincu que, dans la cure, son identité n'est pas immuable. Elle est constamment modifiée par les réactions du patient, au point que les changements qu'il observe en lui-même le renseignent sur l'évolution du patient :

> « [...] mon sentiment d'identité est devenu ma source la plus sûre d'information concernant ce qui se passe entre le patient et moi, et ce qui se passe chez le patient... » (*op. cit.*, p. 252).

De même, l'importance de notre implication émotionnelle dans la relation avec l'enfant carence, la mise enjeu de nos attentes, de nos espoirs, de notre culpabilité, la mise en cause de notre violence ou de notre sexualité font bouger en nous-mêmes des structures de défense, des aménagements symboliques qui établissaient notre rapport au monde, et qui, secoués dans la relation avec l'enfant, nous changent, nous modifient, voire nous guérissent.

Telle nous apparaît dans son extraordinaire richesse la leçon de Searles, pleine d'une émouvante sympathie pour ses patients qui « le guérissent ». Rarement dans l'œuvre écrite des psychothérapeutes l'expression de l'expérience et de la compétence prend cet accent de reconnaissance paradoxale et de modestie[2].

11. LA LOI, LE COUPLE ÉDUCATIF ET LA LIBERTÉ DE L'ENFANT

Il semble que la famille d'accueil ne cesse de comprimer l'enfant dans le carcan de la loi. N'est-elle pas en train de s'engager sur la voie de l'oppression et de la répression de l'enfant et de justifier surabondamment les critiques de Cooper ou de Laing ?

En fin de compte, le pouvoir n'est-il pas déguisé sous les beaux atours du thérapeute, les parents que nous sommes ne se cachent-ils pas sous leurs personnages d'éducateurs bienveillants, pour mieux gouverner et posséder l'enfant ?

Au cœur de la loi, dans la loi de la séparation primordiale, dans la loi du symbole, dans la loi de l'œdipe, dans la loi du père, quelle issue, quelle alternative pour l'enfant ?

1. Jérémie, chap. xxi, 29.
2. Sur la question du transfert dans la relation éducative, on lira avec intérêt les pages que Joseph Rouzel consacre à ce concept majeur : *Le Travail d'éducateur spécialisé* (*op. cit.*), et la discussion que Paul Fustier en propose dans l'hebdomadaire *Lien social,* n° 419/97, p. 9.

Dans une démonstration captivante, G. Mendel (1974) énonce des propositions politiques, culturelles, économiques en vue d'autonomiser et de responsabiliser l'enfant. L'auteur construit un monde plus juste qui assigne une place nouvelle à l'enfant. Il affirme que, en fait, les parents ont besoin des enfants et que l'autorité parentale est fondée sur ce besoin. Cette analyse ouvre une discussion fertile.

Trop d'adultes incapables ou empêchés de se réaliser dans leur vie familiale projettent sur leurs enfants leurs propres attentes. C'est en ce sens qu'ils ont besoin de leurs enfants constituant l'un des points d'appui de leur névrose et qui leur servent tout simplement à exister. C'est là que s'enracine le pouvoir dérisoire de l'enfant-roi, ou que prend naissance le malheur de l'enfant battu.

Il reste que la famille thérapeutique est bien le lieu d'exercice d'un pouvoir sur l'enfant, pouvoir qui est protégé par deux verrous.

1. Notre capacité à mettre l'enfant en discours, à l'enfermer dans un projet réducteur ou dans une nosographie artificielle.

2. Le mandat social dont nous sommes porteurs en qualité de travailleurs sociaux et qui, attaché à notre mandat parental, renforce le rôle politique assigné à la famille (Donzelot, 1977). La famille thérapeutique semble exercer un pouvoir double sur les enfants accueillis. Dans cette conscience, elle peut offrir à l'enfant plusieurs solutions pour subvertir son autorité.

12. LE JEU

La première solution est le jeu. Dans un cadre solide et sécurisant garanti par la loi, il est toujours possible de ménager aux enfants une aire d'expression et de subversion libératrices. C'est la place du jeu. Hors de l'adulte, « loin » de lui, les enfants savent jouer avec une intensité, une invention, une sauvagerie, une violence, une tendresse et une drôlerie incontrôlées. Tout ceci échappe complètement au discours des adultes. Dans cet esprit, nous ne suscitons et n'organisons jamais les jeux des enfants dans la maison ou dans ses dépendances. Contrairement à l'institution qui attache une valeur occupationnelle aux jeux des enfants et qui le plus souvent les suggère ou les organise, la famille thérapeutique n'a pas peur de la liberté dans le jeu des enfants.

Us possèdent dans le jeu la maîtrise d'un espace et d'un temps dont ils font l'usage qui leur plaît. C'est un mystère pour l'adulte qui est interdit de séjour dans ce lieu de rêve et d'imaginaire où l'enfant n'a de comptes à rendre à personne. Poil de Carotte joue à « rien » sous la table, Cosette montre un petit sabre en plomb pas plus grand que son petit doigt qui « coupe la salade et les têtes de mouches »... ou tient dans ses bras une poupée, avec un bonheur « qui avait toute la violence d'une volupté[1] ».

Son attention étant attirée par des exclamations et des cris, l'adulte observe, de loin, des mises en scène où la représentation libère du représenté. Comment ne pas évoquer l'espace transitionnel de Winnicott où s'établit la distinction entre le fantasme et le fait réel, où se forme la vie symbolique ? C'est à ce niveau qu'une sorte de thérapie spontanée s'opère sans que l'adulte intervienne pour une interprétation : l'enfant manipule des objets de son choix, comme il le désire, quand il veut. Il impose à la matière, au monde qui l'entourent une fantaisie, une volonté sans logique apparente. L'enfant circule librement entre son « dedans » et le dehors, sur des terres

1. Victor Hugo, *Les Misérables*, Paris, Hachette, p. 430.

connues de lui seul. Ici, tout échappe au discours de l'adulte et aux lois qui le sous-tendent. Le jeu, c'est le jardin secret du désir.

Par moment, l'enfant nous « parle » en jouant. Il manœuvre parfois pour jouer à proximité de nous dans un « proche-éloignement ». Sophie, jouant avec une famille de poupées Barbie, raconte une histoire « de bonhomme saoul qui rentre chez lui et qui tape sur sa femme ». Si l'enfant ne nous parle pas, il crie, il crie si fort que nous sommes forcés de monter à l'étage et de voir Mireille qui flanque une raclée à sa poupée : « Salope, vieille coche, qu'est qu'une conne, une vieille pute !!! » et qui, la prenant par les pieds, la frappe contre le mur avec une violence insupportable.

Plus clair encore semble ce qui « se joue » autour des cabanes, mis en scène par des rêveurs de maisons omnipotents que rien ne décourage, ni la fragilité des matériaux ni l'altitude de l'aire dans les arbres, où se passent... des journées entières.

De loin, on entend des metteurs en scène confirmés : « Tu serais une maman et tu me dirais que je suis méchante, et moi je ferais comme ça avec mes bras, allez, allez, tu le fais !... » Denis est tout rouge quand il sort de la cabane où l'on jouait à s'opérer. Salle d'opérations, la cabane devient en quelques instants club ultrasecret où se terre la bande rassemblée par des petits-beurre volés sur le plaid de la voiture que je cherche depuis huit jours. Cabanes d'été, délires de planches, de tôles, de sacs plastiques, fermées, closes, murées sur l'éphémère splendeur de la transgression !

Cabanes si chèrement, si durement construites par les grands garçons, et que Luc, tous les soirs, démolissait dans un accès de rage comme si toute réalité de maison appelait inexorablement la brisure.

L'observation du jeu des enfants (le plus souvent, leur jeu nous échappe) nous fait comprendre la fonction du théâtre dans sa puissance de représentation. Il ne m'est pas indifférent que les grandes représentations données par les enfants, et qui peuvent durer une journée entière, aient lieu à l'extérieur, l'été, comme à Delphes. Toute la journée, les enfants passent et repassent devant nous, déguisés, charriant des matériaux, des objets hétéroclites, cachant dans les plis de leurs déguisements des choses empruntées à la maison : mises en scène fiévreuses et précaires, sans cesse recommencées, comme si les enfants sentaient bien qu'une représentation absolue est impossible. Ils butent sur les limites du symbole. Mais, ils vivent. « Jouer, c'est vivre », écrit Winnicott.

J.-L. Barrault nous propose une clef pour entrer dans ce jeu, dans cet espace théâtral transitionnel :

> « Le jeu, c'est l'entraînement à vivre. C'est ce que font les gens dans une salle de théâtre. Ils recréent la mort, le danger, les crimes, les maladies, l'angoisse, la solitude, l'horreur, mais "blanchis". Ils se font inoculer la mort à l'état de vaccin » (1972, p. 95).

Nous considérons que la faculté déjouer constitue un critère de guérison chez l'enfant difficile. Pierre qui, en début de séjour, était incapable de s'occuper seul ou de s'associer à une activité collective sans entrer immédiatement en conflit avec les autres, passe aujourd'hui des heures à bonne distance de nous, à se raconter des histoires avec les pièces de ses ensembles Playmobil. C'est le signe d'une créativité révélée dans une sécurité retrouvée. La sécurité et la certitude qu'il a découvertes auprès de l'éducatrice se sont étendues à l'environnement dans lequel il joue. C'est à ce point que nous retrouvons le concept de « bonne mère environnement » de Winnicott. La bonne mère cautionne la bonté du monde.

De même, les jeunes adolescentes en internat ont besoin de jouer et d'échapper aux comportements mimétiques où les pousse la vie institutionnelle. On observe chez elles une enfance qui n'est pas totalement accomplie et qui a le droit de jouer. Sylvie, qui est arrivée chez nous à treize ans après une expérience institutionnelle désastreuse, a parfois joué jusqu'à la limite de ses forces, pour rattraper le temps perdu, pour vivre.

Je n'attache pas une valeur de représentation aux jeux dits « de société » qui exaspèrent chez les enfants carences le sentiment d'impuissance, la volonté de possession, les frustrations et les rivalités. Par exemple, le Monopoly est capable de rendre un enfant carence fou pendant quelques instants. Il est vrai que le codage économique et culturel de ce jeu est impressionnant. Une journée de pluie qui rassemble les enfants autour d'une table avec des cartes et des pions m'est un cauchemar inévitable. Tous les enjeux de la possession sont rassemblés sur un mètre carré où va se jouer « l'horreur économique ».

Les jeux de société m'apparaissent comme l'expression socialisée de la férocité meurtrière des joueurs, ce sont à mes yeux les jeux les plus asociaux. La preuve en est que ces parties suscitent rarement la détente qui suit la représentation théâtrale ; *Œdipe-Roi* nous apaise, les pions nous exaspèrent. Le fou de la tragédie porte notre folie et nous la représente, celui des cartes l'attise et l'enflamme.

Ma femme, qui est une joueuse impénitente, n'est évidemment pas de cet avis. Dans le cadre d'une fratrie nombreuse, elle a beaucoup joué, étant enfant, expérience qui m'est inconnue. Très tôt, j'ai été contraint déjouer « sérieusement », c'est-à-dire empêché de jouer. Ce manque, je l'éprouve en permanence dans mon rapport à la vie et surtout dans ma fonction éducative. Heureusement, j'ai trouvé ailleurs un espace de fantaisie, de liberté et de créativité où je joue avec les saisons. C'est évidemment le jardin. Mais un enfant seul en moi sera toujours inapte au jeu, à cet abandon un peu fou que j'ai compris de l'extérieur en voyant ma femme jouer avec les enfants (même au Monopoly !). Je suis résigné. Je sais que les enfants de la maison joueront toujours aux jeux de société quand la mauvaise saison les tiendra prisonniers. Mais je sais également que le premier soleil les appelle au jardin, et que là, recommence toujours – par chiffons, bouts de ficelle, cartons, ferrailles et vieilles planches interposés – la grande fête delphique :

> « Sur le chemin de Delphes, il me semble parfois revivre le drame de l'humanité déchirée entre les objets, la sécurité qu'ils donnent, la fausse délivrance qu'ils promettent et cet appel des profondeurs qui convie à passer au-delà, vers une autre liberté[1]... »

13. LA TRANSGRESSION

Après le jeu, une seconde solution s'offre aux enfants de la famille thérapeutique pour subvenir l'autorité. Il s'agit de la transgression, catégorie théoriquement incompatible avec la loi de la famille puisque c'est bien la loi qu'il s'agit de transgresser. En fait, derrière la transgression, c'est la répression qu'il faut nommer et les risques de privations ou de rejets qu'elle comporte pour l'enfant carence. Dans la famille thérapeutique, il arrive que l'enfant carence transgresse gravement la loi sans être renvoyé : lorsque Pierre a mis le feu à la grange, lorsque Denis a frappé notre fils, *nous n'avons pas prononcé la perte d'amour et le renvoi comme sanction*. Nous sommes intervenus très vigoureusement dans le sens de la loi pour interdire et prévenir la répétition de ces transgressions et signifier à l'enfant les limites de notre résistance à l'angoisse. Mais, cette fois, les enfants ont

1. Jean Sullivan, *L'Obsession de Delphes,* Paris, Gallimard, p. 12.

vécu une sorte d'expérience positive, dans laquelle, malgré notre colère, ils ont perçu notre désir de les garder. C'est le niveau émotionnel très élevé où la transgression des enfants nous avait poussés qui donnait son prix à leur expérience : « Ils m'ont gardé quand même, donc, je suis très important pour eux... » Il s'agit d'un jeu dangereux dont l'enfant doit bien percevoir les limites qui sont celles de notre angoisse. Dans cette démonstration, il nous importe de montrer que la famille thérapeutique fonctionne à un seuil de tolérance relativement élevé, ce qui la rend capable de supporter la subversion des symptômes et de l'accueillir comme un langage. La difficulté dialectique de la famille thérapeutique est justement de signifier la loi et, dans le même temps, d'accepter des comportements subversif sans se trouver ébranlée et surtout sans que l'enfant se trompe sur notre tolérance. Nous avons évoqué les limites de notre angoisse comme critère de cette tolérance. Notre attitude en cas de transgression grave, comme celles dont nous avons fourni l'exemple, passe par notre maîtrise émotionnelle très difficile à conserver lorsque nos propres enfants sont en cause.

Il nous faut revenir sur ces deux exemples pour en détacher tout le contenu.

1. Un soir, très en colère, Denis frappe Vincent, de trois ans plus jeune que lui, et lui cogne même la tête contre la chaudière du chauffage central.

Nous avons maîtrisé Denis énergiquement, exprimé notre indignation devant sa brutalité, affirmé notre absolue détermination *à ne pas tolérer une fois de plus* une telle violence sur Vincent. « Je suis le père de Vincent et, pour cette raison, je n'accepterai plus jamais que tu lui casses la figure. »

C'est en qualité de père que je voulais intervenir, d'abord pour protéger mon jeune fils, ensuite pour « prouver » la paternité à Denis qui en conservait une image très insécurisante au souvenir de son propre père.

En raison du faible niveau intellectuel du garçon nous ne sommes pas entrés dans des commentaires nuancés. Mais dans la fermeté de notre admonestation et dans son caractère très parentalisé, le garçon a probablement perçu les limites à ne pas dépasser. La loi est entrée en lui d'autant moins difficilement que sa signification n'était pas accompagnée d'une sanction affective sans retour. Il était invité par conséquent à ne pas confondre la loi et la haine. La transgression provoque quelquefois des conflits dont la résolution peut être salutaire, sous réserve d'être bien notifiée à l'enfant. Elle lui procure aussi l'expérience que la loi n'est pas une arme. Cette dernière notion est très importante, car si l'enfant perçoit que la loi est une menace entre les mains des adultes, il manœuvrera, en toute logique, pour se l'approprier et pour la retourner contre les autres (ainsi qu'il en est souvent dans la psychopathie). C'est l'identification à l'agresseur...

2. Pierre, au début de son séjour parmi nous, avait incendié le foin entreposé dans une petite grange attenante à la maison. Acte d'autant plus sacrilège qu'il s'agissait du foin destiné aux poneys, animaux surinvestis par la famille, la plupart des enfants étant cavaliers.

En raison du caractère probablement très provocateur de cet acte et de l'immaturité de Pierre, nous nous sommes organisés de telle sorte qu'il n'assiste pas à l'arrivée des pompiers et au déploiement des forces qui ont maîtrisé l'incendie. L'enfant y aurait constaté l'effet de sa toute-puissance. Quelques heures plus tard, nous lui avons fait constater les dégâts et la plupart des enfants ne se sont pas privés de lui exprimer leur ressentiment, lui infligeant ainsi la sanction sociale qui nous semblait indispensable.

Cet incendie pouvait être interprété comme l'expression d'un sentiment d'impuissance de l'enfant et de doute quant à son identité sexuelle (Bachelard, *op. cit.*). Nous étions convaincus que Pierre avait besoin d'incendier pour tester son pouvoir et sa virilité. Nous sommes convenus de socialiser cette pulsion en l'assignant à l'allumage quotidien du feu dans la cheminée.

Mais nous avons formellement interdit à l'enfant de jouer avec le feu et nous avons sévèrement puni toute transgression à ce sujet : il fallait circonscrire les pulsions destructrices.

L'incendie de la grange avait provoqué une crise salutaire, appelé des interventions organisatrices *sans que la haine, ou le rejet qui la signifie, s'attachent au rappel de la loi.*

La transgression de la loi est interdite dans la famille thérapeutique comme dans n'importe quel espace social. Bien sûr, elle est inévitable. Tournée dans le sens thérapeutique, elle peut faire vivre à l'enfant une expérience structurante, appeler des interventions éducatives aux retombées thérapeutiques et surtout, faire expérimenter à l'enfant la réconciliation. Par elle, l'enfant découvre que ses actes sont le plus souvent réparables, que sa relation avec les adultes est foncièrement solide, *et que le mal n 'est pas inexorablement attaché à sa personne ou à ses actes.*

Ce commentaire me laisse insatisfait : il enferme la transgression dans une représentation négative et ne la définit que par l'interdit, qui justifie la « police » des familles. La famille thérapeutique s'attache à mettre en place autour des enfants carences une loi sécurisante. Mais plus les enfants progressent en sécurité et en maturité, plus ils grignotent la loi institutionnelle. La transgression semble manifester la capacité progressive de l'enfant à déterminer lui-même ses propres limites. Le propre du vivant est de dépasser sans cesse les limites où il prend forme et de faire éclater ce qui l'enferme : il subvertit l'institutionnel.

En éducation, il est difficile de faire évoluer les normes qui sécurisent les enfants et... les éducateurs, mais qui sont, à la longue, capables de bloquer les symptômes, d'étouffer la parole et de tuer le vivant. Heureusement, le vivant réprimé trouve toujours une issue, une solution révolutionnaire. Ce qui est commun au vivant et au symptôme est leur effet de transgression, car le symptôme est le « cri » du vivant.

14. LE LANGAGE

La vie de la famille thérapeutique est tissée sur la trame de la loi. Elle établit un rapport dialectique permanent entre le plaisir et la réalité, entre le désir et les contraintes sociales, entre le délire et les limites de la représentation symbolique. Notre détermination à aider les enfants carences aux prises avec de graves difficultés cognitives accentue cette référence à la loi. Notre projet global les aide à rendre la parole à leur désir, mais, pour que cette parole soit entendue socialement, il faut qu'elle passe par le langage. Mais quoi de plus formel, de plus codé que le langage, quoi de plus légal qu'une grammaire, dans le même temps, quoi de plus médiateur entre l'enfant et l'agir ?

L'agir du côté des psychopathes

À plusieurs reprises, nous avons évoqué la prévalence de l'agir dans le comportement des enfants carences, agir qui se manifeste sur deux plans.

1. L'agir prévaut dans le « langage symptomatique » des enfants carences, il suscite la brisure, les conduites d'échecs, les conversions somatiques, c'est-à-dire tous les modes d'expression non mentalisée par le sujet.

2. L'agir est encore plus manifeste dans les passages à l'acte, que l'enfant ne contrôle pas, et qui établissent son rapport sauvage au monde, voire des relations sauvages avec lui-même,

notamment par des gestes automutilateurs. Cette prévalence de l'agir nous a naturellement conduits à réinterroger le concept de psychopathie, si singulièrement fixé ou flou, dans la littérature psychiatrique et les représentations qui s'y rapportent.

Il est significatif que des travaux tels que ceux de Gilbert Diatkine (1983) aient projeté sur la psychopathie un éclairage nouveau, l'aient raccordée à la carence et aux difficultés de représentation des enfants. À côté de R. Mises, que nous avons longuement cité, Diatkine nous propose de ne plus considérer l'agressivité comme un fait primaire mais comme un phénomène à comprendre. L'étude de cet auteur s'inscrit bien dans notre champ de recherche, elle s'ouvre d'ailleurs par cette définition :

> « Le psychopathe se caractérise par une tendance permanente à résoudre tout conflit intrapsychique par un passage à l'acte hétéro- ou auto-agressif, au détriment de toute élaboration mentale... »

Il ne nous est pas indifférent que l'étude de Diatkine soit localisée au centre d'observation le Coteau, à Vitry-sur-Seine, lieu de notre premier stage de formation auprès d'enfants très difficiles, et que nous n'avons pas oublié. À cette époque, il y a trente ans, on nous conseillait d'accepter les injures les plus grossières des enfants, sous prétexte de favoriser leur libération. C'était le seul aspect du projet pédagogique, par ailleurs si riche et si novateur, qui nous choquait. Non pas moralement, mais il nous apparaissait que les enfants nous détruisaient un peu chaque fois qu'ils nous injuriaient et que nous étions enfermés par le projet pédagogique dans une relation sauvage. Les enfants nous adressaient en permanence des défis que nous ne pouvions pas relever dans les limites institutionnelles. Aujourd'hui, le traitement des enfants psychopathes commence par la contention de leur agressivité. C'est sans surprise que nous lisons, sous la plume de Diatkine (*op. cit.*) :

> « Le changement, quand il a lieu, dépend de la capacité de l'entourage familial et institutionnel de *contenir*[1] et de satisfaire leurs pulsions d'une manière compatible avec l'idéal du groupe. »

Bien entendu, tous les enfants carences n'ont pas un destin de psychopathes, du moins au sens maternel de la carence, car il apparaît dans les études citées plus haut, comme dans notre propre expérience, que la carence paternelle contresigne la carence maternelle et destine souvent l'enfant carence à l'agir dévastateur de la psychopathie.

Pour cette raison, nous estimons que la psychopathie, sous l'éclairage des études que nous avons citées, s'inscrit plus profondément et plus fréquemment dans la psychopathologie de la carence relationnelle que ne le disent la plupart des auteurs.

La vie est une grammaire

Cette digression intervenait logiquement dans l'évocation des troubles cognitifs des enfants carences, toujours victimes de la prévalence de l'agir sur le langage. Nous avons évoqué plus haut la répugnance des enfants carences à s'exprimer et l'angoisse de répression systématique qui s'attache à cette répugnance. Si la vie quotidienne de ces enfants se trouve restaurée dans la sécurité, si leur rapport au monde est transformé par des expériences relationnelles positives, si leur image est réhabilitée par le regard positif des adultes et par des réussites personnelles authentiques, ils investiront les mots qui représentent les choses, les verbes qui expriment l'action

1. Souligné par nous.

et le mouvement, les noms qui désignent les personnes, les conjonctions qui relient entre eux les fragments de la phrase, et la phrase qui les relie au monde, qui les amarre à la parole d'autrui : ils reconnaissent, ils identifient leur désir, ils découvrent l'humanité de leur visage dans le miroir du symbole.

C'est probablement la raison pour laquelle Pierre, à l'agir si cataclysmique, fait depuis quelques mois seulement, l'économie du passage à l'acte. Il est engagé sérieusement dans l'apprentissage de la lecture et part le plus souvent pour l'école comme à une fête. C'est la récompense logique de son entrée dans la parole par laquelle, un jour, il avait nommé le « ça » qui le submerge et l'oppresse encore souvent : « Je ne sais ce que j'ai, des fois "ça" me prend et c'est plus fort que moi... », a-t-il dit à l'éducatrice dans un moment de paix et de dialogue. À cette découverte de la fonction médiatrice de la parole, Pierre ajoute celle de sa fonction régulatrice des relations sociales. Il perçoit parfaitement ses effets modérateurs : « Si Marie continue à me "traiter", je vais partir de la maison !» Il y a quelques mois, Pierre aurait immédiatement bondi sur son vélo pour un départ compulsif. Aujourd'hui, il prévient, il ne profère plus : il prophétise. Lorsqu'il cède à une pulsion violente, Pierre sait, par la parole, en réparer les effets et négocier la paix avec son entourage. Il sait demander pardon et retrouver en lui-même la trace de l'autre que sa violence avait chassé. Par la parole, Pierre structure son Moi où transitent ses désirs sous l'éclairage de la loi. Par la parole enfin, il se représente en s'aimant dans l'image où il se voit : « Dis, tu ne trouves pas que je suis gentil maintenant ? » L'évolution de Pierre, enfant carence, promis à une évolution psychopathique, trouve son éclairage dans cette admirable formulation de Denis Vasse (1969) :

> « La parole libère la représentation du représenté : elle sépare le langage de l'action, elle est l'acte du renoncement à être présent dans la matérialité du corps, à la représentation qui s'en donne [...]. Au prix de cette césure, de cette faille constamment réouverte par le surgissement de la parole, l'homme peut garder en son cœur la présence de l'autre absent de son corps, séparé de lui. Il peut connaître sans détruire ou dévorer. »

Si l'enfant carence retrouve assez naturellement l'usage de la parole en famille thérapeutique et se réconcilie avec les différentes fonctions du langage, il bute le plus souvent sur l'organisation interne du langage en raison de difficultés proprement instrumentales, dégagées de toute problématique affective immédiate, notamment dans « l'application des schèmes connus aux situations nouvelles, la conservation des concepts, les classifications, les sériations, les combinaisons, etc.[1] »

En raison de ces difficultés, *les progrès scolaires de l'enfant ne suivront pas ses progrès symboliques* et risqueront même de les compromettre, les résultats obtenus n'étant pas à la hauteur de ses attentes. Une rééducation spécifique[2] est indiquée afin d'aider l'enfant à résoudre ses difficultés opératoires et à consolider les acquisitions réalisées au plan de la symbolisation.

15. LE DEUIL

L'exposé de nos repères théoriques doit se terminer par une réflexion sur le deuil.

1. *Cf.* J. Piaget cité *in* Dolle (1997) et *in* Ramozzi-Chiarottino (1989).
2. *Cf.* Borel-Masonny, par exemple.

Le deuil est un travail

Il advient que dans la famille thérapeutique un enfant renonce à ses parents, morts ou vivants, absents, précaires, démissifs ou angoissants. Cette renonciation n'est jamais spontanée, ni rapide ni totale. Pour reprendre l'expression que Freud a introduite dans *Deuil et mélancolie* (1915), il s'agit bien d'un « travail du deuil » que nous avons désigné depuis longtemps dans la famille par travail « de » deuil. En effet, il s'agit chez Freud « d'un processus intrapsychique, consécutif à la perte d'un objet d'attachement et par lequel le sujet réussit progressivement à se détacher de celui-ci[1] ». En l'occurrence, cette perte est toujours causée par la mort. C'est donc bien le travail que le deuil effectue dans le sujet que Freud examine, alors que nous nous proposons d'évoquer chez les enfants carences qui nous sont confiés, un travail qui est de la nature du deuil, au sens qu'une perte est intervenue dans la vie de l'enfant mais qui, généralement, n'est pas dans l'ordre de la mort. En effet, l'enfant qui nous est confié est le plus souvent confronté à l'éloignement et à la perte d'un « objet » vivant, ses parents ou l'un d'entre eux n'étant pas décédés, ce qui finalement complique notre théorie.

La plupart du temps, les enfants qui nous sont confiés appartiennent à des familles très pathologiques qui ont désespéré les travailleurs sociaux. Elles ont été pendant plusieurs années l'objet de soutiens intensifs, d'aides répétitives, voire de tentatives thérapeutiques réellement élaborées. Le propos de ces mesures était de restaurer l'intégrité familiale et de maintenir les enfants au foyer de leurs parents. Mais, au fur et à mesure de la dégradation familiale, le problème de la sauvegarde de certains enfants s'est posé en terme de nécessité absolue et d'urgence. Certains enfants nous ont été confiés pour les séparer radicalement de leurs parents.

Nous avons accueilli à plusieurs reprises des enfants pupilles de l'État, sans famille, du moins au sens juridique d'une appartenance familiale, leurs parents étant présumés vivants.

Pour ces différentes raisons, nous accueillons rarement un enfant en vue de le rendre un jour à sa famille, aidée, soignée et consolidée par d'autres intervenants.

Les enfants résistent au deuil en s'épuisant

Si dans la réalité les enfants ne peuvent plus rien attendre de leurs parents, dans le rêve, dans l'imaginaire, ils forment des projets de retour et de bonheur familial, ils recréent de toutes pièces une « bonne » famille qui les attend et de « bons » parents qui les désirent. Le « roman familial » peut être introduit ici. Il est frappant d'observer que tous les enfants, même/ou surtout les plus maltraités par leurs parents, sauvegardent leur père et leur mère dans les représentations d'un roman tenace et plein de vitalité. L'éloignement des parents atténue l'angoisse ou la frustration qu'ils imposent à l'enfant. Ce dernier oublie ou gomme la réalité, rationalise au sujet de sa famille, excuse ses parents : « Ils ne viennent pas me chercher parce que la voiture est sûrement en panne / Je ne peux pas y retourner car la maison est trop petite, mais ils en cherchent une plus grande / Ils ne peuvent pas me prendre en ce moment, ils ont beaucoup de travail... »

Ainsi, l'enfant se soutient dans la détresse par le déni et le clivage. Pour assurer sa survie, il est indispensable que ses parents soient bons et pleins de désirs positifs à son égard, il y va de son intégrité narcissique. Mais dans la réalité de son histoire et du présent, l'enfant est bel et bien

1. Laplanche J., Pontalis J.B., *Vocabulaire de la psychanalyse*, 11e éd., Paris, PUF, 1992 (1967).

confronté à une perte objectale qui est de la nature du deuil mais compliquée par un espoir du fait que ses parents sont vivants ou présumés tels. Comme Poil de Carotte, les enfants carences n'ont pas la chance secourable d'être orphelins.

Dans cette perte et dans cette attente, l'enfant dépense une énergie libidinale considérable à « soutenir » ses parents et à se maintenir vivant dans leur désir. Quatre ans après son arrivée chez nous, à la suite d'un conflit, François embrassait la photographie de son père (totalement oublieux de l'enfant) en lui disant : « C'est tous des cons, il n'y a que toi que j'aime ! » Sophie, abandonnée par sa mère depuis sa naissance, lui écrivait à dix ans : « Ma petite maman chérie... » Titi, que nous avons longuement évoqué au début de ce livre, attendait son père depuis des années.

Accaparés par cette quête épuisante et pathétique, les enfants carences sont incapables d'investir profitablement les relations, les activités, les projets qui leur sont proposés dans le cadre du placement thérapeutique, jusqu'à ce que :

> « Le Moi, pour ainsi dire, obligé de décider s'il veut partager ce destin (de l'objet perdu), considérant l'ensemble des satisfactions narcissiques qu'il y a à rester en vie, se détermine à rompre son lien avec l'objet anéanti[1]. »

Fête des mères ou deuil

L'exemple de François est doublement intéressant : cet enfant devait faire le deuil réel de sa mère décédée, et le deuil symbolique de son père qui, remarié, l'avait abandonné.

Il y a quelques années, dans la perspective de la fête des mères (si redoutée par tous les éducateurs d'enfants carences) François avait confectionné à l'école un petit objet constituant son cadeau. Le jour venu, François descend de sa chambre et, dans l'escalier, dit aux autres enfants, montrant son petit paquet : « Je ne sais pas quoi en f..., Janine, c'est pas ma mère, ma tante (qui l'avait recueilli) c'est pas ma vraie mère, ma mère elle est morte, alors ?» À ce moment, la petite voix de Babette (notre seconde fille) s'est fait doucement entendre. Elle lui a répondu tranquillement, logique et sereine : « Tu n'as qu'à le mettre au cimetière. » Une petite fille de neuf ans venait de prononcer les maîtres mots du deuil. À partir de cette remarque lumineuse de bon sens nous avons définitivement compris que le réinvestissement objectai par l'enfant carence, lorsque le recours à ses parents est impossible, est conditionné par un deuil, à tout le moins par l'acceptation d'un échec. Le travail de deuil conduit l'enfant à se priver progressivement de la drogue douce du roman familial, à prendre appui sur la réalité de son histoire, mais sans identifier son destin à celui de ses parents, c'est-à-dire sans en « mourir ». Ce deuil peut revêtir plusieurs aspects et se situer à plusieurs niveaux.

Le deuil est toujours partiel

François a véritablement fait le deuil de sa mère et se dégage lentement de la culpabilité qui l'attachait aux circonstances de son décès. Il s'agit d'une culpabilité globale qu'il investissait dans toutes ses entreprises et qui se liquide lentement parce qu'il commence à réussir à s'insérer socialement (tennis, foot, école) et à conduire quelques projets à leur terme. Par contre, s'il n'a

1. Freud, *Deuil et mélancolie,* 1917.

pas fait totalement le deuil de son père, il sait qu'il ne revivra certainement jamais avec lui et qu'il ne peut rien en attendre. Il souffre mais se détourne lentement d'un espoir irréaliste.

À dix-sept ans, Sylvie a retrouvé son frère aîné pour expérimenter une vie commune. Nous nous sommes résignés à le lui permettre sachant qu'elle devait passer par l'épreuve de la réalité. Comme prévu, ce fut un échec total. Le frère idéalisé a battu sa sœur qui a tenté de se suicider. Nous sommes réintervenus au bon moment pour récupérer Sylvie. Elle a commencé à se prendre en charge à partir de cet épisode dramatique dans lequel un véritable deuil était partiellement accompli.

Pierre commence à désigner ses parents avec réalisme. Interrogé récemment par l'éducatrice sur son désir de les retrouver pour Noël, il a répondu : « Oui, deux ou trois jours, s'ils ne sont pas méchants. »

Denis, dix ans, qui a toujours résisté au deuil, est retourné chez ses parents. Il y est maltraité et commence à se plaindre d'eux à l'éducatrice de l'AEMO, il veut retourner dans sa famille d'accueil mais n'est pas encore assez fort pour se libérer, il est travaillé profondément par le deuil et lutte contradictoirement pour l'accomplir et pour l'éviter. Il est triste, ses résultats scolaires se sont effondrés.

Paul, vingt ans, a toujours résisté au deuil. Il a cherché de toutes ses forces à se faire adopter chez nous, et par la suite, chez deux autres familles qu'il a rencontrées fortuitement.

Marie-Pierre et Sophie, dix et huit ans, sont partagées entre des « papas » multiples et des mères incapables. Elles sont loin de pouvoir assumer un deuil quelconque et commencent à entrer lentement dans la sécurité de la famille thérapeutique.

Il n'est pas question de soutenir l'enfant dans un travail de deuil si nous ne lui offrons pas depuis des années, en compensation, une véritable sécurité existentielle *dans une relation où les investissements objectaux lui sont apparus possibles et sûrs.*

Au premier degré d'un travail de deuil il est inévitable qu'un enfant reconnaisse que ses parents ne l'aimaient pas ou l'aimaient mal. Cette prise en compte de la réalité passe par un effort et par une souffrance qui nous touchent toujours profondément. Par contre, l'enfant n'est jamais appelé à juger ses parents ou à les désigner comme « mauvais », ce qui compromettrait la consolidation de son idéal du Moi. D'ailleurs, nous évoquons très rarement devant l'enfant la démission de ses parents. Le plus souvent, nous limitons notre intervention à lui rappeler les faits et la réalité.

Les rapports des travailleurs sociaux avec les parents des enfants qui leur sont confiés forment une matière très sensible. Notre attitude à ce sujet appelle un supplément de clarté. Nous sommes convaincus que le maintien ou le retour d'un enfant dans sa famille constituent en principe les meilleures solutions. Que le lecteur ne nous enferme pas dans la prétention exorbitante d'être de « bons » parents par rapport aux « mauvais » parents des enfants. Les situations extrêmes auxquelles nous sommes confrontés nous obligent à *prendre le parti de l'enfant.* Nous avons conscience de contribuer à infliger aux parents une perte de prestance sociale et une blessure narcissique certainement douloureuse, quelles que soient leurs responsabilités au sujet de l'enfant. Le plus souvent, les parents des enfants qui nous sont confiés sont eux-mêmes d'anciens carences. Faute de pouvoir toucher à l'énorme souffrance de certains parents, nous tentons, ponctuellement, de rompre la chaîne carentielle en nous solidarisant avec leurs enfants.

L'éducateur doit accepter sa propre mort

C'est dans son rapport personnel à la mort que l'éducateur soutient l'enfant dans un travail de deuil, car toute activité thérapeutique qui ne prend pas la mort en compte est sans prise sur la réalité. Le travail de deuil n'est pas un travail de mort, mais de libération. Les enfants qui ont vécu un deuil de libération et dont les parents vivent encore, sont appelés, adolescents, à renouer avec eux des liens que le deuil avait desserrés. Une légitime curiosité existentielle justifie cette ultime vérification. Leur échec étant consommé, les adolescents conserveront toujours en eux le sentiment d'une perte sous la forme d'une cicatrice affective douloureuse. S'il restitue à l'enfant carencé le goût de vivre en se sachant bon et non coupable, le travail de deuil ne saurait annuler sa réalité historique ni occulter la mémoire inexorable qui la perpétue.

16. L'INTIME, LA SEXUALITÉ

Le placement familial permanent n'est jamais banal ou neutre. La nature intime du placement peut donner à croire qu'il s'agit d'une mesure douce et apaisante dans l'ordre du « cocooning » et des régressions salutaires promises par la métaphore du cocon. La réalité déchire souvent cette enveloppe rassurante, comme il est dit dans la plupart des ouvrages écrits sur le placement familial. Mais rares sont les livres ou les articles de revues qui touchent à la nature et aux effets de l'intimité dans le placement familial. Parler de l'intimité c'est nier l'intime dès les premiers mots par l'effet d'un dévoilement dont l'extrême peut avoir la brutalité d'un viol réel ou symbolique. Faut-il pour autant se cacher derrière cette difficulté éthique, et rhétorique, pour sauvegarder l'intimité de la famille d'accueil alors que tout s'y joue dans l'intimité ? Mais, dès lors que le mot lui-même d'intimité est posé entre nous et autrui comme une cloison infranchissable, il faut renoncer définitivement à savoir tout ce qui se passe de l'autre côté. Par contre, on peut réfléchir sur ce qui est en jeu dans l'intimité de la famille d'accueil en introduisant l'intimité familiale dans un modèle théorique. C'est le modèle éthologique de l'attachement qui nous paraît le plus capable de saisir l'intimité de la famille sans la dévoiler.

En effet, accueillir un enfant dans une famille, c'est l'inclure dans un système extrêmement riche et complexe d'interactions sensorielles, de repérages, de communications, de signes et d'émotions articulés au corps. C'est bien du corps qu'il s'agit dans la façon singulière dont chacun occupe l'espace, dans ses gestes, ses mouvements propres, ses tics, ses rituels. C'est bien le corps qui s'exprime en odeurs, en bruits, en traces : le linge, l'usure, les marques du passage dans la salle de bains, dans le frigo, dans les toilettes, dans les armoires, dans les attitudes alimentaires – ou l'absence de marques (on voit bien que X s'est douché, c'est resté impeccable...). À partir de cette promiscuité se tisse entre les êtres un réseau très riche de connivences, de repères, de signes subtils et répétitifs et cohérents d'alliances ou de répulsions. C'est là toute la matière de ce qu'en éthologie on nomme l'empreinte, constitutive, ensuite, de la relation d'attachement[1]. Considérant que ce sont justement les troubles de l'attachement qui signent la pathologie du lien et la carence précoce, on peut se demander si, dans la famille d'accueil, l'enfant carencé ne se trouve pas marqué

1. *Cf. L'Attachement,* sous la direction de R. Zazzo, Delachaux et Niestlé, 1979. Voir aussi *L'Attachement, les débuts de la tendresse,* Hubert Montagner, Odile Jacob, 1988.

progressivement, et partiellement, par une empreinte qui lui permet de s'attacher au groupe et de s'y structurer psychiquement. Ce marquage doit tout à l'intimité familiale, à la densité et à la subtilité des affects répétitifs qu'il partage avec le groupe. C'est en ce sens qu'un enfant accueilli devient un « familier » (alors qu'il ne peut devenir « familier » d'un groupe institutionnel où les réseaux de communication infra-verbale sont infiniment moins subtils).

Dès lors que l'on évoque l'intimité familiale et sa puissante corporéité, on doit regarder en face sa forte charge sexuelle. Certes, la sexualité y est contenue dans l'intimité individuelle et de couple, et dans la loi œdipienne, mais elle affleure en permanence la surface du visible où crèvent parfois quelques bulles pulsionnelles. Ainsi deux jeunes enfants jouent avec leurs sexes dans le bain, un adolescent s'exhibe devant un plus jeune, se livre à des attouchements furtifs sur un petit. Tel autre laisse traîner des traces de masturbation ou des essais de préservatif... À chaque fois c'est l'intimité personnelle et/ou l'intimité de l'autre qui est violée. À chaque fois, l'éducateur, l'éducatrice (et parfois le groupe familial tout entier) sont percutés dans leur intimité, leur pudeur. La prégnance de la sexualité infantile est forcément plus visible, ou du moins plus sensible, dans l'intimité de la famille. La vie quotidienne y expose chacun à des constats fortuits, des surprises, des émotions qui appellent une prise de distance à la faveur d'un peu d'humour ou, parfois, d'une sérieuse évaluation.

Il arrive parfois que la famille d'accueil soit le lieu de passages à l'acte très graves (notamment par des adolescents) qui entament son intégrité et menacent sérieusement sa survie. L'ébranlement psychique et la secousse émotionnelle du groupe familial sont alors considérables et souvent à la mesure de la surprise totale causée par le délit ou le crime. La sexualité de tel jeune se manifeste de façon inattendue et quasi éruptive. L'intimité familiale vole en éclats. C'est dire la puissance des forces pulsionnelles en jeu dans une famille qui accueille des enfants carences. Certains d'entre eux, accueillis peut-être trop tardivement, intégrant très mal leur sexualité. Il reste que, humains trop humains, les parents d'accueil ne peuvent, ne doivent pas tout voir, tout savoir, tout prévoir et tout pouvoir. Sauf à fonctionner dans la perversion car le propre du pervers est en effet de vouloir tout maîtriser. Cependant, il est juste de noter que ces passages à l'acte (agressions sexuelles...) sont infiniment plus rares en famille d'accueil qu'en milieu institutionnel. En effet, l'intimité de la famille renforce la vigilance éducative et favorise l'intériorisation des interdits, même s'il advient que cette vigilance soit exceptionnellement et cruellement prise en défaut.

La famille d'accueil possède la capacité spécifique de créer des liens d'attachement très réparateurs dans et par l'intimité structurante de son fonctionnement interne. Par contre, elle est exposée à des dangers proportionnels aux richesses de l'intimité. Elle ne peut s'abriter derrière son intimité pour ne s'autoriser que de soi ou échapper au travail de supervision et d'assistance thérapeutique. Ce travail, en fin de compte, est garant... de son intimité.

Chapitre 38

Une journée dans la vie de la famille

J. Cartry

PLAN DU CHAPITRE

Le long exposé de nos éclairages théoriques appelle la contrepartie d'un retour au quotidien concret des êtres et des choses, une confrontation de ces éclairages avec la praxis banale, répétitive de chaque jour. La plupart des groupes (écoles d'éducateurs, congrès) auxquels nous avons présenté la famille thérapeutique ont exprimé le désir de vivre avec nous, au moins par la pensée, une journée ordinaire. Chacun comprenait que nous nous investissons complètement dans chaque journée passée avec les enfants et que nous nous soutenons dans la monotonie par un art de vivre le quotidien qui sublime le banal :

> « Je n'ai nommé encore que l'exemple de l'art, mais, je le répète, la vie quotidienne offre le même enchaînement [...]. Chaque matin s'offre à moi ainsi qu'une œuvre : des tâches m'attendent vis-à-vis des miens et des autres, pour lesquelles il me faut de la volonté et de l'imagination, comme d'écrire ou de peindre[1]. »

Cette idée de création quotidienne se retrouve aussi chez F. Mallet-Joris, qui écrit, dans *La Maison de papier :*

> « Faire une famille, c'est faire une œuvre. »

Voici le « film » ou, plus justement, le synopsis d'une journée.

1. AU COMMENCEMENT ÉTAIT LE FEU

Six heures quarante-cinq

Je descend allumer le feu dans la cheminée de la salle commune tandis que Janine réveille François (quinze ans).

Nous sommes attachés au feu ouvert autour duquel est organisée la maison. J'aime, au matin frissonnant, enflammer les petits bois entrecroisés : je transgresse la nuit.

Dans la chaleur qui monte, nous préparons le petit déjeuner, tandis que François fait mine de passer par la salle de bains. Véronique survient à son tour et nous déjeunons tous les quatre en regardant le feu. Le feu nous relie à l'élémentaire. Il procure une joie, un bien-être qui ne sont pas gratuits. Il représente un travail communautaire important : le bois qu'il faut couper, charrier et tasser, tâches auxquelles chacun, selon ses forces, du plus petit au plus grand, participe. Ces journées de labeur communautaire, souvent toniques et joyeuses, favorisent les observations intéressantes. Jérôme ravit tout le monde en portant vaillamment des petites branches dans ses bras, il s'essouffle, peine et veut absolument faire comme les grands. Pierre exige d'en porter plus lourd qu'il ne peut pour épater les filles de son âge, lesquelles ne lui cèdent en rien. Vincent, qui travaille près de moi, s'active et veut racheter sa paresse de la veille. Retranchées un moment derrière le prétexte de leurs devoirs, les grandes filles viennent enfin aider au déchargement et frotter leurs mains d'écolières sur les rudes écorces. François, comme d'habitude, s'échine pendant une heure sans mesurer ses forces. Il perd subitement tous ses moyens et toute attention, saute ici et là, grimpe sur un muret voisin, agace l'un, bouscule l'autre, papillonne et se dissout dans l'étrange et l'irrationnel. Rappelé à l'ordre, il affiche une mine coupable, bougonne, jure et prétend qu'il se fait toujours « crier dessus ». Ainsi, dans ce rituel, depuis quelques années, la communauté se resserre et se réchauffe.

1. *La Femme avenir,* France Querre, Le Seuil, 1976, p. 138.

Telles sont les reviviscences éveillées par le feu du matin. Nous sommes silencieux, la parole étant à la radio pour les nouvelles du jour. Notre présence du matin est indispensable au grand garçon de quinze ans qui commence un apprentissage. Il entre toujours dans sa journée avec mauvaise humeur et doit être soutenu dans ce premier contact avec la réalité.

Le lycée technique lui est encore un lieu d'anxiété et d'échecs redoutés, susceptibles de rouvrir une blessure narcissique mal cicatrisée. Cet adolescent intelligent rattrape difficilement son retard scolaire en raison de difficultés instrumentales accumulées pendant son enfance carencée. Une fois par semaine, le mercredi matin, il déjeune seul, petite épreuve qui suffit pour l'instant à lui suggérer un peu d'autonomie par égard aux exigences de la vie scolaire.

Avec Véronique, il prend le car pour la ville voisine où se trouvent le LEP[1] et le lycée.

2. L'ÉDUCATRICE MET LES ENFANTS AU MONDE TOUS LES MATINS

Sept heures quinze

Janine monte réveiller les « moyens » qui vont au collège voisin : trois de nos propres enfants et Mireille qui travaille en pré-apprentissage au centre équestre tout proche. Elle est souvent d'humeur sombre au sortir du sommeil, comme la plupart des carences. L'éducatrice aplanit souvent les petites difficultés matérielles de ce moment ensommeillé et tendu. Elle « balise » l'atterrissage de Mireille dans le réel. Elle médiatise les premiers échanges des autres enfants et les rassemble pour le repas. C'est quelquefois le moment de conflits soudains, de frictions d'éveil, rugueuses, qu'il faut adoucir afin que le départ pour l'école soit « bon ». C'est aussi l'instant où soudain, quelqu'un demande une documentation illustrée sur la vie quotidienne à Rome, ou quatre francs pour la piscine (alors qu'il n'y a qu'un billet de deux cents francs dans le porte-monnaie !), ou s'aperçoit que sa chaussure est hors d'usage depuis trois jours. C'est enfin le moment de faire répéter une leçon d'anglais fragilement acquise en raccommodant d'urgence un blouson déchiré : c'est l'heure de la mère-éducatrice omnipotente.

Huit heures

Janine réveille les plus jeunes, ceux qui vont à l'école primaire du bourg. Il s'agit de quatre enfants, dont notre plus jeune fille (sept ans). Marie-Pierre et Valérie sont censées s'habiller seules et faire leur lit. Il faut souvent intervenir car elles retournent vite à leurs poupées et à leurs illustrés sans tenir compte du temps qui passe, quand elles ne se battent pas pour une paire de chaussettes. Il nous importe beaucoup que les enfants aient largement le temps de manger avant de partir. Ils goûtent un moment de paix entre le sommeil et l'école. Cette paix bien fragile est souvent menacée par Pierre qui « asticote » les uns et les autres du fond de la baignoire (quand il fait au lit, ce qui le déprime et le met de mauvaise humeur). Il est indispensable que l'un de nous deux soit toujours au contact des quatre petits, du lever au départ, car un conflit peut surgir à tout instant, surtout en fin de trimestre scolaire, lorsque la fatigue des plus jeunes est accentuée et que les

1. Lycée d'enseignement professionnel.

réveils sont pénibles. Simultanément, il faut réussir à surveiller les débarbouillages, à coiffer les filles aux cheveux longs, à veiller aux vêtements, aux petits bobos et aux pansements, aux remèdes éventuels, à la propreté des chaussures, bref, au confort physique et moral des enfants fragilisés par l'heure matinale. N'oublions pas l'éventualité de carnets de notes ou de « mots » à signer, le crayon manquant, la gomme disparue et qui suscitent des paniques enfantines soudaines. Nous sommes attentifs aux rituels du matin dont le respect conditionne la journée des jeunes enfants, et qui pour les carences relationnels revêtent à nos yeux une signification et une importance symbolique, véritable projection dans la journée qui vient. Un bonbon conforte souvent les écoliers en partance, c'est un peu la maison qu'ils sucent encore jusqu'à l'école.

Huit heures cinquante

Je conduis ces quatre enfants, en mini-car, à l'école, non sans avoir appuyé sur l'avertisseur pour faire presser un ou deux traînards qui montent dans le car leur manteau ou leur imperméable à l'envers ou à demi-enfilé. Nous partons rarement sans jeter un coup d'œil à la mer, haute dans la baie et dont le spectacle est admirable au moment des équinoxes.

Neuf heures trente

Les enfants sont partis, nous sommes sous le choc de ces deux heures intenses et cherchons souvent dans une tasse de café un supplément d'énergie. Anne, notre aide familiale, est arrivée, et nous partageons tacitement les tâches d'entretien. Elles représentent le ménage de plus de trois cents mètres carrés de chambres et de pièces communes, l'assaut de montagnes de linge, les réparations éventuelles, l'approvisionnement en bois de chauffage, etc. Mais avant tout, Janine et Anne s'occupent des deux plus petits, Jérôme et Tony, qui barbotent dans la baignoire après avoir mangé.

3. LE TRAVAIL MÉNAGER EST UNE CRÉATION

Nos visiteurs sont quelquefois frappés par la propreté et le rangement de la maison, qui caractérisent la plupart des familles d'accueil. C'est là que nous retrouvons la métaphore du contenant qui moule notre vie quotidienne. La beauté, la qualité des choses de la maison et de son environnement immédiat contribuent à notre propre sentiment de sécurité et de confort psychique : il y a de la sensualité dans la perfection, ou à tout le moins la qualité des choses. Il y va de l'intégrité des personnes. Nous sommes assurés que les enfants bénéficient de la fonction structurante d'une maison en bon état et bien tenue : elle est contenante. D'ailleurs, les enfants ne jouent plus dans des lieux dégradés. Bien rangée et nettoyée, la salle de jeux, comme une page blanche, appelle les enfants pour la création.

L'entretien de la maison est un acte d'intériorité. Elle représente notre dedans. Elle nous tient, nous protège comme une main fermée sur nous tous. C'est l'homologie de l'intimité de la maison et de notre intériorité qui crée la poétique de l'espace et qui suscite les « rêveurs de maison », tels que les aime Gaston Bachelard. C'est la raison pour laquelle les gestes du ménage les plus humbles me semblent revêtus d'une sorte de dignité modeste et silencieuse. Ils possèdent l'inestimable pouvoir créateur de l'intimité :

> « Ce qui garde activement la maison, ce qui lie dans la maison le passé le plus proche et l'avenir le plus proche, ce qui la maintient dans la sécurité d'être, c'est l'action ménagère » (G. Bachelard, *op. cit.*, p. 73).

Sitôt mes propres tâches ménagères accomplies, j'écris pendant une heure ou deux. L'été, je m'occupe du jardin. Une ou deux fois par semaine, il nous faut faire les courses, accomplir des démarches diverses. À midi, nous sommes le plus souvent seuls avec les deux petits. C'est pour nous le temps d'un repas calme, gratifiant, car tous les autres enfants mangent à la cantine quatre jours par semaine.

4. LIBERTÉ ?

L'après-midi nous appartient assez souvent pour un moment de vie personnelle ou de repos, ou de travail au jardin si le beau temps nous attire à l'extérieur. Il arrive que des enfants soient malades ou n'aient pas d'école pour des raisons diverses. Ils nous prennent alors ces deux heures de liberté indispensables à notre équilibre. Cette liberté est aussi quelquefois grignotée par la présence d'un stagiaire qu'il faut aider, ou par la venue d'élèves éducateurs désireux d'avoir avec nous un contact prolongé dans le cadre même de notre vie, ou par la visite d'un travailleur social, d'un inspecteur de l'Aide sociale à l'enfance, du directeur administratif de notre association gestionnaire. Sur ce temps de liberté, il faut également prendre celui du courrier, des comptes, de la supervision avec le psychiatre, du compte rendu des psychologues, etc.

Enfin, les deux petits, quand ils ne dorment pas, requièrent notre vigilance. Surtout Tony qui explore la maison, touche à tout avec la force d'un enfant de deux ans et demi et l'immaturité d'un bébé de dix mois. En quelques minutes, il est capable de tout : renverser le lampadaire, vider un placard, déchirer le journal du jour, tourner les robinets du gaz ou répandre sur le carrelage une bouteille d'huile oubliée à sa portée... Si nous constatons sa disparition soudaine, il nous faut monter au deuxième étage pour le surprendre dans les chambres des filles occupé à tout dévaster, à lancer dans l'escalier tout ce qui fait du fracas.

Il nous arrive parfois de vivre quelques heures d'après-midi dans le calme et le silence réparateurs. Alors, nous redoutons un peu la marée montante des enfants qui vont rentrer.

5. LA MARÉE DU SOIR

Seize heures trente

Ils arrivent, houleux des événements, des conflits ou des joies de leur journée. Leur déferlement dans la maison s'accomplit par vagues successives, ce qui nous permet de les accueillir attentivement, d'écouter les plus pressés à dire, à montrer, à se plaindre, à raconter. Marie rapporte une dictée catastrophique avec tous les mots fautifs à copier vingt fois. Marie-Pierre montre son cahier de calcul en feuilletant les pages où tombent des miettes de goûter. Pierre est accusé par les trois autres d'avoir voulu échanger dans la cour de récréation une petite voiture volée à Jérôme, qui, d'ailleurs, la cherche depuis ce matin. Il nous explique qu'il a justement trouvé cette voiture dans sa poche. Confondu en flagrant délit, il rougit et se livre à des provocations bruyantes.

Les enfants de l'école primaire rentrent en mini-car, comme ils sont partis, à moins que le beau temps leur suggère de revenir à pied par ce chemin des écoliers qui n'existe qu'à la campagne. Les collégiens reviennent à bicyclette, plus ou moins tard et plus ou moins directement, qui passant par le centre équestre, qui par le club de tennis. Une nuée de criquets affamés s'abat sur le goûter, la maison s'emplit de bruits et de miettes. Les tout-petits, Jérôme surtout, font la fête aux grands. Cet accueil radieux, ces bras tendus, cet élan constituent la plus belle offrande de nos très jeunes enfants aux enfants accueillis. Dans ces gestes, ils les reconnaissent, ils les font exister pour un moment empli d'excitation fervente et chaleureuse : dans le regard de nos enfants, ils existent pour quelqu'un, ils se voient, ils s'éprouvent dans ce désir fraternel.

Les enfants prennent alors une bonne heure de liberté qui absorbe la pression de l'école.

Dix-sept heures trente

Ceux qui ont des leçons et des devoirs sortent leurs livres et leurs cahiers. La plupart doivent être aidés par les adultes. Les enfants carences peinent à la lecture, ils butent sur les mots et s'essoufflent dans les phrases. Ce qui nous frappe beaucoup, c'est l'anxiété qu'ils attachent à ce travail scolaire supplémentaire et la libération qu'ils manifestent lorsqu'il est terminé. Aucun des enfants n'est capable de partir pour l'école le lendemain matin (voire de dormir tranquille) si ses devoirs ne sont pas faits. Nous y voyons la crainte collective du maître (pas forcément négative), la peur d'être seul à n'avoir rien fait, et surtout, un réel investissement des choses scolaires susceptibles de valoriser enfin ceux qui « savent ». Il est très rare que nous soyions obligés d'appeler à plusieurs reprises un enfant pour ses devoirs, même un enfant très carence au passé scolaire mortifiant. C'est à l'occasion de ces devoirs à la maison que les enfants accueillis prennent le plus douloureusement conscience de leur retard scolaire par rapport à nos propres enfants. Marie, qui a sept ans, sait lire alors que Pierre, qui en a dix, « en est encore à l'analyse consonantique avec des confusions et des omissions quasi systématiques sur un nombre important de graphèmes simples[1] ».

On imagine qu'il est opportun de faire travailler les deux enfants assez éloignés l'un de l'autre afin d'épargner à Pierre une réelle mortification, et à Marie, la tentation de régler ses comptes avec ce dernier sur le terrain de la lecture... D'ailleurs, quelques instants plus tard, il se retrouveront sur celui des billes, à chances égales, ce qui n'exclut pas d'âpres contestations, des conflits aigus à propos d'une « porce[2] » ou d'un calot.

1. Rapport du psychologue scolaire déjà cité.
2. Porce : bille en porcelaine très cotée sur le marché scolaire et faisant souvent l'objet de transactions peu limpides.

6. UN GÂTEAU EST FAIT POUR... MANGER LE PÂTISSIER !

Dix-huit heures

L'un des adultes présents prépare le dîner avec la collaboration fréquente d'un ou deux enfants. Il n'est pas rare que l'un d'entre eux confectionne un dessert quasiment sans aide, chacun ayant sa spécialité. Vincent excelle dans le gâteau de Savoie, Véronique dans les tartes, Claire dans les madeleines. Par contre, les enfants carences ont besoin d'être stimulés et aidés pour réussir une pâtisserie simple destinée à la communauté familiale. On se souvient que Paul s'obstinait inconsciemment à rater ses gâteaux afin de ne pas être « incorporé » par les autres. D'autres enfants ont du mal à déchiffrer ou à mémoriser une recette, à conduire plusieurs actions simultanées, à doser une denrée, à régler un four et surtout à attendre ! Il est important que l'adulte veille de loin, car l'enjeu est de taille : c'est l'approbation des autres ou leur consommation ouvertement résignée... Préparer un gâteau est un authentique travail d'insertion sociale. Symboliquement, c'est l'auteur du clafoutis qui est mangé avec délices ou mâché avec grimaces. C'est soi-même que l'enfant pose sur la table pour un jugement, pour une incorporation. Si le dessert est bon, tout le monde se restaure, y compris le narcissisme du pâtissier !

Dix-neuf heures

Les plus jeunes enfants sont appelés pour mettre la table tour à tour. Mais rien n'est écrit. Il n'existe pas de tableau de services, reviviscence institutionnelle. L'ordre de travail est celui des âges en commençant par le plus « vieux ».

Il n'est pas facile pour un enfant de huit, neuf ou dix ans de dresser une table de douze ou quatorze couverts sans rien oublier. En récompense de ses efforts, celui qui a mis le couvert agite la cloche du repas (et toujours plus longtemps qu'il est utile !).

7. CÈNE OU SCÈNE ?

Je peine toujours à décrire un repas communautaire. Très jeune, j'ai été dressé à manger « avec distinction » et je suis toujours angoissé par le comportement des enfants à table : certains nous font régresser jusqu'à la préhistoire. La question se pose toujours pour moi de savoir quelle part de formalisme « bourgeois » et quelle proportion d'exigence éducative minimum s'introduisent dans les remarques que j'adresse aux enfants... Il m'est arrivé de gâcher des repas entiers par l'excès de mes réactions à leur comportement à table.

Le plus souvent, tout le monde veut parler, certains même chantonnent dans leur coin. Il faut sans cesse intervenir afin de préserver la cohérence d'une conversation souvent riche. En effet, rassemblé, le groupe accentue l'intérêt d'un sujet et favorise, par mimétisme, l'expression des plus timorés. C'est toujours à table que les thèmes les plus chargés d'affects ont surgi et souvent par la bouche des plus jeunes : problèmes familiaux, sexualité, etc. Le groupe leur procure alors une intensité particulière que nous n'avons jamais perçues ailleurs. Le repas favorise des observations pleines d'intérêt : les enfants carences fraîchement arrivés refusent souvent des nourritures nouvelles ou un peu exotiques, certains suivent les plats qui circulent avec une fixité parfois gênante, presque impudique, d'autres présentent toujours à ce moment les mêmes tics, voire les mêmes réactions somatiques suscitant le rejet du groupe. C'est ainsi que Marc, cinq ans, éternuait régulièrement dans son bol de chocolat. Au moment du repas, la proximité des corps, la disposition de la table, les conversations, les rires, les conflits, l'incorporation des mêmes substances nutritives ou symboliques créent un temps fort de convivialité. De plus, c'est le moment de la journée où s'établit le plus concrètement et le plus visiblement le rapport entre le dehors et le « dedans ». Le repas m'apparaît comme un espace transitionnel majeur où s'effectuent des communications vitales dehors-dedans. La dimension érotique du repas est indéniable, c'est probablement la raison pour laquelle la culture et les pouvoirs qu'elle représente ont assigné aux convives tant de contraintes...

Le repas communautaire signifie notre humanité, comme la symbolisation et la parole. En effet, le repas humain rassemble ceux qui mangent autour du cuit. Il s'oppose à la sauvagerie du cru et ne tolère pas la crudité des comportements instinctifs. C'est un temps fort culturel qui, par la cuisson et par les codes de conduite, impose à la brutalité du besoin individuel les pudeurs du plaisir partagé.

Les éducateurs d'enfants difficiles savent que le moment des repas en groupe est le plus périlleux de la vie partagée. C'est le point de conflit entre l'exigence pulsionnelle et la contrainte éducative, dans une dynamique de groupe amplificatrice où les frustrations orales, les carences anciennes introduisent leurs revendications inconscientes.

Le repas est un lieu triangulé où se manifeste le mimétisme des désirs. Si tous les désirs mimétiques s'accomplissent en même temps, ils créent une situation chaotique dont la violence est la seule résolution. Par contre, si les désirs passent par la médiation de la loi communautaire, chacun accède au partage qui garantit sa vie, et, devient consubstantiel aux autres, la violence mimétique étant conjurée.

J'ai compris, avec trente ans de retard, une situation mimétique et sauvage qui m'avait beaucoup angoissé. À dix ans, j'étais en colonie de vacances. Tous les après-midi, à seize heures, notre moniteur apportait le goûter dans une corbeille qu'il disposait au milieu de la cour. Au lieu de distribuer lui-même le pain et de remettre à chacun sa part, il s'écartait afin que le groupe tout entier se précipite sur la corbeille, dans une mêlée sauvage, violente, animale, que le moniteur contemplait, non sans perversité. Je crois être toujours resté à l'écart du combat, sidéré, incapable de faire ma trouée dans cet assaut dont la violence me paralysait. Pendant un mois je n'ai jamais eu de goûter, non plus que d'autres enfants moins forts ou moins pugnaces que les vainqueurs, lesquels mangeaient pour quatre.

Lorsque nous intervenons à table pour que plusieurs enfants ne se servent pas en même temps, nous médiatisons un conflit de désirs mimétiques susceptible d'aboutir au chaos. C'est en ce sens que la loi humanise le désir surgi au creux de la faim et socialise les affamés. Faute d'intervention éducative, la jouissance recouvre le désir.

Dans la parabole du goûter sauvage racontée plus haut, je vois se fonder la fonction parentale éducative, le rôle séparateur et distributeur du père. J'y trouve également le sens de ma difficulté à manger avec les enfants, la trace d'une sorte de « scène primitive » qui, pour toujours, a blessé ma mémoire.

Instinctivement, nous nous sommes installés, Janine et moi, non pas aux extrémités, mais au milieu de notre grande tablée afin de servir les enfants plus commodément. La présidence patriarcale du repas a toujours complètement échappé à mes préoccupations.

Le soin apporté à la mise du couvert tous les jours, la décoration de la table au moment des fêtes signifient le caractère de célébration sociale du repas. Festifs et joyeux sont les repas illuminés par les bougies d'un gâteau d'anniversaire (quatorze fois par an !), ceux du mercredi midi, jour de vacances scolaires, plus détendus et diserts. Décontractés enfin, anticonformistes sont les « repas buffet » du lundi soir (ou des jours de tension). Chacun se sert au gré de sa fantaisie, mange où bon lui semble sans quitter son activité du moment.

Vingt heures trente

Le mardi soir, veille de congé scolaire, les enfants regardent souvent un film à la télévision, perspective qui accélère systématiquement l'exécution des tâches évoquées plus haut. Nous consultons les programmes de télévision avec les enfants en vue de les habituer à les choisir activement. Allumer le récepteur sans avoir au préalable sélectionné une émission est interdit : nous ne supportons pas les enfants rassemblés devant une mangeoire à images. Au reste, notre propre émerveillement devant la télévision est intact. Maîtrisée, choisie, disciplinée, elle fait voyager notre communauté campagnarde aux quatre coins de la terre avec un fabuleux pouvoir de représentation. Le temps de présence de nos enfants devant la télévision mérite d'être quantifié pour suggérer des études comparatives. En moyenne, les enfants de notre famille assistent à sept heures d'émissions par semaine, un peu plus l'hiver et beaucoup moins au printemps et l'été. Ce chiffre est, je crois, très modeste, au regard des statistiques concernant les enfants nord-américains.

Nous sommes encore tributaires de la programmation télévisuelle dans le système français, mal situés pour être raccordés à un réseau câblé et loin des émetteurs d'une télévision à péage. Pour ces différentes raisons, le magnétoscope nous permet de maîtriser nos choix en recourant à des programmes enregistrés.

Aux beaux jours, la plupart des enfants passent l'après-dîner dehors, jusqu'au crépuscule qui favorise les jeux de cache-cache, les fuites et les poursuites éperdues.

Les soirs de mauvaise saison, ils montent tôt dans leurs chambres jouer, ou lire au lit. Plus ils grandissent, plus nombreux sont les livres qui s'ouvrent, de la bande dessinée au « livre de bibliothèque », comme disent les enfants. Il est trop rare que des enfants carences accèdent à la lecture d'un livre entier. Depuis quelques jours, Vincent incite François à lire des *Arsène Lupin,* espérant que l'intrigue le mettra en appétit de lecture. Nos propres enfants lisent avec gourmandise alors que les autres déchiffrent tout juste les bulles des bandes dessinées. Ce clivage culturel nous est très pénible, tellement injuste. C'est dans la résolution des difficultés cognitives des enfants carences que nous sommes pédagogiquement les plus démunis, confrontés d'abord à la nécessité de prendre en compte le temps de passage par des stades d'acquisitions, temps qui ne saurait être exagérément compressé, sauf à bousculer les enfants et à les placer en situation d'échec. L'écart entre leurs progrès psychiques et leur progression scolaire se creuse en une dysharmonie d'évolution.

C'est le soir, à ce moment transitoire entre l'agitation du jour et le calme du sommeil, que le dénuement culturel des enfants carences me touche le plus comme s'il leur manquait un supplément de lumière pour éclairer le début de la nuit et l'arrivée des songes.

8. RESTE AVEC NOUS, IL EST TARD

C'est enfin l'instant du bonsoir, celui des gestes qu'on accomplit et des mots qu'on murmure comme un viatique pour traverser la nuit. Il est significatif qu'en institution certains enfants ne se déshabillent pas spontanément pour dormir. L'insécurité les porte peut-être à ne pas s'abandonner au sommeil sans la cuirasse symbolique d'un vêtement familier. De même, ils signifient par ce comportement leur détermination inconsciente à ne pas s'installer et à se tenir prêts pour un départ... Rituel du soir qui est léger et rapide pour les enfants présents depuis longtemps et bien sécurisés, plus long et contraignant en faveur d'enfants nouveaux, tel François qui, pendant les premiers mois de son séjour, s'accrochait à notre cou au moment du bonsoir, comme suspendu au-dessus d'un puits d'angoisse. Combien de fois, à travers sa demande de réassurance, avons-nous réentendu et mieux compris la supplique d'Emmaüs : « Reste avec nous, car il commence à se faire tard[1]. »

9. LES DIMANCHES, LES ROSES, UN POÈME ET MOZART

Les dimanches, les mercredis et jours de petites vacances, tous les enfants restent à la maison. Chacun se lève plus tard. Gare à celui dont l'agitation trouble notre sommeil ! Les petits se réveillent plus tôt et se rassemblent souvent dans une chambre pour jouer dans un silence relatif. Les adolescents dorment le plus tard possible. Par des matins de grâce, certains d'entre eux allument le feu et frappent à notre porte portant le plateau du petit déjeuner.

Sitôt les services accomplis, les lits faits, les chambres rangées, les enfants sont en liberté.

Les filles soignent les quatre poneys de la maison, certaines partent pour une reprise au centre équestre. Des garçons vont au tennis, au football, d'autres acceptent de faire une course en promenant les plus petits, sachant bien, par ailleurs, qu'ils auront la faculté d'acheter quelques bonbons !

L'été, la maisonnée vit au rythme de la mer, car la plage est proche, qu'il s'agisse de se baigner, de galoper à poney sur la découverte ou d'accompagner les ostréiculteurs à leur travail. Les grandes marées d'équinoxe sont propices à la pêche à pied, à la contemplation des « hautes eaux », calmes, irréelles, quelquefois tumultueuses ou déchaînées. Notre côte connaît les plus grandes marées d'Europe, c'est dire avec quelle intensité les solstices scandent notre vie.

Les saisons s'observent au jardin et nous relient à la terre. Pendant plusieurs années, nous avons entretenu un jardin légumier avec les enfants. Aujourd'hui, le temps nous manque pour le tenir en bon état, ce qui appauvrit nos relations avec la terre qui nous porte. Mais certains enfants viennent de nous réclamer un petit coin de jardin personnel qui leur sera concédé au printemps. Heureusement, le jardin floral avec ses plantes vivaces et ses rosiers nombreux refleurit tous les ans plus riche et plus beau. Les enfants y travaillent encore assez peu, leur participation pose un problème pédagogique particulier : les variétés sont très nombreuses, la plupart des travaux sans profit immédiatement visible, les tâches souvent rudes, ingrates et complexes. Je tenterai d'initier quelques enfants à la taille des rosiers, car fin février approche, je les associerai à des semis annuels, je leur montrerai une fois de plus des bulbes, des rhizomes : ils resteront quelques

1. Luc, chap. xxiv, 29.

instants, une heure, et puis s'en iront vers leurs jeux favoris parce que je n'aurai pas supporté que leurs pas incontrôlés menacent les tulipes qui pointent ou écrasent les tiges de pivoine craquelant la terre sous leur poussée...

Telles sont mes contradictions d'éducateur-jardinier. Il me reste à jardiner sans risques dans la métaphore en évoquant les enfants qui prennent racine chez nous, qu'il ne faut pas transplanter prématurément et dont les progrès sont parfois invisibles comme une germination... Pour équilibrer ces aveux, il faut dire que plus d'un enfant m'a suivi au jardin avec une provision de graines hâtives que nous avons semées ensemble, à genoux sur la terre. Et chaque jour, fidèles à leurs semis, ils sont venus voir comment s'enracine l'espérance ou lui faire outrage de façon répétée. François, toujours fébrile et impatient, arrachait les jeunes pousses pour être certain que leurs racines grandissaient et les repiquait dans l'instant même de sa certitude. Plus tard, il a compris l'invisible et cru dans la promesse du caché. Combien de petits sont venus au jardin un matin de juin réclamer des roses pour leur maîtresse, combien de fois avons-nous guetté sur des branches coupées dès janvier et mises en vase dans la maison chaude, l'efflorescence du forsythia. Combien de roses de Noël avons-nous cueillies dans un écrin de neige ?

En écrivant ces lignes, je constate une fois de plus qu'il m'est impossible d'évoquer certains moments de notre vie de tous les jours sans un lyrisme qui échappe totalement à la rigueur théorique. Cette dimension de contemplation, d'émotion et d'enthousiasme participe de notre réalité. La poétique de notre espace quotidien est indispensable à notre vie. Elle s'imbrique avec le banal, le répétitif et la grisaille des jours pour constituer la mosaïque de notre existence. Ainsi, la fin d'un repas tout simple peut être illuminé par la poésie, lorsqu'un enfant commence à réciter un texte appris à l'école. Le groupe écoute et appelle chacun à dire une poésie familière. Les enfants carences sont miraculeusement à l'aise dans ces moments privilégiés comme si la poésie leur révélait soudain le plaisir des mots et la musique dans le langage. Marie-Pierre, à l'expression orale si difficile, sublime alors son handicap et parvient à nous dire, toute rouge de plaisir, quatre vers sonores et bien rythmés.

Pendant une fastidieuse séance de vaisselle il advient que l'un de nos enfants place un disque sur la chaîne Hi-Fi, souvent *La Flûte enchantée,* et que Mozart opère son miracle. Le groupe a vu le film de Bergman à la télévision. Outre les facéties de Papageno, certains enfants retiennent très bien le duo frémissant et limpide qu'il chante à la fin de l'opéra avec sa bien-aimée. Quelques-uns, et non des moins carences, savent par cœur et chantent l'air de la reine de la nuit, mis en joie par l'acrobatie fabuleuse des vocalises (ils n'ont peut-être pas très bien compris qu'il s'agit d'une mauvaise mère qui lance des imprécations contre sa fille...).

10. JOURNAL À QUATRE MAINS

La chronologie de notre vie quotidienne a condensé dans une « journée théorique » toutes nos journées vécues. Notre journal de bord, dont les pages suivantes sont extraites, est plus proche de la réalité quotidienne. Ces notes prises au soir de quelques journées sont transcrites in extenso. Elles datent de quelques années et mettent en scène, entre autres, des enfants qui nous ont quittés. La multiplication de nos tâches et la fatigue du soir ont interrompu ce journal depuis longtemps. Il offre à notre mémoire les premières années de notre expérience.

Mercredi 24 mars

La matinée s'est passée à réparer les vélos. Sylvie, toujours violente, a malmené une chambre à air neuve. Mauvaise journée pour elle. Elle a cherché des conflits avec tout le monde sur le mode ludique-agressif. Volontairement grossière. Ce soir, nous l'avons envoyée se coucher : elle ne pouvait s'arrêter. Bonne promenade cet après-midi. Mireille pédale de bon cœur, Thierry aussi. Quant à Paul, il tourne toujours autour de nous en faisant des huit, heurte les vélos des autres et se fait eng... par tout le monde.

Mireille a fait son lit toute seule et a bien participé aux tâches ménagères. Par contre, le soir, elle fait le bébé et a demandé qu'on la déshabille pour se coucher. Elle cherche beaucoup à toucher Jean à la figure, lequel n'aime pas du tout ça ! Elle est assez agressive avec les petits. Janine est intervenue dans un conflit avec Vincent. Mireille est sensible à l'intervention de l'adulte et enregistre assez bien les consignes. Jean a semé du gazon. Les enfants sont sensibles à la promesse de fleurs qui vont pousser et nous questionnent beaucoup sur le nom des plantes qui sont déjà en place.

Paul est venu soigner les poules ce matin. Il avait tout juste peur en ouvrant la porte du poulailler. Mais il ne fait plus de grands gestes et sait parler aux poules doucement.

Tous sont occupés ce soir à lire ou à jouer calmement dans leur lit, sauf Paul. Janine vient de le trouver une fois de plus caché derrière une porte, en quête affective, comme toujours. Nous corrigeons souvent Thierry qui ne sais pas encore questionner autrement qu'en disant : "de quoi que c'est que..." Le petit groupe permet ces interventions répétées au niveau du langage.

Depuis deux soirs, Thierry mange au bout de la table, à "la place du patron", dit-il. Il est très fier mais se tient mal, s'étalant sur un mètre de large. Sous notre regard, il se corrige, craignant de perdre cette place.

Nous avions appris par Vincent, il y a quelques jours, que Thierry avait acheté des cigarettes au bourg. Un petit garçon de cinq ans est un agent de renseignements de premier ordre ! Mais il est vrai que ses "rapportages" nous rendent perplexes : souci de ne pas l'encourager à "cafter", et prise en compte des faits qu'il nous rapporte. Nous attendons l'occasion d'en parler avec les grands le plus positivement possible.

Donc, hier soir, nous avons engagé la conversation sur le tabac le plus négligemment du monde. Les enfants ne se sont pas défilés et Thierry nous a raconté qu'il avait acheté d'un seul coup quatre paquets de Gauloises. Nous avons réagi calmement en essayant de situer notre intervention dans le cadre de la campagne antitabac qui est en cours. Il paraît que Babette (notre fille, sept ans) avait assisté à la fumerie clandestine. Nous sommes très fermes et nous insistons sur notre préoccupation de ne pas voir les enfants accueillis inciter nos enfants à fumer. Intervention des éducateurs-parents où chacun en prend pour son grade.

Sylvie, du haut de sa chambre, commence son hystérie des grands soirs d'énervement : bruits de gorge, soupirs, chansons, sanglots étouffés et chute d'objets sur le parquet. Jean la menace de l'envoyer au frais dans le jardin...

Jeudi 25 mars

Journée riche et dense. Pourtant, comme il fait froid en ce début de printemps, tout le monde s'est levé de bon cœur pour aller au marché de C... Mais un conflit a éclaté entre Sylvie et Paul pour trois fois rien. Sylvie recommence à être grossière.

Nous nous sommes plongés dans l'animation du marché hebdomadaire émaillé par les primevères des horticulteurs.

Tous les enfants voulaient acheter des animaux, qui un canard, qui une tortue, qui un lapin. Nous sommes entrés dans le couloir formé par la double haie des marchandes du jeudi, assises sur des bancs, le panier d'œufs, de beurre, ou de volailles près du pied, comme aux marchés de Maupassant. Paul s'est acheté un lapin. Sylvie, Thierry et Vincent un canard, et nous, trois pintades et deux poulettes. Mireille cherchait en vain une tortue.

Nous entrons donc dans une autre phase de notre projet de travail. Celui qui concerne le petit élevage. Les enfants ont avec les animaux une sorte de relation d'objet nullement distanciée, comme avec des jouets en peluche. C'est justement la distance qu'il faut leur apprendre, dans la relation de soins quotidiens, avec les petites servitudes qu'elle comporte. C'est pour eux l'occasion d'identifier l'autre, qui, celui-là, n'est pas menaçant, et de s'identifier un peu plus eux-mêmes grâce à la distance.

Janine et les enfants sont allés glaner des carottes pour la table et pour les lapins. Paul s'était contenté de ne ramasser que des carottes blanches pour ses seuls lapins. Il nous fatigue beaucoup nerveusement : provocations permanentes, loghorrée, fuites en avant multiples, discours en deçà de la réalité, peur incessante de l'échec, larmes aux yeux, moments de panique, etc.

Après-midi à la piscine. Paul refusait d'abord d'y aller et nous l'y avons obligé : il voulait visiblement abdiquer devant une situation d'effort et de rivalité. En fin de compte, il s'y est donné à fond, notamment avec Thierry, tout rouge d'efforts et d'activité. C'est la première fois qu'ils ne jouent pas comme des gamins à se chatouiller ou à se faire tomber à l'eau. Ils se sont entraînés sous le regard stimulant de Janine, dont la présence est indispensable, sous peine de dissolution.

Mireille s'est mise à trembler en arrivant au bord de l'eau, pendant un bon quart d'heure. Elle a commencé par jouer dans la pataugeoire avec Claire, puis, spontanément, elle s'est mise à l'eau dans le bain moyen et n'a pas cessé de faire des efforts. Elle se débrouille aussi bien que les gars et fait moins de bruit. Sylvie, indisposée, est restée en dehors. Tendue et assez sombre ce soir. C'est souvent en ce moment. L'école lui manque, elle a besoin de sortir de la maison.

Thierry est décidément très en forme, ce soir pendant le dîner. Comme on remarquait que Sylvie ne se met jamais en jupe, il nous a raconté, tout à trac, que lorsque la petite voisine était en robe, il regardait par en dessous ! Paul raconte ensuite qu'à G..., ils allaient voir les filles par-dessus la lucarne des douches. Forcément, dit Sylvie, des vicieux comme vous ! La seule réponse répressive à ces récits a été celle de Sylvie, nullement aérée dans son rapport aux garçons.

Nous avons regardé à la télé une émission sur le sous-marin Le Redoutable. Mireille étant sur les genoux de Janine, Paul voulait y venir. Comment répondre à cette demande d'un garçon de treize ans ? Il faudrait materner ensemble les trois grands et les nôtres. Et, même si nous le faisions, serions-nous bien dans la réalité d'ici et de maintenant qu'il faut bien assumer telle qu'elle est ? Nous ne pouvons pas les faire régresser jusqu'au sein, alors ?

Dimanche 4 avril

Journée pénible pour tout le monde et pourtant, comme il faisait beau ce matin ! Est-ce la fin des vacances, est-ce l'excès des vacances ? Les enfants sont descendus de mauvaise humeur, et nous aussi sans doute, car nous les supportons mal : dix jours de vie quotidienne en continu, c'est beaucoup pour nous tous. La veille, pourtant, avait été marquée par des moments positifs. Sylvie, notamment, après un après-midi désagréable, a aidé Jean à remplir les châssis de bonne terre et s'est beaucoup intéressée au semis des tomates. Elle est toujours très positive dans le travail en situation individuelle.

Donc, ce dimanche a mal commencé. Sylvie a raté les meringues du dessert. Comme lui a dit Janine : "tu n'es pas anxieuse quand tu mets quelque chose au four".

À table, tout le monde a bien aimé les escargots, du plus petit au plus grand.

Après la vaisselle, les trois grands, Sylvie, Thierry et Paul, qui avaient déjà observé d'un peu trop près, le matin, les lapins du voisin, sont carrément entrés dans sa cour pour les voir de plus près, et surtout pour le voir, lui, qui était une fois de plus, tout nu à sa porte. Alors il est venu à la maison fulminer contre les enfants. C'est Janine qui a reçu la douche.

Les grands ont été envoyés dans leurs chambres, puis, le calme revenu, voyant le désoeuvrement général, Jean a organisé du travail pour tout le monde à titre de sanction constructive. Sylvie a charrié des parpaings dans la brouette, les deux garçons ont scié un stère de bois avec Jean. Thierry avait bien du mal à cramponner la scie et les bûches.

Vers la fin de la journée, Jean a délibérément relancé la conversation sur ce qui s'était passé le matin. Sylvie reconnaît qu'elle a entraîné les garçons pour voir le voisin tout nu. Paul dit alors : "Moi, un homme à poil j'en ai rien à foutre !" Il a été impossible de lui faire tranquillement reconnaître sa légitime curiosité sexuelle, comme aussi, et surtout, l'illégalité de son intrusion, et de celle des autres, chez ce voisin dont nous savons que le comportement peut être dangereux. De toute façon,

☞

il est important que nous ménagions nos voisins et que les enfants comprennent cette nécessité vitale pour la famille. Comme toujours, Paul a bien du mal à se reconnaître et à s'accepter, même en dehors de toute répression sévère.

En fin de journée, les enfants qui sont privés de sortie voient un film à la télé.

Dîner très tendu. Les trois grands, certainement mal à l'aise, perturbent tout le repas par leur mauvais esprit, ricanements et idioties incessantes.

À la fin du repas, fatigué par cette journée, Jean qui n'en peut plus, "craque" et... pleure un bon coup sur la table. Il finit par dire aux trois grands : "Ça ne peut plus durer comme ça, la vie à la maison est empoisonnée par vous depuis ce matin, j'en ai marre, je vais chercher un autre travail pour retrouver la paix avec ma femme et mes gosses, etc." Un grand silence s'installe dans la maison. Vincent (cinq ans) dit que "Papa pleure parce qu'il s'est fait piquer par des fourmis rouges" (allusion à un incident pendant la coupe du bois).

Vaisselle sinistre, Babette et Mireille (sept et neuf ans), sont dans leur petit monde bien à part. Coucher de bonne heure : il y a école demain.

Janine n'embrasse pas les grands au moment du bonsoir.

Une demi-heure plus tard, bruits de conciliabule au premier étage. Janine monte et trouve les trois grands en conférence. Ils veulent réparer et venir s'excuser, mais ils ont peur. C'est Thierry le moteur de ce mouvement. Il a très peur de retourner à G... Devant Janine et les deux autres, il raconte sa première expérience de renvoi d'une famille nourricière. Paul, à son tour, dit : "Moi j'en ai l'habitude, je ne sais pas comment faire pour ne pas dire de bêtises, j'en ai fait des familles nourricières !"

Janine qui l'écoute sent bien que pour Paul un nouveau renvoi s'inscrirait dans une sorte de logique, bien dans le sens de son histoire faite d'échecs à répétition. Attitude qui nous semble alors névrotique (et que plus tard nous interpréterons comme étant surtout carentielle). Il ne parvient pas à dire son anxiété d'être renvoyé. Plutôt que de dire : "j'ai peur de partir", il nous fait entendre : je suis fait ainsi, ça ne peut pas se passer autrement. Paul, au moment de l'anxiété et des réprimandes, nous semble toujours à la limite de la souffrance et d'une sorte de plaisir. Jean pense qu'il cherche les reproches et les coups de façon érotisée...

De son côté, ce même soir, Sylvie s'exprime : "Chaque fois que je suis renvoyée de chez une nourrice, c'est toujours à cause des pères nourriciers..." Elle situe nettement son sentiment dans le cadre de son malaise avec les hommes. Thierry semble le plus "naturellement" anxieux dans cette affaire. Janine est en position d'indispensable médiatrice.

Jean, qui en avait vraiment marre, et qui, peut-être, aurait pu tenter de se maîtriser, a craqué délibérément, de façon très émotionnelle devant les enfants, prenant les risques d'une situation de vérité : faire ressentir aux enfants une limite dans la relation, refus aussi de se faire littéralement sadiser par eux, dire l'insupportable ? Dire aussi : oui, vous comptez beaucoup pour nous, vous nous touchez, nous ne sommes pas invulnérables... Donc, selon nous deux, moment très existentiel.

Lundi matin, lever calme, ambiance fluide - et le temps est toujours beau.

Mardi 23 novembre

Journée dominée par l'anniversaire de Sylvie. Il faut dire qu'elle en parlait depuis quinze jours et que chacun, de son côté, préparait son petit cadeau, dans un secret tout relatif. Du plus petit au plus grand, tous ont remis leur cadeau. Chacun guettait les réactions de Sylvie qui ouvrait ses paquets. Il était frappant de voir que Thierry s'arrangeait pour offrir le sien le dernier.

Mireille a fait un cadeau qui lui appartenait : une petite lampe de poche, ce qui a beaucoup touché Sylvie et qui aidera peut-être à restaurer un peu leurs relations. Mireille était heureuse d'avoir fait un cadeau apprécié. Elle semblait exister par le don qu'elle avait fait, parce qu'il avait été bien reçu... Paul, très à l'aise dans la fête, ne se tortillait pas comme à l'habitude et offrit son cadeau simplement, sans attirer l'attention, cadeau fabriqué par lui. Sylvie l'a accroché dans sa chambre. Pour notre part, nous lui avons offert un sac de voyage, sur sa demande. Quelle différence avec la poupée d'il y a un an ! En effet, ce cadeau ne signifie-t-il pas un peu l'autonomie, le départ, la distance ? Anne (la stagiaire) a offert une petite chaîne dorée : question de Paul qui insiste : "Est-ce que c'est de l'or ?" Quelques instants plus tard, il nous demande pour son anniversaire une chaîne en or identique.

☞

☞

Participation émotionnelle intense de Sylvie, nullement énervée pourtant au moment du coucher, et qui, il y a un an, aurait pleuré pendant une heure ! Elle a bien supporté d'être heureuse. Par contre, Mireille, elle, a pleuré. Cette soirée lui a donné la nostalgie de sa famille : "Le jour de mon anniversaire, je voudrais bien coucher chez ma sœur..."

Vincent mangeait tout le monde des yeux. Il s'épuisait d'intensité à participer, comme toujours. Véronique était sereine, Babette avait difficilement lâché ses sous pour offrir un gros chewing-gum.

Au moment de la vaisselle, tout le monde a participé, y compris les petites voisines invitées. Les deux grands garçons étaient bavards, agités. Ils brassaient de l'air comme les deux Dupont. Pendant le film, Mireille est venue sur les genoux de Janine. Un quart d'heure plus tard, Claire (quatre ans), notre fille, l'a poussée et a pris sa place. Mireille a été récupérée par la stagiaire, qui l'a prise sur elle, avec le chat. Mireille était bien plus agitée sur les genoux de Anne.

Vingt-deux janvier. Sept ans plus tard.

Pour ce livre, nous écrivons une page de journal, afin que le lecteur retrouve les mêmes enfants (moins les plus grands) qui ont grandi et quelques nouveaux. C'est dimanche. Je suis réveillé par une bonne odeur de café. Janine, qui vient d'être malade, et que j'ai un peu dorlotée pendant dix jours, s'est levée avant moi et m'apporte le petit déjeuner. Je traîne au lit et me mets de bonne humeur. J'en déduis que traîner au lit est un espace transitionnel ! Lorsque je descends, Janine fait manger Tony et Jérôme tente de le pousser pour se faire mettre ses chaussures. Mireille balaie la pièce, fort mal, elle devra recommencer et grogne. Véronique et Vincent passent le week-end chez des amis, Babette et Claire ont dormi chez une camarade du centre équestre et ne rentreront que ce soir, après les épreuves de la journée comptant pour la sélection régionale. Luc (quinze ans et demi) nettoie son vélomoteur, obsessionnel comme toujours. François casse frénétiquement du bois dans la réserve. Pierre embête Marie qui est dans le cabinet de toilette des filles et descend dès qu'il m'entend. Marie-Pierre et Sophie sont déjà dehors avec un chargement de poupées. Il fait une éclaircie froide et ventée, mais qui attire bientôt les autres enfants dehors. Ménage. La pièce commune sent l'encaustique et la fumée que le vent rabat, et le lapin qui mijote sur le feu. "T'es vu ! - Non ! Si !" les enfants jouent à cache-cache. Ils sont un peu fous de lumière, car il pleut depuis dix jours ! Mireille rebalaie et grogne toujours.

Marie-Pierre met la table, presque rapidement. Le repas est calme et le lapin est bon. Luc s'en va chez un copain. François et Pierre viennent avec moi pendant une demi-heure tronçonner du bois. Janine et les petits vont voir les grands au centre équestre. Et je suis seul dans la maison avec ce livre.

Tony se réveille. Mireille monte le chercher et le change. Elle lui parle, mêlant les mots tendres et les gros mots, chaleureuse et agacée, rude et douce, et comme étonnée d'être douce. Je suis au calme pendant une petite heure, et puis, soudain, une bourrasque d'enfants pousse la porte et envahit mon bon silence. Claire est sombre, fâchée contre son poney.

Il pleut. Les enfants se rassemblent pour voir Papa poule à la télé. François, tout mouillé, rapporte le lait. Pendant le feuilleton, Tony se sauve par la porte de derrière qui n'était pas clenchée. Une impression de silence anormal nous précipite à sa recherche et nous le retrouvons tout mouillé et dégoûtant devant chez la voisine. La maison ne lui suffit plus, il explore dehors, prend des risques, s'aventure. Que de progrès en quelques jours, que de bêtises nouvelles, que d'alertes !

Les écoliers s'installent pour leurs leçons, Pierre lit un Pif, le dos au feu. Marie danse sur le carreau de la salle en poussant une capsule, comme à la marelle. François s'en va se doucher. Jérôme vole un gâteau supplémentaire, Mireille cherche ses bottes jaunes...

Ce soir, "la vie est là, simple et tranquille..." »

Chapitre 39

Présence et rôles des adultes dans la famille

J. Cartry

PLAN DU CHAPITRE

1. LE COUPLE PARENTAL

À plusieurs reprises, nous avons évoqué le couple d'éducateurs autour duquel gravitent les enfants comme une entité conjugale indivisible constituée pourtant de deux personnages significatifs : une mère et un père recouvrant deux personnes, une femme et un homme. Dans quelle mesure et de quelle façon cette femme et cet homme « masqués » sous des rôles parentaux sont-ils respectivement mère et père, quel écart et quelles coïncidences entretiennent-ils avec les représentations socioculturelles de la mère et du père dans la famille d'aujourd'hui ? Qu'advient-il, dans cette structure sociale hybride constituée par la famille thérapeutique, de leur bonheur personnel, de leur accomplissement individuel ?

Mais qu'est-ce qu'un père ? Qu'est-ce qu'une mère ?

Ce questionnement introduit une première difficulté : celle de déterminer et de définir les rôles parentaux dans une société dont les structures et les valeurs sont en mutation depuis au moins deux décennies. Le caractère inné de l'amour maternel est solidement contesté :

> « L'amour maternel n'est qu'un sentiment humain, comme tout sentiment, il est incertain, fragile et imparfait. Contrairement aux idées reçues, il n'est peut-être pas inscrit profondément dans la nature féminine[1]. »

Par ailleurs, des livres, des revues, interrogent la paternité :

> « La paternité semble bien être, en effet, terra incognita dans le champ d'étude couvert par les sciences humaines : c'est ce continent noir que nous nous proposons d'explorer...[2] »

ou célèbrent avec éclat la « mort du père » :

> « C'est un beau requiem à cinq voix que chante pour ce mort encore tiède la Liberté de l'Esprit. Trois de ces voix interprètent, avec de riches variations, les musiques de Freud, de Sartre et même de Kant, qui posent la même question : qu'est-ce qu'un père ? On serait tenté de répondre : un vieux souvenir de famille. Mais ce serait en finir un peu légèrement avec une figure qui fut à ce point respectable et envahissante...[3] »

L'abondance des ouvrages qui paraissent actuellement sur le père situent notre propre réflexion dans une atmosphère de fin de règne, si bien que je renonce à réfléchir sur nos rôles respectifs dans la famille par rapport à des modèles sociaux, ou à des stéréotypes formés dans le familialisme ou la psychologie différentielle. En fait, nous sommes moins sûrs qu'il y a trente ou quarante ans des personnages de père et de mère tellement les valeurs qui s'attachaient à leur représentation ont muté, tellement la famille moderne se fermant sur elle-même, comme l'a clairement montré Shorter[4], échappe progressivement à la modélisation. Aujourd'hui, la mythologie de l'enfance et sa royauté illusoire ont recouvert celle des parents.

Alors, qu'est-ce qu'un père ? Qu'est-ce qu'une mère ?

Dans la famille thérapeutique, le rôle de la mère semble « aller de soi », la fonction maternant étant la plus sollicitée par les enfants et plus particulièrement par les carences. À plusieurs reprises

1. E. Badinter, *L'Amour en plus,* Flammarion, 1980.
2. G. Delaisi de Parseval, *La Part du père,* Le Seuil, 1981.
3. Y. Florenne, *Le Monde* du 27 décembre 1983.
4. *Naissance de la famille moderne,* Le Seuil, 1977, p. 278.

nous avons évoqué l'éducatrice dans son « omnipotence » matinale et à sa place centrale dans l'œdipe. *En fait, dans la famille thérapeutique, l'éducatrice est au centre de tout.* C'est par elle que transite l'énergie libidinale de tous les enfants, c'est par elle, ou sous sa caution, que s'accomplit l'essentiel du travail intrapsychique chez les enfants carences (symbolisation, Œdipe, désir...). Elle est partout, et constamment sollicitée, cherchée, consultée, requise, accompagnée, choisie, invoquée, évoquée, assaillie, débordée. Elle médiatise constamment le rapport à la vie de tous les enfants et, comme J. Sullivan[1] dit de la femme : « elle les relie au monde ».

Lorsqu'un enfant entre dans la maison, il la cherche : « Janine n'est pas là ? Où est Janine ? » Elle est consubstantielle à la maison-mère-minérale, elle est dans la demeure comme une mère gigogne et s'y emboîte exactement. Absente de la maison, les enfants marquent un temps d'arrêt, une sorte d'hésitation à vivre. Ils changent alors de direction et s'en vont l'attendre intérieurement tout en vaquant à leurs activités. Présente, ils foncent vers elle : ils ont toujours quelque chose à lui dire, à lui montrer, à lui raconter. Mieux, ils n'ont souvent rien à lui dire et butent sur elle comme pour arrêter leur course et jouir d'un temps d'amour immobile et silencieux. « Laissez-moi vivre ! », dit souvent ma Jocaste étouffée.

Un père hybride ?

Notre questionnement sur les rôles parentaux dans la famille thérapeutique achoppe à une seconde difficulté constituée par le statut original du « père » dans la famille. En effet, l'éducateur ne va pas travailler au-dehors, il reste à la maison. Par conséquent, ce n'est plus lui qui relie la famille à l'extérieur et qui présente à certains enfants l'image du père nourricier. Il ne cherche pas ailleurs un statut professionnel identificateur. De même, il ne procure pas aux enfants l'occasion de s'identifier à un travailleur « productif». Il a dépouillé plusieurs personnages et s'expose sans cuirasse aux enfants de la famille, sa personne étant privée des protections fonctionnelles. L'éducateur est associé à la plupart des tâches maternantes de l'éducatrice dont il partage les compétences interchangeables. À ce niveau, on observe une sorte de confusion des rôles paternels et maternels, dans la prise en charge de la maison et des enfants, qui situe la famille thérapeutique à la pointe de l'idéal domestique annoncé par Shorter. Dans cette situation, l'éducateur devient un nouveau père, un père hybride. Je préfère la notion de père « hybride » à celle de « père androgyne », décrite notamment par M. Lemay (1983, p. 589) à partir de travaux de référence. En effet, l'androgynie est à la fois mythique et ambiguë, elle porte le mythe de la totalisation idéale et le fantasme d'une sexualité ambiguë. Par contre, la notion d'hybridation contient la promesse d'une espèce nouvelle, elle s'inscrit dans une dynamique d'évolution :

> « De même, les pères devraient s'occuper davantage de leurs jeunes enfants des deux sexes et en être plus proches, et dès les premiers jours, ceci pour leur donner la vision réelle et absolument pas choquante de l'interchangeabilité des rôles de père et de mère, et leur offrir un modèle de tendresse masculine[2]. »

Cependant, dans la famille thérapeutique, la perte par le père de son identité professionnelle passée et de son statut traditionnel est compensée par le renforcement d'au moins trois fonctions auprès de la mère.

1. *Car je t'aime, ô éternité,* Jean Sullivan, Gallimard, 1966.
2. *Du côté des petites filles,* Elena Gianini Belotti, Des Femmes, 1994, p. 81.

1. Celle d'un soutien émotif constant de la mère affrontée aux demandes et aux crises des enfants. À ce titre, il favorise un maternage intensif, capable de répondre à la particulière intensité des demandes.

2. Celle d'un agent séparateur de la mère et des enfants dont la dyade est menacée de fusion chaotique. C'est lui qui creuse la tranchée dans l'œdipe, qui repousse l'emprise. C'est à ce niveau qu'il est un agent symbolique. Dans le même temps, il dit sa parole, la parole du père ; il incarne la métaphore du « Nom-du-Père ».

3. Enfin, il exerce une fonction de protection de la mère « contre » les enfants. Il préserve son intégrité, il s'interpose entre les enfants dévorateurs et la mère piégée. Il énonce la loi.

Le père trouve la force de ce rôle triple d'abord en lui-même. Ceci est de l'ordre du caractère. Il lui faut une certaine force du moi pour vivre constamment avec les enfants carences et endiguer la mère sans se détruire à ces combats quotidiens. Il lui faut revendiquer sa place privilégiée auprès de la mère. L'identité sexuelle de l'éducateur dans la famille thérapeutique n'est en rien altérée. Au contraire, elle s'affirme devant l'envahissement de la mère par les enfants. L'homme masqué par le « père » dans la famille se révèle amant jaloux dans la famille thérapeutique. Contre les tyrannies œdipiennes, il se bat pour conserver sa place dans des affrontements symboliques où la « victoire » profite à tout le monde : au vainqueur qui conserve son identité et sa place, aux vaincus contraints d'aimer ailleurs et de se construire en s'opposant, à la femme enfin que masquait la mère assaillie...

C'est bien dans le couple que les parents symboliques trouvent la force déjouer leurs rôles de père et de mère, miroirs indispensables à l'identification des enfants. Ces derniers savent bien que les parents « s'aiment quelque part ». Un fantasme d'amour recouvre les interrelations des parents dans la famille. Le rôle primordial du père et de la mère est probablement d'entretenir ce fantasme comme on entretient le feu, et d'être au cœur de l'interdit qui les protège et du secret qui les recouvre, des époux heureux et, par conséquent, des éducateurs efficaces.

De l'identité à l'identification

Les deux éducateurs de la famille thérapeutique favorisent l'organisation de l'identité de l'enfant carence, primordiale, qui ne doit pas être confondue avec l'identification à des modèles. En effet, des adultes significatifs ne sont pas forcément exemplaires. Ils peuvent être inutilisables par l'enfant et surtout par l'adolescent carence. Les difficultés cognitives et le retard culturel du carence suscitent souvent entre l'adulte et lui-même un clivage problématique. Situé trop haut ou trop loin dans la représentation de l'enfant ou de l'adolescent, l'adulte est inaccessible, inimitable. Ce sentiment est capable de déprimer l'enfant et d'entretenir entre lui et l'adulte un malaise chronique. Dans notre famille, les adolescents accueillis ont du mal à s'identifier à l'éducateur. Par contre, les filles s'identifient à l'éducatrice, surtout dans sa fonction maternante avec un assez grand bonheur. Il est vrai que les conflits de la résolution œdipienne entravent pour un temps plus ou moins long l'identification des garçons au père symbolique. L'ouverture de la famille sur l'extérieur leur permet assurément de rencontrer ailleurs des modèles plus accessibles.

Le couple est une image possible d'identification

Un enfant doit-il s'identifier totalement à un adulte de son sexe ? Comme l'écrit E. Belotti (*op. cit.*), il existe à cet égard une injonction socioculturelle dont le sexisme est loin d'être dissipé :

> « Si les ressemblances dominaient entre l'homme et la femme et si la valeur sociale attribuée au sexe féminin était égale à celle attribuée au sexe masculin, l'identification du garçon à sa mère ne serait pas considérée comme dégradante, ni l'identification de la petite fille à son père comme anormale. »

Mais, si l'un des partenaires du couple parental n'est pas une image d'identification accessible, le couple lui-même présente incontestablement pour les enfants carences une image d'identification. Leurs productions symboliques, notamment leurs dessins, l'attestent avec une grande force graphique de représentation et de projection.

L'exemplarité du couple est accentuée dans la famille thérapeutique où les enfants accueillis « introduisent » mentalement leurs propres parents. Nos disputes devant le groupe des enfants, à table notamment, insécurisent nos propres enfants et angoissent les autres qui semblent dire : « Ça va recommencer... » Pour cette raison, lorsque nous nous sommes querellés publiquement, nous tâchons de nous réconcilier devant les témoins de la dispute. Dire à l'autre : « J'ai eu tort, pardonne-moi », devant les enfants, réintroduit la sécurité et surtout restaure le couple des parents véritables dans le couple des parents symboliques. À partir de cette expérience de fragilité, le couple est accessible et imitable.

Non pas des rôles, mais des charismes personnels

Dans notre famille, les deux éducateurs se partagent inégalement la fonction maternante, l'éducatrice s'y investissant davantage. Pour sa part, l'éducateur s'investit plus souvent dans les fonctions domestiques, traditionnellement féminines, n'en déplaise à G. Bachelard (*op. cit.*, p. 57) :

> « Les hommes ne savent construire les maisons que de l'extérieur. Ils ne connaissent guère la civilisation de la cire. »

Au diable les stéréotypes ! Ma femme s'occupe notamment des activités sportives des enfants et moi j'encaustique les armoires.

Ma femme connaît l'art de « soigner » les enfants, et moi, l'art d'habiter. Elle fonctionne probablement dans l'ordre du contenu et moi dans l'ordre du contenant, ordres solidaires, comme le signifié et le signifiant, comme le sujet et la parole.

2. L'AIDE FAMILIALE

Depuis plus de trois ans[1], Anne, une aide familiale, travaille à temps plein dans la famille. Appelée d'abord à ne partager avec nous que les travaux ménagers nécessaires au bon fonctionnement d'une communauté familiale de quatorze personnes, elle a peu à peu façonné, élargi son rôle et pénétré dans le champ éducatif.

1. Au moment de la première édition de ce livre, comme tout ce qui concerne ce chapitre, sauf mention contraire.

Sylvie remplace Anne depuis plusieurs années et s'inscrit exactement dans le même rôle. À sa place, qu'elle a creusée en profondeur dans la famille, elle est une confidente. La confidente du théâtre familial dans un jeu permanent de portes ouvertes et fermées, d'irruptions soudaines, d'interruptions intempestives, d'apartés, de médiations. Sylvie sait tout, voit tout. Elle sait dire et se taire. Elle est en haut de la maison, en bas, elle est partout. Elle aime : elle est aimée.

Elle garde les enfants pendant nos absences brèves et nous permet de passer quelques soirées à l'extérieur, elle seconde l'un d'entre nous lorsque l'autre est malade, aide les enfants dans certaines démarches, les conduit parfois à l'école, à la piscine, enfin, nous « accompagne » dans toute la vie quotidienne des enfants.

Attentive, disponible, elle stimule les plus petits et relaie souvent l'éducatrice auprès d'eux pour des soins maternants. Elle aide les plus grands (boutons à recoudre soudainement, « points » urgents, réparations pressantes, recherches du dernier moment avant de partir...). Elle allège notre tâche et partage nos attentes. Elle s'implique dans l'accueil des enfants, dans nos soucis éducatifs. Elle adoucit tacitement notre autorité, nos humeurs. Elle range, nettoie, restaure, façonne la maison avec nous, elle cuisine souvent avec les enfants. Jeune femme au travail, collègue à part entière avec nous, elle constitue pour les enfants une bonne image d'identification. Témoin de notre relation avec les enfants, elle nous oblige à plus de distance et plus de maîtrise émotionnelle. Son rôle de tiers est ici très important. Elle exerce un regard médiateur. Par conséquent, elle contribue à l'ouverture de la famille, à son desserrement. Sa présence apaisante allège notre pression sur les enfants. De même, elle atténue le poids des enfants qui repose sur nous matériellement et moralement. Elle contribue à notre propre sécurité.

Le stagiaire

En neuf ans, une dizaine d'éducateurs en formation ont séjourné parmi nous au titre de stages plus ou moins longs, quelques semaines ou plusieurs mois. Nous avons accepté le principe de ces stages par solidarité professionnelle. L'introduction d'un éducateur supplémentaire dans la famille, dans notre maison, dans notre intimité domestique posait à priori quelques problèmes originaux. Une concertation préalable entre l'intéressé et nous-mêmes définissait le cadre horaire, pratique et relationnel de ces stages, qui, dans l'ensemble, se sont révélés assez positifs pour nous tous. Ils ont donné lieu à l'élaboration progressive d'un « projet » interne de stages auxquels nos collègues en formation ont apporté le meilleur de sa substance.

Le stagiaire exerce dans la famille une utile fonction de médiation entre les enfants accueillis et le couple responsable. Cette fonction de médiation procède de deux caractéristiques du statut de l'éducateur stagiaire : la nouveauté et la précarité. Grâce à cette double qualité, il est un agent de distanciation entre les membres de la famille et favorise un triple phénomène.

1. Il est fréquent que la venue d'un stagiaire suscite naturellement le « recul » d'un éducateur par rapport à tel ou tel enfant, mette en évidence une implication excessive, allège une tension relationnelle, désengage un peu les intersubjectivités.

2. Par sa présence, le stagiaire propose à certains enfants une relation alternative aux relations communautaires habituelles et favorise souvent, par une écoute non impliquée, l'expression d'un enfant qu'on entendait peu.

3. Le stagiaire n'étant pas, en principe, investi du rôle d'autorité, il se trouve relativement distancié ou « innocent » par égard à la loi familiale, et il permet, le plus souvent à son insu, des innovations qui passent quelquefois par des subversions salutaires.

Le stagiaire est appelé à une fonction critique dont l'exercice est formateur. Elle l'oblige à mettre en œuvre ses connaissances, à questionner avec méthode, à vérifier des énoncés théoriques, à clarifier ses hypothèses personnelles de travail, et surtout, à synthétiser ses observations dans l'ordre et la cohérence. Il est astreint à un effort méthodologique en vue d'une conceptualisation nécessairement rigoureuse par égard à l'extrême intersubjectivité du groupe familial.

Sa présence permet de tester la réactivité de certains enfants, leur aptitude à créer des liens nouveaux, à mettre en œuvre des mécanismes adaptatifs différents de ceux qui soutiennent leurs relations habituelles.

Enfin, l'apport du stagiaire peut être fructueux par une ouverture sur des intérêts nouveaux, des activités créatives, sportives, sociales originales capables de féconder la vie de la famille.

En retour, le stagiaire vit une expérience exceptionnellement impliquante. Il est constamment confronté à lui-même sans pouvoir se réfugier dans une mise en cause institutionnelle. Le couple parental le renvoie à ses propres parents et le contraint à renforcer sa propre identité ou à exprimer son vécu transférentiel. Contrairement à son attente, la famille thérapeutique ne lui propose pas une approche directement « affective » des enfants, mais une approche véritablement clinique qui passe par la quête affective intense des carences et leurs comportements de brisure.

Enfin, le stagiaire est naturellement appelé à se situer par rapport à nos propres enfants. Il exerce à leur endroit une responsabilité éducative distanciée mais réelle et répond parfois à des attentes amicales.

Nous avons, à l'occasion de ces stages qui nous mobilisent personnellement beaucoup, récolté quelques amitiés solides qui ont enraciné la famille thérapeutique dans notre champ professionnel, ou qui ont contribué à la faire mieux comprendre et mieux accepter.

3. LES PARENTS DES ENFANTS ACCUEILLIS

Les adultes les plus « présents » dans la maison, après nous-mêmes, sont absents : il s'agit des parents des enfants accueillis que nous avons déjà longuement évoqués aux chapitres du « deuil » et du transfert[1]. Ils sont incorporés à notre vie de tous les jours et à notre action, d'autant que nous sommes attentifs à préserver l'identité de chaque enfant du groupe familial.

Nos rapports avec les familles des enfants accueillis sont marqués par une grande complexité. Ils s'ouvrent toujours dans un accueil et une bonne volonté sans illusion, mais susceptibles d'être réchauffés au moindre progrès dans la famille. Finalement, nous sommes trop souvent confrontés à l'impossibilité de rendre l'enfant à ses parents. Dès le début du placement les dés sont pipés, car les collègues qui nous le confient sont eux-mêmes découragés et font appel à nous comme dernière chance. C'est dire que nous intervenons le plus souvent sur un constat d'échec à restaurer les relations dans la famille, dans le couple parental. Dès le commencement de la prise en charge, nous savons que l'enfant devra réaliser un deuil partiel au sujet de ses parents et nous sommes privés de

1. *Cf. supra* chapitre 37.

l'espérance qui s'attacherait à un projet de thérapie familiale et de réconciliation. Par conséquent, c'est à nous que revient la prise en charge totale de l'enfant, pour des années, prise en charge dans laquelle nous devons toutefois maintenir coûte que coûte une vraie distance relationnelle entre l'enfant et nous, de telle sorte que l'identité qui s'attache à la survie des images parentales dans cette distance soit préservée en vue de préserver la fonction symbolique des parents d'origine.

Il nous est arrivé de prendre un jeune enfant en charge en vue de son retour en famille. Pendant deux ans, la plupart de nos interventions sur l'enfant et de nos démarches auprès de la famille ont été tournées vers ce projet. En fin de compte, la dégradation de la situation familiale (alcoolisme, violence, etc.) nous a découragés de « restituer » l'enfant à ses parents. Nous n'avons jamais éprouvé le sentiment de « posséder » un enfant ni le désir de le garder pour nous. Dans le filigrane de notre action quotidienne l'image de ses parents est toujours présente. Nous n'avons jamais revendiqué le maintien chez nous d'un enfant accueilli pour des raisons d'attachement. Au contraire, l'impossibilité de le rendre à sa famille nous charge de responsabilités à long terme que nous voudrions naturellement alléger.

Il advient que, dans le cours d'un placement chez nous, des parents réclament leur enfant à l'ASE et au juge des enfants. Pèse alors sur nous le poids d'une grave responsabilité, celle de souscrire à cette demande ou de la contester. Si la décision finale est prise par l'autorité de tutelle, cette dernière motive le plus souvent son jugement final avec notre rapport. Bien entendu, la consultation du juge est pluridisciplinaire, tous les travailleurs sociaux et les cliniciens qui connaissent la famille sont convoqués. Mais le fait que l'enfant dont il s'agit vive à notre foyer depuis plusieurs années procure à notre témoignage un poids déterminant. Le juge « hésite » entre quatre parents. Dans ce conflit, nous avons parfaitement conscience d'être du côté du pouvoir et de présenter notre argumentation avec un avantage culturel considérable. Des bouffées soudaines d'émotion et d'exaspération mêlées nous porteraient parfois à dire aux parents : « Après tout, c'est votre enfant, il est à vous, reprenez-le... » Sauf à replacer sa famille dans un contexte socioculturel favorable, à gommer son histoire, à guérir miraculeusement la maladie mentale, nous devons prendre le parti de l'enfant.

Douze ans après avoir écrit ces lignes, nous les assumons complètement en y ajoutant quelques remarques importantes.

Un minimum d'alliance

Le placement de l'enfant chez nous s'inscrit dans un cadre constitué par « la loi du placement ». Celle-ci est énoncée par le juge des enfants et par le service de l'Aide sociale à qui l'enfant est confié par le juge. Cette loi précise et impose les modalités de relations de l'enfant avec sa famille, et, quelles que soient les demandes ou les revendications de la famille (ou de l'enfant lui-même), nous la renvoyons toujours vers la tutelle. Cette discipline protège notre relation avec la famille de l'enfant en garantissant le cadre de cette relation.

Nos relations avec les parents des enfants sont éclairées par un concept relativement nouveau : *le minimum d'alliance*. La catamnèse d'enfants placés en famille d'accueil établit que les enfants accueillis en faveur desquels un minimum d'alliance a pu se constituer entre leur famille d'accueil et leur famille d'origine évoluaient favorablement et réussissaient, dans l'ensemble, leur intégration psychosociale[1]. Par contre, les enfants en faveur desquels cette alliance n'a pu se réaliser présentent, dans la plupart des cas, une évolution inquiétante.

> « Qu'attendre du placement familial ? – demande Maurice Berger[2] – qu'il offre un confort, disons-le, et une attention individuelle à l'enfant, que l'on a beaucoup de difficulté à trouver en institution. Un placement familial peut là avoir une fonction réparatrice d'un certain niveau d'atteinte narcissique de l'enfant, et une fonction structurante comme une famille d'origine "normale". Mais ces deux fonctions ne peuvent souvent s'accomplir au mieux que dans les situations où la famille d'origine accepte de lâcher quelque chose de l'enfant, confie quelque chose à la famille d'accueil. »

Bien sûr, ce « quelque chose » ne peut être confié à la famille d'accueil que dans un minimum d'alliance.

Selon nous, cette alliance minimale a trois objectifs.

1. *À propos de l'enfant :* l'alliance vise à lui restituer l'énergie libidinale qu'il épuise dans son conflit de loyauté entre ses deux familles.

2. *A propos de la famille d'origine :* l'alliance contribue au travail de soin qui la concerne en lui permettant une certaine réparation narcissique.

3. *À propos de la famille d'accueil :* l'alliance vise un soulagement émotionnel lié à l'atténuation progressive des conflits de compétence avec la famille de l'enfant, elle permet que cette dernière fasse un minimum de délégation symbolique à la famille d'accueil.

Et cette alliance possède un riche contenu symbolique : elle garantit à la famille d'origine de l'enfant que sa *place* est bien gardée et que, par conséquent, elle peut encore exercer sa fonction symbolique. Cette alliance permet aux parents d'accueil d'être des images de parentalité, des « parents symboliques ». Sur « une autre scène », les parents d'accueil sont en représentation de parents, là où se réactualisent une partie des souffrances de l'enfant. Cette alliance n'est valable que si les autorités de tutelle ont bien défini les limites de la « scène ».

Enfin, cette alliance est paradoxale : elle s'établit entre une famille et une famille-non-famille. Elle est contractée entre une famille pénalisée par la décision du juge et une famille qui exécute la décision du magistrat. Pour cette dernière raison, c'est une alliance minimum, mais c'est aussi une alliance nécessaire.

Il est impossible de préconiser des modalités de « passation » de cette alliance, qui, d'ailleurs, n'est jamais explicite. Elle se réalise très progressivement à travers des signes que les deux familles s'adressent : partage d'une réflexion sur une question scolaire, sur une coupe de cheveux, un vêtement, un problème de santé, petites nouvelles échangées... Bref, tous les gestes et toutes les attitudes apparemment anodins qui tissent un réseau de confiance. Par nature, cette alliance est une *expérience,* une histoire entre deux familles, un processus dynamique, qui, comme l'évolution de l'enfant lui-même, sont marqués par des crises, des avancées et des reculs.

1. Susan Joyet, A. Brecht, Thèse de médecine, Lausanne, 1992.
2. *L'Accueil familial en revue,* n° 4, décembre 1997, p. 15.

4. UN CLINICIEN DES CARENCES RELATIONNELLES POUR NOTRE SUPERVISION

Dès le commencement de notre expérience, un certain nombre de professionnels du secteur de l'enfance inadaptée nous ont interpellés à propos du « contrôle » de la famille thérapeutique. Certains pensaient que l'absence d'une équipe institutionnelle pluridisciplinaire permanente nous abandonnait à un enfermement progressif avec les enfants dans lequel serait impraticable toute action critique, impossible tout désengagement relationnel.

Conscients de la nécessité absolue d'un contrôle formel, régulier, nous en avons pourtant fait l'économie pendant près de deux années. En effet, nous ne voulions pas reproduire automatiquement le mode de contrôle institutionnel que nous avions connu, pour au moins deux raisons :

- le plus souvent, ce contrôle est assuré par le médecin psychiatre, hiérarchiquement situé par rapport aux éducateurs à côté du directeur, et comme tel, représentant d'un pouvoir qui, selon nous, ne doit pas entrer dans une supervision personnelle ;
- la parole du psychiatre institutionnel possède un caractère dominant qui impose souvent à l'équipe son modèle de formation, le plus souvent analytique, exclusif d'autres éclairages (somatiques, économiques, historiques, biologiques, éthologiques, ethnologiques, etc.).

Nous ne souhaitions pas qu'un tiers fût admis dans notre intimité familiale dans le commencement d'une expérience qui la menaçait déjà beaucoup. Il nous semblait logique et utile de constituer d'abord, en vivant quelques temps avec les enfants, un matériau à contrôler fait d'expériences, d'essais, de tâtonnements, de vérifications. Au reste, notre expérience professionnelle, notre entraînement à l'auto-analyse pouvaient, pendant une période limitée, pallier l'absence d'un tiers superviseur. Enfin, notre discipline de travail en couple professionnel, une habitude de critique réciproque sans concessions conjugales, apportaient à nos débuts un complément de garantie, d'autant plus que nous rédigions tous les soirs un journal de bord dans un réel esprit de discipline.

Finalement, nous avons rencontré un praticien qui avait écrit sa thèse sur les carences relationnelles et que notre expérience intéressait. Depuis, nous travaillons ensemble une journée par mois, d'abord sur le mode de l'échange et de l'approfondissement théorique. Ensuite, nous confrontons nos observations cliniques, nos réactions, nos interventions. Nous apportons le témoignage de notre vécu avec les enfants, que nous analysons ensemble avec une très grande liberté d'expression personnelle. Une sorte de convention tacite, un climat de confiance, une relative intimité, un besoin de parole, de détente, nous invitent à parler de nous-mêmes sans contrainte dans un jeu d'écoute attentive réciproque.

Sur la matière un peu chaotique et sauvage de nos récits personnels, ce praticien de formation clinique, distancié, peut effectuer un travail d'interprétation et de décodage. Il nous aide à prendre conscience de nos implications, à conserver une bonne distance relationnelle, une réelle maîtrise émotionnelle par rapport aux enfants. Il contribue à évaluer les difficultés des enfants dans un effort diagnostique et à contrôler régulièrement leur évolution sans implication subjective. Et, surtout, il nous écoute, il vient « pour nous », il s'occupe « de nous ». Immergés en permanence avec des enfants plus ou moins carences toujours en demande, sollicités, « dévorés » par les enfants, cette journée mensuelle nous apporte la gratification d'une écoute bienveillante, la stimulation d'une interrogation pertinente, une amitié enfin, roborative, assortie d'un humour salutaire.

Chapitre 40

Le paradoxe de l'environnement juridique des MECS

S. BENTO-ROSSIGNOL

PLAN DU CHAPITRE

La famille occupe une place singulière dans les sociétés occidentales. Elle représente une entité sociale, une « unité de base », le premier groupe auquel appartient un individu. La famille en tant que groupe social est un groupe organisé. Elle est officiellement reconnue et soumise à des normes juridiques. La famille influe sur la société qui l'entoure avec laquelle elle est en interaction mais elle est également soumise aux lois de cette société. Elle fait l'objet d'une attention particulière puisque tout événement qui l'affecte dépasse l'ensemble de ses membres et se répercute sur la société. Cela explique que la famille relève à la fois de la sphère privée tout en étant une affaire publique.

L'État a intégré dans ses préoccupations et dans son champ d'intervention le fait familial. Dès la fin des années trente, une véritable politique de la famille est mise en œuvre. À partir des années soixante, le droit de la famille connaît de multiples bouleversements pour prendre, sans cesse, en considération les évolutions de la société (par exemple : les lois de 1970, 1985 et 1987 qui réforment l'autorité parentale, la loi de 1972 qui réforme la filiation, celle de 1975 qui réforme le divorce).

Le droit qui régit la famille a une double vocation : veiller à l'ordre social en s'intéressant aux rapports qu'entretient la famille avec les autres groupes sociaux mais également réguler les rapports des membres d'une même famille entre eux.

Les membres de la famille sont ainsi à la fois unis par des « liens légaux » (la place de chacun est identifiée juridiquement), par des droits et obligations (économiques, éducatifs), par des interdits (violences, inceste), mais aussi par des « liens humains » (amour, affection, respect, crainte).

L'enfance, qui correspond à la première période de la vie humaine, qui s'étend de la naissance à l'adolescence, est, de fait et en droit, au centre des préoccupations de la famille. Le mineur est dépendant de l'adulte qui l'entoure pour se nourrir, pour se construire, pour s'épanouir. Il a besoin de soins, de direction, de vigilance et d'attention. C'est un être en devenir, un être en train de grandir par opposition à l'adulte qui est un être qui a grandi.

Ainsi, les principes qui régissent les rapports des parents avec leurs enfants mineurs s'inscrivent dans une fonction de protection dévolue par la loi aux parents. L'article 375-1 du Code civil dispose que « l'autorité parentale appartient aux père et mère (...) pour protéger l'enfant dans sa sécurité, sa santé, sa moralité, ses conditions d'éducation... » L'autorité parentale n'est dès lors pas un « outil de puissance » mais un « outil de protection ». Elle est accordée aux parents dans le respect dû à la personne de l'enfant. Les prérogatives reconnues aux parents (droit de direction, droit de donner des ordres) servent à créer autour de l'enfant des conditions favorables à son développement et à son éducation. Ces prérogatives ont pour finalité la protection, l'intérêt de l'enfant (article 375-1 alinéa 1 du Code civil). Lorsque cette protection parentale est insuffisante, défaillante ou inexistante, le législateur autorise alors une intervention dans la sphère privée de la famille.

Le déracinement, l'isolement ou le chômage sont autant de facteurs qui fragilisent les adultes en tant qu'individus mais aussi en tant que parents. Les mutations profondes de la société et l'évolution des mœurs ont abouti à l'émergence de plusieurs modèles familiaux. Néanmoins, quel que soit le modèle familial, quels que soient les discours et les prises de positions contrastées que suscitent les changements familiaux, quelle que soit la capacité du droit à s'adapter à ces changements (rôle des beaux-parents, prérogatives parentales dans un couple homosexuel), une constance perdure : l'exigence d'une protection parentale de l'enfant.

Fort de cette exigence, l'État, précédé en la matière par les associations familiales dès le XIXe siècle, met en œuvre des mesures pour assister ou relayer les parents dans l'exercice de leur autorité parentale dès lors que ces derniers ne remplissent pas leur mission de protection de leur enfant.

La France a mis en place un système original de protection de l'enfant reposant sur une double compétence administrative et judiciaire. Les lois de décentralisation initiées en 1983 ont confié aux départements un rôle prépondérant en matière de « protection administrative ». Ainsi, si les père et mère, ou l'un d'entre eux, sont « confrontés à des difficultés sociales susceptibles de compromettre gravement » l'équilibre de l'enfant (article L. 221-1 CASF[1]), ils peuvent prétendre à bénéficier de certaines prestations dispensées par les services sociaux départementaux : aides financières ou matérielles, soutien éducatif à domicile, accueil mère-enfant en institution, prise en charge physique de l'enfant. Ces mesures de protection ne peuvent être mises en œuvre qu'avec l'accord des familles. Les parents se sont rendu compte de leurs difficultés et tentent de trouver des moyens pour y remédier en acceptant le soutien de professionnels.

En revanche lorsque l'enfant est en danger ou que ses conditions d'éducation sont gravement compromises (article 375 du Code civil), du fait des actes ou des abstentions de ses parents et que ceux-ci ne mettent rien en œuvre pour faire cesser cette situation, des mesures de protection peuvent être ordonnées par la justice. Cette intervention judiciaire relève de la compétence du juge des enfants au titre de l'assistance éducative. Le juge des enfants n'est pas « le juge naturel » de l'exercice de l'autorité parentale. Si une procédure de droit commun permet de résoudre la difficulté, elle doit être privilégiée (exemple : saisine du juge aux affaires familiales par l'un des parents qui, pour faire cesser le danger que l'enfant vit au domicile de l'autre parent, sollicite un transfert de résidence). L'intervention du juge des enfants n'est justifiée que si elle seule peut permettre de faire cesser une situation de danger ou d'en limiter les effets.

La loi du 5 mars 2007 pose clairement le principe de subsidiarité de l'intervention judiciaire. Le magistrat doit alors, non pas trancher un litige, ni imposer une solution juridique, mais rechercher avec les parties, avec leur « adhésion » (article 375-1 du Code civil), la mesure la plus conforme aux besoins du mineur dans le respect de l'autorité parentale. La notion de conflit, au sens procédural, n'est donc pas au cœur de l'assistance éducative. Toutefois, si l'adhésion des parties n'est pas acquise et que la situation du mineur l'exige, la famille peut se voir imposer, au terme de la procédure judiciaire, des mesures éducatives pour l'enfant. Le placement judiciaire existe également en matière pénale, lorsque le juge des enfants est saisi pour instruire ou juger un acte de délinquance commis par un mineur. Ce placement peut recouvrer une volonté de mettre fin au contexte de vie familiale du mineur qui l'amène à transgresser la loi ou bien intervenir à titre de sanction. Dans la première hypothèse le mineur délinquant est, de fait, un mineur en danger puisque ses passages à l'acte s'expliquent par un dysfonctionnement familial (absence d'autorité de ses parents, manque de surveillance) et pourra être placé dans un même lieu d'accueil qu'un mineur suivi dans le cadre de l'assistance éducative. En revanche, dans les hypothèses où le mineur persiste dans la réitération de faits délictueux malgré des mesures d'aide ou de sanction déjà prononcées, il conviendra parfois de le sanctionner par une mesure de placement dans un établissement spécifique (centre éducatif renforcé ou fermé).

Dans de nombreuses situations ce sont donc les mêmes professionnels qui concourent à la prise en charge des mineurs, soit dans un cadre administratif, soit dans un cadre judiciaire (assistance éducative ou matière pénale). Il s'agit des associations habilitées par le conseil général et/ou

1. CASF : Code d'action sociale et des familles.

l'État ou de salariés du conseil général (assistante familiale, travailleur social). Ces professionnels interviennent dans les familles pour évaluer la situation de l'enfant (enquête sociale), pour exercer une guidance parentale ou offrir un espace neutre à l'enfant (espace de parole, d'écoute ou de vie).

Le principe naturel et légal est que l'enfant réside avec ses père et/ou mère. Divers textes le rappellent : « l'enfant ne peut, sans permission des père et mère, quitter la maison familiale (art. 371-3 du Code civil) » ; « l'enfant ne peut être retiré de la maison que dans les cas de nécessité que détermine la loi » ; le juge des enfants doit « chaque fois qu'il est possible maintenir le mineur dans son milieu actuel » (article 375-2 du Code civil).

Toutefois lorsque sa protection l'exige, l'enfant peut être accueilli chez un membre de sa famille, chez un tiers digne de confiance, dans un foyer ou chez une assistante familiale. Cet accueil, qui prend la forme d'un accueil provisoire lorsqu'il est contracté par les parents avec l'Aide Sociale ou la forme d'un placement judiciaire lorsqu'il est prononcé par le juge des enfants, met fin à la cohabitation de l'enfant avec ses parents. La mise à distance d'un enfant d'avec sa famille recouvre deux objectifs : faire cesser la situation de danger et élaborer sur les dysfonctionnements familiaux pour projeter le retour de l'enfant. La simple séparation physique ne remplit pas ces objectifs mais permet de mettre en mouvement le travail éducatif à proposer aux parents et à l'enfant. Ce travail éducatif s'inspire de la situation familiale, s'adapte à cette situation et évolue selon la situation familiale. Il doit être individualisé et évolutif.

Les établissements du secteur associatif qui accueillent habituellement des mineurs placés par l'autorité judiciaire ou confiés par l'Aide sociale à l'enfance sont désignés sous le terme générique de « maison d'enfants à caractère social ». Sous ce même vocable existent des structures d'accueil présentant des caractéristiques de fonctionnement très différentes les unes des autres. Ces caractéristiques de fonctionnement découlent de l'identité même de l'association, de son histoire, de son implantation géographique et de ses « outils » de travail. En revanche quelle que soit la particularité de ces maisons d'enfants à caractère social, elles sont toutes contraintes d'intégrer de plus en plus les questions juridiques dans leur réflexion et dans leur pratique professionnelle.

Parce qu'elles participent à la protection administrative et judiciaire de l'enfance, question à la fois d'ordre public et d'ordre privé, leur cadre de fonctionnement est strictement encadré et leur responsabilité peut être engagée. Cet encadrement légal est une garantie, à la fois pour l'ensemble des acteurs qui concourent à la protection de l'enfant, mais aussi pour les familles concernées par une mesure de séparation.

Mais parce qu'elles sont porteuses d'une « éthique de bientraitance » à l'égard de chaque individu concerné par leur action (enfant, parent), les maisons d'enfants sont aussi soumises à un impératif de souplesse afin de s'adapter à chaque situation familiale. Seul le respect de ces deux exigences légales, complémentaires et non contradictoires, rend effective la mesure de séparation.

1. L'ACCUEIL EN MECS DOIT ÊTRE ENCADRÉ POUR ÊTRE PROTECTEUR

Le secteur social a longtemps joui d'une liberté de fonctionnement qui n'a pas favorisé la lisibilité de son action. Son intervention était légitimée par son objectif, aider, accompagner, « suivre ». Mais parce que son fonctionnement apparaissait centré sur lui-même et que la seule interpellation des pouvoirs publics tendait à l'obtention de moyens supplémentaires, le secteur social était déconsidéré par les « financeurs » et les « utilisateurs » s'en méfiaient.

Il est dès lors apparu primordial, pour préserver une crédibilité politique dans la prise en charge de l'individu mais aussi pour rassurer le bénéficiaire sur l'aide qui lui est proposée, de replacer l'usager au centre de l'action sociale tout en rendant lisible le travail effectué.

Dans un contexte de crise économique, de demande importante de reconnaissance des droits, la notion d'usager émerge et une réflexion sur ce thème apparaît. Le législateur s'intéresse à cette question et consacre, dans la loi du 2 janvier 2002, la notion d'usager dans l'ensemble du secteur social et médico-social.

Les rapports qu'entretient la maison d'enfants à caractère social avec l'ensemble des personnes concernées par son action sont régis par des normes juridiques.

Ces normes délimitent le cadre légal de fonctionnement et d'intervention de la maison d'enfants, rendent l'usager acteur du travail effectué, incitent les professionnels à améliorer de façon continue leur action et fixent la responsabilité de l'établissement.

L'intervention d'une maison d'enfants à caractère social présuppose l'existence et l'habilitation de l'institution, un fonctionnement conforme aux besoins repérés par le Schéma Départemental, une reconnaissance de ce travail par les « décideurs » (juge des enfants, Aide sociale à l'enfance) et une capacité à accueillir des mineurs et à travailler avec leur famille. Il convient d'aborder ces différents thèmes.

La maison d'enfants à caractère social et les financeurs/contrôleurs

Les maisons d'enfants, appelées communément « foyers », sont des institutions associatives à caractère social, au sens de la loi du 3 juin 1975, qui sont chargées sous l'autorité du département de mettre en œuvre une mission de service public.

En leur qualité d'établissements sociaux, les maisons d'enfants sont soumises à des règles de fonctionnement institutionnel précises. Habilitées par le conseil général et/ou l'État pour recevoir des mineurs, elles remplissent une mission d'intérêt public et s'inscrivent, dans une certaine mesure, dans une « commande politique ». Le conseil général élabore un schéma d'organisation sociale et médico-sociale après concertation avec le représentant de l'État dans le département et avis du comité régional de l'organisation sociale et médico-sociale (art. L. 312-5 du CASF). Ce document, appelé schéma départemental, apprécie l'adaptation des moyens existants aux besoins en matière d'établissements ou de services, prévoit les aménagements souhaitables et les services nouveaux à créer, définit les priorités en matière d'investissement et de fonctionnement, précise le cadre de la coopération et de coordination entre les établissements et les services sociaux. Il est établi pour une durée maximum de 5 ans (art. L. 312-4 du CASF).

La création, la transformation ou l'extension, l'évaluation, l'habilitation, la tarification et le contrôle des maisons d'enfants dépendent directement du conseil général. Les établissements associatifs doivent répondre aux objectifs fixés par le schéma départemental et aux besoins repérés, mais également satisfaire aux règles d'organisation, de fonctionnement, d'évaluation et présenter un coût de fonctionnement compatible avec le montant des dotations.

Les autorisations de fonctionnement sont délivrées pour une durée maximum de 15 ans. Leur renouvellement s'effectue selon une évaluation de la qualité des prestations délivrées. Le non-respect des exigences légales de fonctionnement peut conduire à la fermeture totale ou partielle, provisoire ou définitive, de l'établissement. Afin de favoriser le dialogue entre les représentants des institutions et les pouvoirs publics, un Conseil supérieur des établissements sociaux et médico-sociaux a été créé (art. L. 312-2 du CASF). Cet outil est d'autant plus significatif que la loi du 2 janvier 2002 introduit deux modes d'évaluation des établissements sociaux et médico-sociaux : l'évaluation interne et l'évaluation externe (art. L. 312-8 du CASF).

Les critères et les procédures de ces évaluations sont placés sous la responsabilité du Conseil national de l'évaluation sociale et médico-sociale. Tout établissement ou service doit procéder à une évaluation interne au regard des procédures de référence et des recommandations de bonnes pratiques professionnelles. Les résultats de cette auto-évaluation doivent être communiqués tous les cinq ans aux autorités compétentes. De même, les établissements et services doivent faire procéder à l'évaluation de leurs activités et de la qualité des prestations qu'ils délivrent par un organisme extérieur et ce, tous les 7 ans. L'évaluation concourt ainsi à l'amélioration de la qualité des prestations en liant les résultats de l'évaluation à l'existence même de l'établissement, tant au niveau du renouvellement, de l'autorisation que de l'attribution de moyens financiers.

L'évaluation est un contrôle sur le fonctionnement de l'établissement et la qualité du travail effectué et s'inscrit dans le double enjeu du bien-être des usagers et des nécessaires efforts de rationalisation des moyens financiers. Les établissements doivent positiver ce contrôle et non le subir, car il participe à une mobilisation des professionnels qui se remettent en cause et s'interrogent sur leur action. Il rend également plus lisible leur intervention.

Depuis les lois de décentralisation (1983 ; 1986) l'État a transféré aux départements la mission de la protection administrative de l'enfant. Certes, cela a favorisé la diversification de l'offre et l'émergence de pratiques innovantes mais a conduit à des disparités entre les départements. Pourtant il est légitime de chercher, en la matière, une certaine cohésion régionale, voire nationale. La loi du 5 mars 2007 prévoit des schémas régionaux établissant la synthèse des éléments des schémas départementaux. En outre, il existe au niveau national un cahier des charges, c'est-à-dire une définition « type », des maisons d'enfants à caractère social.

Toutefois il est essentiel que chaque maison d'enfants garde son identité propre qui découle de ses valeurs, de la structure de l'établissement, de son emplacement géographique, de la qualification du personnel, des outils existants, de ceux qui seront développés, du partenariat instauré. Une maison d'enfants doit définir sa spécificité et promouvoir une politique de communication en son sein mais aussi à l'endroit des « placeurs » et des autres équipes éducatives. Les informations ainsi communiquées sont autant d'éléments qui permettront au juge des enfants et à l'Inspecteur de l'Aide sociale à l'enfance de choisir l'établissement qui sera à même de proposer au mineur et à ses parents la prise en charge la plus adaptée.

La MECS et les « placeurs »

Les maisons d'enfants interviennent dans le cadre d'un accueil provisoire ou d'un placement judiciaire. Elles doivent rendre compte de leur mission à l'Aide sociale à l'enfance ou au juge des enfants. Le Code d'action sociale et des familles (article L. 222-5 et suivants) pose le principe d'une prise en charge par le service de l'Aide sociale à l'enfance, sur décision du président du conseil général, des besoins (matériels, éducatifs, psychologiques) d'un enfant et de sa famille dès lors que les parents en font la demande. Il s'agit de prévention ou de protection de l'enfant dans un cadre administratif, c'est-à-dire contractuel.

L'article 375 du Code civil subordonne l'intervention judiciaire à des conditions liées à la situation du mineur dans sa famille (« si la santé, la sécurité ou la moralité d'un mineur non émancipé sont en danger, ou si les conditions de son éducation ou de son développement physique, affectif, intellectuel et social sont gravement compromises, des mesures d'assistance éducative peuvent être ordonnées... ») mais également au refus des parents à une proposition d'évaluation ou d'aide qui leur serait faite par le conseil général.

Ainsi, si la notion de « danger » constitue une condition nécessaire de l'intervention du juge des enfants, elle n'est pas suffisante : le danger doit être lié à la carence ou à une défaillance dans l'exercice de l'autorité parentale et les parents doivent avoir refusé l'aide qui leur a été proposée par les services sociaux du département.

Avant de saisir l'autorité judiciaire, les services sociaux du conseil général sont donc soumis à une injonction de proposer une aide aux parents dont l'enfant est à protéger. L'intervention judiciaire apparaît clairement comme subsidiaire de l'action du conseil général. L'intervention du juge des enfants se justifie par le fait qu'il est le seul à pouvoir imposer des mesures contraignantes d'investigations ou de suivi.

L'action éducative dans le cadre judiciaire se situe dans un contexte de débat contradictoire et de transparence. La décision intervient après une audience au cours de laquelle les familles sont entendues. Elles peuvent être assistées d'un avocat. Les rapports écrits constituant le dossier du juge des enfants sont portés à leur connaissance lors de l'audience, ou au préalable si les familles ont demandé à les consulter (art. 1187 NCPC). La loi impose au juge des enfants de rechercher l'adhésion de la famille à la décision qui sera prise mais, lorsque l'accord de la famille ne peut être recueilli, la décision lui sera imposée.

Il est important pour une équipe éducative de repérer l'origine de l'intervention. Ce qui s'est passé au moment de l'audience, ce que les parents et le jeune en ont compris, constituent souvent le démarrage de l'intervention éducative. Le cadre juridique dans lequel s'inscrit l'accueil d'un mineur en maison d'enfants définit le contenu mais aussi les limites des interventions. En se référant à l'institution qui le mandate, le professionnel situe donc son action et ses limites. Le cadre judiciaire borne l'espace temporel de l'action éducative, fixe des objectifs, des enjeux (modalités des rencontres parents-enfant) et marque le contenu de l'action éducative (modalités particulières de placement).

La logique judiciaire et la logique éducative peuvent être différentes sans pour autant être contradictoires. Elles s'articulent en toute cohérence dans l'intérêt du mineur et de sa famille. Le service éducatif, qui a en charge la gestion du quotidien du mineur, proposera, le cas échéant, des aménagements, des modifications, pour ajuster la mesure de séparation à l'évolution de la situation familiale. Il appartiendra au magistrat de décider. Il est important que les fonctions et les places de chacun soient repérées. La loi du 2 janvier 2002 s'est inscrite dans cette même logique en ce qui concerne le rapport qui lie l'établissement à caractère social, le mineur accueilli et ses parents.

La MECS et les « usagers »

Dans le champ de l'action sociale la notion « d'usager » a toujours été ambiguë. L'action sociale se détache difficilement du concept d'assistanat développé par les pratiques professionnelles. Passer d'une logique de dépendance à une logique d'action peut prendre du temps. Cela suppose une révolution dans les esprits des professionnels comme des usagers. Le droit des usagers ne peut être effectif que si le professionnel se dote d'outils que le bénéficiaire peut non seulement utiliser mais surtout s'approprier.

L'emploi du mot « usager » dans le champ de la protection de l'enfant pose immédiatement la question délicate de déterminer si l'usager est l'enfant accueilli, ses parents détenteurs de l'autorité parentale, ou éventuellement les deux.

- L'usage est le « fait d'exercer effectivement un droit ».
- L'usager est le « titulaire d'un droit réel d'usage ».

Pour définir l'usager d'une maison d'enfants à caractère social, il est essentiel de replacer la loi du 2 janvier 2002, qui a consacré les droits fondamentaux des usagers d'institution agissant dans le champ d'action social et médico-social, dans le contexte qui a précédé au vote de cette loi.

La notion d'usager dans le champ social émerge à une période où la revendication de reconnaissance de droits s'accroît mais également à un moment où la vision négative des parents en difficulté, issue du siècle dernier, tend à s'estomper. Cette période est celle de Françoise Dolto, de l'approche systémique, de la notion de « suppléance parentale » (P. Durning) qui prend peu à peu le dessus sur la notion de « substitution parentale ».

Dès 1981, le rapport Bianco-Lamy préconise de donner un rôle actif aux parents, par une évaluation régulière du projet de l'enfant confié à l'Aide sociale. Le législateur limite à deux années la durée des mesures éducatives prononcées par le juge des enfants, sauf lorsque le mineur est confié à une personne physique (en 1986) ou que ses parents présentent des « difficultés relationnelles et éducatives graves, sévères et chroniques, évaluées comme telles dans l'état actuel des connaissances et affectant durablement leurs compétences dans l'exercice de leur responsabilité parentale » (loi du 5 mars 2007). Dans cette dernière hypothèse, la « mesure d'accueil exercée par un service ou une institution peut être ordonnée pour une durée supérieure » à deux ans, sans que la loi n'en fixe une limite.

Le rapport Naves Cathala en juin 2000 et le rapport Roméo en 2001 interrogent l'articulation entre les familles, les difficultés qu'elles rencontrent et les dispositifs d'intervention existants. Le décret du 15 mars 2002 introduit des garanties procédurales. Il s'agit notamment de l'accès au dossier judiciaire afin que les parties (parents et/ou mineur accompagné) puissent, dans le cadre d'un débat contradictoire, argumenter sur la saisine du juge des enfants ou sur les mesures envisagées. Le juge des enfants peut néanmoins exclure du droit à la consultation certaines pièces du dossier, dès lors que « cette consultation ferait courir un danger physique ou moral grave au mineur, à une partie ou à un tiers » (art. 1187 du NCPC). Cette limitation est exclue lorsque le parent est assisté d'un avocat.

Ces évolutions, tant au niveau légal que dans les mentalités, impulsent une nouvelle conception du placement : il n'est plus considéré comme la « sanction » d'un dysfonctionnement grave mais comme « un moyen » de travailler à l'amélioration de cette situation. Or, à cette tâche doivent participer activement le mineur et ses parents.

Ainsi, si de manière littérale il est possible d'affirmer que le mineur est l'usager direct de la maison d'enfants à caractère social, force est de constater que les parents sont des interlocuteurs légitimes et indissociables. La mesure de séparation, prise dans le cadre contractuel ou judiciaire, ne prive pas les parents de leur autorité parentale (art. 375-7 du Code civil) et toute question considérée comme « grave », relative à l'orientation scolaire, à l'éducation religieuse ou à une intervention médicale, devra leur être soumise. En revanche, tout ce qui relève de l'acte usuel, du quotidien est décidé par l'établissement accueillant. Exceptionnellement le juge des enfants pourra autoriser le tiers « à qui est confié le mineur à exercer un acte relevant de l'autorité parentale en cas de refus abusif ou injustifié ou en cas de négligence des détenteurs de l'autorité parentale, à charge pour le demandeur de rapporter la preuve de la nécessité de cette mesure » (art. 375-7 alinéa 2 du Code civil).

La loi du 2 janvier 2002 impose la conception d'outils comme autant d'éléments effectifs du droit de l'usager : livret d'accueil, charte des droits et libertés de la personne accueillie, projet d'établissement ou de service, contrat de séjour ou document individuel de prise en charge, règlement de fonctionnement.

Certains établissements, conscients de la nécessité de lutter contre des risques de dysfonctionnements, avaient su initier, avant l'exigence légale, des réponses adaptées au rang desquelles figurait le droit de l'usager. Mais la consécration par la loi des droits des usagers et la conception des outils ont suscité une réflexion générale des maisons d'enfants à caractère social sur leurs pratiques et leur positionnement. D'autant que la mise en œuvre concrète de ces outils fonctionnels ne suffit pas pour que l'usager soit acteur du champ social.

La loi du 2 janvier 2002 ouvre le secteur social à l'ère des rapports contractuels, fondement de la relation entre l'usager et l'établissement. Toutefois ce « rapport contractuel » est tronqué en ce qui concerne le lien qui unit la maison d'enfants à caractère social et son usager. En effet, l'exercice du droit des usagers se trouve nécessairement limité par les décisions de placement des magistrats, par les termes de l'accueil provisoire signé par les parents et l'Aide sociale à l'enfance mais aussi par la fonctionnalité de l'établissement et sa gestion économique. Ainsi il ne faut pas voir, dans le rapport entre la maison d'enfants à caractère social et l'usager, un « rapport contractuel » classique de droit privé.

Les obligations qui découlent de l'accueil du mineur dans l'institution et les droits inhérents à la qualité d'usager sont nombreux et touchent en permanence au paradoxe. Pour exemple, l'usager doit être associé à l'élaboration de son projet personnalisé alors même que la décision de placement en maison d'enfants n'a pas recueilli son adhésion et lui a été imposée dans un cadre judiciaire.

Moins qu'un « rapport contractuel », la relation qui lie la maison d'enfants à caractère social à l'usager est une pratique professionnelle qui accepte le mineur, usager direct, et ses parents, usagers légitimes, comme interlocuteurs, qui leur permet de s'inscrire et d'agir dans la dynamique mise en œuvre par l'institution et qui recherche, non pas une application rigoureuse d'un projet de service ou la satisfaction de l'usager quant aux prestations fournies, mais à améliorer de manière continue la qualité du travail éducatif effectué.

Cette dynamique « d'amélioration continue » ne pourra être atteinte que si la maison d'enfants dispose d'une équipe éducative solide, qualifiée, en nombre suffisant et épaulée par l'institution.

La MECS et son équipe

L'équipe éducative d'une maison d'enfants à caractère social est placée au cœur d'injonctions paradoxales, entre les exigences de « bientraitance » du mineur accueilli, la nécessité de le protéger de lui-même ou de sa famille, l'obligation de l'associer ainsi que ses parents à la construction de son « projet personnel » alors même que leur adhésion à la mesure de séparation n'est pas nécessairement acquise.

Si la formation des éducateurs et la stabilité d'une équipe sont deux facteurs essentiels à la qualité du travail éducatif conduit au sein de la maison d'enfants à caractère social, le cadre institutionnel peut, et doit, favoriser l'accompagnement du travail éducatif.

La désignation d'un « référent », qui aura une relation privilégiée avec le mineur et ses parents, est de nature à faciliter la relation de confiance entre le professionnel et la famille. Cette proximité qui découle du quotidien partagé avec le mineur mais aussi de l'immixtion dans la dynamique familiale place le professionnel dans une situation délicate. Il s'agit pour l'éducateur de se situer à la « bonne » distance pour, à la fois écouter la souffrance de la famille, appréhender son fonctionnement, l'amener à des réajustements dans l'intérêt du mineur, tout en se gardant de réagir sur l'instant ou de projeter son propre ressenti.

L'éducateur ne doit pas être seul, isolé, dans le travail effectué auprès de la famille. Il doit échanger sur sa pratique professionnelle avec ceux qui sont concernés par la mission de protection de l'enfant dévolue à l'établissement d'accueil. Cet échange, écrit ou verbal, permet une mise à distance du vécu du professionnel, de son ressenti immédiat face à une situation donnée (passage à l'acte du mineur, colère des parents), favorise l'analyse et l'exploitation des faits, permet l'appréhension, à plusieurs, d'une situation familiale donnée.

La pluridisciplinarité des intervenants dans certaines réunions d'équipe, ou l'échange partenarial (notamment avec le milieu médical), optimise ce travail de réflexion et d'élaboration. L'institution se doit d'imposer des moments d'échange, des temps de pause (un cahier de liaison rédigé quotidiennement, des réunions d'équipes hebdomadaires) pour permettre à l'éducateur de se distancier de son propre ressenti, assurer l'information de l'ensemble de l'équipe susceptible d'intervenir auprès du mineur et de sa famille et dynamiser l'action éducative.

L'intervention ciblée du chef de service, qui tout en étant présent quotidiennement n'est pas dans ce rapport de proximité à la famille, porte un regard plus neutre sur l'efficience du travail éducatif. Il rappelle ainsi, à des moments clés, que c'est l'institution qui est « gardienne » de l'enfant et garante de l'action éducative.

Une responsabilité accrue

Les maisons d'enfants à caractère social doivent prêter une attention aux enjeux juridiques qu'engendre leur intervention. Tant du côté des usagers, que de celui des administrations ou des personnels (nouveau statut des travailleurs sociaux), les causes potentielles de recours juridiques sont importantes. De plus, le seul fait d'accueillir les mineurs et de pouvoir « organiser, diriger et contrôler à titre permanent le mode de vie de l'enfant » (Cour de cassation, Assemblée plénière, 29 mars 1991) engage la responsabilité de l'établissement de plein droit (la faute de l'établissement n'a donc pas à être recherchée), au lieu et place des détenteurs de l'autorité parentale, sur toute la durée de la mesure de placement, lorsque le mineur est l'auteur d'un dommage. Pour s'exonérer, les établissements devront prouver la faute de la victime, ou la force majeure. La suspension ou l'interruption de la mesure de placement peut parfois mettre hors de cause l'établissement. Tel n'est pas le cas, lorsque le mineur séjourne chez ses parents (Cour de cassation, 2e chambre civile, 2 juin 2002) ou effectue un stage professionnel (Cour de cassation, 2e chambre civile, 22 mai 2003) ou se trouve en fugue (CAA de Douai 30 mars 2006).

Les maisons d'enfants et établissements, de nature associative, devront réparer financièrement les dommages causés par le mineur dès lors que sa propre responsabilité est retenue. Ce transfert de responsabilité des détenteurs de l'autorité parentale à l'établissement gardien existe seulement dans le cadre du placement judiciaire et non de l'accueil contractualisé, volontaire, demandé par les parents. Il accompagne la notion de « gardien ».

Par-delà le fait d'être « gardien » du mineur, la maison d'enfants est garante de l'action éducative. Elle rend compte de son travail au moyen de rapports écrits remis au juge ou à l'Aide sociale à l'enfance. Ces rapports écrits retranscriront le quotidien du mineur, la place accordée aux parents, l'évolution de la situation familiale depuis la séparation, analyseront les difficultés vécues par la famille et proposeront toute mesure d'aide adéquate.

Le rapport éducatif rend compte du travail éducatif effectué, retrace le parcours de la famille et propose des pistes de travail. Cet écrit prend toute sa place dans le débat contradictoire qui aura lieu lors de l'audience judiciaire et ce d'autant que les parties peuvent demander à le consulter directement. Les parents et le mineur sont, par cette prérogative procédurale, destinataires et juges de ce rapport. La cohérence entre ce qui leur est dit au quotidien et ce qui est retranscrit viendra, ou non, consolider la confiance qu'ils accordent aux travailleurs sociaux.

Les maisons d'enfants à caractère social, intervenant dans le cadre du placement judiciaire ou de l'accueil contractualisé du mineur afin de traiter d'une question relevant à la fois de la sphère privée (fait familial) et de l'ordre public (protection de l'enfance), sont soumises à cette difficulté de respecter un cadre de fonctionnement strictement défini tout en garantissant la qualité de leur intervention.

Si les évolutions législatives engendrent davantage de contrôle dans un souci de maîtrise des coûts et de lisibilité du travail éducatif mené en maison d'enfants, le contexte de vote de ces textes démontre que le législateur n'a pas souhaité amputer les institutions de leur capacité d'innovation et d'adaptation.

Au contraire les outils de fonctionnement et d'organisation des maisons d'enfants doivent tendre vers la prise en compte des particularités de chaque situation familiale. L'institution qui souhaite travailler autour de la séparation familiale doit être souple, adaptable. L'internat éducatif, décrié en ce qu'il incarne une prise en charge collective au sens où l'individuel est oublié, doit alors se rénover et tirer les enseignements des exigences légales car il conserve toute sa place dans le champ de la protection de l'enfant.

2. LA SOUPLESSE ET L'INDIVIDUALISATION DES MODALITÉS DE PRISE EN CHARGE EN MECS

La décision de séparation prise par le juge des enfants ou par les parents eux-mêmes est intrinsèquement liée à ce qui se vit en famille, à ce qui est ressenti en son sein, à ce qu'engendre le fonctionnement familial. Un même événement (séparation du couple parental, maladie, déscolarisation du mineur) n'entraîne pas les mêmes conséquences dans deux cellules familiales distinctes. La gestion d'une difficulté par un parent dépend de ses capacités éducatives, de sa faculté à réagir, de son propre vécu, de sa situation sociale ou familiale.

La séparation est, selon le dictionnaire Le Robert, l'action de séparer, le fait d'empêcher la réunion. La séparation, en tant qu'action, permet un mouvement. Ce n'est pas un échec ni un but en soi. C'est une étape qui permettra à la famille de fonctionner différemment pour parvenir à dépasser ses difficultés et à protéger ses enfants.

Le choix du moment, du lieu et du mode de séparation n'est pas anodin. La séparation est un outil qui, pour être accepté, pour être efficace, pour susciter des changements positifs, doit être organisé au plus près des besoins de la famille.

L'effet premier, immédiat, de la mesure de séparation, est de protéger physiquement le mineur en lui offrant un cadre de vie neutre. Mais la séparation poursuit également d'autres objectifs : faire évoluer l'enfant, personnellement (autonomie, apprentissage) et dans son histoire ; traiter ce qui dans le lien « parent-enfant » est dysfonctionnant, dangereux ; permettre aux parents de se positionner différemment, en étant protecteur de leur enfant, en investissant leur place malgré la séparation ; travailler sur les difficultés pour les résorber, les annihiler ; travailler au retour de l'enfant dans sa famille.

La décision de séparation est prise à partir d'indicateurs qui révèlent les carences des parents et le danger pour l'enfant. Les modalités de mise en œuvre de cette séparation doivent permettre de résoudre les difficultés de la famille en l'associant au travail éducatif. La connaissance du fonctionnement familial est à la fois un préalable impératif à la décision de placement et le « fil conducteur » de l'action éducative.

Les indicateurs de séparation

Pour se prononcer, tant sur l'existence même d'un danger que sur les aides à mettre en œuvre pour la protection d'un mineur, le juge des enfants doit être suffisamment éclairé sur la situation familiale. Un certain nombre d'informations lui sont communiquées lors de sa saisine (requête du procureur de la République, rapport de signalement, courrier d'un parent ou de l'enfant) et lors de l'audition des parties. Si cela est insuffisant à l'informer de la réalité de la situation familiale, ou s'il est opportun d'analyser les origines et les conséquences de cette situation avant de prendre toute décision, le juge des enfants peut ordonner des mesures d'investigations (article 1183 NCPC). De telles mesures pourront également être ordonnées si, en urgence, une décision de placement s'est imposée comme unique réponse à un moment de crise.

Le juge des enfants doit pouvoir disposer d'outils performants pour mettre en lumière les sources de danger, les incohérences et les atouts d'une organisation familiale. Le recueil d'informations sur l'histoire familiale (enquête sociale), sur la problématique personnelle d'un parent (expertise) ou sur le lien parent-enfant (investigation et orientation éducative) l'éclairera sur le fonctionnement familial. Par ailleurs, la loi du 5 mars 2007 en renforçant le dispositif de protection de l'enfance (instauration d'un observatoire départemental de la protection de l'enfance, surveillance pré et post-natale, bilans médicaux au sein de l'établissement scolaire, cellule de signalement) permet au juge de disposer *ab initio* d'éléments plus précis et complets sur la situation de l'enfant et de sa famille.

Pour garantir une réelle connaissance de la situation familiale et favoriser une intervention éducative rapide, opportune, le législateur a introduit la notion de « secret professionnel partagé ». Il s'agit de permettre la circulation des informations entre personnes tenues au secret professionnel. Ainsi « l'article 221-6 du CASH dispose que par exception à l'article 226-13 du Code pénal, les personnes soumises au secret professionnel qui mettent en œuvre la politique de protection de l'enfance ou qui apportent leur concours sont autorisées à partager entre elles des informations à caractère secret afin d'évaluer une situation individuelle, de déterminer et de mettre en œuvre les actions de protection et d'aide dont les mineurs et leur famille peuvent bénéficier. Le partage des informations relatives à une situation individuelle est strictement limité à ce qui est nécessaire à l'accomplissement de la mission de protection de l'enfance ».

Seule la connaissance de la famille, de son fonctionnement, de son histoire et de ses ressources légitime l'aide qui lui sera proposée. Il n'existe pas une solution unique permettant de régler des dysfonctionnements apparemment similaires dans des familles différentes.

Dans certains contextes de sévices graves, d'abus sexuels avérés ou de négligences qui mettent en danger la vie d'un mineur, la nécessité d'une séparation parents-enfant s'impose. La décision de placement garantira la sécurité physique de l'enfant.

Dans d'autres situations plus complexes, la décision de séparer n'est pas évidente. Il faudra commencer par observer :

- observer les capacités ou les défaillances des parents, en lien avec leur histoire parfois désastreuse qui les a empêchés d'acquérir le minimum de capacités parentales ;
- observer le comportement de l'enfant dans sa famille, à l'école, avec les tiers ;
- observer le lien parent-enfant. Certains parents sont incapables de se représenter leur enfant comme différent d'eux-mêmes, d'autres ne parviennent pas à l'investir ou à échanger avec lui. Certains, enfants, adultisés, se comportent en « parents de leurs parents », d'autres refusent de grandir.

Après cette phase d'observation, une mesure éducative sera le plus souvent ordonnée. Il s'agit souvent, sans séparer, d'accompagner, de soutenir la famille dans la résolution de ses difficultés, par l'instauration d'une mesure d'assistance éducative en milieu ouvert. Le juge des enfants se prononce « en stricte considération de l'intérêt de l'enfant » (article 375-1 du Code civil). Il convient de se garder de toute décision de séparation hâtive dans la mesure où la séparation peut en elle-même être traumatique et ne suffit généralement pas, à elle seule, à annihiler les dysfonctionnements familiaux. Mais il ne s'agit pas de tomber dans l'excès inverse et de s'attacher avec obstination à maintenir les mineurs dans leur famille. Le juge des enfants devra parfois trouver un juste équilibre entre la recherche de l'adhésion de la famille à la mesure de placement et la nécessité d'une décision de séparation. Cela passera parfois par un processus de préparation à la séparation.

La prise en compte des situations particulières

Les mineurs en danger

Une mesure de placement se justifie en cas de négligences éducatives, de soins inadéquats, de délaissement d'enfant, de carences affectives, de maltraitances psychologiques, de violences corporelles et de sévices sexuels.

Les violences corporelles peuvent survenir à des degrés divers, de façon occasionnelle ou répétée. Il existe des brutalités qui relèvent de registres éducatifs rigides, d'autres qui reflètent une intention de « faire mal ».

Ces différentes situations sont à l'origine chez l'enfant de troubles, de perturbations, de séquelles diverses. Leurs degrés et leurs manifestations sont variables. Cela dépend de la nature des sévices, du stade de développement de l'enfant, de ses résistances personnelles. Plusieurs symptômes peuvent en découler : repli sur soi, retard scolaire, troubles du comportement, dysfonctionnements psychopathologiques, conduites d'autodestruction ou déviantes.

Le placement, s'il protège immédiatement l'enfant et s'inscrit dans un travail de restauration (physique, psychologique, narcissique du lien) ne résout pas l'ensemble des difficultés qui se sont nouées antérieurement et qui perdurent à la séparation.

La souffrance, la culpabilité, le sentiment de perte, les troubles psychiques et les mécanismes défensifs, de l'enfant et de ses parents, interfèrent nécessairement dans le travail éducatif qui va être proposé à la famille dans le cadre de la séparation.

Il est nécessaire d'évaluer le ressenti du mineur face à la mesure de séparation (comprend-il cette décision ? s'adaptera-t-il plus facilement à une vie en collectivité ou dans une famille d'accueil ? craint-il l'abandon de ses parents ? se pense-t-il fautif ?) mais aussi celui de ses parents (adhèrent-ils à la mesure ? expriment-ils un sentiment de perte ? se placent-ils en rivalité avec le lieu d'accueil ?).

Une décision de séparation prise dans le cadre de l'assistance éducative n'est en aucun cas une sanction à un acte posé par les parents ou par l'enfant, qui pourraient le cas échéant faire l'objet de poursuites pénales, ni une solution « magique » à la souffrance manifeste d'un enfant. Cette décision met fin à une situation familiale donnée et fait émerger une situation familiale nouvelle ayant pour souci principal « l'intérêt de l'enfant ».

La participation active des parents et de l'enfant au travail éducatif proposé est primordiale. Les parents conservent leur autorité parentale et continuent « d'en exercer tous les attributs qui ne sont pas inconciliables avec la mesure de placement » (art. 375-7 du Code civil). Ils devront donc être associés aux décisions à prendre pour leur enfant. Dans les situations de blocage les établissements de placement peuvent demander au juge des enfants une autorisation, au cas par cas, pour accomplir un acte relevant de l'autorité parentale, si les parents refusent de réaliser un acte de manière abusive, injustifiée ou bien par négligence (art. 375-7 du Code civil).

Pour limiter les réticences et favoriser l'acceptation de l'accompagnement proposé, il est primordial d'instaurer un mode de séparation supportable pour l'ensemble de la famille et conforme aux besoins de l'enfant. Cela suppose d'individualiser les modalités de mise en œuvre de la mesure de séparation.

Une décision de placement prise dans le cadre pénal répond à des problématiques différentes et n'aspire pas nécessairement aux mêmes objectifs.

Les mineurs délinquants

Traiter la délinquance des mineurs exige de ne pas oublier que le mineur, y compris celui qui a transgressé la Loi, est un être en devenir. Il faut cerner sa personnalité et sa situation familiale pour tenter de comprendre son passage à l'acte. Les délits apparaissent souvent comme les révélateurs d'un état psychologique ou d'attitudes réactionnelles à l'égard du milieu familial ou de l'environnement social. Les mineurs en danger et les mineurs délinquants sont comme les deux faces d'une même pièce. Une politique de protection de l'enfance cohérente, rapide, efficace, évite aux mineurs en danger d'emprunter le chemin de la délinquance.

La délinquance que nous avons à juger au quotidien résulte davantage d'actes individuels, disparates, commis au hasard des rencontres ou d'opportunités qui engendrent des transgressions tantôt fortuites, tantôt répétitives, révélatrices de problématiques personnelles ou familiales ou d'une crise d'adolescence violente mais passagère. À cela s'ajoute une délinquance commise par des mineurs plus ou moins volontairement inféodés à des groupes du même quartier réunis par le désœuvrement, la participation à des trafics illicites, parfois manipulés par les adultes.

Il est impératif de se questionner sur le type de délinquance qui nous est soumis (délinquant primaire, récidiviste, réaction à une situation familiale en crise). En effet, la saisine d'un juge des enfants en matière pénale ne doit pas seulement et simplement aboutir à la condamnation du mineur. L'orientation de la procédure, l'instauration d'une mesure éducative ou coercitive en cours d'instruction, le choix de la peine sont intrinsèquement liés au contexte du passage à l'acte, à la nature d'infraction (contre les biens, contre les personnes, répercussions sur la victime), à la prise de conscience de la transgression par le jeune et à la réaction des parents face à l'acte posé.

S'il convient de mieux lutter contre la délinquance des mineurs et d'apporter aux victimes des réponses rapides, il y a lieu de ne pas perdre de vue l'objectif prioritaire, à savoir l'insertion et l'éducation des jeunes. Dans le traitement de la délinquance des mineurs l'une des réponses possibles, en terme de sanction ou de mesure provisoire, est la décision de placement. Le mineur délinquant peut être accueilli dans le même établissement éducatif que le mineur en danger lorsque la structure possède les habilitations nécessaires. La réunion au sein d'une même structure de deux catégories de mineurs ayant des parcours différents peut apparaître paradoxale. Mais cela n'est pas le cas. Si le parcours de ces mineurs est différent, leur histoire se rapproche par les difficultés qu'ils ont tous deux rencontrées au sein de leur cellule familiale. Mais pour affirmer cela, encore faut-il tenter de décrypter, comme pour le mineur en danger, le fonctionnement familial du mineur délinquant et s'interroger sur ce que l'on peut attendre d'une mesure de séparation. Si le passage à l'acte du mineur s'inscrit dans une réaction au fonctionnement familial perturbé, dysfonctionnant, alors la mesure de séparation aura un double objectif : répondre à la transgression mais également élaborer autour de l'organisation familiale. En revanche si le travail éducatif proposé à un mineur et à sa famille n'est pas investi, si la transgression est le mode unique d'expression du mineur ou si le mineur reste inaccessible à toute réflexion sur les actes commis, la mesure de placement, assortie éventuellement d'un cadre coercitif (contrôle judiciaire, sursis avec mise à l'épreuve, liberté surveillée préjudicielle), peut être décidée à titre de sanction. Il ne s'agit plus, dans ce cas précis, de travailler prioritairement sur le dysfonctionnement familial ou sur le positionnement parental, mais de mettre fin au comportement délinquant en créant une rupture avec le quotidien, en « éloignant » le mineur de ses habitudes, en le prenant en charge dans un lieu cadrant (centre éducatif renforcé, centre éducatif fermé). Dans ces établissements, seuls sont accueillis des mineurs délinquants. Ce type de prise en charge n'est efficace que si elle est mise en œuvre par une équipe étoffée, compétente, qualifiée et dont la mission est clairement identifiée.

La prise en charge des mineurs délinquants et des mineurs en danger fait régulièrement l'objet de débats juridiques, sociologiques et sociétaux. Le législateur s'est, à nouveau, prononcé sur ces thèmes puisque, le même jour, deux lois concernant les mineurs, l'une réformant la protection de l'enfant et l'autre les textes relatifs aux mineurs délinquants, ont été promulguées. Il est cependant regrettable que ces lois du 5 mars 2007 aient omis de traiter de la question du mineur étranger isolé.

Les mineurs errants isolés

Les mineurs étrangers isolés sont essentiellement des mineurs issus de pays historiquement recensés comme pays d'émigration (Maghreb) qui partent, seuls ou aidés par des réseaux de navigateurs, dans l'espoir d'une vie meilleure en rêvant à l'Eldorado européen. Lorsque ces mineurs arrivent sur le territoire français, par le biais de réseaux organisés, ils sont parfois contraints de rembourser le coût de leur voyage via des comportements délinquants ou des conduites de prostitution. Généralement ces passages à l'acte s'inscrivent dans une volonté de survie, pour trouver des moyens de subsistance.

Il n'existe pas en droit un statut particulier des mineurs isolés. Le traitement administratif et judiciaire de leur situation prend diverses orientations, selon que le mineur est signalé au conseil général en raison de sa situation de détresse, que la justice est saisie en raison de son isolement familial (juge des tutelles), de l'urgence et du danger dans lequel il se trouve (juge des enfants en assistance éducative) ou d'un passage à l'acte délinquant (juge des enfants en matière pénale).

Traiter de la situation d'un mineur étranger isolé revient à concilier deux logiques, celle de la protection de l'enfance et celle des règles de l'entrée et du séjour en France. D'emblée, la minorité et la situation de détresse de ces mineurs justifient l'instauration d'une aide mais il convient d'apprécier l'intérêt même du mineur en fonction de sa réalité juridique et familiale. Ces mineurs ne sont pas expulsables le temps de leur minorité mais le seront à leur majorité. Quel avenir trouveront-ils dans leur pays d'origine après tant d'années d'absence, sans que des liens n'aient été maintenus avec leur famille ?

Ces mineurs isolés sont souvent orientés, par les juges ou le conseil général, vers les établissements habilités au titre de la protection de l'enfance ou de la délinquance des mineurs. Ces mineurs vont cohabiter avec d'autres mineurs pour lesquels un travail éducatif concret, sur leur famille et sur leur avenir, professionnel ou personnel, va être engagé alors que, pour eux, il sera difficile d'inclure la dimension familiale dans leur placement (absence de coordonnées de la famille, éloignement géographique, problème de la langue) et de les mobiliser sur leur avenir (absence de titre de séjour).

La prise en charge institutionnelle de ces mineurs isolés nécessite des moyens différents de ceux proposés aux mineurs en danger ou aux mineurs délinquants dont les familles résident sur le territoire national. En effet, la méconnaissance du parcours de ces jeunes (conditions de leur départ de leur pays d'origine, conditions de vie depuis leur départ jusqu'à leur prise en charge, absence de documents officiels attestant de leur identité et de leur âge, existence ou non d'une famille) et l'absence de titre de séjour (impossibilité d'effectuer une formation professionnelle, expulsion envisagée à leur majorité) rendent le travail éducatif à leur proposer très particulier.

Le recours à une association spécialisée, qui aura vocation à décrypter le parcours du jeune, à instaurer une relation de confiance, à rechercher dans son pays d'origine des informations le concernant (sur sa famille, sur les mesures d'aides possibles lors de son retour) et qui pourra, le cas échéant, le soutenir dans une démarche d'obtention d'un titre de séjour à sa majorité, est essentiel.

La décision judiciaire recouvre des attentes particulières et impulse une dynamique différente selon le cadre juridique dans lequel elle sera ordonnée. Une mesure de placement ne saurait être comprise si elle n'est pas replacée dans le contexte factuel et juridique ayant justifié la saisine de l'autorité judiciaire.

La mesure de placement et le maintien des liens familiaux

La mesure de placement, en ce qu'elle constitue une atteinte à la vie familiale, doit rester proportionnée au but poursuivi (placement-protection du mineur en danger ou placement-sanction du mineur délinquant) et éviter une rupture des liens familiaux.

La décision de placement pose le principe de la séparation, fixe sa date et sa durée, désigne le service gardien et statue sur les modalités d'exécution de cette séparation. Le lieu d'accueil de l'enfant « doit être recherché dans l'intérêt de celui-ci, afin de faciliter l'exercice du droit de visite et d'hébergement par le ou les parents et le maintien de ses liens avec ses frères et sœurs... » Toutefois « si l'intérêt de l'enfant le nécessite ou en cas de danger, le juge décide de l'anonymat du lieu d'accueil » (art. 375-7 du Code civil).

La question de la rupture ou du maintien des liens entre les enfants placés et leurs parents est au cœur de nombreux débats. Il convient, en la matière, de se garder de toute conception rigoriste, de se prononcer en « stricte considération de l'intérêt de l'enfant » (art. 375-1 du Code civil) et dans le respect des droits des parents, de leur autorité parentale dont l'exercice ne doit pas être « inconciliable » avec la mesure de placement (art. 375-7 du Code civil).

La loi du 5 mars 2007 apporte des précisions quant aux modalités de placement de l'enfant dans le cadre de l'assistance éducative. Si certaines dispositions peuvent sembler contradictoires, toutes répondent à la même finalité : l'intérêt de l'enfant. « Le juge peut accorder ou suspendre les droits de visite et d'hébergement des parents. Il peut également décider que le droit de visite du ou des parents ne peut être exercé qu'en présence d'un tiers désigné par l'établissement ou le service à qui l'enfant est confié » (art. 375-7 du Code civil). Le juge fixe la nature et la fréquence de ces rencontres. Toutefois lorsque l'adhésion et la collaboration des parents à la mesure de placement sont acquises et que « la situation de l'enfant le permet, le juge (...) peut décider que la nature et la fréquence des droits de visite et d'hébergement seront déterminées conjointement entre les titulaires de l'autorité parentale et le service gardien ». Le juge sera saisi « en cas de désaccord » (art. 375-7 du Code civil).

Au cours de la mesure de placement, le juge des enfants dispose du pouvoir de modifier, de compléter ou d'interrompre les modalités d'exécution ou la mesure de protection elle-même en fonction de l'évolution de la situation de l'enfant ou de la famille.

L'enfant, même séparé de ses parents, conserve une image intériorisée de ses parents. Cette image peut être source de souffrance, lorsqu'elle fige la relation qu'il entretenait avec ses parents avant la séparation, ou d'illusion, lorsque l'enfant se persuade que ses parents ont radicalement changé car lors des temps de visite ils se positionnent de manière différente. Dans certaines situations, l'absence de contacts place l'enfant dans une angoisse d'abandon, dans un conflit de loyauté l'empêchant d'investir son nouveau lieu de vie. Dans d'autres situations, les rencontres parents-enfants sont source de perturbations, en ce qu'elles réactivent les raisons du placement, et vont jusqu'à gêner le travail réparateur mis en place (troubles précédant et suivant les visites aux parents, cauchemars, énurésies récidivantes, agitations, périodes d'angoisse). Enfin, il arrive aussi qu'un contact, une visite permette à l'enfant de se représenter ses parents différemment, avec un autre regard et certainement une réassurance sur les liens construits. Sa vision d'eux sera moins idéalisée, il pourra se faire une idée plus critique. Face à son parent-agresseur il pourra se sentir plus assuré, moins vulnérable.

La fixation du rythme des rencontres parents-enfants conjugue plusieurs objectifs : respecter les droits de parents qui demeurent titulaires de l'autorité parentale, protéger l'enfant, en particulier s'il manifeste des perturbations avant, ou/et après les visites de ses parents (énurésie, cauchemars, baisse de résultats scolaires), servir à la nouvelle dynamique familiale instaurée par la mesure de séparation.

Les visites protégées sont une alternative pour maintenir un lien acceptable dans des situations familiales très dysfonctionnantes. Ces visites se déroulent en présence d'un tiers désigné par le service gardien et en milieu neutre afin d'éviter des réactions de débordement de la part de l'enfant ou du parent et d'intégrer un dispositif d'écoute pour l'enfant et/ou le parent. En consacrant ce dispositif le législateur a pris la mesure d'un impératif nécessaire à l'évolution de la mesure de séparation : sortir des extrêmes, concilier les droits et besoins de chaque membre de la famille pour rendre opérantes les actions éducatives.

Sortir des extrêmes : pour un rééquilibrage de l'action éducative

Pour répondre aux exigences sociétales, se conformer aux dispositions légales et optimiser l'efficience d'une mesure de placement, force est de faire évoluer ce concept et sortir des alternatives classiques : placement/non-placement, placement familial/internat, soins/éducatif. Il faut apprendre à mélanger les outils, les compétences professionnelles pour atteindre le but premier de toute mesure de placement : « l'intérêt de l'enfant ».

Le législateur ouvre la voie en consacrant les visites médiatisées, en proclamant le secret partagé et en favorisant les discussions amiables entre le service gardien et les parents. Le législateur impulse des changements en introduisant de la souplesse dans la définition même de la mesure de placement. Le terme générique de placement est conservé mais recouvre plusieurs réalités : accueils séquentiels, à la journée, sur des temps limités. Le placement n'est plus synonyme d'éloignement physique. Un enfant peut être placé et vivre quotidiennement chez ses parents mais se rendre quelques heures dans un lieu d'accueil. L'institution peut également se déplacer dans la famille. Désormais, opposer le placement au maintien à domicile perd tout son sens.

Il est par ailleurs possible d'envisager des interactions entre plusieurs types de placement. Le choix du lieu d'accueil n'est pas anodin. Pour les nourrissons et les jeunes enfants, le placement qui semble le plus adapté est celui qui permet sa prise en charge dans un cadre restreint, familial. Il s'agit de leur offrir un cadre de vie chaleureux, apaisant, dans lequel ils puissent partager leur quotidien avec un nombre d'adultes et de jeunes limité.

Les plus grands manifestent souvent le souhait d'être accueillis en collectivité. Ils craignent une perte de place dans leur famille s'ils sont pris en charge chez une assistante familiale et angoissent parfois à l'idée d'une relation duelle. Pour ces mineurs, lorsque leur hébergement même ponctuel au domicile parental est impossible, il est propice de sortir d'une alternative de placement en internat ou famille d'accueil, en leur proposant un accueil en semaine au sein d'un internat éducatif et lors des fins de semaines, ou des vacances scolaires, des séjours en « famille relais ». Ce souffle apporté à la vie en collectivité s'avère souvent positif.

Le traitement des troubles d'un mineur placé justifie parfois l'instauration d'un suivi thérapeutique. Le travail partenarial entre les deux catégories de professionnels favorise une connaissance globale des besoins d'un enfant. Selon les périodes et l'acuité des troubles, l'une des prises en charge peut s'avérer plus appropriée que l'autre. Face à des manifestations d'angoisse ou de passage à l'acte, un mineur aura parfois davantage besoin d'une aide médicale (consultation, médication, hospitalisation) et d'autres fois, davantage besoin d'une aide éducative (présence de l'adulte et/ou d'autres jeunes, activités, écoute).

L'échange d'informations, l'élaboration commune autour d'une situation, la connaissance du travail des partenaires, le mélange des compétences sont autant de moyens qui permettent de sortir de l'alternative et d'individualiser les aides proposées à un mineur et à sa famille.

Pour relever ce défi et « sortir de l'alternative », l'internat éducatif doit aussi se remettre en cause. Longtemps décrié (trop grand, peu de place pour l'individuel, peu contenant et peu souple), l'internat éducatif demeure un outil pertinent. Il favorise le partage (vie en collectivité), le mimétisme positif (acquisitions, rythme de vie). Il limite le conflit de loyauté. Toutefois sa pérennité n'est acquise que si l'internat éducatif accepte de « pousser ses murs » pour aller en famille, d' « ouvrir ses portes » pour faire entrer les partenaires (milieu médical, famille-relais), de garantir un espace individuel (expression du ressenti, gestion des émotions, accompagnement de visites médiatisées) et d'accompagner les grands adolescents vers l'autonomie.

Certaines maisons d'enfants, désireuses de parfaire sans cesse leur activité, se positionnent, d'ores et déjà, dans une refonte de leur savoir-faire.

Une mesure de placement judiciaire est, par nature, toujours provisoire. Le juge ne doit pas entretenir chez l'enfant, ni même chez les parents, l'illusion d'un retour si cela est impossible. Dans cette hypothèse, d'autres procédures judiciaires plus conformes à la réalité de la situation du mineur seront actionnées (déclaration d'abandon, délégation ou retrait de l'exercice de l'autorité parentale).

Inversement, l'enjeu, à terme, d'un placement judiciaire est de préparer le retour de l'enfant dans son milieu familial après que chacun de ses membres ait pu opérer des changements dans son mode de fonctionnement à l'égard de l'autre. Cela justifie que les modalités de mise en œuvre de la mesure de placement s'adaptent à la situation familiale et non pas que la famille se « moule » dans les dispositifs existants.

La séparation, pour être optimisée, pour protéger l'enfant et réhabiliter les parents dans leur rôle et responsabilités, exige que les établissements disposent d'outils de travail « malléables », modulables, innovants. Il est impératif d'ajuster le cadre éducatif aux besoins de la situation familiale et d'éviter que les étayages existant autour de l'enfant ne restent dans des logiques de prise en charge cloisonnées, sans interaction possible. Ce défi doit être celui des internats éducatifs. L'internat éducatif ne se résume pas seulement à ce qui se passe en « dedans ». Pour être pertinent, il lui faudra accepter de travailler « en dehors » et avec « l'extérieur ».

Chapitre 41

Pour une clinique de l'institution

E. GRANGE-SÉGÉRAL, F. ANDRÉ-FUSTIER

PLAN DU CHAPITRE

TOUTE INSTITUTION SOCIALE qui accueille des enfants avec une mission de protection, de rééducation ou de soin est confrontée à gérer des formations et des processus hétérogènes : sociaux, culturels, économiques, politiques et psychiques. L'approche que nous soutiendrons, est celle de la dimension des processus psychiques à l'œuvre dans les ensembles institutionnels. Car en effet, si chaque institution constitue une organisation groupale spécifique possédant sa logique et sa cohérence propres, force est de constater au quotidien que cette logique et cette cohérence préalables se trouvent toujours affectées, voire transformées, par la rencontre avec la problématique psychique des enfants et de leur famille.

Chaque institution forme un ensemble dans lequel sont à l'œuvre des processus psychiques fonctionnant au bénéfice de l'ensemble et au bénéfice de chacun. Appartenance, appui, reconnaissance, identité sont des ingrédients fondamentaux pour la santé psychique de l'institution et la santé psychique de chacun de ses membres. Bien sûr, une institution est d'abord convoquée au niveau du lien social qu'elle établit dans un rapport partenarial avec les enfants et leurs parents. Mais, elle est convoquée aussi au niveau du lien rééducatif et thérapeutique qu'elle se doit de soutenir auprès des familles.

Côté famille, ce lien rééducatif et thérapeutique, d'un autre ordre que le simple partenariat, interroge et met en cause la place psychique de chacun dans l'ensemble familial et ce d'une manière singulière, dépendante de l'histoire propre à chaque famille rencontrée. Côté institution, et qu'on le prenne en compte ou non, l'expérience montre que les équipes éducatives sont fortement affectées par les difficultés familiales qu'elles côtoient à travers la prise en charge de l'enfant. Vécus de disqualification, de non-coopération, d'oppositions actives ou passives, incompréhensions mutuelles sont parfois au rendez-vous et nécessitent un traitement spécifique de la souffrance engendrée chez les professionnels par les effets de la souffrance familiale venue se déposer sur le cadre institutionnel.

Le décodage de ces phénomènes en termes de souffrance constitue un premier temps du travail nécessaire à la transformation de ce que communiquent souvent de manière incompréhensible les familles et les enfants accueillis. À défaut de la constitution d'espaces de retraitement de la souffrance ainsi transmise, l'institution risque d'être intoxiquée par ce qu'elle éprouve et de mettre en place des systèmes défensifs rigides pour ne plus entendre et ne plus être en contact avec ce qui lui est communiqué. Parmi ces défenses rigides, une place spécifique doit être faite à la dérive idéologique, qui bien que peu féconde sur le plan de l'aide aux familles, n'en constitue pas moins un moyen efficace et éprouvé de contention de ce qui ne peut se transformer de manière plus symbolique. Avant toute chose, il convient d'opérer un repérage des fonctions psychiques inhérentes à chaque institution d'aide sociale.

1. LE FONCTIONNEMENT PSYCHIQUE DE L'INSTITUTION

Les institutions ont une dimension pluri-fonctionnelle et doivent donc gérer des données économiques, politiques, organisationnelles ainsi que des processus psychiques. Un fonctionnement bien tempéré supposerait qu'une part respective dévolue à chacune de ces données soit dans un rapport proportionnel congruent avec la tâche primaire institutionnelle.

On le sait, l'espace réservé à la prise en compte des processus psychiques a tendance à se rétrécir dès lors que s'accroît le développement de la bureaucratie et de l'organisation pris comme but ultime. Cependant, le premier coup d'œil jeté sur une réalité institutionnelle surtout très formalisée, ne permet pas d'apercevoir les réseaux de circulation de la vie psychique : ceux-ci requièrent d'être construits. Il est courant d'entendre à longueur d'année de multiples plaintes en provenance des professionnels au sujet de leur appartenance à telle ou telle institution qui ne les reconnaît pas, qui les « dévore » ou les ignore. Ces vécus éprouvants les amènent à développer bien souvent le fantasme de quitter brutalement cet espace chargé de menace, pour un autre plus idéalisé. Les aspects aliénants et bien réels des institutions sont ceux qui sont les plus fréquemment mis en avant. Mais, considérer ainsi les choses revient à méconnaître les fonctions psychiques plus obscures qu'elles exercent néanmoins pour le bénéfice de chacun et pour l'ensemble.

Dans l'ouvrage consacré aux institutions, R. Kaës[1] indique d'emblée les difficultés que nous avons à penser l'institutionnel, en raison des appuis narcissiques et idéaux que nous y logeons. Il souligne que l'institution nous précède, nous structure ; elle nous assigne et nous inscrit dans ses liens et dans ses discours. De ce fait, nous contractons avec elle des rapports qui soutiennent notre identité. Cela est vrai de l'institution familiale qui est antérieure à l'individu mais aussi de toute institution sociale. Les institutions constituent un « déjà là » qui va servir de base et modéliser en partie la démarche d'autonomisation de chaque individu : penser la dimension psychique des institutions nécessite d'accepter « qu'une part de nous-mêmes ne nous appartient pas en propre ». Sur ce fond indifférencié de nos liens institutionnels, une parole plus singulière est possible. Cependant, cette parole ne peut s'énoncer qu'à partir de ce sur quoi elle prend appui et ce qui la constitue, c'est-à-dire les institutions familiales et sociales qui nous précèdent et nous fondent. Nos appartenances à certaines institutions nous placent ainsi dans une dépendance tour à tour confortable ou réductrice à l'égard des modèles qu'elles préconisent, des personnages et des figures idéalisées qui nous ont précédés sur les postes que nous occupons. Des discours et des énoncés pré-établis, tout en fondant la cohérence institutionnelle, déterminent en grande partie la place qui nous est offerte et que nous pouvons prendre dans l'ensemble.

Les fonctions psychiques de l'institution spécialisée et leur fonction identitaire pour les individus

Fournir des représentations communes et des repères identifiants

Les fonctions psychiques opérées par l'institution[2] concernent sa capacité à fournir des représentations communes et unifiantes et aussi à soutenir des modèles identificatoires. Appartenir au champ de l'éducatif, au travail social permet de partager avec l'ensemble institutionnel un corpus de pensées consensuelles sur ce qu'est le travail, l'éducation, la déviance, la maladie, le normal, le « pas normal » et sur les postures éducatives à adopter. Ces consensus partagés acquièrent une fonction de vérité dernière qui peut prendre parfois un aspect idéologique clôturant, s'ils ne trouvent pas d'espace de formation, ou d'analyse, pour être reconsidérés dans une sécurité suffisante.

1. R. Kaës, « Réalité psychique et souffrance dans les institutions », *in* Kaës R. et coll., *L'institution et les institutions. Études psychanalytiques*, Paris, Dunod, 1987.
2. *Ibid.*

De cette fonction unificatrice découle l'effet de « liant » de ce qui n'a pas été intégré par chacun, la « sauce » institutionnelle offrant l'opportunité, pour tous, de trouver une place repérable en faisant l'économie d'avoir à la préciser et à l'élaborer personnellement. Les composantes mal définies, troubles, confuses, immatures, de notre personnalité peuvent trouver refuge dans le grand « tout » institutionnel et demeurer non interrogées, pendant longtemps, si aucune crise institutionnelle ne vient bouleverser l'équilibre de l'ensemble. C'est ainsi que, dans la fonction d'éducateur, de soignant, de cadre, de « psy », un certain nombre de comportements, actions, profils de pensée vont être consciemment et inconsciemment attendus et suggérés, permettant à chaque professionnel qui s'y conforme et s'y précipite, d'être identifié globalement à sa fonction. Cette alliance est d'autant plus facilitée si le nouveau professionnel adopte rapidement le langage et les codes de la « tribu » qu'il vient d'intégrer.

Indiquer les limites et les transgressions

Dans l'ensemble institutionnel, chaque professionnel rencontre un discours et des pratiques relatives aux limites de son travail, de ses modalités relationnelles avec les autres, des comportements qu'il se doit d'adopter notamment en ce qui concerne les différences entre accueillants et accueillis. Il y trouve également des indications sur la loi, sur les interdits en ce qui concerne la sexualité, la violence entre professionnels et avec les usagers.

Cette fonction de contention est des plus importantes car les débordements sont toujours envisageables, en raison de la nature des souffrances et des dysfonctionnements des personnalités hébergées. Les interdits, vont se manifester concrètement dans chaque institution par l'intermédiaire de signifiants spécifiques abrités par le cadre. Ils peuvent prendre la forme d'une différence entre le repas servi aux éducateurs et celui des accueillis, de lieux réservés aux professionnels et non autorisés aux résidents, de la jouissance pour les seuls professionnels de certaines commodités comme le téléphone par exemple. Ces interdits, ces limites préservent la différence entre professionnels et usagers sur le modèle d'une différence générationnelle. L'hypothèse de l'immaturité et de la détresse du patient ou de l'accueilli suppose chez le professionnel des capacités de contenance et de gestion des excitations qui ne sont pas sans rappeler ce qui est attendu d'une génération par rapport à la suivante.

En conséquence, l'indication des limites, le rappel de la loi et le soutien de la différence générationnelle sont donc trois composantes que chaque professionnel est en droit d'attendre d'un ancrage institutionnel suffisamment organisé et contenant. L'appui sur ces limites indiquant ce qu'il doit faire et ne peut pas faire, soutiendra sa propre identité et celle des enfants ou patients dont il a la charge. En revanche, sa place professionnelle sera mise en cause si les organisateurs psychiques de l'institution sont « attaqués » par l'irruption de transgressions qui annulent ou pervertissent les réglementations établies.

En effet, l'ensemble des règles établies tient non seulement l'organisation des interdits, mais aussi soutient la place que chacun occupe dans la hiérarchie du pouvoir et dans les éventuels écarts que ferait surgir l'expression des désirs inconscients trop personnels. C'est pourquoi, si les règles qui organisent les emplacements et les rôles de chacun sont brutalement ou sans concertation modifiées, que ce soit au nom de la liberté, d'une indifférenciation dans l'égalité ou bien de la libération du désir, l'institution risque d'être envahie par des éléments violents, fous... qui vont amener une sidération des équipes et une disparition des échanges entre les professionnels[1].

Offrir une scène de représentation psychodramatique

Cet aspect fonctionnel de l'institution fait appel à l'espace de figuration et de mises en scènes qu'elle représente. L'espace institutionnel offre en effet à longueur d'années une mise en scène de conflits interpersonnels ou hiérarchiques, de rivalités, de scénarios de haine et d'amour dont ses membres peuvent se servir secrètement pour le traitement et la gestion de leurs conflits internes sans avoir à les reconnaître comme tels. Ces scènes et ces fantasmes prennent place sous l'égide du « on » institutionnel ou de l'institution elle-même dans son acception la plus abstraite. Il s'agit ici d'une fonction de régulation et de continuité entre l'espace interne et l'espace externe des individus car elle met en suspend la nécessité d'attribuer à l'un ou l'autre des professionnels l'origine des pensées circulant dans l'ensemble institutionnel (rumeurs, fantasmes collectifs à propos de telle ou telle situation familiale ou professionnelle).

Cette suspension de la différenciation entre espace personnel et espace institutionnel (on ne sait plus d'où est partie l'idée de prendre telle ou telle position par rapport à tel problème) risque parfois d'aboutir à des vécus de confusion. Cette confusion est maximale lorsque la montée des angoisses liées aux pathologies rencontrées ou aux contraintes administratives, attaque l'espace de jeu possible entre réalité et fantasme et attaque le portage collectif de ce qui se produit dans l'espace institutionnel. On assiste alors à des mouvements de projection violents, des fantasmes persécuteurs et à l'élection de boucs émissaires soit du côté d'un enfant accueilli, soit du côté d'un professionnel. Ces boucs émissaires seront chargés de contenir et de loger ce qui va mal dans l'espace institutionnel et parfois menacés d'exclusion. Cette description évoque évidemment l'entrée en crise qui guette chaque institution.

L'institution : un appareillage psychique de groupement sous-tendu par des alliances inconscientes

Pour rendre compte de la complexité de l'ensemble et de la manière dont la réalité psychique de chacun des professionnels s'agence à cet ensemble, en y prenant part et en le faisant fonctionner, R. Kaës a proposé une métaphore qui est celle d'un « appareil psychique groupal ». Les fonctions essentielles de cet appareillage de groupe sont celles de liaison, de transmission et de transformation. La liaison concerne la nécessité d'assurer des continuités à l'intérieur des sujets composant l'ensemble familial ou institutionnel et entre les sujets. La transmission consiste à opérer, comme nous l'évoquions précédemment, des continuités entre les membres et les générations dans la famille et entre les successions de professionnels dans l'institution. Elle s'effectue du côté de la transmission de processus ou de procédures, mais aussi d'un capital de fantasmes et de contenus comme les idéaux, les postures institutionnelles et les interdits.

1. P. Fustier, « L'infrastructure imaginaire des institutions », in Kaës R. et coll., *L'institution et les institutions. Études psychanalytiques,* Paris, Dunod, 1987.

Quant à la transformation, sur laquelle nous reviendrons à plusieurs reprises, elle s'apparente à ce que W. Bion[1] désigne sous le terme de « fonction alpha ». Cette fonction alpha est la capacité que possède un sujet ou un groupe de se contenir dans des situations difficiles sans chercher à agresser ou déstabiliser son interlocuteur. Il se peut par exemple que, dans une rencontre avec un enfant ou une famille, un professionnel soit la proie de sensations diffuses, brutes, brutales, excitantes ou sidérantes qui le pousseraient à répondre, dans un registre immédiat et identique dans sa brutalité, à ce qui lui a été transmis. Dans ces situations, la capacité du professionnel à renvoyer des réponses plus adoucies et réfléchies dépend de son organisation psychique propre, mais dépend aussi de la capacité de l'équipe à soutenir chez lui une compréhension et une prise d'écart par rapport à ce qu'il a vécu de violence et d'impuissance.

Le modèle de la fonction maternelle est souvent évoqué dans les institutions d'aide et de soin et il comporte l'idée que cette fonction consiste à exercer une contenance des vécus bruts et indicibles du nourrisson. Seulement, cette fonction maternelle doit elle-même être contenue par la famille et l'ensemble social. En conséquence directe, le professionnel doit pouvoir bénéficier de temps où il est contenu par l'ensemble institutionnel afin qu'il puisse recycler et transformer les éprouvés et les émotions qu'il ne peut manquer de rencontrer dans son travail quotidien.

Le contrat narcissique professionnel-institution : les vicissitudes d'une « greffe »

Ce qui précède permet d'apercevoir les niveaux d'emboîtement et de tissage des psychismes, réalisés dans l'appareillage groupal de l'institution. Ces fonctions limitatives, mais unifiantes et identifiantes éclairent les bénéfices que chaque professionnel retire dans le fait d'appartenir à telle ou telle institution de protection de l'enfance ou de soin. Ces institutions d'aide sociale se maintiennent malgré les mécontentements et les critiques diverses que leur adressent les professionnels en raison du fait qu'elles offrent, selon R. Kaës, la possibilité commune d'accomplir des désirs inconscients (réparer les enfants des autres, être un parent idéal dont on a manqué, etc.), et la possibilité de se défendre collectivement contre les désirs inconscients en rapport avec les interdits dont nous avons déjà parlé (interdit du meurtre, de la séduction et de l'inceste).

À un niveau collectif, ces défenses s'organisent sur le mode du refoulement de ce qui ne peut être intégré et pensé dans l'histoire des évènements et des traumas survenus dans l'institution (manquements à sa tâche, fautes graves, violences diverses à l'égard des enfants accueillis ou à l'égard de professionnels dans le passé etc.). C'est ce que René Kaës nomme « alliances inconscientes » en vertu desquelles un certain nombre d'évènements ou de valeurs partagés pourront être abordés collectivement à la condition que soit laissé de côté, tenu à l'écart, refoulé ou dénié, ce qui s'est avéré impensable. Cet impensable ou irreprésentable dont on ne peut parler ensemble tranquillement, va constituer le « négatif », au sens photographique du terme, spécifique de telle ou telle institution. Et ainsi, à l'image de ce qui se produit dans la transmission familiale, la place offerte au nouveau professionnel qui arrivera dans l'institution impliquera pour lui qu'il en reprenne les idéaux, mais aussi qu'il soutienne les « pactes dénégatifs » concernant le « refoulé » institutionnel et n'aborde pas ce qui ne peut ni se parler, ni se penser collectivement. À ces conditions seulement, le nouveau venu se constituera en maillon supplémentaire dans la continuité

1. W. Bion, *Aux sources de l'expérience*, Paris, PUF, 1962.

de l'ensemble. On reconnaît là, la notion de « contrat narcissique » proposé par P. Aulagnier[1], qui indique que toute place offerte dans un ensemble familial ou sociétal s'accompagne, pour en avoir la jouissance, d'une nécessaire reprise par le sujet, des défenses et des aménagements mis en place par ceux qui l'ont précédé.

Le tissage ou la greffe du professionnel à l'institution ne pourra s'effectuer que si les données du contrat institutionnel sont susceptibles de se nouer avec le contrat narcissique familial individuel de ce même professionnel. Autrement dit, adhérer à une institution suppose une complaisance inconsciente, ou un tissage d'intérêts, à ce que certains éléments non pensables de l'histoire de chacun pris individuellement et de l'histoire de l'ensemble institutionnel soient laissés de côté, remisés dans des « oubliettes ». R. Kaës, souligne en effet que nous nous affilions toujours à une institution, un groupe ou un couple dans une tentative de reprise des failles de notre propre filiation. Prenons l'exemple d'un professionnel animé d'un désir de réparer les vécus d'abandon qu'il a pu ressentir personnellement de la part de figures parentales plus ou moins inconsciemment disqualifiées par lui. L'affiliation à une institution qui se propose le recueil et le soin d'enfants carencés, est en mesure de lui permettre de remettre en scène la construction de parents idéaux et salvateurs qui lui ont manqué et auxquels il peut inconsciemment s'identifier, en s'appuyant sur une idéologie institutionnelle de substitution. Pour nouer son désir inconscient à celui de l'ensemble en place, il devra tenir compte des attentes préalables et en partie modélisées par les formes que lui ont données les professionnels qui l'ont précédé, au risque d'être parfois pris pour un autre et mis à la place d'un autre.

Cette rencontre de personnages et d'attentes personnelles et institutionnelles constitue tout un enchevêtrement d'identifications multiples qui font la richesse de l'institution, mais aussi un point de vulnérabilité et de confusion. Ainsi, le nouage et le tissage d'intérêts inconscients communs expliquent la maintenance et la longévité des formes d'appareillages groupaux et institutionnels dans des modalités que nous nous devons de reconnaître à la fois sur leur versant défensif et sur leur versant organisateur des liens.

Si l'institution possède le droit de se défendre et de préserver, dans des pactes, le narcissisme et l'organisation inconsciente de l'ensemble des membres qui la composent et la font exister, elle se doit néanmoins de procéder périodiquement et progressivement à un réexamen des postulats théoriques et méthodologiques qui la fondent. Ce réexamen se révèle régulièrement nécessaire, ne serait-ce que sous la pression des changements sociétaux, des nouvelles parentalités et des avancées de la recherche sur la transmission psychique ainsi que sur la compréhension du fonctionnement des institutions. C'est à un retour sur ses propres mécanismes défensifs, en particulier idéologiques à l'égard des familles, que nous convions l'ensemble institutionnel à présent.

2. LES REPRÉSENTATIONS À L'ŒUVRE DANS LES INSTITUTIONS : L'IDÉOLOGIE DE LA SUBSTITUTION

À partir de la mission qui lui est confiée, chaque institution propose des modèles d'intervention référés à des représentations théoriques et cliniques qui sont celles qu'elle a construites en appui

1. P. Aulagnier, *La violence de l'interprétation, Le pictogramme et l'énoncé,* Paris, PUF, 1975.

sur les référentiels disponibles dans le champ social. Ces modèles contiennent des représentations de la tâche et des actions à effectuer par chacun et qui ont déjà fait leurs preuves pour certaines, mais il n'en importe pas moins d'en tester la pertinence afin de repérer les dimensions idéologiques conscientes et inconscientes dont elles peuvent être porteuses.

Intégrer la famille à la prise en charge de l'enfant est une donnée nouvelle que les textes législatifs, depuis une vingtaine d'années, ont inscrite dans la démarche des institutions spécialisées de l'aide et de la protection de l'enfance[1].

L'annexe 24 (1989), les réformes successives (2002, 2003) concernant les établissements d'éducation spécialisée et la protection de l'enfance, redonnent aux parents la place légale d'où ils avaient été parfois exclus. Toutes insistent sur le fait que la famille doit avoir un rôle dans la prise en charge de l'enfant : il est nécessaire de l'informer et de coopérer avec elle sur les projets de prise en charge, de l'associer et de la soutenir. L'institution, quant à elle, doit faciliter les contacts permettant le maintien des liens avec la famille c'est-à-dire prendre en compte les difficultés parentales conjointement à l'aide à apporter à l'enfant. Certains textes vont encore plus loin en inscrivant la participation des enfants et des parents au sein des instances institutionnelles.

La problématique du placement au regard du fonctionnement familial

Se substituer à la famille ou se confronter aux incontournables familiaux ?

Pendant plusieurs décennies, le soin psychologique et par suite le travail éducatif et rééducatif se sont centré sur la compréhension et le soutien de l'enfant en difficulté, les parents étant laissés à l'écart soit, parce que les professionnels étaient centrés exclusivement sur l'enfant, soit parce que les parents étaient jugés incompétents voire nocifs et qu'il apparaissait préférable de les tenir à l'écart. Cette exclusion des parents du champ du soin avait souvent pour conséquence que les progrès de l'enfant restaient limités ou bien qu'ils n'étaient pas intégrables par les parents ou la famille.

Le repérage de ces butées liées à la prise en charge individuelle de l'enfant ainsi que le constat des « incontournables familiaux » ont parfois créé un contexte relationnel difficile autour de l'enfant reçu en institution, contexte relationnel marqué par le conflit chronique ou la disqualification réciproque entravant la mise en place d'un climat de compréhension autour des difficultés de l'enfant. S'il est actuellement beaucoup plus fréquent d'associer les parents au projet éducatif ou thérapeutique de l'enfant, il n'en demeure pas moins que certains parents ne peuvent collaborer

1. F. André-Fustier, « L'approche psychanalytique de la famille à l'épreuve de l'institution », in *Parents familles institutions. Approche groupale d'orientation psychanalytique*, Centre de recherche sur les inadaptations, Université Lyon II, 1997, réédition ADSPF, p. 5-49. F. André-Fustier, « Écouter la souffrance familiale dans la rencontre avec les parents » in *La Lettre du GRAPE, Revue de l'enfance et de l'adolescence,* n° 41, *Les parents difficiles*, Éditions Erès, septembre 2000, p. 33-37. F. André-Fustier, « Quels dispositifs institutionnels pour des familles en grande difficulté psychique ? », *La Lettre du GRAPE, Revue de l'enfance et de l'adolescence*, n° 46, *Les parents usagers*, Éditions Erès, décembre 2001, p. 71-79.

au projet qui leur est proposé et qu'il est probablement du travail des équipes éducatives de tenter d'en comprendre la signification.

S'agit-il de la manifestation des résistances d'une famille ou bien s'agit-il des effets de la compréhension inadéquate d'une équipe face au fonctionnement et aux difficultés du groupe familial ? On peut constater que le raisonnement projectif est le plus fréquemment saisi et consiste à attribuer aux parents la responsabilité dans l'échec de la collaboration, tandis que la famille, procédant de même, se sent tout à fait incomprise et maltraitée par des professionnels dont le métier serait justement de la comprendre !

Comprendre ce qui est en jeu dans la dynamique de ces collaborations difficiles suppose que soient pris en compte les termes qui composent la dynamique de la rencontre autour d'un enfant. Il convient de se poser la question du sens ou de l'absence de sens que les parents attachent aux difficultés de leur enfant, de l'enjeu qu'elles représentent dans l'ensemble familial et de prendre en compte les éventuelles explications qu'ils pourraient en donner. Il s'agit en somme de leur reconnaître une réelle place de partenaire dans la construction théorique de l'histoire de leurs difficultés et non de répondre à leur place.

Parallèlement, doit se poursuivre un auto-examen des référentiels (théories scientifiques, théories spontanées)[1] qui servent de décodeur aux professionnels pour appréhender les difficultés présentées par l'enfant. Ces théories vont-elles favoriser la rencontre avec les parents ou au contraire fonctionnent-elles comme une résistance et une défense face aux enjeux d'une telle rencontre ?

Les butées idéologiques liées au placement

Si les textes législatifs rappellent la nécessité d'intégrer les familles dans toute prise en charge éducative et thérapeutique de leur enfant, rien n'est dit sur les moyens de penser et de faire ce travail, ni sur les transitions à ménager avec « le temps d'avant » où il s'agissait surtout de protéger l'enfant en le protégeant de ses parents et de placer ces derniers à la périphérie de la prise en charge.

Comment penser la place des parents ? S'agit-il de les remettre au centre des dispositifs par opposition avec leur place périphérique antérieure ? S'agit-il d'articuler, et dans quel rapport d'emboîtement, les dispositifs de soin de l'enfant avec un soutien de la dynamique familiale dans laquelle s'inscrivent les difficultés de l'enfant mais aussi sa possible évolution ?

S'agit-il de leur donner une place fictive de partenaire, sur le modèle de celle de l'éducateur, dans le but d'établir une fausse symétrie de surface qui ne tiendrait pas compte des besoins spécifiques des familles d'être à la fois reconnues pour ce qu'elles sont et aidées ?

Les familles ont longtemps été tenues à l'écart des prises en charge de leur enfant dans les institutions spécialisées. Pour en comprendre l'origine, un certain nombre de confusions doivent être examinées.

1. P. Fustier, *Le travail d'équipe en institution. Clinique de l'institution médico-sociale et psychiatrique,* Paris, Dunod, 1999, réédition 2004.

Parents ou famille ? Incompétence ou souffrance familiale ?

Les institutions emploient indifféremment les termes « parents » ou « famille » pour désigner aussi bien une rencontre avec la mère, seule, et l'enfant, qu'une rencontre avec les parents et l'enfant. Ces deux formulations ne sont pas équivalentes du point de vue de leurs rapports logiques : les parents sont une partie de la famille. On dit souvent l'enfant et sa famille, il faudrait dire l'enfant et ses parents. La famille inclut l'enfant et ses parents mais également tous ceux qui composent la famille actuelle et passée c'est-à-dire les générations précédentes. Parents et enfants appartiennent à la même famille. Ils sont les membres d'un ensemble groupal familial possédant une histoire et un fonctionnement psychique spécifiques.

D'un point de vue psychique, les parents sont placés dans une différence de générations par rapport à l'enfant et à ce titre ils doivent être un appui pour celui-ci. Ils ont en charge de calmer ses peurs, de donner sens à ses expériences de vie, et de l'aider à prendre sa place d'enfant dans la famille et dans le monde social qui l'entoure. Cette fonction parentale est au cœur de la transmission et dépendante de ce que les parents ont vécu avec leurs propres parents dans l'histoire de leur famille. Or, les parents dont on place les enfants sont la plupart du temps en difficulté dans leur fonction parentale, souvent pour des raisons liées à leur histoire. Ils sont généralement, eux aussi, en perte d'appui et parfois se sont construits dans des inversions ou des confusions générationnelles productrices de maltraitances ou d'incestualité.

Il apparaît alors nécessaire de penser ce que l'on nomme « incompétence » des parents comme la manifestation d'une souffrance familiale et de leur permettre d'élaborer des vécus difficiles voire traumatiques. Ces vécus qui affectent les parents dans leurs actes vis-à-vis de leurs enfants ont besoin de trouver un espace d'étayage pour qu'une élaboration progressive restaure les aptitudes du fonctionnement familial à soutenir la croissance psychique de chacun de ses membres.

Le questionnement concernant la place à donner aux parents dans l'alternative « au centre ou à la périphérie » porte en lui-même une grande ambiguïté car il recèle le risque d'une rigidification dans un clivage entre deux positions : soit protéger l'enfant contre ses parents, soit préserver les parents en laissant de côté les difficultés de l'enfant.

L'objectif n'est donc pas de placer l'enfant ou les parents au centre des dispositifs, mais de considérer et de comprendre le lien psychique familial qui les unit à travers des relations souvent perturbées et perturbantes pour chacun.

Les pratiques sociales voire thérapeutiques font généralement l'économie et l'impasse sur les liens filiaux et généalogiques qui unissent parents et enfants à travers une histoire douloureuse, déjà faite de ruptures ou d'abandons traumatiques. La protection de l'enfant s'effectue au prix de l'amputation de la partie identitaire familiale à travers la séparation imposée d'avec les parents mais surtout à travers la disqualification de ces derniers. Or s'il est incontestable que l'enfant doit être protégé dans certaines situations familiales, cette protection doit-elle se faire au prix d'une amputation ?

L'acte de placement

L'acte de placement concerne un sujet : il organise, dans un scénario social pré-établi, la place des différents acteurs. Le soin s'adresse explicitement à l'enfant présent dans l'institution.Il ne s'agit pas de contester la nécessité de prise en charge éducative ou psychique d'un enfant en difficulté mais plutôt de souligner que le soin, ainsi organisé autour de l'enfant reçu dans une institution, constitue parfois un obstacle important à l'accueil de la souffrance familiale dont l'enfant fait pourtant partie intégrante, aussi bien en tant « qu'acteur » qu'en position de « victime ».

Dans la période de l'après-guerre, des institutions se sont mises en place pour pallier les carences du milieu familial. Le placement en institution de soins spécialisés[1] venait marquer la défaillance du milieu naturel — familial et social — et tendait à vouloir substituer un dispositif de soins susceptible de combler les manques de ce milieu naturel. La famille était considérée comme cause des troubles et de leur persistance.

L'idéologie sous-jacente se réfère à l'idée que le placement constitue une séparation de l'enfant de son milieu familial visant à le protéger des effets néfastes de la famille, perçue comme une entrave à la séparation psychique et au développement individuel. La famille est alors soit mise à l'écart, soit abordée à partir des interactions pathogènes qu'elle entretient avec l'enfant placé. Le placement est conçu explicitement ou implicitement comme la *séparation objective* d'un enfant visant à obtenir une *séparation psychique* salutaire à son développement, jusque-là entravé par des relations familiales identifiées comme pathogènes. Les éducateurs sont installés dans une position de substitution, position idéalisée qui leur confère une place de bon parent par rapport aux parents réels défaillants.

Les ambiguïtés liées au dispositif du placement de l'enfant

L'introduction des familles dans la prise en charge soulève plusieurs difficultés que nous allons essayer de cerner.

Du point de vue de l'imaginaire des institutions. Le placement organise un scénario de séparation voire de rupture qui définit la place des protagonistes autour d'un fantasme de rapt tant du point de vue des familles que de celui des professionnels.

Si s'occuper d'un enfant est un désir universel, le fantasme de rapt d'enfant est lui aussi universel. S'accole à lui le fantasme de séduction de l'enfant dont on sait qu'il est organisateur de la relation éducative, en ce qu'il articule à la fois le désir inconscient de séduire et l'interdit de le faire.

Toute institution s'invente un roman qui lui permet de gérer d'une certaine façon ces fantasmes. On peut penser, par exemple, que l'idéalisation de l'institution comme seule bonne pour l'enfant par rapport à des parents défaillants, atténue en le « congelant » le fantasme de rapt d'enfant[2]. En effet, la culpabilité qui s'y attache est en partie réglée par le postulat selon lequel il est bon, justifié et thérapeutique que des éducateurs se substituent à des parents « mauvais ». Le fantasme de rapt est mis à l'écart, refroidi et maintenu en zone tempérée dans des productions collectives institutionnelles et culturelles qui en interdisent les manifestations violentes. Les manifestations violentes du fantasme de rapt s'expriment, par exemple, dans des tentatives de destruction du parent rival ou dans une captation possessive de l'enfant, s'inscrivant dans le leurre d'un processus d'adoption imaginaire.

L'obligation de travailler avec les familles menace cette défense institutionnelle contre le rapt d'enfant. En effet, quand les familles réelles pénètrent dans l'institution, le fantasme de rapt d'enfant

1. F. André-Fustier, « L'approche psychanalytique de la famille à l'épreuve de l'institution », in *Parents familles institutions. Approche groupale d'orientation psychanalytique*, Centre de recherche sur les inadaptations, Université Lyon II, 1997, réédition ADSPF, p. 5-49.

2. P. Fustier, *Le travail d'équipe en institution. op. cit.*

se trouve réactualisé, réchauffé et réapparaît dans le rapport de rivalité avec les familles. Pour éviter cette impasse, l'institution ne peut qu'inventer des modalités de travail avec les familles susceptibles de modérer la vivacité des fantasmes de rapt d'enfant et de substitution. Elle est mise en demeure de revisiter la posture substitutive de rivalité et de penser l'intervention éducative du côté d'une fonction de tiers entre l'enfant et les parents par exemple.

Quand bien même cette fonction soutenante et symboligène des modalités de liens familiaux serait constitutive de la posture éducative, les fantasmes de substitution, de rapt et les rivalités, n'en disparaîtraient pour autant aussi bien du côté des familles que de celui de l'institution. Ces formations psychiques sont en effet la matière même et le soubassement fantasmatique inconscient de toute organisation à vocation éducative ou soignante. Cependant, repérés et mis en travail, ces fantasmes ne se traduisent plus seulement par des agirs dans la réalité, à l'insu de tous et sans écart réflexif, mais dotent l'espace psychique institutionnel d'un potentiel créatif supplémentaire. Il s'agit au final d'éviter de placer l'enfant dans une alternative sidérante qui consisterait pour lui à devoir choisir entre ce qu'il recevrait de sa famille et ce qu'il pourrait s'approprier de ce que lui offre l'institution, de permettre qu'il profite des soins institutionnels sans se sentir trop déloyal à l'égard de ses liens familiaux.

Du point de vue conceptuel. Il est, de fait, courant, dans les pratiques institutionnelles, de concrétiser le travail avec la famille au travers de rencontres avec la mère ou avec les parents. Sont reçus en entretien l'enfant et sa famille ou plus exactement l'enfant et ses parents. Employer indifféremment les vocables de « parents » ou de « famille » semble traduire la difficulté à repérer le niveau psychique de la rencontre.

Rencontrer un enfant en famille, rencontrer une famille, rencontrer un enfant avec ses parents, rencontrer les parents d'un enfant (les parents étant seuls ou l'enfant étant présent)..., ces différentes formulations sous-tendent-elles des rencontres équivalentes et sinon à quoi correspond chacune d'entre elles ?

Il est vrai que dans nos modèles théoriques classiques, issus d'une description idéale de la famille, les enfants sont bien différenciés des parents dans un rapport de génération qui structure leur relation. Les parents sont en position de soin éducatif et psychique vis-à-vis des enfants. En tant que tels, ils permettent (ou empêchent) le développement psycho-affectif de l'enfant. C'est pourquoi ils vont se voir directement interpellés par les équipes professionnelles pour coopérer et être alliés dans le projet éducatif ou de soin.

La déception des équipes soignantes vient souvent du fait que dans certaines familles, les parents sont pris dans une souffrance telle que se maintiennent des modalités fusionnelles du lien, bien en deçà des différences sexuelles et générationnelles que l'on trouve, d'ordinaire, dans les familles. Ces parents, souvent en difficulté dans leur parentalité, fragilisés par les troubles et les difficultés de l'enfant, parfois en perte d'appui dans leurs propres lignées, sont amenés à ressentir comme des attaques les sollicitations des éducateurs, faute d'être entendus au lieu même de leur désarroi.

Il est donc important de pouvoir articuler, dans la prise en charge d'un enfant, deux registres conceptuels différents : premièrement, le registre de l'intra-psychique formalisé à partir des travaux freudiens notamment avec le concept d'appareil psychique. Il s'agit là de prendre en compte la façon dont un sujet va pouvoir gérer son monde pulsionnel, construire son monde interne à travers ses relations d'objet. Deuxièmement, le registre de la groupalité familiale qui se réfère à l'ensemble des liens générationnels dans lesquels l'enfant va prendre sa place de sujet d'un ensemble familial.

À ce titre, l'enfant est pris dans un système d'alliances inconscientes qui le précèdent et le fondent dans son identité de sujet[1].

Du point de vue des identifications. L'éducateur et l'ensemble de l'institution ont pour tâche le développement psychoaffectif et cognitif de l'enfant, ce qui explique qu'ils se centrent de façon prévalente sur les difficultés de l'enfant et sur leur relation avec lui. Les affects et les contre-attitudes qui vont se déployer au sein de la relation éducative seront analysés généralement avec les outils théoriques de la psychologie ou de la psychanalyse individuelle. Les éducateurs seront en partie identifiés à l'enfant pour mieux comprendre ses difficultés.

Or, bien que nécessaire, cette centration rend difficile une deuxième approche du problème : celle qui prend en compte le fait que l'identité de l'enfant est inséparable de ses liens d'appartenance familiale. À ce titre, un autre registre conceptuel doit être mobilisé : celui de la compréhension psychique du groupe familial. En conséquence, les affects ressentis et les interactions observées seront à décoder à partir de la rencontre groupale famille/institution et non plus seulement du point de vue relatif à l'enfant.

La focalisation, pourtant indispensable, sur la souffrance de l'enfant accueilli dans l'institution, rend parfois difficile aux professionnels la prise en compte de la souffrance familiale dont ils risquent, en s'identifiant préférentiellement à l'enfant, de ne percevoir que les effets pathogènes sur lui.

Vers une conception intégrative du placement à la dynamique familiale

Écouter la famille pour elle-même suppose un décentrage thérapeutique et identificatoire parfois difficile à opérer si l'on considère par exemple le nombre de conflits de parentalité dans lesquels les professionnels se situent comme « bons parents » en regard des parents réels défaillants. Ces conflits de « compétence » entraînent de part et d'autre des manœuvres de disqualification et les parents seront perçus comme trop inquiets, trop protecteurs, trop ou pas assez autoritaires, pas assez coopérants, etc. La dimension quantitative des appréciations dans le « trop ou le pas assez », génère des attitudes dans lesquelles il s'agit *in fine* d'obtenir des parents qu'ils cèdent « pour le bien de l'enfant ».

Ce malentendu, dans lequel il s'agit de convaincre les parents d'être autrement que ce qu'ils sont, ne prend pas en compte les difficultés que certains ont à participer à la construction psychologique de leur enfant, et à accepter que d'autres personnes s'en occupent. Dans ces collaborations difficiles, la séparation liée au placement n'est pas une simple séparation car, elle fait ressurgir des éprouvés de l'ordre de l'effondrement du lien. Renforcer leur lien fusionnel, fonctionner dans l'intrusion et la confusion des espaces, est un moyen pour les parents et pour l'ensemble familial aussi, car l'enfant y contribue la plupart du temps, de se défendre contre des angoisses de mort ou d'abandon. Le placement est alors vécu sur le versant d'un arrachement plutôt que sur celui d'une séparation psychique individuante, comme le suppose généralement un projet de placement.

La problématique des places que chacun se doit d'occuper, parents, enfants, professionnels, s'avère donc extrêmement complexe dès lors qu'un placement apparaît indispensable, à un moment

1. F. Andre-Fustier et F. Aubertel, « La transmission psychique familiale en souffrance », in Kaës R. et coll., *Le Générationnel*, Dunod, 1997, p. 107-150.

donné, pour protéger l'enfant. On trouve dans le champ social schématiquement deux types de modèles idéologiques qui bien souvent s'opposent :

- une idéologie du placement comme mode de préservation de l'enfant contre la toxicité de ses parents ;
- une idéologie du lien familial comme mode de préservation, à tout prix, de la famille au risque de la méconnaissance des dangers physiques et psychiques qu'elle représente pour l'enfant.

Or, pourquoi exclure de l'idée du placement celle de la préservation du lien psychique familial et donc, pourquoi ne pas réunir dans un même ensemble une pratique du placement lorsqu'il s'avère indispensable, et un soutien élaboratif du lien familial ?

L'idéologie du lien familial comme l'idéologie de la séparation confronte les professionnels à un clivage : les parents contre l'enfant, ou l'enfant contre les parents. Ces constructions idéologiques ne font rien de plus qu'héberger et solidifier des clivages intra-familiaux préexistants et relatifs à des formes d'adaptation défensive que les familles ont mises en place face à la souffrance issue de leur histoire.

La reproduction des clivages intra-familiaux par les clivages idéologiques est à l'expérience inévitable. Nous le montrerons plus loin : il fait partie du destin des institutions que d'héberger et parfois de répéter, les données de la souffrance des accueillis comme de leurs familles. La question est alors celle des moyens dont on se dote pour ne pas entériner ces clivages soit par défaut d'attention, soit par une complicité inconsciente qui servirait et les défenses de la famille et les pactes dénégatifs institutionnels. Pour déjouer ces pièges liés aux identifications réciproques inconscientes, il s'avère nécessaire de constituer des espaces d'élaboration de la souffrance familiale dont l'institution est par nature héritière. Ces espaces ne peuvent être pertinents sans disposer de nouvelles théories, de modes de décodage qui rendent intelligibles et transformables dans la pratique professionnelle, ces manifestations co-défensives au cours desquelles les difficultés d'un groupe familial vont être reprises en miroir voire amplifiées par le groupe institutionnel.

3. LE PLACEMENT COMME ESPACE DE RENCONTRE SOCIALE ET PSYCHIQUE

Le niveau social du lien : quelle symétrie possible ?

Des parents sont amenés à confier leur enfant aux bons soins d'une institution spécialisée soit par injonction de la justice, soit par nécessité, puisque le circuit scolaire classique ne peut répondre aux difficultés de ce dernier. Une rencontre sociale va se produire entre des professionnels de l'éducatif ou du soin et des parents en difficulté voire en échec éducatif. Posé en ces termes, il apparaît à l'évidence que le placement peut se confondre plus ou moins consciemment avec l'idée d'incompétence parentale et avec l'idée d'incompétence radicale.

La blessure narcissique du côté des parents

Pour les parents, le placement représente toujours une blessure narcissique, reconnue ou masquée sous l'indifférence et l'agressivité, car il vient marquer une non-normalité de leur enfant et réveiller la culpabilité de ne pas être de bons parents. Le vécu de rapt de leur enfant, particulièrement réactivé, va produire des réactions défensives normales que l'institution doit pouvoir entendre de façon compréhensive.

On peut énumérer un certain nombre de réactions parentales qui ne manqueront pas de se manifester comme la méfiance vis-à-vis des professionnels, le refus du placement, les attaques des projets proposés par l'équipe ou bien l'adhésion en surface doublée d'une passivité ou d'un non-investissement des termes du projet. Semblant confier leur enfant à l'institution, certains se retirent de leur fonction parentale et apparaissent alors comme des parents absents, « abandonneurs », qui ne viennent pas aux rendez-vous sollicités par les équipes éducatives. À l'inverse, d'autres se montreront dans une adhésivité par rapport à l'institution et multiplieront les demandes d'informations ou d'explications, exigeant que l'institution leur rende des comptes sur ce que les éducateurs font avec leur enfant. Ceux-là seront qualifiés de parents agressifs ou envahissants.

La blessure narcissique liée au placement suscite des réactions normales qui se trouvent la plupart du temps disqualifiées alors que la réponse de l'institution est déterminante dans le renforcement ou l'assouplissement des attitudes familiales défensives. Les professionnels doivent consentir à partager avec les parents le scénario de rapt et d'y occuper une place réelle, car, dans le cas contraire, les vécus de rapt se verront projetés et repérés de manière réductive au lieu seul de la réalité parentale.

Penser la symétrie dans ce scénario de rapt induit par le placement est non seulement conforme à la réalité imaginaire des institutions, mais permet aussi de considérer ce qui se joue de part et d'autre en termes de ressentis de « manques » et de rivalité. Les parents ne sont pas les seuls agents de la résistance à la mise en place des projets et les vécus de rivalité posent la question fondamentale de la différence des places : celles des professionnels et celles des parents dans l'éducation de l'enfant.

La blessure narcissique du côté des professionnels

De leur côté, les professionnels se sentent parfois blessés dans l'attaque de leur offre de soin, compte tenu de leurs investissements inconscients et de la mission dont ils sont porteurs. La réaction à ces attaques se fera de façon défensive et se manifestera par des contre-attaques ou par une rigidification excessive dans les attitudes imposées aux parents.

Rappelons que le choix d'une profession d'aide que ce soit dans le travail social ou dans le soin, s'enracine sur une préoccupation à l'égard de soi, des autres et sur une activité de réparation de ce qui a pu faire défaut dans sa propre histoire. C'est en partie pour cette raison que le professionnel risque de vivre les attaques du lien d'aide comme doublement endommageantes pour lui, le mettant en échec dans sa professionnalité et dans ses tendances réparatrices. Le ressenti sera celui d'être détruit dans ses actes mais aussi dans son être. La proximité avec la souffrance et la désorganisation humaines expose quotidiennement le professionnel à de nombreux écueils face auxquels il doit chaque jour remettre en œuvre ses croyances, ses investissements narcissiques, ses capacités d'illusion et d'espoir.

Les risques d'intrusion réciproque des familles à l'égard des travailleurs sociaux et des professionnels à l'égard des familles, les risques de séduction et de fascination par le malheur ou la délinquance, de manipulations elles aussi réciproques, guettent le travail à longueur de temps. On peut penser, par exemple, à cette envie surgissant parfois du côté du travailleur social à l'égard de ces familles qui semblent s'autoriser ce que lui se refuse : dépenses inconsidérées, non-paiement des dettes ou apparente désinvolture devant les duretés de la vie.

Un écueil supplémentaire réside dans l'utilisation narcissique que font les professionnels de leur travail avec les familles : l'échec des familles sera confondu avec celui du professionnel aux yeux de tous et leur réussite pourra être revendiquée comme une plus-value narcissique dans la dynamique relationnelle hiérarchique de l'équipe.

Il importe de repérer ces enjeux narcissiques toujours actifs de part et d'autre et d'en faire un outil de travail pour en permettre l'analyse.

De la minorisation à l'illusion du partenariat

Ce contexte d'enjeux narcissiques est propice aux tentatives de réduction de l'aspect potentiellement blessant des fragilités parentales et professionnelles et donne lieu à des modèles de représentations sociales de la place à donner aux parents. Ces modèles ne sont pas sans comporter une dimension défensive inconsciente comme le suggère P. Fustier[1], quand il parle de la « minorisation des parents ». Ce mécanisme de minorisation construit une représentation des parents comme étant eux aussi des enfants en recherche d'une aide bienveillante de la part des adultes, gommant par-là même leur statut générationnel. Ainsi privés de leur « adultité », les parents redeviennent « aimables » pour des professionnels vis-à-vis desquels ils ne se trouvent plus en place de rivaux mais en place de grands enfants à soigner. Sous couvert d'une prise en compte bienveillante des parents, ce mécanisme masque en réalité une agressivité déguisée, c'est-à-dire retournée en son contraire, sous forme de « sympathie idéologique ».

Si la trop grande bonté, la dévotion, voire la condescendance sont à l'image de l'enfer c'est-à-dire, pavées de bonnes intentions, comment ne pas tomber dans ce travers et appréhender alors le contexte de cette rencontre sociale dans une suffisante symétrie en analysant les enjeux psychiques de ce scénario de placement aussi bien du côté des professionnels que de celui de la famille ? Car pour être professionnels, n'en est-on pas moins homme et de ce fait non exempté des angoisses et des désirs inconscients qui traversent la condition humaine et les familles que nous rencontrons ? Leurs difficultés nous émeuvent parfois, nous irritent, piquent notre curiosité, ou bien nous font douter de leur humanité jusqu'à ne plus vouloir conserver de sentiment d'empathie à leur égard.

Loin d'être un obstacle à une posture professionnelle, l'ensemble de ces vécus constitue un gisement de potentialités élaboratives de ce que la famille nous transmet par la manière dont elle nous affecte. Ces rencontres font surgir des éprouvés divers ne demandant qu'à être collectivement mis en forme, non pour se défendre ou pour enfermer les parents dans un jugement définitif mais pour comprendre ce qu'ils tentent de venir signifier. Là, apparaît une véritable dissymétrie dans les places respectives des familles et des professionnels que nous considérerons plus loin. Car en effet, il ne s'agit pas d'un partenariat banal dans lequel les parties en présence seraient sur un illusoire pied d'égalité au prix de la négation des compétences et des spécificités de chacun. Il ne s'agit pas non plus de « rééduquer » une parentalité défaillante en l'alignant sur un modèle idéal en provenance de l'institution. Il importe surtout d'accueillir, dans la souffrance familiale et souvent, par contamination, dans l'institution elle-même, ce qui fait obstacle à la création d'une place parentale contenante.

1. P. Fustier, *Le travail d'équipe en institution. op. cit.*

Le placement comme dispositif analyseur

Si l'institutionnel et le familial présentent certaines formes de ressemblances en raison des contrats narcissiques et des pactes dénégatifs noués en leur sein, l'illusion d'une symétrie totale dans une forme de partenariat idéal est incompatible avec la nature éducative et thérapeutique de l'institution. Là se trouve une nécessaire dissymétrie : l'institution doit être en mesure de se penser et de repérer que, quoiqu'elle fasse, elle est un cadre d'accueil du familial. À ce titre, elle ne peut éviter la mise en place de dispositifs de réflexion et d'analyse qui permettent d'élaborer, dans un écart, les processus psychiques qu'elle héberge, souvent à son insu, dans la rencontre avec les souffrances familiales. Nous pourrions alors énumérer plusieurs axes où l'attention pourrait se porter :

- un premier axe qui permettrait d'articuler tout acte de placement avec la dynamique psychique de la famille ;
- un deuxième axe ne placerait au centre des dispositifs ni l'enfant, ni ses parents, mais le lien psychique qui les unit y compris dans ses dysfonctionnements, en vue d'en soutenir la transformation ;
- un troisième axe articulerait la nécessité de séparation éducative avec la toute aussi nécessaire conservation pour tous d'une appartenance vitale aux liens généalogiques familiaux.

Enfin, comme nous l'avons déjà souligné, si les familles font l'objet d'une observation, l'institution ne peut se dispenser de repérer, pour mieux se le représenter, le dispositif de traitement social qu'elle propose et ses effets psychiques sur les familles. Le fonctionnement idéologique des institutions les rend souvent aveugles ou sourdes aux problématiques familiales, car, en disqualifiant les parents, il les place en position de se défendre plutôt que de bénéficier des soutiens proposés.

Il importe en effet de regarder quel cadre de fonctionnement institutionnel est proposé aux familles pour comprendre ce qu'il peut leur faire vivre. Sans ce regard porté sur les *a priori* du dispositif de traitement, aucune analyse de la façon dont les familles vont s'en saisir ne sera possible : une confusion irréductible se produit entre le fonctionnement familial proprement dit et ses réponses réactionnelles au dispositif proposé. L'exemple le plus courant est celui des « attaques » des parents par rapport au projet éducatif de l'institution généralement mises au premier plan alors que les parents ne font vraisemblablement que réagir à ce qu'ils ressentent comme une attaque de leur sécurité de base.

Penser l'institutionnel comme un espace d'accueil et de transformation du familial suppose d'envisager la rencontre famille/institution comme une rencontre de groupe à groupe au sein d'un dispositif social qui est la structure encadrante de la rencontre.

La famille dépose à l'intérieur du cadre de la réalité sociale que représentent les différents dispositifs de l'institution, des vécus non élaborés, non symbolisés qui font partie de sa souffrance psychique : ces vécus se transmettent directement à l'institution souvent sous forme de mises en actes variées tels que, les oublis de rendez-vous, l'intrusion dans l'espace de soin de l'enfant, les appels téléphoniques incessants ou au contraire l'absence totale de participation. Ces manifestations vont se produire aussi bien dans les différents espaces de vie et de soins de l'enfant que dans les rencontres formelles ou informelles avec l'un ou l'autre membre de la famille.

Ces vécus non symbolisés se transmettent dans l'institution sous forme d'éprouvés parfois violents comme la colère, l'agacement, la détresse, l'impuissance, l'urgence... Les professionnels reçoivent sans écart ce qui vient de la famille et faute de pouvoir analyser ces dépôts, eux aussi risquent de s'en défendre et d'y répondre sans écart, en miroir, et sur le même registre de l'agir. Il s'agit ici d'une transmission directe par l'affect ou par l'acte. Le repérage de ces modalités de transmission psychique est particulièrement délicat, car elles se situent en deçà de la subjectivité des membres de la famille comme de celle des professionnels.

Pour traiter ces dépôts informels, l'institution doit pouvoir les penser comme tels et mettre en place un espace institutionnel spécifique de deuxième niveau par rapport aux espaces ordinaires. Cet espace de « retraitement » offre un lieu et un temps « en différé » qui permettent de repérer la radicalité des jugements liés aux comportements familiaux, ceux-ci suscitant parfois des conflits violents et des incompatibilités radicales dans les différents positionnements éducatifs des professionnels. Cela est particulièrement évident lorsque deux professionnels vont soutenir chacun l'un, la nécessité de rapprochement de l'enfant avec sa famille et l'autre, un éloignement qu'il ressent émotionnellement comme nécessaire. Cet espace de retraitement second permet d'éviter de prendre à la lettre ce qui vient de la famille, de se dégager de la violence des affects en élaborant des hypothèses sur ce qui est communiqué par la famille à travers les ressentis contradictoires de chacun. Ce travail d'élaboration d'hypothèses est déjà une mise en forme psychique opérée par les professionnels et qui relève de ce que D.W. Bion[1] a appelé fonction contenante c'est-à-dire la capacité de transformer des éprouvés vécus comme bruts en éléments de compréhension partageables.

Ce travail groupal dans l'institution offre un appareillage psychique pour la famille en difficulté : la construction de leur souffrance par l'institution sert de prothèse aux familles pour se penser elles-mêmes. À cette condition seulement le placement peut devenir un analyseur des souffrances activées par la séparation mais aussi des souffrances engendrées chez les professionnels par la « colonisation » familiale de l'espace institutionnel.

Le risque d'intoxication de l'institution

Ce travail s'effectue non seulement au bénéfice des familles mais aussi au bénéfice des professionnels, car en son absence, l'intoxication de l'institution par la réception des données familiales informes et éprouvantes pourra conduire au développement de souffrances physiques, psychiques ou accidentelles chez les professionnels.

On voit que le familial et l'institutionnel à travers la groupalité psychique engagée sont la matière d'un travail utile tant pour les professionnels que pour les familles.

Cependant, ce travail de mise en place de dispositifs d'analyse des processus psychiques déployés dans l'espace institutionnel, ne peut pas venir des familles, mêmes si elles en recevront elles aussi, les bénéfices. L'institution se doit de l'impulser préalablement et d'en porter la responsabilité : là ressurgit une nécessaire dissymétrie entre professionnels et membres de la famille.

1. W. Bion, *Aux sources de l'expérience*, Paris, PUF, 1979.

Une illustration clinique

Considérons à présent l'occurrence évoquée plus haut de l'arrivée d'un nouveau professionnel, ici une psychologue, dans un hôpital de jour. Le dispositif n'est pas celui d'un internat mais ce que nous allons décrire est applicable de manière générique à beaucoup d'autres d'institutions.

Dans cet exemple, le travail en espace de retraitement va permettre d'éclairer le suivi d'un enfant par la mise en évidence de collusions entre traumatisme institutionnel et traumatisme familial à un moment de grande souffrance et de désorganisation institutionnelle. En effet, le médecin responsable et le psychologue ancien viennent de partir, une infirmière est décédée et le poste de surveillant est resté vacant sur plusieurs mois. De surcroît, circule une rumeur concernant la fermeture probable de cette structure. À l'arrivée de cette nouvelle professionnelle, l'attitude du service consiste à lui demander d'occuper exactement et sans écart la place du psychologue précédent de façon à bouger le moins de chose possible, ce qu'on peut comprendre si l'on considère le nombre de changements auxquels ce service a été confronté. À la manière de l'enfant assigné à sa place dans la chaîne des générations et parfois sans grande mobilité possible, cette psychologue doit hériter d'une place scellée dans un pacte dénégatif basé sur la non-élaboration des différents départs. L'institution menacée d'éclatement de son cadre institutionnel lutte contre les vécus d'effondrement de ses repères et de ses références par la mise en place d'une continuité forcée, qui ne tient pas compte du changement, du manque ressenti et des pertes subies : on remplace simplement un psychologue par un autre.

Une famille était suivie par l'ancien psychologue, et avait vu ses entretiens suspendus durant 6 mois, le temps du remplacement de ce dernier. Seule l'infirmière référente continuait à assurer, de façon hebdomadaire, le lien avec l'enfant et ses parents. Lors du premier entretien avec la nouvelle psychologue, la famille fait état d'une succession de praticiens qui se sont occupés de leur fils très invalidé par une atteinte psychique importante. Elle pense que leur fils en a marre de tous ces gens. Pendant ce temps, l'enfant jette tous les jouets en les dispersant et va se coucher dans le coffre à jouets. L'infirmière référente (ancienne) qui assiste à l'entretien dit que cela est adressé à la nouvelle psychologue, puis après le départ de la famille explique à cette psychologue que l'enfant avait effectivement déjà adopté ce comportement lors d'un entretien avec l'ancien psychologue et qu'elle avait censuré ce comportement par un interdit car il lui évoquait trop l'entrée dans un cercueil.

La nouvelle psychologue entend les affects d'angoisse et de mort de l'infirmière à la fois du côté des angoisses familiales, mais aussi du côté des « départs » qui ont manifestement affecté le service. La famille et l'institution sont dans un vécu conjoint de ruptures de liens : la famille a perdu beaucoup de ses interlocuteurs et l'institution a perdu ce qui la portait.

Il faut souligner que, dans les entretiens ultérieurs, l'enfant est très agité, jette les objets par la fenêtre dans le bureau d'entretien, comme il le fait chez lui, si bien que la famille pense que le suivi va s'arrêter du fait de cette haute agitation. En effet, ils décrivent l'arrêt d'une autre prise en charge précédente en privé du fait de la difficulté que le thérapeute avait rencontrée pour contenir l'agitation extrême de leur fils. Après le départ de la famille, l'infirmière se souvient d'un évènement de l'histoire familiale : un des grands-pères est mort par défenestration et cela n'a pu se transmettre qu'en l'absence du parent directement concerné. Cette infirmière demande avec insistance à la psychologue de parler dès la prochaine séance de cet évènement avec la famille. Évidemment, cette idée paraît très effractive à la nouvelle psychologue et inscrite dans une alternative où il est question soit de tout dire tout de suite sans ménagement, soit d'opter pour une mise en dépôt définitive. La violence de cette proposition est rattachée par cette psychologue au travail de deuil bloqué dans le service par l'excès de violence non élaborée suscitée par les départs et les pertes qu'il vient de subir. Il est clair qu'il est demandé à la nouvelle venue de lier de force des éléments et des vécus déjà non liables par la famille à l'époque du précédent psychologue car posés sous forme de secret.

On peut comprendre le comportement de cette infirmière en référence à ce que René Kaës[1] nomme « fonction phorique » dans un groupe lorsqu'un de ses membres qui devient porte-parole est chargé et se charge d'assurer une fonction particulière : ici la continuité forcée du lien sur un déni des deuils à effectuer. Seule rescapée du précédent dispositif et héritière de l'idéalisation qui avait présidé à sa mise en place, cette infirmière se voit contrainte de porter les positions inconscientes de son service en contraignant à son tour la nouvelle professionnelle dans la définition de sa place. En effet, l'arrivée de la psychologue rappelle le psychologue disparu, redonne existence à sa fonction mais, dans le même temps, le fait basculer en tant que personne dans le passé et d'une certaine manière, l'enterre. Si la nouvelle professionnelle reprend exactement la même place, c'est le deuil et la mort qui sont occultés comme l'indiquent l'interdiction posée à l'enfant de jouer au cercueil, ou l'urgence à lier les comportements de l'enfant avec la mort du grand-père. Si elle se présente dans un écart, cela permet de respecter et de différencier le temps psychique propre de la famille et le temps psychique de l'institution. Cela permet de lutter contre la confusion-collusion entre la temporalité institutionnelle et la rythmicité familiale et de reconnaître le vécu d'angoisse de mort présent dans l'institution qui tendrait sinon à se faire traiter et héberger dans l'angoisse familiale.

L'institution, sous couvert d'un espace psychique réservé à la famille, risque de s'engager dans une relation de tromperie narcissique vis-à-vis de la famille lorsqu'elle veut lui faire lier de force et dans l'urgence ce qu'elle ne peut lier elle-même dans un travail de deuil.

Nous voyons à la fois comment :

- Les espaces de traitement thérapeutique peuvent devenir les lieux de traitement clandestin des éléments restés en attente de structuration et de sens au niveau institutionnel surtout lorsque l'institution se trouve en carence et débordée dans ses fonctions de lutte contre l'excitation et l'angoisse ;
- La famille a pu prendre appui sur une fragilité institutionnelle qui résonnait avec la sienne propre, concernant un travail de deuil d'abord bloqué puis remis conjointement en mouvement avec l'institution grâce à l'écart tenu par la nouvelle psychologue dans l'élaboration des deuils de l'institution. Le co-éprouvé de ce partage face à des deuils traumatiques a permis à cette famille à la fois d'être entendue dans sa souffrance devant les pertes issues de changements institutionnels mais probablement d'assouplir ses défenses face aux pertes traumatiques vécues dans son histoire. La possibilité pour la nouvelle professionnelle et son équipe de prendre une place en écart, s'est trouvée étayée à la fois sur l'espace de reprise interne à l'institution et à la fois sur un espace d'élaboration externe dont les institutions ont besoin pour déposer ce qui les envahit de façon majeure, lorsque les données familiales rentrent dans une collusion massive avec l'histoire institutionnelle. Évidemment à l'issue de ce changement de positionnement institutionnel, la

1. R. Kaës, *Le groupe et le sujet du groupe,* Paris, Dunod, 1993.
R. Kaës, *La parole et le lien,* Paris, Dunod, 1994.

transmission intergénérationnelle a pu reprendre parallèlement à une symbolisation de la souffrance liée aux départs dans ce service.

4. CONCLUSION

Nous avons parcouru les obstacles et les conditions nécessaires à une amélioration de la coopération familles-institutions. Les conditions, pour que s'établisse un véritable espace de rencontre, un « partenariat » qui ne serait pas un faux-semblant, peuvent paraître, à la lecture de ce qui précède, très exigeantes. Effectivement, car la proposition est de reconsidérer le placement non seulement comme un dispositif d'hébergement spécialisé mais de le promouvoir en dispositif analyseur des mouvements psychiques en jeu, tant du côté de la famille que de celui de l'institution. Il s'agit de restituer à l'espace institutionnel une véritable possibilité thérapeutique, ce à quoi bon nombre d'institutions de placement aspirent et s'emploient de plus en plus aujourd'hui. La prise de conscience des phénomènes groupaux qui traversent tous les agents du social et du thérapeutique est d'autant plus nécessaire qu'ils sont amenés à intervenir nombreux autour d'une même famille, nombreux dans une institution et nombreux de plusieurs institutions à vocations différentes. Dans ces derniers cas, s'ajoute la complexité des liens inter-institutionnels car, les logiques et les dynamiques de chaque champ d'intervention vont être activées, voire exacerbées, au contact des problématiques rencontrées. La logique du champ scolaire n'est pas celle du champ thérapeutique ou du champ judiciaire, même si elles comportent des points communs qu'il conviendrait d'inventorier si, là encore, il ne s'agit pas seulement soit de s'unir et se souder contre une famille, soit de s'affronter à son propos.

E. Grange-Ségéral[1] a proposé un modèle de compréhension des articulations et des menaces d'empiétement que l'on peut repérer au cours de l'accompagnement d'une famille suivie par des travailleurs sociaux, un service de santé scolaire pour ses enfants et plusieurs professionnels, dans des dispositifs différents au sein d'un centre médico-psychologique. Ce travail a souligné que chaque institution et chaque sous-groupe institutionnel, parfois constitués en « clans », représentent les parties d'un tout, sorte de prothèse soutenante des données morcelées de la transmission familiale. Les commissions élargies réunissant différents professionnels peuvent alors apparaître comme de vastes psychodrames dans lesquels chacun joue la partie de ce qui a été déposé sur lui et la manière dont il le reprend dans ses modalités propres et dans la logique de l'institution à laquelle il appartient. En effet, la confusion présente dans certaines familles mal différenciées diffuse sur les montages institutionnels mis en place pour elles. Ce vécu de confusion nécessite un surcroît de travail de pensée et d'articulation des mouvements produits par chacun au contact de ces familles. À défaut de cette analyse, les tensions et conflits familiaux communiqués de manière peu représentable, vont se trouver injectés et réalisés concrètement par leurs interlocuteurs. Nous assisterons ainsi à des rivalités entre services judiciaire, social ou scolaire, à des disqualifications du travail des autres ou à leur ignorance voire à l'indifférence et au repli sur sa propre logique[2]. Le repli

1. E. Grange-Ségéral, « L'accompagnement des familles en Centre médico-psychologique », in *Parents familles institutions. Approche groupale d'orientation psychanalytique*, Centre de recherche sur les inadaptations, Université Lyon II, 1997, réédition ADSPF, p. 147-188.

2. E. Grange-Ségéral, « Violence symbolique, symbolisation et transmission dans les collaborations du thérapeutique et du social », in *Blessures de la filiation, Le divan familial*, n° 5, automne 2000, Éd. In Press, p. 103-118.

sur sa propre logique s'il n'est pas dépressif, est souvent accompagné de fantasmes d'omnipotence et d'identifications héroïques que font naître chez nous, les familles les plus souffrantes.

Vécus de rivalité, d'indifférence, de confusion feront, dans ces cas extrêmes, l'objet central du travail car ils correspondent à des données non transformées de la transmission intra-familiale injectées dans la transmission institutionnelle. Nous l'avons vu dans l'exemple de la famille rencontrée en hôpital de jour, la transmission de traces traumatiques ne passe que rarement par le discours et la verbalisation. Ces traces, peu ou pas représentées, sont données à vivre, à éprouver, dans la souffrance, la haine, l'angoisse parfois, aux professionnels. Combien de réactions de parents à l'égard de l'internat, réaction d'hostilité, de peur, de revendication, se montrent compréhensibles quand se dévoile l'histoire de la famille, s'avérant la plupart du temps chaotique, faite de séparations douloureuses ou de placements aux générations précédentes.

Les services spécialisés dans l'aide à l'enfance peuvent offrir des modèles de compréhension de ces souffrances qui traversent les professionnels au contact des usagers. Le repérage des butées idéologiques liées au travail éducatif et la décentration vers la prise en compte de la dynamique familiale à travers ses effets sur les professionnels confèrent à l'espace institutionnel une véritable potentialité élaborative. Face à l'épuisement professionnel ou au durcissement idéologique, soutenir l'idée que ce que vivent les acteurs du placement possède un sens potentiel de transformation et un potentiel d'enrayement des répétitions pathologiques offre une opportunité de croissance supplémentaire aux professionnels et aux familles. Pour ne pas être de simples instruments de la répétition, il est utile d'abord de se pencher sur sa propre histoire institutionnelle, sur son histoire personnelle si on en a le désir et le besoin, et enfin sur ce que l'histoire de ceux que nous accueillons peut venir réactiver dans les failles de nos institutions d'appartenance. Nous avons bien trop tendance à considérer les institutions soit comme des modèles in-interrogeables parce que parfaits, soit in-interrogeables parce que dans le fond, inconsciemment disqualifiés. Le regard porté sur les processus psychiques à l'œuvre dans les ensembles institutionnels, se veut de nature à ouvrir une complexité mais aussi une voie de créativité supplémentaire aux structures sociales spécialisées dans la protection de l'enfance, la rééducation et le soin.

Chapitre 42

Nouage de l'individuel et du collectif

N. Touya, B. Oteiza

PLAN DU CHAPITRE

42 • Nouage de l'individuel et du collectif

POUR BEAUCOUP DE PROFESSIONNELS, le groupe est devenu un poids, une dimension difficile à appréhender et à maîtriser. Les phénomènes au sein d'un collectif sont vécus comme une entrave à l'accompagnement individuel. Ne s'observent alors que les aspects de contagion des problématiques qui s'entrecroisent, véritables pollutions qui semblent tirer tous les membres du groupe vers le bas. Cependant, l'accueil d'enfants et d'adolescents en internat spécialisé reste une modalité de placement privilégiée. Il est donc nécessaire de penser la réactualisation de cette forme d'accompagnement, quitte à se remémorer des approches qui ont fait leur preuve par le passé.

« Penser » le groupe implique de ne plus le subir. Cela demande qu'un travail soit mené autour de l'articulation de l'individuel et du collectif au sein d'une institution. Cela nous convoque à une représentation où la dimension groupale serait au service d'un travail de différenciation et d'individuation.

Il semble que peu à peu notre profession ait déserté ce travail « sur le groupe » pour se retrouver dans un embarras parfois difficile à dépasser. Cette désertion s'est faite progressivement et a, selon nous, plusieurs causes.

- La première est sociétale. En effet, l'évolution des habitudes de vie et le rétrécissement des structures familiales ont minimisé considérablement la dimension collective qui peut apparaître comme une situation exceptionnelle. La promotion de l'individu a fait émerger des valeurs différentes de celles évoquées dans des approches plus collectivistes. Bref, le groupe n'est plus à la mode... Les phénomènes groupaux ne sont appréhendés que par un regard télévisuel qui observe les chamailleries de jeunes gens enfermés dans un « Loft » ou enrôlés dans une « Star academy ». Drôle d'image du groupe, dont ne survivra qu'un de ses membres, les autres étant exclus, bannis... Ils ont perdu !
- La seconde est organisationnelle. Comme nous le dit Jean François Larralde dans cet ouvrage, les institutions ont connu des changements fondamentaux sur le plan fonctionnel. D'une organisation de travail qui mettait les professionnels dans une forme d'accompagnement qui se déployait sur un continuum temporel et permettait une stratégie éducative de type « vivre avec », la profession est passée à des interventions séquentielles où le professionnel qui est au départ d'une action n'est pas toujours celui qui la terminera. Cette fragmentation du temps de travail a pour effet de modifier les représentations des professionnels, s'agissant de l'observation de la dynamique groupale. Cet aspect peut, en fait, complètement échapper si les tenants et aboutissants d'une situation de groupe ne peuvent être appréhendés dans leur globalité.
- La troisième raison est due à un glissement dans les pratiques relatives à une difficulté de transmission de savoir-faire professionnels et à un déficit de formalisation. D'autre part, les formations éducatives prévoient de moins en moins une approche expérimentale de la dimension groupale et semblent préférer des apports théoriques qui ne rendent compte qu'insuffisamment de la réalité groupale.

Certainement, d'autres raisons non évoquées ici participent à ce désinvestissement du groupe comme objet de travail à part entière. Mais au fond, peut-être ne croyons-nous plus au groupe, ou plutôt, le vivons-nous comme une dimension lourde et insupportable. Le groupe phagocyte-t-il ou libère-t-il ? Étouffe-t-il ou étaye-t-il ? Met-il en danger ou protège-t-il ?

Il nous paraît important d'insister sur le fait qu'il serait problématique d'opposer l'individuel et le groupal. Ces deux dimensions sont intrinsèquement liées, l'individu, seul, ne tient pas. Le groupal n'a de sens que dans la fonction contenante et étayante qu'il représente pour un individu.

Si cette contribution n'a pas l'ambition de répondre à une question aussi fondamentale, elle tentera d'ouvrir des pistes de réflexion et surtout insistera sur les capacités créatives des équipes professionnelles à remettre sur le métier, le tissage méticuleux de l'individuel et du groupal.

1. LA NOTION DE GROUPE

Une définition

Le groupe est d'abord une réalité sociale au sens qu'il obéit à une fonction d'ordre social qui a le pouvoir d'inclure ou d'exclure. René Kaës[1] nous en dit un des enjeux :

> « l'émergence du groupe comme artifice correspond à cette période de notre histoire où les garants méta-sociaux de la vie sociale se désagrègent, en même temps que se construit, sur la base du consumérisme, la société des individus. »

Il poursuit par un rappel précieux :

> « Dans les sociétés traditionnelles, ce que nous nommons thérapie est le processus de réintégration dans le groupe du membre séparé de lui par la maladie. Le malade est un symptôme des désordres dans le groupe. Il faut donc réunir le groupe pour remembrer l'individu dans le groupe et, corrélativement, recomposer le groupe. L'idée que le groupe contient du sens commun, partageable et efficace pour interpréter les troubles de l'esprit, mais aussi les rêves, est le principe organisateur de ce dispositif thérapeutique... Si le malade ne parvient pas à se réintégrer en lui-même en même temps qu'il se réunit dans son groupe d'appartenance, il risque l'exclusion, dangereuse pour lui mais protectrice pour le groupe. »

Ainsi nous percevons la fonction sociale du groupe qui est d'inscrire un individu au sein du tissu social, de lui aménager et lui garantir une place. La notion de contrat narcissique rend compte de ce mouvement qui charge un individu de la continuité de l'ensemble social en échange de quoi il sera investi et reconnu par le groupe social.

Le groupe ne peut se résumer à la somme des individus qui le composent. C'est là une constante d'observation tant chez les systémiciens, les psychosociologues que chez les psychanalystes. Ainsi chacun s'accorde à dire que le groupe constitue une entité à part entière. Le groupe dispose de structures, d'organisations et de processus psychiques propres. « Il y a une création psychique propre aux groupes, des entités psychiques qui ne se produisent pas sans le groupement[2]. » Le groupe est donc décrit comme un lieu d'échange intersubjectif qui produit un agencement autonome des différents « dépôts » individuels. Cet agencement porte le nom d'appareil psychique de groupement selon René Kaës qui le différencie de l'appareil psychique individuel.

1. R. Kaës, « En quoi consiste le travail psychanalytique en situation de groupe ? », *Revue de Psychothérapie Psychanalytique de Groupe*, n° 46, 2006.
2. *Ibid.*

La vie psychique groupale

Nous l'avons dit le groupe est une instance qui met en connexion différentes subjectivités. Cette intersubjectivité s'organise à partir d'un niveau primaire de sociabilité, la sociabilité syncrétique que décrit José Bleger[1]. Il en résulte un ensemble d'éprouvés très archaïques, fait d'angoisses où les individus se défendent de la confusion, de l'indifférenciation (peur d'être noyé, étouffé, dévoré par le groupe). Ces éprouvés sont particulièrement à l'œuvre dans les moments de démarrage d'un groupe ou lors du départ ou de la disparition d'un des membres.

Parmi les états groupaux mis en évidence, l' « illusion groupale » décrite par Didier Anzieu[2] est emblématique de ce que la situation groupale peut générer. Il s'agit là d'un état fusionnel où les membres du groupe ont le sentiment d'un bien-être, d'être bien ensemble, de constituer un bon groupe. Cet état « illusionnel » est un leurre, mais il est nécessaire à la constitution d'un groupe comme ensemble. Cette étape est très fortement ressentie par un groupe et la disparition de cet éprouvé engendre beaucoup de nostalgie par rapport au sentiment de sécurité vécu au sein de cette enveloppe matricielle.

Les travaux de Max Pages[3] mettent en lumière la notion d'affectivité dans le groupe. Il pose ainsi la question :

> « S'agit-il d'une pluralité d'affects individuels ou d'une affectivité commune à tous les membres ? Affectivité en groupe ou affectivité de groupe ? Notre thèse est qu'il existe bien une affectivité de groupe. Nous la formulerons sous une forme volontairement tranchée : dans tout groupe, à tout moment, il existe un sentiment dominant par tous les membres du groupe, avec des nuances individuelles. Ce sentiment le plus souvent inconscient, gouverne la vie de groupe à tous les niveaux. »

Pour certains groupes, il peut y avoir de vraies résistances à la constitution d'un ensemble en fonction de coordonnées internes et externes au groupe. Ainsi des clivages externes peuvent se rejouer au sein du groupe ou bien la position subjective d'un membre du groupe peut être un frein à la circularité d'éléments intersubjectifs...

Il nous semble intéressant de noter ici l'engagement narcissique que mobilise chez un individu tout processus d'appartenance à un ensemble groupal. Le sport peut donner idée de ce que la personne peut investir comme part d'elle-même dans la « défense » des couleurs étendards, souvent de manière complètement irrationnelle.

Les caractéristiques d'un groupe au sein d'une MECS

Le groupe d'enfants ou d'adolescents accueillis au sein d'une structure éducative est complètement artificiel et il l'est à plusieurs titres. Les membres du groupe n'ont pas choisi d'en faire partie, pas plus qu'ils ne se sont choisis entre eux. Ce qui les réunit, ce sont les problèmes personnels et familiaux qui les amènent à « partager » ce destin. Ils sont dans une situation de recevoir d'une institution ce que leur propre famille ne peut pas ou peut très partiellement leur apporter. Ainsi ce

1. J. Bleger, « Le groupe comme institution et le groupe dans les institutions. Études psychanalytiques », in *L'institution et les institutions*, Paris, Dunod, 1987.

2. D. Anzieu, *Le groupe et l'Inconscient, L'imaginaire groupal*, Paris, Dunod, 1984.

3. M. Pages, *La vie affective des groupes, esquisse d'une théorie de la relation humaine*, Paris, Dunod, 1968.

qui se met en circulation au niveau d'un tel groupe peut d'emblée être des sentiments de très grande frustration, de désillusion, de souffrance. Cet enchevêtrement des problématiques personnelles peut provoquer des identifications croisées très insupportables pour les membres du groupe.

D'autre part, chaque membre du groupe construit un lien particulier à l'institution qu'il peut penser comme substitutif à sa famille. Le vécu partagé et quotidien le met dans une situation où les relations dans le groupe s'apparentent à des liens de pseudo-fratrie tandis que la relation aux professionnels chargés de son accompagnement peut se retrouver chargée de connotation « familiale », générant un rapport enfant/adultes parentalisés. Ce pseudo-rapport familial, dont on sait combien les institutions se défendent, ne peut être analysé en tant que tel et peut être complètement refoulé par la présence inconsciente du fantasme de rapt chez les professionnels. Cependant les rapports de rivalité, les demandes d'exclusivité, la violence entre enfants sont très courants au sein de ces groupes.

Enfin, le seul fait d'être accueilli dans un établissement, met l'enfant ou l'adolescent et donc le groupe dans une position d'héritage et de continuité par rapport à l'origine et au passé de l'institution. Il s'agit d'une « filiation additionnelle » souvent difficile à assumer du fait des représentations extrêmement marquées de ce type d'établissement.

Ces problématiques d'appartenance se vivent de manière souvent aiguë pour les adolescents qui peuvent, par leurs comportements, être le symptôme de ce que l'institution n'a pas pu ou su mettre au travail sur ces questions (notamment le rapport institution/famille).

Les caractéristiques d'un groupe d'adolescent(e)s

Parmi les groupes institutionnels, le groupe d'adolescents réunit les caractéristiques citées plus haut mais, par les problèmes rencontrés dans sa gestion quotidienne, il est le symptôme de cette réelle difficulté des équipes éducatives à appréhender la dimension groupale.

La première caractéristique est bien la réunion de personnes qui vivent un moment très particulier de leur évolution : l'adolescence. Situons-la au cœur d'un mouvement crucial qui, selon Jean-Jacques Rassial[1], engage l'adolescent à se réapproprier son corps, à réaborder la question œdipienne. Ainsi c'est une opération « symboligène » qui « bouscule l'ordre des identifications et des représentations infantiles ». La représentation que se fait l'adolescent de ses parents change de consistance. Le parent chute de son statut présupposé de « fondateur » et endosse la fonction plus humble, plus humaine aussi, de transmetteur. Ce constat ne se fait pas facilement, l'adolescence est une panne, un « Breakdown » comme dit Winnicott, les représentations imaginaires se déprécient, le monde adulte change de visage. L'adolescent doit pouvoir s'approprier une généalogie qui l'inscrit dans l'ordre des générations et de la différence des sexes.

Reste que Winnicott[2] met l'accent sur l'importance du milieu et du positionnement des adultes autour de l'adolescent. La société « adolescentrique » décrite, il y a quelques années, par Tony Anatrella n'aide certainement pas l'adolescent dans cette traversée. L'adulte qui n'accepte pas de vieillir ne permet que difficilement à l'adolescent de grandir... Françoise Dolto[3] évoque ainsi le

1. J.-J. Rassial, *Le passage adolescent, de la famille au lien social*, Toulouse, Erès, 1996.
2. D. W. Winnicott, *De la Pédiatrie à la Psychanalyse, L'adolescence, à travers le pot au noir,* 1962.
3. F. Dolto, *La cause des adolescents,* Paris, Robert Laffont, 1988.

dénouement de ce passage : « un jeune individu sort de l'adolescence lorsque l'angoisse de ses parents ne produit plus sur lui aucun effet inhibiteur ».

Reconnaissons l'adolescence comme une étape sensible de la construction du sujet où il doit éprouver son corps, se risquer à une parole singulière, s'aventurer dans un cheminement personnel. Encore faut-il qu'il puisse s'y sentir autorisé... L'adolescence n'est pas seulement un processus de transformation individuelle mais également une situation qui a un très fort impact sur l'appareil psychique familial ainsi que sur son économie. L'adolescence, enjeu de séparation et d'individuation se vit non seulement de manière individuelle mais également collectivement au sein de la famille. L'adolescence interroge les soubassements des positions parentales et fait résonner les traumatismes nichés dans l'histoire inconsciente familiale. Dans la situation de placement, le mal-être de l'adolescent va se déposer, s'exprimer dans le cadre institutionnel et va se mettre en résonnance avec la dynamique psychique du groupe d'accueil.

Abordons enfin la question de la collectivité, même à échelle réduite. La collectivité interroge ce sur quoi elle se fonde : pourquoi vivons-nous ensemble et quel sens cela a. Le groupe institutionnel, nous l'avons vu, est un groupe artificiel. Pierre Benghozi rappelle, en référence aux travaux de Didier Anzieu, qu'une entité groupale traverse pour se constituer différentes phases dont les premières peuplent l'imaginaire groupal de représentations archaïques, destructrices, violentes. Ce n'est que par la suite que le groupe se construit « un moi-peau », qui fédère les éléments qui le composent autour d'un idéal et des valeurs partagées en référence à une loi connue et acceptée par tous.

L'hypothèse est de dire que bon nombre de groupes de jeunes (et pas seulement institutionnels) ne parviennent pas à cette étape de construction qu'est le « moi-peau » et restent « scotchés » aux états archaïques groupaux. La fragilité psychologique de certains jeunes résonne particulièrement dans des contenants psychiques groupaux particulièrement sensibles. Voici ce qu'écrivait Winnicott en 1962 dans un article intitulé « L'adolescence, à travers le "pot au noir" » dans son livre *De la Pédiatrie à la Psychanalyse* :

> « Les adolescents sont des isolés rassemblés, qui s'efforcent par divers moyens de former un agrégat en adoptant une identité de goûts. Ils peuvent se grouper s'ils sont attaqués en tant que groupe, mais c'est là une organisation paranoïde en réaction à l'attaque ; si la persécution cesse, les individus redeviennent un agrégat d'isolés. »

Voilà posé clairement le paradoxe de certaines situations institutionnelles, où des adolescents font alliance, en désignant l'institution comme persécutrice (celle-là même en charge de leur protection). Winnicott nous rappelle plus loin dans ce même article, combien pèse l'influence des sujets les plus symptomatiques, « les membres extrêmes » dans un groupe d'adolescents et surtout comment ils le colorent par le jeu de la dynamique psychique groupale.

Pour récapituler notre pensée, notons que le groupe est une enveloppe où se met en place un jeu intersubjectif appelé appareil psychique groupal. La vie psychique du groupe aura sa dynamique affective en lien avec la situation concrète de ses membres et dans le rapport établi avec l'institution qui les accueille.

Les questions cliniques que pose le travail « sur » le groupe

Nous soulevons la complexité des mécanismes participant à un processus d'inclusion au sein d'un groupe d'un établissement spécialisé. L'appartenance peut être vécue négativement, comme

Ces dimensions représentent concrètement la façon dont l'institution prend soin des personnes accueillies. Il s'agit de présenter ces notions comme complémentaires des cultures familiales et de sensibiliser les familles à ces questions. Là, également, la qualité de relation instaurée avec la famille sera un concours très précieux au travail de ces acquisitions.

La reconnaissance de l'autre

Ouvrir l'enfant ou l'adolescent à la reconnaissance de l'autre est aussi un travail que le cadre groupal permet d'expérimenter. Il s'agit d'accompagner la personne à accepter d'avoir à partager et à échanger avec ses pairs. Il s'agira de prêter attention à la façon qu'elle a de considérer l'autre, de le respecter, de lui accorder une place. La vie quotidienne, les activités de groupe constituent des médiations qui permettent d'introduire des enjeux de réciprocité, d'aide, de partage qui amènent les jeunes à se positionner sur d'autres registres que la rivalité, la jalousie, le rejet, les préjugés. Il y a donc un vrai travail sur l'acceptation des différences.

Le travail sur l'intolérance à la frustration

La vie sur un groupe peut avoir des effets régressifs sur les personnes. Parmi les comportements régressifs l'intolérance à la frustration en est un des plus récurrents. Il est d'une certaine manière une défense à une situation de placement parfois mal comprise et mal vécue mais aussi une défense contre la dimension groupale. Le fonctionnement de type infantile « tout, tout de suite et tout pour moi » tente d'annihiler les contraintes liées à la vie de groupe vécues comme persécutrices. L'accompagnement consiste à aider la personne à négocier son rapport à elle-même (son monde interne) avec son environnement (les autres, le groupe). Cet accompagnement suppose beaucoup de doigté de la part de l'équipe éducative et implique une relation de confiance établie.

La sensibilisation à la vie citoyenne

Cette dimension interroge directement le niveau de participation des personnes dans les instances institutionnelles. Elle convoque l'institution dans sa capacité à développer une pratique démocratique et donc de travailler sur son positionnement et son rapport aux usagers. Il s'agit d'interroger le fonctionnement du Conseil de la vie sociale ou d'autres instances qui peuvent permettre aux personnes une démarche participative et active. Cet axe de travail réclame un suivi très sérieux pour apparaître comme légitime et efficient. Il est important que les personnes accueillies perçoivent que leur parole trouve un écho et qu'elles peuvent peser sur certaines décisions. Pour certains sujets, des marges de manœuvre peuvent être laissées, notamment pour l'initiative de certains projets. Cet axe vient également interroger la capacité de l'institution à établir des partenariats qui permettent une inscription des personnes dans des actions externes à l'établissement (associations, maisons de quartier...). Il est indéniable que le rapport des jeunes entre eux au sein d'un établissement, dépend de leur rapport à l'institution mais dépend également du rapport que l'institution entretient avec son environnement. Il s'agit d'offrir à ces jeunes une passerelle vers le monde extérieur et pour cela il faut que l'institution ne soit pas totalisante et refermée sur elle. Certains liront ces propos comme une évidence et cependant, il nous paraît important d'être vigilant à cet endroit. L'évaluation interne peut constituer le lieu d'une observation et d'une analyse des pratiques démocratiques et des stratégies d'ouverture et de collaboration d'un établissement.

4. LE TRAVAIL DE PERSONNALISATION DE L'ACCOMPAGNEMENT ÉDUCATIF

Le projet personnalisé

Longtemps considéré comme un recours aux prises en charge trop globales, trop monolithiques, où tout le monde était logé à la même enseigne, le travail sur le projet personnalisé a permis de mieux se centrer sur les besoins de la personne. Cependant il faut garder à l'esprit que cet outil se situe à l'endroit exact du nouage de l'individuel et du collectif. En effet, le projet personnalisé se bâtit à partir d'observations de la personne, notamment dans son cadre de vie. Son inscription dans la dynamique groupale, son lien avec les autres, avec l'équipe éducative, enfin, globalement avec l'institution, vont constituer un axe d'observation central. Cette observation va être menée par l'équipe éducative qui, d'une certaine manière, est très imprégnée par cette même dynamique qu'elle a, par ailleurs, à gérer.

D'autre part, les actions, les interventions qui vont être retenues seront initiées à partir du cadre collectif. Ce cadre peut être considéré comme l'espace de réalisation du projet et en même temps, un outil, s'agissant notamment des objectifs concernant la socialisation. En fait, nous savons que le projet personnalisé n'est possible que si la personne peut supporter la situation de placement dans un collectif, sinon le projet consistera peut-être en une réorientation...

Parfois le projet personnalisé doit « supporter » que la personne n'ait aucun projet personnel et qu'un processus d'élaboration de projet personnel soit parfois long et douloureux. Il peut être alors abusif de convoquer la personne à un travail psychique encore impossible pour elle. Pourtant, c'est à cet endroit que la dimension groupale peut apporter quelque chose de très précieux : un étayage. En effet, la dynamique groupale, les influx, les idéaux, les expériences multiples qui se proposent au sujet, sont autant d'éléments susceptibles de l'aider à se situer par rapport aux désirs des autres et du sien propre. Cela peut constituer le socle de ce qui deviendra une première élaboration d'une position subjective, position qui autorisera le projet personnel, que le projet personnalisé (outil technique de l'équipe) viendra soutenir. Cette dialectique ne pourra se faire sans que les éléments familiaux soient pris en compte et traités.

Le référent, les enjeux d'une désignation

Nous garderons la perspective de l'articulation de l'individuel et du collectif pour aborder cette dimension. Nous le verrons en détail dans le chapitre 49[1], les professionnels d'une MECS sont désignés par les tâches qui d'une certaine manière « parentalisent » leur fonction. Cette situation

1. Concernant le rapport famille/institution, chapitre 49.

transférentielle très marquée que Paul Fustier nomme « relation par étayage » place les éducateurs dans une situation qui n'est pas du tout neutre. C'est un métier où l'humain est très fortement engagé et les enfants, les adolescents investissent très fortement cet espace relationnel, parfois en le testant, mais ils n'y sont pas du tout indifférents. Ainsi la désignation d'un référent va introduire une dimension supplémentaire où un des adultes va assumer une responsabilité particulière à l'endroit d'une ou de quelques personnes. Ce faisant une démarche d'appropriation symétrique peut se mettre en place. Du côté du professionnel, celui-ci va prendre connaissance de manière approfondie de l'histoire familiale, individuelle de la personne dont il a la « référence ». C'est lui qui va rencontrer les partenaires (scolaires, professionnels...), lui qui va éventuellement rencontrer les parents, encore lui qui va travailler sur les écrits, à l'organisation des vacances, lui qui va rencontrer le jeune de manière formelle... Il est clair qu'à ce niveau de responsabilisation, le suivi qui en découle peut offrir des gages de qualité.

Du côté de la personne accueillie, celle-ci comprend vite que « son » référent va être un interlocuteur central, incontournable. La relation va en être « (ren)forcée » avec ce que cela suppose sur un plan affectif. Cette mise en place d'un système de « privilégisation » du relationnel peut avoir une résonance dans la dynamique de groupe (rivalité, jalousie...) et il y a intérêt à ce que le cadre de la référence (objectifs, limites, modalités d'exercice) soit explicitement posé au départ de la prise en charge et soit ré-abordé régulièrement au niveau du groupe. Il s'agit de garantir pour la personne accueillie et pour le professionnel que cette modalité de relation soit triangulée, traversée par du tiers institutionnel.

D'autres modalités, comme notamment l'exercice d'une co-référence, peuvent garantir une suffisante responsabilisation des acteurs professionnels s'agissant du suivi concret de la personne accueillie. Le transfert relationnel est alors réparti sur plusieurs membres d'une équipe. Sur un plan opératoire, ce type de formule réclame une qualité de la transmission des informations mais peut assurer une continuité d'action, le projet ne s'arrête pas parce que le référent est absent... Sur un plan du collectif, la question de la référence est alors vécue comme une référence assurée à plusieurs, l'équipe est alors appréhendée comme une entité contenante tant de l'individuel que du groupal.

Nous pensons que chaque institution est en capacité de faire les choix méthodologiques en fonction d'éléments qui lui sont propres (histoire, niveau de professionnalité de l'équipe, population accueillie, offre de service...), nous attirons simplement l'attention sur le fait que ces choix (jamais faits au hasard) vont impacter la vie psychique groupale et qu'il est important d'en avoir conscience.

L'entretien individuel

L'entretien individuel est un outil de verbalisation du quotidien. Comme nous le suggèrent Maurice Capul et Michel Lemay[1], il s'agit de pouvoir revenir avec la personne accompagnée sur la façon dont elle négocie son rapport entre le monde externe et « son » monde interne. C'est à partir d'une réalité partagée, vécue à la fois par la personne accueillie et les membres de l'équipe éducative qu'un échange se construit. Il s'agit là « d'une clinique de l'après coup » où il est possible de retracer des évènements, de renvoyer quelques observations et surtout de favoriser l'expression

1. M Capul et M. Lemay, *De l'éducation spécialisée*, Toulouse, Erès, 1997.

et l'élaboration de la personne. Ainsi, le point de départ est, sans conteste, l'ici et maintenant de la situation de placement et plus précisément, de la situation groupale. Il s'agit de pouvoir guider la personne dans ce qu'elle pourrait identifier, sa place dans le groupe, ce qu'elle supporte ou non, ce qu'elle vit bien ou moins bien. Il faut aider la personne à essayer de repérer ses émotions par rapport au niveau « affectif du groupe », de quoi se défend-elle ? L'accompagnement suppose de permettre une intégration subjective qui va souvent passer par les liens que la personne établit entre son expérience actuelle, les expériences groupales antérieures et bien sûr son expérience familiale.

L'entretien individuel est également un outil à part entière du travail sur le projet. Il permet une mise en perspective d'objectifs et de moyens et une confrontation entre les désirs, les choix de la personne, leur faisabilité et la réalité effective.

Ce travail d'entretien individuel réclame beaucoup de professionnalisme et de compétences chez les éducateurs qui doivent créer les conditions d'un échange libre. Les professionnels ont à respecter les capacités d'élaboration de la personne, doivent avoir la patience de cheminer au rythme de celle-ci, de se garder d'interprétations trop hâtives et d'aborder avec tact les questions familiales.

5. LA DIMENSION GROUPALE AU SERVICE D'UN TRAVAIL D'INDIVIDUATION ET DE DIFFÉRENCIATION

Prendre soin du groupe

Maurice Capul et Michel Lemay énoncent quatre conditions pour qu'un groupe « puisse fonctionner » : « les membres doivent avoir un certain désir de participer à une vie collective ; il faut établir des relations d'échanges entre eux ; ils doivent se définir des buts communs ; ils doivent aboutir à un minimum de cohésion sous peine d'éclatement ou de tensions insupportables...[1] » En fait, l'une des conditions majeures pour pouvoir travailler sur les processus d'individuation et de différenciation est de garantir que les phénomènes groupaux ne soient pas envahissants au point que les membres du groupe seraient complètement « pris » par ce type de dynamique.

Les réunions de groupe, régulières, sous une forme bien établie et au contenu préparé, peuvent favoriser cette mise en parole des évènements et aider à la régulation des phénomènes groupaux. Il s'agit de proposer un cadre contenant qui permet de travailler sur la cohésion du groupe. Installer ces « rendez-vous » de manière régulière et pérenne, permet de sortir d'une logique d'urgence ou de crise et de créer un espace ritualisé qui va permettre de scander la vie groupale. L'animation de ces temps doit être suffisamment pensée. La présence d'un membre de l'équipe de direction peut donner un caractère « institutionnel » et conférer à ce moment une importance particulière.

1. *Ibid.*

Le projet élaboré en groupe comme organisateur

Il est donc nécessaire de donner sens « au vivre ensemble » qui se développe au sein d'un groupe d'internat. Il s'agit de transcender les raisons qui font que les personnes se retrouvent à vivre une situation de placement. S'il n'est pas possible d'en faire abstraction, il s'agit de proposer une animation qui va permettre au groupe de devenir un collectif, capable de créativité et de générer du projet. Cette démarche doit respecter des étapes d'intégration des différents membres du groupe, de création d'une ambiance contenante pour pouvoir enfin entrer dans une dynamique de projet.

Les projets peuvent concerner tant des médiations internes, activités ou animations diverses que des actions qui seront menées en externe. Sortir des murs institutionnels ne constitue pas un projet en soit, mais cela peut être un cadre favorable à la mise en place d'une dynamique différente où chacun, y compris les membres de l'équipe éducative, va pouvoir éprouver la dimension collective d'une manière renouvelée. Le projet crée une nouvelle scène, un nouveau média, qui peut « faire diversion » par rapport au quotidien et engager le groupe dans une dynamique positive portée en partie par un objectif à atteindre. Ainsi, chaque projet porte en lui une part d'idéal que le groupe peut partager et défendre. Nul doute que le projet connaîtra certaines « attaques » dans certaines situations où la dimension groupale est chaotique et il faudra toute la détermination de l'équipe pour arriver à sa réalisation. Mais il est clair, que cette étape favorisera la structuration du collectif, pour un temps bien sûr, puisque, si la vie psychique du groupe comporte des cycles, ce travail sera à renouveler.

6. CONCLUSION

Nous n'avions pas l'ambition, pour cette contribution, d'apporter une nouvelle conception du travail d'accompagnement éducatif au sein d'un groupe mais de faire simplement un rappel sur la complexité inhérente à cette situation. En effet, la clinique éducative développée dans ce cadre, se révèle particulièrement technique tant les professionnels sont dans une incessante articulation de plusieurs niveaux qui interagissent constamment entre eux. Ainsi, il s'agit d'accompagner le sujet dans son rapport à lui, à sa famille, à son environnement, etc., mais, ce faisant, il faut animer et encadrer un collectif qui développe sa propre dynamique. Cette pratique se pense à plusieurs, collectif institutionnel mais également en partenariat inter-institutionnel.

Le collectif est donc la dimension « cadre » de l'accueil et de l'accompagnement en MECS. Cela nécessite que la dimension groupale fasse l'objet d'actions éducatives spécifiques afin de garantir pour le collectif un niveau suffisant de cohérence interne, de confiance envers l'équipe éducative et de sécurité. C'est à cette condition que le groupal pourra être mis au service d'un travail de différenciation et d'individuation pour les personnes accueillies. Si la notion de collectif est aujourd'hui plus difficile à manier du fait d'un changement des mentalités et peut-être d'une évolution des difficultés présentées par les personnes accueillies, cette dimension comporte des atouts importants et précieux pour l'aide à leur apporter. Il s'agit en effet de mobiliser le caractère « contenant » de la situation groupale afin de permettre un étayage structurant des membres du groupe. Le groupal ne doit pas prendre toute la place et c'est pour cela qu'il doit être « pris en charge ». Chaque génération de professionnels a ce défi à relever, place donc à la créativité !

Chapitre 43

Soutenir la question du soin

J.-F. COSTES, F. DESMARTIS

PLAN DU CHAPITRE

Nous avons fondé avec mon épouse notre lieu d'accueil voilà près de vingt-cinq ans. C'était en avril 1983. Et déjà à cette époque-là, qui est l'époque où émerge tout le mouvement de création des lieux de vie, nous avons créé le nôtre dans une perspective de travail en réseau. Contrairement à ce qui se faisait alors, nous avons fait le choix de nous installer dans une proximité urbaine dans un souci précisément d'articulation à d'autres, de travail en réseau. C'est également pour cela que nous n'avons pas pratiqué d'accueils dits de rupture alors que dans la plupart des lieux, éloignement géographique oblige, c'était ce type d'accueil qui était privilégié. Dès l'origine, notre travail et nos accueils se sont situés à l'intersection du social et de la pédopsychiatrie. C'est encore le cas. Sur cinq jeunes accueillis, trois ont des troubles de la personnalité et sont dans des pathologies mentales lourdes.

Voici une dizaine d'années, nous avons créé « les ateliers de Bentenac[1] », structure d'accueil de jour où nous n'accueillons que des jeunes en accueil séquentiel. C'est donc une structure dont la spécificité est d'être articulée à d'autres. Conçue pour cela, elle ne peut fonctionner sans cette articulation. Dans nos accueils, nous observons une corrélation très forte entre l'importance des effets obtenus et la qualité du partenariat mis en œuvre. Dans ces ateliers arrivent des jeunes en situation d'impasse, en risque d'exclusion ou déjà exclus du milieu scolaire ou médico-social ou encore, non intégrables dans ces milieux.

Dans l'Hérault en particulier, le manque de place en institutions vient masquer cette question que nous allons aborder ici : à quelles conditions des jeunes en grande difficulté peuvent-ils être intégrés, trouver place dans les institutions sociales ou médico-sociales ?

Nous sommes donc amenés à prendre en charge des jeunes qui font intervenir plusieurs partenaires :

- un ou plusieurs partenaires du secteur sanitaire : structures de soin ;
- un ou plusieurs partenaires du secteur médico-social : IME ou ITEP ;
- un ou plusieurs partenaires du secteur social : Famille et/ou Aide sociale à l'enfance à travers les institutions sociales telles les MECS, les agences de la solidarité (le social sectorisé).

Ces partenaires relèvent de champs différents et mettent en jeu des institutions différentes. Le travail en réseau, dont on parle tant, soulève des questions extrêmement importantes sur les plans techniques et cliniques que je vais m'efforcer de développer.

De fait, un travail en réseau efficient demande que le travail clinique prenne en compte ces deux dimensions : la dimension interpersonnelle et la dimension institutionnelle. Ce travail est d'autant plus complexe que ces deux dimensions doivent être traitées à la fois en interne, à l'intérieur de chaque institution, et sur un plan transversal, inter-institutionnel.

1. Pour plus d'informations sur ce dispositif, on pourra consulter le site Internet : www.bentenac.fr.

1. QUESTIONS TECHNIQUES ET CLINIQUES

Comment appréhender le travail partenarial ?

À quelles conditions un travail en réseau peut-il réellement fonctionner ? À quelles conditions peut-il être une voie de résolution de problèmes insolubles dans le cadre d'une prise en charge institutionnelle habituelle ?

Le travail en réseau ne saurait se résumer à une pluralité de lieux ou à une juxtaposition de divers dispositifs. Et pour passer d'une juxtaposition à un travail en commun, il ne suffit pas d'organiser la collecte et la circulation d'informations. Il faut que se construise un véritable travail d'élaboration commun qui permette la co-construction d'un espace de pensée commun. Il y a là une difficulté considérable qui se heurte à une difficulté spécifique à nos métiers de soignant ou de travailleur social, qui est beaucoup trop rarement prise en compte et touche à la transmissibilité de nos expériences, au partage de nos représentations et de nos ressentis. Dans le travail du Docteur Marie-Joëlle Hervé sur le ressenti négatif des professionnels[1], elle rappelle que « l'intersubjectivité constitue un des outils de travail de la thérapie ». Dans le travail partenarial, une des difficultés majeures est de pouvoir se servir de cet outil-là, de ne pas être simplement le jouet des ressentis liés à des situations très difficiles, extrêmes parfois, mais de pouvoir s'en servir, de « jouer » aussi avec eux, que ces ressentis soient positifs ou négatifs. Dans des situations aiguës, le processus intersubjectif se bloque et les ressentis éprouvés par les professionnels ne sont pas mis en travail. Ils ne servent qu'à alimenter un procès incessant empêchant, entre professionnels, que s'établisse une « alliance thérapeutique » qui permette d'établir les conditions d'un travail commun.

> « Cette notion d'alliance thérapeutique ou alliance de travail a été développée à partir des années 1970 dans les pays anglo-saxons. De façon générale, l'alliance correspond à la relation de confiance et de collaboration qui se met en place entre le professionnel et son "client". Elle est à l'œuvre dans tout type de thérapie et de façon plus large dans tout contexte d'aide. Horvath insiste sur l'importance de l'association du thérapeute et du patient, contre l'ennemi que représente la souffrance de ce dernier. Dans tous les cas, le climat émotionnel positif engendré par l'alliance va servir de catalyseur, rendant efficaces les interventions techniques spécifiques. La plupart des définitions proposées différencient une composante affective, établissement d'un climat favorable à une rencontre et à un échange relationnel ou lien interpersonnel et une composante cognitive, accord sur le problème et les moyens à employer pour le résoudre (objectifs et tâches), ainsi que le partage d'une responsabilité dans sa résolution ou relation de collaboration. Selon Luborsky, le niveau affectif précède en général le niveau cognitif, la mise en place d'un lien interpersonnel positif se faisant en général au cours du ou des premiers entretiens. Plusieurs recherches anglo-saxonnes ont montré le rôle pivot des facteurs émotionnels et des processus interactifs dans la mise en place de ce lien initial. Lors de la première phase de la thérapie, les interactions émotionnelles entre le patient et le thérapeute sont plus clairement liées à la qualité de l'alliance qu'au contenu des échanges verbaux.[2] »

---

1. « Le vécu négatif des professionnels de l'enfance et de l'adolescence, outil de compréhension et d'aide au travail thérapeutique ». Article issu du travail d'un groupe de recherche franco-suisse sur l'alliance thérapeutique N. Guedeney, M.J. Hervé, M. Lamour, M. Maury, M.O. Perouze de Monclos, S. Rusconi-Serpa, J.P. Visier.
2. « Le vécu négatif des professionnels de l'enfance et de l'adolescence, outil de compréhension et d'aide au travail thérapeutique ». Article issu du travail d'un groupe de recherche franco-suisse sur l'alliance thérapeutique. N. Guedeney, M.J. Hervé, M. Lamour, M. Maury, M.O. Perouze de Monclos, S. Rusconi-Serpa, J.P. Visier.

Cette notion d'alliance thérapeutique me semble intéressante et transposable au travail partenarial. En effet, si l'on reprend les termes de la citation précédente, ils nous offrent des éléments de repérage permettant de mieux saisir ce qui est en jeu dans le travail partenarial et ses points de butée. Pour les cas les plus difficiles que nous avons eus à connaître au cours de ces derniers mois, ils nécessitaient la collaboration de plusieurs institutions du même champ (socio-éducatif) et de champs différents (santé social), une relation de confiance et de collaboration n'est pas parvenue à se mettre en place.

La souffrance du jeune qui se manifestait dans une répétition de ruptures de ses lieux d'accueil a fini par se traduire par une impossibilité d'habiter quelque part, n'était pas vécue comme l'ennemie commune, cause de ses ruptures successives, mais comme la conséquence de la défaillance des institutions du secteur social, puis celle du secteur social tout entier. Ce qui est très étonnant et ne cesse de surprendre, c'est la rapidité avec laquelle les éléments du procès se mettent en place. Les manifestations de cette souffrance, dans le champ du soin comme dans le champ social, deviennent autant de « preuves », non pas de l'incompétence de l'autre, mais de sa mauvaise foi. Ainsi, ce grand adolescent, qui a mis tous ses lieux d'accueil en échec et ils sont nombreux, est décrit par l'infirmier qui l'accueille deux demi-journées par semaine en hôpital de jour, comme un jeune pas très compliqué et qui va bien. Avec lui, ça se passe bien. Il lui paraît donc incompréhensible qu'on ne puisse pas lui trouver un lieu de vie. Avec lui ça se passe bien, oui, mais deux journées par semaine. Comme si la différence entre une prise en charge ponctuelle et une vie partagée ne pouvait plus être pensée. À ce moment-là, tout ce que l'on a élaboré comme outil théorique, tout ce que l'on sait, ne résiste pas au climat émotionnel. Le registre cognitif est alors totalement paralysé, la pensée n'est plus possible et chacun est bloqué par l'évidence suivante : l'autre est la condition de ma place et l'impossibilité dans laquelle est l'autre d'occuper sa place fait peser une menace sur ma propre place et rend, à terme, ma propre place impossible. Autrement dit : pour que quelque chose de l'ordre du soin puisse opérer, il faut que ce jeune puisse habiter quelque part. Comme il ne peut habiter nulle part, il ne peut être soigné. Le problème est que, pour qu'il puisse habiter quelque part, il faudrait d'abord qu'il soit soigné, comme il ne peut être soigné, il ne peut habiter quelque part.

Le registre cognitif est sans cesse précédé par le registre affectif. D'ailleurs, les termes qui décrivent le cercle vicieux dans lesquels sont enfermés les professionnels sont ceux-là mêmes qui pourraient décrire la souffrance de ce jeune, une tragique histoire d'abandon. L'autre est la condition de ma place et l'impossibilité dans laquelle est l'autre d'occuper sa place rend ma propre place impossible. La souffrance d'abandon qu'il traduit par des comportements agressifs et destructeurs dans les divers lieux où il est accueilli ou soigné nous précède en permanence. Elle me menace dans la place que je pourrais prendre, menace qui, lorsqu'elle n'est pas retournée contre le jeune, continue de s'exprimer en se retournant contre le professionnel partenaire. Il ne peut alors y avoir nul accord sur « le problème et les moyens à employer pour le résoudre (objectifs et tâches), ainsi que le partage d'une responsabilité dans sa résolution ou relation de collaboration. » Les facteurs émotionnels jouent bien un rôle central, mais provoquent ici des processus interactifs négatifs mettant en échec un lien initial positif, constitutif d'une alliance de travail. Ce que montrent les termes de ce procès, qui n'est reconnu que lorsqu'il n'est pas vécu, c'est l'interdépendance des champs, du sanitaire et du social. Le problème est que ce besoin de l'autre comme condition de ma propre place n'est pas pensé jusqu'au bout et les conséquences d'un tel aveu ne sont ni tirées, ni assumées.

Alliance de travail et interdépendance : dépasser la peur d'une instrumentalisation réciproque

Une intervention ne peut plus se penser isolément mais doit se penser nécessairement en articulation avec d'autres ce qui pose des problèmes spécifiques et nouveaux. Dans la manière dont est évoquée la nécessaire place de l'autre comme *légitimation* de sa propre place se profile le danger d'une instrumentalisation de l'autre, l'autre étant réduit au besoin que j'en ai. Cette peur d'être instrumentalisé est particulièrement sensible pour la psychiatrie qui soupçonne le social, lorsque celui-ci est en difficulté et formule une demande de soin, de vouloir « utiliser » l'hospitalisation comme lieu de relégation, de contention, de substitution. Le social, lui, soupçonne le sanitaire de se décharger sur lui d'une souffrance psychique qu'il refuse de prendre en compte parce qu'elle se traduit dans des comportements qui relèvent d'une problématique purement éducative. « Il n'est pas malade » entendons-nous dire. Tant mieux, ou peut-être dommage, car, s'il était repéré comme malade, sa souffrance psychique pourrait être prise en compte à défaut d'être soulagée.

Cette peur réciproque d'une instrumentalisation de l'autre fait obstacle à sa réelle prise en compte. Ce que nous savons repérer, analyser et travailler dans le cadre d'une relation thérapeutique, nous nous découvrons incapables de le transposer et de le vivre dans la relation partenariale. Dans notre travail éducatif nous vivons et expérimentons, ce qui est dit dans l'article précédemment cité, que « l'émotion correspond à un signal d'alerte et elle a toujours une valeur de signal de communication. » Cette idée amène à penser que le ressenti négatif au lieu de constituer un obstacle au travail thérapeutique, peut être utilisé comme « un outil sémiologique », c'est-à-dire comme un signal d'alarme pouvant nous apporter des éléments de compréhension. Or, aux prises avec des situations très aiguës, nous ne savons plus faire ce que nous savons dire, nous ne pouvons plus retrouver ce que nous avons expérimenté. Le partenaire est identifié au ressenti négatif qui ne peut plus servir d'outil sémiologique. Et par moments la réalité dépasse la fiction la plus improbable.

Séverine vient d'être hospitalisée sur la production d'un certificat médical très sombre. Elle a près de seize ans. Pas tout à fait. Elle est hospitalisée en psychiatrie adulte où elle n'est pas à sa place. Le problème est qu'elle ne peut trouver place nulle part. Le foyer de l'enfance où elle a passé plus d'un an a arrêté son accueil. Des conflits perpétuels et des agressions ont laissé des traces jusque sur les corps des éducatrices. Il y a des limites à tout, même à une prise en charge au foyer de l'enfance qui, d'ailleurs, n'était pas adaptée, pas plus que ne l'est le service de psychiatrie adulte aujourd'hui. On a donc trouvé un lieu de vie réputé plus adapté mais qui n'a pas tenu, pas plus qu'un deuxième où elle a été accueillie à la fin de l'accueil précédent. Le précédent avait tenu trois mois, le temps sur lequel il s'était engagé. Ce n'est déjà pas si mal. Dans la réunion qui regroupe tous les intervenants auprès de Séverine, le Docteur X nous apporte un précieux diagnostic : dans le service, elle va très bien. C'est une jeune fille lucide sur sa situation mais qui est confrontée à l'inconséquence des adultes. Comment pourrait-elle aller bien alors qu'elle est déscolarisée depuis plus de deux ans et qu'elle n'a aucun lieu d'accueil ? Il finira par une remise en cause des pédopsychiatres.

Pourtant le discours du Docteur X comporte des observations intéressantes qui pourraient servir d'éléments pertinents dans un travail commun. Le problème est que les conséquences confondues avec les causes deviennent confondantes de disqualification pour les autres professionnels. De plus, pour l'heure, nous voilà renvoyés d'une manière saisissante à la case départ, c'est-à-dire la première réunion où nous avions été conviés puisque nous avions accepté d'accueillir Séverine un jour par semaine dans le cadre des Ateliers de Bentenac. À cette réunion étaient présents les représentants des diverses institutions du secteur social, médico-social et pédopsychiatrique participant à sa prise en charge. L'ITEP, complètement déstabilisé par des comportements violents (fugues, jets de pierre sur les voitures du personnel, agression d'une autre jeune) était dans l'impasse et cessait sa prise en charge. Le pédopsychiatre de ITEP pressait la pédopsychiatrie d'hospitaliser cette jeune fille de manière urgente. Il dressait un tableau clinique inquiétant tout à fait proche de celui qu'avait dressé le médecin qui venait de déclencher cette hospitalisation en service de psychiatrie adulte. Deux ans plus tard revenaient comme en écho la même évaluation psychiatrique préoccupante, la même surprise effarée de collègues, eux-mêmes psychiatres, pour qui rien de la représentation pathologique de cette jeune fille ne pouvait être entendu.

On sera tenté de penser que ces exemples sont aussi rares qu'extrêmes. Pourtant nous en avons rencontré à plusieurs reprises. Par ailleurs, l'exceptionnel de cette situation, jusque dans ses aspects caricaturaux, permet d'éclairer d'une lumière crue ce qui se joue à bas bruit dans bien des situations et d'avancer dans la compréhension de ce que nécessite le travail partenarial.

Chaque champ est aujourd'hui habitué à travailler à l'intérieur de son propre champ en équipe pluridisciplinaire. En fait, cette habitude est revendiquée et affirmée — même si elle va moins de soi qu'il est convenu de le dire[1] — cette pluridisciplinarité existe et correspond à une pratique bien réelle. Aujourd'hui cependant, cette pluridisciplinarité interne à chaque champ doit devenir transversale, déboucher sur une interdisciplinarité. Ce qui veut dire qu'il nous faut repenser l'autonomie technique de chaque champ, la définition de son propre champ de compétence et d'intervention. Définitions qui ne peuvent plus être internes à chaque champ mais que les autres champs participent à définir.

Ahmed est proche de ses dix-huit ans. Lorsque nous l'avons accueilli en lieu de vie, il y a sept mois, il sortait de huit mois d'hospitalisation en service de psychiatrie. Durant son hospitalisation, il partageait son temps entre le service où il était hospitalisé en continu et un service d'hospitalisation de jour. À sa sortie, il garde un temps d'hospitalisation de jour. Ce temps d'hospitalisation de jour nous apparaît comme un volet indispensable à son accueil dans une structure du secteur social. Aujourd'hui, l'amélioration d'Ahmed sur le plan de sa pathologie mentale, se traduit par des troubles du caractère importants. Nous, nous percevons ces troubles comme une détérioration de son état qui met en question sa place dans le lieu de vie. Il n'est pas aisé dans la traduction comportementale de ses troubles du caractère de faire la part de ce qui relève d'une réactivité à la contrainte éducative et de ce qui relève d'une réaction exacerbée par sa pathologie à une contrainte éducative ressentie comme excessive et donc vécue comme insupportable. Le lieu de soin médiatise ses réactions. Il nous offre un espace de reprise de ses difficultés. Il devient une instance tierce jouant une fonction structurante sur le plan de sa personnalité. Par sa compétence il nous aide à évaluer la nature de ses comportements. Lors de notre dernière entrevue, malgré la lourdeur et la répétition de ses réactions, le cadre de santé qui nous recevait a affirmé que les difficultés d'Ahmed ne relevaient pas de son champ de compétence et qu'elles devaient donc être traitées sur l'espace social. Notre champ d'intervention et de compétence se trouvait défini à ce moment-là par le champ sanitaire, ce que nous avons accepté.

1. Voir l'article de Jean-Pierre Pinel, Université Paris 13, UFR LSHS, avenue Jean-Baptiste Clément, 93430 Villetaneuse : « Enseigner et éduquer en institution spécialisée : approche clinique des liens d'équipe », CAIRN-Connexion,s 2001-1, n° 75, Distribution électronique CAIRN pour les Éditions Erès.

Néanmoins, les demandes d'Ahmed ne se calmèrent pas et le sentiment d'une injustice subie, à partir d'un événement déclenchant dans la vie quotidienne, n'a pu s'apaiser et l'a renvoyé à l'élément déclencheur de son hospitalisation : l'obsession de se faire justice ou que justice lui soit rendue devenait envahissante et dévorante, d'abord pour lui mais aussi pour l'entourage, avec parfois l'irruption, à l'égard d'autres jeunes, de comportements agressifs venant décharger un trop plein d'émotions. Je renvoyais à l'hôpital ces éléments cliniques qui continuaient d'être interprétés sur le registre éducatif. Nous avons admis cette « expertise » de soignants. Il n'aurait pas été cohérent que nous rentrions dans un conflit de compétences dans un domaine qui sortait de notre champ de compétences. Nous ne pouvions pas dire : il relève du soin. En revanche, nous étions renvoyés à notre expertise éducative : à nous d'évaluer si les difficultés d'Ahmed étaient compatibles avec un accueil dans notre structure. Ce que nous avons signalé. En fait, après plusieurs péripéties, une nouvelle hospitalisation, nécessaire et salutaire, fut déclenchée car Ahmed avait agressé un autre patient qui opposait un refus à une de ses demandes. Pourquoi ce qui fait immédiatement sens lorsque l'événement se produit dans le champ sanitaire ne peut être pris en compte lorsqu'il se produit dans le champ social ? Un autre exemple peut en témoigner.

Sophie, contrairement à Séverine qui, sur bien des points, lui ressemble, présente l'énorme avantage de présenter des symptômes immédiatement identifiables dans le registre du soin. Elle scarifie ses poignets et ses bras. Lorsqu'elle se couche, imbibée d'alcool, hébétée et à demi-inconsciente devant le poste de police, les pompiers interviennent, l'emportent et un service d'hospitalisation la prend immédiatement en charge. Séverine, elle, scarifie simplement la relation et le cadre social proposé. Du coup, ce symptôme est interprété selon des critères sociaux et non plus médicaux. Sa souffrance n'est pas recevable dans l'espace du soin qui ne peut garantir la protection dont elle aurait besoin.

De « l'expertenarial » à l'exigence de rapports symétriques

Si, à l'intérieur d'un travail en réseau, le partenaire participe à la définition de mon champ de compétences, cela exige une symétrie dans les rapports partenariaux dont la psychiatrie, à son corps défendant, est peu coutumière. À son corps défendant, car elle est habituée à intervenir dans le champ social en situation d'expertise. Les pédopsychiatres sont souvent sollicités pour donner leur avis sur des problèmes d'éducation bien que ceux-ci ne relèvent pas directement de leur compétence. On pourrait voir dans cette position d'expertise un avatar de ce qu'on a appelé la psychologisation du social. Mais, aujourd'hui, cette psychologisation du social est prise dans un mouvement beaucoup plus vaste de médicalisation du social. Tous les problèmes de vie sociale sont abordés sous l'angle presque exclusif de la santé avec un anthropocentrisme débridé et totalisant. Les problèmes de maçonnerie se transforment en « pathologies des maisons ». Témoin, cette émission du 12 juillet 2007 sur France Inter. Thème de l'émission : habitat et santé avec le docteur Suzanne Déoux, docteur en médecine. Suzanne et Pierre Déoux font partie des rares experts et consultants dans le domaine de l'environnement et de la santé et, particulièrement, de la prévention des risques à l'intérieur des bâtiments. Depuis plus de 15 ans, la relation Santé/Bâtiment est au cœur de son activité professionnelle. Émission dans laquelle survient ce dialogue surréaliste entre Denis Cheissoux et Norbert Perrot, un maçon de la vallée de la Clarrée :

> « On parle des problèmes de santé... Attention pas de panique. Les constitutions sont différentes. Essayons d'aérer, c'est un des messages principaux que l'on peut retenir. Faisons attention aux produits qu'on achète,

ça c'est pour les problèmes des habitats qui peuvent influer sur notre santé... mais il y a des maisons qui ont simplement des pathologies et là c'est autre chose, c'est d'essayer de voir comment une maison est ou peut être malade... Les maisons peuvent être malades de quoi ? On imagine peut-être qu'il y ait des inégalités comme il y a des inégalités entre les femmes et les hommes, il y a aussi des inégalités entre les maisons ?

Comme les humains les maisons souffrent de pathologies. On a des pathologies qu'on observe, nous, dans nos villages. C'est souvent des pathologies de maisons anciennes mais qu'on retrouve aussi sur des maisons plus récentes et, comme pour les humains aussi, c'est sujet à des inégalités. Il y a des maisons qui, à trente mètres près, vont être sous une source, sur une infiltration d'eau... et donc avec des inégalités comme vous l'avez dit.

Quels sont les signes extérieurs, à quoi peut-on voir si une maison fonctionne, si elle est malade ou pas ? »

Ce petit fragment est tout à fait remarquable car il condense les termes dans lesquels les problèmes sont posés et les questions de santé abordées. Médicalisation des problèmes de maçonnerie et la santé résumée à un dysfonctionnement. En maçonnerie le traitement va consister en une intervention technique, en psychiatrie il va parfois se résumer à une intervention pharmaceutique : trouver la bonne molécule qui va rétablir le bon fonctionnement.

Il ne s'agit pas ici de développer une position idéologique anti-médicamenteuse qui n'aurait aucun sens, pas plus que de sous-estimer l'action bénéfique due aux progrès accomplis par la pharmacopée. Mais il convient d'être lucide sur ce risque de réduction de la santé mentale à un fonctionnement socialement correct. Parlons d'Henri. Il est certainement incontestable que la prescription de « X » a réduit les hallucinations visuelles et auditives qui parasitaient sa vie sociale et tendaient à l'exclure de l'espace social. Cet effet bénéfique s'est également produit à partir du moment où Henri a acquis, dans le lieu de vie où il est accueilli, une sécurité liée à une très grande confiance dans les accueillants. Lorsqu'il avait ses hallucinations auditives, les voix qu'il entendait n'étaient pas n'importe lesquelles. Il était assez facile de repérer que celles qu'il entendait le moins étaient celles des personnes de la maison qui ne représentaient pour lui aucun danger potentiel : deux autistes menant une vie à la marge du groupe et un enfant avec lequel aucune concurrence ou rivalité n'était possible à cause de son jeune âge et de la différence importante de corpulence. Mais ces remarques n'ont pas eu l'air d'avoir la moindre valeur clinique pour les soignants. Lorsque les hallucinations reprennent, il est certainement utile de se poser la question de l'adéquation de son traitement. Il ne serait pas inutile non plus, peut-être, de remarquer que le retour des hallucinations est concomitant à une dégradation de son sentiment de sécurité, car il ne sait si son séjour en France sera légalisé.

Ces remarques peuvent, peut-être, ne pas revêtir de sens clinique car elles sont dénuées de toute efficience médicale. Ici nous sommes bien à l'articulation d'une pathologie mentale avérée (diagnostic de paranoïa) et de problèmes sociaux. Sans se perdre dans une psycho, ni socio-genèse de sa souffrance psychique, il faut bien reconnaître que souffrance psychique, souffrance affective et souffrance sociale se conjuguent. Son père venu en France pour travailler est tombé malade. Il est en invalidité. Il touche une pension et continue de ramener de l'argent au pays mais au prix d'une vie modeste. Il vit seul dans un petit studio d'un foyer Sonacotra. Son fils est rentré en France dans l'espoir d'y trouver du travail et de prendre la relève de son père.

Aujourd'hui, le fils se retrouve invalidé, comme le père, par la maladie et dans une situation sociale extrêmement précarisée par une incertitude sur la légalisation de sa présence en France. Dévalorisé par sa maladie, il ne veut pas retourner au pays, retour d'autant plus difficile que son statut juridique est incertain. De ce fait, il n'a pas revu sa mère depuis quatre ans. L'exploration de sa souffrance sociale enracinée dans son histoire familiale peut-elle fournir des éléments utiles dans le travail thérapeutique ? En tout cas, elle n'est pas sans importance pour l'accompagner dans

Chapitre 44

Pour innover : dessiner l'architecture d'une refondation

F. Batifoulier

DANS UN ARTICLE D'AVRIL 2007, de la revue *Sciences Humaines* intitulé « Le placement d'enfants, un remède pire que le mal », le sociologue Michel Giraud interroge la pertinence d'une action éducative judiciaire qui, censée agir dans l'intérêt des enfants, contribue dans un nombre non négligeable de situations à aggraver leurs difficultés, notamment parce que les acteurs institutionnels restent aveugles aux conséquences de leur action sur la dynamique des liens familiaux.

L'intérêt de cet article tient notamment à ce qu'il rejoint le ressenti de nombreuses équipes qui ont du mal à penser le malaise institutionnel et professionnel qui peut s'installer suite à une répétition d'échecs des prises en charge ou à une difficulté récurrente à évaluer l'impact des accompagnements éducatifs.

La loi du 5 mars 2007[1] remet la question de la prise en compte des enfants et des jeunes en difficulté au cœur de l'actualité du secteur social. C'est l'occasion pour les acteurs de la protection de l'enfance de poursuivre la réinterrogation du système dans lequel ils interviennent même si cette démarche se heurte à un certain nombre de difficultés. Il en est ainsi du déficit de connaissances sur les populations prises en compte. Comme le notent les auteurs d'un rapport sur « La qualité des pratiques en protection de l'enfance »[2], les connaissances tant en ce qui concerne les caractéristiques socio-économiques des familles que les enfants pris en charge, demeurent approximatives et ils interrogent :

> « Comment est-il possible de prévoir et de décliner des réponses à des besoins sans identifier ceux-ci par une meilleure connaissance des familles et enfants concernés ? Comment est-il possible au niveau des établissements de réorienter si nécessaire les modes de fonctionnement, donc les pratiques sans ces éléments fondateurs ? »

Conscient de cette donnée limitative, nous nous risquerons tout de même à proposer une relecture des pratiques mises en œuvre dans le cadre des internats spécialisés en nous attachant à définir les enjeux qui concernent les bénévoles et les professionnels qui y interviennent.

Nous considérons que, dans un tel contexte, la réforme de la protection de l'enfance[3] peut constituer une opportunité de refondation à l'heure où les internats spécialisés ont à conquérir une nouvelle légitimité.

Pour s'ouvrir un avenir, les organisations résidentielles se doivent de repenser leurs pratiques à nouveaux frais, de les diversifier, de les modéliser sans les uniformiser, d'en rendre compte de manière plus explicite.

Notre contribution se risquera à dessiner l'architecture globale de la refondation qu'il est impératif selon nous de mettre en œuvre ; cela nous amènera à revenir de manière succincte sur telle ou telle question précédemment traitée dans cet ouvrage et à en développer d'autres qui nous semblent devoir être prises en compte dans cette démarche d'*aggornamento* que la situation rend inévitable.

1. Loi n° 2007-293 du 5 mars 2007 réformant la protection de l'enfance (J.O. 06/03/07).
2. Rapport produit en 2005 par Michel Boutanquoi, Jean-Pierre Minary et Tahar Demiche sur « La qualité des pratiques en protection de l'enfance », Université de Franche-Comté.
3. Loi réformant la protection de l'enfance (loi n° 2007-293 du 5 mars 2007).

1. CO-CONSTRUIRE DES PROJETS ASSOCIATIFS À LA HAUTEUR DES ENJEUX DE LA PROTECTION DE L'ENFANCE

Bernard Eme, dans une intervention, constatait que les acteurs de l'action sociale avaient des difficultés pour faire émerger des enjeux forts concernant les populations qu'ils accompagnent. Son constat vient d'être confirmé par l'écho insuffisant donné à la diminution massive des prises en charge de jeunes majeurs par la Protection judiciaire de la jeunesse ; retrait qui n'a pas donné lieu dans tous les départements à une prise de relais par les services de l'Aide sociale à l'enfance.

Le fait que notre secteur soit très institutionnalisé a pu donner l'impression qu'il n'était plus porteur d'enjeux majeurs. En fait, il n'en est rien comme tend à le montrer l'actualité : forte production législative (loi sur la prévention de la délinquance, réforme de la protection de l'enfance...)[1], inquiétude sociétale sur la jeunesse et sa « dangerosité » mais aussi, comme indiqué ci-dessus, diminution drastique de la prise en charge de certaines populations tels les jeunes majeurs, difficultés financières d'un certain nombre d'établissements...

Toutes les associations sociales et médico-sociales sont en situation de devoir se positionner par rapport à cette nouvelle donne sociale et cela est particulièrement vrai pour les associations gérant des maisons d'enfants à caractère social (MECS).

C'est ainsi que les bénévoles associatifs, les administrateurs qui ont la responsabilité de gérer des MECS sont directement concernés par la pluralité des logiques qui sont aujourd'hui à l'œuvre dans le champ de la protection de l'enfance.

Les questions de l'éducation des enfants, de la responsabilité parentale sont au cœur des débats sociétaux. Elles ne peuvent être abordées sur le seul versant technique. Ces questions renvoient à la manière dont une société pense les relations entre les parents et les autres acteurs de l'éducation, enseignants, professionnels de la culture, du sport, professionnels intervenant dans le champ de la protection de l'enfance... La manière dont on débat dans les différents espaces publics des questions de l'éducation, la tonalité plutôt sécuritaire ou plutôt solidaire et émancipatrice des textes législatifs nous informent sur la conception qu'a notre société des fonctions, des rôles parentaux et des modes d'intervention à privilégier pour aider les parents à les exercer.

Les administrateurs se doivent d'être au fait des enjeux du secteur dans le cadre duquel ils exercent une responsabilité et prendre position. Le projet associatif correspond à une ambition de transformation sociale et doit définir un positionnement actualisé des associés sur un certain nombre de questions de société qui ont à voir avec la mission des structures gérées. Les questions de l'éducation et de la place des parents dans cette éducation doivent donner lieu à réflexion et à débat et occuper une place centrale dans le projet associatif des administrateurs d'une maison d'enfants.

Si les administrateurs doivent investir la dimension politique de leur responsabilité, il en est de même de la dimension éthique : le projet associatif devrait également dépasser le stade des affirmations consensuelles sur les valeurs pour nommer la visée éthique qui va animer la vie associative et l'incarner en privilégiant notamment tel ou tel mode de relation aux usagers. C'est ainsi que les professionnels, qui dans une vie associative digne de ce nom, sont associés à la définition des orientations de la personne morale gestionnaire, vont pouvoir adosser leur

1. Voir dans cet ouvrage la contribution de Sofia Bento-Rossignol.

déontologie et leur éthique professionnelles à l'affirmation d'un certain nombre de fondamentaux associatifs. Ces fondamentaux, explicités et actualisés, vont « colorer » fortement les représentations des usagers qu'ont les acteurs, les confirmer dans une représentation promotionnelle des personnes, de leurs potentialités et de leurs compétences ou au contraire les conforter dans des pratiques minorisantes.

À chaque association revient la responsabilité de dire quelles sont ses spécificités, quelle est son originalité, quelle est la question sociale dont elle se saisit et ce à travers son projet associatif. Ce projet doit s'employer à préciser les moyens que se donne l'association pour examiner la cohérence entres ses buts et ses actions concrètes, entre ses objectifs et les moyens qu'elle mobilise, entre ses principes et son organisation, entre son autonomie et les comptes qu'elle a à rendre.

Les questions à soutenir dans les champs politique, éthique et stratégique appellent donc des conseils d'administration pro-actifs, capables de prendre la mesure des mutations sociétales, d'identifier plus clairement l'évolution des enjeux concernant l'accompagnement d'une population donnée, de construire une visée éthico-politique en fonction d'une actualisation des fondements associatifs et d'une bonne connaissance de l'environnement. De fait, beaucoup de conseils d'administration se situent encore en deçà de ce niveau d'exigences. Toutefois, les contraintes nouvelles concernant les projets d'établissement et leur actualisation périodique ne devraient pas être sans effets, par ricochet, sur les projets associatifs. On peut espérer que la nécessaire formalisation du projet associatif ou sa réactualisation soient l'occasion pour les administrateurs de prendre conscience des nouveaux enjeux et de se positionner de manière ajustée. L'avenir des associations et des structures qu'elles gèrent est à ce prix.

Il s'agit donc d'un véritable challenge car de nombreux conseils d'administration peinent à se renouveler, notamment dans le champ de la protection de l'enfance. Le pari, et plusieurs associations l'ont déjà relevé avec profit, est que la formalisation du projet associatif constitue une incontestable opportunité pour redynamiser les fonctionnements associatifs et séduire de nouveaux associés. On peut espérer par ailleurs que les nombreux regroupements annoncés ne vont pas se traduire seulement par des concentrations associatives mais créeront une dynamique générant des configurations où des associations, moyennes et petites, mutualiseront leurs moyens et s'associeront en gardant leur identité, identité qu'il faudra bien qu'elles réinterrogent à cette occasion.

2. REVISITER LES ADOSSEMENTS THÉORIQUES ET SOUMETTRE À L'ANALYSE DES NOTIONS CLÉS

La suppléance familiale, un concept à réinterroger

Le concept de suppléance familiale et son développement ont permis aux professionnels de donner un contenu précis à leurs interventions et de se dégager progressivement d'une posture substitutive. Ce concept coïncidait avec des formes d'accompagnement centrées sur l'usager et s'inscrivant principalement à l'intérieur des murs de l'institution. Au moment où les MECS développent des services à partir du domicile familial, construisent des prestations en direction des familles de type étayage des fonctions parentales, le concept de suppléance demeure-t-il pertinent ? Comment le concept de suppléance s'articule-t-il avec des notions qui tendent à s'imposer comme co-éducation, alliance, guidance, étayage des fonctions parentales ? Penser la diversification de l'action éducative des internats spécialisés n'appelle-t-il pas en fait de nouveaux concepts[1] ?

Ce qui semble assuré c'est que le système de pensée et l'architecture technique et clinique qui s'étaient construits, de manière implicite ou explicite, autour du concept de suppléance méritent pour le moins d'être réinterrogés.

Prenons l'exemple de la notion de continuité éducative qui est l'expression même de la mission des internats qui se doivent d'accueillir, d'héberger, d'éduquer 365 jours sur 365.

Ce qui fondait historiquement cette notion, nous semble-t-il, c'est tout d'abord une position de substitution aux parents puis de suppléance familiale telle que l'avait définie en premier lieu Paul Durning : « l'action auprès d'un mineur visant à assurer les tâches d'éducation et d'élevage habituellement effectuées par les familles, mises en œuvre partiellement ou totalement hors du milieu familial dans une organisation résidentielle »[2].

La notion de continuité éducative était de fait implicitement ou explicitement référée au concept de suppléance familiale et au repérage d'un certain nombre de tâches d'éducation et d'élevage qui définissaient le métier des MECS.

La mise en œuvre de cette continuité pose aujourd'hui problème ; en effet, une conception actualisée de la continuité éducative implique de prendre acte d'un contexte radicalement nouveau et d'intégrer de nouveaux paramètres. Citons par exemple :

- Les exigences du droit du travail produisent une segmentation des temps de présence des professionnels et, de ce fait, une diversification et une multiplication des intervenants (éducateur mais aussi surveillant de nuit, maîtresse de maison...), alors que la continuité éducative s'organisait classiquement autour de la figure de l'éducateur assurant présence et accompagnement tant le jour que la nuit ;
- La continuité éducative n'est plus le monopole de l'établissement, l'éducation des enfants placés étant un processus de co-construction dans lequel les parents ont une place. Elle doit se penser comme une co-action et une co-responsabilité[3] ;
- Cette notion est aujourd'hui à l'étroit dans les murs de l'établissement. Elle doit en sortir en prenant acte que les modes d'affiliation à une institution ne sont pas nécessairement liés à une prise en charge physique. La continuité éducative doit pouvoir être déclinée de manière à prendre sens dans le cadre des pratiques innovantes promues par la réforme de la protection de l'enfance.

La continuité éducative à l'épreuve du réel

Cette dernière est durement mise à l'épreuve par les nouvelles réalités organisationnelles (35 heures, évolution du droit du travail...). De fait, un certain nombre de MECS ne peuvent plus assurer un hébergement tous les week-ends, toutes les vacances scolaires par manque de moyens.

1. Voir dans cette publication la contribution de Dominique Fablet mais aussi son ouvrage : *Suppléance familiale et intervention socio-éducative,* Paris, L'Harmattan, 2005.
2. P. Durning, *Éducation et suppléance familiale en internat*, Paris, CTNERHI, 1986.
3. Il ne s'agit pas de la responsabilité juridique, celle des associations étant régulièrement recherchée en cas d'accident.

Pour ce qui est des nuits, ce n'est plus systématiquement des éducateurs qui les assurent mais de plus en plus souvent des surveillants de nuit.

Le fait que les MECS ne puissent plus assurer une continuité temporelle est en contradiction avec leur mission telle que la définit l'habilitation. Les solutions mises en place pour trouver des solutions d'hébergement alternatives à l'internat (retour en famille, parrainage, familles d'accueil...), quand elles ne sont pas respectueuses des parcours individuels, peuvent affecter la qualité des réponses dues à des jeunes déjà en situation de « déplacement ». Ces solutions mettent également en jeu la responsabilité des dirigeants.

Quant aux nuits, les nouveaux dispositifs mis en place se résument souvent à la présence du seul surveillant de nuit en lien avec un cadre de permanence ; ici, les interrogations concernent les effets de tels dispositifs tant en termes de sécurité que de prévenance éducative quand on sait combien la nuit est une séquence de vie anxiogène.

Plus globalement, la continuité éducative, à l'épreuve du réel, consomme la fin d'un modèle monocentré. Ce modèle articulé principalement autour de la présence et l'intervention de l'éducateur comme centre de gravité du dispositif institutionnel cède la place à un modèle pluricentré, pluridisciplinaire, interinstitutionnel où l'action éducative se recompose autour d'une pluralité d'interventions internes (éducateur, maîtresse de maison, surveillant de nuit...) et externes (la famille, les acteurs du réseau...).

Ce nouveau modèle peut se révéler porteur de richesses socio-éducatives inédites à condition que la succession des interventions ne soit pas juxtaposée mais articulée, que des compétences plurielles soient effectivement mises en synergie au service du projet du jeune.

Le risque d'atomisation de l'intervention éducative ne doit pourtant pas être sous-estimé avec tous les effets délétères qui en découlent pour l'usager. C'est le sens même de l'action éducative en internat qui est ici en question et donc la légitimité des MECS.

La continuité éducative à l'épreuve des nouvelles pratiques

La continuité éducative était référée à une unité de lieu et d'action : l'éducateur garantissait qu'à l'intérieur des murs de l'institution l'ensemble des tâches habituellement dévolues aux parents était bien rempli par un acteur supplétif.

Aujourd'hui, des pratiques tels l'internat aménagé, le Service d'adaptation en milieu naturel (SAPMN) mais aussi l'accueil de mineurs dans des chambres en ville remettent en cause radicalement ce modèle d'intervention sans que cessent les exigences en termes de continuité éducative, consubstantielles à la mission des MECS.

De même, se multiplient les situations de jeunes dont la complexité rend indispensable le travail à plusieurs. Le travail en réseau multiplie les acteurs, les lieux d'hébergement, les référentiels d'intervention... qu'en est-il de la continuité éducative dans une telle configuration ? Suffit-il de flécher la MECS comme fil rouge ?

On peut ici, pour récapituler les mutations à l'œuvre et leurs effets sur une notion clé comme celle de continuité éducative, retranscrire quelques-unes des questions qu'un groupe de directeurs avait formalisées dans une réunion de suivi du schéma départemental :

- Quel sens donner à la notion de continuité éducative et comment garantir son effectivité quand un établissement n'a pas les moyens d'assurer avec un niveau d'encadrement satisfaisant une prise en charge 365 jours sur 365 ?

- Jusqu'où peut-on aller dans la multiplication des intervenants (éducateur, surveillant de nuit...) ou dans la multiplicité des solutions d'hébergement (accueil de week-end en famille d'accueil, de parrainage...) sans que l'impératif d'une continuité éducative soit battu en brèche ?
- Quel sens donner à la notion de continuité éducative et comment garantir son effectivité quand une équipe opte pour une démarche de co-éducation avec les parents ? Quand l'enfant vit majoritairement au domicile parental ? Quand un mineur vit seul dans un studio extérieur à l'établissement ? Quand un usager s'inscrit dans l'errance et que la mesure de placement demeure effective ? Quand une pluralité d'acteurs intervient dans l'accompagnement d'un jeune en situation complexe (service de pédopsychiatrie, lieu d'accueil non traditionnel, services de scolarisation et de formation alternative...) ?

Dans ce contexte, notre questionnement sur l'opportunité de remettre sur le chantier la conceptualisation de l'action éducative des MECS dans une phase de profonde mutation des pratiques nous semble bien d'actualité. Le concept de suppléance avait donné un cadre de pensée opératoire aux équipes. Certains considèrent, comme Dominique Fablet, que ce concept demeure utile à condition d'enrichir sa définition. On peut toutefois se demander si à force d'« étirer » cette notion pour lui faire prendre en compte la diversité des interventions socio-éducatives, on ne va pas le vider de sa substance. Pour notre part, la lisibilité des nouvelles formes d'intervention socio-éducative nous semble impliquer de penser à nouveaux frais ce qui advient dans le champ de l'éducation résidentielle. L'ampleur des mutations et la prégnance de nouvelles références (co-éducation, ...) appellent, selon nous, des travaux de recherche-action de l'envergure de ceux qu'avait menés Paul Durning, il y a maintenant trente ans.

3. SE DOTER D'UN CADRE MÉTHODOLOGIQUE RÉFÉRÉ AU SECTEUR DES SERVICES

Si l'enjeu est théorique, il est également méthodologique. L'empirisme, dans un secteur où le relationnel est premier, constitue certainement un garde-fou qui nous préserve du tout instrumental, mais doit être circonscrit et ne peut s'ériger en système de référence. Il nous faut sortir de pratiques plus vécues que pensées, dépasser des fonctionnements empiriques qui génèrent plus de répétition que d'innovation.

Dans ce contexte, la notion de prestation de services tend à s'imposer même si certains contestent cette évolution[1]. Il s'agit, en effet, de se doter d'un cadre méthodologique explicite : par exemple reconnaître notre affiliation au secteur des services, s'inscrire dans une logique de service, c'est-à-dire penser le métier de l'établissement, qualifier l'offre de service, organiser la production

1. Voir, par exemple, le rapport produit en 2005 par Michel Boutanquoi, Jean-Pierre Minary et Tahar Demiche sur « La qualité des pratiques en protection de l'enfance », Université de Franche-Comté, dans lequel les auteurs considèrent qu'il y a erreur à penser les organisations sociales sur le mode de la prestation de service car cela revient à ignorer et à profondément méconnaître que la définition de leurs missions reflète en partie des questionnements sociaux qui les englobent et les dépassent. En ce qui nous concerne, nous avons explicité dans notre ouvrage co-rédigé avec François Noble, *Fonction de direction et gouvernance dans les associations d'action sociale,* Paris, Dunod, 2005, pourquoi nous considérions les établissements sociaux et médico-sociaux comme des entreprises de service originales.

des services. Cette démarche méthodologique permet de mieux identifier le centre de gravité traditionnel des pratiques en MECS, de mieux cerner le cœur de métier de ces établissements dans le but de le faire évoluer et de l'enrichir. C'est au prix d'une démarche méthodologique exigeante, même si elle nous dépayse, que nous pourrons nous doter d'une représentation diachronique du métier des MECS passant de la substitution aux parents à des formes différenciées de suppléance familiale et de co-éducation.

Mettre en œuvre de manière systémique une logique de service dans les MECS, c'est s'ouvrir la possibilité d'élaborer des projets d'établissement véritablement opérationnels, déclinant de véritables offres de service et des prestations évaluables. Pour mener à bien cette démarche, il faut en identifier les passages obligés.

Une réflexion institutionnelle sur le métier de l'organisation

Le métier dont il est question ici concerne l'organisation et non les professionnels. Il est fréquent qu'on confonde mission et métier ; la mission est définie par les instances de contrôle dans le cadre d'une habilitation, d'une convention, d'un schéma départemental... alors qu'il appartient aux acteurs professionnels de définir dans le cadre de cette mission quel est le métier de l'établissement et d'identifier ses nécessaires évolutions en lien avec ces instances. La mission de l'établissement peut rester relativement stable dans sa définition alors que la mise en œuvre de ce métier et sa déclinaison opérationnelle connaissent des mutations majeures, c'est ce que nous expérimentons aujourd'hui dans le secteur social et médico-social. Mission, métier, service, ces trois notions se complètent et doivent présenter ensemble une cohérence suffisante.

L'identification du métier d'une organisation implique de définir :

- les diverses activités qu'elle exerce ;
- la façon dont elle les exerce ;
- les technologies ou les techniques qu'elle maîtrise pour exercer ces activités.

Cette démarche d'identification se centrera en priorité sur le « cœur de métier »[1], c'est-à-dire les activités et les compétences indispensables pour qu'une organisation exerce pleinement son métier. Cette notion de cœur de métier se révèle utile en période où une organisation est amenée à diversifier ses activités ou même à les faire évoluer sensiblement ; il ne s'agit pas alors de se livrer à quelques colmatages dont l'efficacité serait très provisoire et ne se situerait pas à la hauteur des enjeux qui sont de l'ordre de la mutation des pratiques et de l'innovation, mais bien de repartir du métier de l'établissement tel qu'il s'exerçait jusque-là pour évaluer ce qu'il en est de son éventuelle actualisation. Il est, en effet, aventureux d'initier de nouvelles pratiques sans s'être préalablement engagé dans une démarche exigeante d'identification du métier de base de son organisation, celui autour duquel s'est construite l'identité de la structure et à partir duquel va pouvoir être promue une diversification maîtrisée. Aujourd'hui, dans un contexte mouvant qui n'autorise plus la répétition des pratiques à l'identique sans pourtant que soient définies des orientations politiques claires, des enjeux stratégiques majeurs sont attachés à une identification rigoureuse du métier des établissements et services du secteur social pour que d'éventuelles diversifications des activités

1. On parle aussi de métier minimum.

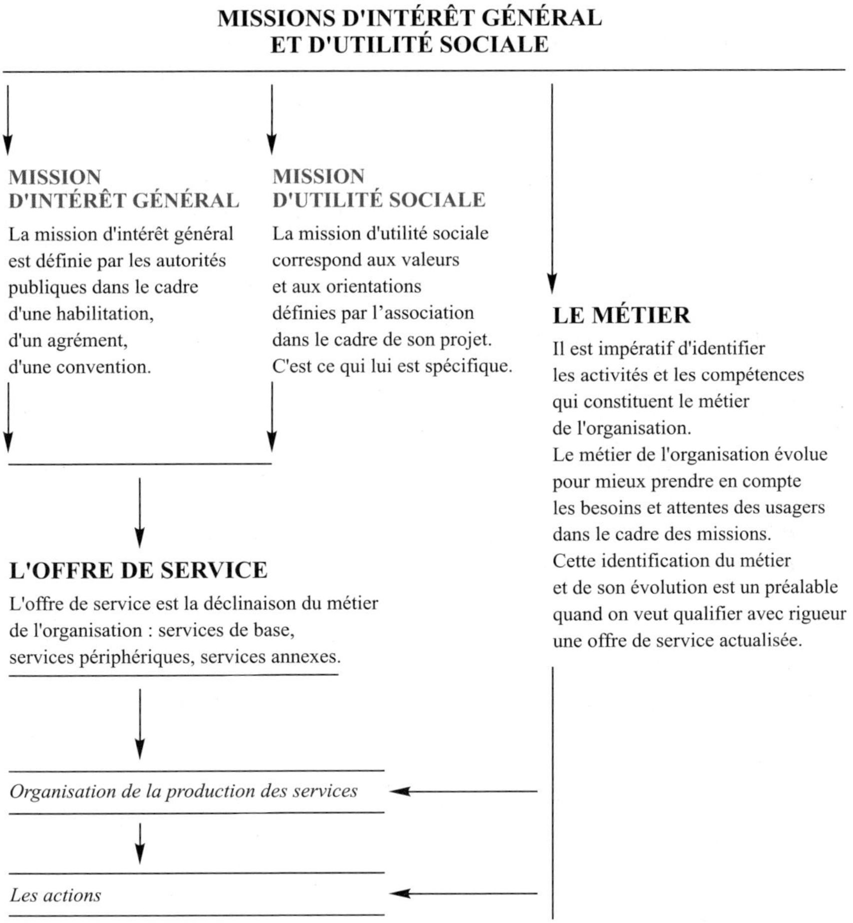

Figure 44.1. Mission, métier et service (d'après Édouard Kosmala, CREAHI d'Aquitaine)

s'opèrent à partir d'un socle technique, clinique, organisationnel explicité et identifié par tous les acteurs.

Ce préalable étant rarement honoré, cela a pour conséquence des offres de service insuffisamment qualifiées et formalisées. L'offre de service est la déclinaison, service par service, du métier de l'organisation. Quand, en amont il n'y a pas eu un travail d'identification rigoureuse du métier, on aboutit à un manque de lisibilité, tant interne qu'externe, des prestations qui sont disponibles dans un établissement. Et s'il y a incertitude sur la caractérisation de l'offre de service, on peut penser qu'on retrouvera le même flou quand il s'agira de qualifier les modes de production des services et de définir le dispositif qui garantit la qualité de ces prestations. Cette indéfinition du métier de l'établissement est, en fait, un handicap majeur à l'inscription dans une démarche d'innovation.

L'environnement des MECS a profondément muté. D'une part, la réforme de la protection de l'enfance fait de la diversification de leurs modes d'intervention un des trois principaux axes de la loi. D'autre part, l'approfondissement de la réflexion sur le placement et la séparation, l'évolution des attentes des prescripteurs, la prise en compte des droits des usagers et de leurs parents, l'évolution du profil des populations accueillies contraignent les équipes à repenser leurs pratiques.

À l'origine, le métier des MECS a consisté à se substituer à des parents perçus comme défaillants, incompétents et immoraux ; puis l'évolution des pratiques et leur caractérisation en termes de suppléance ont ouvert des perspectives de collaboration avec des parents provisoirement ou durablement en difficulté d'éducation et a conduit à une première redéfinition du métier des maisons d'enfants. En d'autres termes, le métier de base des internats spécialisés, c'était hier d'offrir et de réaliser des services à la personne, de nature socio-éducative, construits selon une logique substitutive. La définition de ce métier avec l'évolution des pratiques s'est complexifiée : le métier des internats est devenu la production de services socio-éducatifs réalisés selon une logique supplétive.

Aujourd'hui, la mission s'élargit aux parents des jeunes accueillis et le métier de l'organisation doit donc passer de la centration sur un seul bénéficiaire, enfant, adolescent ou jeune majeur à la prise en compte de nouveaux acteurs, les parents ; prise en compte qui doit s'incarner dans des propositions d'aide formalisées sous forme de prestations de guidance et d'étayage des fonctions parentales.

Du fait de l'intégration d'un deuxième pôle d'activités en direction de nouveaux bénéficiaires, les parents, les pratiques des MECS connaissent un véritable bouleversement et, pour prendre en compte ces changements, il convient de remettre au travail la définition du métier de ces établissements. Sans oublier leur cœur de métier, c'est-à-dire la prise en compte de l'enfant, de l'adolescent ou du jeune majeur et donc la réalisation de services de protection, de soin et d'éducation, il s'agit de prendre en compte leurs familles à travers la proposition de modalités d'accompagnement formalisées.

Nous en arrivons à une troisième phase de définition du métier des MECS : leur métier actuel serait de construire et de mettre en œuvre une offre de service bi-polaire ; en d'autres termes, le métier des MECS est de réaliser des services socio-éducatifs conçus et déclinés selon une logique supplétive et des services d'accompagnement familial construits selon une logique d'étayage des fonctions parentales.

L'équipe qui opère ce type d'analyse sur le métier de l'établissement est en situation de revisiter les différents services constitutifs de l'offre de service et donc de procéder à la construction d'une nouvelle offre.

Quand on a identifié son métier, faut-il encore savoir selon quelles modalités on va l'exercer, c'est-à-dire comment l'on va conceptualiser l'offre de service et définir des modèles de production et d'organisation qui vont permettre de réaliser de manière optimale les services dus à l'usager. À l'analyse des projets d'établissement, on ne peut que constater que le secteur social et médico-social peine à définir des modèles de production et d'organisation en cohérence avec son appartenance au secteur des services, avec les métiers du service. Le flou organisationnel qui caractérise encore trop souvent nos organisations pénalise plus lourdement les structures qui accueillent les personnes les plus difficiles car plus les populations sont en difficulté, plus tout ce qui concerne le cadre, le dispositif, les procédures, le management doit être pensé avec soin. Dans le cas contraire, ce sont les usagers et les salariés qui font les frais du flou organisationnel et managérial.

L'identification du métier de l'organisation étant réalisée, l'étape suivante consistera à formaliser une logique de service appropriée aux caractéristiques d'une entreprise associative de services. Autour de la logique de service doit s'organiser dans l'organisation toute une démarche qui concerne aussi bien la conception et la réalisation du service, le suivi de la qualité, la participation de l'usager, l'implication des personnels. Même si des progrès ont été réalisés dans la formalisation d'une telle logique dans les établissements et services associatifs, l'expérience de la formation des directeurs ainsi que l'analyse de nombreux projets d'établissement nous convainquent de la nécessité de mettre en œuvre de manière plus rigoureuse cette logique de service.

Les professionnels ne pensent pas encore suffisamment service dans notre secteur ou quand ils le font, ils demeurent souvent dans une position d'entre-deux, faute d'une démarche suffisamment construite d'appropriation des acquis de la recherche développée dans le champ des entreprises de service du secteur marchand et de l'analyse de leurs pratiques.

La mise en œuvre d'une logique de service

Si effectivement notre métier n'est pas seulement de « vivre » avec mais bien de réaliser de manière professionnelle des services à la personne, il s'agit alors de prendre au sérieux l'effectivité d'une appartenance et de penser service. La logique de service est la mise en œuvre d'une cohérence globale tant sur le plan organisationnel que managérial prenant en compte les caractéristiques des services : immatérialité, intangibilité, hétérogénéité, variabilité, simultanéité de la prestation et de sa consommation, dimension coopérative de la relation de service, implication subjective du professionnel. C'est une vision de l'organisation à partir de laquelle peut se penser toute une démarche institutionnelle qui concerne aussi bien l'identification de la population à laquelle on s'adresse, que la formalisation rigoureuse d'une véritable offre de service, l'explicitation des modes de réalisation des services offerts que le suivi de la qualité des services rendus, la gestion des richesses des personnes, les modalités d'association des usagers à leur projet et à la vie institutionnelle...

Cette formalisation d'une logique de service[1] que nous ne pouvons ici qu'esquisser peut se développer selon le modèle suivant :

- La première phase ne se conçoit qu'après une démarche d'identification du métier qui elle-même ne peut se réaliser sans une analyse fine de l'évolution des besoins des usagers et des attentes des prescripteurs. Elle a pour objet la conception de l'offre de service : définition du service principal ou de base offert par l'établissement, des services périphériques, des services annexes et de leur agencement.
- La deuxième phase est celle de la fabrication du service. Il s'agit de procéder au repérage des différents éléments intervenant dans la réalisation du service, l'usager, le personnel en contact, le support physique, les autres usagers, l'organisation interne, puis de définir le processus de réalisation du service : les procédures, les savoir-faire, les méthodologies professionnelles... ; l'objectif étant l'organisation systématique et cohérente de tous les éléments physiques et humains de l'interface usager-entreprise associative en vue de réaliser une prestation de service de qualité optimale.

1. Pour une présentation de la logique de service plus développée, on peut se référer notamment à P. Eiglier et E. Langeard, *Servuction,* M.C. Graw Hill, 1987 ; J.-P. Flipo, *L'innovation dans les activités de service, une démarche à rationaliser*, Éditions d'organisation, 2000 ; J.-R. Loubat, *Instaurer la relation de service,* Dunod, 2002 ; et à notre ouvrage *Fonction de direction et gouvernance dans les associations d'action sociale*, Dunod, 2005.

- La troisième phase concerne le suivi de la qualité du service. En fait, la problématique de la qualité est déjà à l'œuvre dans les phases précédentes puisqu'elle ne peut être conçue de manière restrictive comme la qualité intrinsèque des services mais bien comme la qualité de l'organisation. La qualité[1] n'occupe pas une place localisée dans la géographie et l'architecture d'un établissement social, elle est transversale et systémique. C'est une démarche, qualifiée par Le Möenne de véritable révolution professionnelle, qui autour de la logique d'explicitation de la qualité de service, tend à opérer un basculement « d'un professionnalisme de métier individuel à un professionnalisme organisationnel, de projet...[2] » Et s'il existe une qualité « *made in association* », elle devrait se caractériser par le maintien d'une tension entre le souci éthique de la personne et la mise en œuvre de logiques techniques à tous les niveaux du projet — projet associatif — projet d'établissement — projet de l'usager.

Dans cette troisième phase qui concerne le suivi de la qualité, le sens de la démarche étant explicité, le travail va ensuite se centrer sur la concrétude des méthodes, des procédures, des méthodologies, des référentiels que chaque organisation va devoir collectivement construire en pouvant prendre appui sur des outils déjà formalisés[3].

Encadré 44.1 ▪ Logique de service

Première phase : la conception du service

1. Procéder à l'analyse des besoins et attentes des usages

Construction d'outils de consultation appropriés à la population accueillie, informations données par les études épidémiologiques, la littérature scientifique et professionnelle...

2. Définir ou redéfinir le métier de l'organisation

- En fonction de l'évolution des besoins et attentes des usagers ;
- En fonction de l'évolution des politiques sociales ;
- En fonction de l'évolution des demandes des décideurs de proximité (schéma départemental, juge, inspecteur ASE...).

3. Analyser et qualifier l'offre de service

- Quel est le service de base offert par l'établissement ?
- Quel sont les services périphériques ?
- Quels sont les services annexes ?
- Quel est l'agencement de ces différents services ?

Deuxième phase : la réalisation du service

4. Procéder au repérage des divers éléments intervenant dans la réalisation du service

- L'usager ;
- Le personnel en contact ;

☞

1. « La qualité est l'ensemble des caractéristiques d'une entité (organisation, établissement, service, dispositif) qui lui confère l'aptitude à répondre aux besoins exprimés, implicites et potentiels de l'usager et de sa famille en vue de promouvoir ou d'améliorer son état de santé, son autonomie sociale et sa dignité d'être humain » (P. Ducalet et M. Laforcade, *Penser la qualité dans les institutions sanitaires et sociales,* Paris, Éditions Seli Arslan, 2000).
2. C. Le Moënne, Congrès national des directeurs certifiés, ENSP, Biarritz, 1998.
3. Voir paragraphe traitant de l'évaluation au service de la clinique.

☞

- Les autres usagers ;
- L'organisation interne.

5. Définir le processus de fabrication du service

Les procédures, les savoir-faire, les méthodologies professionnelles.

Troisième phase : le suivi de la qualité

6. Penser la relation managériale comme une relation de service

7. Mettre en œuvre le cycle de la qualité

Service attendu, service voulu, service réalisé, service perçu.

8. Mettre en place des actions en faveur de la qualité

Formalisation des outils et méthodologies utilisées en interne, définition des modalités de participation des usagers, construction par l'équipe d'un référentiel d'évaluation interne.

4. DÉFINIR UNE PHILOSOPHIE INSTITUTIONNELLE DE LA PRISE EN COMPTE DES FAMILLES

Les pratiques d'accompagnement des parents dans les MECS sont multiples mais trop souvent ne correspondent ni à des objectifs clairement définis ni à des techniques d'intervention formalisées. Ces approximations peuvent être gravement pénalisantes pour les parents surtout lorsque l'on connaît leurs parcours de vie, leurs fragilités, leurs souffrances. Il importe donc de caractériser, de qualifier les modes d'intervention auprès des parents. S'agit-il de les associer au projet des professionnels ? Ou plutôt de prendre en compte leur projet parental dans une démarche de co-éducation ? Opte-t-on pour une démarche de guidance, de soutien, d'étayage des fonctions parentales ou s'inscrit-on explicitement dans un projet de thérapie familiale ? La pluralité des options institutionnelles est certainement légitime mais jusqu'où reste-t-on dans le champ de la mission d'une MECS ? Comment l'option retenue s'intègre-t-elle dans la redéfinition du métier de la MECS ? Quelles sont les techniques d'intervention mises en œuvre pour réaliser les modalités d'accompagnement privilégiées par une équipe ? Quelle formation des professionnels est organisée pour ne pas leur faire jouer le rôle d'apprentis sorciers et, de ce fait, mettre en danger des parents vulnérables ?

Prendre en compte les parents à travers la définition de services qui s'adressent à eux directement constitue en fait une véritable révolution culturelle pour les équipes ; cela signifie que l'énumération non exhaustive des questions cliniques, techniques, méthodologiques[1] qui précèdent ne prend sens que par rapport à une démarche institutionnelle qui met au travail les représentations de l'équipe par rapport aux parents et détermine un positionnement institutionnel et une philosophie globale de la manière dont une équipe entend les prendre en compte.

La démarche est complexe au moins pour deux raisons :

- Les maisons d'enfants ont souvent à assumer un passé où les parents des enfants accueillis étaient perçus comme défaillants, incompétents et immoraux, et ces représentations continuent

1. Voir pour le développement de ces questions la contribution de Noël Touya.

à informer nos pratiques souvent à notre insu. Paul Fustier nous met en garde contre les processus de minorisation des parents qui toujours nous menacent, même quand nous nous inscrivons dans l'innovation[1]. On peut affirmer et écrire dans nos projets d'établissement que nous avons définitivement quitté les rivages de la substitution aux parents et, dans le même temps, continuer à mettre en œuvre des processus d'appropriation des enfants. On ne passe pas automatiquement d'un système imaginaire à un autre. Dans nombre de maisons d'enfants, demeure actif un système imaginaire qui tend à exclure les parents. Dans nombre de maisons d'enfants, intervient un mécanisme de minorisation des parents qui aboutit à transformer les parents en mineurs dont il faudrait s'occuper comme des enfants, l'institution s'employant à détruire une parentalité concurrente, en faisant disparaître la différence de génération. D'où la nécessité absolue pour s'engager dans une démarche effective de prise en compte des parents, de garantir au niveau institutionnel le fonctionnement permanent d'espaces de paroles pour les professionnels, qui leur permettent de faire retour en toute sécurité sur leurs pratiques : espaces de supervision, d'analyse des pratiques...

- Les politiques publiques, se présentant comme paradoxales en matière de protection de l'enfance et de responsabilité parentale, appellent dans le respect du cadre légal et réglementaire, un positionnement clair, pensé, argumenté des acteurs de terrain. Comme le relève Frédéric Jésu dans son dernier ouvrage « Co-éduquer, pour un développement social durable », la thématique du soutien à la parentalité recouvre des pratiques profondément divergentes et même antagonistes. Cette notion peut aussi bien servir d'enveloppe à des pratiques promotionnelles où les parents sont reconnus comme les premiers acteurs de l'éducation de leurs enfants, même s'ils ont connu et connaissent des défaillances, qu'à des pratiques stigmatisantes et même pénalisantes[2].

La question de la co-éducation n'est donc pas qu'une question technique ; l'inscription institutionnelle dans une démarche de co-éducation avec les parents et tout le travail de type clinique, technique, organisationnel que cette option induit, ont plus de chance d'être de qualité si l'équipe est informée des enjeux éthico-politiques des options institutionnelles retenues et si elle s'engage dans une réflexion sur la manière dont elle entend mettre en œuvre une bientraitance parentale.

Un juste positionnement clinique et technique n'est pour autant pas acquis. Il implique, à notre sens, que l'équipe investisse au moins trois champs :

- *Le champ théorique.* Il s'agit de revisiter un certain nombre de concepts tels ceux de suppléance, d'alliance, d'étayage des fonctions parentales, de soutien à la parentalité... pour s'entendre sur les mots et construire un référentiel commun, sans lequel on en reste à des pratiques incertaines qui, à terme, sont pénalisantes pour les destinataires de nos interventions.
- *Le champ clinique.* L'équipe va s'interroger sur la nature de ses interventions. S'inscrivent-elles dans le champ thérapeutique, dans le champ de la guidance, dans le champ de l'étayage des

1. P. Fustier, *Le travail d'équipe en institution, Clinique de l'institution médico-sociale et psychiatrique*, Paris, Dunod, 1999.

2. C'est le cas du « contrat de responsabilité parentale » (Loi n° 2006-396 du 31 mars 2006 pour l'égalité des chances art. 48) insérant un article 222-4-1 dans le Code de l'action sociale et des familles. Voir aussi la loi du 5 mars 2007 relative à la prévention de la délinquance, donnant compétence au maire (art. 1 à 5) et instaurant au niveau municipal un « Conseil pour les droits et devoirs des familles » (art. 9).

fonctions parentales... Elle abordera des questions telles que : comment être au quotidien auprès de l'enfant, garantir sa protection qui est notre mission première et en même temps faire alliance avec les parents ? Comment accueillir la souffrance de l'enfant et en même temps le discours parental ? Comment traiter les symptômes de désorganisation familiale ? Comment prendre en compte le fait que parents et enfants sont les membres d'un ensemble groupal possédant une histoire et un fonctionnement psychique spécifiques[1] ?

- *Le champ technique et organisationnel.* L'équipe procédera à une analyse de ses pratiques : de quelle grille de lecture de la parentalité s'est-elle dotée ? De quels outils de diagnostic des situations familiales dispose-t-elle ? Quels sont les acteurs institutionnels qui vont être mobilisés pour mettre en œuvre une action de soutien à la parentalité, les éducateurs, le psychologue, l'assistant social ? Quels types d'entretien vont être mis en place ? Dans quel lieu, le domicile familial, l'institution ? Quelle sera la rythmicité des entretiens ? Quelle traçabilité de ces entretiens ?

S'ils ont investi ces divers registres, les professionnels vont pouvoir formaliser un projet d'intervention explicité et proposer des prestations clairement identifiables à partir desquelles ils pourront contractualiser avec les destinataires de leurs interventions, parents et enfants, élaborer des protocoles de travail dans lesquels la place et le rôle de chacun seront définis en matière d'hébergement, de scolarité, de soins, de loisirs...

Les pratiques de co-éducation représentent pour la protection de l'enfance en général et pour les établissements sociaux en particulier, un basculement majeur ; basculement au niveau de l'imaginaire associatif et institutionnel, au niveau des pratiques professionnelles et de l'organisation des établissements qui, comme le montraient les rapports Naves Cathala et Roméo, ont une forte propension à privilégier des fonctionnements autocentrés.

Il s'agit d'intégrer et de mettre en œuvre un nouveau paradigme dans le champ de la protection de l'enfance qui fait des parents des acteurs, certes en difficulté, certes empêchés plus ou moins gravement d'exercer pleinement leur responsabilité, mais des acteurs sans lesquels on ne peut penser aujourd'hui l'éducation des enfants.

Nous avons énoncé quelques-unes des conditions qui devraient, selon nous, être réunies pour que ce nouveau paradigme produise des pratiques bientraitantes au bénéfice des enfants et de leurs parents, visée qui est au cœur de notre mission.

5. REPENSER L'ACTION ÉDUCATIVE EN ÉTABLISSEMENT RÉSIDENTIEL

La dégradation accélérée de l'environnement familial et ses effets psycho-éducatifs, les mutations sociétales qui génèrent de nouveaux rapports à l'autorité, les troubles psychiques présentés par de nombreux usagers, les ruptures scolaires de plus en plus fréquentes, les effets d'addictions multiples, la difficulté croissante des adultes à gérer des collectifs, notamment adolescents, bouleversent les conditions de l'accompagnement éducatif. Ils ont, pour effet, la généralisation des situations de violence et font de nombreuses structures des espaces de désordre.

1. Voir dans le présent ouvrage la contribution d'Évelyne Grange-Ségéral et Francine André-Fustier.

Il nous faut donc identifier les pistes à investir pour redonner du sens à l'organisation d'une suppléance parentale dans un collectif et réfléchir notamment à ce défi central pour les établissements que constitue l'articulation de l'individuel et du groupal. À l'heure du projet personnalisé, des entretiens individuels et du sur-mesure, quel sens peut prendre la dimension collective de l'accompagnement éducatif ? Le collectif devient-il principalement un agrégat de symptômes, de malaises, de mal-être avec les effets dévastateurs que nous connaissons, notamment en termes de violences et de transgressions diverses ? Comment tisser de l'individuel et du collectif dans le but de répondre aux besoins et attentes de la personne accueillie, tout en soutenant la question du vivre ensemble et du monde commun ? Comment mener à bien une entreprise de « conversion des habitus désordonnés en habitus ordonnés »[1], c'est-à-dire viser une transformation personnelle des usagers en réintégrant la dimension groupale dans la boîte à outils éducative ?

Noël Touya et Bruno Oteiza ouvrent, dans cet ouvrage, des pistes de refondation de l'éducation résidentielle. Il nous semble, en effet, qu'il faut développer une réflexion qui se hisse au niveau des défis que représente l'option paradoxale de vouloir faire cohabiter des personnes qui ne se sont pas choisies et qui sont toutes porteuses de difficultés personnelles souvent lourdes et ce à l'heure du primat de l'individuel. Quand on interroge les jeunes accueillis, ils s'accordent sur les pesanteurs de la vie communautaire, ses contraintes, la promiscuité, son emprise sur l'intime[2].

Il y a prioritairement des options à privilégier, sur le plan architectural, sur la configuration des unités de vie afin que soient garanties les conditions d'une intimité. La loi du 2 janvier 2002 définit un certain nombre de droits qui garantissent l'intimité de l'usager et rendent moins prégnante la dimension collective de l'accueil résidentiel. La vie communautaire n'en demeure pas moins contraignante, même si les pesanteurs d'un vivre ensemble ne sont pas vécues avec la même intensité selon l'âge des jeunes accueillis.

Quelques pistes nous semblent devoir être explorées pour que l'accueil résidentiel ne soit pas « surhandicapant » et que les internats ne deviennent pas des espaces d'ensauvagement[3].

La redéfinition par les équipes des fondamentaux de l'éducation résidentielle

Dans une époque où l'instabilité des repères est une donnée quotidienne, il nous semble indispensable que soit redéfini de manière collective le socle des valeurs et options partagées par une équipe sur le plan éducatif, sachant que l'ouvrage devra être remis sur le métier régulièrement. Le risque est que la réflexion s'enlise dans des conflits idéologiques. Il importe que ce type de réflexion, dont on ne peut aujourd'hui faire l'économie, soit cadrée et efficacement animée. Par exemple, l'approche de l'éducation qu'avait développée la Commission internationale sur l'éducation pour le XXIe siècle[4], déclinée en apprendre à connaître, apprendre à faire, apprendre

1. R. Gény, « Réponse éducative de la PJJ et conversion des habitus », *Sociétés et jeunesses en difficulté*, n° 2, septembre 2006.
2. Voir le rapport sur « La qualité des pratiques en protection de l'enfance », Université de Franche-Comté, 2005.
3. Thérèse Delpech, *L'ensauvagement*, Grasset, Paris, 2005.
4. « L'éducation, un trésor est caché dedans », Rapport à l'UNESCO de la Commission Internationale sur l'éducation pour le vingt et unième siècle, Paris, Odile Jacob, 1996.

à être, apprendre à vivre ensemble, constitue, nous avons pu le vérifier, un cadre de réflexion opératoire pour une équipe qui s'emploie à redéfinir ses fondamentaux éducatifs.

Le renouvellement d'une réflexion sur les médiations éducatives

L'entretien éducatif était, certes, comme le note Noël Touya, un outil d'individualisation des pratiques dans un contexte institutionnel où le collectif primait. À l'heure des contrats de séjour, des projets personnalisés, du développement des prestations sur mesure, sa systématisation aux dépens d'autres outils professionnels doit être réinterrogée : « Autant la relation et l'attention à la singularité des individus peuvent paraître souhaitables, autant elles peuvent être vécues comme une forme de domination quand elles obligent les individus les plus faibles à s'exposer, à se dévoiler sans cesse »[1]. Les auteurs du rapport, déjà cité, sur « La qualité des pratiques en protection de l'enfance » prolongent ce questionnement : « Que cherche-t-on ? L'entretien est-il une solution toujours adaptée ? Une solution de facilité ? Pourquoi ne pas penser à d'autres formes pour l'échange comme les supports d'activité ? » Il ne s'agit pas de promouvoir le retour aux ateliers de macramé mais bien de réinscrire la pratique d'activités proposées par les éducateurs dans une clinique[2].

Nous partageons le diagnostic de Joseph Rouzel qui constate l'appauvrissement, voire le déclin des activités éducatives qu'il préfère nommer « médiations éducatives », terme qui, selon lui, dit bien la place de médiateur, de passeur, d' « inter-médiaire » qui revient à l'éducateur :

> « ... une partie de foot, une soirée télé, un camp d'escalade, un atelier de poterie, d'écriture, de bricolage ou un plateau de théâtre pourvu qu'une vraie passion anime l'éducateur qui l'encadre ouvriront un espace où sans en avoir l'air, le sujet trouvera son chemin d'expression »[3].

On rajoutera que ce type d'espace constitue une opportunité, certes non exclusive, mais privilégiée pour honorer une dimension essentielle de la fonction éducative qui consiste à créer avec un enfant ou un jeune une « relation stable, engagée et authentique avec un adulte de référence, une relation d'attachement et d'identification »[4] qui lui permet de se construire.

Vers des espaces de délibération réunissant usagers et professionnels dans les institutions

Il s'agit d'espaces où les différents acteurs débattent régulièrement des modalités du vivre ensemble et les co-construisent, dans le respect du statut et de la responsabilité de chacun des acteurs, c'est-à-dire sans occulter la dissymétrie constitutive de la relation éducative, mais en utilisant toutes les marges de manœuvre que cette même relation autorise.

1. François Dubet, *Le déclin de l'institution*, Paris, Seuil, 2002.
2. Pour ce qui est de réfléchir plus globalement aux modalités d'affirmation d'un métier, nous y reviendrons quand nous traiterons de la nécessaire mise en place d'une politique de la reconnaissance vis-à-vis des salariés.
3. « Le risque de broyer la machine à inventer et à penser », Rebonds, *Lien social*, n°755, 2 juin 2005.
4. Rapport sur « La qualité des pratiques en protection de l'enfance », Université de Franche-Comté, 2005.

6. CARACTÉRISER LA « NOUVELLE ÉCONOMIE PSYCHIQUE » DES ADOLESCENTS ACCUEILLIS ET MIEUX SOUTENIR LA QUESTION DU SOIN

Les acteurs de terrain constatent le rajeunissement et peut-être la massification de problématiques adolescentes difficiles à qualifier cliniquement et posant des problèmes particulièrement complexes à soutenir tant dans l'accompagnement individuel que collectif, vu le peu de construction subjective des sujets considérés et leur intolérance à tout ce qui fait cadre. Déscolarisation et rupture avec tous les dispositifs de formation deviennent également des caractéristiques communes à de nombreux usagers. Les phénomènes constatés sont-ils véritablement inédits ? Si oui, comment mieux les caractériser ?

Du côté de la recherche, même si le chantier propre à nous faire entrer dans l'intelligence des « nouvelles » problématiques pathologiques reste largement à investir, des chercheurs ouvrent des pistes de renouvellement des approches des phénomènes auxquels les institutions sont douloureusement confrontées.

C'est ainsi que Tristan Garcia Fons[1], constatant que les comportements des enfants et des adolescents sèment le trouble, identifie un nouveau paradigme qui prend valeur de fait social :

> « La figure d'un enfant ou adolescent déviant, à risques, voire dangereux (envers de celle de l'enfant victime), se détache aujourd'hui au centre des représentations qui peuplent le discours social ».

Il en déduit que les troubles du comportement, « ce sont les comportements qui troublent ».

À la suite de Roger Misès, il pense que :

> « ... les catégories qui font référence à des déviations de comportement sont davantage de l'ordre de la variation de la normale ou des pathologies réactionnelles et se situent hors du champ de la morbidité psychiatrique. On pourrait même se demander si elles relèvent du champ de la médecine. Depuis longtemps déjà (dès le XIXe siècle), les institutions publiques ont cherché à catégoriser ce que certains historiens ont appelé "l'enfance irrégulière"[2]. Depuis une quinzaine d'années, on assiste à un double mouvement, apparemment contradictoire, d'inflation et de réduction, où les termes de troubles du comportement servent à désigner un domaine croissant qui va de la normale jusqu'à l'ensemble de la pathologie psy en même temps que l'accent est porté sur la déviance par rapport à la norme, pensée comme un caractère fixe, voire un déficit organique ».

C'est ainsi qu'avec Tristan Garcia Fons, on peut se demander si l'enfant des « troubles du comportement » d'aujourd'hui n'est pas la version post-moderne de « l'enfant caractériel » d'autrefois promis aux maisons de correction ?

Les questions qu'il pose de sa place de pédopsychiatre et de psychanalyste nous semblent tout à fait pertinentes :

> « Y a-t-il de nouvelles pathologies ? Un nouveau sujet ? Une clinique comportementale spécifique ?... On peut aussi penser que "les nouvelles pathologies", dont la réalité clinique n'est décidément pas évidente, relèvent plutôt d'une nouvelle manière d'être, dépendante du mode de vie contemporain : effets de nouveaux

1. « Ces comportements qui troublent », *La lettre de l'enfance et de l'adolescence,* Revue du GRAPE, n° 67, mars 2007.

2. « Les sciences du psychisme et l'enfance irrégulière », *Le temps de l'histoire,* Revue de l'enfance irrégulière, n° 6, 2004.

modes de lecture et de nouvelles nominations des manifestations enfantines ? Nouvelles configurations dans l'expression de problématiques qui traduisent un état des liens sociaux actuels sur fonds de structures psychiques fondamentalement inchangées ? »

Tout en interrogeant la dimension idéologique et politique de l'approche des troubles de l'enfance et de l'adolescence, il reconnaît néanmoins que la clinique nous confronte « à certains enfants et adolescents mal structurés psychiquement — qu'on dit souvent limites. »

« Ce sont des enfants qui ont tendance à agir leurs conflits sans médiation et qui apparaissent en quête d'étayage narcissique et de repères identificatoires structurants. Leur difficulté à secondariser débouche sur la décharge pulsionnelle dans l'acte. Les enfants dont on se plaint le plus, sont souvent des enfants fragiles, en détresse, démunis symboliquement dans leur rencontre avec les autres. Ces enfants perçus comme provocateurs, qui terrorisent les adultes, se sentent eux-mêmes terrorisés. Plus l'enfant agresse l'entourage, plus il suscite de réactions de rejet et d'angoisse, plus les troubles du comportement agressifs ou transgressifs empirent dans une spirale infernale de persécution et de rejet. Certains enfants agissent ce rejet : tout se passe comme s'ils cherchaient à maîtriser activement ce qui leur arrive, à être auteurs de leurs échecs, plutôt que de les subir passivement. »

N'est-ce pas des mêmes adolescents dont traite Jean-Pierre Pinel quand il constate[1] que :

« Certaines institutions sociales et médico-sociales sont actuellement conduites à accueillir des sujets dont l'astructuration de fond, les troubles graves de la symbolisation et les modes de fonctionnement singuliers mobilisent une souffrance et une pathologie des liens institutionnels particulièrement aiguës. Ces sujets sont plus particulièrement des adolescents ou de jeunes adultes fonctionnant sous le primat d'agirs violents, apparemment insensés. Ils confrontent les équipes institutionnelles à des situations d'impasse, en sollicitant des vécus d'échec, d'impuissance et d'incompréhension, voire des affects de désespérance. Ils saisissent au plus intime la psyché des praticiens : atteignant les sources vives de l'engagement professionnel de chacun, révélant les failles des équipes et celles du cadre institutionnel. Ces sujets participent à mettre en crise les établissements de sorte que l'exclusion est fréquemment la seule issue pensable ».

Et l'auteur s'engage dans une caractérisation de ces sujets sans ancrage ni liens d'appartenance, présentant des conduites addictives ainsi que des formes de souffrance psychique et des symptômes qui relèvent de défauts graves de la mentalisation :

« Ces sujets souffrent à la fois d'une défaillance de la régulation narcissique et de désétayages de la vie pulsionnelle, d'une ratée dans la formation des identifications et d'un trouble des processus représentationnels. Comme le montre R. Kaës[2], "ce sont des troubles qui atteignent la construction du sens et des dispositifs interprétatifs : ce sont des maladies des fonctions et des structures intermédiaires, des frontières, du jeu transitionnel et des métabolisations. Ces maladies affectent particulièrement l'activité du préconscient et de la symbolisation".

Ainsi, ces sujets présentent une carence de la topique interne. Leur psyché "manque de profondeur"[3] : le préconscient n'exerce pas sa fonction d'intermédiaire, de sas psychique, tamponnant les excitations. On observe une carence des fonctions de régulation et de protection contre la violence pulsionnelle et l'afflux d'excitations.

1. « Intervention clinique en institution et "nouvelles" problématiques pathologiques », *Revue de psychothérapie psychanalytique de groupe*, n° 32, 1999.
2. R. Kaës, « Le groupe et le travail du préconscient dans un monde en crise », *Revue de psychothérapie psychanalytique de groupe*, n° 29, 1998.
3. J. Guillemin, « L'énergie et les structures dans les expériences dépressives. Le rôle du préconscient. », *Revue française de psychanalyse*, 5-6, 1976.

> Ces sujets souffrent d'une pathologie des limites et d'une ratée dans la constitution d'une identité suffisamment structurée, se combinant à l'absence de cadre externe susceptible d'accueillir leur souffrance. Parallèlement, on repère fréquemment des troubles des contenants de pensées, prenant la forme de retard d'organisation du raisonnement ou de dysharmonie cognitive pathologique, qui contribuent largement à perturber les modes de relation... »

Comme en témoignent les citations qui précèdent, les équipes sont confrontées à la complexité des problématiques adolescentes et souvent sont démunies face à ces dernières. Cette situation est telle qu'elle :

- Appelle des travaux de recherche où chercheurs et praticiens construiront de nouvelles approches théorique et clinique. Nous avons cité ici les travaux de Tristan Garcia Fons et de Jean-Pierre Pinel. Ce sont ces travaux qu'il s'agit aujourd'hui de multiplier et de communiquer[1] ;
- Exige également le fonctionnement en réseau et le travail à plusieurs alors qu'il faut bien constater que les articulations avec le médico-social et le sanitaire peinent à s'instituer. Les difficultés rencontrées pour mettre en œuvre un travail en réseau rendent d'autant plus nécessaire la communication des expériences réussies de coopération ; celles permettant une prise en charge conjuguée, inter-institutionnelle et multidisciplinaire pour faire échec à des réponses successives et non coordonnées. Nous renvoyons pour ce qui concerne ce point fondamental à la contribution de Jean-François Costes qui soumet la question du partenariat à une lecture sans concession puis fait des propositions opportunes ;
- Rend indispensable la mise en place des espaces de supervision, d'analyse des pratiques permettant aux équipes de mieux comprendre le fonctionnement des jeunes accueillis et d'élaborer les effets produits sur l'équipe, de mieux comprendre les processus intrapsychiques et intersubjectifs mobilisés lors de l'accompagnement de sujets particulièrement difficiles.
- Doit, enfin, rendre attentif à toutes les expériences et, notamment, à la création de structures articulant soin psychiatrique et éducatif, réunissant une équipe éducative et une équipe thérapeutique pour assurer un suivi conjoint[2].

7. METTRE EN ŒUVRE UNE GOUVERNANCE SOCIALE : AU NOUAGE DU MANAGEMENT ET D'UNE CLINIQUE DE L'INSTITUTION

Pour qu'une équipe[3], objet de multiples projections de la part de sujets en souffrance, puisse travailler dans une relative quiétude, il appartient au management de garantir un cadre de travail permettant de penser les processus psychiques à l'œuvre dans les ensembles institutionnels[4]. Pour qu'une juxtaposition de professionnels devienne une communauté d'action, il faut une démarche managériale fédérant les énergies et les compétences autour d'un projet. Pour qu'une équipe s'engage dans une démarche de formalisation de ses pratiques, sont requises une volonté et une

1. Voir dans le présent ouvrage la contribution de Jean-François Costes et François Desmartis.
2. Voir *Lien social*, n° 863, 29 novembre 2007.
3. Les axes de réflexion présentés dans ce chapitre ont été développés de manière plus conséquente dans l'ouvrage que nous avons rédigé avec F. Noble.
4. Voir dans le présent ouvrage la contribution d'Évelyne Grange-Ségéral et Francine André-Fustier.

stratégie des dirigeants en vue de construire un patrimoine institutionnel clinique, technique, méthodologique... Il n'est pas question d'inventer *ex nihilo* une nouvelle forme de gouvernement d'entreprise. La méthode consiste plutôt à dessiner les contours d'une gouvernance sociale dont les fondamentaux, empruntés souvent au champ de l'entreprise, sont revisités en tenant compte des caractéristiques propres d'une organisation associative réalisant des services au bénéfice d'une population en grande souffrance. Cette donnée centrale rend indispensable que les pratiques de direction soient pensées au nouage des méthodes modernes de management et des acquis d'une clinique de l'institution. La réflexion qui va suivre peut être appliquée à d'autres structures que celles intervenant dans le champ de la protection de l'enfance, mais ces dernières sont concernées au premier chef ; la complexité croissante de ces organisations accueillant des publics de plus en plus difficiles qui mettent à l'épreuve des équipes, dont l'encadrement et l'animation exigent toujours plus d'éthique et de technicité, en fait de véritables laboratoires managériaux.

De l'organisation à l'institution

On utilise aujourd'hui pour désigner les établissements le mot d'organisation pour désigner la structure sociale qui produit des services. Ce qualificatif ne doit pas nous faire oublier la dimension institutionnelle des maisons d'enfants.

René Kaës met en tension les notions d'organisation et d'institution. Il définit l'institution comme :

> « l'ensemble des formes et des structures sociales instituées par la loi et par la coutume : l'institution règle nos rapports, elle nous préexiste et s'impose à nous, elle s'inscrit dans la permanence. (En revanche) l'organisation aurait un caractère contingent et concret, elle disposerait non des finalités mais des moyens pour les atteindre... On sera donc attentif à la synergie entre institution et organisation et à leur conflictualité potentielle... Par exemple, dans une institution de soin, le but thérapeutique de l'institution est tendanciellement subordonné aux finalités de l'organisation qui s'autonomise en tant que fonctionnement spécifique : la bureaucratisation s'installe, qui fait prévaloir l'interaction pour elle-même sur le processus thérapeutique, jusqu'à l'attaquer »[1].

L'approche de René Kaës complexifie notre représentation de l'organisation quand il note que :

> « ... peuvent s'immiscer et prévaloir, dans la logique sociale de l'institution, des questions et des solutions relevant du niveau et de la logique psychiques. C'est pourquoi toute émergence psychique possède *a priori* une valeur de symptôme significatif pour l'ensemble institutionnel »[2].

Jean-Pierre Pinel prolonge l'analyse de René Kaës sur les fonctionnements psychiques d'équipe en identifiant l'institution comme une instance de liaison fragile :

> « ... Les institutions du secteur social, et notamment les institutions médico-sociales, sont d'emblée confrontées à des tensions massives, engendrées par leur position particulière et par la nature de leur tâche primaire. Les institutions de soins présentent certaines caractéristiques spécifiques, d'allure paradoxale, qui majorent leur fragilité. De par leur mission sociale, elles sont assignées à une position transitionnelle et articulaire entre la pathologie et l'ordre social. Elles ont à accueillir, gérer ou traiter ce que le social exclut. À la fois désavouées et magnifiées, elles figurent l'espace d'accueil du négatif. Modèle emblématique assigné à une position d'idéal, elles sont en même temps le lieu de recyclage de l'exclu, du désavoué ou de l'impensable. Dans et partiellement

1. R. Kaës (dir.), *L'institution et les institutions, Études psychanalytiques*, Paris, Dunod, 1987.
2. *Ibid.*

hors du sociétal, elles ont à articuler deux positions antagonistes pour exercer une fonction de "tissu conjonctif", et constituer des espaces de liaisons créatifs et vivants. Cette position potentiellement paradoxale mobilise des enjeux narcissiques tout à fait décisifs pour les praticiens en réactivant les formations idéales archaïques et en mobilisant des représentations qui s'énoncent en termes de tout ou rien, référant à une oscillation entre l'omnipotence et l'impuissance »[1].

Pour une clinique de l'institution

Les concepts utilisés par les auteurs cités renvoient à un appareil théorique qu'il n'est pas question, ici, d'explorer plus avant. Notre ambition se limite à prendre la mesure des phénomènes complexes qui se déploient dans nos institutions à l'insu des acteurs. Jean-Pierre Pinel constate que « l'institution de soins ou de rééducation est un objet complexe et multiréférencé » quand Kaës diagnostique que nous sommes confrontés « à l'inextricable ». Ces dimensions de la réalité institutionnelle nous invitent à développer une sensibilité managériale à un certain nombre de phénomènes[2] qui, s'ils ne sont pas pris en compte de manière adéquate, vont générer des dysfonctionnements majeurs ; ces mécanismes négatifs risquant d'« intoxiquer » le fonctionnement institutionnel et d'affecter gravement les relations entre les professionnels et les usagers. Cette prise en compte managériale devra se concrétiser par la mise en place d'un certain nombre d'espaces institutionnels où l'institution se met au travail sur elle-même.

Le déni de cette dimension de la complexité de nos institutions exposerait donc le directeur à des déboires managériaux cuisants et ce, d'autant plus que les institutions du secteur social sont particulièrement exposées aux tensions et aux risques de déliaison, leur environnement connaissant de profondes mutations.

Plusieurs de nos développements précédents, notamment quand nous avons traité du service, se référaient à une forme de rationalité que l'on peut qualifier d'instrumentale. C'est, aujourd'hui, une forme de rationalité qui risque de s'imposer vu la prégnance des évolutions technologiques, peut-être technocratiques, dans des établissements et services immergés dans un environnement où s'imposent des logiques gestionnaires. Les progrès à réaliser en termes d'ingénierie de soin, d'éducation, d'intervention sociale vont favoriser l'installation définitive de la rationalité instrumentale dans le secteur social. Cette installation prendra-t-elle la forme d'une emprise totalisante, totalitaire qui ligote les mondes vécus des divers acteurs, usagers et professionnels confondus ?

Les approches mentionnées ci-dessus devraient introduire un coin salutaire dans les certitudes des managers séduits par des logiques oublieuses des complexités de l'humain et nous inciter à ne pas céder à la fascination d'un réductionnisme simplificateur.

Le directeur d'une maison d'enfants doit donc complexifier la représentation de la structure qu'il pilote par une sensibilisation à la dynamique humaine des organisations, sans pourtant céder à la tentation de récupérer une maîtrise qui se dérobe.

1. J.-P. Pinel, « Enseigner et éduquer en institution spécialisée : approche clinique des liens d'équipe », *op. cit.*
2. Le directeur désireux d'entrer dans une intelligence plus aboutie de ces processus, même si celle-ci demeurera toujours partielle, pourra se reporter à un certain nombre d'ouvrages spécialisés que nous citons dans notre bibliographie, et notamment aux travaux de Kaës et de Fustier. Il peut aussi recourir à un intervenant extérieur compétent pour traverser, par exemple, une phase institutionnelle critique.

Roland Brunner nous met ainsi en garde contre les formes d'instrumentalisation de la psychanalyse :

> « L'inconscient ne s'apprivoise pas, ne se gère pas, ne se manage pas. Il est ce qui échappe dans la pratique de maîtrise que constitue tout acte de gestion, et les recettes managériales ont pour fonction de rassurer l'homme devant la menace de l'inconnu à l'extérieur (le marché, la réalité sociale, les contraintes matérielles) ou à l'intérieur (le pulsionnel) »[1].

Pas plus qu'il ne peut espérer récupérer une maîtrise qui lui échappe, le directeur ne peut cultiver une position de surplomb qui le mettrait à distance des fonctionnements institutionnels.

Il ne peut ignorer qu'il est pris dans les fonctionnements psychiques de l'équipe, au regard de la place qu'il occupe dans l'organisation, son positionnement n'étant pas sans effets sur ces fonctionnements comme sur les dysfonctionnements fréquemment constatés dans les institutions sociales.

La prise en compte des processus psychiques à l'œuvre dans les ensembles institutionnels

> « Les institutions de soins révèlent leur fragilité par la récurrence des épisodes dysfonctionnels qui jalonnent leur histoire. D'un point de vue économique, ces dysfonctionnements prennent deux formes essentielles : la crise, de l'ordre de l'excès d'investissement, du trop de passion et, d'autre part, le marasme qui peut se groupaliser sous la forme d'une usure institutionnelle. Ces dérégulations qui relèvent de l'excès ou de la carence, du surinvestissement ou du désinvestissement, se manifestent toujours sous la forme d'une souffrance traversant les personnes. En effet, il convient de rappeler que l'institution ne souffre pas, seules les personnes souffrent de leurs liens à l'institution »[2].

Souffrance et psychopathologie des liens institutionnels, ces réalités concernent au premier chef, le directeur qui, sans se tromper de fonction ni s'accorder des compétences qu'il n'a pas, doit prendre soin de son institution et plus précisément des personnes qui y travaillent et y sont accueillies.

Il importe qu'il ait une certaine intelligence des enjeux et ressorts inconscients de la vie organisationnelle. Il lui appartient de se doter d'éléments de lecture des phénomènes institutionnels qui lui seront utiles tant dans la normalité du quotidien que dans les situations d'exception.

C'est ainsi qu'il prendra conscience qu'il ne suffit pas qu'une institution, prenant en charge des enfants, annonce dans son projet qu'elle a dépassé le stade des pratiques substitutives et s'inscrit dorénavant dans une logique de suppléance et d'étayage des fonctions parentales pour qu'elle soit effectivement indemne d'un certain nombre de processus d'appropriation des enfants qui lui sont confiés. Elle ne pourra contenir ces mécanismes qu'au prix d'un travail permanent sur elle-même et notamment par la mise en place d'espaces institutionnels appropriés, qui pourront être des

1. R. Brunner, *Le psychanalyste et l'entreprise*, Paris, Syros, 1995.
2. J.-P. Pinel, « Enseigner et éduquer en institution spécialisée : approche clinique des liens d'équipe », *op. cit.*

temps de supervision, d'analyse des pratiques ou de régulation selon les besoins et les options institutionnelles[1].

De fait, la prise en considération des apports d'une clinique de l'institution complexifie la lisibilité des phénomènes institutionnels. Mais la fragilité des équilibres institutionnels, les risques de crise que tout changement peut provoquer ne doivent pas tétaniser le dirigeant ; ce dernier est invité à comprendre comment les traces de l'origine sont actives dans le présent de l'institution (notion de mythe fondateur...) comment s'organise psychiquement une institution dans la durée, comment sa structuration psychique évolue dans le temps, comment un changement généalogique peut entraîner une déliaison majeure...[2]

Cette sensibilisation à la pluralité des phénomènes, qui organisent la vie institutionnelle, enrichira, en la complexifiant, la représentation des fonctionnements que le directeur se fait de l'organisation qu'il dirige ; elle informera nécessairement la manière dont il va permettre à une équipe de penser ses pratiques et d'élaborer psychiquement les situations rencontrées. Ce travail d'élaboration est d'autant plus requis que les professionnels accompagnent des personnes qui, pour reprendre les termes de Jean-Pierre Pinel, tentent « d'évacuer et d'exporter sur l'environnement les ratées de leur topique interne »[3]. Cela implique la mise en place d'espaces de contenance qui, comme nous l'avons précédemment mentionné, pourront être des temps de supervision, d'analyse des pratiques ou de régulation selon les besoins et les options institutionnelles.

La conscience de ce qui organise à l'insu des acteurs le fonctionnement institutionnel devrait influer, de manière significative, sur la construction d'une posture managériale originale ; originale parce que soucieuse de se tenir à la hauteur de la complexité des enjeux institutionnels, dans une phase du travail social où, nous l'avons vu, risque de s'imposer des modes d'approche du réel référés principalement à une logique gestionnaire.

En fait, sur le plan managérial, l'enjeu est bien de penser ensemble des questions qui sont souvent insuffisamment articulées en les référant à la question clinique qui fonde la légitimité de nos organisations. C'est le fait de référer toutes les options managériales à la clinique qui permet de construire des modes de pilotage respectueux des caractéristiques des publics pris en compte, des professionnels qui les accompagnent et des organisations qui les accueillent. C'est le nouage des options éthiques, cliniques, techniques, méthodologiques qui participe à l'avènement d'une forme de management adapté aux enjeux des internats spécialisés et que nous nommons gouvernance sociale.

Pour mettre en œuvre cette gouvernance sociale ; le directeur d'un internat spécialisé va privilégier trois orientations managériales[4] :

- élaborer des méthodologies d'évaluation au service de la clinique ;

---

1. Il n'est pas toujours aisé de différencier ces trois niveaux d'interventions. Nous renvoyons à un article d'Alain Béaur et Sylvie Villa « Pour ne plus confondre supervision, analyse des pratiques et régulation d'équipe » qui proposent une caractérisation de chacune de ces pratiques dans la revue *Lien Social*, n° 704, avril 2004.

2. P. Fustier, *Le travail d'équipe en institution*, *op. cit.* ; J.-P. Pinel, « Enseigner et éduquer en institution spécialisée : approche clinique des liens d'équipe », *op. cit.op.* ; et G. Gaillard, « La généalogie institutionnelle et les écueils du travail d'historisation : entre filicide et parricide », *Connexions,* n° 76, Éditions Erès, 2002.

3. Séminaire sur la clinique de l'institution, 14, 15, 16 juin 2004, Institut de Psychologie, Université Lumière Lyon II.

4. Pour un développement plus complet sur les éléments constitutifs d'une gouvernance sociale, nous renvoyons à l'ouvrage que nous avons rédigé avec François Noble. Le cadre de cette contribution nous amène à ne retenir que ce qui nous paraît être les constituants principaux d'un management des internats spécialisés.

- favoriser la coopération et la synergie des compétences ;
- situer la reconnaissance des acteurs au cœur des enjeux institutionnels.

L'élaboration de méthodologies d'évaluation au service de la clinique

Alors que, par exemple, le champ du handicap et celui des personnes âgées ont mobilisé des moyens conséquents pour construire des méthodologies d'évaluation, le champ de la protection de l'enfance en général et celui des MECS en particulier, accusent un certain retard dans ce domaine ; peut-être parce que les pratiques des professionnels de l'internat sont peu objectivables et leur métier mal défini[1]. Cette indéfinition des pratiques peut expliquer en partie la résistance de certaines équipes à entrer dans un processus d'évaluation, une identité professionnelle incertaine pouvant être perçue comme ne constituant pas un socle suffisamment solide pour construire ses propres outils d'évaluation.

Pour notre part, nous considérons que l'évaluation constitue une opportunité pour les MECS de quitter définitivement les rives du flou, de l'approximatif, du tout empirique. Mais ce passage doit être négocié avec méthode et circonspection car la mode est au procédural. L'enjeu est clairement de mettre l'évaluation au service de la clinique. C'est également la position des rédacteurs du rapport sur « La qualité des pratiques en protection de l'enfance ». Ces auteurs problématisent bien la question de l'évaluation des pratiques en protection en la référant à la démarche clinique :

> « La démarche clinique revient donc à resituer à l'autre sa position de sujet dans ses déterminations aussi bien individuelles que sociales, à interroger autant celui qui parle que celui de qui il est parlé dans les équipes, à refuser de réduire cet autre aux perspectives d'un savoir automatique. La démarche clinique suppose de fait une attention particulière à la parole, aux perceptions, aux analyses de celui qui se présente dans la nudité de sa faiblesse. Elle fait passer d'une certaine manière du souci pour l'autre au souci de l'autre et en cela elle est un support de qualité des pratiques ».

Le sens étant posé, on peut définir quel type d'évaluation il s'agit de penser puis de mettre en œuvre :

> « L'évaluation suppose non seulement l'accès et la réflexion de certaines informations (les indices) mais aussi une démarche compréhensive, qui seule est susceptible de permettre à ces informations d'être lisibles dans le contexte d'interaction, dans la nécessité de "penser l'éducatif comme la mise en forme d'une présence d'autrui"[2]. »

Adossés à une philosophie de l'évaluation telle qu'elle vient d'être énoncée, les acteurs professionnels peuvent dessiner les contours d'un chantier qui, aujourd'hui, reste largement à investir dans le champ de la protection de l'enfance. Dans le cadre limité de cette contribution, nous limiterons à quelques éléments de balisage de ce chantier.

Notons seulement que le constat d'un manque de formalisation des pratiques ne doit pas nous amener à importer des technologies exogènes mais bien plutôt à penser l'introduction de l'évaluation comme un moyen privilégié de progresser dans l'objectivation des pratiques

1. Nous reviendrons sur ce point ultérieurement.
2. Rapport sur « La qualité des pratiques en protection de l'enfance », Université de Franche-Comté, 2005.

existantes et des outils déjà disponibles. Penser service, comme nous y invitons plus haut, est l'occasion, à partir d'un cadre de référence explicité, de croiser, d'articuler logique de service et démarche d'évaluation ; nous avons pu vérifier, comme en témoigne le service présenté dans la troisième partie, combien ce nouage était productif en termes d'élucidation, de formalisation, de réorganisation des pratiques existantes mais aussi d'élaboration et de finalisation de nouveaux outils conçus comme support de la clinique. On peut ainsi s'engager dans la production de référentiels qui ne viennent pas faire effraction dans la culture de l'établissement mais qui respectent les fondamentaux éthiques, cliniques et techniques des équipes.

Pour une qualité du service : coopération et synergie des compétences

Christian Le Moënne place la notion de compétence collective au cœur de la révolution professionnelle que va provoquer l'installation dans le secteur social de la logique d'explicitation de la qualité de service. Il nous invite à passer d'un « professionnalisme de métier, individuel, à un professionnalisme organisationnel, de projet, dans lequel la compétence est collective (et non la somme des compétences individuelles), une compétence issue de l'adhésion et de la mise en œuvre d'un projet commun au service des usagers et des clients ». Selon cet auteur,

> « La compétence collective, fondée sur une logique d'efficacité organisationnelle sur projet, (qui) donne sens à la compétence individuelle comme capacité à s'intégrer à une équipe de travail en contribuant à augmenter son efficacité globale. Elle suppose une forte capacité adaptative rationalisée, une forte capacité de polyvalence, une capacité à apprendre et à partager, et une capacité d'évaluation et d'autoévaluation »[1].

De même, Dominique Genelot[2] diagnostique que la compétence individuelle, même multidimensionnelle et adaptative, est insuffisante et que la complexité des organisations modernes nécessite l'agrégation de compétences multiples en une compétence collective. Agrégation ne signifie pas addition mais intégration de compétences plurielles grâce à une culture, à des connaissances, à un savoir-faire partagé ; ce qui est en jeu c'est la capacité d'une équipe à construire « une communauté d'interprétation » qui va lui permettre de répondre de manière ajustée aux situations qui se présentent.

Le défi réside en fait dans la capacité des dirigeants à articuler la gestion des compétences individuelles et collectives. Il s'agit d'inventer une gestion de l'organisation et des compétences qui vise la prise en compte conjointe :

- du développement et la gestion des compétences individuelles ;
- de la mise en commun des compétences.

1. Christian Le Moënne, Congrès national des directeurs certifiés, ENSP, Biarritz, 1998.

2. Pour Dominique Genelot, dans sa dimension individuelle, « la compétence est contextuée (une personne compétente dans une situation donnée ne le sera pas forcément dans un autre contexte), multidimensionnelle (elle ne se réduit pas à la seule technicité), évolutive (on peut devenir compétent, on peut aussi perdre ses compétences si le contexte change) ». Il définit, par ailleurs, la compétence organisationnelle comme la « capacité collective de construire l'intelligibilité instantanée d'un système complexe sans cesse renouvelé » (*Manager dans la complexité*, Paris, INSEP Consulting Éditions, 2001).

L'axe de développement et de gestion des compétences individuelles est celui sur lequel on trouve les référentiels de compétences, les projets d'évolution professionnelle, les entretiens annuels d'évaluation... Cet axe est encore peu investi par le secteur associatif et son développement rencontre de fortes résistances culturelles et structurelles. En fait, une gestion associative des compétences individuelles devra viser prioritairement le développement des dimensions relationnelles et méthodologiques de ces compétences par une organisation explicitement référée à la logique de service, par la mise en place d'espaces d'élaboration collective et par la formation. La mise en place progressive d'une gestion des compétences individuelles ne devra pas mettre à mal les fragiles équilibres collectifs et devra s'opérer en référence à l'horizon défini par Christian Le Möenne, la construction d'une compétence collective, d'un professionnalisme organisationnel de projet, chantier prioritaire pour le secteur associatif.

Demain, les organisations les plus performantes seront celles qui réaliseront de manière conjointe le développement de l'initiative individuelle et la coopération quotidienne. Le professionnel devra conjuguer initiative personnelle et coopération dans sa pratique quotidienne.

Le professionnalisme organisationnel de projet impliquant l'optimisation de la mise en commun des compétences, c'est un management favorisant la coopération et la synergie des compétences qui est requis. Le secteur associatif, de par ses valeurs fondatrices, ne peut qu'être en résonance avec un management de la coopération.

La compétence collective résultant de la qualité de la coopération entre les compétences individuelles, quel sens donner aujourd'hui à la notion de coopération ? Un collectif de travail coopère lorsque les professionnels parviennent à une représentation partagée du métier de l'établissement, de son offre de service, des objectifs à atteindre, des situations à traiter, des projets à réaliser, des moyens à mettre en œuvre... Cette représentation partagée, cette communauté de vue ne sont pas des acquis définitifs mais doivent être conçues comme une construction progressive et permanente qui inclut tous les acteurs, bénévoles et professionnels.

Pour ce qui concerne le collectif de travail, la coopération n'existe que si le management pense une organisation appropriée et qu'il se dote de leviers d'action pertinents :

- expliciter les enjeux collectifs ;
- réunir les conditions d'une élaboration collective et permanente du projet d'établissement ;
- faciliter la coopération par des dispositifs organisationnels : management par projets intégrant des représentants de tous les services... ;
- institutionnaliser des espaces d'élaboration psychique des situations rencontrées ;
- développer des formations collectives telles les formations actions ;
- manager par les connaissances.

Pourtant, l'activation de l'ensemble de ces leviers propres à optimiser la coopération ne donnera sa pleine mesure que si dans le même temps le management est attentif à ce qui caractérise l'expérience individuelle des professionnels du travail sur autrui.

La reconnaissance au cœur des enjeux institutionnels

Il importe d'affirmer la priorité d'un principe de reconnaissance si l'on veut que les institutions protègent les individus et autorisent l'affirmation des sujets, note François Dubet pour qui :

« La force de ce principe de reconnaissance vient de ce qu'il est commun aux professionnels du travail sur autrui et à ceux dont ils s'occupent »[1].

Du côté des professionnels

On doit à Christophe Déjours d'avoir souligné toute l'importance de la reconnaissance interindividuelle dans l'activité professionnelle. Tout travail étant générateur de souffrance, celui-ci ne peut remplir une fonction psychique positive pour l'individu qu'à condition qu'il parvienne à transformer cette souffrance en plaisir. La reconnaissance par les collègues et la hiérarchie joue un rôle non négligeable à cette fin. Mais la reconnaissance de la réalité et de l'utilité du travail conditionne également la coordination des différentes activités ; la dimension coopérative du travail dépend aussi de la reconnaissance. À l'heure où le nouveau management utilise la promesse de reconnaissance comme technique de gestion du personnel, voire de domination, rappelle Emmanuel Renault[2], la question de la reconnaissance devient brûlante et exige de distinguer reconnaissance véritable et « reconnaissance comme idéologie » pour reprendre la formule d'Axel Honneth[3].

Sur cette thématique de la reconnaissance, François Dubet souligne qu' « il existe une certaine homologie formelle entre l'expérience des « cas sociaux » et celle des travailleurs sociaux qui les ont en charge. Eux aussi sont socialisés à partir d'une expérience dont les dimensions ne sont guère compatibles entre elles. Ils sont pris, à la fois, dans un système d'intégration flottant, dans une politique de services et dans un désir de reconnaissance probablement aussi inépuisable que celui des « cas sociaux ».

Cette quête de la reconnaissance est d'autant plus active chez les éducateurs intervenant en MECS que « le désir de reconnaissance se niche au cœur même du travail sur autrui... » et que « plus le métier est difficile à établir faire cours pour les professeurs ou plus il est "flottant" — comme chez les travailleurs sociaux qui s'entendent parfois dire que les bénévoles font le même travail —, plus sa reconnaissance est aléatoire ».

Cette incertitude tient à la fois à ce que le cœur du métier « s'éprouve plus dans des relations et dans une intentionnalité éthique » ; elle est à référer aussi à ce que « la division du travail et l'organisation se sont considérablement renforcées et que le rôle qu'ils confèrent doit être sans cesse confirmé. Un professeur, un travailleur social ou une infirmière a fatalement du mal à percevoir sa propre "utilité" dans une organisation complexe[4]... »

Dans ce contexte, deux leviers nous semblent devoir être activés : favoriser l'affirmation du métier d'éducateur travaillant en internat[5] et utiliser les caractéristiques du service pour ouvrir des fenêtres d'initiative.

Favoriser l'affirmation du métier d'éducateur travaillant en internat. Le métier est ici entendu comme capacité de produire quelque chose, de le connaître et de le faire reconnaître. Si comme

1. F. Dubet, *Le déclin de l'institution*, Paris, Seuil, 2002.
2. E. Renault, « La reconnaissance au cœur du social », *Sciences Humaines*, n° 172, juin 2006.
3. A. Honneth, « Reconnaissance », in M. Canto-Sperber, *Dictionnaire d'éthique et de philosophie morale*, PUF, 2001.
4. La complexité de l'organisation est une donnée qui tend à s'imposer dans le secteur social avec l'affirmation des phénomènes de concentration et de regroupement associatifs.
5. Voir sur ce thème la contribution de Jean-François Larralde.

le constate François Dubet, le drame des travailleurs sociaux tient à ce qu'ils ne savent jamais vraiment ce qu'ils ont produit, il faut donc s'employer à objectiver le travail éducatif afin que « le professionnel puisse dire : ceci est mon œuvre, ceci est le résultat de mon activité, je peux le montrer et le démontrer[1]... ».

Procéder de manière collective à la caractérisation de l'offre de service puis à la formalisation des méthodologies professionnelles mises en œuvre pour réaliser les services annoncés, à condition que cette démarche soit menée avec rigueur, est l'occasion pour les professionnels d'objectiver des actes professionnels et d'expliciter des savoir-faire restés jusque-là dans un flou et une indéfinition peu valorisants.

Cette démarche d'explicitation des services rendus est à intégrer dans un mouvement institutionnel plus global, celui de la mise en place d'une logique d'évaluation. L'évaluation dans le secteur social peut en effet constituer une opportunité si, conçue comme étant au service de la clinique, elle coïncide avec le projet d'affirmation de l'identité professionnelle des professionnels de l'internat. Cette démarche prendra tout son sens pour les professionnels si elle permet d'objectiver les outils, les méthodologies, les savoir-faire déjà présents mais insuffisamment formalisés et d'en construire de nouveaux.

Utiliser les caractéristiques du service pour ouvrir des fenêtres d'initiative. La relation de service est centrale dans l'intervention des professionnels de l'internat et comme le souligne Chopart :

> « La dimension nécessairement coopérative de la relation de service permet d'en inférer l'inévitable variabilité. Sa mise en œuvre n'est pas reproductible d'une relation à une autre puisque chaque rencontre prestataire/usager va constituer une configuration singulière nécessitant précisément, et à chaque fois, des modes d'ajustement, eux-mêmes singuliers, caractérisés par le rapport inter-subjectif des protagonistes. Cette variabilité par nature de la relation de service interdit une prescriptibilité absolue du travail de service »[2].

Le dirigeant prenant acte de cette configuration caractéristique du service a le choix entre plusieurs postures. La première consiste à vouloir optimiser l'organisation interne de l'entreprise en opérant une telle rationalisation dans l'organisation des services qu'elle aboutit à une tentative de standardisation. Cette option se révélera contreproductive parce qu'elle ne prend pas en compte les enjeux les plus cruciaux du management du personnel en contact, c'est-à-dire le développement chez ce personnel des qualités visant à l'adaptation, la réactivité, l'initiative, l'esprit de service, la résistance aux actions négatives des usagers... Ce type de management parce qu'il nie les caractéristiques fondamentales du service ne peut aboutir qu'à la démobilisation des acteurs.

Une autre impasse managériale basée sur une conception erronée de la délégation et de l'autonomie des professionnels consisterait sous prétexte de l'imprescriptibilité du travail de service à laisser les acteurs professionnels sans étayage institutionnel. C'est bien parce que chaque relation de service est une aventure nouvelle pour le professionnel et l'usager qu'il importe que ce professionnel puisse s'adosser à un cadre institutionnel. Dans le cas contraire, il lui appartient à chaque relation de service de « reconstruire les conditions, les motifs, les objectifs, pour tout

1. F. Dubet, *Le déclin de l'institution*, *op. cit.*
2. J.-N. Chopart, « Le travail social à l'épreuve du libéralisme : Quelles régulations pour les professions de l'intervention sociale », in G. De Ridder (dir.), *Les nouvelles frontières de l'intervention sociale*, Paris, L'Harmattan, 1997.

dire, le sens de son travail à partir de sa seule subjectivité »[1]. Cette option managériale a pour effet désimplication, routine et usure professionnelle.

La posture qui nous semble la plus propice à produire de la reconnaissance, c'est selon nous de considérer les caractéristiques propres du service à la personne (dimension coopérative de la relation de service, variabilité des contextes de sa mise en œuvre, nécessaire implication subjective de l'agent) et les délégations nécessaires qu'elles impliquent comme des atouts à utiliser au service d'un management qui favorise l'initiative des professionnels[2].

L'enrichissement du travail humain dépend largement des marges de manœuvre dégagées par le management.

> « Le professionnel doit être mis en situation de réaliser une combinaison de ressources appropriées (connaissances, savoir-faire, qualités relationnelles, savoirs capitalisés...) pour faire face à l'événement... Le professionnel doit savoir "naviguer dans la complexité" en fonction de repères plutôt que d'exécuter un plan préconçu... Face aux imprévus et aux aléas, face à la complexité des systèmes et des logiques d'action, le professionnel doit savoir prendre des initiatives et des décisions, négocier et arbitrer, faire des choix, prendre des risques, réagir à des aléas, des pannes ou des avaries, innover au quotidien et prendre des responsabilités... Face à l'indéterminé et à l'imprévu, il doit pouvoir être "homme de la situation" »[3].

Référer son management au concept d'initiative, c'est parier sur le pouvoir d'action, l'inventivité, la créativité. Cela implique de mettre en place les conditions d'une prise d'initiative réussie : climat institutionnel favorable au débat et à la formulation de propositions, volant libre permettant au professionnel de mettre en œuvre un certain nombre de démarches en direction des institutions scolaire, soignante, d'insertion socioprofessionnelle, des administrations, des prescripteurs... le rendu-compte concernant plus l'effectivité des démarches que l'explicitation méticuleuse du temps utilisé.

Ce pari sur la confiance de la part du management ne sera efficace que si dans le même temps ce dernier s'emploie à mettre en place et à pérenniser un cadre institutionnel explicité, stable, contenant car l'initiative des professionnels ne peut se déployer que dans un environnement garantissant le sens des actions et la sécurité des intervenants.

Cette option managériale en favorisant une forme d'accomplissement personnel, un mode de réalisation de soi[4] devrait participer positivement à cette attente de reconnaissance qui caractérise les salariés d'aujourd'hui et tout particulièrement les professionnels de l'internat.

---

1. J.-N. Chopart, « Le travail social à l'épreuve du libéralisme », *op. cit.*
2. Initiative, richesses des personnes, coopération..., autant de notions qui sont aujourd'hui largement utilisées dans l'entreprise. Il serait naïf d'ignorer combien elles sont aujourd'hui galvaudées.
La gouvernance associative joue sa légitimité sur sa capacité éthique à ne pas céder aux tentations d'instrumentaliser des concepts qu'un certain management vide de sens et son aptitude à développer des pratiques à la hauteur des ambitions énoncées.
3. G. Le Boterf, *Construire les compétences individuelles et collectives*, Paris, Éditions d'Organisation, 2004.
4. F. Dubet constate qu'accomplissement personnel et réalisation de soi à travers l'exercice professionnel sont des attentes très prégnantes chez les travailleurs sociaux.

Du côté des usagers[1]

La loi du 2 janvier 2002, de par son affirmation des droits des usagers et la mise en place d'une pluralité d'outils, a introduit une nouvelle logique dans les établissements sociaux. Mais il s'agit d'un processus qui n'a pas affecté également tous les établissements sociaux. Certains se sont employés prioritairement à se mettre en conformité avec les exigences légales. Plus rares sont ceux qui se sont saisis de cette opportunité pour une relecture exigeante de leurs modalités de prise en compte des personnes.

Il nous paraît que le principe de reconnaissance quand il s'applique aux usagers dans les internats spécialisés concerne prioritairement la manière dont une équipe va penser et mettre en œuvre leur participation au fonctionnement de l'établissement et notamment leur association à tous les actes qui les concernent directement.

Cela ne va pas de soi au moins pour les motifs suivants :

- Les professionnels du travail social ont cultivé historiquement une posture tutélaire qui continue à informer les pratiques professionnelles et il y faut à la fois une démarche personnelle et un travail en équipe pour qu'adviennent de nouveaux positionnements ;
- Il est des situations où la dissymétrie est constitutive de la relation entre un professionnel et un usager, c'est le cas de la relation éducative. La systématisation du contrat notamment quand il s'agit d'introduire un enfant dans un monde commun qui le précède et auquel on n'accède pas sans contraintes, n'est-elle pas alors illusoire et peut-être même néfaste ?
- Fréquentes sont aussi les situations de souffrance où l'usager vient déployer sa question plus qu'il n'est porteur de réponses et de solutions ;
- Le cadre contraint du placement introduit une dimension pour le moins paradoxale dans la démarche de consultation des usagers. Il est toujours possible que ce dernier ne réponde pas à la question posée mais se saisisse de l'occasion qui lui est donnée de s'exprimer pour manifester son refus d'être là où on l'a assigné à résidence.

L'énumération qui précède n'invalide pas les processus qui visent à donner les moyens aux usagers d'avoir prise sur leur devenir institutionnel et à exprimer leur projet de vie ; elle tend seulement à souligner que s'inscrire dans un processus de reconnaissance des usagers est une démarche volontariste qui implique que tout le système institutionnel soit partie prenante, des administrateurs aux professionnels de toutes catégories. Cette reconnaissance des usagers implique que soit soutenue la question éthique : pour ce faire, il faut que les différents acteurs, associés, professionnels, usagers, se rencontrent, se parlent, débattent. L'élaboration du projet associatif ou son actualisation constitue à notre sens une opportunité majeure à saisir pour interroger les représentations respectives des usagers, confronter les différentes approches, prendre la mesure des évolutions nécessaires et construire un système symbolique partagé.

Conjointement, il s'agira de donner de la concrétude aux orientations nouvelles en termes de reconnaissance des bénéficiaires. Cela passe par un investissement méthodologique et technique des équipes qui s'engageront :

1. Notre propos concerne ici les enfants et les jeunes accueillis dans la mesure où nous avons précédemment traité du nécessaire travail que doivent mener les équipes par rapport aux parents.

Chapitre 46

Traiter la parentalité : comment ?

A. Bouregba

PLAN DU CHAPITRE

LES LIENS PSYCHIQUES qui unissent l'enfant et son parent ne disparaissent pas dans le cas d'une rupture des relations, ils se figent sur des modalités imaginaires. Conserver à l'enfant l'opportunité de l'épreuve de la réalité contribue à lui éviter la crainte de l'irruption soudaine d'images internes refoulées sans conviction. Ne pas interdire à l'enfant des relations avec son parent concourt à la prise en compte de son intérêt. Afin de le montrer, nous prendrons tour à tour les deux circonstances dans lesquelles ces contacts sont envisagés *a priori* avec le plus de réticence : celle des enfants victimes d'un parent abuseur et celle des enfants de parents psychotiques.

1. DANS LES SITUATIONS DES ENFANTS DE PARENTS TERRIBLES, MAINTENIR LA RELATION ?

Les équipes des relais accompagnent des centaines d'enfants au parloir afin qu'ils puissent y rencontrer leur parent. Ces accompagnements sont motivés par l'intérêt de l'enfant bien plutôt que par celui de son parent. Aussi ne posaient-ils guère de difficultés tant que l'enfant demandait à être accompagné auprès d'un parent incarcéré pour des motifs ne le concernant pas. Il en fut autrement dès lors que des enfants, et principalement des adolescents, demandaient à rencontrer leur parent incarcéré pour les avoir maltraités. Dans un premier temps, ces demandes furent attribuées aux effets de « l'emprise psychique » exercée par l'agresseur sur sa victime. C'est pourquoi, répondre favorablement à ces demandes nous semblait exposer au risque de renforcer un système relationnel pathogène ou, en d'autres termes, aller dans le sens du symptôme. Cependant, l'existence des demandes et le support théorique des travaux autour du concept de loyauté – notamment ceux du professeur M. Igodt et du docteur M. Vandenbroucke[1] de l'université de Louvain – nous engagea à éprouver la pertinence d'accompagnement d'enfants victimes. Ces accompagnements nous ont enseigné qu'au centre des difficultés de l'enfant victime, se dresse le conflit de loyauté éprouvé pour avoir dévoilé son agression et dénoncé son agresseur. Par ailleurs, ils nous montrent comment des rencontres médiatisées peuvent contribuer à la résolution de ces conflits sous-jacents et de cette manière, concourir au traitement du dysfonctionnement familial.

Le conflit de loyauté éprouvé par l'enfant n'est pas exclusivement tourné vers le parent coupable mais il inclut l'ensemble du groupe familial. D'autre part, il n'est pas toujours conscient. De ses points d'impact dans les conduites, nous retiendrons cinq manifestations :

- commuer la position de victime en celle de mauvais objet ;
- ériger et renforcer une représentation du monde analogue à celle de sa famille ;
- maintenir constante une attitude haineuse, afin de faire barrage à l'ambivalence affective ;
- entraîner le groupe familial à s'opposer systématiquement au coupable ;
- s'exclure du groupe familial et ensuite, lui reprocher cette mise à l'écart.

1. Igodt M., Vandenbroucke M., « Le parent terrible, maltraitant ou abuseur », *Transitions*, 1995, n° 39, colloque européen « Liens familiaux et détention », pp. 201-211.

Commuer la position de victime en celle de mauvais objet

La répétition est un symptôme associé aux traumatismes psychiques. C'est pourquoi les répétitions d'agressions, voire d'abus sexuels sur un enfant, et par un adulte différent du premier agresseur, sont considérées comme la conséquence morbide du traumatisme. Parallèlement, elles peuvent être rapprochées d'une tentative inconsciente de l'enfant d'administrer la preuve de sa « nature vicieuse ou méchante », celle-là même que son parent agresseur alléguait pour justifier son comportement.

> Mariline, fillette de 8 ans, est le premier enfant d'une femme qui fut mère à l'âge de 16 ans et qui, durant trois ans, a élevé Mariline toute seule. À l'entrée à l'école maternelle, Mariline emménage chez les parents d'un homme que sa mère a récemment rencontré et avec lequel elle aura dans les quatre années qui suivront deux autres enfants. Le couple, pour échapper à la précarité, vit sous la dépendance des beaux-parents, dans un appartement de quatre pièces. La cohabitation entre les deux couples et les liens de dépendances économiques qui les lient génèrent des rancœurs et de l'hostilité. Bientôt, Mariline est désignée comme le mauvais enfant, le bouc émissaire.
>
> Dès lors, elle est régulièrement agressée par sa mère et son beau-père. L'école signale les mauvais traitements et les négligences graves dont est victime la petite fille. Mariline est confiée à l'Aide sociale à l'enfance (ASE). L'examen psychique dévoile « des déficiences et des traits psychotiques » qui nécessitent un placement spécialisé. Au cours de ce placement dans un « lieu de vie thérapeutique », l'enfant se signale aux autres dès les premiers jours en dérobant dans un piège à souris un de ces petits rongeurs, et en faisant mine de l'avaler. Le dégoût et la répulsion provoqués par le comportement de Mariline la désignent aussitôt comme souffre-douleur. Après un mois de placement dans ce lieu de vie, le groupement de l'ASE doit envisager une autre prise en charge. L'échec de ce premier placement s'explique par la tentative inconsciente de Mariline de produire une situation analogue à celle dont elle devait être protégée. Cette reproduction des conditions de son existence manifeste – entre autres choses – une manière de loyauté envers son objet d'attachement primaire. Mariline est profondément – et les entretiens ultérieurs en témoignent –, soucieuse de restaurer sa mère, fût-ce en légitimant sa violence : « Ma mère a raison, je suis méchante. » Telle est l'impasse psychique à laquelle le conflit de loyauté contraint cette fillette.

Ériger et renforcer une représentation du monde analogue à celle de sa famille

Il me suffira, pour évoquer ce mécanisme, de reprendre ici une donnée largement éprouvée par les praticiens psychosociaux prenant en charge des prostituées qui, pour un grand nombre, ont été victimes d'abus sexuels dans leur enfance. Assurément, il faut ici être d'une extrême prudence. L'étiologie des comportements déviants ou psychopathologiques ne pourrait se ramener à une seule cause. Pourtant, il est frappant de constater que l'univers de la prostituée se réduit à une représentation caractéristique par les aspects les plus morbides de son groupe familial. De cette façon, les hommes y sont décrits quelques fois tendres mais toujours faibles et se laissant séduire par des oripeaux de féminité, alors que les femmes « honorables » sont enviées mais inaccessibles.

En contrepoint de ce prototype, nous retrouvons les grands traits d'une scène familiale à transaction incestueuse : un père immature et dominé par sa compagne, assimilant les « grâces d'une petite fille » aux charmes féminins, et une mère inaccessible, incapable de protéger son enfant. La prostituée se crée une représentation du monde analogue à celle de sa famille et, ce faisant, « banalise » par l'absurde la transgression dont elle fût victime. Cette banalisation, en l'enfermant dans le symptôme, ne l'en libère pas moins du conflit de loyauté.

Maintenir constante une attitude haineuse, afin de faire barrage à l'ambivalence affective

De façon moins dramatique et plus ordinaire, une des voies choisie par l'inconscient pour échapper à la mauvaise conscience d'avoir été déloyal à ses premiers objets d'attachements, consiste à toujours faire barrage au sentiment d'ambivalence. Le moindre mouvement d'indulgence et de compassion menace de briser la légitimité de la révolte initiale. Aussi, le parti de la haine est-il maintenu constant. Parfois même, il va en s'amplifiant. En effet, plus les événements à l'origine de la révolte de l'enfant s'éloignent, plus celle-ci perd en légitimité psychique, incitant alors la victime au pardon et au dépassement. Cependant, se soumettre à ce dépassement équivaut à encourir le risque de supporter en soi un questionnement sur sa loyauté.

Un tel questionnement est pour certains impossible, aussi préfèrent-ils réactiver sans cesse le parti de la haine. D'où un curieux paradoxe : plus les violences dont ils ont été victimes s'enfoncent dans le passé, plus ils haïssent leur agresseur. Ce mécanisme doit suggérer au clinicien beaucoup de prudence quand il interprète les effets de la maltraitance à partir de propos d'adultes recueillis des années, voire de décennies après l'agression.

Entraîner le groupe familial à s'opposer systématiquement au coupable

Parmi les attitudes et les comportements susceptibles d'éviter à l'enfant un conflit de loyauté, nous trouvons ses efforts pour dresser l'ensemble de ses familiers contre son agresseur. Tout ce passe comme si le moindre signe de neutralité était suspecté de bienveillance et finalement porteur d'un doute capable de réduire à néant la légitimité du rejet de l'agresseur.

Afin de conforter sa position, l'agressé hypertrophie sa victimisation afin d'interdire à ses familiers toute tentative de rapprochement avec le parent coupable. Tentatives qui, si elles existaient, risqueraient de ruiner les efforts de mise à distance des sentiments d'ambivalence éprouvés par la victime pour son agresseur et à l'origine même de la tension intrapsychique provoquée par le conflit de loyauté.

S'exclure du groupe familial et ensuite lui reprocher cette mise à l'écart

Au cours de nombreux entretiens avec des adolescentes victimes qui demandaient à rencontrer leur parent incarcéré, j'ai été frappé par un message inconscient qui peut se ramener au propos suivant : « Je souhaite demander à mon parent agresseur qu'il m'aide à retrouver l'attachement des miens. Lui au moins ne peut pas me faire défaut. » Notons d'emblée que plusieurs années après le signalement, l'enfant victime se trouve être objectivement le seul exclu du groupe familial. Par ailleurs, il maugrée bien davantage contre ses familiers (frères, sœurs et parent innocent) que contre son parent agresseur. À la suite du signalement, la victime a certes le plus souvent fait l'objet d'une attention et d'une protection réparatrice de la part des siens. Mais ultérieurement, l'absence de l'agresseur a été, par les frères et sœurs, voire par l'autre parent, ressentie douloureusement.

Chaque témoignage de ce ressentiment fut éprouvé par la victime comme une manifestation de trahison. Afin d'échapper à ces marques de déloyauté, l'enfant victime préfère s'exclure et éprouve à son tour des ressentiments contre des proches qui semblent ne pas le comprendre, voire l'accuser. Ce déplacement de la révolte initiale va même jusqu'à gommer les rancœurs éprouvées contre l'agresseur. De cette manière, il nous est arrivé d'intervenir dans une situation où l'enfant victime d'un père abuseur s'était réconcilié avec lui, afin de se liguer contre deux de ses puînées et sa mère, dont il se sentait menacé.

De cette manière, je pourrais décliner un certain nombre de situations qui témoignent du destin morbide des évitements du conflit de loyauté et du sentiment de trahison éprouvé par l'enfant maltraité. Cependant, le but de cet ouvrage n'était pas d'en rendre compte de façon exhaustive, mais d'en pointer simplement l'importance. Assurément, dans les troubles observés chez l'enfant victime de mauvais traitements, le conflit de loyauté et le sentiment de trahison vis-à-vis du groupe familial ne sont pas les seuls facteurs, mais ils ont une importance qu'il serait imprudent de négliger dans la prise en charge. De cette manière et dans des conditions d'encadrement précis et professionnel, accompagner un enfant victime en détention et exclusivement à sa demande, pour qu'il rencontre son agresseur, peut représenter une opportunité clinique de l'aider à sortir de ce conflit, du moins de le verbaliser.

2. MÉDIATISER LES RENCONTRES ENTRE UN PARENT PSYCHOTIQUE ET SON ENFANT

L'espace rencontre spécialisé, mis en place par les relais parents-enfants Île-de-France, montre comment l'accompagnement des mises en contact entre l'enfant et son parent psychotique peut être bénéfique à l'enfant et non pas seulement faciliter à son parent l'exercice de son droit. Un grand nombre de professionnels subodore la terreur qu'entraînerait chez l'enfant le contact à son parent dès lors qu'il privilégierait, dans le face à face et faute d'investissement objectal, l'enfant imaginé au détriment de l'enfant réel. Le parent psychotique peine à adapter son comportement et son propos à la présence de son enfant. Il lui parle sans chercher à lui adresser (en le lui explicitant) le propos qu'il énonce ; il s'agite autour de lui sans raison apparente. Dans ces situations, l'enfant est en quelque sorte transparent pour son parent, qui à travers lui s'adresse à un enfant idéalisé. Dans un premier temps, l'enfant réagit à cet effacement par des cris, des pleurs et des colères. Par la suite, il renonce et éprouve un sentiment diffus d'abandon qui peut compromettre son équilibre psychologique. Ces observations ont conduit quelques professionnels à juger les contacts entre l'enfant psychotique et son parent à risque et ainsi, à en limiter l'indication. Les travaux de Berger mettent en garde contre des attitudes éducatives qui substituent la pétition de principe : le droit au contact entre un parent et son enfant, à la réflexion, a négligé les effets morbides de ces contacts dès lors qu'ils ne sont pas médiatisés. Les relations de l'enfant avec son parent psychotique sont parfois la source d'effrois insurmontables. Aussi, les contacts entre l'enfant et son parent ne peuvent-ils se réduire à un principe. Cependant, ils pourront être mobilisés pour introduire des éléments dynamiques dans l'histoire des liens psychique unissant l'enfant à son parent.

Précocement, l'enfant cherche en lui l'empreinte de son parent. Cette quête de consubstantialité organise les sentiments d'appartenance. Une origine gommée ou masquée n'en demeure pas moins là. Elle est, comme les autres, impliquée dans un réseau d'identification généalogique. Mais, à l'inverse des autres, elle est dérobée à la conscience. C'est pourquoi elle devient une source de turbulences intérieures dont le retour fait « craindre l'effondrement », pour reprendre une expression de D. W. Winnicott. La conscience s'évertue à rationaliser les choix que l'inconscient lui impose. C'est pourquoi certaines attaches d'identification à des ascendants hantent durablement l'appareil psychique dès lors qu'elles sont voilées à la conscience. Les fantômes qui hantent resurgissent toujours tant qu'ils ne peuvent être mis en mots. Ils se propagent durablement et sont des points d'appui et d'étayage aux difficultés psychiques qui peuvent advenir[1].

Dans la situation de l'enfant dont l'un des parents est psychotique, l'effacement de celui-ci exaspère son influence, au point de la commuer en support d'étayage à des perturbations psychiques. L'enfant peut être durablement hanté par une omniprésence inconsciente sur laquelle la réalité n'a pas prise.

Le retour du parent caché se fige dans la menace de devenir le même, c'est-à-dire d'être victime d'une contamination sournoise. Ce contenu inconscient et phobique a chez le jeune adulte pour conséquence des difficultés d'attachement et parfois une stérilité. Dans les cas les plus sévères, cette phobie s'ancre au cœur d'une personnalité fragile et se commue en réalité. L'attente de la catastrophe, c'est-à-dire l'angoisse, est un facteur de sa réalisation dès lors que le sujet peut s'adapter à la catastrophe et non à sa prédiction.

L'enfant de parent psychotique est inconsciemment soumis à la peur de la contamination et l'éloignement de son parent n'y change rien quand elle ne l'aggrave pas. À l'inverse, le contact avec son parent contribue à ce que l'enfant dépasse ses terreurs inconscientes. L'expérience conduite par l'équipe du relais parents-enfants, de mise en relation entre des enfants confiés à l'ASE et leurs parents psychotiques, le suggère. Pour quelques-unes de ces situations, le suivi s'étale sur plus de huit ans.

Deux parents psychotiques rencontrent leur premier enfant au relais depuis ses 14 mois. Un an après le début de la prise en charge, la mère donne naissance à un second garçon, de 21 mois plus jeune que son aîné. Les deux enfants furent placés en pouponnière et sont aujourd'hui à la charge d'une famille d'accueil. Parallèlement au placement, l'ASE a mandaté le relais pour qu'il médiatise les visites des parents à leurs enfants. Ces visites n'ont jamais été interrompues. L'aîné des enfants a aujourd'hui 9 ans, son cadet 7 ans.

Les visites régulières de ces enfants à leurs parents montrent comment, au gré des semaines, les enfants appréhendent les difficultés de leurs parents. Petit à petit, ils repèrent les séquences au cours desquelles ils peuvent solliciter l'un ou l'autre de leurs parents et, à l'inverse, les mettre à distance dès lors qu'ils les sentent incapables d'ajuster leur comportement aux conditions présentes. Enfin, ils différencient parmi les interpellations parentales celles qui leur sont authentiquement adressées, de celles qui leur sont énoncées sans pour autant les concerner.

En d'autres termes, ils sont acteurs de leur protection. Ainsi peuvent-ils aujourd'hui regarder leurs parents de façon suffisamment apaisée pour ne pas craindre leur appartenance commune. Ces rencontres ont permis aux enfants d'échapper à l'emprise des représentations imaginaires qui se seraient substituées à leurs parents dans le cas de leur disparition et de balayer, assez vite, des schèmes relationnels dominés par l'alternance d'agressivité et de mise à distance défensive caractéristiques de relations entre l'enfant et son parent psychotique.

1. Je ne pense pas qu'il soit sérieux d'imputer la cause des troubles psychologiques à ces fantômes, mais de considérer bien plutôt qu'à l'occasion de diffuser survenant dans l'édification de l'identité ou dans la mise en place des relations entre l'enfant et son parent ses fantômes peuvent servir de supports d'étayages et imaginaires aux troubles psychopathologiques. Dans cette perspective, le concept de répétition appliqué de façon mécanique à la transmission générationnelle est d'un mauvais usage.

Les deux enfants ont un développement tout à fait satisfaisant. Chez le premier, la précocité de ses acquisitions scolaires est remarquable. Les rencontres à l'espace relais ne sont pas seules responsables de cette évolution, la prise en charge quotidienne des enfants par leur famille accueil jouant un rôle essentiel. L'intérêt des enfants pour les visites – ils n'ont jamais manifesté la moindre lassitude – montre qu'elles sont importantes pour leur équilibre psychique.

Pendant ces visites, le travail de l'accompagnement consiste à reprendre des échecs dans la mise en relation afin d'éviter qu'elle ne se bloque. Par exemple, quand l'un ou l'autre des parents parle à son enfant, sans lui adresser le message qu'il énonce, l'accompagnant verbalise à l'enfant qu'il n'est pas le destinataire de ce qui lui est dit : « Tu entends, mais c'est difficile à comprendre, je ne pense pas qu'il s'adresse à toi, il se parle à lui. » De façon parallèle, souvent, chaque enfant se manifeste à son parent qui ne le voit pas et ne l'entend pas. L'accompagnant verbalise l'indisponibilité parentale, afin que l'enfant ne s'épuise pas dans de vaines sollicitations. Enfin, quand l'enfant est troublé par un propos ou un comportement de son parent, il lui est possible de l'explorer dès lors qu'il sent auprès de lui un adulte lui servant de base de sécurité.

Cet accompagnement de la relation entre ces deux enfants et leurs parents psychotiques a permis de mesurer l'intérêt pour eux de ces mises en relation. Elle nous a aussi permis d'avérer un certain nombre de techniques d'encadrement et d'accompagnement, sans lesquelles ces mises en relation, loin de faciliter le développement de l'enfant, peuvent l'entraver.

Pour parvenir à bien accompagner la rencontre, l'adulte ne doit pas se laisser submerger par le désordre parental, ce qui nous interdit de laisser un accompagnant seul avec les parents et leurs enfants. Pour les parents, la continuité de la prise en charge leur offre un cadre suffisamment immuable pour qu'ils puissent accepter les changements de leurs enfants, auxquels les parents psychotiques réagissent souvent mal. Pouvoir se souvenir, avec l'intervenant, de chaque enfant quand il avait 1 an introduit un élément d'immuabilité auquel ils peuvent se raccrocher et à partir de là manifester de l'attention bienveillante au développement de leurs enfants.

On le voit, les techniques utilisées à l'espace rencontre permettent aux liens entre l'enfant et son parent psychotique de se faire, sans être attaqués par la pathologie parentale. Cet objectif me semble motiver d'autres actions en faveur des parents fragiles. Certes, quand les troubles sont profonds ou qu'ils entravent les premiers mois de la vie de l'enfant, il n'est pas possible de les traiter sans le support de la psychiatrie et de la pédopsychiatrie. Cependant, par des interventions moins spécialisées, il est possible de permettre entre l'enfant et son parent des relations débarrassées de leurs aspects morbides et de leur offrir ainsi un cadre qui permet au parent d'être acteur du développement de son enfant. Parmi les outils d'aide aux parents fragiles, afin qu'ils aient une parentalité partielle, je ne citerai que deux pistes, celle des actions éducatives en milieu ouvert (Aemo) renforcées, véritable placement domiciliaire et une alternative à la séparation et, dans la situation où l'enfant doit être séparé, la mise en place de mesures spécifiques de soutien à la relation. Ces mesures pourraient notamment prendre en charge, quand cela est nécessaire, la médiatisation des visites, mais aussi des groupes d'expression qui soient des occasions de requalification du parent, susceptibles d'éviter que leurs échecs ne les conduisent à délaisser leurs parents ou à vouloir être dédommagés par l'arrivée d'un nouvel enfant.

Certes, ces mesures innovantes demandent que soient définis et expérimentés des outils d'intervention novateurs. J'espère que ce livre y contribuera.

Chapitre 47

La démarche d’accompagnement

Ch. Parret, J. Iguenane

PLAN DU CHAPITRE

DANS L'ACCOMPAGNEMENT D'UN ENFANT et d'une famille, la communauté des professionnels reconnaît les bénéfices du travail en partenariat, en particulier pour définir ensemble un projet d'accompagnement pour un enfant, une famille. Cependant, dans bien des cas, les professionnels critiquent ces espaces d'échange et d'analyse. En effet, s'ils reconnaissent le bien-fondé de ces rencontres pour la compréhension des situations, ils évoquent des blocages et des dysfonctionnements dans l'élaboration et la mise en œuvre d'une démarche d'accompagnement cohérente et fiable. Nous les entendons souvent se plaindre d'un défaut de contenance institutionnel. En effet, si ces derniers identifient facilement les incohérences, les incompréhensions et les superpositions dans les actions menées auprès des familles, ils n'ont pas pour autant les moyens d'agir véritablement sur ces dysfonctionnements, car le contenant indispensable pour modifier des pratiques est absent.

Ce contenant, pour permettre un libre échange approfondi sur les situations des enfants et des familles, doit définir le cadre du travail partenarial, les règles de fonctionnement et garantir les places et fonctions de chacun. Ce contenant est d'autant plus nécessaire lorsque les pratiques professionnelles s'étayent sur des logiques institutionnelles méconnues ou mal connues, sur des conflits d'idées, sur des contentieux. Or, comme nous le savons, la méconnaissance, les rivalités et les litiges non résolus ne favorisent pas la reconnaissance et la différenciation des compétences professionnelles.

Si un contenant structuré est mis en place, la pensée et la parole circulent mieux, ainsi les dysfonctionnements institutionnels en miroir des problématiques familiales pourront être énoncés et remédiés. Dans ce contexte de confiance, il est possible de repérer et d'analyser les effets de contamination de la dynamique familiale sur les intervenants.

C'est à partir de cette hypothèse et de l'analyse de notre pratique de psychothérapeute que nous avons pensé et élaboré un modèle de travail entre partenaires favorisant le dynamisme et la synergie du partenariat, l'enveloppe partenariale.

1. DE L'ENVELOPPE PSYCHIQUE À L'ENVELOPPE PARTENARIALE

Le moi-peau ou l'enveloppe psychique

C'est à partir du concept « appareil psychique », introduit par S. Freud pour rendre compréhensible la complexité du fonctionnement psychique, que de nombreux auteurs se sont attachés à décrire cet espace temps où l'enfant prend conscience de sa propre identité en se différenciant des relations de proximité entretenues avec sa mère et son entourage direct.

Dans cette perspective, en 1974, D. Anzieu[1], selon ses travaux sur l'enveloppe corporelle et psychique du sujet, développe une théorie selon laquelle la prise de conscience d'une identité propre s'élabore par des expériences corporelles, relayées psychiquement, ce qu'il nomme « le moi-peau ». Ainsi, il propose un modèle théorique permettant de conceptualiser combien l'étayage du moi s'initie par la peau :

1. Anzieu D., *Le moi-peau*, Paris, Dunod, 1974.

« La peau limite, protège et contient le corps. Le moi-peau est un espace délimité ayant une limite assimilable à une peau psychique différenciant deux espaces topologiquement séparés avec à l'intérieur l'espace psychique dans lequel vivent en ordre ou en désordre des contenus psychiques, des représentations, affects, cognitions et pensées. Au dehors, nous trouvons le monde physique, naturel mais aussi d'autres individus que le sujet, ainsi que la réalité culturelle[1]. »

De son point de vue, l'organisation psychique du moi de l'individu est à penser en fonction des qualités propres à la dimension corporelle, en particulier la peau. Ainsi, il définit la construction de l'espace psychique chez l'enfant par des expériences sensitives d'un corps agissant dans le monde.

Cette notion introduit l'idée que toute expérience concrète et intime a une résonance sur la surface du corps de l'enfant et ensuite sur ses pensées. Se sont ces différentes expériences corporelles qui fondent les prémices de la représentation symbolique de l'appareil psychique. Ces représentations serviront à l'enfant pour s'y appuyer en toutes circonstances et en particulier dans les moments de fragilisation psychique.

Cette proposition théorique implique une homologie entre les fonctions du moi et celles de l'enveloppe corporelle. C'est ainsi qu'il écrit « la peau est l'enveloppe du corps, tout comme la conscience tend à développer l'appareil psychique ».

Pour D. Anzieu, toutes les expériences cognitives, affectives et sensitives de l'enfant sont éprouvées par la peau pour être ensuite réinvesties dans l'appareil psychique et constitueront ainsi le moi-peau spécifique à chacun. Ce dernier occupe une fonction limitante, contenante, enveloppante. Il écrit :

« Le moi-peau est un espace délimité ayant une limite assimilable à une peau psychique différenciant deux espaces topologiquement séparés avec à l'intérieur l'espace psychique dans lequel vivent en ordre ou en désordre des contenus psychiques, des représentations, affects, cognitions et pensées. Au dehors, nous trouvons le monde physique, naturel mais aussi d'autres individus que le sujet, ainsi que la réalité culturelle[2]. »

Le moi-peau constitue une sorte d'enveloppe imperméable assurant une sécurité de base au sujet. Il introduit chez l'enfant le sentiment de continuité d'existence, il contient l'intensité de ses affects et le protège des excitations du monde extérieur. Cette représentation figurative du moi-peau, telle que la propose D. Anzieu, est précieuse. Elle contribue à mieux appréhender la complexité de la réalité psychique, en particulier celle relative à la maintenance du psychisme et à la teneur des représentations du moi de l'enfant.

C'est à partir de ses représentations que l'enfant organise les échanges entre ces deux espaces tout en limitant leur perméabilité. Ces aménagements l'entraînent à se définir et à déterminer sa « relation dans la réalité[3] ». Pour l'enfant, il s'agit d'agencer des représentations, délimitant ses espaces internes et externes, lui permettant progressivement de différencier ce qui est « soi » de ce qui est extérieur à soi, c'est-à-dire le « non-soi ». De ce point de vue, l'accès aux représentations de l'image du corps et du psychisme est essentiel pour l'enfant.

Chez le bébé, cet agencement psychique s'organise, principalement, à partir des fonctions de l'enveloppe corporelle, symbolisée par la peau, qui protège, contient et limite les agressions extérieures. En effet, les multiples stimulations provenant de l'environnement, filtrées par la peau,

1. Doron J., « Du moi-peau à l'enveloppe psychique », *in* Anzieu D. *et al.*, *Les Enveloppes psychiques*, Paris, Dunod, 2000, p. 5 et 8.
2. *Ibid.*
3. Lebert G., *Pédagogie et systémique*, Paris, PUF, 1997, p. 72.

aident l'enfant à distinguer ce qui provient de l'intérieur de son corps et ce qui est exercé par l'extérieur. Ces perceptions sensitives autorisent l'enfant à se représenter son enveloppe corporelle. Tout comme l'intériorisation de l'enveloppe corporelle, l'enveloppe psychique s'initie chez l'enfant grâce à cette limite différenciant l'intériorité et l'extériorité du sujet. Les différentes expériences corporelles de l'enfant constituent, selon D. Anzieu (1974), les prémices d'une représentation figurative de l'appareil psychique sous la forme d'une enveloppe psychique. J. Doron précise :

> « On peut se représenter spatialement l'enveloppe psychique comme un creux concave ou convexe non fermé, une limite non fermée s'organisant en fonction des liens dynamiques entre le contact physique et psychique Les formes peuvent varier en fonction des situations[1]. »

Si la forme que prend l'enveloppe psychique peut être issue des représentations du corps (schéma corporel, image du corps), elle provient également des efforts que l'enfant effectue pour se représenter les aménagements et les liens de son appareil psychique entre les instances du ça, du moi et du surmoi. Ainsi défini, le concept d'enveloppe psychique permet de comprendre comment les stimulations provenant tout à la fois du monde intérieur et extérieur participent au processus d'individuation de l'enfant. Depuis D.W. Winnicott, nous savons que l'enfant a développé un moi suffisamment différencié et contenant lorsqu'il dit :

> « "Je", ce qui inclut que tout ce qui est autre n'est pas moi, et "Je suis", ce qui implique j'existe, j'accumule des expériences vécues, je m'enrichis. J'ai une interaction d'introspection et de projection avec le non-moi, le vrai monde de la réalité partagée[2]. »

En d'autres termes, que l'enfant dorme, mange, joue, et communique, il établit une différence entre lui et l'autre, il participe à des interactions avec son environnement, il perçoit une continuité de sa personne et fait des liens dans sa réalité psychique entre les événements passés et présents. Ainsi l'enfant construit sa fonction de « pare-excitation ». Cependant, selon D.W. Winnicott (1970), ce processus de maturation se détermine par la qualité des relations offertes à l'enfant, en particulier par la capacité de la mère et de l'entourage à répondre à ses besoins. Ainsi, les sentiments de sécurité et de continuité d'être découlent de la façon dont la mère et l'entourage manipulent et soignent le corps de l'enfant (le *handing*), et le tiennent (le *holding*) pour le protéger des expériences angoissantes qu'il ressent.

L'analogie faite par D. Anzieu entre espace corporel et espace psychique, chacun délimité par une « peau » autorise l'enfant à distinguer la frontière entre les domaines appartenant au dedans et au dehors de lui.

Dans une perspective professionnelle, ces conceptions théoriques prennent tout leur sens car elles permettent de mieux comprendre les processus en cause dans les problématiques posées par les enfants et les familles, en particulier celles agissant la violence :

> « [...] du point de vue de la cohérence du sujet, toute atteinte de l'enveloppe risque de l'entraîner vers des confusions entre monde interne et externe mais aussi entre monde psychique et monde naturel. [Une trop grande rigidification] peut se briser occasionnant des passages auto ou hétéro-agressifs. [...] Inversement, le monde externe peut déferler et envahir l'appareil psychique, affects et cognitions sont indifférenciés [...] dehors et dedans deviennent équivalents [...] le monde externe devient l'ultime forme contenant l'appareil psychique en train de se désagréger[3]. »

1. Doron J., « Du moi-peau à l'enveloppe psychique », *op. cit.*, p. 8.
2. Winnicott D.W., *Processus de maturation chez l'enfant*, Paris, Payot, 1970, p. 244.
3. Anzieu D., *Le Moi-Peau*, Paris, Dunod, 1974.

Ainsi, ce modèle théorique de l'enveloppe psychique participe à décrire la vulnérabilité et l'instabilité rencontrée chez des enfants et leur famille dans les moments de crise, ou lorsqu'un des membres de la famille ou le groupe familial se sent menacé dans son identité. Dans ces situations, nous observons des manques dans « la contenance familiale ». Il s'agit généralement de parents qui ne peuvent occuper leurs places de parents suffisamment bons, de parents dans l'incapacité d'exercer leurs fonctions protectrices, confondant leur espace d'intimité personnelle et celui de leur enfant. Dès lors, les expériences sensitives, cognitives et affectives de l'enfant, non contenues par les parents, sont vécues dangereusement. En effet, ce défaut de contenance rend les émotions envahissantes, voire dévorantes. Ce manque de contenance est source d'angoisses, peut conduire à des confusions identitaires, des difficultés d'individuations, des troubles de discernement. Ainsi, tout se passe comme si les corps de chacun des membres d'une même famille ne possédaient qu'une seule peau, une enveloppe commune. Dans ces conditions, l'étayage du moi de l'enfant sur sa peau, tel que le définit D. Anzieu[1] ne peut se faire dans de bonnes conditions. Son parent, qui n'a pas conscience de la différentiation de sa propre enveloppe corporelle et psychique de celle de son enfant, n'autorise l'accomplissement de ce processus. Ces perceptions dénaturées ouvrent la porte à toute sorte de dérapages dans la relation Parents/enfants, dont la maltraitance.

Enveloppe psychique et maltraitance

Dans les situations de maltraitance, nous pouvons observer une grande fragilisation, une absence partielle, une confusion des enveloppes corporelles et psychiques intra-familiales.

Les parents ne peuvent occuper leur fonction contenante et protectrice, les espaces d'intimité, les limites de chacun, les territoires individuels ne sont pas respectés dans la réalité. Dans les situations les plus graves aucun membre de la famille n'a d'espace propre pour penser.

Chez des sujets traumatisés par la violence, en particulier lorsque l'auteur des violences est un membre de la famille, des défaillances s'observent également dans la construction de leur propre enveloppe psychique et corporelle.

Dans la maltraitance des enfants, le climat familial gravement perturbé, l'isolement affectif, le surinvestissement et les tensions que vit l'enfant constituent des freins à l'intériorisation des enveloppes psychiques et corporelles. De surcroît, la violence subie, le silence, la culpabilité, le déni, la confusion des places et la peur constituent des ruptures dans le processus de développement psychique et provoquent des fractures que l'on pourrait qualifier « ouvertes ». Dans les béances occasionnées par ces attaques du soma et de la psyché, l'enfant, sans défense ou presque, reçoit sur un mode agressant toutes les sollicitations venant de l'extérieur. Ainsi, de nouvelles blessures et de nouvelles meurtrissures s'engouffrent car l'enveloppe psychique, trop fragile, ne peut les contenir, les limiter ou exercer ses fonctions de protection. Ces fragilités peuvent conduire à des situations extrêmement angoissantes entraînant des confusions identitaires, des difficultés de différenciation avec l'autre, des confusions de discernement. Ces enfants, selon leur personnalité, présentent, des carences dans le processus d'individuation, un manque d'estime d'eux-mêmes. Ils sont en difficulté pour cerner leur territoire et celui des autres, ils éprouvent de la confusion dans leurs relations sociales et familiales. Ils sont parfois submergés par des angoisses.

1. Anzieu D. *et al.*, *Les enveloppes psychiques*, Paris, Dunod, 2000.

Certains enfants, habités par de la violence ou par un « non-désir » de vie lancinant, ne peuvent contenir leur intensité pulsionnelle. Celle-ci trouve alors sa satisfaction dans des passages à l'acte, auto ou hétéro-agressif ou s'organise dans la dépression. Ainsi, en mettant en acte ce qu'ils ne peuvent mettre en mots, ces sujets, selon les cas, s'auto-mutilent, agressent leurs copains ou tombent malades.

Nous retrouvons généralement cette même fragilité et ces comportements chez les sujets adultes violents. Ils sont eux aussi dans l'impossibilité de contenir leurs pulsions agressives. Ces adultes, n'ayant pu développer les compétences indispensables permettant de contenir leurs pulsions et de se différencier de l'autre, seront en très grande difficulté lorsque devenus parents ils devront à leur tour « envelopper sans étouffer » leur enfant.

Ces processus répétitifs intergénérationnels fonctionnent selon le cycle suivant : l'adulte en difficulté pour contenir ses pulsions et penser sa différenciation ne peut contrôler les pulsions violentes développées naturellement par un enfant. Dans ces conditions, les pulsions d'agression, existant chez l'adulte, se réactivent par la présence des pulsions de l'enfant. Dès lors, l'adulte ne voit pas d'autre issue que la violence pour se défendre et se protéger de l'enfant qu'il ressent comme un agresseur. Pour supprimer cette tension pulsionnelle excessive, l'adulte est contraint de « battre » un autre, l'enfant non différencié de lui. À ces moments-là, l'absence de perception et de différenciation de soi et de l'autre, indique un fonctionnement symbiotique. Ainsi, tout se passe comme si les corps ne possédaient qu'une seule peau, une enveloppe commune. Combien de fois avons-nous entendu des adultes ayant maltraité un enfant dire : « Lorsque je le bats, c'est comme si je me bats » ; « dans ces moments-là, je ne me rendais pas compte que je lui faisais mal, je croyais qu'il ne sentait rien ». Ce scénario intergénérationnel risque de se répéter inlassablement si un travail de restauration ou de consolidation de la fonction parentale contenante n'est pas entrepris.

Nos expériences thérapeutiques nous montrent combien ces remaniements psychiques consolidant la fonction contenante des parents et de la famille sont facilités lorsque la famille peut prendre appui sur des tiers extérieurs suffisamment à l'écoute, mais aussi structurés et établissant des limites de territoires. Ce contenant, tout à la fois souple et solide, offre un étayage à l'enfant et sa famille pour déconstruire les représentations dénaturées d'eux et de leur environnement et en élaborer de nouvelles.

Dans les situations familiales très complexes, le contenant le mieux adapté pour soutenir ce travail d'élaboration est la structure thérapeutique. Elle offre la compétence et le cadre indispensable pour accompagner cette mise en pensée des pulsions non contenues par une enveloppe psychique et corporelle défaillante. Selon les situations, l'indication thérapeutique est proposée individuellement, aux parents à la fratrie, à la famille. Dans les familles chaotiques, fusionnelles où la violence s'exerce, le parcours thérapeutique peut inclure simultanément ou alternativement un travail individuel pour certains membres de la famille, un travail parental, de fratrie, familiale.

Pour être efficient, ce travail d'élaboration doit s'accompagner d'expériences réelles, repérables et nommables par l'enfant et les parents. C'est au travers de cette réalité que la famille pourra expérimenter d'autres modèles relationnels que ceux connus par elle, organiser des échanges constructifs dans l'altérité et ainsi redéfinir sa relation dans la réalité.

L'enveloppe partenariale, un contenant pour la famille, une sécurité pour les professionnels

Cet accompagnement exige que les tiers soient suffisamment éclairés sur leur capacité d'offrir un cadre contenant, sécurisant et limitant. Si nous reprenons le modèle théorique de D. Anzieu qui comprend neuf fonctions **(Encadré 47.1)**, il s'agit d'offrir temporairement aux familles, aux parents, un moi-peau., Ce dernier constitue une sorte d'enveloppe imperméable, contenant l'intensité des affects, protégeant des excitations, favorisant des échanges entre les espaces privés de chacun et permettant que s'aménage la différenciation du soi et du non-soi.

Encadré 47.1 ▪ Les neuf fonctions du Moi-peau selon D. Anzieu[1]

1. *Fonction maintenante* ; fonction biologique exercée par ce que Winnicott appelle le « holding » maternel (façon dont la mère soutient le corps du bébé).
2. *Fonction contenante* ; fonction exercée par le « handling » maternel (sensation-image de la peau comme sac, éveillée par les soins du corps, appropriés à ses besoins et que dispense sa mère).
3. *Fonction de pare-excitation.*
4. *Fonction d'individuation du Soi* (l'inquiétante étrangeté est liée à la menace visant l'individuation du Soi).
5. *Fonction d'insensorialité du Moi-peau* qui aboutit à la constitution d'un « sens commun », dont la référence de base se fait toujours par le toucher.
6. *Fonction de soutien de l'excitation sexuelle*, surface sur laquelle des zones érogènes peuvent être localisées, la différence des sexes reconnues et leur complémentarité désirée.
7. *Fonction de recharge libidinale* du fonctionnement psychique.
8. *Fonction d'inscription de traces sensorielles* tactiles, fonction de pictogramme (P. Aulagier).
9. *Fonction « négative » du Moi-peau* ; au service de Thanatos et visant à l'autodestruction de la peau et du moi.

De ce point de vue, les professionnels sont les plus à même de constituer cette enveloppe. Cependant, il est essentiel que ces « enveloppements temporaires » soient clairement identifiés et ajustés par ceux qui y participent. C'est pourquoi, pour être fonctionnelle sa mise en œuvre exige qu'elle soit pensée et structurée.

Si l'intervention des professionnels est une proposition d'aide et de soin faite à l'enfant et sa famille, elle est vécue dangereusement par les intéressés. En effet, nous savons qu'entrer dans une famille identifiée à « problème » ou « en problème » déstabilise l'homéostasie du groupe familial, même si celui-ci est demandeur d'aide.

Les représentations individuelles et familiales à propos des intervenants et de leurs institutions risquent d'activer des peurs, des angoisses, des défenses, de l'agressivité. Ces derniers feront l'objet de projections puissantes et seront investis comme des « parents » réparateurs, mais aussi comme des « parents » destructeurs. En effet, dans bien des situations familiales en difficulté, les parents, les grands parents n'ont pas transmis d'images parentales positives.

1. Anzieu D., *Le Moi-Peau*, *op. cit.*

Au travers de notre proposition d'accompagnement, nous signifions à l'enfant et sa famille, les effractions et le défaut de contenance (manque de protection, de limite, de respect de l'intimité psychique et corporelle de chacun de ses membres, etc.). Ce défaut de contenance, laissant libre cours à une fantasmagorie très importante le plus souvent inconsciente, est très actif dans les jeux relationnels entretenus entre les membres de la famille. Ces derniers se rejouent nécessairement avec les professionnels, le plus souvent à leur insu, Dans les situations familiales très problématiques, les professionnels peuvent être entraînés par la famille dans des jeux relationnels très pathogènes.

Dans les situations familiales très dysfonctionnantes, la proposition « d'entrer » dans une famille pour l'aider à résoudre ses difficultés relationnelles peut être entendue comme dangereuse par la famille. La famille peut craindre son effondrement si la présence de professionnels est vécue comme attaquant les fondations des liens, telles qu'ils se sont noués dans leur histoire individuelle, de couple et de famille. D'autant que, c'est justement sur la qualité des liens que les professionnels vont agir en protégeant l'enfant, en le séparant et en nommant les dysfonctionnements. Or, si c'est généralement la qualité de liens qui est attaquée lorsque la famille est en crise, en rupture ou quand la violence s'exerce, elle est la base de l'union du couple, des parents aux enfants, des enfants entre eux. Dès lors, ils peuvent vivre les interventions professionnelles comme un danger vital pour leur équilibre. Ils mettront toute leur énergie à faire échouer les actions proposées par les professionnels, même si en dernier ressort ils en souffrent et en « payent » les conséquences.

La famille est prise dans une demande paradoxale qui peut se traduire par « aider nous à changer les liens qui nous font souffrir et n'en changer rien car ils nous tiennent ». Les professionnels connaissent bien ce paradoxe et de ce fait la déstabilisation familiale que génèrent leurs interventions. Dans ces conditions, le risque de répercussions sur la teneur des liens créer avec les intervenants est inévitable.

En effet, dans ces situations, le manque de cohésion et de communication entre professionnels peut les conduire, à leur insu, à un défaut de contenance de la famille. Cette défaillance, source de confusions des rôles et des places, participe à multiplier les actions, voire à les superposer, introduit des contradictions telles que chacun s'y perd et dont les effets positifs sur la famille sont peu identifiables. Cette énergie déployée tous azimuts pour des résultats peu gratifiants pour les intervenants génère bien souvent une disqualification professionnelle des intervenants engagés dans l'accompagnement de l'enfant et de sa famille,

Ainsi, malgré les bonnes intentions de chacun, l'énergie, le temps et la compétence mis au service des enfants, des parents, des familles, les actions n'ont pas les effets attendus ou sont vouées à l'échec. Dans bien des situations familiales, elles risquent de renforcer les résistances et la problématique individuelle et familiale.

Pour échapper aux effets de contamination du dysfonctionnement relationnels des familles, les professionnels doivent être attentifs à la qualité des liens noués entre eux et les examiner au regard de chaque problématique familiale. Cette attention et le travail d'élaboration qui s'impose éclaireront les professionnels sur les ligotages possibles et les risques de rejouer entre eux les dynamiques familiales les plus chaotiques.

Le partage et l'analyse des effets miroirs sont d'autant plus bénéfiques si un cadre institutionnel qui protège et limite est connu et reconnu par les professionnels. Ce dernier doit être fiable, stable, poser des limites et garantir que l'identité propre peut y évoluer. Ce contenant identifié constitue alors une sécurité pour les professionnels. Ce sentiment de sécurité favorise la fluidité de la pensée, l'élaboration individuelle et collective, la construction de projets d'accompagnement. Chaque professionnel à sa place, est entendu et respecté dans ses compétences. Les désaccords, les conflits peuvent y être discutés et débattus avec convictions sans risque de destruction ou d'envahissement pour chacun des participants. Ce temps de travail entre professionnels, nous l'appelons l'enveloppe partenariale. Elle constitue une sorte d'enveloppe de partenaires dont les limites et les fonctions sont représentables pour les professionnels. Cette enveloppe est un référentiel commun, mis à disposition de l'enfant et de la famille. En effet, cette enveloppe et ses contenues, telles qu'ils auront été débattus et décidés au cours des séances de travail, constitueront des repères pour ces derniers.

Les professionnels peuvent alors espérer que cet « enveloppement temporaire » proposé à l'enfant, au couple, à la famille soit un support sur lequel chacun peut s'appuyer pour vivre de nouvelles expériences émotionnelles et relationnelles. Ainsi, chacun y puisera de nouvelles représentations de soi et des autres, renforcera son narcissisme, accepter de renoncer à des fonctionnements relationnels pathologiques, prendra de l'autonomie.

Les effets thérapeutiques de l'enveloppe partenariale

Au cours d'observations cliniques, nous avons pu observer les effets thérapeutiques de l'enveloppe partenariale dans le projet d'accompagnement proposé à un enfant, des parents, une famille. Cette manière de travailler en partenariat crée un contenant rassurant tant pour les intéressés que pour les professionnels.

Cette enveloppe partenariale prend tout son sens pour les acteurs médico-psycho-sociaux et éducatifs. Elle limite l'incohérence des interventions multiples et décousues, ce qui comporte des effets positifs sur des personnes qui justement n'ont pu tenir leur rôle parental. Les enfants et les familles, en s'appuyant sur les liens constitués entre les professionnels par l'enveloppe partenariale, vont tester sa solidité et expérimenter le plaisir d'être enfin contenus.

C'est grâce à cette enveloppe partenariale, constituée par la relation de ce qui vient de l'environnement extérieur et de ce qui se passe à l'intérieur de la famille, que l'enfant et sa famille vont progressivement prendre conscience de leur unité psychique et corporelle. Cette prise de conscience va leur permettre de développer le narcissisme indispensable à leur vie tout en installant des relations aux autres satisfaisantes.

Par la quantité et la qualité des relations offertes à l'enfant, la cohérence et l'effet contenant de l'enveloppe partenariale, l'enfant développera une plus grande sécurité affective. Ce fonctionnement offre au sujet la possibilité d'accéder à la pensée, à la symbolisation et à sa restauration. Il évite le morcellement du sujet et rend plus aisé l'accrochage thérapeutique.

En s'exerçant avec les différents professionnels présents dans l'enveloppe partenariale, par identification les familles pourront repenser la qualité des liens affectifs entretenus avec leur enfant et leur entourage. Ces expériences concrètes et répétées vont interroger les représentations psychiques et corporelles dénaturées par la violence agie et en inscrire de nouvelles dans la psyché (enveloppe psychique) et dans le corps (enveloppe corporelle) de l'enfant et de chacun des parents.

Le modèle relationnel proposé par la mise en œuvre d'une enveloppe partenariale favorisant l'unité du sujet et sa différenciation, favorise la diminution des troubles plus ou moins graves présents dans la maltraitance des enfants, en particulier le morcellement.

2. LA CONSTITUTION D'UNE ENVELOPPE PARTENARIALE

L'enveloppe partenariale, devrait être pensée et composée chaque fois que des intervenants sont amenés à travailler ensemble avec une famille, en particulier lorsque de nombreux intervenants sont concernés par une même situation familiale.

Cette enveloppe partenariale peut se construire dès que les professionnels se réunissent à propos d'une situation d'enfant. C'est en interrogeant les pratiques, les logiques institutionnelles et le vécu de chacun, que les professionnels ainsi reconnus pourront à leur tour respecter l'enfant et le considérer comme sujet et acteur de sa propre destinée. C'est dans la différence, et non dans les principes généraux, que nous pouvons aider l'enfant à comprendre, à réaliser, à agir sur lui-même et sur son environnement, l'accompagner dans son processus de changement. C'est par cette capacité à accepter la différence que la différenciation peut se faire et que l'autonomisation et l'altérité sont rendues possibles, ce qui manque généralement aux personnes s'exprimant par des passages à l'acte. C'est cet apprentissage qui, selon nous, participe au développement de capacités à dépasser les stéréotypes, les jugements portés à l'encontre des familles maltraitantes et parfois à l'encontre des collègues et des institutions partenaires. Cette démarche aide à faire le deuil si difficile du sentiment de toute-puissance.

Ce temps est fondamental et fédérateur dans l'accompagnement, car il évite la disqualification des interventions et sert d'étayage pour l'enfant et les parents dans leur reconstruction. La famille doit se trouver en présence de professionnels attentifs, cohérents et solidaires sans pour autant faire bloc. Dans le cas contraire, elle risque d'exploiter les désaccords à son bénéfice, ce qui l'autoriserait ultérieurement à pérenniser ses dysfonctionnements. À ce travail doit s'ajouter une analyse sur le fonctionnement du groupe des professionnels. Nous savons, avec M. Elkaïm[1], que le travail auprès de familles dysfonctionnelles agit en produisant, pour reprendre l'expression de M. Gabel[2], des dysfonctionnements comparables à ceux qui sont présentés par la famille. Ainsi, ces résonances entre la famille et les équipes sont à questionner et à mettre en regard avec le fonctionnement repéré dans la dynamique familiale en question. Identifier ce fonctionnement collectif en miroir est indispensable pour constituer une enveloppe partenariale. Il réduit les conflits collectifs et prépare chaque professionnel à le repérer pour lui-même dans son action quotidienne.

Dans cette co-construction d'une enveloppe partenariale, il s'agit pour les professionnels de constituer un espace de pensée et de collaboration enveloppant, au sens de Didier Anzieu[3], c'est-à-dire qui contient, protège et limite ce qui est à soi et ce qui appartient à l'autre. Les professionnels rassemblés constituent un groupe vivant ayant des sentiments et des ressentiments. Cela implique d'y intégrer des temps d'analyse sur le rapport entre la dynamique relationnelle dans le groupe multiprofessionnel avec ce qui se joue sur le plan relationnel dans la famille.

De ce point de vue, cela exige des professionnels de bien connaître son « enveloppe » institutionnelle et de connaître « l'enveloppe » institutionnelle de ceux qui sont amenés à intervenir pour une même famille. En effet, pour ne pas reproduire les symbioses, et les confusions des

1. M. Elkaïm *in* Benoît J.-L. *et al.*, *Dictionnaire clinique des thérapies familiales systémiques*, Paris, ESF, 1988.

2. Gabel M., « Le système de protection de l'enfance en danger à l'épreuve de la violence induite par la maltraitance », *in* Gabel M., Lebovici S., Mazet P., *Maltraitance maintien du lien ?* Paris, Fleurus, 1995, p. 175-190.

3. Anzieu D., *Le Moi-Peau*, *op. cit.*

familles, il est essentiel que ces « enveloppements temporaires » soient clairement identifiés et ajustés par ceux qui y participent.

Cette construction collective implique de mettre un cadre qui garantit la reconnaissance des compétences, la légitimité des places, la différence de point de vue et la contradiction. Ce cadre réduit les sentiments de frustration, de dévalorisation des professionnels, limite les dysfonctionnements dans les équipes, préjudiciables aux enfants et aux familles.

Au cours de ce travail de partage et de réflexion collective, il s'agit de connaître et reconnaître les compétences professionnelles.

Dans cette perspective de cohésion et de complémentarité, il est important de reconnaître les compétences des professionnels engagées dans une même situation familiale. Le contexte de l'enveloppe partenariale favorise cette reconnaissance, dans la mesure où elle est indispensable à la constitution d'une enveloppe partenariale. En effet, initier un contenant institutionnel qui protège et limite les professionnels nécessite de reconnaître ceux qui le composent, tant dans ces aspects singuliers que dans ces différences. Cette reconnaissance des compétences entre les professionnels se traduit par une meilleure prise en compte des interventions des uns et des autres et favorise l'adhésion aux projets retenus au cours des réunions. Dans notre pratique, nous observons que, chaque fois que nous prenons le temps d'échanger à propos de nos logiques d'intervention, de nos missions, nous renforçons le cadre sans le rigidifier.

Clarifier les liens

En prenant le temps de se connaître et disposant d'une vision concrète du travail de chacun des professionnels, la visibilité de la complémentarité des interventions est plus précise et autorise une meilleure organisation des liens entre les professionnels. Certes, des liens se tissent au travers des pratiques répétées de partenariat. Cependant, prenons-nous suffisamment de temps pour échanger à propos de nos déceptions, nos réticences, nos échecs de collaboration ? Pourtant, c'est sur la qualité des liens, nommée et reconnue, que les professionnels sont mieux à même de prendre toute leur place mais seulement toute leur place. Cette légitimité des places organise et structure des liens fonctionnels et affectifs construits momentanément entre les professionnels. Cette qualité des liens initie un modèle relationnel sur lequel l'enfant et ses parents pourront prendre appui pour consolider leurs propres liens.

Repérer et analyser les résonances professionnelles

Ce travail sur les résonances va de pairs avec celui sur des représentations. Nous savons que le travail auprès d'enfants, d'adolescents, de couples, de familles active le vécu de ceux qui les écoutent et les aident. Si cela relève de l'intimité de chacun et n'est pas nécessairement à partager entre professionnels, les résonances des dysfonctionnements familiaux sont intéressantes à repérer et à réfléchir, au regard des fonctionnements institutionnels et inter-institutionnels. Là encore, par la sécurité de base qu'offre l'enveloppe partenariale, ces aspects peuvent être énoncés et ainsi, peuvent lutter contre les effets de contamination, réduire les conflits et les escalades symétriques entre partenaires. Parvenir à cette clarification offre aux intéressés une plus grande liberté pour « penser » et « panser » leurs difficultés.

Partager les représentations individuelles et collectives

Partager les représentations véhiculées par les professionnels et leurs institutions est un plus que nous osons rarement nous offrir. Nous avons tort, car nous sommes convaincus que malgré nos intentions d'objectivité, notre subjectivité est particulièrement à l'œuvre et a des conséquences sur les liens entretenus avec les enfants et les familles. Entre autre, les processus d'identification et de rejet parasitent notre objectivité. Nos jugements de valeurs personnels et professionnels interfèrent, nos idéaux nous guettent au tournant. Nos *a priori* et nos expériences, plus ou moins bien vécus, du travail en partenariat l'encombrent. L'enveloppe partenariale autorise l'expression des opinions, des valeurs, des présupposés de ses acteurs. Ainsi, lorsque cet échange est possible, la prise de distance nécessaire pour penser, dire et faire est plus confortable. Le cadre de l'intervention est plus solide et rassurant pour les intervenants. La qualité des interventions auprès des familles en est renforcée.

La mise en œuvre d'une enveloppe partenariale nécessite qu'un « référent enveloppe » soit désigné à chaque rencontre réunissant les professionnels concernés par une famille. Il doit être choisi en dehors de toute considération hiérarchique. Il doit être reconnu par ses pairs. Son rôle est de favoriser la construction de l'enveloppe et d'animer les séances de travail. Son but est de favoriser l'émergence d'une réflexion construite permettant de penser l'accompagnement collectivement et individuellement.

Idéalement, ce référent enveloppe devrait être un professionnel non engagé dans la situation familiale traitée. Sa position d'extériorité vis-à-vis de la situation familiale lui permet de maintenir la méta-communication dans le groupe. Il sera plus à même d'occuper sa place s'il possède une expérience dans l'animation de groupe, des connaissances des enjeux institutionnels et des compétences dans l'accompagnement des enfants maltraités et des familles...

Le référent enveloppe intervient lors des rencontres multiprofessionnelles organisées à propos d'une situation d'enfant maltraité. Il peut être également sollicité par ses collègues en cours d'accompagnement. Il est en effet important qu'en dehors des temps de discussion formelle les professionnels se rencontrent pour se coordonner, s'entraider et faire part de l'évolution de l'enfant et de sa famille ainsi que des ajustements qu'ils proposent.

Il s'agit de faciliter l'expression de chacun des professionnels à propos des éventuels *a priori* qui surgissent lors des débats. Ces derniers peuvent concerner les mesures proposées, la représentation que l'on se construit face aux missions des différentes institutions et aux compétences des professionnels. L'expérience montre qu'en l'absence de clarification, d'expression sur les représentations, ce qui n'est pas exprimé va subsister et parasiter l'action professionnelle. En restant sous silence, ces « non-dits » vont se rejouer ultérieurement dans la relation avec la famille. Une écoute attentive des initiatives individuelles, des difficultés rencontrées constituent un support essentiel autorisant le questionnement, l'expression des affects et les limites de chacun.

Le référent enveloppe a pour fonction de créer un contexte favorable à l'instauration d'une enveloppe partenariale par une co-construction professionnelle. Pour ce faire il doit :

- *porter attention au point de vue de chacun* : le référent enveloppe doit veiller à ce que chacun puisse s'exprimer librement, solliciter ceux qui parlent moins, faire préciser des opinions. Il peut par exemple poser les questions suivantes : Avez-vous des expériences de travail dans tel domaine (par exemple le placement des enfants ?). Comment cela s'est passé ? Si des discussions s'organisent sur le bien fondé du placement, la question suivante peut être posée :

pour vous le placement d'un enfant n'est pas une solution ? etc.). Il peut, en reformulant les idées, accompagner chacun à argumenter, développer son point de vue ;

- *favoriser la reconnaissance des compétences* : le référent enveloppe initie des échanges sur les compétences, les logiques d'intervention institutionnelles et sur les limites personnelles et imposées par les missions des professionnels. L'expérience montre, par le biais des formations continues, que les professionnels n'ont qu'une connaissance très approximative des modes d'interventions des différents partenaires impliquées dans le suivi des familles maltraitantes. Cette étape est d'autant plus fondamentale qu'elle va permettre d'établir un rapport entre les compétences professionnelles à solliciter et la problématique familiale.
  Concernant la collaboration inter-institutionnelle (le partenariat), il est intéressant, avant d'entraîner les professionnels dans une collaboration, de faire appel à leurs expériences antérieures en laissant s'exprimer les réticences, les exemples de collaboration réussie, les difficultés, les échecs éventuels du passé. En d'autres termes, cette expression autour des compétences professionnelles permet de travailler les représentations véhiculées sur les institutions. Il est nécessaire, pour travailler ensemble, de s'interroger sur la place de chacun, d'analyser les interactions positives ou négatives et de donner du sens à l'action individuelle et collective. Le référent pourra jouer ce rôle de médiateur s'il est reconnu dans sa compétence et autorisé à interrompre le cours des débats pour souligner ce qu'il a observé.
- *favoriser les échanges sur les représentations* : le réfèrent enveloppe doit favoriser les échanges entre les membres du groupe enveloppe sur les représentations individuelles et collectives. Ces dernières peuvent concerner les mesures proposées, les missions des différentes institutions, les compétences professionnelles.
  Le référent enveloppe peut, à l'aide d'un questionnement adapté, donner un temps de parole à chacun pour exprimer ses convictions, ses doutes, ses expériences positives et négatives à propos d'une thématique abordée dans la réunion (le placement, l'AEMO, le juge pour enfants, l'Aide sociale a l'enfance, l'adoption, etc.). Prenons l'exemple d'une réunion au cours de laquelle s'envisage la possibilité d'un placement pour l'enfant. Cette mesure véhicule des représentations très diverses et le débat collectif est parfois très vif. Il revient au référent de conduire les discussions de telle sorte que chaque professionnel présent puisse s'exprimer sur son expérience et sur ce qu'il pense, en général et pour un enfant particulier, des effets thérapeutiques de cette mesure. Chaque fois qu'un professionnel dit : « Je pense que le placement n'est pas la meilleure solution pour cet enfant », le référent doit s'intéresser aux raisons personnelles qui motivent cette position, si ce point de vue est partagé ou s'il en existe d'autres.
  S'éclairer mutuellement sur ce qui concorde et diffère des représentations de chacun évite les quiproquos, les malentendus, les jugements de valeurs. Dans le cas contraire, le point de vue de certains professionnels risque d'être occulté au bénéfice de celui de professionnels estimés ou s'estimant les plus compétents. D'ailleurs, comme le précise F. Le Poultier[1] à propos de l'évaluation, c'est « celui dont la parole est organisationnellement ou idéologiquement la plus reconnue, le directeur, le psychiatre ou le psychologue par exemple, [qui] pèse sur les résultats ». Dans ces conditions, la famille peut se retrouver en présence de professionnels favorables au placement tandis que d'autres seront défavorables. L'absence de solidarité entre les professionnels va se traduire par des discours contradictoires et, face à cette incohérence,

1. Le Poultier F., *Recherches évaluatives en travail social,* Grenoble, PUG, 1990, p. 45.

l'effet thérapeutique escompté risque de s'annuler. Notre expérience nous montre que, si les positions ne sont pas explicitées par ceux qui les expriment, chacun risque de repartir insatisfait sans pour autant avoir le sentiment d'avoir été entendu, ni modifier son opinion ;

- *aider à formuler les résonances entre la famille et les professionnels* : ce temps d'élaboration du groupe enveloppe partenariale constitue un aspect important pour faire fonctionner l'enveloppe partenariale lors de l'accompagnement d'une famille et d'un enfant maltraité.
  Lorsque les débats s'animent, le référent enveloppe souligne « l'élément résonance », l'éclaire et le met en évidence afin que les participants le perçoivent. Cela nécessite de la part du référent enveloppe, une écoute attentive du vécu individuel des difficultés rencontrées avec une famille. Les éléments apportés sont des supports essentiels autorisant le questionnement, l'expression des ressentis et les limites de chacun. Le référent aide à formuler les effets miroirs entre la famille et les professionnels.
  S'obliger à travailler les résonances entre la problématique du groupe familiale et celle du groupe des professionnels produit des effets extrêmement positifs sur le partenariat et par conséquent pour l'enfant et sa famille.
- *favoriser l'adhésion de l'ensemble des professionnels au projet co-construit :* le référent enveloppe veille à ce que la réunion se termine en interpellant chacun des partenaires sur les propositions émises. Ainsi, il favorise la co-construction professionnelle en vérifiant si l'adhésion de tous est acquise. Il invite les professionnels à déterminer leur responsabilité dans le projet d'accompagnement retenu et il convient d'une date pour une prochaine réunion. Celle-ci devant permettre de s'informer de l'évolution de la famille et émettre éventuellement de nouvelles propositions.

C'est dans ce travail d'analyse, renouvelé à chaque rencontre, que vont se définir, s'aménager les objectifs et les orientations éducatives et thérapeutiques à donner au projet d'accompagnement. Dès cet instant, des négociations peuvent s'engager sur le choix des professionnels les plus compétents pour agir auprès de la famille, à condition qu'ils s'effectuent en tenant compte des besoins de l'enfant et de sa famille, de la qualité des relations nouées avec eux. Cette répartition des rôles crée un contexte favorable à l'instauration d'une enveloppe partenariale. Ainsi, seront sollicités, par une décision collective, les professionnels les plus compétents pour travailler avec l'enfant et sa famille.

Pour illustrer ces propos, prenons l'exemple d'un enfant maltraité.

> Alain, 6 ans, est maltraité par ses parents. Il souffre, entre autres, de difficultés spatiales et temporelles. Ces dernières nuisent à son apprentissage de la lecture et de l'écriture. Cette incapacité, incompréhensible pour ses parents, renforce, selon l'assistante sociale, les actes violents dont il est victime. Pour les professionnels, il s'agit de travailler avec l'enfant sur la réalité de sa difficulté ainsi que la signification de ce symptôme sur le plan symbolique. À la suite de discussions organisées dans le cadre d'une enveloppe partenariale et animées par un référent enveloppe, auxquelles ont participé un psychologue et un éducateur spécialisé de l'ASE, un psychologue scolaire, l'assistance sociale de secteur, un médecin de PMI, le psychiatre du CMPP, il est décidé dans un premier temps, de mettre en priorité, le bon déroulement de la scolarité de cet enfant. Pour cela, l'assistante sociale, acceptée par la famille, organisera avec l'enfant des activités concrètes. La psychologue de l'ASE, reconnue pour entretenir un bon contact avec cet enfant, le recevra régulièrement pour l'aider à comprendre les causes de sa difficulté. Simultanément, l'éducateur de l'ASE sera chargé de reprendre cet aspect avec les parents pour les aider à trouver d'autres réponses que la violence.

Cette situation illustre qu'occuper, au sein du dispositif d'accompagnement d'un enfant et de sa famille, une fonction définie et reconnue dans sa complémentarité parce que négocié entre les pairs, permet d'agir simultanément en complémentarité et de manière cohérente. Cette construction collective s'organise car c'est la compétence qui a guidé les choix. Pour l'organiser, les professionnels se sont donné les moyens d'une véritable reconnaissance des compétences. Cette reconnaissance a permis la mise en place d'un cadre qui garantit la légitimité des places, l'acceptation des initiatives, la différence de point de vue et la contradiction. Dans le cas contraire, le risque est de développer des sentiments de frustration, de dévalorisation chez les professionnels et de maintenir les dysfonctionnements dans les équipes, préjudiciables aux enfants et aux familles suivies. Dans la situation d'Alain, ce partage des responsabilités a organisé et structuré les liens fonctionnels et affectifs construits momentanément entre les professionnels. Ces liens tissés entre les professionnels et leur visibilité constituent l'enveloppe partenariale. C'est en s'appuyant sur ses liens que la famille pourra renforcer ses capacités thérapeutiques et que les mauvais traitements envers l'enfant cesseront progressivement.

Cette synergie nécessite que les professionnels, au cours du travail entrepris et en dehors des temps de discussion formelle, se rencontrent, se contactent pour se coordonner, s'entraider et se faire part de l'évolution de l'enfant et de sa famille et des ajustements qu'ils proposent. Le concours du référent enveloppe peut alors être demandé.

En somme, une réelle prise en compte des opinions, des valeurs, des difficultés et des places de chacun dans le processus d'intervention auprès de l'enfant et de sa famille aide à la prise de distance nécessaire pour penser, dire et faire autrement que sur le mode du passage à l'acte.

L'enveloppe partenariale ainsi constituée est intimement liée à l'élaboration d'un projet d'accompagnement. En relation avec l'évolution d'une situation familiale, les besoins de l'enfant et de sa famille, elle sera continuellement à repenser, à réorganiser et à ajuster. En cours d'accompagnement, en fonction des résultats obtenus par les évaluations de bilan, une autre enveloppe peut se construire. En d'autres termes, les référents enveloppes et les acteurs de l'enveloppe partenariale changent en fonction des nouveaux besoins de la famille et de l'enfant. Cette mobilité qui la particularise évite qu'elle soit étouffante tout en étant contenante. Elle aide les familles à sortir du « sac » pour accéder aux effets thérapeutiques de l'enveloppe.

3. LA CO-CONSTRUCTION DE L'ACCOMPAGNEMENT

Dans cette perspective, penser la démarche d'accompagnement implique d'élaborer un projet satisfaisant les missions des professionnels et les attentes des familles. En d'autres termes, il s'agit pour les professionnels et la famille de délimiter ensemble un territoire à l'interface des territoires respectifs. Dans cette co-construction d'une interface entre ce qui appartient au « corps professionnel » et ce qui relève du « corps familial », le travail consiste à définir de part et d'autre, et ce, de manière extrêmement précise, les problèmes identifiés, les attentes, et de déterminer les moyens pour parvenir à des solutions. Pour aider la famille à faire ce travail minutieux de définition, les professionnels disposent d'hypothèses élaborées dans le cadre du projet d'accompagnement. La confrontation entre la position de la famille et celles des professionnels crée un espace pour partager, pour penser et agir ensemble. L'espace intermédiaire ainsi constitué entre les professionnels et la famille est le lieu ou ceux-ci peuvent ensemble élaborer des projets, des actions, mettre des mots sur la souffrance, etc.

Au-delà des actes et des paroles en eux-mêmes, cette expérience a toutes les chances d'introduire dans la famille un fonctionnement relationnel respectueux, rassurant et prenant en compte les points de vue de chaque membre de la famille. Le parent, en faisant référence à ce vécu, sera plus à même d'appréhender son enfant avec sécurité et respect. L'enfant, s'étayant sur cette expérience, s'autorisera progressivement à une plus grande autonomie. La conception de cet espace intermédiaire est exigeante car elle implique idéalement qu'un projet d'accompagnement et des hypothèses soient élaborés pour que l'enveloppe partenariale fonctionne et que les rencontres avec la famille soient préparées.

Analysons la situation de la famille D., composée de la mère et de trois enfants, dont Damien. Dans cette famille, les professionnels observent que la mère a des relations paradoxales avec Damien. À plusieurs reprises les professionnels observent que Madame D entretien des doubles liens avec ses enfants et en particulier avec Damien. Régulièrement elle s'adresse à lui sur le mode suivant : « Je suis obligée de te donner une fessée car tu mets toute la maison en désordre exprès. » Simultanément, culpabilisée par la violence des coups portés à son enfant, elle lui précise : « la fessée que je t'ai donnée ce n'est pas pour te punir. » De fait, elle menace Damien de le punir tout en lui demandant de ne pas considérer la punition comme étant une punition. Lors d'une rencontre avec les professionnels, elle décrit Damien comme un enfant sans cœur qui refuse de l'embrasser. À cet instant, Damien s'approche de sa mère et tente de mettre sa tête sur ses genoux. La mère repousse Damien en prétextant qu'il a les mains sales. Damien se retire dans le fond de la pièce et renverse une chaise. Madame D le regarde et dit aux professionnels présents : « regardez, quoi qu'il fasse il est insupportable ».

Ce mode de relation déclenche chez l'enfant des comportements agressifs et des colères violentes de la part de sa mère. L'hypothèse retenue est la suivante : ce mode de communication permet à la mère de maintenir une relation fusionnelle avec Damien (la contradiction des messages freinant les processus d'individuation) et à son fils de maintenir l'attention constante de sa mère (il espère par cette attitude ne pas être rejeté par elle) ; elle permet aussi aux deux autres enfants de se protéger des messages contradictoires énoncés par leur mère. Cette hypothèse sera à valider ou à invalider avec la famille, toutefois, c'est en s'appuyant sur elle que les professionnels préparent la rencontre avec la famille. Par exemple, dans la situation de Damien, les questions vont porter sur la perception que chacun des membres de la famille a sur la relation entre Damien et sa mère.

Si Damien répond :

- « c'est dur, car bien souvent je ne sais pas ce qu'elle veut, mais au moins ma mère s'occupe toujours de moi, ce qui n'est pas le cas pour mes frères » : l'hypothèse selon laquelle les comportements de l'enfant maintiennent l'attention de la mère et que la relation paradoxale entretient une relation fusionnelle semble valide ;
- « j'en ai marre, elle est toujours sur mon dos » : ce point de vue exprimé par l'enfant montre que ce mode de relation ne comporte pas pour lui la fonction supposée.

Si la mère explique :

- que son fils l'énerve, qu'il l'oblige à avoir dans un même temps des sentiments contradictoires envers lui, mais qu'elle l'aime plus que tout, et que d'ailleurs elle ne cesse de lui répéter : elle confirme l'hypothèse.
- si, au contraire, elle exprime une responsabilité et une culpabilité concernant les paroles et les gestes qu'elle a envers Damien et le souhait de changer son comportement, elle introduit de nouvelles informations nuançant l'hypothèse de départ. Celle-ci sera alors discutée à nouveau avec les professionnels de l'enveloppe partenariale et reprise avec la famille par un questionnement approprié.

C'est ainsi que, progressivement, les professionnels co-construisent avec la famille un espace de liberté de pensée dans lequel chacun des membres, ainsi que les professionnels engagés auprès d'eux, est autorisé à évoluer. Cet espace singulier n'appartenant qu'à ceux qui le construisent au fil du temps donne un rythme, une musique, une couleur, une écriture à l'accompagnement. Ainsi, il deviendra possible à chacun des membres de la famille de puiser des perceptions et des sensations à partir desquelles ils pourront se construire des représentations de soi et de l'autre. Cette danse relationnelle implique de s'affilier à chacun en préparant les rencontres. De plus, sauf dans les situations extrêmement complexes et dans les violences sexuelles intrafamiliales, il est préférable d'inviter le plus grand nombre de personnes qui composent la famille. En effet, le processus d'affiliation est meilleur si chaque membre de la famille est engagé dans la construction de l'espace intermédiaire.

Initier un processus d'affiliation « revient à se faire adopter par la famille pour un temps limité et dans une finalité [...][1] ». Les premiers entretiens sont un moment favorable pour la mise en œuvre du processus d'affiliation. Il s'agit, « en présence de tous les membres de la famille, [d'] accueillir, donner la parole, percevoir le niveau émotionnel, chercher des informations et pressentir les règles familiales, les critères d'inclusions ou d'exclusion sans les disqualifier[2] ». Ainsi, dès la première rencontre avec la famille, le professionnel, en prenant le temps des présentations, en discutant l'objet de sa visite, initie le processus d'affiliation.

Dans un second temps, il s'intéressera au problème qui préoccupe chaque membre de la famille et le confrontera à sa propre définition. Chacun étant sollicité, c'est souligner, dès le départ, qu'ils sont tous impliqués à des niveaux différents dans la dynamique relationnelle. Ce temps d'expression partagé favorise l'énoncé par la famille de « sa » définition du problème et lui permet de la confronter à celle du professionnel. Nous ne sommes pas sans savoir les difficultés que peut comporter l'évocation de la maltraitance, néanmoins, il est fondamental pour la famille d'aborder la question des mauvais traitements même dans une situation de doute. Les mots du professionnel pour parler de la maltraitance vont agir positivement sur l'ensemble de la famille. Ainsi, cette clarification va permettre aux différentes personnes de la famille de s'exprimer à leur tour pour « oser » nommer ce qui les préoccupe, commencer à aborder les questions relatives à la violence et discuter des moyens pour les résoudre, etc. Ce temps d'affiliation permet au professionnel de pressentir les règles du fonctionnement familial.

Durant cette phase de co-construction de l'espace intermédiaire, le professionnel, seul dans son action avec une famille, sait que ses hypothèses et son appréhension de la situation relèvent d'une analyse collective. Ce tiers collectif (l'équipe), présent dans sa pensée, tout en confortant sa position professionnelle, agira comme séparateur dans l'action directe avec la famille. En d'autres termes, cela évite à l'intervenant de se laisser « embarquer » par la famille dans sa propre confusion tout en lui permettant de remplir sa fonction contenante, indispensable à l'expression de la souffrance. D'une certaine façon, chacun sa place et une place pour chacun. La famille percevant cette place de tiers, parfois pour la première fois, expérimente l'altérité et la circulation des informations entre différentes personnes[3].

1. Guitton, *in* Benoît J.-L. *et al.*, *Dictionnaire clinique des thérapies familiales systémiques*, p. 5.

2. *Ibid.*

3. Parret Ch., Thévenet P., *L'accompagnement thérapeutique des enfants, des adolescents, des adultes ayant subi des mauvais traitements et de leur famille, Dossier technique*, Paris, CRICS, 1997.

La triangulation, constituée par la famille, le professionnel et l'institution, favorise la circulation de messages verbaux et analogiques, rendant explicites les modes relationnels habituellement utilisés et en introduit de nouveaux. Dès lors, l'espace autorisé au tiers s'entrevoit, se construit à la mesure des capacités de chacun des membres de la famille. Les échanges, vécus moins dangereusement, sont possibles et des changements deviennent envisageables. Durant ce temps d'échanges triangulés et de construction d'un espace de travail négocié et partagé par les professionnels et les membres de la famille, des informations complémentaires sur le fonctionnement familial arrivent à la compréhension du professionnel. Il peut observer comment s'organisent, entre les personnes présentes, les communications verbales et non verbales. Quelles sont les interactions privilégiées, adoptées par la famille vis-à-vis de l'enfant maltraité et entre les différents protagonistes ? Sont-elles à dominante complémentaire, symétrique, paradoxale ou fusionnelle ? Ces interactions repérées sont-elles fréquentes, car répétitives, ou plutôt marginales ? Défini par les missions de protection de l'enfance, le centre d'intérêt étant l'enfant, l'objectif sera d'observer en particulier comment il vit la situation, comment il réagit aux paroles prononcées, s'il entretient des relations privilégiées avec une ou plusieurs personnes présentes, il faudra décrire son comportement pendant cette rencontre, préciser quelles sont nos impressions, etc.

En fonction des problématiques familiales, du désir et de l'acceptation des enfants et de leurs parents, il n'est pas toujours possible, voire judicieux, de rencontrer toute la famille. Par conséquent, le travail avec l'ensemble de la famille n'exclut pas, bien au contraire, les rencontres individuelles. Ces dernières, en offrant un espace de parole à chacun d'eux, aideront l'enfant à sortir du silence, à exprimer ses sentiments, son ambivalence et à démonter l'histoire de sa famille pour enfin se reconstruire. Les parents, également en grande difficulté, trouveront dans les rencontres individuelles ou parentales une écoute et une parole leur permettant d'exprimer leur souffrance, de comprendre leurs comportements et de trouver d'autres modes de communication et les moyens d'aider leur enfant.

Après ces rencontres avec la famille et avec chacune des parties, il est question pour le professionnel de noter les informations objectives recueillies et de s'interroger sur son ressenti et sur ce qu'il a intuitivement repéré. Concernant les informations dont il dispose, nous recommandons de différencier celles qui appartiennent au registre du ressenti (subjectives) et celles qui relèvent d'observations objectives. Si noter les informations recueillies est une activité inhabituelle dans l'action socio-éducative c'est, selon nous, capital, car elles peuvent se transmettre aux collègues et permettre de mesurer l'évolution de la famille, celle du professionnel, tout en limitant le risque d'interprétation ou de banalisation induit par des rencontres distanciées avec la famille. De fait, ces notes constituent la mémoire du travail entrepris. S'interroger sur son ressenti, ses émotions, ses éventuels sentiments de haine face à la violence, c'est accorder de l'importance aux résonances que ces situations provoquent. Mettre à jour ce processus de résonance et le travailler favorise la nécessaire distanciation entre l'histoire personnelle de l'intervenant et celle de la famille concernée par l'accompagnement. Nous n'ignorons pas que les professionnels possèdent cette faculté d'introspection, néanmoins, comme l'exprimerait P. Vermersch[1], son contenu, en demeurant « préconscient », est difficilement exploitable par la personne elle-même. La prise de notes permet au professionnel de formuler le problème tel qu'il est perçu et défini par la famille. Sans cette phase d'introspection conscientisée, le risque pour l'intervenant est de rester fixé sur

1. Vermersch P., *L'entretien d'explicitation*, Paris, ESF, 1994.

ses affects, d'être dans la confusion et du même coup d'occulter ce qu'il a entendu des désirs et besoins exprimés par la famille.

C'est dans le temps de retour vers l'enveloppe partenariale que les professionnels impliqués dans l'accompagnement d'un enfant, en fonction de l'espace intermédiaire négocié avec la famille, vont préciser le projet d'accompagnement. Il s'agit, dans un premier temps, d'exposer le problème tel qu'il est identifié par la famille et par le professionnel. Dans un second temps, le groupe constituant l'enveloppe partenariale va aider à redéfinir le problème en prenant appui sur les points communs entre le problème identifié au départ par les professionnels et celui perçu par la famille. Cette prise en compte de deux visions (celle de la famille et des professionnels) crée un espace dans lequel les besoins des professionnels et des familles se rencontrent pour s'ajuster. C'est concrétiser l'espace intermédiaire. C'est, selon nous, accorder à la famille sa place de partenaire dans l'élaboration d'un projet favorable au changement. Dans le cas contraire, le risque est de proposer à la famille des solutions inaccessibles, impossibles à tenir, engageant ainsi un processus de non changement. De surcroît, la mise en œuvre du projet d'accompagnement doit s'appuyer sur chacun des individus qui composent la famille définissant ainsi les potentialités du groupe familial. Pour concrétiser et intégrer dans l'action cette démarche d'accompagnement, il est impératif que soit définie et conscientisée une stratégie d'évaluation connue de la famille et, comme le prévoit la loi du 10 juillet 1989, qu'elle soit pilotée par des équipes multiprofessionnelles.

4. L'ÉLABORATION D'UN PROJET D'ACCOMPAGNEMENT

L'accompagnement des enfants et de leur famille s'organise en référence à un projet d'accompagnement élaboré en équipes multiprofessionnelles appartenant à des services et des institutions différentes. Selon M. Manciaux[1], il doit comporter des objectifs centrés sur les aspects à travailler avec l'enfant et la famille, sur les moyens et les mesures à mettre en œuvre, et déterminer une stratégie d'évaluation. Ces temps de discussion collégiale, relevant de l'évaluation pronostique, vont aider le professionnel à organiser mentalement et affectivement les rencontres avec la famille tout en lui permettant d'élaborer des hypothèses sur la problématique familiale. Consécutives au jugement d'évaluation, les hypothèses émises vont s'ajuster au cours de rencontres successives avec la famille et l'enfant. Ensuite, elles vont donner lieu à l'identification des changements espérés chez l'enfant et sa famille et permettre aux professionnels d'élaborer une stratégie d'action. Ces changements lorsqu'ils sont espérés dès le début de l'accompagnement en constituant un but permettent d'anticiper l'action à conduire, d'en déterminer les moyens et de la planifier.

Une fois élaboré et avant d'être mis en œuvre, le projet d'accompagnement est à présenter et, selon les cas, à négocier avec la famille. Cette négociation peut par exemple solliciter l'avis de la famille sur les aspects lui apparaissant les plus accessibles. Nous n'ignorons pas qu'en procédant de la sorte, on situe la famille au centre du processus d'accompagnement engagé et on lui accorde un rôle actif sans lequel son évolution semble illusoire. Le projet ainsi retenu par la famille et les professionnels va permettre de répartir les collaborations en fonction des compétences à solliciter chez les parents et les enfants. Par conséquent, les interlocuteurs mandatés par l'équipe seront

1. Manciaux M., « Bilan, suivi, évaluation et répétition : méthodologie d'une démarche clinique et de santé publique », *in* Gabel M., Lebovici S., Mazet P., *Maltraitance psychologique*, Paris, Fleurus, 1996, p. 21-30.

susceptibles, en fonction de leur spécificité et des besoins des familles, d'agir préférentiellement auprès de l'enfant tandis que d'autres agiront auprès de la famille. La visibilité de la complémentarité des interventions organise des liens entre les professionnels. C'est sur ces liens constitués entre partenaires que l'enfant maltraité et ses parents vont s'appuyer pour consolider leurs propres liens.

Chapitre 48

Se former à la démarche d'accompagnement

Ch. Parret, J. Iguenane

PLAN DU CHAPITRE

1. REPRÉSENTATIONS DES PROFESSIONNELS SUR L'ACCOMPAGNEMENT

Dans le cadre de l'accompagnement d'enfants maltraités et de leur famille, les professionnels doivent gérer un grand nombre d'informations pour agir efficacement. Cette complexité, si elle requiert la participation de plusieurs compétences techniques et scientifiques, elle fait appel à des valeurs et des pratiques sociales multiples. Dans cette perspective, les cartes conceptuelles, en proposant une représentation graphique, aide les professionnels à « mettre en ordre » leurs idées et leurs connaissances sur un objet complexe : « l'accompagnement » des enfants et des familles maltraitantes. D'ailleurs, D. Novak et B.D. Gowin[1] estiment que face à des domaines très complexes faisant appel à de nombreuses théories explicatives, tout en mettant en évidence les lacunes et les connaissances partielles ou erronées que possède une personne, les cartes conceptuelles facilitent l'organisation des connaissances. Lorsqu'elles sont élaborées en début et en fin de formation, leur comparaison permet de rendre perceptibles les apprentissages réalisés, et comment les nouveaux acquis se sont intégrés dans une conception de départ[2]. Ainsi, en évaluant la conception des participants sur l'accompagnement, il devient possible au formateur de prendre appui sur les connaissances exprimées pour adapter son enseignement. En fin de formation, les résultats permettent de visualiser quels acquis sont intégrés dans les conceptions de départ des participants à la formation et comment.

Solliciter les représentations des professionnels sur l'accompagnement

Pour identifier la représentation des professionnels sur l'accompagnement afin de définir les compétences et objectifs spécifiques à traiter au cours de la formation, nous utilisons une carte conceptuelle.

La carte conceptuelle

Une carte conceptuelle se construit à partir d'un concept central qui génère un grand nombre de connaissances et qui est concret, réaliste et reconnu important par les apprenants, la communauté scientifique et pédagogiquement exemplaire, c'est-à-dire situé au carrefour de nombreuses connaissances et en lien avec les compétences définies avant la formation. L'exemple présenté ci-dessous concerne le concept « accompagnement ».

L'élaboration des cartes conceptuelles s'effectue individuellement puis collectivement. Le temps de construction individuel demande aux participants un effort personnel de remémoration de leurs connaissances en référence à leur expérience personnelle et professionnelle. Il révèle aux

1. Novak D. Gowin B.D., *Learnin how to learn, 4th ed.*, New York, Cambridge University Press, 1984.
2. Marchand C. Gagnayre R., D'Ivernois J.-F. *et al., Techniques pédagogiques actives dans la formation des personnels de santé*, Bobigny, UFR-SMBH, Département de pédagogie des sciences de la santé, Université de Paris-XIII.

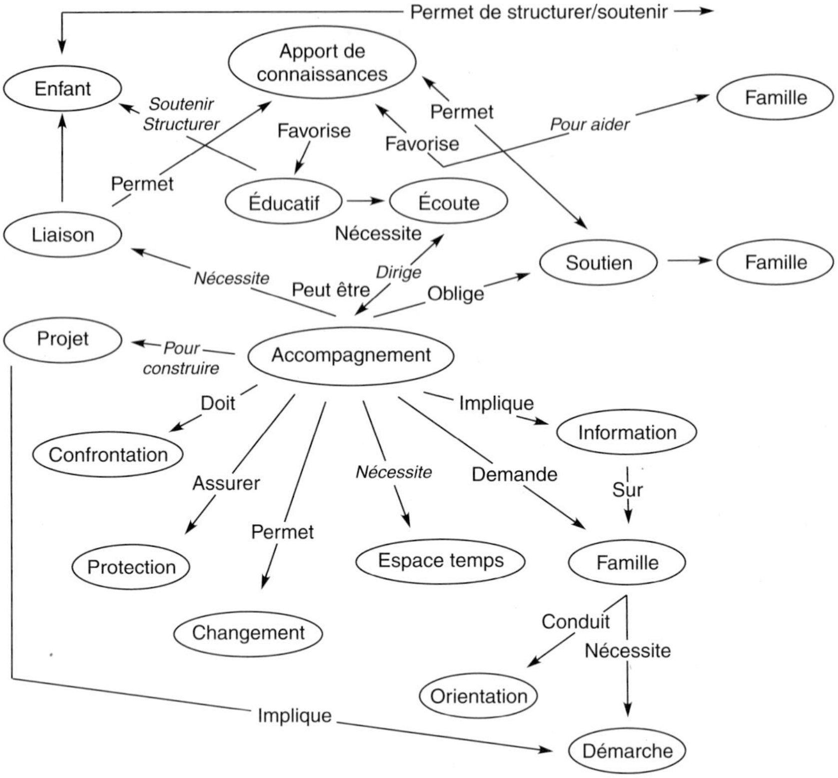

Figure 48.1. Carte conceptuelle réalisée par 5 personnes (1999) : pré-test.

professionnels les connaissances qu'ils possèdent individuellement et comment elles sont pour eux organisées.

Cette méthodologie alliant élaboration individuelle puis collective prend en compte deux aspects. Le temps individuel, en révélant à chacun ce qu'il sait, éclaire le « passé » et l'activité collective constitue, par la confrontation d'idées qu'elle implique, un premier temps de réélaboration des savoirs pour « agir au présent ». Par ailleurs, l'obligation de considérer toutes les idées émises permet à chacun de tenir compte des différences, de circonscrire ses spécificités, de repérer ses connaissances partielles tout en situant, pour soi et les autres, son champ de compétence. Enfin, l'élaboration collective fait appel aux qualités de négociation des uns et des autres.

L'action du formateur

Le traitement des réponses obtenues

Le caractère ludique de cette activité, l'investissement personnel demandé lors de leur élaboration, donnent l'impression au groupe d'un grand désordre. C'est la lecture des cartes, effectuée par le formateur, qui tout en valorisant les acquis des participants, va renforcer l'effet structurant de la schématisation. Ce temps de lecture, en soulignant le caractère dynamique et interactif des notions entre elles, va permettre au groupe de prendre une distance face à leur production. Ce travail sur l'interaction des notions exprimées introduit l'idée que le concept choisi, ici « l'accompagnement » est mobilisable. La distanciation produite par ce temps de lecture situe les apprenants dans une posture mentale d'auto-évaluation. Pour ces raisons, la lecture des cartes s'effectue à partir du concept central en respectant le sens des flèches. Elle doit être ponctuée et marquer les ruptures par l'absence ou l'arrêt des liens (flèches) mais aussi par l'absence de retour des flèches vers une autre idée. D'autre part, en lisant les cartes, le formateur se familiarise avec la conception des groupes, il lui sera plus facile de poser des questions pour aider le groupe à clarifier certaines notions et d'en déduire des objectifs pédagogiques à trouver lors de la formation.

L'exemple de la **figure 48.1** a été réalisé dès le premier jour de la formation (pré-test).

La lecture de la carte

L'accompagnement :

- peut être éducatif, il soutient ou structure l'enfant et permet de structurer, soutenir sa famille ;
- dirige l'écoute pour aider la famille et l'écoute favorise l'apport de connaissances ;
- peut être éducatif ; il nécessite une écoute pour aider la famille ;
- oblige un soutien ; il permet un apport de connaissances qui permet le soutien de la famille ;
- pour construire un projet, implique une démarche ;
- demande la participation de la famille et conduit une orientation ; nécessite une démarche ; conduit à une orientation ;
- implique de l'information sur la famille et nécessite une démarche ;
- doit être une confrontation ;
- nécessite des liaisons avec l'enfant, permet de structurer, soutenir la famille et l'aider par l'écoute ;
- permet un changement ;
- nécessite un espace-temps.

L'analyse des réponses

Dans la maltraitance des enfants, il est impossible de déterminer si les connaissances présentées sont erronées. Elles peuvent tout au plus être approximatives, incomplètes ou partielles. Quoi qu'il en soit, connaître les conceptions des participants éclaire un groupe et le formateur sur les savoirs « mis en acte » dans l'action permettant d'approcher une certaine réalité. L'attention du formateur porte sur les interactions entre les connaissances, leur hiérarchisation (structuration) et sur les savoirs communs et différents. Cependant, les commentaires, les interrogations du formateur exigent une certaine prudence car l'investissement affectif pendant leur construction, lié à la problématique des mauvais traitements, est important. Une remarque trop négative, la valorisation excessive d'une production au détriment d'une autre, peuvent exacerber la sensibilité des participants et créer des attitudes défensives dans le groupe qu'il sera difficile de reprendre par la suite.

Rôle du formateur

Pour exploiter les résultats obtenus, le formateur devra effectuer une analyse selon les trois étapes suivantes.

La hiérarchisation des connaissances

Comme nous l'observons dans la carte présentée **(Figure 48.1)**, l'accompagnement semble s'organiser autour de trois principaux pôles : la fonction éducative, l'écoute de la famille et de l'enfant. En lisant la carte, nous obtenons : l'accompagnement *peut être* éducatif, il *nécessite* une écoute qui *favorise* l'apport de connaissances qui *permet* un soutien de la famille. Cet enchaînement autour du terme « éducatif » nous indique que celui-ci représente un sous-concept car il s'articule avec un ensemble d'idées. L'organisation des notions en sous-concepts constitue des portes d'entrées pour l'intégration de nouveaux savoirs. Selon nous, il semble que c'est à partir de ce « modèle explicatif mental » que les professionnels conduisent l'accompagnement des familles. Lorsque la lecture est « hachée », on a le rythme suivant : l'accompagnement *assure* la protection. L'accompagnement *permet* un changement. L'accompagnement *doit être* une confrontation, etc. La présentation de notions, posées côte à côte, pose la question de leur intégration dans les réseaux existant et donc de leur fonctionnalité[1].

L'identification des connaissances

Les connaissances communes que possède un groupe d'individu constituent une assise favorisant l'intégration de nouveaux acquis. Dans cette carte, le formateur peu s'intéresser aux lacunes (connaissances non exprimées), au sens accordé à certains concepts imprécis. Par exemple, dans la carte présentée ci-dessus, on note l'absence de référence à la loi, des moyens disponibles et les relais possibles avec d'autres partenaires, le terme « liaison » est peu précis, etc. Le changement, la confrontation, le projet sont des notions présentées isolément. Notre hypothèse est qu'elles sont probablement peu opérationnelles. Enfin, la notion d'évaluation est peu présente, elle semble apparaître par l'information dont le professionnel a besoin pour conduire son action.

Le sens implicite accordé à l'accompagnement

D'un point de vue analytique, nous accordons de l'importance aux liens et à la formulation des idées car ils sont porteurs de sens. Dans l'exemple présenté, l'ensemble des liens utilisés entre les idées émises nous enseigne que les professionnels sont centrés sur leur action, ils travaillent « sur » la famille et l'enfant, ceux-ci devenant « objet » d'intervention et non « sujet » comme en témoignent les liens suivants : *sur, faire évoluer, assurer*. Ainsi, il semble que le travail d'accompagnement s'organise sans, voire en dépit de, la famille et de l'enfant. Cette centration sur l'action et la responsabilité du professionnel est à considérer ultérieurement. Selon les cas, l'analyse des cartes produites, lorsqu'elle se situe en début de formation, se termine par une série de questions ouvertes permettant de maintenir l'effort réflexif entrepris lors de leur élaboration. Par exemple, concernant la carte présentée ici, il serait possible de poser les questions suivantes : Lorsque l'accompagnement permet un changement, de quel changement s'agit-il ? Comment s'opère un

1. Iguenane J., Marchand C., « Les cartes sémantiques, outils de formation », *in* Lodenick P. (dir.), *Cartes et relations,* Paris, Les Politiques sociales, 1999.

changement ? En référence à quoi ? Qui est concerné par un éventuel changement : le professionnel, la famille, l'enfant ? etc.

C'est en prenant appui tout au long de la formation sur les savoirs produits et sur leur organisation, que le formateur va complexifier par des informations complémentaires la conception des professionnels sur l'accompagnement. Cette manière de concevoir l'évaluation favorise la motivation et l'implication personnelle de chacun dans la formation car elle tient compte de l'expérience professionnelle tout en la valorisant.

À l'issue de cette évaluation, les compétences et les objectifs pédagogiques à traiter, présentés en annexe, sont déterminés et négociés avec les participants. Ils constituent une référence permettant au formateur d'orienter le contenu de la formation sur les aspects les moins maîtrisés.

2. LA CONSTRUCTION D'UNE ENVELOPPE PARTENARIALE

Les apprentissages visés

Il s'agit d'aider les professionnels à disposer d'un cadre leur permettant de penser leurs interventions en les coordonnant. À partir d'une réflexion sur les différentes représentations que possèdent les professionnels sur les fonctions, les missions, les mesures et les décisions prises par leurs collaborateurs qu'est abordée l'importance de la complémentarité des approches dans l'accompagnement des enfants maltraités et de leur famille.

L'action du formateur

Il conduit l'exposé interactif et, pour la technique des partenaires, il présente le déroulement de l'activité et attribue des tâches à chacun des participants. Cette séquence nécessite la présence de deux formateurs. L'un d'entre eux joue le rôle du référent enveloppe en respectant le canevas prévu[1]. Le second reste à distance du groupe, il ne s'implique pas dans les débats, son rôle étant de conduire la séance de supervision qui suivra cette activité. La supervision vise à faire expliciter les stratégies mises en œuvre par le référent enveloppe pour constituer une enveloppe partenariale tout en sollicitant l'opinion des participants sur l'aspect contenant de ce travail. Dans un premier temps, ce sont les observateurs qui évoquent ce qu'ils ont observé au cours des débats et ils sont invités à se prononcer à la première personne « Je ». Les questions sont centrées sur les aspects importants à éclairer pour construire une enveloppe partenariale. Dans un second temps, les joueurs sont interrogés sur ce qu'ils ont vécu : La guidance du référent enveloppe a-t-elle été sécurisante pour eux ? Quels bénéfices ce travail a-t-il représenté pour eux, sur le plan personnel et professionnel ? Pour terminer, des questions sont principalement centrées sur ce qu'ils pensent appliquer de retour sur le terrain professionnel. Au cours de ce travail, le formateur utilise la technique d'explicitation en groupe définie par P. Vermersch[2].

1. Voir *infra*, p. 913.
2. Vermersch P., *L'entretien d'explicitation, op. cit.*, p. 857.

Les activités pédagogiques

Sont couplés un exposé interactif et une activité de groupe pour simuler une réunion de synthèse, telle qu'elle est vécue dans la réalité. Nous utilisons la technique des partenaires.

L'exposé interactif

C'est à partir du concept d'enveloppe psychique, le moi-peau, développé dans le chapitre 47 que l'enveloppe partenariale est abordée. En fin d'exposé, les points suivants sont soulignés.

Le rôle du référent enveloppe est de :

- porter attention à ce que chacun des professionnels présents exprime librement son point de vue tant sur les mesures envisagées que sur la perception qu'il a des différentes missions des partenaires présents ;
- initier des échanges sur les représentations des professionnels ;
- favoriser la reconnaissance des compétences professionnelles ;
- travailler les résonances entre la famille et les professionnels ;
- favoriser une co-construction professionnelle.

Ce canevas sera suivi au cours des débats par le formateur qui joue le rôle du référent enveloppe.

Les partenaires

Encadré 48.1 ■ Technique des partenaires
Exemple de construction d'une enveloppe partenariale

TABLEAU 48.1. CONSIGNES SPÉCIFIQUES À CHAQUE INTERVENANT.

Rôle des joueurs	Questions et arguments présentés lors de la réunion
• Le travailleur social chargé de la mesure éducative est centré sur les éléments lui permettant d'envisager la possibilité de restaurer des liens entre la mère et son enfant ?	« À sa sortie de prison le juge va-t-il lui accorder des droits de visites ? Si elle demande à voir son fils ou si elle désire l'abandonner quel discours tenir à Marc sur sa mère et son beau-père ? Ne vaut-il pas mieux maintenir le lien, c'est tout de même sa mère. »
• Le représentant de l'institution d'accueil, référent de l'enfant s'intéresse aux informations renforçant son projet d'aider la mère à reconnaître la véracité de la révélation faite par son enfant.	« Une mère qui violente son enfant se doit de lui dire quelque chose de cette violence ? Pourquoi n'a-t-elle pas reconnu les faits ? comment l'aider à parler avec son enfant sur ce qui s'est passé ? »
• L'éducateur soucieux de l'isolement de Marc vis-à-vis de sa famille interpelle ses collègues sur l'importance d'organiser son accueil le week-end par une famille. Il fait part du dernier séjour de l'enfant dans une famille d'accueil et argumente le bien-fondé du maintien de ces séjours.	« Il ne peut pas rester tous les week-ends dans l'institution, ses séjours lui font du bien, la famille d'accueil l'a investi. »
• Le psychologue s'interroge sur le sens à donner à l'absence du père dans cette situation	Connaît-on le père géniteur, à quel moment a-t-il disparu de la vie de l'enfant ? Peut-on le retrouver ?

☞

☞

• Le magistrat, ses préoccupations sont très présentes.	Il s'intéresse à la culpabilité de la mère. D'ailleurs, sur ce point, tous les professionnels partagent l'idée qu'il faut attendre l'issue du procès pour élaborer des solutions d'accompagnement pour Marc.
• Le psychiatre qui suit Marc rapporte son propos. Il participe peu, mais marque son désaccord, notamment lorsque l'éducateur de la justice et la psychologue donnent leur opinion et un silence s'installe lorsque c'est le magistrat qui parle.	« Je ne comprends rien et de toute façon personne ne me demande mon avis tout le monde fait comme ma mère et il ajoute j'en ai marre de toute cette histoire, je voudrais bien penser à autre chose ! »

Situation de l'enfant

Marc a 8 ans lorsqu'il révèle que sa mère exerce des violences physiques à son encontre. Il est confié à un établissement d'accueil. Sa mère l'accuse d'avoir menti et d'être en prison à cause de lui et souhaite couper les relations avec Marc. Une instruction judiciaire est en cours ainsi qu'une observation familiale. L'histoire de cet enfant est traversée de ruptures, de violence et de silence. Marc inquiète tous ceux qui le connaissent car il exprime très peu de désirs, de sentiments et ne manifeste aucun attachement particulier envers les enfants et les adultes de l'institution. Ses éducateurs le décrivent comme un « enfant qui s'abandonne » et le psychothérapeute confirme cette description. Cependant, lorsque les éducateurs réussissent à établir une relation privilégiée avec Marc, il exprime son désarroi : « Je n'ai pas demandé à partir de la maison, ni à ne plus voir ma mère, encore moins qu'elle aille en prison, je voulais seulement une vraie famille. » Et au psychiatre, il dit : « Je ne comprends rien et de toute façon personne ne me demande mon avis ; tout le monde fait comme ma mère [...] j'en ai marre de toute cette histoire, je voudrais bien penser à autre chose ! »

Pour un groupe de quinze participants, deux sous-groupes sont constitués. Soit un groupe de dix participants pour jouer le rôle des intervenants qui connaissent l'enfant et ses parents et participent à la réunion de synthèse, et cinq observateurs. Chaque participant reçoit un rôle à jouer avec des consignes précises. Cependant, les joueurs peuvent améliorer la composition de leur rôle et improviser.

On présente la situation à l'ensemble du groupe ; il y a un temps de lecture individuel et collectif.

Les observateurs, situés à l'extérieur du groupe de réunion, doivent pour trois d'entre eux observer les interactions et la communication entre les participants à la réunion. Les deux autres observent les stratégies du référent enveloppe.

L'activité se termine par une séance de supervision du groupe dans laquelle les observateurs puis les joueurs sont sollicités sur ce qu'ils ont observé et vécu.

L'activité du référent enveloppe

Le formateur qui joue le rôle du référent enveloppe doit :

- *Porter attention au point de vue de chacun* : en s'adressant à ceux qui s'expriment peu : « Avez-vous des doutes sur ce point de vue ? » ou, à d'autres : « Avez-vous déjà eu des expériences de travail avec un organisme de placement ? Comment cela s'est-il passé ? » Si des discussions s'organisent sur le bien-fondé du placement, la question suivante peut être posée : « Pour vous, le placement d'un enfant n'est pas une solution ? », etc. Le référent enveloppe soutient chacun des professionnels présents afin qu'il exprime librement son point de vue.

- *Identifier certaines représentations* : le référent enveloppe peut par exemple, proposer aux participants d'échanger leurs points de vue sur la notion théorique de placement. Ainsi, les participants peuvent entendre les représentations différentes et parfois contradictoires des uns et des autres sur les attentes professionnelles de ce dispositif de la protection de l'enfance. Cet éclairage permet de comprendre les réticences, voire les résistances au placement de l'enfant, ou au contraire la mobilisation des professionnels pour cette option.
- *Travailler les résonances entre la famille et le professionnel* : lorsque les débats s'animent et que le psychiatre apporte « l'élément résonance », avec la remarque de Marc : « Je ne comprends rien et de toute façon personne ne me demande mon avis ; tout le monde fait comme ma mère [...] j'en ai marre de toute cette histoire, je voudrais bien penser à autre chose ! » : le référent enveloppe souligne, éclaire cette résonance et la met en évidence afin que les participants prennent conscience par eux-mêmes comment l'histoire de Marc se répète avec les professionnels. Il pointe que, comme avec sa mère, les éducateurs ne prennent pas en compte sa parole ni son point de vue. Ces derniers sont en effet centrés sur la problématique des mauvais traitements et sur l'histoire familiale. De ce fait, ils sont décalés vis-à-vis des besoins exprimés par Marc, l'enfant à protéger.
- *Garantir les compétences professionnelles* : lorsque les échanges entre les participants impliquent directement les compétences des professionnels, le référent enveloppe doit veiller à ce que les participants aient une connaissance précise du champ de compétences des uns et des autres. Il initie alors une prise de parole qui permet de faire préciser les compétences et les limites de chacun. Il peut par exemple solliciter le psychologue à propos de ses interrogations sur l'absence du père de Marc et ainsi susciter des échanges sur : cette question est elle à reprendre avec l'enfant, sa mère et quels sont les professionnels les plus à même et de la travailler.
- *Favoriser l'adhésion des professionnels au projet co-construit* : le référent enveloppe veille à ce que la réunion se termine en interpellant chacun des partenaires sur les propositions émises. Ainsi, il favorise la co-construction professionnelle en vérifiant si l'adhésion de tous est acquise, il invite les professionnels à déterminer leur responsabilité dans le projet d'accompagnement retenu et il convient d'un rendez-vous pour une prochaine réunion et pour éventuellement émettre de nouvelles propositions en fonction de l'évolution de la situation.

Cette activité d'apprentissage s'achève par une supervision conduite par le formateur.

En guise de conclusion, on considère que l'enveloppe partenariale est constituée à condition qu'au cours de la réunion chacun ait pu s'exprimer et être entendu, que les débats se soient orientés sur les effets en miroir de la problématique familiale, que ce travail ait permis de convenir d'un projet commun et que l'action professionnelle soit répartie en fonction des compétences disponibles.

3. L'ÉLABORATION D'UN PROJET D'ACCOMPAGNEMENT

Dans la carte conceptuelle réalisée, les professionnels font état de la nécessité de construire un projet, ce qui implique une démarche. Néanmoins, aucune précision n'est apportée quant à son élaboration.

Les apprentissages visés

Il s'agit de renforcer l'apprentissage des professionnels sur la formulation d'hypothèses, à partir de l'analyse de la situation familiale de l'enfant, et d'en déduire des objectifs d'accompagnement centrés sur ce que les compétences attendues chez les personnes accompagnées. Ces objectifs, à différencier des mesures, doivent piloter les interventions, répartir les responsabilités pour participer à l'enveloppe partenariale.

L'action du formateur

Il doit préparer et présenter le cas au groupe, et aider le cas échéant les sous-groupes à réaliser l'activité. Réguler les débats dans la séance plénière et apporter des compléments d'information.

Les activités pédagogiques

La technique pédagogique utilisée ici est celle de la différence.

Encadré 48.2 ▪ Exemple d'étude de cas
Projet d'accompagnement

Situation de l'enfant

Bruno est un enfant de 6 ans et demi. Il présente des plaies non soignées, surinfectées. Les professionnels qui le connaissent notent une certaine agressivité avec son environnement, associée à des difficultés d'attention et un retard dans ses acquisitions cognitives. Aucun handicap particulier n'est diagnostiqué pour cet enfant. Il est très souvent absent de l'école pour des motifs de maladie non justifiés et les parents se plaignent de sa mauvaise santé. L'éducateur et l'assistante sociale ont observé que les parents sont constamment auprès de leur enfant. D'ailleurs, la mère trouve normal que son enfant n'aille pas à l'école.

Au cours d'une réunion multiprofessionnelle, les hypothèses suivantes sont envisagées :

- l'agressivité de l'enfant permet de maintenir l'attention permanente de ses parents et autorise les parents à être constamment sur son « dos » ;
- la maltraitance aurait pour fonction de rapprocher l'enfant et ses parents pour préserver la relation fusionnelle. Cependant, visible par les professionnelles, elle aurait pour fonction de mettre de la distance entre l'enfant et ses parents.

Questions à résoudre :

- À partir de ces hypothèses, quel projet d'accompagnement proposeriez-vous pour cette famille ?
- Déterminez des objectifs, une stratégie d'action et précisez en fonction des compétences présentes comment répartir l'activité professionnelle.

Propositions du spécialiste (non connues des participants)

Objectifs[1]

- Identifier les comportements familiaux qui favorisent la maltraitance.

☞

1. Les objectifs déterminent le but à atteindre à l'issue de l'accompagnement. C'est-à-dire, à l'issue de l'accompagnement, la famille doit être en mesure de réaliser, prendre appui, etc.

☞

- Prendre appui sur l'entourage personnel et utiliser les recours institutionnels.
- Expérimenter un autre mode relationnel avec l'enfant en prenant de la distance.

Stratégie d'action des professionnels

- Discuter avec la famille les situations qui entraînent les actes violents.
- Demander aux parents ce qu'ils font pour contenir l'agressivité de leur enfant.
- Solliciter l'expérience personnelle des familles lorsqu'ils sollicitent leur entourage et les institutions.
- Proposer progressivement à l'enfant participer à des activités extra-familiales et réfléchir avec le couple aux activités qu'il pourrait s'autoriser à faire sans l'enfant.

Professionnels ressource enveloppe

- Les professionnels connaissant bien la famille : assistante sociale, éducateur, médecin ou puéricultrice.

À l'issue de cette activité, chaque groupe présente ses propositions que le formateur confronte aux propositions du spécialiste.

4. ÉVOLUTION DES REPRÉSENTATIONS SUR L'ACCOMPAGNEMENT

La formation s'achève par l'évaluation du concept accompagnement à l'aide de la carte conceptuelle **(Figure 48.2)**. En utilisant un outil commun au début et en fin de formation, cela permet aux professionnels et au formateur d'apprécier l'évolution en fin de formation.

À la fin de la formation, il est proposé aux participants d'élaborer une nouvelle carte conceptuelle leur permettant, ainsi qu'au formateur, d'évaluer les acquis sur l'accompagnement.

L'action du formateur

Il procède la même manière qu'au pré-test. L'exploitation des résultats s'effectue comme lors du pré-test : lecture et analyse des savoirs communs et différences significatives. Par exemple, nous lisons que l'accompagnement :

- nécessite des objectifs communs, orientés vers l'autonomie et la vie sociale en fonction des besoins de la famille et des enfants ;
- nécessite des objectifs communs qui doivent être évalués et ajustés pour viser l'autonomie et la vie sociale en fonction des besoins de la famille et des enfants ;
- nécessite de créer un espace intermédiaire qui permet un accompagnement interactif et individualisé et de rompre l'isolement des partenaires et des enfants et de la famille ;
- nécessite de créer un espace intermédiaire qui permet un accompagnement interactif et individualisé conduit par des partenaires institutionnels pour s'adapter aux enfants et à la famille.

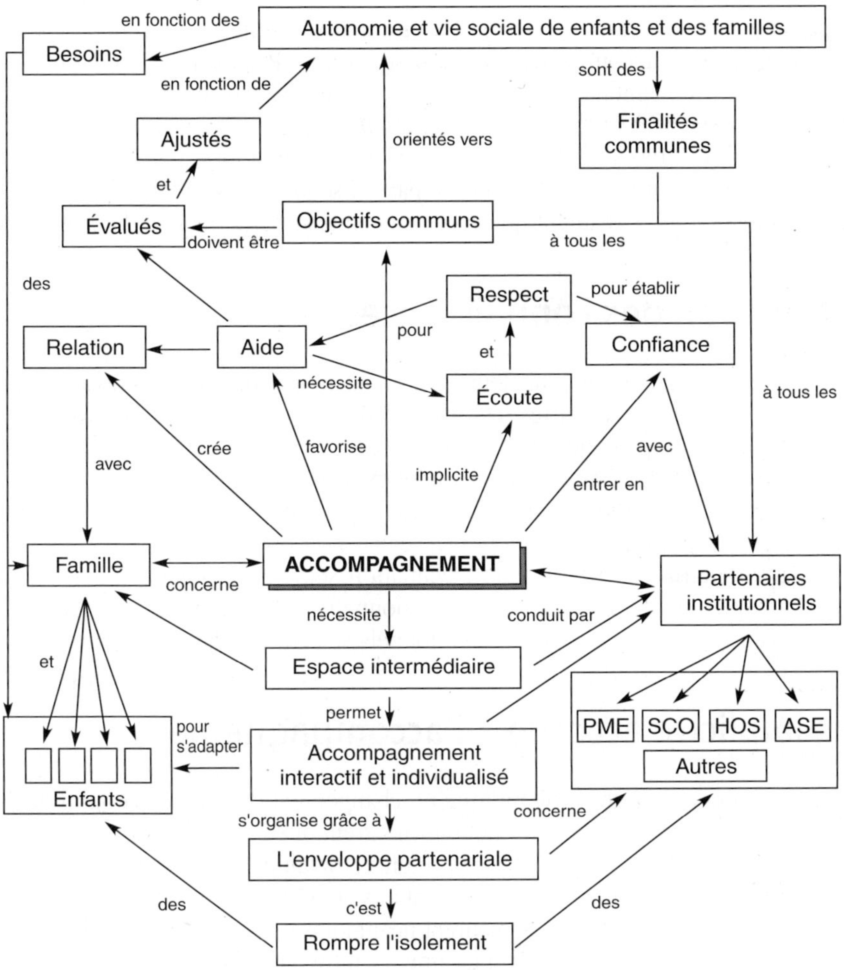

Figure 48.2. Une carte conceptuelle : post-test.

La hiérarchisation des connaissances

Comme nous l'observons dans la carte **(Figure 48.2)**, la conception des participants s'est modifiée et enrichie. L'accompagnement semble s'organiser autour d'objectifs communs, de l'écoute des partenaires de la famille et des enfants. Prenons par exemple la notion d'écoute présente dans la première carte. En la lisant, nous obtenons : « L'accompagnement *implique* une écoute *et du* respect *pour établir* la confiance *avec les* partenaires institutionnels » et : « L'accompagnement *implique* une écoute *et du* respect *pour établir* la confiance *qui favorise* l'aide *et* la relation avec la famille et l'enfant. » Nous observons, par rapport à la carte du pré-test, que l'écoute et la relation de confiance à établir lors d'un accompagnement concernent autant la famille que les partenaires. Ce constat signifie que l'écoute ne concerne plus uniquement la famille, elle est également estimée importante dans le travail avec les partenaires. Le fait qu'apparaisse la nécessité de définir des objectifs communs, à évaluer et à ajuster aux besoins de la famille, semble indiquer que la notion de projet d'accompagnement s'est structurée. Par contre, lorsque nous obtenons par exemple : « L'accompagnement *nécessite de créer* un espace intermédiaire *qui permet* un accompagnement interactif *et* individualisé *conduit par* les partenaires *pour* s'adapter aux enfants *et* à la famille », notre interprétation est que la notion d'enveloppe partenariale est comprise. Cependant, la lecture est un peu linéaire, il n'est par conséquent pas certain qu'elle soit transférée dans l'action professionnelle, d'autant que les participants appartiennent à diverses équipes.

L'identification des connaissances

À ce stade (fin de formation), le formateur, avec l'aide du groupe, souligne les aspects communs, nouveaux et différents entre les cartes des sous-groupes. Ensuite, il précise les notions qui se sont complexifiées par la présence d'apports nouveaux. Si nécessaire, il pose à nouveau des questions pour demander des clarifications ou faire expliciter certaines expressions. Dans la carte présentée ci-dessus, à l'issue de la formation, la loi n'apparaît toujours pas, à croire qu'en cours d'accompagnement les professionnels y font peu référence. Contrairement au pré-test, la nécessité d'un travail en partenariat est présente et l'évaluation semble davantage comprise comme un processus dynamique en lien avec l'action professionnelle et la famille. Ce constat est important car il montre qu'en fin de formation les professionnels se centrent davantage sur les familles.

Le sens implicite accordé à l'accompagnement

L'ambiance générale de cette carte indique un changement dans la conception de l'accompagnement. En effet, les liens qui relient les notions montrent que les professionnels sont partenaires dans l'accompagnement. Il semble qu'ils s'apprêtent à travailler davantage « avec » que « sur » la famille. Enfin, ce qui est étonnant, même si les enfants et la famille se sont rapprochés dans cette carte (par rapport à la précédente), ils demeurent néanmoins présentés dans des bulles différentes. Cette observation se retrouve souvent d'un groupe à l'autre. De ce fait, des questions se reposent à nous :

> « Lorsqu'il s'agit de travailler avec une famille maltraitante, l'enfant est-il déjà, dans l'inconscient des professionnels, "séparé", "sans famille" ou est-il "l'enfant du travailleur social" ? Ceci signifie-t-il que penser maltraitance serait, à plus ou moins long terme synonyme de séparation[1] ? »

Après quelques précisions et compléments d'information, les discussions se concluent par un questionnement ouvert pour relancer l'effort réflexif qui, nous l'espérons, se maintiendra dans l'action quotidienne.

L'évaluation, en proposant des temps d'élaboration en commun et en contraignant les professionnels à tenir compte de tous les avis, influe dès le premier jour sur la capacité des professionnels à travailler en collaboration, d'autant que les groupes constitués dans les formations continues sur la maltraitance des enfants comprennent entre quatorze et vingt-quatre personnes. Selon la catégorisation proposée par D. Anzieu et J.-Y. Martin[2], ce sont des groupes étendus et

1. Iguenane J., Marchand C., « Les cartes sémantiques, outils de formation », *op.cit*, p. 56.
2. Anzieu D., Martin J.-Y., *La dynamique des groupes restreints*, Paris, PUF, 1986.

caractérisés par une tendance à la « subdivision ». Cependant, le fonctionnement en sous-groupe les ramène momentanément à des groupes qualifiés de restreints (six personnes). La spécificité de ces petits groupes, centrés sur la tâche à réaliser, consiste à favoriser le développement de relations affectives entre ses membres tout en développant des comportements de solidarité. Selon notre expérience, c'est une des conditions pour que les professionnels osent s'exposer et ainsi travailler sur leurs pratiques professionnelles.

Néanmoins, les participants appartiennent, avant d'être réunis pour la formation, à des organisations ayant un fonctionnement interne hiérarchisé d'où la tendance des professionnels à reconduire cette asymétrie qu'il est nécessaire de travailler. Nous n'ignorons pas que l'analyse des situations de maltraitance envers les enfants nécessite la collaboration de tous et engage leur responsabilité. Ce postulat indique que l'accompagnement des enfants et des familles ne peut s'effectuer que dans une dynamique de travail de type transversal.

Il s'agit par conséquent d'aider les professionnels à mettre à distance les fonctionnements habituels des équipes. Travailler ces aspects, c'est tenir compte de la diversité des opinions mêmes celles qui a priori seraient estimées déviantes car non partagées par la majorité des membres du groupe. D'où l'importance de conduire des activités, régulées par le formateur et alliant travail individuel, en sous-groupe et en grand groupe. Cependant, l'effet sur l'apprentissage à la communication dans un groupe sera effectif à condition que le formateur organise des temps d'explicitation en questionnant les participants en séance plénière sur les techniques de communication mises en œuvre au cours des débats par le formateur et sur influence des activités de groupe dans l'apprentissage à l'écoute de l'autre et sur la concertation. L'alternance entre réflexion individuelle et activités collectives établit une correspondance avec la réalité professionnelle, ce qui favorise l'expression des savoirs « contextualisés » à partir desquels les règles opératoires utilisées peuvent s'extraire, s'interroger et se complexifier par un enseignement complémentaire dispensé ultérieurement ou simultanément par le formateur.

Cependant, cette étape de décontextualisation doit être suivie par des activités de résolution de problèmes. Ces dernières, en permettant de replacer les nouvelles théories, à partir d'activité pédagogiques proches de la réalité professionnelle, préparent au transfert des apprentissages dans une pratique ultérieure. C'est une des conditions pour les aider à produire leurs propres savoirs procéduraux, à les clarifier pour eux-mêmes pour ensuite les transmettre à d'autres, s'adapter plus aisément aux situations familiales et recourir à une argumentation scientifique pour expliquer les choix effectués à ses collègues ou aux différents partenaires. Cette activité d'explicitation en groupe, par le retour réflexif sur l'action qu'elle propose, rend visibles les savoirs de nature conceptuels sous-tendus par l'action et les savoirs opératoires utilisés dans l'action. Par conséquent, ce regard sur soi exerce les capacités d'auto-évaluation des professionnels qui, selon G. Lerbet[1], « facilite la compréhension et l'acceptation des autres ». De surcroît, accompagner les acteurs de l'action sociale à percevoir leurs compétences, c'est les entraîner à prendre confiance dans leurs capacités ce qui les rend disponible au changement tout en activant leur créativité. Lorsque les formations sont à caractère multiprofessionnel, et c'est souvent le cas, le formateur peut influencer la dynamique du groupe de telle sorte que les regroupements pas affinité diminue progressivement. Il s'agit de faciliter les échanges entre tous les participants d'un groupe, que l'on soit ou non attiré par l'un d'entre eux au départ. Cela concourt à démontrer que l'on peut réussir une tâche avec des personnes différentes tant du point de vue de sa discipline que de son attitude et vers lesquelles

1. Lerbert G., *Pédagogie et systémique,* Paris, PUF, 1997, p. 82-84.

l'attirance est très modérée. C'est tendre à prouver que l'on apprend autant et peut-être plus avec des personnes différentes de soi tant pas sa culture professionnelle que par sa manière d'établir des relations interhumaines. D'ailleurs, dans la maltraitance des enfants, c'est bien de cela qu'il s'agit. En effet, les professionnels sont souvent conduits à travailler avec des familles qu'ils n'ont pas choisies et avec lesquelles ils doivent construire une relation satisfaisante, condition indispensable pour remplir leur mission.

Chapitre 49

Caractériser les modalités d'aide et de soutien à la parentalité

N. Touya

PLAN DU CHAPITRE

COMMENT PENSER LA PARTICIPATION DE LA FAMILLE dans le processus d'accompagnement d'enfants ou d'adolescents placés en institution ? L'institution peut-elle être envisagée comme un lieu de restauration des liens familiaux ? Dans le champ de la protection de l'enfance, la réponse à ces deux questions se révèle d'une très grande complexité puisqu'elle se présente comme un paradoxe fondamental. Comment les maisons d'enfants à caractère social peuvent-elles remplir au mieux leur mission de protection de l'enfant tout en s'ouvrant à la prise en compte, voire au traitement, de la souffrance familiale. Si la question est à prendre très au sérieux puisqu'elle implique une profonde mise au travail des institutions, elle ne doit pas être « dramatisée », voire prise en otage dans des débats idéologiques caricaturaux. Quotidiennement, dans nos établissements, nous nous mettons au travail pour aborder des situations où les antagonismes, les conflits, les paradoxes sont monnaie courante.

Si aujourd'hui le travail avec les parents apparaît comme une nécessité pour beaucoup, il est tout aussi nécessaire d'élaborer ce travail au travers des procédures et des dispositifs qui garantissent les fonctions fondamentales de l'institution. Ainsi, il semble incontournable d'articuler les actions d'accompagnement et de soutien à la parentalité au développement d'une approche clinique de l'institution. C'est-à-dire de promouvoir l'idée que si l'institution peut « traiter » quelque chose du familial, c'est parce qu'elle se sera dotée d'outils et d'espaces de lecture pour transformer ce qui est déposé, parfois de manière très violente, par le groupe familial ; l'enfant placé étant aussi considéré actif dans ce mouvement.

Cette fonction de transformation mobilise les professionnels dans un travail psychique important qui doit être pris en compte par la proposition de lieux de supervision, de régulation et une politique volontaire de formation.

La participation et la place de la famille s'initialisent certainement dans les conditions qui permettent à une institution de penser et de problématiser cette question. L'institution, entité réelle et symbolique, doit pouvoir examiner le type de lien qu'elle suscite et qu'elle soutient avec la famille (parent, fratrie) de l'enfant ou l'adolescent accueilli. C'est ainsi qu'elle peut, le cas échéant, faire évoluer son dispositif, réaménager sa pratique.

Examinons donc la réflexion générale qu'il semble nécessaire de mener pour aborder une possible évolution du métier des MECS. Ce cheminement est le reflet du travail collectif accompli dans l'institution où j'interviens depuis une dizaine d'années. Je veux rendre hommage à ces professionnels, mes collègues, engagés au quotidien dans ce passionnant mais éprouvant métier.

1. LES MECS AU CŒUR DU PARADOXE

Les maisons d'enfants à caractère social représentent un pan important du champ de la protection de l'enfance. L'affirmation des droits des usagers et de leurs parents constitue un point de butée aux possibles propensions d'une institution à faire sans les parents. Nos établissements sont donc mis dans l'obligation d'articuler deux positions, l'une répondant à la mission de protection de l'enfant, l'autre étant de respecter les prérogatives parentales. Cette double approche peut se présenter comme une injonction paradoxale dans certaines situations. Le premier effort est donc de « déparadoxaliser » cette problématique du lien institution/parents.

Ce qui est peut-être paradoxal dans le champ de la protection de l'enfance, c'est précisément l'emploi du terme : « protection ». En effet, la protection est la pierre angulaire de l'exercice de l'autorité parentale.

Or, l'article 371-1 du Code civil définit ainsi l'autorité parentale : « ... elle appartient aux père et mère jusqu'à la majorité ou l'émancipation de l'enfant pour le protéger dans sa sécurité, sa santé et sa moralité... » Le recours à une mesure judiciaire ou administrative relevant du champ de la protection de l'enfance désigne, de manière plus ou moins explicite, les parents comme défaillants dans ce rôle primordial qu'est la protection. Le clou s'enfonce encore davantage lorsqu'il apparaît que l'enfant doit être protégé de sa propre famille... S'il n'est pas le propos ici de remettre en question la nécessité de protéger l'enfant, il faut cependant souligner la difficulté de ne pas céder à un processus de culpabilisation et de stigmatisation des parents.

Ce même Code civil donne à la décision du placement de l'enfant un caractère très exceptionnel et donc lui confère une signification dramatique, catastrophique pour les parents. Il est difficile pour ces mêmes parents d'entrevoir l'assistance éducative sous son aspect d'aide. Comment peuvent-ils vivre la décision de placement de leur enfant autrement que comme une sanction ?

Dans le cadre de la loi du 2 janvier 2002, rénovant l'action sociale et médico-sociale, nous percevons également une réelle difficulté à appréhender les questions posées spécifiquement aux établissements ou services habilités pour l'accueil de publics confiés par décision judiciaire. Les préconisations générales tendant à renforcer les droits des usagers et de leurs familles se voient pondérées ou levées pour le champ relevant de la protection de l'enfance. Ainsi, par exemple, le décret sur la mise en place du Conseil de la vie sociale (dont l'appellation antérieure, le Conseil d'établissement, évoquait de manière plus concrète ce dont il s'agissait), laisse sa mise en place à la discrétion du directeur pour les établissements recevant un public en majorité placé sur décision de justice. Il est donc très troublant de se questionner avec Bertrand Dubreuil[1] : « Cela signifie-t-il que les familles, qui s'adressent à l'ASE parce qu'elles rencontrent des difficultés éducatives, ou auxquelles le juge impose une suppléance au regard de leur insuffisance éducative, sont moins en droit d'exprimer leur point de vue que d'autres, alors même qu'elles ne sont pas déchues de leur autorité parentale ? »

Cependant l'approche généraliste de cette loi propose des outils à mettre en œuvre, y compris en direction du public concerné par des mesures de protection. Comment en avoir une application intelligible et signifiante pour l'enfant, ses parents mais également pour les professionnels ?

2. LES MOUVEMENTS IDÉOLOGICO-THÉORIQUES

L'institution, si elle n'est pas prise dans un fonctionnement sectaire, est traversée, impactée par les mouvements idéologico-théoriques qui soufflent incessamment sur le secteur social. Ces mouvements de pensée peuvent donner l'impression d'une oscillation incessante qui est parfois source de désorientation pour les pratiques elles-mêmes. La fonction de l'institution (des institutions) peut consister à « résister », un tant soit peu, à ces grands souffles mais elle ne peut les ignorer et doit pouvoir les intégrer dans un processus de réflexion pour rester en adéquation avec ce qui l'entoure.

1. B. Dubreuil, *Accompagner le projet des parents en éducation spécialisée*, Paris, Dunod, 2006.

Le champ de la protection de l'enfance est le lieu d'affrontements idéologiques et l'actualité législative nous en donne un exemple édifiant. En effet, deux lois, l'une réformant la protection de l'enfance, l'autre relative aux mineurs délinquants, ont été promulguées le même jour, le 5 mars 2007. Le premier texte ayant fait l'objet d'une très large concertation se révèle consensuel, le deuxième, élaboré à marche forcée, initié par le seul ministère de l'intérieur, est accueilli avec beaucoup de réserves par le milieu professionnel.

Catherine Sellenet[1] nous démontre remarquablement comment au fil du temps, la société légifère sur la question de la protection de l'enfance. De la loi Roussel (1874) qui tente, au travers de la protection de l'enfant, de servir des intérêts économiques et démographiques, en passant par la loi de 1889 qui a comme objet la prévention du crime et de la marginalité, par celle de 1904 qui élargit la protection à de multiples situations d'enfants (secourus, en dépôt, en garde, trouvés, abandonnés) et place ces enfants sous l'autorité directe de l'État (pupilles), il est indéniable que le sort de cette population est lié à la volonté d'ordre social des pouvoirs publics. L'ordonnance de 1945, nous rappelle Catherine Sellenet, amène une autre vision de la protection où il s'agit de protéger l'enfant de lui-même et de privilégier les mesures d'ordre rééducative aux solutions répressives et carcérales.

La notion de rééducation s'impose alors. Elle implique de dispenser une nouvelle éducation, une bonne éducation opposable à celle proposée par la famille. Ainsi des lieux se créent ou se transforment pour accueillir et sauver ces jeunes. Cette rééducation s'envisage par le placement des enfants hors de leurs familles désignées comme nocives, dangereuses. Les jugements moraux sont intransigeants et nous connaissons les méthodes rééducatives à l'œuvre dans certains établissements, jusque dans les années 1970. Certains établissements à l'aide d'apports théoriques très élaborés soutiennent une politique de mise à distance de la famille qui renforce la représentation pathologique du fonctionnement familial et désigne l'institution dans un idéal éducatif ou thérapeutique. Anna Freud et Bruno Bettelheim, deux éminents psychanalystes, ont souscrit avec force à ce type d'approche et ont créé des lieux d'accueil obéissant à des principes que Marcel Rufo appelle d'un néologisme chirurgical : la « parentectomie ».

Selon David Pioli[2], les actions de soutien à la parentalité qui se structurent à partir des années 1980, dans le cadre de dispositifs de la petite enfance, sont mues par deux logiques différentes. L'une, fondée sur l'observation d'interventions sociales et éducatives jugées trop substitutives et disqualifiantes à l'endroit des parents, développe un nouveau regard sur la parentalité et envisage des stratégies d'accompagnement s'appuyant sur les compétences même partielles de la famille. L'autre, fondée quant à elle, sur l'observation de symptômes sociaux (violence, délinquance) tente d'introduire une dimension de contrôle et propose des modèles d'apprentissage de la parentalité.

Laurent Ott[3] introduit ainsi son ouvrage : « les familles d'aujourd'hui partagent certainement ce trait avec celles de l'Ancien Régime, qu'elles deviennent un sujet de préoccupation d'ordre public ». Les familles font l'objet d'une attention sociétale toute particulière. En effet, elles sont à la fois lieu de transmission et lieu de profondes modifications. Elles sont « institutions fondamentales » qui sont à l'articulation de ce qui relève de la sphère du privé et celle du public. Mais le regard ainsi posé sur les familles se focalise sur l'enfant, tantôt symptôme de tous les dysfonctionnements,

1. C. Sellenet, *L'enfance en danger ; Ils n'ont rien vu*, Paris, Belin, 2006.
2. D. Pioli, « Le soutien à la parentalité : entre émancipation et contrôle », *Revue pluridisciplinaire de recherche*, mars 2006.
3. L. Ott, *Travailler avec les familles*, Toulouse, Erès, 2004.

tantôt suprême victime. En effet, quelles différences ferons-nous entre l'enfant victime que l'on doit protéger et l'enfant délinquant que l'on doit rééduquer ? N'est-il pas le même ? Nous percevons là deux regards qui, si nous n'y prenons pas garde, peuvent instrumentaliser le statut de l'enfant.

Ces dernières décennies, le familial s'est « dérigidifié » au point que la conjugalité n'en est plus le socle. La parentalité en est devenue un repère essentiel. Mais c'est une parentalité à créer, qui ne pourrait se soutenir seulement d'un modèle à reproduire. L' « être-parent » est convoqué par une démarche subjective qui ne peut éviter les avatars de la transmission. Convocation d'ordre symbolique si l'on en croit Pierre Legendre dans une opération de permutation des places, de fils à père, de fille à mère. Cet auteur définit l'acte parental comme le fait « d'inscrire son enfant dans l'ordre des générations » et de « répondre de lui ». Ce travail d'humanisation de l'enfant implique qu'être parent appelle à renoncer à ce que son enfant ne soit tout à lui mais de le considérer comme un sujet désirant en devenir. La parentalité ne peut se résumer aux compétences qu'elle mobilise dans cette tâche ardue de l'accompagnement de l'enfant. Elle sera également vecteur d'une transmission générationnelle où se nicheront des éléments inélaborés. La parentalité sera donc aussi l'endroit d'un « nécessaire » ratage, d'une dis-parentalité, lieu d'une incontournable souffrance.

Les maisons d'enfants à caractère social sont depuis longtemps confrontées à la souffrance des personnes qu'elles accueillent. Un basculement puissant les amène aujourd'hui à faire une place à la souffrance des parents, autre versant de la souffrance familiale. Une grande majorité de placements s'inscrit dans la conséquence directe de phénomènes de dé-liaison dus à des histoires traumatisantes et douloureuses de séparations, de divorces, dans un contexte conflictuel, violent et surtout inexpliqué. Les MECS sont appelées à développer parfois une clinique « post-séparation » en proposant une réponse qui inclut une nouvelle expérience de séparation. Un paradoxe de plus ? Pas si sûr, pour peu que les professionnels s'autorisent à revisiter certains fondamentaux...

3. LE RAPPORT INSTITUTION/FAMILLE

L'impact de la situation de placement

Le placement est une rupture ou, du moins, il peut apparaître comme telle. Rupture car une décision est prise en fonction d'une réalité vécue. Cette réalité, plus ou moins explicitée au sein de la famille, est toujours un vécu partagé très intime, parfois longtemps cachée et tue à l'extérieur de la sphère familiale. Le placement est un « acte » qui soumet le fonctionnement intime du familial au regard externe. Il peut déchirer l'enveloppe protectrice qui sépare le privé, du public et livrer ce dévoilement au jugement et à l'appréciation d'acteurs extérieurs plus ou moins légitimés par la famille elle-même. Aucun placement d'enfants ou d'adolescents ne peut être considéré comme anodin dans la mesure où il est consécutif à une prise de décision qui vient sanctionner/répondre, pour une part, à la problématique intime de la famille. La décision de placement vient renseigner, souvent en négatif, sur la place qu'occupe tel enfant, sur les incompétences, les difficultés, les échecs, les indicateurs de risque ou de dangerosité de la situation.

En fait, cela donne accès à une présentation symptomatique de la famille qui peut donner un aspect démonstratif, voire spectaculaire et qui oblige le « social » à intervenir, à décider, à trancher. Ainsi, à leur insu et notamment dans les situations d'urgences, les acteurs sociaux et judiciaires peuvent être pris par la dynamique intime de la famille et le placement peut représenter l'ultime tentative pour celle-ci de préserver son homéostasie. Si le caractère symptomatique qui amène à la décision de placement constitue la partie visible de l'iceberg, tout le travail consistera d'aller au-delà de ce scénario de départ pour élaborer avec la famille des questions plus profondes. Le placement introduit une scansion dans un continuum de vie mais il peut être instrumentalisé par la problématique familiale et rester impuissant dans le traitement des causes profondes dont il est la conséquence directe. Le placement n'est jamais une solution, tout au plus une réponse. En faire une expérience signifiante pour l'enfant et sa famille suppose une mise au travail institutionnelle qui nous amène à repérer les enjeux que recouvre cette situation singulière : « avoir un enfant placé » ou « j'ai placé mon enfant ».

L'impact du placement est d'abord symbolique. Le juge Launey, magistrat pour enfants, ne l'avait pas ignoré lorsque, il y a maintenant 25 ans, il avait participé à la conceptualisation des SAPMN. C'est sur cette base de l'effet symbolique de la décision judiciaire qu'il s'autorisait à prononcer, dans certaines situations, une mesure de protection de l'enfant tout en permettant à ce dernier de demeurer au domicile de ses parents. Cette mise en tension entre la protection et la domiciliation familiale de l'enfant ouvre un périmètre largement investi par les SAPMN, formes nouvelles de prise en charge, consacrées dans la récente loi réformant la protection de l'enfance, sous la dénomination : autre modalité de prise en charge.

L'impact du placement sur les différents niveaux de parentalité

Impact symbolique donc, dans le fait que la décision judiciaire de placement introduit immanquablement un coin dans l'exercice de l'autorité parentale et place le service ou l'établissement dans une situation d'exercice d'une coresponsabilité éducative. Si nous nous référons aux axes d'observation de la parentalité que Didier Houzel[1] et ses co-auteurs déclinent dans leur ouvrage, l'axe de l'exercice de la parentalité y figure en première place :

> « L'exercice de la parentalité a trait aux droits et devoirs attachés aux fonctions parentales, à la place qui est donnée, dans l'organisation d'un groupe social, à chacun des protagonistes, enfants, père, mère, dans un ensemble organisé et notamment dans une filiation et une généalogie. »

À n'en pas douter, la décision de placement, qu'elle soit rendue par un juge ou prise par les parents eux-mêmes dans un cadre administratif, résonne comme un moins de parentalité au sens où elle intervient à l'endroit même d'une difficulté, une incapacité, un échec.

Ce moins de parentalité a un prix, certes narcissique, dans un vécu de disqualification où les parents peuvent sentir le poids d'une sanction et dont le solde en nature sera l'expérience de la séparation. C'est un autre aspect de la parentalité qui va se trouver affecté par le placement, celui de la pratique de la parentalité, autre axe d'observation proposé par Didier Houzel :

> « La pratique de la parentalité concerne les tâches effectives qui incombent à chacun des parents : soin à l'enfant, interactions comportementales, pratiques éducatives, etc. Chaque fois qu'un enfant est séparé de ses parents, ces pratiques sont déléguées à d'autres (elles le sont toujours partiellement même pour les enfants élevés par leurs parents). »

1. D. Houzel (dir.), *Les enjeux de la parentalité*, Toulouse, Erès 1999.

Comme il est soutenu ici, un certain nombre d'interventions éducatives et de soins sont régulièrement délégués par les parents à d'autres acteurs (enseignants, animateurs...). Mais dans le cas d'un placement, cette « délégation » s'exerce dans le cadre d'une situation de séparation où l'absence de l'autre (enfant ou parent) peut résonner comme « une amputation de la partie identitaire de la famille », comme nous le disent, dans ce même ouvrage, Évelyne Grange-Ségéral et Francine André-Fustier.

Le placement s'éprouve donc dans l'absence de l'autre ou plutôt dans une discontinuité temporelle faite d'alternance de séquences absence/présence de l'autre. Cette expérience qui, dans beaucoup de cas, s'impose à l'enfant et ses parents, impacte un autre niveau de parentalité décrit par Houzel, l'expérience de la parentalité : « ... nous entendons là l'expérience subjective de ceux qui sont chargés des fonctions parentales. C'est le niveau d'analyse qui correspond à l'expérience affective et imaginaire de tout individu impliqué dans un processus de parentification... »

Quels retentissements l'expérience de la séparation peut-elle produire sur l'expérience de la parentalité ? Le placement vient-il introduire une mise au travail du parent sur son « être-parent » ou bien démobilise-t-il ? Favorise-t-il des réaménagements, un processus de changement ou au contraire fige-t-il la dynamique familiale dans un statu quo ? Beaucoup de questions liées aux coordonnées singulières d'une situation, mais qui dépendent avant tout du type de rapport qu'initie l'institution avec la famille, les parents. Autrement dit, il n'est pas possible de cheminer avec une famille dans une réflexion sur ce que produit comme effet le placement d'un enfant si les professionnels ne s'interrogent pas eux-mêmes sur la place qu'ils occupent auprès de celui-ci.

La position de l'institution

Beaucoup d'institutions s'enracinent dans une tradition caritative et dans un fondement qui consistait à apporter à l'enfant ce qui lui manquait. L'enfant « carencé », « cas social » renvoie à une représentation de la famille « indigente », « défaillante », « nocive »... Le rapport d'une institution comme une maison d'enfants à caractère social avec la famille s'envisage à partir de son histoire et plus précisément de ce qui a présidé à son fondement.

Ce que porte intrinsèquement le mythe fondateur est l'idéal de l'institution qui donne assise à une pratique substitutive. Paul Fustier[1], postulant l'existence d'un organisateur psychique inconscient, décrit ainsi la possible posture idéale de l'institution :

> « Si la réponse "par le plein" persiste avec autant de constance, c'est qu'elle fonctionne comme une reprise possible d'une relation mère-enfant très archaïque, qui tend à se réactualiser chez l'enfant carencé ; un appel, en provenance de celui-ci, rencontre, chez l'adulte chargé de s'occuper de l'enfant, un désir complémentaire... Si ce modèle d'un plein qui comble un vide se pérennise, c'est parce qu'il tire sa force d'une histoire ancienne à deux protagonistes : une mère toute dévouée, et un nourrisson en proie à l'illusion. Cette histoire ancienne se rejoue dans l'institution...se met en scène... »

Suivant les traces théoriques de Winnicott, Paul Fustier montre comment l'adulte est convoqué à une place d'idéal ; « il est celui qui enfin réussira là où les autres (les parents) ont échoué... Tout repose sur lui, sur la toute-puissance déposée en lui... être appelé au titre de la dévotion maternelle c'est être renvoyé à l'omnipotence du narcissique des origines ».

1. P. Fustier, *Les corridors du quotidien*, Paris, Dunod, 2008.

Nous sommes là en présence d'un modèle organisateur qui rend compte de l'idéal fondateur de l'institution possiblement vectorisé par le désir professionnel des intervenants. En effet, Paul Fustier nous rappelle la singularité de cette volonté de « s'occuper des enfants des autres ». Bien sûr cette question est d'abord celle de chacun qui s'engage dans un métier de relation d'aide mais comme nous le rappelle Joseph Rouzel, l'éducateur est « assujetti » au sens où son désir est référé notamment à un ordre institutionnel.

La place des acteurs professionnels en MECS

Les éducateurs sont plongés dans la réalité. Réalité des gestes de soin, réalité relationnelle avec les personnes dont ils ont la charge, réalité des tâches d'éducation. Ces actions réelles « parentalisent » leurs fonctions et conditionnent très fortement les enjeux transférentiels et contre transférentiels. Ces réalités d'action nous renvoient au fait qu'une institution ne fonctionne pas « en creux » mais au contraire, elle héberge, elle nourrit, elle propose des loisirs, des activités... Pour caractériser le type de rapport des professionnels vis-à-vis des personnes dont ils s'occupent, Paul Fustier soutient que le dispositif institutionnel conditionne si fortement les positions des adultes qu'il est envisageable de penser que « les relations qui se nouent en institution, apparaissent être la conséquence obligée d'une relation en étayage forcé ». Il rajoute : « Curieux internat qui, "sans le vouloir", et seulement parce qu'il se proposait à l'origine un modèle de famille idéalisée, se retrouve créateur d'un dispositif qui, à le comprendre selon la pensée de Freud, serait un dispositif inducteur d'étayages, une machinerie à favoriser des relations de ce type. »

Ainsi les professionnels incarnent dans la réalité de leurs actions des positions de type parental. Positions sur lesquelles les enfants, les adolescents peuvent s'adosser pour évoluer et grandir. Voilà donc la tâche complexe des professionnels qui doivent conserver leur lucidité sur la définition même de ce qu'ils portent en eux de « parentalité » vis-à-vis d'enfants dont ils ne sont pas les parents.

Les professionnels sont « dépositaires » des symptômes et de la souffrance de l'enfant ou de l'adolescent. Ils sont au plus près de cette réalité et en absorbent quotidiennement la charge. Bien sûr, il y a une nécessaire identification au vécu douloureux du jeune, un appel comme nous le dit Fustier. Il s'agit pour les éducateurs d'accompagner le jeune dans une élaboration possible, une subjectivation de son histoire et de le guider dans un parcours humanisant. Cette rencontre, toujours singulière, avec un être en souffrance ne laisse pas indemne et résonne bien après la fin du service. La tentation humaine de soulager la souffrance du jeune peut naturellement conduire au désir plus ou moins conscient de vouloir le protéger de ce qu'on imagine être l'origine de sa souffrance, sa famille.

La rivalité institution/parents

Nous avons vu que le placement intervient comme réponse à des difficultés que les familles sont plus ou moins prêtes à reconnaître. Il suffit d'écouter ce qu'elles disent sur leur ressenti par rapport au terme « placement », que beaucoup trouvent choquant, pour entendre les éprouvés de dévalorisation et de disqualification qu'elles vivent. Reconnaissons que ces éprouvés ne mettent pas les familles dans de bonnes dispositions pour accepter ce que F. André-Fustier et E. Grange-Ségéral nomment une « parentalité additionnelle ». Elles sont plutôt disposées à interpréter toutes les interventions auprès de leur enfant comme une parentalité de substitution. Certaines mettent l'institution et les professionnels au défi « vous y arriverez certainement mieux que nous... » D'autres encore se réfugient dans une apparente passivité docile qui peut renforcer l'institution dans sa propension d'accaparation.

Nous gardons le souvenir de cette mère qui, faisant pression sur l'éducateur référent de son fils, avait réussi à gagner la chambre de celui-ci pour faire l'inventaire de son vestiaire. Nous avions vécu cet événement comme très intrusif et emblématique de la relation d'emprise qui les unissait. Mais au-delà de ces quelques vêtements qu'elle venait récupérer, c'est un peu de ses prérogatives, certes très maladroitement, qu'elle tentait de recouvrer. L'analyse que nous faisons des interrelations familiales dans le cadre d'un placement ne peut faire l'impasse d'une prise en compte de ce que cette situation provoque au plus profond des éprouvés familiaux.

Cette situation, nous rappellent F. André-Fustier et E. Grange-Ségéral, génère un scénario imaginaire qui s'organise autour du fantasme de rapt. Il y a là à prendre en compte la place de l'enfant qui mobilise des enjeux narcissiques vitaux pour les parents. Ainsi nous faisons l'hypothèse que le placement vient « attaquer » ce que Pierre Benghozi nomme le « contenant psychique familial » et provoque l'activation de mécanismes de défense. Ces mécanismes sont vécus, à leur tour, par les professionnels d'une équipe comme une attaque de ce que Denis Mellier appelle « l'appareil psychique d'équipe », ce qui entraîne des « contre-attaques ». Cette mobilisation symétrique des défenses institutionnelles et familiales revêt l'habit du scénario de rivalité dont l'enfant se trouve l'enjeu.

La place de l'enfant, l'adolescent dans le scénario de rivalité

Il y a quelques années lors de l'écriture de notre premier projet institutionnel, nous nous étions arrêtés longuement sur l'analyse de situation de jeunes majeurs qui avaient un passé institutionnel assez long. Un certain nombre d'entre eux, suffisamment important pour que cela constitue une observation significative pour nous, rencontraient une crise profonde au passage à la majorité, rompaient leurs engagements et déconstruisaient les projets qu'ils avaient eus souvent grand mal à mettre en place durant tout leur placement. Très souvent, cette situation entraînait de la conflictualité entre ces jeunes et l'institution, car les professionnels vivaient avec inquiétude et certainement de la culpabilité, cette véritable mise en échec d'une intervention qui se voulait pourtant aidante et structurante. La force du conflit donnait à ces jeunes l'élan nécessaire de retourner au sein de leur famille, sans qu'aucun travail de préparation n'ait pu être entrepris. Nous étions contraints d'assister impuissants à ce mouvement vital qui les amenait à « revisiter » l'espace familial dont nous avions voulu les protéger pendant des années.

C'est comme si tout un questionnement avait été laissé en jachère, dans l'impossibilité d'être traité, car l'institution n'avait pas entrepris le travail de conceptualisation lui permettant d'accueillir la problématique liée aux modalités d'appartenance des jeunes à leur famille. Or, toute la question est de savoir comment le placement met un enfant, un jeune, dans une problématique de loyauté avec sa famille. Il s'agira pour lui de résister à cette situation paradoxale de double lien et à la souffrance qu'elle peut générer. Pour certains, il s'agira de dresser un « mur » entre réalité familiale et réalité institutionnelle. Ainsi, très peu d'informations vont circuler entre les deux espaces et l'enfant va cliver ces « deux mondes ». Pour d'autres, les évolutions et les progrès attendus tardent à venir comme s'ils n'étaient pas véritablement autorisés à progresser et à réussir.

Dans certains cas encore, notamment d'adolescents, le placement peut débuter en lune de miel, notamment lorsque le jeune a été à l'origine de la demande et que cette demande a joué un jeu dans son rapport de force avec ses parents. Ainsi, être à l'initiative de la séparation peut faire naître chez lui l'illusion que le changement va changer les choses. Mais dans un deuxième temps, lorsque la réalité du placement s'installe, que « sa » décision devient coûteuse en culpabilité et en désillusion, le jeune peut alors n'avoir d'autres solutions que de faire savoir de manière très démonstrative qu'il ne pourra se satisfaire de la situation.

Bien sûr autant de scénarios que de problématiques singulières mais c'est dans la façon dont l'institution est préparée à accueillir et à avoir une capacité d'intelligibilité de ce qui se joue qu'elle résistera à s'engouffrer dans la version « officielle ». Celle qui peut faire parfois l'objet d'un pseudo-consensus et qui assigne par avance les professionnels à une certaine place.

4. TENTATIVE POUR RÉSOUDRE LES ALÉAS DU RAPPORT INSTITUTION/FAMILLE

Le premier travail pour aborder cette problématique est bien de rechercher les traces de pratiques substitutives à l'œuvre dans l'établissement. Cette nécessaire analyse démontre comment, inscrit dans des actions de suppléance, le pas est vite franchi au détour d'une décision à prendre, d'un document à signer, d'une autorisation à donner, de faire sans les parents. Cette conduite adoptée souvent sous des prétextes de commodité, de réactivité, de rapidité, amène les professionnels à « oublier » le détour nécessaire qu'implique le respect des prérogatives parentales. Bien sûr, ces agissements tendent à se raréfier au fur et à mesure que s'affirme la conscientisation de la place des parents. Mais il ne faut pas sous-estimer la force avec laquelle l'institution peut se défendre des investissements familiaux qu'elle jugera inadéquats, envahissants, gênants... Une institution ne pourra pas accueillir « le familial » si elle ne s'est pas organisée pour, c'est-à-dire si elle n'a pas fait un travail de pensée sur son rapport aux familles des personnes qu'elle accompagne.

La déconstruction du modèle dominant

Les MECS ont été pensées sous le primat de la représentation de l'hébergement. Le signifiant « maison » s'entend ici dans toute son acception et fait une nouvelle fois résonner la possible rivalité avec l'autre maison, le domicile familial. C'est en faisant un travail d'identification des nombreuses actions professionnelles qui sont menées au sein de l'établissement qu'apparaissent la diversité et la pluralité de ce qu'il est devenu commun d'appeler l'offre de services de l'établissement. En conséquence, la représentation du « métier » de l'établissement se modifie et se complexifie. La « prestation » d'hébergement se voit compléter par d'autres : éducation, soutien scolaire, santé, insertion professionnelle, actions de socialisation, loisirs...

Se détacher du primat de l'hébergement, c'est pouvoir concevoir une diversification des formes d'accompagnement qui peuvent s'adapter aux coordonnées singulières d'une situation. Il s'agira de mobiliser l'offre de services de manière personnalisée et donc de penser l'articulation, la fréquence des actions en fonction des besoins spécifiques repérés chez l'enfant mais aussi dans sa famille. Ainsi l'hébergement devient une prestation comme les autres qui peut devenir modulable, séquentielle voire inutile dans certains cas. Cette vision a permis la construction de modèles nouveaux comme les SAPMN, GAAM, SEJ[1]...

Les services innovants

Ces formes novatrices de prises en charge sont porteuses de conceptualisations très riches et ont une répercussion salutaire sur l'ensemble des dispositifs, y compris ceux qui restent inscrits dans des pratiques dites « classiques ». En effet, ces pratiques proposent une centration de l'intervention sur le lien enfant-parent-institution. Le centre de gravité des actions se déplace, quitte les seuls murs de l'institution et s'ouvre sur l'espace familial et l'environnement direct de celui-ci. Ce faisant, c'est l'univers institutionnel tout entier qui est appelé à développer des compétences nouvelles d'ouverture, de collaboration, de partenariat... Mais l'enjeu copernicien de ce changement de posture est d'introduire et de soutenir la position tiers de l'institution dans le lien enfant-parent. Cette évolution impose de passer d'une logique binaire (les parents ou l'institution) à une logique ternaire (l'enfant et ses parents, l'enfant et l'institution, les parents et l'institution).

L'expérience nous enseigne que les apports de ces nouvelles pratiques sont multiples. Sur un plan politique, elles proposent des alternatives qui rentrent en complémentarité avec les dispositifs existants et permettent aux établissements de diversifier leurs offres et de répondre de manière plus adaptative aux besoins nouveaux des enfants et de leurs familles. Elles favorisent des propositions de placement où la question de la séparation physique n'est pas posée d'emblée comme un préalable à la prise en charge et donc facilite la précocité de l'intervention. Il est évident que toutes les situations, en fonction de leur degré de risque pour l'enfant ne peuvent être « traitées » de cette manière. Mais il est clair qu'en l'absence de ce type de service, les cas qui méritent cette approche spécifique ne sont pas pris en charge, ou bien le sont de manière « classique », avec les inconvénients que l'on imagine. La présence de ce type de service au sein d'un dispositif institutionnel qui compte également de l'internat autorise des parcours qui peuvent s'adapter aux évolutions ou aux involutions des situations, sans être dans des procédures d'orientation lourdes. Ainsi ces services constituent des lieux d'observation privilégiés, qui peuvent constituer des étapes de préparation à des placements en internat ou d'accompagnement du retour de l'enfant au sein de sa famille. Mais ils peuvent pour la majorité des cas constituer un espace de travail adéquat permettant de mobiliser la famille dans une démarche de construction « d'auto-solutions »[2]. Il faut signaler que le temps moyen de prise en charge au sein de ces services est plus court (18 à 20 mois) que dans les internats et que bien sûr l'arrêt de ce type d'accompagnement est facilité par le fait que l'intervention socio-éducative est moins massive et surtout qu'elle a permis à l'enfant de rester domicilié chez lui.

Sur un plan institutionnel, la mise en place de tels services mobilise la réflexion et la créativité des professionnels. Très souvent, cette élaboration est consécutive d'un important travail

1. SAPMN : Services d'adaptation progressif en milieu naturel.
GAAM : Groupe d'accueil et d'accompagnement modulable.
SEJ : Service éducatif de jour.
2. G. Ausloos, *La compétence des familles*, Toulouse, Erès, 2004.

d'interrogation sur les pratiques. Cela amène les professionnels à s'intéresser à des expériences déjà existantes et donc à sortir de leur quotidien dans une démarche de recherche. La conceptualisation de ce type de projet qui touche au métier de base de l'établissement et au sens même de l'intervention, a un effet indéniable de relance pour tous les acteurs de la vie institutionnelle. Dans son ouvrage sur le travail d'équipe, P. Fustier[1] dit l'importance du travail sur le projet. Il permet de mettre au travail de manière positive « l'organisateur psychique de l'établissement » et donc d'introduire des possibilités de remaniement et d'ajustement dans l'exercice des pratiques professionnelles.

Sur un plan clinique, les professionnels intervenant dans ces services innovants perçoivent l'effet de la différence de leur positionnement sur l'enfant et sa famille. Pour ceux qui ont travaillé en internat, l'évolution est flagrante. Leur rôle est moins chargé en « parentalité » et les moments séquentiels passés avec les enfants les mobilisent moins du coté du « faire avec » ou du « vivre avec » que pour une fonction de reprise dans l'après coup des évènements qui se sont déroulés au sein de l'espace familial. Bien sûr, ces temps institutionnels proposent un « ici et maintenant » qui permettent de travailler avec l'enfant sur ses modalités de relation aux autres, sur ses capacités d'autonomie et de socialisation, sur ses capacités d'apprentissage et d'élaboration personnelle. Mais tout ce travail se déploie de manière articulée avec ce que vit l'enfant dans sa famille. Tout l'enjeu est de faire que l'aide institutionnelle ne vienne pas en remplacement mais se propose en complémentarité de ce que la famille peut initier elle-même. L'intervention prend là, la forme d'un étayage de ce que le familial peut produire d'auto-solution et s'appuie donc sur les compétences existantes.

Mais, ce faisant, le dispositif institutionnel s'ouvre très largement à la souffrance familiale qui souvent n'est pas nommée en tant que telle. L'enfant occupe une place dans la problématique familiale et celle-ci, par les jeux d'interaction et d'investissement, se dépose sur l'espace institutionnel. Ainsi, l'irruption massive du fonctionnement familial au sein des processus institutionnels nécessite une forme d'organisation et des méthodologies appropriées si l'on veut éviter l'activation des mécanismes de défense qui, à terme, peuvent interdire toute mise au travail commune entre la famille et les professionnels.

Les actions innovantes sont nées de l'illusion que la modification du rapport institution/famille pouvait débloquer les enjeux de rivalité et de loyauté et permettre ainsi un accès plus libre au traitement des difficultés intrafamiliales. Aujourd'hui, l'expérience montre que la modification des représentations sur les parents nous amène à fonder nos interventions, d'une part, sur le respect des prérogatives légales parentales et, d'autre part, sur une « présomption » de compétences. Le travail avec les familles nous engage dans une complexité qui demande à penser l'espace/temps institutionnel et à nous doter de lieux de lecture des matériaux denses que constituent les discours, les évènements de la réalité, les symptômes et les effets qu'ils produisent sur l'équipe professionnelle.

Ainsi, nous pensons que la mise au travail de ce que le familial dépose sur l'institution réclame la mise en place d'un dispositif qui organise l'espace/temps institutionnel lui donnant un caractère contenant des éléments non élaborés par la famille (traumatisme, secret, deuil).

1. P. Fustier, *Le travail d'équipe en institution*, Paris, Dunod, 1999.

5. D'UNE CONCEPTION D'UN TRAVAIL CLINIQUE AVEC LA FAMILLE

L'institution « contenante »

Nous allons nous référer ici à l'approche proposée par P. Benghozi et surtout à sa façon d'imager ce qu'il nomme la problématique de contenant. Il nous est proposé une figuration des appareils psychiques individuel, familial et groupal sous forme de filets maillants. Ce maillage s'effectue à partir de deux axes.

L'un est vertical, *l'axe filiatif*, sur lequel s'organise la transmission généalogique. Cette transmission peut être en partie consciente, pensée, élaborée. Nous sommes là dans le cas d'une transmission intergénérationnelle. E. Granjon souligne que, dans ce cas, ce qui est transmis a fait l'objet d'un travail psychique, l'écart entre les générations est donc maintenu. Mais des éléments non élaborés et non pensés (traumatismes, deuils, secrets, non-dits) peuvent également traverser les générations sans transformation ni différenciation, il s'agit alors d'une transmission trans-générationnelle. Le deuxième axe est *l'axe affiliatif* sur lequel s'organise le tissage de liens actuels avec des personnes de même génération ou extérieurs au système familial.

P. Benghozi nous propose une représentation d'un fonctionnement en double enveloppe entre les niveaux psychiques individuels et familiaux. Ces deux niveaux de contenance s'emboîtent à l'image de poupée russe. L'auteur nous renvoie à la notion de contenance se référant à l'orientation de W. Bion : « Bion nous propose un modèle d'appareil psychique dyadique entre la mère et l'enfant. Les éléments Bêta (qui se situent du côté des éprouvés sensori-affectifs du bébé) sont transformés en éléments alpha, grâce à la capacité de rêverie maternelle. Cela caractérise la fonction contenante dans l'émergence des pensées de l'enfant. » Le contenant groupal familial se pense comme « un maillage construit par du lien psychique,... enchevêtrement entre du lien psychique de filiation et du lien d'affiliation[1] ».

Cette perspective nous amène à considérer les symptômes de l'enfant en interaction avec les capacités de contenance et de transformation du groupe familial. La notion de l'enfant « porte symptôme » nous montre combien l'enfant, à son insu, est à l'héritage d'un irreprésentable familial. « Les symptômes, nous dit F. André-Fustier[2], au lieu d'être définis seulement comme l'expression individuelle d'un compromis lié à des conflits intra-psychiques, peuvent être également appréhendés comme l'expression d'un dysfonctionnement psychique familial ».

Cette approche doit nous amener à penser le placement et ses modalités de mise en œuvre comme étayage de la fonction contenante familiale et donc, de veiller à préserver l'intégrité du contenant familial. L'institution doit donc faire une place à la famille et en même temps se donner le cadre qui lui permettra d'accueillir la souffrance brute familiale. Pour étayer le contenant familial, l'institution doit être, elle aussi, contenante. La question est de savoir si l'institution pourrait se proposer comme un dispositif « méta-contenant » où trouveraient place, non seulement la problématique personnelle de l'enfant mais également la problématique familiale.

1. P. Benghozi, « Le leurre comme symptôme des contenants généalogiques troués », *le journal des psychologues*, n° 245, mars 2007.
2. F. André-Fustier, « L'approche psychanalytique de la famille à l'épreuve de l'institution », in *Parent/Famille/Institution*, Les Publications du Centre de recherche sur les inadaptations, Université Lumière- Lyon II, 1997.

Cette approche implique une organisation spatio-temporelle et des méthodologies appropriées. Cette organisation peut se construire selon une architecture propre en fonction d'un type de travail avec une population donnée. Cette construction peut se nommer : dispositif.

La notion de dispositif, l'organisation du temps et de l'espace

Dans ces travaux sur les enveloppes groupales et institutionnelles Didier Houzel souligne leurs propriétés d'élasticité, de résistance, de contenance, de perméabilité, et de consistance. Le dispositif doit ainsi aménager des espaces qui peuvent garantir a minima ces caractéristiques pour traiter les éléments qui s'y déposent.

Pour illustrer cette notion, nous prendrons pour exemple la conceptualisation du Groupe d'Accueil et d'Accompagnement Modulable qui a cette caractéristique de déployer plusieurs espaces de travail différenciés et articulés, c'est ce que nous avons nommé dispositif. Le terme de dispositif est à entendre au plus près de son sens étymologique, du latin *dispositus*, lieu ordonné et de *dispono-disponere,* placer en séparant, s'appuyant sur le préfixe « dis » indiquant la séparation, la différence.

> « "Placer en séparant distinctement", une définition qui révèle ici la fonction première du dispositif. Maryse Vaillant nous aide à formaliser notre pensée, lorsqu'elle nous rappelle "qu'un placement réussi est un placement qui a permis à chacun d'habiter son histoire et de faire ses choix... Là où le placement serait une occasion, une chance, d'interroger, de prendre ou de reprendre sa place..."[1] »

C'est ainsi que nous avons introduit le projet du GAAM lors de sa création. Notre idée était que la séparation physique n'étant plus la priorité, nous pouvions conceptualiser une organisation qui pourrait soutenir un travail de différenciation, à partir d'espaces de mise au travail séparés dont la destination est très prononcée : des temps réservés à l'enfant, des temps réservés aux parents. Cette logique n'interdit pas un travail familial, avec l'enfant et ses parents, mais ce type de travail est proposé lorsqu'il est soutenable par la famille et lorsqu'il apparaît aux professionnels que le dispositif fait suffisamment enveloppe. Ce cadre de travail est initié à partir de séquences ritualisées que sont les procédures d'admission, d'actualisation, de réactualisation et de bilan de projet.

Les procédures

À l'admission de l'enfant, l'organisation de l'accueil séquentiel fait l'objet d'une véritable négociation entre les parents et l'institution. Cette organisation appelée Protocole d'accueil et d'accompagnement est par définition évolutive et peut faire l'objet d'une procédure de révision à la demande de l'enfant, de ses parents ou des professionnels. Ce qui reste essentiel, c'est que tout changement soit le résultat d'un échange formel avec les parents et qu'un accord soit renouvelé. Ainsi, nous introduisons une règle qui doit être respectée par tous, personne ne modifie les données du « contrat » sans accepter d'en débattre à plusieurs. Ces débats font l'objet d'une formalisation à l'aide de documents (contrats de séjour, DIPC et leurs avenants). Ces documents

1. M. Vaillant, « De la nécessaire séparation, quand le tiers fait sens », *Journal du Droit des Jeunes,* n° 173, mars 1998.

sont étudiés pour rendre compte de l'organisation de la prise en charge de l'enfant, des moyens mis en œuvre (type d'activité, modalités de transport...). Ils font, également, état de la fréquence des entretiens parentaux et des interlocuteurs institutionnels qui en seront garants. Ces documents feront l'objet d'une signature des parents, du directeur ou de son représentant mais également de l'enfant qui atteste ainsi en connaître le développement. Vous l'avez compris, ces documents s'attachent à décrire davantage l'organisation de travail, le *contenant*, plus que les objectifs à atteindre qui relèvent du *contenu* qui ne peut d'emblée être nommé, au risque de commettre des erreurs préjudiciables. Prudemment, la formalisation va concerner davantage la forme que le fond...

Les espaces/temps pour l'enfant

Très concrètement, le GAAM permet à un enfant d'évoluer sur différents espaces : la famille, l'institution, l'école... Lors de ses passages dans l'institution, il lui est offert un champ d'expériences spécifiques, séparé de sa famille. Cette séparation n'est que séquentielle, momentanée, ce qui tend à la rendre supportable. Dans ces temps-là, l'accompagnement éducatif se centre sur l'enfant. Au travers d'activités diverses (activités ludiques, soutien scolaire, ateliers créatifs) ou de moments de vie en petit collectif (repas, nuits[1]), il s'agit pour les professionnels d'être le plus disponible possible à la rencontre de ces enfants. Dans cet « ici et maintenant » il y est fait un travail sur leurs compétences, sur leurs difficultés. Mais également, on y repère comment l'enfant se « débrouille » de son familial. Comment porte-t-il les traces d'une culture ? Qu'est-ce qui le fait souffrir ou l'inquiète ? Les professionnels sollicitent ses capacités de parole et d'élaboration à partir d'une relation de confiance.

Les espaces/temps pour les parents

Ce premier espace de travail qui s'adresse directement à l'enfant est complété par un second, celui-là résolument dédié aux parents. Il s'agit d'entretiens qui ont lieu toutes les trois semaines avec deux interlocuteurs institutionnels. L'un d'eux est éducateur sur le GAAM, l'autre, psychologue ou chef de service, n'est pas engagé directement dans la relation avec l'enfant.

Pour « calibrer » cette intervention auprès des parents, le GAAM s'est très largement servi de la conceptualisation des axes d'observation de la parentalité développés par Didier Houzel. Voici comment le référentiel en donne une définition opératoire :

> « Un rythme soutenu de rencontres vient marquer notre volonté d'accorder une place à chaque famille. Après avoir fait connaissance, cet espace de rencontre permet d'interroger :
>
> – l'engagement des parents et leurs compétences,
>
> – les points de résistance, les représentations croisées, les décalages de perception.
>
> Cet espace régulier de parole, ouvert sur l'histoire familiale donne l'occasion aux parents d'aborder leurs expériences quotidiennes, d'exprimer leurs plaintes, leurs doutes, d'extérioriser leur solitude et leur souffrance. Chaque parent peut réfléchir à ce qu'implique pour lui le fait même d'être parent. Sans jugement ni tentative de modélisation, ils sont invités à élaborer les réponses qui leur sont propres. »

1. Il est possible qu'un enfant soit accueilli deux nuits par semaine. Cet hébergement n'est obligatoire que s'il est inscrit dans le Protocole d'Accueil et d'Accompagnement signé par les parents.

Les espaces/temps pour l'enfant et ses parents

Ces entretiens familiaux sont proposés lorsqu'un sentiment de suffisante sécurité est ressenti par les professionnels et que le dispositif joue pleinement sa fonction contenante. Il s'agit alors de mettre en circulation des éléments pré-élaborés dans les deux espaces précédents. Il est question de favoriser la mise en récit des événements familiaux et d'avoir une approche commune des processus à l'œuvre dans la famille. Ce type de travail ne peut se mettre en place que si les parents peuvent accepter d'aider les professionnels à aider leur enfant et à supporter l'idée que les symptômes de l'enfant ont à voir avec une souffrance familiale.

Les espaces/temps « informels »

La « circulation » de l'enfant entre les espaces familiaux et institutionnels engendre des contacts réguliers entre la famille (parents, fratrie, autres membres de la famille) et les professionnels lors des raccompagnements à domicile. Tous ces moments sont autant d'opportunité de petites discussions, d'échanges d'informations et d'observations pour les éducateurs (comment l'enfant est-il attendu, accueilli ? Comment se comporte-t-il une fois chez lui ? Quels sont les comportements, les interactions remarquables ?). Les communications téléphoniques sont aussi vecteurs de toutes les « transactions » qui se développent entre la famille et l'institution (demande d'aide, passage d'informations, annulation ou confirmation de rendez-vous...).

Les espaces/temps pour les professionnels

L'ensemble des éléments recueillis dans chacun des espaces constitue un matériau dense et complexe. L'équipe des professionnels s'efforce d'en partager l'essentiel lors de réunions régulières de restitution et de réflexion. Chacun des membres s'autorise à exprimer les émotions, les affects que produit sur lui telle ou telle situation. C'est un travail intersubjectif qui est alors à l'œuvre, où les effets de l'intervention cherchent à être mesurés. Cette intersubjectivité met le groupe des professionnels en position d'appréhender le fonctionnement du groupe familial. C'est donc une dynamique de groupe à groupe, où les « dépôts » du familial impactent les espaces institutionnels. Tout le travail réside dans la capacité de lecture et de transformation des éléments de la problématique familiale et dans la capacité psychique de l'équipe à les contenir. Il s'agit de penser le scénario qui se joue au travers de cette rencontre, toujours singulière, entre l'institution et la famille.

Comme nous le voyons ici, le travail avec la famille (l'enfant et ses parents) s'appréhende à partir d'un dispositif global qui en garantit sa cohérence. Il est contenu à partir d'aires différenciées et articulées grâce au travail d'élaboration et d'analyse effectué, en équipe, dans un travail à plusieurs. Les maisons d'enfants à caractère social sont donc amenées à intervenir sur des niveaux très différents que sont les réalités sociales, éducatives et les dimensions intra- et inter-psychiques. C'est dans une capacité de repérage et d'articulation de ces différents niveaux que l'institution pourra développer une fonction d'enveloppe qui soutiendra son pouvoir de « contenance ».

Dans cette perspective, il est primordial de tenter de définir le périmètre d'intervention et les outils qui caractérisent la forme de travail avec la famille.

La nécessaire adaptabilité des modalités opératoires

Cette dimension pourrait susciter de l'incompréhension ou même suggérer une méfiance quant à des stratégies adaptatives qui résulteraient seulement d'un tâtonnement empirique. Mais replaçons-nous dans le contexte qui conditionne l'accompagnement de l'enfant et de sa famille. Nous avons dit ce que le placement pouvait induire comme stratégies défensives dans le rapport institution/famille. Cette « expérience » s'impose à la famille mais également à l'établissement puisque la décision est prise en amont. La mise au travail se présente donc sous une forme plus ou moins contrainte. Tant sur un registre judiciaire qu'administratif, la demande est portée par un tiers. Elle ne peut pas être assimilable à ce que la famille pourrait demander. Dans bien des cas, on le comprend aisément, les parents peuvent être soulagés de ne pas avoir à répondre seuls d'une telle décision. Dans d'autres, le seul recours est d'exprimer leur désaccord. La façon dont le placement se présente pour la famille impacte directement la stratégie que va mettre en œuvre l'institution pour traiter cette question préliminaire. Il sera nécessaire de prendre en compte, d'emblée, le niveau de résistance et de conflictualité que génère cette situation nouvelle. Mais dans le même temps, l'équipe professionnelle va devoir s'adapter à la configuration familiale (parents mariés, séparés, monoparentalité, famille recomposée...) et à l'état des relations intra-familiales (conflit, alliance, connivence, rivalité, déliaison...). Il s'agit donc d'accueillir tous ces éléments « en l'état » et de configurer les modalités d'approche de la famille en fonction des coordonnées qui lui sont spécifiques. Cette adaptation ne doit pas éviter les « passages obligés » fixés par la loi (CS, DIPC, avenants) mais doit, au contraire, en garantir une effectivité signifiante.

L'idée est donc de proposer des modalités de lien et de travail avec les familles, supportables pour elles mais également supportables pour les professionnels. En effet, si l'on veut assurer la fonction contenante de l'institution, il faut éviter les situations dont on pressentirait qu'elles viendraient décontenancer les professionnels.

Cette adaptabilité doit pouvoir s'ajuster aux évolutions et aux involutions que va produire l'impact de la prise en charge de l'enfant sur le rapport institution/famille. Elle doit prendre en compte les mouvements de rejet, d'engagement ou de retrait des parents dans le travail proposé, en prenant en considération le niveau de demande implicite et explicite dont ils sont porteurs. Mais cette adaptabilité a un autre objectif qui est de maintenir le lien qui peut être mis à rude épreuve par un groupe familial en grande souffrance.

Il y a également à prendre en compte les limites d'un tel travail. Dans certains cas, l'intervention peut faire effraction, intrusion et ainsi « attaquer » ce qui constitue le « contenant » familial. Il faudra alors tirer les conclusions d'une telle situation en supportant que le travail d'accompagnement puisse se faire à l'extérieur de l'institution qui accueille l'enfant.

Sur un plan opératoire, cette adaptabilité va se concrétiser par des modalités d'entretien qui peuvent être différentes en fonction de configurations familiales particulières. Certaines situations vont nécessiter la mise en place d'entretiens uniquement avec les parents (réunis ou séparés), d'autres vont autoriser des entretiens familiaux. Dans un cas on parlera de l'enfant, dans l'autre, on parlera avec l'enfant et ses parents. Ces différents modes opératoires se déterminent à partir du travail de recueil de données et d'analyse dans la phase d'admission. Cette démarche est nécessairement pragmatique et vise à favoriser sur les premiers temps du placement l'installation des conditions d'un dialogue confiant avec les parents. La priorité tend à œuvrer à l'établissement d'un lien présentant les caractéristiques d'une suffisante sécurité, pouvant ouvrir une mise au travail effective.

Le pacte de reconnaissance mutuelle

La loi du 2 janvier 2002 introduit une temporalité dans la rédaction d'un contrat ou d'une formalisation portant sur la prise en charge. Toute la question est de savoir si ce « timing » peut s'accorder avec le travail de subjectivation et de conscientisation de la situation de placement par l'enfant et ses parents. En effet, les dispositions légales prévoient qu'un contrat de séjour ou un document individuel de prise en charge soit établi dans le mois qui suit l'accueil du jeune dans la structure. Si ces dispositions nous intéressent dans la ritualisation qu'elles proposent autour de ce temps crucial de l'admission, il est nécessaire de penser ce moment inaugural de la prise en charge comme un processus. Il s'agit de préparer l'enfant, la famille et les professionnels à l'idée de cet accueil et aux effets qu'il va produire. Cette préparation est encadrée par une procédure qui va guider et border le cheminement à accomplir pour appréhender l'inconnu, l'étranger, le différent qui deviendra bientôt du familier. Les réunions préalables, les pré-visites, les démarches administratives sont des scansions dans le processus de mentalisation d'une situation qui voit apparaître de nouveaux lieux, de nouvelles personnes...

Le temps de formalisation du CS ou du DIPC constitue l'aboutissement de ce temps d'initialisation des conditions qui devrait permettre un premier niveau de reconnaissance. Cette formalisation, comme évoquée plus haut, doit se centrer sur des aspects d'organisation, de modalités de prise en charge, de cadrage des droits de visite et d'hébergement. L'intentionnalité du placement doit apparaître dans les moyens mis en œuvre. Cette définition descriptive de l'espace/temps prend en compte la situation personnelle de l'enfant sur différents aspects fondamentaux : scolarité, santé, activités... Elle doit aussi prendre en compte et mobiliser autant que possible l'avis et la volonté des parents. C'est donc une transaction qui s'engage dans le cadre des marges de manœuvre laissées par la nature de la décision, les possibles et les limites du dispositif, les potentialités et les difficultés des parents. Ainsi, se dessinent les contours de l'accompagnement et si les motivations du placement sont abordées, il semble important de laisser le travail d'expression et d'élaboration se déployer à partir des espaces proposés.

S'agissant du lien qui s'établit entre l'institution et la famille, Sophia Bento-Rossignol[1] nous dit que le caractère contractuel n'est pas à entendre dans sa signification juridique mais à comprendre comme une position des professionnels qui considèrent l'usager et ses parents comme des interlocuteurs à part entière. C'est un rapport qui conduit à une « dynamique d'amélioration continue ». C'est donc à partir d'une acceptation par l'équipe de ce qu'est la famille et d'une posture professionnelle que P. Benghozi nomme « empathie curieuse » que peuvent se créer les conditions d'un pacte de reconnaissance mutuelle dans lequel l'enfant et ses parents peuvent reconnaître aux professionnels une légitimité d'intervention[2].

La procédure d'admission construite pour respecter et accompagner le processus psychique mobilisé par la situation de placement doit pouvoir créer les conditions favorables à l'établissement de ce pacte de reconnaissance mutuel. Cette étape est primordiale puisqu'elle conditionne la capacité des professionnels et de la famille à pouvoir « s'entendre » dans le sens de pouvoir se mettre d'accord mais plus précisément de développer une qualité d'écoute réciproque.

1. Je vous renvoie au texte de Sofia Bento-Rossignol dans le présent ouvrage ouvrage.
2. Intervenir dans le sens de : « venir entre » comme nous le suggère René Kaës dans la *Revue de Psychothérapie. Psychanalytique de Groupe ; Groupe et Institution*, Toulouse, Erès, 1999.

C'est dans cette perspective que pourra se développer un travail spécifique basé sur la mise en place d'entretiens.

Les entretiens, aire transitionnelle

La mise en place d'entretiens parentaux ou/et familiaux acte la volonté de prise en compte de la réalité familiale. Un autre niveau de réalité est introduit, il enrichit et complexifie la dimension clinique de l'institution. « *l'entretien*, nous dit F. André-Fustier[1], recueille et met en travail les échos du dispositif institutionnel dans la dynamique psychique familiale c'est-à-dire ce qui se vit, s'éprouve par chacun des membres de la famille à propos des différents espaces de la prise en charge institutionnelle ».

Ces rencontres, J-F. Gomez[2] les envisage « programmées, interactives plutôt que réactives ». En effet, il s'agit avec ces espaces de parole de quitter la dimension événementielle pour installer une régularité de temps, de lieu, d'interlocuteurs. Cette unicité doit pouvoir autoriser un processus qui va prendre en compte une évolution qui ne peut s'appréhender qu'avec du temps. Ces entretiens doivent donc se penser comme une aire intermédiaire qui permet de mettre en relation une pratique parentale et un vécu familial avec des éprouvés, des émotions, des représentations, en lien avec l'histoire familiale. L'angle d'attaque de ce travail est fourni directement par l'expérience vécue du placement et les effets qu'elle produit sur la dynamique familiale.

F. André-Fustier distingue schématiquement trois étapes dans le mouvement d'investissement de la famille vis-à-vis de l'institution.

- La première étape correspond au dépôt massif d'affects, de représentations, d'angoisses qui se déposent massivement sur le dispositif institutionnel. « L'institution, nous dit-elle, est soit l'objet d'idéalisation, soit le lieu de violentes attaques... » L'investissement de la famille peut alors se révéler inadéquate (envahissante, absente, revendicative, agressive). Dans ces moments, la régularité des rencontres permet de se décaler de l'urgence dans laquelle la famille peut être tentée d'aspirer l'équipe professionnelle. Il s'agit de sortir du piège du temps immédiat qui empêche de penser et surtout qui obture toute perspective temporelle : il n'y a ni passé, ni futur, que l'omniprésence du présent. Le travail se porte donc sur le temps que l'on se donne, que l'on fixe, que l'on négocie, temps formel dont J-F. Gomez nous rappelle la portée symbolique : « à travers le repérage des rendez-vous, ..., les disponibilités proposées, les différentes façons de se rencontrer, la cohérence des discours, leur mise en scène, puis leur mise en acte, c'est l'institution tout entière qui se met en chantier. »
- La deuxième étape repérée par F. André-Fustier correspondrait « aux premières différenciations entre la famille et l'institution révélant un début d'individuation psychique dans la famille. L'institution est appréhendée dans sa globalité et les différents espaces institutionnels commencent à être perçus dans leur spécificité (administratif, éducatif, psychologique). » C'est donc la « charpente » symbolique de l'institution qui participe à l'étayage de l'institution familiale. Il est remarquable combien les familles sont sensibles aux enjeux hiérarchiques de l'institution

1. F. André-Fustier, *op. cit.*, 1997.
2. J.-F. Gomez, « Le travail avec les familles dans une institution de personnes en situation d'handicap », consultable en ligne sur le site ouvert par Joseph Rouzel : www.psychasoc.com.

qu'elles mobilisent parfois de manière très perspicace. Les aspects procéduraux introduisent un travail de ritualisation nécessaire au processus de différenciation.

- La troisième étape « verrait ces différents espaces acquérir pour la famille une valeur fonctionnelle. Celle-ci peut utiliser de façon appropriée l'espace éducatif, l'espace thérapeutique... Elle sollicite ces différents interlocuteurs de manière adéquate. » Les espaces d'entretien sont donc le lieu de reprise de multiples questions où le rapport institution/famille reste constamment au travail et fait l'objet de clarifications et réajustements réguliers.

Le travail par entretien introduit un jeu subtil pour les professionnels qui basent leurs positions sur un équilibre entre l'écoute et l'intervention. En effet, la situation de placement (qui est porteuse de la question de la protection de l'enfant) amène à exclure une écoute exclusivement « en creux », pour une position fondée sur l'échange et une volonté de co-élaborer à partir d'une situation partagée de co-responsabilité éducative avec les parents.

Ces entretiens peuvent s'organiser à partir d'un premier niveau qui est le parental.

Étayage des fonctions parentales, travail de guidance

Dans le cadre de la nécessaire adaptabilité évoquée plus haut, certaines situations impliquent un travail d'entretien qui se concentre essentiellement sur le niveau parental. Ce niveau mobilise les parents d'abord, à partir de la prise en compte de leur statut légal auprès de l'enfant. Il s'agit de s'appuyer sur le socle que représente l'exercice de l'autorité parentale pour favoriser une mise au travail des questions référées à la parentalité. Dans certaines situations, cela est nécessaire pour apprécier le niveau d'acceptation du placement et, appréhender la place qu'occupe l'enfant et les enjeux dont il fait l'objet. Ainsi, centrer le travail d'entretien sur le niveau parental va amener les échanges à se porter sur l'enfant, sur la situation de placement et sur la nature de la relation parent/enfant.

Cette centration sur le niveau parental introduit de fait une différenciation générationnelle. Les rencontres mettent en scène le fait que des adultes échangent à leur niveau à propos des enfants. Dans certains cas où règne une grande confusion générationnelle, il est préférable d'introduire un travail de différenciation à partir d'une proposition d'espaces de travail différents et « d'isoler » le niveau parental.

Ces entretiens permettent de sérier les différents niveaux de parentalité tels que les distingue Didier Houzel. Ainsi par l'écoute et le dialogue, il est possible de faire un travail de distinction de ce qui relève de l'exercice, de la pratique et de l'expérience de la parentalité.

L'exercice de la parentalité est mobilisé d'entrée dans le fait d'organiser ces entretiens à un niveau parental. Il s'agit de repérer la capacité des parents à prendre des décisions sur les registres fondamentaux que sont la scolarité, la santé, l'éducation. Il est question d'appréhender avec les parents ce registre de responsabilités conféré aux représentants légaux et de pouvoir en favoriser la conscientisation.

La pratique de la parentalité s'aborde à partir de questions pratico-pratiques. Il peut se déployer des exemples concrets, des morceaux choisis du quotidien dont il faut encourager la mise en récit. Il est nécessaire de se mettre à l'écoute de la « culture » familiale en tachant de se départir d'une vision trop normative.

L'expérience de la parentalité ouvre sur la manière dont les parents subjectivent leur rôle. Peuvent donc se mettre en perspective les fondements de cette parentalité qui donnent sens au fait d'être père ou mère de cet enfant-là. Cet axe fait résonner les aléas des transmissions généalogiques, les souffrances d'enfance des parents, les traces de ce qu'ils ont reçu ou pas de leurs propres parents. Résonnance également à l'endroit de leurs désirs d'enfant consécutifs à ce qui a fondé leur couple, pacte inconscient qui les a réunis.

Il est évident que ce travail d'élaboration relève d'un processus qui réclame du temps et dépend très directement de la permanence du dispositif. Dans les faits, les différents niveaux de parentalité sont abordés simultanément puisqu'ils sont étroitement articulés et interdépendants.

Dans son ouvrage sur la guidance parentale[1], Jean-Yves Hayez pose pragmatiquement les bases de ce type d'approche :

> « Il est bien difficile d'aider un enfant à épanouir son affectivité, par exemple dans une psychothérapie, si, parallèlement, les parents ne lèvent pas leurs propres barrières par l'intermédiaire d'une élaboration faite en guidance ; *a minima*, la guidance facilite donc leur acceptation du travail de l'enfant en thérapie ou en rééducation. À un degré d'investissement plus grand, l'on peut estimer que les parents et l'enfant sont les principaux artisans de la reconstruction de leurs zones inachevées... »

Dans ce même ouvrage, la préface de Serge Lebovici précise l'objet de la guidance : « la guidance apparaît comme un accompagnement qui apprend à s'accepter comme parent et être humain avec ses espoirs et ses contraintes dans les divers rôles et les diverses situations qu'implique cette fonction. »

Il nous semble que ces définitions dessinent de manière pertinente le périmètre d'intervention auprès des parents dans le cadre de mesures administratives ou judiciaires relevant de la protection de l'enfance. En effet, le premier objectif est de pouvoir aider les parents à « autoriser » leur enfant à investir librement l'action éducative proposée mais également de mener un travail de pré-élaboration. Cette première étape pourra, par la suite, faciliter la mise en place d'un travail familial mais aussi des démarches psychothérapiques individuelles.

Entretiens familiaux

Il est possible d'introduire une autre forme de travail qui propose un cadre d'intervention auprès de l'enfant et ses parents. Cette disposition peut se proposer à partir du moment où il apparaît aux professionnels que ces rencontres peuvent se dérouler dans un climat de sécurité pour l'enfant qui fait l'objet d'une mesure de protection. Voici la définition qu'en donne Maurice Berger[2] :

> « L'outil des entretiens familiaux consiste en un cadre sur-mesure, adapté au niveau de difficultés du groupe familial et permettant l'accès à la compréhension de la logique éducative et à l'histoire des deux parents. Le rétablissement d'une temporalité intergénérationnelle et d'un miroir identificatoire rend possible une mobilisation des psychismes de chacun, dans le sens à la fois de la restructuration d'un contrat satisfaisant et d'une différenciation sans rupture. »

1. J.-Y. Hayez, *La Guidance parentale. L'accompagnement des parents dans l'aide éducative et thérapique*, Toulouse, Privat, 1978.
2. M. Berger, *Le travail thérapeutique avec la famille*, Paris, Dunod, 2003.

Cette approche amène à développer une écoute groupale du familial. Ainsi l'expression de chaque membre de la famille revêt une signification à entendre au-delà de l'individuel, comme une production du groupe familial. Cette écoute se complète par une lecture des phénomènes non verbaux lors de l'entretien. Maurice Berger poursuit :

> « Un des buts visés est de permettre aux membres de la famille de se représenter et de s'approprier une zone commune transitionnelle reconnue par tous, de prendre conscience de l'organisateur psychique commun du groupe... Le premier travail consiste donc à prendre le temps de créer, de co-construire avec la famille, une représentation de cet organisateur commun de façon à permettre à chacun de se l'approprier. »

Ainsi, ce travail repose sur la mise en circulation d'éléments constituant un récit familial où le retour sur des évènements appartenant à l'histoire de chacun des parents apporte un « effet différenciateur ». L'évocation des interactions familiales, de la place de l'enfant sont les points de départ d'une démarche d'exploration de l'histoire familiale mais également individuelle.

Certaines institutions proposent ce type de démarche à partir d'un dispositif « détaché » de l'institution. C'est-à-dire que l'espace où se déploie ce travail n'est pas dans le lieu institutionnel et surtout, les professionnels qui en ont la charge n'interviennent pas dans l'accompagnement quotidien des enfants. Ainsi les « dépôts » familiaux sont traités dans un espace étanche qui garantit le non-envahissement du lieu de vie de l'enfant. Les professionnels qui sont auprès des enfants peuvent être dégagés de l'impact des investissements familiaux, ce qui les rend plus disponibles mais également plus neutres. Cette organisation doit pouvoir être pensée dans l'articulation des différents espaces (lieu de vie, espace des entretiens familiaux...) et suppose un travail de supervision sur l'ensemble pour en garantir la cohérence.

6. CONCLUSION

Nous l'avons vu, la qualité du travail avec les familles oblige l'institution à un cheminement qui doit lui permettre de penser son rapport avec l'instance familiale. La question est complexe puisqu'elle ne peut s'envisager qu'à partir des coordonnées singulières d'une situation et ne peut être tranchée une fois pour toute. Nous pourrions même dire que chaque famille interroge de manière particulière l'institution. La création d'un cadre approprié s'appuie sur des réalités institutionnelles très différentes d'une structure à l'autre, toutefois nous pouvons retenir quelques constantes.

- Ce cheminement s'élabore à partir du repérage de ce qui dans le fondement de l'institution oriente encore les pratiques actuelles.
- Il est nécessaire d'identifier ce qui dans les pratiques s'apparente à des positions substitutives où la question de la prise en compte des parents est refoulée.
- Il s'agit de penser le cadre d'accompagnement de l'enfant et de sa famille comme un dispositif composé d'espaces/temps différenciés et articulés.
- Il nous paraît incontournable d'envisager le travail avec la famille à partir d'un cadre souple, d'une certaine façon co-construit avec la famille, garantissant une démarche adaptative en fonction des capacités élaboratrices de la famille.
- Cette stratégie adaptative conduira à proposer des outils différents pour favoriser une mise au travail supportable pour l'enfant et sa famille (entretiens parentaux, entretiens familiaux).

- Cette approche nécessite des lieux d'analyse de la pratique (ou des pratiques) réguliers et pérennes qui autorisent une lecture plurielle des faits et des discours. Un travail de supervision prenant en compte la dimension intersubjective de l'équipe pourra favoriser le décodage de ce que le familial dépose et rejoue dans l'institution.

En s'ouvrant à l'accueil de la question de la souffrance familiale, les maisons d'enfants à caractère social et plus largement les institutions spécialisées se tournent vers une clinique très actuelle de prévention et de traitement des phénomènes de dé-liaison et, par leur intermédiaire, peut se proposer un rétablissement du lien social très fortement fragilisé dans certains cas. Les nouvelles formes de placement font de ces structures, des dispositifs de proximité qui (ré)inscrivent ces établissements sur un territoire dont ils deviennent lieux ressources. Cet enracinement territorial propulse ces institutions vers une affiliation au sein de réseaux qui articulent plusieurs niveaux de partenariat.

Le métier des MECS et ses évolutions nécessaires se pensent aujourd'hui à partir de quatre ancrages primordiaux : historique, politique, technique et territorial.

Chapitre 50

Les visites médiatisées

Un outil incompris

M. Berger

PLAN DU CHAPITRE

50 • Les visites médiatisées

Lorsqu'une situation est suffisamment inquiétante[1] pour qu'un juge des enfants ordonne une séparation parents-enfant, la question des modalités de rencontres ultérieures se pose immédiatement. Dans certains cas, fréquents, il arrive que le moindre contact de l'enfant avec ses parents ait des effets nocifs sur son fonctionnement psychique ou psychosomatique, pour diverses raisons :

- ou bien le comportement des parents est toujours fortement nocif dans l'actuel ; l'enfant, lors des rencontres, risque d'être soumis de plein fouet à leur pathologie : folie, confusion, perversion, séduction malsaine, menaces, dépression profonde, etc., ce qui l'angoisse et le désorganise durablement ;
- ou bien la rencontre réveille chez l'enfant des traces angoissantes du passé sous forme de reviviscences hallucinatoires.

Le dispositif des visites médiatisées, créé par David et Rottman, consiste à ne faire se rencontrer enfant et parent(s) que dans un lieu institutionnel (service hospitalier, local de l'Aide sociale à l'enfance, etc.), en présence d'intervenants impliqués dans la situation. Les raisons pour lesquelles la mise en place de cet aménagement est demandée au juge des enfants sont expliquées auparavant aux parents par un des intervenants qui assume alors pleinement le conflit frontal qu'il risque de déclencher. Souvent les parents sont en colère et, par mesure de représailles, ne viennent pas pendant deux ou trois mois, puis la relation s'améliore. Si l'indication paraît nécessaire, et que les visites médiatisées ne sont pas mises en place, le risque est très grand que l'enfant ne soit perdu pour tout travail psychique, et il est probable que ses difficultés psychologiques, intellectuelles et d'apprentissage n'iront qu'en s'aggravant. Il est alors préférable d'arrêter des soins devenus inutiles.

Dans environ 5 % des cas, il est impossible de mettre en place ces visites car certains enfants, soumis par leurs parents à des actes extrêmement graves (strangulation, empoisonnement, etc.), sont trop terrorisés et refusent totalement de les rencontrer. Ils peuvent même présenter des troubles psychosomatiques (poussée de fièvre, diarrhée) ou une perte des acquisitions scolaires avant chaque visite. Nous considérons que ces enfants ne doivent pas être l'objet de pressions pour rencontrer leurs parents. Il leur arrive d'en demander des nouvelles, mais sans souhaiter avoir de contacts avec eux.

Comme la séparation, la suppression des rencontres ne soigne pas l'enfant car lorsqu'on en arrive à une mesure aussi extrême, la nocivité des parents a déjà été intériorisée, mais elle permet qu'un abord thérapeutique puisse se mettre en place.

Il est souhaitable que les visites médiatisées s'intègrent toujours à un dispositif qui inclut une écoute individuelle de l'enfant. Avec la relation que l'enfant instaure au contact de son assistante maternelle en cas de placement familial, il s'agit là des trois lieux où la vie psychique complexe de l'enfant placé deviendra compréhensible.

1. Chapitre écrit avec la collaboration d'H. Pastrana.

1. LE CADRE DES VISITES MÉDIATISÉES

Les contraintes des visites médiatisées

Les visites médiatisées doivent répondre à un certains nombres de contraintes pour pouvoir être efficaces :

- les *visites médiatisées ne sont pas une consultation* : en effet, peu, pour ne pas dire rien, n'est mobilisable chez les parents dans les situations où l'on est amené à les mettre en place. Ces parents ne peuvent évoquer que peu de sentiments concernant leur propre histoire d'enfant, ne font pas de liens entre leur passé et leur inadéquation éducative actuelle. L'expérience montre tous les jours qu'on risque de mettre en place des projets trop ambitieux concernant leur possibilité de changement, tant il est difficile de renoncer à l'espoir de faire changer un parent. Après la séparation parents-enfant, la situation reste identique pendant des années, parfois calme, parfois avec des projections massives souvent violentes des pères et mères sur tous les intervenants. Il n'est pas impossible qu'un mouvement transférentiel positif vis-à-vis des référents s'installe, ce qui est important pour l'enfant et lui donne plus de liberté de penser en présence de sa famille ;
- les *visites médiatisées sont indivisibles* : il n'est pas cohérent de faire en sorte que l'enfant passe un week-end chez ses parents, puis bénéficie d'une visite médiatisée une autre semaine, ou encore de prévoir une heure médiatisée suivie d'une heure de visite sans tierce personne présente. Tous les contacts doivent avoir lieu en présence d'un intervenant impliqué dans la situation, dont nous constaterons le rôle. De même, les conversations téléphoniques sont ou suspendues ou programmées à un intervalle régulier, elles doivent être brèves, et avoir lieu en présence d'un intervenant qui écoute la conversation. Les courriers sont lus d'abord par l'intervenant, puis avec l'enfant. Parfois ils ne lui sont pas transmis tant, comme pour les échanges téléphoniques, leur contenu peut être nocif. Il est inefficace de mettre en place des visites médiatisées et de permettre en même temps des coups de téléphone anarchiques des parents dans la famille d'accueil, après lesquels l'enfant se montre très angoissé et agité pendant une ou deux heures. Dans un second temps, si l'enfant a pu acquérir une solidité psychique suffisante, il arrive qu'il puisse rencontrer ses parents chez eux, pendant un temps limité, la famille étant reçue ultérieurement en consultation pour discuter de la manière dont s'est déroulée la rencontre. Nous sommes alors sortis du cadre des visites médiatisées ;
- les *visites médiatisées ont lieu dans « l'abstinence »*, c'est-à-dire dans un local au sein d'une institution, avec des jeux disponibles pour l'enfant. Nous préférons éviter un parc public ou un restaurant, ce qui n'empêche pas de partager un gâteau d'anniversaire dans la pièce où a lieu la rencontre. Pourquoi ? parce que les visites médiatisées ne sont pas un acte social, mais un dispositif destiné à permettre un travail psychique avec l'enfant. De plus, tout lieu public favorise les moments où le parent tente de « recapter » son enfant avec des paroles dites rapidement et en secret qui vont le déstabiliser fortement : « Dis au juge que tu veux revenir à la maison », « Je vais acheter une maison à la campagne, ce sera le paradis », cette dernière parole ayant été énoncée par un parent toxicomane et particulièrement violent.

Les différents types de visites médiatisées

On peut concevoir plusieurs types de visites :

- les visites médiatisées « classiques » ;
- les visites médiatisées avec des pères et/ou mères qui présentent de gros troubles psychotiques ou psychopathiques. Un entretien est alors parfois nécessaire avec le parent avant la visite pour constater s'il est en état de rencontrer son enfant. De tels parents risquent en effet de venir à la visite sous l'empire de l'alcool, ou d'une drogue, ou dans un état de violence incontrôlable. La présence d'un personnel de sécurité ou parfois même de forces de l'ordre peut être nécessaire à proximité immédiate, mais lorsqu'on en arrive à cette extrémité, le parent est si inquiétant et l'enfant si angoissé par la rencontre que la question du sens et du maintien des visites doit être posée ;
- les visites médiatisées avec des mères psychotiques qui ont un bébé, ce qui nécessite un cadre spécifique (*cf. infra*).

Le dispositif des visites médiatisées

Les personnes présentes

Si c'est possible, il est préférable que deux intervenants soient présents, la personne de référence de l'enfant, infirmière, ou éducatrice, ou travailleur social avec lequel l'enfant a établi un lien solide, et un autre intervenant, psychiatre ou psychologue, qui soulignera auprès du parent certains mouvements psychiques de son enfant, et qui sera le garant du cadre au cas où les choses se passeraient trop mal. Parfois même, la visite doit être interrompue. Dans cette dernière occurrence, ceci permet à la relation éducatrice-parents, souvent précieuse, d'être préservée de la conflictualité. Pour la même raison, la famille d'accueil ne doit pas participer à la visite en présence des parents.

La préparation de la visite

Il peut se révéler nécessaire de préparer les visites médiatisées avec l'enfant afin qu'elles soient plus dynamiques et utiles pour son développement psychique. Ainsi au cours d'un ou de plusieurs entretiens préliminaires, il peut être intéressant de discuter avec lui de ses craintes concernant la rencontre à venir, mais aussi de l'aider à faire émerger les questions qu'il souhaite poser à son (ses) parent(s) : quelle relation sa mère avait-elle avec ses propres parents ? Son père a-t-il une amie, ce qui signifierait dans l'esprit de l'enfant, la fin définitive du couple parental qu'il refusait jusqu'alors d'envisager bien que ses parents se soient séparés depuis longtemps ? Pourquoi le parent a-t-il disparu à telle période de l'histoire de l'enfant ? Préfère-t-il un autre enfant ? Pourquoi la mère a-t-elle quitté le père ? etc. Dans un contexte relationnel parent-enfant aussi fragile (risque de colère ou d'effondrement dépressif du parent, ou de rétorsion sous forme d'absence lors de la visite suivante), il est toujours difficile pour un enfant de se formuler certaines questions puis de les poser, et il ne peut y parvenir que grâce à une aide personnalisée avant et pendant la visite.

La présence de jeux dans la pièce

Ils pourront parfois être utilisés, pas toujours. Ils permettent de partager un moment agréable, ou au contraire de constater que toute tentative pour instaurer un jeu entre mère et/ou père et enfant est vouée à l'échec.

Situation n° 12 (suite)

Ainsi lorsqu'il a sept ans, Antoine manifeste son envie de jouer avec sa mère, et en particulier de faire de la peinture avec elle, activité qu'il affectionne. Sa mère refuse sous divers prétextes. En fait, le seul contact que cette mère veut établir avec son fils est un lien de dévoration fortement sexualisé et lors de la visite médiatisée suivante, avant que nous ayons le temps de comprendre comment les choses se sont passées, nous la retrouverons couchée sur son enfant allongé le dos par terre, le dévorant de baisers avec un bruit de succion, bien qu'Antoine lui ait dit : « Je ne veux pas être mangé comme un gâteau. »

D'une manière générale, la question se pose de savoir s'il faut tenter de favoriser les moments de jeu entre parents et enfants lors des visites médiatisées. Il est le plus souvent illusoire de proposer à un parent et à son enfant de jouer ensemble car lorsqu'on en est arrivé à cette mesure extrême qu'est le dispositif des visites médiatisées, ceci signifie que les parents n'ont jamais réussi à jouer avec leur enfant de manière adaptée auparavant, ne serait-ce que quelques minutes (*cf.* chapitre 21). La clinique des enfants nous confirme ce fait en montrant que ces derniers ne gardent aucune trace de bons moments partagés avec leurs parents. Cette entreprise est donc vouée à l'échec, et le jeu proposé, même commenté par un intervenant, tournera court ou deviendra répétitif. L'objet avec lequel il est suggéré de jouer ne suffit pas à médiatiser la relation parents-enfants. Ce ne peut être que le(s) référent(s) lui-même qui la médiatise, c'est pour cela qu'il est nécessaire qu'il(s) participe(nt) au jeu.

Quand est-il donc souhaitable de jouer, tous ensemble ? Ceci ne peut se faire que lorsque l'enfant le désire et le montre en en parlant éventuellement avec le référent avant la visite. Pour cela, deux conditions doivent être réunies. Il faut tout d'abord que l'enfant ait déjà suffisamment progressé pour être capable de jouer avec d'autres personnes que son parent. Le désir de jouer est alors le témoignage de ses progrès psychiques. Deuxième condition, il faut que le parent ait en lui une partie « enfant » ayant du plaisir à jouer, parfois grâce au transfert établi avec l'éducatrice, l'infirmière ou le travailleur social.

C'est pour ces raisons qu'il est inutile d'essayer de « réanimer » la relation en tentant d'introduire un jeu lorsque parents et enfants n'ont rien à se dire et s'ennuient. L'expérience montre que ceci ne sert à rien et que des éléments relationnels plus importants et ayant beaucoup plus de sens peuvent apparaître si l'on laisse la visite se dérouler ainsi, sans jeu, quitte à la raccourcir avec l'accord de tous si tout le monde s'embête. Ainsi tel enfant pourra dire ensuite à son éducatrice qu'il constate que sa mère n'a rien à lui demander, même concernant sa scolarité, tel autre exprimera clairement à son père qu'il n'a besoin de le voir que pour vérifier que ce dernier ne l'oublie pas, et qu'une fois que c'est fait, la visite pourrait s'arrêter au bout de dix minutes. On constate donc que le lien parents-enfants ne peut pas être restauré de l'« extérieur » grâce au jeu.

Le déroulement des visites

Il est repris ensuite avec l'enfant seul. Cela peut se faire tout de suite en présence des deux intervenants, ou le lendemain, si des événements ou des paroles potentiellement traumatiques se sont produits pendant la visite. Ce commentaire peut aussi s'effectuer au cours des entretiens habituels, *sans jamais critiquer les parents*, ce que l'enfant ne supporterait pas.

L'évaluation de l'effet des visites médiatisées

Elle doit être effectuée à différents moments, comme l'indique Rottman (2001) :

- avant : certains enfants deviennent très anxieux et demandent de manière répétitive quand la rencontre va avoir lieu, ce qui ne signifie pas qu'ils l'attendent avec impatience, mais qu'ils ont besoin de l'anticiper pour s'y préparer ;
- pendant : certains enfants peuvent devenir sidérés, en particulier sous l'impact des comportements parentaux ;
- après, à court, moyen et long terme : ainsi Antoine, après une visite médiatisée d'une durée trop longue, devient méfiant par rapport aux adultes qu'il s'agisse des soignants ou de sa famille d'accueil. Il ne joue plus avec eux, ne fait plus aucun jeu symbolique en entretien, refuse de téléphoner à sa mère. Ces comportements persistent pendant environ quinze jours, ce qui montre que l'impact de la visite a été fortement perturbant.

La durée et la fréquence des visites médiatisées

Elles sont adaptées à chaque situation. Comme nous le constaterons, le plus important, pour un enfant, est de vérifier que le parent pense toujours à lui, ne l'abandonne pas. *La régularité* de la présence du parent compte donc autant que la fréquence des rencontres. Lorsqu'on a estimé nécessaire de mettre en place des visites médiatisées, il apparaît qu'une fréquence d'une fois par mois est le meilleur rythme qui permette à l'enfant de progresser psychiquement, sauf pour les bébés où cela peut être plus fréquent. Il arrive qu'il soit nécessaire d'espacer ces visites, de ne les permettre qu'une fois tous les deux ou trois mois, parfois même seulement une fois tous les six mois.

Une fréquence trop importante comporte des inconvénients :

- les angoisses de l'enfant sont réactivées sans qu'il ait assez de temps pour progresser entre les visites, modifier les représentations qu'il a de ses parents, et élaborer des processus défensifs contre la terreur ou le sentiment d'être aspiré qu'il éprouve en leur présence ;
- l'enfant ne peut pas investir la famille d'accueil, qu'il utilise seulement comme un hôtel en attendant la rencontre suivante avec ses parents. Il ne peut pas non plus nouer un lien significatif avec un éducateur ;
- certains parents, qui ont réclamé des visites fréquentes, se révèlent incapables de tenir le rythme, ce qui traduit leur difficulté d'investir l'enfant réel, et ils soumettent alors ce dernier à des absences répétées.

Quant à la durée, elle dépend du comportement des parents et de l'impact qu'ont les visites sur l'enfant. D'une manière générale, on peut dire qu'une heure convient lorsque les visites médiatisées se passent à peu près bien, mais que cette durée doit être ramenée à trente voire vingt minutes lorsqu'elles se déroulent mal, avec un comportement pathologique de la part des parents impliquant très activement l'enfant. Dans un tel contexte, une durée d'une heure se révèle très toxique pour ce dernier. Ainsi un enfant dit à son père : « Je ne veux pas une visite médiatisée plus longue car au bout d'un moment, tu t'énerves. » De fait, le père délire d'une manière qui va crescendo tout au long de la rencontre. Une question se pose alors : si un parent vient de loin, la durée de la visite doit-elle être allongée ? Dans ce contexte, on peut se sentir coupable d'imposer un long trajet à des parents pour une durée de visite brève. On lui accordera alors par exemple une heure de présence, au détriment de la clinique de l'enfant, et au fur et à mesure que l'on avancera dans la visite, ce dernier ne fera que se décomposer sous l'impact des interactions angoissantes. D'une manière générale, il est préférable pour enfant et parent de profiter d'une visite plus courte qui se passe bien, que d'une visite plus longue dont les bons moments sont gâchés par un dernier quart d'heure désastreux. Et il est important de savoir qu'il est plus facile par rapport aux parents d'allonger les visites médiatisées ou de les rapprocher que de les raccourcir ou de les espacer. Il vaut donc mieux débuter avec un projet prudent.

Le compte rendu du déroulement de chaque visite

Un compte rendu de la visite est chaque fois effectué, et une synthèse de ces visites sera faite lors du rapport annuel adressé au juge des enfants.

Le problème des fratries

L'expérience montre que lorsque des visites médiatisées ont lieu en présence de plusieurs enfants afin que le parent ait le sentiment que tous « se retrouvent en famille », elles sont presque toujours de très mauvaise qualité. Un (des) parent(s) qui n'est pas parvenu auparavant à avoir une attitude éducative adéquate avec son enfant est habituellement plus débordé encore lorsqu'il est en présence de plusieurs enfants. L'incohérence et l'excitation règnent, sans aucune interaction calme, prolongée ou individualisée, sans aucun bon moment partagé par tous. Le parent pare au plus pressé avec parfois des phrases agressives et angoissantes. Dans le cadre d'une visite médiatisée avec un seul enfant, on peut éviter ce genre de remarque, ou réagir et la reprendre immédiatement, alors que rien n'est élaborable pour l'enfant à la suite de rencontres parent-fratrie agitées.

De plus, il n'apparaît aucun lien d'étayage et d'identification entre les enfants. Leur principale relation consiste en une rivalité et une jalousie de tous les instants, chacun tentant d'exercer une emprise sur l'autre ou guettant ce que l'autre pourrait recevoir de plus que lui de la part de sa mère.

Souvent ces enfants n'ont jamais pu avoir un moment seuls avec leur mère, car la relation était toujours envahie par un concubin, la fratrie, une grand-mère, etc. C'est à l'occasion des visites médiatisées qu'ils pourront faire cette expérience pour la première fois. Aussi est-il préférable que chaque enfant soit reçu séparément avec sa mère ou son père, pour une durée plus courte, de vingt à trente minutes, en cas de surcharge de travail, plutôt que tous ensemble pour une visite médiatisée chaotique et nocive d'une durée d'une heure. S'il apparaît nécessaire de maintenir des contacts entre frères et sœurs, ceux-ci se rencontreront à un autre moment, hors de la présence maternelle, et s'il le faut de manière aussi médiatisée (*cf. infra*).

La naissance d'un bébé

Lorsqu'une mère conçoit un bébé pendant la période où les rencontres avec son enfant sont médiatisées, on se trouve devant une conjoncture à très haut risque pour le fonctionnement psychique de l'enfant séparé. En effet, ce dernier est alors en proie à des mouvements violents et contradictoires. D'un côté, il craint que sa mère ou ses parents ne tapent le bébé ou ne le négligent, comme cela s'est passé pour lui, et que le concubin ne frappe sa mère, ce qu'il a aussi souvent constaté. D'un autre côté, il éprouve une jalousie dont l'intensité le déborde parfois en permanence. « Pourquoi ma mère garde-t-elle ce bébé et pas moi ? » C'est d'autant plus inévitable que cette dernière se présente habituellement avec le bébé comme une mère parfaite, précautionneuse, attentive, ajoutant qu'elle va demander au juge le retour chez elle de l'enfant placé.

Les mouvements de tristesse et de colère de l'enfant peuvent être alors dévastateurs pour lui et pour les autres. Ainsi un adolescent de treize ans ne supportait plus, dans l'institution où il était placé, que les éducateurs s'occupent même seulement une minute des enfants plus petits que lui, et attaquait alors dangereusement ces derniers. Malgré un suivi psychothérapique régulier et un traitement médicamenteux, il fut nécessaire de le changer de lieu de résidence pour qu'il ne soit plus qu'en présence d'adolescents. À seize ans, lors de la grossesse suivante de sa mère, il dit clairement qu'il se sent devenir délirant et enfile un gant en caoutchouc pour aller arracher le bébé du ventre maternel. Il lui est alors proposé de suspendre les visites médiatisées ; et la mère est informée que c'est pour un motif médical, et non pas à la demande de son enfant. L'adolescent est soulagé par cette proposition et son état psychique s'améliore considérablement. Il ajoute qu'il ne se sent pas capable de voir le bébé avant trois ans car cela le déstabiliserait trop, même s'il craint que sa mère ne vienne plus le voir en rétorsion (ce qui sera transitoirement le cas).

Ces situations sont donc particulièrement délicates. Au moins peut-on souligner à l'enfant qu'il ne rencontre sa mère que dans un milieu où elle est complètement cadrée : c'est peut-être pour cette raison qu'elle est adéquate avec le bébé au cours de la visite. Mais cela ne suffit pas à contrebalancer l'intention de séduction narcissique qui sous-tend souvent la démarche de la mère. De plus, il n'est pas rare que cette dernière demande à venir à la visite médiatisée avec le nouveau concubin avec lequel elle semble former un couple parfait, pour donner encore plus envie à l'enfant de revenir auprès d'elle, alors que les intervenants savent par ailleurs la fragilité de ce couple et la violence qui y règne. Nous pensons nécessaire de refuser la présence du concubin pendant longtemps dans de telles circonstances, d'autant plus que sa venue est fréquemment sous-tendue par un fantasme « d'adoption », au sens où il va tenter de se présenter comme un père potentiel, prêt même à reconnaître l'enfant placé, alors qu'une filiation ne peut se construire dans un registre aussi imaginaire.

La présence d'autres personnes

Il arrive que les grands-parents, oncles ou tantes, soient aussi reçus dans le cadre de visites médiatisées si la justice leur accorde un tel droit. S'ils accompagnent les parents, ils peuvent être reçus quelques minutes à la fin de la visite dont le but principal est d'aménager un moment protégé pour la rencontre parents-enfant. Ces autres membres de la famille peuvent se révéler adéquats, ou au contraire nocifs avec des comportements de séduction sexuelle ou de captation violente, si bien que l'expérience n'est pas renouvelée.

Enfin ajoutons qu'on ne peut octroyer un droit de visite plus important aux grands-parents qu'aux parents sans réflexion approfondie, car ce sera ressenti par les parents comme une attaque injuste et douloureuse de la filiation qui les lie à leurs enfants.

Le cadre spécifique des visites médiatisées pour les mères psychotiques qui ont un nourrisson.

Nous allons résumer ici les principes décrits par Rottman[1] à ce sujet.

Ces visites nécessitent qu'une attention particulière soit portée au cadre, étant donnée la fragilité du parent, et celle de l'enfant qui n'a pas encore la parole pour exprimer ce qu'il ressent. Le bébé est informé de la rencontre quelques heures à l'avance. Le lieu doit toujours être le même, en respectant les rythmes (heures de sieste, de repas). L'enfant y est reçu avant l'arrivée de sa mère, y retrouve des jouets, s'installe, puis le parent le rejoint. Si la mère peut apprécier de partager « quelque chose » autour de l'oralité, un « goûter » peut être prévu pour l'accueillir.

Les exigences à concilier sont parfois contradictoires : ne pas distendre le lien existant entre le parent et l'enfant ; et favoriser la construction du lien entre l'enfant et la famille d'accueil, support du bon développement de l'enfant. Pour cela, on procède à une adaptation prudente du rythme des rencontres parents-enfant, dont la fréquence peut difficilement dépasser une fois par semaine afin de permettre un indispensable investissement de l'assistante maternelle par l'enfant. Leur durée doit s'adapter au degré de tolérance de l'enfant et de son parent. Ceci se régule au cas par cas et évolue avec le temps.

Un point important est d'évaluer où en est l'enfant dans l'acquisition de la constance de l'objet, c'est-à-dire combien de temps il est capable de garder l'image de sa mère absente à l'esprit. Il convient aussi d'apprécier comment il supporte la séparation d'avec l'adulte, objet relationnel privilégié, que ce soit l'accueillant ou son parent. On tentera de lui expliquer la situation avec des mots adaptés (« maman est partie, perdue maman ? Elle va revenir »), en s'aidant de petits jeux si besoin (jeux de coucou-caché par exemple), et on essaiera de mettre en mots son vécu tel qu'on peut l'imaginer à partir des connaissances générales que nous avons sur le fonctionnement psychique des nourrissons et de l'observation du bébé auquel on a à faire, en évoquant des sentiments de colère, de tristesse, de confusion. Le développement de l'enfant permettra de s'appuyer de plus en plus sur les mots ou sur les jeux symboliques.

Il est aussi important de travailler sur le clivage, quasi inévitable quand on fournit à un nourrisson deux objets maternels aussi différents, et on observera le degré de tolérance de l'enfant vis-à-vis du double attachement. Une précaution particulière doit être accordée à la mise en contact des deux adultes objets d'attachement, la mère et l'assistante maternelle. Ce contact peut entraîner chez l'enfant un effet de double, de confrontation à deux personnes familières qui ne peuvent cohabiter dans la réalité et dans son esprit. L'enfant est plus en sécurité avec l'une, attaché différemment et d'une manière parfois plus ancienne à l'autre. Ceci entraîne un conflit d'attachement douloureux et déstructurant pour lui, se traduisant par des symptômes de souffrance variés pendant et après la rencontre, la coexistence des deux personnes ayant alors une valeur traumatique. On est souvent frappé par l'intensité des moyens de défense mis en œuvre dans cette situation, même par les tout-petits, très blessants narcissiquement pour la mère ainsi que pour l'accueillant et nocifs pour la relation de l'enfant et de son parent : clivage et déni peuvent apparaître très précocement et se traduisent par une pseudo-méconnaissance ou un refus actif de relation au moment des retrouvailles, que ce soit avec le parent ou avec l'assistante maternelle. Il

1. Rottman H., « L'enfant face à la maladie mentale de ses parents. Place des rencontres médiatisées dans le placement familial ». *Revue de neuropsychiatrie de l'enfance et de l'adolescence*, 2001, 49, p. 178-185.

peut donc s'avérer préférable que l'enfant ne soit pas mis en contact simultanément avec ces deux personnes.

Les rencontres avec les parents sont une occasion pour l'enfant de retrouver éventuellement l'objet perdu, ainsi que des parties de lui-même qui y étaient liées, et de réajuster périodiquement sa position par rapport aux imagos parentales qui, inélaborées, risqueraient de devenir des inclusions archaïques terrifiantes et inaccessibles, germes d'une pathologie ultérieure.

Au cours de ce travail, la formule de David : « Un nourrisson est dangereux pour une mère psychotique », doit rester présente à l'esprit des intervenants et les aider à résister aux demandes de rapprochement trop intenses, refus qui soulage la mère autant que l'enfant. Mais il faut aussi avoir à l'esprit la possibilité d'une évolution favorable de la relation mère-enfant, qui inspirera au contraire un rapprochement progressif. Les réactions et le développement de l'enfant devront, comme toujours, nous servir de guide.

2. LE BUT DES VISITES MÉDIATISÉES

Les visites médiatisées ont plusieurs fonctions. Elles n'ont pas simplement lieu parce que le juge des enfants décide que des relations doivent être maintenues entre parents et enfant, mais, du point de vue du soignant, elles ont essentiellement pour but de *favoriser le développement psychique de l'enfant.* D'une manière générale, on peut dire que les enfants dont il est question ici ont plus de chances de pouvoir progresser dans leur vie psychique s'ils voient un peu leurs parents que s'ils ne les voient pas du tout (en tout cas dans le système législatif français qui ne permet qu'exceptionnellement de mettre fin à certaines filiations très pathologiques).

Ces visites médiatisées n'ont pas pour fonction de rétablir la relation parents-enfant et ne visent pas à préparer le retour de l'enfant chez lui. Comme nous l'avons indiqué, lorsqu'on est obligé de mettre en place ces deux dispositifs lourds que sont une séparation totale et des visites médiatisées, c'est que le travail thérapeutique tenté auparavant avec les parents a échoué. Rottman, et notre équipe, malgré une longue expérience de thérapie familiale, ont constaté que dans ces contextes, aucun parent n'a pu récupérer une compétence parentale suffisante. Si un changement se produit, c'est *du côté de l'enfant* qui, grâce à la prise en charge individuelle, devient peu à peu capable de traiter en lui la folie, la violence et l'inadéquation des parents qu'il a intériorisées, et de mieux résister à leur pathologie. En revanche, le maintien des rencontres parents-enfant signifie aux parents, de notre part, que la filiation est bien maintenue.

Quel est le rôle des visites médiatisées ?

Protéger l'enfant

Leur premier rôle est de protéger l'enfant lors des rencontres avec ses parents. L'enjeu n'est pas seulement que sa vie psychique soit protégée à ce moment, mais que l'enfant constate qu'il peut avoir confiance dans la société qui le protège, représentée par le juge des enfants (Rottman). L'enjeu est donc considérable. La dénomination de « visites protégées » paraîtrait d'ailleurs plus adéquate que celle de visites médiatisées, mais serait inacceptable pour les parents car elle les désignerait comme dangereux.

Cette protection nécessite que les intervenants soient présents en permanence aux côtés de l'enfant, depuis le début de la rencontre avec son parent jusqu'à son départ. Une minute d'absence de l'intervenant suffit pour que certains enfants soient soumis à un corps à corps incestueux très nocif.

Il faut remarquer que ce n'est pas parce qu'une tierce personne est présente que l'enfant est protégé pour autant. Il arrive qu'un éducateur culpabilise un enfant quand ce dernier tente de prendre de la distance à l'égard d'un parent qui essaie de l'impliquer dans une relation de séduction perverse. Ou encore un travailleur social peut laisser une mère gaver avec autorité son enfant de trois ans, sans tenir compte de ses signaux de satiété, si bien qu'il vomit après chaque visite. L'intervenant, au lieu de protéger, devient alors *complice* du parent aux yeux de l'enfant. La pratique des visites médiatisées demande donc que chaque intervenant ait la capacité de s'identifier à l'enfant, et d'avoir si besoin le courage de s'opposer aux parents en expliquant pourquoi. Sinon, il est préférable qu'il s'abstienne de participer.

Un moment nécessite une attention particulière, celui du contact physique entre parents et enfant à la fin de la visite. Tout peut déraper en quelques secondes, se « mélanger », c'est l'instant où certains parents transmettent une charge érotique si forte (baiser prolongé sur la bouche, étreinte très appuyée), que tout ce qu'on est arrivé à construire et à contenir au cours de l'entretien est détruit. Il peut être nécessaire de raccourcir ce moment avec délicatesse, sans violence, mais fermeté.

Par ailleurs, un enfant ne se sentira protégé que s'il existe une continuité des intervenants. Un changement de travailleur social ou d'éducateur tous les dix ou douze mois entraîne une dégradation du contenu des visites, une perte de leur sens, et un sentiment d'insécurité chez l'enfant. En cas d'absence temporaire d'un intervenant, mieux vaut décaler la date d'une visite médiatisée pour qu'elle demeure assurée par une personne fixe. Parfois un enfant est placé dans une institution dont le personnel est chargé de poursuivre la gestion des visites médiatisées, ne comprend pas la nocivité de certaines interactions et laisse les parents dire des phrases toxiques sans intervenir. L'état de l'enfant s'aggrave alors immédiatement. Les parents doivent sentir au cours de toute la visite que c'est, sans faille, l'intérêt de l'enfant qui prime. On comprend que face à la difficulté de cette tâche, une supervision puisse être là aussi nécessaire.

Permettre à l'enfant de différencier sa pensée

Un objectif essentiel des visites médiatisées est d'aider l'enfant à être moins envahi par la violence et la pathologie de ses parents et à être moins angoissé en leur présence. Pour cela, ces rencontres doivent être préparées avec l'enfant reçu seul afin de l'aider à formuler ce qu'il souhaite dire ou demander à son parent, questionnement qui peut être risqué[1].

1. Les modalités d'interventions parent-enfant au cours des contacts médiatisés sont développés dans Berger M., *Ces enfants qu'on sacrifie*... Paris, Dunod, 2007.

Éviter les angoisses d'abandon

Les visites médiatisées évitent que l'enfant ne soit envahi par des angoisses d'abandon. Nous avons constaté à propos de Carine qu'un enfant peut avoir besoin de voir ses parents à intervalles réguliers mais pas forcément rapprochés pour vérifier qu'ils ne sont pas morts, qu'ils ne l'ont pas oublié et que lui-même ne les a pas oubliés, et pour vérifier aussi la trace qu'il a laissée en eux et la trace qu'ils ont laissée en lui. Sinon apparaissent des manifestations d'angoisse d'abandon.

Il faut reconnaître, comme l'indique Rottman, que les besoins des parents et de l'enfant ne coïncident pas au moment des visites médiatisées. En effet, les parents dont il est question ici ne perçoivent leur enfant que dans un registre imaginaire : il n'est qu'un prolongement narcissique du parent, qui refuse parfois que l'enfant manifeste la moindre différence par rapport à lui. Parfois aussi, le parent a besoin de son enfant pour combler un manque (« j'ai besoin de lui pour me tenir compagnie »). L'enfant, lui, a besoin de voir ses parents pour avoir une image d'eux à l'intérieur de lui, différente de celle qui l'envahit, celle de monstre ou de parent qui le lâche. Cela lui permet de s'autonomiser par rapport à eux.

Observer la relation parent-enfant

Les visites médiatisées représentent le meilleur lieu d'observation de la relation parent-enfant. En effet, la compétence parentale ne peut être déduite à partir d'entretiens avec les parents rencontrés *sans* leur enfant, dans le bureau du juge des enfants, ou lorsqu'un éducateur continue à venir les voir une fois l'enfant placé, car les parents se présentent alors comme des parents imaginaires parfaitement compétents et attentifs s'occupant d'un enfant imaginaire parfait, et aucun fait réel ne vient plus contredire leur discours. Une observation précise de la relation parent-enfant représente donc la meilleure protection contre le retour de l'idéologie du lien familial.

On peut parfois constater la difficulté d'un parent à se préoccuper de l'enfant dont il réclame le retour : il oublie le rendez-vous, vient à chaque visite avec un retard important, oublie chaque fois les photos que l'enfant lui a demandées d'apporter, jusqu'à ce que l'éducatrice le lui rappelle au téléphone le matin même de la visite.

Beaucoup de parents disent qu'ils ne peuvent pas se comporter naturellement avec leur enfant du fait de la présence des intervenants. Nous avons constaté que *dans la totalité des cas*, cet argument ne tient pas, car l'interaction observée au cours de la visite médiatisée est exactement celle que les travailleurs sociaux constataient antérieurement lors de leurs visites à domicile, et lorsque les enfants deviennent capables de parler de leur passé, ils disent clairement que leurs parents se comportaient ainsi avec eux, même lorsque aucune personne extérieure à la famille n'était présente : absence de jeux, absence de paroles, ordres tyranniques, contacts sexualisés, etc.

On peut aussi constater que certains parents ne profitent absolument pas de la présence de leur enfant pour avoir un échange agréable avec lui, mais passent le temps de la visite à essayer de l'impliquer dans leurs problèmes de couple.

Évaluer la fragilité persistante de l'enfant face à ses parents

Ainsi Carine déambule de manière très sexualisée au moment où elle porte les habits que sa mère lui a offerts. Un autre enfant demande à aller vivre chez ses parents parce qu'il pense que, maintenant, il peut les soigner de leur folie. Mais il s'effondre au cours de la visite médiatisée qui suit, tellement ses père et mère l'impliquent dans des échanges pathologiques. On constate ici que la visite médiatisée diminue le mouvement d'idéalisation des parents que tout enfant séparé judiciairement met en place. L'idéalisation des parents est aussi souvent affectée par le biais de la comparaison. Tel enfant qui a amené une toupie pour y jouer avec sa mère la regarde avec étonnement s'amuser toute seule avec le jouet, et son regard va alors du visage de l'infirmière référente à celui de sa mère. Sa question sera, plus tard : « Pourquoi est-il possible de jouer avec l'infirmière et pas avec ma mère ? », ce qu'il n'avait jamais pu se formuler à lui-même auparavant. Tel autre demandera pourquoi il peut poser tranquillement sa tête sur l'épaule de son assistante maternelle, alors que sa mère le serre immédiatement dans ses bras d'une manière étouffante.

Un autre signe de la fragilité de l'enfant est *la persistance de processus de contamination*, c'est-à-dire la réapparition durable de troubles psychiques après les visites.

D'autres enfants, souvent au bout de plusieurs années de traitement, utilisent ce moment pour *tester leur résistance* face à la pathologie de leurs parents. Les premières critiques de l'enfant sont balayées, ne rencontrent qu'une surdité totale. Mais il persévère en s'appuyant sur notre présence et parfois sur notre regard. Il tient tête d'une manière qui force l'admiration, parfois tel un toréador face à un taureau de 500 kg. Faisant preuve d'une intelligence stupéfiante face à la menace, il alterne la ruse en utilisant des formules faussement innocentes, avec l'attaque frontale sans échappatoire : « Pourquoi est-ce que tu me poses toujours la même question au téléphone quand tu me demandes si j'ai mangé du poisson frais ? Pourquoi m'as-tu jeté contre un mur quand j'étais petit ? » « C'est toi qui dois voir un psychiatre et te faire soigner » dit encore un enfant au cours d'une visite médiatisée qui se termine par « Tu m'aimes, tu ne m'oublieras pas, maman ? » La situation s'inverse alors. Les parents sont décontenancés : « Venir pour que tu me parles comme ça ! » Ils ne savent plus que dire, prennent peur, leur défense immédiate est de demander à l'enfant où il a pu chercher de telles idées, qui lui a soufflé cela ? Bien sûr, ce sont les soignants qui lui ont mis ça dans la tête. En même temps apparaît la crainte que leur enfant ne leur explose au nez. Certains parents réalisent que leur enfant est complexe, et tout ceci les inquiète tellement qu'ils renoncent à tenter de le récupérer.

Il faut remarquer qu'il existe un décalage entre la capacité de l'enfant de faire face au parent et les représentations qu'il en a. Ainsi lorsque sa mère lui propose de venir un week-end chez elle, Gabrielle, dix ans (*cf. infra*) répond qu'elle ne veut pas, car elle a peur que les choses ne recommencent entre elles, et qu'elle ne se retrouve « comme avant à l'intérieur d'elle ». Sa mère lui dit que c'est du passé, ce à quoi Gabrielle répond calmement, sans agressivité, qu'il y a des choses qui ne se rattrapent pas. La mère est atteinte par cette réponse, surmonte son émotion, et nous pouvons quand même jouer ensemble. Carine, à sept ans, est devenue capable de jouer avec plaisir au *Memory* et au puzzle pendant une heure avec sa mère et les deux soignants. Pour ces deux enfants, les visites médiatisées, malgré leur aspect d'inhumanité citée par Rottman, ont permis de « réhumaniser » la relation. Leurs parents sont moins débordés, dévorants et attaquants, l'enfant peut les critiquer et éprouver du plaisir avec eux. Mais la prise en charge individuelle montre qu'à un certain niveau, les imagos parentales de Gabrielle et de Carine ne se sont pas autant modifiées qu'on pourrait s'y attendre. Les angoisses d'être abandonné, coupé en morceau, ou en proie à une excitation non contrôlable, les processus défensifs dont l'absence d'affect de tristesse, etc., demeurent présents et nécessitent la poursuite du travail de prise en charge individuelle et le maintien du cadre des visites.

Mettre en place un jeu symbolique en présence des parents

Les visites médiatisées peuvent constituer le moment où l'enfant montre au parent qu'il a perçu quelque chose de son fonctionnement psychique. La question posée, à sa manière, par l'enfant, permet aux soignants de se faire son porte-parole et d'interroger éventuellement le parent sur son sentiment par rapport à ce que dit son enfant et ce qu'il a envie de lui répondre. Même si le parent refuse de s'engager dans cette voie ou dénie le mouvement psychique de l'enfant, ce qui est fréquent, cette séquence s'est déroulée devant un intervenant « témoin » qui pourra la reprendre avec l'enfant dans un moment d'entretien individuel.

3. L'APPORT DES VISITES MÉDIATISÉES À LA COMPRÉHENSION DES RELATIONS PARENTS-ENFANTS

Les visites médiatisées apportent un matériel qui permet de progresser considérablement dans la compréhension des processus psychiques en jeu chez parents et enfant. En effet, c'est dans ce cadre que nous avons compris une grande partie des modalités de fonctionnement psychique décrites au chapitre 21 (l'enfant pris dans la séduction narcissique parentale, l'intensité de l'angoisse d'abandon, la honte, etc.).

4. QUAND PEUT-ON SUPPRIMER LES VISITES MÉDIATISÉES ?

Lorsque l'enfant présente des troubles psychiques importants, il faut malheureusement trois ou quatre ans pour qu'il aille mieux. Ses progrès psychiques coïncident alors fréquemment avec le désir de ne pas retourner vivre en permanence chez les parents et avec le souhait que les visites médiatisées soient maintenues, mais il peut aussi demander à voir ses parents seuls et à aller chez eux.

Parfois, au bout d'un temps assez long, ce cadre peut être assoupli après une analyse précise de la demande de l'enfant, qui veut souvent, au départ, se confronter aux traces de son passé et vérifier qu'il est assez solide pour y résister. Il ne s'agit donc pas, à ce moment, de renouer un lien plus intime avec ses parents.

Quelles conditions doivent alors être réunies pour qu'un enfant puisse rencontrer ses parents en dehors des visites médiatisées, en retournant quelques heures chez lui, voire plus longtemps ensuite ?

Un contact direct peut avoir lieu :

- quand l'enfant ne montre pas de perturbations liées aux rencontres médiatisées, ce qui nécessite qu'on observe soigneusement son fonctionnement psychique ;

- quand l'enfant peut dire son opinion à ses parents pendant les visites médiatisées, même si elle est fortement divergente de la leur ;
- quand l'enfant peut leur tenir tête lors des conversations téléphoniques brèves qui ont lieu avec l'éducatrice à côté de lui ;
- quand l'enfant peut reconnaître le moment où il se sent mal en présence de ses parents, ce qui lui permet de repérer quand ses parents ne sont pas bien psychiquement et ce qu'il ressent alors. Ceci signifie qu'une partie de lui peut maintenant observer une autre partie plus vulnérable ;
- quand le lien avec la famille d'accueil éventuelle est suffisamment bien établi pour que le retour momentané de l'enfant dans sa famille ne crée pas une situation de double appartenance trop conflictuelle. Cela va nécessiter des années ;
- quand les apprentissages scolaires ne sont pas trop envahis par les préoccupations que l'enfant a concernant ses parents ;
- quand les parents peuvent mieux se contenir verbalement et physiquement. Toutefois on sait qu'un certain nombre de parents, lorsqu'ils sont cadrés de manière très précise par les visites médiatisées, peuvent devenir adaptés pendant le moment de la visite. Nous passons alors d'agréables moments à jouer ensemble au puzzle ou à d'autres jeux, avec un plaisir partagé par tout le monde, le parent étant à la fois en position d'enfant avec nous, jouant pour la première fois de sa vie de manière durable avec son enfant, et exprimant une préoccupation parentale adéquate par rapport à son enfant. Mais ceci ne signifie pas que, hors de ce cadre, ce parent a récupéré une compétence parentale durable.

On pourra alors mettre en place des contacts directs, très progressifs, en évaluant chaque fois leur impact sur la vie psychique de l'enfant. Toute remise en contact précipitée *risque de réactiver les troubles de l'enfant* et, au bout du compte, de faire perdre du temps. Nous aimerions parfois que malgré la pression des parents, les juges laissent plus de temps à l'enfant.

On constate que les visites médiatisées constituent un outil précis et lourd. Quand un enfant est séparé de parents psychotiques à l'âge de quelques mois et que l'on est obligé de médiatiser les rencontres jusqu'à ce qu'il ait seize ans, âge auquel il se sentira peut-être assez fort pour les rencontrer seul, on est confronté à une charge de travail importante. Mais ceci est plus satisfaisant que de gérer pendant des années une situation dans laquelle un enfant ne progresse pas. En effet, rien n'est plus démobilisant pour une équipe que la confrontation à la chronicité des enfants qu'elle a en charge. On aura aussi perçu la problématique psychique complexe qui va s'élaborer chez l'enfant, et entre l'enfant et ses parents au cours des visites médiatisées, ce qui explique qu'elles doivent être considérées comme un outil thérapeutique, et non pas simplement comme un acte « social ».

5. LES VISITES MÉDIATISÉES ENTRE MEMBRES D'UNE FRATRIE

Lorsqu'une séparation parents-enfants est réalisée, il s'avère souvent nécessaire de séparer les fratries, non pas pour des raisons de « places disponibles » en famille d'accueil ou en institution, mais parce que la relation que les enfants ont nouée entre eux est nocive. Dans ces cas, les membres d'une fratrie sont incapables de partager un bon moment. Pour eux, se rencontrer, c'est replonger dans l'univers de la pathologie parentale, leur seule relation consiste à s'exciter mutuellement, à tenter de rendre l'autre fou, à tenir l'autre sous son emprise, à tel point que certains enfants vont si mal et de manière durable après une « rencontre-fratrie » qu'il est nécessaire d'espacer fortement ces retrouvailles. Au mieux jouent-ils séparément sans pouvoir s'amuser ensemble[1]. Des visites médiatisées sont alors nécessaires pour éviter que la rencontre ne dégénère en quelques minutes. Ce qui frappe, dans ces circonstances, c'est l'impossibilité pour les enfants d'évoquer des souvenirs communs, à la différence de ce qui se passe habituellement dans une fratrie. Ils n'emploient pas l'expression « notre mère » ou « notre père », mais s'adressent à l'autre en lui disant « ta mère » ou « ton père ». Certes, d'une manière générale, les membres d'une fratrie n'ont pas, d'un point de vue psychique, la même mère ni le même père, au sens où ils n'en ont pas la même image, mais ils ont quand même vécu de bons moments en commun ou surmonté des épreuves, et constitué des souvenirs assez semblables. Au cours des visites médiatisées, on a le sentiment de deux « semi-étrangers » dans la même pièce, les enfants se questionnent à peine (voire pas du tout) sur le devenir de chacun, leur seule curiosité est d'interroger l'autre pour savoir s'il voit plus sa mère ou son père que soi-même.

C'est au cours de ces visites médiatisées que, souvent pour la première fois, ils vont pouvoir s'écouter, c'est-à-dire pendant une longue période écouter l'autre parler à l'adulte qui le questionne sur ce qu'il ressent. Lorsque cela se passe bien, peu à peu, ils répondront à tour de rôle sur ce qu'ils pensent dans telle circonstance précise (école, absence de leurs parents, etc.). C'est alors le dispositif des visites médiatisées qui les a rendus frères d'un point de vue psychique, c'est-à-dire capables de s'intéresser à l'autre. Parfois c'est un échec : chaque enfant n'a besoin de voir l'autre que quelques minutes tous les trimestres, pour vérifier qu'il va bien, ils se sourient, puis la relation se fige dans le silence ou dégénère comme auparavant, et l'on se demande jusqu'où ce rendez-vous les intéresse. La visite médiatisée n'est plus qu'un rituel creux mis en place pour les parents qui demandent que leurs enfants se rencontrent.

On constate ici à quel point la loi du 30 décembre 1996 qui prévoit que « l'enfant ne doit pas être séparé de ses frères et sœurs, sauf si cela n'est pas possible ou si son intérêt commande une autre solution », correspond, malgré ses précautions, à une idéologie familialiste qui ne prend pas en compte la complexité du lien fraternel. Ne demande-t-on pas implicitement aux enfants de maintenir par ce lien ce que les parents n'ont pas pu maintenir, à savoir l'identité familiale, comme le souligne Mialocq[2] ?

1. Parfois même, il arrive qu'un enfant soit utilisé par un parent pour manipuler l'autre. Ainsi un pré-adolescent disait-il à son frère au moment où ce dernier allait discuter seul avec un éducateur : « Fais attention à ce que tu dis par rapport à la maman. » Il fut nécessaire de mettre ces enfants dans deux groupes distincts dans l'institution pour qu'ils puissent commencer à développer une pensée personnelle.

2. Mialocq H., « Violence fraternelle, blessure en miroir », *Journal des psychologues*, 1994, 115, p. 43-47 ; « Fraternités responsables », *ASH*, 1997, n° 2008, p. 2.

6. LE RÔLE DE L'ÉDUCATRICE OU DE L'INFIRMIÈRE DANS LES VISITES MÉDIATISÉES[1]

Nous nous centrerons ici sur la place du soignant référent de l'enfant dans le dispositif des visites médiatisées[2]. Pour cela, il est nécessaire d'exposer brièvement certaines lignes de notre protocole de soins. C'est avec cet intervenant que l'enfant fera souvent l'expérience pour la première fois de son existence, de ce qu'est une relation fiable et résistante aux attaques, sans représailles. Il pourra commencer à construire une histoire avec ce soignant, puis s'interroger sur son histoire. Ce travail, supervisé, peut être complété par une psychothérapie classique effectuée par un psychothérapeute de formation psychanalytique, si cela s'avère nécessaire, et si les modifications du fonctionnement psychique obtenues chez l'enfant lui permettent d'accéder à ce mode de traitement.

Nous allons exposer maintenant pourquoi il paraît nécessaire que ce soignant, éducatrice dans notre cas, soit présent avec l'enfant dans le dispositif des visites médiatisées, et pourquoi il ne doit pas être le seul intervenant.

Présence de l'éducatrice référente

L'éducatrice de référence doit-elle être présente aux visites médiatisées ? La raison essentielle, pourrait-on penser, est que l'éducatrice est la mieux placée pour répondre aux questions des parents sur les difficultés et les progrès de leur enfant, mais ces informations peuvent aussi leur être données hors de la présence de ce dernier. De plus, de nombreux parents investissent essentiellement un enfant imaginaire au détriment de leur enfant réel, et on est frappé, par exemple, par leur absence de questions concernant la scolarité. Enfin, pour certains parents, il est inacceptable que leur enfant puisse progresser hors de leur présence, et d'après eux, il savait déjà lire et écrire lorsque le juge le leur a retiré à l'âge de trois ans, alors qu'il présentait en fait un important retard de développement. Les raisons sont donc d'une autre nature.

Tout d'abord, l'éducatrice représente un appui indispensable pour aider l'enfant dans cette rencontre souvent très angoissante pour lui. C'est avec elle qu'il prépare la visite, indique parfois les jeux auxquels il voudra essayer de jouer avec ses parents, et réfléchit aux éventuelles questions qu'il voudrait leur poser sur son histoire ou sur leur passé, questions qu'il n'arrivera souvent à aborder que parce que l'éducatrice le sollicitera pendant la rencontre. Parfois l'enfant restera assis sur ses genoux, à distance des parents, pendant plusieurs mois. D'autres enfants ne peuvent tenir leur position de sujet avec une pensée autonome qu'en s'étayant sur des échanges de regards fréquents et, parfois, presque continus avec l'éducatrice. C'est ce qui évitera à certains de basculer en une seconde dans une attitude de soumission totale destinée à amadouer leurs parents terrifiants, ou de se laisser prendre dans un collage physique total avec le parent, interactions qui le plongeraient pendant plusieurs heures après la visite dans un état de malaise profond.

1. Cette section a été écrite par H. Pastrana, éducatrice à l'hôpital de jour du service de psychiatrie de l'enfant et de l'adolescent de l'hôpital Bellevue.

2. Par commodité, nous utiliserons le terme d'éducatrice, mais il peut s'agir aussi d'un éducateur ou d'un(e) infirmier(e) psychiatrique.

Dans un certain nombre de situations s'instaure, de la part du parent, un mouvement transférentiel positif sur l'éducatrice. Ce mouvement est d'autant plus précieux que les mères sont souvent inconsciemment en lutte « contre leur propre imago maternelle hostile » (Rottman).

D'un point de vue psychodynamique, l'éducatrice va pouvoir ainsi avoir accès à la compréhension de certains processus psychiques en jeu entre mère et enfant. Elle pourra ensuite travailler sur les différents niveaux de fonctionnement psychique de l'enfant, du fait de sa triple position : relation en prise en charge individuelle, témoin de la nature des relations parents-enfant lors des visites médiatisées, et personne non impliquée dans la gestion du cadre :

- tout d'abord, *sa position est celle d'un témoin*. Suite à la visite, elle n'interprète pas, n'émet aucun jugement sur la pathologie parentale. Tout au plus, lorsque l'enfant est prêt à se formuler la folie de ses parents, et dans le cadre d'une relation ancienne et solide, souligne-t-elle les tiraillements ou les craintes qu'il peut éprouver à leur propos.
- ensuite, l'éducatrice est la seule personne à *avoir accès aux deux mondes psychiques de l'enfant*, son monde intrapsychique qui concerne les imagos parentales, et la nature du lien qu'il noue dans l'interaction réelle. On l'a constaté à propos de Carine : en même temps que les visites médiatisées se passent bien, en prise en charge elle fait un scénario où une mère tue son enfant.

Présence d'un psychiatre ou d'un psychologue

La présence d'un psychiatre ou d'un psychologue avec l'éducatrice est souhaitable, et ce pour au moins deux raisons.

D'une part, cet autre soignant a comme rôle de *tenir le cadre* s'il vient à être mis à mal. Ceci ne peut être effectué par l'éducatrice qui a le lien avec l'enfant. Ce dernier ressentirait une telle intervention comme un conflit entre ses deux objets d'amour, qui le soumettrait à un tiraillement interne intolérable entre ces deux attachements de nature différente. Il préférera souvent, in fine, retirer sa confiance à l'éducatrice. Il se représentera alors cette dernière comme l'ayant attaqué dans son fondement identitaire narcissique le plus essentiel, le lien à sa mère, quelle que soit la « médiocre » qualité de l'objet maternel en réalité.

D'autre part, le soignant, psychiatre ou psychologue, est dans une position « méta » qui lui permet de verbaliser les sentiments des pères et mères concernant la relation de leur enfant avec eux ou son éducatrice. Le but est alors d'amortir l'intensité de ces sentiments, de les nuancer, de les mettre en parole. Ainsi Mme E, mère de Gabrielle, lui offre un synthétiseur pour Noël, cadeau important par rapport à son faible budget. À sa demande, devant elle, sa fille joue un joli morceau sur l'instrument, accompagnée par l'éducatrice. Le psychiatre remarque l'air ravi de Mme E pendant l'audition, et il en fait la remarque à la fin du morceau. La mère acquiesce. Mais l'intervenant connaît la complexité de la vie psychique de cette mère, et la force de ses sentiments d'envie liés à une enfance soumise à l'injustice et à la maltraitance. Il sait qu'une attaque de la part de Mme E peut s'en suivre. Aussi ajoute-t-il sans trop se rapprocher émotionnellement : « Je me demande si vous n'aviez pas des sentiments partagés. Je me dis que vous deviez être ravie de voir votre enfant si contente avec ce que vous lui avez offert, et si heureuse lorsqu'elle jouait avec Mme Pastrana, et qu'en même temps, cela devrait vous rendre un peu triste et même un peu amère parce que vous n'avez pas vécu de moments comme celui-là lorsque vous étiez vous-même enfant. » La mère, surprise, le regarde et dit : « Comment savez-vous tout cela ? C'est parfaitement exact. » Nous sommes à la limite entre persécution et identification. Cette mère est psychotique, elle fait fréquemment des épisodes délirants ou dépressifs, elle peut interpréter les paroles du psychiatre comme une intrusion inquiétante, une manière de deviner ses pensées. L'intervenant répond simplement : « Parce que c'est ce que j'aurais ressenti si j'avais été à votre place. » Mme E s'apaise, une partie de sa souffrance de petite fille a été entendue et nommée.

On constate donc l'emboîtement nécessaire dans ce dispositif. L'éducatrice est elle-même un tiers qui représente une protection pour la vie psychique de l'enfant pendant la rencontre avec ses parents. Le psychiatre ou le psychologue est un deuxième tiers, entre la relation éducatrice-enfant et la mère.

Le point de vue de l'éducatrice référente au cours des visites médiatisées

Voici, comme exemple, la présentation du long suivi de Gabrielle.

Situation n° 20

Gabrielle est entrée à l'hôpital de jour à l'âge de sept ans (elle en a dix maintenant). Séparée de sa mère depuis l'âge de quatre ans, elle vit dans une famille d'accueil. Elle ne connaît pas son père.

À partir du moment où elle est entrée à l'hôpital de jour, le dispositif des visites a été le suivant : une fois par mois, pendant une heure, dans le bureau du docteur Berger et en sa présence, j'accompagne Gabrielle lorsqu'elle rencontre sa mère. Nous allons constater que si dans l'espace-temps de la vie d'un enfant soigné à l'hôpital de jour, les visites médiatisées occupent peu de place (une heure par mois en général, parfois moins longtemps ou moins fréquemment) alors que l'enfant vient six à huit heures chaque jour à l'hôpital, elles ont une importance capitale parce que dans ce cadre, s'expriment les souffrances de l'enfant et du parent.

La première visite

La première rencontre à l'hôpital de jour entre Gabrielle et sa mère est éprouvante. Pour ma part, je ne connais Gabrielle que depuis un mois, et je suis bien loin encore d'avoir sa confiance. Elle m'a à peine repérée comme étant son éducatrice de référence. Pour elle, tous les adultes semblent pareils, elle s'adresse indifféremment à l'un ou à l'autre, dans des attitudes de séduction ou de collage. Probablement parce qu'un lien ne s'était pas encore vraiment ébauché entre Gabrielle et moi, j'ai éprouvé la pénible impression d'être spectatrice, d'assister à une scène dans laquelle je n'étais pas à ma place mais à laquelle je devais participer. Je partis alors du postulat qu'il s'agissait de retrouvailles entre un enfant et sa mère. L'une et l'autre ne s'étaient pas vues depuis plus de deux mois.

Gabrielle entre dans la pièce dans laquelle sa maman l'attend. Elles s'embrassent.

Je serre poliment la main de Madame E. Gabrielle s'assoit contre moi et suce son pouce en regardant sa mère. Ce moment est bref. Elle se lève, se dirige vers le coffre à jouets, y trouve des marionnettes. Elle propose à sa mère d'y jouer. Madame E. refuse : « Je n'ai jamais joué à ça. » Gabrielle me demande alors de jouer avec elle ; elle serait la femme, je serais le mari. Très vite, elle fait entrer en scène d'autres personnages et tout se mélange : la femme serait en fait mariée avec son frère, puis avec son père. Madame E. est gênée et tente d'expliquer d'une manière assez mécanique à Gabrielle que quelque chose cloche, mais elle s'embrouille aussi dans ses explications.

Gabrielle est de plus en plus agitée, elle arrête le jeu et dit vouloir dessiner puis elle dit à sa mère : « Toi, tu sais pas dessiner. » J'ai l'impression d'avoir en face de moi deux petites filles rivales.

Juste avant de la quitter, Gabrielle dit à sa mère qu'elle la trouve grosse, qu'elle ne devrait pas tant manger parce qu'elle risque d'éclater. À quoi sa mère répond : « Si je viens te voir pour que tu me dises ça, ce n'est pas la peine ! » Gabrielle est sur le point de pleurer, sa maman aussi. Elles se jettent dans les bras l'une de l'autre d'une manière assez théâtrale et restent collées un moment.

Quand Gabrielle sort de la pièce, elle paraît soulagée, mais je ne saurais dire ce qui la soulage : d'avoir vu sa maman ? que ce moment soit terminé ? que sa maman n'ait justement pas éclaté ? En tout cas, après cette visite, elle me dit qu'elle se sent « excitée ».

Je suis surprise d'avoir ressenti si peu d'émotion durant cette première rencontre dite « médiatisée ». En même temps, une force et une tension inouïe étaient à l'œuvre. Je réalise alors que cette mère et cette fille qui ne se sont pas vues depuis plus de deux mois, semblent ne s'être jamais quittées ! C'est probablement ce qui explique mon sentiment d'être spectatrice : entre elles deux, il n'y a pas de place.

Il me semble que cette rencontre, dans le cadre des visites médiatisées à l'hôpital de jour, plante le décor des rencontres à venir. Mais je crois que dans un premier temps, ma présence et celle du docteur Berger restent relativement secondaires par rapport à ce qui se joue entre Gabrielle et sa mère. Elles me paraissent tellement collées l'une à l'autre, que le terme même de « médiatisation » me semble inadéquat. Pendant cette visite apparaît donc clairement l'état de confusion dans lequel Gabrielle se débat : confusion des générations qui se révèle dans le jeu en présence de sa mère, mais aussi entre elle et sa mère.

Cette visite me permet de réaliser l'ampleur du travail que Gabrielle devra faire pour s'individualiser, se différencier de sa mère. Elle me permet de commencer à comprendre certains éléments de ce qu'elle joue avec moi en prise en charge ; en effet, dans les moments de jeu avec Gabrielle, alors qu'elle décidait qu'elle serait l'enfant et moi la maman, arrivait toujours le moment où le rapport s'inversait et où c'était elle qui devenait la mère et moi l'enfant. Je pourrai alors donner un sens à ce processus et le verbaliser avec l'enfant.

Surtout, cette rencontre me permettra d'avoir mieux en tête sa mère, sur laquelle je peux désormais mettre un visage. Après tout, la médiatisation commence peut-être d'abord là : faire une place dans MA tête à cette femme, qui est la mère de Gabrielle.

Sur un autre plan, le docteur Berger et moi-même avons été stupéfaits par le thème du jeu de marionnettes. En effet, non seulement Mme E a été l'objet de carences éducatives et affectives graves de la part de sa mère lorsqu'elle était enfant, mais elle a subi des actes incestueux répétés de la part de son frère et de son père, avec la complicité de sa mère. Elle nous a demandé de ne pas en parler à sa fille, tout en évoquant l'existence d'un secret devant elle lors de visites ultérieures (*cf. infra*). Nous constatons donc au cours de cette première visite à quel point ce thème peut surgir à l'improviste de l'inconscient de Gabrielle.

Séances suivantes : « ça » parle

Sans que nous la questionnions sur son histoire, Madame E en livre quelques fragments, sur un ton toujours dramatique et énigmatique. Elle tient à garder secret un passé qui semble indicible tellement il est douloureux. Pourtant, elle en dit quand même suffisamment pour attiser la curiosité et pour que sa fille reste dans un état d'excitation : Gabrielle ne peut alors que mettre en jeu directement ce qui a eu lieu pour sa mère, dans une sorte de mise en scène brute, qui est loin d'être une élaboration. Elle ne sait pas qu'elle joue une histoire qui a été vécue avant elle. Elle ne sait pas que cette histoire, elle ne l'a pas inventée, mais qu'elle lui a été inconsciemment transmise par sa mère. Les séquences suivantes illustrent l'évolution des rencontres.

Lors d'une visite, Madame E. s'est coupée les cheveux et Gabrielle lui dit d'emblée que ça ne lui plaît pas. Elle ajoute : « Enfin, tu fais ce que tu veux, tu as ta vie, j'ai la mienne ! » Puis elle demande à sa mère de lui offrir des boucles d'oreilles en argent. Madame E. refuse, disant que Gabrielle les perd toutes, et qu'elle aussi, d'ailleurs, les perdait systématiquement. Comme elle en porte ce jour-là, et que le docteur Berger lui en fait la remarque, elle dit qu'elle n'en porte que depuis qu'elle n'est plus dans sa famille. Auparavant, son père lui en offrait, mais dans une intention bien précise, dit-elle, et elle les perdait.

Gabrielle a alors envie de jouer aux marionnettes, elle voudrait tenir le rôle de Blanche-Neige. Le docteur Berger joue la méchante belle-mère, jalouse, qui demande au chasseur d'aller transpercer Blanche-Neige, pour qu'elle ne puisse plus jamais se sentir femme. Le chasseur obéit, Blanche-Neige se retrouve le corps couvert de sang et cherche des remèdes pour se soigner. Quand Blanche-Neige propose une cure de sommeil ou des tisanes, la belle-mère ricane en disant que même si la belle dormait pendant un mois, elle se réveillerait avec les mêmes peurs. Gabrielle me demande alors de jouer l'un des sept nains, et Madame E. veut se joindre à moi. Blanche-Neige nous raconte ce qui lui est arrivé. Madame E. intervient alors en disant que ce qu'il faudrait, c'est lever la malédiction. L'histoire s'arrête là, elle a été suivie avec beaucoup d'attention par la mère et Gabrielle était très sérieuse.

Après la visite, Gabrielle me dira qu'elle était contente que sa mère finisse par jouer avec nous, et qu'elle aimerait continuer le jeu à la prochaine rencontre.

Malheureusement, à la visite suivante, Madame E. refusera de jouer et restera sur la défensive pendant toute la durée du jeu, comme si elle craignait de s'être trop engagée la fois précédente. Blanche-Neige empoisonne la belle-mère et réussit à voler une potion qui lui permet d'avoir moins peur parce qu'elle lui donne des muscles, et la fait ressembler à un garçon. La malédiction n'est donc pas encore levée...

Pendant la prise en charge individuelle qui a suivi cette visite, Gabrielle me dira que ça l'embête que sa maman n'ait pas voulu jouer et elle ajoute : « Ça doit lui rappeler de mauvais souvenirs ; sa maman, elle ne devait pas être bien gentille. » À un autre moment, Gabrielle, comme sa mère, reviendra radicalement sur sa position, en me disant qu'elle n'a pas aimé ce jeu, qu'elle voulait faire la vraie histoire de Blanche-Neige.

Quelques mois plus tard, Gabrielle dessinera en présence de sa mère un « mec », déguisé en fille, qui pousse (qui bouscule) une petite fille. Il se retrouve en prison après qu'une femme policière est intervenue, puis il passe devant le juge. Comme Gabrielle commente son dessin, Madame E. lui dit : « T'es obligée d'inventer chaque fois que tu dessines ? Je me demande où tu vas chercher tout ça ? »

Une autre fois encore, Gabrielle voudra que l'on joue à la poupée. Il y a la maman (Gabrielle), et la fille (moi) ; la maman se plaint à un policier qu'elle a été violée. Madame E. intervient en disant qu'elle doit porter plainte et aller voir un médecin qui prouverait qu'elle a été violée, qui verrait aussi si elle n'est pas enceinte. Madame E. veut jouer le médecin en disant à Gabrielle : « Tu préfères un docteur femme, toi aussi, comme moi ! » On ne saura pas finalement si la femme est enceinte ou pas. Le médecin (Madame E.) prescrit des médicaments pour que la dame puisse dormir et oublier ce qui s'est passé...

Quand j'ai voulu reparler de ce jeu avec Gabrielle, elle est devenue très butée, me disant qu'elle ne voulait pas en parler, que de toute façon je ne pouvais pas la forcer, et qu'elle voulait « effacer ». J'ai alors l'impression d'entendre sa mère et je le lui dis. J'ajoute qu'effectivement je ne pouvais pas et ne voulais pas la forcer.

Cette idée de forçage est très présente dans l'esprit de Gabrielle, ce qui rend d'ailleurs les apprentissages particulièrement difficiles, puisqu'elle prend toutes les tentatives d'aide comme une perte de maîtrise.

Il faut préciser que Gabrielle n'a jamais parlé de tous ces jeux avant les visites, ils ne semblent pas avoir été prémédités par elle, et que j'étais très surprise, voire stupéfaite, par ce qu'elle jouait. En effet, même si Gabrielle abordait ces thèmes avec moi, pendant les prises en charge, elle ne le faisait jamais de manière aussi brute que pendant ces visites.

La question se pose donc de savoir ce qui se joue en présence de sa mère : on aurait envie de penser que Gabrielle cherche quelque chose, qu'elle tente de représenter une histoire, de mettre à distance l'histoire de sa mère, qu'elle attend peut-être que sa mère en dise quelque chose. Pourtant je dois reconnaître que je ne le pense pas, je crois plutôt que dans ce cadre, l'inconscient parle, comme si c'était la mère de Gabrielle qui parlait en elle, de manière brute et non élaborée.

Une mère irréparable

À d'autres moments, une certaine distanciation se met en place, mais il s'agit de mouvements qui ne parviennent pas encore à se stabiliser. Par exemple, avant une visite, Gabrielle me dira qu'elle est contente de voir sa maman, mais qu'elle a un peu peur aussi qu'elle ne lui annonce qu'elle ne viendra plus ; elle ajoute : « Des fois, on pleure toutes les deux. C'est pas normal, on dirait des jumeaux. »

Au cours d'une autre visite, Madame E. est très déprimée et nous annonce qu'elle va devoir se faire hospitaliser : c'est une femme souffrante et touchante, qui dit sa tristesse de ne pas pouvoir offrir à ses enfants une vie normale, qui dit aussi sa peur de voir ses enfants suivre la même route qu'elle. Elle souhaite d'abord dans un premier temps nous voir seuls, sans sa fille, et nous demande si elle peut lui dire qu'elle va s'absenter pour se faire soigner. Quand elle en parle à Gabrielle, en pleurant, cette dernière l'écoute gravement, puis se met à lui raconter une histoire, « Les mots doux », que je lui avais racontée. C'est l'histoire d'une petite souris qui est pleine de colère, puis qui finit par se consoler avec les mots doux que sa maman lui adresse. Gabrielle est à ce moment très douce et tente de consoler sa mère. Après la visite, elle me dira qu'elle trouve que c'est bien que sa maman ne se laisse pas tomber malade et qu'elle essaie de se soigner ; elle ajoute : « J'avais envie de pleurer mais je me suis retenue. »

De plus en plus, apparaît l'idée de la réparation d'une maman cassée et cette réparation se heurte à un impossible. Ceci apparaît lors d'un moment de prise en charge qui a lieu avant une visite de sa mère, le jour où celle-ci devait lui apporter un vélo pour Noël.

Tout d'abord, il faut préciser que chaque fois que Madame E. apporte un cadeau à Gabrielle, toutes les deux finissent presque toujours par se le disputer, tiraillant l'une et l'autre le nouvel objet. Je vois alors la part enfant souffrante de Madame E., ce qui apaise la colère que je ressens parfois à constater qu'elle a beaucoup de mal à s'identifier à Gabrielle (Madame E., au cours d'une visite où elle avait apporté une poupée à Gabrielle, nous a dit qu'elle avait dû ranger dans un placard la seule poupée qu'elle se souvenait avoir reçue de ses parents, elle n'avait jamais pu jouer avec car ces derniers craignaient qu'elle ne l'abîme).

Ce jour-là, Gabrielle est inquiète et me dit : « Elle va peut-être venir sur le vélo, ma maman ? » Je lui dis : « Tu penses qu'elle le voudrait pour elle ? » Gabrielle a alors dans la main un morceau de pâte à modeler et elle se met à lui donner la forme d'un vélo. Puis elle fabrique un personnage pour aller sur le vélo. Le vélo est trop grand pour lui et il ne peut atteindre les pédales. Gabrielle lui rallonge les jambes. Mais le vélo est fragile, dit-elle, et il se casse. Gabrielle le refait plus petit et le personnage peut monter dessus, mais cette fois, c'est lui qui est trop fragile, et sa tête tombe. Elle la remet en place et me dit : « C'est plus important de garder le bonhomme entier, parce que lui, on ne peut pas le réparer, alors qu'un vélo, ça se répare ! »

Arrive le moment où l'on va rejoindre sa maman dans le bureau du docteur Berger. Madame E. admire le vélo neuf qu'elle vient d'apporter. Gabrielle monte dessus et sa maman s'exclame : « C'est incroyable qu'il t'aille aussi bien alors que je l'ai pris pour ma taille ! » Au fur et à mesure de la visite, Madame E. est de plus en plus mal à l'aise et de plus en plus dure avec Gabrielle. « Tu m'as ruinée, ma fille ! J'espère que tu ne vas pas m'en demander un autre dans deux ans ! Je me demande comment tu as pu être aussi méchante avec ton frère quand tu étais petite ! » La première réaction de joie de Gabrielle se change vite en amertume et elle quitte sa mère tête basse, blessée.

Les tentatives d'intervention du docteur Berger pour atténuer la nocivité des paroles très dures de Madame E. n'ont eu aucun effet sur elle. La rage et l'envie qu'elle éprouvait à ce moment-là ont été les plus fortes. En revanche, après la visite, Gabrielle pourra me confier ce qu'elle a ressenti : il faudrait toujours payer sa maman, puisqu'elle dit qu'elle l'a ruinée, et elle ajoute : « Si elle n'a pas eu de cadeaux quand elle était petite, on peut lui en donner maintenant ! » Je lui dis alors dans quels mouvements contradictoires je la sens prise : elle oscille entre l'illusion de pouvoir réparer sa mère, en comblant aujourd'hui ce qui lui a manqué, et le constat d'une déception, qui est sans doute trop douloureuse pour pouvoir être acceptée avec ambivalence.

Le travail avec Gabrielle est en cours et il est difficile de conclure : je dirai simplement que par le biais du lien qui s'est construit entre sa mère et nous, Madame E a pu, par la suite, parler de son histoire à Gabrielle, ce qui était une manière pour cette mère d'accepter que sa fille ait une autre histoire... Les rendez-vous manqués (Madame E se trompait fréquemment de jour ou d'heure) ont progressivement fait place à une régularité. C'est dans ce cadre que j'ai pu rencontrer dans cette femme une enfant meurtrie, que j'ai pu voir l'enfant dans ce parent. La relation entre Gabrielle et sa mère s'est pacifiée. Dans un sens, avant de rencontrer cette mère, j'ai eu affaire à une enfant « parachutée », perdue, et le travail de lien n'a pu commencer véritablement avec Gabrielle qu'à partir du moment où j'ai rencontré sa maman. La question de la filiation, qui est au cœur de ces visites médiatisées, s'est manifestée aussi assez rapidement lorsque Gabrielle a questionné sa mère sur qui était son père. Pour cela, elle a dû s'appuyer sur ma présence pour avoir la capacité d'insister, Mme E refusant d'évoquer cet homme qu'elle décrira finalement comme très violent.

Situation n° 20 (suite)

Par la suite, Gabrielle a pu se permettre de montrer sa colère ancienne à l'égard de sa mère. Ainsi un jour, Mme E dit à sa fille qu'elle doit profiter de ce qu'on lui offre à l'hôpital de jour, et en particulier mieux travailler dans la classe à petits effectifs, alors qu'elle-même n'a pas pu bénéficier de cela pendant son enfance car elle n'a pas eu des parents assez corrects pour s'occuper d'elle. Gabrielle répond immédiatement : « Moi non plus », ce qui laisse tout le monde silencieux. Mme E se reprend alors en disant que la différence, c'est que c'étaient ses propres parents qui l'avaient placée quand elle était enfant, au sens de la rejeter, alors que c'est le juge qui a décidé de placer Gabrielle.

Les visites médiatisées constituent donc un moment d'autant plus important pour un enfant qu'il peut parler de ce qui s'y passe avec un adulte qui l'accompagne dans ses questionnements, mais aussi dans ses émotions avant la visite, pendant, et après, qui partage les moments d'attente, de soulagement quand une visite s'est bien passée, de déception quand le parent ne vient pas.

Nous avons montré la complexité de la tâche de l'éducatrice au cours de ces visites : témoin protecteur de l'enfant, elle doit l'aider à articuler en prise en charge individuelle ses mouvements intrapsychiques avec les processus qui se sont manifestés sur la scène interactionnelle familiale. Elle est aussi un objet transférentiel des parents. L'enfant, quel qu'il soit, séparé ou non de ses parents, nous contraint de toute façon à travailler avec eux, et les visites médiatisées peuvent ouvrir ces perspectives de travail. De la contrainte peut naître la rencontre. Ce travail lui-même ne peut se réaliser que s'il est contenu dans un autre cadre, la présence d'un autre intervenant garant du maintien d'un niveau pulsionnel acceptable pendant les retrouvailles.

Il est intéressant de rapporter quelques moments de la prise en charge de Gabrielle dans les années qui suivirent.

Situation n° 20 (suite)

Citons tout d'abord, les effets « couloirs de tribunal », auxquels les juges ne peuvent pas assister. Pendant l'attente de l'audience qui a eu lieu deux ans plus tard, Gabrielle, constatant la présence du compagnon actuel de sa mère et celle de son frère Frédéric, lui-même placé dans une autre famille d'accueil, déclare « On est tous réunis, si j'avais un appareil photo, je prendrais une photo » (sous-entendu « de famille »). On constate à ce moment comment elle est « aspirée » par l'image d'une « famille réunie », alors qu'au cours de toutes les visites médiatisées qui ont eu lieu pendant l'année précédant l'audience, elle n'a cessé de dire à sa mère qu'elle ne voulait pas aller chez elle. Et lorsqu'elle rencontrait son frère sans sa mère au cours d'autres visites médiatisées, elle ne manifestait aucun intérêt pour lui, reconnaissant même ne jamais penser à lui. Dans le couloir, à cet instant, juste avant qu'il soit reçu par le juge, Mme E donne un coup de coude à Frédéric, qu'elle ne voit lui aussi qu'en visites médiatisées, en lui disant : « Tu diras bien au juge que... » On constate que le cadre très protégé des visites médiatisées vole en éclat lors de cette présence de toute la famille dans le couloir du tribunal, et que les membres de notre équipe ne sont plus dans la position de jouer un rôle de tiers dans les contacts parents-enfant. Il est fréquent que les parents expriment alors toute leur séduction, leurs plaintes ou leurs menaces pour que leur enfant aille dans leur sens en présence du magistrat. C'est pour cette raison que lorsqu'on a été obligé de mettre en place des visites médiatisées, il est préférable que les enfants ne soient pas reçus au même moment que les parents.

Quelques mois plus tard, Mme E annonce à Gabrielle qu'elle a demandé à son compagnon (qui n'est pas le père biologique des enfants) de la reconnaître et qu'elle va donc changer de nom. Ainsi elle aura un père. Nous essayons en vain d'expliquer à cette mère qu'un père ne se fabrique pas comme ça, qu'il faut qu'un lien se soit constitué. Elle ne nous comprend pas, ce qui montre sa difficulté à saisir la nature de la parentalité. Nous signifions notre opposition nette à cette demande. Un an plus tard, Mme E quittera son compagnon.

Livre 6

L'évaluation en protection de l'enfance

PLAN DU LIVRE

Chapitre 51

Définition de l'évaluation

F. ALFÖLDI

PLAN DU CHAPITRE

CE CHAPITRE ABORDE LA DÉFINITION de l'évaluation en pédagogie. La définition générale est transposée à l'évaluation en protection de l'enfance. Les notions de mesure, de jugement et de valeur sont situées dans le contexte médico-psycho-social. Le raisonnement théorique aboutit à l'idée de vérité, laquelle est explorée au travers d'un ensemble de notions clefs : vraisemblance, erreur, preuve, conviction, probabilité, corroboration.

1. ÉVALUER, QU'EST-CE QUE C'EST ?

La définition du dictionnaire

Selon le *Robert* : « évaluer », c'est « porter un jugement sur la valeur, le prix de ». Un souci éthique assombrit l'enthousiasme initial : évaluer, c'est juger. Or selon une évidence tacite, le secteur social enjoint à ses professionnels de ne pas juger. La fonction de jugement comporte une part de décision qui heurte la culture médico-psycho-sociale. Les représentations communes réservent le jugement aux seuls magistrats. Les juges incarnent simultanément l'instance supérieure détenant le pouvoir judiciaire et l'exécuteur de la basse besogne qui n'a qu'à se charger de juger, puisque tel est son nom. Le second sens du *Robert* relativise le caractère tranchant de la définition : évaluer, c'est aussi « juger approximativement ». Les professionnels de terrain sentent alors de nouveau l'oxygène irriguer leur pensée praticienne. Voici positionné le jugement à l'intérieur du concept d'évaluation. Il demeure qu'en sciences humaines et plus particulièrement dans l'évaluation de l'enfance en danger, le jugement porte principalement sur la valeur, moins fréquemment sur le prix. Cette conception n'est pas sans évoquer les théoriciens de la pédagogie. Le jugement de valeur est considéré par certains, comme la notion centrale en théorie de l'évaluation[1]. Le problème du jugement de valeur sera développé dans la suite de ce chapitre.

Voyons les antécédents étymologiques. Le verbe « évaluer » est construit au XIIIe siècle à partir du terme *advaluere*. Michel Lecointe rappelle que le préfixe *ad* indique la direction *vers*, la destination. Le radical *value* est une forme substantivée du participe passé féminin *valere* qui signifiait : *être vigoureux, avoir de la valeur, avoir trait à quelque chose* et donc *avoir une signification* (mots) *et une valeur* (monnaie)[2]. *Le Dictionnaire historique de la langue française* relève, dès 1366, une forme ancienne du verbe : *esvaluer*. Les premières formes (*evaluacion*) sont attestées à partir de 1385. Dès cette époque, le terme revêt le sens général qu'on lui connaît aujourd'hui. *Évaluer* « s'emploie à partir du XIVe siècle avec le sens de déterminer la valeur, le prix de (quelque chose) ». On retrouve la définition des dictionnaires modernes. Le concept revêt de ce fait, un sens social puissant. Échappant à l'obsolescence, il traverse les siècles avec une solide vigueur linguistique.

1. Barbier J.-M., *L'Évaluation en formation*, Paris, PUF, 1985.
2. Lecointe M., *Les Enjeux de l'évaluation*, Paris, L'Harmattan, 1997.

La définition des sciences pédagogiques

L'évaluation a été définie par les chercheurs en pédagogie. Le concept a été exploré selon maintes approches. Le modèle MPS s'appuie sur une conception développée par plusieurs auteurs. La définition de Jean-Marie De Ketele et Xavier Roegiers est tout à fait représentative de ce courant.

> « *Évaluer*, c'est confronter un ensemble d'informations et un ensemble de critères en vue de prendre une décision.[1] »

Cette définition synthétique met en relation un ensemble d'informations avec un ensemble de critères. De Ketele et Roegiers posent d'emblée la finalité ultime de l'évaluation : la prise de décision. Dans leur développement, les deux Belges décrivent la confrontation entre informations et critères.

> « Évaluer signifie :
> – recueillir un ensemble d'informations suffisamment pertinentes, valides et fiable ;
> – examiner le degré d'adéquation entre cet ensemble d'informations et un ensemble de critères adéquats aux objectifs fixés au départ ou ajustés en cours de route ;
> – en vue de prendre une décision.[2] »

Reprenant la définition de De Ketele et Roegiers, Michel Lecointe ajoute une quatrième opération : « et attribuer une signification aux faits et aux actes observés[3] ».

L'approche de Marcel Lesne, reformule de manière très intéressante la mise en relation entre informations et critères :

> « Évaluer, c'est *mettre en relation*, de façon explicite ou implicite, un *référé* (ce qui est constaté ou appréhendé de façon immédiate, ce qui fait l'objet d'une investigation systématique ou d'une mesure) avec un *référent* (ce qui joue le rôle de norme, ce qui doit être, ce qui est le modèle, l'objectif poursuivi, etc.)[4]. »

Les trois termes clefs de la définition de Lesne : le référé, le référent et la mise en relation, sont développés dans les chapitres suivants. Cette approche a déterminé la construction du modèle MPS. La structure ternaire du processus d'évaluation (référé – référent – jugement) introduit l'existence d'un écart entre un objectif prédéterminé et le résultat obtenu. Les trois termes ont traversé plusieurs décennies de travaux sur l'évaluation. La conception d'un jugement prononcé sur l'écart entre le fait et l'idéal reçoit une adhésion significative chez les auteurs de référence. On retrouve la même approche chez Michel Lecointe : deux situations, l'une idéale, l'autre réelle font l'objet d'une comparaison qui donne lieu à la mesure d'un écart, à la production d'un jugement, et à une explication de sens[5]. Le mouvement qui actionne la pensée évaluative est un *processus*, dont l'aboutissement est la *prise de décision*. Le processus d'évaluation peut être décrit comme la confrontation entre un élément A et un élément B d'où résulte un produit P[6].

---

1. De Ketele J.-M., Roegiers X., *Méthodologie du recueil d'informations*, Bruxelles, De Boeck, 3e éd, 1996.
2. De Ketele J.-M., Roegiers X., *Méthodologie du recueil d'informations*, *op. cit.*
3. Lecointe M., *Les Enjeux de l'évaluation*, *op. cit.*
4. Lesne M., *Théories et pratiques de l'éducation permanente*, Paris, Edilig, 1984.
5. Lecointe M., *Les Enjeux de l'évaluation*, *op. cit.*
6. Stuffelbeam D., *L'Évaluations en éducation et la prise de décision*, Ottawa, NHP, 1980 (1974).

Les définitions modernes se rejoignent sur l'idée que l'évaluation met en comparaison un ensemble d'informations avec un ensemble de critères afin de produire un jugement de valeur permettant une prise de décision. Il est cependant essentiel de ne pas méconnaître les critères implicites des évaluateurs dans l'instant où ils évaluent. C'est ce que Michel Lecointe appelle le « système de valeur » ou « système de référence » dont il sera traité plus loin. Ainsi, partant de la définition de Marcel Lesne, enrichie par les apports de Daniel Stufflebeam (le processus), Jean-Marie Barbier (le jugement de valeur) et complétée par Michel Lecointe (le système de valeurs), on obtient la définition suivante :

L'évaluation est un processus qui produit un jugement de valeur relativisé, à partir d'un ensemble d'informations factuelles, en fonction d'un ensemble de critères étalonnés et sous l'influence du système de valeurs des évaluateurs.

Ce courant théorique n'est pas sans rencontrer des oppositions. La dualité référé/référent est dénoncée par certains auteurs, comme la confrontation réductrice d'une performance à une norme. Pourtant, cette approche s'avère particulièrement éclairante, dans la recherche d'un modèle ajusté à la protection de l'enfance.

Le processus d'évaluation

La notion de processus aide à clarifier la pensée, dans la rencontre avec la complexité du réel. Le processus intellectuel permet d'explorer les aspects obscurs du phénomène qu'on étudie, du problème à résoudre, de l'objet qu'on évalue.

> « Un *processus* est une activité particulière et continue, qui présuppose plusieurs méthodes et implique un certain nombre d'étapes ou opérations[1]. »

Pour Lalande, le processus est une « suite de phénomènes présentant une certaine unité ou se reproduisant avec une certaine régularité[2] ». Le processus d'évaluation apporte un raisonnement organisateur et pénétrant. L'enchaînement caractéristique du processus d'évaluation a été remarquablement modélisé par Jean-Marie De Ketele et Xavier Roegiers. Leur schéma **(Figure 51.1)** est particulièrement explicite.

2. DÉFINIR L'ÉVALUATION EN PROTECTION DE L'ENFANCE

En protection de l'enfance, l'évaluation souffre d'une carence de définition. Le terme *évaluation* fait certainement partie du vocabulaire courant dans les écrits. On le trouve fréquemment dans les têtes de chapitre. Il entre dans le titre de certains ouvrages. Cependant les efforts de définition formelle sont rares. Lorsqu'ils existent, ils font peu référence à la théorie de l'évaluation. La littérature de l'enfance en danger ne s'appuie pas sur les concepts clefs du *référé* et du *référent*. Les

1. Stuffelbeam D., *L'Évaluations en éducation et la prise de décision*, *op. cit.*
2. Lalande A. , *Vocabulaire technique et critique de la philosophie*, Paris, PUF, 4e éd. 1990 (1926).

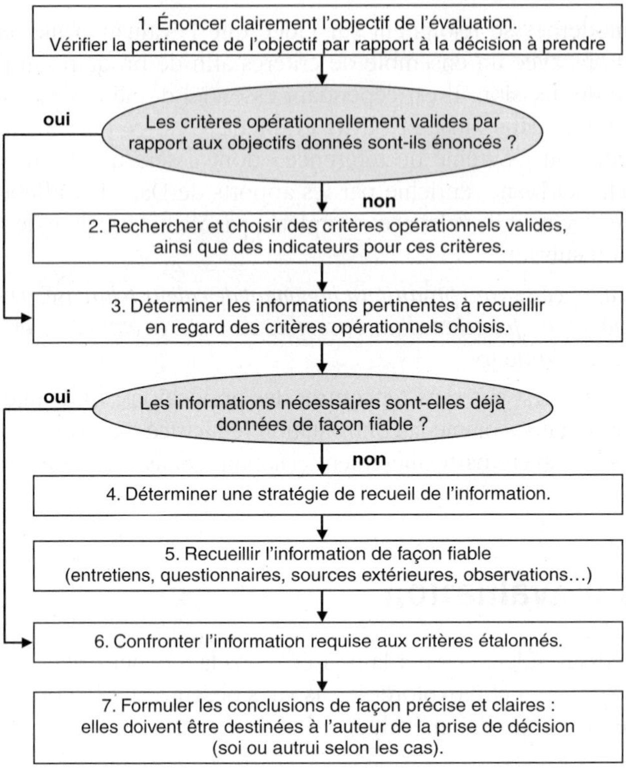

Figure 51.1. Le principales étapes du processus d'évaluation[a].

a. De Ketele J.-M., Roegiers X., *Méthodologie du recueil d'informations, op. cit.*

procédures courantes se limitent à un traitement des informations disponibles sur le cas (c'est-à-dire le référé). Le faisceau des critères fondant l'appréciation (le référent) n'est pas formellement expliqué. Cette évaluation, qu'on peut dire restreinte, est centrée sur un ensemble d'observations et sur les antécédents du cas. Or une évaluation qui n'énonce pas explicitement ses critères, est soumise aux aléas de la subjectivité. Elle favorise la fabrication des jugements à l'emporte-pièce.

La notion d'évaluation a été définie par l'ODAS[1], dans un petit guide méthodologique, qui a posé un jalon dans les pratiques de protection de l'enfance :

> « Évaluation : regroupement des informations connues par au moins deux professionnels ou au moins deux institutions afin d'apprécier la réalité du danger encouru par l'enfant, la capacité d'adhésion de la famille à un projet d'aide, et de faire des propositions de protection immédiate ou de prévention. L'évaluation se fait généralement dans la circonscription mais elle peut être faite directement au sein d'une équipe hospitalière ou éducative. C'est grâce à cette évaluation que l'on pourra notamment distinguer les enfants en risque des enfants maltraités[2]. »

1. Observatoire national de l'action sociale décentralisée.
2. ODAS, *L'Observation de l'enfance en danger : guide méthodologique*, Paris, ODAS, 1995.

La définition de l'ODAS présente l'évaluation comme un acte socialement organisé. Elle indique de façon détaillée sur quoi doit porter l'évaluation (l'objet d'évaluation). Cependant l'enchaînement du processus d'évaluation n'apparaît pas clairement. Marceline Gabel propose dans *Enfances en danger* une version plus synthétique :

> « Évaluation : réflexion pluridisciplinaire et pluri-institutionnelle confirmant ou non l'information reçue en vue d'un signalement éventuel[1]. »

Cette définition intègre plusieurs composantes significatives. La légitimité sociale de l'évaluation est renforcée par la dimension institutionnelle. La notion de traitement de l'information est introduite. La production d'un jugement d'évaluation est annoncée avec la confirmation ou la non-confirmation de l'information collectée. Enfin la dimension d'aide à la décision apparaît dans l'éventualité du signalement à l'issue de l'évaluation. Formule intéressante donc ; cependant deux éléments clefs paraissent manquants. D'une part l'objet d'évaluation, c'est-à-dire la réalité sur laquelle on évalue, n'est pas formellement énoncé. D'autre part la définition ne mentionne pas l'opération psychique, qui a lieu entre le recueil de l'information et la mise en œuvre des critères. Ce mouvement entre le référé et le référent demeure la clef d'accès au processus d'évaluation.

L'intitulé « médico-psycho-social » désigne couramment le champ où se traite la maltraitance infantile. Il concerne l'évaluation en protection de l'enfance à un double titre. Il annonce à la fois la diversité des professions et la pluralité des approches scientifiques.

La définition de l'évaluation MPS associe le modèle théorique de Marcel Lesne et Jean-Marie Barbier, le développement de Michel Lecointe sur le système de valeur, et la logique des définitions de l'ODAS :

> « L'*évaluation médico-psycho-sociale* produit un jugement de valeur objectivé sur la gravité du danger menaçant l'enfant et sur les moyens d'en briser le processus. Elle met en relation un référé constitué des informations significatives des conditions de vie de l'enfant, avec un référent réunissant les critères méthodologiquement fondés par l'approche médico-psycho-sociale. Le processus d'évaluation est influencé par le système de valeurs qui agit sur l'implication des évaluateurs. Le jugement d'évaluation s'applique à établir si l'enfant est hors de danger, en risque, ou maltraité. »

Plusieurs disciplines sont mises à contribution. Ignorant la prétendue incompatibilité des concepts, le modèle MPS exploite la transversalité. Des concepts sans parenté épistémologique sont articulés ; le contre-transfert psychanalytique côtoie la prospective en provenance de l'économie et le jugement qui vient du droit. Dans le champ des pratiques sociales, l'évaluation est nécessairement multi-référentielle. La rigueur méthodologique ne peut méconnaître l'hétérogénéité des modèles d'évaluation[2]. La diversité des références ne doit pas conduire au chaos théorique. La transversalité nécessite une grande *vigilance épistémologique*[3]. Le télescopage entre les concepts sera limité par la précision des termes. Il faut vérifier en permanence la cohérence de l'édifice théorique. La transversalité est une démarche féconde et stimulante, il serait dommage d'en priver l'évaluation des

1. Gabel M. *et al.*, *Enfances en danger*, Paris, Fleurus, 1997.
2. Ardoino J., Berger G., *D'une évaluation en miettes à une évaluation en actes*, Paris, ANDSHA, 1989.
3. La vigilance épistémologique est « la nécessité pour tout chercheur de s'interroger sur les principes qui sous-tendent sa recherche à son insu » (Accardo A., Corcuff Ph., *La Sociologie de Bourdieu*, Paris, Le Mascaret, 2e éd, 1986).

situations d'enfant en danger. Dans le *no man's land* des interfaces, aux frontières des disciplines jalousement gardées, les concepts doivent faire l'objet d'un choix judicieux.

Une série de trois schémas (Figures 1.2 à 1.4) représente le transfert du modèle de Marcel Lesne vers l'évaluation en protection de l'enfance. Cet enchaînement montre l'ajustement des termes à la culture de la protection de l'enfance.

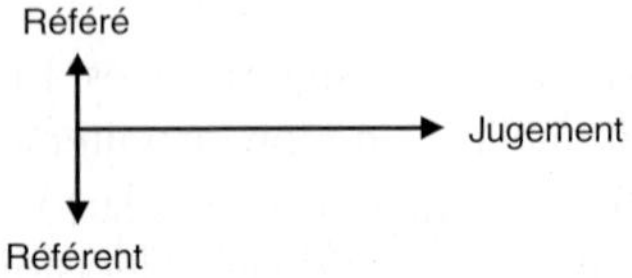

Figure 51.2. Schéma de Lesne – 1er temps (schéma Lesne, 1984).

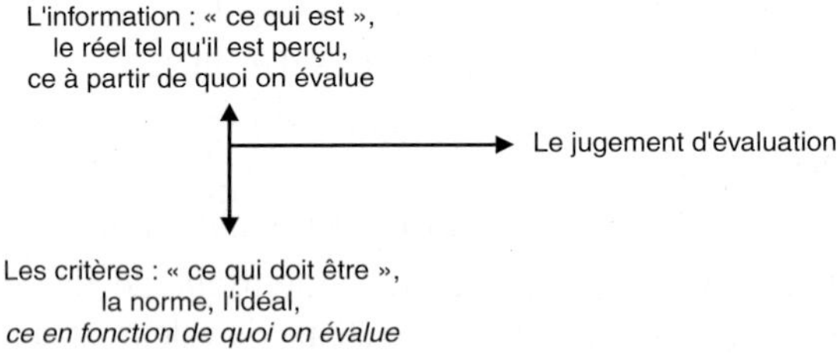

Figure 51.3. Théorie générale – 2e temps.

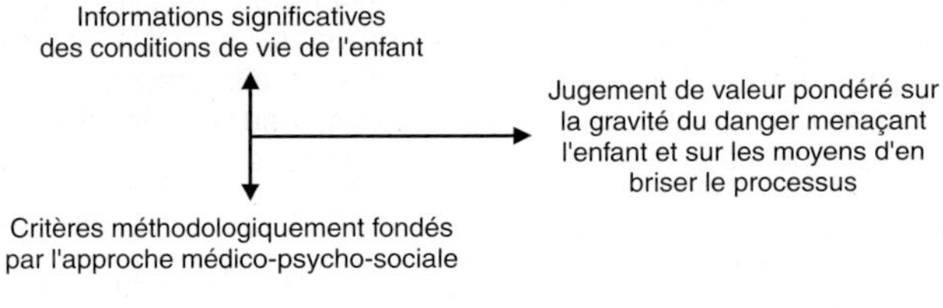

Figure 51.4. Définition MPS – 3e temps.

3. LA MESURE

La mesure est une notion centrale dans l'évaluation. *Mesurer* est la signification la plus ancienne du mot *évaluation*. La quantification préoccupe les évaluateurs depuis les années vingt, époque où la *docimologie*[1] apparaissait dans les sciences pédagogiques. La mesure est une opération de base qu'il faut resituer au sein de l'évaluation.

1. La docimologie est l'ancêtre de l'évaluation moderne. Elle eut principalement court entre les années 1940 et 1960. Son objet consiste en l'« étude scientifique des procédures d'examens ». Elle est centrée sur le « système des notations » (Hadji C., *L'Évaluation, règle du jeu*, Paris, ESF, 1995).

« *Mesurer* est un processus par lequel on assigne des nombres à des choses selon des règles déterminées » (De Ketele, Roegiers, 1996).

Mesurer consiste à déterminer la valeur de grandeurs variables en comparaison d'une grandeur constante. Cette mesure exprimée par un nombre est la traduction d'une échelle de valeur. Mesurer revient donc à exprimer une valeur, ce qui fait lien avec l'évaluation. La position de la mesure dans l'évaluation provoque des remous dans les sciences sociales. Des divergences existent quant au recours à la mesure. Le principe de la mesure est que tout ce qui existe dans une certaine quantité, peut être mesuré. D'une manière générale, l'approche quantitative introduit le nombre dans l'évaluation, en fonction de règles déterminées. La notion de mesure est indissociable de l'évaluation certifiante, celle qui sanctionne le résultat et influe la prise de décision, par exemple, *l'évaluation sommative* juge le parcours d'un étudiant par une note qui confère un diplôme. Les recherches évaluatives des dernières décennies ont beaucoup exploré les processus de quantification. Les détracteurs des approches métriques ont fait surgir la métaphore acerbe d'un évaluateur reconverti en arpenteur[1]. La pertinence de la mesure s'amenuise quand l'évaluation porte sur des processus psychiques. En sciences humaines la réflexion prime sur la mesure. « Il faut réfléchir pour mesurer, et non pas mesurer pour réfléchir », disait Gaston Bachelard. Culturellement, les professionnels français préfèrent exprimer leurs appréciations par des mots plus que par des chiffres. Cependant la démarche évaluative passe par l'attribution de niveaux, ce qui implique un travail de graduation. Les niveaux sont délimités par des seuils. Soit les seuils correspondent à un ordre qualitatif entre les différents niveaux de valeur attribuée à l'objet (variable ordinale). Soit les seuils entrent dans un chiffrage qui quantifie l'écart entre les différents niveaux (on parle alors de variable métrique).

La différence entre évaluation et mesure s'articule avec la discussion sur le jugement de valeur. L'évaluation se démarque d'une simple collecte de données chiffrées. Elle prend en compte la subjectivité de l'évaluateur. Elle construit une interprétation sur la valeur de l'objet évalué. Deux courts exemples illustrent cette distinction. « Ce pont mesure 25 m de long » : il s'agit là d'une mesure et l'estimation est strictement quantitative ; « c'est un grand pont » : il y a évaluation car l'appréciation est qualitative. Second exemple, « cet élève a un QI de 120 » il s'agit d'une mesure ; « c'est un élève intelligent » est une évaluation[2]. On remarque au passage que l'estimation concerne davantage l'évaluation quantitative, tandis que l'appréciation relève de l'évaluation qualitative.

La dérive quantophrène

La tradition du travail social à la française donne la primeur à l'approche qualitative. La quantification continue de susciter des réserves. La quantification tend à réduire la situation de l'enfant, à des opérations de classement et de comparaison. La visée est plus étroite. Tandis que l'évaluation qualitative élargit la perspective sur les processus psychiques entourant l'enfant dans son environnement. Le terrain médico-psycho-social met en relief la dualité entre quantitatif et qualitatif. À la différence des professionnels anglo-saxons, la vue de tableaux, pourcentages, histogrammes et grilles déclenche la levée des boucliers. Cette dualité crée des secousses dans les

1. Bonniol J.-J., Vial M., *Les Modèles de l'évaluation*, Paris, De Boeck, 1997.
2. Pelletier L., « La notion d'évaluation », *Éducation permanente*, 1971, n° 9.

milieux français de la protection de l'enfance. La tendance à chiffrer la réalité psychique, pousse l'évaluation vers la *quantophrénie*, maladie de la mesure évoquée avec d'autres, par Vincent de Gaulejac[1]. Version similaire, l'arithmomanie est la « tendance obsessionnelle attribuée par ironie aux chercheurs qui se laissent obnubiler par les chiffres[2] ». L'œil rivé sur le papier millimétré, l'évaluateur du social perd de vue la compréhension empathique des relations humaines. Il brandit, comme un mètre-étalon, le gabarit dont il se leurre. Michel Lecointe avance une explication psychosociale de l'invasion des chiffres :

> « L'évaluation par quantification fréquente a une fonction psychosociale d'assurance et de sécurisation des différents acteurs et partenaires de l'évaluation[3]. »

Citons encore la plaisanterie rappelée par Gaston Bachelard : « Il est sûr du troisième chiffre après la virgule, c'est sur le premier qu'il hésite. » Est-il pour autant raisonnable d'assujettir le jugement professionnel à la seule perception qualitative ? Manquer de nuance livrerait l'évaluation à la toute puissance de la subjectivité. L'omnipotence de l'intuition n'est pas moins dommageable que la quantophrénie.

Le jugement

« L'évaluation implique une aptitude professionnelle à formuler des jugements en matière sociale. » Georges Hamilton ne s'y était pas trompé quand il formulait sa théorie du *case-work* aux États-Unis dans les années 1950[4]. Le jugement est indissociable de l'évaluation. Il articule l'évaluation avec la prise de décision.

> « Le *jugement* est l'acte par lequel on choisit parmi plusieurs décisions possibles, donc, l'acte de prendre une décision[5]. »

Le jugement est l'opération dynamique qui relie les deux pôles de l'évaluation : l'information du référé et les critères du référent. Le jugement mesure l'écart entre la performance observée dans les faits et la norme définie par les critères. Le jugement nécessite de distinguer entre le ressenti et le savoir. Il implique une décision.

> « Entre une relation sujet/objet purement cognitive (savoir) et une relation purement émotive (ressentir), il existe, à mi-chemin, une relation plus complexe de jugement. Or, l'acte de juger participe d'une opération à la fois intellectuelle et affective[6]. »

Le jugement conduit à une décision d'action dans le cas du jugement judiciaire, à une indication dans le jugement d'évaluation. Les deux formes sont confirmées par l'étymologie. « Jugement »

1. De Gaulejac V., *Sociologies cliniques*, Paris, Desclée de Brouwer, 1993.
2. De Landsheere G., *Dictionnaire de l'évaluation et de la recherche en éducation*, Paris, PUF, 1979.
3. Lecointe M., *Les Enjeux de l'évaluation*, *op. cit.*
4. Hamilton G., *Théorie et pratique du case-work*, Clermont-Ferrand, École psychologique et sociale interrégionale, 1972 (1951).
5. Stuffelbeam D., *L'Évaluations en éducation et la prise de décision*, *op. cit.*
6. Plot B., *Écrire une thèse ou un mémoire en sciences humaines*, Paris, Champion, 1986.

vient du latin *judicare* « rendre un jugement » et dans un usage plus commun de *judex* « apprécier, décider » (*Dictionnaire historique de la langue française*).

La notion de jugement pose un problème éthique aux évaluateurs en protection de l'enfance. Les professionnels du secteur se défendent de juger : *C'est le juge qui juge, ce n'est pas nous.* L'anxiété assaille l'évaluateur à l'instant du jugement d'évaluation. Le recours au jugement est pourtant une action nécessaire en pratique évaluative. Le jugement professionnel constitue un outil de décision pour le traitement de la maltraitance. Les travaux nord-américains mentionnent également le rôle central du jugement. « Dans le contexte de l'enfance maltraitée, la fonction principale de l'évaluation est de porter des jugements à propos de la famille[1]. »

Le jugement d'évaluation

Le jugement d'évaluation caractérise l'avis des évaluateurs médico-psycho-sociaux. Il est distinct du jugement du magistrat. Le jugement d'évaluation est la production essentielle de l'évaluation en protection de l'enfance. L'information de base (le référé) a été interprétée au moyen de critères pertinents (le référent) afin de produire un jugement d'évaluation destiné au juge ou à l'inspecteur de l'enfance. L'interprétation finale des données de l'évaluation incombe au décideur. L'évaluation transmet au décideur un avis pondéré, pour préparer et assister la prise de décision.

Il n'est pas inutile de mettre en comparaison le *jugement d'évaluation* avec les termes proches, tels que *jugement, préjugé, avis, opinion, croyance*. La proximité sémantique fait que les définitions se chevauchent parfois. Ainsi, l'*avis* est-il défini comme une opinion chez Grawitz[2] et Cornu[3] ; le *jugement* est aussi une opinion dans le *Robert* ; tout comme le préjugé chez Grawitz[4] ; la *croyance* est un jugement chez Ferréol[5]. Le recouvrement des définitions accroît la confusion. Il est donc fort utile de distinguer les termes. Dans le **tableau comparatif 51.1**, les termes sélectionnés reçoivent chacun deux définitions empruntées aux auteurs spécialisés ou aux dictionnaires. Leurs contenus sont comparés en seconde colonne, avec la définition du jugement d'évaluation.

Le jugement d'évaluation ne relève donc pas simplement de l'opinion. À la rigueur, il serait assimilable à une opinion avisée. L'avis prononcé est estimé vrai parce que son contenu a été mûrement réfléchi, au négatif comme au positif, ressources et dysfonctionnements compris. Et aussi parce qu'il a été tenu compte de l'erreur diagnostique. Le jugement d'évaluation constitue en quelque sorte une hypothèse diagnostique[6].

1. Seagull E.A.W., « Family assessment », in Helfer *et al.*, *The Battered Child*, Chicago, University of Chicago Press, 1997, p. 150-174.
2. Grawitz M., *Lexique des sciences sociales*, Paris, Dalloz, 1999, 7e éd, 1981.
3. Cornu G. *Vocabulaire juridique*, *op. cit.*
4. Grawitz M., *Lexique des sciences sociales*, *op. cit.*
5. Ferréol G., *Vocabulaire de la sociologie*, Paris, PUF, 1995.
6. Hamilton G., *Théorie et pratique du case-work*, *op. cit.*

Tableau 51.1. Tableau différentiateur.

Opinion « Manière de penser, de juger ; attitude de l'esprit qui tient pour vraie une assertion ; assertion que l'esprit accepte ou rejette (généralement en admettant une possibilité d'erreur). [L'assertion est une proposition que l'on avance et que l'on soutient comme vraie] » (*Robert*). « En français opinion désigne le sentiment que l'on a de quelque chose, plus particulièrement la position intellectuelle adoptée dans un domaine donné[a]. »	*Le jugement d'évaluation* diffère de l'opinion, en ce qu'il ne doit pas se résumer à l'expression d'un sentiment. Il ne doit pas se réduire à un positionnement intellectuel car il s'appuie sur des faits. Il ne tient pas pour vraie une assertion tant que la vraisemblance n'en a pas été vérifiée.
Croyance « Les croyances prennent la forme d'énoncés ou de jugements que les acteurs sociaux tiennent pour vrais, que ces propositions soient démontrables ou non[b]. » « Fait de tenir pour vraie une assertion invérifiable (témoignage, intuition). Diffère de la foi qui ne relève pas de la raison et aussi de l'opinion souvent plus superficielle[c]. »	*Le jugement d'évaluation* diffère de la croyance, en ce qu'il ne tient pas pour vrai une proposition dont la preuve n'a pas été apportée. Il ne s'appuie pas sur la foi mais relève de la raison.
Avis « Ce que l'on pense, ce que l'on exprime sur un sujet » ; définition d'*avisé* : « Qui agit avec à propos et intelligence après avoir mûrement réfléchi » (*Robert*). « Opinion donnée à titre consultatif en réponse à une question[d]. »	*Le jugement d'évaluation* diffère de l'avis, en ce qu'il implique la responsabilité personnelle et/ou professionnelle de la personne qui le formule. Il s'en rapproche en ce qu'il constitue une réponse purement réfléchie à une question posée ; et parce qu'il a valeur consultative et non décisionnelle.
Préjugé « Attitude comportant une dimension évaluative, souvent négative, à l'égard de types de personnes ou de groupes, en raison de leur appartenance sociale (Fischer). » « Opinions généralement péjoratives, plus ou moins implicites, sans vérification ni contrôle critique, d'un individu ou généralement d'un groupe, à l'égard d'un autre groupe[e]. »	*Le jugement d'évaluation* diffère du préjugé, en ce qu'il est pondéré. Il ne se limite pas à l'examen des aspects négatifs de l'objet évalué mais il tient compte des ressources. Il vérifie la pertinence de ses formules, et considère l'implication de l'évaluateur.
Jugement « Acte par lequel on choisit parmi plusieurs décisions possibles, donc, l'acte de prendre une décision[f]. » « L'action de juger, plus précisément d'examiner une affaire en vue de lui donner une solution, en général après une instruction et des débats[g]. »	*Le jugement d'évaluation* diffère du jugement au sens strictement juridique en ce qu'il ne comporte pas un acte de décision. Il s'en rapproche dans le sens où il constitue une aide et une préparation au jugement de décision.

a. Rey A., *Dictionnaire culturel de la langue française*, Paris, Le Robert, 2005. **b.** Ferréol G., *Vocabulaire de la sociologie, op. cit.*, p. 50. **c-e.** Grawitz M., *Lexique des sciences sociales, op. cit.* **d-g.** Cornu G. *Vocabulaire juridique, op. cit.* **f.** Stuffelbeam D., *L'Évaluations en éducation et la prise de décision, op. cit.*

4. LA VALEUR

Étymologiquement, la valeur est indissociable de l'évaluation. Évaluer un objet, c'est tout d'abord lui attribuer une valeur. Dire en somme ce qu'il vaut. Cependant définir la valeur n'est pas chose aisée. Car les valeurs sont avant tout abstraites :

> « Les valeurs sont d'abord des représentations, des éléments centraux du monde imaginaire où nous nous mettons en scène, nous, les autres et nos relations aux autres[1]. »

Parmi les définitions disponibles, celle de Luc Van Campenhoudt se distingue par sa clarté et sa concision.

> « La *valeur* est un idéal moral en fonction duquel une personne, une action ou une institution est considérée comme digne d'estime et se voit conférer une importance[2]. »

Selon le *Robert*, la valeur est le « caractère de ce qui répond aux normes idéales de son type, qui a de la qualité ». La mention d'une norme idéale préfigure le *référent d'évaluation* ; la notion de qualité introduit la dimension éthique de l'évaluation. Le dictionnaire définit la valeur comme : « objet du jugement qu'on porte sur les choses ». Cette précision confirme la place centrale du jugement dans la théorie de l'évaluation. Autre perspective, la valeur est mise en relation avec la mesure. On a vu que la mesure consiste à déterminer la valeur de certaines grandeurs par comparaison avec une grandeur constante. La valeur revêt le caractère mesurable d'un objet qui peut être échangé, parce qu'il répond à un désir. Ainsi l'action d'évaluer consiste à estimer la valeur dans une triple acception : la valeur mesurée, la valeur morale et la valeur marchande[3]. Le *Robert* associe la valeur à la « qualité de ce qui produit l'effet souhaité ». La notion de qualité réfère aux finalités du processus. Cette idée est au cœur de la démarche évaluative. Particulièrement à l'heure où la loi du 2 janvier 2002 recommande aux établissements et services d'évaluer « la qualité des prestations qu'ils délivrent » (art. L. 312-8). La valeur dont il s'agit ici se décline en valeur santé, valeur satisfaction, valeur bénéfice. Valeur vient de *valere* qui signifie en latin « se bien porter ». À l'opposé on trouve la notion de *pathos*. Georges Canguilhem cite Jasper : « Malade est un concept général de non-valeur qui comprend toutes les valeurs négatives possibles. Être malade, c'est être nuisible, ou indésirable, ou socialement dévalué[4]. » La valeur est le moule, la matrice dans laquelle sont modelés les critères d'évaluation. La valeur est un état prédéfini qui caractérise la réalité qu'on veut étudier. L'interrogation sur les valeurs agite en permanence les coulisses de l'évaluation. Cette agitation vient du télescopage entre les « valeurs morales, esthétiques, philosophiques, politiques, existentielles[5] ». Kerlinger apporte une définition élargie :

> « Les valeurs expriment des jugements moraux, des impératifs, des préférences pour des normes et des modèles de comportements. Nous considérons comme valeur tout ce qu'il nous importe fondamentalement de réaliser, tout ce qui donne un sens à la vie[6]. »

1. Lecointe M., *Les Enjeux de l'évaluation, op. cit.*
2. Van Campenhoudt L., *Introduction à l'analyse des phénomènes sociaux*, Paris, Dunod, 2001.
3. Favard A.-M., *L'Évaluation clinique en action sociale*, Toulouse, Érès, 1991.
4. Canguilhem G., *Le Normal et le Pathologique*, Paris, PUF, 1966.
5. Ardoino J., Berger G., *D'une évaluation en miettes à une évaluation en actes, op. cit.*
6. De Landsheere G., *Dictionnaire de l'évaluation et de la recherche en éducation, op. cit.*

Le jugement de valeur

Le jugement de valeur est l'aboutissement de l'évaluation. Ce principe revient comme un leitmotiv dans la théorie de Jean-Marie Barbier : sans jugement de valeur, il n'y a pas évaluation[1]. On trouve la même approche chez Michel Lecointe : « Le jugement de valeur, qui est socialement toujours présent dans l'évaluation, est une opération de mesure d'écart à une valeur donnée. » Le processus d'attribution de valeur occupe une place centrale dans l'évaluation[2]. De prime abord, le *jugement de valeur* suscite invariablement l'opposition des professionnels médico-psycho-sociaux. Les représentations collectives assimilent le jugement de valeur au dénigrement, à la médisance. Pourtant l'expérience montre l'omniprésence du jugement de valeur. Prenons l'exemple du terme *maltraitance* qui a fait son chemin dans le secteur de l'enfance, avec son apparition dans les dictionnaires en 1993. Voici un terme fortement imprégné par les jugements de valeur. Parler de maltraitance implique que le jugement social accorde une valeur négative, une mauvaise valeur aux conditions d'éducation de l'enfant. Avant tout autre considération : maltraiter, c'est mal.

L'étude du jugement de valeur nécessite l'analyse de ses composantes : les notions de *jugement*, de *jugement d'évaluation*, la notion de *valeur* et enfin, *last but not least*, la notion de vérité dont il sera question un peu plus loin.

Le système de valeurs

Le modèle théorique de Michel Lecointe donne une place fondamentale à la valeur. La valeur s'interpose dans la confrontation classique entre le référé et le référent. Elle vient ajouter un troisième terme : la référence. La référence est un système de valeurs constitué par l'ensemble des référents implicites (dont il sera traité au chapitre 54). Le système de valeurs constitue en quelque sorte la valeur attendue, plus ou moins consciemment, par les évaluateurs et les décideurs. Il conditionne le recueil des informations à l'origine de l'évaluation. Michel Lecointe présente la référence comme « un construit social, relatif et culturel qui comporte autant d'implicites et d'imaginaire que d'explicite et d'universel rationnel ». Lecointe montre l'influence du système de valeur en amont des mécanismes sociaux qui prétendent objectiver l'évaluation. Le système de référence attribue à l'objet d'évaluation « de la valeur selon un mécanisme faussé[3] ! ».

La référence est intégrée par Michel Lecointe, dans un modèle en triangle. Le concept d'évaluation coiffe le sommet d'une pyramide dont les trois pointes inférieures sont le référé, le référent, et la référence.

La **figure 51.5** en pyramide à quatre termes est plus complexe que le modèle de Lesne et Barbier qui ne comporte que trois composants (référé, référent et jugement). Le modèle de Lecointe paraît mieux adapté à l'étude de la réalité. En effet comment approcher la description du réel, si l'on ne tient pas compte de la pensée implicite des évaluateurs ? La comparaison entre informations et critères est traversée en permanence par les valeurs du système de référence. Ce schéma en pyramide est sans doute plus réaliste. Cependant, le modèle de Jean-Marie Barbier et Marcel

1. Barbier J.M., *L'Évaluation en formation*, Paris, PUF, 1985.
2. Lecointe M., *Les Enjeux de l'évaluation, op. cit.*
3. Lecointe M., *Les Enjeux de l'évaluation, op. cit.*

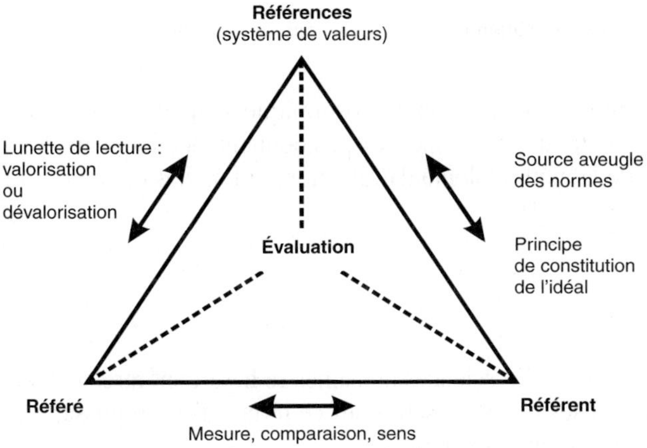

Figure 51.5. La pyramide de l'évaluation.

Lesne demeure préférable d'un point de vue pédagogique ; il est d'un abord plus simple pour comprendre comment fonctionne le processus de l'évaluation.

La valorabilité

Réfléchir sur la *valeur* mène à la notion de *valorabilité*, qui a été explorée par Michel Lecointe.

> « La *valorabilité* est une attitude volontaire, un comportement de principe, le choix de trouver du valorisable dans chaque existant, le choix de développer de la valeur positive[1]. »

La valorabilité occupe une position paradoxale entre valorisation et dévaluation. La valorisation accentue la valeur positive de l'objet, tandis que la dévaluation en montre la valeur négative. Force est de constater que la dévaluation occupe une position dominante dans les cultures modernes. Et le champ de la protection de l'enfance, bien assis sur le primat du pathologique, ne déroge pas à la règle. Il serait pourtant plus qu'utile de sortir du clivage entre valorisation et dévaluation. De l'une à l'autre circule la grande diversité des comportements et des pratiques :

> « Le pari de valorabilité est le choix d'une évaluation promotion de valeurs, développement des personnes et des groupes en opposition à une logique de dévaluation, sélection, exclusion[2]. »

La promotion de la valorabilité, participe à l'instauration de l'évaluation clinique. La valorabilité est le principe éthique et méthodologique qui dynamise les ressources dans l'évaluation.

> « Le principe de valorabilité est une affirmation qui va au-delà de la capacité des choses à être valorisées : il porte sur la conduite de valorisation, sur le choix et l'engagement de tout acteur social et évaluateur à œuvrer

1. Lecointe M., *Les Enjeux de l'évaluation, op. cit.*
2. Lecointe M., *Les Enjeux de l'évaluation, op. cit.*

dans son action et son évaluation pour que les actions, les personnes et les institutions soient effectivement valorisées par ce qu'il fait[1]. »

On retrouve ici une préoccupation philosophique majeure : orienter l'évaluation vers le développement du bien-être des personnes. Ce positionnement éthique ne doit jamais être perdu de vue dans l'utilisation de la méthodologie d'évaluation, ni lors des opérations techniques afférentes.

5. LA VÉRITÉ

Curieusement, les auteurs des sciences humaines se hasardent rarement à définir la vérité. Bien des dictionnaires spécialisés restent discrets sur ce terme. Terrain glissant. L'approche juridique offre cependant une définition consistante.

> « La *vérité* est ce qui est objectivement vrai, véritable en soi. Propriété intrinsèque de la réalité (dont il est cependant inévitable d'admettre que nous l'appréhendons subjectivement) : propriété de ce qui, réellement, existe ou a existé[2]. »

La vérité constitue pourtant la qualité absolue en évaluation. Elle assure la fonction noble, sert de critère ultime. La vérité est l'étalon suprême du jugement évaluatif. Dans le champ de l'évaluation, la vérité est la valeur par excellence. Elle fonde le système de référence professionnel. Le principe de vérité met en conformité les connaissances de l'évaluateur à l'observation du réel. La recherche de la valeur-vérité active les référents idéologiques qui sous-tendent l'implicite de l'évaluation. La montée en puissance de la valeur-vérité laisse poindre la menace des dérives dogmatiques. La valeur-vérité est un mythe social puissamment ancré dans les pratiques d'évaluation. Son caractère illusoire contamine les approches théoriques de l'évaluation, par-delà les barrières disciplinaires.

La versimilitude

Établir la vérité en protection de l'enfance : c'est la quête du Graal. Excepté les cas où la maltraitance est formellement constatée, l'administration de la preuve est un leurre. Sa principale utilité consiste à parer le doute des professionnels. En fait de vérité, il serait plus plausible de s'en tenir à chercher la réalité la moins improbable. La réalité est ici entendue au sens d'une description du réel, ce dernier ne pouvant être appréhendé dans l'absolu. Considérant ce problème, Karl Popper a forgé une notion fort utile : la *versimilitude.*

> « La *versimilitude* est l'idée d'une plus ou moins bonne correspondance d'un énoncé, d'une loi à la vérité. Ainsi il y aurait, selon Popper des degrés variables dans la vérité, des meilleures ou des moins bonnes approximations de la vérité[3]. »

1. Lecointe M., *Les Enjeux de l'évaluation, op. cit.*
2. Cornu G. *Vocabulaire juridique, op. cit.*
3. Pourtois J.-P., Desmet H., *Épistémologie et instrumentation en sciences humaines*, Liège, Mardaga, 1997 (1987).

L'évaluation en protection de l'enfance rencontre en permanence le problème de la vérité. Karl Popper évoque les travaux de Tarski : la vérité serait en correspondance avec les faits. Cependant, Popper conteste la possibilité de définir de façon exacte le terme *correspondance*. « La tâche d'expliquer cette correspondance, semble vouée à l'échec et nous pouvons en conséquence, commencer à nous méfier du concept de vérité et préférer ne pas l'utiliser[1]. » Néanmoins les interrogations de la recherche, comme celles de la pratique ramènent constamment la question de la *vérité* sur le devant de la scène. D'où l'intérêt de la versimilitude. Dans les années 1960-1970, Popper en a schématisé la théorie :

> « L'idée générale est la suivante : soit un carré représentant l'ensemble des énoncés ; on regroupe au centre du carré tous les énoncés vrais, les énoncés faux se retrouvant au pourtour. La cible (au centre) représente la Vérité (l'ensemble des énoncés vrais, la vérité absolue), et le reste du carré la Fausseté (l'ensemble des énoncés faux)[2]. »

Popper délimite ainsi la notion de vérité scientifique. La tâche de la science est de couvrir la plus large partie de la cible, tout en touchant le moins possible au reste du carré. La modélisation poppérienne paraît tentante car elle offre une représentation claire du caractère illusoire de l'objectivité. En effet l'énoncé objectif absolu est le centre de la cible ; il demeure inaccessible aux énoncés vrais qui s'agglutinent vers le point central. Dans cette conception, la subjectivité trouve aussi sa place, aux pourtours du schéma.

La vraisemblance

« Versimilitude » provient du latin *versimilis*, radical donnant un terme plus proche du langage courant : la *vraisemblance*. Le Robert établit que la vraisemblance est « l'apparence de la vérité ». La vraisemblance est le caractère de ce qui est vraisemblable ; elle entraîne la crédibilité. Le *Dictionnaire historique de la langue française* précise que dans le domaine artistique, est vraisemblable « ce qui correspond apparemment à l'idée qu'on se fait du réel » ; il y a lieu de distinguer *vraisemblable* de *vrai*.

> « La *vraisemblance* est le caractère de ce qui est, selon de fortes probabilités, conforme à la vérité[3]. »

Associant forte probabilité et apparence de vérité, la *vraisemblance* est un terme convivial, contrairement à *versimilitude* qui rebute les lecteurs non scientifiques. La vraisemblance établit un pont entre le registre scientifique : vérité, probabilité, versimilitude ; et le registre praticien : crédibilité, croyance, conviction. À ce titre elle s'applique mieux à la réalité du terrain ; elle correspond à la bipolarité théorico-pratique de l'évaluation en protection de l'enfance.

1. Popper K. , *La logique de la découverte scientifique*, Paris, Payot, 4e éd. 1973 (1959).
2. Nadeau R., *Vocabulaire technique et analytique de l'épistémologie*, Paris, PUF, 1999.
3. Cornu G. *Vocabulaire juridique*, *op. cit.*

L'erreur

L'omniprésence de l'erreur dans l'évaluation n'a pas échappé à Freud. Dès 1934, il écrivait dans l'introduction de *Malaise dans la civilisation* : « On ne peut se défendre de l'impression que les hommes se trompent généralement dans leurs évaluations. » L'existence de l'erreur affecte profondément les pratiques sociales, et parmi celles-ci, l'évaluation en protection de l'enfance. L'erreur d'évaluation conduit à commettre des bévues tout à fait contraires à l'intérêt de l'enfant. Les professionnels de terrain en renouvellent fréquemment le constat. L'erreur d'évaluation peut déboucher sur une décision erronée au regard de l'intérêt de l'enfant. Les effets sont parfois catastrophiques. Certains placements sont décidés autoritairement par le juge des enfants, sur indication des services sociaux qui ont fait l'évaluation. L'intérêt vital de l'enfant nécessite parfois une décision autoritaire ; par exemple dans le cas d'un enfant maltraité sexuellement au domicile familial. Dans d'autres cas, le retrait autoritaire cause plus de dégâts qu'un maintien assisté par une aide éducative à domicile. Dans la seconde modalité, on peut considérer que l'erreur d'évaluation déclenche la *violence décisionnelle* dont Stanislas Tomkiewicz a dénoncé l'effet aggravant sur l'enfant[1].

Pour mieux comprendre l'erreur d'évaluation, il faut se pencher sur la notion d'erreur. La définition donnée par Madeleine Grawitz est d'une concision remarquable :

> « L'*erreur* est ce qui fausse un résultat, ce qui n'est pas conforme à la vérité ou à la réalité[2]. »

Cette formule synthétique requiert une explication. La définition de Madeleine Grawitz introduit une distinction nécessaire entre *vérité* et *réalité*. Ainsi ce qui est faux est-il ce qui n'est pas vrai ou ce qui n'est pas réel ?

Examinons tout d'abord la conformité par rapport à la vérité. Le *Robert* établit qu'au sens subjectif, l'erreur est un « acte de l'esprit qui tient pour vrai ce qui est faux et inversement » ; l'erreur a trait aux « jugements, fait psychiques qui en résultent ». Cette définition énonce deux notions centrales dans la problématique de l'évaluation : la vérité et le jugement. Toutes deux entrent effectivement dans la réflexion sur l'erreur. Le sixième sens du dictionnaire associe l'erreur à une « action regrettable, maladroite, déraisonnable ». Ce sens est à retenir, dans la mesure où l'erreur en protection de l'enfance aboutit à poser des actions *regrettables* à l'intérêt de l'enfant. Dans le *Vocabulaire de la philosophie,* Lalande décline trois acceptions tournant autour de la dualité vrai/faux. Au sens actif, l'erreur est « un acte d'esprit qui juge vrai ce qui est faux, ou inversement ». On dit dans ce cas que l'erreur est commise. Le sens passif correspond à un état d'esprit considérant qu'on est dans l'erreur. Enfin la troisième acception dite sens impersonnel retient simplement l'idée d'une fausse assertion. Il paraît intéressant de distinguer l'erreur commise de l'erreur constituant un état d'esprit.

Voyons à présent le problème de la conformité par rapport au réel. Le *Dictionnaire historique de la langue française* souligne le lien entre l'*erreur* et le fait de *se tromper*. L'erreur est définie de manière analogue dans le *Vocabulaire juridique* de Gérard Cornu : « Fait de se tromper qui, le

1. Tomkiewick S., « Violences dans les institutions pour enfants, à l'école et à l'hôpital, » in *Enfances en danger*, Paris, Fleurus, 1997.

2. Grawitz M., *Lexique des sciences sociales*, *op. cit.*

plus souvent, entache d'un vice de formation l'acte (contrat, décision, etc.) accompli sous l'empire de cette fausse représentation. »

Guy Le Boterf introduit une distinction tant dans le rapport à la vérité, que dans le rapport à la réalité. Dans un premier type « l'erreur est due à la surcharge du système cognitif dans la résolution d'un problème complexe ». Cette première modalité relève de l'économie psychique, au sens de la méta-psychologie freudienne. L'appareil psychique est envahi par un flux d'informations qu'il ne peut assimiler. Dans le second type « l'erreur est due à l'inattention, à une analyse insuffisante ou erronée du contexte, au déclenchement d'une solution inadéquate[1] ». Du point de vue méta-psychologique, la seconde modalité est plutôt dynamique. Les quantités d'énergie psychiques ne sont pas en jeu ; mais plutôt la détermination des circuits empruntés par les informations.

Le lien entre l'erreur d'évaluation et l'action en protection de l'enfance est attesté par les commentateurs modernes. Le juge des enfants Michel Huyette établit la permanence du risque d'erreur :

> « Le risque est en permanence de voir apparaître dans les dossiers des analyses hâtives, des avis trop rapidement avancés sur des parents et des mineurs, qui conduisent forcément à des réactions légitimes de méfiance ou de rejet de leur part, et à des décisions inappropriées et peu efficaces car motivées par des arguments non convaincants pour les intéressés. Il faut donc à chaque étape chercher comment réduire ce risque de subjectivité et d'erreur[2]. »

Le magistrat évoque le caractère aléatoire de tout processus d'évaluation. Il met en évidence l'illusion de l'exactitude.

> « Parce que l'appréciation d'une problématique n'est pas une science exacte, parce que la subjectivité du professionnel qui intervient est toujours présente, dans une proportion variable de l'un à l'autre, un rapport de signalement n'est jamais le descriptif conforme de faits simples et aisément rapportables. Le risque d'erreur d'appréciation est permanent » (*ibid.*).

Réduire l'erreur d'évaluation reste une préoccupation constante en protection de l'enfance. Une grande vigilance est nécessaire dans l'évaluation. Cette rigueur méthodologique sera évoquée à maintes reprises dans la présentation de la méthode MPS.

La preuve

L'administration de la preuve est une question incontournable dans le domaine juridique comme dans les sciences sociales. Le problème pose une nécessité méthodologique. Émile Durkheim en a énoncé le processus :

> « Nous n'avons qu'un moyen de démontrer qu'un phénomène est cause d'un autre, c'est de comparer les cas où ils sont simultanément présents ou absents et de chercher si les variations qu'ils présentent dans ces différentes combinaisons de circonstances témoignent que l'un dépend de l'autre[3]. »

Comme le scientifique, comme le magistrat, le professionnel de la protection de l'enfance se trouve confronté au problème de l'administration de la preuve.

1. Le Boterf G., *Construire les compétences individuelles et collectives*, Paris, Éditions d'Organisation, 2004.
2. Huyette M., *Guide de la protection judiciaire de l'enfant*, 3e édition, Paris, Dunod, 2003.
3. Durkheim É., *Éducation et Sociologie*, Paris, PUF, 1922 (1989).

Abordons la notion de preuve par son caractère le plus formel. Dans son *Vocabulaire de la philosophie et des sciences humaines*, Louis-Marie Morfaux donne une définition fort intéressante :

> « La *preuve* amène et oblige l'intelligence ou la raison à admettre la vérité d'une proposition (démonstration logique ou mathématique) ou la réalité d'un fait (vérification expérimentale)[1]. »

Cette définition présente l'avantage d'être nuancée. En effet, la preuve n'est pas uniquement affaire de démonstration statistique. Elle dépend aussi de l'expérience. Pierre Bourdieu rappelle qu'« il ne suffit pas de démontrer, il faut montrer[2] ». La preuve dans les situations d'enfance en danger ne se réduit pas à des manipulations quantitatives. « L'administration de la preuve ne saurait se limiter à la seule mesure mathématique qui porte toujours sur la vérification d'une relation précise[3]. » Il ne s'agit pas seulement d'un comptage de cas ou des mensurations d'une lésion. L'administration de la preuve dans le domaine des relations humaines fait aussi appel à l'approche qualitative. Ce qui est fort compliqué. Il faut en effet envisager des procédés de vérification qui laissent « nécessairement leur place aux marges d'erreur et d'incertitude, à la nécessaire réfutabilité de l'ensemble[4] ». La notion de preuve formelle n'est applicable qu'aux sciences exactes. En sciences humaines, aucune théorie ne peut faire l'objet d'une vérification absolue. Il est donc difficile d'articuler la quête de preuve scientifique avec la pratique en protection de l'enfance. Entre la preuve scientifique et la relation d'un fait, un troisième terme vient occuper une place incontournable : la preuve judiciaire. L'établissement de la preuve formelle est la quête fondamentale de la procédure judiciaire.

> « La *preuve juridique* est la démonstration de l'existence d'un fait (matérialité d'un dommage) ou d'un acte (contrat, testament) dans les formes admises par la loi[5]. »

Cette définition centre l'attention sur le factuel. Tous les professionnels de l'enfance savent que la communication des faits est la première exigence des juges pour enfants. Les magistrats veulent des faits patents pour caractériser leurs décisions. Michel Huyette en donne une vibrante expression. Il réclame que les rapports des travailleurs sociaux fassent « apparaître essentiellement les éléments susceptibles de caractériser une situation de danger. » Le rapport « doit donc contenir uniquement des informations importantes et indispensables au débat et à l'analyse du juge[6] ».

Les professionnels de l'enfance en danger se heurtent souvent à la preuve judiciaire. Ils rencontrent notamment cet obstacle dans les situations de maltraitance psychologique. Et l'on sait combien elles sont fréquentes. Ainsi une mère dépressive expose son enfant à des humiliations verbales : « Tu es la honte de la famille, j'aurais mieux fait de me tuer le jour de ta naissance. » L'atteinte à l'estime de soi est violente. Il s'agit certainement là de sévices moraux. Mais si cet événement est isolé, un magistrat se saisira difficilement en l'absence de faits matériellement plus

1. Morfaux L.M., *Vocabulaire de la philosophie et des sciences humaines*, Paris, Armand Colin, 1999.
2. Bourdieu P., *La Distinction*, Paris, Éd. de Minuit, 1979.
3. Lecointe M., *Les Enjeux de l'évaluation, op. cit.*
4. Lecointe M., *Les Enjeux de l'évaluation, op. cit.*
5. Cornu G. *Vocabulaire juridique, op. cit.*
6. Huyette M., *Guide de la protection judiciaire de l'enfant*, 3e édition, Paris, Dunod, 2003.

tangibles. L'enfant dès lors reste exposé à la maltraitance qui l'assaille. Il saura difficilement ne pas se vivre comme la cause directe de la dépression de sa mère, aura du mal à ne pas retourner contre lui ou contre autrui la malédiction et les vœux de mort maternels.

La conviction

La preuve formelle est rare dans les situations d'enfance en danger. Il reste l'alternative de la conviction. Les magistrats parlent de leur intime conviction. De nombreuses décisions judiciaires se prennent à partir de la conviction. Pourtant, la conviction relève de la croyance. Bien qu'elle s'appuie sur une certitude plus ou moins prononcée, elle demeure fort exposée à l'erreur. André Lalande expose clairement cette ambiguïté dans le *Vocabulaire de la philosophie* :

> « Au sens le plus général, la *conviction* est une certitude ferme et suffisante pour l'action, mais non tout à fait rigoureuse (soit qu'elle repose seulement sur une très grande probabilité ; soit qu'elle repose sur un mélange de raisons et de sentiments forts)[1]. »

La conviction s'établit parfois sur un fait ou un ensemble de faits dont aucune vérification n'est possible. La conviction est fondée par l'intuition. Elle diffère en cela de la preuve qui nécessite une vérification rigoureuse et méthodique. Mais, dans bien des cas, la constitution de la preuve est irréalisable ; l'information disponible n'en permet pas la démonstration. La conviction est alors le seul recours pour prendre la décision, processus insuffisant mais nécessaire. L'approche juridique ne peut échapper au recours à la conviction.

> « L'*intime conviction* est l'opinion profonde que le juge se forge en son âme et conscience et qui constitue, dans un système de preuves judiciaires, le critère et le fondement du pouvoir d'appréciation souveraine reconnu au juge dans la sincérité de sa conscience, à partir des preuves qui lui sont proposées[2]. »

Cette définition relie l'intime conviction à la matérialité des faits. « L'intime conviction ne naît pas d'une simple intuition, mais s'appuie sur la rigueur et la pertinence des méthodes de travail[3]. » L'approche expertale de Colette Duflot érige l'intime conviction en procédé fiable. Cependant le montage ne résiste pas longtemps à l'examen logique. Selon Karl Popper la conviction a seulement la valeur d'une hypothèse psychologique. Ce qui ne lui donne aucun fondement rationnel :

> « Aussi intense soit-il, un sentiment de conviction ne peut jamais justifier un énoncé. Ainsi, je puis être intimement convaincu, tout à fait certain, de l'évidence de mes perceptions, confondu par l'intensité de mon expérience, le moindre doute peut me sembler absurde. Mais cela fournit-il à la science la moindre raison d'accepter mon énoncé[4] ? »

Malgré les effets clarificateurs de la co-occurrence, l'intime conviction fondée sur les recoupements flous n'équivaut pas à la certitude de faits avérés. La conviction ne peut se substituer

1. Lalande A., *Vocabulaire technique et critique de la philosophie*, Paris, PUF, 4e éd. 1990 (1926).
2. Cornu G., *Vocabulaire juridique*, *op. cit.*
3. Duflot C., *L'Expertise psychologique*, Paris, Dunod, 1999.
4. Popper K. , *La logique de la découverte scientifique*, *op. cit.*

à la preuve dans l'établissement de la vérité. Elle altère d'un doute accru, la prise de décision dont elle procède.

Les juges de la protection des mineurs doivent souvent prendre des décisions en l'absence de faits irréfutables. De fortes présomptions mais pas de preuves. L'intime conviction du magistrat s'avère alors déterminante. Or la pratique montre des situations dans lesquelles l'intime conviction du juge s'avère ultérieurement non fondée. Les conséquences peuvent être graves. Par exemple, un magistrat refuse un placement malgré l'existence de plusieurs indicateurs de brutalités physiques. Il refuse parce que son intime conviction lui suggère que le père violent respectera son engagement solennel de ne plus frapper l'enfant. Quelques jours plus tard, le père récidive et l'enfant est hospitalisé pour lésions cérébrales. La conviction, fût-elle intime, reste un procédé intuitif. Elle est facilement hypothéquée par les insuffisances de l'information. La place occupée par la conviction dans les décisions de protection de l'enfance, pose question. Comment en effet garantir la pertinence des décisions quand elles reposent principalement sur l'intime conviction des magistrats ?

La probabilité

Parler de probabilité est sans doute plus raisonnable, quand on interroge le devenir d'un enfant dans une famille en difficulté. Cependant, cette notion pose problème dans les approches classiques des sciences sociales. La probabilité est plutôt apparentée aux mathématiques, comme le montre la définition de Gilbert de Landsheere.

> « La *probabilité* mesure la tendance d'apparition d'un événement. Dans certains cas, la probabilité se conçoit comme le rapport du nombre de cas favorables à l'apparition d'un événement au nombre total des possibilités[1]. »

L'introduction du terme probabilité provoque des réticences dans le social. Pourtant, il existe un sens qualitatif qui justifie son emploi dans l'univers des relations humaines. Le *Dictionnaire de l'évaluation de la recherche en éducation* définit aussi la probabilité comme « l'estimation subjective de la probabilité d'occurrence d'un événement[2] ». Conception pertinente en protection de l'enfance. Ainsi l'idée de *probabilité d'occurrence* est toute proche de la vraisemblance d'un diagnostic de danger. Elle dégage le jugement d'évaluation de l'obligation de vérité, de la nécessité de preuve. Elle permet également de mieux parer la subjectivité de l'intime conviction. Prendre en compte la probabilité d'un fait contribue à éviter l'écueil des jugements extrêmes ; par exemple dire en l'absence de faits probants, qu'un enfant est *totalement* maltraité ou qu'il n'est *absolument* pas maltraité. La notion de probabilité introduit entre les extrêmes, la version intermédiaire selon laquelle un enfant est ou n'est pas maltraité selon une certaine probabilité d'occurrence de la maltraitance suspectée.

La notion de probabilité permet de nuancer les jugements à l'emporte-pièce. Elle contribue à réduire la marge d'erreur. Ainsi, un professionnel au contact d'une mère perturbée, oscille entre deux avis antagonistes. Ne disposant que d'un ensemble de suspicions non avérées : tantôt il considère que l'enfant est frappé régulièrement au domicile maternel, tantôt il estime à l'inverse que

1. De Landsheere G., *Dictionnaire de l'évaluation et de la recherche en éducation, op. cit.*
2. De Landsheere G., *Dictionnaire de l'évaluation et de la recherche en éducation, op. cit.*

la mère ne se livre à aucune violence physique. L'inconfort de l'hésitation incite cet intervenant à opter pour l'une des deux ultra-solutions (retrait autoritaire ou maintien sans condition). Le recours à l'idée de probabilité aide à pondérer le jugement. Le professionnel peut estimer par exemple, qu'il y a plus de 50 % de probabilité pour que les violences maternelles soient réelles. Ce qui laisse la part au doute concernant la réalité des brutalités subies par l'enfant. Il est dès lors mieux à même de poser simultanément des indications de soutien à la parentalité, et de surveillance médico-psycho-sociale de l'enfant dans son milieu naturel. La notion de probabilité apporte un recours méthodologique important dans le discernement des mauvais traitements à enfant.

La corroboration

Cette section s'achève sur la présentation d'une notion très utile quand on évalue les situations de protection de l'enfance : la corroboration. Selon Jacques Ardoino et Guy Berger, « on ne peut jamais travailler avec un seul indice, il faut nécessairement en ajouter d'autres ».

> « La *corroboration* est l'établissement de la convergence des indices entre eux[1]. »

Dans une approche plus juridique, Gérard Cornu considère que la corroboration est le moyen de renforcer une preuve, « d'augmenter par concordance la force probante ». Corroborer vient du latin *corroborare*, fortifier (de *cum* avec, et *rober*, force). Le but de la corroboration est de « rendre incontestable ce qui résulte de la concordance des preuves[2] ». On ne peut aborder la notion de corroboration sans faire référence à l'analyse critique de Karl Popper. Le philosophe allemand s'interroge sur la vérité scientifique. Il réfute l'idée qu'une théorie puisse être vérifiée. Il recommande aux chercheurs de travailler plutôt la corroboration. Plus près de la pratique, la corroboration permet de mieux cerner l'ambiguïté de la perception des faits. Ce qui est fort judicieux en évaluation. Ainsi la corroboration atténue la distorsion des témoignages. Elle diminue l'ampleur du biais dans le raisonnement évaluatif[3]. La corroboration est plus opérationnelle que les notions de vérité, preuve et conviction. Mieux vaut dire qu'un diagnostic de danger est corroboré par les faits, plutôt qu'affirmer ce diagnostic prouvé par les mêmes faits. Un diagnostic ne correspond jamais exactement à la vérité. D'autant plus quand il tire sa légitimité de la conviction intime.

1. Ardoino J., Berger G., *D'une évaluation en miettes à une évaluation en actes, op. cit.*
2. Cornu G. *Vocabulaire juridique, op. cit.*
3. Aumont B., Mesnier P.M., *L'Acte d'apprendre*, Paris, PUF, 1995 (1992).

PLAN DU CHAPITRE

CE CHAPITRE DÉFINIT L'OBJET D'ÉVALUATION à l'intérieur de la théorie générale. Il applique ensuite les principes généraux au repérage de l'objet MPS. La détermination de l'objet permet d'aborder la question d'évaluation. La définition de l'objet sert d'ancrage à la construction méthodologique du modèle MPS.

1. ÉVALUER SUR QUOI ?

La définition de l'objet est le bastion avancé de la théorie de l'évaluation. Évaluer consiste en premier lieu à identifier l'objet sur lequel va porter la démarche.

> « On appelle *objet d'évaluation*, la réalité sur laquelle est produit le jugement d'évaluation[1]. »

L'objet est ce sur quoi l'évaluation est entreprise. Les objets répertoriés par les auteurs sont divers : une action, une activité, un service, un organisme. L'évaluation s'applique aussi à des projets ou à des pratiques. La diversité de l'objet s'étend aux phénomènes, aux comportements, aux valeurs (y compris économiques), aux projets individuels ou collectifs, à des politiques, des stratégies et des tactiques, à des plans et à des programmes, à une pratique sociale, à un service[2]. La diversité rend parfois difficile l'identification exacte de l'objet. Évalue-t-on vraiment la réalité appréhendée ? La vision évaluative n'est-elle pas limitée à certains aspects de la réalité ?[3] Il est pourtant essentiel de délimiter avec précision l'objet d'évaluation. Particulièrement en protection de l'enfance. On risque autrement d'en invalider la mission première : protéger l'enfant. La définition de l'objet MPS rappelle la réalité sur laquelle porte l'évaluation :

> « L'*objet de l'évaluation médico-psycho-sociale* porte sur la gravité du danger menaçant l'enfant, et sur les moyens d'en briser le processus. »

La première partie de la définition relie l'objet à la distinction opérée par l'ODAS entre *l'enfant en risque* et *l'enfant maltraité*. Ces deux catégories réunies constituent la super-catégorie des *enfants en danger*. Les définitions de l'ODAS ont fait leur chemin dans le secteur de l'enfance. Elles sont connues par de nombreux professionnels[4].

---

1. Barbier J.M., *L'Évaluation en formation, op. cit.*
2. Ardoino J., Berger G., *D'une évaluation en miettes à une évaluation en actes, op. cit.*
3. Barbier J.M., *L'Évaluation en formation, op. cit.*
4. La loi du 5 mars 2007 réformant la protection de l'enfance introduit des changements significatifs dans la terminologie et les méthodes s'appliquant au secteur. Ainsi les définition de l'enfance en danger introduite par l'ODAS dans les années quatre-vingt-dix (ODAS, *L'Observation de l'enfance en danger : guide méthodologique, op. cit.*), ne sont plus applicable au nouveau contexte légal. Cette évolution entraîne quelques modification dans les instruments mis au point par Francis Alföldi pour évaluer les situations en protection de l'enfance. Des expérimentations sont actuellement à l'étude : adoption des termes clés (« danger » et non plus « maltraitance », « intérêt et développement de l'enfant »), ajustements techniques (contenus des critères, prise en compte de la collaboration des parents). À l'issue de ces travaux, la méthode réactualisée donnera lieu à une nouvelle publication.

« L'*enfant maltraité* : C'est celui qui est victime de violences physiques, cruauté mentale, abus sexuels, négligences lourdes ayant des conséquences graves sur son développement physique et psychologique.
L'*enfant en risque* : C'est celui qui connaît des conditions d'existence qui risquent de mettre en danger sa santé, sa sécurité, sa moralité, son éducation, ou son entretien, mais qui n'est pas pour autant maltraité[1]. »

La distinction entre risque et maltraitance introduit l'idée de gravité du danger. Dans le cas de l'enfant en risque, le dommage menace d'être commis mais il n'a pas encore eu lieu, comme c'est le cas pour l'enfant maltraité. L'analyse de la gravité traverse l'ensemble des dangers potentiels : comportemental, transgénérationnel, parental, social. La gravité est majorée par le caractère chronique de la maltraitance, par l'atteinte du sentiment d'estime de soi, par l'altération des capacités de développement[2].

La construction du modèle MPS requiert une troisième notion : l'*enfant hors de danger*. La définition a été modélisée à partir des deux formules de l'ODAS.

« L'*enfant hors de danger* : c'est celui dont les conditions d'existence ne font peser aucune menace de dommage sur sa santé, sa sécurité, son éducation ou son entretien. »

La seconde partie de la définition de l'objet MPS annonce la grande idée de la protection de l'enfance : briser la maltraitance et laisser enfin l'enfant accéder au bien-être. Le fond idéologique est ainsi énoncé dès la mise en chantier du modèle. L'idéologie du système de protection de l'enfance porte à l'éradication des mauvais traitements. Il ne s'agit rien de moins qu'*en briser le processus*. L'objet MPS intègre aussi les ressources familiales mobilisables pour l'enfant. La définition prend également en compte l'incidence de l'action des professionnels. L'expérience du terrain enseigne qu'en fait d'éradication, l'action médico-psycho-sociale se résume plus souvent à limiter le dommage infligé à l'enfant[3]. L'âpreté de la réalité clinique a tôt fait de réduire les ambitions idéologiques.

2. LA CENTRATION SUR L'ENFANT

Identifier l'objet d'évaluation nécessite une interrogation préalable : *sur quoi l'évaluation va-t-elle porter ?* La réponse est déterminante pour la construction du modèle : l'objet MPS est centré sur le danger encouru par l'enfant. La complexité de cet objet requiert d'en distinguer les composantes. L'objet est constitué par : le fonctionnement de l'enfant, les capacités parentales, la dynamique familiale, l'environnement social, les interventions des professionnels de l'enfance. Il porte sur les aspects cruciaux de la réalité quotidienne de l'enfant, sur son devenir aussi. L'évaluation

1. ODAS, *L'Observation de l'enfance en danger : guide méthodologique, op. cit.*
2. Adcock M., « Significant harm : implications for Local Authorities", in *Significant Harm : Its Management and Outcome*, Croydon, Significant Publications, 1998.
3. Baker T., « What constitutes reasonable contact ? », in *Assessment of parenting*, London and New York, Routledge, 1995, p. 247-261.

de la dangerosité comporte trois phases. Les deux premières entrent dans la mission de protection : évaluer l'ampleur du risque de récidive ; évaluer la nécessité d'intervention. La troisième phase, dont on a évoqué la grande difficulté, est l'administration de la preuve, l'établissement de la matérialité des faits : elle revient à l'appareil judiciaire.

La délimitation de l'objet se fait sur l'enfant bénéficiaire, non pas sur la famille. Le déplacement vers la famille a tôt fait de focaliser l'intervention sur la réunification familiale. Les travaux anglo-saxons mettent en garde les professionnels de l'enfance.

> « Le succès de l'intervention médico-psycho-sociale ne doit pas être mesuré par la réalisation de la réunification de la famille, mais plutôt par le bien-être effectif de l'enfant.[1] »

La réunification familiale est souhaitable à la condition que l'enfant ne soit pas sacrifié.

> « Quand il est démontré que la séparation avec les parents ou une absence continue du domicile est nécessaire pour assurer sa sécurité, le meilleur intérêt de l'enfant doit généralement prévaloir sur toute revendication des droits parentaux ou sur une politique basée sur la réunification familiale[2]. »

Le modèle MPS rallie la directive du gouvernement américain préconisant un système de protection de l'enfance centré sur l'enfant *(a child-centered child protection system).* Le système américain annonce une double perspective écosystémique et compréhensive :

- en priorité il est centré sur l'enfant (*child-centered*) ;
- en second lieu il prend en considération l'importance de la famille dans le développement de l'enfant (*family-focused*) ;
- il reconnaît l'importance de l'environnement social de l'enfant (*neighborhood-based*)[3].

La primauté du bénéfice de l'enfant exige que toute information soit traitée en respect de ses besoins. C'est là une priorité méthodologique. La considération des besoins parentaux arrive en second rang. En protection de l'enfance, « les besoins de l'enfant ont plus d'importance que les besoins des parents »[4]. La prise en considération des besoins parentaux est bien entendu nécessaire au bien-être de l'enfant. Généralement, mais pas toujours. Quand il y a opposition d'intérêt, la primauté demeure à l'enfant et à sa protection. L'enfant en danger reste la préoccupation centrale des actions de protection de l'enfance. L'expérience du terrain révèle cependant un décentrage de l'objet vers le fonctionnement parental. Dérive maintes fois constatée lors des synthèses en protection de l'enfance. Les professionnels risquent à tout instant d'être capté par la souffrance des parents. Ils font alors passer au second plan la souffrance pourtant bien réelle de l'enfant.

> « L'idéologie du lien l'emporte lorsque se produit une identification massive de l'intervenant à la souffrance des parents au détriment de l'identification à la souffrance et à la terreur ressentie par l'enfant en leur présence[5]. »

Certes, les fonctionnements parentaux sont parfois fascinants. La sidération devant la parentalité pathologique annihile le discernement professionnel. Le caractère spectaculaire de certaines

1. Jones D., « Treatment of the child and family », in Helfer *et al.*, *The Battered Child*, Chicago, University of Chicago Press, 1997, p. 521-542.
2. Davidson H., « The court and child maltreatment », in Helfer *et al.*, *The Battered Child, op. cit.,* p. 482-499.
3. Krugman R., « Child protection policy », in Helfer *et al.*, *The Battered Child, op. cit.,* p. 627-641.
4. Reder P., Lucey C., *Assessment of Parenting*, London and New York, Routledge, 1995.
5. Berger M., « Les jalons d'évaluation de l'hôpital Bellevue pour les situations de défaillance parentale », in *Évaluation(s) des maltraitances*, Paris, Fleurus, 2002, p. 95-14.

entreprises de destruction familiale assujettit les professionnels à une « étreinte paradoxale ». Le paradoxe maintient l'enfant sous le sceau de la carence : il se trouve à la fois « absent et présent » du débat dont la raison d'être est pourtant sa protection[1].

Il est fréquent et regrettable que le temps de la synthèse soit absorbé à débattre sur le fonctionnement parental. Le risque de décentration étant ce qu'il est, il faut développer des instruments qui vérifient la centration sur l'enfant (voir au chapitre 56 : « L'outil de centration sur l'enfant »). Il incombe aux professionnels de ne pas succomber à l'usurpation parentale lors du *happening* de l'évaluation. Le temps évaluatif et la teneur des débats reviennent à l'enfant ; ils sont requis par la primauté de sa protection. Cette perspective est renforcée par la loi du 2 janvier 2002, qui place l'usager au centre du dispositif d'action sociale et médico-sociale. L'usager, en protection de l'enfance, c'est l'enfant. Le parent n'est qu'un partenaire de second rang. Un partenaire essentiel et secondaire à la fois.

Ajoutons que la centration sur l'enfant prend en compte les conditions de vie dans l'ensemble de la fratrie. « La dynamique de la maltraitance implique quelquefois seulement l'un des enfants, mais le plus souvent les autres enfants présents au foyer sont également sous l'effet du risque[2] ». Le devoir d'assistance à personne en danger exige que l'évaluation apprécie également le danger constaté sur les frères et sœurs de l'enfant-cible.

Le primat du danger

Dès l'origine, l'évaluation de la maltraitance ne déroge pas au modèle déficitaire : elle s'occupe en premier lieu du dysfonctionnement. Le modèle déficitaire est classique en sciences humaines La cible principale est le symptôme, la pathologie. Georges Canguilhem explique la raison de cette tendance.

> « La valeur de tous les états morbides consiste en ceci qu'ils montrent sous un verre grossissant certaines conditions qui, bien que normales, sont difficilement visibles à l'état normal[3]. »

Pourtant le processus d'évaluation concerne aussi bien l'émergence du positif. À savoir les ressources de la famille et celles de l'enfant. L'évaluation de l'enfance en danger ne s'applique pas seulement à la souffrance de l'enfant. Elle doit tout autant prendre en compte son bien-être. Il est de fait que la mission de protection est engagée sur le constat d'un danger envers l'enfant. L'existence des ressources de la famille n'est pratiquement jamais mentionnée dans la motivation initiale. Pourtant le bien-être de l'enfant est le but fondamental de la protection de l'enfance. Pour ne pas perdre de vue ce principe essentiel, on a besoin de définir clairement cette notion malmenée.

Conséquence de l'approche déficitaire, le bien-être de l'enfant est couramment défini par ce qu'il n'est pas. Suivant la pensée de Georges Canguilhem, on peut dire qu'il est plus aisé de décrire les effets de la maltraitance que de définir l'état contraire. Ainsi le bien-être est procuré à l'enfant quand l'environnement éducatif apporte une réponse optimale à ses besoins fondamentaux, dans

1. Thouvenin C., « Le doute », in *Du cri au silence*, Vanves, CTNERHI, 1986, p. 15-45.
2. Browne K., « Predicting maltreatment », in *Assessment of Parenting*, London and New York, Routledge, 1995, p. 118-135.
3. Canguilhem G., *Le Normal et le Pathologique*, *op. cit.*

son meilleur intérêt et dans le respect de ses droits. La définition de ce qui relève du normal se voit réduite à une description du non-pathologique. La CNUDE (Convention des Nations-Unies sur les droits de l'enfant) apporte des éléments plus explicites sur la notion de bien-être :

> « L'enfant pour l'épanouissement harmonieux de sa personnalité, doit grandir dans le milieu familial, dans un climat de bonheur, d'amour et de compréhension » (décret n° 90-917 du 8.10.1990, préambule).

Il reste à définir les termes *épanouissement harmonieux*, *amour* et *bonheur*. L'effort de clarification est poursuivi à l'article 29. Le texte international recommande aux états signataires de « favoriser l'épanouissement de la personnalité de l'enfant et le développement de ses dons et de ses aptitudes mentales et physiques, dans toute la mesure de leurs potentialités ». La convention distingue les différents domaines du bien-être de l'enfant : « bien-être social, spirituel et moral ainsi que sa santé physique et mentale » (article 17). Les professionnels osent rarement parler ouvertement du bonheur de l'enfant, pourtant l'importance du bonheur est cruciale pour l'enfant[1]. Restant dans le domaine juridique, on peut dire que la notion de bien-être de l'enfant n'est pas complètement absente des termes de l'article 375 du Code civil. Veiller au bien-être de l'enfant, c'est assurer la satisfaction de ses besoins de santé, de sécurité, de moralité et d'éducation.

3. LA QUESTION D'ÉVALUATION

Les professionnels de terrain connaissent tous les synthèses au cours desquels la préoccupation de l'enfant s'égare dans un brouhaha stérile. Les participants se réunissent pour parler de la situation d'un enfant en danger. Ils sont précisément missionnés pour cela. Passé l'échange des premières informations, l'ambiance se charge en tension conflictuelle. Chacun parle sans toujours attendre son tour de parole. Bientôt nul ne sait plus qui est le fils de qui dans la famille. Les mêmes phrases sont dites et répétées. La préoccupation de l'enfant cède le pas devant la sidération pour les parents. La violence de ce père, la perversion de cette mère annihilent le discernement des professionnels. Effet indirect de la pathologie familiale, une tempête affective se déclenche entre les évaluateurs. Dans la tourmente sombre l'intention évaluative. Ainsi en va-t-il jusqu'à ce que soit prononcée la levée de la réunion. Le retentissement du gong signifie la fin du naufrage, aux bruits des chaises et dans l'insatisfaction générale.

La métaphore maritime souligne la nécessité de l'apport méthodologique. Un préliminaire judicieux consiste à installer un phare en prévision du gros vent. Dans le modèle MPS, le phare c'est la *question d'évaluation*. Elle doit être formulée dès le début de la synthèse. Sémaphore chargé du sens évaluatif, la question initiale donne une direction à l'évaluation. Elle insuffle une dynamique clinique. Soigneusement ajustée à l'objet d'évaluation, la question porte prioritairement sur *la gravité du danger menaçant l'enfant et les moyens d'en briser le processus.* La question d'évaluation comporte parfois plusieurs volets. Il arrive que l'évaluateur soit taraudé par différents aspects du problème. Plusieurs questions sont alors formulées.

L'affinement de la question d'évaluation est abordé dans *The Battered Child* :

- Cet enfant a-t-il été maltraité ?

1. Tomkiewick S., « Violences dans les institutions pour enfants, à l'école et à l'hôpital, » in *Enfances en danger*, Paris, Fleurus, 1997.

- Si c'est le cas par qui ?
- Le dommage causé à l'enfant est-il le résultat de négligences ou d'une supervision inadéquate ?
- Les parents ou gardiens sont-ils capables de comprendre et de contrôler les comportements potentiellement destructeurs des personnes abusives (y compris eux-mêmes) dans l'environnement de l'enfant ?
- Les adultes impliqués sont-ils prêts à produire un changement afin de procurer un environnement sauf à l'enfant ?
- Quels facteurs ont pu contribuer à la maltraitance entre l'enfant, les parents, les interactions familiales, et l'environnement social ?
- La situation de l'enfant peut-elle être améliorée par la mise en œuvre d'un plan appliqué à la réduction de ces facteurs ?
- Quelle est la probabilité d'amélioration dans une période de temps raisonnable ?
- L'enfant a-t-il besoin d'être temporairement placé à l'extérieur du domicile ?
- Faut-il adresser un signalement au tribunal en vue d'entamer une procédure de cessation des droits parentaux[1] ?

Un autre Américain, Gordon Hamilton, recommandait il y a plus de cinquante ans, de formuler une question diagnostique avant d'évaluer une situation : « Un bon diagnostic suggère de coutume les questions suivantes : "Quelle est la gravité de la situation ?" et : "À quel degré la personne est-elle troublée[2] ?" » Le théoricien du *case-work* était précurseur en matière d'évaluation.

L'approche méthodologique ajuste la question à l'objet d'évaluation. Les questions dérivant vers le fonctionnement parental, l'implication de l'intervenant envers la famille ou l'élucidation d'une énigme transgénérationnelle sont à recentrer sur le danger dont l'enfant est la cible et sur les moyens de le faire cesser. Rigoureusement. Il ne s'agit pas d'écarter le fonctionnement parental, ni les interactions entre l'intervenant et les adultes, ni la prise en compte des secrets familiaux. Ces éléments sont certainement primordiaux pour l'enfant. Ils ont leur place dans le processus de l'évaluation. La précaution consiste à recentrer en permanence l'objet sur l'enfant et non sur les circonstances qui lui sont périphériques. Il faut être vigilant pour aligner la question d'évaluation sur l'intérêt de l'enfant – adopter comme disent les Anglo-Saxons, une *child centered position*[3]. La théorie de l'évaluation confirme l'intérêt de la question initiale. L'évaluation ne peut avoir lieu sans que les évaluateurs énoncent clairement les objectifs. Dès le commencement de la démarche.

1. Seagull E.A.W., « Family assessment », *op. cit.*
2. Hamilton G., *Théorie et pratique du case-work, op. cit.*
3. Lindsey C., « Alternative caretakers », in *Assessment of Parenting*, London and New York, Routledge, 1995, p. 235-246.

Chapitre 53

Finalité de l'évaluation

F. ALFÖLDI

PLAN DU CHAPITRE

Ce chapitre étudie la finalité d'évaluation. Il récapitule les six finalités principales de l'évaluation en protection de l'enfance : 1. apprécier la gravité du danger, 2. activer la dynamique de changement, 3. prendre de la distance, 4. optimiser l'intervention, 5. aider à la décision judiciaire ou administrative, 6. partager la responsabilité diagnostique.

1. ÉVALUER POURQUOI ?

L'intention d'évaluer est déterminée par un ensemble de finalités. La finalité ne doit pas être confondue avec l'objet d'évaluation. Selon Gilbert de Landsheere la finalité caractérise ce qui a un but, une fin[1]. Il reste à ajuster la définition à la spécificité de l'évaluation.

> La *finalité* de l'évaluation est l'ensemble des raisons qui motivent la démarche d'évaluation.

Le précurseur de l'évaluation est le constat. Le faisceau des constats dresse généralement l'état d'une défaillance qui affecte l'objet. Quelque chose est à modifier dans quelque chose qui dysfonctionne. L'état des lieux révèle la nécessité du changement. Le constat de la défaillance est à l'origine du désir de remédiation[2]. La volonté de remédiation anime les dispositifs d'évaluation institutionnelle. Le désir de changement et la prétention à remédier déterminent les raisons d'agir. *Raison* est employé au sens du *Robert* : « cause ou motif légitime qui justifie (quelque chose) en l'expliquant ». La raison est légitime quand elle correspond à la réalité de l'objet évalué. Pour quelles raisons engager une évaluation sur cette réalité-là ? Cette question permet d'identifier les finalités de la démarche.

Conviés à formuler les finalités de l'évaluation en protection de l'enfance, les professionnels répondent spontanément : essayer de comprendre, répondre à une demande, trouver les moyens, prendre du recul, partager les angoisses, les réduire, définir les objectifs de travail et les rôles respectifs, légitimer l'intervention des professionnels, poser des hypothèses et en vérifier l'impact, puis mesurer les écarts et réévaluer. Un afflux de significations répond à la question : pourquoi évaluer ? Il convient d'en organiser la diversité.

2. LES SIX FINALITÉS DE L'ÉVALUATION MPS

Le modèle MPS organise la diversité des finalités d'évaluation, en six catégories :

- apprécier la gravité du danger ;
- activer la dynamique de changement ;
- prendre de la distance ;
- optimiser l'intervention ;
- aider la décision ;

1. De Landsheere G., *Dictionnaire de l'évaluation et de la recherche en éducation, op. cit.*
2. Bonniol J.-J., Vial M., *Les Modèles de l'évaluation, op. cit.*

- partager la responsabilité diagnostique.

Les catégories comportent entre elles, des zones de recouvrement. Chacune a néanmoins sa spécificité propre. Les six finalités du modèle MPS, s'articulent autour des trois axes diagnostique, implicationnel et prospectif[1] :

- « apprécier la gravité du danger » est une finalité à visée diagnostique centrée sur l'enfant et sa famille ;
- « prendre de la distance » : « optimiser l'intervention » ; « partager la responsabilité diagnostique » sont des finalités à visée implicationnelle, centrées sur les intervenants ;
- « activer la dynamique de changement » ; « aider la décision judiciaire ou administrative » sont des finalités à visée prospective orientées vers les perspectives de travail.

Apprécier la gravité du danger

La raison première de l'évaluation en protection de l'enfance est l'appréciation du danger. Les professionnels ont à se prononcer sur le préjudice subi par l'enfant. Le préjudice désigne un acte nuisible aux intérêts d'une personne. Le plus souvent il est contraire au droit, à la justice. L'évaluation MPS a pour but d'apprécier les conséquences de l'effet nuisible. La nuisance subie par l'enfant présente-t-elle des effets irréversibles ? L'appréciation s'applique-t-elle à l'ampleur de la destructivité ? La maltraitance destructive a le pouvoir de détruire ; la maltraitance destructrice détruit effectivement. Dans la première modalité, le mauvais traitement constitue une menace ; mais l'acte n'a pas été commis. Dans la seconde, le dommage est effectif et peut atteindre l'issue mortelle. L'appréciation de la gravité du danger est une finalité cruciale en protection de l'enfance : elle détermine si l'enfant est hors de danger, en risque ou maltraité. Les professionnels médico-psycho-sociaux sont obsédés par l'appréciation qui leur incombe. Une erreur d'évaluation entre le risque porteur d'une menace et la maltraitance commise, peut avoir des effets irréversibles. La complexité des situations d'enfance en danger rend le discernement difficile. L'erreur guette l'appréciation professionnelle. Le risque de bévues majeures nourrit les attentes des professionnels envers l'évaluation. Ils veulent réduire les erreurs diagnostiques et affiner l'appréciation du danger.

Cette question primordiale concerne les différents temps de la vie de l'enfant : ce qui lui est arrivé auparavant, ce qui se passe dans sa vie actuelle, ce qui l'attend dorénavant. Analyser ce qu'il convient de faire, aide l'évaluateur à clarifier ses perspectives d'action. L'appréciation de la gravité centre le diagnostic sur l'ampleur du danger menaçant l'enfant, sur les ressources mobilisées en sa faveur et sur les capacités de changement dans la famille.

Activer la dynamique de changement

Obtenir le changement est une finalité prospective. Cette perspective est développée par la théorie de l'évaluation dynamique. Cette approche détermine la finalité opérationnelle de l'évaluation[2]. Elle fait émerger les pistes de travail, à mesure qu'avance l'évaluation. La conception

1. Les dimensions diagnostique, implicationnelle et prospective de l'évaluation sont développées au chapitre 55.
2. De Gaulejac V. *et al.*, *L'Ingénierie sociale*, Paris, Syros, 1995.

dynamique intègre les résultats de l'évaluation dans la poursuite de l'action[1]. Stimulant le changement, l'évaluation modifie le fonctionnement de l'objet évalué. Elle conduit à formuler des idées nouvelles, des propositions inédites, des projets innovants. La finalité du changement dynamique mobilise les capacités de l'objet. Elle produit une compréhension différente.

Le changement dynamique intéresse l'évaluation en protection de l'enfance. Les constats à l'origine de l'évaluation indiquent que les conditions de vie d'un enfant sont illégales au regard de la loi, immorales selon la culture. Le missionnement des services médico-psycho-sociaux exige le changement des conditions porteuses de dangerosité. L'approche dynamique répond aux recommandations de la loi du 2 janvier 2002, en matière d'évaluation. En instituant l'évaluation interne tous les cinq ans et l'évaluation externe tous les sept ans ; la loi favorise la prise en compte effective de l'évaluation dans l'action sociale et médico-sociale au quotidien. Le renouvellement de l'autorisation est en effet « exclusivement subordonné aux résultats de l'évaluation externe » (art. L.313-1).

L'approche dynamique conduit les évaluateurs à mieux prendre en compte la temporalité dans le suivi des situations. La gestion du temps est indissociable de la dynamique du changement. Il faut articuler les projets de transformation avec les rythmes propres aux familles et aux institutions. D'où la nécessité de faire des points périodiques dans le déroulement de l'action. L'évaluation pose ainsi des jalons dans l'évolution d'une situation[2].

Favoriser l'amélioration clinique

« L'évaluation est... évolution », rappelle Michel Lecointe. L'assonance attire l'attention car l'évaluation a généralement pour objectif de faire évoluer une situation. L'évolution dans le sens d'amélioration[3], pas dans le sens de détérioration. Ainsi, l'amélioration clinique est la finalité complémentaire de la dynamique de changement. La volonté d'améliorer dirige l'orientation du changement. Car instaurer le changement ne suffit pas : il faut aussi se préoccuper de ne pas nuire. La primauté revient au principe du *primum non nocere,* bien connu des médecins. À l'instar de la déontologie médicale, la clinique médico-psycho-sociale veille à ce que l'évaluation ne cause aucun dommage supplémentaire. L'action médico-psycho-sociale n'est pas « un jeu à somme nulle » selon le mot de Paul Watzlawick[4]. Dès l'instant où commence l'évaluation, le principe de non-nuisance prend effet. La vigilance professionnelle vérifie que l'action de terrain sert l'intérêt de l'enfant. La finalité d'amélioration est en prise directe avec la philosophie de la protection de l'enfance. La volonté d'amélioration fonde les conceptions dynamique et clinique de l'évaluation. Il ne s'agit pas de fournir la preuve des faits recueillis ; l'objectif consiste à privilégier le changement pour déclencher l'amélioration : *not to prove but to improve*, comme disait Daniel Stuffelbeam[5]. L'idée est transférable à l'action médico-psycho-sociale :

1. Favard A.-M., *L'Évaluation clinique en action sociale, op. cit.*
2. Pourtois J.-P., Desmet H., *Épistémologie et instrumentation en sciences humaines*, Liège, Mardaga, 1997 (1987).
3. Lecointe M., *Les Enjeux de l'évaluation, op. cit.*
4. Watzlawick P., *Comment réussir à échouer*, Paris, Le Seuil, 1988 (1986).
5. Stuffelbeam D., *L'Évaluations en éducation et la prise de décision, op. cit.*

« Le principal objectif de l'évaluation est d'obtenir plus d'insight sur la meilleure façon d'aider l'enfant et ses parents, et non pas de trouver les preuves menant à l'évidence de l'abus[1]. »

La démonstration de la preuve revient à l'instance judiciaire. L'évaluation judiciaire échoit au magistrat à l'heure de la prise de décision. La vérification des faits de maltraitance commis sur l'enfant n'est pas du ressort des professionnels médico-psycho-sociaux. La mission de la protection de l'enfance est d'améliorer les conditions de vie de l'enfant, par la suppression ou la réduction du danger signalé à l'instance judiciaire. Dès l'instant où elle a lieu, l'intervention vise l'amélioration de la situation. Cette préoccupation porte aussi sur l'efficacité de la dynamique engagée par le professionnel.

Prendre de la distance

La prise de distance est une finalité peu présente dans la théorie de l'évaluation. Cependant la distanciation est une préoccupation importante pour toutes celles et tous ceux qui travaillent contre la souffrance des enfants. Les familles maltraitantes sont communément affligées par l'indifférenciation. Les rôles parentaux sont confus, les barrières générationnelles instables, le statut des enfants incertains. Les familles indifférenciées fonctionnent en vase clos. Leur système est verrouillé. L'action médico-psycho-sociale introduit une bulle de différence dans le circuit fermé de la pathologie familiale. Dans les situations les plus favorables, la bulle enraye le mécanisme destructeur. Elle bloque la reproduction des fonctionnements pathologiques. Le travail de différenciation est plus que délicat. La violence des relations, l'insupportable victimisation de l'enfant exposent les professionnels à des retombées émotionnelles qui réduisent leur discernement. La pensée se trouve comme pétrifiée. De même sont atteintes les capacités de différenciation. Les professionnels expriment le besoin de prendre de la distance avec les problèmes de maltraitance. Travailler la prise de distance nécessite le recours aux techniques projectives. La méthode MPS stimule la projection du ressenti subjectif des professionnels. La technique projective rompt le corps à corps symbolique avec les familles perturbées perturbantes. « Ce qui est caché est ainsi mis en lumière ; le latent devient manifeste ; l'intérieur est amené à la surface ; ce qu'il y a de stable et aussi de noué en nous se trouve dévoilé[2]. » La distanciation évite au professionnel d'être piégé dans les relations fusionnelles.

Optimiser l'intervention

L'optimisation occupe une place centrale parmi les finalités de l'évaluation médico-psycho-sociale. Optimiser signifie faire « le meilleur possible » (*Dictionnaire historique de la langue française*). L'intervention atteint son niveau optimal quand la santé physique et psychique de l'enfant n'est plus menacée. La visée est élevée. La finalité d'optimisation nécessite de faire œuvre de stratégie. Il faut savoir prendre en compte la complexité de la situation. Dans les détails et aussi dans la globalité. L'effort de clarté réduit la pression des référents implicites qui sous-tendent

1. Marneffe C., « Alternative forms of intervention », in *The Battered Child*, Chicago, University of Chicago Press, 1997, p. 500-520.
2. Anzieu D., Chabert C., *Les Méthodes projectives*, Paris, PUF, 1983 (1961).

l'évaluation. La démarche d'optimisation guide les personnes et les groupes vers une meilleure exploitation de leur potentiel, tant en termes de capacités qu'en termes de résultats. Il faut distinguer ici les notions d'efficacité et d'efficience.

L'efficience est la capacité à produire des effets. Le terme évoque le rendement maximal d'une opération. L'efficience est la meilleure utilisation des ressources et des moyens humains, financiers ou matériels. En économie, l'efficience est associée à la productivité. Mais on peut tout à fait parler de productivité intellectuelle dans les sciences sociales et de productivité opérationnelle en protection de l'enfance. La prise en compte de l'efficience permet d'apprécier la qualité d'une action pendant son déroulement.

> « L'*efficience* est l'examen du rapport ressources/résultats ; elle porte sur l'utilisation optimale des moyens et des personnes[1]. »

Tandis que l'efficacité concerne davantage des effets. Optimiser, c'est aussi atteindre les buts fixés avec les moyens disponibles. Il s'agit de produire les résultats les plus performants dans les conditions les plus favorables. L'obtention du résultat escompté vérifie la qualité de l'optimisation à l'issue du processus évalué.

> « L'*efficacité* est l'examen des résultats par rapport aux objectifs et donc de l'utilisation maximale des moyens[2]. »

L'efficience c'est la capacité, le potentiel, tandis que l'efficacité concerne davantage la réussite, le résultat. L'efficience est mise en œuvre tout au long du processus évalué, tandis que l'efficacité ne peut être mesurée qu'à l'issue de l'action quand apparaissent les résultats. L'efficience d'un professionnel de l'enfance est constituée par son savoir-faire et son expérience, ses ressources tant professionnelles que personnelles, la vigueur de son réseau partenarial, l'ensemble de ses compétences et son aptitude à les combiner pour construire l'intervention. Son efficacité réside davantage dans la réussite de sa mission ; laquelle se vérifie quand l'enfant échappe effectivement à la maltraitance.

L'optimisation articule efficacité et efficience. L'évaluation dynamique optimise les pratiques aux deux niveaux. Son processus est dynamique et complexe. L'optimisation de la protection de l'enfance dépend de l'efficacité du service rendu à l'enfant ; elle repose sur l'efficience des moyens médico-psycho-sociaux. Georges Hamilton écrivait que « les diagnostics et les évaluations ont pour but de rendre le traitement efficace[3] ». Ajoutons que diagnostics et évaluations doivent aussi être efficients, c'est-à-dire exploiter au mieux la compétence évaluative des professionnels.

1. Lecointe M., Rebinguet M., *Éthique et pratique de l'audit*, Lyon, Chroniques sociales, 1994.
2. Lecointe M., Rebinguet M., *Éthique et pratique de l'audit*, *op. cit.*
3. Hamilton G., *Théorie et pratique du case-work*, *op. cit.*

Aider à la décision

L'aide à la décision est une finalité spécifique à l'évaluation. Ce versant théorique a été exploré dans les années 1970 aux USA par Daniel Stuffelbeam et son équipe. La définition américaine érige l'aide à la décision en finalité ultime[1]. L'approche française en tient également compte. « Évaluer, c'est porter un jugement en vue d'une décision » écrivent Jacques Ardoino et Guy Berger[2]. Le jugement d'évaluation fait partie du mécanisme de décision. Il en est indissociable. Stufflebeam illustre le rapport étroit entre évaluation et décision. D'après lui, l'évaluateur est l'œil et l'oreille de celui qui prend les décisions. L'auteur américain qualifie de *symbiotique* la relation entre l'évaluateur et le décideur.

En protection de l'enfance, la décision vise la cessation du danger menaçant l'enfant. La nature de la décision varie selon la position du décideur. L'autorité administrative contrôle les moyens de prévention et de prise en charge. L'autorité judiciaire dispose de l'incitation et de la contrainte. Ces données formelles et réglementaires sont familières dans le secteur de l'enfance. Cependant, le processus par lequel advient la décision, n'est pas toujours pris en compte. Daniel Stuffelbeam décrit la prise de décision en quatre étapes :

- « prendre conscience qu'une décision s'impose ;
- formuler un avant-projet de la situation de décision ;
- choisir parmi les décisions possibles, et
- engager l'action suite à ce choix[3] ».

L'aide à la décision judiciaire ou administrative

L'aide à la décision judiciaire ou administrative ne peut être méconnue par le processus d'évaluation. Elle en est l'aboutissement. La décision judiciaire émane du juge des enfants, la décision administrative du responsable de l'aide sociale à l'enfance. Le magistrat et le responsable de l'ASE sont les destinataires des résultats de l'évaluation. Ils attendent une aide à la décision qui leur incombe. Les évaluateurs apportent les informations nécessaires au décideur. Finalité primordiale dans l'action médico-psycho-sociale, l'aide à la décision n'est pas toujours prise en considération. Interrogés sur les finalités, les professionnels tardent à mentionner l'aide à la décision. Le plus souvent ils l'omettent.

La fonction de l'évaluation est d'apporter « l'information utile à une prise de décision ». La construction d'un modèle d'évaluation nécessite d'identifier les décisions auxquelles il prépare[4]. Deux catégories de décisions sont caractéristiques de la protection de l'enfance :

- les décisions administratives : trois types de décisions relèvent de la responsabilité de l'inspecteur à l'Aide sociale à l'enfance sous délégation du président du conseil général :

1. Selon Stuffelbeam D., *L'Évaluations en éducation et la prise de décision, op. cit.*, « l'évaluation est le processus par lequel on délimite, obtient et fournit des informations utiles permettant de juger des décisions possibles ».
2. Ardoino J., Berger G., *D'une évaluation en miettes à une évaluation en actes, op. cit.*
3. Stuffelbeam D., *L'Évaluations en éducation et la prise de décision, op. cit.*
4. Stuffelbeam D., *L'Évaluations en éducation et la prise de décision, op. cit.*

- les décisions d'investigation : demandes d'informations adressées au service de secteur ou à la protection maternelle et infantile (PMI) ;
- les actions de prévention : attributions d'allocations mensuelles, mesures d'assistance éducative en milieu ouvert (AEMO), interventions de travailleuses familiales, placements temporaires en accueil provisoire (AP), admission en centre maternel ;
- la saisine de l'autorité judiciaire : signalements au parquet des enfants exposés ou supposés victimes de maltraitance ;

• les décisions judiciaires : trois catégories de décisions sont accessibles à l'autorité du juge des enfants sur saisine du parquet des mineurs :
  - les décisions d'investigation : mesures d'investigation et orientation éducative (IOE), enquêtes sociales, expertises médico-légales, expertises psychiatriques et psychologiques ;
  - les décisions d'assistance éducative : mesures d'assistance éducative en milieu ouvert (AEMO), mesures de tutelle aux prestations familiales ;
  - les placements : ordonnance de placement provisoire (OPP).

La dimension du pouvoir dans l'évaluation

L'aide à la décision introduit un enjeu de pouvoir dans l'évaluation. Si le pouvoir de décider appartient au décideur et si l'évaluateur n'est généralement pas le décideur, ce dernier étant à la fois commanditaire et destinataire des productions de l'évaluation, dès lors quel pouvoir revient à l'évaluateur ? L'ampleur du paradoxe est illustrée par une métaphore. Qu'on se représente l'évaluateur comme l'éminence grise du décideur. À la fois conseiller et collaborateur, l'évaluateur influence la décision qui mûrit dans l'esprit du décideur. Le pouvoir de l'évaluateur est donc un pouvoir d'influence. Il n'a pas pouvoir de décision. Il concourt à l'élaboration de la décision sans en exercer la puissance.

Le pouvoir d'influence aide à prévenir la *violence décisionnelle* dont parlait Stanislaw Tomkiewicz. En protection de l'enfance, la violence décisionnelle revient à prendre une décision sur le devenir de l'enfant (hospitalisation, placement, remise de l'enfant à la famille) sans annoncer ouvertement les critères en fonction desquels on prononce la décision. La violence décisionnelle ajoute la maltraitance institutionnelle aux mauvais traitements endurés par l'enfant dans sa famille. Les décisions sont le plus souvent animées par des intentions protectrices. Encore faut-il qu'elles cadrent avec la réalité des situations. En dépit de l'authenticité du décideur, une mauvaise décision peut avoir des conséquences graves pour l'enfant. Le risque de violence décisionnelle est renforcé par l'absence de référent d'évaluation élaboré. « Malgré les avancées des sciences sociales et de la psychologie, notre connaissance de ce qui est bon et de ce qui est mauvais pour le présent et pour l'avenir d'un enfant est encore extrêmement modeste[1]. »La spécification des critères d'évaluation est une question d'actualité depuis la loi du 2 janvier 2002. L'observation des pratiques administratives et judiciaires montre la discordance de décisions uniquement fondées par les savoirs empiriques. Neutraliser la violence décisionnelle nécessite de construire le référent d'évaluation avec une méthodologie rigoureuse. Les idéologies personnelles modifient sans cesse l'appréciation de la place de l'enfant dans sa famille. Le renfort de la méthodologie réduit la

1. Tomkiewick S., « Violences dans les institutions pour enfants, à l'école et à l'hôpital », *op. cit.*

confusion diagnostique. Il incombe aux évaluateurs de débusquer les référents implicites : référent familialiste, religieux, politique, disciplinaire, socioculturel, archaïque, moïques, expérientiel, institutionnel et de désirabilité sociale (voir les développements du chapitre 54).

Partager la responsabilité diagnostique

Le partage de la responsabilité diagnostique est une finalité revendiquée par les professionnels de l'enfance. L'intervenant de terrain est fréquemment confronté à des situations de gravité extrême. Sa responsabilité envers l'enfant est engagée éthiquement et juridiquement. Simultanément. Ses émotions sont amplifiées par la sévérité des événements. Plus l'enfant est maltraité et plus il est difficile d'apprécier le danger. Le poids des émotions devenant insupportable, le professionnel sent le besoin de se délester[1]. Une enquête réalisée en 1997 auprès de cinquante professionnels de terrain dans un service éducatif de région parisienne, a montré le lien étroit entre le diagnostic et la pluridisciplinarité. Les deux fonctions sont corrélées par la volonté collective de partager le risque d'erreur. Le partage de la responsabilité diagnostique apparaît comme une préoccupation forte chez les professionnels de terrain[2].

1. Molenat F., « Résistances », in *Maltraitances institutionnelles*, Paris, Fleurus, 1998, p. 167-178.
2. Alföldi F., *De l'outil génogramme au concept d'évaluation*, mémoire DHEPS, Paris III, 1997.

Chapitre 54

Trois niveaux d'évaluation : implicite, spontanée, instituée

F. ALFÖLDI

PLAN DU CHAPITRE

Ce chapitre présente les trois formes d'évaluation : implicite, spontanée et instituée, élaborées par Jean-Marie Barbier dans la théorie de la formation. Il analyse chaque forme et en traduit les données pertinentes au modèle MPS. Le chapitre se termine sur une illustration des trois formes au travers d'un exemple.

1. ÉVALUER À QUEL NIVEAU ?

L'évaluation est une action banale, courante. Son processus est mobilisé en permanence. À tout instant de la vie quotidienne. Qu'il s'agisse de faire une acquisition, du choix des relations, d'une démarche sociale, on évalue à chaque instant « en fonction de multiples critères quotidiens[1] ». En bien comme en mal, jusqu'à l'ampleur des transgressions, on évalue et on est évalué à tout moment. On est tous des évaluateurs. À chaque instant de la vie, se présente une situation d'évaluation. Le moindre achat nécessite la mise en œuvre de compétences évaluatives. L'acquisition d'une voiture requiert des critères précis. Il faut être à même de comparer deux voitures de même catégorie[2]. L'évaluation est une pratique, un fonctionnement. C'est aussi un processus qui agit en permanence à l'intérieur de l'esprit. Il influe et détermine chaque acte dans la sphère professionnelle comme dans la vie privée. Le processus d'évaluation s'effectue à plusieurs niveaux. La théorie de Jean-Marie Barbier distingue trois formes d'évaluation dont le degré d'élaboration diffère : l'évaluation implicite, l'évaluation spontanée, l'évaluation instituée. L'évaluation pratiquée aux deux premiers peut être qualifiée de primitive. La troisième modalité met en œuvre l'évaluation professionnelle.

2. L'ÉVALUATION IMPLICITE

L'évaluation implicite est une forme rudimentaire de l'évaluation. Elle en est aussi la plus familière et la plus courante.

> « Dans l'*évaluation* implicite, le déroulement de l'évaluation est sous-tendu par des critères qui ne sont pas expliqués et par des jugements de valeur qui ne sont pas exprimés.[3] »

Le terme implicite qualifie tout comportement qui n'est pas directement observable[4]. À ce stade, le jugement de valeur caractéristique de l'évaluation, n'est pas formulé. Il demeure implicite ; c'est-à-dire qu'il n'est pas exprimé, pas même conscient. Cette forme d'évaluation primaire est à comprendre comme un acte social universel. Elle est assimilable à une évaluation de sens commun. L'évaluation implicite est omniprésente dans le fonctionnement psychique. Elle précède tout acte réfléchi. Sauf en cas d'atteinte cérébrale majeure ou dans les situations de panique, l'être humain jauge la valeur de l'acte qu'il va poser. Il anticipe les conséquences. L'évaluation

1. Lesne M., Minvielle Y., « Dix thèses sur l'évaluation en formation des adultes », in *Pour*, 1977, n° 56, p. 5-15.
2. De Ketele J.-M., Roegiers X., *Méthodologie du recueil d'informations*, Bruxelles, De Boeck, 3e éd, 1996.
3. Barbier J.M., *L'Évaluation en formation*, *op. cit.*
4. De Landsheere G., *Dictionnaire de l'évaluation et de la recherche en éducation, op. cit.*

implicite influence chaque décision humaine[1]. Elle tire ses sources des conceptions globales et des convictions profondes. Gérard Cosse, éducateur spécialisé, développe la notion de théorie implicite de la personnalité.

> « Les théories implicites de la personnalité constituent des savoirs préalables sur la connaissance des gens, savoirs socialement partagés puisque partagés par tout le monde, leur conférant, ainsi, un statut naturel, une allure évidente. [...] Elles ne servent pas seulement à organiser économiquement le recueil d'informations concernant les personnes, elles permettent aussi de les évaluer en énonçant à leur propos des jugements de valeur masqués derrière une terminologie apparemment descriptive[2]. »

Dans le registre implicite, les jugements de valeur non formulés, soumettent l'évaluation aux effets réducteurs des stéréotypes.

> « Le *stéréotype* est une idée reçue, toute faite, rigide et résistante au changement, souvent fausse et schématique[3]. »

Le sens porté par le stéréotype est commun, massivement partagé. Il tire sa validité de la croyance collective. Ses éléments sont retenus pour leur valeur argumentaire, non leur pertinence. Le stéréotype de la *victime type* apporte une illustration significative. Il véhicule l'image d'une « adolescente séduisante et aguicheuse qui teste son sex-appeal sur un adulte passif, lequel succombe malgré ses réticences » (*ibid.*). L'incurie de cette opinion est battue en brèche par les recherches sur les abus sexuels. Le stéréotype n'est pas énoncé quand il intervient dans l'implicite de l'évaluation. Il influe pourtant sur le jugement d'évaluation final. Informulé, il est indiscutable. Préservé de la contradiction, le stéréotype altère en sous-main la pondération du jugement. La méthodologie tend à dépister les stéréotypes dans le processus évaluatif. Cette opération nécessite de faire œuvre de sérendipité[4]. En ne trouvant pas ce que l'on s'attendait à vérifier, on en vient à trouver autre chose. On trouve ce que l'on ne cherchait pas et qui pourtant fait sens dans la compréhension du problème.

L'évaluation implicite est activée par des processus psychiques conscients ou inconscients. La dimension inconsciente exerce une influence déterminante sur tout processus d'évaluation. L'évaluation implicite mobilise les référents latents du professionnel. On observe couramment ce mécanisme dans les pratiques. L'analyse des actions de protection de l'enfance montre l'impact de l'inconscient sur l'évaluation. Le registre inconscient participe à la production du jugement

1. Barbier J.M., *L'Évaluation en formation, op. cit.*
2. Cosse G., « Évaluations et pratiques sociales de diagnostic. Pour une prise en compte des processus cognitifs dans la perception et le jugement d'autrui », in *Les Cahiers de l'Actif*, 2000, n° 288-291, p. 217-236.
3. Astié F., Jaffé P.D., « Stéréotypes et connaissances des adolescents sur les abus sexuels d'enfants », in *À contrecœur, à contre-corps*, Genève, Médecine et hygiène, 1997.
4. « *Sérendipité* : trouver ce que l'on ne cherche pas en cherchant ce que l'on ne trouve pas », selon la définition de Philippe Quéau. Le terme vient de l'anglais *serendipity* mot formé du radical Serendip, ancien nom de l'île de Ceylan. Il a été forgé par Horace Walpole d'après le titre d'un conte de fées ; « Les Trois Princes de Serendip », dont les héros faisaient constamment, grâce à leur sagacité, des découvertes inattendues. Il s'agit pour le chercheur, de savoir imaginer au-delà du fait observé, la signification, les relations possibles avec d'autres éléments ; ce qui conduit à faire par chance la découverte de résultats imprévus (De Landsheere G., *Dictionnaire de l'évaluation et de la recherche en éducation, op. cit.* ; Grawitz M., *Méthodes des sciences sociales*, Paris, Dalloz, 10ᵉ éd, 1996 ; Bonniol J.-J., Vial M., *Les Modèles de l'évaluation, op. cit.*).

d'évaluation. Il produit « la matière première ». La méthodologie d'évaluation prend en compte le non-dit, l'imprévu, parfois l'impensé[1]. L'approche méthodologique dévoile les vestiges d'une pensée latente dont il faut interroger la pertinence. Elle oriente la vigilance éthique vers les antécédents historiques de l'évaluateur[2].

En protection de l'enfance, l'évaluation implicite joue pleinement. Son influence est la cause d'une grande diversité d'approches.

> « La définition de la maltraitance n'est pas forcément la même pour tout le monde et ce qui est intolérable pour l'un peut être du domaine de l'acceptable pour l'autre[3]. »

Les référents latents affleurent à la conscience. L'implicite est fondé sur un complexe d'idées, de doctrines et d'idéologies[4]. La structure composite du référent implicite se nourrit des représentations mythiques qui parcourent la société. De puissants leviers politiques sont agissants.

> « L'implicite entretient la confusion et les incohérences et sert finalement les logiques dominantes. Quand on n'a pas défini où on veut aller, on est mené par les autres [5]! »

Les représentations mythiques couvrent les réalités insupportables, d'un non-dit protecteur. Ces représentations participent à la construction de l'habitus de la protection de l'enfance. Elles parent la destructivité des familles maltraitantes.

La diversité du référent implicite est organisée en huit catégories :

- référent familialiste (représentations mythiques de la famille éducative, de la famille conjugale, mythe œdipianiste) ;
- référent idéologique (religieux, politique, disciplinaire) ;
- référent socioculturel (traditions culturelles, influences environnementales) ;
- référent de désirabilité sociale (modes de pensée en vogue) ;
- référent archaïque (constructions psychiques issues de la petite enfance) ;
- référent moïques (influence de la topique psychique sur le processus évaluatif) ;
- référent expérientiel (schèmes issus de l'histoire personnelle et de l'expérience professionnelle) ;
- référent institutionnel (valeurs dominantes dans l'institution).

L'évaluation MPS fait affleurer les composantes implicites à la conscience des évaluateurs. L'enjeu méthodologique est de taille : dégager le jugement d'évaluation des stéréotypes paralysants ; réduire la montée du dogmatisme dans l'évaluation ; atténuer les impacts transférentiels négatifs des évaluateurs.

1. Ardoino J., Berger G., *D'une évaluation en miettes à une évaluation en actes, op. cit.*
2. Aumont B., Mesnier P.M., *L'Acte d'apprendre*, Paris, PUF, 1995 (1992).
3. Gosset D., Hédoin V., Revuelta E., Desurmont M., *Maltraitance à enfants*, Paris, Masson, 2e éd, 1997.
4. Bonniol J.-J., Vial M., *Les Modèles de l'évaluation, op. cit.*
5. Lecointe M., *Les Enjeux de l'évaluation, op. cit.*

Les référents familialistes

Les référents familialistes viennent des mythes fondamentaux qui parcourent en permanence le corps social. Les mythes familialistes revêtent plusieurs formes : mythe de la famille éducative ; mythe de la famille conjugale ; mythe œdipianiste.

La famille éducative

Dans une certaine mesure, l'évaluateur apprécie toujours la situation de l'enfant en fonction de sa propre représentation de la famille éducative, qu'il en soit conscient ou non. Ce mythe reproduit le standard de la famille qui préserve à la fois l'individu et le groupe. La famille éducative engendre l'épanouissement existentiel. Elle prépare chacun au succès, dans le travail comme dans la vie affective. Elle œuvre au bien-être de ses ressortissants. Tous. Aucun n'en est exclu. La famille éducative est le havre, le refuge parant aux vicissitudes de la vie hors du cocon. Elle apporte la protection contre l'adversité.

La famille conjugale

En protection de l'enfance, l'évaluation implicite est influencée par le mythe de la famille conjugale, terme par lequel Lévy-Bruhl décrit la famille réduite à la triade père-mère-enfant. Robert Neuburger, systémicien belge bien connu des professionnels de l'enfance, dénonce un ensemble de croyances tenaces. Un peu caricaturale, sa description n'en est pas moins explicite :

> « 1. Une famille conjugale, c'est-à-dire papa maman et enfants biologiques est préférable à toute autre forme de famille.
> 2. Dans un couple, les tâches doivent être partagées, la mère doit laisser de la place au père et le père doit laisser de la place à la mère pour les enfants.
> 3. Les parents doivent toujours être d'accord sur les modèles éducatifs des enfants.
> 4. La petite cellule conjugale doit être séparée des grands-parents, ils doivent avoir créé leur propre vie et maintenir leur autonomie par rapport aux grands-parents[1]. »

Ce modèle est loin d'être obsolète, en dépit de l'évolution des représentations de la famille, notamment dans les services sociaux. Comme le dit Paul Nixon spécialiste anglais du *Family Group Conferencing*[2] :

> « Le stéréotype de la vie familiale, avec les parents mariés et les enfants, est loin de la réalité pour beaucoup d'entre nous, et pourtant les services continuent d'être configurés sur cette vision. De plus, quand les familles ne correspondent pas à ce stéréotype, elles sont souvent jugées comme étant en difficulté, aussi bien par les professionnels que par le public[3]. »

L'accroissement des familles monoparentales et des familles recomposées bouleverse les représentations anciennes. Mais les mythes ont l'ancrage solide. Ces familles qui rompent avec

1. Neuburger R., *Le Mythe familial*, Paris, ESF, 1995.
2. Le Family Group Conferencing est une méthode restaurative de prise de décision par les familles sur les problèmes qui les concernent. Voir à ce sujet le n° 318/319 des *Cahiers de l'Actif* (2002).
3. Nixon P., « Shared problems and solutions », in Burford G., Hudson J., dir., *Family Group Conferencing. New Directions in Community-Centered Child and Family Practice*, New York, Adline de Gruyter, 2000, p. 93-104.

la tradition ont mauvaise image. La famille conjugale reste le modèle en vigueur. Au-delà de l'aspect traditionnel, l'inventaire de Neuburger dévoile un effet pervers courant en pratique médico-psycho-sociale. Le référent familialiste se nourrit d'emprunts psychanalytiques dénaturés, qui soumettent l'évaluation à une morale normative. Le mythe de la famille conjugale maintient le primat de la famille traditionnelle. Résistance ultime d'un passé en voie d'être révolu. Cependant, la sauvegarde de la cohésion familiale continue de peser sur les valeurs personnelles des travailleurs sociaux. La culture de la protection de l'enfance dérive facilement vers la réunification familiale, et ce en dépit des négligences constatées et des menaces pesant sur la vie de l'enfant[1]. Cette préoccupation majeure est développée par Maurice Berger, qui dénonce le fondement idéologique.

> « L'idéologie du lien familial est une théorie toute personnelle et une position de principe selon laquelle le maintien du lien physique et réel entre l'enfant et ses parents a une valeur absolue et intouchable. Or la valeur d'un lien n'existe pas en soi. Il existe des liens positifs, qui fournissent un étayage indispensable au développement psychique de l'enfant et qui lui permettent d'organiser son monde interne. Il existe des liens négatifs traumatiques qui sont source d'excitation violente, douloureuse, brusque, prématurée, angoissante, des liens gravement désorganisateurs, qui ne permettent que l'établissement de processus pathologiques d'attachement, d'identification[2]. »

Le mythe œdipianiste

L'évaluation médico-psycho-sociale est influencée par la dérive *œdipianiste*, mot extrait du lexique inégalable de Gilbert Deleuze et Félix Guatarri. Le mythe œdipianiste est une construction néo-psychanalytique qui conçoit la famille à partir du triangle œdipien. L'inconscient s'en trouve réduit à l'œdipe, « ligaturé de part et d'autre », coincé entre les culpabilités suprêmes de l'inceste et du parenticide. « L'incurable familialisme » de la psychanalyse provoque un conditionnement « à répondre papa-maman » à toute explication sur les relations humaines. Le référent familialiste est l'expression d'un processus socio-politique. Il confirme la mission sociale assumée par chaque famille : « produire des névrosés par son œdipianisation ». Favorisant le refoulement individuel, il renforce la répression sociale et maintient les sujets sous le joug, « dociles et résignés[3] ». La réduction familialiste altère la pertinence du travail avec les familles. La pensée originale de Deleuze évoque les flux désirants qui parcourent le monde des humains. Ces flux désirants traversent aussi bien la pensée des professionnels dans le huis clos des réunions de synthèse.

Les référents idéologiques

Le référent implicite de l'évaluation MPS est certainement imprégné d'idéologie. La façon d'évaluer dépend de l'idéologie propre à chaque évaluateur. D'après le *Larousse*, l'idéologie est un « ensemble plus ou moins systématisé de croyances, d'idées, de doctrines ». L'idéologie exige l'élimination de toute opposition au système de pensée qu'elle soutient. Elle enferme la pensée

1. Cantwell H., « The neglect of child neglect », in Helfer *et al.*, *The Battered Child*, Chicago, University of Chicago Press, 1997, p. 347-373.
2. Berger M., *L'Échec de la protection de l'enfance*, Paris, Dunod, 2003.
3. Deleuze G., Guattari F., *L'Anti-Œdipe*, Paris, Éd. de Minuit, 1972-1973.

« La thérapie familiale analytique préfère la totalité fantasmatique à l'interaction (objet d'étude du systémisme) ; l'expression verbale à l'expression comportementale ; les affects et les rôles sexuels aux règles et métarègles ; les jeux sado-masochistes aux tactiques du pouvoir ; la pensée comme produit de l'imaginaire à la logique paradoxale. Du point de vue pratique, l'interprétation dynamique est préférée aux prescriptions[1]. »

Les querelles disciplinaires renforcent les dérives dogmatiques. Elles développent l'erreur dans la réflexion institutionnelle. Les querelles internes prennent alors le pas sur la centration clinique. Jean-Georges Lemaire, thérapeute familial bien connu, pointe les égarements de la systémie :

« C'est un véritable renversement de sens qu'on est souvent obligé de constater chez certains auteurs et praticiens, lesquels s'abritent derrière le nom de systémique pour réduire une pratique à un petit nombre de moyens simplifiés, voire de recettes[2]. »

Le tout psychanalytique n'est pas meilleur, quant à la production d'implicite théorique. Ainsi les atteintes de la fonction paternelle dans la France des années 1970, ne sont-elles pas étrangères à une rébellion des esprits contre le surmoi, désigné après Mai 68 comme le *flic* de l'esprit, combattu et relégué à ce titre. Or quand les surmoi faiblissent, la société flambe.

Les référents socioculturels

La palette des valeurs socioculturelles est extrêmement étendue. Ces valeurs proviennent à la fois des origines ethniques et de l'appartenance sociale. Il est nécessaire de considérer la consistance des sociocultures dans l'affrontement des références déterminant l'évaluation. La notion de socioculture associe les concepts de société et de culture[3]. La société est l'ensemble des phénomènes régissant un groupe humain. La société sert de cadre aux interactions humaines. Elle contient les phénomènes sociaux propres à un groupe. La culture décrit l'ensemble des dispositions et des comportements spécifiques du groupe. Les traits culturels s'imposent à l'inconscient. Ils servent de système de communication entre les individus[4]. La notion de socioculture contextualise la réflexion sur l'évaluation. Tout évaluateur, fût-il professionnellement labellisé, est influencé par ses origines ethniques et son appartenance sociale. Le background socioculturel oriente le jugement d'évaluation.

« La manière dont nous comprenons et labellisons les problèmes tend à varier grandement en fonction de la classe, de la culture, de la religion, de l'ethnie, et de la géographie. En conséquence les professionnels sont enclins à interpréter les problèmes des autres à travers les filtres de leurs propres valeurs et croyances, et à légitimer ensuite ces perceptions, en les appelant évaluation[5]. »

L'incidence de la dimension socioculturelle s'accroît quand la maltraitance se conjugue à l'interculturalité. L'évaluation de la maltraitance est plus complexe dans les familles migrantes. L'affrontement culturel est inévitable : les référents des familles migrantes entrent en collision avec les référents des professionnels. Les critères traditionnels en déperdition se heurtent aux normes sociales du pays d'accueil. Manipulateurs manipulés réduits à l'implicite, les acteurs

1. Eiguer A., *La Parenté fantasmatique*, Paris, Dunod, 1987.
2. Lemaire J.G., *Les thérapies du couple*, Paris, Payot, 1971.
3. Colin R., « Modélisation des systèmes socioculturels et développement social », *Notes de conférence*, 1994.
4. Grawitz M., *Méthodes des sciences sociales*, *op.cit.*
5. Nixon P., « Shared problems and solutions », *op. cit.*

médico-psycho-sociaux sont les émissaires d'une politique d'assimilation qui ne dit pas toujours son nom.

Faisons varier la situation de la jeune fille réclamant de sortir en discothèque. Donnons-lui une origine maghrébine. L'adolescente arabe revendique la liberté de fréquenter un jeune voisin français. La situation est évaluée au sein d'une équipe pluridisciplinaire. Parmi les professionnels, se trouve un éducateur d'origine marocaine élevé lui-même selon la tradition musulmane. Les antécédents socioculturels de l'éducateur lui font voir d'emblée la transgression culturelle, au détriment du danger effectif menaçant la jeune en contexte français. Ce glissement majore le risque d'erreur.

Le cas extrême est constitué par les mutilations sexuelles. Les fondements socioculturel et religieux de ces pratiques ont fait l'objet de nombreuses études[1]. La position éthique et légale de la France, est décrite dans *Maltraitance à enfants*, ouvrage collectif écrit par quatre médecins légistes :

> « Une place particulière doit être accordée [parmi les abus sexuels] aux mutilations sexuelles chez la fillette (excision, infundibulation, clitoridectomie). Il s'agit le plus souvent d'opérations rituelles, pratiquées à l'origine en Afrique, et parfois réalisées en France. Quelques milliers de fillettes seraient concernées en France. Ces pratiques peuvent être sources de séquelles, de facteurs de morbidité et de mortalité féminines. Ces abus sont réprimés en France en tant qu'actes de barbarie avec mutilation[2]. »

La garantie de l'intégrité corporelle, droit républicain inaliénable, doit prendre le pas sur le respect de la tradition du pays d'origine. Il importe que la protection de l'enfance prenne en compte les origines ethniques et l'appartenance sociale des personnes impliquées. Le système doit cependant garder en priorité sa visée infanto-protectrice.

La discordance des référents socioculturels existe également à l'intérieur du sérail européen. Des travaux comparatifs menés sur les pratiques anglaises et françaises sont assez éloquents. Andrew Cooper, chercheur à la Tavistok Clinic de Londres, en dresse le constat :

> « Bien que les professionnels français semblent plus enclins que les professionnels anglais à laisser un enfant dans une situation dangereuse, leurs perceptions de ce qui constitue le danger sont différentes. Ceci est particulièrement net pour les abus sexuels[3]. »

Alain Grevot qui a centré son observation sur huit systèmes de protection de l'enfance européens, établit un constat analogue.

> « La France accorde une importance primordiale à la famille naturelle et à la filiation. Ce n'est pas le cas de tous les pays européens et ces différentes conceptions ont une incidence sur les solutions considérées comme légitimes en matière de protection des mineurs[4]. »

En toute société, la pratique évaluative tend à se couler dans le moule des représentations sociales en vigueur. Le démoulage se fait confidentiellement dans l'implicite des jugements de valeur qui ne sont pas formulés. Les professionnels de l'enfance en danger n'échappent pas à ce mécanisme.

1. Saurel R., *L'Enterrée vive*, Genève, Stalkine, 1981.
2. Gosset D., Hédoin V., Revuelta E., Desurmont M., *Maltraitance à enfants*, *op. cit.*
3. Cooper A. et coll., *Positive Child Protection*, Dorset, Russell House Publishing, 1995.
4. Grevot A., *Voyage en protection de l'enfance. Une comparaison européenne*, Paris, CNFE-PJJ, 2001.

Les référents de la désirabilité sociale

L'évaluation des professionnels de l'enfance en danger est fortement influencée par les coutumes familières dans l'environnement social. Ces valeurs relèvent de la désirabilité sociale dont le *Dictionnaire de l'évaluation et de la recherche en éducation* donne la définition d'Edwards :

> « Un individu tend à se conformer aux valeurs, aux croyances, aux opinions généralement acceptées dans le groupe social auquel il appartient ou, au moins, à s'exprimer, à donner des réponses conformes à ces valeurs, pour ne pas perdre l'estime du groupe. Ce phénomène se résume assez bien dans l'expression : "Il est de bon ton de... ", le "bon ton" pouvant être de voler, de tricher... dans certains milieux[1]. »

La pression de la désirabilité sociale est forte. Tous les individus y sont exposés, fussent-ils en situation professionnelle. Ces valeurs normatives risquent à chaque instant d'aggraver l'erreur d'évaluation. C'est particulièrement le cas lorsque l'intervention contrarie l'attente collective. Grande productrice de valeurs, la désirabilité sociale exerce une influence majeure sur l'évaluation[2].

Prenons l'exemple d'un enfant ayant subi des attouchements sexuels par son père. Les pressions conjuguées des médias à l'affût et de la législation en faveur de l'enfance, orientent la désirabilité sociale vers le placement de l'enfant. Vingt ans auparavant, la même situation n'aurait pas même fait l'objet d'une enquête. La chose eut été recouverte du voile de pudibonderie qui assurait secret et impunité aux abuseurs. De gros progrès ont été réalisés dans ce domaine. Pourtant le développement des valeurs infanto-protectrices ne rencontre pas toujours l'intérêt de l'enfant. Dans certains cas, il est préférable de maintenir un enfant en danger dans sa famille, avec une aide éducative à domicile, plutôt que le placer dans une institution où il achèvera de dépérir. L'implicite de la désirabilité sociale peut aussi renforcer la violence décisionnelle : un placement non pertinent aggrave la destructivité en cours.

Les référents archaïques

Les référents archaïques proviennent des événements qui ont marqué l'enfance de l'évaluateur. Ils mettent en jeu les imagos parentaux. Les imagos sont les représentations des parents gravées durablement dans l'appareil psychique lors de la petite enfance[3]. L'articulation des souvenirs marquants et des imagos parentaux influe de manière latente sur la construction du jugement d'évaluation. La pression émotionnelle est renforcée parce que l'évaluation porte sur la maltraitance. La maltraitance infantile renvoie les professionnels aux traumatismes affectifs qui ont jalonné leur parcours, avec une intensité variable selon les personnes. Les situations confiées aux professionnels peuvent par exemple réactiver les désirs incestueux de l'enfance. Cédant sans s'en rendre compte à la tendance au voyeurisme, les évaluateurs traquent les moindres détails de ce qui est arrivé à l'enfant[4]. Le risque de dérive voyeuriste est accru chez les professionnels ayant été eux-mêmes

---

1. De Landsheere G., *Dictionnaire de l'évaluation et de la recherche en éducation, op. cit.*
2. Lecointe M., *Les Enjeux de l'évaluation, op. cit.*
3. L'imago est un « prototype inconscient [...] élaboré à partir des premières relations intersubjectives réelles et fantasmatiques avec l'entourage familial » (Laplanche J., Pontalis J.-B., *Vocabulaire de la psychanalyse*, 11e éd., Paris, PUF, 1992., p. 196).
4. Hayez J.Y., De Becker E., *L'Enfant victime d'abus sexuel et sa famille : évaluation et traitement*, Paris, PUF, 1997.

abusés. L'idéalisation inconsciente du souvenir de l'enfance créée également une interférence dans l'évaluation[1].

Le dépistage des référents archaïques est une préoccupation indispensable. Mais la réunion de synthèse ne convient pas à l'approfondissement introspectif. Ce n'est pas le bon lieu pour cela. Le sujet est personnel, intime, parfois douloureux. Son exploration peut requérir le soutien d'une démarche thérapeutique. Les enfants bénéficiaires d'une mesure de protection gagnent à ce que les intervenants repèrent assez tôt l'incidence des référents archaïques sur leur jugement actuel. C'est essentiel dans la mesure où les conclusions médico-psycho-sociales préparent la décision administrative ou judiciaire.

Un professionnel ayant subi des abus sexuels dans son enfance, sera d'autant plus troublé si l'évaluation concerne un enfant ayant subi des sévices analogues. Les valeurs fondamentales de l'évaluateur ont subi des distorsions du fait du traumatisme. La réactivation du souvenir douloureux risque d'affecter la pertinence du jugement d'évaluation. Ce professionnel éprouvera naturellement des difficultés à entériner le maintien de l'enfant au domicile malgré la menace d'une visite inopinée de l'abuseur. Même si des mesures de protection fortes sont mises en place. Il indiquera de préférence le placement. Solution peut-être pire en l'occurrence. Ces prises de décision pèsent sur les intervenants. Les conséquences éducatives sont cruciales, la responsabilité parfois écrasante. Pour réduire au mieux l'erreur, les évaluateurs doivent anticiper les résonances des traumatismes de jadis.

Les référents moïques

La compréhension des processus inconscients décrits par la psychanalyse contribue également à réduire l'erreur. La psychanalyse permet de topographier le processus évaluatif. L'examen montre les mécanismes psychiques de l'évaluation implicite. L'évaluation est partiellement déterminée par un référent moïque inconscient. Les mécanismes latents en provenance de l'inconscient fondent les référents implicites de l'évaluation. Actifs au moment où s'accomplit l'évaluation, ils exercent une influence déterminante lors des conclusions. On distingue deux mécanismes : le premier est un mouvement de renfermement narcissique, le second une ouverture vers l'altérité (la relation à l'autre).

Le renfermement narcissique porte le professionnel à faire dévier l'évaluation sur sa vie personnelle et sur son fonctionnement propre. Cette évaluation primaire dérobe la priorité à l'enfant, bénéficiaire légitime de l'intervention. Centrée sur l'ego du professionnel, l'évaluation répond à la formule : *je l'évalue selon ce que je suis* (« je » désignant le professionnel et « l' » l'autre pour qui a lieu l'évaluation). Cette formule est une émanation du moi, dont Freud écrivait dès 1916 :

> « Nous nous sommes formés la représentation d'une organisation cohérente des processus de l'âme dans une personne et nous l'appelons le *moi* de cette personne. C'est à ce moi que se rattache ☞

1. Gabel M., « Le difficile partenariat des professionnels. Une maltraitance institutionnelle indirecte ? », in *Maltraitances institutionnelles*, Paris, Fleurus, 1998, p. 45-69.

> la conscience : il commande les accès à la motilité, c'est-à-dire à la décharge des excitations dans le monde extérieur[1]. »

Le processus est complexe. Freud précise qu'une partie du moi peut être inconsciente, et qu'une autre l'est certainement. Le fonctionnement psychique intègre quatre composantes issues de la métapsychologie élaborée par Freud en 1940 : le surmoi, le moi idéal, l'idéal du moi[2], et le ça. Ces quatre processus permettent d'explorer le fonctionnement de l'évaluation implicite dans sa forme la plus primaire.

L'évaluation narcissique est fortement influencée par le surmoi de l'évaluateur. On sait que le *surmoi* est le gendarme de l'esprit. « Son rôle est assimilable à celui d'un juge ou d'un censeur à l'égard du moi »[3]. Freud écrivait en 1939 :

> « Le *surmoi* est le successeur et le représentant des parents (et des éducateurs), qui, pendant les premières années de l'individu, ont surveillé ses faits et gestes. Le surmoi continue, sans y presque rien changer, à remplir les fonctions de ces parents et éducateurs, ne cessant de tenir le moi en tutelle et d'exercer sur lui une pression constante[4]. »

L'action psychique du surmoi tend à conformer l'évaluation aux injonctions archaïques des parents de l'évaluateur. Le processus est introduit selon un mécanisme rarement conscient : *je l'évalue selon ce qui a été exigé de moi.* L'évaluateur projette sur le bénéficiaire de l'évaluation, les injonctions éducatives dont il fut l'objet dans son enfance.

L'évaluation narcissique considère également, l'influence du *moi idéal.*

> « Le *moi idéal* est une formation intrapsychique que certains auteurs différencient de l'idéal du moi. Le moi idéal est défini comme un idéal de toute-puissance narcissique forgé sur le modèle du narcissisme infantile[5]. »

Le moi idéal draine le résidu des désirs de triomphe infantiles. Son influence est caractérisée par une troisième formule : *je l'évalue selon ce que je voudrais être.* L'évaluateur projette son désir (ce qu'il veut être) et sa frustration (ce qu'il n'est pas) sur la personne qu'il est censé placer au centre l'évaluation.

Le référent implicite dominé par le narcissisme est aussi influencé par l'idéal du moi. Cette instance associe l'idéal de toute-puissance narcissique aux injonctions issues du contexte originel.

> « L'*idéal du moi* est une instance de la personnalité résultant de la convergence du narcissisme (idéalisation du moi) et des identifications aux parents, à leurs substituts et aux idéaux collectifs[6]. »

1. Freud S., *Introduction à la psychanalyse*, Paris, Payot, 1984 (1916).
2. La distinction entre moi idéal et idéal du moi est ultérieure à Freud.
3. Laplanche J., Pontalis J.B., *Vocabulaire de la psychanalyse, op. cit.*
4. Freud S., *Moïse et le monothéisme*, Paris, Gallimard, 1948 (1939).
5. Laplanche J., Pontalis J.B., *Vocabulaire de la psychanalyse, op. cit.*
6. Laplanche J., Pontalis J.B., *Vocabulaire de la psychanalyse, op. cit.*

L'influence de *l'idéal du moi* est décrite par une quatrième formule : *je l'évalue selon ce que je devrais être*. Cette fois-ci, la personne évaluée se voit attribuer un devoir qui ne lui appartient pas. Et pour cause, ce devoir est propre à l'évaluateur.

La dérive vers le narcissisme de l'évaluateur est renforcée par l'influence du ça, dont la présence est notoire dans les soubassements du référent implicite.

« Le *ça* constitue le pôle pulsionnel de la personnalité ; ses contenus, expression psychique des pulsions, sont inconscients, pour une part héréditaires et innés, pour l'autre refoulés et acquis[1]. »

Cette instance intègre les pulsions de vie : instincts de reproduction et d'auto-conservation, mais aussi la pulsion de mort. La pulsion de mort fait peser sur l'évaluation, les désirs sadiques et mortifères enfouis dans l'inconscient. La pression du *ça* introduit dans l'évaluation une formulation hautement problématique : *je l'évalue selon ce qui me fait jubiler à ses dépens*. Dans cette modalité, l'évaluateur est au plus bas de sa compétence évaluative. Ne parvenant plus à contrôler ses impulsions destructives, il projette sa souffrance existentielle sur les personnes qu'il devrait aider. L'évaluation se réduit alors à un acte de pouvoir et de domination.

Sous les effets du surmoi, des idéaux personnels et des instincts de base, l'évaluation implicite se centre sur la personne de l'évaluateur. Le narcissisme est un concept ramifié, complexe. On peut néanmoins lui donner une définition simple :

« Par référence au mythe de Narcisse, le *narcissisme* est l'amour porté à l'image de soi-même[2]. »

L'identification narcissique du professionnel dérobe le statut de sujet au bénéficiaire de l'intervention. L'usurpation détermine la sixième formule : *je l'évalue selon mon image*. La décentration narcissique est remarquablement illustrée par une boutade. Le trait rapporté par Georges Devereux suggère que tout manuel de psychiatrie ait pour titre : « Comment me ressembler davantage ». L'évaluation narcissique est en quelque sorte une solution de facilité. Elle cantonne l'évaluateur loin de la compétence évaluative et de la professionnalité.

> « La perception et l'interprétation correcte de la réalité sont à la fois facilitées et entravées par la tendance de l'homme à se considérer lui-même, son corps, son comportement et ses façons de sentir, comme archétype, ou du moins prototype de ce qui est humain et à modeler sur lui l'image du monde extérieur. Il construit pour lui-même un modèle-de-soi plus ou moins inconscient et souvent partiellement idéalisé, dont il se sert ensuite comme d'une pierre de touche, d'une norme ou d'une ligne de base pour apprécier les autres êtres et même les objets matériels[3]. »

L'expansion des référents implicites est liée à la dépendance narcissique des évaluateurs. Cette dépendance positionne l'évaluation sur un continuum qui va de la dérive narcissique à la relation objectale. La relation objectale recentre l'évaluation sur le bénéficiaire de l'intervention.

1. Laplanche J., Pontalis J.B., *Vocabulaire de la psychanalyse, op. cit.*
2. Laplanche J., Pontalis J.B., *Vocabulaire de la psychanalyse, op. cit.*
3. Devereux G., *De l'angoisse à la méthode*, Paris, Flammarion, 1980 (1967).

« La *relation objectale* vise un objet « par opposition à une conduite ou à une tendance visant la personnalité propre[1]. »

La compétence évaluative nécessite la neutralisation de l'évaluation narcissique. On parvient à trouver la bonne distance, quand l'évaluation atteint la dimension objectale. La relation d'objet oriente l'intervention médico-psycho-sociale vers l'intérêt du bénéficiaire. L'objectalité introduit une formule plus professionnelle : *je l'évalue en fonction de son intérêt.* Parvenu à ce stade, l'évaluateur est en mesure de reléguer ses référents implicites au second plan. Il a appris à centrer sa réflexion et sa compétence évaluative sur l'intérêt de la personne bénéficiaire.

Prenons l'exemple d'un éducateur dont le fils aîné, en échec scolaire, n'a pas réussi à poursuivre ses études au-delà du baccalauréat. Le garçon traverse une période d'errance faite d'emplois occasionnels peu rémunérés. Au service d'hébergement où il travaille, l'éducateur participe à une évaluation concernant un jeune Maghrébin, fils aîné d'une famille de six enfants. Le jeune Arabe est scolarisé au lycée ; ses résultats en seconde sont assez moyens. L'éducateur propose à plusieurs reprises l'entrée immédiate du jeune Maghrébin dans la vie active. Il s'oppose vigoureusement à ses collègues qui encouragent le jeune à poursuivre ses études. Mu par une impulsion narcissique inconsciente, le professionnel est en train de brider l'avenir du jeune Maghrébin sur lequel il projette l'échec scolaire de son propre fils. Se trompant de cible, il évalue en fonction de ce qu'il voudrait être au travers de son propre fils. Il essaie inconsciemment d'échapper à la frustration de ses espoirs paternels. Ce professionnel est piégé par un transfert négatif. Sans doute n'en est-il pas au stade strictement pulsionnel. Son évaluation ne le fait pas jubiler aux dépens du jeune Arabe. Pas à proprement parler. Il s'efforce au contraire d'évaluer selon ce qui lui semble institutionnellement et professionnellement correct. Il est sincère. Son surmoi est trop fort pour autoriser un dérapage extrême. L'estime de soi demeure présente. Il mène un combat intérieur pour évaluer selon ce que lui-même doit demeurer à ses propres yeux : un éducateur dévoué au bien-être des jeunes. Cependant, son évaluation de la situation du jeune est contaminée par la frustration de son narcissisme paternel. D'où l'émergence d'un conflit intérieur. Une telle dérive porte atteinte à la qualité du travail éducatif.

Les référents expérientiels

Le déroulement d'une évaluation est orienté par l'expérience propre des évaluateurs. Le référent expérientiel est constitué des schèmes issus de l'histoire personnelle et de l'expérience professionnelle. Ses différentes strates correspondent aux cycles de vie : petite enfance, parcours scolaire, entrée dans la vie active, pratique professionnelle, formations ultérieures. L'accumulation des savoirs dresse le profil expérientiel du professionnel. Tout sujet a tendance à réinvestir consciemment ou non ses savoirs expérientiels dans l'action en cours[2]. Il en est ainsi du professionnel évaluant en protection de l'enfance.

Une situation d'enfant exposé à des parents alcooliques, peut être perçue différemment : un premier évaluateur a travaillé pendant dix ans dans un centre d'hygiène alimentaire (référent

1. Pieron H., *Vocabulaire de la psychologie*, Paris, PUF, 2000.
2. Dumont J.-L., « La praxéologie comme sociologie clinique », in *Sociologies cliniques*, Paris, Desclée de Brouwer, 1993, p. 259-274.

expérientiel issu du parcours professionnel) ; le second a connu lui-même une enfance exposée à l'alcoolisme parental (référent expérientiel issu de l'histoire personnelle) ; un troisième n'a encore jamais eu affaire à l'éthylisme (référent expérientiel non construit). D'emblée, ces trois évaluateurs n'abordent pas le problème sous le même angle. Ainsi, l'implicite se construit différemment selon l'angle expérientiel. Autre exemple, les professionnels travaillant dans des zones de précarité économique, ont des seuils d'intervention différents de leurs collègues intervenant auprès de populations plus favorisées. Confrontés plus fréquemment aux abus et aux négligences, les premiers ont tendance à ne déclencher l'alerte qu'à partir de faits graves, tandis que les seconds signalent au regard d'événements moins sévères[1].

Retenons également l'exemple apporté par le théoricien du *case-work*.

> « Un assistant éprouvant, comme enfant de son foyer, une impression de culpabilité dans ses propres sentiments envers ses parents, s'opposera à un plan de séparation ou aura tendance à n'approuver que des attitudes filiales confinant au dévouement ou au sacrifice, quelque grand que soit le ressentiment que cachent ces attitudes[2]. »

Ces exemples donnent la mesure de l'influence des valeurs expérientielles sur l'évaluateur. Ils montrent la part active du profil expérientiel dans l'erreur diagnostique. Les valeurs issues de l'histoire personnelle et de l'expérience professionnelle doivent être prises en compte quand on évalue en protection de l'enfance.

Les référents institutionnels

Les services de protection de l'enfance reposent sur des référents institutionnels complexes. On y trouve un mélange d'implicite et d'explicite dans lequel il n'est pas toujours facile de naviguer. Subtilement, les règles formelles s'articulent avec les accords tacites ; les valeurs fondatrices croisent les rapports hiérarchiques. Le référent institutionnel fait partie de la culture locale. Il a force de tradition. C'est le *politiquement correct* de l'action sociale. Une pression implicite engage les professionnels à n'y pas déroger. Se répand ainsi dans les corridors, le *prêt à penser* qui conditionne l'évaluation. L'influence des référents institutionnels entre pour une bonne part dans l'évaluation implicite. Dans certains contextes, la défense des valeurs institutionnelles prend le pas sur l'attention due aux usagers.

Depuis la loi de 1989, on observe une recrudescence des signalements d'enfants en danger. En effet, le texte a obligé les services sociaux à révéler aux autorités toute situation d'enfant présentant un caractère alarmant, sous peine de poursuite pour non-assistance à personne en danger. Ainsi, de nombreux professionnels redoutent la mise en examen. Cet affolement institutionnel ne fait qu'accroître le risque d'erreur. Un enfant se plaint-il à l'école de démangeaisons au derrière, le médecin scolaire appelé en urgence, détecte des rougeurs à l'anus. Les pires suppositions naissent immédiatement. Suspicions renforcées par le caractère marginal du père. Une altercation virulente l'a opposé récemment au directeur de l'école. Un signalement pour suspicions d'abus sexuels est promptement adressé à l'autorité judiciaire via l'inspection académique. Or il se trouve que l'enfant souffrait simplement d'une inflammation pour causes alimentaires. Pourtant la famille

1. Korbin J.E., « Culture and child maltreatment », in *The Battered Child*, Chicago, University of Chicago Press, 1997, p. 29-48.
2. Hamilton G., *Théorie et pratique du case-work, op. cit.*

va devoir affronter un soupçon redoutable. Le devoir de se disculper peut s'avérer éminemment traumatique. Les familles fragiles résistent difficilement à ce genre de mésaventure. Certaines situations aboutissent ainsi à des placements dont les bases sont parfaitement erronées.

3. L'ÉVALUATION SPONTANÉE

L'évaluation spontanée appartient aux formes primitives de l'évaluation. Cependant l'évaluation spontanée diffère de l'évaluation implicite. Dans l'évaluation spontanée le jugement de valeur est explicite, bien que ses fondements soient latents comme dans l'évaluation implicite.

> Dans l'*évaluation spontanée*, on exprime des jugements affirmant qu'une action ou une personne est bonne ou mauvaise. Les critères à l'origine des jugements sont rarement expliqués[1]. »

L'évaluation spontanée produit des jugements immédiats. Elle prend appui sur des référents moralistes à tendance négative. L'évaluation revêt les formes primaires de l'expression péremptoire, de l'*a priori*, de l'étiquette, du jugement à l'emporte-pièce. Similaire à l'évaluation implicite, la forme spontanée est induite par les mécanismes inconscients. Pour reprendre le mot de Georges Devereux, on dira que dans l'évaluation spontanée, on fait de *l'évaluation à l'œil nu*. D'aucuns parlerons plus familièrement d'évaluation au *pifomètre*.

La fonction cathartique de l'évaluation spontanée

Le jugement à l'emporte-pièce est très utile dans l'évaluation en protection de l'enfance. Il permet d'évacuer les surcharges émotionnelles. Parfois, la tension est grande au contact des familles maltraitantes. Les professionnels sont exposés à la violence symbolique, de manière répétitive. Ils en éprouvent parfois une grande difficulté morale. L'évaluation spontanée draine les éléments résiduels de cette souffrance. Elle a un effet cathartique. L'effet cathartique permet « la décharge adéquate des affects pathogènes[2] ». La libération des tensions émotionnelles requiert un espace particulier. Il importe d'aménager l'évaluation en ce sens. On prévient ainsi le report des tensions négatives en fin d'évaluation. Sans cette précaution, les tensions résiduelles contaminent les conclusions. L'évaluation spontanée ne doit surtout pas emporter le mot de la fin. Sa fonction se limite à dégager l'évaluation des éléments parasites. Une fois l'opération réalisée, l'évaluation spontanée laisse le pas à l'élaboration diagnostique. Il importe que les évaluateurs contrôlent la virulence des jugements spontanés. Leur formulation ne doit pas être destructrice. Ni pour la famille en question, ni pour le professionnel qui expose sa pratique. L'évaluation clinique doit plutôt renforcer les sentiments de confiance et de compétence.

La méthode MPS permet d'exprimer les jugements de valeur spontanés. Cette opération est notamment réalisée avec la dimension implicationnelle du *guide de lecture du génogramme*[3]. Les

1. Barbier J.M., *L'Évaluation en formation*, *op. cit.*
2. Laplanche J., Pontalis J.B., *Vocabulaire de la psychanalyse, op. cit.*
3. *Cf.* chap. 56.

évaluateurs sont alors conviés à exprimer leurs sentiments sur la situation. On évoque les affects par rapport à l'enfant, à sa famille, envers l'intervenant. L'objectif est de renforcer la protection professionnelle de l'intervenant. On ne l'accable donc pas au regard de ses erreurs. Il s'agit plutôt de développer l'empathie entre les évaluateurs. On cultive l'aide réciproque. La protection circule sur deux niveaux : à l'intérieur de l'institution et entre les différentes professions. L'intervenant qui se sait protégé, est mieux à même d'être protecteur envers l'enfant.

Lors d'une réunion de synthèse, une assistante sociale parle d'une enfant maltraitée par les agissements pervers de son père. La fillette n'est pas assez protégée par une mère intellectuellement limitée. Récemment le père a été incarcéré suite à de nouvelles violences physiques. L'intervenante relate que la collègue qui l'a précédée a déjà fait l'objet de menaces directes de la part du père. Ces menaces l'ont amenée à porter plainte. L'assistante sociale s'exprime en montrant un haut degré de conscience professionnelle. Elle entend ne pas céder à ses impulsions affectives. Vient le moment d'interroger le groupe sur les affects déclenchés par la situation. Plusieurs collègues expriment alors une vive irritation à propos du père, de sa perversité nocive. Dans un premier temps, l'intervenante reste muette. Elle paraît interdite. Prenant enfin la parole, elle exprime soudain du soulagement. Parce que le père est incarcéré. Elle ajoute aussi que c'est un peu grâce à son intervention que cet homme violent est enfin neutralisé. Aidée par le groupe, l'assistante sociale se dégage sensiblement de la captation pathologique du pervers.

4. L'ÉVALUATION INSTITUÉE

L'évaluation instituée est la forme la plus élaborée. On entre avec elle dans l'évaluation professionnelle. La forme instituée s'appuie sur une méthode étudiée. Elle est menée au travers d'une réflexion collective et approfondie. La réflexion commune est légitimée par la mission de service. Michel Lecointe rappelle que le verbe *instituer* provient du radical *sto-stare* qui avait pour sens : « faire tenir debout ». Instituer signifiait à la fois « instruire » et « établir ». On retrouve ce sens aujourd'hui dans les termes *instituteur* et *institution*[1].

1031

> « Dans l'*évaluation instituée*, un groupe habilité exprime un jugement de valeur dont les critères sont expliqués[2]. »

Le jugement d'évaluation final est le produit d'un acte socialement organisé. L'évaluation instituée se démarque des deux modalités précédentes, car son processus peut être observé. Le référent peut donc largement être expliqué. Le caractère professionnel du référent d'évaluation est soutenu par la théorie du *case-work*.

> « Sans un corps de connaissances techniques comprenant un enseignement complet des sciences sociales, on ne peut recueillir un récit compréhensible, ni déterminer le droit au secours, ni établir des diagnostics utiles et soigneux[3]. »

1. Lecointe M., *Les Enjeux de l'évaluation, op. cit.*
2. Barbier J.M., *L'Évaluation en formation, op. cit.*
3. Hamilton G., *Théorie et pratique du case-work, op. cit.*

En action médico-psycho-sociale, l'évaluation est instituée par le mandatement. Le jugement de valeur est relativisé par l'élaboration collective, la réflexion théorique et la prise de distance contre-transférentielle. Le jugement d'évaluation porte sur la gravité du danger menaçant l'enfant et sur les moyens d'en briser le processus. L'évaluation instituée libère le jugement parce qu'elle réduit sa dépendance à l'intuition. L'intuition est une compétence indispensable dans le champ de la maltraitrance. L'évaluation instituée en relativise cependant l'importance, en énonçant des critères explicites.

La forme pseudo-instituée

L'évaluation instituée comporte une version gauchie : la forme pseudo-instituée. L'évaluation pseudo-instituée prend appui sur un référent dont les critères n'ont de pertinent que l'apparence. Les fondements de ces critères n'ont pas fait l'objet d'une réflexion clinique rigoureuse. Dans la forme pseudo-instituée, les critères servent de justification au jugement arbitraire. La progression des niveaux ne correspond pas à la réalité. La méthode favorise l'appréciation subjective. Elle ne tient pas compte du parti pris par l'évaluateur[1]. Les pratiques d'évaluation en protection de l'enfance n'échappent pas à cette dérive.

Le modèle qui valut à Pierre Waquet le prix médico-social de Bretagne en 1942 illustre fort bien la forme pseudo-instituée **(Figure 54.1)**. Cette formalisation apparaît aujourd'hui naïve et un peu malveillante. Pourtant son objet : « la plus ou moins grande probabilité du danger », est étonnamment proche de l'objet MPS. Les deux modèles prennent appui sur les valeurs fondatrices de la protection de l'enfance. Ils diffèrent cependant par leur niveau d'explication. Le modèle de Waquet se présente comme un instrument rationnel. Mais il ne livre pas les bases de cette rationalité. Le continuum posé en colonne va du *bon tempérament* au *tempérament nettement pervers ou malade*. Le milieu est qualifié de *bon, mauvais* ou *hostile*. Ce référent d'évaluation ne justifie pas la pertinence de ses termes. Le lexique employé rappelle l'idéologie « Travail-Famille-Patrie » de la morale pétainiste. Caricature d'évaluation clinique. L'intuition débridée instaure ici l'arbitraire. Le jugement de valeur, taillé à l'emporte-pièce, relève davantage de l'évaluation spontanée. Pratique ancienne ? Certes, on est loin du temps du maréchal Pétain. Pourtant le danger demeure aujourd'hui. L'évaluation ne doit pas retomber dans l'ornière où s'enlisait la France de Vichy. La loi du 2 janvier 2002 recommande d'évaluer les établissements sociaux et médico-sociaux, en fonction d'un référentiel de bonnes pratiques. L'évaluation interne tout comme l'évaluation externe doivent s'appliquer à identifier les dites bonnes pratiques. Mais qu'est-ce qu'une bonne pratique ? En fonction de quoi va-t-on déterminer qu'elle est bonne ou qu'elle ne l'est pas ? Une pratique est-elle bonne parce qu'elle est morale selon les canons judéo-chrétiens ? ou parce qu'elle se conforme au prêt à penser social du moment ? parce qu'elle est soumise aux recommandations administratives qui décident sa reconduction ? ou encore parce qu'elle conforte les orientations économiques des gouvernants en place ? La loi a confié la responsabilité de définir le référentiel de bonnes pratiques au nouveau Conseil national de l'évaluation sociale et médico-sociale. Lourde responsabilité.

1. Stuffelbeam D., *L'Évaluations en éducation et la prise de décision, op. cit.*

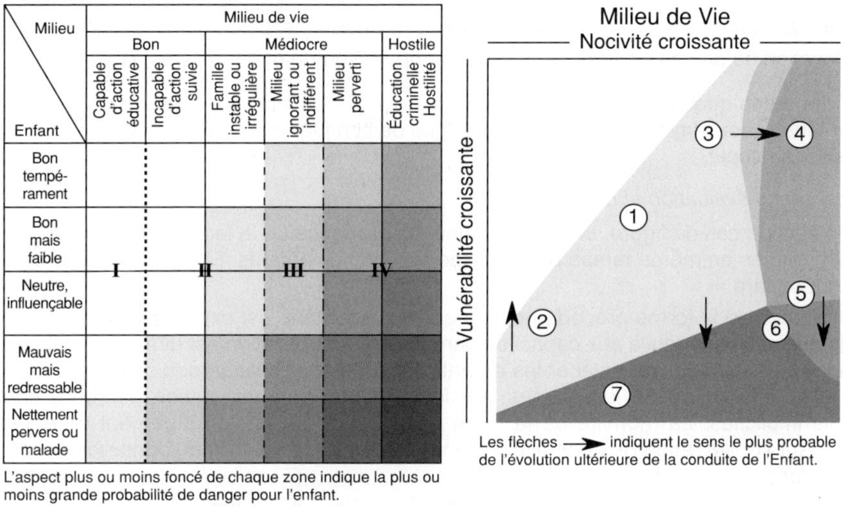

Figure 54.1. Un exemple de forme pseudo-instituée d'évaluation en protection de l'enfance (d'après P. Waquet, La Protection de l'enfance, *Dalloz, 1943).*

5. MISE EN FORME DES TROIS FORMES

Un cas de protection de l'enfance va permettre de distinguer les trois formes implicite, spontanée et instituée. Cet exemple est inspiré d'une situation communiquée par Madeleine Terrade, professionnelle de l'enfance en danger. La situation est condensée dans un court paragraphe. Il ne s'agit donc pas d'une étude détaillée. L'objectif est de mettre en perspective les trois formes d'évaluation identifiées par Jean-Marie Barbier.

L'exemple

Une mère de famille vit avec les deux pères de ses enfants au domicile. Suite à un signalement, la question du placement des enfants est posée lors d'une synthèse.

Un jugement d'évaluation implicite

Au cours de la réunion de synthèse, un professionnel déclare : « Il paraît évident qu'on ne peut pas laisser les enfants là-dedans. »

Le jugement de valeur n'est pas prononcé de manière explicite. Il est sous-entendu par le terme « là-dedans ». Cette expression péjorative recouvre les référents implicites de l'évaluateur : référents familialistes, idéologiques, socio-culturels, archaïques, moïques, expérientiels, institutionnel et de désirabilité sociale. L'irruption des référents implicites est renforcée par le caractère atypique de la famille. Si la polygamie est réprouvée en France, la polyandrie choque davantage les mentalités. D'où le surgissement du mot « évident », second marqueur de l'implicite. L'évidence est ressentie par l'évaluateur, mais rien n'est démontré. Dans la modalité implicite, les critères ne sont pas formulés. Ils restent sous-jacents et le jugement de valeur n'est qu'induit. L'évaluation aboutit cependant à une indication de placement.

Il serait prudent de demander au professionnel de décrire un peu plus ce qui lui paraît « évident », et ce qu'il entend par « là-dedans ». Son jugement ne résisterait pas longtemps aux deux questions clefs de l'évaluation :

- à partir de quoi te prononces-tu ? (sur quelles informations, selon quels faits ?)
- en fonction de quoi te prononces-tu ? (en comparaison de quels critères ?)

Répondre à ces questions basiques nécessite d'en dire davantage. Il faudra réviser le propos ou l'étayer plus sérieusement. Confronté à l'implicite de son jugement, l'évaluateur devra certainement retravailler sa copie.

Un jugement d'évaluation spontanée

Dans le second cas de figure, un professionnel se prononce de la façon suivante : « Une mère qui a deux hommes en même temps ne s'occupe pas de ses enfants. Elle est maltraitante et il faudra placer tôt ou tard. »

À la différence de la forme précédente, le jugement spontané est explicite. L'avis du professionnel attribue une valeur négative aux capacités parentales. L'appréciation est directement transformée en une indication lourde : il faut placer les enfants. Aucune spécification des critères n'a été amorcée. L'évaluation spontanée ne justifie pas ses fondements. L'argumentation demeure soumise aux référents implicites. La moralité de la mère est condamnée par un jugement à l'emporte-pièce. Non pas sur l'observation des conditions de vie des enfants. La forme spontanée ne dit rien de la manière dont le réel est perçu.

Comme dans la forme précédente, un recadrage technique s'avère nécessaire. Il faut demander au professionnel de préciser à partir de quelles informations et en fonction de quels critères, il a disqualifié les parents et indiqué le placement.

Un jugement d'évaluation instituée

Dans la dernière modalité, l'énoncé d'évaluation est construit collectivement en fin de synthèse :

« Considérant que cette mère tient le premier père de ses enfants pour son frère du fait qu'il est le fils de l'homme qui l'a jadis adoptée, et le second père comme son compagnon actuel, nous comprenons mieux la marginalité du fonctionnement familial. En l'absence de signes relevant de la maltraitance infantile, nous indiquons un risque psychologique lié à l'indifférenciation des rôles familiaux ; cependant l'hypothèse du placement n'est pas actuellement fondée. »

Le jugement d'évaluation instituée passe par une synthèse diagnostique. L'analyse replace la structure matrimoniale atypique, dans l'histoire familiale. Contextualisée, la polyandrie échappe aux *a priori* d'immoralité. Le jugement d'évaluation se dégage du soubassement implicite. La conclusion de l'évaluation est bien ajustée à l'objet MPS. « En l'absence de signes relevant de la maltraitance infantile » : le critère principal est énoncé. Au niveau de la maltraitance, rien n'a été relevé. L'appréciation du danger est recentrée sur l'ambiguïté des figures parentales. L'évaluation porte effectivement sur les conditions d'éducation des enfants. L'exploration des faits est mentionnée de façon explicite. En l'absence d'un danger grave, l'évaluation écarte l'hypothèse du placement. Le jugement prononcé prend appui sur un référent institué et légitime. Non pas selon la norme familialiste. L'évaluation professionnelle s'est dégagée des référents implicites et spontanés, intéressants d'un point de vue cathartique, mais inadéquats pour élaborer l'évaluation.

Chapitre 55

Les concepts opératoires

F. Alföldi

PLAN DU CHAPITRE

CE CHAPITRE ÉNONCE LES CONCEPTS OPÉRATOIRES qui arment le modèle MPS. La méthode d'objectivation est structurée en trois dimensions : diagnostique centrée sur l'enfant et sa famille, implicationnelle centrée sur l'intervention et prospective orientée vers les perspectives d'action.

1. L'OBJECTIVATION

L'objectivation est le principe moteur de la méthode MPS. Le premier concept opératoire cible le jugement professionnel. L'objectivation du jugement résume l'orientation éthique. L'objectivation mérite un rappel sur les notions d'objectivité et de subjectivité. Distinction cruciale. Cette dualité embarrassante est souvent négligée dans le champ social. Les pratiques sont pourtant le théâtre du télescopage entre la subjectivité du professionnel et la réalité objective.

Le mythe de l'objectivité

L'objectivité consiste à rendre compte de façon impartiale de la réalité d'un objet observé. Ce qui implique de croire que l'objectivité rend compte de la réalité. Cette illusion encombre la pensée scientifique depuis des temps immémoriaux. La tendance persiste en dépit du principe d'Heisenberg, selon lequel toute observation modifie le phénomène observé. « La réalité physique est impossible à connaître de manière complète à un instant donné[1]. » Ce principe est couramment accepté dans les sciences modernes. Y compris dans les sciences dures. On sait maintenant que le mouvement d'un électron ne peut être observé sans que l'éclairage ne modifie son parcours. Or sans éclairage pas d'observation. En sciences humaines, l'observateur modifie de même les comportements des personnes qu'il observe, par sa seule présence. Comme disait encore Georges Devereux :

> « Un beau psychologue clinicien devrait savoir que la femme à qui il administre un test de Rorschach donnera plus de réponses sexuelles que s'il était vieux et chauve[2]. »

La partialité de l'observateur est inhérente à la condition humaine. Elle impose *de facto* ses contraintes à l'évaluation. L'évaluation ne peut méconnaître que l'observateur est un être de chair, de sang et d'affect. La déformation du réel est accentuée quand l'évaluation concerne les relations humaines. Les mécanismes de projection et d'identification sont suractivés chez l'observateur. L'évaluation en protection de l'enfance doit renoncer à l'objectivité, parce qu'elle a trait aux relations humaines. La subjectivité est omniprésente dans l'évaluation de l'enfance en danger. L'intuition professionnelle influence fortement le jugement d'évaluation, le sens clinique et l'éthique personnelle aussi. L'intuition est une création permanente. Ses sources sont multiples : psychologies individuelles, mouvements d'opinion, conjoncture économique, stratégies politiques, courants historiques. Dans un contexte aussi varié, les subjectivités se conjuguent d'une manière parfois confuse. Notamment lorsqu'elles divergent. Par contre leur convergence apporte à l'évaluation une dimension intersubjective précieuse. La subjectivité est une composante indissociable de

1. De Landsheere G., *Dictionnaire de l'évaluation et de la recherche en éducation, op. cit.*
2. Devereux G., *De l'angoisse à la méthode, op. cit.*

l'évaluation, *a fortiori* quand celle-ci concerne l'être humain[1]. Il importe d'en développer les applications dynamiques.

L'objectivation

L'objectivité mythique et le primat de la subjectivité sont des ultra-solutions peu pratiques. Elles déçoivent les attentes des professionnels à l'heure où la protection de l'enfance navigue entre la médiatisation de la maltraitance et les menaces pénales sur les professionnels. Dans ce contexte antagoniste, l'objectivation apporte une solution tierce.

L'objectivation est un concept méthodologique. Il favorise la réduction de l'erreur dans les pratiques évaluatives. Sa définition reste cependant complexe. D'autant plus quand les auteurs lui attribuent des sens différents. La psychologie sociale avance l'idée d'un rapport entre l'abstrait et le concret.

> « L'objectivation rend concret ce qui est abstrait, change le relationnel du savoir scientifique en image d'une chose[2]. »

Cette définition est intéressante, mais pas directement applicable à l'évaluation. La définition d'Anne-Marie Favard paraît plus opérationnelle.

> « L'*objectivation* est un ensemble de méthodes propres à faire de la subjectivité un objet de connaissance[3]. »

La démarche consiste à rendre opérationnels les processus bruts de la subjectivité. Anne-Marie Favard recommande de rendre communicables les composantes subjectives de l'évaluation clinique. Il importe de distinguer objectivation et objectivité. L'objectivation fait tendre la subjectivité vers l'objectivité sans jamais la rejoindre. La première tend vers la seconde, mais ne peut l'atteindre. L'objectivation est en quelque sorte l'asymptote de l'objectivité. Cette notion est tout à fait centrale dans l'évaluation clinique. La méthode MPS appuie son processus sur la fonction asymptotique de l'objectivation **(Figure 55.1)**.

La relativisation des résultats garantit la pertinence de la démarche. L'objectivation optimise l'évaluation, parce qu'elle évite l'illusion d'une vérité absolue. Les situations de maltraitance posent à l'évaluation une interrogation binaire : X est-il la cause de Y ? En répondant « ça dépend[4] », l'objectivation évite le piège et favorise la position tierce. Elle permet d'appréhender les résultats de l'évaluation comme des perspectives, moins comme des conclusions.

Les pratiques évaluatives sont souvent coincées entre la quête d'objectivité et la subjectivité irréductible. L'objectivation se présente comme un concept facilitateur. Sa prise en compte doit être permanente. Elle permet de réduire le paradoxe entre objectivité et subjectivité. L'objectivation

1. Favard A.-M., *L'Évaluation clinique en action sociale, op. cit.*
2. Doise W., « Attitudes et représentations sociales », in Jodelet *et al.*, *Les Représentations sociales*, Paris, PUF, 1989, p. 241-258.
3. Favard A.-M., *L'Évaluation clinique en action sociale, op. cit.*
4. Garbarino J., « The role of economic deprivation in the social context of child maltreatment », in *The Battered Child*, Chicago, University of Chicago Press, 1997, p. 49-60.

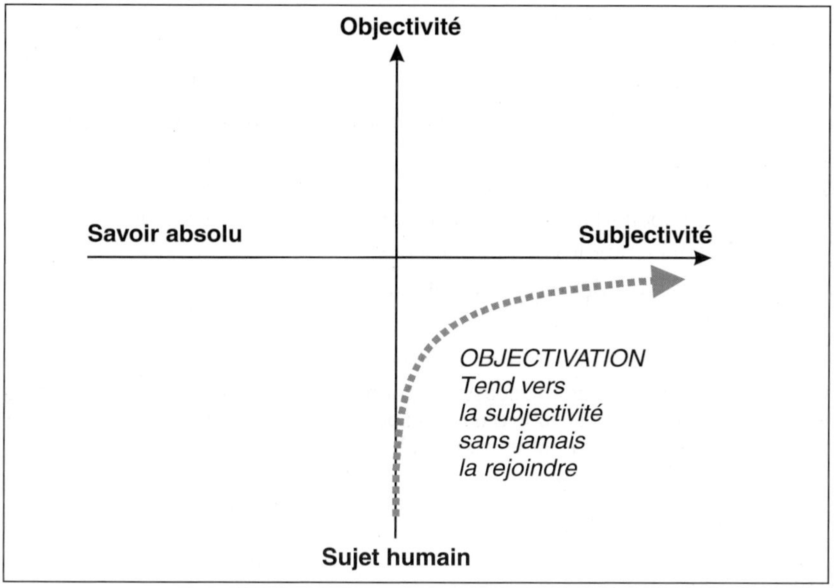

Figure 55.1. Représentation asymptotique de l'objectivation.

apparaît comme un outil de réflexion clinique. Cette position théorique est renforcée par un constat fréquent : la subjectivité non canalisée accroît l'erreur. Il convient donc d'élargir l'objectivation dans les pratiques d'évaluation en protection de l'enfance.

L'objectivation est mise en évidence par deux courts exemples, simultanément caricaturaux et récurrents dans la réalité du terrain. Entièrement guidé par son intuition, un premier professionnel se met à affirmer qu'un enfant est abusé sexuellement. Pour tout argument, il affirme : « je le sens bien ». La subjectivité domine le jugement du professionnel. Elle le surexpose à l'erreur d'évaluation. Quelle part au juste revient aux projections personnelles de cet évaluateur ? Un second professionnel prétend à l'objectivité parce qu'il note scrupuleusement jusqu'aux moindres faits et gestes de tous les membres de la famille. Celui-là risque tout autant de se fourvoyer dans l'accumulation des détails. Différemment, le recours à l'objectivation permet au professionnel de rester sensible à sa perception intuitive, tout en collectant les faits, de la manière la plus descriptive possible. Il importe de préserver l'évaluation de l'hyper-subjectivité et de l'objectivité absolue. Ces deux modalités excessives majorent l'amplitude de l'erreur. À la fois solution tierce et moyen de pondération, l'objectivation réduit l'erreur d'évaluation. Elle constitue à ce titre une option méthodologique fondamentale.

L'articulation quantitativo-qualitative

L'évaluation quantitative tente vainement d'atteindre l'objectivité. Elle est rattrapée par la subjectivité à l'instant où l'évaluateur se prononce. Les chiffres ne suppriment pas l'aléatoire dans la sélection des critères. En sciences humaines la mesure porte sur des êtres vivants ; les jugements sont d'autant plus subjectifs. Bien qu'elle soit balisée par la quantification, l'évaluation dépend aussi de la subjectivité de celle ou de celui qui évalue. Quantité et qualité sont deux composantes indissociables en méthodologie d'évaluation. Leur association donne lieu à une conception mixte : l'approche qualitativo-quantitative. Cette perspective renouvelle le traitement des informations dans les sciences sociales. Le point de départ est résolument qualitatif. Mais la démarche ne perd pas de vue la rigueur méthodique. Les travaux scientifiques ont montré que l'approche qualitative ne suffit pas à produire un savoir scientifique. Il faut également poser des jalons quantitatifs. Quantité et qualité participent d'un même processus dans les travaux modernes. On assiste à un métissage méthodologique entre les deux approches.

La méthode qualitative est définie par le *Dictionnaire des méthodes qualitatives en sciences humaines et sociales* :

> « Une *méthode qualitative* est une succession d'opérations et de manipulations techniques et intellectuelles qu'un chercheur fait subir à un objet ou phénomène humain pour en faire surgir les significations pour lui-même et les autres hommes[1]. »

L'approche qualitative convie davantage à la compréhension, moins à la mesure. Le traitement des informations se démarque de la stricte quantification. Les instruments qualitatifs mettent en évidence des mécanismes humains, qui échappent à la quantification. L'opérateur lui-même n'est pas épargné par le processus. Les méthodes qualitatives sont caractérisées par « l'implication du chercheur dans le maniement de la technique qu'il utilise ». Travailler sur l'implication requiert un professionnalisme particulièrement développé[2].

Madeleine Grawitz décrit le fondement mathématique de l'approche quantitative : répondre à la nécessité de rigueur du travail scientifique.

> « La *méthode quantitative* consiste à quantifier, énumérer, compter des unités, dénombrer les objets à étudier ou à décrire, relever la fréquence d'apparition d'un phénomène[3]. »

L'approche quantitative est basée sur la mesure. On a vu, chapitre 51, le caractère central de la mesure dans les travaux précurseurs de l'évaluation. La quantification conduit à faire de la mesure au sens scientifique. Il s'agit d'expliquer la réalité par un nombre sur une échelle[4]. Appliquée aux sciences humaines, la quantification fait passer la compréhension par les nombres.

L'approche qualitative présente un grand intérêt méthodologique, l'approche quantitative aussi. Isolément, ni l'une ni l'autre ne suffisent à rendre compte de la complexité des relations humaines. Une alternative intéressante réside dans la complémentarité qualitativo-quantitative. Les chercheurs en sciences dures ont constaté les limites de l'approche mathématique. Ils s'intéressent de plus en plus aux méthodes qualitatives. Dans les sciences humaines, la prédilection reste aux méthodes qualitatives. Cependant les chercheurs tendent à se dégager d'une approche par trop subjective.

---

1. Mucchielli A., *Dictionnaire des méthodes qualitatives en sciences humaines et sociales*, 2e édition, Paris, Armand Colin, 2005 (1996).
2. Mucchielli A., *Dictionnaire des méthodes qualitatives en sciences humaines et sociales, op. cit.*
3. Grawitz M., *Méthodes des sciences sociales, op.cit.*
4. Lecointe M., *Les Enjeux de l'évaluation, op. cit.*

Ils introduisent la mesure dans l'étude des phénomènes humains[1]. Qui plus est, la quantification confère une plus grande scientificité à la recherche qualitative.

L'approche qualitativo-quantitative est adaptée à l'évaluation en protection de l'enfance. Cette conception est appliquée par Éliane Corbet et Jean-Marc Botta, dans une discussion sur l'adaptation des parents aux besoins de l'enfant.

> « Les conduites parentales sont diverses. Elles dépendent des besoins propres à tel enfant et des capacités des parents à fournir des réponses adaptées. Celles-ci sont en rapport avec un ensemble culturel, lequel on le sait, est très variable. Malgré cette diversité géographique et historique, il est possible de repérer des éléments précis et « mesurables ». Ceux-ci peuvent être organisés en une série d'item classés selon une échelle permettant d'évaluer la pertinence des actions que les parents mettent en œuvre. Dans cette optique, la tâche des professionnels sera de repérer à la fois quantitativement et qualitativement ce que les parents font et comment ils le font aussi bien que ce qu'ils ne font pas[2]. »

L'évaluation moderne n'a pas à rejouer la grande bataille du quantitatif contre le qualitatif. Évaluer c'est à la fois mesurer précisément et apprécier approximativement. La mécanique instrumentale ne s'oppose pas aux finalités de l'action. L'évaluation oscille entre la quantité objectivante et l'intuition qualitative. L'une et l'autre sont indissociables dans l'élaboration du processus évaluatif[3].

L'apport de la pluridisciplinarité

L'objectivation de l'évaluation est favorisée par la pluridisciplinarité. Dès la fin des années quatre-vingt, le rapport Mithouard mentionne les problèmes posés par l'évaluation et le signalement des abus sexuels. Il paraît nécessaire de développer les échanges entre professions. Le même document avance le terme d'« évaluation pluridisciplinaire[4] ». L'ouvrage *Enfances en danger* fait de la pluridisciplinarité, une composante indispensable à l'évaluation. Les auteurs préconisent la collaboration de tous les partenaires du suivi éducatif, sanitaire et judiciaire de l'enfant[5]. La référence américaine, *The Battered Child*, recommande aux professionnels de prendre conscience des limites de leur savoir. Elle les engage à coordonner leurs appréciations respectives[6]. La convergence des visions pluridisciplinaires nécessite un référent commun[7]. Les conclusions de l'évaluation MPS doivent être lisibles par l'ensemble des partenaires.

Des divergences opposent les auteurs entre *mono, multi, pluri, inter et transdisciplinarité*. Apparu dans les années soixante le terme *pluridisciplinaire* est le plus couramment utilisé dans le champ médico-psycho-social. Monique Morval fait de la pluridisciplinarité une « utilisation

1. Pourtois J.-P., Desmet H., *Épistémologie et instrumentation en sciences humaines, op. cit.*
2. Corbet E., Botta J.-M., « Pour une qualité de l'installation de la suppléance aux fonctions parentales », *in* Gabel M. et coll., *Bientraitances*, Paris, Fleurus, 2000, p. 409-426.
3. Bonniol J.-J., Vial M., *Les Modèles de l'évaluation, op. cit.*
4. Couderc F., Hamon H., *Rapport de la commission Mithouart*, Annexe IV, 1989.
5. Gabel M. *et al.*, *Enfances en danger*, Paris, Fleurus, 1997.
6. Seagull E.A.W., « Family assessment », *op. cit.*
7. Élaboré à cette fin, le référent présenté *in* Alföldi F., *Évaluer en protection de l'enfance, Théorie et méthode, 2e éd.*, Paris, Dunod, 2005, chapitre 8, s'appuie sur des travaux venant des différents domaines du champ médico-psycho-social.

combinée et restrictive de disciplines ou d'éléments de ces disciplines sans que cet usage ne modifie les éléments ou les disciplines[1] ». L'évaluation pluridisciplinaire met en synergie des professionnels issus d'horizons divers. Elle respecte les identités corporatives du champ médico-psycho-social. Aussi, il n'est pas inexact de parler d'évaluation pluri-professionnelle.

2. LE DIAGNOSTIC

Le Robert définit le diagnostic comme l'« action de déterminer une maladie d'après ses symptômes ». Au figuré, le dictionnaire ajoute le sens de : « prévision, hypothèse tirée de signes ». L'étymologie du terme vient du grec *diagnosis* « discernement », qui est en adéquation avec le registre de l'évaluation. L'usage réfère le diagnostic au registre médical. Cependant le diagnostic a élargi son domaine au champ des pratiques sociales.

> L'*évaluation diagnostique* consiste à relever, analyser et classer les indicateurs de dysfonctionnements et de ressources, apparus à l'observation clinique de l'objet évalué.

Selon Gordon Hamilton, le diagnostic appliqué au travail social répond à la question « de quoi s'agit-il ? ». Le théoricien du case-work développe le sens psychosocial de ce terme médical. Le diagnostic concerne alors une personne dans une situation. Il est centré sur les problèmes d'équilibre et d'interaction dans l'environnement[2].

En protection de l'enfance, l'évaluation diagnostique est centrée sur l'enfant. Elle s'applique à identifier le danger qui le menace. Le danger est repéré à partir des fonctionnements parentaux et du comportement de l'enfant. L'évaluation diagnostique met en valeur les capacités autocuratives du système familial. L'apport de la quantification contribue à la compréhension des symptômes. La mesure est utilisée pour mieux cerner les faits. Une quantification allégée vient contrebalancer l'intuition clinique. L'introduction de la mesure équilibre le rapport qualitativo-quantitatif. La quantification préserve l'évaluation de la subjectivité débridée.

L'évaluation diagnostique est proche de l'évaluation analytique. Le diagnostic de maltraitance est analytique dans la mesure où il resitue le fait symptomatique, dans la globalité de la situation[3]. L'inscription du symptôme dans la situation globale relie l'évaluation à l'approche systémique. Le diagnostic débouche sur un nouveau projet d'action[4]. L'évaluation diagnostique est une étape fondamentale dans l'articulation méthodologique. Elle mesure l'écart entre l'état réel et l'état idéal.

1. Morval M., « La recherche interdisciplinaire : une difficile intégration », in *Sociologies cliniques*, Paris, Desclée de Brouwer, 1993, p. 259-304.
2. Hamilton G., *Théorie et pratique du case-work, op. cit.*
3. De Gaulejac V. *et al.*, *L'Ingénierie sociale, op. cit.*
4. Missotte P., *Évaluation et auto-évaluation assistée*, notes de cours, janvier 1994.

La dimension clinique de l'évaluation diagnostique

L'évaluation diagnostique est référée à la clinique de l'action sociale. L'introduction du terme *clinique* dans le champ social est également un emprunt au médical. En médecine, *clinique* désigne l'observation réalisée par le médecin dans le but de déterminer la pathologie du malade. Dans les années cinquante, Gordon Hamilton parlait déjà de « clinique de la protection de l'enfance[1] ». Mais on doit à Anne-Marie Favard l'introduction significative de ce terme dans les pratiques françaises. Son ouvrage *L'Évaluation clinique en action sociale* positionne la notion à l'intérieur du social.

> « Par extension au travail social, la notion de clinique désigne l'espace d'interaction entre un intervenant praticien et un usager client[2]. »

L'application du terme à l'évaluation en protection de l'enfance nécessite d'être expliquée. L'évaluation clinique porte simultanément sur l'intensité (qualité) et sur la fréquence (quantité) des faits ; sur les ressources et sur les dysfonctionnements ; sur le milieu naturel (domicile) et sur les lieux institutionnels (externat ou internat). Le travail clinique consiste à repérer qualitativement mais aussi quantitativement, ce que les parents font, comment ils le font, et aussi ce qu'ils ne font pas.

L'évaluation clinique diffère de l'évaluation institutionnelle revisitée par la loi du 2 janvier 2002. La loi de rénovation cible l'efficacité d'une prestation réalisée en faveur d'un usager. L'évaluation clinique vise la dynamique relationnelle et pas uniquement le dispositif où l'intervention s'inscrit. L'évaluation institutionnelle est une évaluation de dispositif. Elle apprécie l'efficacité d'un service ou d'un établissement œuvrant dans la protection sociale. Par exemple une mesure d'AEMO répond-elle aux besoins physiques et psychiques d'un enfant en danger résidant chez ses parents ? L'évaluation clinique apprécie plutôt la consistance des relations entre les partenaires de la relation d'aide.

L'évaluation diagnostique oriente l'investigation vers les dysfonctionnements. L'identification de la pathologie familiale commence par l'observation des symptômes. Le diagnostic prépare l'indication[3] des perspectives de travail. Il recense les besoins, en termes de manques. Pour objectiver l'appréciation du danger, il importe de considérer aussi les ressources. Ressources du système familial et aussi celles de l'environnement social. La méthode MPS retient exclusivement les ressources mobilisables en faveur de l'enfant. La notion de ressources est définie par Mauricio Andolfi comme une « activation des potentialités autocuratives de la famille[4] ». En combinant ressources et dysfonctionnement, on affine le diagnostic de protection de l'enfance. L'évaluation des ressources porte sur l'environnement global de l'enfant. Cette vision élargie met en valeur les ressources disponibles. Ainsi les manquements éducatifs ne sont plus les seuls traits relevés.

La valorisation des ressources favorise le travail avec le réseau relationnel de l'enfant. Le travail avec, non pas le travail contre. Dans cette perspective, l'évaluation des ressources est une étape

1. Missotte P., *Évaluation et auto-évaluation assistée*, *op. cit.*
2. Favard A.-M., *L'Évaluation clinique en action sociale*, *op. cit.*
3. L'indication dans le diagnostic médico-psycho-social correspond à la prescription du diagnostic médical.
4. Andolfi M., *La Thérapie avec la famille*, Paris, ESF, 1982.

incontournable[1]. Le travail sur les ressources aide le professionnel à contrer l'attraction morbide des pathologies lourdes. Ce travail de valorisation centre l'intervention sur ce qui fonctionne bien. Retenons à ce sujet l'entête puissante de l'ouvrage *The Battered Child :*

> « À peu d'exceptions près, la prévention des événements mauvais nécessite en premier lieu le développement de ce qui fonctionne bien[2]. »

Le référent premier de l'évaluation des ressources est la notion de santé mentale. La définition donnée par Klineberg en 1948 est aussi claire que concise :

> « La santé mentale est un état qui permet le développement optimal physique, intellectuel et émotionnel de l'individu, autant qu'il est compatible avec celui des autres individus[3]. »

La santé mentale est le point d'ancrage des capacités d'aimer et de travailler sans souffrance. La santé mentale va au-delà du simple état de non-maladie. Elle réalise l'équilibre dynamique de la personnalité. La santé mentale dispose le sujet à « vivre de façon permanente en accord avec soi-même et avec autrui ». Par effet de symétrie, parler de santé mentale limite la pathologie à l'état de non-santé[4]. Cette conception diminue la prépondérance du symptôme sur la ressource. Les recherches sur la maltraitance, réduisent souvent la santé mentale à la non-maladie. Décrire la souffrance humaine est plus familier que définir le bien-être. Freud lui-même a exploré la pathologie, avant d'accéder à une conception novatrice de la santé mentale.

L'écosystémie québécoise accorde une place significative aux ressources. Bronfenbrenner préconise non seulement de prendre en compte les ressources de la personne, mais aussi celles de la famille élargie, et au-delà celles de la communauté. En 1988, Dunst et son équipe identifient six catégories de ressources : « la famille immédiate (les parents, les enfants, la fratrie...) ; la famille élargie (grands-parents, ex-mari...) ; le réseau informel de soutien composé des amis, des collègues de travail, des voisins... ; les organisations sociales (clubs de rencontres, paroisse, centres de loisirs...) ; les services professionnels (médecins, école, garderie, thérapeute...) ; les groupes et les individus qui décident des politiques de la communauté (les administrations scolaires, les services sociaux, les policiers...)[5] ». La notion de compétences familiales introduite en France en 1995 par Guy Ausloos apporte également une conception dynamique des ressources du système familial.

1. Kemp S., Whittaker J., Tracy M., « Family group conferencing as person-environment practice », in Burford G., Hudson J., dir., *Family Group Conferencing. New Directions in Community-Centered Child and Family Practice*, New York, Adline de Gruyter, 2000, p. 72-85.

2. Helfer *et al.*, *The Battered Child*, *op. cit.*, p. 347-373

3. Berge A., *Les Psychothérapies*, Paris, PUF, 1968.

4. Berge A., *Les Psychothérapies*, *op. cit.*

5. Palacio-Quintin E., Ethier L.S., Jourdan-Ionescu C., Lacharité C., « L'intervention auprès des familles négligentes », in Pourtois éd., *Blessure d'enfant*, Bruxelles, De Boeck, 1995, p. 173-212.

3. L'IMPLICATION

L'évaluation implicationnelle[1] est centrée sur le praticien. Elle développe la capacité du professionnel à distancier ses affects. Son but est assimilable au *non nocere*, qui fait prêter serment aux médecins de ne pas nuire à leur patient.

> L'*évaluation implicationnelle* consiste à examiner l'influence de l'affectivité de l'évaluateur sur le jugement d'évaluation produit à l'égard des personnes concernées par l'évaluation.

Le recul porte sur l'implication personnelle du professionnel à l'égard de l'enfant et de sa famille. Son processus favorise l'affleurement à la conscience des mécanismes projectifs, identificatoires, idéaux, parfois pathogènes ou pervers. L'évaluation implicationnelle porte un éclairage sur les référents implicites. Elle analyse l'impact des rétro-actions affectives de l'intervenant envers la famille. L'implication est au cœur de l'évaluation en protection de l'enfance. Son analyse est déterminante dans la réussite de l'intervention. L'adéquation de l'implication professionnelle nécessite un savoir-faire particulier. L'absence de réflexion implicationnelle, réduit le travail médico-psycho-social à un bricolage pseudo-thérapeutique. Le mésusage d'outils puissants comme par exemple le génogramme, amplifie les risques de dérive sauvage. Les professionnels inexpérimentés sont tentés de se servir d'outils sophistiqués. Certains en font une utilisation directe avec les familles, en l'absence de cadre thérapeutique. L'intervention sociale ne doit pas se métamorphoser en psychanalyse sauvage. L'objectif n'est pas d'aggraver la santé mentale des bénéficiaires de la protection de l'enfance.

L'évaluation implicationnelle est une compétence spécifique. Elle concentre l'analyse du professionnel sur ses sentiments personnels. Elle porte sur son attitude envers l'enfant et sa famille. Elle considère l'impact de l'intervention sur les personnes. Les perturbations de l'implication professionnelle sont évoquées dans la littérature spécialisée. Les problèmes implicationnels génèrent des contre-attitudes dont les formes varient. Ainsi, lorsqu'ils cèdent au sentiment de toute-puissance, les professionnels sombrent dans l'attentisme ou à l'opposé dans l'activisme. À ces contre-attitudes, correspondent les dérives de la banalisation et la dramatisation[2]. L'évaluation implicationnelle s'inscrit dans la démarche de connaissance de soi, prérequis indispensable à l'exercice de la relation d'aide.

> « Pour agir par des attitudes qui ne soient ni moralisatrices ni coercitives, l'assistant social doit d'abord être capable de se connaître lui-même et de connaître ses propres tendances et impulsions avant de pouvoir accepter vraiment chez les autres les mauvais sentiments, les attitudes agressives et même l'affection et la gratitude[3]. »

Dans les années cinquante, les *case-workers* savaient déjà tout cela du temps d'Hamilton. Il est dommage que, au fil des générations, des savoirs aussi précieux tombent dans l'oubli. Nombre de professionnels s'empêtrent encore aujourd'hui dans des relations fusionnelles. D'autres, débordés par l'identification, fonctionnent en miroir avec des parents pathologiques. L'effet miroir est le grand problème de l'implication professionnelle. Il est tentant, tandis que l'on parle d'une famille, d'évaluer en miroir le fonctionnement de sa personnalité propre. Cherchant les capacités de la

1. Le terme « implicationnel » est emprunté à la linguistique.
2. Gabel M. *et al.*, *Enfances en danger*, *op. cit.*
3. Hamilton G., *Théorie et pratique du case-work*, *op. cit.*

famille, l'intervenant évalue sa compétence professionnelle. Au-delà, il évalue aussi sa qualité de fils et de parent. Les critères de l'évaluation en miroir sont moraux, éducatifs, œdipiens, transgénérationnels, religieux, politiques. Les référents implicites forment un curieux mélange de ramifications cognitives, d'arabesques scientifiques, de prétentions déontologiques, de convictions idéologiques, d'illusion altruiste.

La protection de l'enfance a tendance à négliger l'implication. Non pas que les professionnels ignorent son existence. Au contraire, ils en rappellent volontiers l'influence sur le terrain, admettent son effet sur l'évaluation, pourtant cette connaissance reste formelle. Elle atteint rarement les pratiques. Comme le disent les spécialistes anglais du *Child Welfare* (version anglaise de la protection de l'enfance) :

> « Il est essentiel que les professionnels qui essaient d'aider les enfants et leurs familles en crise, ne soient pas dirigés par leurs biais personnels, et qu'ils soient plutôt guidés par leur expérience et par des connaissances "*up to date*"[1]. »

Il faut développer l'analyse de l'implication dans les pratiques d'évaluation. Michel Lecointe préconise de faire de l'implication une variable essentielle dans la démarche d'évaluation[2]. Le modèle MPS rejoint ce projet ambitieux.

La compétence contre-transférentielle

Le concept fondateur de l'évaluation implicationnelle est le contre-transfert. En 1916, Freud établit que le transfert consiste à « créer de nouvelles éditions des conflits anciens [...] mais en mettant cette fois en œuvre toutes les forces psychiques disponibles pour aboutir à une solution différente[3] ». Pendant la cure psychanalytique, le patient projette la diversité de ses affects sur le psychanalyste. Le transfert a lieu sur tous les registres. Les affects transférentiels sont notamment chargés d'agressivité, d'ambivalence. Ils activent les résistances, stimulent les défenses de l'analysant. Le contre-transfert est la réponse professionnelle aux affects transférentiels du patient. La réponse du professionnel vise l'évolution psychique du patient. Elle n'est donc pas symétrique au message de l'analysant. La réponse contre-transférentielle ne doit surtout pas se réduire à une réplique transférentielle. Il incombe à tout praticien, d'analyser les affects déclenchés en lui par la relation au patient. Quand l'opération réussit, les affects du thérapeute deviennent les instruments de la cure.

Vincent de Gaulejac positionne le contre-transfert dans le champ du travail social[4]. Le contre-transfert est un des apports les plus novateurs de la psychanalyse. Il en déborde largement les frontières. Sa fertilité s'étend bien au-delà du divan analytique. Notion transversale par excellence, le contre-transfert s'applique aux sciences sociales. Cependant la transposition requiert de la prudence Il en va des concepts scientifiques comme des manipulations génétiques. Le mixage transdisciplinaire risque d'altérer la cohérence du modèle. Parer ce biais nécessite de préciser le sens donné à toute nouvelle utilisation de concept.

1. Reder P., Lucey C., *Assessment of Parenting, op. cit.*
2. Lecointe M., *Les Enjeux de l'évaluation, op. cit.*
3. Freud S., *Introduction à la psychanalyse*, Paris, Payot, 1984 (1916).
4. De Gaulejac V., Taboada-Leonetti I., *La Lutte des places*, Paris, Desclée de Brouwer, 1994

Confrontés à la souffrance d'un enfant, exposés au contact des familles en souffrance, les professionnels MPS ne peuvent éviter les manifestations transférentielles et contre-transférentielles. Cette notion était bien présente dans l'ouvrage précurseur *Du cri au silence* :

> « La relation provoquant des sentiments positifs ou négatifs, engendre également des sentiments contre-transférentiels chez l'intervenant[1]. »

Les professionnels de terrain doivent interroger leur manière d'agir et anticiper les conséquences de leur action. Quelle est l'influence psychologique de leur intervention sur la dynamique familiale ? Face à l'invasion d'émotions douloureuses, il s'avère utile de « faire sa petite toilette contre-transférentielle » selon l'expression de Nancy Pascal-Claudion, pédopsychiatre à la Martinique. Les difficultés de la lutte contre la maltraitance ne tiennent pas seulement aux défaillances parentales. Elles sont renforcées par les problèmes implicationnels des professionnels missionnés pour enrayer ce fléau. Dans les années cinquante, Gordon Hamilton décrivait la dimension contre-transférentielle du travail social :

> « Une partie intégrante de l'effort du travailleur social pour acquérir connaissances et compétence, consiste à avoir au plus haut degré la volonté de se voir lui-même en action et d'observer comment ses actes affectent autrui au cours de ses fonctions professionnelles[2]. »

L'articulation de la théorie du *case-work* avec la théorie de la compétence, produit la notion de compétence contre-transférentielle.

La *compétence contre-transférentielle* consiste à savoir se voir soi-même en action professionnelle ; elle contrôle les affects exprimés en réponse aux affects de l'usager ; elle ajuste la réponse à son intérêt.

La « relation contre-transférentielle au travail » pour reprendre une expression de Françoise Couchard, a une double consistance : le devoir éthique envers le bénéficiaire et l'efficacité de la mission professionnelle. Transposer le contre-transfert dans le travail social est une opération délicate. Il y a risque notoire de tomber dans le « psychologisme[3] ». Le contre-transfert occupe une place précise dans la dimension implicationnelle. Il sert au repérage des affects engagés par le professionnel dans la relation avec la personne aidée. Le choix des termes indique la limite de l'introspection. En travail social, le contre-transfert n'est pas supposé atteindre les niveaux inconscients où s'élabore le contre-transfert de l'analyste. C'est pourquoi on parlera plutôt de dimension contre-transférentielle. Le contre-transfert est l'outil principal du psychanalyste. Différemment, la dimension contre-transférentielle est un moyen d'intervention MPS. Le risque de confusion conduit à préférer la notion d'implication. Dans le milieu médico-psycho-social, l'implication est moins conflictuelle que le contre-transfert. L'implication respecte davantage la diversité des disciplines et des professions. L'analyse du contre-transfert est couramment rejetée par les professionnels médico-psycho-sociaux. Le travail sur l'implication favorise davantage leur participation.

1. Dardel F., « La banalisation », in *Du cri au silence*, Paris, CTNERHI, 1986, p. 97-113.
2. Hamilton G., *Théorie et pratique du case-work, op. cit.*
3. De Gaulejac V., Taboada-Leonetti I., *La Lutte des places, op. cit.*

implicationnelle, dans les conclusions de l'évaluation. Les conclusions sont destinées au demandeur de l'évaluation. Elles doivent l'aider dans la prise de décision.

> L'*évaluation prospective* détermine les perspectives d'action future ; elle produit les conclusions ajustées à la demande d'évaluation.

L'étape prospective est l'aboutissement de l'évaluation. Une fois pesés le dysfonctionnement et les ressources, l'évaluation élabore le changement. La pensée clinique a circulé entre les deux pôles : le référé factuel (ce qui est tel qu'on l'a perçu) et le référent institué (ce qui devrait être selon la norme sociojudiciaire). L'évaluation prospective indique en fin de parcours, comment obtenir ce qui devrait être. L'énoncé prospectif surgit sur une aire transitionnelle entre le réel référé et l'idéal référant. L'aire transitionnelle reçoit le processus d'évaluation ; l'énoncé prospectif produit le jugement final. La recherche des solutions est l'attente principale des professionnels de l'enfance. Les acteurs de terrain demandent des indications pratiques et éclairantes. Comme le dit Jean-Marie Barbier, l'évaluation prospective doit conduire à « la formulation de nouvelles idées, de nouvelles propositions, de nouveaux projets[1] ».

L'évaluation prédictive

L'évaluation prédictive anticipe la réalité à l'issue de l'évaluation. Elle prononce un jugement sur l'ampleur des risques à venir. Elle envisage également les chances de réussite. L'évaluation prédictive appartient à un sous-ensemble plus large : l'évaluation prévisionnelle[2]. En protection de l'enfance on parle également d'évaluation pronostique. Les professionnels expriment souvent l'espoir d'une prédiction. Ils attendent que l'évaluation leur dise le devenir de l'enfant, leur prédise l'évolution des parents. Il est tentant de pronostiquer les conséquences d'un fait. Malgré les travaux réalisés ces vingt dernières années, le champ médico-psycho-social ne propose pas d'instrument fiable. Aucun critère de prédiction ne permet de distinguer les parents qui évoluent favorablement, de ceux qui s'enfoncent dans la maltraitance[3]. Les recherches anglo-saxonnes ont construit des dispositifs imposants pour prédire le danger. La checklist des facteurs de risque de l'Anglais Kevin Browne articule une classification des facteurs de maltraitance, avec un système pour mesurer l'amplitude. L'instrument a été expérimenté sur un échantillon important (14 252 sujets)[4]. Pourtant la qualité prédictive de la *risk approach* anglo-saxonne est en partie invalidée par l'absence de dimension implicationnelle. L'évaluation prédictive requiert la vérification contre-transférentielle. Elle doit vérifier l'adéquation de l'implication professionnelle. La démarche prédictive ne porte pas seulement sur les capacités de changement dans la famille. Elle intègre également les chances d'efficacité de l'intervention.

1. Barbier J.M., *L'Évaluation en formation*, *op. cit.*
2. De Ketele J.-M., Roegiers X., *Méthodologie du recueil d'informations*, *op. cit.*
3. Gabel M. *et al.*, *Enfances en danger*, *op. cit.*
4. Browne K., « Predicting maltreatment », *op. cit.*

L'évaluation des capacités de changement

L'évaluation prospective ajoute un registre primordial à l'évaluation médico-psyco-sociale : l'appréciation des capacités de changement. L'approche anglo-saxonne étudie les capacités de changement dans la dynamique familiale. Les Britanniques parlent d'évaluer la *traitabilité* (*assessing treatability*). L'évaluation des capacités de changement porte sur ce qu'il est raisonnable (*reasonable*) d'attendre des parents. Les capacités de changement sont variées. Une lecture croisée de travaux anglais et québécois, permet de distinguer plusieurs formes :

- les capacités de reconnaissance des problèmes par les parents ;
- les capacités parentales à bénéficier de l'aide des professionnels et à coopérer avec les services ;
- les capacités parentales de remise en cause, comportant notamment l'aptitude à reconnaître les responsabilités adultes dans les difficultés de l'enfant ;
- les motivations parentales à résoudre les problèmes ;
- les capacités parentales à protéger l'enfant du renouvellement des mauvais traitements[1].

Un exemple simple montre l'influence des capacités de changement sur le pronostic :

> « Un enfant sérieusement blessé par une mère dépressive ayant reconnu ses responsabilités dans le dommage et entamé une démarche de soins, est probablement moins exposé à la récidive, qu'un enfant souffrant de blessures mineures mais récurrentes qui lui ont été infligées par des parents refusant de modifier leur comportement[2]. »

L'anticipation

On vient de voir les difficultés de l'évaluation prédictive. Cependant, l'évaluation est peu utile si elle n'anticipe pas l'avenir. À quoi sert d'évaluer la maltraitance si l'opération ne renseigne en rien sur le devenir de l'enfant ? difficile question. Il convient de faire preuve d'une grande vigilance. L'évaluation prospective privilégie les notions de projets et d'anticipation, à celles de solutions et de remède. On recherche des perspectives d'action, et non des solutions miraculeuses. Parler de perspective limite la tendance à la prescription. L'évaluation évite ainsi la dérive prophétique. L'évaluateur est un professionnel exerçant des compétences méthodologiques et cliniques, non pas un devin. Comme le disent Durand et Monnier :

> « Il ne peut y avoir de rationalité prescriptive face à la difficulté à penser les conséquences de toute action sociale, à appréhender une réalité dans sa totalité, et à intégrer l'ensemble des points de vue. »

L'évaluation prescriptive réduit le travail médico-psycho-social à l'assistanat. Elle renforce l'aliénation des acteurs. Le professionnel se trouve astreint d'exécuter la prescription, l'usager condamné à son statut de handicapé social. L'évaluation prophétique tient de l'art divinatoire.

---

1. Vézina A. *et al.*, *Diagnostic et traitement de l'enfant en danger*, Paris, L'Harmattan, 1995 ; Reder P., Lucey C., *Assessment of Parenting*, *op. cit.*
2. Lynch M., « Significant harm : the paediatric contribution », in *Significant Harm : Its Management and Outcome*, Croydon, Significant Publications, 1995, p. 163-173.

N'énonçant pas les critères de ses jugements, elle est retranchée dans l'implicite. L'anticipation de l'action participe à la clôture de l'évaluation[1]. Elle entre dans la communication des résultats au décideur. L'évaluation prospective pose une articulation indispensable entre évaluation et intervention.

1. Favard A.-M., *L'Évaluation clinique en action sociale*, *op. cit.*

Chapitre 56

Les outils d’évaluation

F. Alföldi

PLAN DU CHAPITRE

Ce chapitre expose les deux dispositifs d'évaluation du modèle MPS : le génogramme d'évaluation et le critéroscope. Les deux instruments sont successivement décrits. Le génogramme d'évaluation fait l'objet d'un développement plus long dans la mesure où son application est illustrée par un exemple clinique.

Une méthode d'évaluation doit adapter les instruments aux objectifs. On a vu qu'en protection de l'enfance, la méthode articule les dimensions diagnostique, implicationnelle et prospective. Avant de présenter les outils, il importe de préciser leurs limites. Isolé, un instrument ne présente aucun intérêt. Un outil est valable si et seulement si son emploi sert une opération fondée et précise, éthiquement et méthodologiquement. Le jugement professionnel est le moteur de l'évaluation, non pas l'outil. L'outil est construit pour servir le jugement. Le mécanisme inverse réduit la pensée à un acte mécanique. Les outils d'évaluation doivent rester soumis au choix des praticiens. On les modifie quand la réalité complexe le requiert. De nouveaux outils sont créés si l'existant ne suffit pas. Un instrument n'a aucun caractère universel. Un bon outil facilite une tâche ; il n'apporte pas de recette miraculeuse. Il incombe aux évaluateurs de ne pas se leurrer sur les outils. Ils doivent connaître leurs limites. Manier l'outil déforme souvent la vision du réel. La vigilance évaluative permet de réduire les utilisations déviantes.

Le développement des outils d'évaluation s'est toujours heurté aux réticences du secteur social. Du moins en France. Du moins jusqu'à la loi du 2 janvier 2002, laquelle va vraisemblablement modifier les pratiques dans ce domaine. La loi de rénovation bouscule la culture du social à la française. Elle ouvre le secteur à l'auto-évaluation, contraint les personnels à pratiquer l'évaluation interne, avant de contrôler chaque institution par une évaluation externe.

Cependant, les objections à l'évaluation restent fondées. Le risque de mésusage existe. Un outil mal utilisé peut faire des dégâts. Qu'on s'imagine le scalpel dans la main d'un chirurgien paranoïaque, le transfert chez le psychanalyste pervers, l'ordonnance du médecin dépressif, le trente-huit tonnes dans les mains d'un routier ivre, tout comme la paire de tenailles entre les mains du tortionnaire, ou le sucre d'orge dans le pardessus du pédophile. Tous les outils peuvent être dangereux, excessivement dangereux même. La méfiance envers les outils est renforcée par un stéréotype envahissant. Les grands médias et la littérature spécialisée encouragent le citoyen à considérer les travailleurs sociaux comme des incapables. Cette représentation repose sur des faits isolés. Elle est pourtant répandue dans les articles, diffusée lors des conférences. Ce mythe dépréciateur appelle une hypothèse plus constructive. De même que le chirurgien avec le scalpel, le psychanalyste avec le transfert ou le médecin avec l'ordonnance, le travailleur social est capable d'agir professionnellement avec des outils *ad hoc*. Et de déterminer comment évaluer. Il appartient effectivement au professionnel de vérifier qu'une méthode est appliquée dans l'intérêt des personnes. Souvent, les travailleurs sociaux appréhendent les outils inconnus avec une circonspection frileuse. Leurs questions généralement pertinentes, montrent une vigilance aux aguets. Il faut cesser de croire que les travailleurs sociaux se jettent sur les outils pour en faire n'importe quoi. Un instrument attractif peut exercer une certaine séduction, pendant un temps. La confrontation au terrain révèle tôt ou tard si l'outil tient la route. Un instrument mal ajusté à la réalité clinique, fait s'effondrer l'enthousiasme. Il est rapidement abandonné.

Une objection revient fréquemment : le recours aux outils produit des indications plus lourdes. Les professionnels s'inquiètent des conséquences de l'instrumentation sur le devenir de l'enfant. Prenons le cas d'une évaluation engagée sur un motif bénin. Les outils sont déployés, l'évaluation a lieu et voici que le placement ressort comme une nécessité urgente. Certains professionnels sont alors choqués par la rigueur des conclusions produites à l'aide des instruments. Ils dénoncent la forme, rejettent le contenu qu'ils perçoivent comme une violence. Le risque existe effectivement que l'outil devienne une fin en soi. Lorsque cette dérive se produit, les utilisateurs cessent de réfléchir. La pensée a vite fait de s'inféoder à l'outil recette qui rassure. Mais une autre dérive menace quand les outils font défaut. Bien des placements sont engendrés par la frénésie collective quand la pathologie familiale contamine l'évaluation. Les outils d'évaluation sont faits pour réduire la distorsion du jugement professionnel. Ils prennent rang dans une évaluation organisée, élaborée, autorisée, une évaluation instituée. L'outil sert la méthode. Cette méthode est forgée dans le creuset éthique de la philosophie de la protection de l'enfance : philosophie humaniste dont le moteur est la quête du bien-être de l'enfant dans sa famille. Ou en dehors s'il le faut, ajouterait certainement Maurice Berger[1].

Ce chapitre ne dresse pas le catalogue de tous les outils applicables en protection de l'enfance. Les outils évaluant le risque sont de plus en plus nombreux. Les énumérer n'entre pas dans les objectifs de l'ouvrage. Ce chapitre ne présente que deux instruments : le génog*ramme d'évaluation* et le *critéroscope*. Le premier dispositif est plus accessible aux professionnels peu formés à l'évaluation. La version de 2005 a été modifiée au regard de la première édition. Le *génogramme d'évaluation* a été enrichi par des procédés complémentaires. Dans sa nouvelle version, le *génogramme d'évaluation* se rapproche du critéroscope. Il en reprend la rigueur tout en étant moins abstrait et plus convivial. Le dispositif du *génogramme d'évaluation* a été appliqué à une nouvelle étude de cas. Cette situation montre le cheminement du *génogramme d'évaluation,* depuis le recueil des informations jusqu'à la rédaction du rapport. L'exemple, choisi pour sa construction synthétique, est présenté dans l'encadré qui suit.

Le dispositif du *critéroscope* a subi peu de modifications. Il demeure plus rigoureux sur le plan diagnostique. Cet outil MPS convient aux évaluateurs plus expérimentés. Suite à la première édition, le lectorat a observé que la présentation du *critéroscope* était quelque peu ardue. L'instrument a cependant été maintenu pour son caractère central dans le modèle MPS. Cependant sa présentation est plus succincte et ne comporte pas d'exemple d'application. La démonstration par l'exemple a été recentrée sur le *génogramme d'évaluation*, d'un accès certainement plus simple. D'un point de vue pédagogique, le *critéroscope* est plus austère. Mais il produit une évaluation plus rigoureuse. Son maniement nécessite seulement une certaine familiarité avec le modèle MPS. Cette familiarité s'acquiert plus facilement avec le *génogramme d'évaluation.*

Présentation de l'exemple d'application

Le 5 juin 1998, Madame Leynoff, puéricultrice de secteur, présente en synthèse le cas de Laura, fillette âgée de 5 ans. La professionnelle déclare d'emblée l'existence de maltraitances graves parce que les parents sont coupables de négligences lourdes à l'encontre de l'enfant. Elle envisage la nécessité d'un signalement en vue d'un nouveau placement.

Le suivi médical de l'enfant est irrégulier. Le carnet de santé consulté le 18 mars dernier laisse apparaître plusieurs retards de vaccinations, cela en dépit des rappels à l'ordre de la puéricultrice. Cependant le corps médical a eu récemment accès à l'enfant. Une hospitalisation a eu lieu au mois de mai pour recoudre une plaie consécutive à une chute de vélo. Les médecins ont pu vérifier à cette occasion que l'état de santé général de l'enfant ne présente pas de problème particulier. Laura fréquente l'école de façon sporadique, et les parents réagissent par des silences et des gestes évasifs lorsque la puéricultrice insiste pour que la fillette aille régulièrement à l'école. La puéricultrice a contacté l'école le 27 mai 1998. L'institutrice de la moyenne section de l'école maternelle a déclaré

1. Berger M., *L'Échec de la protection de l'enfance*, 2e éd., Paris, Dunod, 2004.

que Laura se montre comme une enfant souriante et participante lorsqu'elle est présente à l'école. Elle semble cependant parfois en retrait, elle joue peu avec ses camarades et ses acquisitions sont relativement modestes.

Les visites à domicile sont de plus en plus difficilement acceptées par le couple parental qui reproche à la puéricultrice de vouloir leur retirer l'enfant. La professionnelle relate que lorsqu'elle a poussé la porte du jardin le 3 avril dernier, la mère de Laura a tardé à rappeler le chien, qui est accouru en aboyant de façon menaçante. Le Rottweiler est venu appuyer son mufle en grognant, contre le vêtement de l'intervenante.

Marianne Leynoff fait part de son désarroi et de sa lassitude face à l'hostilité et à la méfiance de la famille. Elle rappelle qu'il y a deux ans, Laura avait été conduite par la mère à l'hôpital, pour une fracture du crâne suite à une chute de la table à langer. L'examen médical avait fait apparaître sur un tibia, une trace de fracture ancienne, et non justifiée par la mère. La famille était déjà repérée par le secteur d'action sociale, pour des problèmes de carences d'hygiène et d'alimentation, des défauts de surveillance et de la mésentente conjugale. Suite au signalement de l'hôpital, Laura avait été placée par ordonnance de placement provisoire le 12 mars 1996 en famille d'accueil. Les parents avaient collaboré au rétablissement progressif des contacts avec leur enfant et obtenu le retour au domicile le 8 janvier 1997.

Lors des visites, Mme Leynoff remarque peu d'interactions entre la mère et la fillette. La mère s'adresse à la petite par onomatopées proférées d'une voix monocorde. Laura obéit à sa mère, sans manifester aucune réaction émotionnelle. Par contre la puéricultrice a vu à deux reprises au cours des mois passés, la fillette aller spontanément au-devant de son père. Le père accepte alors le câlin de l'enfant et répond par les gestes emprunts de tendresse.

Le domicile continue de donner une impression de laisser-aller : du linge froissé et malodorant s'accumule sur les sièges, les poussières ne sont pas faites et des restes de nourriture jonchent souvent la table de la salle à manger. La fillette dispose d'une chambre en désordre mais elle dispose de nombreux jouets qu'elle montre régulièrement à la puéricultrice. À deux reprises, Mme Leynoff a assisté à de brusques accès de violences verbales avec insultes entre les deux parents au sujet des problèmes de précarité financière et des relations avec le voisinage.

1. LE GÉNOGRAMME D'ÉVALUATION

Le *génogramme d'évaluation* est une adaptation du génogramme systémique. L'outil d'origine est un instrument thérapeutique. Il a été créé dans les années soixante-dix par les thérapeutes familiaux systémiciens aux États-Unis, à partir des travaux de Murray Bowen. Le génogramme a été introduit en France, par deux articles d'Évelyne Lemaire-Arnaud, le premier en 1980, le second en 1985. Ces deux textes donnent les composantes principales de la définition du génogramme :

> Le *génogramme* est une représentation graphique de l'espace interpsychique familial[1]. Il offre une lecture transgénérationnelle de l'histoire familiale dont il associe les éléments généalogiques, les événements importants et les relations marquantes.

Adapté à l'évaluation, le génogramme assiste la fonction diagnostique. En protection de l'enfance, le génogramme d'évaluation apporte un soutien technique dans l'analyse des cas de

1. Lemaire-Arnaud E., « À propos d'une technique nouvelle : le génogramme », in *Dialogue*, 1980, n° 70, p. 33-47 ; « Utilité du génogramme pour la mise au jour des phénomènes transgénérationnels », in *Dialogue*, 1985, n° 89, p. 3-7.

maltraitance. Il permet de mieux visualiser la situation. Intégré à la pratique institutionnelle, il met en évidence les ressources du système familial[1]. Son dispositif met à distance l'effet envahissant des symptômes de la famille. Il offre un support au ressenti subjectif du professionnel qui présente le cas.

> Le *génogramme d'évaluation* est une représentation graphique utilisée en protection de l'enfance afin de renforcer l'évaluation diagnostique, implicationnelle et prospective des situations de maltraitance infantile.

Le dispositif du génogramme d'évaluation met en œuvre six outils :

- le génogramme d'information ;
- l'outil de centration sur l'enfant ;
- le guide de lecture du génogramme ;
- les critères d'évaluation ;
- le corps du rapport ;
- la conclusion modélisée.

Ces six instruments sont mis en œuvre dans un enchaînement en sept étapes : recueil des indicateurs ; qualification des indicateurs ; mesure du danger ; discussion sur l'implication ; construction de l'indication ; analyse diagnostique ; conclusion du rapport.

La correspondance entre étapes et instruments est exposée dans le **tableau 56.1**.

Tableau 56.1. Dispositif du génogramme d'évaluation, correspondance étape/instrument.

Étape	Instrument
1. Recueil des indicateurs	→ Génogramme d'information → Outil de centration sur l'enfant
2. Qualification des indicateurs	→ Guide de lecture
3. Mesure du danger	→ Critères d'évaluation
4. Discussion sur l'implication	→ Guide de lecture
5. Construction de l'indication	→ Guide de lecture
6. Analyse diagnostique	→ Corps du rapport
7. Conclusion	→ Conclusion modélisée

Le génogramme d'information

Le recueil des informations est effectué sur un génogramme simplifié. Il s'agit d'une carte familiale sur laquelle on inscrit les indicateurs de danger et de ressources. Les faits sont écrits de

1. Alföldi F., *De l'outil génogramme au concept d'évaluation*, *op. cit.*

manière synthétique. Le style est descriptif. À ce stade, on interprète le moins possible. Chaque indicateur significatif du danger et des ressources, est inscrit et numéroté sur le graphisme. On mentionne à côté de l'indicateur la source émettrice et la date du fait rapporté. Le génogramme d'information a les caractéristiques des instruments graphiques : il offre une lecture synthétique de l'information. L'abord classique du professionnel de l'enfance est diachronique : il traite les informations les unes après les autres, à mesure que lui parviennent les différents supports : entretiens, rapports ou dossiers. Différemment, le génogramme est un outil synthétique. Il donne une vision simultanée des informations réunies.

La convention graphique

La construction du génogramme est codifiée par une convention graphique **(Figure 56.1)**. La convention graphique est l'ensemble des symboles utilisés pour tracer le génogramme. La convention du modèle MPS est inspirée des travaux des systémiciens Randy Gerson et Monica Mac Goldrick[1]. Le lecteur intéressé par plus de détails, se reportera vers *Génogramme et entretien familial*, ouvrage intéressant et documenté. La convention du modèle MPS, a été légèrement remaniée pour évaluer les situations d'enfant en danger.

Le génogramme d'information s'inscrit dans un cadre, portant le nom de l'enfant concerné, ainsi que la date de la réunion. La question qui a motivé la demande d'évaluation est inscrite immédiatement. Avant que commence le tracé du génogramme. Ce cadre ancre le graphisme dans le réel. Bien qu'elle soulève parfois des résistances, la question de départ est appréciée des professionnels. Son inscription concentre l'attention collective sur un problème pratique, précis et crucial. L'orientation de l'évaluation est pointée et soigneusement gardée en vue. Cette précaution permet de recentrer la discussion, lorsque le propos s'égare dans les méandres de la pathologie familiale.

L'emploi des couleurs

Plusieurs types d'informations sont distingués par l'emploi des couleurs : l'état civil et la filiation en noir ; les ressources de la famille et de l'environnement en bleu ; le danger en rouge. Contrairement au génogramme classique, le génogramme d'information évite le fléchage relationnel[2]. Cette option renforce la lisibilité du graphisme. Dans la présente version, les relations sont mentionnées par de courts textes rouges, bleus ou bicolores. Le recours aux couleurs permet de mieux cerner la paradoxalité du fonctionnement familial. Les couleurs mettent en valeur les ressources, tout en replaçant le symptôme dans son contexte. Cette technique permet aussi de représenter l'ambivalence des professionnels. On veille à ne pas surcharger le tracé, sous peine d'aboutir à un gribouillis. La lisibilité exige de sélectionner les informations vraiment significatives. Sans perdre de vue la subjectivité de ce choix.

L'emploi des couleurs soulève des objections. Distinguer ainsi danger et ressources relèverait de la réduction simpliste. Certains commentateurs n'y voient qu'une caricature du réel. L'argument ne disqualifie pas pour autant le recours aux couleurs. L'aspect caricatural d'un graphisme haut

1. Mac Goldrick M., Gerson R., *Génogrammes et entretien familial*, Paris, ESF, 1990 (1985).
2. Contrairement à la première édition qui intégrait le fléchage relationnel au tracé du génogramme.

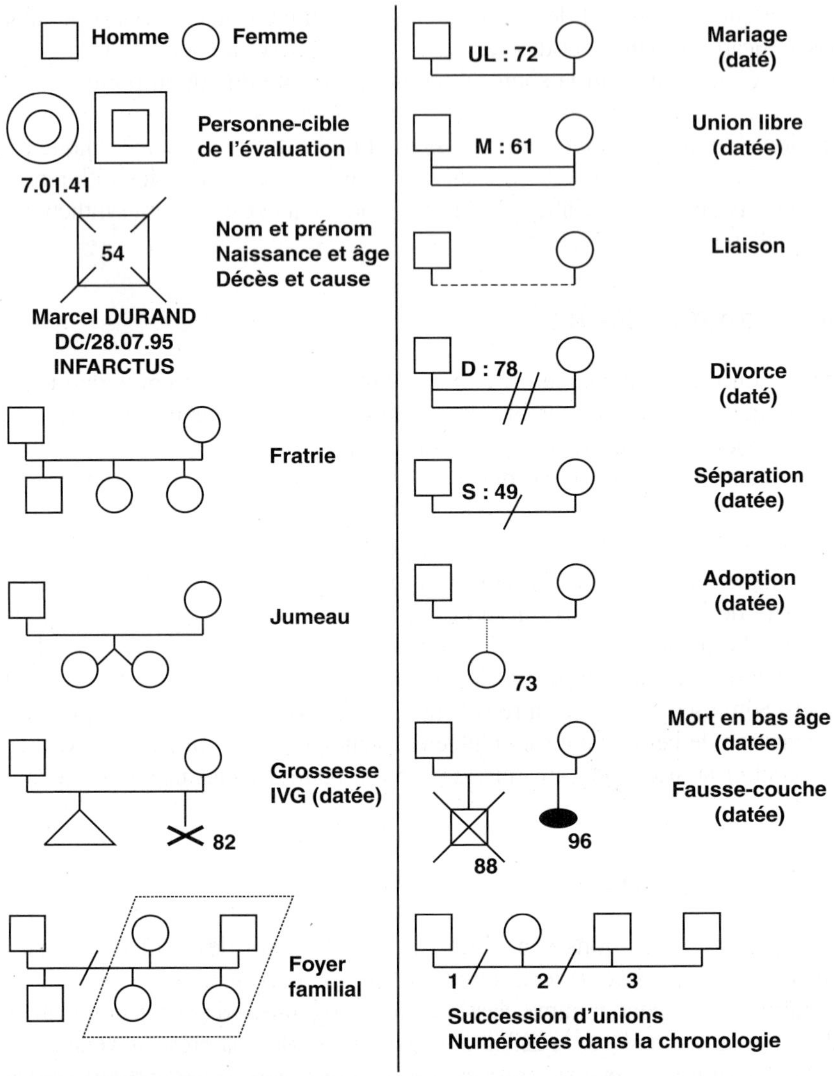

Utilisation des couleurs

Les informations concernant la *filiation* sont tracées en*noir*

Les informations portant sur le *danger* sont tracées en *rouge*

Les informations montrant les *ressources* familiales et environnementales sont tracées en *bleu.*

Chaque fait doit est discuté avant d'être représenté en bleu pour les ressources, en rouge pour le danger, ou dans ces deux couleurs pour les éléments chargés d'ambivalence.

Figure 56.1. Convention graphique pour tracer le génogramme[1].

en couleur est même plutôt un avantage. Le recours aux couleurs améliore la distance entre les représentations préalables et le jugement final. Qu'on utilise ou non le génogramme, les représentations contaminent l'évaluation. Il en est de même pour les écrits professionnels. Les représentations influencent les choix d'action. L'usage des couleurs met en relief convergences et divergences. Ainsi, la coloration du génogramme contribue à pondérer l'appréciation finale.

La dimension intersubjective

Il importe de ne pas méconnaître la dimension intersubjective. Lors de la réunion de synthèse, un professionnel de terrain retransmet à une équipe pluridisciplinaire, l'information collectée au travers de sa subjectivité propre. Le traitement de cette information mobilise la subjectivité de chacun des participants. La rencontre des subjectivités multiplie les interprétations. Un nouveau discours surgit, un discours intersubjectif, qu'il convient de ne pas ériger en valeur absolue. La prise en compte de l'intersubjectivité facilite la régulation des subjectivités. Les erreurs commises par l'informateur sont rééquilibrées par les erreurs de ceux qui l'écoutent. Et *vice versa*. Les informations présentées en synthèse traversent successivement quatre filtres :

- le réel est d'abord énoncé par un ou plusieurs membres de la famille auprès d'un intervenant ;
- le message est reformulé par l'intervenant qui présente la situation ;
- les propos de l'intervenant sont retranscrits par la personne qui trace au tableau ;
- la production graphique est ensuite discutée et reformulée par les participants

Faut-il prohiber le génogramme pour excès de subjectivité ? L'objectivation offre une perspective séduisante. L'objectivation réduit la marge de l'erreur, parce qu'elle connecte les subjectivités. L'intersubjectivité convie l'action sociale au brainstorming. En fait, il incombe aux équipes de canaliser les subjectivités, avec une grande exigence de rigueur.

La prise en compte de l'implication

Il est possible de représenter le professionnel qui parle de la situation. On lui réserve une colonne bien à part **(Figure 56.2)**. Ce procédé permet de travailler sur les liens entre l'intervenant et la famille. Le professionnel est convié à distancier ses engagements inconscients. Mais il faut redoubler de vigilance. L'intervenant se retrouve inscrit sur le génogramme face à ses pairs, devant son chef. Cette inscription risque d'accroître le sentiment d'insécurité de celui qui passe sur la sellette. Deux conditions s'imposent. Une forte confiance réciproque doit exister au sein du groupe ; les conflits institutionnels contre-indiquent l'inscription de l'intervenant sur le génogramme. La deuxième condition revient à demander l'autorisation du professionnel. Souhaite-t-il ou non être représenté sur le graphisme ? Cette consultation préalable rappelle qu'on entend parler de la relation intervenant-usager, et non pas la personnalité du professionnel.

L'application du génogramme à l'étude de cas est présentée dans la chronologie de ses étapes. La première opération regroupe les informations délimitant le cadre à l'intérieur duquel sera tracé le génogramme. La question d'évaluation est inscrite à côté du nom de l'enfant avec la date de l'évaluation. La question est soigneusement centrée sur l'enfant. Ensuite prend place le tracé de la carte familiale en noir. La puéricultrice est mentionnée en marge du graphisme. Elle est distinguée du système familial par la couleur verte, réservée à l'intervenant. Vert, couleur de l'espoir. Enfin une frontière est marquée entre l'intervenant et la famille par un épais trait vert qui

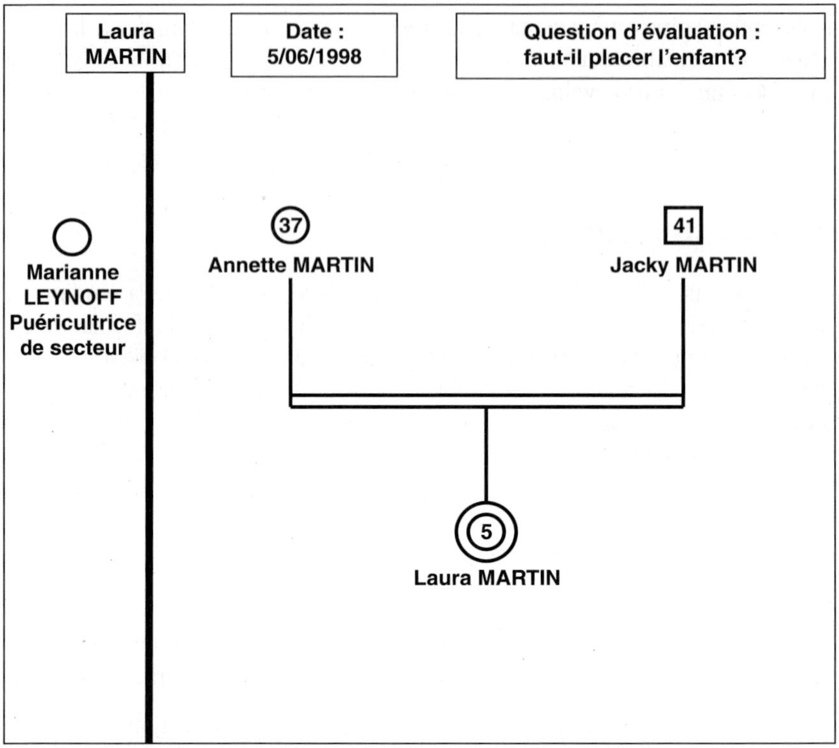

Figure 56.2. Trame de base du génogramme d'information.

sépare le professionnel de l'espace attribué à la famille. Cette première étape est représentée sur la **figure 56.3**, excepté les couleurs absentes de la version publiée.

Les informations considérées comme significatives, c'est-à-dire les indicateurs, sont portées sur le génogramme. Chaque indicateur est doté d'un numéro d'ordre, ainsi que de la date du fait relaté. La source de l'information est également mentionnée entre des guillemets : soit par désignation des personnes qui ont relaté le fait ; soit par observation directe de l'intervenante (obs. dir.) ; soit par mention du dossier social où l'information a été prélevée. Les faits sont inscrits en rouge quand les évaluateurs y relèvent un danger ; en bleu quand ils les assimilent à des ressources ; dans les deux couleurs pour les faits porteurs de paradoxalité.

Les indicateurs sont regroupés par grappes autour des personnes concernées. On trouve ainsi trois groupes d'indicateurs dans la situation de Laura : les indicateurs du dysfonctionnement et des ressources de l'enfant (en bas du schéma) ; les indicateurs du dysfonctionnement et des ressources des parents (en haut du génogramme) ; l'indicateur significatif de l'implication du professionnel (au milieu du graphisme). On remarque que les informations sont inscrites dans un style synthétique. L'objectif est de réduire le texte afin de retarder le moment où le graphisme devient surchargé et donc inutilisable. Pour la version en noir et blanc, les groupes d'indicateurs de ressources ont été pourvus d'un symbole positif, et les indicateurs de danger d'un symbole négatif.

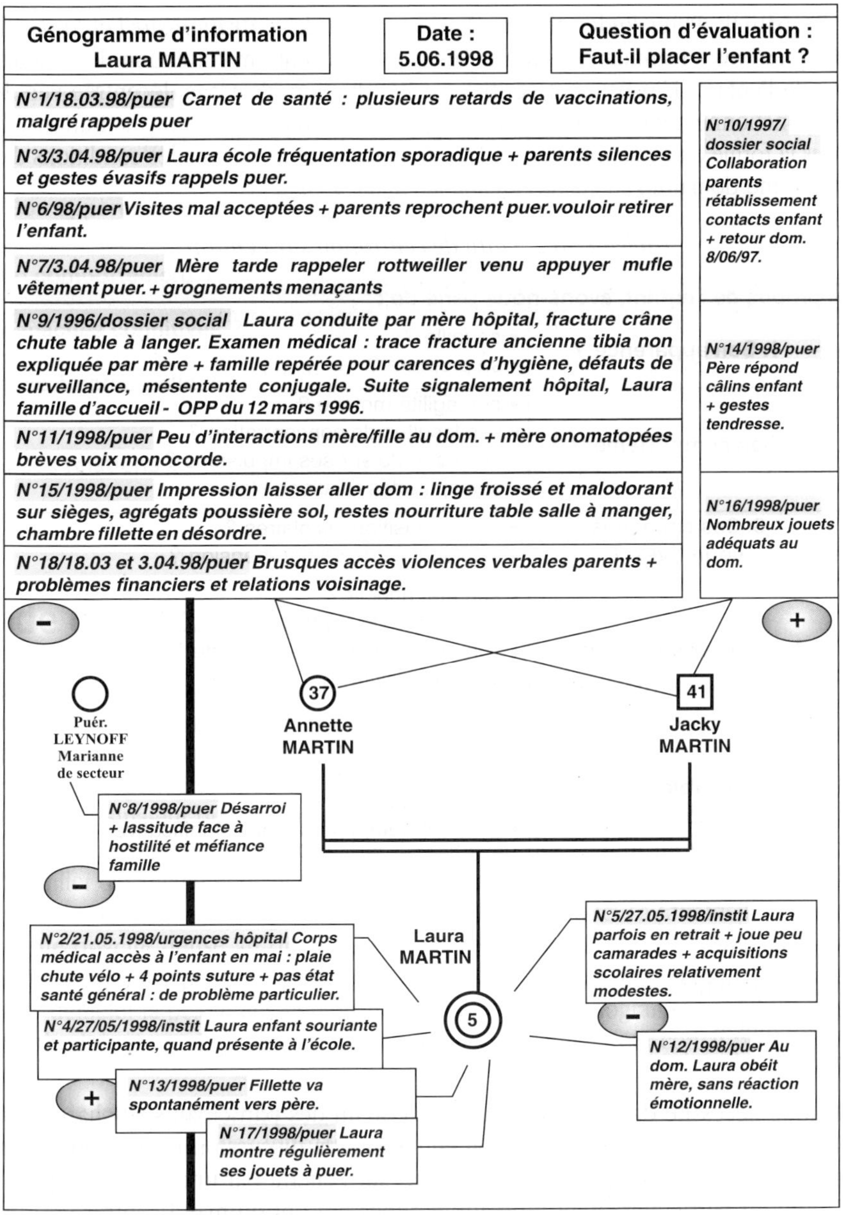

Figure 56.3. Génogramme d'information.

L'outil de centration sur l'enfant

La centration de l'évaluation sur l'enfant est contrôlée par un instrument simple. *L'outil de centration sur l'enfant* est issu de travaux anglais. Il est traduit d'un article publié en 1995 par

Tableau 56.5. Tableau de correspondance entre les indicateurs factuels et les appréciations diagnostiques.

N°	Source, date et indicateur factuel	*Appréciation diagnostique*
N° 1	Le carnet de santé consulté le 18 mars, laisse paraître plusieurs retards de vaccinations, en dépit des rappels à l'ordre de la puéricultrice.	*Défaut de vaccinations*
N° 2	Le corps médical a quand même eu récemment accès à l'enfant : au mois de mai, une plaie consécutive à une chute de vélo a fait l'objet de quatre points de suture à l'hôpital. Le 21 mais 1998, le service des urgences a confirmé à Marianne Leynoff, que l'état de santé général de l'enfant ne présentait pas de problème particulier.	*État de santé optimal*
N° 3	Laura fréquente l'école de façon sporadique, et les parents réagissent par des silences et des gestes évasifs lorsque la puéricultrice insiste notamment le 3.04.98, pour que la fillette aille plus régulièrement à l'école.	*Irrégularité de la fréquentation scolaire*
N° 4	Le 27 mai 1998, Marianne Leynoff apprend par l'institutrice de la moyenne section de l'école maternelle, que Laura est une enfant souriante et participante, lorsqu'elle est présente à l'école.	*Capacité d'humeur enjouée*
N° 5	[Le 27 mai 1998, l'institutrice de la moyenne section de l'école maternelle a déclaré que Laura] semble cependant parfois en retrait, elle joue peu avec ses camarades et ses acquisitions scolaires sont relativement modestes.	*Manifestations d'inhibition en milieu scolaire*
N° 6	Les visites à domicile sont de plus en plus difficilement acceptées par le couple parental qui reproche à la puéricultrice de vouloir leur retirer l'enfant.	*Manque de collaboration à l'intervention*
N° 7	La professionnelle relate que lorsqu'elle a poussé la porte du jardin le 3 avril dernier, la mère de Laura a tardé à rappeler le chien. Le Rotweiler est venu appuyer son mufle contre le vêtement de l'intervenante, en émettant des grognements menaçants.	*Attitude d'intimidation indirecte sur l'intervenante*
N° 8	Marianne Leynoff fait part de son désarroi et de sa lassitude face à l'hostilité et à la méfiance de la famille.	*Impression de pénibilité liée à l'opposition de la famille*
N° 9	[Marianne Leynoff] rappelle qu'il y a deux ans, Laura avait été conduite par sa mère à l'hôpital, pour une fracture du crâne, suite à une chute de la table à langer. L'examen médical avait de surcroît fait apparaître sur un tibia, une trace de fracture ancienne et non expliquée par la mère. La famille était déjà repérée par le secteur social, pour des problèmes de carences d'hygiène, des défauts de surveillance et de la mésentente conjugale. Suite au signalement de l'hôpital, Laura avait été placée par OPP du 12 mars 1996 en famille d'accueil.	*Antécédents de négligences graves*
N° 10	Les parents avaient collaboré au rétablissement progressif des contacts avec leur enfant et obtenu le retour au domicile le 8 juin 1997.	*Antécédents d'investissement parental*
N° 11	Lors des visites, Mme Leynoff remarque peu d'interactions entre la mère et la fillette. La mère s'adresse à la petite par de brèves onomatopées proférées d'une voix monocorde.	*Défaut de stimulation émotionnelle maternelle*
N° 12	[Lors des visites de la professionnelle] Laura obéit à sa mère, sans manifester aucune réaction émotionnelle.	*Hyper-adaptation aux défauts de stimulation émotionnelle maternelle*
N° 13	Par contre la puéricultrice a vu à deux reprises au cours des mois passés, la fillette aller spontanément au-devant de son père.	*Marques d'attachement au père*
N° 14	[Lors des visites, Mme Leynoff remarque que] le père reçoit les câlins de l'enfant auxquels il répond par des gestes emprunts de tendresse.	*Marques d'attachement paternel*
N° 15	Le domicile continue actuellement de donner à la puéricultrice une impression de laisser aller : du linge froissé et malodorant s'accumule sur les sièges, des agrégats de poussière jonchent le sol et des restes de nourriture maculent la table de la salle à manger. La chambre de la fillette est en désordre.	*Carences d'hygiène de l'habitat*
N° 16	[Laura] dispose de nombreux jouets propres à son âge	*Apport de jouets adéquats*
N° 17	[Laura] montre régulièrement [ses jouets] à la puéricultrice.	*Capacité de communication avec l'intervenante*
N° 18	À deux reprises, le 18 mars et le 3 avril 1998, Marianne Leynoff a assisté à de brusques accès de violences verbales entre les deux parents, au sujet des problèmes financiers et des relations avec le voisinage.	*Pérennité du conflit de couple*

Tableau 56.6. Application du guide de lecture du génogramme au cas de Laura

Dimension diagnostique
1. Aspects du danger encouru par l'enfant
Défaut de vaccinations
Irrégularité de la fréquentation scolaire
Manque de collaboration à l'intervention
Attitude d'intimidation indirecte sur l'intervenante
Antécédents de négligences graves
Défaut de stimulation émotionnelle maternelle
Carences d'hygiène de l'habitat
Pérennité du conflit de couple
2. Manifestations de détresse de l'enfant
Manifestations d'inhibition en milieu scolaire
Hyper-adaptation aux défauts de stimulation émotionnelle maternelle
3. Capacités parentales et environnementales
Antécédents d'investissement parental
Marques d'attachement paternel
Apport de jouets adéquats
4. Capacités de l'enfant
État de santé optimal
Capacité d'humeur enjouée
Marques d'attachement au père
Capacité de communication avec l'intervenante
Dimension implicationnelle
5. Difficultés partagées :
Pénibilité liée à l'opposition de la famille
6. Éprouvé du groupe
Espoir (capacités de l'enfant)
Irritation (opposition des parents et attitude de l'intervenante)
Compassion (difficultés de l'enfant et difficultés reconnues par l'intervenante)
Inquiétude (envers l'enfant)
7. Exposition de l'intervenant à la dangerosité familiale :
Non apparente
Dimension prospective
8. Perspectives d'action
Mise en place d'une AEMO administrative ou à défaut d'accord des parents une AEMO judiciaire, afin de préserver les conditions nécessaires au développement moral et physique de l'enfant.

Détermination des pistes de travail

Définir les perspectives d'action est une tâche délicate. Il n'est pas facile de s'y mettre au sortir des étapes diagnostiques et implicationnelles. Il faut alors se dégager promptement de l'analyse. Dans l'étape prospective, il s'agit de définir ce que l'on va faire. Cette difficulté justifie l'emploi du *catalogue des pistes de travail*, instrument d'assistance à l'évaluation prospective.

Le *catalogue des pistes de travail* est un outil d'évaluation prospective. Il regroupe les possibilités d'intervention dans une liste organisée en catégories.

Tableau 56.7. Mesure de la gravité du danger dans le cas de Laura.

1. Aspects du danger encouru par l'enfant	
RN	• Défaut de vaccinations
RN	• Irrégularité de la fréquentation scolaire
Rψ	• Manque de collaboration à l'intervention
Rψ	• Attitude d'intimidation indirecte sur l'intervenante
RN	• Antécédents de négligences graves
Rψ	• Défaut de stimulation émotionnelle maternelle
RN	• Carences d'hygiène de l'habitat
Rψ	• Pérennité du conflit de couple
2. Manifestations de détresse de l'enfant	
R	• Manifestations d'inhibition en milieu scolaire
R	• Hyper-adaptation aux défauts de stimulation émotionnelle maternelle
3. Capacités parentales et environnementales	
CP	• Antécédents d'investissement parental
CM	• Marques d'attachement paternel
CP	• Apport de jouets adéquats
4. Capacités de l'enfant	
CM	• État de santé optimal
CP	• Capacité d'humeur enjouée
CM	• Marques d'attachement au père
CM	• Capacité de communication avec l'intervenante

Légende	
Mφ : maltraitance physique	Rφ : risque physique
MS : maltraitance sexuelle	RS : risque sexuel
Mψ : maltraitance psychologique	Rψ : risque psychologique
MN : maltraitance par négligence	RN : risque par négligence
M : trouble de comportement	R : problème de comportement
CM : capacités massives	CP : capacités partielles

Au sortir de l'analyse diagnostique, la pensée évaluative est comme engourdie. À ce moment les évaluateurs envisagent difficilement les différents dispositifs institutionnels dont ils ont pourtant connaissance. Le *catalogue des pistes de travail* est conçu pour relancer la pensée clinique dans l'ultime étape du processus évaluatif.

Le catalogue se présente sous l'aspect d'une liste, qui inventorie les actions les plus courantes dans la prise en charge médico-psycho-sociale. Six catégories regroupent les indications en fonction de la perspective envisagée :

- suivi psychosocial ;
- aide psychothérapique ;
- suivi médical ;
- mesures d'investigation ;

- régulation des droits de visite ;
- mesure de retrait.

L'instrument est appliqué en fin d'évaluation. Le *catalogue des pistes de travail* vient renforcer le *guide de lecture du génogramme* dans la détermination des *perspectives d'action*. Le catalogue agit comme un stimulateur sur la réflexion clinique. Sa liste n'est pas exhaustive. La passer en revue remémore simplement les solutions existantes. Cette opération stimule la pensée clinique des évaluateurs. Elle fait parfois surgir une idée non mentionnée sur la liste **(Tableau 56.8)**.

Tableau 56.8. Catalogue des pistes de travail.

Suivi psychosocial	Régulation des droits de visite
• Suivi social de secteur • AEMO administrative • AEMO judiciaire • Suivi psycho-social de type SESAD • Consultation ethno-psychiatrique • Intervention d'une travailleuse familiale • Mobilisation de l'entourage familial • Mobilisation de l'entourage associatif • Groupe d'entraide pour parents	• Régulation judiciaire des droits de visite • Médiatisation des droits de visite • Interruption des droits de visite
Aide psychothérapique	**Investigations**
• Accompagnement éducatif vers la thérapie • Suivi psychiatrique de l'enfant • Thérapie individuelle pour enfant • Thérapie individuelle pour parent • Thérapie familiale • Médiation ethno-psychiatrique	• Expertise psychologique • Expertise psychiatrique • IOE • Enquête sociale
Suivi médical	**Mesure de retrait**
• Suivi PMI (à domicile ou en consultation) • Soins médicaux obligatoires • Contrôle médical • Hospitalisation	• Hébergement dans le réseau familial • Foyer éducatif • Famille d'accueil • Lieux de vie • Internat scolaire • Institut spécialisé

L'analyse diagnostique

L'analyse diagnostique organise la description du danger menaçant l'enfant. Elle fait suite à l'application des critères d'évaluation, dans le *guide de lecture du génogramme*. Le processus de l'analyse diagnostique est ordonné en cinq étapes :

- analyse du danger menaçant l'enfant ;

- appréciation de ses manifestations de détresse ;
- analyse des capacités parentales et environnementales ;
- appréciation des capacités de l'enfant ;
- appréciation de l'implication de l'intervenant.

Ce cheminement diagnostique constitue le plan du rapport socio-éducatif.

Encadré 56.3 ▪ Plan de l'analyse diagnostique

1. Aspects caractéristiques du danger menaçant l'enfant
   1.1. Au niveau de la maltraitance
   1.2. Au niveau du risque
2. Manifestations de détresse de l'enfant
   2.1. Au niveau de la maltraitance
   2.2. Au niveau du risque
3. Capacités parentales et environnementales
4. Capacités de l'enfant
5. Aspects caractéristiques de l'implication de l'intervenant

Le plan de l'analyse diagnostique est ajusté aux rubriques du guide de lecture du génogramme. Les quatre premières parties (aspects caractéristiques du danger menaçant l'enfant, manifestations de détresse de l'enfant, capacités parentales et environnementales, capacités de l'enfant) correspondent aux quatre rubriques de la dimension diagnostique du guide de lecture. La cinquième partie reprend les appréciations des rubriques 5 et 7 de la dimension implicationnelle (difficultés partagées, exposition de l'intervenant à la dangerosité familiale).

Plusieurs procédés spécifiques sont mis en œuvre dans la rédaction. Ils servent à clarifier au maximum le diagnostic. L'objectif est de faciliter le travail du lecteur-décideur, juge ou inspecteur. Ainsi le rédacteur prend soin de séparer ostensiblement faits bruts et appréciations diagnostiques. Cette technique augmente l'aptitude du lecteur à se faire une opinion sur la pertinence de l'évaluation. Le décideur est en mesure de comparer le fait retransmis et l'interprétation qui en est donnée. Dans ce but, chaque appréciation diagnostique est suivie de l'observation à partir de laquelle elle a été réalisée. On remarquera également que les titres et sous-titres font l'objet d'une numérotation qui hiérarchise leur importance. La centration sur l'enfant est signifiée par le recours systématique aux caractères gras pour mentionner son prénom. Autre aspect de la modélisation, les parties diagnostiques sont introduites par les mêmes formules. Enfin l'alternance des appréciations diagnostiques (texte souligné en gras) et des indicateurs factuels (texte en retrait avec losange noir) peut intégrer des remarques qui n'entrent pas dans l'appréciation du danger et des ressources. Ces énoncés importants mais non évaluatifs, sont signalés par l'expression Nota ; ils sont également numérotés par ordre d'apparition dans le texte.

Encadré 56.4 ▪ Application de l'analyse diagnostique au cas de Laura

1. Aspects caractéristiques du danger menaçant l'enfant

1.1 Au niveau de la maltraitance

Nous n'avons pas relevé d'indicateurs de maltraitance dans les fonctionnements parentaux et environnementaux.

1.2 Au niveau du risque

Nous avons relevé la présence de risques de négligence et psychologique dans le fonctionnement du couple parental.

1.2.1 Un risque de négligence

Nos indicateurs de fonctionnement du couple parental montrent :

un défaut de vaccination ;

- Ind.1. Nous avons constaté le 18 mars en consultant le carnet de santé, plusieurs retards de vaccinations, auxquels il n'a pas été remédié en dépit de nos rappels à l'ordre.

une irrégularité de la fréquentation scolaire ;

- Ind.2. Nous avons interpellé les parents à plusieurs reprises, sur le fait que ***Laura*** fréquente l'école de façon sporadique. Le 3 avril 1998, nous avons insisté pour la fillette aille plus régulièrement à l'école. Les parents ont alors réagi par des silences et des gestes évasifs.

des carences d'hygiène de l'habitat ;

- Ind.3. Nous avons continué de constater à chacune de nos visites que : du linge froissé et malodorant s'accumulait sur les sièges ; des agrégats de poussière jonchaient le sol ; des restes de nourriture maculaient la table de la salle à manger ; la chambre de la fillette était en désordre.

des antécédents de négligences graves.

- Ind.4. Les éléments du dossier médico-social mentionnent qu'il y a deux ans, ***Laura*** a été conduite par sa mère à l'hôpital, pour une fracture du crâne, suite à une chute de la table à langer. L'examen médical a de surcroît fait apparaître sur un tibia, une trace de fracture ancienne et non expliquée par la mère. La famille était déjà repérée par le secteur social, pour des problèmes de carences d'hygiène, des défauts de surveillance et de la mésentente conjugale. Suite au signalement de l'hôpital, ***Laura*** a été placée par OPP du 23 mars 1996 en famille d'accueil.

Nota 1 : nous avons situé les indicateurs 1 à 4 au niveau du risque de négligence, étant donné qu'aucun d'entre eux n'est actuellement la cause d'une altération grave de la santé de l'enfant.

1.2.2. Un risque psychologique

Nos indicateurs de fonctionnement du couple parental montrent :

un défaut de stimulation maternelle ;

- Ind.5. Lors de nos visites, nous avons remarqué peu d'interactions entre la mère et la fillette. La mère s'adresse à la petite par de brèves onomatopées proférées d'une voix monocorde.

une pérennité du conflit de couple ;

- Ind.6. À deux reprises, le 18 mars et le 3 avril 1998, nous avons assisté à de brusques accès de violences verbales entre les deux parents, au sujet des problèmes financiers et des relations avec le voisinage.

Nota 2 : Il est notoire que l'enfant n'était pas présente au moment des altercations parentales observées à l'indicateur 6.

un manque de collaboration à l'intervention avec attitude d'intimidation indirecte envers l'intervenante.

- Ind.7. Nos visites à domicile ont été de plus en plus difficilement acceptées par le couple parental qui nous a reproché de vouloir leur faire retirer l'enfant.

☞

Le dispositif du critéroscope comprend cinq étapes, mettant en œuvre une série d'outils spécifiques :

- le recueil des faits significatifs se fait sur le *catalogue d'indicateurs* ;
- l'appréciation diagnostique de chaque indicateur se fait également sur le *catalogue d'indicateurs* ;
- la critérisation graphique des indicateurs a lieu sur le *schéma du critéroscope* ;
- *l'analyse diagnostique* est réalisée dans un texte qui constituera le corps du rapport ;
- les résultats de l'évaluation sont produits par la *conclusion modélisée.*

Le recueil des indicateurs

La première étape consiste à dresser le catalogue des indicateurs de danger. L'instrument se présente sous la forme d'un tableau à deux colonnes. Le catalogue ne retient que les faits significatifs de la gravité du danger menaçant l'enfant et des moyens d'en briser le processus. Les faits sont inscrits dans la colonne de gauche et numérotés dans l'ordre où ils sont relatés par l'intervenant. Le catalogue mentionne également la source émettrice de l'information, ainsi que la date du recueil.

Trois catégories d'indicateurs entrent dans la constitution du catalogue :

- les *indicateurs de contexte* regroupent les dangers et ressources en provenance des parents, du réseau familial élargi, de l'environnement social de l'enfant (lieu de vie, école, lieux d'activités), et du réseau institutionnel des professionnels de l'enfance ;
- les *indicateurs du fonctionnement de l'enfant* regroupent les dangers et ressources relevés à l'observation de l'enfant ;
- les *indicateurs implicationnels* regroupent les difficultés d'intervention et les ressources professionnelles engagées dans l'action. Les indicateurs d'implication concernent exclusivement l'intervenant qui expose la situation. L'implication des autres professionnels travaillant avec la famille peut si nécessaire être intégrée aux indicateurs de contexte. Cette distinction renforce la prise de distance contre-transférentielle. Elle accentue la pertinence de l'argumentation clinique.

Les informations ne présentant pas de consistance relative à la santé, la sécurité et la moralité de l'enfant sont éliminées. Le dépistage des indicateurs nécessite de coller aux faits. Aussi les informations du référé sont retranscrites de manière résolument descriptive.

L'appréciation diagnostique

L'appréciation diagnostique se fait directement sur le catalogue d'indicateurs. Chaque fait inscrit dans la colonne de gauche reçoit une appréciation diagnostique dans la colonne de droite. L'appréciation diagnostique est centrée sur la personne de l'enfant. Elle attribue une valeur au fait considéré en termes de danger ou de ressources. L'interprétation diagnostique est une opération technique. Elle prend en compte la subjectivité professionnelle, tout en restant soigneusement ajustée à la réalité clinique. Elle privilégie la rigueur méthodique sans altérer l'intuition clinique.

La critérisation graphique des indicateurs

L'opération suivante se déroule sur le schéma du critéroscope **(Figure 56.5)**. L'instrument superpose les quatre formes de psychopathologie de la maltraitance. Le graphisme crée ainsi des zones d'exclusion et de recouvrement. Le tracé intègre également les quatre formes de risque correspondant aux quatre formes de maltraitance. Le critéroscope ajoute à la périphérie du graphisme, deux zones réservées l'une aux ressources mobilisables en faveur de l'enfant, l'autre à l'implication de l'intervenant qui présente la situation.

Hors publication, le critéroscope recourt à l'emploi des couleurs. Chaque catégorie de danger est dotée d'une couleur spécifique. Ce procédé est justifié par la superposition des quatre formes de psychopathologie de la maltraitance. L'attribution des couleurs permet de mieux distinguer chaque forme de danger.

Chaque indicateur inscrit dans le catalogue est examiné à l'aide des critères. Les définitions des six critères permettent de distinguer la forme et le niveau du danger. Le numéro de l'indicateur est ensuite reporté dans la zone correspondante du schéma.

La critérisation prend en compte l'effet de co-occurrence. À l'exception des indicateurs formels, un indicateur isolé donne rarement la preuve des faits. Le même indicateur devient plus significatif quand il est associé à un groupe de faits porteurs du même sens. Le critéroscope permet *last but not least* de distinguer l'actualité des indicateurs de danger. À cette fin, les numéros des indicateurs anciens sont dotés d'un marquage spécifique (par exemple un fond grisé).

L'analyse diagnostique

La quatrième étape consiste à analyser la gravité du danger à partir des indicateurs entrés dans le critéroscope. Assez proche de l'analyse diagnostique du génogramme d'évaluation, le processus est ordonné en quatre phases :

- identification de la maltraitance commise ;
- identification des risques de danger ;
- repérage des ressources ;
- examen de l'implication.

La première opération regroupe les indicateurs permettant de discerner les formes de maltraitance avérées ou suspectées. La deuxième étape porte sur l'émergence du risque. La troisième regroupe les indicateurs de ressources mobilisables pour l'enfant. Dans un quatrième temps l'analyse aborde les aspects caractéristiques de l'implication des intervenants de terrain.

La transmission des résultats de l'évaluation

La dernière étape du critéroscope prépare la rédaction de la conclusion du rapport. Cette opération met en œuvre la *conclusion modélisée*, instrument également appliqué en fin de dispositif du génogramme d'évaluation. L'enchaînement des rubriques de la dimension diagnostique varie quelque peu entre les deux dispositifs, suivant leurs constructions respectives.

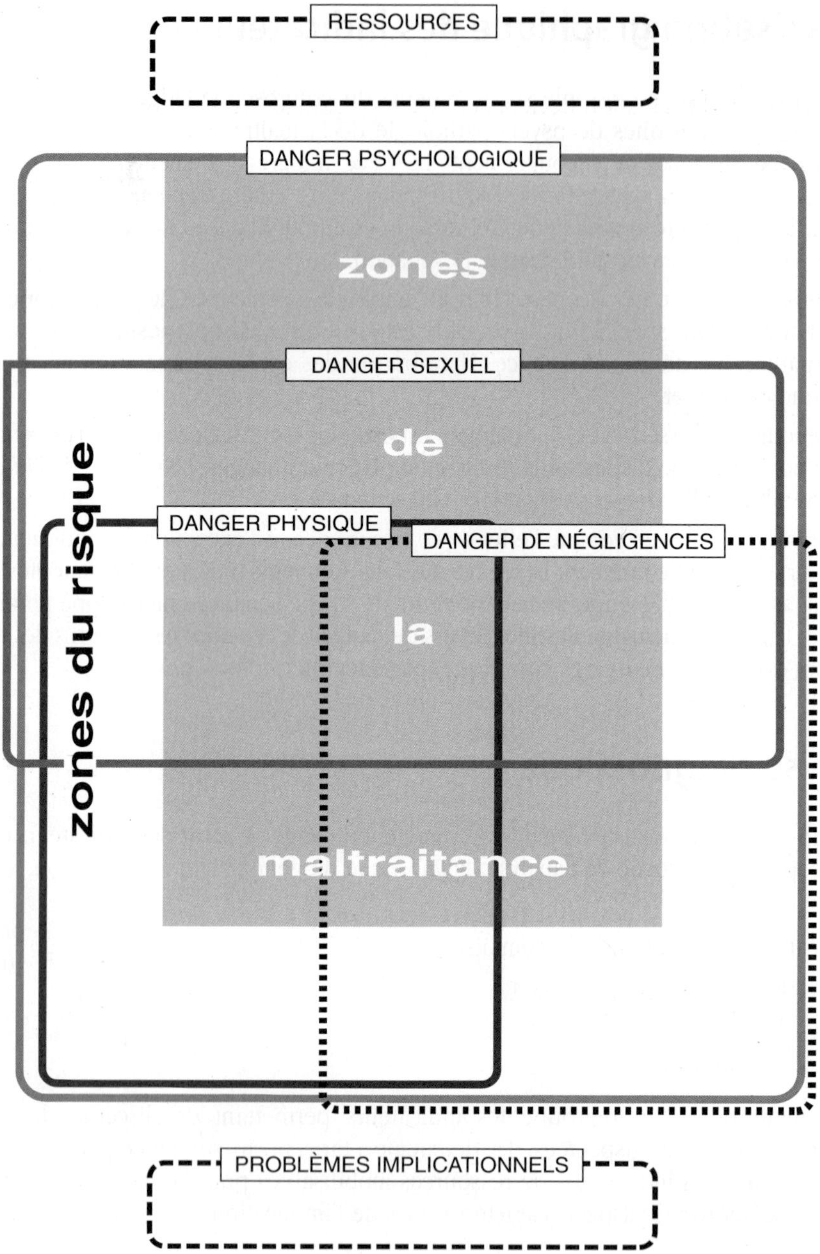

Figure 56.5. Le critéroscope.

3. DISCUSSION SUR LES OUTILS

Les instruments d'évaluation déclenchent des objections diverses. Cependant ils arrivent en force sous les auspices de la loi du 2 janvier 2002. Les inquiétudes des professionnels n'en demeurent pas moins légitimes. On ne sait pas toujours très bien d'où viennent les outils, ni quels principes fondent leur construction. Le recours aux outils dans l'évaluation de l'enfance en danger aboutit parfois à des indications lourdes de conséquences. Notamment quand il s'agit de placement. Un retrait d'enfant qui paraissait improbable, semble parfois nécessaire au terme d'une évaluation instrumentalisée. Certains professionnels sont choqués par les conclusions de l'évaluation MPS. Ils en dénoncent l'austérité, critiquent sa froideur ! Ces objections sont précieuses car il faut effectivement veiller à ce que l'outil ne devienne pas une fin en soi. Les utilisateurs ne doivent jamais cesser de penser quand ils évaluent. L'esprit critique ne se soumet pas à l'outil devenu recette normative. Faut-il se méfier des outils ? Mieux vaut les utiliser à bon escient, et privilégier l'éthique. C'est encore la meilleure manière pour inféoder l'outil au jugement professionnel et non l'inverse. Bien des décisions de placement se prennent dans la frénésie collective des synthèses mal organisées. La pathologie familiale est alors vite rejointe par le dysfonctionnement institutionnel. Les outils d'évaluation servent à réduire cette distorsion. Les instruments sont opérationnels dans une évaluation organisée, autorisée et immunitaire. L'affinement des instruments sert la méthode : méthode forgée dans le creuset éthique de la philosophie : philosophie humaniste, philosophie du bien-être, philosophie pour l'enfance : philosophie de la protection de l'enfance.

PLAN DU CHAPITRE

L'ÉVALUATION, CONCEPT ESSENTIEL et pourtant pratiquement absent du champ de la protection de l'enfance, intervient principalement à deux niveaux. Le premier consiste à apprécier soigneusement, cas par cas, si l'on se trouve dans une situation de difficulté éducative parentale telle qu'elle nécessite une séparation. Celle-ci, nous l'avons constaté, devrait alors être suivie de mesures d'accompagnement relationnel de l'enfant et d'une évaluation précise des modalités de contact à maintenir avec ses parents. Le second niveau concerne l'*évaluation du développement de l'enfant*, qu'il soit séparé ou non, afin d'apprécier son évolution : suivant le contexte, une aggravation ou une stagnation peut indiquer qu'une séparation devient inéluctable, ou que des visites médiatisées sont trop rapprochées, ou que l'institution qui accueille l'enfant ne lui offre pas une attention personnalisée suffisante, ou que les modalités de sa prise en charge sont inadéquates. Une amélioration peut signifier que les parents ont progressé dans leurs capacités éducatives, ou, si l'enfant est placé, que le nouveau cadre de vie lui convient bien.

1. « JALONS » POUR ÉVALUER LA NÉCESSITÉ D'UNE SÉPARATION[1]

Afin de diminuer l'influence des facteurs émotionnels présents chez les intervenants, nous proposons depuis 1999 des *jalons d'évaluation clinique* des situations de défaillance parentale, élaborés à partir de l'analyse de cent soixante-dix situations. Le terme de « jalon » est emprunté directement à Steinhauer[2], psychiatre canadien qui a accumulé une expérience considérable dans le domaine de la prise en charge et de l'évaluation des situations d'inadéquation parentale. Ce mot signifie qu'aucune évaluation chiffrée ne sera effectuée, et que la particularité de chaque situation doit être prise en compte. Il s'agit donc d'un guide précis mais qui fait en même temps appel à l'expérience clinique de son utilisateur.

On peut se demander pourquoi créer un nouvel outil alors qu'il en existe déjà d'autres à l'étranger. La réponse est qu'en France, peu de personnes sont prêtes à lire les quarante pages du chapitre 5 du livre *Le Moindre Mal* de Steinhauer consacrées à l'évaluation de la fonction parentale, et les cent soixante pages du *Guide d'explication* qui les accompagnent. L'outil que cet auteur propose est trop complexe pour la mentalité française, bien que Steinhauer ait voulu éviter les écueils de la simplification ou de la profusion des signes. Il fallait donc créer un outil plus facilement utilisable pour les professionnels français. Par ailleurs, nous nous permettons de compléter son travail sur certains points.

Ces jalons doivent permettre de répondre aux questions suivantes[3] :

- est-il possible d'éviter le placement sans pour autant compromettre la sécurité de l'enfant ?
- l'incapacité des parents à tenir leur rôle est-elle si grande qu'ils ne peuvent assurer le minimum de parentalité compatible avec le développement normal de leur enfant ?
- quelles sont les chances qu'une intervention amène une amélioration significative des capacités parentales, et dans quel délai peut-on arriver à la décision de planifier un retour dans la famille naturelle ou de préparer un placement au long cours ?

1. Nous remercions pour leur aide à la rédaction de ce travail l'équipe du service de pédopsychiatrie de l'hôpital Bellevue, M. Barraco, M. David, F. Le Coze, H. Rottman.
2. Steinhauer P., *Le Moindre Mal, op. cit.*
3. Steinhauer P., *Le Moindre Mal, op. cit.*

Ces jalons ne reposent pas sur des « opinions », mais sur des faits. Ainsi nous n'avons jamais constaté qu'une mère nourrissant son bébé avec un biberon calé par un coussin, sans le tenir dans les bras et sans le regarder, devienne capable de s'occuper de lui de manière adéquate par la suite, quelle que soit « l'aide à la parentalité » qu'on lui procure. Il en est de même des mères qui s'absentent de manière imprévisible sous la forme d'épisodes d'errance alors qu'elles vivent avec leur bébé en pouponnière départementale ou en maison maternelle. Toutes ces situations se sont terminées par des placements « prolongés » (la loi française ne permet pas d'utiliser le terme de « définitif »), souvent malheureusement après l'un des itinéraires à risque décrits au chapitre 18.

Ces jalons recoupent, comme on pouvait s'y attendre, ceux utilisés par les autres pays qui emploient ce genre d'outil, tels l'Italie, le Pays Basque espagnol, l'Angleterre, le Canada.

Les indicateurs à repérer peuvent concerner :

- A : la structuration psychique des parents ;
- B : la manière dont la pathologie parentale se manifeste dans l'interaction parents-enfant ;
- C : la manière dont l'enfant réagit, fait face à la pathologie parentale.

En A, les signes sont assez facilement repérables. En B, ils mettent en jeu *la subjectivité de l'intervenant* et nécessitent donc une certaine expérience. En C, les signes décrits ne sont pas forcément liés à une défaillance parentale grave, *ils doivent donc être interprétés par rapport au contexte décrit en A et B.*

Jalons concernant la structuration psychique des parents (A)

Seront utilisés ici en particulier les travaux de Rottman[1] et de Steinhauer[2].

Il faut d'abord préciser que, comme l'indique Rottman[3], ce qui compte n'est pas seulement le diagnostic de la maladie mentale du parent, mais aussi la manière dont elle affecte la parentalité et s'exprime par rapport à l'enfant. Certes, dans certains cas de troubles psychotiques ou mélancoliques massifs, il n'y a d'autre alternative qu'une séparation la plus rapide possible. Mais en dehors de ce contexte, l'analyse doit être plus nuancée. Ainsi Bourdier[4] a montré comment certains enfants ont pu être laissés avec leurs parents dont un seul était malade mental.

Jalon A1 – *La présence de troubles mentaux importants et chroniques* avec des éléments délirants de type persécution, syndrome d'influence, hallucinations auditives, dépression de type mélancolique, et cela d'autant plus que l'enfant est impliqué dans le processus délirant et l'objet de projections massives. Souvent le parent ne peut se représenter son enfant comme différent de soi (Rottman), avec une déformation systématique des signaux émis par ce dernier. Il faut rappeler ici à quel point la naissance d'un bébé et les soins à lui donner peuvent être ressentis comme un

1. Rottman H., « Le suivi des parents dans le cadre du placement familial thérapeutique », *Groupal*, 1999, 5, p. 223-237 ; « L'enfant face à la maladie mentale de ses parents. Place des rencontres médiatisées dans le placement familial », *Revue de neuropsychiatrie de l'enfance et de l'adolescence*, 2001, 49, p. 178-185.

2. Steinhauer P., *Le Moindre Mal, op. cit.*

3. Rottman H., « L'enfant face à la maladie mentale de ses parents. Place des rencontres médiatisées dans le placement familial », *op. cit.*

4. Bourdier P., « L'hypermaturation des enfants de parents malades mentaux », *Revue française de psychanalyse*, 1972, XXVI, 1, p. 19-42.

danger extrême par les mères psychotiques, qui sont alors renvoyées à des angoisses archaïques de dévoration, de destruction, de fusion totale, et dont le délire peut alors augmenter[1], contrairement à l'idée parfois entendue selon laquelle la naissance d'un bébé pourrait aider sa mère schizophrène à aller mieux.

Situation n° 21

Un enfant est laissé pendant quatre ans chez sa mère qui l'implique dans son délire. Le juge des enfants considère que les éléments en sa possession ne justifient pas un placement autoritaire de l'enfant et décide d'une mesure d'aide éducative en milieu ouvert. Le psychiatre de la Sauvegarde de l'enfance qui suit l'enfant considère qu'il faut être attentif mais « ne pas céder à la tentation préventive ». Malgré quelques inquiétudes, la mesure est levée lorsque l'enfant a deux ans, sans qu'on lui fasse passer de test de niveau. Le juge change de département et ne saura jamais le résultat de ses décisions. À quatre ans, l'enfant est placé judiciairement, et la famille d'accueil voit arriver « une petite bête sauvage » dont le QI est de 70.

Ceci ne signifie pas qu'on doive retirer le bébé de toute mère malade mentale. En effet, un maintien du nourrisson au domicile peut être tenté si sont réunies certaines conditions :

- la pathologie maternelle, en particulier les thèmes délirants, n'est que peu centrée sur l'enfant, ce qui permet à ce dernier d'investir et d'utiliser d'autres personnes relais ;
- le reste de la famille a un fonctionnement psychologique et éducatif cohérent. Un élément important est le fait qu'un père soit très présent, en bonne santé psychique, et capable de faire contrepoids à la pathologie de son épouse auprès de son enfant ;
- une équipe spécialisée est capable de repérer rapidement l'apparition de processus de défense fixés ou un arrêt de développement chez le bébé.

Jalon A2 – *La présence de comportements psychopathiques, avec une errance sous toutes ses formes* (multiplication des partenaires, des déménagements, des emplois tenus peu de temps, interruption de la relation avec les professionnels pouvant fournir de l'aide), incapacité de manifester une attention continue (à chiffrer en minutes, heures, demi-journée) à son enfant. Ces comportements peuvent s'accompagner de l'utilisation répétée de drogues ou d'alcool, et de l'implication de l'enfant dans des scènes violentes ou sexuelles entre adultes dont il est le témoin.

Jalon A3 – En plus des jalons A1 et A2, *parents ne contrôlant pas leurs impulsions*, ayant une très faible capacité de contenir une tension en eux, avec des passages à l'acte répétitifs, des variations brusques, explosives, des mouvements d'humeur pouvant aller jusqu'aux coups ou à l'interruption de la relation. Cette imprévisibilité de l'humeur parentale a des effets particulièrement nocifs sur le psychisme de l'enfant. Elle peut prendre l'aspect de retournements soudains de l'amour en haine, un désir fusionnel alternant avec le rejet. Ceci peut amener le parent à une demande de placement en urgence, l'enfant étant désigné comme fondamentalement mauvais, puis de reprise sans que la situation ait réellement évolué. Il n'est pas rare que dans ce contexte, l'enfant soit soumis au *terrorisme de la souffrance* décrit ci-dessus.

Jalon A4 – *Impossibilité d'accepter la moindre part de responsabilité dans la situation actuelle.* Or aucun parent n'est capable d'élever un enfant sans rencontrer de difficultés éducatives, sans se mettre en cause dans sa manière d'être père ou mère. Les parents dont il est question ici trouvent une justification à toutes les difficultés de leur enfant, les attribuent exclusivement à des facteurs

1. David M., *Le Placement familial. De la pratique à la théorie*, Paris, ESF, 1989 ; 5e éd., Paris, Dunod, 2004.

sont nombreux. Dans les milieux familiaux très peu stimulants[1], le bébé investit peu l'activité exploratoire ; il ne fait que des jeux pauvres et répétitifs. Dans les situations de psychose maternelle, l'enfant présente une hypervigilance, des moments de brusque rupture de contact avec le monde extérieur, avec un endormissement soudain, un gel des affects, etc. Il nous semble que peuvent être retenus comme signes de gravité devant faire envisager une séparation : la fixité des signes décrits ci-dessus, c'est-à-dire leur non-réversibilité pendant trois ou quatre mois même si l'enfant est confié temporairement à une autre personne ou si un accompagnement thérapeutique est mis en place, un QD inférieur à la normale, qui se situe entre 90 et 100[2], des troubles psychosomatiques très intenses de type anorexie et insomnie, et une absence d'attachement spécifique au personnage maternel. C'est ainsi qu'un bébé de huit mois reçu en expertise ne manifeste aucune inquiétude face aux visages nouveaux du psychiatre expert et de l'éducatrice qui travaille avec lui. Lorsqu'il ressent une tension en lui, c'est vers cette dernière qu'il tourne son regard et tend les bras pour être pris, au lieu de se retourner vers sa mère, sur les genoux de laquelle il est assis. Ceci souligne qu'il ne se représente pas sa mère comme le personnage sécurisant central de son existence. Dans la réalité, tout en aimant son bébé, cette mère le négligeait gravement et fréquemment, ce qui nécessita l'expertise.

Les jalons qui ont une valeur absolue

Certains jalons décrits ci-dessus nous paraissent avoir une valeur absolue et indiquer la nécessité d'une séparation rapide.

Jalons A

Un délire maternel ou une dépression mélancolique (jalon A1) nécessitent un retrait de l'enfant, même si la mère accepte des visites à domicile et présente un certain degré de collaboration. On entend souvent des intervenants dire qu'un bébé est trop petit pour qu'une mesure de séparation soit prononcée à ce moment, même lorsqu'ils constatent des interactions mère-enfant totalement aberrantes. C'est une erreur, car on sait avec certitude que lorsque les dégâts psychiques apparaîtront chez l'enfant, ils seront particulièrement graves, et son développement sera fortement compromis. Il nous arrive de devoir soigner pendant des années des enfants qui ont été retirés à leur mère psychotique dès l'âge de trois mois. Seule la réunion des trois conditions décrites précédemment (enfant non impliqué dans le délire maternel, présence d'un père en très bonne santé psychique et d'une équipe spécialisée bien formée) permet de suspendre la nécessité d'un placement. La présence d'un jalon absolu A et B est donc suffisante lorsque l'enfant concerné est un bébé. Il ne faut pas attendre l'apparition d'un jalon C pour mettre en place la séparation.

Le jalon A2 a aussi une valeur absolue.

---

1. Caractérisés entre autres par des soins corporels de mauvaise qualité, ceci étant dû autant à une angoisse de la part de la mère de se rapprocher de son enfant qu'à une négligence ; on observe aussi une absence d'accordage affectif entre la mère et l'enfant.

2. L'expérience nous montre qu'au-dessous de 90, dans de tels contextes cliniques, un QD « file » très vite vers le bas et devient difficilement réversible.

Jalons B

La « clinique du réel » (jalon B1) est un indicateur absolu (l'aspect « carence, absence de stimulation » n'étant alors que la partie visible de l'iceberg, *voir* chapitre 21). Il en est de même des jalons B2 (mère totalement inaffective avec son bébé), B6 (relation parent-enfant érotisée impliquant les organes génitaux), B7 (parent d'une violence extrême, même sans coups).

Jalons C

La baisse du QD ou du QI est un indicateur absolu (C1) ainsi que l'apparition de troubles autistiques ou psychotiques et la présence de processus de contamination (C3, C5).

Les autres jalons signifient que l'on est face à une situation très inquiétante.

La recherche des jalons

Connaître la psychopathologie

L'évaluation nécessite une connaissance minimum de la pathologie psychiatrique de l'adulte et de l'enfant, ce qui est loin d'être le cas de tous les intervenants. Ceci est particulièrement important pour les signes qui montrent les effets des interactions dysfonctionelles sur le bébé : manifestations très inquiétantes d'évitement relationnel telles que l'évitement du regard, l'évitement du contact avec les objets dit « signe du cube brûlant », etc. On se référera ici utilement aux travaux de Lamour et Barraco, et à la Grille d'évitement relationnel du nourrisson de Carel (2000). À titre indicatif, nous joignons en annexe la grille d'analyse des relations mère-bébé en pouponnière créée par Mouhot et testée sur quarante-quatre situations à risque (2002), et un extrait de l'excellent guide d'évaluation parentale utilisé au Québec.

Certains parents peuvent masquer temporairement leur pathologie. Ainsi la mère paranoïaque qui demandait à son enfant de lui uriner dans la bouche (jalons B5), fut hospitalisée d'office en raison de son état délirant, en même temps que son enfant lui fut retiré pour être placé en famille d'accueil. Elle déclara à son entrée dans le service de psychiatrie adulte qu'elle était normale, et ne montra aucun signe de dysfonctionnement psychique pendant trois semaines, mettant en difficulté le psychiatre qui s'occupait d'elle et qui dut la laisser sortir sans traitement. Elle reprit alors son délire, envoyant au procureur de la République trois lettres par semaine où elle accusait le médecin de l'hôpital de jour et la famille d'accueil de sévices sur son enfant.

Des situations « limites »

Dans certaines situations, il est impossible, malgré une observation soigneuse, de décider s'il est préférable pour l'enfant qu'il soit séparé de ses parents. Il n'existe alors pas d'autre possibilité que de proposer la prise en charge la plus cohérente possible et d'être sensible à l'éventuelle apparition chez l'enfant des signes de souffrance psychique décrits ci-dessus.

2. LES JALONS D'ÉVALUATION DE L'ÉVOLUTION DE L'ENFANT

La pratique d'un dispositif de protection de l'enfance devrait être sous-tendue par une question permanente et essentielle : *de quelles capacités (intellectuelles, affectives, relationnelles) un enfant doit-il être pourvu pour mener une existence à peu près normale, ni plus heureuse, ni plus malheureuse que la moyenne ?* Cet axe directeur centré sur l'enfant tranche avec celui pris par beaucoup d'autres intervenants qui se situent d'office du côté des parents, en particulier des mères.

Quatre critères : cognitif, social, affectif et familial

Réaliser cet objectif essentiel, celui d'un enfant pouvant mener une existence à peu près normale, nécessite que soient envisagés les objectifs suivants.

Au niveau cognitif

Que l'enfant soit capable de lire, écrire, compter. Il s'agit là d'une des conditions premières pour avoir un minimum d'autonomie dans la vie. Ceci nécessite que l'enfant ne se débilise pas ou récupère une partie de la déficience intellectuelle acquise avant de bénéficier d'une prise en charge individuelle et/ou familiale. Ceci nécessite aussi qu'il ait envie d'apprendre, ce qui est en partie indépendant de son niveau intellectuel : un sujet ne pourra avoir ce désir que s'il est capable d'accepter une certaine dépendance par rapport à autrui, un enseignant en l'occurrence, et que si son esprit n'est pas envahi en permanence par des pensées angoissantes.

Au niveau social

Que l'enfant soit capable de vivre en groupe. Il est important qu'il parvienne à s'insérer dans un groupe scolaire et plus tard dans un groupe professionnel. Le niveau de réalisation de cet objectif est évaluable par la gradation suivante :

- capacité de ne pas détruire le groupe ;
- capacité de supporter d'être en groupe ;
- capacité de participer à une activité dans le groupe ;
- capacité d'impulser du dynamisme dans le groupe sans l'envahir.

Au niveau affectif

Que l'enfant soit capable de ne pas détruire autrui et de ne pas se laisser détruire par autrui. Le niveau de réalisation de cet objectif peut être évalué par la gradation suivante :

- nécessité de surveiller l'enfant en permanence ;
- fréquence des actes violents commis ou subis.

Au niveau familial

Que l'enfant soit capable de profiter des aspects sains de ses parents mêmes s'ils sont limités, sans être envahi par leurs aspects pathologiques dont il aura pris conscience. C'est ce qui lui évitera d'être désorganisé par les contacts avec ses parents et d'être pris pendant toute son existence dans une relation d'attachement pathologique d'attraction-rejet avec les fortes déceptions inévitables qui s'ensuivent. Le niveau de réalisation de cet objectif peut être évalué par « l'indice de contamination » : quels symptômes apparaissent avant, pendant, et après le contact avec les parents, quelles sont leur durée et leur intensité.

Remarques générales

Le maintien de l'enfant dans sa famille, ou son retour si une séparation a dû être mise en place, n'est pas un objectif en soi. Pourtant il est cité dans certains travaux comme un indicateur de réussite, *bien que l'évaluation concomitante de l'état de l'enfant ne soit pas précisée.* Un tel retour nécessite d'apprécier préalablement si les changements survenus chez les parents sont suffisants et stables, s'il existe un risque affectif important pour l'enfant à couper les liens qu'il a tissés avec d'autres adultes au cours de son placement, par exemple avec sa famille d'accueil[1] et s'il est devenu capable de ne plus être envahi par les images angoissantes du passé lorsqu'il est en présence de son père et de sa mère.

Les objectifs que nous avons mentionnés, tout en étant partiellement intriqués, nécessitent chacun pour être atteint l'utilisation de dispositifs spécifiques et complexes. Ils ne sont pas forcément travaillés directement ; ainsi à ses débuts l'amélioration des capacités intellectuelles et d'apprentissage d'un enfant n'est souvent pas liée à une pédagogie spécifique, essentielle par ailleurs, mais au temps d'écoute individuelle avec une éducatrice qui permet à l'enfant de se remettre à penser.

Ces objectifs appellent plusieurs remarques. Ils ont l'intérêt d'être simples et utilisables par tous, mais qu'on ne s'y trompe pas, ils nécessitent pour être atteints qu'une attention permanente soit portée à la vie psychique de l'enfant et à l'organisation de sa vie réelle. Jusqu'à présent, à notre connaissance, aucune autre équipe française n'a proposé de critères plus pertinents que ceux-là[2]. L'apparition ou au contraire l'amélioration d'éventuels symptômes psychiatriques pourrait constituer un cinquième évaluateur ou objectif, elle est d'ailleurs notée précisément dans nos dossiers ; mais ce critère diluerait le propos en faisant défiler toute la psychopathologie de l'enfant, traits autistiques, moments hallucinatoires, dysharmonie cognitive, comportements psychopathiques, etc. Enfin nous n'avons pas inscrit comme critère la capacité d'aimer autrui et d'être aimable pour autrui. Lorsqu'un enfant accède à cette possibilité, il s'agit là d'une grande satisfaction pour des soignants, mais cet objectif nous paraît trop ambitieux à proposer d'emblée, étant donné la complexité et la gravité des situations en question.

1. Voir Berger M., *L'Échec de la protection de l'enfance, op. cit.,* chap. 4.
2. Steinhauer (*Le Moindre Mal, op. cit.*, p. 314) souligne la difficulté d'établir des critères de succès d'un traitement pour ce genre d'enfants. Il indique qu'en Angleterre, les critères proposés par Balbernie en 1974 sont les changements notés dans la personnalité, la capacité à former et à maintenir des relations, et la productivité. Nos critères apparaissent plus précis.

Ces repères sont d'autant plus significatifs qu'ils sont évalués dès le début de la prise en charge et réévalués régulièrement. Chaque fois que les quatre buts décrits ci-dessus ne sont pas atteints, il est important de chercher ce qui a empêché qu'ils soient réalisés, et ce qui peut être tenté pour y parvenir, car les intervenants portent une responsabilité concernant l'avenir de leur enfant.

Il serait possible d'affiner ce dispositif, en particulier en s'inspirant de certains modèles étrangers, mais arrivés à ce point de nos recherches, nous avons constaté que la majorité des juges des enfants et des acteurs de la protection de l'enfance se désintéressaient des recherches réalisées dans ce domaine, indifférents qu'ils étaient aux progrès proposés par les équipes impliquées en France ou à l'étranger. Cette absence d'évaluation permet de justifier toutes sortes de « nouveaux » dispositifs imaginables puisqu'il n'y a pas à prouver leur efficacité et leur capacité protectrice par rapport à l'enfant. Et nous considérons que *tout dispositif d'aide à la parentalité qui ne s'accompagne pas d'une évaluation précise de l'état de l'enfant est potentiellement maltraitant.* Il en sera ainsi tant que notre loi ne sera pas modifiée. Tout en poursuivant les soins aux enfants, nous avons donc décidé d'arrêter nos recherches concernant le perfectionnement des indicateurs, travail lourd et inutile car inutilisé.

Chapitre 58

L'évaluation dans l'accompagnement des enfants maltraités

Ch. Parret, J. Iguenane

PLAN DU CHAPITRE

58 • L'évaluation dans l'accompagnement des enfants maltraités

L'ÉVALUATION EST UNE ACTIVITÉ TRANSVERSALE, incontournable et intégrée au processus d'accompagnement. C'est par frottements successifs entre l'action professionnelle individuelle et collective qu'une compétence professionnelle va se construire. D'ailleurs, R. Thionville et P. Gilbert[1] estiment que les compétences d'une personne sont « gouvernées par une dynamique individuelle en interaction avec un contexte ». En référence à des objectifs, le jugement d'évaluation est fondé sur l'écart existant entre une situation optimale et une situation réelle. La mesure de cet écart détermine les décisions à prendre et donne sens à l'évaluation en orientant l'action à entreprendre[2]. Nous savons avec F. Le Poultier que l'évaluation est inscrite depuis longtemps dans les pratiques de l'action socio-éducative. Cependant, cette activité est peu visible car elle ne relève pas d'une « démarche rationnelle »[3]. Par conséquent, le développement d'une compétence dans l'évaluation nécessite de composer avec l'incertitude et de considérer que l'évaluation est un processus complexe, constitué d'opérations successives et qu'il comporte des fonctions différentes qu'il faut repérer pour les maîtriser au mieux.

1. LA REPRÉSENTATION DES PROFESSIONNELS SUR L'ÉVALUATION

L'analyse qui suit tente d'approcher une compétence professionnelle à mettre en œuvre dans la maltraitance des enfants : celle de l'évaluation. La première partie abordera, succinctement et sous un angle particulier, comment les conceptions et la compréhension des professionnels sur l'évaluation sont influencées par les expériences personnelles, l'histoire de la protection de l'enfance et les fonctionnements institutionnels. L'ambition n'est pas tant de prouver la justesse de ce parti pris que d'initier une approche compréhensive des difficultés que rencontrent les professionnels en abordant par l'évaluation des familles maltraitantes. La seconde partie abordera une conception théorisée de l'évaluation et son transfert dans la maltraitance des enfants.

L'acte d'évaluation, inhérent à toute activité humaine, sous-tend l'existence d'un référentiel singulier et constitué d'un ensemble de critères intuitifs. Cette activité d'évaluation spontanée indique la présence, chez tous les individus, d'une capacité liée à l'évaluation. Cette aptitude cognitive, enrichie par des expériences personnelles, va se confirmer, se modifier, se structurer et fonder une première conception de l'évaluation servant de guide à l'action. Les premières expériences d'évaluation vécues dans la famille et relayées par le système éducatif sont intimes à forte connotation affective et laissent une empreinte constituée selon les cas, de plaisir, d'appréhension, d'angoisse et de douleur.

Dès le plus jeune âge et tout au long de leur cursus, les individus sont sélectionnés, classés, comparés, hiérarchisés, regroupés, sanctionnés et orientés. Cette compréhension de l'évaluation, par le vécu qu'elle suppose, participe au développement d'une conception centrée sur le contrôle, la compétition, la sanction et l'obligation de réussite. Cette représentation est si présente chez les professionnels de l'action socio-éducative que parfois, avant même d'en préciser les buts, le seul fait d'indiquer qu'une évaluation aura lieu, déclenche chez certains d'entre eux des comportements alternant entre l'inquiétude, l'agressivité et le refus. D'ailleurs, à l'issue d'une séance d'évaluation en

1. Thionville R., Gilbert P., *in* Bernard J.L. (dir), *Traité de psychologie*, Paris, Dunod, 2000.
2. Hadji C., *L'évaluation démystifiée*, Paris, ESF, 1997.
3. Le Poultier F., *Recherches éducatives en travail social*, Grenoble, PUG, 1990, p. 45.

formation continue, sur quatre-vingt-quatorze professionnels, plus de la moitié d'entre eux (69 %) a qualifié le temps consacré à l'évaluation de « stressant ». D'autres ont précisé qu'ils revivaient une « situation scolaire »[1] et certains se sont inquiétés sur les conséquences éventuelles que les résultats pourraient comporter sur leur carrière s'ils étaient communiqués à leur hiérarchie. D'autant que, dans les organisations de travail, existent des pratiques d'évaluation.

Schématiquement, tous les agents sont confrontés à deux grandes catégories d'évaluations. La première centrée sur le professionnel concerne la performance individuelle tandis que la seconde considère l'activité produite par les équipes. Bien évidemment, l'intention ici n'est pas de remettre en cause les pratiques d'évaluation inscrites dans la logique administrative. Cependant, il semble que, dans la majorité des cas, la conduite de ces évaluations tend à confirmer chez les professionnels leur conception de l'évaluation au travers du filtre « sanction-récompense ».

Les évaluations individuelles s'intéressent aux conduites, aux relations interprofessionnelles et à la performance technique attendue chez une personne en rapport avec le poste occupé. Ces évaluations ont lieu, après une période probatoire, dès l'entrée dans une administration publique et se maintiennent lors de l'exercice professionnel. Annuelles et inscrites dans une dynamique socialisante, elles comportent une influence plus ou moins importante sur le déroulement de la carrière des individus[2]. En s'intéressant à certains aspects de la personnalité et en fonction des expériences antérieures, ces évaluations touchent à l'image que l'évalué a de lui-même. Dans ces circonstances et selon les cas, elles peuvent être vécues durement ou estimées injustes. De leur côté, en tenant compte de critères prédéfinis, les chefs de services sont tenus de noter et d'apprécier la qualité du travail des professionnels qu'ils encadrent. Généralement, la note et les appréciations du chef de service sont transmises à l'intéressé qui doit les signer. Ce dernier a la possibilité, en cas de désaccord, de les discuter en sollicitant un entretien avec son chef direct ou par écrit auprès des instances décisionnelles.

Lors des discussions directes entre l'évaluateur et l'évalué, le poids hiérarchique de l'évaluateur confirme qu'il s'agit d'une activité de contrôle des compétences professionnelles d'autant que bien souvent, les indicateurs utilisés dans ces évaluations sont rarement discutés avec les professionnels ainsi évalués. Cette situation produit une relation de déséquilibre : le premier domine (« il décide ») même s'il négocie tandis que le second est soumis au diagnostic posé (« il subit ») même s'il revendique. Quelle que soit l'importance accordée à cette notation, la procédure utilisée maintient, indirectement, l'idée que l'évaluation s'inscrit obligatoirement dans une relation de pouvoir, qu'elle s'exerce dans la recherche de manquements à la règle, d'insuffisances, de faiblesses, de fautes qu'il est nécessaire de corriger. Celui qui aura bien travaillé sera récompensé par une bonne appréciation tandis que l'autre sera confronté à des reproches.

Ce fonctionnement de l'évaluation, selon J.-M. Barbier a pour conséquence immédiate de développer chez le sujet soumis à des jugements négatifs des sentiments « d'échec, d'humiliation ou d'infériorité ». Par contre, une série d'évaluations positives renforce l'identité et le sujet en éprouve un sentiment de « sécurité et de confiance en lui-même, tend à s'affirmer ». Ainsi, le schéma scolaire se réitère avec pour conséquence immédiate de situer les professionnels dans une course à l'excellence et dans la compétition. Modifier cette conception de l'évaluation nécessiterait

1. Iguenane J., *La Formation continue des professionnels dans le domaine de la maltraitance des enfants : Tentative d'évaluation,* sous dir. de J.-F. d'Ivernois, Paris, thèse de doctorat en sciences de l'éducation, Paris-V René-Descartes, sciences humaines, Sorbonne, UFR sciences de l'éducation, 1995, p. 177-211.

2. Barbier J.M., *L'Évaluation en formation, op. cit.*

d'entreprendre une véritable négociation avec la personne évaluée. En effet, au lieu de lui transmettre le fruit d'une évaluation annuelle quasiment indiscutable, il s'agirait en effet de soumettre à l'intéressé les indicateurs utilisés par l'évaluateur pour noter et rédiger les appréciations, de lui demander d'apprécier lui-même son travail en fonction des objectifs énoncés par le service. Ainsi s'institue une auto-évaluation favorable à la progression de l'individu et, dans un second temps, une discussion pourrait s'engager avec le chef de service sur les points de désaccord[1]. Autrement, en fonction des expériences antérieures, il est facile de douter du rôle positif, aidant et formateur, que peut comporter l'évaluation. D'autant que ces évaluations individuelles sont relayées par des évaluations s'intéressant au travail des équipes professionnelles.

Ces évaluations s'attachent à vérifier dans quelle mesure les objectifs institutionnels, définis par les instances politiques, ont été atteints par les équipes. Elles tentent de quantifier et de qualifier, par le biais de statistiques et de rapports d'activités annuels rédigés par chacun des services constituant un même secteur d'activité, la valeur du travail effectué par les équipes. Elles permettent à chacune des équipes d'auto-évaluer son travail et son degré d'aptitude à l'évolution individuelle et collective. Néanmoins, l'absence de transmission des résultats d'ensemble aux intéressés, précédant les décisions, est fréquente. En effet, effectuée par service, l'analyse globale des résultats produits par plusieurs équipes d'un même service est rarement transmise aux intéressés, ni soumise à discussion. Ainsi, de nouvelles orientations de travail sont prises sans que les principaux intéressés puissent, à partir des résultats d'ensemble, effectuer leur propre analyse et suggérer de nouvelles pistes de travail afin de répondre aux objectifs institutionnels. Dans ces conditions, en l'absence de débat collectif préalable aux décisions, le doute s'installe sur les buts de ces évaluations et sur l'objectivité des analyses effectuées.

Ces évaluations sont alors ressenties comme venant contrôler l'activité professionnelle. Par conséquent, elles sont plus ou moins acceptées et plus ou moins suivies d'effets. La « désobéissance » de certains risque de provoquer des dissensions à l'intérieur des équipes et entre les équipes et la direction. L'absence de maîtrise sur l'utilisation des informations ainsi transmises peut renforcer, chez les professionnels, une compréhension antérieure selon laquelle l'évaluation prend de l'information sur l'autre tout en donnant lieu à des décisions correctives. Ces pratiques institutionnelles, en ravivant des expériences antérieures que l'on croyait oubliées, peuvent conduire à penser que l'activité d'évaluation est indésirable et qu'elle s'organise toujours dans une relation de pouvoir. Dans cet ordre d'idées, J.-M. Barbier précise à propos de l'évaluation des agents :

> « [...] tout se passe comme ci dans l'acte d'évaluation l'évalué prenait en quelque sorte le statut d'un objet dont l'évaluateur prendrait symboliquement possession à travers l'image qu'il s'en fait. [...] C'est ce qui peut expliquer aussi beaucoup plus généralement la très forte connotation de pouvoir accompagnant la notion d'évaluation[2]. »

Les conséquences, difficiles à mesurer, peuvent contribuer à comprendre, en partie, les comportements de compétition et de résistance à l'évaluation rencontrés chez les professionnels de l'action médico-sociale et psycho-éducative. Surtout qu'aujourd'hui encore, les acteurs agissant dans les services de la protection de l'enfance doivent composer avec l'histoire de l'action sociale et judiciaire longtemps inscrite dans la surveillance et le contrôle des familles jugées déviantes. Ces

1. Minguet G., « La notion de contrôle dans le monde industriel de la production », *L'Évaluation, stratégies et problématique*, 1977, n° 56, p. 73-77.
2. Barbier J.-M., *L'Évaluation en formation, op. cit.*

orientations historiques de l'action sociale centrées sur la recherche de comportements familiaux à corriger influencent certainement les conceptions des professionnels sur l'évaluation[1]. En effet, la crainte de participer, en évaluant, à « l'étiquetage » des personnes et par là même de reconduire des pratiques datant du siècle dernier, est très présente dans la mémoire collective. D'autant que cette représentation de l'évaluation, si elle appartient au passé de l'action sociale, s'inscrit encore dans l'histoire de vie des familles.

Les pratiques socio-éducatives appartenant au passé, transmises d'une génération à l'autre, sont fréquemment réactivées par les familles suivies. La lutte entreprise pour échapper à cette représentation de l'action socio-éducative organise, selon nous, un mythe autour de l'évaluation. Tout est, et devient, sujet et objet d'évaluation, ultime tentative pour construire une identité professionnelle et personnelle plus conforme aux orientations actuelles de l'action médico-psycho-sociale et éducative. Cette culture toujours présente influence certainement les attitudes défensives de certains professionnels face au signalement des situations d'enfants en danger.

La loi fait obligation à toute personne de signaler les situations de maltraitance envers les enfants. Signalement écrit, précédé d'une évaluation de la situation sur laquelle le procureur de la République, le juge des enfants ou l'inspecteur de l'Aide sociale à l'enfance va s'appuyer pour se prononcer sur les suites à donner au dossier ainsi transmis. Malgré les efforts entrepris, l'absence d'information aux professionnels sur les décisions prises est fréquente. De plus, lorsque les dossiers transmis sont classés « sans suite » et qu'aucune explication n'est donnée sur ce qui fonde cette décision, cela remet en cause la compétence des professionnels concernés. Ce fonctionnement développe, chez ces derniers, des sentiments allant de l'impuissance, au doute et à la colère. D'autant que le respect des choix effectués par la justice est obligatoire, c'est en quelque sorte une « injonction ». Il arrive que les institutions ou les associations destinataires d'un signalement, ou se voyant confier la responsabilité d'une famille, d'un enfant, effectuent une nouvelle évaluation de la situation, se réservant le droit de remettre en question l'évaluation effectuée par les équipes précédentes.

Ces pratiques sont peu « éducatives » et elles n'aident pas les professionnels à s'interroger sur la qualité des évaluations qu'ils réalisent et des rapports qu'ils transmettent au procureur de la République ou à l'Aide sociale à l'enfance. Alors, comment progresser dans ces conditions ? Par contrecoup, le rôle éducatif, en particulier de la justice, se pose pour certains. Comment peut-elle être aidante pour les familles qui lui sont confiées alors qu'elle ne l'est pas toujours pour les professionnels ? De ce point de vue, en réduisant elle-même sa fonction éducative, certains professionnels « craignent » les conséquences d'un signalement, n'étant pas eux-mêmes convaincus que cela sera aidant pour « leur famille ». De l'autre côté, les services judiciaires parfois se plaignent, et à juste titre, d'avoir à traiter des situations trop tardivement. Cependant, malgré ces difficultés de communication, dans la maltraitance envers les enfants, le législateur, par les lois qu'il édicte, témoigne de sa volonté d'agir pour protéger l'enfant mais aussi pour soutenir la famille dans sa fonction éducative.

Protéger l'enfant c'est, en effet, être parfois conduit à prendre des mesures que certains professionnels peuvent estimer répressives et pénalisantes pour la famille et renforçant la douleur de l'enfant. Encore une fois, les professionnels sont confrontés, par leur évaluation, à des décisions ou à une absence de décisions qu'ils ne comprennent pas toujours. Cependant, la concertation

1. Siguier M., *Droit de regard, l'enquête sociale dans la protection judiciaire de la jeunesse*, Toulouse, Érès, 1986.

multiprofessionnelle et inter-institutionnelle, devenue obligatoire pour évaluer les situations de maltraitance, aide à la compréhension des logiques administratives et judiciaires et participe à l'évolution de la conception des intervenants sur l'évaluation. Ce moyen offert aux professionnels leur permet de réfléchir et le cas échéant de réajuster et assouplir leurs conceptions de l'évaluation. En effet, la confrontation des diverses opinions traduisant l'activité d'évaluation aide à lever les savoirs partiels, approximatifs et inexacts de chacun des individus impliqués dans les discussions collectives.

La fonction essentielle du travail collectif, s'il permet de gérer les relations entre les équipes, de rompre l'isolement professionnel certainement profitable à l'enfance maltraitée, est de produire un savoir commun et partagé sur l'évaluation. Ceci peut se réaliser à condition que le souci d'objectivité n'exclue pas l'expression de la subjectivité. Le recours à des critères objectifs, s'ils rationalisent le jugement d'évaluation, a parfois trop tendance à exclure l'expression de la subjectivité inhérente à toute activité d'évaluation. La crainte d'être jugé incompétent en exprimant « publiquement » ses difficultés, ses émotions produit une autocensure préjudiciable à la progression personnelle et professionnelle témoignant parfois d'une absence de solidarité, d'aide bienveillante et d'attention à l'autre. D'où l'importance qu'il y aurait à réfléchir sur le fonctionnement actuel de ces temps de travail en commun afin que chacun des professionnels en présence puisse s'exprimer, être reconnu, accepté avec sa subjectivité, ses craintes, ses incertitudes et ainsi, être réellement soutenu dans le travail entrepris dans la maltraitance des enfants.

Par ailleurs, l'idéologie à propos de l'objectivité dans les milieux de l'action psycho-éducative et médico-sociale, contrairement aux sciences de l'éducation par exemple, exprime un rejet vis-à-vis de toute instrumentation visant à objectiver les évaluations. Cette attitude est certainement à rattacher aux pratiques du « carnet de surveillance des familles » utilisé dans l'histoire du travail social. Les évaluations scolaires et des organismes de travail fonctionnent comme si évaluer revenait à « prendre » de l'information « sur l'autre » pour lui imposer « des » décisions difficiles à discuter. D'un point de vue systémique, les professionnels aux prises avec ces « fonctionnements institutionnels de l'évaluation », renforcés par l'expérience personnelle, intériorisent un modèle qu'ils auront tendance à reproduire dans leur travail auprès des familles.

Selon notre expérience, il existe un décalage entre le discours véhiculé sur la pratique de l'évaluation et la pratique réelle. Ces discours portent à croire que, lorsque les professionnels évaluent une situation familiale, leur regard prend surtout en compte les potentialités des familles plus que les aspects négatifs. Dans la réalité, nous observons que l'inverse se produit souvent et les familles, comme les professionnels, sont rarement sollicitées pour discuter le fruit de ces évaluations. Ce dernier constat indique que lorsqu'ils évaluent une situation, les professionnels recherchent encore trop souvent des informations « sur » les familles avec une tendance à se souvenir des aspects à corriger pour ensuite leur imposer des mesures. Dans ces conditions, les familles n'ont d'autre choix que de marquer leur désaccord par la violence, la soumission ou, plus communément, en faisant preuve d'une « désobéissance » par absence de changement difficile à comprendre par les professionnels. Procéder selon cette logique place les familles dans une position de dépendance ne leur donnant pas toujours la possibilité d'exprimer leur point de vue. Ainsi, se répète le cycle : évaluation égale contrôle, sanction et récompense, dépendance et désobéissance.

Le cumul des diverses expériences donne aux professionnels une première vision plus ou moins réductrice de l'évaluation expliquant probablement l'existence d'une théorisation très approximative sur ce concept. Pourtant, tous les acteurs de la protection de l'enfance sont convaincus que l'évaluation est utile et qu'elle constitue une activité permanente dans le suivi des familles et des enfants.

2. ÉVALUER EST UNE COMPÉTENCE

Dans l'acte d'évaluation, co-existent deux notions contradictoires. L'une très précise, où il s'agit de calculer, chiffrer, l'autre plus floue qui produit une estimation, une approximation. De fait, à cette notion d'évaluation s'attachent deux composantes : l'une objective, l'autre subjective[1]. Si en situation professionnelle le devoir est de tendre vers le maximum d'objectivité, il serait néanmoins illusoire de penser l'évaluation exclusivement en termes d'objectivité. Cela reviendrait à nier la part de subjectivité inhérente à toute évaluation. Accepter sa subjectivité, la conscientiser, la reconnaître, c'est lui donner sa place et la mettre en recul au bénéfice d'arguments et d'observations plus objectifs. L'annuler, la nier, c'est au contraire favoriser sa résurgence sans pouvoir la contrôler. D'autant que la mesure des comportements, principalement dans la maltraitance des enfants, comporte de nombreuses incertitudes et que les outils disponibles se révèlent insuffisants pour rendre le fruit de ces évaluations indiscutables[2]. Par conséquent, la croyance excessive en l'objectivité des évaluations leur concède, selon nous, un caractère définitif et exhaustif proche de « l'étiquetage ».

L'effort entrepris pour limiter l'impact, dans l'activité professionnelle, d'une conception personnelle chargée émotionnellement tend à valoriser de manière excessive son caractère objectif et définitif. De ce point de vue, l'illusion de l'objectivité absolue fait écran à la subjectivité devenue inconvenante et inacceptable ! Cependant, chaque professionnel sait implicitement l'importance des interférences de sa subjectivité dans le jugement d'évaluation pouvant être à terme lourd de conséquences pour la famille et l'enfant maltraité. D'où l'intérêt qu'il y aurait, dans les réunions multiprofessionnelles organisées, pour traiter ces situations à accepter de travailler avec les impressions et les intuitions car à l'évidence elles nourrissent la subjectivité liée à l'évaluation. Activer cet aspect de l'évaluation, c'est le travailler et le mettre en recul. Si la subjectivité de chacun n'est pas analysée collectivement, les conceptions individuelles évoluent peu et les évaluations entreprises demeurent approximatives. En effet, en discutant et en dissociant la nature subjective et objective des critères utilisés dans les évaluations, les clarifications ainsi apportées par la confrontation participent au remaniement des conceptions individuelles. D'autant que la sélection des informations fait toujours appel à des critères sous-tendus par deux modèles, l'un, théorique, constitué de critères objectifs et l'autre, implicite, constitué de critères subjectifs. Ces deux modèles interagissent et constituent un référent permettant à l'évaluateur de se prononcer. Avant même d'entrer en relation avec l'enfant et sa famille, chaque professionnel se construit mentalement, en fonction de ses connaissances sur la maltraitance des enfants, une grille de lecture fondée sur des bases scientifiques et partagé avec les collègues, c'est le « modèle théorique ».

Dans toute observation, *a fortiori* dans la maltraitance des enfants, s'ajoutent à ces critères objectifs des critères intuitifs et subjectifs qui, bien souvent, demeurent implicites. Exprimés en termes d'impressions, de ressentis, difficilement repérables en cours d'observation, ces critères

1. Abernot Y., « L'évaluation scolaire », in *La Pédagogie : une encyclopédie pour aujourd'hui*, Paris, ESF, coll. « Pédagogies », 1994, p. 235-245.
2. Alföldi F., *Évaluer en protection de l'enfance. Théorie et méthode*, Paris, Dunod, 2005.

constituent un « modèle implicite » sur ce que doivent être des parents, une famille idéale et sur un idéal à atteindre pour le professionnel lui-même. Bien évidemment, ce modèle se fonde en référence à des normes sociales et institutionnelles sur ce que doit être une famille « suffisamment bonne », pour reprendre l'expression de Winnicott. La position des acteurs de l'évaluation est souvent déterminée par l'institution de référence. Le professionnel est l'évaluateur et son institution lui attribue des missions spécifiques en relation avec un objectif général. Ainsi, l'évaluation s'inscrit toujours dans un rapport personnel entre l'évalué et l'évaluateur ; entre l'évaluateur et l'institutionnel et entre l'évalué et l'institutionnel. Dans la maltraitance des enfants, la question étant toujours : la famille correspond-elle à ce que la société, ou l'institution, attend d'elle ? Ainsi, les logiques institutionnelles influencent largement ces modèles, car, comme le souligne C. Hadji[1], « tout jugement engage dans son énonciation une passion individuelle ». Et Y. Chevallard ajoute : « Tout juge parle et soutient son dire, en tant que sujet passionné d'une institution[2]. »

Quoi qu'il en soit, les modèles explicite et implicite forment un « système d'attentes » et représentent une ressource sollicitée lors de l'exercice professionnel. Par conséquent, l'acte d'évaluation est à différencier des autres activités car les attentes du professionnel et de son institution vont orienter la lecture de la situation familiale observée. Ainsi, contrôler au mieux l'activité d'évaluation exige que les professionnels interrogent la nature et la pertinence des critères appelés dans leurs observations. Dans le cas contraire, ils risquent, à leur insu, de faire principalement référence à leur « modèle implicite ». Dans ces circonstances, les critères subjectifs orienteront fortement l'attention des professionnels sur des indicateurs significatifs pour eux mais d'importance variable pour d'autres et en référence à la maltraitance des enfants. En définitive, c'est en acceptant l'expression de critères subjectifs, en leur accordant une valeur équivalente aux critères objectifs, que les conceptions individuelles s'enrichissent, progressent et produisent une compétence professionnelle « d'évaluateur » individuelle et partagée collectivement. Avant d'aller plus avant, il apparaît important de clarifier les notions attachées à l'évaluation que sont les critères et les indicateurs.

Critères et indicateurs

L'évaluation implique la construction d'un référent, constitué de critères explicites et dépendant des objectifs poursuivis. Ces critères permettent à l'évaluateur de se prononcer sur la présence de qualités attendues sur l'objet évalué. Aucune évaluation, qu'elle soit centrée sur une activité professionnelle, une situation familiale, un individu ou un projet d'accompagnement, ne peut exister sans référent. Il oriente l'attention de l'évaluateur et le conduit à prélever dans la réalité un faisceau d'indicateurs. Les indicateurs correspondent aux informations relevées dans la réalité et permettent de cerner différents aspects de l'objet évalué. C'est en s'appuyant sur eux qu'il sera possible de déterminer si les attentes exprimées sont ou non atteintes[3]. Pour clarifier ces propos, citons quelques expressions souvent utilisées par les professionnels pour répondre à l'objectif : « diagnostiquer une situation de maltraitance ».

1. Hadji C., *L'Évaluation des actions éducatives*, Paris, PUF, 1992.
2. Chevallard cité par Hadji C., *L'Évaluation des actions éducatives, op. cit.*, p. 106.
3. Alföldi F., *Évaluer en protection de l'enfance, op. cit.*

• *« La mère est dépressive »* : ce constat (jugement) nécessite que le professionnel qui le prononce ait une représentation d'une mère non dépressive. Il se fonde à partir du critère « état psychologique de la mère ». Pour répondre à ce critère et émettre ce jugement, le professionnel a recueilli dans la réalité de la situation familiale observée un ensemble d'indicateurs. Ils peuvent être d'ordre vestimentaire : elle est en robe de chambre toute la journée, elle est peu attentive à sa tenue. Ou liés à son dynamisme : elle est dépassée par les événements, elle laisse faire ses enfants. Ils peuvent aussi concerner son comportement : elle ne sourit jamais, elle est triste, elle pleure pour un rien, l'ambiance familiale n'est pas très gaie, etc.

• *« Je crois que l'enfant est battu »* : ce constat (jugement) nécessite que le professionnel qui le prononce ait une représentation d'un enfant non battu. Il se fonde à partir du critère « état physique de l'enfant ». Pour répondre à ce critère et émettre ce jugement, le professionnel a recueilli dans la situation observée un ensemble d'indicateurs. Ils peuvent être : il a souvent des bleus sur les bras ; hier il avait un œil au beurre noir et ce n'est pas la première fois ; à l'école, il s'est plaint d'une douleur à l'articulation du genou ; j'ai l'impression que la mère est brutale, etc.

• *« L'intimité de l'enfant n'est pas respectée »* : ce constat (jugement) nécessite que le professionnel qui le prononce ait une représentation des besoins d'intimité d'un enfant. Il se fonde sur le critère « respect de l'intimité de l'enfant ». Pour répondre à ce critère et émettre ce jugement, le professionnel a recueilli dans la réalité de la situation observée un ensemble d'indicateurs. Ils peuvent être qu'aucune pièce n'a de porte, pas même les toilettes ; que l'enfant change souvent de lit ; qu'il n'a pas de place définie pour dormir ; qu'il dort souvent avec son père. D'ailleurs, le père a tendance à boire, son attitude me donne une drôle d'impression, l'un des parents (le père ou la mère), ou les deux parents, obligent le jeune à faire sa toilette devant eux, lisent son courrier, etc.

Ainsi, les résultats obtenus sont référés à un critère. On parle alors « d'évaluation critériée ». À noter que parfois un seul indicateur est suffisant pour prendre une décision ; dans ce cas, il se confond avec le critère.

3. ÉVALUER EST UN PROCESSUS

L'acte d'évaluation, quel que soit le contexte dans lequel il s'exerce, fait appel à trois opérations cognitives successives : l'observation, l'analyse et le jugement d'évaluation, permettant de prendre parti sur une « certaine réalité ».

• *L'observation*, dans la maltraitance des enfants, est une activité si intériorisée par les professionnels qu'elle est automatique, peu visible et intimement liée au jugement d'évaluation qu'elle précède cependant. Dans cet ordre d'idées, P. Pelpel[1] estime que l'observation est « [...] un processus attentionnel qui se situe en aval du simple regard, et en amont de l'évaluation et de l'intervention ». L'observation, conduite par les professionnels auprès des familles maltraitantes ou supposées l'être, s'organise selon deux modalités : l'observation directe et indirecte.

La première se réalise par l'intermédiaire d'entretiens successifs avec l'enfant, les parents et d'observations répétées sur les comportements familiaux lors, par exemple, des visites à domicile. La seconde repose sur l'analyse du dossier de l'enfant et sur les échanges entre collègues. Ces

1. Pelpel P., *Guide de la fonction tutorale*, Paris, Éditions d'Organisation, 1996.

modalités d'observation sont complémentaires et, dans la maltraitance des enfants, elles relèvent d'une démarche raisonnée puisqu'elles s'articulent autour de l'objectif « protéger l'enfant ». De fait, l'observation d'une situation familiale est une activité volontaire qui consiste à sélectionner des informations jugées significatives par l'observateur. De ce point de vue, les informations relevées ne représentent jamais une situation dans sa totalité même lorsque l'observation est globale.

Ainsi, l'observation, étape initiale dans le processus d'évaluation d'une situation de maltraitance, est toujours un processus orienté et restrictif. Selon l'écart constaté et la pondération effectuée entre le modèle théorique (constitué de critères objectifs) et le modèle implicite (constitué de critères subjectifs), l'analyse sera plus ou moins distanciée et plus ou moins négative avec le risque de minimiser ou de dramatiser la situation observée. En définitive, il est important que les professionnels admettent que, lors de leurs observations, les modèles explicite et implicite sont simultanément sollicités et qu'ils conditionnent leurs évaluations.

• *L'analyse* opère une seconde sélection, à partir de l'ensemble des informations recueillies par l'observation. Dans la maltraitance des enfants, les indicateurs relevés sont multiples et de différentes natures. Ils peuvent concerner la violence familiale, les signes présentés par l'enfant, l'histoire familiale, etc. C'est la raison pour laquelle il est important, dans un premier temps, de regrouper tous les indicateurs identifiés et de les classer en fonction de leur nature. Il devient, dans un second temps, plus aisé de pondérer leur importance et d'établir entre eux des liens significatifs susceptibles d'être interprétés afin d'identifier si l'enfant est maltraité et s'il est en danger. De surcroît, c'est par la confrontation entre les indicateurs relevés par différents professionnels qu'une régulation s'effectuera simultanément entre les modèles de référence utilisés et entre subjectivité et objectivité.

En effet, exprimer son point de vue entraîne chacun des professionnels en présence à réfléchir sur les critères utilisés et à réduire les écarts existants entre leur modèle implicite et le modèle explicite dont ils disposent individuellement et collectivement. Si cette dualité est considérée, elle conduit à prendre des positions modérées, flexibles et modulables. D'où l'importance de croiser les regards et d'instrumenter, par des techniques de communication réfléchies, les réunions multiprofessionnelles et inter-institutionnelles consacrées à l'évaluation des situations d'enfants maltraités.

• *Le jugement d'évaluation*[1] est dépendant de la qualité de l'observation et de l'analyse effectuée et il peut être, selon les cas, minimisé ou surestimé. Se situer sur la médiane, réduire l'incertitude et maîtriser le jugement d'évaluation, nécessite selon nous, qu'un effort permanent, individuel et collectif, soit entrepris pour objectiver les critères implicites à l'œuvre dans l'évaluation des situations de maltraitance envers les enfants. En effet, dans une meilleure compréhension de l'évaluation, le jugement peut s'objectiver à condition que les grilles de lecture utilisées par les différents professionnels soient discutées. C'est à partir de l'écart identifié entre ce qui doit être et ce qui est que s'élaborent des hypothèses sur le fonctionnement familial, sur l'existence ou non d'une maltraitance, sur la capacité d'évolution et de coopération de la famille, etc. En tout état de cause, dans la maltraitance des enfants, il ne peut s'agir que d'une estimation portée à un moment donné et dans un contexte particulier indiquant par là même que le jugement porté doit se reconsidérer en permanence.

1. Cette expression, dans la maltraitance des enfants, n'est pas à prendre dans son sens juridique, car il n'est pas question de poser un verdict. Elle exprime davantage une probabilité quant à l'existence de mauvais traitements ; c'est d'ailleurs en termes d'hypothèses qu'elle s'exprime.

• *Les décisions, selon les cas,* vont s'orienter vers un signalement aux instances judiciaires ou administratives, le placement de l'enfant, la mise en place de mesures éducatives ou vers la continuité de l'accompagnement déjà entrepris par les professionnels à l'origine de l'évaluation. C'est seulement à ce moment-là qu'un projet d'accompagnement va se construire et être mis en œuvre. Mais, pour être thérapeutique, il est nécessaire que les professionnels, lorsqu'ils évaluent, se réfèrent à des objectifs et qu'ils identifient les différents types d'évaluations et les fonctions qui s'y rattachent afin de définir dans l'intérêt de l'enfant ce qu'il y a lieu de proposer ou d'imposer à la famille.

4. ÉVALUER EST UN ACTE THÉRAPEUTIQUE

Selon nous, l'acte d'évaluer, quelle que soit son intention, le moment où il intervient, est intégré dans l'action engagée par les professionnels auprès des enfants maltraités et de leur famille. De ce fait, la dimension thérapeutique de l'évaluation est incontestable à condition que les professionnels en discernent les enjeux et qu'ils la considèrent comme un véritable instrument de dialogue entre eux mais surtout entre eux et les familles maltraitantes. Ainsi considérée, l'évaluation, dès la première rencontre, reconnaît à la famille et à l'enfant le droit de prendre une place, leur place en tant que sujets au cœur de l'action. Comme le souligne P. Ayoun il est incontestable que « le dialogue est la condition première d'une lutte contre la violence[1] ». La valeur thérapeutique de l'évaluation, qu'elle soit située avant ou au début (diagnostic), pendant (continue) ou après (bilan) l'action professionnelle, impose que les professionnels en repèrent les enjeux pour eux-mêmes et pour les familles, qu'ils structurent leurs évaluations et qu'elles se déroulent dans une perspective contractuelle. Même si l'on confère à l'évaluation continue un rôle thérapeutique prépondérant, le fait que toute évaluation s'inscrit dans une rencontre est, selon nous, thérapeutique.

• *L'évaluation diagnostique*[2], *située avant ou au début de l'action professionnelle*, a lieu lors des premières rencontres avec une famille. Elle répond principalement aux compétences professionnelles : « reconnaître, évaluer et diagnostiquer une situation de maltraitance à enfant ». Il s'agit, pour assurer la sécurité de l'enfant, d'effectuer un premier bilan en regroupant toutes les informations disponibles pour formuler des hypothèses sur la réalité des mauvais traitements à enfant, sur le fonctionnement familial et sur la capacité de la famille à modifier ses comportements. Les informations à relever sont principalement centrées sur les personnes évaluées, c'est-à-dire les parents et leurs enfants. Cette première évaluation conduit à prendre des décisions pour protéger l'enfant et va comporter un effet sur l'orientation à donner à l'action professionnelle par l'élaboration d'un projet d'accompagnement. Pour ces raisons, elle doit relever les aspects en faveur d'une maltraitance (négatifs) ainsi que les aspects positifs présentés par la famille ou observés par les professionnels[3].

1. P. Ayoun, « Réflexions d'un pédopsychiatre à propos des "maltraitances psychologiques" », *in* Gabel M., Lebovici S., Mazet P. *et al.*, *Maltraitance psychologique*, Paris, Fleurus, 1996, p. 147.

2. Nous n'ignorons pas que toute évaluation comporte une dimension diagnostique, cependant, cette expression est familière aux professionnels et elle permet de spécifier les caractéristiques en lien avec les temps dévaluation.

3. Voir Manciaux M., « Bilan, suivi, évaluation et répétition : méthodologie d'une démarche clinique et de santé publique », *in* Gabel M., Lebovici S., Mazet P., *Maltraitance. Répétition évaluation,* Paris, Fleurus, 1996, p. 21-37.

• *L'évaluation de bilan*[1], située en fin d'action, est centrée sur les changements dans la famille et sur l'action des professionnels par l'analyse des moyens utilisés, sur la validité des mesures préconisées et sur le déroulement de l'accompagnement. En ce sens, nous partageons l'opinion de M. Gabel selon laquelle « l'évaluation est capable d'élaborer des savoirs[2] ». Produire des savoirs nécessite que les professionnels mettent en regard les changements positifs ou l'absence de changement perçus dans la famille avec les mesures proposées et leur stratégie d'action. C'est, par exemple, dans les limites définies par le cadre législatif et les missions de chacun qu'ils peuvent se poser les questions suivantes :

- les mesures envisagées ont-elles été accessibles et adaptées aux besoins des familles et des enfants ? A-t-on suffisamment pris en compte les besoins, les attentes de l'enfant et de sa famille ? À propos, quels étaient les besoins et les demandes de la famille maltraitante, étaient-ils compatibles avec l'intérêt de l'enfant ?
- l'application des mesures préconisées a-t-elle été retardée, différée ? Est-ce à cause de la survenue d'événements familiaux imprévisibles, de l'absence de coopération de la famille, de l'évaluation initiale ou des difficultés d'adaptation de la part du professionnel ?, etc.

C'est en capitalisant et en gardant la mémoire de ces analyses rétrospectives qu'un savoir individuel et collectif va s'élaborer, se construire[3]. Selon nous, inscrire dans les pratiques professionnelles cette dynamique interrogative introduite par l'évaluation renforce l'adaptabilité des acteurs, diminue l'usure et participe à l'évolution de l'ensemble des compétences professionnelles. Comme nous venons de l'indiquer, les résultats obtenus par ces évaluations, qu'elles se situent en début, en cours ou en fin d'action, orientent l'action et les décisions en fonction de l'évolution de l'enfant maltraité et de sa famille. En ce sens, et c'est particulièrement important dans la maltraitance des enfants, ces évaluations comportent toujours une dimension prédictive. Pour envisager les possibilités des familles à apporter des changements positifs dans leur situation, il est indispensable de rechercher dans leur histoire de vie les modifications qu'elles ont effectuées pour améliorer leur situation et les effets (positifs ou négatifs) des mesures précédentes et en cours. En d'autres termes ce traçage, en reliant les mouvements familiaux passés avec ceux du présent, va permettre d'envisager le futur et de postuler sur l'avenir des enfants maltraités ou supposés l'être. D'où la nécessité, pour évaluer, de prendre en compte un faisceau d'arguments en faveur d'une maltraitance, autant que les besoins, la capacité des parents à modifier leur comportement sans oublier les demandes des enfants maltraités dans les limites définies par le cadre législatif. Étant donné que l'évaluation de bilan se définit en relation avec une durée fixée dans le projet d'accompagnement, elle peut donner lieu à la mise en place de mesures complémentaires, à l'arrêt du suivi, à l'adaptation de l'action en cours ou encore à orienter la famille vers des services adaptés.

• *L'évaluation continue, intégrée à l'action,* contrairement aux évaluations diagnostiques et de bilan, ne comporte pas, en principe, de conséquences sociales immédiates pour l'enfant et sa famille. Néanmoins, elle peut se ponctuer par des bilans intermédiaires à visée pronostique. Le but de l'évaluation continue est pour l'essentiel d'informer la personne évaluée sur l'atteinte des objectifs poursuivis lui permettant de contrôler et de réguler l'action qu'elle entreprend. Ainsi,

1. « L'évaluation de bilan », ce terme n'indique pas une fin en soi. Le bilan se situe en rapport avec la durée prévue pour un accompagnement.
2. Gabel M., Lebovici S., Mazet P., *Maltraitance. Répétition évaluation, op. cit.*, p. 263.
3. Le Boterf G., Construire les compétences individuelles et collectives, Paris, Éditions d'Organisation, 2006.

l'attention est centrée sur la famille, ses difficultés, les obstacles qu'elle rencontre et sur les efforts qu'elle entreprend.

Dans le contexte de la maltraitance des enfants, il s'agit de faire régresser la violence en mobilisant les capacités des parents à répondre aux besoins de leurs enfants par une attitude éducative adaptée. Dans ces circonstances, l'attention des professionnels peut davantage s'orienter sur la capacité de la famille maltraitante à apporter elle-même les changements qui s'imposent. C'est en s'appuyant et en valorisant les dispositions de la famille et de l'enfant et en nommant, lorsque c'est nécessaire, les comportements inacceptables des parents, que le professionnel les engagera dans une dynamique de changement. Cette double vision implique un dosage délicat et engage un conflit interne chez le professionnel. En effet, voir ce qui est positif chez une famille maltraitante, c'est lui donner du temps et cela engage la responsabilité de l'évaluateur en tant que sujet et agent institutionnel, représentant la « loi ». Pourtant, l'expérience clinique montre que seuls les parents ou leurs substituts, à condition qu'ils soient aidés pour comprendre les raisons qui les ont conduits à maltraiter leur enfant, sont en mesure d'agir dans ce sens.

Ainsi, s'intéresser aux capacités d'évolution d'une famille revient à s'intéresser aux solutions que parents et enfants (en fonction de leur âge) peuvent eux-mêmes apporter. Lorsque le regard n'est pas exclusivement centré du côté négatif, intuitivement la famille le perçoit et ainsi il lui est plus facile de faire « confiance » à son interlocuteur. En effet, aider et soutenir une famille suppose que, dans l'accompagnement, l'évaluation soit conduite de telle sorte qu'enfants et familles se sentent estimés et écoutés. L'observation positive d'une situation représente un pas vers la compréhension de l'autre et développe les qualités personnelles d'écoute attentive et d'empathie. Poser un regard exclusivement négatif indique que l'on ne croit pas aux possibilités d'évolution de la famille évaluée. Dans ces conditions, comment peut-on établir avec elle une relation d'aide ?

Inscrite dans une démarche compréhensive l'évaluation continue exige que le « professionnel/évaluateur » la conduise en instituant une relation contractuelle avec la personne évaluée. Cela nécessite d'expliquer à la famille le diagnostic, les décisions prises et de lui présenter le projet d'accompagnement. D'ailleurs, P. Zamet soutient que la « prise de position[1] » professionnelle, qu'il s'agisse d'annoncer un diagnostic de maltraitance ou une décision de placement d'enfant, doit être signifiée à la famille afin de la confronter avec sa responsabilité parentale. C'est par cette confrontation et le contrat de communication spécifiant les intentions professionnelles qu'un changement positif peut s'initier. Il est peu habituel de partager les résultats d'une évaluation avec une famille maltraitante ou supposée maltraitante. Cependant, c'est une démarche incontournable si l'on vise à faire cesser et à réduire le risque de maltraitance. Mais que les professionnels se rassurent car selon notre hypothèse, lorsque la maltraitance devient visible à l'extérieur c'est la famille qui se signale et non l'inverse. C'est probablement une façon de demander de l'aide. D'autant que la famille sait que les professionnels voient la maltraitance et l'observent. Si les résultats des évaluations entreprises amenant à des prises de décision ne sont pas communiqués à la famille, il lui sera demandé « d'adhérer » au projet élaboré pour elle et là nous sommes loin d'obtenir sa coopération ! A. Benhamou et M. Gabel sont en accord avec cette option puisqu'elles

1. Zamet P., « Le point de vue du pédiatre », *in* Gabel M., Lebovici S., Mazet P., *Maltraitance. Répétition évaluation, op. cit.*, p. 237-248.

précisent qu'il « ne faut pas perdre de vue que l'évaluation est aussi destinée aux intéressés – les parents et l'enfant[1] ».

D'autant que comme les professionnels, les familles maltraitantes ont besoin de clés pour changer. C'est en s'entendant dire ce que leur enfant est en droit d'attendre d'eux, et ce qu'il est légitime que la société attende d'eux, qu'ils seront, par anticipation, progressivement capables d'utiliser leurs ressources personnelles pour maîtriser la violence qu'ils exercent à l'encontre de leur enfant. Le but de l'accompagnement n'est-il pas d'amener progressivement des parents à réaliser et à comprendre parmi leurs conduites celles qui sont préjudiciables à leur enfant afin qu'ils soient petit à petit en mesure de les contrôler par eux-mêmes ? Ne rien dire à la famille revient à venir « voir » ce qui se passe dans la famille pour se faire une « certaine idée » de la situation. Dans ce cas, il s'agit d'une activité de contrôle car le contenu et l'objet de l'évaluation échappent à la famille. Ce contrôle s'organise le plus discrètement possible, sans excès apparents, nous pourrions dire « en cachette » de la famille qui implicitement sait qu'elle est contrôlée. Dans ces conditions, l'absence de transparence fait de l'évaluation une activité de contrôle peu favorable au changement.

Pour accompagner une famille vers le changement, cela implique d'annoncer à la famille et à l'enfant, en considérant son âge, à partir de quels éléments (indicateurs) le jugement d'évaluation s'est fondé pour ensuite les autoriser à en discuter. Certains actes (physiques ou mentaux) violents et répétitifs peuvent être considérés différemment par la famille et les professionnels. Ceci nécessite que les professionnels adoptent, momentanément, une posture mentale compréhensive, qu'ils mettent à distance les émotions qu'ils éprouvent face à ces situations et que leurs observations soient discutées avec l'enfant et la famille. C'est en nommant les actes répréhensibles qu'ils seront pensés et peut-être discutés en famille. En effet, si les professionnels acceptent, ou du moins s'essaient à discuter avec la famille les indicateurs relevés, s'ils sollicitent son opinion sur leur évaluation, ils démontrent ouvertement à la famille leur capacité à distancier leur appréciation. C'est de ce fait reconnaître aux parents en tant que sujets agissant un droit d'exister. C'est leur offrir la possibilité de s'observer à leur tour et par là même d'apprendre à se regarder et à voir leur enfant.

Ainsi, l'évaluation continue relève principalement d'un processus dynamique inscrit dans l'interrelation entre une observation sur soi et l'autre ; l'autre renvoyant à soi. Ce regard sur soi procède d'une évaluation interne : c'est l'auto-évaluation. Il s'agit d'établir, à partir des intentions de départ, une corrélation entre son action professionnelle et les changements observés dans une famille. Déployer cette capacité d'auto-évaluation inhérente à la professionnalisation est possible à condition que les professionnels disposent d'une représentation suffisamment précise des changements à initier avec une famille. C'est à cette condition qu'ils seront en mesure de réguler individuellement et collectivement leur action professionnelle. Cette régulation s'exerce en effectuant des allers-retours permanents entre son action et les effets qu'elle produit. Elle implique une dynamique interactive permettant au professionnel, mais aussi aux familles (sauf si l'on pense qu'elles ne possèdent pas cette capacité) par rétro-information (*feedbacks*) de réorienter et d'ajuster leurs réponses en fonction des buts poursuivis.

Dans la **figure 58.1**, il peut paraître surprenant que la famille soit présente. Nous émettons l'hypothèse que, malgré les faits de maltraitance, certaines familles à risque possèdent cette capacité d'auto-évaluation et, comme nous allons le développer pour les professionnels, ces familles,

1. Benhamou A., Gabel M., « La protection administrative », in *L'Enfant maltraité*, Paris, Fleurus, coll. « Pychopédagogie » 1993, p. 362-413.

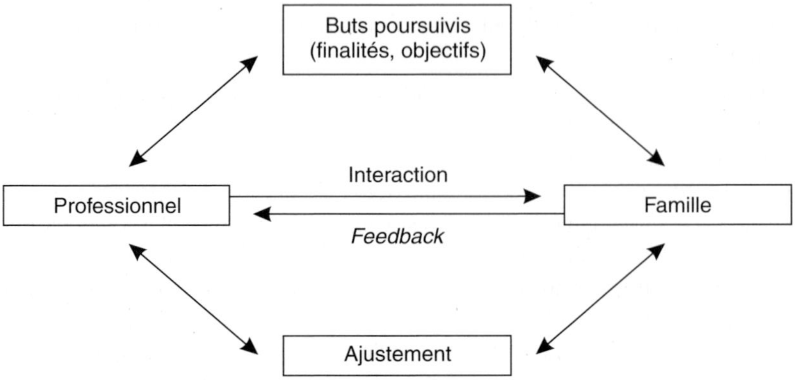

Figure 58.1. Communication interactive.

envahies par des pulsions violentes, la perdent momentanément. N'est-il pas important, pour protéger les enfants, de les amener, par des aides adaptées, à auto-évaluer leurs comportements pour qu'ils puissent à leur tour contrôler leurs réponses ? D'ailleurs, les décisions prises suite aux évaluations, n'enclenchent-elles pas cette réactivité ? L'activité de remédiation « auto-corrective », liée à l'auto-évaluation, confère à l'acte d'évaluation une dynamique interactive qui en fait un processus vivant.

Cette disposition à l'auto-évaluation s'initie, s'amplifie par l'environnement personnel et professionnel de chacun, par les familles et par le professionnel lui-même. Dans une situation ordinaire, le professionnel exerce pendant et après son action, en référence aux buts fixés, un regard critique sur les effets engendrés par son activité. L'introspection ainsi produite, à condition qu'elle soit conscientisée, favorise l'élaboration de stratégies d'action réfléchies et engage la responsabilité des individus. Cependant notre hypothèse est que parfois, aux prises avec des situations de maltraitance, certains professionnels perdent momentanément cette capacité d'auto-évaluation qu'ils possèdent habituellement. En effet, exposés à des situations de maltraitance qui les submerge, qu'ils n'ont pas choisi de suivre, ils s'estiment parfois dès le départ, incapables de les contrôler. Cette incapacité ressentie est d'autant plus présente lorsqu'ils doivent agir sans avoir, au préalable, d'idée précise sur le but à poursuivre dans une situation donnée. Cette perception d'absence de contrôle sur une situation influence leur motivation à agir et réduit leurs facultés cognitives de telle sorte qu'il leur est difficile de relier leur action aux résultats qu'ils obtiennent. Corrélativement à cette incapacité provisoire apparaît un cortège de comportements allant de la fuite au désespoir, au désinvestissement avec une tendance à renvoyer la responsabilité de leurs difficultés, de leurs échecs à une cause extérieure[1].

D'après cette hypothèse, dans la maltraitance des enfants, la responsabilité est rejetée, selon les cas, sur les familles « jugées peu coopérantes », sur les collègues estimés « incompétents » ou encore sur la hiérarchie accusée d'être « peu compréhensive ». La charge émotionnelle produite, le bouleversement induit par la gravité de certaines situations, le soutien extérieur et la solidarité aléatoire dont ils bénéficient font qu'ils alternent entre deux positions. Ils sont, par moments,

1. Dubois N., *La Psychologie du contrôle, les croyances internes externes*, Grenoble, PUG, 1987.

enclins à utiliser, pour eux-mêmes et collectivement, leur capacité d'auto-évaluation. À d'autres moments, il leur sera plus confortable d'attribuer la responsabilité des résultats obtenus à une cause extérieure à eux. Envisagée sous cet angle, la résistance des professionnels à « remettre en cause » leurs pratiques et les réponses stéréotypées que parfois ils apportent aux familles et aux enfants ajoute à la compréhension des difficultés qu'ils rencontrent dans l'accompagnement des enfants maltraités.

Il faut encore souligner que l'auto-évaluation, selon l'idée de F. Campanale, reprise par C. Hadji[1], aide à s'éloigner de l'action par la prise de recul, la distanciation et la décentration. Ces trois opérations cognitives, souvent confondues, reconnues et valorisées par les professionnels de la protection de l'enfance, ne demandent cependant pas les mêmes aptitudes. En s'inspirant des travaux de F. Campanale, C. Hadji[2] précise que :

> « Par la prise de recul peut s'opérer un auto-constat qui sera à l'origine d'une rectification du produit, mais sans que le sujet modifie ses normes, ni ses références. La distanciation est un mouvement déjà plus ample, qui se traduira par un ajustement continu de l'action, et qui est susceptible de faire évoluer le réseau de représentations du sujet. La décentration, enfin, conduit à s'interroger sur la pertinence de ses références, ce qui induit une dynamique de transformation du sujet lui-même. »

Ces attitudes à mettre en œuvre au cours de l'accompagnement des familles maltraitantes s'acquièrent lorsqu'elles sont alimentées par des points des vues extérieurs apportés par les collègues mais aussi les familles. Ainsi, c'est en acceptant les divergences d'opinion, les contradictions, les incertitudes qu'elles deviendront effectives. Quoi qu'il en soit, l'auto-évaluation est utile à toutes les activités que les professionnels entreprennent. Cependant, il est particulièrement important qu'elle soit activée dans l'évaluation continue. En définitive, l'auto-évaluation est en quelque sorte un dialogue intime avec soi qui peut avoir lieu avant, pendant et après l'action.

Il est important que les professionnels différencient les évaluations qu'ils conduisent car les conséquences pour les familles sont assujetties au type d'évaluation et au moment où elles ont lieu. De ce point de vue, ce qui distingue les évaluations diagnostiques et de bilan des évaluations continues, c'est la nature des décisions prises. Dans le premier cas, elles engagent l'avenir des sujets (famille et enfant), tandis qu'en cours d'action, elles accompagnent le changement et, en fonction des avancées observées, elles régulent l'action des professionnels et par contrecoup celle des parents. L'évaluation est donc un acte de communication puisqu'elle s'inscrit dans une relation à l'autre. Néanmoins, la relation instituée est dépendante du type d'évaluation entrepris et elle doit, selon nous, s'organiser dans des lieux différents. Les évaluations continues peuvent se conduire dans tous les lieux que fréquentent les familles et leurs enfants. Bien évidemment, elles vont interférer sur l'évaluation terminale et cela la famille ne doit pas l'ignorer. Cependant, l'évaluation de bilan va s'effectuer à partir d'observations diverses, prendre en compte les points de vue de tous les professionnels chargés d'accompagner les familles. Dans la maltraitance des enfants, en dehors des situations d'urgence, les évaluations diagnostiques et de bilan s'effectuent à partir de rencontres entre les professionnels impliqués auprès des familles. Cette organisation situe ces évaluations en rupture avec l'action quotidienne ce qui lui confère un caractère d'emblée officiel tant pour les familles que pour les professionnels. Il serait intéressant, dans le cas particulier de la maltraitance des enfants, de demander aux familles de se déplacer pour rencontrer le professionnel

1. Hadji C., *L'Évaluation démystifiée*, Paris, ESF, 1997, p. 97.
2. Hadji C., *L'Évaluation démystifiée, op. cit.*, p. 95.

LE GAAM ADOS A ÉTÉ CRÉE EN 2002[1]. La conceptualisation de ce service est dans la filiation du GAAM qui existe depuis une dizaine d'années au sein de notre établissement. Ces services proposent des prises en charges souples et modulables comparables aux Services d'adaptation progressive en milieu naturel qui existent depuis plus d'une vingtaine d'années dans le département du Gard. Ces formes de prise en charge ont investi un espace intermédiaire entre placement en internat et mesure d'Action éducative en milieu ouvert.

Comme nous le disions dans le chapitre 8 de cet ouvrage, les placements effectués dans ce type de service se font au même titre et donc dans les mêmes formes juridiques ou administratives que les placements dits « classiques ». En fait, les attendus de l'ordonnance de placement ou les éléments contractuels de l'accueil provisoire administratif autorisent l'enfant ou l'adolescent à rester domicilié dans sa famille. La force symbolique de la décision de placement demeure le socle de l'action éducative qui va être développée.

L'objet de l'intervention va porter sur le lien adolescent/parents à partir des liens qui vont pouvoir se construire avec l'institution. La décision de placement doit aider l'institution à occuper une place tiers permettant aux professionnels de développer une stratégie d'accompagnement et ce, à partir d'une position de co-responsabilité éducative. Cette stratégie va se déployer sur deux axes, l'un concernant des interventions directes auprès de l'adolescent, l'autre auprès des parents.

Ce service tente donc de mobiliser les capacités contenantes de la famille au moment où celle-ci est durement éprouvée par la crise qu'elle traverse du fait des comportements de l'adolescent. Le GAAM Ados se propose comme un « méta-contenant » qui tente de proposer un étayage dans un moment crucial de l'histoire familiale. Cette intervention permet dans beaucoup de cas de maintenir l'adolescent dans sa famille et donc de ne pas amorcer un départ prématuré. Dans d'autres cas, lorsqu'une séparation s'impose, le travail d'élaboration effectué avec l'adolescent et ses parents introduit l'idée d'une orientation vers un autre type de prise en charge de manière dédramatisée et surtout moins urgente. Ainsi la question même de la séparation peut être pensée avant d'être agie.

Ce service mobilise l'équipe professionnelle dans un important travail avec la famille, sous forme d'entretiens parentaux et, lorsque cela est possible, familiaux.

La formalisation du projet qui vous est présentée tient son originalité dans la volonté d'introduire d'emblée une dimension évaluative. Ce qui cherche à être évalué, c'est l'impact, les effets des interventions auprès de l'adolescent et de ses parents. Dans sa première partie, la trame du projet est constituée par l'offre de service du GAAM Ados articulée autour de deux axes stratégiques :

- Accueillir et accompagner l'adolescent dans un dispositif modulable et évolutif.
- Mettre en œuvre un dispositif d'étayage des fonctions parentales.

Ces deux axes sont déclinés en objectifs stratégiques qui déterminent des thèmes d'action. Ils sont eux-mêmes développés en objectifs opérationnels, ceux-ci faisant l'objet de trois caractérisations :

- *Résultats attendus* : représentant la visée de l'action.
- *Indicateurs de mesure* : constituant les critères quantitatifs et qualitatifs permettant l'évaluation.
- *Outils de mesure* : permettant le recueil des données.

1. La formalisation qui va être présentée est le résultat d'un travail collectif, celui de l'équipe de la Maison d'enfants Saint Vincent de Paul de Biarritz. Dans le cadre d'une formation à l'évaluation, Madame A.-G. Beau-Castagnac du Cabinet CIRESE de Toulouse a assuré un accompagnement méthodologique.

La deuxième partie de ce document intitulée « Méthodologies Professionnelles et procédures institutionnelles » développera l'organisation et les modalités de mise en œuvre de l'action éducative.

1. AXE STRATÉGIQUE I : ACCUEILLIR ET ACCOMPAGNER L'ADOLESCENT DANS UN DISPOSITIF MODULABLE ET ÉVOLUTIF

- Soutenir l'adolescent dans la construction d'un trajet personnel.
- Aider l'adolescent à soutenir la question du vivre ensemble et favoriser son ancrage socioculturel dans l'environnement.
- En collaboration avec les parents, accompagner l'adolescent dans la prise en compte des questions émergentes autour du corps et de la santé.
- Soutenir l'adolescent dans son parcours scolaire ou professionnel.
- Accompagner l'adolescent dans la prise en compte de sa réalité financière.
- Proposer au cas par cas un dispositif d'hébergement séquentiel.

Fonctions opératoires de l'axe stratégique 1

Les actions d'accueil et d'accompagnement proposées aux adolescents de ce service s'inscrivent dans une tension. Ainsi, ces derniers se voient confiés à la maison d'enfants par décision judiciaire ou administrative tout en restant domiciliés en famille. Tout le travail éducatif qui va se déployer s'articule autour de temps institutionnels partiels : entretiens éducatifs ou psychologiques, accompagnements spécifiques (santé, scolarité...), hébergement séquentiel en studio... Cette prise en charge très personnalisée se contractualise dès la procédure d'accueil et est formalisée par le contrat de séjour ou le DIPC[1] et se veut évolutive puisque les prestations déclinées plus haut sont mobilisées et combinées entre elles en fonction de la réalité du jeune et de son évolution.

Une part importante de l'accompagnement vise à solliciter l'adolescent dans une réflexion personnelle sur la place qu'il occupe au sein de sa famille et surtout du rôle qu'il joue dans les enjeux et les tensions familiales. Il est invité à poser un regard plus distancié et à trouver des stratégies pour évoluer de manière plus apaisée sur la scène familiale.

2. AXE STRATÉGIQUE II : METTRE EN ŒUVRE UN DISPOSITIF D'ÉTAYAGE DES FONCTIONS PARENTALES

- Construire notre intervention dans une logique de co-responsabilité éducative.
- Soutenir la pratique de la parentalité.

1. DIPC : Document individuel de prise en charge.

Tableau 60.1. Tableau de l'offre de service du groupe d'accueil et d'accompagnement modulable pour adolescents

SOUTENIR L'ADOLESCENT DANS LA CONSTRUCTION D'UN TRAJET PERSONNEL

Accompagner l'adolescent dans une démarche d'appropriation du placement.

Développer la capacité de l'adolescent à construire son projet personnel.

SOUTENIR L' ADOLESCENT DANS SON PARCOURS SCOLAIRE OU PROFESSIONNEL

Travailler à l'inscription scolaire ou professionnelle de l'adolescent.

Rencontrer les enseignants, les formateurs ou les employeurs en concertation avec les parents.

Proposer des solutions de soutien scolaire.

AIDER L' ADOLESCENT À SOUTENIR LA QUESTION DU VIVRE ENSEMBLE ET FAVORISER SON ANCRAGE SOCIOCULTUREL DANS L'ENVIRONNEMENT

Faire connaître et utiliser les ressources et relais de proximité.

L'aider à regarder et comprendre son environnement relationnel. Le sensibiliser à la citoyenneté.

ACCOMPAGNER L' ADOLESCENT DANS LA PRISE EN COMPTE DE SA RÉALITE FINANCIÈRE

Évaluer avec l'adolescent son mode de relation à l'argent et ses capacités à gérer.

L'aider à construire et à gérer un budget ; si nécessaire, définir une aide financière institutionnelle.

EN COLLABORATION AVEC LES PARENTS, ACCOMPAGNER L'ADOLESCENT DANS LA PRISE EN COMPTE DES QUESTIONS ÉMERGENTES AUTOUR DU CORPS ET DE LA SANTÉ

Amener le jeune à s'occuper de sa santé et de son hygiène de vie.

L'aider dans ses démarches de protection sociale.

Communiquer sur les questions du corps et de la santé avec l'adolescent et ses parents.

PROPOSER AU CAS PAR CAS UN DISPOSITIF D'HÉBERGEMENT SÉQUENTIEL

Permettre au jeune et à ses parents de s'inscrire dans un processus de séparation.

Proposer au jeune des séquences de vie autonome en studio institutionnel.

Proposer une solution d'hébergement face à une situation de crise.

CONSTRUIRE NOTRE INTERVENTION DANS UNE LOGIQUE DE CO-RESPONSABILITÉ ÉDUCATIVE

S'associer aux parents dans tous les domaines concernant l'adolescent : santé, scolarité, formation, loisirs.

Négocier avec l'adolescent et ses parents le contrat de séjour ou le DIPC. : modalités d'hébergement, rythme et objectifs des rencontres avec les parents, contenu des temps de présence de l'adolescent.

RÉFLÉCHIR SUR L'EXPÉRIENCE DE LA PARENTALITÉ

Permettre aux parents l'expression des représentations et des affects à propos de leur enfant.

Les inviter à réfléchir sur leur expérience subjective de parents, à dire les effets de leur parentalité sur eux-mêmes, à exprimer leurs sentiments, leurs souffrances.

Les aider et les accompagner dans de probables remaniements à une période de leur vie où leur identité de parents est fortement mise à l'épreuve.

SOUTENIR LA PRATIQUE DE LA PARENTALITÉ

Inviter les parents à se questionner sur le quotidien, réfléchir avec eux à partir de problèmes concrets.

Aider les parents à construire et à tenir des positions éducatives.

- Réfléchir sur l'expérience de la parentalité.

Fonctions opératoires de l'axe stratégique 2

La parentalité est envisagée comme un processus qui permet l'adaptation des réponses éducatives aux évolutions et à la maturité de l'adolescent(e). Des blocages peuvent intervenir dans cette évolution nécessaire des relations intra-familiales, provoquant malaise, symptômes et conflits. Les raisons qui amènent ces difficultés sont souvent multiples et peu élaborées par l'adolescent et ses parents. La stratégie du service GAAM Ados est de proposer un accompagnement qui interroge et soutient les différentes dimensions de la parentalité : la responsabilité légale, les réponses face aux problèmes du quotidien, les représentations subjectives relatives à l'adolescent(e).

Ainsi le service GAAM Ados, étayé par son appartenance à une institution et en vertu d'une décision judiciaire ou administrative, vient se proposer comme tiers entre parents et adolescent et développe avec la famille un partenariat privilégié que nous nommons co-éducation. Il ne s'agit pas ici de faire comme les parents ou de se mettre à leurs places mais de travailler à la cohésion des positions de tous les adultes qui assument une responsabilité vis-à-vis de l'adolescent(e). Il s'agit de réordonner, réajuster, coordonner les réponses afin que l'adolescent se repère dans une trame éducative plus claire. Ce travail d'étayage des fonctions parentales se structure à partir d'entretiens réguliers (toutes les trois semaines), mais également des nombreux contacts informels qui ont lieu entre la famille et l'équipe éducative.

Il est clair que cette forme de travail sollicite beaucoup les parents, puisque tout en restant mobilisés dans l'accompagnement quotidien de leur enfant, ils sont invités à mener une réflexion sur leurs positions parentales et à examiner le fonctionnement familial afin de pouvoir initier et soutenir des stratégies de changement.

3. DÉCLINAISON DE L'OFFRE DE SERVICE DU GROUPE D'ACCUEIL ET D'ACCOMPAGNEMENT MODULABLE POUR ADOLESCENTS

Axe stratégique I

Objectif stratégique I : soutenir l'adolescent dans la construction d'un trajet personnel

L'espace éducatif étant conçu comme lieu de passage, l'éducateur se trouve l'artisan d'une médiation au sens étymologique du terme, « ce qui est au milieu ». Dans l'entre-deux de la relation, il propose des champs d'expérimentation : la vie quotidienne, les activités, les entretiens, les accompagnements..., espaces potentiels comme les nommerait Winnicott, où le sujet travaille à sa propre construction. Il propose un point d'appui, une prise, qui permet à la personne accompagnée de tracer son propre chemin.

L'action du GAAM Ados s'adresse très directement à l'adolescent et correspond à cette dimension de soutien du sujet *allant devenant adulte,* au processus de subjectivation et d'individuation. Le positionnement de l'équipe éducative maintient une tension entre la nécessité de laisser l'adolescent « déployer sa question », de « la maintenir ouverte » et en même temps de solliciter chez lui les possibles remaniements qui sont à sa portée.

Objectif opérationnel 1 : accompagner l'adolescent dans une démarche d'appropriation du placement

Résultats attendus :

- Que le jeune comprenne les motifs de son placement et adhère à ce qui lui est proposé.
- Qu'il participe activement au processus de réactualisation du contrat de séjour ou au document individuel de prise en charge (DIPC).

Indicateurs de mesure :

- Participation à la procédure d'admission.
- Participation effective aux entretiens proposés par l'équipe éducative.
- Participation effective aux procédures d'actualisation du contrat de séjour ou du document individuel de prise en charge.

Outils de mesure :

- Procédures d'admission et de réactualisation.
- Méthodologie PAP[1].
- Élaboration en équipe à partir des entretiens avec l'adolescent.
- Élaboration en équipe à partir des entretiens avec les parents.
- Livret de bord[2].

Objectif opérationnel 2 : développer la capacité de l'adolescent à construire son projet personnel

Résultats attendus :

- Qu'il énonce des éléments de projet.
- Qu'il accepte de poser un regard sur son fonctionnement.
- Qu'il puisse avoir une lecture des évènements familiaux et de son histoire personnelle.

Indicateurs de mesure :

- Participation effective aux entretiens proposés par l'équipe éducative.
- Participation effective aux procédures d'actualisation du contrat de séjour ou du document individuel de prise en charge.

Outils de mesure :

- Formalisation du contrat de séjour ou du DIPC.
- Méthodologie PAP.
- Élaboration en équipe à partir des entretiens avec l'adolescent.

1. PAP : Méthodologie de projet d'accompagnement personnalisé (voir Méthodologies professionnelles et procédures institutionnelles dans le présent ouvrage).
2. Le livret de bord est un document instruit de manière hebdomadaire par les éducateurs qui réunit les informations sur tous les modes de communication avec l'usager, ses parents et les partenaires : rencontres, appels téléphoniques, rendez-vous scolaires, médicaux...

- Élaboration en équipe à partir des entretiens avec les parents.
- Livret de bord.

Objectif stratégique 2 : aider l'adolescent à soutenir la question du vivre ensemble et favoriser son ancrage socioculturel dans l'environnement

Le GAAM Ados vient s'associer aux responsabilités parentales en termes d'inscription de l'adolescent dans un réseau social. Il s'agit de soutenir l'adolescent dans des démarches possibles pour lui et de lui permettre de trouver des solutions proches, à sa portée.

C'est dans cette perspective que les éducateurs s'informent précisément sur les structures socioculturelles existantes, proches du domicile de la famille et mobilisables par l'adolescent. Il s'agit, en fait, d'inscrire ce travail d'étayage en complémentarité avec les réponses déjà mises en place par l'adolescent et ses parents.

L'équipe éducative peut aider à la concrétisation de différents projets d'activités culturelles, sportives et de loisirs. Si ces projets nécessitent un financement, le GAAM Ados peut s'inscrire dans une logique de cofinancement qui implique engagement et participation du jeune et de ses parents.

Objectif opérationnel 1 : faire connaître et utiliser les ressources et relais de proximité

Résultats attendus :

- Que l'adolescent s'inscrive effectivement dans des activités de type culturel, sportif, artistique.
- Qu'il acquiert des compétences sociales telles que l'adaptation à une structure (association, club, etc.) à un groupe, la capacité à rentrer en relation, à se conduire de manière adaptée dans le milieu où il se trouve.

Indicateurs de mesure :

- Inscription de l'adolescent dans des activités socioculturelles.
- Présence effective aux activités dans lesquelles le jeune s'est inscrit.

Outils de mesure :

- Carte(s) d'inscription à une association, à un club...
- Méthodologie PAP.
- Livret de bord.

Objectif opérationnel 2 : l'aider à regarder et comprendre son environnement relationnel

Résultat attendu :

Que le jeune se repère dans ses liens affiliatifs (groupes, réseaux).

Indicateur de mesure :

Identification de la nature des réseaux relationnels de l'adolescent.

Outils de mesure :

- Méthodologie PAP.

- Modification du comportement de l'adolescent dans les différents registres : santé, scolaire ou professionnel, financier, loisirs.

Outils de mesure :

- Méthodologie PAP.
- Élaboration en équipe à partir des entretiens avec les parents.
- Livret de bord.

Objectif opérationnel 2 : aider les parents à construire et à tenir des positions éducatives

Résultats attendus :

- Que les parents aient la capacité de poser un cadre tout en l'adaptant aux situations.
- Qu'ils soient en capacité de dire « non ».

Indicateurs de mesure :

- Effectivité des positions éducatives parentales.
- Observations lors de l'intervention à domicile.
- Modification du comportement de l'adolescent dans les différents registres : santé, scolaire ou professionnel, financier, loisirs.

Outils de mesure :

- Méthodologie PAP.
- Élaboration en équipe à partir des entretiens avec les parents.
- Livret de bord.

Objectif stratégique 3 : réfléchir sur l'expérience de la parentalité

L'axe de l'expérience de la parentalité dirige la réflexion vers la dimension psychique consciente et inconsciente de l'expérience subjective d'être parent. Cet axe ouvre sur le vécu intime des parents, leurs représentations de l'adolescent et les affects mobilisés. C'est la relation adolescents/parents qui définit les contours de notre intervention et les thèmes concernant la conjugalité, l'intergénérationnel, le social... sont toujours référés à cette relation.

Objectif opérationnel 1 : permettre aux parents l'expression des représentations et des affects à propos de leur enfant

Résultat attendu :

Qu'ils prennent conscience de représentations trop idéales ou trop négatives dans un espace d'accueil et d'écoute suffisamment sécurisé.

Indicateurs de mesure :

- Régularité des rencontres.
- Nature et qualité des échanges.
- Thèmes abordés.

Outils de mesure :

- Méthodologie PAP.
- Élaboration en équipe à partir des entretiens avec le jeune et ses parents.
- Livret de bord.

Objectif opérationnel 2 : les inviter à réfléchir sur leur expérience subjective de parents, à dire les effets de leur parentalité sur eux-mêmes, à exprimer leurs sentiments, leurs souffrances

Résultats attendus :

- Que les parents dépassent l'immédiateté des situations quotidiennes et des réponses à y apporter.
- Qu'ils rentrent dans une démarche élaborative leur permettant une mise en récit de leur histoire personnelle et familiale.

Indicateurs de mesure :

- Régularité des rencontres.
- Nature et qualité des échanges.
- Thèmes abordés.

Outils de mesure :

- Méthodologie PAP.
- Élaboration en équipe à partir des entretiens avec les parents.
- Livret de bord.

Objectif opérationnel 3 : les aider et les accompagner dans de probables remaniements à une période de leur vie ou leur identité de parents est fortement mise à l'épreuve

Résultats attendus :

- Que les parents acceptent que l'adolescent puisse se séparer d'eux et accède à une vie personnelle.
- Qu'ils construisent une juste distance avec l'adolescent.

Indicateurs de mesure :

- Régularité des rencontres.
- Nature et qualité des échanges.
- Thèmes abordés.

Outils de mesure :

- Méthodologie PAP.
- Élaboration en équipe à partir des entretiens avec les parents.
- Livret de bord.

Tableau 60.2. Tableau des méthodologies professionnelles et procédures institutionnelles

GROUPE D'ACCUEIL ET D'ACCOMPAGNEMENT
MODULABLES POUR ADOLESCENTS

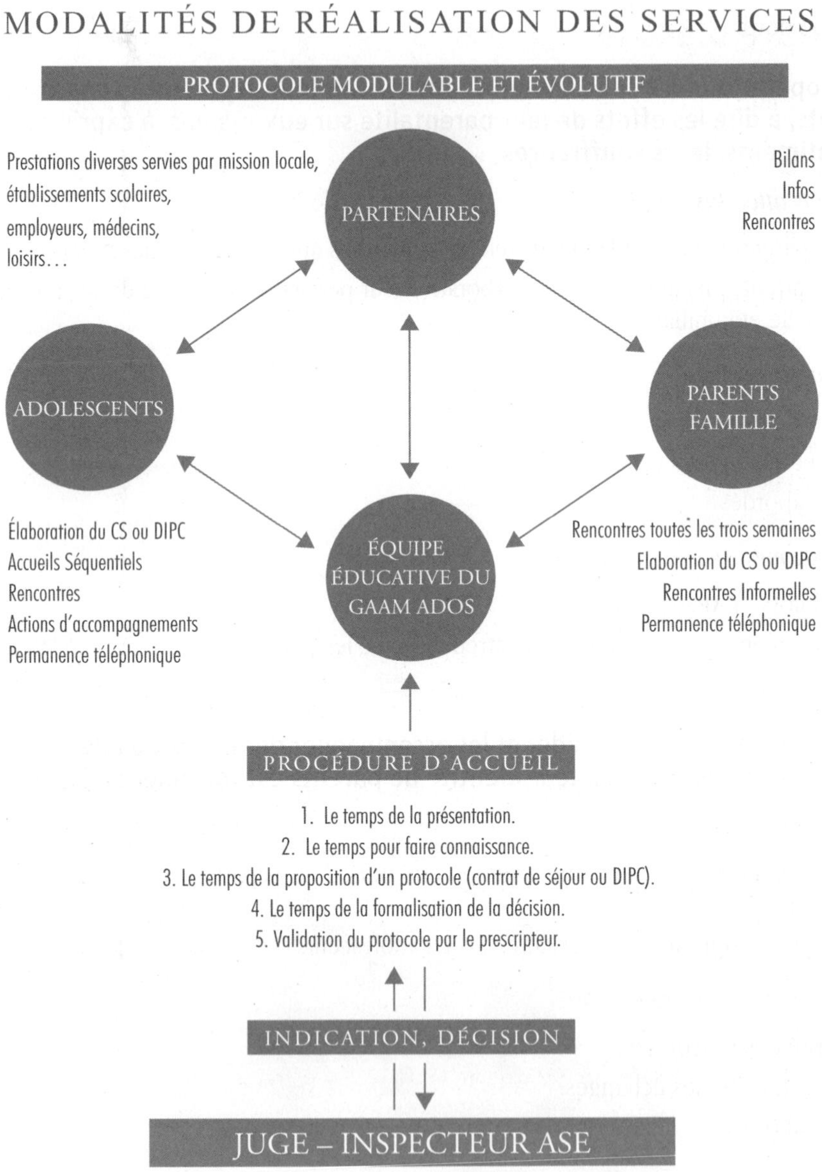

4. MÉTHODOLOGIES PROFESSIONNELLES ET PROCÉDURES INSTITUTIONNELLES

Procédure d'accueil

La procédure d'accueil sur le GAAM Ados est un passage que nous déclinerons en plusieurs temps forts. Ces différentes étapes sont incontournables tant pour les acteurs professionnels que pour l'adolescent et ses parents. Cette démarche d'accueil demande une temporalité propre à chaque situation ; temporalité qui est fonction du processus de maturation que réclame la mise en place d'un tel projet. Partie intégrante de la mise au travail autour d'une problématique, ce tout premier moment de l'histoire à construire entre une équipe institutionnelle et une famille nécessite la présence de tous et requiert que soit accordé un soin tout particulier à ce temps crucial de l'accueil.

Le temps de la présentation et de l'évaluation institutionnelle

Participants

- Le travailleur social présentant la situation.
- Un représentant de chaque service éducatif de l'établissement.
- Un membre de l'équipe de direction.
- La psychologue.
- Le psychiatre.

Objet

Il s'agit d'une part de recueillir des données objectives sur un adolescent et sa famille, de noter les événements importants qui composent son histoire personnelle et familiale ainsi que ce qui caractérise l'actualité d'une situation. Nous invitons le travailleur social à nous faire part de la nature de son accompagnement, à nous aider à en comprendre les évolutions, les difficultés ou les impasses et à expliciter les motifs d'une demande d'accueil. La discussion et la réflexion que suscite cette présentation nous amènent à un premier travail d'élaboration avec le travailleur social et nous permettent d'orienter l'adolescent vers le service approprié.

Le temps pour faire connaissance

Participants

- Le travailleur social.
- Les parents et l'adolescent.
- Les trois éducateurs du GAAM Ados.
- Le Chef de service.

Objet

C'est le temps de la première rencontre entre notre équipe et une famille. La présence de tous, souhaitée à cette réunion, fonctionne comme une invitation à ce que chacun, au travers de ce qu'il pourra dire, prenne place.

L'enjeu est de permettre à la parole de circuler, dans une relative sécurité. Nous présentons le dispositif, les personnes qui y travaillent ou qui y collaborent de près (psychologue, psychiatre, chef de service), le cadre, les possibles, les limites. Les modalités concrètes d'un protocole de travail sont évoquées en fin d'entretien. À ce stade, rien n'est encore décidé ; chacun est engagé à y réfléchir.

Il est possible de proposer des entretiens complémentaires au jeune afin de favoriser son élaboration subjective quant à la question du placement.

Le temps de l'élaboration

Participants

- Les parents et l'adolescent.
- les trois éducateurs du GAAM Ados.
- Le chef de service éducatif.

Objet

Cette deuxième réunion avec l'adolescent et ses parents permet de recueillir les sentiments éprouvés pendant et après la première rencontre. Elle permet également de répondre à certaines questions, de donner davantage d'explications, de compléter l'information. Peu à peu le travail se précise et émergent alors des propositions concrètes de mise en place d'un protocole formalisé par le contrat de séjour ou le document individuel de prise en charge. Par cette démarche concertée se négocie ce qui est supportable pour l'adolescent et sa famille et donc ce qui peut être en partie soutenu et porté par chacun. Ainsi cette « négociation » permettra un accord sur les modalités concrètes de l'accompagnement. Des dispositions matérielles seront arrêtées, provisoirement, laissant ainsi la possibilité à tout remaniement ultérieur.

Le temps de la formalisation de la décision

S'agissant d'une décision administrative dans le cadre d'un accueil provisoire, la signature du contrat de placement se fait en circonscription et ce, avant l'étape dite d'élaboration du CS ou du DIPC. S'agissant d'une décision judiciaire, l'ordonnance de placement peut intervenir en amont, en aval ou pendant la procédure d'accueil. Quoi qu'il en soit cette procédure doit se dérouler en totalité et fonctionner comme un préalable incontournable. Le protocole négocié avec la famille, formalisé par le contrat de séjour ou le document individuel de prise en charge est transmis pour information aux autorités administratives ou judiciaires. À l'issue de la procédure d'accueil et après validation, le directeur ou son représentant, reçoit les parents et l'adolescent pour la signature du contrat de séjour ou du document individuel de prise en charge.

Procédure de fin d'accompagnement

La temporalité de la prise en charge est définie par l'ordonnance de placement ou par le contrat d'accueil provisoire signé avec les services de l'Aide sociale à l'enfance. Lorsque l'évaluation d'une situation nous conduit à prévoir la cessation d'un accompagnement avant l'échéance prévue, en accord avec le juge des enfants ou l'inspecteur de l'Aide sociale à l'enfance, nous organisons une réunion en présence de l'adolescent, de ses parents et éventuellement du travailleur social référent. Nous évoquons alors les motifs qui, selon nous, justifient l'arrêt de l'accompagnement et nous en débattons. Si nécessaire, nous abordons les perspectives de relais possibles ou les pistes d'orientation à envisager.

Lorsque la fin de l'accompagnement coïncide avec l'échéance prévue, nous rencontrons également de manière formelle le jeune, ses parents et le travailleur social référent pour faire le bilan et évoquer l'avenir.

Méthodologie du Projet d'accompagnement personnalisé

Par méthodologie de Projet d'accompagnement personnalisé, nous entendons une démarche globale de mise en œuvre de deux outils.

Le contrat de séjour ou le document individuel de prise en charge

Le contrat de séjour (mesure administrative) ou le DIPC (mesure judiciaire) personnalise l'offre de service du GAAM Ados en définissant la dimension organisationnelle de la prise en charge. Il est formalisé par écrit dans le mois qui suit l'admission. La nature du service proposé (prise en charge éducative séquentielle) implique l'engagement des représentants légaux et leurs signatures du document précité (même s'agissant du DIPC). De même, par sa signature, le chef d'établissement ou son représentant engage l'institution. Le jeune, quant à lui, signera ce document pour signifier qu'il en a pris connaissance. Ce document est systématiquement réactualisé (avenant) en début d'année scolaire lors d'une réunion formelle en présence de l'adolescent, ses parents, l'équipe éducative.

Pour toutes modifications ou réaménagement en cours d'année, la même procédure est appliquée. Transmission pour information est faite au juge des enfants ou à l'inspecteur de l'Aide sociale à l'enfance.

Le Projet d'accompagnement personnalisé

Son élaboration doit intervenir dans les six mois après l'admission du jeune et est renouvelée chaque année. Procédure technique interne, elle permet d'observer la situation à partir des axes développés dans l'offre de service, de proposer d'éventuels réajustements du contrat de séjour ou du DIPC et de formaliser des stratégies d'actions. En fin d'année scolaire, un bilan est effectué avec l'adolescent et ses parents.

Méthodologie d'intervention

Les différents champs d'intervention du GAAM Ados sont les suivants :

- axe d'intervention auprès de l'adolescent ;
- axe d'intervention auprès des parents ;
- axe d'intervention auprès de l'adolescent et des parents.

Axe d'intervention auprès de l'adolescent

Objet

Une pluralité de séquences volontairement partielles et interdépendantes, un jeu de mouvements entre les différents espaces (familial, scolaire ou pré-professionnel, institutionnel) constituent pour le jeune un champ d'expérience. L'observation permettra de prendre la mesure des réactions produites et d'en accompagner les effets. Cette expérience offre à l'adolescent une possibilité de cheminement au fil duquel nous tentons de l'aider à verbaliser ce qu'il éprouve.

Modalités d'intervention

À partir des éléments recueillis pendant la procédure d'accueil auprès des différents interlocuteurs, nous proposons à chaque adolescent un accompagnement spécifique.

L'adolescent vivra dans sa famille. C'est à partir de chez lui que s'organiseront des séquences de travail :

- pour un temps de rencontre avec les éducateurs ;
- pour élaborer un budget personnalisé ;
- pour un entretien avec le psychiatre ou la psychologue ;
- pour un accompagnement :
  - à des soins, à une rééducation...,
  - à des démarches administratives,
  - vers des structures de formation, d'orientation...,
  - pour la recherche de stage, de travail saisonnier,
  - à une activité sportive, culturelle ou de loisir,
- pour participer à une activité de l'établissement... ;
- pour proposer des séjours, (camps ados, lieu de rupture...) ;
- pour un accueil séquentiel en studio (deux nuits par semaine maximum).

Il va de soi que, pour une situation, plusieurs de ces propositions peuvent être mobilisées et combinées.

Tous les temps de rencontres formelles avec les jeunes se font le plus souvent possible en présence de deux éducateurs. Le rythme de ces rencontres est de deux fois par semaine. Une des deux rencontres hebdomadaires a lieu au sein de l'établissement afin de créer du mouvement entre l'espace interne institutionnel et l'espace extérieur dans l'environnement proche du jeune.

Le maintien d'une rencontre sur les lieux institutionnels rappelle la réalité du « placement » du jeune, favorise son affiliation à l'institution à laquelle est référée l'équipe éducative.

La fonction contenante du dispositif se matérialise par tous les temps formels et informels qui relient le jeune à l'institution. La médiation du téléphone est à ce titre un outil privilégié, adapté aux formes de communication adoptées par les adolescents et indicateur de la qualité de la relation entre le jeune et l'équipe éducative.

Acteurs

- Les éducateurs du GAAM Ados.
- La Psychologue, le Psychiatre.
- Les partenaires institutionnels et extérieurs.

Axe d'intervention auprès des parents

Objet

Un rythme soutenu de rencontres vient marquer notre volonté d'accorder une place à chaque famille.

Après avoir fait connaissance, cet espace de rencontre permet d'interroger :

- l'engagement des parents et leurs compétences ;
- les points de résistance, les représentations croisées, les décalages de perception...

Cet espace régulier de parole, ouvert sur l'histoire familiale donne l'occasion aux parents d'aborder leurs expériences quotidiennes, d'exprimer leurs plaintes, leurs doutes, d'extérioriser leur solitude et leur souffrance. Chaque parent peut réfléchir à ce qu'implique pour lui le fait même d'être parent. Sans jugement ni tentative de modélisation, ils sont invités à élaborer les réponses qui leur sont propres.

Modalités d'interventions

Dans le cadre de l'exercice de notre mission concernant l'adolescent, nous rencontrons les parents, une fois toutes les trois semaines principalement au sein de l'établissement.

Acteurs

Dans les temps de rencontre avec les parents, un éducateur intervient au côté du Chef de service ou de la Psychologue. Cette option technique se distingue du cadre de travail défini pour l'adolescent. Elle se caractérise par le souci d'associer un acteur impliqué dans l'accompagnement de l'adolescent à un acteur distancié. De plus, elle privilégie la permanence des interlocuteurs institutionnels.

Axe d'intervention auprès des adolescents et des parents

Objet

Lors des accompagnements et des appels téléphoniques, il est question d'aborder les soucis du quotidien et d'échanger des informations. Tous ces petits moments permettent de tisser un lien et se situent en dehors de toute prise de décision. Ils constituent autant d'espaces de rencontres qui permettent aux parents de se « désencombrer » d'un certain nombre d'émotions, d'angoisses, de questions.

Le GAAM Ados agit dans sa fonction de réception des tensions, en absorbe une partie et renvoie le traitement de ce qui pose problème dans les temps formels de parole et de réflexion.

Les entretiens médiatisés qui réunissent l'adolescent, ses parents et deux membres de l'équipe viennent répondre à une demande ponctuelle de la famille, du jeune ou de l'équipe. Les professionnels garantissent à chacun le droit à la parole et veillent à ce que prévale une attitude d'écoute réciproque.

Dans cet espace, les acteurs institutionnels occupent une place de tiers dans la relation parents-adolescent au sens où ils autorisent que s'y déploient des discours différents voire divergents, en toute sécurité. Cette fonction médiatrice du GAAM Ados permet l'instauration d'un dialogue familial qui peut s'organiser au travers d'une expérience symbolique de séparation.

Modalités d'interventions

- Accompagnements au domicile.
- Communications téléphoniques.
- Visites au domicile.
- Travail de médiation à la demande des parents, de l'adolescent, de l'équipe.
- Réunions d'évaluation du protocole.
- Permanence téléphonique.

Acteurs

Les temps consacrés au travail de médiation peuvent faire intervenir l'ensemble de l'équipe ou associer un intervenant « décalé du quotidien » (chef de service, psychologue, directeur) selon l'évaluation faite de la demande et de la problématique en question.

Construire un « espace/temps » pour un protocole de gestion de crise

La spécificité de ce service mais aussi l'actualité de certaines situations nous ont conduit à réfléchir à la construction d'un « dispositif de gestion de crise ». Lorsqu'un adolescent est confronté à une situation critique, à une « question envahissante », anxiogène, angoissante avec une traduction symptomatique conflictuelle, dépressive, violente, il nous a semblé nécessaire de proposer l'ouverture d'un « espace/temps » particulier. Les fonctions d'un tel cadre sont de « faire bord », de séparer, d'apaiser et de remanier « ce qui » à un moment donné a pu faire crise. Tous les adolescents du GAAM Ados peuvent être concernés par un tel dispositif.

Création, ouverture d'un « espace »

L'équipe propose de créer et d'ouvrir un espace dont la fonction est d'aménager un environnement suffisamment contenant pour que les questions « qui ont fait crise » puissent se déployer en toute sécurité.

Pour cela, le GAAM Ados peut proposer des modalités d'accueil, d'accompagnement et d'hébergement spécifiques et diverses en collaboration avec :

- Un groupe d'internat de la Maison d'enfants Saint-Vincent-de-Paul.
- Une famille d'accueil ou un lieu de vie.
- Une structure de soin de type : Service d'accueil spécialisé (SAS) ; psychiatrie adulte ; cliniques spécialisées.
- Autres structures sociales ou médico-sociales.

Inscrire un tel espace dans une temporalité

Dans ce contexte de crise, il est nécessaire d'inscrire ce dispositif dans une temporalité marquée par un début et une fin. L'équipe a retenu le principe d'une séquence de 6 jours à 10 jours.

Mise en œuvre de ce protocole

L'Équipe du GAAM Ados se devra de proposer des modalités de travail et d'accompagnement concertées à l'adolescent, à ses parents mais aussi à chacune des « structures accueillantes ».

Place et fonction des acteurs professionnels dans le dispositif GAAM Ados

Les acteurs professionnels sont garants de la qualité, de la différenciation et de la pérennité de tous les espaces constitutifs du dispositif du GAAM Ados. C'est en équipe que s'élaborent les interventions qui vont s'adresser très directement aux adolescents et à leurs familles. Ces interventions ne pourront être opératoires qu'à partir de la construction d'un « travail à plusieurs ».

Le fondement du « travail à plusieurs »

Le GAAM Ados, de par sa spécificité, donne accès au cœur de la cellule familiale, à son fonctionnement interne. Une telle démarche potentiellement intrusive requiert une nécessaire prudence. Notre expérience en internat nous a appris combien les éducateurs peuvent être l'objet de multiples projections de la part de l'adolescent mais également de la part des parents. Il en est de même des professionnels vis-à-vis des parents et du fonctionnement familial. Le « travail à plusieurs » permet une démarche d'autorégulation, « d'auto-limitation » : le croisement permanent des différentes approches, des regards parfois divergents, opère un travail de réglage de l'équipe. C'est un outil au service d'une meilleure compréhension des différents enjeux, par le biais d'une analyse plus fine des matériaux déposés au sein du dispositif (les paroles de l'adolescent, le discours parental, les informations provenant de l'environnement scolaire et social, les choses observées) et donc d'une meilleure compréhension des différents enjeux. La mise en tension d'approches plurielles permet d'entrer dans la complexité.

Ce travail d'équipe se soutient également :

- Des différents moments prévus pour la réflexion, le débat contradictoire et la régulation ;
- Des modalités d'intervention de chaque acteur sur l'ensemble des situations ;
- Des espaces d'évaluation institutionnels type « Groupe Ressources ».

Cette conception du travail à plusieurs nous a conduits à opter pour un partage des responsabilités éducatives ; le suivi du Projet d'accompagnement personnalisé étant assumé par les trois éducateurs du service. On peut parler ici de référence partagée.

Des principes partagés

Le travail à plusieurs s'est structuré autour de principes partagés :

- Supporter de ne pas savoir.
- Laisser le temps à l'autre (parents et adolescent) de trouver ses solutions.
- Intervenir à plusieurs pour éviter tout risque d'appropriation.
- Accepter le regard de l'autre professionnel sur sa pratique.
- Additionner les regards. Écrire ensemble.
- Trianguler pour permettre à la parole de circuler.
- Travailler en permanence autour des projections : celles des parents, celles des enfants, les nôtres.
- Partager pour supporter la violence, maintenir l'élan, soutenir le désir.

Temps de parole au service de la pratique à plusieurs

- Une heure trente hebdomadaire en équipe élargie, avec le chef de service, la psychologue, une éducatrice de jour.
- Une heure bi-mensuelle, temps de régulation d'équipe avec une psychologue.
- Réunion institutionnelle (mensuelle).
- Formation collective intra-muros ou formation extérieure.

Tous les temps de parole et de restitution nous servent à dire et à s'entendre dire, à se désapproprier mais aussi à déconstruire, élaborer, analyser et évaluer. Ces temps d'échange ont pour effet de nous « désencombrer » de nos représentations et de nous rendre disponibles à la rencontre.

Il s'agit d'affiner notre lecture des situations, d'ouvrir des perspectives de travail qui se réajusteront en permanence. Les temps de régulation ont pour vocation de nous décaler du quotidien en travaillant sur des points théoriques.

Temps consacrés à l'écriture

- Les rapports d'évolution sont adressés au juge des enfants ou à l'inspecteur de l'Aide sociale à l'enfance, lors des échéances des mesures. Ces écrits sont toujours rédigés collectivement par les deux éducateurs. Il s'agit pour nous de transmettre, le plus objectivement possible, les informations permettant une prise de décision.
- En cohérence avec notre mode d'intervention, l'écriture du rapport ne peut être laissée à la charge d'un seul. La rédaction à plusieurs permet de repérer plus clairement les points importants, d'être plus synthétique et de formuler des propositions.
- Le carnet de bord est instruit hebdomadairement.
- Les comptes rendus d'entretien sont rédigés à l'issue de chaque rencontre.

5. PROPOS CONCLUSIFS

La pertinence d'un projet tel que le GAAM Ados tient notamment à la capacité :

- De l'équipe éducative de développer, dans une logique partenariale, des méthodologies d'intervention à la hauteur de la complexité des situations suivies. Elle doit construire et reconstruire, de manière réactive, les réponses les plus ajustées possibles à l'évolution souvent chaotique des adolescents concernés, dans le cadre d'une communication permanente avec leurs parents.
- De l'établissement à garantir un cadre institutionnel qui balise l'action tout en favorisant l'initiative. Les professionnels, intervenant sur le GAAM Ados, confrontés à la mise en œuvre de nouvelles pratiques en décalage par rapport au métier traditionnel des MECS, peuvent s'y adosser en toute sécurité.
- De l'association de faire vivre les fondamentaux politiques et éthiques qui orientent l'action quotidienne et contribuent à lui donner sens.

À propos de la notion de co-éducation, nous pouvons la considérer comme un nouveau paradigme pour le champ de la protection de l'enfance. Le projet du GAAM Ados a pour ambition d'intégrer ce nouveau paradigme dans des pratiques quotidiennes auprès d'adolescents, pratiques qui se veulent respectueuses de la place et la parole de chacun, parents et adolescents.

Ce nouveau service n'a de sens que s'il enrichit la palette des réponses déjà disponibles quand il s'agit de prendre en compte la souffrance de jeunes adolescents et de leurs parents et que s'il participe à générer un peu de reliance dans un environnement où semble s'imposer la déliaison.

Bibliographie

« Les placements familiaux de l'Aide sociale à l'Enfance », *Réflexion sur la protection sociale de l'enfant. Santé, Sécurité sociale. Statistiques et commentaires*, sept.-oct. 1978, pp. 111-152.

« Placement familial thérapeutique », Entretiens de Bichat, in *Neuropsychiatrie de l'enfant et de l'adolescent,* Paris, 1986 (34), 10, pp. 433-476.

ABOUDIER J., VINCENT M., « Le placement familial thérapeutique », Entretiens de Bichat 1984, in *Revue de neuropsychiatrie de l'enfance et de l'adolescence,* Paris (34), 10, 1986, pp. 443-476.

ABRAHAM N., Török M., *L'Écorce et le Noyau*, Paris, Flammarion, 1987 (1978).

ACCARDO A., CORCUFF Ph., *La Sociologie de Bourdieu*, Paris, Le Mascaret, 2e éd, 1986.

ADCOCK M., « Significant harm : implications for Local Authorities", in *Significant Harm : Its Management and Outcome*, Croydon, Significant Publications, 1998.

AFCHAIN J., *Les associations d'action sociale, outils d'analyse et d'intervention*, Paris, Dunod, 2001.

AFIREM, *Enfants maltraités : droit de l'enfant, inceste, séparation*. Congrès Angers, avril 1986, Éditions et communications médicales, Paris, 1986.

AGOSTINI D., « Les défenses d'en parler », in *Du cri au silence*, Paris, CTNERHI, 1986, p. 67-95.

AINSWORTH M.D., « Les répercussions de la carence maternelle. Faits observés. Controverses dans le contexte de la stratégie des recherches », in *La Carence de soins maternels, réévaluation de ses effets*, Genève, *Cahiers de l'OMS,* n° 14, 1961, pp. 95-158.

AINSWORTH M.D., BOWLBY J., « Research Strategy in the Study of Mother Child Separation », in *Courrier,* Paris, 1954, pp. 105-131.

ALFÖDI F., *Évaluer en protection de l'enfance. Théorie et méthode*, 2e éd., Paris, Dunod, 2005.

ALFÖLDI F., « Le critère à trois niveaux. Un concept pratique pour les professionnels de l'évaluation en protection de l'enfance », in *Les Cahiers de l'Actif*, 2000, n° 288- 291, p. 201-214.

ALFÖLDI F., « Le génogramme d'évaluation : une technique d'optimisation des ressources du système familial », in *Générations*, 1997, n° 9, p. 7-11.

ALFÖLDI F., « Le génogramme, un outil d'évaluation pour les professionnels du champ médico-psycho-social », in *Générations*, 1995, n° 4, p. 47-52.

ALFÖLDI F., « Le méta-modèle du traumatisme mortifère », in *Dialogue*, 1998, n° 140, p. 21-35.

ALFÖLDI F., *De l'outil génogramme au concept d'évaluation*, mémoire DHEPS, Paris III, 1997.

ALFÖLDI F., *La Compétence évaluative en protection de l'enfance. L'approche méthodologique et la réduction de l'erreur d'évaluation : le cas d'un département français*, thèse de doctorat de sciences de l'éducation, 2 tomes, université de Toulouse Le Mirail, 2003.

ALFÖLDI F., *Mille et un jours d'un éducateur. Vivre l'action éducative à domicile*, Paris, Dunod, 2002.

AMADO G., « Intérêts, indications, modalités de fonctionnement des placements familiaux spécialisés », numéro spécial consacré à la journée régionale d'études sur le placement familial d'enfants inadaptés, in *Revue de neuropsychiatrie infantile,* Paris, n° 7 et 8, 1960, pp. 299-307.

AMADO G., « Quand faut-il placer un enfant ? », in *La Médecine infantile,* Paris, n° 8, 1958, pp. 41-44.

AMADO G., GUITTET A., *Dynamique des communications dans les groupes*, Paris, Armand Colin, 1993.

AMADO G., HAMELIN R., « Un placement familial pour enfants inadaptés intelligents d'âge scolaire », in *Sauvegarde de l'enfance et de l'adolescence,* Paris, 1957, pp. 891-898.

AMADO G., *Le Placement familial. Les enfants difficiles,* Paris, PUF, 1955.

ANCELIN-SCHUTZENBERGER A., *Aïe mes aïeux*, Paris, Épi-La Méridienne, 1993.

ANDOLFI M., *La Thérapie avec la famille*, Paris, ESF, 1982.

ANDRÉ-FUSTIER F. et AUBERTEL F., « La transmission psychique familiale en souffrance », in Kaës R. et coll., *Le Générationnel*, Dunod, 1997, p. 107-150

ANDRÉ-FUSTIER F. et CETTIER A-M., « Clinique du trans-générationnel et espace groupal institutionnel », in *Parents familles institutions. Approche groupale d'orientation psychanalytique,* Centre de recherche sur les inadaptations, Université Lyon II, 1997, réédition ADSPF, p. 285-303.

ANDRÉ-FUSTIER F., « Écouter la souffrance familiale dans la rencontre avec les parents », *La Lettre du GRAPE, Revue de l'enfance et de l'adolescence,* n° 41, *Les parents difficiles*, 2000, p. 33-37.

ANDRE-FUSTIER F., « L'approche psychanalytique de la famille à l'épreuve de l'institution », in *Parent/Famille/Institution,* Les Publications du Centre de recherche sur les inadaptations, Université Lyon II, 1997.

ANDRÉ-FUSTIER F., « L'approche psychanalytique de la famille à l'épreuve de l'institution », in *Parents familles institutions. Approche groupale d'orientation psychanalytique,* Centre de recherche sur les inadaptations, Université Lyon II, 1997, réédition ADSPF, p. 5-49.

ANDRÉ-FUSTIER F., « Quels dispositifs institutionnels pour des familles en grande difficulté psychique ? » in *La Lettre du GRAPE, Revue de l'enfance et de l'adolescence,* n° 46, *Les parents usagers*, 2001, p. 71-79.

ANDRIEU P.J., *La Prévention spécialisée enjeux actuels et stratégies d'action. Rapport du groupe de travail interministériel sur la prévention spécialisée,* www.ladocumentationfrancaise.fr, 2004

ANGELINO I., *L'Enfant, la famille, la maltraitance*, Paris, Dunod, 2004.

ANPASE, « L'enfant : objet de soins et mesures ou personnes en devenir », *Bulletin d'Information,* n° 9, ANPASE, 1980, p. 6.

ANZIEU D. *et al.*, *Les Enveloppes psychiques*, Paris, Dunod, 2000.

ANZIEU D., CHABERT C., *Les Méthodes projectives*, Paris, PUF, 1983 (1961).

ANZIEU D., *Le Groupe et l'Inconscient, L'imaginaire groupal*, Paris, Dunod, 1984.

ANZIEU D., *Le Moi-Peau*, Paris, Dunod, 1995 (1974).

ANZIEU D., MARTIN J.-Y. (1968). *La Dynamique des groupes restreints*, 8e éd., Paris, PUF, 1986.

APPELL G., « L'éradication des carences en collectivité. Risques encourus par le soignant de jeunes enfants séparés de leur famille », in *Les Soignants à risque dans les interactions en faveur de la petite enfance,* Paris, ESF, 1986, pp. 43-59.

APPELL G., « Le placement des jeunes enfants. Panorama général », in *L'Enfant et sa santé,* Manciaux M., Lebovici S., Jeannenet 0. *et al.*, Paris, Doin, 1987, pp. 533-544.

APPELL G., « Placements nourriciers », in *Informations sociales,* n° 67, Paris, 1961, pp. 59-79.

APPELL G., « Pouponnière, séparation et hospitalisme ; ce qu'il reste à faire », in *Neuropsychiatrie de l'enfance et de l'adolescence,* Paris, 31 (2-3), 1983, pp. 111-115.

APPELL G., « Tentative d'éradication des états de carence dans une pouponnière », in *Neuropsychiatrie de l'enfance et de l'adolescence,* Paris, n° 4-5, 1982, pp. 257-262.

APPELL G., DAVID M., « Case Notes on Monique », in *Determinants of Human Behaviour,* vol. 1, Methuen I., Londres, 1959, pp. 101-121.

APPELL G., PONCET F., « Institution, enfants, parents : témoignages et réflexions », in *Perspectives psychiatriques,* Paris, I, 90, 1983, pp. 39-47.

ARDOINO J., BERGER G., *D'une évaluation en miettes à une évaluation en actes*, Paris, ANDSHA, 1989.

ARFOUILLOUX J.-C., « Dépendances et ruptures en institution de soins », *Neuropsychiatrie de l'enfance et de l'adolescence*, 1990, 38, 4-5, p. 270-272.

ARNAL L.C., *Incidences de carences et privations de relations maternelles. Essai de prise en charge à partir de l'expérience d'un service de placement familial spécialisé*, Thèse de médecine, Nancy, 1976.

ASTIÉ F., JAFFÉ P.D., « Stéréotypes et connaissances des adolescents sur les abus sexuels d'enfants », in *À contrecœur, à contre-corps*, Genève, Médecine et hygiène, 1997.

ATD QUART-MONDE, *Précieux enfants, précieux parents ; miser sur les liens fondamentaux dans la lutte contre la pauvreté des enfants en Europe*, Éditions ATD Quart-Monde, 2003.

AUBRY J., GUITTON M., BARGUES R., « Notes préliminaires sur le placement familial curatif des troubles psychiques graves du jeune enfant », *Semaine des hôpitaux,* Paris, n° 12, 1961.

AUBRY J., *Jeunesse à l'abandon,* Éd. du Scarabée, Paris, 1983, p. 251.

AUBRY J., *La Carence de soins maternels. Les effets de la séparation et de la privation de soins maternels sur le développement des jeunes enfants,* Centre International de l'Enfance-Publication, Travaux et Documents, Presses Universitaires, Paris, 1955.

AUBRY-ROUDINESCO J., APPELL G., « De certaines répercussions de la carence des soins maternels et de la vie en collectivité sur les jeunes enfants », in *Bulletins et Mémoires de la Société Médicale des Hôpitaux de Paris,* n° 3 et 4, 1951.

AUBRY-ROUDINESCO J., BOWLBY J., DAVID M., « Réactions immédiates à la séparation », in *Courrier,* Paris, n° 2 et 3, 1952.

AUBRY-ROUDINESCO J., DAVID M., « Peut-on atténuer les effets nocifs de la séparation chez des enfants placés en institution ? », in *Courrier du Centre International de l'Enfance,* Paris, 1952, pp. 255-264.

AUDET J., KATZ J.-F., *Précis de victimologie générale*, Paris, Dunod, 1999.

AUGUSTE N., « Défaillances parentales graves et formation initiale des professionnels impliqués dans la protection de l'enfance ». Thèse de médecine, université de Saint-Étienne, 2003.

AULAGNIER P., *La violence de l'interprétation, le pictogramme et l'énoncé*, Paris, PUF, 1975.

AUMONT B., MESNIER P.M., *L'Acte d'apprendre*, Paris, PUF, 1995 (1992).

AUSLOOS G., *La Compétence des familles*, Ramonville Saint-Agne, Érès, 1999.

AVEROUS B. et D., *Mesurer et manager la qualité de service*, Paris, INSEP Éditions, 1998.

BAKER R., *La Guerre du sexe*, Paris, Lattès, 1997.

BAKER T., « What constitutes reasonable contact ? », in *Assessment of parenting*, London and New York, Routledge, 1995, p. 247-261.

BALIER C., *Psychanalyse des comportements violents*, Paris, PUF, 1993.

BANDURA A., *L'Apprentissage social*, trad. J.-A. Rondal, Bruxelles, Pierre Mardaga.1980.

BAPTISTE R., *Rénover l'action sociale par le management et par le marketing*, Villeurbane, CREAI, 1990.

BARBE L., *Une autre place pour les usagers ? Intervenir dans le secteur social et médico-social*, Paris, La Découverte, 2006.

BARBIER J.M., *L'Évaluation en formation*, Paris, PUF, 1985.

BARREYRE J.-Y., BOUQUET B., *Nouveau Dictionnaire critique d'action sociale*, Paris, Bayard, 2006.

BASS D., « Le placement familial, un outil thérapeutique indispensable », in *Lien social*, n° 469, 1999.

BATIFOULIER F., « Ouvrir un avenir aux MECS, Prendre la mesure des enjeux pour innover », *Les Cahiers de l'Actif*, n° 368-369, 2007.

BATIFOULIER F., « Vers une pensée nouvelle du métier, de l'organisation et de la gestion en internat spécialisé », *Les Cahiers de l'Actif*, n° 306-307, 2001.

BATIFOULIER F., NOBLE. F., *Fonction de direction et gouvernance dans les associations d'action sociale*, Paris, Dunod, 2005.

BAUDIER-LORIN C., CHASTENET B., « Les bénéficiaires de l'aide sociale départementale », *Études et résultats*, n° 255, août 2003.

BAUDOUIN J.-M., CAUQUIL G., *Évaluer pour évoluer*, document du CAFOC de Paris, 1986-1987.

BAUDURET J.-F., JAEGER M., *Rénover l'action sociale et médico-sociale*, 2e éd., Paris, Dunod, 2005

BAZEMORE G., STINCHCOMB J., « Restorative conferencing and theory-based evaluation », in BURFORD G., HUDSON J., dir., *Family Group Conferencing. New Directions in Community-Centered Child and Family Practice*, New York, Adline de Gruyter, 2000, p. 284-297.

BECQUEMIN M., *Placement familial et Protection de l'enfance. La fondation Grancher, de l'hygiénisme à la suppléance parentale* Paris, Éditions Petra, 2005

BELLENGER L., COUCHAERE M.-J., *Les Techniques de questionnement. Savoir poser les bonnes questions*, Paris ESF, 2000.

BELORGEY J.-M., CHAUVIÈRE M., LADSOUS J., *Reconstruire l'action sociale*, Paris, Dunod, 2006.

BENAZET J.-P., CARLES J., IGALENS J., PEYRE A., *Gestion des entreprises sociales, Associations et établissements sociaux*, Voiron, La Lettre du Cadre Territorial, 1999.

BENGHOZI P., « Le leurre comme symptôme des contenants généalogiques troués », *Le journal des psychologues*, n° 245, 2007.

Benoît J.-C., Malarewicz J.-A., Beaujean J., Colas Y., Kannas S., *Dictionnaire clinique des thérapies familiales systémiques*, Paris, ESF 1988.

Bentovim A., « Significant harm in context », in *Significant Harm : Its Management and Outcome*, Croydon, Significant publications, 1998 (1991).

Berge A., *Les Psychothérapies*, Paris, PUF, 1968.

Berger M., « Comment survivre lorsqu'on travaille en protection de l'enfance ? », *Prisme*, Montréal, Canada, 2004.

Berger M., « L'échec de la protection de l'enfance en danger », *Devenir*, 2002, vol. 14, 3, p. 197-238

Berger M., « L'idéologie institutionnelle du lien biologique en protection de l'enfance : l'impossible changement », exposé fait au Congrès national de psychanalyse familiale, Paris, 2004.

Berger M., « Les jalons d'évaluation de l'hôpital Bellevue pour les situations de défaillance parentale (première version), *Dialogue*, 2001, n° 152, p. 33-62.

Berger M., « Les jalons d'évaluation de l'hôpital Bellevue pour les situations de défaillance parentale », in Gabel (dir), *Évaluation(s) des maltraitances*, Paris, Fleurus, 2002, p. 95-141.

Berger M., « Les visites médiatisées », *Neuropsychiatrie de l'enfance et de l'adolescence*, 2001, 49, p. 159-170.

Berger M., *Ces enfants qu'on sacrifie... Réponse à la loi réformant la protection de l'enfance*, Paris, Dunod, 2007.

Berger M., *L'Échec de la protection de l'enfance*, 2e éd., Paris, Dunod, 2004.

Berger M., *L'Enfant et la Souffrance de la séparation : divorce, adoption, placement*, Paris, Dunod, 1997.

Berger M., *L'Enfant instable. Approche clinique et thérapeutique*, Paris, Dunod, 1999.

Berger M., *Le Travail thérapeutique avec la famille*, Paris, Dunod, 2003.

Berger M., *Les Séparations à but thérapeutique*, Paris, Dunod, 1997.

Berger M., *Les Troubles du développement cognitif. Approche thérapeutique chez l'enfant et l'adolescent*, Paris, Dunod, 1996.

Bergeret J. (dir.), *Précis des toxicomanies*, Paris, Masson, 1998.

Bergeret J., *La Dépression et les États limites*, Paris, Payot, 1975.

Bergeret-Amselek C., *Le Mystère des mères*, Paris, Desclée de Brouwer, 1988

Berkhuel J., Sans P., « Psychose et placement familial », *Synapse,* n° 27, 1986, Paris.

Bernaud J.-L., Lemoine C. (dir.), *Traité de psychologie du travail et des organisations*, Paris, Dunod, 2000.

Bertaux C., Da Sylva S.M., « La société clinique », in *Sociologies cliniques*, Paris, Desclée de Brouwer, 1993, p. 92-107.

Bertaux R., Hirlet P., *L'évolution du métier de directeur d'établissement social*, Paris, Seli Arslan, 2002.

Bervoets A., « Le génogramme paysager et la transmission transgénérationnelle », in *Dialogue*, 1996, n° 134, p. 33-41.

Bianco J.L., Lamy P., *L'Aide à l'enfance demain. Contribution à une politique de réduction des inégalités,* Paris, La Documentation française, 1980.

Bichwiller J.-P., « De la méthode pour le challenge de la protection de l'enfance », *RAJS*, 2004, n° 234, p. 38.

Bichwiller J.-P., « La cellule départementale : un véritable atout sous conditions », in *Réforme de la protection de l'enfance, Du droit aux pratiques*, Paris, Éditions législatives, 2007.

BION W.R., *Aux sources de l'expérience*, Paris, PUF, 1969.

BLEGER J., « Le groupe comme institution et le groupe dans les institutions. Études psychanalytiques », in Kaës R. *L'institution et les institutions*, Paris, Dunod, 1987.

BLOCHE P., PECRESSE V., *Rapport fait au nom de la mission d'information sur la famille et les droits des enfants (2 tomes)*, Paris, Assemblée nationale et www.ladocumentationfrancaise.fr, 2006.

BLOCQUAUX J., BURSTIN A., GIORGI D., *Mission d'analyse et de proposition sur les conditions d'accueil des mineurs étrangers isolés en France,* Paris, IGAS, www.ladocumentationfrancaise.fr, 2005.

BLOCQUAUX J., JACQUEY-VAZQUEZ B., SOUTOU P., VIELLERIBIERE J.-L., *Synthèse de quatre contrôles de services de l'aide sociale à l'enfance*, Paris, IGAS, www.ladocumentationfrancaise.fr, 2000.

BOCCA F., « Difficultés liées aux placements familiaux : comment les utiliser ; rôle d'une équipe de travailleurs sociaux » (éducateurs de rue), *Child Abuse Neglect,* vol. 8, n° 1, 1984.

BONJOUR P., CORVAZIER F., *Repères déontologiques pour les acteurs sociaux*, Ramonville Saint-Agne, Érès, 2003.

BONNEVILLE E., *À la rencontre du traumatisme des liens chez l'enfant placé*, DEA, faculté de psychologie, université Lyon-II, 2003.

BONNIOL J.-J., VIAL M., *Les Modèles de l'évaluation*, Paris, De Boeck, 1997.

BOUKELAL A., « De la maïeutique en évaluation... ou quelques éléments de réponse à "10 bonnes raisons de ne pas évaluer" », in *Les Cahiers de l'Actif*, 2000, n° 288-291, p. 247-254.

BOURDIER P., « L'hypermaturation des enfants de parents malades mentaux », *Revue française de psychanalyse*, 1972, XXVI, 1, p. 19-42.

BOURDIEU P., *La Distinction*, Paris, Éd. de Minuit, 1979.

BOURDIEU P., *La Reproduction*, Paris, Éd. de Minuit, 1970.

BOUREGBA A., *Les Troubles de la parentalité. Approche clinique et socio-éducative*, Paris, Dunod, 2004.

BOUTANQUOI M., MINARY J.P., DEMICHE T., *La qualité des pratiques en protection de l'enfance,* Paris, ministère de la Santé et des Solidarités, 2005.

BOUTEREAU-TICHET S., GIORGI D., JOURDAIN-MENNINGER D., MOYEN H., *Recensement et analyse des bonnes pratiques en matière de signalement, dans le cadre de la protection de l'enfance,* Paris, IGAS, www.ladocumentationfrancaise.fr, 2006.

BOUTIN G., DURNING P., *Les Interventions auprès des parents*, Paris, Dunod, 1999.

BOUVIER et coll., « Abus sexuels rapportés par des jeunes », in *Allégations d'abus sexuels*, 1999, Paris, Fleurus, p. 41-76

BOWLBY J., « Grief and Mourning in Infancy and Early Childhood », in *The Psychoanalytical Study of the Child,* vol. XV, Int. University Press Inc, New York, 1960, pp. 9-53.

BOWLBY J., « L'anxiété de la séparation », in *Psychiatrie de l'enfant,* IV, Paris, PUF, 1962, pp. 317-335.

BOWLBY J., « The Nature of the Child's Tie to His Mother », in *International Journal of Psychoanalysis,* n° 5, XXXIX, Londres, 1958, pp. 350-371.

BOWLBY J., AINSWORTH M., BOSTON M., ROSENBLUTH D., « The Effects of Mother Child Separation : A Follow-up Study », in *The British Journal of Medical Psychology,* 1956, pp. 211-247.

BOWLBY J., *Attachement et perte,* vol. 1, 2, 3, Paris, PUF, 1984.

BOWLBY J., *Forty four Juvenile Thieves, their Characters and Home Life,* Londres, Baillère Tindall and Co., 1945.

BOWLBY J., ROBERTSON J., ROSEMBLUTH D., « A two-year-old goes to hospital », *Psychoanalytic Study of Child*, vol. 7, 1952.

BOWLBY J., ROSENBLUTH S., ROUDINESCO J., « Séparation d'avec la mère en tant qu'expérience traumatisante subie par l'enfant. Quelques notes sur la manière de recueillir une anamnèse pertinente », in *Courrier,* Paris, n° 11, 1951, p. 9.

BOWLBY J., *Soins maternels et santé mentale,* Genève, QMS, 1951.

BRASSARD M.R., HARDY B.H., « Psychological maltreatment », in *The Battered Child*, Chicago, University of Chicago Press, 1997, p. 392-412.

BRAZELTON B., « Partenaire de l'interaction », in *La Dynamique du nourrisson ou quoi de neuf bébé ?* Paris, ESF, 1983, pp. 11-27.

BRECHIGNAC-ROUBAUD B., *Le marketing de services*, Paris, Éditions d'Organisation, 2000.

BREUGNOT P., « La place des parents dans la réforme de la protection de l'enfance », in *Réforme de la protection de l'enfance, Du droit aux pratiques*, Paris, Éditions législatives, 2007.

BROISSIA L. DE, AVENARD G., MARTIN-BLACHAIS M.-P., *L'Amélioration de la prise en charge des mineurs protégés,* www.ladocumentationfrancaise.fr, 2005.

BROWNE K., « Predicting maltreatment », in *Assessment of Parenting*, London and New York, Routledge, 1995, p. 118-135.

BRUEL A. *et al.*, *De la parenté à la parentalité,* Ramonville Saint-Agne, Érès, 2001.

BRUNNER R., *Le psychanalyste et l'entreprise*, Paris, Syros, 1995.

BUCHE J., « Placements familiaux des handicapés mentaux », in *Revue Pratique de Psychologie. Vie sociale. Hygiène mentale, 2,* 1980, pp. 35-41.

BURGORD G., HUDSON J. (dir.), *Family Group Conferencing. New Directions in Community-Centered Child and Family Practice*, New York, Adline de Gruyter, 2000.

BURLINGHAM D., FREUD A., *Infants without Families,* Londres, Allen and Unwin, 1944 ; traduction française, Paris, PUF, 1949.

BURLINGHAM D., FREUD A., *Young Children in Wartime,* Londres, Allen and Unwin, 1942.

BYDLOWSKI M. , *La Dette de vie. Itinéraire psychanalytique de la maternité*, Paris, PUF, 1997.

CADART M.-L. « L'enfant et la PMI, d'hier et d'aujourd'hui », in *L'enfant dans le système administratif et judiciaire,* CNAF, *Informations sociales*, n° 140, 2007, p. 52-63.

CAHN H., « Le placement familial du Centre d'observation de Vitry », in *Revue de neuropsychiatrie Infantile,* Paris, 1960, pp. 318-323.

CAILLAUX M. (dir.), *Contre vents et marées. Réflexions sur la famille*, Paris, Éditions ATD Quart-Monde, 2006

CANNELS M., « Un scénario, des acteurs et une mise en scène. Le génogramme et son processus », in *Dialogue*, 1994, n° 126, p. 53-63.

CANTWELL H., « The neglect of child neglect », in HELFER *et al.*, *The Battered Child*, Chicago, University of Chicago Press, 1997, p. 347-373.

CAPUL M. et LEMAY M., *De l'éducation spécialisée*, Toulouse, Erès, 1997.

CAREL A., « L'évitement relationnel du nourrisson et les dysharmonies interactives », *Neuropsychiatrie de l'enfance et de l'adolescence*, 2000, 48, p. 375-387.

CARTRY J., CARTRY J. , « Une famille thérapeutique : aspects pratiques et théoriques », in *Cahiers Pédopsychiatriques*, n° 21, 1984.

CARTRY J., *Les Parents symboliques*, Paris, Dunod, 1998.

CASTEX E., *Les Nourrissons de mères psychotiques : risques et moyens de prévention*, Mémoire pour le CES de psychiatrie, Paris, Université Paris-Sud, 1979.

CASTRO D. (dir.), *Incestes*, Paris, L'Esprit du temps, 1995.

CAUQUIL G., « Dix années d'évaluation structurante des politiques sociales et du travail social », in *Les Cahiers de l'Actif*, 2000, n° 288-291, p. 7-18.

CÉBULA J.C., *Le Placement familial de l'Aide sociale à l'enfance*, Paris, IFREP, 1994.

CENTRE D'ÉTUDES, DE RECHERCHES ET DE FORMATION INSTITUTIONNELLES, *Analyse des expériences d'ouverture et de décloisonnement dans le secteur de l'enfance. Expérimentation d'un réseau d'accueil de l'enfance*. Rapport Général, CERFI, 1978.

CENTRE D'ORIENTATION PSYCHOLOGIQUE ET SOCIALE, *Les Modes de garde des enfants de 0 à 5 ans. Cahier de recommandations*, Paris, ESF, 1978.

CHAILLOU Ph., *Guide du droit de la famille et de l'enfant*, Paris, Dunod, 2003.

CHANTREAU *et al.*, *La Maltraitance se crie mais ne s'écrit pas ?* Abbeville, GLB, 1993.

CHAPON-CROUZET N., *Relation affective et parentalité en situation de placement familial*, Thèse en science de l'éducation sous la direction de Paul Dürning, Université Paris X-Nanterre, 2003

CHARLEUX F., GUAQUERE D. (dir.), *Évaluation et qualité en action sociale et médico-sociale*, Paris, ESF éditeur, 2003.

CHARVET D., ANDRIEU P.-J., LABADIE F., *Jeunesse, le devoir d'avenir*, Paris, Commissariat général du plan et **www.ladocumentationfrancaise.fr**, 2001.

CHASSERIAUD Ch., *Le Travail social confronté aux nouveaux visages de la pauvreté et de l'exclusion*, Rennes, ENSP, 2007.

CHASTENET B., TRESPEUX F., « les bénéficiaires de l'aide sociale départementale », *Études et Résultats*, DREES, n° 514, 2006.

CHATENOUD A., *Interventions socio-éducatives : le point de vue des usagers*, Éditions Vigneux, Matrice, 2004.

CHAUVIÈRE M., GODBOUT J.-T. (dir.), *Les usagers entre marché et citoyenneté*, Paris, L'Harmattan, 1992.

CHAUVIÈRE M., TRONCHE D. (dir.), *Qualifier le travail social*, Paris, Dunod, 2002.

CHEMIN A., « Le génogramme », in *Gestalt*, 1993, n° 5, p. 95-103.

CHOMIENNE Ch., GUÉRY Ch., « Secret, révélation, abstention, ou les limites de la liberté de conscience du professionnel dans le nouveau Code pénal », D. 1995, *Actualité*, p. 85.

CHOPART J.-N., « Le travail social à l'épreuve du libéralisme : Quelles régulations pour les professions de l'intervention sociale » in De Ridder G. (dir.), *Les nouvelles frontières de l'intervention sociale*, Paris, L'Harmattan, 1997.

CIRILLO S., DI BLASIO P., *La Famille maltraitante*, Paris, ESF, 1992

CLÉMENCON R., « L'inceste du père », in POURTOIS éd., *Blessure d'enfant*, Bruxelles, De Boeck, 1995, p. 139-155.

CLEMENT R., « La séparation : une réponse aux phénomènes de dysparentalité », in *Congrès : Droits de l'enfant, inceste, séparation, enfants maltraités,* Paris, AFIREM, Éditions et communications médicales, 1986

CLÉMENT R., *Parents en souffrance*, Paris, Stock, 1993

COCTEAU J., *Les Parents terribles*, Paris, Gallimard, 1948 (1994).

COLIN R., « Modélisation des systèmes socioculturels et développement social », *Notes de conférence*, 1994.

COMITÉ NATIONAL DU PARRAINAGE, *Guide du parrainage,* Paris, DGAS, 2006.

CONSEIL NATIONAL DE L'ÉVALUATION, *Petit guide de l'évaluation des politiques publiques*, Paris, Documentation française, 1996.

COOLE F.C., « Family, clan an phratry in Central Sumatra », *Essays presented to A. L. Kroeber*, 1936, cité par Claude Lévi-Strauss, in *Les Structures élémentaires de la parenté*, Paris, École des hautes études en sciences sociales, 1967.

COOPER A. et coll., *Positive Child Protection*, Dorset, Russell House Publishing, 1995.

COPPEL M., DUMARET A.C., *Que sont-ils devenus ? Les enfants placés à l'œuvre Grancher*, Toulouse, Érès, 1995

CORBET E., BOTTA J.-M., « Pour une qualité de l'installation de la suppléance aux fonctions parentales », *in* GABEL M. et coll., *Bientraitances*, Paris, Fleurus, 2000, p. 409-426.

COSSE G., « Évaluations et pratiques sociales de diagnostic. Pour une prise en compte des processus cognitifs dans la perception et le jugement d'autrui », in *Les Cahiers de l'Actif*, 2000, n° 288-291, p. 217-236.

COUDERC F., HAMON H., *Rapport de la commission Mithouart*, Annexe IV, 1989.

COURNUT J., « La réunion de synthèse au placement familial spécialisé », *Bulletin d'information et d'échanges du GELPFS*, Paris, n° 1, juillet 1969.

CRAMER B., « La psychiatrie du bébé : une introduction », in *La Dynamique du nourrisson ou quoi de neuf bébé ?* Paris, ESF, 1983, pp. 28-82.

CRAMER B., PALACIO-ESPASA F., *La Pratique des psychothérapies mères-bébés, Études cliniques et techniques*, Paris, PUF, 1993.

CREOFF M., *Guide de la protection de l'enfance maltraitée,* 2e éd., Paris, Dunod, 2006

CRIVILLÉ A., DESCHAMPS M., FERNET C., SITTLER M.F., *L'Inceste, Comprendre pour agir*, Paris, Privat, 1994.

CRIVILLÉ A., *Parents maltraitants. Enfants meurtris, L'intervenant social face à la famille de l'enfant maltraité*, Paris, ESF, 1987.

CUPA D., DESCHAMPS H., MICHEL F., LÉBOVICI S., « La constellation paternelle pendant la grossesse », in *Alliances autour du bébé*, Paris, PUF, 2000.

CURTIS J.A., « Psychiatric Study of 55 expectant fathers », *United States Armed Forces Journal*, vol. VI, n° 7, 1955, p. 937.

CYRULNIK B., *Un merveilleux malheur*, Paris, Odile Jacob, 1999.

D'IVERNOIS J.-F., GAGNAYRE R., *Apprendre à éduquer le patient, Approche pédagogique*, Paris, Vigot, 1995.

D'IVERNOIS J.-F., *La Maltraitance des enfants. Guide pédagogique*, coord. de M. GABEL, Paris, Ministère de la Solidarité, de la Santé et de la Protection sociale, secrétariat d'État chargé de la famille (sans date).

DALERY J., D'AMATO T., *La Schizophrénie, recherches actuelles et perspectives*, Paris, Masson, 1995

DANANCIER J., *Le Projet individualisé dans l'accompagnement éducatif. Contexte, méthodes, outils*, Paris, Dunod, 1999.

DARDEL F., « La banalisation », in *Du cri au silence*, Paris, CTNERHI, 1986, p. 97-113.

DARVOGNE C., NOYÉ D., *Organiser le travail pour qu'il soit formateur*, Paris, INSEP, 1996.

DAUVISIS M.-C., communication introductive du colloque Évaluation dans l'enseignement des langues, Dijon, 1988.

DAVID M. (dir.), *Enfants, parents, famille d'accueil, un dispositif de soins : l'accueil familial thérapeutique*, Ramonville Saint-Agne, Érès, 2000.

DAVID M. (dir.), *Le Bébé, ses parents, leurs soignants*, dossiers de Spirale, Toulouse, Érès, 2001, pp. 17-24.

DAVID M., « Activité spontanée et fonctionnement mental préverbal du nourrisson », in *Que sont les bébés devenus ?* Toulouse, Érès, 1997, pp. 61-81.

DAVID M., « Danger de la relation précoce entre le nourrisson et sa mère psychotique : une tentative de réponse », *Psychiatrie de l'enfant*, n° 24, 1981.

DAVID M., « Early Treatment of Infants at Risk in Disturbed Families ». Communication au 1er congrès de psychiatrie du nourrisson, 1980, in *Fronfiers of Infant Psychiatry,* New York, Basic Books, 1983, pp. 110-114.

DAVID M., « Entre mère et bébé : impact d'un état psychotique délirant chronique », in Marcel Dr (dir.), *Les Parents psychotiques et leurs enfants,* Sassolas, Villeurbanne, Éd. Santé mentale et Communautés, 1991, pp. 49-61.

DAVID M., « Institutions pour bébé : un bien ? un mal ? » *in* Delion P. (dir.), *Le Bébé et ses institutions*, Toulouse, Érès, p. 7-15.

DAVID M., « Introduction : le placement familial thérapeutique », in *Neuropsychiatrie de l'enfance et de l'adolescence,* Paris, 34 (10), 1986, pp. 433-436.

DAVID M., « Jeunes enfants et mères perturbées », in *Psychopathologie du nourrisson.* Institut des Sciences psychosociales et neurobiologiques, UER expérimentale de Bobigny, Cahier n° 3, 1979, pp. 43-50.

DAVID M., « Le Bébé en placement familial », in *Devenir,* Paris, Éditions Eshel ; Genève, Médecine et Avenir, 1990, n° 4.

DAVID M., « Protection du développement du bébé exposé aux positions paradoxales de sa mère psychotique » *in* Carel A., Hochmann J., Vermorel H., *Le Nourrisson et sa famille,* Lyon, Cesura, 1990, pp. 159-169.

DAVID M., « Souffrance du jeune enfant exposé à un état psychotique maternel », in *Perspectives psychiatriques*, Paris, 26e année, 6 (1), 1987, pp. 7-22.

DAVID M., ADAM C., ANCELIN J., APPELL G., « Les séparations précoces mère-enfant », Étude épidémiologique réalisée à la demande du bureau régional de l'OMS, in *Informations sociales,* Paris, n° 6-7, 1951, pp. 35-57.

DAVID M., APPELL G., « Facteurs de carence affective dans une pouponnière », in *Psychiatrie de l'enfant,* Paris, PUF, IV (2), 1962, pp. 407-442.

DAVID M., APPELL G., « La relation mère-enfant. Étude de cinq patterns d'interaction », in *Psychiatrie de l'enfant,* Paris, PUF, IX (2), 1966, pp. 445-532.

DAVID M., APPELL G., « Observation d'un cas d'arriération psychogène », in *Revue de psychiatrie infantile,* Zurich, 1951, vol. 18, fasc. 6.

DAVID M., APPELL G., *Loczy ou le maternage insolite,* Paris, Éd. du Scarabée, 1973.

DAVID M., APPELL G., *Mother Child Relationship in Modern Perspectives in Child Psychiatry,*

Edinburgh, Ed. John Howells, Pub. Oliver and Boyd, vol. 3, 1969, pp. 98-124.

DAVID M., BAKRACO M., ISSERUS C., JARDIN F. *et al.*, « Infants Having to face Early Failure of Parenting », Table ronde 2e Congrès international de psychiatrie du nourrisson à Cannes, in *Frontiers of Infant Psychiatry,* New York, Basic Books, vol. II, part. V, 1984, pp. 455-465.

DAVID M., CASTEX E., LÉGER E.M., MERLET A.M., « Dangers de la relation précoce entre le nourrisson et sa mère psychotique. Une tentative de réponse », in *Psychiatrie de l'enfant,* Paris, PUF, 24 (1), 1981, pp. 151-196.

DAVID M., HARNISCH D., KREISLER A., LAMOUR M., « Recherche sur les nourrissons de familles carencées », in *Psychiatrie de l'enfant,* Paris, PUF, XXVII (1), 1984, pp. 175-222.

DAVID M., JARDIN F., « Constitution du self et de l'objet chez les nourrissons de mère psychotique », in *Devenir,* Éd. Eshel, 1991, pp. 55-62.

DAVID M., *Le Placement familial. De la pratique à la théorie*, Paris, ESF, 1989 ; 5e éd., Paris, Dunod, 2004.

DAVID M., NOËL J., PROCHASSON J., SOULÉ M., « Le placement familial d'aujourd'hui », in *Revue de neuropsychiatrie infantile,* Paris, 21, n° 6, 1973, pp. 371-377.

DAVID M., PRIGENT M.A., ZUCMAN E., *La Formation des assistantes maternelles,* CTNERHI, Paris, PUF, 1981.

DAVIDSON F., « Modes de placement permettant le maintien des contacts familiaux quotidiens », in *Informations sociales,* Paris, 1960, pp. 21-31.

DAVIDSON H., « The court and child maltreatment », in *The Battered Child*, Chicago, University of Chicago Press, 1997, p. 482-499.

DAYANT J., ANDRO G., DUGNAT M., *Psychopathologie de la périnatalité*, Paris, Masson, 1999.

DE BELLIS M. *et coll.*, « Developmental traumatology : biological stress systems », *Biological Psychiatry*, 1999, 45, p. 1259-1270.

DE KETELE J.-M., ROEGIERS X., *Méthodologie du recueil d'informations*, Bruxelles, De Boeck, 3e éd, 1996.

DE LANDSHEERE G., *Dictionnaire de l'évaluation et de la recherche en éducation*, Paris, PUF, 1979.

DE LANDSHEERE V., DE LANDSHEERE G., *Définir les objectifs de l'éducation*, Paris, PUF, 1989.

DE LANDSHEERE V., *L'Éducation et la formation. Science et pratique*, Paris, PUF, 1992.

DEBOURG A. (dir.), *Séparation précoce : rapt, échec ou soin ?* Érès, Toulouse, 2003.

DECORET B., *Pères séparés, pères tout de même*, Paris, Anthropos, 1997.

DÉFENSEUR DES ENFANTS, *Rapports annuels*, Paris, Paris, La Documentation Française, **www.defenseurdesenfants.fr**, 2000, 2001, 2002, 2003, 2004, 2005 et 2006.

DELAGE B., « L'évaluation des interventions sociales publiques. Beaucoup de bruit pour pas grand-chose », in *Les Cahier de l'Actif*, 2000, n° 288-291, p. 19-32.

DELAPORTE J.-C., *Évolution des effectifs du service de l'Aide sociale à l'Enfance (1910-1950),* AGEMP, Thèse, Paris, 1962.

DELASELLE C., « L'abandon à Paris au XVIIIe siècle », in *Origines, d'où viens-tu ? Les Cahiers du nouveau-né,* n° 7, Stock, Paris, 1985, pp. 77-87.

DELATTRE J., « L'échec du placement familial chez les enfants moralement abandonnés », in *Sauvegarde,* n° 12-13, 1947, pp. 54-56.

DELOSGES Ph., « Le juge des enfants en cas d'abus sexuel dans la sphère familiale », *AJ Famille*, avril 2007, p. 180.

DENIS P., « Nostalgie : entre deuil et dépression », in *Monographie de la Revue française de psychanalyse, Le Deuil*, 1997, p. 143-149.

DESCHAMPS J.-P., « Le Contradictoire et la communication des dossiers en assistance éducative », *Journal du droit des jeunes*, n° 205, mai 2001.

DEVEREUX G., *De l'angoisse à la méthode*, Paris, Flammarion, 1980 (1967).

DEVEREUX G., *Ethnopsychanalyse complémentariste*, Paris, Flammarion, 1985.

DIATKINE G., « Familles sans qualités. Les troubles du langage et de la pensée dans les familles à problèmes multiples », in *Psychiatrie de l'enfant,* PUF, XXII (1), Paris, 1979, pp. 237-273.

DIQUELOU J.-Y., *L'Enfant et la Famille dans la société du XXIe siècle en Europe*, actes du colloque tenu à la Sorbonne, Paris, Éditions I. Sidérie-Nathan, 1999.

DOISE W., « Attitudes et représentations sociales », in JODELET *et al.*, *Les Représentations sociales*, Paris, PUF, 1989, p. 241-258.

DOLTO F., *La cause des adolescents,* Paris, Robert Laffont, 1988.

DOLTO F., *Les Cahiers du nouveau-né, 1 et 2 - Naître et ensuite ?*, Paris, Stock, 1977.

DOLTO F., *Tout est langage*, Paris, Vertiges du Nord/Carrière, coll. « Poche », 1987.

DONNELLI A., « Overview of prevention », in *The Battered Child*, Chicago, University of Chicago Press, 1997, p. 579-593.

DORTIER J.-F. (coord.), *Le Cerveau et la Pensée. La révolution des sciences cognitives*, Paris, Sciences humaines, 1999.

Dossier *Informations sociales,* « L'enfant dans le système administratif et judiciaire », n° 140, juin 2007.

DUBECHOT P., « Des politiques sociales à la prévention spécialisée. La question de la place des usagers dans l'évaluation », in *Les Cahiers de l'Actif*, 2000, n° 288-291, p. 149-162.

DUBET F., *Le déclin de l'institution*, Paris, Seuil, 2002.

DUBOC M., « Quand l'enfant se confie ou comment accueillir la parole de l'enfant victime – Inceste et liens familiaux », *Dialogue*, 1997, n° 135.

DUBOIS N., *La Psychologie du contrôle, les croyances internes externes*, Grenoble, PUG, 1987.

DUBREUIL B., *Accompagner le projet des parents en éducation spécialisée*, Paris, Dunod, 2006.

DUCALET Ph., LAFOURCADE M., *Penser la qualité dans les institutions sanitaires et sociales*, Paris, Éditions Seli Arslan, 2000.

DUCHESNE N., ROY J., « Enfants de mères psychotiques : risques développementaux et interactions précoces. Revue de la littérature ». *Neuropsychiatrie de l'enfance*, 1991, 39, 7, p. 291-299.

DUFLOT C., *L'Expertise psychologique*, Paris, Dunod, 1999.

DUMARET A. C., JARDIN F., « Soins précoces parents-enfants. Devenir des familles », Rapport CRMSSS-INSERM U 502, 2001.

DUMARET A., DUYME M., « Devenir scolaire et professionnel de sujets placés en village d'enfants », in *Revue internationale de psychologie appliquée,* 1982, 31, (4).

DUMARET A.-C., COPPEL BATSCH M., « Évolution à l'âge adulte d'enfants placés en famille d'accueil », *Psychiatrie de l'enfant*, 1996, 39 (2), p. 613-671.

DUMARET A.-C., RUFFIN D., « Bilan socio-scolaire et prises en charge des jeunes en placement familial », Rapport CERMES-INSERM U 502, 1999.

DUMONT J.-L., « La praxéologie comme sociologie clinique », in *Sociologies cliniques*, Paris, Desclée de Brouwer, 1993, p. 259-274.

DUPONT-FAUVILLE A. et coll., *Pour une reforme de l'Aide sociale à l'enfance,* ESF, 3e édition, 1980, Paris, 1973, pp. 173-189.

DUPOUX A., « D'hier à aujourd'hui : protection de l'enfance en placement », in *Informations sociales,* n° 6-7, Paris, 1961, pp. 80-94.

DUPOUX A., « Sur les pas de Monsieur Vincent », in *Revue de l'Assistance publique,* Paris, 1958.

DUPUY S., « Aperçu technique sur les différents types de grilles dites d'évaluation et de suivi des usagers », in *Les Cahiers de l'Actif,* 2000, n° 288-291, p. 131-148.

DURKHEIM É., *Éducation et Sociologie,* Paris, PUF, 1922 (1989).

DURNING P., « Faut-il éduquer les parents ? », in *Sciences humaines*, 1996, n° 64, p. 10-15.

DURNING P., CHRÉTIEN J., *L'AEMO en recherche. L'état des connaissances, l'état des questions*, Paris, Matrice, 2001.

DURNING P., *Éducation et suppléance familiale*, Paris, CTNERHI (dif. PUF), 1985.

DURNING P., *Éducation familiale : acteurs, processus et enjeux*, Paris, L'Harmattan, 2006.

DURNING P., *Éducation familiale*, Paris, PUF, 1995.

DURNING P., FORTIN A., « La maltraitance psychologique : quatrième modalité ou dimension essentielle de tout mauvais traitement », in *Maltraitance psychologique*, Paris, Fleurus, 1996, p. 53-76.

DURNING P., FORTIN A., « Les punitions corporelles : entre mauvais traitements et bientraitance ? », in *Bientraitances,* Paris, Fleurus, 2000, p. 131-143.

DURNING P., GABEL M., *Évaluation des maltraitances, rigueur et prudence,* Paris, Fleurus, 2002.

EIGLIER P., LANGEARD E., *Servuction. Le marketing de services*, M.C. Grawhill, 1987.

EIGUER A., *La Parenté fantasmatique,* Paris, Dunod, 1987.

EISENBERG, « Deprivation and Foster Care », in *Journal of American Academy of Child Psychiatry,* International University press, 4 (1-4), New York, 1955, pp. 243-248.

Enfance en danger, enfance délinquante, Revue de droit sanitaire et social, n° 1/2007.

ENRIQUEZ E., *Les jeux du pouvoir et du désir dans l'entreprise*, Paris, Desclée de Brouwer, 1997.

ENRIQUEZ M., « Le délire en héritage », *Topique,* 1986, 38, p. 41-67.

EUDIER F., CHAMBONCEL-SALIGUE P., « Réforme de la protection de l'enfance : le défi de la coopération, 1re partie », *Revue juridique Personne et Famille*, n° 11/07, p. 8.

FABLET D., *Suppléance familiale et interventions socio-éducatives : Analyser les pratiques des professionnels de l'intervention socio-éducative*, Paris, L'Harmattan, 2005.

FADIER-NISSE M., GRUYER F., SABOURIN P., *La Violence impensable*, Paris, Nathan, 1991.

FAURE P., « L'enseignement de la psychologie dans une école de travailleurs sociaux » (titre provisoire), DEA, faculté de psychologie, université Lyon-II, 2003.

FAVARD A.-M., *L'Évaluation clinique en action sociale*, Toulouse, Érès, 1991.

FAVARD A.-M., LEMAIRE N., « La méthode d'évaluation clinique qualitative », *Document Evacliq,* 17e journées nationales de formation MAIS, 2003.

FAVARD J., *Groupe de travail interministériel sur le dispositif de protection des majeurs : rapport définitif remis au ministre de l'Emploi et de la Solidarité, au ministre de la Justice et au ministre de l'Économie, des Finances et de l'Industrie* ; **www.ladocumentationfrancaise.fr**, 1999.

FAVA-VIZZIELLO G., DISNAN G., COLUCCI M.-R., *Parents psychotiques. Parcours cliniques d'enfants de patients psychiatrisés*, Genève, Médecine et Hygiène, 2001.

FELDMAN K., « Évaluation of physical abuse », in *The Battered Child*, Chicago, University of Chicago Press, 1997, p. 175-220.

FENECH G., VUILQUE PH., *Rapport d'information fait au nom de la Commission d'enquête relative à l'influence des mouvements à caractère sectaire et aux conséquences de leurs pratiques sur la santé physique et mentale*, Paris, Assemblée nationale et **www.ladocumentationfrancaise.fr**, 2006.

FÉRENCZI S., « Critique de l'ouvrage de Rank : Technique de la psychanalyse », in *Psychanalyse, Œuvres complètes t. III*, Paris, Payot, 1974 (1926).

FERENCZI S., *Psychanalyse IV*, Paris, Payot, coll. « Science de l'homme », 1993 (1927-1933)

FERNET C., SITTLER M.-F., « L'action socio-éducative judiciaire auprès des enfants victimes d'inceste », in *Forum*, 1997, n° 81, p. 5-44.

FITZPATRICK G., « Assessing treatability », in Assessment of Parenting, London and New York, Routledge, 1995, p. 102-117.

FLAGEY D., « Objets-cadres et mise en acte », *Revue belge de psychanalyse*, 1986, 8, p. 14-24.

FORTINEAU J., CAUSSE H., RICHARD P., « Le placement familial thérapeutique du premier intersecteur de psychiatrie infanto-juvénile de Paris », *conférence à la Journée régionale de l'association Croix-Marine*, 1992.

FOUCAULT J.B. DE, FROMENT B., GRESY B., JOLY A. *et al.*, *Rapport sur le fonctionnement du dispositif de protection des majeurs*, Paris, IGAS-IGF-IGSJ, **www.ladocumentationfrancaise.fr**, 1998.

FOURCADE M., JESKE-SAINTOYANT V., NAVES P., *Synthèse des bilans de la loi du 29 juillet 1998 d'orientation pour la lutte contre les exclusions*, Paris, IGAS, **www.ladocumentationfrancaise.fr**, 2004.

FRAIBERG S., « Ghost in the Nursery. A Psychoanalytic Approach to the Problems of Impaired Infant. Mother Relationships in Clinical Studies », in *Infant Mental Health*, 1980, pp. 164-197.

FRAIBERG S., « Mécanismes de défense pathologiques au cours de la petite enfance », *Devenir*, 1993, vol. 51, p. 7-29.

FRAIBERG S., *Clinical Studies in Infant Mental Health the First Year of Life*. Basic Book inc., New York, 1980, 279 p.

FRECHON I., « Les enjeux financiers de gestion », *Informations sociales*, CNAF, n° 140, *L'enfant dans le système administratif et judiciaire*, 2007, p. 90-95.

FREIRE P., *Conscientisation et Révolution*, Paris, Maspéro, 1980.

FREUD A., *The Writings of A. Freud*, vol. 6, New York, International University Press, 1971.

FREUD S., « Au-delà du principe de plaisir », in *Essais de psychanalyse*, Paris, Payot, nouv. tr. fr. 1981 (1920).

FREUD S., « Le moi et le ça », in *Essais de psychanalyse*, Paris, Payot, 1984 (1923), p. 230-275.

FREUD S., « Remarques psychanalytiques sur l'autobiographie d'un cas de paranoïa », in *Cinq Psychanalyses*, Paris, PUF, 1954 (1921).

FREUD S., *Introduction à la psychanalyse*, Paris, Payot, 1984 (1916).

FREUD S., *Malaise dans la civilisation*, Paris, PUF, 1971 (1929).

FREUD S., *Métapsychologie*, Paris, Gallimard, 1940 (1915).

FREUD S., *Moïse et le monothéisme*, Paris, Gallimard, 1948 (1939).

FREUD S., *Totem et Tabou*, Paris, Payot, 1913.

FREUD S., *Trois Essais sur la théorie de la sexualité*, Paris, Gallimard, nouv. tr. fr. 1987 (1905).

FUSTIER P., « Des institutions et des parents », in *Parents familles institutions. Approche groupale d'orientation psychanalytique*. Centre de recherche sur les inadaptations, Université Lyon II, 1997, réédition ADSPF, p. 51-79.

FUSTIER P., « L'infrastructure imaginaire des institutions », in Kaës R. et coll., *L'institution et les institutions. Études psychanalytiques*, Paris, Dunod, 1987, p. 131-156.

FUSTIER P., *Le travail d'équipe en institution, Clinique de l'institution médico-sociale et psychiatrique*, Paris, Dunod, 1999.

FUSTIER P., *Les corridors du quotidien*, Paris, Dunod, 2008.

GABEL M. *et al.*, *Enfances en danger*, Paris, Fleurus, 1997.

GABEL M. *et al.*, *Maltraitance psychologique*, Paris, Fleurus, 1996.

GABEL M. *et al.*, *Maltraitance, répétition, évaluation*, Paris, Fleurus, 1996.

GABEL M., « L'absence d'évaluation continue des parcours d'enfants, est-elle une violence institutionnelle ? », exposé fait au colloque *Devenir adoptable – être adopté*, Paris, 2003.

GABEL M., « Le difficile partenariat des professionnels. Une maltraitance institutionnelle indirecte ? », in *Maltraitances institutionnelles*, Paris, Fleurus, 1998, p. 45-69.

GABEL M., « Le soutien à l'enfant en danger et à sa famille dans les départements », *RAJS* 2003, n° 227, p. 40.

GABEL M., « Un double regard sur la souffrance des professionnels face à l'enfance maltraité », *RAJS* 2003, n° 223, p. 36.

GABEL M., LEBOVICI S., MAZET P. *et al.*, *Maltraitance psychologique*, Paris, Fleurus, 1996.

GABEL M., LEBOVICI S., MAZET P. *et al.*, *Maltraitance. Répétition évaluation*, Paris, Fleurus, 1996.

GABEL M., LEBOVICI S., MAZET Ph., *Maltraitance : maintien du lien ?* Paris, Fleurus, 1995.

GABEL M., MANCIAUX M., JÉSU F., « En guise d'envoi » in *Bientraitances*, Paris, Fleurus, 2000, p. 445-454.

GACHON C. *et al.*, *Dossier d'habilitation*, Service social de l'enfance de l'Essonne, association Olga Spitzer, 1991.

GACOIN D., *Communiquer dans les institutions sociales et médico-sociales. Enjeux, stratégies, méthodes*, Paris, Dunod, 2004.

GADREY J., ZARIFIAN Ph., *L'émergence d'un modèle du service : enjeux et réalités*, Paris, Éditions Liaisons, 2002.

GAL CH., VILCHIEN D., SALZBERG L., *Le Statut des conseillères conjugales et familiales*, Paris, IGAS, www.ladocumentationfrancaise.fr, 2006.

GARBARINI L., « Placement familial : le père d'accueil », in *Informations sociales*, 2000, n° 85.

GARBARINO J., « The role of economic deprivation in the social context of child maltreatment », in *The Battered Child*, Chicago, University of Chicago Press, 1997, p. 49-60.

GASPAR P., « Bilan et perspectives en formation continue », in *Éduquer et former*, Paris, ESF, 1996.

GATH A., « Parents with learning disability », in *Assessment of parenting*, London and New York, Routledge, 1995, p. 194-203.

GAULEJAC V. DE *et al.*, *L'Ingénierie sociale*, Paris, Syros, 1995.

GAULEJAC V. DE, *La Névrose de classe*, Paris, Hommes et Groupes Éditeurs, 1989.

GAULEJAC V. DE, *La Société malade de la gestion*, Paris, Seuil, 2005.

GAULEJAC V. DE, *Les Sources de la honte*, Paris, Desclée de Brouwer, 1996.

GAULEJAC V. DE, *Sociologies cliniques*, Paris, Desclée de Brouwer, 1993.

GAULEJAC V. DE, TABOADA-LEONETTI I., *La Lutte des places*, Paris, Desclée de Brouwer, 1994

GAUTHIER Y., « La perspective historique de la théorie de l'attachement, l'état actuel des connaissances et les implications cliniques », *in* Actes du Colloque *De l'attachement à l'abandon : renouer la théorie et les pratiques*. Association des Centres jeunesses du Québec, Montréal, Canada, 1999.

GEBLER L., « L'enfant et ses juges », *Actualité juridique famille*, octobre 2007, p. 390.

GENELOT D., *Manager dans la complexité*, Paris, INSEP Consulting Éditions, 2001.

GENTIZON J.M., « La colonie familiale de Dun-sur-Auron en 1976 », in *Informations psychiatriques,* 52 (8), Paris, 1975, pp. 973-978.

GIBELLO B., « Inadaptation et dysharmonie cognitive », *Perspectives psychiatriques*, 1970, 4, p. 27-38.

GIORDAN A., DE VECCHI G., *Les Origines du savoir, des conceptions des apprenants aux concepts scientifiques*, Paris, Delachaux et Niestlé, 1994.

GIRODET D., *Les Jeunes Enfants maltraités. Étude médico-sociale de 110 observations hospitalières*, thèse de doctorat en médecine, université René-Descartes, 1973.

GOLDFARB N., « Effects of Psychological Deprivation in Infancy and Subsequent Stimulation », in *American Journal of Orthopsychiatry*, New York, 1945, n° 102, pp. 18-33.

GOLDSTEIN J., FREUD A., SOLNIT A., *Avant d'invoquer l'intérêt de l'enfant...*, trad. fr., Paris, ESF, 1983 (1979).

GOLDSTEIN J., FREUD A., SOLNIT A., *Dans l'intérêt de l'enfant ? Vers un nouveau statut de l'enfance*, trad. fr. Paris, ESF, 1978 (1973).

GORANS D., *Accueil familial : lettres inédites du fils de Gulliver*, Hommes et Perspectives, Revigny (Meuse), 2002.

GORANS D., ARTUR M., GUISSET S., VIGNAL V., « Famille idéale et famille réelle », in *Perspectives psychiatriques,* Paris, 1982, 20 (87).

GORE C., « Que dire du délaissement et de l'abandon de fait ? », exposé fait au colloque *Devenir adoptable – être adopté*, Paris, 2003.

GOSSET D., HÉDOIN V., REVUELTA E., DESURMONT M., *Maltraitance à enfants*, Paris, Masson, 2e éd, 1997.

GOUTTEMOIRE A., BRUNET L., *Panorama droits de l'enfant*, n° 31, 14 septembre2007, p. 2192.

GOUTTENOIRE A., « La loi du 5 mars 2007 réformant la protection de l'enfance : à la recherche de nouveaux équilibres », *Dalloz,* 19 avril 2007, Chronique p. 1090.

GRANGE-SÉGÉRAL E., « L'accompagnement des familles en Centre médico-psychologique » in *Parents familles institutions. Approche groupale d'orientation psychanalytique*. Centre de Recherche sur les Inadaptations, Université Lyon II, 1997, réédition ADSPF, p. 147-188.

GRANGE-SÉGÉRAL E., « Violence symbolique, symbolisation et transmission dans les collaborations du thérapeutique et du social », in *Blessures de la filiation, Le divan familial*, n° 5, 2000, p. 103-118.

GRAPE, *L'Enfant d'abord*, Placement familial spécialisé, Journées d'études, juin 1986, Paris, 1986.

GRÉVOT A., « Ouvrons nos fenêtres », *Journal du droit des jeunes*, 2002, n° 219, p. 26-28.

GREVOT A., « Réflexion sur le dispositif de la protection de l'enfance », *Sauvegarde de l'enfance,* 2003, n° 4-5, p. 129.

GRÉVOT A., « Signalements et évaluations en protection de l'enfance. Une perspective internationale », 2003.

GREVOT A., *Voyage en protection de l'enfance, Une comparaison européenne*, Vaucresson, CNFE-PJJ, 2001.

GROSSMANN K.E. et K., « Développement de l'attachement et adoption psychologique du berceau au tombeau », *Enfance*, 1998, 3, p. 44-68.

GUÉDENEY A. et N., *L'Attachement*, Paris, Masson, 2002.

GUEDENEY N., GUEDENEY A., WIDLÖCHER D., *L'attachement : Concepts et applications.* Paris, Masson, 2006.

GUEGUEN J.-Y. (dir.), *L'année de l'action sociale 2007. Protection de l'enfance, prévention de la délinquance : les nouvelles frontières de l'action sociale*, Paris, Dunod, 2007.

GUEX C., *Le Syndrome d'abandon,* PUF, Coll. Bibliothèque de psychanalyse, 2e éd., Paris, 1973.

GUITTON C., *Dictionnaire clinique des thérapies familiales systémiques*, Paris, ESF, 1988.

GUYOTAT J., *Filiation et Puerpéralité -Logiques du lien*, Paris, PUF, 1995.

HADJI C., *L'Évaluation démystifiée*, Paris, ESF, 1997.

HADJI C., *L'Évaluation des actions éducatives*, Paris, PUF, 1992.

HADJI C., *L'Évaluation, règle du jeu*, Paris, ESF, 1995.

HADJIINSKI E., « Phénix ou la mort », in *Du cri au silence*, Paris, CTNERHI, 1986, p. 47-65.

HADJIISKI E., AGOSTINI D., DARDEL F., THOUVENIN C., *Du cri au silence. Contribution à l'étude des attitudes des intervenants médico-sociaux face à l'enfant victime de mauvais traitement*, Vanves, Les cahiers du CNTERHI, 1986.

HAERINGER J., TRAVERSAZ F. (dir.), *Conduire le changement dans les associations d'action sociale et médico-sociale*, Paris, Dunod, 2002.

HALPERIN D. *et al.*, *À contrecœur, à contre-corps*, Genève, Médecine et hygiène, 1997.

HAMELINE D., *Les Objectifs pédagogiques en formation initiale et continue*, Paris, ESF, 1979.

HAMILTON G., *Théorie et pratique du case-work*, Clermont-Ferrand, École psychologique et sociale interrégionale, 1972 (1951).

HAMPDEN TURNER C., *Atlas de notre cerveau*, Paris, Éditions d'Organisation, 1990 (1981).

HASSAPI-CHARTIER R., « Abus sexuels envers les enfants », note de conférence, septembre, 1996.

HAUTCHAMP M., NAVES P., TRICARD D., *Quelle intervention sociale pour ceux qui ne demandent rien ?* , Paris, IGAS, www. ladocumentationfrancaise.fr, 2005.

HAYEZ J.Y., DE BECKER E., *L'Enfant victime d'abus sexuel et sa famille : évaluation et traitement*, Paris, PUF, 1997.

HAYEZ J.Y., *La Destructivité chez l'enfant et l'adolescent*, Paris, Dunod, 2001.

HAYEZ J.-Y., *La Guidance Parentale, L'accompagnement des parents dans l'aide éducative et thérapique*, Toulouse, Privat « éducateurs », 1978.

HAYNAL A., MOLNAR M., PUYNRÈGE G. DE, *Le Fanatisme : histoire et psychanalyse*, Paris, Stock, 1980.

HAZEL K.M., « New Hope for the Teenage outcast. The Family Placement of Disturbed and Delinquent Adolescents », in *International Journal of Ther. Comp. Crimin.*, 1982, n° 25, pp. 62-71.

HEINICKE C.M., WESTHEIMER I., *Brief Separation,* New York, International University Press, 1965.

HEINICKE C.M., « Some Effects of Separating Two Years Old Children from Their Parents », *Human Relations,* Londres, 1955, 9.

HEIREMAN M. (1989), *Du côté de chez soi*, Paris, ESF.

HELD T., « Placement familial dans le secteur », in *Informations Psychiatriques,* 52 (8), Paris, 1976, pp. 899-913.

HELFER M. E, KEMPE R., KRUGMAN R., *The Battered Child*, Chicago, University of Chicago Press, 1997 (1968).

HELFER M.E., « Communication in the therapeutic relationship », in *The Battered Child*, Chicago, University of Chicago Press, 1997, p. 107-119.

HELLINCKX W., GRIETENS H., « Dépistage des risques de maltraitance et de négligence : problèmes et développement d'un instrument », Notes de conférence, 1999.

HERMANGE M.T. *Les Enfants d'abord : 100 propositions pour une nouvelle politique de l'enfance*, Paris, La Documentation française et www.ladocumentationfrancaise.fr, 2002.

HERMANGE M.T., *Périnatalité et parentalité*, www.ladocumentationfrancaise.fr, 2006.

HIGGINS J., GORE R., GUTKIND D., MEDNICK S.A., *et al.*, « Effects of child-rearing by schizophrenic mothers : a 25-years follow-up », *Acta Psychiatrica Scandinavia*, 1997, l. 96, n° 5, p. 402-404.

HIRIGIYEN M.-F., *Le Harcèlement moral,* Paris, Syros, 1998.

HOFFMAN M.F., « Problems of Identity in Foster Children », in *Chid Welfare,* XLII (1), 1963, pp. 10-17.

HOUSSAYE J. (dir.), *La Pédagogie : une encyclopédie pour aujourd'hui*, Paris, ESF, 2e éd, 1994.

HOUZEL D. (dir.), *Les Enjeux de la parentalité*, Ramonville Saint-Agne, Érès, 1999.

HOUZEL D., « Les carences affectives précoces. Point de vue psychanalytique », in *Neuropsychiatrie de l'enfance,* 31 (2-3), Paris, 1983, pp. 104-106.

HOUZEL D., « Les dimensions de la parentalité », in *L'Enfant et la Famille dans la société du XXIe siècle en Europe*, Paris, I. Sidéris-Nathan, 1999.

HOUZEL *et al.*, « Les enjeux de la parentalité », note de synthèse, 1995.

HUMBERT C. (dir.), *Institutions et organisations de l'action sociale. Crises, changements, innovations ?*, Paris, L'Harmattan, 2003.

HUYETTE M., « Le Placement de l'enfant en assistance éducative », *AJF*, n° 2/2007, fév. 2007.

HUYETTE M., *Guide de la protection judiciaire de l'enfant*, 3e édition, Paris, Dunod, 2003.

IGODT M., VANDENBROUCKE M., « Le parent terrible, maltraitant ou abuseur », *Transitions*, n° 39, colloque européen « Liens familiaux et détention », 1995, pp. 201-211.

IGUENANE J., « L'évaluation de formations continues dans le domaine de la maltraitance des enfants : évaluer pour comprendre et évoluer », *Les Cahiers de l'actif*, Marseille, 1996, n° 246-247.

IGUENANE J., D'IVERNOIS J.-F. *et al.*, *La Maltraitance des enfants. Guide méthodologique pour la formation continue des professionnels*, Paris, ministère des Affaires sociales et de l'Intégration, secrétariat d'État à la famille, aux personnes âgées et aux rapatriés, 1989.

IGUENANE J., *La Formation continue des professionnels dans le domaine de la maltraitance des enfants : Tentative d'évaluation*, sous dir. de J.-F. d'Ivernois, Paris, thèse de doctorat en sciences de l'éducation, Paris-V René-Descartes, sciences humaines, Sorbonne, UFR sciences de l'éducation, 1995.

IGUENANE J., MARCHAND C., « Les cartes sémantiques, outils de formation », *in* LODENICK P. (dir.), *Cartes et relations, Les Politiques sociales*, n° 1 et 2, Mons, 1999.

JACQUEY M.J. (dir.), *À deux familles. Petit guide pratique à l'usage des parents et de la famille d'accueil de leur enfant, L'École des parents*, Paris, 1987.

JACQUEY M.J., « Le fait d'être payé modifie-t-il la fonction parentale des familles nourricières ? », *L'École des parents,* Paris, 1969, n° 9, nov.

JAOUL H., *L'Enfant captif. Approche psychanalytique du placement familial*, Éd. Universitaires, Paris, 1991.

JARDIN F., ARAGAO R., LECOURT E., « Et après ? », in *Informations sociales : l'Enfant maltraité,* Éd. CNAF, 1978, n° 11, Paris, pp. 90-94.

JARDIN F., LECOURT E., « Enfants en situation thérapeutique. La répression institutionnelle. Expérience menée pendant six ans en placement familial spécialisé », in *Bulletin de Psychologie,* XXXII, 1978, pp. 159-165.

JARDIN F., LECOURT E., TESON S., « Familles naturelles, familles d'accueil. Constellation familiale et modèle de famille », in *Jonction,* 1979, n° 58, Paris, pp. 21-26.

JARDIN F., ROTTMAN H., « Séparation thérapeutique d'un nourrisson de mère psychotique », in *Le Placement familial thérapeutique, Neuropsychiatrie de l'enfance et de l'adolescence,* 1986 (Entretiens de Bichat 1984) (34), 10, pp. 433-476.

JASMIN M., « La loi sur la protection de la jeunesse... plus qu'une loi », in *Rapport du groupe de travail sur la loi sur la protection de la jeunesse*, gouvernement du Québec, 1992, p. 18-29.

JAULT A., « La loi du 5 mars relative à la prévention de la délinquance et le droit de la famille », *AJ Famille,* avril 2007, p. 178.

JEAMMET PH. (dir.), *Adolescences : Repères pour les parents et les professionnels,* 2e édition, Paris, La Découverte, 2004.

JOBERT G., « L'intelligence au travail », *in* Ph. CARRÉ, P. CASPAR, *Traité des sciences et des techniques de la formation*, Paris, Dunod, 1999, p. 205-221.

JONES D., « Assessment of suspected child sexual abuse », in *The Battered Child*, Chicago, University of Chicago Press, 1997, p. 296-312.

JONES D., « The effectiveness of intervention », in *Significant Harm : Its Management and Outcome*, Croydon, Significant Publications, 1995, p. 91-119.

JONES D., « Treatment of the child and family », in *The Battered Child*, Chicago, University of Chicago Press, 1997, p. 521-542.

JONES H., « Les fondements de l'adoption en Angleterre », exposé fait au colloque *Devenir adoptable – être adopté,* Paris, 2003.

JOURDAIN-MENNINGER D., LANNELONGUE, CH., ROUSSSILLE B., VIENNE P., *Étude sur la pro-*

tection maternelle et infantile en France. Rapport de synthèse, Paris, IGAS, **www.ladocumentationfrancaise.fr**, 2006.

KAËS R. (dir.), *L'institution et les institutions, Études psychanalytiques*, Paris, Dunod, 2003.

KAËS R. (dir.), *Souffrance et psychopathologie des liens institutionnels*, Paris, Dunod, 2002.

KAËS R., « En quoi consiste le travail psychanalytique en situation de groupe », *Revue de Psychothérapie Psychanalytique de Groupe. L'individu et le groupe*, n° 46, 2006.

KAËS R., « Introduction au concept de transmission psychique dans la pensée de Freud », in *Transmission de la vie psychique entre générations*, Paris, Dunod, 1993, p. 17-58.

KAËS R., « Réalité psychique et souffrance dans les institutions », in Kaës R. et coll., *L'institution et les institutions. Études psychanalytiques,* Paris, Dunod, 1987.

KAËS R., « Une conception psychanalytique de l'institution », *Revue de Psychothérapie Psychanalytique de Groupe ; Groupe et Institution*, n° 32, 1999.

KAËS R., *La Parole et le Lien*, Paris, Dunod, 1994.

KAËS R., *Le Groupe et le Sujet du groupe*, Paris, Dunod, 1993.

KEMP S., WHITTAKER J., TRACY M., « Family group conferencing as person-environment practice », in BURFORD G., HUDSON J., dir., *Family Group Conferencing. New Directions in Community-Centered Child and Family Practice*, New York, Adline de Gruyter, 2000, p. 72-85.

KORBIN J.E., « Culture and child maltreatment », in *The Battered Child*, Chicago, University of Chicago Press, 1997, p. 29-48.

KRUGMAN R., « Child protection policy », in HELFER *et al., The Battered Child*, Chicago, University of Chicago Press, 1997, p. 627-641.

L'Aide sociale à l'Enfance. Interrogation ou l'enfant assisté de réforme en réforme. Commission nationale d'Études et de Recherches de l'ANPASE, ESF, Paris, 1980.

L'Enfant placé : actualité de la recherche française et internationale. Actes du Colloque international de Paris, Publication du CTNERHI-PUF (Auteurs : MIRE-GERIS), 1989.

La Carence de soins maternels. Réévaluation de ses effets, Cahiers de Santé publique de l'OMS, 1961, n° 14, Genève.

La Réforme de la protection de l'enfance, JDJ-RAJS, n° 263, mars 2007.

LACAN J., « Les complexes familiaux dans la formation de l'individu : essai d'analyse d'une fonction en psychologie », paru dans *L'Encyclopédie française*, rééd., Paris, Le Seuil, 2001 (1938).

LADSOUS J., BOUQUET B., *L'usager au centre du travail social*, Rennes, ENSP, 2007.

LAFORE R., « Les montages institutionnels de la protection de l'enfance : entre justice et administration. L'enfant, être vulnérable », *Revue de droit sanitaire et social*, 2007, n° 1, p. 15-29.

LAFORTUNE L., DEAUDELIN C., *Accompagnement socio-constructiviste. Pour s'approprier une réforme en éducation*, Québec, PUG, 2001.

LAGRANGE H., « Préliminaires au démarrage d'un service de placement familial thérapeutique pour enfants », *Revue de Neuropsychiatrie ouest,* 1981, 68.

LAMOUR M., BARRACO M., « Le nourrisson de mère psychotique, une singulière exposition », in *Nouvelle revue d'ethnopsychiatrie,* 1988, n° 12, pp. 105-118.

LAMOUR M., BARRACO M., *L'Observation du bébé*, Paris, Gaëtan Morin Éditeur, 1999.

LAMOUR M., BARRACO M., *Souffrances autour du berceau*, Paris, Gaëtan Morin Éditeur, 1998.

LAMY P., « La gouvernance, utopie ou chimère », *Études*, n° 4022, février 2005.

LARDEUX A., *Rapport n° 205 fait au nom de la Commission des affaires sociales sur le projet de loi, modifié par l'Assemblée nationale, réformant la protection de l'enfance.* voir www.senat.fr, 2007.

LARDEUX A., *Rapport n° 393 fait au nom de la Commission des affaires sociales sur le projet de loi réformant la protection de l'enfance.* voir www.senat.fr, 2006.

LAURENT E., « L'évaluation comme symptôme et comme ravage », in *Déranger l'institution, La petite girafe*, n° 19, Paris, Éditions Agalma, avril 2004.

LAZERGUE C., BALDUYCK Ph., CHAILLOU Ph., *Réponses à la délinquance des mineurs,* www.ladocumentationfrancaise.fr, 1998.

LE BOTERF G., *Construire les compétences individuelles et collectives*, Paris, Éditions d'Organisation, 2004.

LE FIL D'ARIANE, *Guide de l'accompagnement social et de l'accès au dossier*, 2001.

LE GOFF J.-P., *Les illusions du management*, Paris, Éditions La Découverte, 2000.

Le Placement familial spécialisé dans l'équipement pour l'enfance inadaptée. Journées nationales d'études de Saint-Nazaire, ESF, Paris, 1969.

LE POULTIER F., *Recherches évaluatives en travail social*, Grenoble, PUG, 1990.

LEBBE-BERRIER P., *Pouvoir et créativité du travailleur social*, Paris, ESF, 1988.

LEBOVICI S., « Aperçu de recherches sur la notion de carences maternelles », in *Carence de soins maternels. Réévaluation de ses effets. Cahiers de Santé publique,* OMS, Genève, 1961, pp. 74-94.

LEBOVICI S., « La relation objectale chez l'enfant », in *Psychiatrie de l'enfant,* PUF, III (1), Paris, 1961, pp. 147-226.

LEBOVICI S., LAMOUR M., *Lien d'amour, lien de l'ami*, document vidéo, 1988.

LEBOVICI S., *Le Nourrisson et la psychanalyse. Les interactions précoces,* Éd. Le Centurion, Paris, 1983.

LEBOVICI S., RABAIN-LEBOVICI M., « Psychopathologie des enfants provenant de familles psychotiques ou dépressives », *Nouveau Traité de psychiatrie de l'enfant et de l'adolescent,* Paris, PUF, t. 4, 1985.

LEBOVICI S., SOULÉ M., « La carence de soins maternels », in *La Connaissance de l'enfant par la psychanalyse,* PUF, Paris, 1970, pp. 368-420.

LECOINTE M., *Les Enjeux de l'évaluation*, Paris, L'Harmattan, 1997.

LECOINTE M., REBINGUET M., *Éthique et pratique de l'audit*, Lyon, Chroniques sociales, 1994.

LEDOUX M., *L'Inceste un événement qui n'a pas lieu mais qui se réalise*, Bruxelles, De Boeck, 1988.

LEFÈVRE P., *Guide de la fonction directeur d'établissement dans les organisations sociales et médico-sociales*, Paris, Dunod, 2e éd., 2003 (1999).

LELONG M., « Évolution historique du problème de l'abandon : besoins actuels et perspectives d'avenir de l'assistance à l'enfance dans le département de la Seine », in *Problèmes*, Paris, 1957, n° 41, pp. 7-12.

LELONG M., SOULÉ M., WEYL S., « Problèmes sociaux et affectifs posés par l'abandon d'un enfant », in *Sauvegarde de l'Enfance,* n° 5-6, PUF, Paris, 1956, pp. 426-442.

LEMAIRE J.G., *Les thérapies du couple,* Paris, Payot, 1971.

LEMAIRE-ARNAUD E., « À propos d'une technique nouvelle : le génogramme », in *Dialogue*, 1980, n° 70, p. 33-47.

LEMAIRE-ARNAUD E., « Le génogramme en thérapie de couple et en thérapie familiale », in *Dialogue*, 1995, n° 130, p. 47-52.

LEMAIRE-ARNAUD E., « Utilité du génogramme pour la mise au jour des phénomènes transgénérationnels », in *Dialogue*, 1985, n° 89, p. 3-7.

LEMAY M., « La carence relationnelle », in *Neuropsychiatrie de l'enfance,* 31 (2-3), PUF, Paris, 1983, pp. 100-103.

LEMAY M., *J'ai mal à ma mère. Approche thérapeutique du carencé relationnel,* Fleurus, Paris, 1979.

LEPAGE-CHABRIAIS M., « Évaluation en éducation spécialisée », in *Les Cahiers de l'Actif*, 2000, n° 288-291, p. 89-97.

LERBET G.. *Pédagogie et systémique*, Paris, PUF, 1997.

LESNE M., MINVIELLE Y., « Dix thèses sur l'évaluation en formation des adultes », in *Pour*, 1977, n° 56, p. 5-15.

LESNE M., *Théories et pratiques de l'éducation permanente*, Paris, Edilig, 1984.

LÉVINAS E., *Autrement qu'être ou au-delà de l'essence*, La Haye, Martinus Nijhoff, 1974.

LÉVI-STRAUSS C., *Les Structures élémentaires de la parenté*, Paris, École des hautes études en sciences sociales, 2e édition, 1967.

LINDSEY C., « Alternative caretakers », in *Assessment of Parenting*, London and New York, Routledge, 1995, p. 235-246.

LOUBAT J.-R., « Évaluer la qualité des prestations de services sociaux et médico-sociaux », in *Les Cahiers de l'Actif*, 2000, n° 288-291, p. 73-88.

LOUBAT J.-R., *Élaborer son projet d'établissement social et médico-social. Contexte, méthodes, outils*, Dunod, 2005.

LOUBAT J.-R., *Instaurer la relation de service en action sociale et médico-sociale*, Paris, Dunod, 2002.

LOUBAT J-R., *Penser le management en action sociale et médico-sociale*, Paris, Dunod, 2006.

LOUBAT J-R., *Promouvoir la relation de service en action sociale et médico-sociale*, Paris, Dunod, 2007.

LOVE C., « Family Group Conferencing. Cultural origins, sharing, and appropriation – A Maori reflection », in BURFORD G., HUDSON J., dir., *Family Group Conferencing. New Drections in Cmmunity-Cntered Child and Family Practice*, New York, Adline de Gruyter, 2000, p. 15-30.

LUMINET O., *Psychologie des émotions. Confrontation et évitement*, Bruxelles, De Boeck, 2002.

LY O. D., STORK H., « Du dos de la mère aux bras des substituts », in *Les Rituels du coucher de l'enfant*, Paris, ESF, 1993.

LYNCH M., « Significant harm : the paediatric contribution », in *Significant Harm : Its Management and Outcome*, Croydon, Significant Publications, 1995, p. 163-173.

MAC GOLDRICK M., GERSON R., *Génogrammes et entretien familial*, Paris, ESF, 1990 (1985).

MACHARD L., *Rapport du groupe de travail sur les manquements à l'obligation scolaire*, **www.ladocumentationfrancaise.fr**, 2003.

MAHLER M.S., « On Sadness and Grief in Infancy and Child-hood. Loss and Restoration of the Symbolic Love Object », in *Psychoanalytic Study of the Child,* International University Press, New York, 1951, XVI, pp. 332-351.

MAHLER M.S., BERGMAN P., PINE F., *The Psychological Birth of the Human Infant,* Basic Books Inc. New York, 1975 ; traduction française GARON-LÉONARD J., *La Naissance psychologique de l'être humain,* Payot, Paris, 1980.

MAIN M., « De l'attachement à la psychopathologie », *Enfance*, 1998, 3, p. 13-27.

MAIN M., CASSIDY J., « Categories of response to reunion with the parent at age 6 : predictable from infant attachement classifications and stable over a 1 month period », *Developmental Psychology*, 1988, 24, p. 415-426.

MANCIAUX M. et coll., « Conclusions et perspectives », in MANCIAUX M. et coll., *Allégations d'abus sexuels*, Paris, Fleurus, 1998, p. 153-16.

MANCIAUX M. et coll., *Allégations d'abus sexuels*, Paris, Fleurus, 1998.

MANCIAUX M., « La résilience : mythe ou réalité ? », in *Maltraitance psychologique*, Paris, Fleurus, 1996, p. 99-119.

MANCIAUX M., « Les allégations d'abus sexuels dans la problématique de l'enfance maltraitée », in MANCIAUX M. et coll., *Allégations d'abus sexuels*, Paris, Fleurus, 1998, p. 17-25.

MANCIAUX M., GABEL M., GIRODET D., MIGNOT C., ROYER M., *Enfances en danger*, Paris, Fleurus, 1997.

MANCIAUX M., GABEL M., JÉSU F., « En guise d'envoi », in GABEL M. et coll., *Bientraitances*, Paris, Fleurus, 2000, p. 445-454.

MANCIAUX M., TOMKIEWICK S., « La résilience aujourd'hui », in GABEL M. et coll., *Bientraitances*, Paris, Fleurus, 2000, p. 313-340.

MANNONI M., *Éducation impossible*, Paris, Le Seuil, 1973.

MANZANO J., « Les mères psychotiques et leurs enfants », in *Le Soutien thérapeutique aux parents*, Paris, Dunod, 2001, p. 169-180.

MANZANO J., GARRONE G., JABLENSKY A., *Jeunes Parents psychotiques et leurs enfants*, Villeurbanne-Paris, Simep, 1986.

MARCHAND C., GAGNAYRE R., D'IVERNOIS J.-F. *et al.*, *Techniques pédagogiques actives dans la formation des personnels de santé*, Bobigny, UFR-SMBH, département de pédagogie des sciences de la santé, université Paris-XIII, 1999.

MARNEFFE C., « Alternative forms of intervention », in *The Battered Child*, Chicago, University of Chicago Press, 1997, p. 500-520.

MATHIEU J., THOMAS R., *Manuel de psychologie*, Paris, Vigot, 1985.

MAUGUIN J., « les dépenses d'aide sociale départementale en 2005 » *Études et Résultats*, DREES, n° 543, décembre 2006.

MAZET P.H., SIBERTIN-BLANC D., « Dépression de l'adolescence et carence précoce des soins maternels », in *Revue de neuropsychiatrie infantile et d'hygiène mentale,* 24 (6), Paris, 1976, pp. 309-318.

MAZET Ph., « Le point de vue du psychiatre », in GABEL M. *et al.*, *Maltraitance, répétition, évaluation*, Paris, Fleurus, 1996, p. 221-226.

MCDOUGALL J., *Plaidoyer pour une certaine anormalité*, Paris, Gallimard, 1978.

MEAD M., « La carence maternelle du point de vue de l'anthropologie culturelle », in *La carence de soins maternels. Réévaluation de ses effets, Cahiers de Santé publique de l'OMS,* Genève, 1962, pp. 44-62.

MEAD M., *L'un et l'autre sexe*, Paris, Denoël, 1966 (1948).

MEIRIEU P., *Apprendre... Oui mais comment*, Paris, ESF, 1987.

MELIS-MAAS S., « Une réforme attendue, la protection de l'enfance en danger », *JCP*, n° 51-52, décembre 2006, p. 2377.

MERLET A.M., ROTTMAN H., « Maintien de liens avec un parent psychotique et son impact sur le développement du nourrisson. Évaluation sur deux ans d'accompagnement thérapeutique, in *Perspectives psychiatriques : La souf-*

france des enfants de parents malades mentaux, approche clinique et thérapeutique, 26e année, n° 611, Paris, 1987, pp. 23-31.

MIALOCQ H., « Fraternités responsables », *ASH*, 1997, n° 2008, p. 2.

MIALOCQ H., « Violence fraternelle, blessure en miroir », *Journal des psychologues*, 1994, 115, p. 43-47.

MILLER A., *L'Enfant sous terreur*, Paris, Aubier, 1986.

MINISTÈRE DE L'EMPLOI ET DE LA SOLIDARITÉ, *Enfants, parents, famille d'accueil : un dispositif de soin. L'accueil familial permanent*, coordonné par Myriam David, Érès, Toulouse, 2000.

MINISTÈRE DE LA SANTÉ ET DE LA FAMILLE (Association Germinal), *Les Assistantes maternelles de l'Aide sociale à l'Enfance. De la professionnalisation du maternage à la constitution d'un appareil affectif d'État,* 1979.

MINISTÈRE DE LA SANTÉ ET DE LA SÉCURITÉ SOCIALE (Direction de l'Action Sociale). Circulaire relative à l'agrément des assistantes maternelles. Circulaire n° 55 du 20 déc. 1979, *BOSS*, 80/5, 18014, 4 p., Paris, 1979.

MINISTÈRE DE LA SANTÉ ET DE LA SÉCURITÉ SOCIALE (Direction de l'Action sociale). Circulaire relative à la formation des assistantes maternelles. Circulaire n° 56 du 20 déc. 1979, *BOSS*, 80/5 18015, 6 p., Paris, 1979.

MINISTÈRE DE LA SANTÉ ET DE LA SÉCURITÉ SOCIALE (Direction de l'Action sociale). Circulaire relative au statut des assistantes maternelles. Circulaire n° 57 du 20 déc. 1979, *BOSS*, 80/7, 18085, 10 p., Paris, 1979.

MINISTÈRE DE LA SANTÉ ET DE LA SÉCURITÉ SOCIALE (Direction de l'Action sociale). Circulaire relative à la politique d'aide sociale à l'enfance. Circulaire du 23 jan. 1981, *BOSS*, 81/5, Paris, 1981.

MINISTÈRE DE LA SANTÉ ET DE LA SÉCURITÉ SOCIALE (Sous-direction Famille, Enfant et Vie sociale). Loi relative aux assistantes maternelles. Loi 77-505 du 17 mai 1977, *J.O.*, 18, V, 1977, Paris.

MINISTÈRE DE LA SANTÉ ET DE LA SÉCURITÉ SOCIALE, *Politique d'aide sociale à l'enfance,* 23 janvier 1981, Paris, 87 p, 1981.

MINISTÈRE DE LA SANTÉ ET DE LA SÉCURITÉ SOCIALE. Circulaire relative au statut des assistantes maternelles de l'Aide sociale à l'Enfance. Circulaire n° 58 du 20 déc. 1979, *BOSS,* 80/6, 18016, 6 p., Paris, 1979.

MINISTÈRE DE LA SOLIDARITÉ NATIONALE, *Aide sociale à l'Enfance : un service à dimension humaine. Adaptation du dispositif d'accueil.* Annexe : action menée dans les pouponnières, Paris, 1982, pp. 5-22.

MINTZBERG H., *Le management. Voyage au cœur des organisations*, Paris, Éditions d'Organisation, 1990.

MIRAMON J.-M. ; COUET D., PATURET J.-B., *Le métier de directeur, techniques et fictions*, Rennes, Éditions ENSP, 2001.

MIRAMON J.-M., *Manager le changement dans l'action sociale*, éditions ENSP, Rennes, 2001.

MIRAMON J.-M., MORDOHAY F.-O., *Manager le temps des organisations sociales et médico-sociales*, Dunod, Paris, 2003.

MISSOTTE P., *Évaluation et auto-évaluation assistée*, notes de cours, janvier 1994.

MOLENAT F., « Résistances », in *Maltraitances institutionnelles*, Paris, Fleurus, 1998, p. 167-178.

MOLÉNAT F., *Grossesse et toxicomanie*, Ramonville Saint-Agne, Érès, 2000.

MOLÉNAT F., *Pour une éthique de la prévention,* Ramonville Saint-Agne, Érès, 2001.

MONTEIL J.-M., *Éduquer et former, perspectives psycho-sociales*, Grenoble, PUG, 1990.

MOREAU DEFARGES, P., *La gouvernance*, PUF, Paris, 2003.

MORIN E., *La Méthode 6, Éthique*, Paris, Seuil, 2004.

MORIN L., BRUNET L., *Philosophie de l'éducation, 1. Les sciences de l'éducation*, Laval, De Boek, PUL, 1992.

MORRISON T., « Partnership, collaboration and change under the Children Act », in *Significant Harm : Its Management and Outcome*, Croydon, Significant Publications, 1995, p. 121-147.

MORVAL M., « La recherche interdisciplinaire : une difficile intégration », in *Sociologies cliniques*, Paris, Desclée de Brouwer, 1993, p. 259-304.

MOSCOVICI S., *La Psychanalyse, son image, son public*, Paris, PUF, 1976 (1961).

MOSCOVICI S., *Psychologie des minorités actives*, Paris, PUF, 1979.

MOUHOT F., « Observation des interactions mère-enfant à risque en maison maternelle », *Neuropsychiatrie de l'enfance et de l'adolescence*, 2001, 49, p. 469-476.

MOUHOT F., « Séparation parents-enfant : impact de l'âge des enfants sur leur évolution », *Psychiatrie de l'enfant*, 2003, XLVI, 2, 2003, p. 609-63.

NACHIN C., *Les Fantômes de l'âme*, Paris, L'Harmattan, 1993.

NADEAU R., *Vocabulaire technique et analytique de l'épistémologie*, Paris, PUF, 1999.

NATIONAL CENTER FOR INFANTS, *Classification diagnostique de 0 à 3 ans*, Genève, Médecine et hygiène, 1998.

NAVES P. *et al*, *La réforme de la protection de l'enfance*, Paris, Dunod, 2007.

NAVES P., BRIAND C., OUI A., « Pour et avec les enfants et les adolescents, leurs parents, et les professionnels », Rapport du groupe de travail sur la protection de l'enfance et de l'adolescence, ministère de la Famille, Paris, 2003.

NAVES P., BRIAND C., OUI A., *Pour et avec les enfants et adolescents, leurs parents et les professionnels : contributions à l'amélioration du système français de protection de l'enfance*, rapport du groupe de travail Protection de l'enfance et adolescence remis à Ch. Jacob, ministre délégué à la Famille, **www.ladocumentationfrancaise.fr**, 2003.

NAVES P., CATHALA B., DEPARIS J.-M., *Accueils provisoires et placements d'enfants, des décisions qui mettent à l'épreuve le système français de protection de l'enfance et de la famille*, Paris, IGAS-IGSJ (avec la col. de l'inspection de la PJJ), Éditions des Journaux officiels, n° spécial 2001/11 bis du BO du ministère des Affaires sociales et **www.ladocumentationfrancaise.fr**, 2000.

NEIRINK C., « L'enfant, être vulnérable » *Revue de droit sanitaire et social*, n° 1, janv-fév. 2007, p. 5-14.

NEUBURGER R., *Le Mythe familial*, Paris, ESF, 1995.

NEYRAND G. « Conflit des modèles de prévention psychique précoce » *Informations sociales*, CNAF, n° 140, *L'enfant dans le système administratif et judiciaire*, 2007, p. 64-73.

NICOLADZE R., « Pratiques sociales, insertion, exclusion, déviances », in *Enfances en danger*, Paris, Fleurus, 1997, p. 85-143.

NIXON P., « Shared problems and solutions », in BURFORD G., HUDSON J., dir., *Family Group Conferencing. New Directions in Community-Centered Child and Family Practice*, New York, Adline de Gruyter, 2000, p. 93-104.

NOËL J., « La Relation éducative à travers les actes de la vie quotidienne. Signification et efficacité », Journées d'études : *L'Action éducative et la vie quotidienne en milieu de suppléance familiale,* GEM, ESF, Paris, 1970.

NOËL J., « Les intervenants sociaux face à la séparation », in *Droits de l'enfant, inceste, séparation, enfants maltraités,* AFIREM, Éd. et Communications médicales, Coll. Médecine Enfance et Adolescence, Paris, 1986, pp. 120-128.

NOËL J., *La Sélection des parents adoptifs,* Thèse de faculté de Médecine, Paris, 1959.

NOGRIX Ph., HESSE-GERMAIN C., GRUSELLE A., *L'Amélioration de la procédure de signalement de l'enfance en danger,* **www.ladocumentationfrancaise.fr**, 2006.

NOGUES H., « Économie et évaluation de l'action sociale », in *Les Cahiers de l'Actif,* 2000, n° 288-291, p. 57-63.

NOSMAS J.P., ROUSSILLE B., *Évaluation des réseaux d'écoute, d'accompagnement et d'appui aux parents (REAAP),* Paris, IGAS, **www.ladocumentationfrancaise.fr**, 2004.

NOVAK D., GOWIN D.B., *Learning How to Learn,* New York, Cambridge University Press, 47e éd, 1984.

ODAS, « Protection de l'enfance : de nouvelles perspectives pour les départements », *La lettre de l'ODAS,* décembre 2006.

ODAS, *L'Observation de l'enfance en danger : guide méthodologique,* Paris, ODAS, 1995.

ODAS, *Rapport annuel,* **www.oned.fr**, 2005 et 2006.

OLIVARES-ICART A., *Le Génogramme et l'approche transgénérationnelle,* thèse de doctorat, faculté de médecine de Nice, 1987.

OMS, *Apprendre à œuvrer ensemble eu service de la santé,* Genève, rapport technique, 1988, n° 769.

OMS, *CIM-10, Classification internationale des troubles mentaux et des troubles du comportement,* Paris, Masson, 1995.

OTT L., *Travailler avec les familles,* Toulouse, Erès, 2004.

OVAERE F. M. (dir.), « L'action sociale et al fonction parentale : héritage et renouveau », *Les cahiers de l'action,* 2007, n° 13, Institut national de la jeunesse et de l'éducation populaire (INJEP).

PAGES M., *La vie affective des groupes, esquisse d'une théorie de la relation humaine,* Paris, Dunod, 1968.

PALACIO M., « Les carrefours de la protection de l'enfance », *Informations sociales,* CNAF, 2007, n° 140, *L'enfant dans le système administratif et judiciaire,* p. 9-16.

PALACIO-ESPASA F., *La Pratique psychothérapeutique avec l'enfant,* Paris, Bayard-Centurion, 1993.

PALACIO-QUINTIN E., « Facteurs de risque et facteurs de protection pour le bien-être de l'enfant », in GABEL et coll., *Bientraitances,* Paris, Fleurus, 2000, p. 173-192.

PALACIO-QUINTIN E., ETHIER L.S., JOURDAN-IONESCU C., LACHARITÉ C., « L'intervention auprès des familles négligentes », in POURTOIS éd., *Blessure d'enfant,* Bruxelles, De Boeck, 1995, p. 173-212.

PALACIO-QUINTIN E., *Les Enfants maltraités placés en familles d'accueil : leur réaction d'attachement aux deux familles,* Éd. Logiques, Montréal (Canada), 2001.

PAPADAKOS V., « Le placement familial thérapeutique pour enfants et adolescents et sa spécificité : interactions entre famille d'accueil et famille naturelle et rôle de l'équipe soignante », *L'Information psychiatrique,* Paris, 1966, 62, 9.

PARKER H., PARKER S., « Father-daughter sexual abuse : an emerging perspective », *American Journal of orthopsychiatry,* n° 56, 1986, pp. 531-549.

PARRET C., « Dans l'accompagnement psychosocial, l'enfant est-il acteur ? », *Bulletin du ministère des Affaires sociales*, 1994.

PARRET C., « Les mères clés de voûte du processus de réparation de l'enfant victime », *Bulletin de l'AFIREM*, Val-d'Oise, 1998.

PARRET C., THÉVENET P., *L'Accompagnement thérapeutique des enfants, des adolescents, des adultes ayant vécu des mauvais traitements, et de leur famille*, Paris, Dossier technique – Association Crics, 1997.

PASTRANA H., « Le rôle de l'éducatrice (ou de l'infirmière) dans les visites médiatisées », *Neuropsychiatrie de l'enfance et de l'adolescence*, 2001, 49, 171-177.

PAVENSTEDT E., MALONE A., MATTICK I. *et al.*, *The Drifters, Children of disorganized lower class families*, Ed. Little Brown & Co, Boston, 1967.

PECRESSE V., *Rapport n° 3256 fait au nom de la Commission des affaires culturelles, familiales et sociales sur le projet de loi (n° 3184) réformant la protection de l'enfance.* www.assemblee-nationale.fr, 2006.

PECRESSE V., *Rapport n° 3657 fait au nom de la Commission des affaires culturelles, familiales et sociales sur le projet de loi, adopté par le Sénat, réformant la protection de l'enfance*, www.assemblee-nationale.fr, 2007.

PELLETIER L., « La notion d'évaluation », *Éducation permanente*, 1971, n° 9.

PELPEL P., *Se former pour enseigner*, Paris, Bordas, 1986.

PELPEL P.. *Guide de la fonction tutorale*, Paris, Éditions d'Organisation, 1996.

PEREZ R., *La Gouvernance de l'entreprise*, La découverte, Paris, 2003.

PERRIN M., *Le Chemin des Indiens morts*, Paris, Payot, 1976.

PERRONE R., NANNINI M., *Violence et abus sexuels dans la famille. Une approche systémique et communicationnelle*, Paris, ESF, 1995.

PICQUENARD C., « Dispositions législatives et réglementaire concernant les placements d'enfants de plus de 6 ans », in *Informations sociales*, XIV, 1960, n° 7, pp. 77-83.

PIERSON M., DESCHAMPS G., RIEDINGER A.M., « L'adoption : une des solutions à proposer pour les enfants objets de sévices », *Sauvegarde de l'enfance*, 1978, 33, 3, p. 387-393.

PIKLER E., *Se mouvoir en liberté dès le premier âge*, PUF, Paris, 1969.

PINARD P., *Concept de protection et interprétation des articles 38 et 38.1 de la loi sur la protection de la jeunesse*, document de synthèse, 1996.

PIOLI D., « Le soutien à la parentalité : entre émancipation et contrôle », *Revue pluridisciplinaire de recherche*, n° 1, mars 2006.

PITT B., « Atypical depression following, childbirthn », *Br. J. Psychiatry*, n° 114, 1968, pp. 1 325-1 335.

POMMEREAU X., « Avoir mal, faire mal, mettre à mal », in *Souffrances et violences à l'adolescence*, Issy-les-Moulineaux, ESF, 2000, p. 105-136.

POURTOIS J.-P., DESMET H., *Épistémologie et instrumentation en sciences humaines*, Liège, Mardaga, 1997 (1987).

POURTOIS J.-P., HUMBEECK B., « Théories et facteurs de présage de la maltraitance », in POURTOIS J.-P. et coll., *Blessure d'enfant*, Bruxelles, De Boeck, 1995, p. 41-105.

PROCH K., *Difference Between Foster Care and Adoption Perception of Adopted Foster Children*, 1982.

PROCHASSON J., « Du placement familial à l'action sociale globale », in *Bulletin d'information et d'échanges du GELPES*, 1978, n° 10, Paris.

Protection de l'enfance, une réforme attendue, La Gazette Santé-Social, n° 29, avril 2007, p. 24 *et sq.*

PROVENCE S., LIPTON R.C., *Infants in institutions,* Bayley & Swinfen, Londres, 1963.

PRUGH D.C., « La carence larvée chez le nourrisson », in *La carence de soins maternels : réévaluation de ses effets, Cahiers de Santé publique,* 1962, n° 14, OMS, Genève.

RACAMIER P.-C., « Autour de l'inceste », *Gruppo,* 1991, **7**, p. 49-65.

RACAMIER P.C., « Étude clinique des frustrations précoces », in *Revue française de psychanalyse,* Paris, XVII, 1953, n° 3 pp. 328-350 et XVIII, 1954, n° 4, pp. 576-631.

RACAMIER P.-C., *L'inceste et l'Incestuel,* Paris, Éditions du Collège, 1995.

RANK B., « Adaptation of the Psychoanalyric Technic for the Treatment of Young Children with Atypical Development », *American Journal of Orthopsychiatry,* Boston, XLX, 1949.

RANK B., MAC NAUGHTON D., « A Clinical Contribution to Early Ego Development », in *Psychoanalytic Study of the Child,* 1950, vol. V, pp. 53-65.

RAPOPORT D., LÉVY J., « Les conditions de vie du nourrisson sans famille : possibilités et limites d'une recherche en pouponnière », *Revue de Neuropsychiatrie infantile,* Paris, 1977, 25 (2), pp. 103-116.

RASSIAL J.-J., *Le passage adolescent, de la famille au lien social,* Toulouse, Erès, 1996.

RAYNAL F., « Réarticuler les interventions administrative et judiciaire au bénéfice de l'usager », *ASH,* n° 2512, 15 juin 2007, p. 23.

RAYNAL F., RIEUNIER A. (dir.), *Pédagogie : dictionnaire des concepts clés, apprentissages, formation et psychologie cognitive,* Paris, ESF, 1997.

REDER P., LUCEY C., *Assessment of Parenting,* London and New York, Routledge, 1995.

RENAUT A., « L'enfant dans la dynamique de la modernité », *Le débat, Paris,* n° 121, 2002.

REY A., *Dictionnaire historique de la langue française,* Paris, Le Robert, 1995 (1992).

RICHARD P., CAUSSE H., VALOT D., DORDAIN V., « L'enfant au risque de la psychopathologie parentale », communication présentée au séminaire de pédopsychiatrie de l'hôpital Esquirol, Paris, 1997.

RIHAL H., « Du nouveau sur l'accueil et la protection de l'enfance. Commentaire de la loi n° 2004-1 du 2 janvier 2004... », *RDSS,* n° 2, avril-juin 2004, p. 433-440.

ROBERTSON J., « Some Responses of Young Children to the Loss of Maternal Care », *Nursing times,* Londres, 1953, (4), pp. 382-388.

ROBERTSON J., BOWLBY J., « Responses of Young Children to Separation from Their Mothers », *Courrier CIE,* 1952, 2, pp. 131-142.

ROBERTSON J., *Jeunes Enfants à l'hôpita,*. Le Centurion, Paris, 1972.

ROBERTSON J., ROBERTSON J. *Un Bébé dans sa famille. Aimer et être aimé,* ESF, Paris, 1985.

ROBERTSON J., ROBERTSON J., « Quality of Substitute Care as an Influence on Separation responses », *Journal of Psychosomatic Research,* 1972, vol. 16, Pergamon Press, pp. 216-265.

ROBERTSON J., ROBERTSON J., « Young Children in Brief Separation », *The Psychoanalytic Study of the Child,* 1971, XXVI, International University Press Inc., New York, pp. 264-315.

ROCHE C., *Une Petite fille sur la planète,* Denoël, Paris, 2003.

ROGERS C.R.. *La Relation d'aide et la psychothérapie,* Paris, ESF, 10e éd. 1994 (1942).

ROGERS C.R.. *Le Développement de la personne,* Paris, Dunod, 1970.

ROMEO C., *L'Évolution des relations parents-enfants-professionnels dans le cadre de la protection de l'enfance*, www.ladocumentationfrancaise.fr, 2001.

ROSEMBLUM O., CONQUY L., LATOCH J., SQUIRÈS C. *et al.*, « Dépression du post-partum et visites à domicile », in *Alliance autour du bébé*, Paris, PUF, 2000.

ROSENBERG D. A., « Munchausen syndrome by proxy », in *The Battered Child*, Chicago, University of Chicago Press, p. 413-430, 1997.

ROSENCZVEIG J.-P. et JESU F., « Les compétences publiques en matière de protection de l'enfance », *RAJS-JDJ*, n° 241, janvier 2005, p. 6.

ROSENCZVEIG J.-P., « Protection de l'enfance et prévention de la délinquance : deux lois contre en attendant une loi pour le bien-être des enfants », *JDJ-RAJS*, avril 2007, p. 18.

ROTTMAN H., « L'enfant face à la maladie mentale de ses parents. Place des rencontres médiatisées dans le placement familial ». *Revue de neuropsychiatrie de l'enfance et de l'adolescence*, 2001, 49, p. 178-185.

ROTTMAN H., « Le suivi des parents dans le cadre du placement familial thérapeutique », *Groupal*, 1999, 5, p. 223-237.

ROUDINESCO E., PLON M., *Dictionnaire de la psychanalyse*, Paris, Fayard, 1997.

ROUSSILLON R., « Le rythme, le transitionnel, le transit et le cadre », in *Paradoxe et situations limites de la psychanalyse*, Paris, PUF, 1991, p. 198-217.

ROUSSILLON R., « Séparation et chorégraphie de la rencontre », 2003.

ROUYER M., « Le placement familial », in LEBOVICI S., DIATKINE R., SOULÉ M., *Traité de psychiatrie de l'enfant et de l'adolescent*, vol. 3, Paris, 1985, pp. 343-357.

ROUYER M., « Les enfants maltraités », in *Informations sociales*, n° 11 : *L'Enfant maltraité*, Éd. CNAF, Paris, 1978, pp. 32-40.

ROUYER M., DROUET M., *L'Enfant violenté. Des mauvais traitements à l'inceste*. Paris, Le Centurion, 1986.

ROUYER M., LABOREY J. « Le placement familial thérapeutique », in *Informations sociales*, n° 11 : *L'Enfant maltraité*, Éd. CNAF, Paris, 1978, pp. 82-89.

ROYER M., LABOREY J., « L'enfant en placement familial », *Revue de médecine psychosomatique et de psychologie médicale*, 20, n° 4, Paris, 1978, pp. 385-392.

ROYER M., LABOREY J., « Prise en charge d'enfants maltraités et de leurs familles par le placement familial thérapeutique », in *Child Abuse Neglect*, 3, n° 2, 1979, pp. 29-534.

RUAULT Marie, « Aide sociale à l'enfance : quelle organisation dans les départements », *Études et Résultats*, DREES, n° 144, novembre 2001.

RUFFIOT A. *et al.*, « Le groupe famille en analyse. L'appareil psychique familial », in *La Thérapie familiale psychanalytique*, Paris, Dunod, 1981.

RUTTER M., « Maternal Deprivation Reconsidered », in *Annual Progress in Child Psychiatry and Child Development*, Brunner-Mazel, New York, 1973, pp. 205-217.

RUTTER M., « Parent Child Separation : Psychological Effects on the Children », in *Journal of Child Psychology and Psychiatry and Allied Discipline*, Pergamon Press, vol. XII, n° 4, Oxford-London-New York-Paris, 1971, pp. 233-260.

RUTTER M., *Maternal Deprivation Reassessed. Penguin Science of behaviour*, Penguin Books, 1st ed., 1972.

SAINT-ANTOINE M., « Les troubles de l'attachement », *Défi jeunesse*, 1999, vol. 6, 1, p. 3-11.

SAMI ALI, *Corps réel, Corps imaginaire*, Paris, Dunod, 1977.

SANS P., *Accueil et placement familial,* Fleurus, Paris, 1988.

SANS P., *Les Placements familiaux thérapeutiques,* Fleurus, Paris, 1987.

SANS P., *Placements familiaux thérapeutiques.* Encyclopédie médico-chirurgicale, Paris, 1984.

Santé, pour une politique de prévention durable, Paris, IGAS, La Documentation française et www.ladocumentationfrancaise.fr, 2003.

SASSIER M., « La vie associative », *Vie Sociale*, CEDIAS, 2001, n° 1, *Famille et action sociale aujourd'hui*, p. 45-55.

SASSIER M., « Le conseil consultatif national de la médiation familiale : état des lieux », *Actualité juridique famille*, n° 2/2003.

SAUREL R., *L'Enterrée vive,* Genève, Stalkine, 1981.

SCHEIDEGGER S., VILAIN A., « Disparités sociales et surveillance de la grossesse », *Études et Résultats*, DREES, n° 552, janvier 2007.

SCHOSTECK J.-P., CARLE J.-C., « Délinquance des mineurs. La République en quête de respect », Rapport du Sénat n° 34, 2002.

SCHREBER D.G.M., *Das Buch der Gesundheit*, Leipzig, Friess, 1839.

SEAGULL E.A.W., « Family assessment », in *The Battered Child*, Chicago, University of Chicago Press, 1997, p. 150-174.

SELLENET C. *L'enfance en danger. Ils n'ont rien vu*, Paris, Belin, 2006.

SELVINI M., *Paradoxe et contre-paradoxe*, Paris, ESF, 1975 (1963).

Séparations et retrouvailles chez le jeune enfant, édité par l'Association française des centres de consultation conjugale, 228 rue de Vaugirard, 75015 Paris, 1991.

SERVIN J.M., « Quelle fonction pour le père en placement familial ? » in *Lien social*, 1999, n° 469.

SEYWERT F., *L'Évaluation systémique de la famille*, Paris, PUF, 1990.

SIBONY D., *Entre Deux, l'origine en partage*, Paris, Le Seuil, 1991.

SIGUIER M., *Droit de regard, l'enquête sociale dans la protection judiciaire de la jeunesse*, Toulouse, Érès, 1986.

SIMMONDS J., « Making decisions in social word. Persecuting, rescuing or being a victim », in *Significant Harm : Its Management and Outcome*, Croydon, Significant Publications, 1995, p. 175-196.

SOLNIT A.J., « A Study of Object Loss in Infancy », in *Psychoanalytic Study of the Child,* International Univ. New York, vol. XXV, 1970, pp. 257-272.

SOMMELET D., *L'Enfant et l'Adolescent : un enjeu de société, une priorité du système de santé,* www.ladocumentationfrancaise.fr, 2007.

SOULÉ M. (dir.), *Introduction à la psychiatrie fœtale*, Paris, ESF, 1992.

SOULÉ M. (dir.), *Mère mortifère, mère meurtrière, mère mortifiée,* 4e éd. revue et mise à jour, ESF, Paris, 1984.

SOULÉ M., « Contribution clinique à l'imaginaire des parents, ou le roman de Polybe et Merope », in *Revue française de Psychanalyse,* XXXII, 3, Paris, 1968, p. 419-590.

SOULÉ M., « Enfants abandonnés à eux-mêmes : problèmes psycho-sociaux de l'enfant confié à l'Assistance après déchéance de la famille », in *Problèmes,* n° 41, 1957, pp. 39-48.

SOULÉ M., « La carence des soins maternels dans la petite enfance : la frustration précoce et ses effets cliniques », in *Psychiatrie de l'enfant,* PUF, 1 (2), Paris, 1958, pp. 523-540.

SOULÉ M., « Le fantasme du roman familial dans les filiations particulières », in *Le Nouveau Roman familial ou « on te le dira quand tu seras plus grand »*, ESF, Paris, 1984, pp. 41-72.

SOULÉ M., « Les placements d'enfants : évolution et orientation actuelle », in *Informations sociales,* Paris, 1963, n° 10-11.

SOULÉ M., « Une situation particulière : l'adoption », in LEBOVICI S., SOULÉ M., 4e éd. 1985, in *Connaissance de l'enfant par la psychanalyse,* PUF, Paris, 1967, pp. 526-565.

SOULÉ M., BOUCHARD F., NOËL J., *Le Placement familial : techniques et indications,* ESF, Paris, 1979.

SOULÉ M., NOËL J., « Le grand renfermement des enfants dits "cas sociaux" », in *Psychiatrie de l'enfant,* PUF, XIV (2), Paris, 1971, pp. 577-620.

SOULÉ M., *Problèmes psychologiques propres à la condition de pupille de l'Assistance publique.* Thèse Éd. Germain, Paris, 1953.

SPITZ R., « Anxiety in infancy : a study of its manifestations in the first year of life », *International Journal of psycho-analysis,* vol. 31, 1950, pp. 138-143.

SPITZ R.A., « Anaclitic Depression », in *Psychoanalytic Study of the Child,* Int. University Press, vol. I, New York, 1946, pp. 313-341.

SPITZ R.A., « Hospitalism : a Follow up Report », in *Psychoanalytic Study of the Child,* Int. University Press, vol. II, New York, 1946, pp. 113-117.

SPITZ R.A., « Hospitalism : an Inquiry into the Genesis of Psychiatric Conditions in Early Childhood 1 », in *The Psychoanalytic Study of the Child,* Int. Univ. Press, New York, vol. I, 1945, pp. 53-75.

SPITZ R.A., « La perte de la mère par le nourrisson », in *Enfance,* nov. déc., Paris, 1948, pp. 391-393.

SPITZ R.A., « Quelques prototypes précoces de défense du moi », in *Revue française de psychiatrie,* XXVIII, Paris, 1964, pp. 185-215.

SPITZ R.A., *De la Naissance à la parole,* PUF, Paris, 1968.

SPITZ R.A., *La Première année de la vie de l'enfant,* PUF, Paris, 1958.

STEINHAUER P., *Le Moindre Mal. La question du placement de l'enfant,* Paris, Gaëtan Morin Éditeur, 1996.

STELLE B.F., « Psychodynamic and biological factors in child maltreatment », in *The Battered Child,* Chicago, University of Chicago Press, 1997, p. 73-103.

STRAUS P., MANCIAUX M. *et al.*, *L'Enfant maltraité,* Paris, Fleurus.

STUFFELBEAM D., *L'Évaluations en éducation et la prise de décision*, Ottawa, NHP, 1980 (1974).

THÉVENET A., DESIGAUX J., *Les Assistantes maternelles,* ESF, Paris, 1980.

THÉVENET A., *L'Aide sociale aujourd'hui après la décentralisation,* 6e édition refondue, ESF, Paris, 1986.

THORAVAL C., PERALDI O., *Protection de l'enfance et usage de l'internet : conférence de la famille 2005,* www.ladocumentationfrancaise.fr, 2005.

THOUVENIN C., « Le doute », in *Du cri au silence,* Vanves, CTNERHI, 1986, p. 15-45.

TICHOUX C., *Relations avec les familles : quelles compétences, quelle formation ? La formation des travailleurs sociaux et le travail avec les familles,* Délégation interministérielle à la famille, www.ladocumentationfrancaise.fr, 2000.

TOMKIEWICK S., « Violences dans les institutions pour enfants, à l'école et à l'hôpital, » in *Enfances en danger,* Paris, Fleurus, 1997.

TOMKIEWICZ S., VERDIER P., « L'enfant de l'Aide sociale à l'Enfance », *in* MANCIAUX M., LEBOVICI S., JEANNENET O. *et al.*, *L'Enfant et sa santé,* Paris, Doin, 1987, pp. 657-667.

TOMKIEWICZ Y., BINY Y., ZUCMAN E., « Une expérience de placement familial pour arriérés profonds. Bilan de quatre années d'activité », *Revue de Neuropsychiatrie infantile et d'hygiène mentale de l'enfance,* n° 3, 4 avril 1971, Paris.

VAILLANT M., « De la nécessaire séparation, quand le tiers fait sens », in *Journal du Droit des Jeunes,* n° 173, 1998.

VAN GIJSEGHEM H., *La Personnalité de l'abuseur sexuel*, Liège, Éd. du Méridien, 1988.

VAN GIJSEGSHEM H., *L'Enfant mis à nu. L'Allégation d'abus sexuel : la recherche en vérité*, Montréal, Méridien, 1992.

VECCHI G. DE, *Aider les élèves à apprendre*, Paris, Hachette Éducation, 1992.

VECCHI G. DE, CARMONA-MAGNALDI N., *Faire construire des savoirs*, Paris, Hachette Éducation, 1996.

VERDIER P, ROSENCZVEIG J.-P. (1996). *Le Secret professionnel en travail social*, Paris. Dunod.

VERDIER P., « La loi n° 2007-293 du 5 mars 2007 relative à la protection de l'enfance : Une avancée de la protection, un recul des droits », *RAJS-JDJ* n° 265, mai 2007.

VERDIER P., « La loi réformant la protection de l'enfance : une avancée de la protection, un recul des droits », *Journal du droit des jeunes – Revue d'action juridique et sociale (JDJ-RAJS),* n° 265, mai 2007, p. 22-31.

VERDIER P., « Secret professionnel et partage des informations », *JDJ/RAJS*, n° 269, nov. 2007.

VERDIER P., DOURGNON L., « Secret professionnel et travail d'équipe », *JDJ*, n° 188, octobre 1999.

VERDIER P., GEBLER L., « Construire l'objectivité. Observations sociopédagogiques et expertises judiciaires. Actes du colloque », *RAJS* 2005, n° 246, p. 13 *et sq.*

VERDIER P., *L'Adoption aujourd'hui après les réformes administratives et les progrès de la science,* Paris, Le Centurion, 1985.

VERDIER P., *L'Enfant en miettes. L'Aide sociale à l'enfance : bilan et perspectives d'avenir*, Paris, Dunod, 1992.

VERDIER P., NOÉ F., « Vers l'unification des régimes de responsabilité du fait des mineurs : la fiction juridique supplante la réalité quotidienne », *RAJS* 2005, n° 255, p. 7.

VERDIER P., *Nouveau Guide pratique de l'aide sociale à l'enfance,* Paris, Le Centurion, 1987.

VERMERSCH P., *L'Entretien d'explicitation*, Paris, ESF, 1994.

VÉZINA A. *et al.*, *Diagnostic et traitement de l'enfant en danger*, Paris, L'Harmattan, 1995.

VÉZINA A. *et al.*, *Manuel d'utilisation et d'interprétation de l'inventaire concernant le bien-être de l'enfant en lien avec l'exercice des responsabilités parentales (ICBE)*, Québec, Bibliothèque nationale du Québe, 1993.

VIGOUROUX F., *Le Secret de famille*, Paris, PUF, 1993.

VOSSIER, B. (dir.), *La parentalité en questions, Problématiques et pratiques professionnelles*, Paris, ANDESI/ESF éditeur, 2002.

WAQUET P., *La Protection de l'enfance*, Paris, Dalloz, 1943.

WEBER M.W., « Assessment of child abuse », in *The Battered Child*, Chicago, University of Chicago Press, 1997, p. 120-149.

WEILLER BONDON M., LIMOUSIN P., « Le placement familial : mission impossible ? » in DOLTO F., RAPOPORT D., THIS B., *Enfant en souffrance,*

Stock-Laurence Pernoud, Paris, 1981, pp. 37-51.

WHITTAKER C., FELDER R., WARKENTIN J., « Le contre-transfert dans le traitement familial de la schizophrénie », in *Psychothérapies familiales*, Paris, PUF, 1980 (1965), p. 280-297.

WILLIAMS J.M., « Children who Breakdown in Foster Homes : A Psychological Study of Personality Growth in Grossly Deprived Children », *J. Child. Psychol. and Psychiatry,* 1961.

WINNICOTT D.W., *De la Pédiatrie à la Psychanalyse, L'adolescence, à travers le pot au noir,* Paris, Payot, 1962.

WINNICOTT D.W., *De la pédiatrie à la psychanalyse*, Paris, Payot, 1963 (1958).

WINNICOTT D.W., *Jeu et Réalité. L'Espace potentiel*, Paris, Gallimard, 1975 (1971).

WINNICOTT D.W., *L'Enfant et le monde extérieur,* Payot, Paris, 1980.

WINNICOTT D.W., *Processus de maturation chez l'enfant*, Paris, Payot, 1970.

WINNICOTT D.W., *The Effect of psychosis on family life. The effect of psychotic parents on the emotional development*, London, Tavistock publications, 1968.

XUEREB J.C., « Le pouvoir judiciaire », in *Informations Sociales,* n° 11 : *L'Enfant maltraité*, Éd. CNAF, Paris, 1978, pp. 59-66.

YATCHINOVSKY A., *L'approche systémique, Pour gérer l'incertitude et la complexité*, Paris, ESF éditeur, 2004.

ZIGANTE F., « Aspects éthiques des allégations d'abus sexuels », in MANCIAUX M. et coll., *Allégations d'abus sexuels*, Paris, Fleurus, 1998, p. 91-116.

ZUCMAN E., « Revenir chez soi pour grandir », in *Handicap et inadaptation,* 1949, n° 26, Paris.

ZUCMAN E., TOMKIEWICZ S., « Les placements familiaux spécialisés du CESAP. Des enfants déficients mentaux et une équipe. II. Famille naturelle, famille nourricière » in *Réadaptation,* Paris (201), 1973, pp. 15-24.

Table des matières

Livre 2

Radioscopie d'un dispositif

Partie 1
Concept et organisation

Partie 2
Protection des mineurs en danger et recueil d'informations

Partie 3
L'affirmation du droit des usagers

Partie 4
Lecture critique

Livre 3
Les publics de la protection de l'enfance

Partie 1
Du côté des enfants et adolescents

Partie 2
Du côté des familles

Livre 4

Les modalités d'accueil et d'accompagnement

Partie 1
L'accueil et le placement familial

Livre 5

Une demarche qui se structure : l'aide et le soutien à la parentalité

Livre 6

L'évaluation en protection de l'enfance

052302 - (I) - (1) - CSBM 70° - CPW - MPN
Imprimerie Chirat - 42540 Saint-Just-la-Pendue
Dépôt légal : novembre 2008 - N° 2871

Imprimé en France